国家社会科学基金重大项目“民法精神与建设社会主义法治文化民本模式研究”
（批准号:14ZDC022）结项成果

民法精神与法治文化民本模式论

自然生态的社会秩序体系及其规范形态与演进

上 册

王利民 等 著

当代中国出版社
Contemporary China Publishing House

首席专家介绍

王利民，大连海事大学法学院二级教授，法学博士，博士生导师。大连海事大学民法哲学研究中心主任。首届“辽宁省杰出中青年法学专家”；第五批“大连市优秀专家”；中共辽宁省委、辽宁省人民政府决策咨询委员会委员；何勤华主编《中国法学家访谈录》（第 6 卷）入选法学家。2021 年大连市本地全职高层次人才认定“领军人才”。

1959 年 7 月生，吉林省梅河口市人。1983 年毕业于吉林大学历史系，获史学学士学位，1986 年毕业于吉林大学法律系，获法学硕士学位。1986 年 7 月至 2002 年 2 月在东北财经大学法律系工作，曾任该校法律系副主任、法学院副院长（主持工作，成立法学院）。2000 年获法学博士学位，2002 年 3 月起任教于大连海事大学法学院。2006 年 4 月至 2011 年 9 月，任大连海事大学专业学位教育学院副院长、法律硕士教育中心主任；2011 年 9 月至 2017 年 10 月，任大连海事大学法学院副院长、法律硕士教育中心主任。2005 年 10 月负责成立辽宁省法学会民法学研究会；2013 年 9 月负责成立辽宁省民法学会（社团法人）。2013 年 11 月发起创办中国法学会民法学研究会主办的“全国民法基础理论与民法哲学论坛”。2015 年 12 月，创办“中国民法哲学网”。2011 年 3 月，出资创办辽宁民同律师事务所，任首席律师、执行管理人。

现为中国法学会民法学研究会常务理事，中国法学会世界贸易组织法研究会常务理事；辽宁省民法学会（社团法人）会长；辽宁省法学会常务理事，辽宁省法学会民法学研究会会长。主要研究领域为中国民法学和民法哲学。国家社科基金重大项目“民法精神与建设社会主义法治文化民本模式研究”首席专家；国家社科基金后期资助项目《民法道德论》《民法人性论》独立作者。出版国家社科基金后期资助项目成果《民法道德论——市民社会的秩序构造》、“十二五”国家重点规划出版图书《人的私法地位》(第2版)、《民法的精神构造:民法哲学的思考》和司法部项目成果《境外影视作品版权二元保护论》等著作20余部;发表《民事责任归责原则新论——过错推定规则的演进:现代归责原则的发展》等论文百余篇。

本书项目组成员与研究分工

本书系国家社会科学基金重大项目“民法精神与建设社会主义法治文化民本模式研究”(批准号 14ZDC022)结项成果。大连海事大学法学院王利民教授为项目首席专家。本书项目研究,根据王利民教授确定的研究方案,由各章成员分工撰写初稿,最后由王利民教授统一修改完善并最终定稿完成;最终成果代表和反映王利民教授的民法哲学研究的基本范畴和思想观点。

大连海事大学法学院王勇教授、张婧飞副教授、顾荣新副教授,参加了本书项目《投标申请书》的前期论证和撰写工作。

本书项目《投标申请书》中的子课题负责人与课题组成员分别是:子课题一“人民主体:民法精神构成的社会主义法治文化属性”:负责人刘艺工(大连理工大学教授),成员郭玉坤(大连理工大学副教授)、栾春娟(大连理工大学教授)、罗海山(大连理工大学副教授)、林懿欣(大连海事大学副教授);子课题二“以民为本:建设社会主义法治文化的民法精神诉求”:负责人王勇(大连海事大学教授),成员温静芳(大连大学教授)、杨晓楠(大连海事大学教授)、顾荣新(大连海事大学副教授)、王文军(大连海事大学副教授);子课题三“科学发展:建设社会主义法治文化的民法精神构造”:负责人郭明龙(天津师范大学教授),成员贾邦俊(天津师范大学教授)、郝磊(天津师范大学教授)、尚海涛(天津师范大学副教授)、杨会(天津师范大学副教授);子课题四“与时俱进:建设社会主义法治文化的民法精神转型”:负责人尹伟民(大连海事大学教授),成员黄芬(大连海事大学教授)、金万红(大连海事大学副教授)、谷艳辉(大连海事大学副研究馆员)、赵忠江(辽宁师范大学副教授)、张婧飞(大连海事大学副教授);子课题五“良法善治:建设社会主义法治文化的民法精神实践”:负责人姜凤武(辽宁省高级人民法院副院长、法学博士),成员阎铁毅(大连海事大学教授)、刘灵芝(大连民族大学教授)、于德江(辽宁省葫芦岛市中级人民法院院长,法学博士)、徐微(辽宁社会科学院副研究员)、李昱(沈阳化工大学讲师)、王俊峰(大连民族大学讲师)。

本书项目中标后,根据研究需要和实际情况,重新调整了各子课题负责人及其成员。子课题一负责人刘艺工,成员郭玉坤、罗海山、陈光(大连理工大学副教授)、刘琳琳(大连理工大学副教授);子课题二负责人尹伟民,成员刘灵芝、石悦(大连医科大学教授)、王峻峰、高其明(大连医科大学讲师)、阚凯(大连医科大学副教授);子课题三负责人王勇,成员温静芳、李燕涛(河北工业大学讲师)、丁轶(东北财经大学副教授)、赵大千(大连理工大学讲师);子课题四负责人和成员张婧飞、顾荣新;子课题五负责人郭明龙,成员贾邦俊、郝磊、尚海涛、杨会。

以上成员的职称,以现任(本书交付出版时)为准;工作单位发生变化的,保持原工作单位与职称不变。

根据研究需要,民商法学专业博士研究生李星、宫双霞(2015 级)、陈司奇(2016 级)、付梦华、许晓岑、苏怡丹(2017 级)、孙道悦(2018 级)先后加入本书项目团队,实际承担相关各章的研究任务;崔格豪(2018 级)和张文阁(2019 级)和上述同学一起,参加了本书成果的后期校对工作。

根据研究内容的整体需要,在五个子课题的基础上,增加总论一编,并在不断修改和完善研究体系与框架结构的基础上,调整和精减各子课题章节内容,最后确定的研究体系和整体结构为:第一编(总论)三章、第二编(子课题一)四章、第三编(子课题二)六章、第四编(子课题三)六章、第五编(子课题四)七章、第六编(子课题五)五章,共计六编三十一章。

大连理工大学陈光、罗海山、郭玉坤分别参加了(子课题一)第四章、第六章、第七章的前期基础研究工作;大连医科大学石悦、高其明分别参加了(子课题二)第十章、第十一章的前期基础研究工作;大连大学温静芳参加了(子课题三)第十四章的前期基础研究工作。大连海洋大学王黎黎,大连理工大学刘琳琳、赵大千,大连医科大学阚凯,分别参加了前期相关内容的基础研究工作。[1]

为统一和规范本书项目研究,保证成果质量,王利民教授确定了《研究主题思路和主题概念》《成果格式规范》,并制定了《项目研究与工作细则》等研究工作的基本准则。

[1] 参加本书项目调研的非项目组成员及其身份,在《调研报告》中统一注明。

最后承担和完成本书各章研究成果的成员是：

导论（王利民）

第一编　总论

第一章　民法精神（王利民）

第二章　民法精神与宪法精神（杨晓楠）

第三章　民法精神与法治精神（徐微、王利民）

第二编（子课题一）　人民主体：民法精神的法治文化属性

第四章　法治文化的人民主体性（李星）

第五章　民法精神的法治文化本质（陈司奇）

第六章　民法精神的法治文化特征（王利民）

第七章　民法精神的法治文化形态（宫双霞、王利民）

第三编（子课题二）　以民为本：法治文化的民法精神诉求

第八章　以民为本的人性诉求（王峻峰、王利民）

第九章　人格本质的自由诉求（王峻峰）

第十章　自律构序的道德诉求（许晓岑、王利民）

第十一章　规范和谐的理性诉求（付梦华）

第十二章　利益均衡的正义诉求（尹伟民）

第十三章　中国特色的文化诉求（刘灵芝、苏怡丹）

第四编（子课题三）　科学发展：法治文化的民法精神构造

第十四章　民法精神的人性自然构造（李星、王利民）

第十五章　民法精神的道德本体构造（王勇）

第十六章　民法精神的实践理性构造（宫双霞）

第十七章　民法精神的个人自律构造（王利民、丁轶）

第十八章　民法精神的动态行为构造（王利民、徐微）

第十九章　民法精神的生态秩序构造（王利民、李燕涛）

第五编（子课题四）　与时俱进：法治文化的民法精神转型

第二十章　从感性到理性的法治认知转型（顾荣新）

第二十一章　从工具到目的的法治理念转型（付梦华、王利民）

第二十二章　从制度到精神的法治生成转型（苏怡丹）

第二十三章　从形式到实质的法治品质转型（顾荣新）

第二十四章　从静态到动态的法治运行转型（孙道锐）

第二十五章　从他律到自律的法治行为转型（许晓岑、王利民）
第二十六章　从政府到社会的法治本位转型（张婧飞、王利民）
第六编（子课题五）　良法善治：法治文化的民法精神实践
第二十七章　良法善治的民法精神实践（郭明龙、尚海涛）
第二十八章　不同区域的民法精神实践（郭明龙）
第二十九章　城乡差别的民法精神实践（郭明龙、王利民）
第三十章　司法裁判的民法精神实践（郭明龙）
第三十一章　行政行为的民法精神实践（郭明龙）

对以上参与和支持本书项目申报与研究工作，特别是完成本书项目研究成果的各位成员，在此一并表示诚挚谢意！

序 言

本书在国家社会科学基金重大项目“民法精神与建设社会主义法治文化民本模式研究”结项成果的基础上进一步修改而成。

2014 年 10 月 23 日，中共十八届四中全会通过了《中共中央关于全面推进依法治国若干重大问题的决定》(以下简称十八届四中全会《决定》)。同年 11 月，全国哲学社会科学规划办公室面向全国公开招标“研究阐释党的十八届四中全会精神 2014 年度国家社会科学基金重大项目(第三批)”，由本人担任首席专家投标的《民法精神与建设社会主义法治文化民本模式研究》项目有幸中标。这是大连海事大学法学院中标的第一个国家社科基金重大项目，也是学校中标的第一个属于基础理论研究领域的国家社科基金重大项目。承担这一项目研究，是本人的莫大荣誉，使我倍感责任重大，自然有一种使命感，并背负无形之压力。从 2015 年 2 月正式立项，到 2019 年 7 月完成项目研究，同年 9 月提交结项申请，12 月 6 日通过结项验收评审专家组的结项评审，获“优秀”成果评定，2020 年 1 月全国社科办颁发结项证书，历时整整 5 年完成项目研究任务，我终于舒缓一口气，可以让自己轻松一下，享受那些自在的生活。

2020 年 5 月 28 日，第十三届全国人大第三次会议通过了《中华人民共和国民法典》。中国民法典的编纂颁布，标志着以民法典为基础的我国社会主义市场经济法律体系的确立。民法典是“权利法典，民族魂魄”，确立了一个社会的基本秩序体系，夯实法治的制度基石。中国民法典的制定和编纂，是伴随我国整个改革开放的一个长期立法过程，是从制定各单一的民事立法到编纂成为统一民法典的一个立法整合过程，本人也正是在这一过程中开始学习和认识民法并进入民法哲学研究领域的。我个人思考和观察的一个结论是，中国作为一个历史上曾经是公权主导的专制国家，没有民法理念与民法治理的社会秩序传统，人们并不习惯于用民法的价值观和思维方式去认识和构造社会利益秩序，尤其是那种根深蒂固的公权至上和用公权代替和否定私权的传统人治观念，对中国的社会治理及其秩序形态的构成与运行，影响深远和重大。[1] 1992年5月，本人曾发表《重“权力”轻“权利”的法律意识与中国法制建设》一文，专门论及自己在这方面的一些思考，并一直作为自己观察和研究的对象。中国的法治建设，虽然离不开以民法典为基础的社会主义市场经济的法律体系，但是中国社会的法治建设与实现，根本是人的践行法治的精神与信仰。人是社会的行为主体，只有人的行为秩序与法治条件的契合，才是真正的法治形态，而这正是中国社会法治建设所需要的行为意识与生态秩序条件。因此，中国民法典的编纂，作为我国改革开放四十多年来立法探索与经验积累所形成的制度体系，虽然是一部固根本、稳预期、利长远的基础性法律，但是仅以这一制度形式不可能从根本上改变以人的行为条件为本体的社会生态秩序的现状，所以中国民法典的编纂出台，仅仅是完成了中国社会法治建设所需要的一个重要制度条件，而中国社会的法治建设则是一个漫长的社会秩序认知与行为文化的生成过程，需要从人的行为习惯与条件上根本解决法治的生态秩序生成与实现问题。

十八届四中全会《决定》指出：“法律的权威源自人民的内心拥护和真诚信仰。人民权益要靠法律保障，法律权威要靠人民维护。必须弘扬社会主义法治精神，建设社会主义法治文化，增强全社会厉行法治的积极性和主动性，形成守法光荣、违法可耻的社会氛围，使全体人民都成为社会主义法治的忠实崇尚者、自觉遵守者、坚定捍卫者。”这段论述深刻揭示了法治和法治文化的内涵和本质，即法律的真正权威并不是来源于其自身的规范形式以及国家力量对它的强制施行，而是人民在内心和意志上对它的普遍信仰与自觉遵从。人是法律行为的普遍主体，如果没有人们践行法律的主动行为及其行为秩序，也就没有法律对人的行为效力与现实权威，即使制定得再完备的法律，也只是徒有其形式而不是真实行之有效的生态规范。

人们对法律的信仰与遵从是一种法治精神，一切自觉的合法行为与秩序形态都是由人们的法治精神决定的，是一种行为意志的直接行为结果。如果说法律的形式是规范制度，那么法治的根本生态则是行为精神。我国的社会主义法

〔1〕 在每起披露出来的贪腐案件中，都是公权力的滥用，都能够直接或者间接地看到公权力在对待私权利上的不当作用和影响，都是对法治的严重破坏。

治文化建设根本是要实现法治及其秩序形态的行为化与生态化发展，而建设行为化与生态化的社会主义法治文化虽然离不开一定的法律与制度体系，但是更需要的是人作为行为主体所具有的内在法治精神。法治精神作为人们自主规范与自觉秩序的行为意志，直接支配和决定人们的现实行为，是法治与法治文化实现的社会生态秩序本质。一个社会只有具备全民守法的法治精神，才能够建设和形成具有社会行为化与生态化的法治文化，也才能够有真正的法治社会实现与发展。由于人的一切行为及其行为秩序都是由人的精神条件及其行为意志决定的结果，因此法治精神及其决定的个人行为秩序无疑构成了法治文化的生态根本，而其中民法精神作为市民社会的规范与秩序精神，是人本主义的社会生态秩序条件，构成建设社会主义法治文化的民本模式，属于本体与基础的社会行为精神，必然与法治精神具有本质联系与内在统一。

换言之，人本主义的民法精神作为市民社会的普遍规范与秩序精神，构成社会秩序构造的根本行为条件并具有社会生态秩序的本质。所以，建设以人为本的社会主义法治和法治文化，必须从根本上解决作为市民社会主体的人即行为主体的法治信仰与精神秩序问题。如果没有人的精神秩序及其行为条件，一切人类的社会理想及其秩序需求都不可能从生态和根本上实现与维持。建设以人为本的社会主义法治和法治文化，应当坚持以民法精神的生态秩序为基础的民本模式的建设路径与实践方案，从主体的行为精神上根本解决法治文化的生态构造问题。这就要求我国社会主义法治和法治文化建设，应当在“以人民为中心”和“坚持人民主体地位”的基础上弘扬作为市民社会的本体与生态条件的民法精神，提高全民族的自主构序能力，以个人行为秩序与社会主义法治条件的统一，实现个人自由与自律的社会主义法治和法治文化的生态化发展。

民法精神作为普遍的生态秩序精神，既是法治文化的主体性和意志性存在，又是法治文化的自然性与规定性条件。民法精神所代表的人类生态规范与秩序品质，并不是人的任意性，而是人的社会客观需求及其规范与秩序形态的真实性与规律性。[1] 法治文化作为人的行为文化既由于人的精神意志而变得复杂多样，也由于人的精神意志而可以取得和把握一种普遍的行为共识，从而形成和具

〔1〕 精神作为人的主体或者主观条件，也是作为人区别于其他动物的根本属性，换言之，在作为主体性上，或者在作为与客体的区别性上，精神是人的唯一真实性。精神看似主观和任意的，而实质上却是人的真实条件的反映，具有人类客观需求及其实现条件的规定性与规律性。

有全社会统一的规范条件与行为秩序。因此,法治和法治文化作为超越抽象的一般制度形式而由不同的主体意志决定和构成的行为体系,必须从主体的意识形态即人们的行为精神上解决法治文化的生态与本体秩序问题,即建设社会主义法治文化的民本模式应当从主体的内在意志与行为精神上,把握法治文化建设的规律性与规定性,客观揭示法治文化的生态秩序条件及其实现的本质。

精神是人类特有的本质属性,它从根本上构成了人类的社会意志品质,决定了人类的社会秩序及其法治文化形态,对于人类的客观利益需求及其实现的社会行为选择具有实质的规范性,表现为人类遵循自然生态的秩序条件并追求其社会文化与文明形态的秩序实现。培根指出:"在肉体方面,人类与野兽无异,如果在精神上再不追求神圣,那么人与禽兽就毫无区别……人心中具有一种神圣的理想和信仰,就可以激发出无限的意志和力量。"[1]精神一旦存在,必然作用于人的行为实践,支配人的行为秩序,成为决定人的行为关系的能动性因素,是自在自为的主体现实性。精神是人的客观利益需求的必然反映和产物,有什么样的客观利益需求,必然产生什么样的以特定利益为目的的行为精神,而由于人们的利益需求的自然性与普遍性,也就必然产生作为普遍利益条件的行为精神并支配人的利益行为,从而形成普遍的行为规范与生态秩序。因此,建设社会主义法治文化的民法精神,不仅是任意的,而且是行为表现与自主规范的,不仅构成建设社会主义法治文化的民本模式,而且具有自身的客观性与普遍性,是人类的自然与生态的法治条件,构成一个社会的法治与秩序的生态本体与根基。

"人的每种实践与选择,都以某种善为目的。所以有人就说,所有事物都以善为目的。"[2]所谓善或者善的目的,作为一种伦理品质,就是符合正义的秩序目的,在根本上是个人的符合生态规范的行为精神。正是由于人的社会本质及其作为社会主体的秩序条件,所以建设社会主义法治文化的民本模式,最终是对人的行为精神及其秩序品质提出的要求,需要人们作为行为主体具有符合社会构造所需要的精神品质与行为秩序,而这一精神与行为秩序,在根本上就是作为基础社会即市民社会的民法精神及其自由的行为秩序品质。以人为本的社会主义法治文化建设需要民本模式化,而民本模式的社会主义法治文化则需要民法

---

〔1〕 [英]弗兰西斯·培根:《培根人生论》,何新译,湖南文艺出版社 2012 年版,第 57 页。虽然培根的上述思想是作为批判无神论的观点出现的,但是无疑有助于我们认识精神与信仰的社会意义。

〔2〕 [古希腊]亚里士多德:《尼各马可伦理学》,廖申白译注,商务印书馆 2003 年版,第 3 页。

精神化，民法精神是行为化、秩序化与生态化的社会规范与秩序精神，必然构成以人为本的社会主义法治文化建设的内在条件与根本诉求，并对建设和实现我国社会主义法治和法治文化具有本体和决定的意义。

本书成果的研究内容和对象，虽然属于基础理论范畴，但是其中却有大量调研数据的运用及其分析结论，采用了实证分析的研究方法，这一研究方法在基础理论研究上的采用尚属少见，是所知的第一个采用这一研究方法的我国民法学基础理论研究成果。

王利民

2021 年 11 月 13 日

目 录

上 册

下　册

第五编　与时俱进：法治文化的民法精神转型

第六编　良法善治：法治文化的民法精神实践

导 论

本书系国家社会科学基金重大项目“民法精神与建设社会主义法治文化民本模式研究”(批准号:14ZDC022)结项成果。项目于2015年2月立项,2019年7月完成研究,同年12月结项。经过体系论证、数据调研、事证采集、资料收集,系统研究,最终形成本书成果。

一、本书研究的目的和意义

(一)研究的目的

本书在全面考察当代中国社会法治文化生态现状的基础上,提出以民法精神为基础的建设社会主义法治文化民本模式的系统理论,为中国特色社会主义法治文化建设提供一个可行的实施路径与方向选择。

(二)研究的意义

本书以“民法精神”为基础,以“民本模式”为架构,建构社会主义法治文化“生态秩序理论体系”。这一理论体系全面分析民法精神的基础法治文化意义;理性审思当代中国社会民法精神缺失的法治文化生态现状;科学认知我国社会主义法治文化的民法精神构造及其社会生态秩序的规律性与规定性;客观揭示社会主义法治文化的精神属性、行为条件、生态本质、秩序形态及其与民法精神的内在统一,对于建设新时代中国特色社会主义法治文化具有重要理论与实践意义。

二、本书主要内容、理论观点、对策建议

(一)主要内容

本书根据法治文化的民法精神属性决定法治文化的民法精神诉求,进而决

定法治文化的民法精神构造、转型与实践的内在逻辑与思维进路，系统论证和阐释了"民法精神与建设社会主义法治文化民本模式的一体与统一，形成了以民法精神为基础和本体的建设社会主义法治文化民本模式方案，从而为建设新时代中国特色社会主义法治文化提供了一种理论支撑与决策依据。

本书的主要内容与理论结构如图 0 - 1 所示：

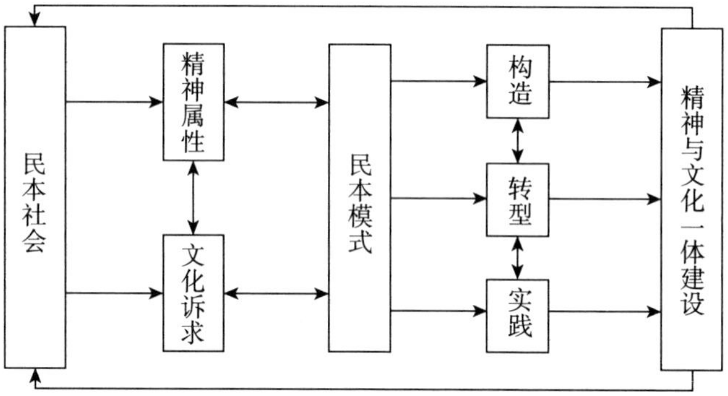

图 0 - 1　本书主要内容与理论结构

（二）理论观点

本书根据十八届四中全会决定提出的全面推进依法治国"总目标"，立足于"以民为本"的新时代中国特色社会主义法治文化，确立了作为民本的社会秩序精神——民法精神与建设社会主义法治文化民本模式的研究主题，形成了一个完整的民本法治文化的理论体系。

本书主题及其逻辑关系如图 0 - 2 所示：

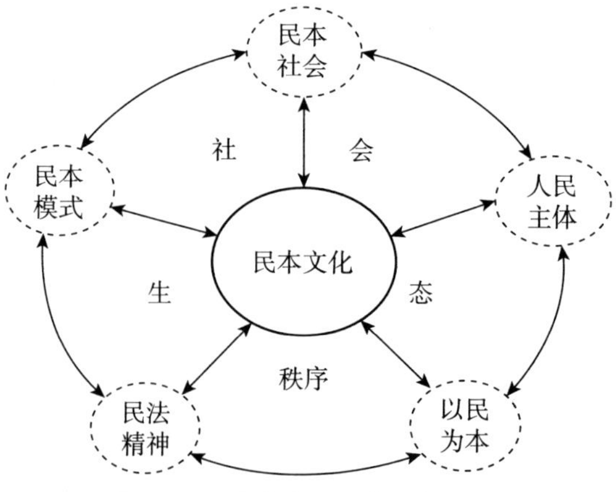

图 0 - 2　本书主题及其逻辑关系

本书的重要理论观点是：

1. 民法精神与建设社会主义法治文化的民本模式理论。基于对社会主义法治文化的人文主义的目的与价值分析，本书提出了以民法精神为基础的建设社会主义法治文化的民本模式理论。这一理论客观揭示了民法精神与建设社会主义法治文化民本模式及其秩序诉求的内在联系与统一。社会主义法治文化是具有民本价值与人文属性的社会生态秩序文化；社会主义法治文化的民本模式是符合社会生态秩序内在条件与要求的人文主义法治文化形态。法治文化的民本性既决定了建设社会主义法治文化的民本模式，又决定了法治文化民本模式的民法精神构造。对于法治文化的民本模式，市民社会构成其基础属性；人民主体构成其人格属性；以民为本构成其价值属性；个人利益构成其目的属性；民法调整构成其规范属性；意思自治构成其行为属性；道德自律构成其伦理属性；精神构序构成其生态属性。民法精神作为以民为本和人民主体的社会规范与秩序精神，是法治文化的民本化与生态化形态，展现了人民主体的自主构序的人文主义法治文化形态的本质，具有与社会主义法治文化的精神属性与价值诉求的内在统一性，从而决定建设社会主义法治文化民本模式必然需要完成民法精神的构造、转型与实践。

2. 人的客观利益及其实现需求对社会主义法治文化民本模式的规定性理论。基于对人的客观利益需求及其实现条件的揭示，本书形成了人的客观与自然利益需求对建设社会主义法治文化民本模式的规定性理论。这一理论明确了建设社会主义法治文化及其民本模式的一般条件、目的、价值与本位。法是人的“自然”社会现象，法治文化作为人的社会秩序文化，必然具有人或者人性的自然规定性，即人的客观利益需求及其实现的规定性与规律性。这一规定性与规律性必然构成建设社会主义法治文化民本模式的规定性与规律性，即以民为本，尊重人的客观利益需求及其实现的自然生态秩序条件与品质，以人的自主与自律的生态行为构造社会主义法治文化的民本文化形态。法治文化所遵循的人或者人性的规定性与规律性，就是法治文化以人或者人性为根据的一般性与普遍性，即法治文化的真理性。以此，可以发现和归纳出以市民社会为基础的法治文化的共同本质与秩序价值，形成尊重人的客观利益需求及其实现条件的建设社会主义法治文化民本模式的路径与方案。

3. 建设社会主义法治文化民本模式的行为秩序及其民法精神构造理论。基于市民社会与民法精神的秩序体系认知，本书确立了以市民社会的行为秩序为本体的建设社会主义法治文化民本模式的民法精神构造理论。这一理论全面论述了民法精神构造的社会主义法治文化的行为秩序属性,提出了以民法精神构造为基础的建设新时代中国特色社会主义法治文化民本模式。社会主义法治文化是以市民社会的民法精神秩序为基础的民本文化;民法精神构成社会主义法治文化的行为秩序体系。民法精神构造作为法治文化的民本形态,反映了市民社会秩序的主体性、行为性与生态性本质,构成法治文化民本模式的行为条件与秩序内涵。民法精神是法的精神与道德秩序的统一,法治文化的民法精神构造,既是法的精神构造,也是道德品质的秩序构造,是道德的自主与自律即自主构序的法治文化构造,是新时代中国特色社会主义法治文化建设的必然生态发展与选择。

4. 以人的自然为根据的建设社会主义法治文化的社会生态秩序理论。基于法治文化的自然秩序本质,本书实证了社会主义法治文化的生态秩序理论。民法精神是人的精神,法治文化是人的文化,既以人为目的,也以人为条件和根据,是人的本质需求与客观反映。人既是自然的产物,又是自然的存在,具有自然与生态的本质。人的生命与生存秩序,首先必然是一种自然生态秩序,然后才能够成为社会秩序,社会秩序根本是人的生态秩序,是人的自然生态秩序的社会关系形态,是人的自然生态秩序的社会意识形态化——社会现象化。没有脱离人的自然生态秩序条件的纯粹社会秩序,社会秩序即社会生态秩序是自然生态秩序的意识抽象与社会表达。应当充分认识社会和社会秩序——法治文化的生态性和生态文化的进化性及其规律性。建设社会主义法治文化的民本模式,就是生态秩序的构造模式,这一模式的构造形态,最终不是制度或者形式的,而是人的行为与精神的现实秩序体系。生态秩序既是法治文化的自然性,也是法治文化的真实性,应当从社会生态秩序上认识法治文化的本质并形成社会主义法治文化的社会生态秩序理论。民法精神具有与法治文化民本模式相统一的自然性、主体性、行为性和生态性本质,是建设社会主义法治文化民本模式的生态秩序条件与基础。

本书的社会生态秩序理论以对我国法治文化的生态现状的全国性调研数据与案例事例为根据。具体实证了中国社会民法精神实践及其法治文化生态的区域、城乡差别,以及司法和行政的缺位与错位,客观反映了我国社会在民法精神认知、接纳、信仰和行为上的普遍秩序性缺失及其构成的建设社会主义法治文化的重大生态障碍与不足。民法精神与建设社会主义法治文化民本模式,是社会主体对法治与社会秩序的理性认知与自觉实践模式,应当全面了解和客观认识我国社会存在的民法精神差异与缺失的法治文化生态现实,确立民法精神转型实践的社会主义法治文化建设发展目标。

(三)对策建议

1. 社会主义法治文化的民本模式及其民法精神构造的对策建议。社会主义法治文化是以人为本和人民主体的社会生态秩序文化,具有民本的价值属性和生态秩序本质。因此,应当确立社会主义法治文化建设的民本模式,并以民法精神的规范与秩序构造,实现民本模式的社会主义法治文化建设。

2. 社会主义法治文化的自然本质及其生态化建设的对策建议。社会主义法治文化是人的文化,具有人的自然生态秩序文化的本质属性。因此,建设社会主义法治文化的民本模式,应当尊重人的自然生态秩序即人的客观利益需求及其实现条件的规定性与规律性,以法治生态观认知法治文化并实现社会主义法治文化的生态建设与发展。

3. 法治文化的公、私权冲突与制衡及其私权优位保护的对策建议。基于社会结构的多元性,法治文化是公权和公法文化与私权和私法文化的统一体。在法治文化内部结构的公、私权冲突与制衡中,基于社会主义法治文化以人民为中心和坚持人民主体地位的民本性,应当实现私权优位与优先保护,这是建设社会主义法治文化民本模式的根本目的与要求。

4. 实证考察基础上的缩小城乡与区域生态秩序差别的对策建议。法治文化的民本模式,是人的社会生态秩序实现,应当以社会生态秩序的现实条件为根据。通过全国性调研所获取的实证数据结果,反映了我国社会城乡、区域差别的法治文化的生态秩序现状,这既是我国法治文化发展的生态秩序不平衡,也是我国法治文化形态的生态秩序缺失。因此,建设社会主义法治文化的民本模式及其生态秩序实现,应当解决差别的社会生态现实,最终实现社会主义法治文化的生态繁育与均衡发展。

三、学术与应用价值

(一)学术价值

1. 民法精神与法治文化的生态观与生态理论的价值。本书提出的民法精神与法治文化的生态观与生态理论,客观揭示了法治文化的社会生态秩序本质,在传统的法治文化的社会意识形态思维之外,为建设社会主义法治文化提出了新视角与新思路,对科学揭示社会主义法治文化的本质及其真实性与真理性,具有学术价值。

2. 民法精神与法治文化的利益规定性理论的价值。法治文化作为人的生态秩序文化最终是由人的客观利益需求及其实现的规定性决定的。本书基于对人的客观利益分析,提出的法治文化的利益规定性理论,对于客观认知建设社会主义法治文化及其民本模式的普遍性与规律性,具有学术价值。

3. 民法精神与法治文化的秩序品质与正义理论的价值。民法精神的建设社会主义法治文化民本模式,是以人的行为与秩序品质为根据的正义模式,人的秩序品质及其具有的社会正义性决定了法治文化的内在条件与生态属性。因此,建设社会主义法治文化的民本模式,是从根本上解决人的自主与自律的本体社会秩序的建设模式,从而对于理性认识我国社会主义法治文化建设的历史过程、社会使命与实现条件,具有学术价值。

4. 民法精神与法治文化的民本模式理论的价值。民法精神的人性本质及其决定的社会主义法治文化的民本模式,客观揭示了建设社会主义法治文化的民本目的性、民本利益性、民本行为性与民本秩序性,对于确立以民为本的社会主义法治文化的人性观与本位观,形成我国民本主义的法治文化理论与实践,具有学术价值。

(二)应用价值

1. 对社会主义法治文化制度建设的价值。基于建设社会主义法治文化的民本模式,社会主义法治文化的制度建设应当以民本为根据和目的,实现社会主义法治文化的民本制度建设。

2. 对社会主义法治文化行政建设的价值。基于社会主义法治文化的民本地位,社会主义法治文化的行政建设应当以权利保护和实现为目的,实现行政行为的私权目的化,形成私权对公权行使的有效制约与制衡,这既是衡量和检验社会主义法治文化民本实现的条件与标准,也是判定社会主义法治文化是否以民为本和实现民本目的的现实根据。

3. 对社会主义法治文化司法建设的价值。基于社会主义法治文化的民本利益,民事权利应当受到司法的公正保护。没有民本的公正司法文化,就没有民本的公正法治文化,这在根本上对我国司法实践的目标与目的提出了要求。

4. 对社会主义法治文化生态建设的价值。基于社会主义法治文化的民本条件,社会主义法治文化最终需要通过人的社会生态秩序实现。因此,建设社会主义法治文化应当重在提高和完善社会主体的自主与自律的行为秩序品质,并作为一个系统的社会生态工程与运动发展过程来认识和建设。

第一编

总　论

第一章

民法精神

一、引言

2014 年 10 月，十八届四中全会《决定》强调“以民为本”“弘扬社会主义法治精神，建设社会主义法治文化”。因此，需要回答：以民为本的体现是什么？社会主义法治精神的内涵是什么？[1]如何建设社会主义法治文化？法治或者法治文化作为一种社会秩序文化，根本是人的秩序形态，是由人的精神或者意志决定并支配的生态秩序——人的精神秩序决定了人的行为秩序。人的行为秩序一方面产生作为行为主体之间的行为关系秩序，另一方面产生作为行为对象和结

---

〔1〕 精神是“人的内心世界及其现象”。[《辞海》(第七版)第 3 卷，上海辞书出版社 2020 年版，第 2224 页]精神是“由社会存在决定的人的意识活动及其内容和成果的总称”。[《中国大百科全书》(第二版)第 12 卷，中国大百科全书出版社 2009 年版，第 139 页]精神“指人的意识、思维活动和一般心理状态”。(《现代汉语词典》，商务印书馆 2005 年版，第 721 页)精神指“人的意识、思维、神志等”。[路丽梅、王群会、江培英主编：《新编汉语辞海》(上)，光明日报出版社 2012 年版，第 683 页]即精神是人区别于其他事物的标志，是人特有的思维能力与情感，是决定人的社会行动的根据。人既是物质的，又是精神的，精神性是人的智慧生命性，也是人的生命本质性。一切社会现象，是人的现象，也就是人的精神现象。关于人的一切认识，都离不开对人的精神认识，所以根本上就是对人的精神认识。法治精神和民法精神，都是人的社会精神现象，必须考察这一现象的精神本质与内涵，从而发现其内在的规律性与规定性，并以其规律性与规定性为根据，揭示其在建设社会主义法治文化中的地位和作用。本书在民法精神基础上理解的“精神”，是指人的社会精神，即人的社会规范意识和内在秩序品质，是一个反映和代表人的社会价值的文化与文明的伦理范畴。

果的物质形态秩序。[1] 换言之,人的主观精神秩序是一切社会秩序的根本并具有社会生态的本质。不论是人的行为关系秩序,还是人的物质形态秩序,都是由人的精神秩序产生和决定的结果。因此,建设社会主义法治和法治文化,必须从根本上解决人即主体的精神秩序问题,如果没有人的精神秩序或者人的秩序信仰,一切现实的社会秩序结果都不可能从根本上实现。也就是说,建设社会主义法治文化的民本模式,必须从根本上解决主体问题,或者说从主体上解决根本问题。[2] 这就要求我国的社会主义法治和法治文化建设,必须在以民为本的基础上弘扬法治精神,提高全民族的自主构序能力,实现个人自由与自律的社会主义法治和法治文化,在根本上形成社会主义法治和法治文化实现的精神即意识形态条件。

精神既是法治和法治文化的主体性和意志性,又是法治和法治精神的自然性和自在性。也就是说,精神在它所代表的人类一般社会规范与秩序品质上,并不是人的任意性,而是人的客观需求与条件的直接反映,是人的真实性。[3] 法治和法治文化,既由于它的精神性而变得复杂多变,也由于它的精神性而可以把握并取得共识。因此,法治和法治文化作为一种意识形态,还必须从意识形态本身即作为主体的人的精神上解决问题。从人的精神上解决问题,就是从人的内

---

〔1〕 秩序是社会存在的根本条件,法治和法治文化是社会秩序实现的一种形态,是国家和社会治理的秩序实现的手段和条件。社会秩序的法治和法治文化实现,根本是人的社会行为的秩序实现。如果一个人不尊重他人的人格和财产权利而侵权,或者不信守和履行签订的合同而违约,这些都是人的行为关系无序的表现。我们应当承认一个事实,那就是目前我国社会中侵权和毁约等各种行为关系的无序现象还非常严重,明显表现出市场经济初期发展阶段的社会秩序不能自足的严重缺失状态。同样,当刚修好的马路就被破开重新施工;当刚建好的房屋、桥梁和其他基础设施很快倒塌损坏或者破烂不堪;当人们随地吐痰、丢弃垃圾和排放有害物质而破坏和污染环境;当公共财产或者设施得不得很好的保护和使用;当遭到毁坏的财产和物资得不到及时和很好的维护与修复;当制造产品和施工项目的质量得过且过、毫不用心而粗糙低劣;等等。我们漠视为他人提供的财产和产品的质量,我们不重视对我们依赖和使用的财产和财产环境的保护,这些都是社会物质形态的无序状态。我们同样应当承认一个事实,这些物质形态的无序状态,在我国有目共睹,非常严重。上述这些社会无序的现象和状态,不论是行为关系的,还是物质形态的,都是社会的法治和法治文化的缺失状态,而这些现象和状态的存在和发生,都是人的行为作用的结果,是人的精神无序的必然表现,需要从人的精神秩序上根本解决问题。

〔2〕 "那认识一切而不为任何事物所认识的,就是主体。因此,主体就是这世界的支柱,是一切现象,一切客体一贯的,经常作为前提的条件;原来凡是存在着的,就只是对于主体的存在。每人都可发现自己就是这么一个主体,不过只限于它在认识着的时候,而不在它是被认识的客体时。"([德]叔本华:《作为意志和表象的世界》,石冲白译,商务印书馆1982年版,第28页)

〔3〕 精神作为人的主体或者主观条件,也是作为人区别于其他动物的根本属性,换言之,在作为主体性上,或者在作为与客体的区别性上,精神是人的唯一真实性。精神看似主观和任意的,而实质上却是人的真实条件的反映,具有人类客观需求及其实现条件的规定性。

在条件上解决问题，也就是从根本上解决问题，即解决根本的问题。所以，建设社会主义法治文化的民本模式，必须从精神这一主体的内在条件上把握法治和法治文化的规律性与规定性，从而揭示法治和法治文化的本质。

马克思指出："精神本身只是物质的最高产物。"[1]反过来，精神也必然作用于物质。心无序则行无序，行无序则人无序，人无序则物无序。[2] "人的每种实践与选择，都以某种善为目的。所以有人就说，所有事物都以善为目的。"[3]所谓善或者善的目的，作为一种伦理品质，就是符合正义的秩序品质，在根本上是个人的行为精神条件。正是由于人的社会本质和社会的人的秩序本质，所以建设社会主义法治文化最终是对人的本质提出了要求，需要根本解决人的精神秩序问题。因此，我们认为，以民为本的社会主义法治文化建设需要模式化；社会主义的法治精神需要具象化、实在化；社会主义法治文化需要精神化、自序化。基于对社会主义法治文化与法治精神本质的总结，我们认为，这一切认识集中在一个概念——民法精神。民法精神是法治精神的具象形态，是制度化、行为化、秩序化和生态化的民本社会精神；民法精神是以民为本的精神，是民本社会的法治文化精神；以民为本的民法精神构成了建设社会主义法治文化的内在诉求与民本模式。民本社会坚持人民主体；人民主体应当以民为本；以民为本诉求民法精神；民法精神构成民本模式；民本模式建设民本文化——社会主义法治文化。

人类是需要一定精神的，精神不仅是人类作为智慧生命的条件，而且是人类

---

〔1〕《马克思恩格斯选集》(第4卷)，人民出版社1995年版，第227页。

〔2〕所谓物质决定精神或意识，是就物质是产生或者影响精神的条件而言的。精神是物质的产物，正如精神是人或者人脑的产物一样，是生物进化的结果。但是，精神一旦产生，就成为决定和支配人的行为与行为秩序的直接因素，是自在的而不是被动的存在。虽然一定的物质条件能够限制和影响人的精神，但是却不能根本决定人的精神及其行为状态，这就是在相同或者基本相同的物质条件下，人们的精神及其行为秩序表现存在或者可能存在较大差别的原因。因此，建设社会主义法治文化，培养人们的民法精神和法治精神，不仅需要一定的物质条件或者实现一定的物质条件满足，而且根本还是要从精神本身解决问题，即解决人的社会秩序的精神信仰问题。

〔3〕[古希腊]亚里士多德：《尼各马可伦理学》，廖申白译注，商务印书馆2003年版，第3页。

一切社会创造的条件。[1] 显然,作为社会关系的秩序条件,民法精神是人类的基础社会秩序精神,是建设社会主义法治文化民本模式的内在条件与本质内涵,对建设我国社会主义法治和法治文化具有本体和决定的意义。人类是智慧生物,精神构成了人的生命活力的本质,人的一切社会活动都离不开一定的精神支配条件。精神是人类特有的本质属性,它从根本上构成了人的全部意志品质,决定了人的内在生命条件和外在社会形态,对于人类利益实现的社会行为选择及其规范秩序具有实质的规定性。[2] 精神不仅表现为作为人的生命个体的意志品质与道德修养,而且表现为人类追求一定社会构造并遵循人的自然生态本质的社会文化与文明实现的规范秩序条件及其人文价值形态。"精神既是人类社会创造的根据,也是影响人类社会创造的条件。"[3]精神作为一种内化的人类规范条件与秩序品质,在根本上是构成人类社会构造的文化与文明的法治精神。建设社会主义法治文化必须从根本上解决法治精神这一人的内在运行的社会规范与秩序条件问题。建设社会主义法治和法治文化的根本模式,是法治精神的实现模式,而这一实现模式的基础模式应当是以民(人)为本和立足于民的民本模式,[4]而民本模式的法治精神条件和核心内容,自然就是以民为主体的民法及其民法精神。

---

〔1〕"在肉体方面,人类与野兽无异,如果在精神上再不追求神圣,那么人与禽兽就毫无区别。所以,无神论无益于人性的净化和升华。所有的动物,都需要借助一种信仰和崇拜才能提升自我的价值……人心中具有一种神圣的理想和信仰,就可以激发出无限的意志和力量。这种意志和力量假如不依托一种信仰,就不可能产生。"([英]弗兰西斯·培根:《培根人生论》,何新译,湖南文艺出版社 2012 年版,第 57 页)虽然培根的上述思想是作为批判无神论的观点出现的,但是对于我们认识精神与信仰对于人的社会意义无疑具有一定参考价值。

〔2〕关于"精神"一词使用的一般意义,有学者概括为三个方面:"第一,作为与物质相对应的意识范畴;第二,作为与人的外部形骸相对应的人的精神范畴;第三,作为一种'性质'或'属性'的概念,是指某种性质或属性中具有核心意义东西的范畴。"(易继明:《私法精神与制度选择——大陆法私法古典模式的历史含义》,中国政法大学出版社 2003 年版,第 22 页)

〔3〕王利民:《民法的精神构造:民法哲学的思考》,法律出版社 2010 年版,代序第 1 页。

〔4〕2003 年 10 月《中共中央关于完善社会主义市场经济体制若干问题的决定》提出了"以人为本"的科学发展观,即"坚持以人为本,树立全面、协调、可持续的发展观,促进经济社会和人的全面发展";十八届四中全会《决定》强调"要恪守以民为本、立法为民理念,贯彻社会主义核心价值观,使每一项立法都符合宪法精神、反映人民意志、得到人民拥护"。本书的"民本模式"概念,保持与十八届四中全会《决定》"以民为本"表述的统一。

二、民法精神的概念

(一)民法精神概念的提出

自20世纪90年代,随着我国社会主义市场经济体制的逐步建立,人们开始理性认识市场经济法律体系与民法体系、市场经济法律秩序与民法精神的内在联系。正是在这样的社会条件与时代背景下,学界提出了民法精神的概念并开始关注民法精神问题研究。就民法及民法精神与法制现代化的关系而言,有学者指出,"民法是现代法制的基础",[1]民法精神的"核心内涵是其他部门法现代化的指导思想,集中体现了法制现代化的理论价值观念"。[2] 并且认为,整个"西方法理学主要是民法精神的总结和升华"。[3] 有学者以民法的精神主旨,即主体意识、意思自治、公平公正、效率价值、人本主义为依托,将市场经济条件下现代法的精神概括为五个方面:权利本位,是现代法精神之首要因素;契约自由,是现代法精神之内核;宏观调控,是现代法精神之政策基础;效率居先,是现代法精神之价值指向;人文主义,是现代法精神之哲学基础。[4] 关于民法精神的基本内涵,也有初步的认识和概括:有学者从契约自由观念、权利义务观念和主体意识三个方面概括了民法精神的内涵。[5] 关于民法精神的本质,有学者将民法精神概括为民法的理性、民法的理念和民法的理想。[6] 也有学者认为,民法精神是指权利神圣、身份平等和私法自治。[7] 还有学者认为,"民法精神:生命人人格平等,也就是禁止任何人把自己的意志强加于人……简单地说,民法精神者,'亡忠孝(等级)'也"。[8] 另有学者认为,"民法的精神应界定在四个方面——平等、公平、诚信与人格"。[9] 有学者以比较法和民法史学方法论为视角,从六个方面概括了中西民法精神的文化差异:守成型—开拓型:冒险性探讨;

---

[1] 郝铁川:《民法精神与中国法理学的重构》,载《法学》1994年第12期。

[2] 王歌雅:《民法的精神与道德的基础》,载《学术交流》2005年第7期。

[3] 郝铁川:《民法精神与中国法理学的重构》,载《法学》1994年第12期。

[4] 参见张文显:《市场经济与现代法的精神论略》,载《中国法学》1994年第6期。

[5] 参见章礼强:《民法精神论》,载《安徽教育学院学报》,1996年第4期;王瑞全:《民法精神溯源——兼论民法与市民法的关系》,载《北方论丛》2005年第4期。

[6] 黄金桥:《民法精神与构建和谐社会》,载《实事求是》2006年第5期。

[7] 石春玲:《民法与和谐社会的精神共鸣》,载《政法论丛》2006年第2期。

[8] 李锡鹤:《民法原理论稿》,法律出版社2009年版,第91、92页。

[9] 王歌雅:《民法的精神与道德的基础》,载《学术交流》2005年第7期。

共有型—独立财产型:所有制类型选择;人情型—法治型:道德与法律;序列人格—平等人格:家庭与社会;习惯法—成文法:官府与民间;教化型—权利型:伦理与法律。[1] 以上有关民法精神的各种观点,从不同侧面和角度概括了民法精神的本质内涵,为认识和理解民法精神奠定了理论基础,特别是从中西民法文化的差异层面观察民法精神的内涵,更具有启发意义。不过,以上研究,还不是关于民法精神问题的专门和系统研究,对民法精神的认识和把握还局限在民法制度的一般特征或者基本原则层面,对民法精神的本质缺乏更为深度而明确的系统认知。对于被民法原则化或者规范化的"民法精神",与其说是民法的精神,不如说是民法制度本身。

2010年版的《民法的精神构造》一书,从价值论、本质论、原则论、文化论和发展论五个方面,系统地论述了民法精神理论。该书认为,"民法的一切问题决定于民法的精神,民法精神之外不能有正确的民法和民法实践"。并认为"民法的精神,是决定民法价值原则的因素,是民法的规定性,而不是民法的规定性结果",并把民法精神概括为"人性——民法的自然精神、道德——民法的规范精神、正义——民法的目的精神"三个方面。该书强调:"民法的精神不仅集中体现于民法的原则,而且是通过制度和文化的形式构造和存在的,是一个历史发展的形态。对民法的精神构造应当进行历史文化与社会传统等多方面的考察。民法的精神是一种人文的精神,是民法的精神文化构造,是民法的思想意识与价值观念,它是在长期的历史积淀中形成的,是一种根植于民族内心的社会传统;民法的精神是一种社会构造,这一构造是一个系统的社会工程,只能从社会结构内部和整个社会系统中实现民法的精神,既没有脱离于社会和社会关系的单纯民法精神存在,亦不可能抛开一定的社会或者社会条件孤立地看待民法精神现象。"该书指出:"虽然民法的精神并不是民法本身,但是民法精神亦不是单纯的人文精神。它是一种规范的精神,是一种社会行为精神,它追求社会秩序的价值实现,是通过民法的制度形式表现与实现的精神。什么样的民法制度表现什么样的民法精神,而民法精神作为一种特定的人文精神,只能通过特定的民法制度来表现,成为由特定民法制度构造的精神,这就提出了对民法制度及其体系构造的要求。"该书主张:"民法的精神,作为具有特定价值内涵的社会精神,是一种

---

〔1〕 刘云生:《中西民法精神比较论纲——兼论民法史学方法论构建》,载《法律科学》2007年第3期。

一元的文化精神。虽然它并不排斥在一元化基础上的多元化或者混合化发展，但是它在根本上是一致的或者趋同化的精神，是一种一般性和普适性的精神，否则，就不存在民法的精神，这是民法精神存在和认识的基础。”该书特别强调，“我们认识的民法精神，是能够给人类带来共同理性与一元秩序的精神，是真正的属于人性本质的精神”。[1]

（二）民法精神概念的定义

考察民法精神的本质，应以人的基本生存条件和发展需要为根据，从民法的社会规范属性和推进法治生态秩序的文化价值属性进行一体认识。民法精神是以民为本的民法规范的社会精神，它反映市场经济与民本社会的基本秩序价值，是与社会主义宪法精神相统一的民法规范意识，是贯穿社会主义法治精神的民法思想原则。[2] 民法精神作为以民为本和反映人民在民事关系中主体地位的法律精神，是以宪法精神为根据的基础法治精神。

民法精神蕴含人类法治文化一般发展的共同价值。虽然不同的民族和社会有不同的民法精神，但是建立在民本社会和商品经济关系基础上的民法精神，具有人类法治文化一般发展的价值属性，是人类共同的法治文化遗产，可以为我国社会主义民法精神的形成所借鉴并构成其合理条件，从而丰富我国社会主义民法精神的内涵并实现其科学性、先进性发展。因此，国外不同社会和文明的民法精神及其法治文化优秀成果，可以为我国民法精神与法治文化建设提供全面丰富的材料，并打开更开阔的视野。

民法精神是民族化的法治精神，承载民族的传统与文化。民法精神是基础的法治精神，从属于法治文化，法治文化反映民法精神。法治文化不是简单地反映民法精神，而是反映民族化的民法精神，承载着民族的传统与文化。不同社会有不同的传统与文化，也有不同的民法精神。不论是《法国民法典》的诞生，还是《德国民法典》的制定，都充分反映了一个国家民法制度及其所承载的法治文化的民族特性与品格。同样，中国民法典的编纂，也必然反映中国社会的民法精神传统，代表中国社会的法治文化条件的民法精神总结及其本质。

---

〔1〕 王利民:《民法的精神构造:民法哲学的思考》，法律出版社 2010 年版，代序第 1 ~18 页。

〔2〕 民法是权利法，民法精神作为民法的精神，是一种权利精神。权利是以一定的社会规范形式赋予人们的为了实现一定的人身与财产利益目的而可为一定支配或者请求行为的行为自由。权利是人类文明社会所具有的一种实质性要素，它既是人的利益实现的条件，也是人的基本价值需求，并代表了人类一种基本的社会秩序体系，是人类社会文明进步不可少的秩序形态与行为动力。

三、民法精神的本质性

秩序性是民法精神的本质属性，民法精神的秩序性本质决定了它在建设社会主义法治文化民本模式中的地位和作用、功能与价值。

（一）民法精神是社会自主构序的法治能力

民法精神作为社会主体自律的规范意识和以民为本的社会法治精神，是体现人民主体地位的社会自主构序的法治能力。民法是调整市民社会关系即个人社会的法律，其本质是私法。[1] 私法的秩序条件与自然法则是意思自治，即当事人可以根据自己的意思自主实施法律行为，为自己设定权利义务关系，法律承认并维护这一关系的效力。私法的意思自治，反映私法调整的私人社会关系的行为条件及其自由本质，是市民社会的自然生态秩序的精神与灵魂，是民法的根本价值与要义。意思自治既是民事主体行为规范的普遍要求，是一种自主构序的社会规范与秩序条件，也是以民为本的个人社会秩序及其法治文化构造的精神本质。

意思自治反映了市民社会的本质条件和要求。一方面，民事主体具有法律行为的自由，可以根据自己的意志为自己设定和实现一定的权利义务关系；另一方面，这一自由的社会秩序是个人行为秩序，要求行为人必须具有自由和实现自由的个人秩序条件即自主构序的能力，以满足意思自治的自由与自由秩序的本质要求。因此，民法精神作为市民社会秩序构造的自由秩序精神，具有自主构序的本质，是一种自主构序的社会行为能力。而这种个人的自由秩序能力，在根本上是一种法治能力，是一个社会实现自由和法治的个人秩序条件。任何一个社会，都不可能有超越民法精神即社会主体自主构序能力的法治和法治文化的生

〔1〕 黑格尔把个人从家庭关系中抽象出来，这样，个人成为市民社会的子女，市民社会对他得提出要求。他对市民社会也可主张权利。“当然，家庭应该照料个人的生活，但它在市民社会中是从属的东西，它只构成基础，它的活动范围还不这末广泛。反之，市民社会才是惊人的权力，它把人扯到它自身一边来，要求他替它工作，要求他的一切都通过它，并依赖它而活动。如果人在市民社会中是这样一个成员，他对市民社会所得主张的权利和提出的请求，就应同他已往对家庭所主张的和提出的一样。”（［德］黑格尔：《法哲学原理》，范扬、张企泰译，商务印书馆 1961 年版，第 241 页）我们认为，市民社会是用来概括和反映个人或者私人社会的一个传统概念。市民社会作为以商品经济为基础的个人或者私人社会，起源于城市社会，是城市社会的以平等为条件的个人或者私人的人身与财产关系；其典型的起源形式，是古罗马城市国家以“市民”的人格条件为基础的社会形态。然而，市民社会作为真正的社会，并没有传统法哲学理论所概括的那么抽象和复杂。

态发展。

追求自由是人的自然本性,而实现自由则是人的社会条件。实现自由需要与个人自由的秩序条件相适应的秩序能力。这种秩序能力,不仅是个人的自然生态需求,而且是社会生态的法律条件,是需要通过法律统一赋予的主体地位,即以法律——主要是民法对个人或者社会主体的独立人格及其自由的社会主体地位的普遍确认为前提。一方面,人格独立确认了特定主体在社会关系中的能动地位及其意志的作用;另一方面,主体人格地位的普遍确认使通过主体意志的自主行为及其行为秩序的自由建立成为可能。然而,法律的自由与秩序人格的赋予仅仅是法律上的形式条件,要把法律上的形式条件转化为现实的社会生态条件,则必须有主体自身与法律的条件要求相适应的自主构序的社会行为能力,从而把法律的形式条件以自由与自主的行为转化为现实的社会生态秩序。

"社会——不管其形式如何"它"是人们交互活动的产物"。〔1〕社会秩序,并不是法律规定的秩序,而是人们的社会行为秩序,社会秩序的构造和形成,是人们自主构序能力及其条件和水平的结果。人们各种交换活动的社会实质,是以社会秩序形态出现的主体间自由意志的平等对话与协商,是根据自主意志达成的社会秩序共识,从而以主体的自主社会秩序条件满足主体自身的交换目的,其中主要是民法上的人身与财产利益目的。这样,自由"在私法自治的框架中得以制度化……正是基于私法自治这一理念,才使得人的行为自由得以初步实现"。〔2〕私法自治的民法秩序条件通过个人自主构序的行为秩序转换,为满足个体自主安排和实现其意志及行为自由提供了制度条件,同时也使社会关系的秩序构造建立于自主构序的主体能力条件。自主构序的行为与秩序能力,作为国家和社会认可的普遍行为秩序,既具有民法精神的本质,也自然生成以民法精神为条件的民法文化及其民本的社会秩序构造模式。因此,在私法自治基础上形成的社会秩序的自主构造模式,与其说是民法的基本原则的作用,毋宁说是社会自然生态秩序的必然形态。民事主体普遍的自主构序的能力作为社会的普遍秩序条件,在构成社会法治能力的同时,进一步孕育了整个社会的民法精神与法治文化的民本构造,培养了社会成员普遍的自治与自律——人民主体性创造与社会生态性发展的统一。私法自治是一种自在自为的高度自觉的行为秩序形

〔1〕《马克思恩格斯选集》(第4卷),人民出版社1995年版,第533页。
〔2〕韩伟:《私法自治研究——基于社会变迁的视角》,山东人民出版社2012年版,序第1页。

态,是人民主体普遍自主构序的法治能力的推进与提升的制度条件。自治与自律的自主构序能力是社会主义法治文化的主体条件和民本内涵。私法自治与自主构序即民法精神的社会主义法治文化的主体性构造和生态性发展,是建设社会主义法治文化民本模式的根本所在。

(二)民法精神是市场经济关系的规范条件

民法是市场经济关系的法,以民法形式所反映的民法精神是市场经济的规范条件。民法与市场经济具有天然的本质联系,民法所调整的社会关系,是市场或者商品经济关系,或者是以这一关系的价值为基础的社会关系。市场经济作为市民社会关系的条件,具有自由与自在的本性,正是这一本性决定了市场经济关系的规范与秩序形态的民法精神本质。市场经济的自由作为一种契约自由或者民法精神自由,是一种规范与秩序的自由。正如卢梭所言:“人生而自由平等,却无往不在枷锁之中。”[1]这个枷锁作为自由的条件,就是规范和秩序。市场经济的自由秩序决定了民法精神在这一秩序构造中的基础地位,而市场经济主体的民法精神条件及其自然的民法精神追求,是市场经济主体的利益需求及其实现条件的规定性,反映了市场经济秩序的人性自由要求及其秩序实现的人性本质。市场经济关系是人的主体性、独立性、能动性、创造性得以充分展现的社会生产与生活方式,这一方式的社会规范条件,是以平等、自由、公平、公序和诚信等价值原则为核心的体现和反映民法精神的秩序体系。因此,“每一项民法的基本原则,都代表了民法的一种精神,这种精神构成了民法的本质”。[2] 民法精神建立在以民法调整为主的市场经济关系的基础之上,具有市场经济关系的法治精神属性。民法精神是市场经济的秩序精神与理性精神,代表和反映市场经济关系的一般规范条件。市场经济贯彻民法精神的基本价值原则,并以民法精神的价值原则及其制度反映市民经济的人文秩序本质。

民法精神作为市场经济的规范条件,有两个方面的含义。一方面,市场经济关系的法律规范,主体是民法规范,民法应当具有民法精神的价值,体现民法精神的基本原则和要求,并以民法精神代表和反映民法的本质。换言之,不具有民法精神或者不能充分体现民法精神的民法,就是不能根本反映市场经济的规范

---

〔1〕 [法]卢梭:《社会契约论》,何兆武译,商务印书馆 2003 年版,第 4 页。
〔2〕 王利民:《民法的精神构造:民法哲学的思考》,法律出版社 2010 年版,第 335 页。

条件要求的法律,也就不是真正意义上的民法或者不是好的民法。[1] 另一方面,作为市场经济规范条件的民法精神,不仅是体现在民法形式中的精神,而且是市场经济主体的行为规范精神,是社会的生态秩序精神。市场经济的规范是一种自由的规范,调整市场经济关系的民法,是任意法,因此,以民法形式反映和确定的民法精神,只有内化为市场主体的自主规范精神,才能够形成和维护市场经济的自由秩序即法治秩序。

民法精神作为市场经济的规范条件,是民法原则与制度的核心。它要求在市场经济条件下,以民法的基本法形式赋予市场主体以民事主体的平等身份,保证每个市场主体都能够以平等的民事主体身份进入市场交换领域并建立和运行市场经济关系,实现市场经济的利益目的。市场主体的民事主体化,就是确立市场主体作为民事主体的独立法律地位,承认和尊重市场主体的自主人格及其市场行为的自由价值。体现民法精神的人格平等与自由交换,是市场经济的基本规范与常态秩序。可以说,人格独立与平等和行为自治与自由,不仅是市场经济的规范精神,而且是市场经济的伦理基础,代表了市场经济关系的合理性,是市场经济规范与秩序建立的基本要求和根据。总之,以民法精神确立的市场经济规范,要求在市场交易的相互关系中,当事人遵守利益衡平、诚实信用和公序良俗的基本道德规范与秩序,既承认市场主体的行为自由,又禁止自由的权利滥用,从而建立和形成以民法精神为核心价值的市场经济关系的规范体系,实现市场经济的有序运行与法治生态。

(三)民法精神是民本社会秩序的法治形态

民法精神是市民社会的规范精神,也就是以民为本或者民本社会的秩序精神。这种精神,作为一种主体自主构序的社会生态秩序精神,是一种法治精神,是民本社会秩序形态的法治化。所谓“民本社会秩序形态的法治化”,是指民法精神及其以法律为根据的自主实现的社会生态秩序是民本社会的自然生态秩序的法治形态。换言之,民本社会的自然生态秩序在民法精神的规范与秩序条件的构造下具有了法治的社会秩序性,即民法精神条件的民本社会秩序形态体现法治的价值,具有法治的本质,是一种法治的社会秩序形态。也就是说,民法精神具有民本社会的生态秩序的本质,代表了民本社会的规范与秩序条件及其自

---

〔1〕 如20世纪80年代,我国改革开放初期制定的体现国家计划和政策等公法条件的《经济合同法》等“民事法律”,就属于这类立法。

主构序的法治化形态。

民法精神的法治化，即民法精神的民本化，既是民法精神的社会生态本质，也是民法精神的根本价值取向，是民法精神的规范与秩序的对象条件要求。民本的实质是以民为本，是对人和人的价值的普遍承认和尊重，是人性条件作为民法的规定性以民法精神的价值形式在民法所调整的社会关系中得到充分的承认和实现，是民本社会的利益需求及其实现条件的民法精神化与生态秩序化。

民法精神的社会化，是民法精神作为一种民本社会的普遍秩序精神，是社会化的秩序共识。一方面，民法精神不仅得到社会的普遍认同和接受，而且成为社会的普遍秩序信仰；另一方面，民法精神已经超越民法范畴而向其他社会关系与秩序领域延伸和拓展，并发挥其秩序与价值影响，从而使民法精神的作用在广度和深度上得到全面升华。在一定意义上，民法是一个国家法律体系的基础，其他各种法或者法律部门都是从不同方面对民法调整的人身与财产关系进一步保护的条件，或者说，它们是为实现民事权利的充分保护所需要的一种法律条件和环境。作为民法精神集中概括和体现的民法基本原则，在市场经济社会的条件下，构成社会生活的最基本的价值准则。近代国家宪法思想、社会契约论、公法与私法理论的形成与发展，行政法中的国家与个人的关系、国家侵权行为与赔偿责任制度的建立等，都直接或者间接地建立于民法和民法精神的价值基础。

民法精神的规范化，是民法精神的形式规范化与行为规范化的统一。一方面是体现于民法形式的民法精神规范，民法形式构成了民法精神的客观载体，没有民法也就没有通过民法形式表现的民法精神，即民法精神是民法形式的外在规范精神；另一方面，是以社会主体的行为自律所表现的行为规范，即民法精神是主体条件的内在规范精神。在民法精神的形式规范化中，民法规范和民法体系是主要和基础的民法精神形式，民法的法典化与体系化不过是以制度化的形式所表现的一个民法精神的规范体系。“大陆法系的民法发展，是以法典化即一种基于理性的精神设计而形成的可以普遍理解的形式表现出来的。”[1]因此，“对于大陆法系来说，制定法典的意义并在于通过立法者采用成文编纂的方式表达一种规范的形式，而在于通过法典化的系统表达的一个规范的思想体系，因此大陆法系的法典编纂是一种以自己独特的方法和使用自己独特的概念表达自

〔1〕 王利民:《民法的精神构造:民法哲学的思考》,法律出版社 2010 年版,第 593 页。

己独特的原则和思想的过程”。[1] 这种民法的规范化与体系化，既以民法精神为根据，体现民法精神的规定性，又表现民法精神的条件和价值，在根本上是民法精神的规范化实现与发展。

民法精神的行为化与秩序化是民法精神的社会生态化。一方面，民法精神作为人或者人性的精神，反映人的自然生态本质，是人的自然生态精神；另一方面，民法精神在通过民法的实在规范与主体的行为秩序实现与实践中又使自己的自然生态性被以民法的形式社会化和以主体的秩序生态化。民法精神的社会生态化的意义，既是民法精神作为社会秩序条件的普遍化、统一化和国家强制化，又是民法精神作为实然社会秩序的主体化、意志化与生活形态化，是民法精神的法治文明化。由于个人的行为秩序受个人利益条件的意志性驱使，所以民法精神作为一种秩序化与生态化的精神在法律规范的秩序化与生态化实现中具有特别重要的作用和意义。在社会法治与秩序的构造中，虽然创造物质与客观的法治条件固然重要，但是在根本上培育社会主体的法治精神则更为重要。民法精神作为人和人性的内在要求，与其说是民法的形式创造，毋宁说是人对自身的内在自然生态秩序条件的本质认识和发现。因此，无须每一个人都要具备一种专业或者专门的民法概念与规范认识，而只须将民法精神内化为自己的道德品质与行为秩序，就足以全面实现社会生活的法治形态化。

（四）民法精神与全面推进依法治国原则的统一

“法治建设的表现形式是多样的，不同的国家和地区的法治建设可以有不同的实现方式。中国的法治建设，应当是建设‘中国特色’的法治。广义地说‘中国特色’，不仅是要考虑西方法治的成功经验，而且也要考虑到法治在中国发展的可适用性和适应性问题。西方法治发展模式之所以能够促成了西方法治的成功实现，是因为它的具体制度设计适合西方价值和主体需求。中国的法治建设是在中国广袤大地上进行的，也应当适用于中国人民，应当满足中国人民的需要，而不能简单搬用西方的法治理论。”[2] 中国的法治与法治文化建设，一定要和中国的社会实践相结合，走具有中国特色的法治发展道路，坚持具有中国特色的法治原则。虽然中国的法治和法治文化是人类法治文化与文明的一部分，应当借鉴和吸引人类先进法治文化的一般价值和普遍条件，但是，这些价值和条

---

〔1〕 王利民：《民法的精神构造：民法哲学的思考》，法律出版社 2010 年版，第 595 页。

〔2〕 刘丹：《全面推进依法治国若干重大问题的思考》，中国友谊出版公司 2014 年版，第 33 页。

件只有融入中国社会的法治发展并构成民族的法治文化因素才能够在中国的法治和法治文化建设中发挥作用。

中国社会的民法精神，是与实现依法治国总目标的基本原则相统一的社会秩序精神。社会主义法治原则必然反映社会主义法治精神和民法精神，而社会主义的法治精神和民法精神也必然遵循社会主义法治原则，实现社会主义法治精神和民法精神与法治原则的统一和一体发展。民法精神是推进和建设社会主义法治文化的基本社会精神，反映社会主义法治文化的基础价值和原则，构成社会主义法治原则的基本条件和实质内容。[1] 因此，我们不可能在民法精神这一具体的社会秩序精神之外单纯地探讨和认识社会主义法治原则。

全面推进依法治国必须坚持党的领导原则。党的领导，以人民利益为目的，尊重人民价值选择，必须体现以人民为主体的民法精神。坚持人民主体地位原则，就是坚持人民是依法治国和建设社会主义法治文化的主体和力量源泉。人民主体地位，主要表现为人民的政治主体地位和民事主体地位两个方面，其中人民的民事主体地位是基础，没有了人民的民事主体地位，也就没有了人民的政治主体地位。[2] 换言之，人民的政治主体地位以人民的民事主体地位为基础，是人民的民事主体地位的必然要求，最终是由人民的民事主体地位决定的。然而，人民主体地位的落实和实现，除了一定的制度或者法律条件外，更需要人民主体自身的践行法治的条件和能力，其核心是人民主体自主的社会秩序精神即民法精神。坚持法律面前人人平等原则，“对于强化社会主义法治理念、推进法治中国建设进程具有十分重要的意义”。[3] 坚持依法治国和以德治国相结合原则，就是坚持他律和自律的结合。坚持从中国实际出发

---

〔1〕 在大陆法系国家，作为市场经济法律条件的民法，一般是地位仅次于宪法的基本法。从一个国家法律体系的实质内涵和基本价值上，民法的制度体系及其确立的价值原则与宪法以外的其他法律部门相比，无不具有基础和特别的意义，而一个国家和社会的法治原则，也多从民法的价值原则中演变和发展过来。民法的自由、平等、公平、诚信、公序、良俗等价值原则，构成一个国家法律体系和法治的基础价值与原则。因此，法的其他部门只是从民法的原则出发，对民法基本原则的延伸与扩展的结果。（参见孙宪忠：《用民法的精神重塑我国社会》，载《法学论坛》2000 年第 1 期）

〔2〕 因此，改革开放以来，我国的社会发展和进步，根本是人民主体地位的发展和进步，是人民主体地位得到了普遍的承认、尊重和提高，是从根本改善人民生活，满足人民的基础利益即民事利益，提高人民的民事主体地位开始和实现的。

〔3〕 潘盛洲：《全面推进依法治国必须坚持法律面前人人平等》，载《〈中共中央关于全面推进依法治国若干重大问题的决定〉辅导读本》，人民出版社 2014 年版，第 47 页。

原则,就是以中国社会实际为根据,建设具有中国特色的社会主义法治和法治文化。从中国实际出发,既要以解决中国社会的实际问题为目的,也要以中国社会的实际情况为根据,更要基于中国社会的实际条件,在中国社会的民族传统和人文精神的基础上,立足于人民主体和以民为本的民法精神,建设自己的法治和法治文化。

四、民法精神的本体性

民法精神的本体性,[1]也就是民法精神的人类自体性或者自然性。民法精神的本体性是民法精神的一种原生性本质,是民法精神本质性的根据。民法精神作为人的社会秩序精神,虽然具有人的主观性,但它根本是由人的客观性决定的,具有人类的自然生态性及其内在的规律性与规定性。人既是自然的产物,也是自然的一部分,不论是人类的生物性还是社会性发展,都必然以人的自然为根据并由人的自然所决定,构成一种自然生态的存在和条件。[2] 民法精神作为人的最基础的社会精神,也是人的最根本的自然精神。虽然民法精神作为法学概念是现代民法理论发展的结果,但是民法精神本身则是人类恒久的社会精神,自从有了人类和人类社会就必然有了人类维续社会生存的"民法"精神。[3] 人类社会的发展是一个不断走向完善的社会秩序构造过程,民法与其他法的现象一样,是人类社会秩序构造发展到一定阶段的产物,是社会本体秩序形态的实在法外化形式,它反映人类自然生态秩序的本体存在,具有人类自然生态秩序的规定性。也就是说,民法和民法精神不仅是决定因素而且是被决定因素,不仅具有确定性而且具有被确定性,民法和民法精神是人类自然生态秩序的条件反映和表现形式,是由民法和民法精神以外的人类本体秩序形态决定的,在民法和民法精神之外有一种超越民法和民法精神的人类自然生态秩序的本体形态。"每一个民法上的人身与财产制度都是私人社会或者民事主体人身和

---

〔1〕"本体"(Ontology)是西方哲学的一个概念,是指存有本身,即一切实在或者现实事物的最终本性或者存在,是与现象对立的"自在之物"。本书所谓的本体,是一个规范伦理学的概念,即作为民法精神之根本的人类自体的规范性或者秩序性存在。

〔2〕民法精神作为一种自主构序的道德精神,其本体性是一种道德的本体性,而道德的本体性根本是以人的自然或者人性为根据的,归根结底是一种人性的本体性。详见本书第三编(第十章)"自律构序的道德诉求"和第四编(第十五章)"民法精神的道德本体构造"的相关部分。

〔3〕虽然在民法形式产生以前人类不可能有所谓"民法范畴"的民法精神概念和认识,但是作为"民法"精神的人类自然生态秩序则自从人类自延生之日起就已经产生并以本体的道德条件存在了。

财产自由的外在形式,内含着人类本体性的人身与财产自由的本质要求及其普遍性和必然性的秩序性条件。这种人身和财产自由的普遍性和必然性及其秩序条件就是民法的本质并构成民法的应然法则与本体构造——民法的精神本质。"[1]民法和民法精神的人类自然生态秩序的规定性,根本是人和人性的规定性,是人类利益需求及其实现的规定性。作为人的自然生态本质的私人社会关系及其秩序形态,既是民法的调整对象,也是民法精神的目的与根据并决定了民法精神的本体内涵。

(一)民法精神的民本性

民法精神是人的自主社会秩序精神,它既以人为主体,也以人为目的,是人本或者民本社会的以民为本的民本精神。[2] 民法精神根于民、生于民、本于民,具有民本的本体性。民法精神的民本性,反映了民法精神的人性和人性的自然性,是民法精神的民本社会的规律性与规定性。[3] 民法精神作为反映人的利益需求及其实现的规定性的精神,根本是一种人性的精神,具有人性的自然性的本质属性,离不开人性的自然性给定的社会生态条件。民法精神作为人的社会精神,只有从人性中才能够找到它的民本性。人性不是个人或者个别人的属性,而是人类共同的属性,是人的普遍性和一般性。不论什么人都具有共同的人性。"凡人之性者,尧舜之与桀跖,其性一也;君子之与小人,其性一也。"人性首先是人的自然性,然后才是人的社会性,并且只有在人性的自然性中才能找到人性的本质,包括

---

[1] 王利民:《论民法的精神》,法律出版社2015年版,第41页。

[2] 民本作为政治学的概念,是与官本相对的一种官德建设的伦理思想。换言之,民本是对政治社会提出的要求,是政治社会与个人社会的关系问题。任何一种社会统治,官与民都是基本的社会矛盾范畴,而任何一个社会的统治者都要通过"重民"来证明自己统治的合理性,从而都要提出一定的民本思想。在这个意义上的民本思想非常丰富。西方自然法理论认为:"人本主义社会的拥护者最看重将自然物品用来服务于人的、首先的、精神的内在满足和人的自治自由的能力,并将其视为人的尊严的首要标志。"([法]雅克·马里旦:《自然法:理论与实践的反思》,鞠成伟译,中国法制出版社2009年版,第70页)"学术界关于'民本'的阐释林林总总,但均与民的利益密切相关,均是为了提升民众之利益,捍卫民众之尊严。一言以蔽之,民本即是在政治生活中,以'民'作为官员行政的灵魂和核心,以关注民之利益为宗旨,以提升民之地位为出发点,以为民谋利的爱民、利民、恤民、便民的原则来进行基础性的社会实践活动,官员为官、行政均要以民为其出发点与宗旨。"(陈力祥:《民本论》,华夏出版社2013年版,第24~28页)

[3] 民法精神的民本性,虽然一方面是对政治社会提出的在制定民法和执行民事政策上的"以民为本"的要求,但是另一方面,也是根本的一面,是民法精神产生和存在的民本社会即市民社会或者私人社会性,是民法精神的民本社会的规律性与规定性。因此,民法精神的民本性,根本是民法精神的人性和人的自然性,也就是民法精神的自然生态秩序性。本书的民本性,与作为官德要求的民本思想,既有一定的联系,也有认识基础和对象上的根本区别。

人的社会性。基于人性并以人性为根据的民法精神的民本性，决定了民法精神及其社会秩序构造的普遍性和一般价值性，而正是这一普遍性和价值性使民法精神具有了人类共同的文化与文明的属性，成为了人类的共同社会精神遗产。

在民本性的基础上，既找到了民法精神的真实性，也找到了民法精神的规定性，更找到了民法精神的目的性。民本性既决定了民法精神的内涵，也决定了民法精神的价值。民法精神的民本性决定了民法的制度体系建立及其对社会关系的调整与秩序构造，这是民本的秩序形式，代表了人类社会秩序文明的最高形态，符合人类社会发展的历史规律，体现人民的历史创造者地位。同时，民法的社会秩序构造，作为民本性的社会秩序条件，必然根据人的自然生态秩序，不能脱离人的主体性和目的性，需要承认和尊重人的人格地位，反映人的利益需求及其实现的规定性。

民法精神的民本性，不仅对民法及其制度体系与价值原则提出了要求，而且也决定了民法精神产生的社会基础及其存在的根本条件。一方面，民法的整体制度体系必须反映和代表民法精神的民本性，贯彻民法精神的民本性的价值和原则，否则就不具有民法的本质性或者是民法本质的缺失。民法精神的民本性构成了评价和判断民法的真实和良善与否的价值标准。另一方面，民法精神既以民为本，是民本的内在社会秩序，就必然以民本的内在生成为条件，既不能在民本之外寻找民法精神的根据，也不能在民本之外实现民法精神的社会秩序。民法精神的民本性决定了民法精神在建设社会主义法治和法治文化中的民本地位及其民本模式性。建设社会主义法治和法治文化必然以民法精神为基础，需要民法精神的民本性社会生态秩序构造的实现。

（二）民法精神的道德性

民法精神的本体性是以道德本体性的内在条件存在的，具有道德的本体规范与秩序的本质。〔1〕 民法精神是道德性的社会秩序精神。民法精神的道德性，

〔1〕 有观点认为："民法的精神，是道德理想，民法的精神构造离不开道德基础。"（王利民：《民法的精神构造：民法哲学的思考》，法律出版社2010年版，第42页）也有观点认为："民法精神的贯彻与弘扬，既是民法规范的要求，也是道德规范的要求，因为道德规范是民法规范的重要渊源，是道德规范的法制化，是民法精神的道德基础。"（王歌雅：《民法的精神与道德的基础》，载《学术交流》2005年第7期）还有观点认为："在一个国家里，法律与掌握政权的阶级的道德在本质上是一致的，相辅相成，相互促进。在这方面，民法与道德的关系体现更为明显"，并认为，"增强道德观念，是增强民法观念的不可缺少的思想基础"。（魏振瀛：《民法与道德》，载《北京大学学报（哲学社会科学版）》1988年第3期）有学者强调："民法的顺利实现，不仅需要他律，更依赖于民事主体良好的道德自律。"（张振国、刘雪梅：《道德自律与民法实现》，载《道德与文明》2007年第2期）

既是民法精神的道德本质,也是道德的民法精神形式。一方面,民法精神作为人的秩序意志,具有道德性,是人的一种社会道德精神;另一方面,民法精神作为民法的价值原则,是通过民法形式表现的市民社会关系的道德性。道德是社会的本体规范,道德以自身的社会本体性构成了作为社会秩序条件的民法精神的本体性。道德的本体性,就是道德的人本性,也就是道德的人的规定性,〔1〕即道德的“人法”性,这就在根本上建立了民法及其民法精神与道德的本质联系。本体道德观不仅把道德作为社会规范的本体,而且把道德本体作为整个社会及其规范体系的基础构造来认识,是一切“人法”的本源,与同为“人法”的民法构成相互联系和协调的统一行为体系,是互为表里的社会构造关系。〔2〕

道德是人类社会构造的自律性行为规范,是人类本有的秩序品质,是真正的“人法”和人的本体法。任何一种社会构造,都离不开人的道德性,道德是社会构造的本体,人不能在道德本体之外而有自己的社会构造。一切关于人的社会认识,都以道德为本体和根据,是对人的社会构造能力及其构造形态的证明。作为人的社会价值的道德性,就是人的社会普遍性,是人谋求社会生活必须具有的观念与行为的一致性,即社会秩序的共识性。“由此可见,一切人对于他们的实践信念的一致看法以及由此产生的行动在形式上的完全相同,乃是一切有德性的人们必然抱有的目的。”〔3〕道德的社会本体构造性不仅是自身的存在,而且是决定一切社会规范秩序的存在,一切社会规范秩序都离不开道德本体的规定性。道德是社会的本体,社会是道德的实在,一切社会文化形态,包括民法精神的秩序形态,都是一种道德形态,都建立在道德这一本体构造的基础之上,是道德存在和发展的具体形式。〔4〕 因此,道德以其本体性构成了人类最基础的社会文化形态。

---

〔1〕 道德的人的规定性,也就是人的利益需求及其实现的规定性,即人的正义性和人法的本质性。

〔2〕 民法即人法,是以人为主体的法,是关于人的社会地位即私人社会关系的法,是真正社会的法,也就是市民社会的法。“人法”是人的本有或本体法,是人的自然与自主的法,其根源于人的生命利益,是人的利益需求及其实现的规定性,反映人的应然社会秩序本质。民法是“人法”的实在法,是“人法”的制定法形式,以人的本有或本体的“人法”——道德为根据,并必然具有统一的本质联系,这就是民法的价值性与伦理性,即民法的规定性与规律性。

〔3〕 [德]费希特:《伦理学体系》,梁志学、李理译,商务印书馆 2007 年版,第 257 页。

〔4〕 民法精神作为一种民法文化形态,根本上是道德文化的表现形式,道德构成了民法精神的本源与基础,一切关于民法和民法精神的认识,都离不开道德和道德的观点,都必须从道德认识开始,任何一种脱离了道德的纯粹的民法和民法精神的理论,都因背离它的本体伦理基础而不能具有其正当性和价值性。

道德性在民法调整的社会关系的秩序构造中具有制度形式所不可替代的意义。民法调整的是个人或者以个人为基础的社会关系，是基于个人意志支配的私人社会关系，虽然这一关系是上升为民法调整的民事法律关系，但是它仍然是以个人自由与自律为秩序基础的道德关系。不论是民法调整的人身关系，还是民法调整的财产关系，这些关系不仅构成了人类最基础的社会关系，而且都是以道德秩序为基本条件的社会关系。[1] 道德秩序在民法调整的社会关系中，是以民法精神的条件存在的，民法精神不仅以其道德性构成了民法的秩序灵魂，而且民法的秩序实现，也根本需要和依赖于民法精神的道德作用。民法形式只是满足了人类利益划分与秩序形态的外部条件，而民法形式的社会秩序实现仍然在于社会主体内在的行为自律即民法精神的内在道德条件，否则即使民法有形，也是现实无序。[2] 因此，个人社会秩序的形成，离不开民法精神的道德基础，而民法精神的道德性作为法治文化的根本属性，也就成为建设社会主义法治文化所不可缺少的内在条件和要求。

（三）民法精神的正义性

法治和法治文化是一种正义的社会文化，离不开正义的本质。正义是人类永恒的主题，是人类不灭的社会理想与价值追求。西方法谚说："正义是至上美德，为神所喜悦。"（*justitia est virtus excellens et altissimo complacens.*）[3]言即正义是最大的善，具有最高道德性、价值性和神圣性，是普遍而永恒的人性条件与社会本质。任何一种社会秩序的构造与维系都离不开它的正义价值，需要把正义作为它的期许、追求与践行目标，从而赋予自身存在的合理性和正当性。柏拉

---

〔1〕 当人类有了"我"和"你"的主体意识并产生了"我的"和"你的"的利益观念与秩序划分，也就开起了人类的道德成长和道德调整的社会过程。这一过程，既是一个道德的社会构造过程，也是一个社会的民法和民法精神的形成过程，在社会关系条件的私利与公利、私序与公序的利益属性与秩序形态逐步区分的情况下，不仅在道德基础上产生了法律，而且有了私法与公法的划分，这其中一个重要和不可缺少的思想条件就是民法精神的作用。显然，市民社会与政治国家的相互分离与分别调整，在根本上都是一定的社会伦理精神与道德条件的要求和反映。

〔2〕 据报道：2015 年 3 月 10 日，江苏徐州市政府统一组织销毁假冒伪劣商品引发附近村民哄抢；2015 年 12 月 24 日，上海叶新公路旁，一辆浙牌载满黄酒的大型货车与同向行驶的轿车碰撞后坠入河中，至 4 死 1 伤。事发后，附近居民纷纷赶来扎堆打捞货车上的黄酒，有人当场在路边叫卖，有人将打捞上来的黄酒用三轮车或私家车运走，扬长而去……这些层出不穷的破坏民法秩序的社会现象，都是民法精神即社会道德缺失的结果。人的社会分际与秩序要求，如果不能成为普遍的个人精神与道德的自律条件，即使有再好的法律，也不可能形成现实的社会秩序形态。

〔3〕 孙笑侠：《西方法谚精选——法、权利和司法》，法律出版社 2005 年版，第 205 页。

图最早提出的社会分配正义观。[1] 社会的一切价值需求最终归结为正义。正义是自然法原则，存在于人的本性之中，指导人类群居生活。不仅如此，正义也是一种法律的实证设计。法律是关于正义的社会艺术，必然具有正义的本质。

正义是人的要求，也是人的产物，更是人的条件。换言之，正义不是人的外在之物，而是人的内在品质，是人的内在本质所表现出来的外在社会条件要求。法律以正义为价值，是正义的表现形式，但正义在根本上不是"法律"的正义，而是人的正义。"社会之所以有正义，就是因为有了人的正义，如果没有人的正义存在，又何来正义？正义就是人的本质；反之，人的本质就是正义——正义是人所代表的社会关系的道德本质与价值条件。"[2]基于正义的本质，正义不是人的社会创造与发明，而是人的本质的不断认识与发现，是人在社会关系条件下的本质要求和反映。正义是人的本质，并必然要求和表现于符合人的本质的社会关系之中。因此，人类的社会秩序应当具有并满足正义的价值条件，也就是应当代表和实现人的本质。

民法精神作为人的自主社会秩序精神，其秩序性和价值性的根本，就在于它的正义性。民法精神之所以构成一种社会秩序精神，就在于它是符合社会秩序条件与发展目标的正义精神。"正义是民法精神的价值目标，民法的精神构造是一个正义的价值体系构造。"[3]社会正义，主要是市民社会关系的利益分配正义，即实现人的基本利益需求的正义。人的基本利益需求，就是市民社会关系的人身与财产利益需求，而这一利益需求实现的正义，也就是社会最基本的正义，没有了这一社会正义，一切社会正义都不可能，其他一切社会正义都建立在这一正义的基础上，需要以这一正义为条件和根据。市民社会关系的利益分配正义，集中体现于民法精神所代表的社会秩序的正义本质。民法是市民社会的法，民法精神是市民社会的正义精神。民法精神以自己的正义性既代表了民法的本质，也代表了社会正义的基本价值。建设社会主义法治文化的民法精神模式即民本模式，也就是以民法精神为代表的正义模式。

民法精神的正义价值，根本是它的自由价值，即自由的秩序价值，是自由与

---

[1] 柏拉图的分配正义观被亚里士多德所继承和发展并提出了系统的分配正义理论。迄今，人类关于分配正义的认识和观点，亦不能超越这一理论。

[2] 王利民：《人的私法地位》，法律出版社2013年版，第59页。

[3] 王利民：《民法的精神构造：民法哲学的思考》，法律出版社2010年版，第69页。

秩序的结合与统一。民法精神的自由性，是民法正义价值的核心与灵魂。[1] 自由是人的本质，因为生命的本质是自由，没有自由就没有生命，人的生命越是自由，就越是人的本质的实现。没有自由，既没有人的生命，也没有人的本质，更没有人的本质的社会实现。自由代表了人格的基本价值，而人格的社会实现必然要求自由的条件和方式。至“自由资本主义时代，由于古典经济自由主义、个人自由的哲学和古典自然法所激活的个人本位法律观，自由成为法律的首选价值目标，私法自治、契约自由是体现时代精神的基本法理念”。[2] 人类的物质创造与社会发展，就是要为人类提供更好的自由实现的条件，不断满足人的人身与财产的自由要求。然而，民法精神不仅是自由的条件，而且是自由的秩序，所以，民法精神的自由性，构成了社会主义法治文化的本质要求。

（四）民法精神的文化性

民法精神作为一种法律现象，是一种社会文化形态，具有社会文化属性。“认识民法和民法的精神构造，离不开对民法进行社会文化现象的考察，并通过不同文化现象的影响与作用进一步认识民法及其精神构造。”[3] 文化是人类特有的社会现象，代表了人类的文明与进步。[4] 不同于动物行为所体现的生物自然本能，人类行为作为一种社会行为在本质上构成一种文化形态，其中作为规范行为的法律行为及其调整的制度体系，便构成法律文化。“人类的行为规则本身就是文化的部分，它不仅产生于一定的文化，具有文化的规定性，也反作用于一定的文化，影响着一定文化的特征和发展，因此对法律等各种社会现象的认识必须首先作文化意义的考察。”[5] 因此，必须认识民法精神的文化性，从文化性揭示民法精神的本体性及其与社会主义法治文化的内在联系。

文化是人的物质与精神创造，其中精神文化反映人的心理、知识与信仰并规

---

〔1〕“思想自由的原则一旦被公认为社会进步的最高无上的条件，它就从通常的便利领域进入较高的便利领域，我们称作正义。换句话说，它变成了人人应能期待得到的一种权利。”（［英］J. B. 伯里：《思想自由史》，周颖如译，商务印书馆 2012 年版，第 151 页）

〔2〕黄名述、张玉敏：《罗马契约制度与现代合同法研究》，中国检察出版社 2006 年版，第 87 页。

〔3〕王利民：《民法的精神构造：民法哲学的思考》，法律出版社 2010 年版，第 431 页。

〔4〕“与文化概念相联系的是文明一词，在汉语言上文明概念有与文化相同之含义，同时又有不同之内涵。从一般意义上，文明更侧指人类创造的物质与精神事实之本身，而文化则更意指人类文明创造所代表和具有的一种观念与价值的体系，因此，文化更应当从社会意识形态及与之相应的社会结构上来认识。”（王利民：《民法的精神构造：民法哲学的思考》，法律出版社 2010 年版，第 425 页）

〔5〕王利民：《民法的精神构造：民法哲学的思考》，法律出版社 2010 年版，第 423 页。

范和指导人的行为，与物质文化一样，具有满足生存需求的社会意义。虽然人类文化具有人性的普遍性，但是它又与民族与社会传统具有内在联系。“它既反映了民族性格与民族的人性特征，也反映了人类普遍的自然与社会属性。文化就是在不同自然与社会环境中形成的具有特定民族内涵与人类共性基础的一种制度文化、行为文化和心态文化等文化要素的结合。”〔1〕在人类的精神文化中，民法精神文化是制度文化、行为文化与心态文化的结合形式，具有市民社会的世俗文化与生态文化的精神内涵。

民法精神作为一种社会文化现象，以自己的精神文化内涵反映着市民社会的秩序本质。民法精神的文化性内涵，主要有三个方面：

一是民法精神的市民社会文化性。民法精神文化是市民社会的秩序文化，是市民社会以平等和自由为条件的人身与财产关系文化，是反映人类利益需求及其实现的规律性与规定性的文化，是人类社会的基础文化。因此，必须从市民社会存在与发展的需要和条件上去发现和认识民法精神，从而以构成市民社会本质的民法精神文化作为社会主义法治文化的条件和要求。

二是民法精神的民族文化性。民法精神是特定民族和社会的秩序精神，不能超越一定的民族和社会范畴去理解和认识民法精神。“文化，按其产生与存在而言，原本都是民族的。越是古老的社会，文化的民族性就越鲜明，因为民族是一种社会共同体。”〔2〕每一个民族和社会都有自己的文化，而不同民族与社会的文化与文化之间的差别，则构成了不同民族和社会的标志与特征。民法精神文化作为一种民族文化，必须从民族性上去认识它的本质和条件并发挥其在建设社会主义法治文化中的民本模式作用。

三是民法精神的人类文化性。民法精神文化既是民族和社会的，又是人类和世界的。民法精神作为一种社会秩序文化，在反映市民社会的规律性与规定性的基础上，必然具有人类文化的普遍性和一般性，是人类的共同价值。考察人类民法精神和民法文化的历史，不论是什么民族和社会，也不论有什么历史性的文化差别，我们都能够在不同民族和社会的民法精神文化中找到其代表人类利益需求及其实现条件的共同文化性。在这个意义上，不同民族或者社会的民法精神，即使不能完全相融，也不可能根本对立。特别是近代以来，人类的普遍联

---

〔1〕 王利民：《民法的精神构造：民法哲学的思考》，法律出版社2010年版，第426页。

〔2〕 祝西莹、徐淑霞：《中西文化概论》，中国轻工业出版社2005年版，第6页。

系使人类的民法精神文化开始了多元融合与一元化发展的阶段。因此,民法精神作为建设社会主义法治文化的基础社会精神,既要以其民族性为条件,也要以其人类性为根据,走民族性与人类性相结合的民法精神发展道路,从而奠定社会主义法治文化与全面民法精神的坚实基础。

民法精神的文化性,特别是其中的人类文化性,是一种人文主义或者人本主义的精神文化性。人类社会的第一次文化大转型就是从神统秩序到人统秩序的转变,历史节点是欧洲中世纪末期的文艺复兴、宗教改革运动,其核心思想就是人文主义。“所谓的人文主义就是人类中心主义,人把自己看做是自己的目的。”[1]“表现为肯定人性和人的价值,要求享受人世的欢乐,要求人的个性解放和自由平等,推崇人的感性经验和理性思维。”[2]民法精神的文化性或者人文性要求,不论哪个民族或者社会,作为当代法治文化条件的民法精神都必须从人的利益和目的出发,回归以人为本的社会秩序本质。

(五)民法精神的秩序性

民法精神是民法的规范条件,市民社会的秩序精神,是秩序性的社会精神条件与形态。民法精神之所以构成法治精神,是建设社会主义法治文化的民本模式条件,就在于它的秩序条件与形态属性。

关于秩序的本质有不同的认识。从静态角度观察,秩序就是自然、社会、人和事物各自处于适当位置并形成某种合理与稳定的相互制约与制衡的状态;从动态角度分析,秩序是人们基于对社会行为规则的了解和认可而保持相互关系的有条不紊。秩序意味着一个人的行为所具有的可预测性和可控制性特征。[3]从根本目的上看,秩序有利于人类自由本性的普遍实现,是人类全面发展的根本

---

〔1〕 徐国栋:《民法的人文精神》,法律出版社 2009 年版,第 11 页。

〔2〕 严存生:《西方法律思想史》,法律出版社 2010 年版,第 100 页。

〔3〕 马克思曾深刻地指出:“只有现状的基础即作为现状的基础的关系的不断再生产,随着时间的推移,取得了有规则的和有秩序的形式,这种情况就会自然产生;并且,这种规则和秩序本身,对任何要摆脱单纯的偶然性或任意性而取得社会的固定性和独立性的生产方式来说,是一个必不可少的要素。这种规则和秩序,正好是一种生产方式的社会固定的形式,因而是它相对地摆脱了单纯偶然性和单纯任意性的形式。”[《马克思恩格斯全集》(第 25 卷),人民出版社 1972 年版,第 894 页]简言之,马克思认为,秩序是物质的、精神的,是生产方式和生活方式的社会固定形式,是人们的生产关系和交往活动的必备条件。

保障。[1] 秩序具有承认和遵守社会规则的稳定性和可预见性，而这些秩序属性正是形成、维护社会结构和推动社会发展的必要条件。

民法精神的秩序性，是民法秩序与个人精神秩序的结合与统一。一方面，民法精神的秩序性具有民法秩序的本质，是一种民法秩序，是民法的规范秩序。民法精神既然是民法的精神，也就是通过民法形式表现的精神，离不开民法的规范条件，而民法精神在民法的规范条件下必然构成一种民法规范的秩序形态，属于民法秩序的范畴。另一方面，民法精神的秩序性是一种具有规范条件的精神秩序，是内化为个人主观意志条件与秩序品质的行为秩序，属于民法秩序的个人精神秩序化与道德伦理化。民法精神的秩序性价值，根本就在它的精神秩序性，正是民法精神的精神秩序属性，使民法精神在自身内部实现了民法秩序与道德秩序的统一，成为一种社会生态秩序和自主构序的法治条件。

民法精神的秩序性，也就是民法精神的规则性。规则是秩序的前提，民法精神只有在规则的意义上才具有秩序属性。换言之，民法精神不仅是人的一种社会精神，而且是人的社会规则精神，是人的自主的行为规则条件。规则"是一种生产方式的社会固定形式，因为它相对地摆脱了单存偶然性和任意性的形式"。[2] 规则是人们共同接受和遵守的行为条件，其实质是确认、保障和实现个人自由的基本社会行为方式。民法作为调整市民社会关系的规则体系，反映了市民社会的基本生产和生活方式，构成了市民社会生产和生活的基本社会规则形态。因此，民法精神作为代表民法规则的价值思想，本身必然是一种规则精神。民法精神不仅是一种行为的规则，而是一种裁判的规则，不论是当事人实施法律行为还是法官裁判案件都应当遵守民法精神的基本行为规则。民法精神的基本规则，是以自由、平等、诚信、公序良俗等核心价值所代表和反映的市民社会关系的秩序本质，不仅具有民法的规范形式，而且具有精神的秩序属性。

民法精神的秩序性，是一种自由秩序性。民法精神是自由的秩序，一方面是

---

〔1〕 哈耶克将规则分为内部规则与外部规则。外部规则是由组织或治理者的意志制定的，是与社会自生自发形成的内部规则相区别的一种独特类型的社会秩序规则。这种独特类型的外部规则"乃意指那种只适用于特定之人或服务于统治者的目的的规则。尽管这种规则仍具有各种程度的一般性，而且也指向各种各样的特定事例，但是它们仍将在不知不觉中从一般意义上的规则转变为特定的命令。它们是运作一个组织或外部秩序所必要的工具"。(Hayek, *New Studies in Philosophy, Politics, Economics and the History of Ideas*, Routledge & Kegan Paul, 1978, p. 77)外部规则是某种他律规则，在此基础上形成外在秩序。

〔2〕 《马克思恩格斯全集》(第25卷)，人民出版社1972年版，第894页。

自由,另一方面是秩序,是自由而有序,是自由与秩序的统一。社会秩序大概有两种,一是强制秩序,二是自由秩序。任何一个社会都存在这两种秩序,没有单一的强制或者自由秩序。但是,在人类不同的社会发展阶段,或者在不同的社会关系领域,则存在不同的强制或者自由秩序。在专制社会条件下,特别是在政治社会关系中,社会秩序主要是强制秩序,强制秩序的秩序形成,社会成本较低,是实现社会秩序的一种有效制度条件,但是它的建立和维持以否定普遍人格为条件,存在与人格自由和平等的矛盾。在实行民主和法治的社会,特别是在个人或者市民社会关系领域,则必然倡导和要求自由秩序。〔1〕 在市民社会中,个人作为追求生存与实现的主体,是"强而智"的理性人,其"自我负责"的能力与秩序实践,自然能够促成整个社会的合作与进步。

因此,对于市民社会的秩序构造,国家或者政府不能直接干预和采取强制秩序,而是在市民社会的秩序构造中有义务维护个人的权利和行为自由。也就是说,对于市民社会的秩序构造而言,国家或者政府即公权力的作用,只是根据市民社会的生态秩序制定符合其生态发展的私法制度,"保障私法制度能有发挥其功能的条件,并排除契约自由的滥用"。〔2〕 国家或政府"为更高的价值或公益而为强制或干预时,应有正当理由"。〔3〕 民法是调整个人或者社会关系的法律,必然反映个人或者社会的自觉、自发、自主和自治的自由本质,是一种自由的法律形式。因此,民法精神作为民法的自由秩序的反映和要求,也必然体现民法的私法本质并构成一种自由的精神秩序。一方面,民法精神以实现个人自由为目的,另一方面以维护社会秩序为条件。不以自由为目的,不是民法精神,不以维护社会秩序为条件,同样不是民法精神。民法精神的秩序性本质就在于,它既是自由的条件,又是秩序的规范,从而构成一种法治和法治文化的条件,具有建设社会主义法治文化的民本模式的价值。

民法精神的秩序性意味着禁止自由和权利的滥用。民法精神作为自由与秩序的统一,以维护自由的社会秩序为目的,因此,必须禁止自由和权利的滥用。

---

〔1〕 自由秩序是一种私法或者民法的秩序,而强制秩序是一种公法的秩序。"私法与公法有不同的规范原则:私法以个人自由决定为特征,公法则以强制或拘束为内容;前者强调自主决定,后者须有法律依据及一定的权限。任何社会在决定如何以公法或私法形成公民生活时,对于此种区别应有清楚的认识。"(王泽鉴:《民法总则》,中国政法大学出版社 2001 年版,第 15 页)

〔2〕 王泽鉴:《民法总则》,中国政法大学出版社 2001 年版,第 15 页。

〔3〕 王泽鉴:《民法总则》,中国政法大学出版社 2001 年版,第 15 页。

换言之,民法精神的秩序性,不仅是个人的自由秩序,而且是社会的强制秩序,当个人的自由秩序与社会的强制秩序发生矛盾和冲突时,个人的自由秩序应当服从于社会的强制秩序,否则就是自由或者权利的滥用。[1] 民法精神的所有原则和内容,都以禁止自由或者权利滥用为目的,并具有禁止自由和权利滥用的作用和功能。柏拉图提出了"公共善"应当优先于"个人善"的观点,他认为,"共同的利益使社会组合在一起,而个人则是社会的破坏因素"。[2] 个人对社会的选择是一种自然生态选择,这说明个人利益与社会利益在根本上是统一的,个人利益依赖一定的社会条件实现,需要共同承认和保有一定的社会公共利益。可见,以个人利益损害社会利益就是自由和权利滥用的结果,是对社会秩序的损害和破坏,违反了民法精神的基本价值原则,也这就构成了禁止自由和权利滥用的根据和理由。民法精神正是基于禁止自由和权利滥用的社会秩序构造,才构成了建设社会主义法治文化的社会秩序条件。

五、民法精神的形式性

民法精神的形式性,也就是民法精神的载体或者表现方式的形式性。换言之,民法精神并不是单纯的个人精神,而是一种社会精神,具有社会的一般性和普遍性,是以民法形式表现的社会秩序精神。民法精神作为民法的精神,离不开民法形式,必然具有民法形式的规定性,脱离了民法形式的精神就不具有民法精神的本质,也就不是民法精神。因此,民法精神是不以个人的主观意志为转移的社会精神,它不是简单的个人主观任意性,而是具有普遍性的个人对民法形式秩序的认可、信仰与遵从,是以民法的规范形式为条件的个人精神秩序。

可见,民法精神的形式性涉及两个方面的问题。一是民法精神的民法形式性与民法精神的个人意志性的关系;二是民法精神的民法形式性与民法精神的市民社会性的关系。虽然民法精神是民法形式所表达的精神,不能脱离民法形式的条件要求,但是作为精神本身,一方面,在民法的实在形式方面,虽然民法的整个制度体系都是一定的民法精神条件的反映,但是民法精神的基本内涵是通过民法的一般范畴反映的,是具有一般性和原则性的民法条件,是作为民法的普

---

〔1〕 当然,个人服从的社会强制秩序,应当是良法的秩序而不是恶法的秩序。任何一个社会,只有制定良好的法律,才有要求人们普遍遵守的理由。因为只有良好的法律及其所确定的秩序,才是能够代表人们的共同利益并实现个人利益与社会利益统一的法律和法律秩序。

〔2〕 《柏拉图全集》(第3卷),王晓朝译,人民出版社2003年版,第637页。

遍价值存在的，是一种抽象和弹性条款，是作为精神条件被贯彻在具体的民法规范之中并被明确化的；另一方面，在个人的精神存在方面，民法精神是以个人的精神条件存在的，表现为个人的主观意志性，民法精神的实在性，根本是个人精神的实在性，离开了个人精神，也就没有了民法精神。民法形式的精神条件，既是个人精神的产物，也只有转化为个人的精神条件，才是真正的社会生态性的民法精神条件，也才能够产生与社会主义法治文化相统一的社会生态秩序。因此，一方面，民法形式的秩序，应当以个人的社会生态秩序为根据，反映民本社会的秩序本质；另一方面，个人意志的秩序，应当以民法形式的秩序为规范条件，信仰和遵从民法形式的规范秩序，自觉接受民法形式秩序的一般性和普遍性，形成个人精神秩序与民法形式秩序的统一，从而为建设社会主义法治文化提供一种既反映民法形式要求又体现个人意志条件的社会生态秩序。

民法精神作为民法形式的精神秩序，是通过民法形式反映的市民社会的秩序本质。民法精神根本是市民社会的秩序精神，其根源于市民社会，作用于市民社会关系，应当符合市民社会的秩序规定性。因此，民法精神的形式性，并不应当是立法者根据自己的意志简单决定的规范形式，而应当是以民法形式反映的市民社会的秩序条件，是市民社会关系的本质要求，不能脱离市民社会的秩序品质。只有代表市民社会的基本价值和反映市民社会的秩序需求的社会精神，才是真正的民法精神。在这个意义上，民法精神的本质，不是民法的本质，而是市民社会的本质，民法只是市民社会的秩序条件，应当以市民社会的本质为本质，并没有自己独立的本质；民法精神的条件，不是民法的形式条件，而根本是市民社会的生态条件，是上升为民法形式的市民社会条件，只有市民社会的生态条件，才是根本的民法精神条件，民法不能在市民社会的生态条件之外创造和实行民法精神。

然而，民法形式在市民社会的精神秩序构造中并不是完全被动的因素。市民社会的秩序精神并不能直接反映并成为民法形式，而是通过国家或者立法者的意志及其立法技术的形式上升为民法形式并构成民法精神的。市民社会的秩序精神上升民法形式的过程，是对市民社会的秩序条件及其本质的理性认知与真实发现的过程，它应当代表了市民社会秩序的最本质的条件，是把市民社会的本质条件上升为民法形式的普遍条件。因此，市民社会的秩序精神一旦被民法形式所塑造并表现为民法形式的精神，就以民法的实在形式反而提出了对市民社会的秩序条件要求，并需要市民社会信仰和遵从民法形式的秩序精神，把民法形式的秩序精神内化为个人的秩序品质。所以,民法精神的形式性,又具有规范和引导市民社会的生态秩序形成与发展的作用,这也是民法精神在建设社会主义法治文化中的根本作用。

显然,民法精神是先于民法形式产生并存在的人类自然与社会的生态规范与秩序精神,这种精神以民法形式表现出来就被抽象和概括成为民法精神。民法精神的形式条件的形成与发展,促进了人类民法精神的认知与实现。但是,民法精神的社会形式表达只有进一步内化为个人的精神意志,才能够以自主与自律的个人行为条件转化为社会生态文明的规范与秩序形态,即一定的人法与法治文化的社会形态。

(一)民法精神的人格性

民法的根本问题,是人格问题。人格是一个人作为人的价值。"法律上的严正或荣誉,在于与别人的关系中维护自己作为一个人的价值",这种相互关系的人格价值与承认,"它产生于我们自身的人性的权利"。[1] 民法精神是以民法形式表现的人格精神,是人格的规范与秩序精神。民法精神的人格性本源于民法的人格性,是由民法的人格性决定的。民法调整的人身关系和财产关系,在根本上都是人格关系。换言之,民法作为人法,根本是"人格法",民法调整的社会关系,不论是人身关系还是财产关系,都直接或者间接地作为和构成人格条件并发生和人格之间的本质联系,都是维系人和人格不可缺少的自然生态条件。因此,民法或者民法的规范体系,实质上是一个市民社会关系的人格秩序体系,民法的实在性,是一种人格的实在性。从人格上去认识民法,就会发现和揭示民法的人格本质,就会追求和践行民法的人格价值,从而实现民法的人格目的。

市民社会主体的普遍人格化是近代以来的人本主义精神,也是认识和探讨整个民法价值体系的根基。民法或者民法学的基本范畴,或者能够代表民法或者民法学的范畴,都是一种人格范畴。例如,权利、权利能力、自由、平等、法律行为、意思自治等,在根本上都是直接或者间接概括和揭示人格的概念。"通常情况下,'权利能力'又被称为'法律人格'",是一个人享有权利的资格,"一个人惟有具备它时才可能进入一切法律关系、享有权利和负担义务"。[2] 虽然人格具

---

〔1〕 [德]康德:《法的形而上学原理——权利的科学》,沈叔平译,商务印书馆2011年版,第51页。

〔2〕 周清林:《从"Recht"转向"fäigkeit":论作为民法基础的消极人格》,载《民法哲学研究》(第1辑),法律出版社2009年版,第3页。

有自然生命的本质，但是作为社会或者法律人格，则属于伦理和意识形态范畴。法律人格是法律赋予的，在法律意义上，并非自然之人都具有或者都具有相同的法律人格，有的自然之人可能没有法律上的人格，如被视为主人财产的奴隶，也有的自然之人可能具有不同的法律人格，如身份等级制度条件下具有不同身份等级的人。"'人格'这个词给我们提示出作为法律主体的人格在于界定什么样的人具有这个资格，因而在认定人格之前首先就在于认定什么叫作人。"〔1〕显然，作为法律或者民法上的人即民事主体或者自然人，不同于生物学意义上的"自然之人"，它只是被赋予民法人格的自然之人。

因此，对民法上自然人概念的理解，应当引入自然之人的概念相比较。"自然人有两个方面的存在：作为'自然之人'的存在和作为'人格人'的存在。所谓自然之人，也就是在黑格尔逻辑学概念中作为'个别人'的自然人，是人的自然事实，是一个完全主观性的自我，不代表人的普遍性和人的本质。作为人格人的自然人，是自然之人的法律承认，即它是以自然之人为对象的一种法律人格，是条件而不是事实。"〔2〕作为民事主体的自然人，是民法上的人格人的概念。"自然人作为以自然之人为对象并超越自然生命现象的法律人格，在本质上是一个关于自然之人的私法价值体系。自然人的本质是何为自然人和如何为自然人的事实，是自然人的应然秩序构造，是以自然之人为对象的一种法律人格认知，属于价值判断的范畴。"〔3〕人类的全部历史和人的一切社会问题的前提都是生命人的存在及其本质，而这个存在作为一个法律或者民法范畴，就是自然之人的人格条件及其社会承认与尊重。

作为社会意识形态的人格，是一个人类历史发展的过程。根据摩尔根的划分，在史前人类发展的蒙昧和野蛮阶段，政治方式是氏族性和社会性的，以人身和氏族制度为基础。〔4〕其"社会秩序并非由某个凌驾于社会之上的制度进行干预来加以确保，而是通过具有共同祖先的谱系（lignage）的一致性……以及所有人对或多或少有些严格的习俗的自发遵守加以保证的，而这一特性又得到了非

---

〔1〕周清林：《从"Recht"转向"fäigkeit"：论作为民法基础的消极人格》，载《民法哲学研究》（第1辑），法律出版社2009年版，第5页。

〔2〕王利民：《人的私法地位》，法律出版社2013年版，第53页。

〔3〕王利民：《人的私法地位》，法律出版社2013年版，第56页。

〔4〕参见［美］路易斯·亨利·摩尔根：《古代社会》，杨东莼等译，中央编译出版社2007年版，第3页。

常强烈的宗教信仰的支撑”。[1] 人类社会文明经历了从古代文明到近代文明的发展。[2] 整个古代文明社会(包括欧洲中世纪末期),仍然笼罩在浓重、严格刻板、不容置辩的宗教秩序之下,人们“无法自由地将国家组织中的各种问题作为理性的问题提出来”。[3] 在整个古代文明社会,虽然有人格意识形态的成长,但是专制或者教会的森严统治,并没有给人格制度以更多的成长空间。[4] 即使是以一定人格为条件的罗马法,仍然是以“身份”作为区别人或人格的,即只有具有某种身份的人,才能成为罗马法的主体并具有完整人格。

普遍的人格承认及其制度,发端于人文主义复兴的人类“理性时代”。人类经历了漫长的古代与中世纪的黑暗统治,终于在中世纪后迎来了发现和重塑人和人格的人文与理性的时代。自亚里士多德“伦理意义”的人,到康德的“纯粹实践理性”的人,再到费希特法权哲学中“单纯精神的概念性人格”的人,以及黑格尔“抽象法”所指称的“自在自为的自由意志”的人,[5]都意在论证和强调“作为整个法律的起点,不是生物学上的人,而是人格,是自由意志”。[6] 人格作为一个法律范畴,并不是法律的发明,而是人对自身人格认识与发现的一种法律表现形式,法律关于人格的制度设计,必然以人格的发现为根据。民法是人格法,以相互关系的人格承认与尊重为前提,是关于人格的理想社会设计模式,也是最符合人的自然生态本质的人格秩序条件。民法在对社会关系的调整上,实现了人格的法律秩序与伦理秩序的统一。民法的人格秩序形式在承认人格的普遍性与平等性的基础上实现了对人的价值的最大尊重。

民法的人格性决定了民法精神的人格性。民法精神是一种人格精神,即以人格为条件并追求人格价值和实现人格目的的社会秩序精神。民法精神的人格

---

[1] [法]菲利普·内莫:《民主与城邦的衰落——古希腊政治思想史讲稿》,张竝译,华东师范大学出版社2011年版,第3页。

[2] 参见[美]路易斯·亨利·摩尔根:《古代社会》,杨东莼等译,中央编译出版社2007年版,第3~8页。

[3] [法]菲利普·内莫:《民主与城邦的衰落——古希腊政治思想史讲稿》,张竝译,华东师范大学出版社2011年版,第24页。

[4] 虽然古罗马产生了古代社会最早的市民社会的人格制度,但是罗马法仍然是以“身份”作为区别人或人格的,即只有具有市民权、自由权和家长权的自权人,才具有罗马法上的完整人格。

[5] 参见周清林:《从“Recht”转向“fäigkeit”:论作为民法基础的消极人格》,载《民法哲学研究》(第1辑),法律出版社2009年版,第8~13页。

[6] 周清林:《从“Recht”转向“fäigkeit”:论作为民法基础的消极人格》,载《民法哲学研究》(第1辑),法律出版社2009年版,第13页。

性主要体现在：

第一，民法精神是以人格为条件的社会精神。民法精神的本质，是承认每个人为人并具有同样的人格。民法精神的人格性以民法的人格性为根据，没有民法上的人格和人格条件，也就没有以民法形式体现的民法精神，或者起码不能形成有关“民法”精神的理念与理论体系。换言之，民法精神以人格为条件，就是以民法的制度体系为条件，民法的制度体系，是一个关于人格的社会规范与秩序体系，也就是人格的社会实现条件，而民法精神的人格条件正是在整个民法制度体系中表现出来的精神条件。没有民法就没有以规范形式表现的“民法”精神，而没有民法精神也就不能产生以人格为条件的“民法”。

第二，民法精神是追求人格价值的社会精神。人格价值是人的价值，也就是人性的价值，是人之所以成为人的价值，人没有了人格价值或者人格价值没有得到应有的承认，也就不是真正或者完全意义上的人；人格价值是人作为民事主体的价值，人只有被承认为人格，才能够被作为人对待并享有人格利益，也才能够成为普遍的民事主体。当人以人格的制度形式被确认并成为民事主体，就能够以民法的规范和秩序条件实现自己作为人的主体地位。

第三，民法精神是以实现人格为目的的社会精神。人格目的就是人如何能够更好地成为人和做为人并最大限度地满足人的利益和享受人的生活的目的。人格目的根本是人的利益需求及其实现的目的，其中主要表现为自由的目的、平等的目的、真实的目的、公平正义的目的等。这些目的，既是人格的条件，也是人格的要求，反映人的利益需求及其实现的规定性。民法精神以实现人格为目的，就是以人为目的，也就是以民为本的社会主义法治文化的目的。

民法精神的人格性作为民法的基础价值，属于社会伦理的范畴，是从社会伦理上升为民法秩序的社会生态条件。这一条件虽然是以民法形式表现的，但它却是根植于人性的本质，是人性的社会规定性。以民法形式表现的民法精神的人格性，核心和根本是人格的自由性。人格自由是市民社会关系的根本条件，也是市民社会必然产生的社会规范与秩序精神，这一精神以民法形式表现出来，就构成了民法精神。民法的人格自由，既是民法精神的人格自由的表现，也是民法精神的人格自由——市民社会的人格自由条件的产物。人之所以自由并具有自由的人格，并不是由于民法形式的自由规定，而是由于人的本质就是自由的并自然具有自由的人格本质，也必然产生人格自由的社会要求与精神。但是，人的自由的前提必须是人接受自由的法则，即自由的统一行为条件，这就是民法作为人格自由形式的规范意义。“一个人的任意和另一个人的任意,根据一条自由的普遍法则,能相互并存。”[1]这样,人类社会伦理与精神条件的人格自由法则就表现为一种民法形式的外在行为强制,因此,“要这样外在地行动:你的自由任意的行使根据一条普遍法则,能和每个人的自由任意相互并存”。[2] 费希特的法权公式强调:“你要这样限定你的自由,那就是除了你以外,他人也会是自由的。”[3]所以,民法精神人格性的根本意义,是人格的普遍承认与实现,是相互关系的人格平等与尊重。以民法精神的人格性构造的民法体系,追求民法精神的人格价值及其制度实现,根本上是一个人格的制度与价值体系。

(二)民法精神的契约性

所谓民法精神的契约性,也就是民法精神主要是一种契约精神或者是需要通过民法的契约形式表现和实现的精神。显然,民法精神所追求的利益和价值的表现和实现,以相互关系的人格尊重与利益均衡为条件,而这一民法精神的表现与实现方式主要是一种需要当事人自由与合意的民法契约形式。

民法精神是市民社会的个人利益及其实现精神,也就是市民社会的行为与发展的精神。梅因认为,社会的进步源于人类的自由与解放,所有人类社会的进步,是一个“从身份到契约”的运动,即个体从受制于身份的约束到可以独立订立契约的发展过程。[4] 人类契约社会的到来,也就是市民社会的个人自由与自治的规范与秩序本质以反映这一本质的民法制度体系的调整与实现。在民法的市民社会关系的调整与实现中,民法形式的契约精神成为民法精神的价值核心与集中体现,因为契约精神直接反映了民法精神的人格条件及其行为自由与自治的本质。

市民社会的私人利益关系,根本是一种以权利义务表现的契约关系,这种契约关系必然通过民法精神的形式反映出来并追求民法精神形式的实现。契约形式既代表了市民社会关系的价值本质,又概括了市民社会的生产和生活方式的普遍秩序条件,没有契约就没有市民社会的自主与自由的生产与生活方式,也没有民法调整的市民社会的人格平等与利益均衡的人身与财产关系,契约以其自

---

〔1〕[德]康德:《法的形而上学原理——权利的科学》,沈叔平译,林荣远校,商务印书馆 1991 年版,第 40 页。

〔2〕[德]康德:《法的形而上学原理——权利的科学》,沈叔平译,林荣远校,商务印书馆 1991 年版,第 41 页。

〔3〕[德]费希特:《自然法权基础》,谢地坤、程志民译,商务印书馆 2004 年版,第 93 页。

〔4〕[英]梅因:《古代法》,沈景一译,商务印书馆 1959 年版,第 97 页。

主与自由的秩序本质既构成了民法形式的市民社会的秩序体系，也构成了民法精神的根本条件与秩序形式。换言之，契约是市民社会关系的自主与自由的民法调整与实现形式，也是民法精神的表现形式，没有契约，既没有民法，也没有民法精神，更没有市民社会的自主与自由的发展运动及其文化与文明的进步过程。

虽然契约并不是近代社会文明的产物，它是一种古老的社会秩序形式，但是近代以前人类主要和基础的社会秩序形式是身份而不是契约。身份秩序曾经是长期存在和居于统治地位的社会秩序。在近代以前的古代社会，“家族”是组成社会的最基本单位，家族成员的人身与财产关系完全依附于个人所属的家族，而家族的权力集中在家长（家父），家长是对外代表所有家族成员并发生社会关系的唯一人格主体。“‘父亲’或是其他祖先对于卑亲属的人身和财产享有终身的控制权。”〔1〕在家长权的支配下，除家父之外，作为家族成员的其他个人对外并不是法律行为的主体，没有或者没有完全的订立契约的自由。在自然经济的条件下，主要的社会生产和生活关系不是通过契约形式来完成的，契约并不构成普遍和主要的社会生产和生活方式。近代以前的市民社会关系，既主要不是契约关系，也主要不是由民法调整的社会关系。在自给自足的农业耕作和手工作坊的生产条件下，特别是等级森严的身份等级制度的存在，人们既不可能形成和具有完整的民法精神，也不可能有以契约及其价值原则为核心的民法精神的实现方式，即民法的制度体系。

民法精神产生和存在的社会基础，是市场经济的商品契约关系，是通过商品契约关系表现的社会秩序精神。在封闭的自然经济和身份社会的秩序条件下，缺乏契约化的民法精神的生长空间和土壤，也不可能有民法精神之树的深根与壮大。中世纪以来，随着文艺复兴和人文主义思潮的兴起，个人获得了通过自由合意构建市民社会关系的机会。〔2〕这样，“‘个人’稳定地代替了‘家族’成为民事法律考虑的对象”，〔3〕个人从宗族家庭关系的统治中解放出来，成为市民社会的主体，代

〔1〕［英］亨利·萨姆奈·梅因：《古代法》（一），高敏、瞿慧虹译，九州出版社 2007 年版，第 171 页。

〔2〕［英］亨利·萨姆奈·梅因：《古代法》（一），高敏、瞿慧虹译，九州出版社 2007 年版，第 211 页。

〔3〕［英］亨利·萨姆奈·梅因：《古代法》（一），高敏、瞿慧虹译，九州出版社 2007 年版，第 211 页。

替家族团体，具有了可以订立契约的独立法律地位，[1]这无疑是民法精神的根本彰显。因此，民法精神作为体现契约价值和通过契约形式实现的社会秩序精神，具有契约精神的本质，只有在契约关系的社会中才能够生根并形成普遍的社会秩序。

（三）民法精神的规范性

民法精神是以民法形式表现的社会规范精神，具有规范性的社会本质。[2]规范是一个社会的行为标准与秩序共识，既具有调整人们行为秩序的功能，又具有调处人们行为冲突的机制。[3] 规范是不同的人们和群体结成社会所达成或者认可的统一条件，也是实现社会组织、社会管理和社会秩序的共同根据。规范为一个社会的不同行为主体提供共同的行为标准，并要求不同的行为主体根据共同的规范追求共同的行为价值、目的与秩序，从而实现人们结成社会的共同理想。民法或者民法精神之所以构成社会秩序与法治文化条件，其前提就在于它的规范性。一方面，民法精神是表现为民法的实在法精神，是民法的形式与规范精神，即民法精神通过民法形式构成实证的外在行为规范和具体的行为标准；另一方面，民法精神是人们内在的行为规范意识，构成特定主体现实的行为规范条件，具有社会生态规范的属性。换言之，民法精神一方面以民法的实在形式规范化，另一方面以行为的生态条件秩序化，是民法的客观形式规范与民事主体的主观行为规范即具体的行为条件的统一。

事实上，当一个人实施某项法律行为时，他怎么知道法律为其行为确定了什么样的规范呢？虽然法律规范是客观实在的，也不以人们不了解法律而可以作为违法或者免责的理由，但是，对于现实生活中的人们来说，不可能是人人都能够准确地了解和掌握法律，特别是由于认定一个人的行为是否合法最终是一种司法判断，这就使任何一个人即使是法律专家也无法事先确认自己在复杂多变的社会环境和条件下发生的法律行为的确切规范条件。因此，在这种情况下，法律规范对社会生态规范——人类利益需求及其实现的社会规定性的遵从和人们

---

〔1〕［英］梅因：《古代法》，沈景一译，商务印书馆 1959 年版，第 96 页。

〔2〕规范是“约定俗成或明文规定的标准”。（《现代汉语词典》，商务印书馆 2005 年版，第 513 页）“规范又称社会规范（social norm）。一个社会群体诸成员共有的行为规则和标准。规范可以内化，即可以化入个人的意识，因此，即使没有外部的奖惩他也会遵从……规范比价值或理想更具体，诚实是一种普通的价值，而在特定情况下确定诚实行为的各项标准就是规范。”［《不列颠百科全书》（第 12 卷），中国大百科全书出版社 2007 年版，第 237 页］

〔3〕《不列颠百科全书》（第 12 卷），中国大百科全书出版社 2007 年版，第 237、238 页。

的行为规范意识与信仰与法律规范的统一，就成为法律规范的功能与作用发挥及其价值实现的条件与前提。显然，建立法律规范与行为实践联系的，是主体的民法精神。民法精神一方面代表市民社会的生态规范的本质并提出了对民法的规范要求并形成了民法的规范构造，另一方面又作为市民社会的规范意识而在自主与自律的基础上把民法规范转化为现实的行为规范，实现民法的一般形式规范与主体的特定行为条件之间的结合与统一。

民法精神的规范性说明，它并不是一种完全主观的任意条件，而是一种被强制遵守并需要转化为社会秩序的精神。民法精神在民法表达的范围内具有法律规范的强制性，而在道德意识的范畴内则仍然需要接受不得为所欲为的行为限制。民法精神作为一种规范条件，一方面告诉人们必须接受什么，另一方面告诉人们可以做什么。必须接受什么是一种规范的强制，而可以作为什么是一种规范的自由，但是在规范的条件下，自由的同时意味着自由的限制而不是超越规范的为所欲为的任意性。

在“后法律体系时代”的社会主义法治文化建设中，民法精神的发育和成长既代表着社会价值理念的转型、普及和推广，又代表着社会秩序形态的重组、再造与升级，而这一目的与目标的实现，都离不开民法精神所具有的特定规范性本质及其功能与作用的发挥。民法精神的规范性，既是市民社会关系的规范性，也是市场经济关系的规范性，并以市民社会与市场经济的规范条件与发展基础，构成了建设社会主义法治文化民本模式的核心规范体系。民法精神的规范性不仅体现在对人们具体行为实践的引领和指导，而且体现在对人们行为习惯与法治观念的培养与塑造，从而实现人们的社会生活方式及其所代表的市民社会秩序形态的生态转型与根本改变。

（四）民法精神的模式性

所谓民法精神的模式性，也就是民法精神的规定性及其所具有的标准性和样本性。[1] 民法精神的模式性，根本是一种民本模式性。民法精神是一种以民为本的精神，作为社会主义法治文化条件，构成建设社会主义法治文化的特定模式——民本模式。建设社会主义法治文化的民法精神——民本模式，揭示了社会主义法治文化的以民为本和人格自由的本质。民法精神的民本模式是一种以

〔1〕 模式是指“某种事物的标准形式或使人可以照着做的标准样式”。（《现代汉语词典》，商务印书馆2005年版，第961页）模式是指“标准的形式或样本”。［路丽梅、王群会、江培英主编：《新编汉语辞海》（上），光明日报出版社2012年版，第928页］

人格为条件的自由而有秩序的社会运行与治理模式,这一模式既是最佳的社会模式,也是最佳的法治和法治文化的模式。

1. 社会本体的民本模式性

所谓社会本体的民本模式性,也就是社会形态或者社会对象和社会关系条件的民本模式性。民法精神是市民社会的规范精神,具有市民社会的本体性,反映了市民社会关系的本质条件。市民社会是个人或者私人社会,也就是自然人的社会。虽然社会形态有各种划分,但是市民社会是真正和唯一的社会,其他一切社会形态都不过是市民社会的本质要求与条件反映。市民社会是以人为主体的人本或者民本主义的社会,其社会治理与法治模式必然反映以民为本的人类利益需求及其实现的社会规定性。换言之,市民社会的规定性,就是以民为本的规定性,市民社会在走向文明与进步的过程中必然确立民本模式的法治和法治文化。因此,民法和民法精神,作为以民为本的市民社会的法律和法律精神,具有市民社会的法治文化的本体性即民本模式性,构成建设社会主义法治文化的基础形式与条件。

2. 生态对象的民本模式性

民法精神作为市民社会的法治精神,必然反映市民社会的生态对象与条件。市民社会的生态,也就是人的自然生态,这一生态对象与条件,无非反映在两个方面,一是体现人的人身或者人格利益需求的生态条件,二是体现人的财产或者物质利益需求的生态条件,这就是民法或者民法精神的调整对象。不论是人身或者人格利益,还是财产或者物质利益,都是维护人的生命和生存所不可缺少的生态利益,这一与人的生命与生态相关的利益条件,自然是一种民本的利益条件,而调整这一利益条件的民法和民法精神,也就自然构成了这一利益条件的民本模式。可见,民法或者民法精神,是以民为本的利益条件与精神,民法或者民法精神与代表民本条件的利益具有内在的联系。民法或者民法精神本身不是目的,其只是实现以人格和人格自由为条件的利益的形式和手段,利益及其合理实现才是民法或者民法精神的目的。[1] 因此,民法精神在生态对象上的民本模式

〔1〕 民法或者民法精神与利益的关系,正如权利与利益的关系一样。"在法律调整的条件下,建立了利益与权利之间的内在联系与正义形式。权利与利益相互依存,利益是权利的现实目的,权利是利益的实现方式,没有利益,权利就没有存在的社会基础和现实必要,没有权利,利益就没有自由实现的社会保障和现实可能。对于主体来说,享有权利本身并不是目的,享有权利的目的是以自由实现利益需求。权利的社会意义就在于,它是法律赋予主体实现利益的行为自由,是为主体以自由方式实现利益提供的一种强制性或行为规范性保证"。(王利民:《民法的精神构造:民法哲学的思考》,法律出版社2010年版,第128页)

性，也就是民法精神所反映和代表的利益目的与条件的民本模式性，无此民本模式，既无人类的生态，也无人类生态的合理性。

3. 价值条件的民本模式性

民法精神的民本模式性，同样反映在它所代表的市民社会关系的价值条件上。民法精神的价值条件，作为市民社会关系的本质要求及其实现的社会规定性，必然揭示市民社会关系的民本属性，是一种民本的价值条件，具有民本的规范与秩序本质。这一民本模式的民法精神的价值条件，也就是代表市民社会关系的本质条件与要求的人格平等、权利自由、公平合理、诚实信用和公序良俗等民法和民法精神的基本原则。这些民法和民法精神的基本原则，既是市民社会关系的本质要求，也是市民社会关系的本质条件，反映了市民社会关系及其利益目的实现的社会规定性，均具有以民为本和民本模式的价值属性，舍此既不构成民法，也不具有民法精神的本质性。也就是说，民法精神的价值条件，既代表了民法精神的本质，也构成了民法精神的规定性。不论是民法的制定，还是民法精神的形成，都应当正确反映和代表这些市民社会关系的民本价值条件，并以民本模式的市民社会的规范形式与秩序形态构造社会主义的法治文化。

4. 制度体系的民本模式性

民法精神是民法形式和制度的精神，构成以民法精神为条件的规范与制度体系。民法精神的制度体系，就是民法的制度体系，[1]由市民社会以平等为条件的各项人身与财产制度构成，代表了市民社会的生产与生活方式的法律条件与安排，这一条件和安排反映了市民社会的民本秩序，具有民本模式的法律制度属性。民法精神的制度体系的民本模式性，一方面是制度主体的民本模式性即民事主体性，另一方面是制度内容的民本模式性即民事关系——平等的人身与财产关系性。在民法精神的社会本体、生态对象和价值条件的民本模式性的基础上形成的制度体系的民本模式性，构成了人文主义的市民社会的规范与秩序系统。这个民法精神与民本模式的制度体系，是一个成文法或者法典化的法律体系，这一体系具有相同或者基本相同的法律概念、制度结构、价值原则与规范

〔1〕 民法的制度体系，以民法典的体系为核心，包括了民法总则、人格权法、婚姻法、物权法、债权法、继承法和侵权责任法等各项市民社会的民事法律制度。

方法,[1]从而使国家之间的法律借鉴与移植成为可能并必然形成一种民法或者私法的趋同化发展。

可以说,民法精神的人格化、契约化和规范化都是民法精神的民本模式化的基本形态。民法精神的民本模式,建立于人和人性的自然基础上,以人为主体并以人为目的,是通过民法上的人格化的制度体系展开的,包括民法上的主体制度、行为制度与责任制度,都是一种人格化的制度,展现了民法和民法精神的民本模式的制度属性,并形成了以民为本的社会秩序构造。近现代民法在对待人的基本态度上,就是"平等地赋予所有的人以法律人格"[2]。这是构筑民法和民法精神大厦的根基,也是其民本模式的制度核心。以人格为条件的自由和自由的限制,构成了民法精神的民本模式及其制度体系的基本内涵,相互关系的人格尊重与利益均衡,代表了民法精神的民本模式及其制度体系的价值条件,这一民本的制度模式与社会主义核心价值相统一,是建设社会主义法治文化所应当遵循和根据的人文主义的社会治理模式。

六、民法精神的行为性

民法精神既是代表民法并由民法形式表现的制度精神,也是民法所调整的民事主体的行为精神。民法精神作为建设社会主义法治文化条件的规范性与秩序性,根本在于它作为主体和实践的行为规范所具有和实在的行为秩序性。没有民法精神的行为性,也就没有民法精神的社会生态性,更没有民法精神作为民本模式的法治条件性。民法精神作为市民社会的生态秩序精神,被以市民社会的法律形式——民法所抽象概括和集中表现出来,并通过民法形式的实在规范及其具有的国家强制力进一步转化为市民社会的行为条件与秩序,即成为具有法治文化与文明价值的社会构造形态。

(一)民法精神的行为主体性

民法精神的行为性,首先是民法精神的行为主体性,即民法精神是一定行为

---

〔1〕 这就是大陆法系的成文法与英美法系的判例法的区别。成文法即法典化的规范体系的优越性在于,通常情况下,制定并提供一个法典化的成文法作为当事人的行为规范与法官的裁判根据总比当事人和法官在行为或者裁判时没有明确的规范和根据要好些。我国是一个没有法治传统的国家,虽然接受了现代的法律制度,但法官缺乏自我公正的司法能力,不宜赋予其造法的司法地位与功能。虽然我国实行法典化的大陆法传统也存在各种各样的问题,但有一个相对统一和公正的法律体系总比没有要好得多。

〔2〕 [日]星野英一:《私法中的人》,王闯译,中国法制出版社2004年版,第83页。

主体的精神。民法精神的行为主体，也就是民事主体，即市民社会的主体，其根本上是自然人主体。[1] 民法精神既是自然人的内在本质与生态需求，也是自然人的规范条件与行为实践。民法精神的行为主体，作为市民社会的自然人主体，代表了民法精神主体的普遍性和根本性。民法精神的主体是普遍的民事主体，而普遍的民事主体所具有的民法精神，也就是一种普遍的社会精神，即对社会关系与秩序具有决定性的精神，也就必然成为以民为本的社会主义法治文化所不可缺少的一种普遍和基础的社会精神。民法精神的主体作为自然人主体，不仅是普遍的主体，而且是根本的主体，是作为社会目的与价值的主体，一切社会构造都必然遵循和追求自然人的人性目的和价值，以自然人的利益需求及其实现的规定性为根据，形成公正合理的社会行为秩序。

可见，民法精神的根本是人的社会行为精神，人即市民社会的主体是民法精神的行为主体。人的民法精神的行为主体性，构成了人的基本社会人格属性。人是自然的产物，也具有社会的人格属性，人以社会的方式生活，构成社会的行为主体，遵守社会的行为秩序，需要社会的人格实现。[2] 人以自己的生态方式自然地构成了社会，又以社会主体的地位与身份提出了自己的社会化条件和要求，民法精神就是代表这一条件和要求的行为秩序。民法精神作为主体性的内在规范，不仅代表了主体的外在行为，而且代表了主体的目的与价值。[3] 也就是说，人以民法精神的行为主体构造了普遍的社会行为秩序，从而其不仅是法治和法治文化的主体，而且是法治和法治文化的根本缔造者。

民法精神的行为主体，也就是法律行为的主体，其行为性根本是个人所追求

---

〔1〕 虽然民事主体在自然人之外还有所谓法人和非法人组织，但是，“法人是一种社会秩序的人格设计，是被确认为法律人格的一种社会秩序条件。这一社会秩序，包括一定的组织秩序、财产秩序和行为秩序等。当这些秩序符合一个人格化的特定目标时，这个秩序条件就被法律以一定人格的形式所承认，这个被法律所承认的人格秩序就是法人”；“法人作为一定社会秩序的人格化并作为权利主体存在，并不是在自然人之外真正存在一种作为权利义务主体的人，或者说并不是自然人彻底摆脱了责任的负担，它只不过是自然人权利义务的转化形式，是自然人间接享有权利并承担义务的中介秩序”。（王利民：《人的私法地位》，法律出版社 2013 年版，第 66、67 页）法人如此，非法人组织也是如此。

〔2〕 西方中世纪后的文艺复兴运动对人类社会的最大贡献就是“突破了传统的神权统治，人的观念首先被发现，人文主义被社会普遍接受，人格尊严和自由越来越受到重视，人与人格、人格权的概念逐步形成”。（王利明：《人格权法研究》，中国人民大学出版社 2005 年版，第 139 页）

〔3〕 “一个合理的人可社会化为一个社团的规范和惯例，因而他的目的符合公共的价值观，而他对这些目的的追求符合集体的规范。”（［美］罗伯特·考特、托马斯·尤伦：《法和经济学》，张军译，上海三联书店、上海人民出版社 1994 年版，第 14 页）

的一种社会利益性，即以民法所调整和保护的权利义务关系所表现的个人利益条件。[1] 法律行为主体也就是权利义务主体，可以根据自己的法律行为享有权利和承担义务。这不仅为法律行为的主体及其行为的性质进行了定位，而且也对法律行为的主体及其行为条件提出了要求。[2] 这一条件和要求，就是民法精神的根本内涵，也就是民法精神的目的及其伦理问题。民法精神的行为主体，以具有民法精神和遵守民法精神的条件和要求为本质，在民法精神之外，既无民法精神的合理社会行为，也非民法精神的正当行为主体。因此，基于民法精神的市民社会主体的普遍性，人人都是民法精神的行为主体，人人都应当具有与法律行为要求相适应的民法精神，人人都应当以民法精神的行为秩序构造社会主义法治文化，这是建设社会主义法治文化民本模式的根基所在。以民为本的社会主义法治和法治文化只有生根于民法精神的行为主体，才能够实现社会主义法治和法治文化的生态秩序构造。

（二）民法精神的行为意志性

民法精神作为一种社会规范与秩序精神，是一种社会行为意志，即民事主体实施一定法律行为的主观意志。[3] 人作为主体不过是意志主体，而民法精神也不过是作为主体的意志形式而已。[4] 民法精神只有在行为意志的普遍意义上，才构成社会行为规范与生态秩序。换言之，民法精神的行为意志，是一种规范意识，是一种社会秩序共识。它一方面是意志性的，另一方面是规范性与秩序性

---

〔1〕“人的保护，维护其个性及人格关系，为民法的首要任务。”（王泽鉴：《民法总则》，中国政法大学出版社 2001 年版，第 36 页）

〔2〕自从《德国民法典》引入“法律行为”概念以来，虽然人们对这一制度设计有不同的认识，但是“法律行为”的概念已经成为民法和民法思维所不可缺少的结构性支点，这也是不争的事实。“每个人都通过法律行为的手段，来构成他同其他人之间的法律关系。”[[德]卡尔·拉伦茨：《德国民法通论》（下册），王晓晔等译，法律出版社 2003 年版，第 426 页]法律行为作为能够引起一定私法结果的主体行为，是主体有目的实施并能够达到主体目的的行为，其目的性结果的实现，一方面是因为法律承认这样的目的性结果，另一方面是因为主体基于自己的目的追求这一结果的发生，而后者作为主体的精神和意志条件，对法律行为的发生及其引起的目的与秩序效果具有决定的意义。“法律行为之所以产生法律后果，不仅是因为法律制度为法律行为规定了这样的后果，首要的原因还在于从事法律行为的人正是想通过这种行为而引起这种法律后果。”[[德]卡尔·拉伦茨：《德国民法通论》（下册），王晓晔等译，法律出版社 2003 年版，第 426 页]

〔3〕意志指“决定达到某种目的而产生的心理状态，往往由语言和行为表现出来”。（《现代汉语词典》，商务印书馆 2005 年版，第 1618 页）

〔4〕“人的全部本质就是意志，人自己就只是这意志所显现的现象。”（[德]叔本华：《作为意志和表象的世界》，石冲白译，商务印书馆 1982 年版，第 396 页）

的,并且是一种自然与必然趋同的社会行为体系。人类的行为及其规范与秩序不论反映和表现为何种形式,最终都是由人的意志决定的,都是一种意志形态,人不仅决定自己意志的表现形式,而且决定自己意志形式的实行效果。因此,不论是意志还是表现意志的形式,本身都具有意志的属性并反映意志的本质。[1] 只要是意志的东西,就必然具有一定的随意性和差别性,所以构成行为条件的意志是必须自主接受规范条件的,在这个意义上,任何一种规范,包括民法的或者其他法的规范,与其说规范的对象是人的行为,不如说是人的意志,意志的规范性是根本的秩序形态。[2] 人们以自己的意志创造一种行为规范,并要求自己的意志接受这一行为规范的条件和要求,从而使这一规范成为自己的意志存在。因此,如果人们的行为意志接受一种普遍的行为条件即规范的要求,那么这种行为意志就构成一种规范与秩序的意志——民法精神就是这样的意志。民法精神不仅是意志的,而且是规范与秩序的,当民法精神构成人的行为意志,就不仅会产生代表这一意志的普遍的民法形式,而且必然形成普遍的民法行为秩序。所以,真正的法治和法治文化条件不是法律的规范条件,而是人们的行为意志条件,也就是人们的规范与秩序的思想与信仰条件。

因此,民法的规范构造,只是立法者的法律形式构造,只有民法精神的行为构造,才是现实和生态的法治和法治文化构造。民法精神以其形式规范与行为意志的统一与结合,成为一个国家和社会的法治和法治文化的生态体系。可见,民法的意义和价值不仅在于调整社会关系,而且在于承认和尊重社会主体的行为意志并使其意志人格化。"人的资格本质上是实践或形成自己的意志的资格,享有人的资格的标志是与同类享有实践或形成自己的意志的平等资料。"[3] 在市民或者私人社会关系中,每一个主体都是通过自己的行为意志追求和实现自己的利益目的,所以承认和尊重主体的行为意志,就是承认和尊重主体的利益目的与需求。通常情况下,主体的利益是通过主体之间的利益交换来实现的,也

---

〔1〕 人是有灵之物,行为和行为规范必然出于人的意志。"如果不谈谈所谓自由意志、人的责任、必然和自由的关系等问题,就不能很好地讨论道德和法的问题。"[《马克思恩格斯选集》(第3卷),人民出版社1972年版,第152、153页]"原来意志作为真正的自在之物,实际上是一种原始的独立的东西,所以在自我意识中必然也有一种原始的,独断独行之感随伴着这里固已被决定的那些意志活动。"([德]叔本华:《作为意志和表象的世界》,石冲白译,商务印书馆1982年版,第398页)

〔2〕 "意志是给自身立法的,甚或它自身就是法则。"([美]亨利·E.阿利森:《康德的自由理论》,辽宁教育出版社2001年版,第190页)

〔3〕 李锡鹤:《民法哲学论稿》,法律出版社2009年版,第162页。

就是表现为一定的交换关系，而这一交换关系是以意志的即意思表示的交换方式来完成的。“主体可在对象上实现自己的意志，故主体必须有意志。所谓主体支配客体，其实是主体的意志支配客体。意志是主体的核心和灵魂。主体是意志的存在形式，主体的根据就是意志。”〔1〕人之所以成为主体，就在于它的意志性。人在以意志条件构成主体的同时又以意志支配主体的行为并实现主体的利益和维护主体自身的人格存在。

意志的主体意义与价值决定了意志必须符合一定的社会正当性才能够作为主体条件存在。换言之，意志是自由的，但是作为主体条件即构成民法精神的行为意志，则不仅是个人的，而且是社会的；不仅是自由的，而且是受到限制的，〔2〕应当是一种普遍的社会共识性的意志条件，只有这种意志才具有社会正当性。主体行为的正当性，是由主体意志的正当性决定的，根本是一种主体意志的正当性，没有正当的意志性，就不会有正当的行为性。古希腊和古罗马的法哲学观点认为，“文明社会的每一个人所作所为应该符合某种‘正当’的规则”，〔3〕如果人们的行为不符合某种正当性规则或者失去了控制，那么什么危害自己、他人和社会的事情都能够做得出来，因此人的行为必须接受一定的意志条件。近代自然法之父格老秀斯将意志作为行为的核心要素而成为判断行为及法的正当性的主要标准，认为自然法是“正确理性的命令”，是“不可改变的”，即使“上帝也不能改变它”。〔4〕人的行为意志应当符合自然理性，具有道德的基础和根据，否则就走向了社会伦理即规范与秩序的反面。意志既然作为主体条件被承认和尊重，那么人就应当信守自己的意志和基于自己意志的承诺，否则，意志就成为了可以用来损害他人利益的主观恶意。任何人都有形成和实践自己意志的权利，但不能将自己的意志强加于人或者以自己的意志损害他人。这种意志的正当性决定

〔1〕 李锡鹤：《民法哲学论稿》，法律出版社2009年版，第32页。

〔2〕 自由的社会设计本身就是对自由条件的社会限定。“因此，任何时代的社会自由都以限制为基础。它是一种全体社会成员都能享有的自由，也是一种从那些不伤害他人的活动中进行选择的自由。”（[英]霍布豪斯：《自由主义》，朱曾汶译，商务印书馆1996年版，第46页）“全部社会自由都立足于限制”，“在一个方面对一个人施加限制是其他人在该方面获得自由的条件”；“以牺牲他人为代价获得的自由不是好的自由，所有生活在一起的人都能享有的自由才是好的自由，这种自由取决于法律、习俗或他们的感情使他们防止互相伤害的圆满性，并用这种圆满性来衡量”。（[英]霍布豪斯：《自由主义》，朱曾汶译，商务印书馆1996年版，第47页）

〔3〕 张乃根：《西方法哲学史纲》，中国政法大学出版社2008年版，第91页。

〔4〕 张乃根：《西方法哲学史纲》，中国政法大学出版社2008年版，第91页。

了，一方面，人要对自己的意志负责，不能滥用自己的意志；另一方面，人接受某种统一的意志是必要和有可能的，这就是作为民法精神的普遍行为意志。

（三）民法精神的行为自由性

民法精神的行为意志，虽然是一种规范与秩序的普遍意志，但是它在根本上是一种行为自由的意志。“一个人，当他在自己身上找到支配他去行动的动因，或是在从事于这些动因所支配他去做的事情上他的意志遇不到任何阻碍的时候，这个人就叫作自由的。”〔1〕霍布斯认为，自由与必然是相容的，“因为人出于意志的每一行为、欲望和意向都是始于某种原因的，而这种原因又始于因果链条中的另一原因，不断地追问下去，一定存在一个一切原因的第一原因，所以这自由的行为也是具有必然性的行为”。〔2〕 自由是人的生命的本质，必然构成人的社会条件和要求。没有自由，也就没有意志，意志只有体现为自由，才是意志和具有意志的本质。自由是主体根据自己的意志实现自身利益目的的社会可能性。意志和行为是构成和表现主体自由的两个核心要素。意志是决定自由的内在因素，行为是表现自由的外在条件。外在行为与内在意志的统一，就是行为自由。就自由的本质而言，内在意志是决定外在行为的根据，外在行为是表达内在意志的形式。在这个意义上，行为自由就是意志自由，而有意志不一定有自由，意志只有可以转化为行为并且可以作为自己的利益实现条件，才是真正的意志和意志自由。当然，正如前述，民法精神的行为自由作为一种社会自由本身就是自由的条件和限制，〔3〕即民法精神的行为自由是一种自主构序的行为自由，是主体自由与秩序的内在协调与统一。

民法精神作为一种形式与行为统一的规范与秩序构造，在意志与自由统一的基础上构成了主体的人格条件。正是基于人格，人区别于动物而具有了自由意志并成为伦理的主体。人的意志自由，不仅可以认知自己的利益需求，而且可

---

〔1〕［法］霍尔巴赫：《自然的体系》（下卷），管士滨译，商务印书馆1999年版，第97页。

〔2〕［英］霍布斯：《利维坦》，吴克峰编译，北京出版社2008年版，第101～103页。

〔3〕“唯一实称其名的自由，乃是按照我们自己的道路去追求我们自己的好处的自由，只要我们不试图剥夺他人的这种自由，不试图阻碍他们取得这种自由的努力。”（［英］约翰·密尔：《论自由》，许宝骙译，商务印书馆1959年版，第14页）“个人自由必须约制在这样一个界限上，就是必须不使自己成为他人的妨碍。但是如果他戒免了在涉及他人的事情上有碍于他人，而仅仅在涉及自己的事情上依照自己的意向和判断而行动，那么，凡是足以说明意见应有自由的理由，也同样足以证明他应当得到允许在其自己牺牲之下将其意见付诸实践而不遭到妨害。”（［英］约翰·密尔：《论自由》，许宝骙译，商务印书馆1959年版，第66页）

以确定自己的利益条件,并且能够自由地实现自己的利益目的,从而人便在自己的意志中获得了自由,并在自由中构成了人格。民法精神作为一种行为自由的人格形态,既以人的意志为根据,又以人的自由为条件,在意志与自由中实现了人的自然伦理与社会伦理的本质统一。民法精神的行为自由,不仅承认和尊重每个人的人格和自由以及他们所具有的同等地位,而且把行为自由作为人们实现利益的一般社会条件与手段。[1] 这样,整个社会既构成了一个行为自由的利益共同体,也构成了一个行为自由的社会秩序体系,每个人都是一个独立的行为自由的主体,都接受行为自由的社会秩序,都可以根据普遍的自由规则而以行为自由的方式实现自己的利益并达到自己的利益目的。人在被承认和尊重具有自由和自由利益的条件下,自然成为自由的人格主体。这种自由不仅是意志的,而且是规范和秩序的,是一种普遍的社会行为与生态文化与文明形态,从而构成了社会主义法治文化的本质。

(四)民法精神的行为自治性

民法精神的行为自治性,是民法精神在意志性、自由性基础上的更高本质性。如果说意志是民法精神的个人主观性,而自由是民法精神的意志性的社会形态,那么自治则是自由的实现条件与方式。自由的社会实现应当是自治,自治是自由与自由限制的结合与统一。自治一方面是行为自由,另一方面是行为自理。自治既是主体的自我自由,又是主体的自我限制,不仅要求行为的自由性,而且要求自由的规范性与普遍性。作为民法精神的行为自治,是通过意思自治即私法自治的形式表现出来的,所谓意思自治或者私法自治,根本是民法精神的行为自治。[2] 私法自治既是民法即私法的条件和要求,也必然构成民法即私法的价值与本质。"私法最重要的特点莫过于个人自治或其自我发展的权力。"[3]

---

[1] "人类在他的童年时代生活得自由自在,因为每一个人都能够按照他的喜好满足他的欲望,按照他的心意发展;今天,如果你们要想使人类重新自由,就要给社会一种组织,这个组织便利一切人在同等的地位上满足他们的欲望,发展他们的能力。"([德]威廉·魏特林:《和谐与自由的保证》,孙则明译,商务印书馆1960年版,第69页)

[2] 所谓私法自治以私法与公法的划分为前提。"公法与私法的划分,并不是单纯的法律技术创造,而是法律技术接受的现实社会关系条件,这个条件就是,社会有私益与公益之分与对立,而在此基础上必然产生两种社会及其不同的社会诉求并产生不同的法律调整——公法是调整国家或者公共利益关系的法律;私法是调整私人利益关系的法律。""在私法意义上认识的民法是一个更直接揭示民法本质的概念。不论是主体的人还是民法上人与人之间的关系都是与'私'的概念与含义联系在一起的私人和私人关系的范畴。"(王利民:《民法的精神构造:民法哲学的思考》,法律出版社2010年版,第184、185页)

[3] [德]罗伯特·霍恩:《德国民商法导论》,楚建译,中国大百科全书出版社1996年版,第90页。

一个人自治和自我发展的“权力”就是人在私法上的根本地位，是作为普遍的社会秩序条件存在的。私法自治是由私法所调整的市民社会关系的本质决定的，市民社会关系即私人社会关系的本质就是自治。私法自治作为一项私法原则和条件，是市民社会关系的本质要求，代表个人利益需求及其实现的社会规定性。自治的本质是主体的自由与自由的限度，个人在自由中需要接受私法的自由限制，形成自律与他律结合的个人行为体系。

民法精神的私法自治作为一种行为自治，是法律行为的自治。“私法自治的工具是法律行为。”[1]由于法律行为的个人利益性，私法自治构成了个人利益实现的社会秩序条件，是个人利益条件的自主性及其实现的行为自由性。私法自治是民法本质的一个反映，它代表了以民法精神为基础的一个私法体系，而基于这一体系的调整则必然产生以个人行为自治为条件的法律关系体系。自治体现市民社会关系的伦理属性。由于人类的行为受制于统一的利益需求及其实现条件的规定性，所以，一个人既知道自己也知道别人的需求和目的，从而能够在自主与自治的前提下产生共同的行为意识并形成共同的行为条件。这样，人们能够通过个人的行为自治达到共同的利益目的，从而满足普遍的人格条件和要求。这一条件和要求，以人性为根据，既没有理由否认或者不予承认，也没有其他条件和要求可以替代，因此构成了市民社会关系的本质存在。

行为自治具有深厚的法治和法治文化的内涵。以民法精神为主旨的行为自治，是一种以民为本即民本模式的法治理念与法治文化形态。社会主义法治文化是代表和实现人民利益的社会行为文化，人民利益及其实现始终是这个文化的根本价值与目的。人民利益是每个人的个体利益的集中体现，而对于个人利益而言，选择什么利益，通过什么样方式实现个人利益，应当由人民主体自主决定或者应当允许个人在法律规定的范围内通过行为自治的方式决定和实现。因此，以民法精神为条件的行为自治，构成了社会主义法治文化的行为基础，建设社会主义法治文化的民本模式，应当根植于行为自治的社会基础之上。

（五）民法精神的行为秩序性

民法精神的行为自由与自治，是一种个人行为的秩序形态，不论是自由还是自治，只有构成社会秩序才具有民法精神价值。

---

〔1〕［德］迪特尔·梅迪库斯:《德国民法总论》，邵建东译，法律出版社2001年版，第142页。

1. 民法精神的行为私序性

民法精神作为个人的秩序精神，代表个人私序，是私法或者民法所调整的市民社会关系的个人或者私人秩序的本质要求。私序即私法秩序，是私法所调整的社会关系秩序，也就是平等民事主体之间的人身关系与财产关系秩序。这一秩序基于主体的平等性与自愿性而具有私人社会秩序的本质属性。私法秩序作为社会关系的秩序，是以市场经济秩序为基础的秩序，是社会主义法治文化的民本秩序与核心秩序，代表了社会主义法治文化的秩序本质。“秩序的存在是人类一切活动的必要前提。”[1]人类社会不能没有秩序，也就不能没有作为秩序前提的规范。民法作为私法自然以私人社会秩序作为自己的调整对象并构造私人社会秩序的法治和法治文化形态。私人社会秩序作为基础的社会秩序，是人的社会生态秩序，具有人的客观利益需求及其实现的规律性与规定性。然而，虽然没有私法规范就不能形成私法秩序，但是没有私法精神即民法精神，同样不能形成私法秩序。因为私法秩序最终不是规范和形式的秩序，而是主体行为与实践的生态秩序，它不仅需要私法的规范性前提，而且更需要主体的私法精神所具有的对行为与实践的直接支配作用。换言之，私法秩序作为一种行为秩序，根本是一种主体的民法精神秩序，没有民法精神的秩序意志就不可能有符合民法规范条件的私序性效果。

民法精神的私序性，是一种行为的私序性。民法精神是一种私法行为精神，调整私人社会关系，规范私人社会行为，构造私人社会秩序，追求私人社会目的，具有行为的私序性本质。换言之，民法精神首先是一种私人社会的行为精神，是私人社会秩序的行为条件，其构建的行为秩序在根本上是私序而不是公序。私序也就是民法即私法所调整的社会关系的秩序，私法秩序的构建是社会主义市场经济法律秩序的主体与核心，是以民为本的法治和法治文化的根本秩序。民法精神的行为秩序在私序的意义上，一方面，是一种私人利益秩序，以实现私人利益为目的，反映私人利益需求及其实现的规定性；另一方面，是一种私人行为秩序，是通过私人行为自主实现私人利益的社会秩序形式，应当遵守私人利益需求及其实现的规定性。因此，在行为私序的意义上，民法精神同样回归于社会主义法治文化的民本性。

民法精神的行为私序性，要求民法精神和以民法精神为基础的法治文化，必

---

[1] 张文显：《法的概念》，法律出版社2011年版，第71页。

须以私人利益为目的,尊重私人利益的社会行为条件,体现私人社会秩序的核心价值,反映私人社会关系的规律与规定性。以民法精神的行为私序为基础的法治和法治文化,在根本上是私法之治和私法文化,其核心仍然是个人在社会秩序构造中的主体地位问题,而这一切又都建立在对人的利益需求及其实现的社会条件的承认与尊重上。必须承认个人利益是社会的根本利益,而以实现个人利益为目的的民法精神及其行为私序,则是法治社会与法治文化的根本精神与秩序,我国社会主义法治和法治文化应当建立在民法精神的行为私序的坚实基础之上,〔1〕以民法精神的行为私序展示社会主义法治和法治文化的民本价值与秩序本质。因此,必须建立社会主义法治和法治文化的行为私序观念。一方面,法治是个人行为之治,法治文化是个人行为文化;另一方面,法治和法治文化的民本模式是一种私法自治与私法文化模式,它以个人行为的私序构造为实现条件。这就要求建设社会主义法治和法治文化,应当以个人利益的社会秩序条件为根据,充分认识民法精神的行为私序在法治和法治文化构造中的根本地位和作用,并建立以民法精神及其行为私序为条件的社会生产与生活方式即一种社会治理的民本模式。

基于个人利益的根本地位性,对个人利益的承认和尊重,首先应当承认个人行为私序是个人利益实现的最好行为方式,即个人利益首先应当通过个人私序的形式实现,公序只能是个人私序自力不足的补充条件。〔2〕因此,必然确认个人的社会主体地位,即个人行为秩序在个人利益实现中的地位。不承认这一地位,就是不承认人的利益需求及其实现的社会规定性。人的利益,是作为自然与必然需求的人身与财产利益,本身就是私人利益关系,只有通过私法或者个人的行为私序的方式调整与实现,才符合这一利益关系的本质,也才能够形成这一利益关系的合理秩序。

民法精神的行为私序,是以个人诚信为基础的行为秩序。这是由民法精神

---

〔1〕“利益,也就是人类社会中的个人提出的请求、需求或需要——如果文明要得以维持和发展、社会要避免无序和解体,法律就要为利益提供支持。”([美]罗斯科·庞德:《法理学》第3卷,廖德宇译,法律出版社2007年版,第18页)以个人利益为目的的民法精神及其行为私序,是整个社会秩序的基础,只有合理的个人利益分配,才能够构建和维持稳定的社会秩序,也才能够满足一个社会的法治和法治文化的实现条件。

〔2〕公序是通过公法或者公共治理的方式建立的社会公权秩序。“社会及其管理者即国家或政治社会存在的根本目的和合理价值,就在于能够最大限度地有序满足私人利益的需要。”(王利民:《论人的私法地位——从一个制度的分析》,法律出版社2007年版,第132页)

的市场经济条件决定的。诚信是人类社会古老而恒定的精神传统与道德要求，没有诚信就没有民法精神的行为实践及其行为秩序。[1] 虽然在不同的民族与社会条件下人们有不同的诚信意识与行为要求，但是诚信本身则始终是人类社会共同追求与践行的精神原则与行为秩序。

诚信是社会与市场经济条件下维系和促进社会整体协调与可持续发展所不可或缺的社会秩序条件，具有弥补法律和其他强制性规范之不足的地位与作用。因此，诚信被奉为民法的最高原则与“帝王条款”，而民法精神也必然以诚信作为个人行为秩序的本质条件与要求。诚信内含着人类社会理想秩序的自然生态精神，构成了个人意志及其行为秩序的一般原则。人与人之间社会关系的直接形态就是个人行为秩序，个人行为秩序所应当具有的正当性、合理性则必然以诚信为条件。诚信是个人行为秩序的精神基石，是建设社会主义法治文化民本模式所必然内在的个人行为秩序要求。

2. 民法精神的行为公序性

民法精神虽然具有行为私序的本质，但是它并不是单纯的私序性，而是在具有私序本质的同时构成一种社会公序。换言之，民法精神的个人秩序行为，不仅是一种私序行为，而且是一种公序行为，是私序与公序的结合与统一。民法精神的私序性并不是一种狭隘的个人意识和非理性条件，它是一种个人或者私人秩序的公共性，其本身既不能远离社会道德，也不能脱离公共秩序，而且是和社会公德与秩序要求相统一的个人品行条件。民法精神及其行为秩序，必须具有社会公德意识，理解私人利益关系的公共秩序条件和要求，能够把私人社会关系作为一种公共秩序遵守，从而以自觉的个人行为秩序维护私人社会关系的公共秩序条件，从而以私人社会关系的公序良俗性构造社会生态的秩序文明。

一方面，民法精神是私人社会的公序性。民法精神的主体是个人，民法精神是个人精神，但是民法精神是公德而不是私德，民法精神的行为秩序是私人社会的公共秩序条件。虽然民法精神是市民社会关系的条件，不能在个人利

---

〔1〕 中国古代传统思想中有所谓“言必信，行必果”（《论语·子路》）的箴言。“人而无信，不知其可也。”（《论语·为政》）罗马法认为：“法律的基本原则是，为人诚实，不损害别人。”（［古罗马］查士丁尼：《法学总论》，张企泰译，商务印书馆1989年版，第5页）“罗马人承认‘诚信’是一种规范要素，‘诚信’创造出一系列罗马的规则，当然这些规则既适用于罗马人，也适用于异邦人。”（［意］朱塞佩·格罗索：《罗马法史》，黄风译，中国政法大学出版社1994年版，第236、237页）

益目的之外而有民法精神，但是，民法的精神的行为秩序，不是单纯的个人行为秩序或者私序，而是个人的公共道德品质，反映的是个人在私人社会关系中的公序良俗条件，即社会公共秩序。所以，民法精神的行为秩序，不仅是个人利益的秩序，而且是个人利益的公共秩序，是个人利益的公共秩序形态。换言之，民法精神的行为条件，不仅是个人的行为条件，而且是个人的社会行为条件，即普遍的社会公共秩序条件。因此，私人社会关系的民法精神条件已经超越私人社会的范畴而成为了一种公共秩序条件，在公共秩序条件之外不存在民法精神的行为秩序。所以，作为私人社会关系条件的民法精神，应当反映公共秩序条件并以公共秩序作为行为的目的和基础，从而为私人社会关系正确定位并确定其合理的行为标准，以符合社会公共秩序的条件维护和实现个人的利益目的与秩序，而不是简单地反映私人社会关系的条件或者简单地顺从私人社会利益的目的和要求。

另一方面，民法精神的私序不能脱离公序。民法精神及其社会规范与秩序的本质决定了它以个人行为私序而与社会公共秩序的内在联系与统一。每个人都有自己的个人秩序意志，但是个人的行为秩序只有与社会公共秩序相统一才具有民法精神的秩序意义，因为民法精神只有作为普遍的社会秩序才能够反映社会的秩序本质并成为社会的秩序条件和要求。然而，个人的行为秩序作为一种主观意志总是具有它的差别性和层次性，它在个人利益的支配下总是可能接近或者远离社会的一般公共秩序条件，而这样的个人行为秩序并非全部构成民法精神的行为条件。那些远离或者脱离一般社会秩序要求的个人私德观念，是一种自以为是的个人行为品质，是从个人立场出发的而不是以公共秩序为条件并寻求相互关系的利益均衡的一种个体要求。这一要求作为一种个人利益目的和条件，是自闭的而不是开放的，是自利的而不是包容的，是个人的而不是社会的，是感性的而不是理性的，是直觉的而不是逻辑的，是失衡的而不是秩序的，因此，它不构成民法精神的个人行为及其秩序本质。

个人行为的公序性是以商品交换关系为基础的一种道德条件，商品交换关系不仅使民法精神的私人社会关系具有了明显和直接的公序性，而且能够产生与公序要求相适应的开放与包容的公共关系条件。公序作为民法精神的个人行为目的与要求，在根本上不是制度形式而是行为秩序即人的社会精神文明与法治文化的秩序构造。因此，建设社会主义法治文化，必须不断克服那些与现代社会公共秩序条件相矛盾甚至对立的各种非秩序性的传统社会私序现象，建立和形成与现代法治与法治文化相统一的私人社会的公共秩序形态。这在根本上就是民法精神的社会秩序构造。民法精神以私人社会的秩序构造,反映了私人社会及其秩序的公共本质。在民法精神的社会秩序构造及其实现中,私人社会离不开一定的公共秩序条件,这就是民法精神的行为公序性,只有将民法精神的行为秩序或者私序上升为公共秩序并以一定的公序形式和条件支配私人的行为秩序,才能够真正实现的民法精神的社会秩序构造,即一种法治和法治文化的社会文明形态。

七、民法精神的生态性

民法精神是社会精神,但它作为人的精神,根本上是人的生态精神。民法精神的生态性决定了民法精神作为一种社会规范与秩序体系即意识形态所具有的客观规律性与规定性。只有在生态的基础上,才能够把民法精神作为特定对象而把握其实质与本质,也才能够真正认识民法和民法精神。

(一)民法精神与人的生态性

民法精神作为人的精神,根本是人的生态精神,是由人的生态性决定的。没有人的生态性,就没有人和人的精神性。

民法精神的生态性,根本是由于民法精神的主体——人的自然生命性所决定的。民法精神是人的精神,人是自然生态的产物,遵循人的自然进化的规律,而作为人的自然生态与进化的产物,人的精神亦必然具有生态性的本质。所谓生态,一般是指生物在一定的自然环境下生存和发展的状态,也指生物的生理特性和生活习性。[1] 人是生态系统中的活生物体,遵循着自然生命的规律性与规定性,因此,人的社会精神包括人的民法精神,必然具有和反映人的自然生态的本质。换言之,民法精神作为人的精神,也就是人的生态精神,具有人的生态性,它首先是人的生态选择并遵循人的生态规律,然后才是人的社会选择并构成人

---

〔1〕“‘生态’一词,源于古希腊语,意指家或我们的环境。后来,‘生态’一词,通常指生物的生活状态,即生物在一定的自然环境下生存和发展的状态,以及它们之间、它们与环境之间的复杂关系。也指生物的生理特性和生活习性。人们也常用‘生态’来定义美好的事物,如健康的、美的、和谐的等事物均可以用‘生态’修饰”。(方印:《论民法生态化的概念及基本特征》,载《湖北社会科学》2012 年第 2 期)“广义的‘生态’概念,意指人与自然、人与社会、人与自身等各种关系的和谐,或经济、政治、文化、社会、自然等各种关系的和谐,也就是指与人类有关的各种关系的和谐”;“狭义的‘生态’概念,意指作为自然性的人类与自然环境的和谐即人类与自然环境的自然性和谐,也即包括人类在内的自然生态系统的平衡与稳定”。(黄爱宝:《政府作为“理性生态人”:内涵、结构与功能分析》,载《社会科学家》2006 年第 5 期)

的社会性和形成人的社会规律。民法精神的社会性必然是人的生态性的要求和反映，具有人的生态规定性。

可见，民法精神不仅是人的意志性，而且是人的生态性，是人的生态条件与存在。这是一个涉及民法和民法精神的本质的一个问题。民法和民法精神是基于人的生态需要而产生的社会现象，作为人的社会存在与发展的条件，与人的生态性具有直接的联系。民法精神反映人的生态条件并构造人的生态秩序，是人的生态条件的社会规范化与秩序化。人的生态性是人的本质属性，反映人的生命利益及其实现条件的内在秩序需求。人的生态性主要是人的生物与生理的规律与规定性，它是人的存在与发展的自然根据与基础。人的生态性既决定了人的生存目的，也决定了人的生存与发展条件，这个目的与条件在社会关系上主要就是通过民法精神的形式反映出来的人的主体性及其实现的规律与规定性。人的生态性决定了人的精神性，而这个精神在人的生态性基础上构成每一个人的要求并具有内在的统一性，是任何一个民族和社会都必然具有和需要的社会构造并具有人类永恒的价值属性。人的生态性是民法精神的根据和来源，决定了民法精神及其制度原则与价值的一般性与普适性。民法精神作为人的生态性条件要求，是一种自然的社会规范精神，需要在人的自然与生态中发现它的真实与本质。民法精神虽然是人的社会意识形态，但是它在根本上是人的生态性要求，是以民法形式反映的人的生态条件及其精神本质，它通过民法规范与制度而具体化和形式化，并内化为人的行为意志与秩序。因此，人的生态性是民法精神的根本性，人的生态精神是民法精神的真实精神。

基于民法精神的生态性，以人的生态条件为根据和本源的民法精神，需要在人的生态性中去发现和寻找其本质并揭示其存在和发展的规律性，而不能在单纯的人类社会关系和意识形态中去编制它的理想与蓝图。人是在自然生态的基础上发展和构造自身的社会关系与社会秩序的，人类的社会关系与秩序的产生和发展反映的不过是人的生态关系与秩序条件要求，虽然人类社会本身有它自身的发展规律，但它根本上是人的自然生态秩序的一部分，是由人的自然生态秩序所决定的，不能超越人的自然生态的规律与条件而有单纯的社会形态与文明。

（二）民法精神的自然生态性

民法精神作为生态现象，既是社会现象，也是自然现象，是社会现象与自然现象的统一。[1] 民法精神的生态性，根本是人的自然生态性。人既是自然的产物，服从自然的法则，不能超越自然，[2]是自然的一部分，以自然的方式生活，表现自然的生态本质，遵循自然的生态规律。人的一切存在，根本是人的自然生态存在，必然反映人的自然生态秩序，不能脱离人的自然生态的规律性与规定性。虽然民法精神是人的社会精神，具有人的主观意志性，是人类社会的规范与秩序条件，属于一定社会结构的意识形态范畴，但是民法精神作为人的意志，必然反映人的自然条件与生态需求，具有人的自然生态性，体现人的自然生态本质，遵循人的自然生态的规律与规定性。

民法精神的自然生态性是民法精神的社会普遍性和一般性的根据。民法精神作为一种社会规范与秩序精神，之所以具有普遍性和一般性，能够形成共同的规范与秩序认知并能够内化为人们共同的行为准则与秩序条件，就在于民法精神所具有的自然生态属性。民法精神基于人的自然生态性，具有其内在的规律性与规定性，因此，不论任何一个民族和在任何一种社会条件下，都会存在共同的民法精神，不同的只是在这种共性条件基础上的表现差异而已。虽然不同的民族和在不同的社会发展条件下会存在不同的民法精神，或者民法精神在不同的民族和社会条件下往往表现出各种不同程度和水平的差异，但是在不同民族和社会的法律和法律文化中都能够找到民法精神的共同本质，这就是基于人的一般生存利益——客观利益需求所必然表现出来的自然生态的规范与秩序条件。这一共同的客观利益需求及其存在的社会基础，正是人类在全球化的普遍联系及其现代社会条件下的民法和民法精神不断趋同化发展的根本原因，人类在全球化和普遍联系的社会条件下不仅具有了民法精神存在的共同基础，而且在这一基础上能够发现和认知民法精神的人类一般性即作为民法精神共同条件的自然生态本质——人的客观利益需求及其实现的规定性。

（三）民法精神的社会生态性

所谓民法精神的社会生态性，就是民法精神的自然生态性的社会性表现与实现，是基于自然生态的社会表现与实现所必然具有的生态本质。任何一种人的社会性都不可能超越人的自然性，而只能在人的自然性的规定性中表现人的

---

〔1〕“自然现象是一种按不变的规律共存和相随的事物体系。”（[英]J. B. 伯里：《思想自由史》，周颖如译，商务印书馆2012年版，第114页）当然，自然现象只具有相对的不变性，而不具有绝对的不变性，任何运动的事物都是变化的，但变化是遵循一定规律的。

〔2〕[法]霍尔巴赫：《自然的体系》（上卷），管士滨译，商务印书馆1999年版，第3页。

自然并归于人的生态。民法精神既是人的自然生态性，也是人的社会生态性，是通过社会生态表现的自然生态，是社会生态与自然生态的统一形态。民法精神的社会生态性，就是人的社会关系及其条件的生态性，即通过人的社会关系及其条件所表现的人的自然生态性，也就是表现人的社会关系的规范与秩序条件所具有和应当具有的自然生态性。民法精神的社会生态性，是由民法精神的自然生态性所决定的，根本是人的自然生态性，是人的自然生态性的社会表现形式。虽然民法精神在人类的文明体系中属于意识形态范畴，是人类的社会文明，但是人类的社会文明是人类自然生态存在与发展的结果，是人类自然生态的要求和存在条件，它反映和表现的不过是人类的自然生态罢了，否则我们就找不到包括民法精神在内的人类社会存在的必要性与正当性。

生态不仅是自然的，而且是社会的，人类以其主体的自然生态性构造了以自身为主体的社会关系条件的生态性，社会不过是人类主体的一种生态性生存结构——人类自然生态在相互关系中的展现形式与结构性条件。因此，人类的社会形态，既不能超越人类的自然条件，也不能违背人类的自然条件，这就是一切人类社会现象的规律性与规定性。民法精神作为人类的一种社会现象，既不是在人类头脑中任意产生的，也不是随意可以改变的，它同样是人类自然条件的产物，与其说是社会形态的，不如说是人的生态构造的，是一种社会或者社会形式的人类生态或者自然现象。

当然，民法精神作为人类的社会生态性并不是人类直接的自然生态性，而是经由人类的意志表现出来的人类生态性，在人类的知识体系中被归入社会意识形态范畴而一般不作为人类的自然属性来认识。民法精神在意识形态上是人的主观意志条件，特别是民法的精神作为以民法形式规范和表现的精神，代表和体现一定的国家意志，具有上升为国家意志的强制性。民法精神的意志性，并不意味着民法精神的任意性，它仍然受人的自然生态条件的规定。因为人的意志是人的自然智慧的结果，是人的客观利益需求即自然生态需求的必然意志性条件及其反映，因此，人的精神和或者社会现象在根本上仍然是一种自然和生态性的条件需求，它不能脱离人类的生态与自然的本质。

同时，民法精神作为意识形态，既是人类自然生态的社会表现形式，也是超越人类自然生态的社会价值体系，其以人的自然生态条件为根据，反映人的自然生态本质，但是它在人的意志性中可能存在于人类的自然生态条件之外，即构成人的自然生态条件的异化形态，也就是人的本质的社会异化。这一方面表现了民法精神作为意识形态的相对独立性,另一方面反映了民法精神在自身的存在和发展中的复杂性及其可能出现的与人的自然生态背离的现象。因此,追寻和发现民法精神的生态本质就成为人类走向法治和法治文明的一个基本价值需求与目标。人类探索民法精神的道路和过程,虽然是艰辛和曲折的,但是人类又总是能够在民法精神的自然生态条件的一般规定性与正义性中不断朝着实现民法精神的共同目标迈进。这就是民法精神研究与认知的科学目的与意义。

(四)民法精神的生态性与秩序认知

民法精神的生态性作为民法精神的规定性,决定了民法精神的一般社会秩序认知,即人的民法精神的秩序认知必然受制于民法精神的生态性条件,并需要在民法精神的生态性认知中表现民法精神的科学性与合理性。

民法精神是人的社会精神,具有社会伦理性,不同民族和社会可能基于不同的民族条件与社会基础而产生不同的民法精神,不同的人或者集体也可能产生对民法精神的不同认识,从而表现出民法精神的社会复杂性和多样性。这种民法精神的复杂性和多样性既代表了不同民族和社会的民法精神的不同发展及其所具有的不同文化特征,也必然影响不同民族和社会的法治和法治文明的历史进程。然而,在民法精神的生态条件的规定性中,人类又总是能够在不同的民族与社会条件下发现民法精神的共同本质并实现对民法精神的一般秩序认知。

民法精神的生态性是民法精神的社会秩序认知的根据。因此,要发现民法精神的本质,实现关于民法精神的一般秩序认知,就必须承认和尊重民法精神的生态性,发现民法精神的生态性本质,即人类客观利益需求及其实现条件的生态规定性。人类不可能在民法精神的生态性之外,发现民法精神的一般性和实现对民法精神的共同秩序认知。民法精神的一般秩序认知即它的共性也就是它的价值性与科学性,根源于民法精神的生态性,民法精神的生态性是民法精神的价值性与科学性的根据。由于民法精神的价值性与科学性代表了民法精神的正义性,所以民法精神的正义性在根本来源于人类对自身所具有和应当具有的生态性及其一般秩序认知,没有民法精神的生态性及其一般秩序认知,也就不会有民法精神的正义理想,这不仅决定了一个社会的民法精神认知的科学水平,而且决定了一个社会的民法精神的正义价值。

总之,民法精神的规范性与秩序性根源于它作为社会认知的普遍性,而民法精神认知的普遍性即民法精神的一般条件性,是由民法精神的生态性决定的,生态性是人的社会存在所不可改变而必然遵从的自然属性,人类正是在民法精神的生态性中找到了民法精神的普遍性,并把这一普遍性作为自身的一般价值性而成为人类共同的法治和法治文化的基础。因此,没有民法精神的生态性,也就没有民法精神的普遍性,更不会形成关于民法精神的普遍性的认知,从而也就没有了作为人类法治和法治文化基础形态的民法精神。

(五)民法精神的生态性与行为习惯

民法精神的生态性作为一种自然形态,是以一定的行为习惯的方式表现出来的,行为习惯作为民法精神的自然存在和表现形式,也就是被自然规定的社会生态条件。

1. 民法精神的生态性与行为习惯的统一性

民法精神的生态性所反映的人的自然规律性与规定性,决定了人为实现这一规律性与规定性所应当具有的社会条件要求和反映,也就决定了人的社会规范与秩序形态,而这一形态则必然被规定和表现为一定的社会行为习惯。民法精神作为社会规范与秩序形态的普遍性,正是由人的生态性所决定的社会习惯性结果,是由人的社会习惯性所表现出来的行为趋同性。所谓"习惯成自然",在社会规范与秩序的本质上是自然成习惯。

民法精神既内化为人的自主意志,又践行于人的行为习惯,是自主意志与行为习惯的整体与统一。[1] 换言之,民法精神作为人的生态性是从自然的习惯条件发展成为社会规范与秩序条件的。习惯是一种自然生态的规则事实,是人的行为的自觉支配性,是人类在自然生态的支配下形成的循环往复和不易改变的行为方式。"少成若性,习贯之为常。"[2]不论人类的行为规则最初是怎样形成的,都在生态上表现为一定的社会习惯性。习惯是人类的一种自然的社会调整方式与控制能力,也是人类自发自为的共同行为秩序。习惯是人类的自然生态法则,其本身具有道德的合理性,人类的社会秩序构造是自然建立在习惯方式的生态基础上的,人类在相互依存的关系中首先必须把共同的行为条件以习惯形式确定下来,而一定的生态习惯结构也必然构成人类最初的社会规范与秩序条件,任何社会的规范与秩序都必然从习惯起步并从习惯的生态条件中逐步发展

---

〔1〕"人的社会生活,甚或社会动物的群体生活,之所以可能,乃是因为个体依照某些规则行事。随着智识的增长,这些规则从无意识的习惯(unconscicus habits)渐渐发展成为清楚明确的陈述,同时又渐渐发展成更为抽象的且更具一般性的陈述。"[[英]弗里德利希·冯·哈耶克:《自由秩序原理》(上),邓正来译,生活·读书·新知三联书店 1997 年版,第 184 页]

〔2〕《大戴礼记·保傅》。

起来。[1]

显然,民法精神不仅是一个民法的制度构造,而且是人的行为与习惯的生态构造,决定了人的利益需求能否实现。因此,建设社会主义法治文化,不仅要培养民法精神,而且要通过民法精神培养人们理性遵守社会规范的行为习惯,实现社会规范与习惯秩序的统一。

2. 民法精神的生态性与行为习惯的矛盾性

民法精神有两个方面的条件和形态,一方面是民法所表现的精神,即一个社会以民法形式所追求的主流价值精神;另一方面是人在社会的行为精神,即构成民族传统的行为习惯。[2] 两者既存在统一,又存在矛盾。如果说前者作为与时俱进的法律价值,代表民法精神的一般生态性条件和要求,那么后者作为一种落后的或者固有的传统,既不能与民法精神的条件相统一,就必然与民法精神的生态性要求相矛盾。这是"民法精神"的生态多元性及其衍生的行为习惯的滞后性的必然结果。

人的生活习惯决定了人的生活品质,进而决定了人的品质。[3] 习惯的重要性在于它作为社会与民族的自然生态秩序性及其现实的行为条件性。民法精神是社会规范与秩序的一般性和普遍性,而行为习惯是人的规范与秩序的现实性与特定性。两者之间既存在统一,也必然存在统一基础上的矛盾。民法精神要转化为普遍的社会秩序就必须有人的行为习惯与之相统一,即人们的行为习惯与民法精神的条件和要求具有一致性或者趋同性,从而能够习惯性地服从民法精神条件而不与其相背或者不至于普遍地偏离或偏离得太远。人的行为习惯只有在公序良俗上保持与民法精神的统一,才构成与民法精神相统一并维护民法

---

〔1〕 习惯性不仅具有社会生态秩序的属性,而且直接构成法律条件和影响法律的形式和产生。历史法学派甚至认为"法律就是习惯性规范,后者在起源上完全独立于政治团体,在司法过程中获得承认并生效"。([美]罗斯科·庞德:《法律与道德》,陈林林译,中国政法大学出版社 2003 年版,第 34 页)民法并不是直接的人的习惯但它必然表现并需要符合人的习惯,民法对人的习惯的符合与反映水平必然影响到它的实然效力。因此,习惯本身不仅具有社会行为体系与生态秩序的意义,而且具有法律价值。

〔2〕 本书一般在第一种意义上理解民法精神,这是一种狭义上的民法精神,即以民法形式表现和要求的并作为当代法治和法治文化基础的民法精神。本书的研究目的,就在于实现作为行为习惯的"民法"精神与以民法形式表现和要求的民法精神的生态统一,从而实现社会主义法治文化的民本模式发展。

〔3〕 [古希腊]亚里士多德:《尼各马可伦理学》,廖申白译注,商务印书馆 2003 年版,第 37 页。

精神的社会行为秩序。[1] 特别是对于法律移植的中国社会，虽然我们制定的民法及其体现的民法精神具有中国特色，但是现代民法和民法精神作为源于西方并以西方文化传统为主体的一个规范与价值体系，必然存在与中国传统的社会行为习惯及其秩序体系之间的矛盾。[2] 这一矛盾的解决是一个中西方不同法律与法治文化之间的相互借鉴与融合的过程，也是具有中国特色的现代法律与法治文化与文明的形成过程。“本土法律文化和外来法律文化，作为对立体系的融合、吸收本来就是不容易的事件，更由于中国封建传统法律文化的强大和特有的历史原因，这一过程就显得更为复杂和缓慢。”[3] 如何把已经形成的法律体系及其所代表的民法精神转化为民族的行为习惯与秩序信仰并生根于民族的法律与法治文化，是“后法律体系时代”中国法治和法治文化建设的一个根本任务并预示着推进民本模式的法治和法治文化建设之路的艰难过程，一个主要任务就是在不断消除主体的法律行为习惯与民法精神之间矛盾的基础上，逐步形成和实现行为习惯体系与民法精神的价值体系相对统一的法治和法治文化的生态系统及其运行常态。

（六）民法精神的生态性与社会秩序

可见，对于具体的行为人来说，有什么样的民法精神，就有什么样的社会行为和行为习惯，也就有什么样的社会秩序。民法精神的生态性最终通过人的社会行为及其习惯表现为一定的社会秩序，从而形成和构造一种公正与和谐的社会生态，这种社会秩序在民法精神的生态性的统一规定性中表现为一种连续、稳定和普遍的自主与自为的社会生态秩序。

---

〔1〕 民法精神要成为普遍的行为秩序，需要人们养成与民法精神相统一的行为习惯。“如果一个社会的规则要存在的话，至少有某些人必须将有关行为看作该群体作为整体应遵循的一般标准。”（[英]哈特：《法律的概念》，张文显等译，中国大百科全书出版社1996年版，第58页）换言之，一方面，民法精神应当具有构成人们社会行为习惯的正当性，另一方面人们的社会行为习惯也应当具有符合一般民法精神的应然性。“只有一个行为的执行被评价为积极的，它的缺失被评价为消极的，此时，那个行为才是应然的。”（[德]卡尔·恩吉施：《法律思维导论》，郑永流译，法律出版社2014年版，第19页）

〔2〕 这一矛盾和冲突的主要方面是人们的社会行为习惯。中国人的许多传统社会行为习惯是与民法精神或者法治条件相背的，如随地吐痰、公共场所吸烟、大声喧哗、横穿马路、排队插楔、嫉贤妒能、损人利己等有损他人和社会公共利益的行为习惯。这些与民法精神或者法治条件相背的非文明行为习惯是现实和客观存在的，体现在我们社会生活的各方面。中国社会法治发展中出现的许多问题，都与中国社会的民法精神和法治条件与传统习惯之间作为不同法律和法治文化的矛盾和冲突有关。特别是中国人传统思维模式的非理性与非秩序性习惯，是桎梏中国法治和法治文化发展的一个根本因素。

〔3〕 潘大松：《中国近代以来法律文化发展考察》，载《法律社会学》，中国政法大学出版社1999年版，第170页。

民法精神的生态性是通过一定社会秩序表现并构成一定社会关系条件的。民法精神的生态性在决定人的社会行为习惯的同时也决定了人的社会生态秩序。一个社会的秩序形态——主要是市民社会的人身与财产关系的秩序形态，根本是行为主体的自主与自律的民法精神的生态秩序，以行为主体的自主构序的民法精神为行为条件，而行为主体的自主构序既是一种生态的行为条件，也是一种生态的行为要求。没有自主构序的民法精神的生态性，也就不会形成普遍的社会生态秩序及其秩序的合理性与公正性。个人的行为意志决定了个人的社会行为秩序，个人的社会行为秩序不是个人的外在秩序，而是个人的内在秩序。个体对于法律与秩序的遵守，根本上取决于行为主体的自主构序性的民法精神及其对法律条件本身的符合水平与程度。

显然，由个人行为条件构成的社会秩序并不是单纯的个人行为现象，而是一定生态驱动的现实结果，这一生态驱动的现实目的与条件是人的自然与必然的客观利益需求。在利益目的与条件面前，个人的社会行为秩序及其稳定性和普遍性是相对的和有局限性的。人的社会行为及其秩序是人的生态利益的自主实现方式，而人的社会行为秩序根源于人的利益选择，这就是人的精神或者民法精神问题。人的民法精神是一种生态精神，人的生态地位是一种利益地位，私法应致力于实现个人的生态利益行为及其法律条件与民法精神的生态性要求的协调与统一，从而使个人的生态利益行为及其秩序构造符合民法精神的生态要求并构成社会秩序的普遍现实与生态条件。

（七）民法精神的生态性与法治文化

民法精神是市民社会的文化形态，是市民社会文化的法律和法治文化。民法精神的生态性同样决定了以民法精神为基础的法治文化的生态性。[1] 法治文化有制度文化与精神文化两种形态，民法精神的法治文化属于精神文化即法治精神文化的范畴。民法精神的生态性一方面决定了法治文化的一般性和普遍性，另一方面法治文化作为一种社会形态在反映民法精神的生态性上具有一定条件和形式的局限性，这就是民法精神的生态性与法治文化的传统性之间既统一又矛盾的关系。虽然在通常情况下，有什么样的民法精神，就有什么样的以民法精神为基础的法治文化，但是法治或者法律文化作为一种社会传统，往往具有

〔1〕 这里所谓的“民法精神”即狭义上的以民法形式表现和要求的市民社会关系的价值精神，也就是作为市民社会的秩序理想的一种普遍性与一般性的社会精神。

脱离民法精神的社会异化性并与民法精神的生态性相矛盾。换言之,一个社会的现实生态文化,并不一定是符合民法精神的一般生态性条件即人类客观利益需求及其实现的规定性的文化,一定的法律或者法治文化可能在自身的传统中表现出民法精神的生态性异化,这就是我们研究和强调民法精神的生态性即民法精神的一般性和普遍性的价值及其重要性。

1. 民法精神的生态性与传统法律文化

虽然民法精神具有生态性的本质并构成了法治文化的基础文化形态,但是人类初始和传统的法律文化由于在"蒙昧"条件下对人类自身的生态性认知的局限性,并不一定是以人的生态性的一般性和普遍性即民法精神为基础的法律或者法治文化。人类法律和法治文化的形成与发展是一个不断认知和发现人的社会生态性及其规律性与规定性的过程,是逐步实现人类自身的法律和法治文化与民法精神的一般与普遍的社会生态性秩序条件相统一的过程。法律或者法治文化不仅具有民法精神的生态性,而且具有特定民族与社会的历史传统性,这一生态变异的传统性作为一种保守性和落后性必然在民法精神的生态性及其全球化和趋同化的一般社会发展中,产生与民法精神的生态性所代表的人类客观利益需求及其实现的规定性之间的矛盾。这一矛盾的解决,在不同法律和法治文化的碰撞与交融的过程中,主要是通过法律移植与文化变迁所实现的法律与法治文化的体制革新与生态转型来完成的。

然而,一个社会的法律制度可能在法律移植的制度革命中发生体系性的变革,但是这个社会传统的法律文化即生态变异的法律精神却仍然会在法律移植的制度变革中延续自身的历史发展,即不可能随着法律移植的过程而同时完成传统法律文化向以民法精神的生态性为基础的现代社会秩序文化形态的变迁。这就是"近代变法"[1]以来中国社会所产生和存在的自身文化传统与从西方移植的法律体系及其法律精神之间的矛盾。中国社会的传统法律文化是一种在自然经济和专制统治基础上形成的以身份等级为核心的伦理法律文化,这一传统

〔1〕 即清末变法。清末变法虽然失败了,但它是中国近代法律转型的重要标志,唤起了中国人法律意识的觉醒,从此中国法律摆脱了孤立的地位,开始与世界法律发展相对接,为中国法律的现代发展奠定了历史基础,中国社会从此不可逆转地接受了自罗马法以来的民法传统——西方法律文化,结束了中国古代传统法制模式的历史,标志着中国法制史一个新时代的开端。近代以来中国社会的法律变革警示我们,欲使法之更新,必先使国人观念更新,这是在传统封建法律意识凝重的中国社会进行变法改革能否成功的先决条件。

法律文化与源自西方的以商品经济为基础的、以相互关系的人格尊重与利益均衡的民法和民法精神为核心的法律文化,存在着价值体系上的先天性和生态性差别。中国传统的法律文化不仅没有以具体的制度形式确立以人格和人的生态性为基础的民法精神,而且社会的生态结构也远离民法精神的社会生态秩序,所以,建立在法律移植基础上的民法精神的生态性与生态变异的中国社会本土的传统文化之间的矛盾不可避免。虽然历史实践已经证明,法律移植是中国社会通过现代法律体系构造走向当代法治和法治文化建设的必由之路,但是这必然是一个艰难的面对自身社会传统挑战的历史过程。[1] 中国社会的法治文化进步,既需要在法律移植的条件下建设和形成反映人类客观利益需求及其实现的社会规定性的法治和法治文化,也需要以民法精神为基础的本民族和本社会的法治生态秩序的生成与确立,其本质是追求本土传统法律文化在融入人类法律文明的一般发展中与以当代民法精神的生态性为基础的法治和法治文化的统一,即实现在自身优秀传统基础上的法治和法治文化的现代化与生态化。

虽然人类具有共同的生态本质,但是这一共同的生态本质在自己的社会构造中会基于不同的环境和条件产生和形成不同的社会生态模式,并具有一定的社会生态模式的变异性,即人类的生态本质在自然封闭的特定环境与条件下的不同社会形态反映,从而形成以特定的社会构造与生态模式为特征的社会文化,表现出人类在共同的自然生态本质基础上的各自不同的社会文化形态与发展。换言之,虽然人类具有共同的自然生态本质,但是人类自然生态本质的社会实现会在不同民族与社会条件下产生不同的社会生态变异即形成各自不同的社会文化,包括不同的法律文化,即一种传统和多元的社会文化。

2. 民法精神的生态性与当代法治文化

随着人类社会生产力的普遍发展,人类已经突破民族与国家界域,建立起普遍沟通与利益依存关系。不同民族和社会的传统法律文化虽然代表一种既定的或惯性秩序,但既非一成不变,也并非没有统一的规定性。当人类生产力的发展建立起人类社会的普遍联系,则必然在这一普遍联系的基础上寻求社会文化包括法律文化的趋同化或者统一化,即在打破多元社会文化的基础上实现不同社

[1] "中国民法正在走向现代化。在中国民法现代化过程中,我们主张改造和重塑传统,但是我们不得不面对传统和接受传统事实。因此,必须在对传统因素认识与分析的基础上探索中国民法现代化的道路。"(王利民、张国强:《中国民法现代化的传统性》,载《社会科学辑刊》2015 年第 5 期)

会文化的融合,并在融合的基础上发现和认知共同的法律和法律文化的社会生态性本质,这就是以民法精神的规范与秩序条件为基础的现代法治和法治文化,也就是民法精神的法治生态文化。

人类对民法精神生态性的一般性与普遍性的认知与接受,代表了当代法律与法治文化全球化发展的必然性与规律性。虽然人类民法精神的生态性在不同民族和社会中会产生和表现出不同或者生态变异的多元性法律与法治文化,但是人类又必然在自身的社会发展中不断认知和发现民法精神生态性的一般性和普遍性并在此基础上建立起具有共同价值与原则的一元性法律与法治文化,从而改变传统的生态变异的多元社会与法律文化并实现其生态趋同与统一。虽然现代法律与法治文化在民法精神生态性的一般性与普遍性的认知与发现中并不意味着放弃自己的法律或者法治文化传统,而每个国家和民族的法律和法治文化又必然保有其优秀历史传统与社会特殊性,但是在民法精神的生态性的一般性和普遍性基础上的法律或者法治文化的全球化发展,则代表了当代法律和法治文化的规律性与规定性。我国的法律移植与变革及其实现的以民法精神的生态性为基础的具有中国特色的法治文化是法律全球化过程中的一个必然选择与结果,其必然突破我国社会传统的单一民族法律文化的历史界域,从而在法律文化趋同化的全球背景下实现自己的法律与法治文化的生态转型与超越发展。

中国特色社会主义法律体系与法治文化的形成,是中国社会法律与法治文化的形成与再生过程。社会主义市场经济的确立与发展及其法律体系的形成,虽然在一定程度上满足了作为现代法治基础的制度条件,但是这种在非法治传统社会所进行的“变法式”的制度移植与法律文化变革,并无法完全满足这一社会在实行法治过程中对内在法律和法治文化的生态需求。建设以民法精神的生态性为基础的社会主义法治文化,不仅需要一个法律体系的形成,而且需要全新价值体系的法律与法治文化的内生与再造。

“后法律体系时代”社会主义法治文化的建设与生态实现,仅凭制度构建或法律移植是不够的。毫无疑问,以民法精神的生态性为基础的新时代中国特色社会主义法治文化的民本模式建设,是对中国社会传统文化与生态的变革运动,在终极的社会生态秩序的意义上是以民法精神为核心的私法文化的现代化,它需要兼顾中华优秀传统法律文化与西方私法文明的统一。

第二章

民法精神与宪法精神

一、宪法精神的本质

民法精神作为社会的基础规范与秩序精神，与作为国家根本大法的宪法和宪法精神，必然具有内在的联系。十八届四中全会《决定》明确提出，“完善以宪法为核心的中国特色社会主义法律体系”，强调“使每一项立法都符合宪法精神、反映人民意志、得到人民拥护”。《决定》指出：“宪法是党和人民意志的集中体现，是通过科学民主程序形成的根本法。坚持依法治国首先要坚持依宪治国，坚持依法执政首先要坚持依宪执政。”可见，十八届四中全会《决定》特别强调宪法在完善社会主义法律体系和宪法精神在建设社会主义法治文化中的根本地位与作用。因此，提出宪法精神的概念并确定其在全面推进依法治国中的根本地位，具有非常重要的现实意义，而作为建设社会主义法治文化民本模式的民法精神，既离不开一定的宪法精神，又必然反映一定的宪法精神条件与要求。

宪法精神和宪法具有内在和本质的联系。宪法是一定宪法精神的产物，又代表和体现一定宪法精神。一方面，建设社会主义法治文化必须以宪法精神为根本，坚持宪法精神，不能脱离社会主义的宪法精神原则；另一方面，宪法精神作为我国社会主义法治文化的根本精神，不能代替具体的法治精神或者部门法精神，它们既相互统一，又各自具有独立的地位并发挥作用。

（一）宪法精神的概念

宪法精神是宪法学的一个重要范畴，但是宪法精神的概念在我国的宪法学研究中却长期处于“缺位”状态。有关宪法精神的研究与对其他宪法学范畴的认识相比，不仅起步晚而且成果也相对较少。进入21世纪以来，有学者开始关注宪法精神问题并对宪法精神的概念进行研究。从广义上看，宪法精神属于法律精神的范畴，但是由于宪法是一国的根本法，“一个时代的宪法精神，就应该是反映这个时代最先进的社会根本制度的价值基础”。[1] 也有学者开始对中国特色社会主义的宪法精神进行专门论述，指出“保障公民权利，实现人的价值”是中国特色社会主义宪法精神的核心，“治国安邦规范国家权力秩序”是中国特色社会主义宪法精神的主线，“富民强国实现和谐发展”是中国特色社会主义宪法精神的目标，“发展民主政治建设政治文明”是中国特色社会主义宪法精神的本质。[2] 还有学者从我国主流价值观的视角对宪法精神进行深入考察，认为宪法精神既有保障公民权利的精神，也有限制公权力的精神，更有体现民主、平等、自由、法治和人权的精神。[3] 在2004年宪法修改“人权入宪”的条件下，宪法学者曾对宪法精神进行过专门研讨，有学者从“限制权力”“保障公民权利”的视角剖析宪法精神，认为2004年修宪“迈开了中国宪法精神从国家本位向基本人权本位转移的重要的第一步”。[4] 不仅对宪法精神的认识不尽相同，而且对宪法精神的术语使用也并不统一，相关概念包括了宪法精神、宪法的基本精神、宪法的根本精神、宪法的内在精神、宪法的主体精神、宪法原始精神等不同的表述方式。[5] 如果从宪法精神的内涵上看，宪法精神又与一系列相关范畴和术语共享一定的价值，如立宪主义、宪法秩序、宪法保障、宪法实施等。相比较而言，立宪主义的使用和论述较宪法精神更为广泛，而宪法秩序、宪法实施、宪法保障则更倾向于制度层面的论述。

尽管学界对宪法精神的概念并未达成共识，但至少主流观点将控制公权力和保护公民基本权利作为宪法精神的重要内容。此外，各国宪法精神本身也有不同的社会价值，我国的宪法精神应体现中国特色社会主义核心价值和政治秩

[1] 范毅：《论宪法精神的概念》，载《现代法学》2004年第2期。

[2] 梁光晨：《论中国特色社会主义的宪法精神》，载《中共成都市委党校学报》2006年第6期。

[3] 参见范进学：《宪法精神应成为我国的主流价值观》，载《山东社会科学》2013年第2期。

[4] 参见林金贵：《宪法精神人权化与构建和谐社会》，载《学术探索》2006年第3期。

[5] 参见范毅：《论宪法精神的概念》，载《现代法学》2004年第2期。

序，不能忽视执政党在实现宪法精神方面的重要作用，也要体现我国政权组织形式和国家性质的特殊性，突出人民的主体地位。社会主义宪法精神必然与资本主义的有所不同，因此，学界在讨论中也特别论述了社会主义宪法的价值。[1]

我们认为，宪法是我国法律体系的根本法，宪法精神是体现人民主体地位的根本法治精神；是坚持党的领导、反映人民意志、制衡公共权力、保护公民权利，实现公平正义的根本社会精神，是社会主义法治精神的统一条件。

虽然建设社会主义法治文化必须以宪法精神为根本，但是宪法精神不能代替具体的法治精神，特别是其中作为基础社会秩序的民法精神。民法精神作为民本社会的自然生态与秩序精神，必然在与宪法精神相统一的条件下独立发挥其社会规范与秩序作用。

（二）宪法精神的内涵

宪法精神的内涵，也就是宪法精神的具体内容。宪法的内容和宪法精神的内容虽有联系但又有不同，前者属于规范层面，后者则属于价值层面，是前者的价值和精神体现。我们认为，控制公权力和保护公民基本权利仅属于宪法的内容，把其视作宪法精神的内容是不妥当的。基于前文对于宪法精神概念的研究和认识，宪法精神的具体内容可以从两个方面来理解，即作为根本法治精神的宪法精神和作为根本社会精神的宪法精神。

作为根本法治精神的宪法精神，在于体现人民主体地位。我国《宪法》第 5 条关于依法治国和建设社会主义法治国家的规定，是以宪法条款形式明确规定我国法治体系中的其他法规范、国家和社会中的各种组织团体以及公民之个人不能违反背离宪法，旨在维护宪法作为国家根本法的根本性，而这种根本性正是人民主体地位所赋予的宪法属性，体现了我国宪法精神。

作为根本社会精神的宪法精神在于实现公平正义，从党的领导、体现人民意志、制衡公共权力、保护公民权利几个方面的宪法内容得到了体现。首先，党的领导是实现公平正义的根本保证。《中国共产党章程》总纲做了“中国共产党是中国工人阶级的先锋队”的表述，2018 年宪法修正案将“中国共产党领导是中国特色社会主义最本质的特征”写入《宪法》第 1 条第 2 款，直接体现了党的领导

[1] 关于社会主义宪法价值的讨论，参见秦前红：《中国共产党未来长期执政之基——宪法共识下的依宪执政、依宪治国》，载《人民论坛·学术前沿》2013 年第 15 期。

这一宪法内容。其次，体现人民意志是实现公平正义的根本基础，我国《宪法》第 2 条的规定便是对体现人民意志的直接表达。再次，制衡公共权力是实现公平正义的根本手段。我国《宪法》第 3 条中规定，国家机构实行民主集中制的原则，这一规定从总体上反映了我国制衡公共权力的宪法设计。最后，保护公民权利是实现公平正义的根本要务。我国《宪法》在“公民的基本权利和义务”一章中就公民的平等权、政治权利、宗教信仰自由、人身权利、监督权、社会经济权利和文化教育权利做了明确的规定，尤其 2004 年宪法修正案将人权入宪，这些都无不体现保护公民权利是作为根本社会精神的宪法精神的根本要务。

(三)宪法精神的特点

宪法精神本身是个价值中立的概念。社会主义宪法精神有别于资本主义国家的宪法精神，不同国家间的宪法精神囿于其自身的历史、文化、政治、社会矛盾等因素而各有特点。我国的宪法精神是指中国特色社会主义的宪法精神，是当代中国的宪法精神。这一具有鲜明制度特征的宪法精神，既不同于自清末以来中国学界和社会中存在过的近代宪法精神，也不同于新中国成立初期的社会主义宪法精神，而是改革开放以来实现社会主义市场经济制度下的新时代宪法精神，是建立在 1982 年宪法文本及其五次修正案基础上的对宪法实践及其精神本质的认知与共识，是与时俱进的社会与时代精神，代表了中国社会的制度本质与发展方向。

1. 坚持党的领导

新中国历部宪法序言都明确指出，中国人民是在中国共产党的领导下完成了新民主主义革命，建立了新中国。中国共产党带领中国人民取得了抗日战争、解放战争的胜利，将中国从一个半殖民地半封建社会跨越进入社会主义社会，完成了土地和生产资料的社会主义改造，提升了人民的民主条件与文化水平。特别是实现改革开放以来，中国共产党领导全国人民走上了社会主义市场经济体制的发展道路，中国社会发生了翻天覆地的变化，正迈进世界强国，迎来文明与法治的新时代。

自清末立宪以来，旧中国各政权都曾做过立宪尝试，[1]但是都没有带领中

---

[1] 清末变法制定有《钦定宪法大纲》《宪法重大信条十九条》；民国初期制定有《中华民国临时约法》《天坛宪法草案》；国民党政府时期制定有《中华民国训政时期约法》、《中华民国宪法草案》(五五宪草)和抗战结束后的 1946 年《中华民国宪法》。

国真正走上宪法实践的道路,更没有能够实现中华民族的复兴与富强。新中国成立后,1954年制定了第一部《中华人民共和国宪法》。[1] 我国宪法确立了中国共产党的领导地位。习近平总书记强调:“依法治国,首先是依宪治国;依法执政,关键是依宪执政。”[2]根据宪法,中国共产党代表最广大人民群众的根本利益,反映人民主权的基本诉求。因此,坚持党的领导就成为贯彻宪法精神并体现人民主体地位的根本条件。十八届四中全会《决定》将坚持中国共产党的领导作为全面实现依法治国总目标所必须坚持的首要原则。《决定》强调:“只有在党的领导下依法治国、厉行法治,人民当家作主才能充分实现,国家和社会生活法治化才能有序推进。”十九大报告指出,“全党要更加自觉地坚持党的领导和我国社会主义制度,坚决反对一切削弱、歪曲、否定党的领导和我国社会主义制度的言行”。2018年我国宪法第五次修正案明确“中国共产党领导是中国特色社会主义最本质的特征”。因此,坚持党的领导,作为我国宪法与法治的原则,也必然构成我国社会主义宪法精神的本质,是社会主义宪法精神的根本特点。

宪法精神的内涵在于体现人民主体地位的根本法治精神以及实现公平正义的根本社会精神。党的领导作为宪法精神的根本特点对于中国人民和中华民族的先锋队——中国共产党贯彻宪法精神有积极和消极两方面的要求。积极方面,中国共产党要领导国家全面依法治国,要促进社会公平正义的实现。十九大报告中提出:“成立中央全面依法治国领导小组,加强对法治中国建设的统一领导。加强宪法实施和监督,推进合宪性审查工作,维护宪法权威。”消极方面,中国共产党在执政过程中“要克服违宪,要认识到,政党是守宪主体而不是行宪主体。要坚持‘党在宪法和法律范围内活动’的原则,要坚持宪法是执政党活动的最高准则。[3]”十九大报告要求:“各级党组织和全体党员要带头尊法学法守法用法,任何组织和个人都不得有超越宪法法律的特权,绝不允许以言代法、以权压法、逐利违法、徇私枉法。”因此,基于“党的领导”地位,党在处理和宪法的关系时做到有所为和有所不为才能够有利于宪法精神的实施和贯彻,进而真正体现“党的领导”作为宪法精神之本质和根本特点与地位。

---

[1] 我国于1975年、1978年和1982年又先后制定了三部宪法,现行宪法为1982年制定的第四部宪法。

[2] 习近平:《在首都各界纪念现行宪法公布施行30周年大会上的讲话》,载《人民日报》2012年12月5日,第2版。

[3] 梁光晨:《论中国特色社会主义的宪法精神》,载《中共成都市委党校学报》2006年第6期。

2. 坚持人民主体地位

十八届四中全会《决定》将坚持人民主体地位确定为全面实现依法治国总目标所必须坚持的原则之一。我国是社会主义国家，人民是国家和社会的主体。[1] 人民主体地位体现了我国的国家性。我国宪法明确规定："中华人民共和国的一切权力属于人民。"因此，社会主义宪法精神必然要突出和坚持人民主体地位。我国这一宪法和宪法精神的特点，诠释了"人民民主"在中国的重要性，更加符合我国的国情与民意。

从宪法精神层面理解，人民主体地位有以下方面的内容：首先，人民民主专政包括了工人阶级的领导权，这是人民民主专政的必然要求，因为社会主义人民民主专政必须由代表社会主义先进生产力的工人阶级进行领导，而工人阶级的领导主要通过中国共产党的领导来实现，在这一点上，社会主义的宪法精神将党的领导和人民主体地位进行了有机统合，再次印证了共产党领导中国人民的合法性。其次，人民民主专政要以工农联盟为基础，宪法序言强调："社会主义的建设事业必须依靠工人、农民和知识分子。"2018 年宪法修正案指出，"在长期的革命、建设、改革过程中，已经结成由中国共产党领导的，有各民主党派和人民团体参加的，包括全体社会主义劳动者、社会主义事业的建设者、拥护社会主义的爱国者、拥护祖国统一和致力于中华民族伟大复兴的爱国者的广泛的爱国统一战线"。这是对人民主体概念外延的明确界定，最大程度地扩大了作为主权者的"人民"的范围。最后，人民行使权力的机构是人民代表大会，这是我国的政权组织形式，人民代表大会不同于西方的议事机构，它既不是多党政治运行的政治机制，也不是权力分立制衡下的立法机构，它是人民行使国家权力的最高机关。全国人民代表大会和地方人民代表大会都由民主选举产生，对人民负责，受人民监督，国家其他机构都由人民代表大会产生，对其负责，受其监督，这真正体现了人民主体地位。

体现人民主体地位的根本法治精神和实现公平正义的根本社会精神作为宪法精神的具体内涵共同体现了坚持人民主体地位的特点。作为宪法精神的特

---

[1] 1954 年《宪法》规定："中华人民共和国是工人阶级领导的、以工农联盟为基础的人民民主国家。"1975 年和 1978 年《宪法》将人民民主国家修改为"无产阶级专政的社会主义国家"。1982 年《宪法》重新明确规定："中华人民共和国是工人阶级领导的、以工农联盟为基础的人民民主专政的人民民主国家。"邓小平同志指出，人民民主专政"实质上也就是无产阶级专政，但是人民民主专政的提法更适合于我们的国情"。[《邓小平文选》(第 2 卷)，人民出版社 1994 年版，第 372 页]

点,其对于规范意义上的宪法内容——党的领导、体现人民意志、制衡公共权力、保护公民权利——具有重要的意义。首先,坚持人民主体地位能够形成对“党的领导”的约束。中国共产党作为执政党只是“先锋队”,“中国人民和中华民族”才是主体,党的领导要长期持久就必须代表主体的利益,在主体利益的范围内活动。其次,坚持人民主体地位是体现人民意志的基础和前提,体现人民意志是坚持人民主体地位的直接表现。党和国家只有在清楚主体何为并坚持正确主体的基础和前提下,才能正确地代表主体,才能正确地体现主体的意志。再次,坚持人民主体地位必然要求制衡公共权力。公共权力来源于人民的赋予,其为服务人民而存在,其运行应当时刻坚持人民的主体地位。最后,坚持人民主体地位为保护公民权利提供了政治支撑。“国家的一切权力属于人民”,这是国家和人民基于现实情况而在宪法中作出的政治宣言,为以宪法的基本权利为主要内容的公民权利提供了有力的制度支撑。

3. 坚持保护公民基本权利

我国《宪法》第二章“公民的基本权利和义务”对公民基本权利的具体内容作了明确的规定。概言之,我国宪法所保护的基本权利包括公民的平等权、政治权利、宗教信仰自由、人身权利、监督权、社会经济权利和文化教育权利。其中政治权利包含选举权与被选举权、言论自由、出版自由、集会游行示威自由、结社自由;人身权利包含公民的人身自由、人格尊严、住宅、通信自由和通信秘密不受侵犯的权利;监督权包含批评建议权、申诉权、控告检举权、国家赔偿请求权;社会经济权利包含劳动权、休息权、财产权、退休人员生活保障权、物质帮助权;文化教育权利包含受教育权、文化活动自由权等,这些权利构成了我国公民权利的整体体系,是制定民法权利的制度根据。

学界关于基本权利本质的认识有着不同的研究路径,也就形成了不同的学术观点。有的学者从宪法规定的权利是反向权利还是正向权利、是公权利还是私权利、是底线性权利还是列举性权利对基本权利的本质展开论述。[1] 有的学者从基本权利的基本属性和功能展开论述,将基本权利的本质划分成作为政治道德的权利和作为法律原则的权利。[2] 也有的学者从德国的理论与实践中获

---

〔1〕 参见刘志刚:《论宪法权利的本质》,载《政治与法律》2004 年第 3 期。

〔2〕 参见陆平辉:《宪法权利本质论、价值论与实践论》,载《现代法学》2004 年第 1 期。

得启发,对基本权利做“主观权利”和“客观法”这一双重性质的研究。[1] 我们认为,宪法精神以根本社会精神和根本法治精神为其内涵,在此种前提下,对基本权利的本质在以下两个层面上进行认识更为妥当:社会层面上,基本权利是对客观价值秩序的追求,即实现社会的公平正义;法治层面上,基本权利是公民权利作为法律规范的一种最高体现,即要体现人民主体地位。

保护公民基本权利本身是从规范的层面对宪法精神的特点做了明确的规定和说明。就宪法精神为什么要坚持保护公民的基本权利,还可以从道德、政治和社会三个层面进行理解和论证。在道德层面,宪法上基本权利的形成和发展受到人权理论的重要影响。一定程度上,基本权利是抽象的、道德性的、自然法意义上的人权概念的具体化、规范化、实定法化,可以说基本权利源于人权。我国现行宪法2004年修正案将人权概念入宪,提出了“国家尊重和保障人权”,充分表现出我国基本权利发展的道德进步。在政治层面,坚持保护公民的基本权利是中国共产党执政过程中坚持正确政治方向的应有之义。“宪法的根基在于人民发自内心的拥护,宪法的伟力在于人民出自真诚的信仰。”[2] 十八大以来,习近平总书记多次提到“人心是最大的政治”,中国共产党依宪执政离不开“人心”,因此必然要坚持保护公民的基本权利。在社会层面,坚持保护公民的基本权利扮演着维系社会和谐安定秩序的重要角色。一方面,保护公民基本权利在整体意义上发挥维系社会秩序的作用。基本权利作为整个社会共同体的基本秩序,其影响力能够辐射社会生活的一切方面,对法的各个领域都能够产生扩散的效力,而整个社会生活也都必然在基本权利这一价值基础上进行整合。[3] 另一方面,保护公民基本权利在局部意义上发挥维系秩序的作用,如我国宪法2004年修正案将国家“建立健全社会保障制度”写入宪法,这充分体现了国家对于以人格尊严为核心的基本权利的尊重,而这种尊重正是实现社会和谐秩序的必然要求与必要条件。

4. 坚持限制公权力

社会主义宪法精神与我国宪法一样,重要的内容与要求是要依宪行政、依法治国,以宪法限制公权力的行使。十八届四中全会《决定》指出:“坚持依法治国

---

〔1〕 参见张翔:《基本权利的双重性质》,载《法学研究》2005年第3期。

〔2〕 习近平:《在首都各界纪念现行宪法公布施行30周年大会上的讲话》,载《人民日报》2012年12月5日,第2版。

〔3〕 参见张翔:《基本权利的双重性质》,载《法学研究》2005年第3期。

首先要坚持依宪治国,坚持依法执政首先要坚持依宪执政。”宪法文本在赋予国家机构权力的同时也规定了国家机关权力的边界。2015 年政府工作报告明确指出:“任何政府部门都不得法外设权。”十九大以来,国家进一步强化了对公权力行使的监管制度,并从宪法法律上对相关制度进行明确。十九大报告中指出,要深化国家监察体制改革,组建国家、省、市、县监察委员会,同党的纪律检查机关合署办公,实现对所有行使公权力的公职人员监察全覆盖。之后,第十三届全国人民代表大会第一次会议通过了增加国家监察机关相关规定的宪法修正案以及监察法。

依法行政、限制公权力的行使与滥用具有重要的现实意义。首先,依宪行政、限制公权力有利于党的领导。这是国家治理现代化的要求,有利于凝聚共识,提高整个社会的法律意识,提升党的领导能力,引导全体人民遵守法律。2015 年 10 月中央下发《中国共产党廉洁自律准则》和《中国共产党纪律处分条例》,在依宪行政思想的指导下,划定党组织和党员的道德高线和纪律底线,提升党内治理。其次,依宪行政、限制公权力是保障公民基本权利实现的重要手段与前提。“保障人民之基本权利之重心,始终置于防止国家权力之侵犯之上。”[1]公权力与公民基本权利或私权是一个相对的范畴,公权力的滥用必然损害公民的基本权利,而要保护公民的基本权利,则必须禁止公权力之滥用,从而保证公权力的行使与保护公民基本权利的统一。最后,依宪行政、限制公权力也是推进依法治国的前提。深入推进依法治国,必须转变国家治理方式,加强依宪行政在依法治国中的地位与作用。2013 年 11 月 12 日,党的十八届三中全会通过了《中共中央关于全面深化改革若干重大问题的决定》(以下简称十八届三中全会《决定》)提出:“推行地方各级政府及其工作部门权力清单制度,依法公开权力运行流程。”十八届四中全会《决定》强调:“推行政府权力清单制度,坚决消除权力设租寻租空间。”将权力放在笼子里、阳光下,是依宪行政的要求,也是深入推进依法治国的核心内容。总之,限制公权力,不仅是我国的一项重要的政治原则,也是一项基本的法治原则,对于实现党的领导和社会主义法治,具有重要的现实意义。

(四)宪法精神的历史

“宪法精神”这一术语本身是一个价值中立的范畴,应建基在一国宪法的文本和宪法秩序的实际运行之中,并没有一个世界各地、不同时期普遍适用的宪法

---

〔1〕 郑贤君:《基本权利原理》,法律出版社 2010 年版,第 6 页。

精神，每个时代的宪法精神都烙印这个时代法治精神的特色。

在资本主义革命时期的宪法精神，以人文主义的觉醒和对人性的认同和尊重为根本，其内容和目的就是推翻旧的制度在精神与物质层面对人的束缚，以社会契约的方式建立新的民主制度。卢梭认为："人是生而自由的，但却无往不在枷锁之中。自以为是其他一切的主人的人，反而比其他一切更是奴隶。"[1]以这一人权思想为基本价值的资本主义的宪法文本及其宪法精神，必然以回归人性、民本主义为立宪的基本原则和理念，破除特权制度，建立人民享有主权的新型社会制度。人民主权、社会契约是资本主义启蒙时代不可或缺的宪法精神，世界各地受剥削和压迫的人民，正是在追求这一思想和精神的原则下建立了资本主义的民主宪政制度。法国大革命中的著名政治家西耶斯在《论特权·第三等级是什么》中提出："国家是什么？是生活在一部普通法之下并由同一个立法机构代表的人们的联合体。"[2]为了实现自由，他认为，"唯有国民拥有制宪权"，"国民存在于一切之前，它是一切之本源"，[3]而宪法性法律应该是由国民意志建立的，不能与国民意志相抵触。可见，西方资本主义的宪法精神不过是其人权观念与民主政治的要求与体现，反映了资本主义的意识形态与思想文化观念。

第二次世界大战后，各民族国家纷纷独立，相继制定了符合本国实际情况的宪法。在联合国人权宣言和一系列国际、区域人权公约签订的背景下，各国的宪法精神也有了新的转型，从强调公权力到重视保护公民的基本权利，重述人民主权与公民基本权利的关系成为宪法精神的新主题。为了防止公权力行使对公民基本权利可能造成的侵害，各国宪法文本"基本都确立了一种'基本权利—国家义务'的对应关系"，[4]并建立了相应的宪法监督制度，从而使宪法从规定公权力的来源转变为保护公民基本权利，成为公民权利的宪法。

社会主义的宪法精神与社会主义宪法文本和宪法秩序一样，有其代表的社会制度与价值本位的独特性。社会主义宪法是真正打破阶级特权，以人民为本位的宪法。建立在社会主义宪法与政治制度的基础上，社会主义宪法精神更加具有先进性和优越性。我国的宪法精神具有坚持党的领导、坚持人民主体地位、保护公民基本权利、限制公权力的特点和本质，因此，代表了社会主义的社会规

[1] [法]卢梭：《社会契约论》，何兆武译，商务印书馆 2009 年版，第 4 页。
[2] [法]西耶斯：《论特权·第三等级是什么?》，冯棠译，商务印书馆 1991 年版，第 23 页。
[3] [法]西耶斯：《论特权·第三等级是什么?》，冯棠译，商务印书馆 1991 年版，第 56～59 页。
[4] 张翔：《基本权利的规范建构》，高等教育出版社 2008 年版，第 21 页。

范与秩序的发展方向。

二、民法精神与宪法精神的相互统一和作用

民法精神与宪法精神，既是相互统一的社会秩序精神，又是相互作用的不同社会意识条件。

（一）民法精神与宪法精神的相互统一

正如民法与宪法的关系一样，民法精神作为民法形式的社会规范与秩序精神，是以民为本和反映人民在民事法律关系中主体地位的法律精神，是以宪法精神为根据的基础法治精神。十八届四中全会《决定》强调社会主义法治精神与宪法精神对建设社会主义法治文化的作用。法治精神作为社会秩序精神，主要是以民为本和反映人民主体地位的民法精神；宪法是国家根本法，宪法精神是体现人民主体地位的根本法治精神，需要民法精神的具体内容及其实现。

1. 民法精神与宪法精神的契合

宪法精神基于人民主权的制度条件，坚持以民为本的根本价值，而民法精神立足于市民社会关系的基础，同样是以民为本的社会精神。民法精神与宪法精神在人民主权与人民主体的条件与基础上实现了以民为本和民本主义的契合。

人的社会主体性和社会的民本性决定了民法精神与宪法精神的契合性。一方面，个体的人作为社会主体既是宪法上的国家和国家治理的主体，也是民法上的权利与行为主体。社会主义法治精神下的宪法精神的重要内涵，是人民主权，人民作为主权者行使国家权力，管理公共事务，人民主权意味着作为人民组成者的人成为国家的主人，而国家必须以人即以民为本。与民本主义的宪法精神相契合，民法精神的本质就是以民为本的权利精神，是宪法精神的民法化与具体化。宪法精神的民法化就是宪法精神在市民社会关系基础上的进一步社会化与民本化，也就是宪法精神的主体化、实践化与秩序化。另一方面，由于宪法确认的基本权利的权利主体是个人，而义务主体是国家，在民事关系中，各类侵权又主要发生在平等民事主体之间或者说是对民事权利的侵害，这就需要将宪法所规定的基本权利转化为民法上的权利，从而更好地保障公民这些基本权利的实现，[1]并需要民法与宪法、民法精神与宪法精神的统一实施保障。在公民权利实现的社会体系中，宪法和宪法精神提供的保障成为公民的一种防御工具，从而

---

〔1〕 参见王利明：《何谓根据宪法制定民法？》，载《法治现代化研究》2017 年第 1 期。

需要承认公民对于国家公权力不当行使的防御权,在国家权力超越必要边界而侵害其权利时可以获得权利救济。对于公民的权利救济,民法和民法精神则具有直接的社会规范与秩序意义。民法既是积极实施宪法的规范与秩序条件,又是保障宪法正确实施的必要措施与手段。换言之,宪法精神的实施必然要求民法作为实现公民基本权利的工具性手段的规范化与秩序化,从而推动宪法精神向内在社会秩序的转化,使权利承认与保护成为民本主义社会的自序性的法治精神与信仰,并进一步推进宪法精神的实现。

可见,民法精神是弘扬宪法精神的具体条件和形式。民法精神既与公权力的作用相互制衡,又与公权力的目的相互契合,是建设社会主义法治国家不可缺少的主体社会秩序精神。

2. 民法精神与宪法精神的界分

宪法精神与民法精神的统一,不仅是契合形成的,而且是界分实现的。只有在相互界分中才存在相互统一的条件和需要并能够实现相互统一。宪法精神与民法精神分别代表社会构造的不同社会关系领域并因此而具有公与私的界分。尽管民法精神和宪法精神具有高度的契合性,但是宪法与民法、宪法精神与民法精神所调整的对象却分属于社会关系的不同领域,而不同领域的社会关系又具有不同的本质和特点。宪法所确认的公民所享有的基本权利,实际上并不都可以具体化为民事权利。民法上权利的来源也并非仅仅是宪法上的基本权利,二者之间不能简单地划等号。〔1〕 因此,既不能用宪法精神代替民法精神,也不能用民法精神包含宪法精神。“法无禁止为自由”,国家控制之外需要留给个人广泛的权利空间,应当允许个人以私法自治为原则维持社会的自序性发展。

民法精神与宪法精神的界分基础,是私法与公法的划分。古罗马法学家乌尔比安将法分为公法和私法。“公法是有关罗马国家稳定的法,私法是涉及个人利益的法。”〔2〕公法是规定国家公共事务的法,有关国家政治体制,需要无条件遵守,一般不能根据私人意志变更其内容和程序;私法是调整私人社会关系的法,构造私人的社会关系秩序,确定私人的权利与义务条件,虽然需要一定的公权力的介入,但是当事人的意思自治则构成了它的价值原则与本质要求。日本学者指出,“公法上的权利便有两点和私法上的权利不同其法律上的原则:一是

〔1〕 王利明:《何谓根据宪法制定民法?》,载《法治现代化研究》2017 年第 1 期。

〔2〕 [意]桑德罗・斯奇巴尼选编:《正义和法》,黄风译,中国政法大学出版社 1992 年版,第 33 页。

公法上的权利,法律上以不能舍弃为原则;另一是法律规定公法上的权利不能移转于他人,或对其移转加以限制"。[1] 宪法精神是一种典型的公法精神,虽然公法也保障私权,并且其规定和保障的权利范围在一般意义上也要宽于民法,但是它却不能像民法那样以权利法的形式使市民社会关系的权利义务体系化与具体化,并成为一种行为法。同样,民法精神,也是一种具体的权利精神与行为精神,是宪法精神所不可代替的个人社会的秩序品质。

显然,民法精神作为私法精神,以意思自治为原则,突出主体的意志与行为自由,强调主体之间的地位与权利平等,不仅主体的意志性与自由性在民法和民法精神中实现了规范化与制度化,而且其要求的具体水平与程度也远比宪法精神要高。民法作为市民社会的法,构成市民社会关系的存在条件,所以其伴随人类社会的发展,历史远比宪法悠久,可以说,民法和民法精神早在宪法产生之前就在市民社会关系的条件下一直存在和发展,[2] 并满足和维护了市民社会关系的秩序条件。所以,宪法和宪法精神的产生亦不能不受民法和民法精神的影响,而需要将民事权利及其保护作为宪法和宪法精神的重要内容,在平等、自由和人权等观念上接受作为市民社会关系条件的民法和民法精神及其价值原则。当然,在宪法产生和制定之后,民法作为部门法,其具体实施和转化宪法权利的功能与作用也十分明显地表现出来。不过,民法精神作为私权精神与作为公法条件的宪法精神由于调整对象的不同而在内容、方法与价值原则上必然存在一定的具体界分,这对于合理维护社会关系秩序,具有重要的现实意义。

3. 民法精神与宪法精神的协调

宪法精神和民法精神在相互契合与界分的基础上,既相互联系又互相区别,既彼此独立又存在统一,两者之间需要在国家意志与社会自治之间实现相互协调。显然,一个社会的民法精神条件决定了一个社会的宪法精神基础,而一个社会的宪法精神基础又决定了一个社会的民法精神根本,任何一方面的水平和条件都会影响另一方面的存在和品质。民法精神是本体的社会规范与秩序精神,一定社会的民法精神必然提出一定的宪法精神要求并限制它的条件;一定社会的宪法精神则必然影响人们的民法精神及其权利观念。一个国家的宪法和宪法精神,应当根据权利保护的需要实现与民法精神的协调发展,并因此应当重视法

---

〔1〕 [日]美浓布达吉:《公法与私法》,黄冯明译,中国政法大学出版社 2003 年版,第 109 页。

〔2〕 参见刘凯湘:《人格权的宪法意义与民法表述》,载《社会科学战线》2012 年第 2 期。

治的价值和限制公权力的行使,为民法精神条件的私权自治提供必要的宪法与宪法精神的制度保障与环境条件,实现政治社会的宪法精神与市民社会的民法精神的统一与同步发展。这里,一定的宪法和宪法精神对于民法精神的培育与市民社会的权利实现具有决定的意义和影响。如果社会没有建立宪法权威和宪法意识,未孕育一个社会成熟的宪法精神,就极易出现权力的滥用或者集中,以致产生权力腐败,从而损害市民社会主体的权利与权利秩序,也就无法形成民法精神条件下的社会自序构造。

宪法精神作为国家根本法的精神,其内涵较为概括、抽象和全面,它很难独立在社会私人主体行为之间起到实质性的规范作用。"没有救济就没有权利",实现权利救济是宪法精神转化社会现实秩序的必然要求。在以人格权和财产权为基础的私权保护中,协调发展民法精神与宪法精神的重要性极为凸显。有学者认为:"人格权是一种具有宪法权利和民事权利双重属性的法律权利。"[1]因此,人格权构成一项民事权利,应当由民法规范实现。也有学者认为:"若欲洞悉人格权之真谛,必先从宪法开始。"[2]在民法典编纂过程中,民法和宪法的关系再次成为讨论的热点。应该认识到,尽管在具体权利规定上,宪法规范文本和民法规范文本可能会有相似的权利规定,但一方面需要认识到法律关系主体、权利性质的差异,更重要的是理解两者之间只有协调发展才真正有利于促进权利的实现,而在主体权利实现这一点上,宪法精神和民法精神则具有高度的契合性。

(二)民法精神与宪法精神的相互作用

民法精神与宪法精神的关系,不仅在于相互统一,而且在于相互作用,即两者都需要在对方的作用和影响下完成和实现自己的目的。

1. 民法精神与宪法精神在制度形成中的相互作用

民法精神与宪法精神都是一定制度条件的产物并影响一定制度的形成。民法精神与宪法精神在制度形成中的作用是相互影响的而不是作为各自独立的单一条件存在。民法精神及其确定的市民社会关系秩序,不仅需要民法的条件确认,而且需要上升国家基本政治制度的形式,即通过一定的宪法精神反映为一定的宪法制度,从而民法精神以基础的市民社会关系条件必然作用于宪法制度的形成。作为效力等级最高的法律,宪法中公民基本权利条款的效力并非仅仅是

---

[1] 刘凯湘:《人格权的宪法意义与民法表述》,载《社会科学战线》2012 年第 2 期。

[2] 林来梵、骆正言:《宪法上的人格权》,载《法学家》2008 年第 5 期。

宣示性的,它的保护公民基本权利和限制公权力的内容同样以宪法精神的规范条件而要求在部门法的制度中进一步表现出来,其中是特别是需要具体化为民法的权利义务规范与秩序体系。在这一制度与规范的转化过程中,民法精神构成宪法精神及其制度条件的市民社会关系的基础要求;宪法精神则构成了民法精神及其制度条件的国家根本法的形式与原则,两者之间必然对彼此制度的形成产生相互的作用,并构成相互制度形成的规定性条件。

我国物权法的制定曾出现过宪法与民法关系的讨论,其核心是物权法草案中对财产权平等保护的规定是否违反宪法对公共财产权的保护规定。在这一讨论中,有学者认为物权法草案有违宪的嫌疑,〔1〕也有学者认为宪法与物权法在不同领域中起作用,因此并不冲突。〔2〕对此,有观点指出:"强调宪法秩序对物权法的价值制约,并不影响民法体系的自治性质,强化其制度的现实功能,扩大其利益的调整基础。"〔3〕这一讨论更加深远的意义在于让学界充分认识到宪法与民法之间的密切关系,以及宪法精神与民法精神对相互制度形成所具有的直接影响。在中国民法典编纂问题上,有学者再次指出宪法在处理人格权、物权、权利救济等方面的重要意义,建议"通过宪法规范作为中介,将开放社会的新型共识输入民法典,而非未经宪法处理,直接进入民法"。〔4〕可见,作为国家统一法律体系的组成部分,民法的制定必然要涉及与民法相关的宪法问题,并需要在相互的作用与协调中形成一个统一的法律体系。〔5〕

---

〔1〕参见童之伟:《〈物权法(草案)〉该如何通过宪法之门——评一封公开信引起的违宪与合宪之争》,载《法学》2006年第3期。

〔2〕参见焦洪昌:《〈物权法(草案)〉的合宪性分析》,载《法学》2006年第3期。

〔3〕韩大元:《由〈物权法(草案)〉的争论想到的若干宪法问题》,载《法学》2006年第3期。其他学者的相关讨论,参见刘志刚:《立宪主义语境下宪法与民法的关系——兼评〈物权法(草案)〉合宪违宪之争》,载《法学评论》2007年第2期。

〔4〕苗连营、郑磊:《民法典编纂中的宪法三题》,载《法制与社会发展》2015年第6期。

〔5〕以我国改革开放以来宪法的修正和民法发展的相互作用关系为例,市场经济的发展及其民法精神条件的形成必然要求民事权利的变革与发展得到宪法的制度承认与保障,从而导致了我国宪法的前四次修正。如2004年宪法修正案,将1982年宪法第13条关于"国家保护公民的合法的收入、储蓄、房屋和其他合法财产的所有权""国家依照法律规定保护公民的私有财产的继承权"的规定修改为"公民的合法的私有财产不受侵犯""国家依照法律规定保护公民的私有财产权和继承权""国家为了公共利益的需要,可以依照法律规定对公民的私有财产实行征收或者征用并给予补偿";将1982年宪法第11条第2款关于"国家保护个体经济、私营经济的合法的权利和利益。国家对个体经济、私营经济实行引导、监督和管理"的规定修改为"国家保护个体经济、私营经济等非公有制经济的合法的权利和利益。国家鼓励、支持和引导非公有制经济的发展,并对非公有制经济依法实行监督和管理"。这一修正案的内容直接反映了新时代条件下民法精神的规范要求与秩序变迁,而这一宪法的制度修正,也直接影响了民法的制度形成与完善。

2. 民法精神与宪法精神在制度运行中的相互作用

2001 年最高人民法院对齐玉苓案的批复引发了我国学界关于宪法和民法关系在实践层面的思考。[1] 不论这一司法结论是否得当,我们总是要面对一个现实的理论问题,即公民基本权利条款自身的效力应当如何界定,其效力是否仅仅通过其他法律才能够得到实现,其效力对象是否应当仅限于立法机关和行政机关,抑或是否可以在公民的私人法律关系中起到一定作用。[2] 这些问题的答案,既涉及宪法和宪法精神在制度上的运行与实现,又涉及民法与民法精神的制度运行对宪法与宪法精神实现的地位与作用。

对这一问题,德国宪法学界也有过激烈的争论,[3]学界将其称为“间接第三人效力”。第三人效力是指宪法对非公权力第三人是否有效,与横向效力概念意指相似。由于在大陆法系国家,存在公法与私法的划分,而宪法作为公法秩序中的最高法,其终审权在德国联邦宪法法院,而不是普通法院,所以第三人效力如何实现对于宪法精神及其制度运行极为重要。在 1958 年的吕特案中,德国联邦宪法法院认为汉堡地方法院在解释和适用民法中关于善良风俗的条款时没有充分考虑到言论自由这项基本权利的重要意义,[4]联邦宪法法院提出宪法的基本权利包括主观权利体系与“客观价值标准”,主观权利是公民对抗国家的防御权利,而“客观价值标准”则是国家有积极义务履行的标准,在法律实施中起到影响。因此,尽管法院在审判中不直接适用宪法基本权利,却必须考虑到宪法权

---

〔1〕 1990 年,山东枣庄市考生齐玉苓考上一中专院校,但同村同学陈晓琪盗领其录取通知书,冒用齐玉苓之名读书就业。齐玉苓于 1999 年发现这一事实后将陈晓琪及其父亲诉至法院,此案经枣庄市人民法院审理后上诉至山东省高级人民法院,山东省高级人民法院将案件审理的疑难问题提请最高人民法院处理,最高院 2001 年的批复称:“经研究,我们认为,根据本案事实,陈晓琪等以侵犯姓名权的手段,侵犯了齐玉苓依据宪法规定所享受的受教育的基本权利,并造成了具体的损害后果,应当承担相应的民事责任。”(该批复已于 2008 年废止)这一批复触动了我国宪法学者的传统思维,认为中国宪法的司法化之路可能因此打开,一时间宪法司法化或宪法“私法化”的议题不绝于耳,而宪法与民法在实施层面的关系也因此被广为讨论。

〔2〕 参见杨晓楠:《国外宪法基本权利的效力实现及对我国的启示》,载《东北大学学报(社会科学版)》2014 年第 1 期。

〔3〕 在德国的学界论争中,基本权利第三人效力可分为直接第三人效力与间接第三人效力。“直接第三人效力说”认为,基本权利在整个法秩序中是最重要的客观法规范,私法主体间的行为应直接受到基本权利的拘束。而“间接第三人效力说”则认为,基本权利只限于对私法规范产生影响,基本权利在私人关系中的效力只能是间接的,主要是经由私法的概括条款而发挥放射性作用。

〔4〕 参见张翔主编:《德国宪法案例选释(第 1 辑):基本权利总论》,法律出版社 2012 年版;蔡定剑:《中国宪法实施的私法化之路》,载《中国社会科学》2004 年第 2 期;上官丕亮:《宪法在民事纠纷中的司法适用机制比较研究——以美德两国为中心》,载《南京社会科学》2011 年第 4 期。

利的客观价值。可见,根据德国宪法法院的观点与结论,宪法精神与民法精神在制度运行中的相互作用是客观和统一的。

我国宪法监督采取法律法规备案审查的规范监督形式,并没有特别法院或普通法院的审查制度,所以,在违宪机制中实现对第三人效力存在一定的难度。近年来,宪法学者将关注的重点转向到合宪性解释问题的研究中,借以在宪法解释和宪法监督的具体机制缺位的前提下,涵摄民法等部门法实现宪法效力,成为实施宪法的另一条路径。[1] 显然,基于宪法与民法及其法律精神的统一关系,两者在制度运行上的相互作用是必然存在的。所谓合宪性解释,是指在出现复数解释的情况下,以宪法的原则、价值和规则为依据,确定文本的含义,得出与宪法相一致的法律解释结论。[2] 合宪性解释的本质,就是对部门法规范(特别是民法规范)进行解释,将宪法精神渗透到部门法中,这也是当代宪法发展的新方向。[3] 这一趋势,除了会影响宪法精神在民法制度运行上的作用,也会对宪法制度的运行提出民法精神的条件与要求。因此,建设社会主义法治文化的民本模式,不仅要从宪法与宪法精神的层面去考察民法与民法精神的行为实践,而且要从民法和民法精神的层面去认识宪法与宪法精神的制度运行,从而在两者的相互协调与作用中维护公法与私法统一运行的社会秩序。

---

〔1〕 参见张翔:《两种宪法案件:从合宪性解释看宪法对司法的可能影响》,载《中国法学》2008年第3期;蔡琳:《合宪性解释及其解释规则——兼与张翔博士商榷》,载《浙江社会科学》2009年第10期;张翔:《合宪性解释的两个面向——答蔡琳博士》,载《浙江社会科学》2009年第10期;黄卉:《合宪性解释及其理论检讨》,载《中国法学》2014年第1期;黄明涛:《两种"宪法解释"的概念分野与合宪性解释的可能性》,载《中国法学》2014年第6期。

〔2〕 参见王利明:《何谓根据宪法制定民法?》,载《法治现代化研究》2017年第1期。

〔3〕《华东政法大学学报》2016年第1期设专栏讨论这一问题,其中涉及民法与宪法关系的文章有:朱虎的《国家所有和国家所有权——以乌木所有权归属为中心》一文、陈霄的《德国宪法上的财产权保障与股东权利》一文和宦吉娥的《法律对采矿权的非征收性限制》一文。

第三章

民法精神与法治精神

一、法治

建设社会主义法治文化，离不开一定的法治精神，法治精神是法治文化的实质与本质。一个社会只有具备一定的法治精神，才能够建设和形成一定的法治文化，法治精神无疑构成了法治文化的基础。民法精神作为建设社会主义法治文化的民本模式的基础社会精神，属于法治精神的核心范畴，必然与法治精神存在内在的本质联系。

(一)法治的含义

法治与人治相对。在我国，法治的一般含义是“依据法律治理国家”。[1] 具言之，法治是“按照法律规则与程序治理国家的政治主张或治国方式。其核心取向是限制权力、保障权利”。[2] 由于法治作为国家与社会构造的复杂性，关于法治的概念，既没有一个公认的定义，也无法形成统一的认识。但是，不断的学术讨论与争议，既丰富了法治概念的内涵，也提高了人们对法治本质的理解，并

〔1〕《中国大百科全书·法学》，中国大百科全书出版社2006年版，第92页。

〔2〕《辞海》(第七版)第2卷，上海辞书出版社2020年版，第1070页。

且使法治作为一种理想的社会构造与追求而成为一个恒久的社会主题。[1]

中国古代较早提出了“法治”概念并形成了早期“法治”思想。《晏子春秋·谏上九》:“昔者先君桓公之地狭于今,修法治,广政教,以霸诸侯。”《淮南子·氾论训》:“知法治所由生,则应时而变;不知法治之源,虽循古终乱。”[2]与儒家主张“礼治”不同,法家强调“以法治国”[3]“缘法而治”[4]“依法赏罚”,[5]将“法治”作为君主治理国家的一种手段。可见,中国古代的“法治”一开始就和“人治”结合在一起,是作为人治的一种要求和条件存在的,不可能在人治之外而有自己的本质与内涵。[6] 建立在自然经济、封建伦理与专制统治基础上的中国古代社会,是典型的人治与伦理社会而并非是一个法治社会,最终不可能走向法治文明与法治社会的发展轨道。

现代法治的概念滥觞于西方。亚里士多德被认为是提出西方法治思想的鼻祖。他在《政治学》中提出的法治定义,开西方实质法治论之先河。他指出:“凡是不凭感情因素治事的统治者总比感情用事的人们较为优良。”[7]他进而认为:

---

〔1〕“在中国和西方国家历史上关于法治和人治的争论,主要有以下3次:第1次是中国春秋战国时期儒法之争,儒家主张人治(或德治、礼治);法家主张法治。第2次是古希腊思想家柏拉图主张人治,亚里士多德主张法治。第3次是17~18世纪资产阶级先进思想家为反对封建专制提出的有关法治的观点。”在这3次争论中,法治论者和人治论者对法治和人治的词义理解的分歧大体上可根据为3点:“国家治理主要依靠什么”;“对人的行为的指引主要依靠一般性的法律规则,还是依靠针对具体情况的具体指引”;“在政治制度上应实行民主还是专制。”(《中国大百科全书·法学》,中国大百科全书出版社2006年版,第92~93页)

〔2〕我国古代典籍中的“法治”,有时并非一个单一概念而是依法处治之意的组合。如《史记·蒙恬列传》:“高有大罪,秦王令蒙毅法治之。”又如《史记·廉颇蔺相如列传》:“(赵奢)收租税而平原君家不肯出租,奢以法治之,杀平原君用事者九人。”

〔3〕管仲主张“以法治国”:“治国使众莫如法,禁淫止暴莫如刑。威不两措,政不二门。以法治国,则举措而已。”(《管子·明法解》)他认为,统治者必须带头守法,然后才能建立法治。统治者如果破坏法律,必将自食恶果。

〔4〕商鞅强调“缘法而治”:“法令者,民之命也,为治之本也,所以备民也”;“今夫人众兵强,此帝王之大资也。苟非明法以守之也,与危亡为邻。故明主察法,境内之民无辟淫之心,游战之士迫于战阵,万民疾于耕战,有以知其然也”。(《商君书·弱民》)

〔5〕韩非提出“依法赏罚”,赏罚的标准和依据是法律,法律为赏罚提供标准,会使赏罚公平,法律也具有权威性。“故度量之立,主之宝也。”(《韩非子·扬权》)“故当今之时,能去私曲就公法者,民安而国治;能去私行行公法者,则兵强而敌弱。”(《韩非子·有度》)韩非融会贯通前人思想,把“法”“术”“势”结合起来形成了一个完整的法治理论。

〔6〕中国古代的“法治”,作为在自然经济与封建专制主义基础上提出的一种君主治理国家的手段,与人本主义的法治思想不同,其所谓的“法”不过是“刑”与“罚”的代称,是相对于“德治”的一个概念,其本质上反映的是一种“刑德”或者“礼法”的关系。因此,不能简单地把中国古代早期的法治思想与西方社会的法治理念相对比。

〔7〕[古希腊]亚里士多德:《政治学》,吴寿彭译,商务印书馆1965年版,第166页。

“法治应当优于一人之治……即便有时国政仍须依仗某些人的智虑(人治),这总得限止这些人们只能在应用法律上运用其智虑。”[1]不仅如此,“法律恰恰正是免除一切情欲影响的神祇和理智的体现”。[2] 人治容易受个人主观情绪影响,而法治根据事先制定的统一规则行事,并追求平等正义,符合人的本性。亚里士多德提出了法治的两重意义:“已成立的法律秩序获得普遍的服从,而大家所服从的法律又应该本身是制定良好的法律。”[3]古希腊文化作为西方的经典文化,是西方法治文化的发端,是建立在人本主义基础上的一种早期法治文化,构成了西方文化区别于其他社会文化的一个显著特质,并以此建立了与现代法治文化的思想与理念的内在联系和统一。

近代资本主义文明使人类法治理论与法治实践得到了充分发展。随着启蒙主义与人文主义思潮的兴起,自然法理论提倡天赋人权、社会契约、主权在民、三权分立、民主法治等人本主义的社会思想,深化和拓展了实质法治理论,并成为资本主义革命后的一种普遍的社会制度选择。进入20世纪以来,西方各国对于法治的理论发展更为丰富,人类法治思想达到了一个新的高度,法治作为现代社会的治理理念,已经深入到国家的各个方面,成为普遍的社会价值共识。

新中国成立以来,一直探索社会主义的法治发展道路。1954年,第一部《中华人民共和国宪法》开启了我国对社会主义法治道路的探索和实践。不过,我国最早使用的是“法制”而不是“法治”的概念,[4]而对“法治”的概念则持一种消极和否定的态度。[5] 1978年,十一届三中全会提出了“健全社会主义民主,

[1] [古希腊]亚里士多德:《政治学》,吴寿彭译,商务印书馆1965年版,第171页。

[2] [古希腊]亚里士多德:《政治学》,吴寿彭译,商务印书馆1965年版,第172页。

[3] [古希腊]亚里士多德:《政治学》,吴寿彭译,商务印书馆1965年版,第202页。

[4] 法制“广义指法律和制度;狭义仅指法律规定”。十五大之前,“法制”一词大体上指3种含义:(1)“静态意义上的法律和制度,或简称法律制度”;(2)“动态意义上的法律,即立法、执法、守法,对法律实施的监督等各个环节构成的一个系统,类似西方社会学法学派的法律概念”;(3)指“依法办事”的原则,亦即十一届三中全会公报提出的“有法可依,有法必依,执法必严,违法必纠”。(《中国大百科全书·法学》,中国大百科全书出版社2006年版,第92页)

[5] 1980年出版的《法学词典》“法治”条在对资本主义前的各种“法治”持批判和否定态度的同时,指出:“无产阶级夺取政权后,由于国家性质所决定,需要运用法律作为管理国家的重要工具,使国家的一切活动严格依照法律办事,以确立有利于无产阶级的社会关系和社会秩序,巩固无产阶级专政和促进社会主义建设的发展。”(《法学词典》编辑委员会编:《法学词典》,上海辞书出版社1980年版,第457页)显然,我国改革开放之初的法律观,肯定“法制”而否定“法治”,并选用“法制”的概念,“法治”则是被作为法律工具主义的代名词来认识和使用的,根本与法的目的与价值无关。可见,当时认识的“法治”更类似于现在所认识的“法制”。

加强社会主义法制”的目标,“法制”也就成为我国改革开放初期提出的与“人治”相对的概念。[1] 1997 年,十五大报告明确把“依法治国,建设社会主义法治国家”作为党领导人民治理国家的基本方略。1999 年,“依法治国”被正式写进《宪法》。[2] 2007 年,十七大报告强调:“建设社会主义法治国家,发展社会主义政治文明”“坚持依法治国基本方略,树立社会主义法治理念,实现国家各项工作法治化,保障公民合法权益”。2012 年,十八大报告明确指出:“全面推进依法治国”,强调“法治是治国理政的基本方式。要推进科学立法、严格执法、公正司法、全民守法”,要求“弘扬社会主义法治精神,树立社会主义法治理念,增强全社会学法尊法守法用法意识”。[3] 十八届四中全会《决定》明确提出了“建设中国特色社会主义法治体系,建设社会主义法治国家”的全面推进依法治国总目标,把对社会主义法治的认识提升到了一个新高度。

在我国,法治是被作为人治的对立面认识的。十一届三中全会以后,关于“法治”和“人治”的讨论,使全党和全国人民凝聚了共识,即实行法治、反对人治,十五大报告提出“依法治国”,就是对这一共识的政治与学术结论。我们认为,“法制”和“法治”在一定范围和意义上可以通用,法制即法治,法制精神等于法治精神,但是,法制和法治的概念不同又表明了它们的实质差别,法制多表达法律或者法律制度层面的含义,而在法律的运行上则把法律作为工具,主要强调权力在法律运行上的强制地位与作用。因此,法制既不和特定社会制度相联系,

---

〔1〕 由于受苏联法学和极左思想影响,我国长期把“法治”认为是西方资本主义国家的专用概念。法治与法制,两者的共同点是,都强调静态的法律制度以及将这种静态的法律制度运用到社会生活当中的过程;两者不同点是,法制的概念一般不包含价值,而法治则包含了价值内涵,强调了人民主权和人的主体地位,是实质意义上的社会治理的法律化。(参见张文显主编:《法理学》,法律出版社 1997 年版,第 236 ~241 页;李步云、陈贵民:《关于法治与法制的区别》,载《人大工作通讯》1998 年第 8 期;谢海定:《中国法治经济建设的逻辑》,载《法学研究》2017 年第 6 期;沈宗灵:《依法治国,建设社会主义法治国家》,载《中国法学》1999 年第 1 期;程燎原:《从法制到法治》,法律出版社 1999 年版,第 136 页;顾培东:《当代中国法治话语体系的构建》,载《法学研究》2012 年第 3 期)

〔2〕 2003 年十六大报告又一度使用“法制”概念,强调“加强社会主义法制建设。坚持有法可依、有法必依、执法必严、违法必究”,要求“维护法制的统一和尊严”。

〔3〕 习近平总书记在《中共中央关于全面推进依法治国若干重大问题的决定》的说明中总结:“党的十五大提出依法治国、建设社会主义法治国家,强调依法治国是党领导人民治理国家的基本方略,是发展社会主义市场经济的客观需要,是社会文明进步的重要标志,是国家长治久安的重要保障。党的十六大提出,发展社会主义民主政治,最根本的是要把坚持党的领导、人民当家作主和依法治国有机统一起来。党的十七大提出,依法治国是社会主义民主政治的基本要求,强调要全面落实依法治国基本方略,加快建设社会主义法治国家。党的十八大强调,要更加注重发挥法治在国家治理和社会管理中的重要作用。”

也不具有法治的人本与人文主义特质。[1] 因此,用“法治”概念取代法制,用“法治精神”表达法治的基本价值与意义,更符合人文主义社会条件下对社会治理规范及其生态秩序的本质认识。

(二)法治的本质

法治是以人为目的和价值的社会治理体系,人的目的和价值在法治的社会治理体系中得到了最大的社会承认与尊重。

1. 法治是人的社会体系

法治是人的社会治理方式,构成以人为主体的社会体系。法治的核心在于“治人”,当人们按照已有的法律来规范自身行为,由人组成的社会才有可能按事先预见的秩序运行。人类在自然状态下,遵循动物本能,为了生存弱肉强食,显然这种强者的秩序不符合社会绝大多数人的理想目标,因此人类在自己的社会发展中需要不断建立更为理想的社会治理方式。

现代社会,法治的社会治理价值越来越被人们更多地认知和接受,并开始作为人们普遍认可的社会治理模式,代替诸如宗教、暴力、专制和强权等不合理的社会统治,成为人类共同的价值选择。法治作为人的社会体系,也就是法治的社会构造性,或者称为法治的社会结构性,是指法律作为国家治理的基本模式,其规范与秩序条件构成了社会的基本组织与行为系统。不论是国家制度及其组织运行还是个人利益及其行为调整都离不开法律,都以法律作为框架和根据,法治构成社会存在的运行机理与机制。目前,法治作为国家治理的基本模式已经在世界范围内得到普遍认可与实施,无论是何种法律体系或者制度的国家,都通过法治建立起一种社会内部的秩序平衡,以保证社会平稳持久的生态性运行。

法治作为以法律为规范和治理条件的社会秩序体系,是一个社会构造系统。

---

〔1〕 李林认为:“与法制相比,法治内涵更为丰富。首先,法治是一个蕴涵价值理想和精神意义的概念……法治,既有通过法律治理国家的意思,也有通过法律实现国泰民安的意思,它包含着国家政治稳定、百姓生活安宁的理想。而法制,相对而言是一个中性概念,它既可以用来实现社会太平,也可以用来专横地实施专制或独裁。其次,法治是一个动态概念,它既包含法律体系和法律制度,也包含着法治精神指引下的立法、执法、司法、守法等一系列法律实践活动;而法制,是一个相对静止的概念,它通常不能像法治那样用来表现从法治观念到法律制度、从法律制定到法律实施的全方位动态过程。最后,法治在现代社会中是一个与民主密不可分的概念。按照现代的理解,法制既可以在民主的条件下存在,也可以在非民主的条件下存在,而法治则必须与民主结合在一起。在非民主条件下,法制通常只是统治者从上到下制约和强制百姓行为的工具;而在民主条件下,法律经过民主程序产生,既包含规范公民行为的内容,也包含对权力的规范、制约和监督内容。”(黎伟华:《用数字诠释中国法治——专家解读〈中国的法治建设〉白皮书》,载《民主与法制》2008 年第 6 期)

无论是实质法治还是形式法治,法治都是被作为社会治理的最高行为准则并构成一个社会的整体构造与运行系统来认识的。法治是国家治理体系和治理能力的法律规范化与生态秩序化,它一方面反映了法律在社会治理中的核心地位,另一方面反映了在法律的社会治理功能与作用下的社会秩序形态。任何国家或者社会,作为一个庞大而复杂的人际结构,必须建立一套规范而有序的运行系统,而法治就是这一运行系统的最高形式。[1] 法治的社会构造性,不仅在于它是实现国家治理与社会秩序的基本形式,而且在于这一治理与秩序已经成为以人为目的和价值的普遍的国家与社会条件。亚里士多德所谓"已成立的法律秩序获得普遍的服从"的法治理论,[2]亦即强调法治的社会构造性及其普遍性,是法治从形式向实质转变的本质形态。"邦国虽有良法,要使人民不能全部遵循,仍然不能实现法治。"[3]换言之,法治的社会构成性与普遍性是一种法律的平等与统一条件且不应当有例外的社会秩序。法治既是国家治理规则的法律统一,也是作为主体的个人对统一的法律规则的内在认同与行为的自觉与自律。

无论是洛克的法治理论以自由主义为核心,以分权为主要方式,还是孟德斯鸠的分权制衡论,以及卢梭的社会契约论,都把法治作为一种社会基本构造来认识。"凡是实行法治的国家,不论它采用什么样的行政形式,我都把他称为共和国。唯有在这里,公共利益才居于主导地位,公共事务才起决定作用。"[4]显然,法治社会是一种理想的社会构造。"在人类治国理政的历史追求中,法治是最有可能在国家内部实现民主、自由、人权、平等和公正的制度设计,是最有利于保证国家和谐、对民众权利进行保障和维护的政制发明。"[5]法治作为一种规范与秩序的社会构造,在个人利益与公共利益均衡存在与发展的基础上,使公共事务的运行并不妨碍和影响作为社会主体的个人的权利与自由,从而能够引导整个

---

〔1〕 "古今中外的实践证明,任何一个国家要想长治久安,就必须有良好的国家治理体系","当代中国要实现民族复兴大业,就要推进国家治理体系和治理能力的现代化,全方位保护公民权利,将社会主义政制按照法治要求实现制度化、体系化、科学化、规范化和程序化。因此,将一切社会关系纳入法治轨道进行治理,是国家治理的基本方式,这是在我国历史传承、文明传统、经济社会发展的基础上长期发展、渐进改进、内生性演化的结果"。(刘丹等:《全面推进依法治国若干重大问题的思考》,中国友谊出版公司2014年版,第2页)

〔2〕 [古希腊]亚里士多德:《政治学》,吴寿彭译,商务印书馆1965年版,第202页。

〔3〕 [古希腊]亚里士多德:《政治学》,吴寿彭译,商务印书馆1965年版,第202页。

〔4〕 [法]卢梭:《社会契约论》,罗玉平、李丽编译,人民日报出版社2007年版,第70页。

〔5〕 刘丹等:《全面推进依法治国若干重大问题的思考》,中国友谊出版公司2014年版,第176页。

社会系统的和谐与理性发展。

2. 法治是人的生态体系

虽然法治是“以法”治理，但是它的治理主体是人，仍然是人的治理，其治理的形态与结果，不仅是治理标准的法律确立，而且依法治理的秩序形成，在根本上构成了人的社会生态秩序体系。法治不仅是一种法律形式或者标准的确立与运用，而且是人的一种生存与生态的法律秩序构造，是人的生态体系的法律或者法治形态化。法治涉及的一个基本问题，就是如何以法的形式与运行规范人和尊重人，也就是“以人为本”的问题，是如何把人的自然生态秩序以符合人的目的的“法治”形态而实现社会生态化的问题。

人是自然的一部分，人的社会生态是人的自然生态的条件与要求的反映，属于人的自然生态的一部分。人的社会现象作为人与人之间的关系，不仅是一种社会生态现象，而且是一种自然生态现象。人的社会生态，根本是一种自然生态，是由人的自然生态决定的，并反映自然生态的条件和要求。法治作为人的一种社会现象，同样是人的自然进化与发展过程中的一种自然现象，遵循人的自然规律并具有人的自然规定性。虽然从生物学与社会学的角度，人既有自然属性也有社会属性，法治属于人的社会属性范畴，但是法治作为人的社会属性是以人的自然属性为根据的，所以它在根本上是人的自然属性的反映，并因此具有自然属性的本质。法治在人的自然属性中，不仅具有生态性，而且具有规律性与规定性，而其本质与价值也正是在这种自然生态的规律与规定性中才能够被正确认知和客观揭示。

显然，法治作为人的社会构造系统，不仅是人的社会构造，而且是人的自然构造，在人的自然构造的基础上而具有人的社会存在与发展的普遍性与一般性。换言之，法治的社会规律，根本是人的自然或者生态规律，在人的自然生态规律之外没有单纯的社会规律。同样，人也没有脱离自然性的单纯的社会性和社会规律性，否则所谓的社会性就没有任何价值，也不会具有所谓的规律性。无论是什么人，都有同样的客观利益需求。“凡人有所一同：饥而欲食，寒而欲暖，劳而欲息，好利而恶害，是人之所生而有也。”[1]因此，法治作为人的生态条件，应当正确反映人的本质，满足人的利益需求，为人的利益需求的实现提供一种符合人的自然生态的社会规范与秩序条件。

---

〔1〕《荀子·荣辱》。

这就对法治这一社会治理方式提出了要求,即法治必须反映人的自然生态条件和遵循人的自然生态的发展规律,否则就不代表人的本质和符合人的需要,也就脱离了人的目的,就不是真正的法治。法治作为人的自然生态秩序,不仅是人与自然、人与社会的和谐,而且是人与自身的和谐。法治的本质,一方面是尊重人,反映人的自然利益需求及其实现的客观规定性;另一方面是人对社会规范与秩序的自觉认同与自律遵守,是内化于心外化于行的自主秩序及其社会生态系统。法治的人与人自身的和谐,在实现人的社会生态秩序的同时,也实现了人的目的与发展。因此,既需要以法治条件反映人的本质与目的,又需要人在被作为目的的同时而自身也具有法治的灵魂与信仰。人与自身的和谐,是社会的根本和谐,是一种普遍和稳定的社会生态秩序,代表了法治的最高形态与发展。如果没有人自身的和谐,就不可能有法治的生态化,也就不可能有真正意义的法治。

3. 法治是人的精神体系

法治作为人的社会治理行为,是人的一定精神支配下的社会生态体系,也就是一种人的精神体系。法治是作为人的精神体系而成为人的社会与社会生态体系的。法治是从意识形态到社会形态的,法治的精神性,就是作为法治主体的人的意志性,没有人的精神意志也就没有法治的社会实践。作为法治条件的制度形式和作为法治形态的社会行为,都必须具有法治精神的内在条件。真正的法律或者法治不是某种制度或者形式的存在,而是一个民族和社会的精神信仰体系,“铭刻在公民们的内心里”。[1] 法治一旦走出制度形式而成为人的精神体系,就是一个社会文化与文明的普遍形态,从而以人或者主体的法治精神的普遍性实现法治的社会生态的普遍性。

二、法治精神

法治的根本是精神,法治精神不仅是人的主观意志,而且是人的社会存在。精神对社会存在具有能动的作用。“法治精神是法治的灵魂和精髓,是渗透在法治原则当中的带有根本性的东西。”[2]法治精神诸如良法善治精神、自由精神、平等精神、正义精神等等,都是对人的本质及其客观需求的真实反映,是人类

---

〔1〕 [法]卢梭:《社会契约论》,何兆武译,商务印书馆2003年版,第70页。

〔2〕 刘丹等:《全面推进依法治国若干重大问题的思考》,中国友谊出版公司2014年版,第28页。

社会发展进步的根本秩序价值。

(一)法治精神的含义

正如前述,虽然法治是人的自然生态条件,具有人的社会生态性,但是法治是通过人的精神形式表现出来的,这是由法治的本质——人的精神秩序决定的,这种精神秩序的外化形式就体现为法治,外化的法治不是由法律本身演化而来的,而是一种人对社会秩序的期待和信仰,是人们自然与自觉形成的精神秩序,所以法治在形态上具有精神秩序的属性。法治在根本上是一种精神,即法治精神,没有法治精神,也就没有法治,一个社会的法治精神决定了该社会的法治及其存在的条件和水平。[1] 法治在形式上是国家治理体系和治理能力问题,实质上是一个国家和社会的人自身的治理体系和治理能力问题。它本源于人的自然生态,通过人的精神即意识形态存在并发挥作用,所以具有人的精神本质。

关于法治精神的内涵,不同学者有不同理解。有学者认为:"法治的精神意蕴在于信仰,一种宗教般虔诚而真挚的对法的信仰。"[2]也有学者认为:"所谓法治的精神,就是指依法治国的理念和价值取向及其规范体现通过法律实践,形成现实法律秩序状态的整个过程与环节。"[3]还有学者认为:"法治精神,主要是指人们经由法治尊严与权威所自觉产生的法治信念、法治崇尚、法治信仰、法治习惯和法治感悟。"[4]有学者强调:"'法治精神'是一个融法治的善治精神、民主精神、人权精神、公正精神、理性精神、和谐精神等为一体的科学命题。"[5]也有学者将"'法治精神'概括为是'良法善治'"。[6] 有学者指出:"法治精神既表现为人们的法律意识、法律思维与心理状态,同时也表现在法治环境下形成的社会活力。"[7]也有学者指出:"法治精神是法治的思想内核,是法的价值的体现,是法治思考凝聚而成的思想精华,是法治实践必须奉行的基本原则。"[8]还有学者

---

〔1〕"法治的根本是人的法治精神,即一种符合现代法治的道德意识、理性水平和正义理念。"(王利民:《论人的私法地位——从一个制度的分析》,法律出版社2007年版,代序第6页。)

〔2〕姚建宗:《信仰:法治的精神意蕴》,载《吉林大学社会科学学报》1997年第2期。

〔3〕管仁林等:《论法治的精神》,载《广西社会科学》1997年第6期。

〔4〕张进军:《领导干部要带头弘扬法治精神》,载《人民日报》2008年5月26日,第11版。

〔5〕张文显:《弘扬法治精神》,载《法制日报》2007年8月17日,第3版。

〔6〕李林:《大力弘扬"良法善治"的法治精神》,载《法制日报》2007年8月31日,第3版。

〔7〕韩大元:《法治精神不断完善国家的价值体系》,载《法制日报》2007年8月24日,第3版。

〔8〕卓泽渊:《法治精神应体现法的价值并指导法治实践》,载《法制日报》2007年8月31日,第3版。

指出:“所谓法治精神是社会主体对法以及法治的理性认知和价值确信,是法治价值观;它是法律意识、法制观念、法律素质、法律信仰等的集合形态,是法治实践的指导思想和精神源泉,也是尊崇法治和尊重法律权威的一种理性的精神状态。”〔1〕我们认为,法治精神是国家治理体系和治理能力的法律秩序化,是践行法治的行为精神,是“科学立法、严格执法、公正司法、全民守法”的社会秩序精神。法治精神作为人民主体地位的社会秩序精神,基础是以民为本和民本模式的民法精神。法治精神作为以民为本的社会秩序精神在根本上是个人权利保护与实现的私法精神,即市民社会的规范与秩序精神。〔2〕“法治在本质上是一种否定性价值。它仅被用来减少对自由和尊严的侵害。”〔3〕法治或者法治精神作为人的社会精神,以人为目的,根本在于维护和实现人的客观利益需求,使人的利益在社会规范与秩序条件下被整体上优化与最大化。法治和法治精神作为人的自然生态精神,是人的利益精神,其生态的规定性,就是人的利益需求及其实现的规定性。正是在法治或者法治精神的利益需求及其实现的规定性上,人类才能够发现和认识法治或者法治精神的普遍性和一般性即它的共性或者本质性。

(二)法治精神的本质

1.法治精神是社会行为与秩序精神

法治精神作为一种道德品质与规范意识,是个人的社会行为与秩序精神。法治精神的行为秩序,是科学立法、严格执法、公正司法、全民守法的整体行为与统一秩序。换言之,法治精神并不是单纯的意识形态,而是人们在具体的行为关系中表现出来的遵守和秉持一般社会规范与秩序条件的合序精神。它不是抽象的制度精神,而是主体的具体行为意识,是个人的行为与秩序的自主结合,是个人利益目的与公共秩序条件的协调统一。

本书项目组以“您认为法律的最根本作用是什么”为题进行的全国性调查

---

〔1〕 郝耀武、孙长春:《论现代法治精神》,载《行政与法》2009年第9期。

〔2〕 虽然法治精神是私法与公法统一的社会精神,但是法治精神在根本的价值取向上是私人或者个人的利益目的,也就是我国社会主义制度条件下的最广大人民群众的利益。因此,在法治精神条件下的私法与公法的统一,应当是公法向私法的统一,而不是私法向公法的统一,因为只有前者才是以民为本的统一。

〔3〕 [英]约瑟夫·拉兹:《法律的权威——法律与道德论文集》,朱峰译,法律出版社2005年版,第198页。

问卷结果显示,[1]有33%的受访人认为法律的根本作用是“规范行为”,在所有选项中占比最高,即人们对于行为应当接受法律的统一规范有比较一致的认识,这也是对人们公共秩序意识水平的一个反映。[2]

虽然法治精神离不开一定法律或者法律规范,是基于法律的规范形式存在的社会精神,具有规范的结构性与系统性,但是法治精神最终需要转化为主体的行为条件与秩序品质,才能够成为一种稳定而持续的社会生态构造。

法治精神的社会行为秩序,既有公法或者公权的行为秩序,也有私法或者私权的行为秩序。“法学家坚持法治、政治家讲求政治、企业家追求利益,他们既有相同的价值追求,也有不同的价值追求。”[3]法治精神是政治社会与市民社会行为秩序的均衡、协调与统一。法治精神不仅对政治社会提出条件,也对市民社会提出要求。政治社会的法治精神条件就是科学立法、严格执法和公正司法;市民社会的法治精神要求就是全民守法。政治社会的法治精神及其行为秩序,为一个国家和社会确立法治行为与秩序的基本价值取向,奠定法律的行为标准以及执法、司法的行为准则;市民社会的法治精神及其行为秩序,反映市民社会的规范意识与秩序品质,代表一个民族和社会的法律和法治文化的传统与传承,并以自主构序的行为能力与条件,决定市民社会的生态秩序构造。虽然政治社会的法治精神具有引领和引导的作用,但是市民社会的法治精神才是一个社会的基础的法治精神,它反映一个国家和社会的法治精神及其行为秩序的本体与本质,并最终对政治社会的法治精神的条件与发展具有规定意义。正如刑罚的作用一样,重罚或者酷刑并不能使犯罪减少,因为胆敢犯罪的人并不惧怕刑罚,所以刑罚产生作用的根本,不在于它的轻重而在于它是否能给人民带来敬畏之心,从而让人民自觉遵守社会秩序。孟德斯鸠说:“罗马人民秉性正直。正直具有

---

〔1〕 为全面了解和掌握我国社会主义法治和法治文化建设的生态现状,从而为本书研究提供实证的科学数据,并建立一个我国法治和法治文化问题研究的基础数据库资料,本书项目组于2015年7月份组织实施了深入社会和基层的调研工作。此次调研在甘肃、青海、贵州、云南、宁夏、内蒙古、浙江、江苏、天津、山东、河南、山西、四川等十三省市、自治区、直辖市以问卷和专访的形式进行。本次调研,根据项目研究的主题与目的,设计49个问卷选题,在获得的调查问卷中选定有效样本3033份作为数据统计根据。本书调研取得了有关我国法治和法治文化建设的生态现状的第一手数据资料,为本项目研究提供了一个相对可靠的数据分析基础。对此,本项目组声明,基于调研取得的问卷数据的有限性和局限性,所以本次调研的数据统计结果只具有相对的参考价值,并且因数据选择及其分析结论本身所具有的主观性而只能将这些分析和结论作为一个学术问题进行讨论和批判。

〔2〕 数据统计结果详见本书第五编(第二十一章)“从工具到目的的法治理念转型”部分。

〔3〕 孟德楷、高振强:《法治精神要论》,法律出版社2013年版,第97页。

巨大的力量，立法者只需向他们指出什么是善，他们就会齐心向善。法令对他们来说并非必需，只要向他们提出一些建议就足够了”，即“民若有德，刑罚可少。”〔1〕

2. 法治精神是人文主义的社会精神

法治精神作为人的社会规范与秩序精神，它以人为本，反映人的社会生态，体现人的社会地位，代表人的社会文化与文明。法治的主体与目的是人，法治以人的需求为根据和出发点，遂法治精神是一种人文主义的社会精神，即人文精神。人文精神在西方称之为“*humanism*”，通常译作人文主义、人本主义、人道主义，具有以人为本或者人民主体的一般价值含义。〔2〕“人文精神所包含的自由、平等、博爱、人权和民主精神，唤起了人民追求法治的拳拳之心，并淬炼为西方法治理论的应有之意。”〔3〕人文精神以人为本，关心人、尊重人，追求和实现人的目的，是法治精神产生的精神本体。〔4〕法治精神是一定的社会人文精神，是人文精神的法治要求和表现形式，与人文精神具有思想与价值的统一性，一个社会的人文精神是该社会的法治精神的存在条件与基础，并整体上反映和代表了该社会的法治精神的文化与文明属性。

法治精神的人文本质决定了它以人为目的，确立人的主体地位，维护人的利益，关心人的发展，需要人的行为实现。“人是法治的核心。在社会主义法治建设中，法律不仅保护人民的权利，而且人民在法治建设中起到主体作用。”〔5〕法治精神的核心就是保护人的权利，并以此为目的限制公权力的行使和作用。法

---

〔1〕［法］孟德斯鸠：《论法的精神》（上卷），许明龙译，商务印书馆2014年版，第102页。

〔2〕人文主义是“高度重视人和人的价值观的一种思想态度，通常认为这种思想态度是文艺复兴文化的主题”。［《不列颠百科全书》（第8卷），中国大百科全书出版社2007年版，第241页］人文主义是“欧洲文艺复兴时期的主要思潮，反对宗教教义和中古时期的经院哲学，提倡学术研究，主张思想自由和个性解放，肯定人是世界的中心，是资本主义萌芽时期的先进思想，但缺乏广泛的民主基础，有很大的局限性”。（《现代汉语词典》，商务印书馆2005年版，第1147～1148页）

〔3〕柯卫：《社会主义和谐社会与法治精神研究》，法律出版社2012年版，第109页。

〔4〕人的自然主体性并不等于人的社会人格性。不同的时代，“人”的范畴和定义是不同的，所以法治关心哪些人也是不同的。“近现代法律制度将所有的人纳入权利平等的视野当中，拓展了法治关心的范围。这时可以说所有的人都是法治所关心的对象。”法治应当为人的“真实性”负责，法治的关注点必须落在真实的人之上，而不是虚拟的人之上，只有这样才能够保证人不会变异。“人是所有法治行为的主体，而不是功利的对象，更不是管制的客体；只有在参与治理的互动当中，实现行为的规制——这应该成为法治的前提。”（刘丹等：《全面推进依法治国若干重大问题的思考》，中国友谊出版公司2014年版，第50～51页）

〔5〕刘丹等：《全面推进依法治国若干重大问题的思考》，中国友谊出版公司2014年版，第48页。

治精神的人文性决定了它必须以人为根据,反映人的利益条件,尊重人的普遍选择,不能脱离人的目的与需求。因此,要树立一个社会的法治精神,必须正确对待人和人性及其秩序品质,承认和发现人和人性的普遍性,在人和人性的客观规定性中认识法治精神的本体与本质,从而确立法治精神的合理内涵并构建一个社会的生态秩序。

法治的人文精神,主要是一种人格与人格自由的精神。首先必须承认人为人,确立相互关系的人格尊重秩序。人类文明的成长与进步,就是人格秩序的成长与进步。现代社会文明的一个根本标志,就是以平等与自由为核心的人格秩序的建立,并构成了现代法治和法治精神的根本。如果一个社会不承认人为人,或者不能平等地承认人或者人格,那么这个社会就不可能是一个文明的社会,也就不可能是法治的人文精神社会。[1] 在我国,法治精神的人文表现,就是以人民为中心,坚持人民主体地位,一切为了人民利益,实现人民美好生活愿望。因此,十九大报告要求"保护人民人身权、财产权、人格权",这充分体现了以人民为中心的社会主义法治精神的人文理念。

(三)法治精神与相关范畴

在法学体系中,有诸多与法治精神相关的范畴,如法的精神、法律精神、法制精神、法律信仰等等,这些范畴都在一定或者不同程度上揭示了法治这一社会现象的内在精神本质。

1. 法治精神与法的精神

如何理解法的精神关键在于如何理解法。在法学上,法等于广义的法律,法的精神也就是一般意义的法律精神。"从广义上讲,法包括团体中所有的规矩。狭义上的法,即仅仅指国家的法。"[2]事实上,广义的"法"是一个超越各种形式规范的范畴,而在法学之外具有哲学和社会学上的更为广泛的内涵。孟德斯鸠认为:"从最广泛的意义上来说,法是源于事物本性的必然关系。就此而言,一切存在物都各有其法。"[3]这个最广泛意义的法,当然并不仅指国家法的范畴而

〔1〕 "法律是人的社会表象,法律问题根本是人的问题。"(王利民:《人的私法地位》,法律出版社2013年版,第4页)

〔2〕 赵震江、付子堂:《现代法理学》,北京大学出版社1999年版,第21页。

〔3〕 [法]孟德斯鸠:《论法的精神》(上卷),许明龙译,商务印书馆2014年版,第9页。

是包括了一切事物与社会的规范秩序。[1] 国家法的规范与秩序来源并决定于人类社会本体的规范与秩序条件,即“人法”或者人的本体法,在这个意义上,国家的法对于人类社会而言,既不是初始的条件,也不是终极的条件,而仅仅是人类本体规范与秩序的一种表现形式,即在国家条件下的实在法形式,是一个发展的社会现象。在这个意义上,法的精神的本质与内涵,不仅超越法律精神,而且超越法治的精神,是一个包括法学、哲学和伦理学等在内的人文社会科学共同研究的一般对象。

狭义上,法的精神即法律的精神,即国家法的精神。有学者认为,法的精神是法律应当正确处理以下5种关系的精神:(1)法律与人类的关系;(2)个人与社会的关系;(3)利益与正义的关系;(4)效率与公平的关系;(5)权利与义务的关系。“所谓法的精神,就是法律应当和是否在处理上述5个基本关系上,做出既符合事物的本性和规律,又体现人类一定历史发展阶段的时代精神的正确选择。”[2]这主要还是从法律规范学上去理解的一种法的精神。法的精神,就是一种法的或者法治的理念。[3] 这种法的精神,就不仅是一种法律的精神,而且是一种社会人文精神,即法治的社会生态精神。因此,法的精神与法治精神的本质具有契合性。

一般来说,法治精神和法的精神一脉相承,是法的精神发展到一定社会阶段的产物,是法的精神与现代社会文明的结合。“法的精神存在于法与各种事物可能发生的关系之中。”[4]法治精神源于法的精神,并以一定的民主政治制度为根据。在中国,它存在于中国特色社会主义法律体系与社会治理体系之中,是符合中国国情与历史传统的一种社会构造模式。

法的精神是法治精神的前提,法治精神是一定的法的精神发展的结果。有

---

〔1〕 “在西文中,除英语中 law 同汉语中的‘法律’对应外,欧洲大陆的各民族语言中都用两个词把‘法’和‘法律’分别加以表达……西文中的 Jus, droit, recht 等词既表示‘法’,又兼有‘权利’,‘公平’、‘正义’等富有道德意味的抽象含义……可以认为,法指永恒的、普遍有效的正义原则和道德公理,而法律则指由国家机关制定和颁布的具体的法律规则,法律是法的真实或虚假的表现形式。”(张文显主编:《法理学》,高等教育出版社、北京大学出版社 1999 年版,第 43 页)

〔2〕 李步云:《现代法的精神论纲》,载《法学》1997 年第 6 期。

〔3〕 理念与观念一词有某些相同的内在含义。观念“在客观唯心主义哲学中,常译作‘理念’,‘相’或‘客观理念’,亦有译为‘理式’的。柏拉图用以指永恒不变而为现实世界之根源的独立存在的、非物质的实体。在康德、黑格尔等人的哲学中,指理性领域内的概念。康德称观念为‘纯粹理性的概念’,指从知性产生而超越经验可能性的概念,如‘上帝’‘自由’‘灵魂不朽’等。黑格尔认为观念是‘自在而自为的真理——概念和客观性的绝对统一’”。[《辞海》(上),上海辞书出版社 2010 年版,第 1318 ~1319 页]

〔4〕 [法]孟德斯鸠:《论法的精神》(上卷),许明龙译,商务印书馆 2014 年版,第 15 页。

法治精神一定有法的精神，而有法的精神，则不一定有法治精神。可以说，只要有法的地方就有法的精神，专制国家也有法的精神，只是这种法的精神是一种强权、独裁、暴力的精神。[1] 法治精神是国家治理体系和治理能力的法律秩序化，是践行法治的行为精神，是法的精神的一种社会治理与行为方式选择，具有特定的社会条件与内涵，它不能在简单的法律或者法的精神条件下产生，而只能在人本主义的法律或者法的精神的实践中才能够形成。因此，法治精神的内涵丰富并超越于法的精神，是法的精神在现代社会条件下的生态性发展。

2. 法治精神与法律精神

正如法的含义一样，法律的含义也有广义和狭义之分。“广义的法律即狭义的法”，[2]也就是国家的法，而狭义的法律，在我国是指全国人民代表大会及其常务委员会即国家立法机关制定的规范性文件。通常所谓的法律精神，就是以国家法律形式表现的社会精神。这种精神，是一种存在于法律上的制度或者规范的精神，是经由人们的认知而上升为静态法律形式的精神条件。

法律精神作为法律上的规范与秩序精神，既是法治精神的表现形式，也是法治精神的存在基础。一个社会的法律或者法律精神不仅表达该社会的法治精神的规范条件与秩序诉求，而且一定社会的法治精神也必然以法律或者法律精神的形式表现出来并凝聚为社会共识，从而为该社会的法治或者法治精神实践提供一定的制度性前提。然而，“法学界、经济学界及其他社会科学界过去二十多年的研究表明，法律的作用被人们大大高估了”，[3]因为法律仅仅是一种规范形式而不是必然的法治秩序。法律作为国家制定的规范人们行为的制度文件，只有转化人们的现实行为秩序，才具有法治和法治精神的价值，而这一转化取决于两个方面：一方面取决于存在的法律或者法律精神是一种什么样的法律或者法律精神，即它是不是以人为目的的人本主义的“法治”之法和法的精神；另一方面取决于这种法律或者法律精神是否能够转化为现实的社会生态秩序，即一个

[1] 《史记·秦始皇本纪》：“臣请史官非秦记皆烧之。非博士官所职，天下敢有藏诗、书、百家语者，悉诣守、尉杂烧之。有敢偶语诗书者弃市。以古非今者族。吏见知不举者与同罪。令下三十日不烧，黥为城旦。所不去者，医药卜筮种树之书。若欲有学法令，以吏为师。”这就是中国古代史上著名的“焚书坑儒”。公元前 213 年，秦始皇为了统一思想，采纳李斯的建议，下令焚烧《秦记》以外的列国史记。秦始皇的这种做法就是把自己视为法的化身，皇帝的权力高于一切，这种权力是无限的，也代表着至高无上的法律，其意志一旦颁布就必须被无条件地执行，这时候的法就是皇帝一人的法，是专制的法。

[2] 赵震江、付子堂：《现代法理学》，北京大学出版社 1999 年版，第 21 页。

[3] 张维迎：《博弈与社会》，北京大学出版社 2013 年版，第 329 页。

社会是否具有接受和容纳这一法律或者法律精神的条件和土壤并使之生态秩序化。如果一个社会的法律或者法律精神并不是人本主义的善法或者法的精神，或者这种法律和法律精神基于现实的社会条件和土壤不可能转化或者不能全面转化为现实的社会生态秩序从而构成一个社会的文化与文明形态，则这个社会仍然不是法治社会，亦不具有法治精神。因此，可以说法治精神与法律精神之间有较大的区别，法律精神只有转化为法治精神才构成现实的社会秩序精神，而这种转化并不是直接、简单和容易的过程，必然存在从制度形式到现实条件的落差。

3. 法治精神与法制精神

法制精神源于“法制”的概念。法制一词自古有之，《礼记·月令》：“命有司，修法制，缮囹圄。”《管子·法禁》：“法制不议，则民不相私。”清末太平天国洪仁玕颁布的《立法制喧谕》说：“国家以法制为先，法制以遵行为要，能遵行而后有法制，有法制而后有国家。”〔1〕有学者认为，法制是“法律和制度的简称”。〔2〕也有学者认为，“所谓法制，简言之，就是指依法而断，即处理国家大事或民间主要之争都要决断于法。”〔3〕正如前述，我国改革开放之初，使用“法制”的概念，〔4〕法制包括立法、执法、守法三个环节，即所谓有法可依，有法必依，执法必严，违法必究。狭义上的法制即法律制度，法制精神也就是法律制度精神，其一般含义等同于法律精神。但是广义上法制是一个不同于法律的概念，现代法制除了强调法律的制定与制度基础外，也要求法律存在的社会民主性和法律作为工具的强制作用。〔5〕在这个意义上，法制应当是介于法律与法治之间的一个概念。1997 年十五大以后开始使用“法治”一词概括法律与国家治理之间的关系，

---

〔1〕 于浩成：《论法制与法治概念的异同兼及以法治国的提法》，载《政法论坛》1981 年第 1 期。

〔2〕 于浩成：《论法制与法治概念的异同兼及以法治国的提法》，载《政法论坛》1981 年第 1 期。

〔3〕 王启富：《对“法制与法治”之我见》，载《政法论坛》1993 年第 5 期。

〔4〕 十一届三中全会公报指出：“为了保障人民民主，必须加强社会主义法制，使民主制度化、法律化，使这种制度和法律具有稳定性、连续性和极大的权威，做到有法可依，有法必依，执法必严，违法必究。从现在起，应当把立法工作摆到全国人民代表大会及其常务委员会的重要议程上来。检察机关和司法机关要保持应有的独立性；要忠实于法律和制度，忠实于人民利益，忠实于事实真相；要保证人民在自己的法律面前人人平等，不允许任何人有超于法律之上的特权。”

〔5〕 1980 年出版的《法学词典》对“法制”的释义是：“统治阶级把国家事务制度化、法律化，并严格依法办事的一种制度。由立法机关制定较完备的法律，做到有法可依，是法制的首要任务；严格遵守和执行法律，做到执法必严，违法必究，是法制的基本含义。法制与民主是紧密联系的。任何国家都有法，但不一定有法制。只有采取民主制度的国家才可能有法制，故民主是法制的前提和基础；也只有实行法制才能有效地维护统治阶级的民主制度，故法制又是民主的保障。”（《法学词典》编辑委员会编：《法学词典》，上海辞书出版社 1980 年版，第 455 页）这是我国改革开放初期关于“法制”概念的一个代表性释义。

这一理念的提升，进一步反映了全党和全国人民对法律在社会构造中的地位与作用的规律性与本质性认识。

与法制和法治概念的联系和区别相一致，一方面，法治精神包含了法制精神的合理内涵，如国家一切社会经济及各项事务在法制的轨道上运行，做到法律面前人人平等，有法可依、有法必依、执法必严、违法必究，让法制的理念深入人心，遵从法制的思维，公权力的行使者严格按照法律规定办事等等，这些都是法制精神的本质要求，法制精神构成了法治精神的基础社会精神，法治精神是在一定法制精神基础上的升华与发展，法治精神是法制现代化的目标；另一方面，法治精神又不同于法制精神，它包含比法制精神更丰富的社会内涵，是法制精神在人本主义条件下的社会秩序化与生态化，体现了法或者法律的价值性与目的性。

4. 法治精神与法律信仰

法律信仰或称法治信仰，就是相信法律的正义性与普遍性，是对法律的自觉尊重与遵从，是把法律内化于心外化于行的社会生态系统，是法律条件与要求的自律化和道德化。简言之，法律信仰就是人们内心相信与自觉遵守法律的一种普遍的社会秩序形态。抛开法律不谈，信仰是人们普遍认可的东西，是人们内心遵循的东西，信仰引导社会行为，信仰不需要被强制，信仰是自然形成的，是一种价值追求。法律信仰是法治和法治精神的一般思想条件。人们只有信仰法律，才能够以法律为根据，具有法治精神和践行法治，追求法治的社会理想与目标。同时，人们一旦形成法治精神，则必然增强人们的法律信仰，提升人们的法律意识，规范人们的法律行为，实现人自身行为的适序性与合序性，而这也是法治的根本条件与要求。所以，法律信仰与法治精神具有高度的统一性。一个社会，如果人们没有法律信仰，也就不可能有法治精神，更不会有法治。因此，法律信仰对于法治和法治精神的形成具有至关重要的作用。培养法治精神，建设社会主义法治，必须首先从法律信仰开始。“法律必须被信仰，否则它将形同虚设。”[1]十八届四中全会《决定》指出：“法律的权威源自人民的内心拥护和真诚信仰。”法律的价值和作用最终决定于人的信仰，只有信仰法律才能够把法律转化为人们的行为并作为行为根据。“法的精神，作为一种实践的法治理念，一方面必须养成这一理念，另一方面这一理念必须内化为人们的一种信仰。”[2]法律信仰不

〔1〕［美］哈罗德·J. 伯尔曼：《法律与宗教》，梁治平译，中国政法大学出版社 2003 年版，第 3 页。
〔2〕王利民：《论人的私法地位——从一个制度的分析》，法律出版社 2007 年版，代序第 9 页。

是宗教信仰,但是它应当像宗教信仰一样深入人心,成为一种牢固稳定的行为意识,并转化为自觉与普遍的社会行为秩序。

本书项目组以"您认为法律在现实社会生活中的作用是什么"为题进行的全国性调查问卷的数据统计结果表明,受访者中有77%的人认为法律在现实社会生活中的作用"很大"。[1] 而在以"您遵守法律的原因是什么"为题进行的调查问卷中,有35%的受访者的回答是因为"道德自律",[2]两项均为最高占比。这在一般意义上说明,我国普通民众对于法律的作用还是具有比较直觉的了解,对遵守法律的内在自觉条件即道德自律也具有较高的社会共识。虽然这一认识水平还远远不能满足以民法精神为基础的建设社会主义法治文化的民本模式的要求,但是这已足以反映人们对于此类问题认识水平的提高及其对于形成法治精神与法治信仰的重要性。

法治精神和法律信仰的关系在建设社会主义法治文化中具有统一和共同的作用。社会公众对法律的信仰,是形成法治精神的思想基础;法治精神作为人们以法律为根据的一种社会精神,则是人们对法律信仰的一种表达,构成了人们法律信仰的核心思想。法律信仰的发展与行为实践,就是法治信仰,法治信仰是法治精神的最高境界,法律信仰只有转化为法治信仰才能够实现这一信仰的社会普遍性,并使法律信仰从思想条件转化为一定的生态秩序。

5. 法治精神与法治思想

法治思想,或者称为法治观念,是一定的法治现象反映在人的意识中而经过法治思维所产生的法治观念和认识。一般来说,法治思想作为人们关于法治的意识形态,是一种静态的法治观念。虽然每个人都可能有自己的法治思想,但是法治思想通常是指一种专业的学术思想与系统的理论体系。法治思想是法治精神的理论总结与抽象概括,代表了法治精神认知的成果与成就;法治精神是基于一定的法治思想而表现出来的人们践行法治的行为活力与能力。因此,它是普遍的社会行为主体以行为自主与自律的行为秩序存在的法治思想。

法治精神对于法治思想的形成具有重要作用。法治思想是法学家、思想家在对人类历史以来的社会法治现象进行深刻总结、反思及解析中形成的一套科学的、系统的、完整的法律或者法治学说,而在这种学说中,人们关于法治的观点

---

〔1〕 本题数据统计结果详见本书第六编(第三十一章)"行政行为的民法精神实践"部分。
〔2〕 本题数据统计结果详见本书第三编(第十一章)"规范和谐的理性诉求"部分。

是作为一种法律或者法学观点存在的。[1] 这种法治思想不仅能够达成一定的学术共识，而且也能够被社会成员所接受并转化为法治精神，从而进一步作用于人们的社会生活，促进社会秩序稳定。

总之，一方面，在通常的意义上，法治精神是生态与动态的，它的内涵会随着社会的变化而不断调整；法治思想是对法治精神的概括和总结，是静态的，是已经成形的东西；另一方面，法治思想要在法治精神的基础上产生，当法治精神发展到一定的程度，才可能被总结和上升为一定的法治或者法治思想，并进一步转化法治精神并影响法治思想的发展。因此，可以说，法治思想是法治精神发展的高级阶段，是关于法治精神的一种学术与体系形式。

6. 法治精神与法治思维

法治精神是法治思维的结果。党的十八大报告指出，“提高领导干部运用法治思维和法治方式深化改革、推动发展、化解矛盾、维护稳定能力”。这是党的重要文件第一次提出“法治思维”的概念。十八届四中全会《决定》再次提出“提高党员干部法治思维和依法办事能力”的问题，认为“党员干部是全面推进依法治国的重要组织者、推动者、实践者，要自觉提高运用法治思维和法治方式深化改革、推动发展、化解矛盾、维护稳定能力”。法治思维作为一种建设社会主义法治文化的条件和要求，不仅应当是对党员干部的要求，而且应当是对全民的普遍要求，是每一个参与法治进程的法治行为主体的基础素养。

思维是人类在表象、概念的基础上进行分析、综合、判断、推理等认识活动的过程。思维是人类特有的一种精神活动，它产生于社会实践并作用于社会实践。法治精神是通过人们的法治思维而形成的，没有法治思维既不能产生法治精神，也不能形成法治思想。有观点认为：“所谓法治思维，是指按照法治的理念、精神、原则思考、分析和处理各种实际问题的思维方式。法治思维是以合法性为起点，以公平正义为中心的一个逻辑推理过程。”[2] 也有观点指出：“所谓法治思维，是指人们在法治理念、法治精神的基础上，以合法性为起点，以权利义务对等

---

〔1〕 不同的民族和社会，以及不同的社会发展条件和政权形式，必然产生和存在一定的法治思想的差别，并形成不同的法治或者法律思想流派。如在西方，不仅有所谓古典和近代各种法律或者法治精神，而且在20世纪以来的现代西方法律和法治思想中，形成有社会学法学派、分析实证主义法学、自然法学和新康德主义法学、新黑格尔主义法学等众多流派。

〔2〕 汪习根、汪火良、武小川：《法治中国民主法治精神举要》，中国人民大学出版社2014年版，第86页。

和公平正义为目标，运用法律精神、法律原则、法律规范和法律逻辑对所遇到或要处理的问题进行分析、综合、判断、推理的思想认识活动与过程。简言之，法治思维就是以法治作为思考问题、判断是非和处理事务标准的思维。”[1]可见，法治思维不仅具有法治精神的本质，而且具有直接的法治精神属性。有学者概括法治思维的基本特点是：“第一，法治思维是一种思维方式，是主体对客观法律现象的主观意识活动；第二，法治思维是一种以法治理念、法治精神为导向，运用法律原则、法律规范和法律逻辑思考、判断和处理问题的能力；第三，法治思维具有很强的实践性，建立在全社会对于法治本质及其运行规律的理性认识之上，来源于法治实践，同时又反作用于法治实践。”[2]可以说，法治思维就是一种法治精神思维，是以一定的法治精神为根据并把法治精神进一步转化为人们主观能动的法治行为实践的一种逻辑思考与判断过程。一方面法治精神推动法治思维，另一方面法治思维引导法治精神及其实践过程，法治思维是法治精神与法治实践形成的逻辑基础。如果没有法治思维的合理性与正当性，也就不可能有人们的法治精神及其实践的合法性与正义性。因此，对于法治精神的存在与条件而言，法治思维的有无及其能力与水平是一个至关重要的前提，特别是作为普遍条件的社会主体的法治思维则更直接决定了一个国家和社会的法治精神及其法治生态秩序的一般存在。

法治思维以法治精神为根据，遵循法治精神，法治精神提供法治思维以精神动力和智力支持。没有法治精神的社会不可能产生法治思维，法治思维的养成不能一蹴而就，这也是法治精神对法治思维的重要性。有什么样的法治精神就会产生什么样的法治思维。同时，法治思维一旦形成，也就必然以自己的独立过程与形式而反作用于法治精神的形成和发展。

三、社会主义法治精神

我国是社会主义国家，建设社会主义法治文化，需要具有中国特色社会主义法治精神。社会主义法治精神不仅是社会主义法治文化的条件和要求，而且具有社会主义法治文化的本质。

---

〔1〕 刘丹等：《全面推进依法治国若干重大问题的思考》，中国友谊出版公司 2014 年版，第 220 页。

〔2〕 刘丹等：《全面推进依法治国若干重大问题的思考》，中国友谊出版公司 2014 年版，第 220 页。

（一）社会主义法治精神的含义

社会主义法治精神是以社会主义法律制度为价值与行为根据的法治精神。社会主义法治精神，蕴含了社会主义法治的内在本质，体现了社会主义法治的基本价值，反映了社会主义法治的核心内涵。它既具有人类法治精神的一般文明性，又具有中国社会法治精神的特定民族性。有学者分析社会主义法治精神的特色，认为“社会主义法治精神注意统筹兼顾，实行科学、民主、法治的有机统一”。[1] 有观点指出：“社会主义法治精神是法治精神与建设社会主义法治国家具体实践相结合的产物，是人们对社会主义法治的真诚信仰和对社会主义法治理念的高度认同。社会主义法治精神蕴含着许多先进的价值理念。其中，依法治国是社会主义法治的核心内容。”[2] 有学者认为：“社会主义法治精神即社会主义法治的精神层面，是人们对社会主义法治理想及其价值目标的主观把握以及对社会主义法治的认识、情感和意志等各种心理要素的有机综合。”[3] 还有观点认为：“社会主义法治精神是准确体现党的领导、人民当家作主、依法治国有机统一的精神，是全面反映依法治国、执法为民、公平正义、服务大局、党的领导的社会主义法治理念的精神，是集中代表党的事业至上、人民利益至上、宪法法律至上的精神。社会主义法治精神的提出，是对我国社会主义法治认识不断深化的重要成果，是对中国特色社会主义法治理论的重大发展。”[4]

我国社会主义法治精神与人类一般法治精神的联系和区别在于它虽然以人类一般法治精神为渊源和基础，这一渊源和基础包括作为人类一般文化的西方国家法治精神和马克思主义经典作家的法治精神，但是它在根本上是具有中国特色的法治精神，是中国社会和中华民族的法治精神。社会主义法治精神概念的核心在于法治精神的社会主义本质，并且是中国特色社会主义，这种社会主义是把马克思主义的普遍真理同中国的具体实践相结合，走适合中国发展需要和具有中国特点的发展道路的结果。这种法治精神从中国社会的实际出发，不照抄、照搬别国经验、模式，具有鲜明的时代特征和中国特色。这一精神的最新发展，就是习近平新时代中国特色社会主义思想的法治思想。社会主义法治精神

---

[1] 孟德楷、高振强：《法治精神要论》，法律出版社 2013 年版，第 109 页

[2] 《大力弘扬社会主义法治精神加快建设社会主义法治国家》，载《求是》2015 年第 7 期。

[3] 陶爱萍：《略论社会主义法治精神》，载《社会科学论坛（学术研究卷）》2006 年第 10 期。

[4] 中央党校中国特色社会主义理论体系研究中心：《大力弘扬社会主义法治精神》，载《经济日报》2014 年 10 月 7 日，第 7 版。

构成社会主义法治思想与法治文化的基石,对于发展社会主义市场经济,满足人民群众日益增长的美好生活需要,把我国建设成富强民主文明和谐美丽的社会主义现代化国家具有重要的现实意义。

十八大报告做出的“全面推进依法治国”的重大决策和战略部署,提出“弘扬社会主义法治精神”,这是对建设社会主义法治文化的民本模式与现实条件的正确认识。法治精神作为人的自然生态精神,是人的利益需求及其实现的规定性,人们认识和发现法治精神是一种对法治及其社会秩序的认同。社会主义法治精神外化于人们的行为秩序以及立法、执法和司法的过程,构成了社会主义法治和法治文化的生态秩序。弘扬社会主义法治精神能够使人们自律守法与自主构序,从而达成“调整理性人的行为并为社会合作提供某种框架”〔1〕的理想社会秩序状态。

(二)社会主义法治精神的本质

社会主义法治精神的本质,就是社会主义法治精神的内在条件和属性。建设社会主义法治文化,离不开社会主义法治精神的本质,它构成了社会主义法治文化的思想灵魂。

1. 社会主义法治精神的文明性

社会主义法治精神是一种社会文明精神,代表了社会主义法治文明的发展。十八大报告指出:“弘扬社会主义法治精神,树立社会主义法治理念,增强全社会学法尊法守法用法意识。”有观点认为:“社会主义法治精神是准确体现党的领导、人民当家作主、依法治国有机统一的精神,是全面反映依法治国、执法为民、公平正义、服务大局、党的领导的社会主义法治理念的精神,是集中代表党的事业至上、人民利益至上、宪法法律至上的精神。”〔2〕也有学者认为:“社会主义法治精神是对社会主义法治认识不断深化的重要成果,是法治的内在属性与外在适应性统一于中国特色社会主义法治建设实践中所形成并体现出来的法治文明成果,是中国特色社会主义法治文化的重要组成部分。”〔3〕社会主义法治精神一方面继承和吸收人类法治文明的优秀成果与普遍条件,具有法治精神的一般

〔1〕[美]约翰·罗尔斯:《正义论》,何怀宏等译,中国社会科学出版社 1988 年版,第 233 页。

〔2〕中央党校中国特色社会主义理论体系研究中心:《大力弘扬社会主义法治精神》,载《经济日报》2014 年 10 月 7 日,第 7 版。

〔3〕李林:《社会主义法治文化建设的几个问题》,载李林、冯军主编:《依法治国与法治文化建设》,社会科学文献出版社 2013 年版,第 167 页。

性，另一方面在吸收、借鉴与扬弃的过程中，又体现自身的文化传统与特色，具有法治精神的民族性与文明性。

(1)社会主义法治精神与人类法治文明

文明是“是社会发展到较高阶段和具有较高文化的”状态，[1]即“社会进步，有文化的状态”。[2] “文明”(civilization)一词源于拉丁文“civis”，[3]意思是开化、教化的生活方式。无论是东方和西方，文明的含义基本上可以等同于文化，如精神文明其实也就是精神文化。“文明和文化都是一种历史现象，是人类社会历史实践过程中所创造的物质财富和精神财富的总和。每一个社会都有与其相适应的文明和文化，并随着社会物质生产的发展而变化。”[4]社会主义法治精神是对人类法治文明的继承，代表了人类法治文明的一般发展。我国改革开放之所以能够取得成功，一个根本经验，就在于认知了人类社会与文明发展的一条基本规律，即作为人类社会一般发展条件的市场经济，正是由于实行社会主义市场经济体制，才决定了建设社会主义法治文化的民本条件和要求。

虽然不同的国家和社会有不同的民族与文化传统并实行不同的社会制度，但是市场经济则是人类共同的社会发展条件，而市场经济条件下的国家与社会的基本治理方式就是法治。“市场经济离不开法治，不光法学家有这个观点，经济学家也有这个观点。”[5]法治是市场经济条件下人类共同的社会规范与秩序形态。因此，我国选择了社会主义市场经济，也就选择了社会主义法治与法治精神的一般文明发展，而这一发展又必然吸收和借鉴人类法治文明与文化的一般发展成果，从而以自身的民族文化传统融入人类法治文化与文明的一般发展之中。社会主义法治精神既是人类法治文化与文明的一部分，也代表了人类法治文化与文明在社会主义制度条件下的最高发展。

(2)社会主义法治精神与西方法治文明

我国社会主义法治精神，是中国社会的传统与文化的结晶，是中华民族的历史传承与血脉。但是，我们也应当客观与理性地承认，现代法治和法治精神作为

---

[1] 《现代汉语词典》，商务印书馆2005年版，第1427页。

[2] 《辞海》(下)，上海辞书出版社2010年版，第4121页。

[3] “Civis”一词意为城市居民，其本质是指人民生活于城市和社会集团中的能力，引申含义为一种先进的社会和文化发展状态以及到达这一状态的过程。

[4] 《辞海》(下)，上海辞书出版社2010年版，第4117页。

[5] 江平、季卫东：《对谈：现代法治的精神》，载《交大法学》(第1卷)，2010第1期。

一种文化与文明的社会体系并非根源于中国传统社会，而是主要产生于西方社会并具有西方文化传统的一种社会精神。

不论我们如何评价西方的法治文化与文明，我们都应当承认西方的法治传统与法治精神的源远流长，法治与法治精神构成了西方文化与文明的特质。西方法治文明发端于古希腊，[1]发展于古罗马。亚里士多德的法治理论提出的法治核心含义包括"良法之治"和"普遍遵守"两大方面，论证了"法治优于一人之治"的法治理念。"西方主流法治精神是在继承古代自然法思想和基督教神学的基础上出现和发展的。"[2]在西方的法治传统中，"自然法观念是西方法治精神的最深厚的土壤"。[3] 自然法思想起源于斯多葛学派（the Stoics），他们认为宇宙是一个统一的整体，存在着一种支配万物的普遍法则，即"自然法"或者"世界理性"。学派创始人芝诺（Zeno）指出："自然法是神圣的，拥有命令人正确行动和禁止人错误行动的力量。"[4]斯多葛学派第一次论证了平等观，即不论人的身份地位存在何种差异，但都具有自然理性，都是平等的个人，而平等则构成了人类法律与法治文化发展的根本制度原则。

罗马法是古代西方法治与法治文明的最高发展。它确立了简单商品经济条件下的各种法律关系，为现代商品经济条件下的民法确立了基本概念、基本原则、基本制度和基本理论，所以罗马法作为巩固和发展商品经济的法律模式，具有较为普遍的适用性，为后世商品经济条件下的社会关系的法律调整所继承和发展，成为现代民法和法治文明的起源。中世纪后期发生宗教改革、文艺复兴和罗马法复兴运动，诞生了古典自然法思想，代表人物有荷兰的格劳秀斯和斯宾诺莎、英国的霍布斯和洛克、德国的普芬多夫和沃尔夫、意大利的贝卡利亚、法国的孟德斯鸠和卢梭等人。他们在继承和发展古希腊和古罗马自然法思想的基础上，独立于神学和教会，进一步发展了自然法理论，形成了西方法治精神中的自由、平等、天赋人权、社会契约、法律至上、主权在民、民主法治、私有财产不可侵犯、法无明文不为罪、人身自由不可侵犯等精髓性的内容与原则，确立了西方法治文化与文明的一般思想体系。

---

〔1〕 柏拉图在《法律篇》中强调法律的作用，认为人类必须有法律并且遵守法律，否则人类的生活将如同最野蛮的兽类。

〔2〕 孟德楷、高振强：《法治精神要论》，法律出版社 2013 年版，第 87 页。

〔3〕 孟德楷、高振强：《法治精神要论》，法律出版社 2013 年版，第 43 页。

〔4〕 [苏]涅尔谢相茨：《古希腊政治学说》，蔡拓译，商务印书馆 1991 年版，第 215 页。

中国古代没有法治的传统,法治和法治精神是近代变法接受西方法律体系及其法治文化的舶来品。新中国成立后,在社会主义法治和法治精神的形成过程中,西方法治文化与文明为我们提供了丰富的思想资源。西方资本主义在数百年的历史发展中最早形成了完整的现代法律体系、积累了丰富的法治实践经验、凝聚了深厚的法治精神与法治思想。如西方法治精神中的"法律至上""私有财产不可侵犯""人身自由不可侵犯""法无明文不为罪"等等,这些原则的合理内容都构成了人类法治文化与文明的一般发展,因此也被我国社会主义法治精神所合理吸收与借鉴。"社会主义法治精神是法治精神与建设社会主义法治国家具体实践相结合的产物,是人们对社会主义法治的真诚信仰和对社会主义法治理念的高度认同。社会主义法治精神蕴含着许多先进的价值理念。"[1]这样的法治精神及其价值理念,不可能是中国社会的独家创造,而需要在兼容并蓄的基础上包容西方先进的法治文明的合理内涵,并且只有这样的法治精神才能够走向世界而成为人类法治文明的一般发展成果。如我国社会主义法治精神中的"以人民为中心""坚持人民主体地位""法律面前人人平等""维护社会公平正义"等,这些具有中国特色的法治精神,都是人类一般法治文明的中国化,其中有我们从西方法治文明中学习和借鉴的先进文化要素,这些都是构成我国社会主义法治精神的重要思想来源和不可缺少的条件,并为我国社会主义法治精神进一步融入和走向世界奠定了坚实的文化基础。

2. 社会主义法治精神的民族性

十六大报告强调:"坚持弘扬和培育民族精神。"指出:"民族精神是一个民族赖以生存和发展的精神支撑。一个民族,没有振奋的精神和高尚的品格,不可能自立于世界民族之林。"社会主义法治精神是中国特色的法治精神,是中国社会的民族精神,是人类一般法治精神在中国社会的民族化,具有民族性的本质。"社会主义法治精神的提出,是对我国社会主义法治认识不断深化的重要成果,是对中国特色社会主义法治理论的重大发展。"[2]社会主义法治精神在吸收和借鉴人类法治文明的基础上,又在民族化的发展道路上形成了自身的本质与特色并不断发扬光大和走向世界。

---

〔1〕《大力弘扬社会主义法治精神　加快建设社会主义法治国家》,载《求是》2015 年第 7 期。

〔2〕中央党校中国特色社会主义理论体系研究中心:《大力弘扬社会主义法治精神》,载《经济日报》2014 年 1 月 7 日,第 7 版。

(1)社会主义法治精神的民族传统

每个民族的文化、品质和性格都有自身的特点,这一特点是民族基因的传承,不可能在全球化的条件下消失。中国的民族精神深深植根于数千年的历史长河与血脉之中,形成了今天中国人的品性、传统与习俗。“就在儒家领导之下,二千多年间,中国人养成一种社会风尚,或民族精神,除最近数十年浸澌灭,今已不易得外见,过去中国人的生存,及其民族生命之开拓,胥赖于此。这种精神,分析言之,约有两点:一为向上之心强,一为相与之情厚。”[1]这就是中国人的民族精神,是一种能够发现自我、实现本真、和谐、重情重义的精神,并以此作为伦理基础构成了中国特色的法治精神。

法治精神作为一种具有民族传统的社会精神,源自民族的自身发展及其民族性的本质。我国社会主义法治精神作为中国社会的法治精神,必然是具有民族传统的法治精神,虽然它融汇中西法律文化并吸收了外国法律文化的先进成果,但是它在本质上是民族的精神与文化,不论它如何吸纳其他民族的法律文化与法治精神也都不过是如何实现自身法律文化与法治精神发展的要求与过程。社会主义法治精神的民族传统性必然要求它具有符合自身民族条件与需要的特点与内容本质。因此,社会主义法治精神的形成和发展,必须从中国国情与实际出发,既体现当代中国社会的时代精神,又继承中国传统法律文化的优秀品质和中华法系所具有的民族精神的生命力与再生力,从而根植于民族的法治土壤并实现自身的永续传承与精神弘扬。

虽然中国社会没有法治的传统,亦没有传统的法治精神,但是在现代法治精神的基础上形成的社会主义法治精神则在与民族传统相结合的基础上形成和具有了当代中国社会的民族传统性,是中华民族传统的文化转型与生态发展。中国古代以儒家思想占统治地位的国家治理与思想体系,在自然经济、封建伦理与专制统治的基础上所体现的本质是人治而不是法治。[2] 儒家创始人孔子的思

〔1〕 梁漱溟:《中国文化要义》,上海人民出版社 2011 年版,第 127 页。

〔2〕 学界普遍认为,传统中国法并不存在法治思想或者法治精神。(参见柯卫:《社会主义和谐社会与法治精神研究》,法律出版社 2012 年版,第 133 页;夏锦文:《中国法律文化的传统及其转型》,载《南京社会科学》1997 年第 9 期)

想以“仁”和“礼”为核心,并发展成以“为国以礼”[1]“为政以德”[2]“为政在人”[3]等为核心内容的人治思想,并对中国古代政治、法律思想产生了深远的历史影响。中国古代的法律是一个以刑为主的身份等级的法律体系,没有人格和人格平等的私法理念,也没有以人为目的和以人格为条件的人本主义的法治精神。不过,中国传统的法律思想中仍然包含用法律手段治国理政的思想,并构成了中华法系的优秀民族法律文化遗产。特别是春秋战国时期的法家思想,更与现代法治观念具有一定契合性。“中国法家的‘法治观’在一定程度上与这种普世主义的路径是相融通的。”[4]当然,中国古代的“法治”思想,由于没有人格概念和人格平等的人本主义价值观,其内涵、条件和作用是有限的,并不是中国当代法治精神的直接起源。不过,虽然中国古代的法治思想具有一定的局限性和缺陷性而不能成为社会主义法治精神的本源与主体,但是当代社会主义法治精神仍然是在总结中国传统法治思想的基础上形成的,并融入了民族的传统思想与文化体系,成为具有中国特色社会主义法治精神,因此同样具有民族传统的本质与特点。

(2)社会主义法治精神的民族实践

一切社会精神的目的都在于指导社会实践。“人类社会生活的一切领域和社会历史过程都是由人类的实践活动创造的。”[5]社会主义法治精神是建设社会主义法治文化的一种行为和实践精神。法治精神不是静态的法律或者制度思想,它是在实践中产生并作用于实践的社会实践过程。社会主义的法治精神实践,是一个民族的实践,具有民族的实践性。这一民族实践性,一方面要与中国社会的实际相结合,反映中国社会的实践过程,走中国社会的实践道路;另一方面,它坚持人民的主体与实践地位,体现人民实践及其实践行为的普遍性,这不仅仅是停留在“国家治理”的社会层面上,更重要的是社会主义法治精神实践成为一种具有生态性的民族文化与文明运动。

社会主义法治精神的民族实践,就是要坚持走具有中国特色社会主义法治发展道路。社会主义法治的发展道路,是中国社会主义革命与实践的经验总结,

---

[1] 《论语·先进》。
[2] 《论语·为政》。
[3] 《礼记·中庸》。
[4] 王人博:《法的中国性》,广西师范大学出版社2014年版,第93页。
[5] 梅宪宾主编:《马克思主义基本问题研究》,吉林大学出版社2010年版,第93页。

代表了中国社会法治发展的一般规律。这一法治精神的民族实践,作为中国社会的法治实践,既反映民族的法治精神的本质和民族的实践需要,又符合中国国情并适合中国社会发展的客观实际;它在坚持民族实践的基础上不仅体现民族的法治精神的本质,而且也凝结了人类法治文化的一般条件与价值原则。所以,社会主义法治精神的民族实践,就是以中国社会的自身条件和需要为根据并追求和实现中国人的社会理想与目的的实践。

社会主义法治精神的民族实践,就是全民族的实践,是要把法治精神转化为中华民族的每一个人的实践行为。这一实践,具有民族的普遍性,是一个民族的法治精神的形成与升华,从而成为一个民族的法治文化与文明的生态转型与实现。显然,社会主义法治精神作为以民为本的人文主义的社会精神,代表了最广大人民的根本利益,是人民自觉的一种民族精神,因此也必然将转化为人民的实践行为。换言之,社会主义法治精神只有成为人民自觉的普遍行为与实践精神,才能作为民族精神而成为社会的法治生态条件。

(3)社会主义法治精神的民族发展

社会主义法治精神,既有民族传统的本质,又有民族实践的特色,因此必然实现民族传统与民族实践基础上的发展。中国社会的每一个法律进步和每一步成功的法治实践,都是一定法治精神发展的结果,这一法治精神的发展就是在民族传统与民族实践的基础上超越民族传统与实践的发展,是社会主义法治精神以中国的民族传统与实践走向世界并融入人类一般法治文明的过程。法治精神只有是民族的才是世界的,而世界的也必然可以为一个民族所拥有。“任何一种外来思想的移入都是以自己的‘理解’为前提,构成这一理解的首先是自己的文化与历史,包括使用的语言文字、词语概念、思维方式,以及身在的语境。”[1]一个民族不仅需要属于自己的真正法治精神,而且只有那些真正属于这个民族并且能够解决民族的法治实践的法治精神才能够走向世界并成为人类的法治精神成果。同时,一个民族的法治精神在走向世界的过程中并不是孤立的,也不可能在孤立中完成,它只有吸收人类法治精神的一般价值条件并融入人类法治精神的一般发展过程才能把民族的法治精神作为人类的法治精神文明进行发展创造,也才能够实现走向世界并成为世界的文化发展。

我国社会主义法治精神的民族发展,构成社会主义法治精神的本质,如人民

〔1〕 王人博:《法的中国性》,广西师范大学出版社2014年版,第243页。

中心、人民主体和人民利益的社会主义法治精神,不仅具有中国社会的民族与制度特色,而且代表了人类法治精神与法治文明的一般发展成果。它既吸收了人类法治精神的核心内涵与基本价值,又体现了中国国情和民族优秀的历史文化传统,是在中国特色社会主义法治实践中的创新发展。

法治精神要成为民族的精神并为民族所发展,必须是代表这个民族根本利益的精神,而这主要是通过一定的法治精神形式即法律表现出来。代表一个国家法治精神的法律,应当由人民制定并代表人民利益。卢梭指出:"确切说来,法律只不过是社会结合的条件。服从法律的人民就应当是法律的创作者;规定社会条件的,只能是那些组成社会的人们。"[1]我国是社会主义国家,一切权力属于人民,人民通过代表人民的权力机关制定法律,所以人民制定的法律必然代表人民的利益并凝聚人民的社会共识和培养人民的法治精神。人民为了自己的利益创造法律,也必然在自己的法律创造中培养自己的法治精神。这一法治精神既是中国的,也是世界的;既是民族的,也是人类的。

四、民法精神与法治精神的统一

民法精神作为以民法为基础的社会规范与秩序精神,是市民社会的权利与义务精神,反映了市民社会的生态秩序条件,是一个社会基础的法治精神。法治精神作为一种社会生态精神,主要是指以民为本的民法精神,民法精神体现了法治精神的人民主体性及其作为社会构造条件的普遍性。

社会主义法治精神,也主要是民法精神,弘扬社会主义法治精神,应当在以宪法精神为根据的基础上强调弘扬民法精神。民法精神是市场经济条件下社会主义法治精神的具象形态,社会主义法治精神的本体是民法精神,是以民法精神为基础的社会主义法治意识。社会主义法治精神的形成与实践需要民法精神的市民社会精神条件。只有在民法精神与法治精神统一的基础上才能够建设以民为本的社会主义法治文化,实现社会主义法治文化的民本模式构造。

现代法治精神的核心是民法精神法治化,也就是民法精神的法治形态化与生态化,即民法精神的民本化、规范化、社会化、行为化与秩序化。一方面,民法精神具有法治化的本质,是法治的根本精神;另一方面,民法精神是一种自律构序的法治精神,能够自主转化为法治的行为与实践形态。

---

〔1〕[法]卢梭:《社会契约论》,何兆武译,商务印书馆 1980 年版,第 48 页。

(一)民法精神与法治精神的制度统一

民法精神与法治精神都是以社会主义法律制度为根据的精神,都是在社会主义法律制度基础上形成的精神,因此具有制度或者表现形式上的统一性。

1. 民法精神与法治精神的民法形式统一

民法精神是以民法形式表现的民本社会精神。民法形式表现的民法精神,也就是制度化的民法精神。民法精神作为市民社会主体的自主构序意识,必然表现为一定的规范形式,即作为市民社会规范体系的民法。民法是生活的百科全书,是市民社会构造的反映,民法调整两种最基本的社会关系,即人身关系和财产关系,对于国家、社会和个人都具有重要意义。民法精神作为以民法形式表现的市场经济与民本社会的基本秩序精神,包括人性自然精神、人格平等精神、利益均衡精神、权利保护精神、社会自治精神、公序良俗精神和公平正义精神等社会秩序品质,这些不仅是民法精神的基本内涵,也是法治精神的根本要求,并在民法形式中实现了精神与规范的统一。

十八届四中全会《决定》在"完善以宪法为核心的中国特色社会主义法律体系"部分,强调"加强重点领域立法",就是要求"依法保障公民权利,加快完善体现权利公平、机会公平、规则公平的法律制度,保障公民人身权、财产权、基本政治权利等各项权利不受侵犯,保障公民经济、文化、社会等各方面权利得到落实,实现公民权利保障法治化。增强全社会尊重和保障人权意识,健全公民权利救济渠道和方式"。显然,调整这一内容的基础性法律就是民法,可以说民法在这一方面发挥了根本的作用。《决定》特别指出:"社会主义市场经济本质上是法治经济。使市场在资源配置中起决定性作用和更好发挥政府作用,必须以保护产权、维护契约、统一市场、平等交换、公平竞争、有效监管为基本导向,完善社会主义市场经济法律制度。"为此,《决定》明确提出了"加强市场法律制度建设,编纂民法典"的立法要求与目标。2017 年 3 月通过的《民法总则》,意味着我国民法典的编纂迈出了关键一步,《民法总则》作为民法的基石,集中表述了民法的价值理念和基本原则。[1]

民法作为表现民法精神的基础法律形式,既是民法精神发展的产物,又必然在表现民法精神的同时进一步促进民法精神的形成和发展。同时,民法所表现

〔1〕 2020 年 5 月 28 日,十三届全国人大三次会议通过了《中华人民共和国民法典》,自 2021 年 1 月 1 日起施行,《民法总则》同时废止。

的民法精神，作为民本社会的规范与秩序精神，也构成了一个社会法治精神的核心内涵与基本条件。民法表现的民法精神，就是这个社会的基本法治精神，民法在表现民法精神的同时表现了这个社会的法治精神，从而民法精神与法治精神既实现了民法的制度形式统一，也在民法的制度形式统一中实现了自身的内涵与本质的相互统一。

2. 民法精神与法治精神的法律体系统一

民法精神作为民本社会和以民为本的规范与秩序精神，不仅是民法形式所表现的社会精神，而且是其他法律形式都应当统一确认和表现的基础社会精神，构成一个国家法律体系的不同法律形式的共同价值与灵魂并需要在统一的法律体系中得到统一的表现。否则，就必然引起一个国家法律体系内部的矛盾与分裂，不能建立起一个国家法律体系下的统一社会规范与秩序条件，从而破坏一个国家法律体系的统一效力与秩序，也就无法具有和发挥作为一个国家法律体系的统一规范与秩序作用。民法精神在一个国家法律体系中的统一确认和表现，就是要求不同的法律部门以自己的精神原则共同反映和体现以民为本的民法和民法精神，从而实现不同法律部门的精神原则在民法和民法精神的基础上的统一，即民法和民法精神与其他法律部门所代表的法治精神在一个国家法律体系中的整体统一。

在一个国家的法律体系中，民法精神与法治精神必须统一。如果一个国家不能实现民法精神与法治精神在自身法律体系中的统一，就不是以民为本的法律体系，也不会形成以民为本的法治精神，民法精神就不能作为一个国家法律体系所整体具有的统一法治精神而得到全面的体现与落实。目前，我国社会主义法律体系已经正式形成，从而为民法精神与法治精神在社会主义法律体系中的统一提供了条件。在我国社会主义法律体系形成过程中，始终协调民法和其他各个部门法在法治精神上的统一问题，而这种协调又是作为统一的社会主义法律体系的条件存在的。如宪法关于公民的基本权利和义务的规定，刑法与行政法等“公法”以自己的规范内容和调整方法对民事权利的优先保护，都是民法精神与法治精神在我国法律体系中的统一形式与结果。

当然，在已经初步形成的我国法律体系内部也还存在民法精神与其他部门法精神之间的矛盾与不协调状态，其中主要是作为“公法”的其他法律形式与作为私法的民法在对待民事权利保护上的定位与政策的不统一，以民为本的民法精神及其权利保护原则没有在“公法”或者其他法律形式中得到全面和充分的体现与落实。民法是以民为本的法,是民事权利保护的基本法,而其他法律形式应当通过自己的规范内容与调整方法实现与民法和民法精神的权利保护的协调统一,并构成民事权利保护的特别法。因此,如何在我国法律体系内部实现不同法律部门在民法精神基础上的法治精神的统一,是非常重要与必要的现实问题。

(二)民法精神与法治精神的生态统一

民法精神与法治精神的生态统一,也就是它们的行为与秩序统一。民法精神与法治精神不仅是静态的法律形式统一,而且是动态的法治现实的统一,这是两者统一的根本目的与结果。民法精神与法治精神只有构成统一的社会生态,才具有法治的价值与作用。建设社会主义法治文化只能是以民法精神与法治精神的生态条件及其秩序统一实现社会主义法治和法治文化的生态化发展。

1.民法精神与法治精神的行为统一

民法精神与法治精神不仅是统一的制度精神,而且也是统一的行为精神。不论是民法精神,还是以民法精神为基础的法治精神,都是一种行为精神,而且具有统一的行为标准并追求统一的行为目标。在统一人们的法律或者法治行为上,没有也不应当有民法精神与法治精神之间的差别,民法精神反映一个社会的法治精神条件,代表一个社会的法治精神本质,而法治精神也必然以民法精神为基础而向人们提出一般的行为要求。就对于人们的法律或者法治行为实践的意义而言,民法精神与法治精神不仅是统一的行为标准,而且具有统一的行为目标,民法精神就是法治精神,而法治精神既以民法精神为条件又是对民法精神的一般表达,它们作为统一的行为意志作用于人们的行为,必然产生统一的行为实践,即社会主义法治实践,并作为行为实践而成为一种社会生态。

可见,民法精神与法治精神的行为统一,根本在于它们的精神本质的统一。一方面,民法精神与法治精神是统一的社会行为精神,具有内涵与条件的统一性,另一方面民法精神与法治精神追求统一的社会行为结果,具有目的与价值的统一性。民法精神与法治精神的行为统一是人的社会行为的统一性的根本要求。人的社会行为就单纯的自然行为而言,并没有所谓民法精神行为或者其他法律或者法治精神行为的划分,它是一个统一的社会规范与秩序精神作用的结果,只是由于有了法律和法律调整的行为对象的划分,才有了民事法律行为和其他法律或者法治行为的划分,因此也才有了民法精神行为与其他法律或者法治精神行为的不同行为条件与行为类别。所以,民法精神与其他法律或者法治精神,作为统一主体的统一行为意志条件,并不具有法律划分的简单与直接意义,而是存在于人的内心的统一精神形态，具有精神本质的抽象性与统一性。

2. 民法精神与法治精神的秩序统一

法治精神不是空洞的社会精神，而是通过一定的法律形式表现出来的具体的社会规范与秩序精神。表现人类法治精神的基础形式和内涵，是维持人类自然生态秩序——市民社会的人身与财产关系秩序的民法和民法精神。民法所调整的市民社会关系及其自然生态秩序，是在一定的民法精神作用下形成的，民法精神构成了这一社会关系与秩序的根本条件，民法精神的本质是民本社会秩序的法治化，与法治精神的秩序形态具有统一性。

不论是民法精神还是法治精神，作为内化的社会行为与自律精神都具有秩序化的本质，能够外化为民本社会的实践性生态秩序，是实现社会秩序性转化的一种自序能力。民法精神与法治精神的秩序化，一方面提出了建设社会主义法治文化的民法精神与法治精神的秩序性条件，另一方面决定了建设社会主义法治文化的民法精神与法治精神的秩序性实现。由民法精神与法治精神的秩序化的本质所决定，民法精神与法治精神的秩序化构成建设社会主义法治文化的秩序模式。

民法精神与法治精神的秩序化，是一种统一的秩序形态。民法精神与法治精神行为是一种规范的秩序行为，它们作为统一的社会行为意志必然在统一规范人们的社会行为的同时形成统一的行为秩序，从而通过精神的行为化而实现精神的社会秩序化，并以统一的秩序形式构造统一的社会法治生态。一个社会的法治生态，是一个社会包括民法精神在内的各种法治精神的统一行为秩序，而不是也不可能是民法精神或者其他某种法律精神的单一作用结果。不论是民法精神或者其他法律精神，都不可能单独发挥法治生态的构造作用，而需要作为统一的法治精神实现统一的社会生态构序。

当然，民法或者民法精神作为市民社会的秩序精神，主要调整市民社会关系并在市民社会关系领域产生直接的生态秩序作用。可是，民法精神从来就不是单一或者独立的社会精神，而是与其他法律或者法治精神建立统一联系的市民社会精神，是私法精神与公法精神的协调统一，也就是私法精神的自由与公法精神的自由限制的协调统一，是自由与自由限制统一的市民社会关系的秩序体系。在这个意义上，民法精神构造不仅是私法的行为秩序，而且其构造也是实现公法秩序的统一行为条件，所以是私法秩序与公法秩序统一的社会生态构造。同样，法治精神作为包括民法精神在内的各种法律精神的统一形态，也必然与民法精神相结合而作用于市民社会关系的规范化与秩序化，促进市民社会关系的法治生态形成，同样构成市民社会关系的秩序化与生态化条件。

人类社会变革与发展的动力，根本是人的动力，也就是人的精神动力，包括作为社会存在条件的社会规范与秩序精神的动力。所以，民法精神与法治精神作为统一的社会主义法治的生态秩序条件，必然需要不断适应社会变革与发展的需要，推动包括市民社会关系在内的各种社会关系的秩序化与生态化，并在市民社会的民本社会秩序构造的基础上，建立统一的社会主义法治生态秩序体系，全面实现社会主义法治的生态化发展。

(3)民法精神与法治精神的伦理统一

不论是民法精神还是法治精神，作为一定社会的意识形态范畴和统一的社会规范与秩序精神，反映共同的社会伦理性，是社会伦理的一部分，具有伦理上的统一性。民法精神与法治精神的伦理统一也就是两者的道德统一，道德是本体的社会精神，一个社会的民法精神或者法治秩序精神，必然代表一定市民社会的道德要求，具有共同的道德本质。

1. 民法精神与法治精神的道德本质

十六大报告强调："依法治国和以德治国相辅相成。要建立与社会主义市场经济相适应、与社会主义法律规范相协调、与中华民族传统美德相承接的社会主义思想道德体系。引导人们在遵守基本行为准则的基础上，追求更高的思想道德目标。"弘扬社会主义法治精神，建设社会主义法治文化，既是一个法治运动的过程，也是一个道德成长的过程，除了必要的法律条件，离不开一定的道德基础——道德在民法精神与法治精神的形成上具有决定的意义。

民法精神作为市民社会的规范与秩序精神，本身就是市民社会的道德条件的要求与反映，并由市民社会的一定道德条件所决定，所以民法精神是直接的道德精神，道德构成了民法精神的本体形式，民法精神在根本上是道德精神。不论我们如何理解和认知民法和民法精神，都不可能超越道德范畴而揭示民法和民法精神的本质。[1]

同样，以市民社会的民法精神为基础的法治精神，也必然与道德具有内在的联系并具有道德的本质。"道德为理性之事，存于个人之自觉自律。"[2]道德本

〔1〕 参见总论（第一章）"民法精神"部分。

〔2〕 梁漱溟：《中国文化要义》，上海人民出版社2011年版，第103页。

身就是对人和社会的理性思考,而法治和法治精神也一样,是对一个国家治理方式的理性选择,如果法治精神不具有道德本质,也就不是真正的法治精神,并在丧失道德本质的同时而不可能构成一个社会合理的规范与秩序。我国曾经一度出现过的“撞死白撞”的交通法规,[1]虽然已经成为历史,但是分析其被废止的根本原因,就在于这一规定所体现的精神及其可能产生的恶劣后果是道德所不能容许的,因此,也就背离了社会主义法治精神的道德要求与本质。

2. 民法精神与法治精神的道德条件

民法精神与法治精神在具有共同的道德本质的基础上,必然具有共同的道德条件,具有道德条件的统一。民法精神与法治精神的道德条件的统一,决定了它们的秩序要求与规范条件的统一,也就是决定了民法精神与法治精神的法律形式神具有规定性,决定民法精神与法治精神的本质、内涵与特点。

民法精神与法治精神作为市民社会的或者以市民社会为基础的社会规范与法律体系的统一,这是一个国家法律体系的内在精神与民族品格的本质要求,否则,就无法构成一个体系的有机统一与联系。

民法精神与法治精神的道德条件,首先是以民法形式统一的条件。民法精神与法治精神的道德条件的统一,是在市民社会的道德基础上的统一,市民社会的道德精神构成了民法精神与法治精神的统一伦理条件。市民社会的道德伦理条件表现在法律上,就是市民社会法即民法或者私法的道德伦理,这一道德伦理条件通过民法的形式反映出来,构成了一个国家的民法体系。换言之,民法精神与法治精神的统一道德条件,集中反映在一个国家的民法规范与秩序体系之中,它们在构成民法条件的同时也构成了民法精神与法治精神的统一道德形式。

民法精神与法治精神的道德条件的民法形式统一,是由社会的内在道德条件的统一决定的。换言之,这一道德条件的统一,不仅是民法形式的统一,而且是一个社会内在的道德精神的统一,并且这是根本的统一条件。没有一个社会

[1] 如1999年8月30日颁布的《沈阳市行人与机动车道路交通事故处理办法》第8条规定:“行人通过有人行信号控制或没有人行信号控制,但有路口交通信号控制的人行横道时,须遵守信号的规定,因行人违反信号规定与机动车发生交通事故,机动车方无违章行为的,行人负全部责任。”第9条规定:“在设有交通隔离设施和施划人行横道线的路段上,行人因跨越隔离设施或不走人行横道,与机动车发生交通事故而机动车无违章行为的,行人负全部责任。”第10条规定:“行人横过没有施划人行横道线的路段时,须注意避让车辆,不准在车辆临近时突然横穿,违者发生事故,行人负主要责任。”第11条规定:“行人走路须在人行道内行走,没有人行道的须靠路边行走。行人在机动车道内行走,与机动车发生交通事故,机动车方无违章行为的,行人负全部责任。”

的内在道德精神的统一，也就不可能有民法形式的道德条件的统一，民法形式的道德条件的统一是社会道德精神统一的结果。如果一个社会没有内在统一并构成普遍秩序的道德精神，即使制定了民法并具有了形式上的民法统一，也不可能形成民法的统一社会生态秩序。因此，一个国家的民法，应当客观反映社会的一般道德条件要求，并合理规范和引领社会的道德发展，〔1〕从而既能够实现民法秩序的社会生态化，使法律得到人们的自觉遵守；又能够促进社会在民法精神条件下的道德进步，弘扬中华民族数千年的美好文化，传承中国精神。

（四）民法精神与法治精神的价值统一

民法精神与法治精神作为社会主义法治和法治文化的共同条件，具有价值的统一性。在我国，民法精神与法治精神的统一价值，就是在社会主义核心价值观的基础上以法律和法治形式所表现的社会价值。

1. 民法精神与法治精神的一般价值

民法精神与法治精神作为人类的一般法律或者法治文化形态，反映人类民法或者法治精神的一般条件，具有人类民法精神与法治精神的一般价值性。中国社会的民法精神与法治精神在合理吸收和借鉴人类先进与优秀的民法精神与法治精神成果的基础上构成了人类民法精神与法治精神的一般发展，并必然具有人类民法精神与法治精神的一般价值而代表人类民法与法治文明的先进性。

民法精神是民本的社会精神，是一种民本的权利精神，民法精神蕴含人类法治文化一般发展的共同价值，普遍建立在民本社会和商品经济关系基础之上，具有普遍性及其一般价值性。也就是说，民法精神作为市民社会的规范与秩序精神，反映市民社会的商品或者市场经济的共同本质与条件，因此，必然反映和具有人类民法文明的一般价值，否则就不是真正的市民社会的精神，也就不是民法和民法精神。不论是哪一个民族或者社会的民法，也不论其采用何种立法模式，其民法都必然在市民社会的一般伦理基础上而具有共同的价值条件与取向，并通过共同的民法范畴、理论、制度、规范与原则反映出它们的统一性，从而必然形成和具有民法或者私法趋同化的发展趋势。

民法精神的价值统一，根本是人的价值统一。“法律是人的社会表象，法律

---

〔1〕《民法典》将“不得违背公序良俗”作为我国民法的基本原则，并规定“不违背公序良俗”是民事法律行为有效的条件之一，这是民法和民法精神与道德和道德精神的统一在具体的民法规范中的体现。

问题根本是人的问题。”[1]民法是人法，民法精神是人的精神，是对人和人性的民法解答，反映人和人性的社会规范与秩序条件，必然在人和人性的利益需求及其实现的客观规定性上而有其共同的价值条件与要求。[2] 所以，只要人和人性的本质是不变和统一的——它当然是固有和统一的，反映和代表这一条件的民法及其民法精神也就必然是统一的并具有统一的价值性。

法治精神作为以民法精神为基础的社会精神，不仅是人的精神，而且是以人的市民社会条件为主体的精神，与民法精神一样，反映人类社会规范与秩序精神的共性与普遍性，并具有其一般价值属性，从而实现了法治精神与民法精神在一般价值上的统一。

2. 民法精神与法治精神的特殊价值

民法精神与法治精神不仅具有统一的一般价值，而且具有统一的特殊价值，即作为民族精神的价值。民法精神与法治精神在反映人类法律与法治文明的一般条件基础上，仍然是一个民族的独立社会精神，既具有民族的传统性和习惯性，又具有民族的本质性与特殊性。在人类的不同发展中，不但产生了不同民族和社会的不同生产条件与生活方式，[3]更是形成了不同的社会文明与文化，这些文明与文化都在各自的本源与传统的基础上而具有其民族的特殊性，相互之间既不能简单照搬，也不能直接模仿，而必然根基于民族的血脉并存留民族的生命。我国社会主义民法精神与法治精神，是具有中国特色的民法与法治精神，它代表民族的社会性格与秩序品质，反映中国社会特有的民法与法治发展的现实条件与特定诉求，体现作为民族传统文化的民法与法治的发展规律。所以，民法精神与法治精神又是民族化的社会精神，以作为民族精神的特殊价值而构成其文化与文明的内涵与本质。我国社会主义民法与法治精神作为民族精神，必然承载中华民族的悠久历史、传统文化、生活方式和行为习惯等特定内容，并只有根植于民族土壤才能够成长为属于我们这个民族的民法与法治的社会生态文化与文明。

---

〔1〕 王利民：《人的私法地位》，法律出版社 2013 年版，第 4 页。

〔2〕 在民法精神中，内涵了尊重人性、承认人格、保护人权和实现人的目的的社会秩序条件，这些秩序条件是一种亘古不变的人类共同价值，只要人类和人类社会存在，这些价值就在根本上不会改变。

〔3〕 精神生活方面，如宗教、哲学、科学、艺术等是。社会生活方面，如社会组织、伦理习惯、政治制度及经济关系是。物质生活方面，如饮食、起居种种享用，人类对于自然界求生存的各种是。（参见梁漱溟：《东西文化及其哲学》，上海人民出版社 2015 年版，第 20 页）

因此,建设社会主义法治文化,全面推进社会主义法治,既要面对中国社会现实,从中国社会实际出发,以民族的民法精神与法治精神的特殊价值认知与条件为根据,走适合自己的发展道路,又要以积极和普遍的民法精神与法治精神作为价值引领,实现民族的民法精神与法治精神的社会生态转型,从而为社会主义法治文化的建设与实现奠定坚实的民法与法治精神的文化与文明的基础。

第二编

人民主体：民法精神的法治文化属性

第四章

法治文化的人民主体性

一、人民、人民主体与人民主体地位

一切社会问题，根本上都是人的问题，都应该以人为主体，反映人的主体性和主体地位。[1] 人的主体性，或称为人民的主体性，是我国社会主义法治文化的属性之一。社会主义法治文化，就是人民主体地位的文化。人民是社会主义法治文化的行为主体，社会主义法治文化是人民主体的行为文化，具有代表人民主体的行为主体性。十八届四中全会《决定》把坚持人民主体地位作为全面实现依法治国所必须坚持的原则之一，从而确立了人民在建设社会主义法治文化中的主体地位。保护人民的根本利益，培养和增强人的规范意识与法治精神，对于建设以民为本的社会主义法治文化，实现人民主体地位的社会主义法治，具有重要的理论与现实意义。

十九大报告更加突出强调人民与人民主体地位，以人民为中心构成了习近平新时代中国特色社会主义思想的重要内涵。[2] 因此，建设社会主体法治文化必

---

〔1〕 关于人的本质，详见本书第三编(第八章)“以民为本的人性诉求”的相关部分。

〔2〕 “以人民为中心的发展思想”是习近平总书记于2015年11月23日在中央政治局第二十八次集体学习时提出的治国方针理论。党的十九大报告指出：“坚持以人民为中心。人民是历史的创造者，是决定党和国家前途命运的根本力量。必须坚持人民主体地位，坚持立党为公、执政为民，践行全心全意为人民服务的根本宗旨，把党的群众路线贯彻到治国理政全部活动之中，把人民对美好生活的向往作为奋斗目标，依靠人民创造历史伟业。”

须在以民为本的基础上，全面贯彻以人民为中心的思想，确立人民主体地位，使人民主体性成为社会主义法治文化的根本属性与丰富内涵，构建以人民为主体的新时代中国特色社会主义法治文化。

人民主体地位体现在民法调整的基础社会关系即社会的平等人身关系和财产关系上，就是人民的民事主体地位。建设社会主义法治文化的民本模式，就是人民主体地位的模式，也就是反映人民主体地位的民法精神模式。

（一）人民

社会主义法治文化是以民为本的文化，即以人民为主体的文化。以人民为主体的法治文化必然是在法治文化的创制与践行的整个秩序构造过程中将人民置于主体地位的文化形态。因此，建设社会主义法治文化就是以民本模式构造社会主义法治文化的过程，在这一法治文化的建设与构造过程中，人民必须成为主体，而非法治文化的客体。在社会主义法治文化的民本模式中，人民必须居于法治文化构造的主体地位，而非法治文化的从属地位。

所谓人民，是“以劳动群众为主体的社会基本成员”。〔1〕人民既是一个代表人或者个人的概念，也是一个表征一定人或者个人团体的概念。〔2〕人民概念的团体或者集体性，反映人民在一个国家或者社会所具有的普遍主体地位，人民主体也就是普遍的个人主体，人民的主体地位是一个国家和社会的根本主体地位。人民主体地位作为人民的社会地位，不仅是人民在一个国家和社会中的政治地位，也是人民在一个国家和社会中的一般法律或者法治地位，这一地位作为以民为本的社会关系条件，就是民法调整的权利义务地位，即民事主体地位。这样，人民主体也就构成了民法和民法精神的主体，是民本模式的社会主义法治文化建设的根本主体。

总之，人民一般有两个方面的理解，一是凡指人或者公民，二是具有一定政治地位的个人。作为一个政治概念，人民是由当权者定义的范畴，用来反映其治

〔1〕《现代汉语词典》，商务印书馆2005年版，第1146页。

〔2〕人民的概念虽然有不同的解释，但是在以上意义上使用却是共同的。如《汉语大词典》释义为：一是“百姓；平民。指以劳动群众为主体的社会基本成员”；二是“泛指人类”。《汉语大词典》，上海辞书出版社1986年版，第1038页。《辞海》释义除包括以上两种含义外，还有：“同‘敌人’相对。在不同的国家和各个国家的不同的历史时期有不同的内容”；“在哲学上，通常与个别人物或领袖相对。指历史上一定时期内对社会发展起推动作用的阶级和阶层的总和。人民的主体是从事物质资料生产的的劳动群众”。参见《辞海》（缩印本），上海辞书出版社1990年版，第343页。

下的人与自己的政治关系，凡一国当权者界定的人民都是与他们具有统一或者一致政治立场的联盟者；人民是拥护现政权的公民或者个人，是由这些公民或者个人构成的政治联盟或者主权者团体。人民以公民为基础，[1]但可能超越公民，非本国公民也可能基于其政治立场而被当权者视为人民并纳入人民范畴。换言之人民是人，但是只有拥护当权者的人才会被作为人民并确认其具有人民地位；而人民的地位及其拥护的政权的合理性就在于人民是由普遍的公民或者个人构成而具有充分的代表性。

1. 古代社会的人民概念

在专制统治与身份等级制度的社会条件下，中国古代既没有政治意义上的人民概念，也没有在社会关系中确立人的民事主体地位。因此，人民概念反映在古代社会关系中，就是臣民（subjects），是与帝王和官僚贵族相区别的主体。[2]换言之，在古代社会条件下，人民是普遍的自然主体但却不是普遍的政治主体和民事主体，因此并不能作为社会主体而具有平等的人格地位。也就是说，人民作为人下的“臣民”就是所谓的凡人或者贱人，他们有与官僚贵族不同的身份地位并处于社会的最底层。中国古代的人民作为“臣民”是屈从或者被动服从于特定权威或者公权力的人，他们处于他人的权力支配之下，没有独立的社会地位。臣民对国家具有强烈的依附性，缺乏独立的人格和意志，相对国家权力而言只有义务没有实质上的有效权利。所谓“溥天之下，莫非王土；率土之滨，莫非王臣”（《诗经·小雅·谷风之什·北山》）。这种“普天率土，莫非

---

〔1〕 公民是“具有或取得某国国籍，并根据该国宪法和法律规定享有权利承担义务的人”。《现代汉语词典》，商务印书馆2005年版，第473页。一般公民都属于人民的范畴，而公民是否属于人民最终取决于其对现政权的立场和态度，凡是反对现政权的公民，虽然属于该国的公民，但是却不会被当权者承认为人民。

〔2〕 中国古代的“人民”概念，在使用上具有不同甚至迥异的含义。(1)人民泛指人类，以区别于动物：“人民鸟兽草木之生物。”(《管子·七法》)“人民少而禽兽众。”(《韩非子·五蠹》)“知天下鸟兽言语，土地上人民所道，知百谷可食，草木咸苦，名曰‘圣’。”(《神异经·西南荒经》)“昔宇宙初开之时，只有女娲兄妹二人在昆仑山，而天下未有人民。”(唐李冗《独异志》卷下)(2)人民指奴婢、犯法者或者奴隶逃亡者：“掌成市之货贿、人民、牛马、兵器、珍异。”(《周礼·地官·质人》)此处之“人民”即指奴婢，是罪人之家没入官府而为臣妾之人，可以买卖，故与货贿、牛马等并列而言。“凡得获货贿、人民、六畜者，委于朝，告于士，旬而举之。”(《周礼·秋官·朝士》)此处之“人民”即指犯法者、奴隶逃亡者。(3)人民指平民、庶民、百姓：“掌建邦之生地之图，舆其人民之数。”(《周礼·官记·大司徒》)“质尔人民，谨尔侯度，用戒不虞。”(《诗经·大雅·抑》)(4)人民指所属之人：“今者，王公大人为政于国家者，皆欲国家之富，人民之众，刑政之治。”(《墨子·尚贤上》)“楚者，山东之强国也，其人民习战斗之道。”(《管子·轻重戊》)

臣民”(《抱朴子·嘉遯》)的社会,也就剥夺了臣民的社会地位。臣民的被支配地位决定了他们在很大程度上不是权利主体,而是权利客体,是被奴役的对象。

在古希腊和古罗马,柏拉图、亚里士多德、西塞罗等人的著作中也偶用“人民”的概念,但是并不常见。例如,柏拉图说:“崇拜财富与朴素节制的生活不能并存,二者必去其一。这个道理在一个国家的人民中不是不言而喻的吗?”〔1〕又说:“但是作为实际情况,由于上述这一切原因,在寡头制的国家里,统治者使人民处于水深火热之中,他们自己养尊处优。”〔2〕亚里士多德认为:“在政治组织中,人民只分成两个部分——其一为农民,另一为战士;在后一个部分中又选拔出第三部分作为城邦的议事和统治团体。”〔3〕还认为:“政体(政府)的以一人为统治者,凡能照顾全邦人民利益的,通常就称为‘王制(君主政体)’。”〔4〕西塞罗指出,“法律”是人民被说服后的产物,它可以使人民过上光荣而幸福的生活。〔5〕他强调,“但人民自身的权力更为残酷,也更为凶暴;与没有领导控制它相比,这种权力有时因为有领导控制而在实践上会更为温和些。因为,一个领导人会意识到这一点,他是在冒险行动,而人民的冲动完全意识不到任何风险”。〔6〕他主张,“要么君主制从来就不应当废除,要么就是要给予普通人民真正的自由,而不是虚假的自由;但现在是以这样一种方式给予这个自由的,以致于人民受到许多出色规定的引诱而服从贵族的权力”。〔7〕以上“人民”的概念,主要是指奴隶主和自由民,有时亦指公民群体、多数人等,即人民是指具有一定人格与自由的社会或者权利主体。人民不包括奴隶在内,因为奴隶被认为是权利客体,是被权利主体支配的对象,不具有人格,也不享有权利。在城邦政治与奴隶制国家的社会背景下,古希腊和古罗马的“人民”概念并没有普遍存在的客观现实性,因为“人民”这一概念本质上是用来指代消除了一切因生理、身份、财富之不同导致的差异性人格,从而具有统一特征的在一国或一个社会之中居于主体地位的群

---

〔1〕[古希腊]柏拉图:《理想国》,郭斌和、张竹明译,商务印书馆1986年版,第329页。
〔2〕[古希腊]柏拉图:《理想国》,郭斌和、张竹明译,商务印书馆1986年版,第330页。
〔3〕[古希腊]亚里士多德:《政治学》,吴寿彭译,商务印书馆1965年版,第61页。
〔4〕[古希腊]亚里士多德:《政治学》,吴寿彭译,商务印书馆1965年版,第133页。
〔5〕参见[古罗马]西塞罗:《国家篇·法律篇》,沈叔平、苏力译,商务印书馆1999年版,第188页。
〔6〕[古罗马]西塞罗:《国家篇·法律篇》,沈叔平、苏力译,商务印书馆1999年版,第235~236页。
〔7〕[古罗马]西塞罗:《国家篇·法律篇》,沈叔平、苏力译,商务印书馆1999年版,第236页。

体。然而,在古希腊与古罗马的奴隶制城邦国家中,因生理、身份、财富之不同导致的差异性人格恰恰构成了国家与社会结构的显著特征。因此,“人民”难以成为具有现实必要性的概念,只能产生与“人民”概念相关的用以表征国家或社会部分群体地位的平民、市民、公民等概念。平民是与贵族相对应的概念,市民以及公民是与法律权利或者政治权利有关的群体的概念。显然,古希腊和古罗马的社会结构与政治状况决定了“人民”这一概念不具备普遍存在的客观土壤,这种状况在古代西方普遍存在,直至近代启蒙运动之前未曾变化。“人民”在西方前现代的政治中不是政治合法性的来源,因为那时一般呈现的是出金字塔形的等级制度,不同群体固定形成不同身份,[1]而不同身份的人也就具有不同的等级地位,所以人民并不占据社会的政治核心。

2. 近代社会的人民概念

近代社会的人民概念是在近代法治文化产生、发展的时代背景下应运而生的。与古代社会不同,近代社会的治理模式不再依靠传统的政治强力、宗教神学等非理性的力量实现,而是通过人的理性能力,特别是表现为社会公共意志的法律实现维护社会秩序的根本目标。相应地,近代社会的文化形态也随之发生重大转变,由古代社会的主流宗教神秘文化转向近代社会的世俗文化。世俗文化的突出表现就是法治文化。在法治文化得以极大传播与弘扬的过程中,“人民”作为法治文化的基础性与主体性概念,必然凸显其地位。

近代以来,特别是随着西方启蒙运动带来的思想觉醒,“人民主权”的理念与理论逐步确立,在否定“君权神授”的同时,也赋予了“人民”概念以全新的内涵。在人民主权理论下,人民是作为主体者被理解和使用的,即不考虑人民的内部构成,而是把人民作为一个统一的、抽象的整体,构成国家权力最高的合法性和正当性基础,即由人民赋予各实体性权力机关以行使权力的合法性与正当性。特别是,随着近代民族国家的纷纷诞生,国家权力的来源以及国家权力行使的正当性问题成为政治、法律领域必须回答的问题,而人民的赋予则为这一问题提供了根本的合法性与正当性根据。

近代社会的人民概念是在古代社会政治合法性基础不复存在的基础上逐步

---

〔1〕 参见袁光锋:《“人民”概念与政治现代性》,载《党史研究与教学》2015年第2期。

产生的。[1] 因此,近代社会的人民与国家紧密相连,人民赋予国家合法行使权力的资格。人民作为国家的主体,通过国家这一特定形式,实现合乎目的的秩序状态。正如有学者指出,以社会契约论为前提,正当性及合法性在民主法治国家中构成了人民与政权基础密切相连的理由。[2] 由此可知,近代社会的人民概念是近代法治以及法治文化的产物及其具体表现形态,而社会契约论则为人民概念的近代解释提供了一种重要的理论工具。

根据社会契约论,人民是一定数量的人们通过社会契约构建国家的主体,人民不仅是订立社会契约的主体,也是社会契约产物的主体,即国家的主体。因此,在近代西方法治文化背景下,人民只有在社会契约的语境中才有其特定的意义并且是人与人联合而成的团体概念。人民概念在自然状态下并不存在,人民在团体和具有能力的意义上,是经过共同约定形成的,是人为拟定的社会范畴。[3]

卢梭是西方社会契约论的代表人物,在他的社会契约论中,人民就是被视为一个群体概念,作为共同订立社会契约的主体,也就是由每一个参与订立社会契约的人组成的"全体"。卢梭认为,每个人都是共同体的一部分。[4] 人民就是由每个成员作为全体之不可分割的一部分的结合行为所产生的共同体。结合行为产生了共同体,而共同体就具有了统一性,具有了生命和意志。[5] 根据卢梭的社会契约理论,国家就是由全体个人结合而成的公共人格,即所谓的"主权者"。公共人格在被动的意义上称为国家,在主动的意义上称为主权者。[6] 人民的概念就在国家产生的过程中由全体个人结合而成,即人民是由全体个人组成的"抽象整体",是主权的承载者以及最终所有者。集体的集合者称为人民,个别的集合者称为公民或者臣民。[7]

---

〔1〕 正如有学者指出:"不难看到,对人民概念的重新措置发轫于如下这个事实,现代政治活动的大型化和复杂化,掏空了那种基于某种'自然性'的或宗法血缘的政治共同体的正当性基础。"张文喜:《卢梭的人民概念及其政治哲学意义》,载《浙江工商大学学报》2007 年第 5 期。

〔2〕 张文喜:《卢梭的人民概念及其政治哲学意义》,载《浙江工商大学学报》2007 年第 5 期。

〔3〕 [英]埃德蒙·柏克:《自由与传统——柏克政治论文选》,蒋庆、王瑞昌等译,商务印书馆 2001 年版,第 84 页。

〔4〕 参见[法]卢梭:《社会契约论》,何兆武译,商务印书馆 2003 年版,第 20 页。

〔5〕 参见[法]卢梭:《社会契约论》,何兆武译,商务印书馆 2003 年版,第 21 页。

〔6〕 参见[法]卢梭:《社会契约论》,何兆武译,商务印书馆 2003 年版,第 21 页。

〔7〕 参见[法]卢梭:《社会契约论》,何兆武译,商务印书馆 2003 年版,第 21 页。

与卢梭相似，洛克的人民概念一般地指国家权力的来源以及国家成立的目的所指向的对象群体，尽管其具体含义可能在不同的语境中有所不同。洛克认为，立法权应当以既定的、公布周知的而且经常有效的法律行使，而不应当是临时的命令。[1] 这事实上就是将人民的概念放置于法治国家、法治社会的背景下进行的阐释。如果说国家是按照有效的法律进行的统治，那么其目的就是人民的利益。人民的利益包括和平、安全以及公众福利。[2] 此处之人民的含义并不具有最高权力的拥有者的意义，它仅仅可以理解为国家依照法律实行统治的目的所指向的对象群体。但是，在论述国家所拥有的最高权力——立法权——的时候，该处所谓的"人民"则具有国家权力来源正当性与合法性的共同体的含义。立法权虽然是最高的权力，但是它在人民的生命和财产面前不是绝对专断的。[3] 由此可知，洛克的人民概念是赋予国家权力来源合法性的抽象群体。洛克后续的论述基本是对人民的这一含义进行的进一步印证，即人民是国家主权的最高拥有者，国家以及具有立法权的立法机关仅仅行使的是人民的委托权力。既然立法权只是一种委托权力，那么它不得转让。[4] 洛克在此处关于国家立法权的论述就清楚地表明其对人民概念的界定。

孟德斯鸠的人民概念具有多重含义。大致地，其人民的概念可以从两个层面理解。第一个层面的含义是拥有国家最高主权的抽象群体，这与洛克、卢梭的人民概念的一般含义相同，[5] 而其与洛克和卢梭不同的第二个层面的含义则是"普通民众"或"普通公民"。[6]

近代以来，西学东渐，中国学者开始逐渐使用"人民"的概念，作为学术研究的一个重要概念工具。中国近代的人民概念一般沿袭西方近代启蒙思想家的基本含义，虽然在不同学者笔下，人民概念的具体含义可能迥异，可能与一般的含

---

〔1〕 参见[英]洛克：《政府论》（下篇），叶启芳、瞿菊农译，商务印书馆 1964 年版，第 80 页。

〔2〕 参见[英]洛克：《政府论》（下篇），叶启芳、瞿菊农译，商务印书馆 1964 年版，第 80 页。

〔3〕 参见[英]洛克：《政府论》（下篇），叶启芳、瞿菊农译，商务印书馆 1964 年版，第 83 页。

〔4〕 参见[英]洛克：《政府论》（下篇），叶启芳、瞿菊农译，商务印书馆 1964 年版，第 88 页。

〔5〕 孟德斯鸠如下对人民权力的论述，就是人民概念的第一个层面的含义："握有最高权力的人民应该自己做他所能够做得好的一切事情。那些自己做不好的事情，就应该让代理人去做。"参见[法]孟德斯鸠：《论法的精神》（上册），张雁深译，商务印书馆 1961 年版，第 9 页。

〔6〕 孟德斯鸠如下对贵族政体的论述，所用的人民一词就是人民概念的第二个层面的含义："最好的贵族政治是没有参与国家权力的那部分人民数目很少，并且很穷，那么，占支配地位的那部分人民就没有兴趣去压迫他们了。"参见[法]孟德斯鸠：《论法的精神》（上册），张雁深译，商务印书馆 1961 年版，第 15 页。

义存在差别。例如,“国家者既有一定之土地、人民,复有特殊之历史、族性”。[1]又如,人民以暴力颠覆政府则与共和立宪没有任何因果关系。[2]此处之人民概念或指国家的人口或指国家的部分特定政治势力,这都与近代西方的一般人民概念相去甚远。但是,在以下学者的语境中,人民概念即为国家最高主权者之一般含义:人民选出代表,代表为了人民利益而代表人民工作。[3]这些关于人民概念的认识与理解,为新中国特别是新时代中国特色社会主义的人民概念奠定了一定理论基础。

3. 我国社会主义的人民概念

我国是人民当家作主的社会主义国家,人民是国家的主人。因此,我国社会主义的人民概念不同于古代社会的人民概念以及近代社会的人民概念,而是与我国的社会主义性质密切相关,具有鲜明的社会主义本质与特色。同时,我国社会主义的人民概念是在我国革命年代以及社会主义建设的不同阶段产生并不断充实、丰富其内涵的。因此,我国社会主义的人民概念除了具有鲜明的政治性之外,还具有鲜明的时代性与历史性。

我国社会主义的人民概念的政治性与时代性以及历史性特征最早由毛泽东同志加以概括总结。[4]根据毛泽东同志关于我国在抗日战争时期、解放战争时期以及社会主义建设时期人民范围的论述,我们可以得出以下关于我国社会主义的人民概念的结论。首先,人民概念的政治性。人民是具有正确政治立场和政治态度的群体,即支持、拥护新民主主义革命、社会主义革命以及社会主义建设的群体才属于人民概念的范畴,反之就不属于人民,而是人民的对立面——敌人。人民与敌人的区分彰显了毛泽东同志关于社会主义人民概念的政治性特征及其强调。其次,人民概念的时代性与历史性。人民的概念在我国社会主义的

---

[1] 秋桐:《调和立国论》,载《甲寅杂志》1914 年 11 月 10 日,第 4 号。

[2] 梁启超:《申论种族革命与政治革命之得失》,载《新民丛报》1906 年 3 月 9 日,第 76 号。

[3] 参见《孙中山全集》(第 2 卷),中华书局 1982 年版,第 393 页。

[4] 毛泽东同志在 1957 年所做的《关于正确处理人民内部矛盾的问题》的报告中指出:“人民这个概念在不同的国家和各个国家的不同的历史时期,有着不同的内容。拿中国的情况来说,在抗日战争时期,一切抗日的阶级、阶层和社会集团都属于人民的范围,日本帝国主义、汉奸、亲日派都是人民的敌人。在解放战争时期,美帝国主义和它的走狗即官僚资产阶级、地主阶级以及代表这些阶级的国民党反动派,都是人民的敌人;一切反对这些敌人的阶级、阶层和社会集团,都属于人民的范围。在现阶段,在建设社会主义的时期,一切赞成、拥护和参加社会主义建设事业的阶级、阶层和社会集团,都属于人民的范围;一切反抗社会主义革命和敌视、破坏社会主义建设的社会势力和社会集团,都是人民的敌人。”参见《毛泽东文集》(第 7 卷),人民出版社 1999 年版,第 205 页。

不同时期具有不同的内涵,其范围是在不断调整和变化的,是一个动态的历史过程,而人民范畴的判定依据就是当时社会特定的主要矛盾或者历史任务。

邓小平同志在毛泽东同志关于人民概念界定的基础上,根据我国社会主义新时期的时代特征与历史任务,进一步丰富、发展了社会主义的人民概念。[1]根据邓小平同志关于我国社会主义建设新时期人民范围的论述,我们可以发现在社会主义建设新的阶段,社会主义的人民概念内涵进一步丰富,外延进一步扩展,主要表现为:首先,在人民概念的内涵上逐渐淡化以往过度强调阶级属性的倾向,而更加突出人民概念的社会属性,人民概念的政治性色彩变淡,社会性、群众性的特征凸显。其次,人民概念的外延进一步扩展,在社会主义现代化建设的大背景下把握人民的概念。人民范畴的外延扩展,将拥护社会主义和祖国统一的爱国者也纳入其中,因此社会主义的人民概念具有了更加广泛的外延和丰富的内涵。

进入中国特色社会主义新时代,习近平总书记根据我国新时代中国特色社会主义新的历史方位,继续把握人民在改革发展全局中的根本地位,不断赋予社会主义的人民概念以新的内涵。习近平总书记在各种讲话中,经常将"人民"作为关键词以及核心概念,赋予其新时代特征。[2] 十九大报告更是将"人民"作为整个报告的中心概念,分别以"人""人民""中国人民""全体人民""全国各族人民"等形式出现在不同的表述中。报告特别强调:"把人民对美好生活的向往作为奋斗目标","保证人民当家作主落实到国家政治生活和社会生活之中","把人民利益摆在至高无上的地位"。这些论述,都突出了新时代中国特色社会主义"以人民为中心"和"坚持人民主体地位"的人民概念的特定内涵与本质,使人民的主体地位与根本利益得到了更加广泛的承认和保护。

(二)人民主体

以民为本的社会主义法治文化是人民主体的文化,必然具有人民主体性。人民主体既是社会主义法治文化的主体存在,又是社会主义法治文化的主体属

---

[1] 邓小平同志于1979年在中国人民政协会议第五届全会第二次会议上所作的题为《新时期的统一战线和人民政协的任务》的讲话中指出:"这三十年中,我国的社会阶级状况发生了根本的变化。我国工人阶级的地位已经大大加强,我国农民已经是有20多年历史的集体农民。工农联盟将在社会主义现代化建设的新的基础上更加巩固和发展。我国广大的知识分子,包括从旧社会过来的老知识分子的绝大多数,已经成为工人阶级的一部分,正在努力自觉地为社会主义事业服务。"参见《邓小平文选》(第2卷),人民出版社1994年版,第185~186页。

[2] 参见陈振凯整理:《习近平谈"人民"》,载《人民日报(海外版)》2017年1月11日,第5版。

性。社会主义法治文化作为由人民创造、为了人民并且体现人民利益并最终通过人民践行的文化形态,必然将人民的主体性存在贯穿于社会主义法治文化的民本模式之中并在具体的文化形态中充分展现人民的主体属性。

1. 主体的概念

在认识论上,主体是个多义词。现代汉语对主体的一般释义是:(1)事物的主要部分;(2)哲学上指有认识和实践能力的人;(3)法律上指依法享有权利和承担义务的自然人、法人或国家。[1] 在一般意义上,主体是与客体相对的概念,在与客体的关系中处于能动的地位,能够自主认识和改造客体,从而使客体能够满足或者服务于主体自身的目的需要。在法律意义上,主体作为参与法律关系并在法律关系中享有权利和承担义务的当事人,是自主与自由的法律行为主体,也就是法治和法治文化的践行主体,是法律行为秩序的实施者和社会生态秩序的构造者。

2. 人民主体的概念

基于一般主体概念,人民主体的概念通常具有以下两个方面的含义:

其一,人民主体是指人民构成国家以及社会中的主要部分。以我国为例,由上文可知,毛泽东同志在论述我国不同时期的人民范畴时虽有不同,但是人民无疑在任何时期都是国家和社会的主要群体。邓小平同志界定的我国社会主义的人民范围更加广泛,人民无疑在国家与社会中占据绝对多数的主体。习近平新时代中国特色社会主义理论的人民范围最为广泛,除了危害国家安全和分裂国家的少数分子以外,人民完全可以涵摄全体国民即一般意义上的人或者公民。

其二,人民主体是指历史上具有认识社会、改造社会能力的群体。人民主体是强调人民群众在国家社会发展中所处的重要地位以及发挥的主体作用。它所

---

〔1〕《现代汉语词典》,商务印书馆 2005 年版,第 1780 页。此外,关于人民概念的权威释义有:(1)事物的主要部分;(2)在哲学上同"客体"相对,构成认识论的一对基本范畴。主体指认识者(人),客体指作为主体认识对象或实践对象的客观事物。主体具有意识性、自觉能动性和社会历史性等基本特征,意识、思维是主体的机能和最重要的特性;(3)"法律关系主体"的简称。《辞海》,上海辞书出版社 1990 年版,第 1353 页。还有:(1)指君主的统治地位;(2)事物的主要部分;(3)哲学名词,和"客体"相对。指对客体有认识和实践能力的人;(4)法学用语。民法中指享受权利和负担义务的公民或法人;刑法中指因犯罪而应负刑事责任的人;国际法中指国家主权的行使者与义务的承担者,即国家。参见《汉语大词典》(第 1 卷),上海辞书出版社 1986 年版,第 706 ~707 页。也有将主体与客体置于一体解释的:主体与客体用以说明人的实践活动和认识活动的一对哲学范畴。主体是实践活动和认识活动的承担者;客体是实践活动和认识活动指向的对象。参见《中国大百科全书·简明版》(第 11 卷),中国大百科全书出版社 1998 年版,第 6419 页。

表示的是人民在认识和改造客体对象的过程中表现出来的自主地位。这种自主性与主体性突出地表现为人民群众在历史发展中的主动性、积极性和创造性。马克思、恩格斯的历史唯物主义史观第一次科学揭示了在认识社会和改造社会的进程中人民的主体地位以及作用,从而科学地界定了人民的概念。马克思首先界定了人民主体是包括无产阶级在内的广大人民群众。认识社会、改造社会的活动是人的活动,而人的活动根本上就是人民主体的活动,因为思想需要使用实践的力量才能够实现,〔1〕而"使用实践力量的人"就是人民主体。人民主体在实践中认识社会、改造社会、创造历史。"群众给历史规定了它的'任务'和它的'活动'。"〔2〕

3. 我国的人民主体立法

我国为了确保人民的主体地位能够真正实现,通过制定宪法和法律的形式规定人民的权利,保障人民的主体地位,人民可以通过各种途径和形式管理国家和社会事务,管理经济和文化事业。

首先,我国《宪法》在序言中明确规定人民主体的具体范围。2018 年《宪法修正案》第 33 条进一步扩大了人民主体的范围,将致力于中华民族伟大复兴的爱国者纳入人民主体的范围之内,使我国人民主体的范围更加广泛。〔3〕在规定人民主体范围的基础上,《宪法》以根本大法的形式规定了人民主体在国家中的根本地位以及享有的基本权利。〔4〕宪法在我国法律体系中处于根本法地位,宪

---

〔1〕《马克思恩格斯文集》(第 1 卷),人民出版社 2009 年版,第 320 页。

〔2〕《马克思恩格斯文集》(第 1 卷),人民出版社 2009 年版,第 285 页。

〔3〕"考虑到实现中华民族伟大复兴的中国梦已经成为团结海内外中华儿女的最大公约数。实现中国梦,需要凝聚各方面的力量共同奋斗。只有把全体社会主义劳动者、社会主义事业的建设者、拥护社会主义的爱国者、拥护祖国统一和致力于中华民族伟大复兴的爱国者都团结起来、凝聚起来,实现中国梦才能获得强大持久广泛的力量支持。"参见王晨:《关于〈中华人民共和国宪法修正案(草案)〉的说明》,载《人民日报》2018 年 3 月 7 日,第 6 版。

〔4〕我国《宪法》在序言中肯定了人民主体为国家独立、民族解放和民主自由进行的英勇奋斗以及取得的伟大成就,通过历史回顾的方式确认了人民主体地位。在第 1 章总纲中,第 1 条第 1 款规定:"中华人民共和国是工人阶级领导的、以工农联盟为基础的人民民主专政的社会主义国家。"该条表明了我国人民主体的具体阶级构成。第 2 条规定:"中华人民共和国的一切权力属于人民。人民行使国家权力的机关是全国人民代表大会和地方各级人民代表大会。人民依照法律规定,通过各种途径和形式,管理国家事务,管理经济和文化事业,管理社会务。"该条以人民主权原则的形式将国家权力赋予人民主体以及规定人民主体行使权力的方式和范围。第 3 条第 2 款规定:"全国人民代表大会和地方各级人民代表大会都由民主选举产生,对人民负责,受人民监督。"该条规定了国家权力机关的产生办法以及与人民主体的关系,以具体的法律技术保障人民主体的根本权力。以上宪法条文都是直接规定人民主体的规范形式,同时宪法中还有其他间接保障人民主体地位的条款。

法通过丰富的规范,确认了人民主体的至高无上地位,并为建设以民为本和以人民为主体的社会主义法治文化提供了根本上的制度保障。

其次,我国其他法律在各种社会关系领域确认人民主体的法律地位,并规定了人民主体享有的具体权利。在民事立法领域,以民法典为基本法的民事法律体系,规定人民主体在民事领域的各项人身与财产权利,具体体现人民在市民社会关系中的主体地位。[1] 在刑事立法领域,我国刑法和刑事诉讼法坚持惩治犯罪与保障人权相结合,为人民主体的权利保障以及不受非法追诉提供刑事立法保护。[2] 在行政法领域,严格执法的原则与要求使体现人民主体地位的法律得以充分实施,从而在权力运行以及公权与私权的关系中切实保障人民的主体权利。在社会法领域,人民主体的劳动权利、要求国家提供社会保障的权利等各项社会权利在法律上得到了全面落实。[3] 可见,我国在各种社会关系领域都为人民主体能够充分享有多样化的权利和地位提供了全面的法律保障。

4.党的人民主体理论

中国共产党在领导革命和建设事业中,始终把实现人民在国家和社会中的主体地位作为孜孜以求的奋斗目标,并坚定确立和践行人民主体思想和党的群众观点、群众路线。毛泽东思想中蕴含着丰富的人民主体理论。在党的七大报告中,毛泽东同志强调人民是创造历史的动力。[4] 并把和最广大人民群众取得最密切的联系和合乎最广大人民群众的最大利益作为共产党人的最高标准。[5] 抗日战争胜利前夕,毛泽东同志在回答黄炎培提出的如何跳出“其兴也勃焉”“其亡也忽焉”的历史“周期律”的提问时指出:“我们已经找到新路,我们能跳出这周期率。这条新路,就是民主。只有让人民来监督政府,政府才不敢松懈。只

---

〔1〕 我国的民法体系已经初步形成。《民法典》颁布之前,民法通则、婚姻法、继承法、物权法、合同法、侵权责任法、涉外民事关系法律适用法等构成的民事立法已经确立了我国民法典的基本内容与框架体系。十八届四中全会《决定》提出编纂民法典的立法任务,为进一步完善我国民事立法并制定和形成中国民法典掀开了新的历史一页。中国民法典的颁布施行必将为人民主体地位在民事法律关系领域的确立和实现奠定坚实的制度基础。

〔2〕 我国《刑法》规定的罪刑法定原则、罪责刑相适应原则,以及《刑事诉讼法》规定的惩罚犯罪与保障人权相结合的原则,都为人民主体地位在刑事法律领域的充分实现提供了法律保障。

〔3〕 以《劳动法》和《劳动合同法》为核心的各项社会法,在保障人民主体的劳动权、休息休假权等各项社会权利方面提供了严格的制度条件。

〔4〕《毛泽东选集》(第3卷),人民出版社1991年版,第1031页。

〔5〕《毛泽东选集》(第3卷),人民出版社1991年版,第1096页。

有人人起来负责,才不会人亡政息。”[1]

邓小平理论作为改革开放时期党的根本指导思想,也以人民主体理论为核心。邓小平同志在谈到人民主体与社会主义现代化建设的关系时指出,党只有紧密依靠人民群众,才能获得强大力量,才能完成社会主义现代化建设的各项任务。[2] 邓小平理论作为中国特色社会主义理论的重要组成部分,进一步继承和发扬马克思的群众观,形成人民主体的理论。[3]

党的“三个代表重要思想”的内涵之一,就是“代表最广大人民的根本利益”。这一思想,就是一种人民利益观,本质上就是人民主体的思想。“三个代表”的人民主体思想是指人民是国家的主人,是国家发展的根本力量。[4] 党的科学发展观的核心是以人为本。[5] 以人为本就是以人民为本,把人民的利益放在首位,把人民作为主体,就是人民主体的发展观。十七大报告在阐释科学发展观时指出:“全心全意为人民服务是党的根本宗旨,党的一切奋斗和工作都是为了造福人民。”

习近平新时代中国特色社会主义思想更加重视和突出人民主体在国家和社会中的作用,提出了以人民为中心的发展思想。根据十九大报告,只有坚持以人民为中心的思想,才能解决我国新时代的主要矛盾,才能实现人的全面发展以及共同富裕的目标。习近平新时代中国特色社会主义思想关于人民主体的理论,既是对我党人民主体理论的继承,又是在新时代中国特色社会主义的历史条件与社会背景下对我党人民主体理论的新发展。

(三)人民主体地位

人民主体必然表现为人民主体地位。人民主体地位是人民主体在国家和社

---

[1] 黄炎培:《延安归来》,载《八十年来》,中国文史出版社 1982 年版,第 157 页。

[2] 参见《邓小平文选》(第 2 卷),人民出版社 1994 年版,第 342 页。这里的“群众”具有与“人民”相同的意义。在我们党的理论上,经常用“群众”的概念代表人民,并合称为“人民群众”。

[3] 邓小平同志在《关于修改党的章程的报告》中指出:“马克思主义向来认为,归根结底地说来,历史是人民群众创造的。工人阶级必须依靠本阶级的群众力量和全体劳动人民的群众力量,才能实现自己的历史使命——解放自己,同时解放全体劳动人民。”《邓小平文选》(第 1 卷),人民出版社 1994 年版,第 217 页。

[4] 江泽民同志在纪念党的十一届三中全会召开二十周年大会上的讲话指出:“人民是我们国家的主人,是决定我国前途和命运的根本力量。党的全部任务和责任,就是为人民谋利益,团结和带领人民群众为实现自己的根本利益而奋斗。在任何时候任何情况下,党的一切工作和方针政策,都要以是否符合最广大人民群众的利益为最高衡量标准。这是我们观察和处理问题的一个根本原则。”

[5] 十七大报告指出:“科学发展观,第一要义是发展,核心是以人为本,基本要求是全面协调可持续,根本方法是统筹兼顾。”

会生活中所享有的资格和能力的总称,是人民主体的必然主体性条件和要求及其表现形式,是人民主体的主体存在和主体作用的根本体现。[1] 人民主体地位反映在法治和法治文化中,必然体现为人民是以民为本的社会主义法治文化的主体,是社会主义法治文化的实践主体与创新主体。人民在建设社会主义法治文化中的主体地位必然要求和体现为建设社会主义法治文化的民本模式。

十八届四中全会《决定》详细阐释了人民主体地位在建设社会主义法治文化中的具体内涵:在政治制度方面,坚持人民代表大会制度;在法治建设方面,以人民利益为根本目的,保证人民享有广泛的权利与自由;在国家和社会的管理方面,在党的领导下,让人民以各种方式参与管理事务;在法治意识方面,增强人民法治意识,使法律为人民所运用。坚持人民主体地位构成了习近平新时代中国特色社会主义思想的重要内涵并得到了全面和充分的阐释,从而对于在新时代中国特色社会主义条件下实现人民主体地位具有非常重大的现实意义。

二、人民主体与民事主体

人民主体与民事主体虽然在概念和含义上存在区别,[2]但是二者都是建设社会主义法治文化的行为主体,在建设社会主义法治和法治文化的民本模式条件下具有本质的统一性。人民主体进入社会关系就是民事主体,民事主体在一般条件下都是人民主体。人民主体与民事主体的统一,表明了我国人民主体的广泛性和民事主体的地位性。

(一)人民主体与民事主体的本质统一

人民主体与民事主体首先具有本质上的统一性。它们都是代表人的主体性的一般范畴,是人的主体性在我国社会存在的普遍形式,都揭示了人在一定社会关系中的本质。虽然人民主体与民事主体的内涵有所不同,但是他们作为人以不同身份和从不同方面参加一定的法律关系和法治实践的主体,都是建设社会

---

〔1〕 有学者阐释人民主体地位的内涵:第一,人民是财富创造主体与成果享受主体。第二,人民当家作主是社会主义民主政治的本质和核心。第三,人民是社会实践主体与制度创新主体。参见程元恒:《人民主体地位的内涵和实现途径》,载《人民日报》2013 年 1 月 30 日,第 7 版。

〔2〕 人民主体在很大程度上是政治学上的概念,而民事主体则是民法概念。它是指民法规定的,能够参与民事法律关系,享有民事权利和承担民事义务的当事人,即具有民法上的主体资格与能力的社会实体。民事主体根本是一种行为主体,即行为自由与意思自治主体,也就是根据民法规定能够实现行为自由与自治的主体。根据《民法总则》规定,我国民事主体包括自然人、法人和非法人组织。

主义法治文化的统一行为主体与秩序主体。社会主义法治文化作为一种行为文化,既是一种行为主体的文化,也是由行为主体的行为规范与秩序构造的文化。社会主义法治文化的行为主体与秩序主体,就是广泛的人民主体即普遍的民事主体。

人民既是社会主义法治文化的行为主体,又是社会主义法治文化的秩序构造主体;既以自己的主体观念生成社会主义法治文化的核心价值,又以自己的行为规范构造社会主义法治文化的生态秩序。人民主体在社会关系中以民事主体的身份出现,构成民法文化与民法精神的行为主体与秩序主体,并通过自己的自主与自由的法律行为弘扬和践行民法文化与民法精神,而民法文化与民法精神则是法治文化的核心文化与基础精神,从而人民主体在社会关系中以民事主体的身份同样促进以民为本的社会主义法治文化的建设与发展。

孟德斯鸠认为:"政治法使人类获得自由;民法使人类获得财产。"〔1〕而自由与财产在主体条件上的结合则表征了人民主体与民事主体在本质上的统一。"在民法的慈母般的眼里,每一个个人就是整个的国家。"〔2〕每一个个人在政治国家的意义上构成人民主体,而在社会关系中构成民事主体,不论他们以何种身份出现,都是以民为本的社会主义法治文化的统一主体条件。

(二)人民主体与民事主体的利益统一

人民主体与民事主体在本质统一的基础上必然具有利益的统一。虽然人民主体与民事主体作为不同的主体具有不同的利益需求,但是这种利益需求的不同主要是一种政治利益的差别性,因为人民主体首先是作为一种政治意义上的主体身份,必然具有一定的政治利益和目的,而民事主体作为社会的主体,只是追求一般的民事利益和目的。〔3〕因此,当人以人民主体和民事主体的不同身份出现并参加不同性质的社会关系时,就会有不同的利益需求,而这种不同的利益需求主要体现在政治利益方面,而不是作为人的一般利益即民事利益的差别性,因为人民主体同样是民事主体并同样具有民事利益需求,这是一种人的一般利

〔1〕[法]孟德斯鸠:《论法的精神》(下册),张雁深译,商务印书馆1961年版,第189页。

〔2〕[法]孟德斯鸠:《论法的精神》(下册),张雁深译,商务印书馆1961年版,第190页。

〔3〕人民主体与民事主体的利益区分,产生了调整不同利益关系法律,正如公法与私法的划分,其划分的标准之一即为"利益说"。"此说以法律所保护之利益为其区别标准,即保护公益者为公法,保护私益者为私法;亦即公法以保护公益为目的,私法以保护私益为目的,故亦称'目的说'。"参见郑玉波:《民法总则》,中国政法大学出版社2003年版,第4页。

益需求,是没有差别的统一需求。

显然,不论是人民主体还是民事主体,他们都是人的主体,都不能脱离作为人的利益需求,必然在利益条件上具有自然生态的统一性。也就是说,人民主体与民事主体在人的一般主体性上,必然具有自然生态上的利益需求及其实现上的统一性,而这一统一性作为人的社会性,就是主体的利益规范与利益行为的统一性,而在这一统一性的基础上,必然形成统一的社会生态秩序。换言之,一切的社会秩序统一,根本是利益统一,没有利益统一,就没有秩序统一,利益统一是一切秩序统一的前提条件,而这一条件必须具有主体的客观性与一般性,即主体利益的自然生态性,否则人类难以达成自主的秩序统一。

由此可见,人民主体与民事主体是人的利益统一的主体,即使是作为人民主体的政治利益,最终也构成了一种特殊的或者优越的"民事利益"并进一步转化为民事利益,而民事主体包括一定的人身和财产利益,也是获取和实现一定政治利益的基础。没有一定的民事利益也就不可能有一定的政治利益,即政治利益与民事利益是相互依存的利益,既不可能是单独的存在,也不可能是对立的存在,而只能是统一的存在。

人民主体与民事主体的利益统一决定了人作为这两种主体的目的统一,即人民主体与民事主体必然具有相同的利益诉求并维护统一的利益分配秩序,而这一秩序最终构成了一个社会统一的法治文化形态。

(三)人民主体与民事主体的条件统一

人民主体与民事主体的统一性必然表现为作为主体的条件统一。一方面,人民主体与民事主体作为本质与利益统一的主体,是统一的自然生态主体,具有主体条件的自然生态的统一性,即作为两种不同身份主体的人身条件与财产条件的统一性,亦即作为人的自然生态条件的人身关系与财产关系的自然与应然的平等性。[1] 也就是说,不论是人民主体还是民事主体,他们作为人的主体都应当是主体条件的自然或者应然平等的主体。另一方面,基于人的自然生态的主体条件统一,人民主体和民事主体在社会人格上也必然具有主体条件的统一性,并提出和具有同样的制度条件。

---

〔1〕 无论是人民主体还是民事主体,作为人的主体性,不仅需要具备一定的人身条件,而且需要具备一定的财产条件。财产作为人格的外化形式,是维护人格或者人的主体性所不可缺少的客观条件。"控制物意味着生存,没有实物财产的人只能沦落到被奴役被支配的境地。"参见杨振山、孙毅:《近代民事主体形成的条件与成因》,载《政法论坛》2005 年第 4 期。

自然之人只有首先被承认为具有法律人格的自然人,即具备民事主体条件才能够成为人民主体,而基于人民主体的普遍性,民事主体在一般情况下必然同时具备作为人民主体的条件。虽然人民主体与民事主体属于不同的制度体系,但是它们必须具有制度条件的统一性。这一统一条件的集中反映,就是我国宪法关于"公民的基本权利和义务"的规定,它既是关于人民主体的规定,也是关于民事主体的规定,是人民主体与民事主体的统一制度条件。我国公民既依据宪法作为人民而构成人民主体,又依据宪法以自然人身份构成民事主体,宪法关于公民的规定,同时构成了确立人民主体和民事主体的统一条件和根据。

人民主体和民事主体的统一制度条件,在自然生态的基础上,是一种平等和自由的人格条件。平等和自由是人民主体和民事主体的共同人格诉求。"被民法调整的法律地位平等的人就是民事主体。"[1]如果民事主体作为一种个人或者私人主体,不是一种平等和自由的主体,就不能正常开展和实现市民社会关系,也就不是真正的民事主体,也不能作为民事主体设立社会关系。同样,人民主体如果不具有平等和自由的主体条件,人民就不能自由地表达自己的意志,也就必然处于一定的从属依附地位,既不是国家和社会的主人,也不构成人民和人民主体。

人民主体与民事主体的利益统一和条件统一必然决定他们的行为统一及其统一的行为秩序。每一个社会都会促使人们作出有利于社会的行为,而避免作出有害于社会的行为。[2] 秩序作为社会构成的条件,也就是社会的主体条件,而统一的行为秩序是主体性的生态秩序条件,构成了一个国家和社会的法治和法治文化的基础形态。

(四)人民主体与民事主体的地位统一

所谓人民主体与民事主体的地位统一,是指人必然具有与其人民主体相统一的民事主体地位,而人的民事主体地位也必然构成其享有和实现人民主体地位的前提条件。我国是"人民"共和国,是"人民"民主专政的社会主义国家,国家的一切权力属于人民,人民是国家的主体与主人。也就是说,国家以人民为中心并坚持人民主体地位,人民在国家政治生活中具有最高的地位。代表人民行

---

〔1〕 杨振山、孙毅:《近代民事主体形成的条件与成因》,载《政法论坛》2005 年第 4 期。

〔2〕 参见[奥]凯尔森:《法与国家的一般理论》,沈宗灵译,中国大百科全书出版社 1996 年版,第 15 页。

使国家权力的机关由人民选举产生，对人民负责，受人民监督；人民依照法律规定，通过各种途径和形式，管理国家事务，管理经济和文化事业，管理社会事务。为了维护人民的主体地位，我国宪法和法律规定了人民以公民或者自然人身份享有的各项权利，从而在市民社会关系领域确立了人民的民事主体地位，人民主体作为民事主体能够充分享有民事权利和全面实现民事利益，这就使人民主体地位以民事主体地位的形式得到了具体落实和提高，即在具体的人身与财产关系中而具有了现实性、客观性和真实性。

人民主体与民事主体均具有社会主义法治文化的主体地位性，〔1〕是建设社会主义法治文化的统一主体，在建设社会主义法治文化的民本模式中具有统一的地位。社会主义法治文化既是由人民或者民事主体创造的民本文化，又代表人民或者民事主体的根本利益，并确立人民或者民事主体的根本地位，而人民或者民事主体也构成了社会主义法治文化的普遍主体。社会主义法治文化的鲜明特征就是其人民或者民事主体地位的确立及其根本性与普遍性，人民或者民事主体的地位统一于社会主义法治文化的主体性中，并具有共同的主体价值和作用。

在建设以民为本的社会主义法治文化中，人民或者民事主体作为建设社会主体法治文化的民本主体，必然在建设社会主义法治文化中具有主导性与自主性。也就是说，社会主义法治文化作为由人民或者民事主体建设的文化，必然由人民或者民事主体的自主建设行为而主导其建设过程。〔2〕人民或者民事主体一旦掌握了法治文化建设的主导权和自主权，就必然以自己的行为特质与秩序导向构成法治文化的生态本质与发展方向。

人民或者民事主体在建设社会主义法治文化中的主导与自主地位，反映人民或者民事主体在建设社会主义法治文化中的自觉性。有学者认为，文化自觉有利于人们加强在文化转型中的自主能力，取得在文化选择方面的自主地

〔1〕关于文化的主体性，有学者认为："首先即是指文化的这种'我们性'而不是'他们性'。"林默彪：《文化自觉、文化自信与当代中国文化主体性的重建》，载《福建论坛（人文社会科学版）》2016年第12期。"我们性"其实就是主体性的一种具体表达。

〔2〕"文化主体性还意味着这个'我们'或'主体'对自己所选择、所创造、所认同的文化在本国文化发展和交流中居于主导性的主体地位。"林默彪：《文化自觉、文化自信与当代中国文化主体性的重建》，载《福建论坛（人文社会科学版）》2016年第12期。

位。[1] 在本质上,文化自觉是人在文化发展方面存在的主体自觉性。[2] 文化自觉是一种自觉的文化创造,而自觉的文化创造就是自由的、以自我为目的以及实现自我价值的文化创造,它不仅全面体现主体的文化创造地位,而且能够充分调动主体的文化创造能力,从而实现文化的不断发展。

三、人民主体地位与社会主义法治文化

作为实现全面推进依法治国总目标所必须坚持的原则之一的"人民主体地位",也就是人民在建设社会主义法治文化中的主体地位,它揭示了人民与社会主义法治文化之间的主体与对象的关系。[3] 人民是社会主义法治文化的创造者和实践者,人民以自身的主体性建设和创造社会主义法治文化,并必然在自己建设和创造的法治文化中表现和实现自己的主体地位,从而反映和实证自己的社会主体性存在。

(一)人民主体地位与社会主义法治文化本质

建设以民为本的社会主义法治文化是一项人民主体的社会秩序文明构造,必然体现人民在社会主义法治文化中的主体地位,从而使社会主义法治文化成为代表人民主体地位的文化。一方面,人民是社会主义法治文化的建设主体与实践主体,也就是社会主义法治文化的行为主体与生态主体,从而决定社会主义法治文化的行为秩序与生态文化的内涵与本质。另一方面,基于社会主义法治

[1] 参见费孝通:《反思·对话·文化自觉》,载《北京大学学报(哲学社会科学版)》1997 年第 3 期。

[2] 参见吴学东、吴远:《文化自觉与探索马克思主义大众化的规律》,载《社会主义研究》2012 年第 1 期。

[3] 中国的法治文化概念提出始于 20 世纪 70 年代末,通过对法治与人治、法制与法治、法治与德治等问题的大讨论,理论界开始将研究重心从法制研究向法治研究的转变,关于社会主义法治文化的相关研究成果很多:有学者认为"社会主义法治文化是新中国成立以来,在建设社会主义社会的伟大实践中,在法治建设领域不断摸索、艰苦推进、勇于创新而取得的各项物质、制度和精神等成果的总和。一方面,社会主义法治文化是一种新型的、现代化的法治文化;另一方面,社会主义法治文化是一种更加强调中国特色、强调适应中国国情、民情的法治文化。"何勤华:《开启社会主义法治文化建设新征程》,载《检察日报》2017 年 12 月 27 日,第 3 版。有学者认为"社会主义法治文化是以社会主义法治理念为导引、以社会主义法律制度为主干、以依法办事和自觉守法为基础、以构建社会主义法治秩序为目标的法治文明状态"。蒋传光:《大力繁荣中国特色社会主义法治文化》,载《学习时报》2017 年 6 月 12 日,第 3 版。宏观政策上的法治文化概念始于十八大以后,社会主义法治文化建设得到国家层面的高度重视。十八届四中全会《决定》提出,"必须弘扬社会主义法治精神,建设社会主义法治文化"。党的十九大报告再次强调"建设社会主义法治文化"。

文化的人民主体性，必然是以人民为目的并代表人民主体地位的文化，只有在法治文化的建设和发展中以人民为中心，体现和落实人民主体地位，让人民在社会主义法治文化中充分享有权利，才能够实现人民作为主体的利益和目的。人民主体地位在社会主义法治文化中的确立，使人民主体成为社会主义法治文化的自觉建设者和自律践行者，从而在使社会主义法治文化构成人的本质的同时成为一种可持续发展的生态秩序文化。

人民性是社会主义法治文化的本质属性，人民主体地位的特征是社会主义法治文化的本质特征。不过，文化的人民性首先应当是“人性”，而人民主体地位性也首先应当是人的主体地位性。只有在人性和人的主体地位性的基础上才能够具有客观、正确的人民性和人民主体地位性。〔1〕虽然所有的文化或者法治文化都是人的主体性文化，但是不同的文化所反映的人的主体性及其地位是不同的。也就是说，人是文化的主体并不意味着任何文化都是人民主体性的文化，也不意味着任何文化都是体现人民主体地位的文化。〔2〕

以民为本的我国社会主义法治文化，既是人性的文化，又是人民性的文化，更是体现人民主体地位的文化。“中国现代法治不可能只是一套细密的文字法规加一套严格的司法体系，而是与亿万中国人的价值、观念、心态以及行为相联系的。”〔3〕这种与亿万中国人的价值、观念、心态以及行为相联系的社会主义法治文化必然是以人民为主体并代表人民主体地位的文化。〔4〕

（二）人民主体地位与社会主义法治文化建设

人民主体地位不仅决定社会主义法治文化的本质，而且决定社会主义法治文化的建设。人民是社会主义法治文化的建设者。所以，建设社会主义法治文化不仅是为了人民，而且需要依靠人民，只有通过人民存在和展现的建设社会主

〔1〕“文化从本性上看是人创造出来的，是‘人化’；文化从其功能目的来看是用来教化涵育人的，是‘化人’。人是文化的主体。”林默彪：《文化自觉、文化自信与当代中国文化主体性的重建》，载《福建论坛（人文社会科学版）》2016年第12期。

〔2〕例如，贵族文化、精英文化就只是少部分人的文化，而不是普遍的人的或者人民文化，更不是人民主体地位的文化。

〔3〕苏力：《法治及其本土资源》，中国政法大学出版社1996年版，第19页。

〔4〕社会主义法治文化的人民主体地位属性根本上是由社会主义法治文化的性质决定的。人民是社会主义法治文化的主体与目的，所以必然以自己的文化体现自己的主体地位。同时，基于人民主体性，社会主义法治文化是由亿万中国人的思想意识和行为秩序所构造的文化，也必然是代表人民主体地位的文化而不能成为少数人的文化。

义法治文化的自觉与自律的行为与行为秩序，才能够建设成为以民为本的社会主义法治生态文化。显然，建设社会主义法治文化的过程，不仅是确立人民主体地位的过程，而且是人民主体的社会秩序构造过程，只有建立在人民主体地位的基础上，才能够调动人民主体建设社会主义法治文化的积极性与主动性，使人民信仰法治、维护法治和践行法治，以主体的自主规范与秩序意识把建设社会主义法治文化作为自身的内在品质要求，从而通过人民主体地位与社会主义法治文化的统一，实现以民为本的社会主义法治文化建设目标。

首先，建设社会主义法治文化需要人民主体地位，人民主体是建设社会主义法治文化的根本动力，而人民主体地位的实现又是建设社会主义法治文化的根本目标。一方面，社会主义法治文化建设仅仅依靠少数的专家学者难以获得持久、全面和充分的动力，只有人民主体才是建设社会主义法治文化的可靠动力源泉；另一方面，社会主义法治文化的建设必须以实现人民主体地位为目标，否则就丧失了正确的发展方向。人民主体地位是社会主义法治文化的本质特征，这一特征决定了只有依靠人民主体的创造力与能动性，不断追求人民主体地位的本质与实现，才能够获得建设社会主义法治文化的内在动力，确立建设社会主义法治文化的科学内涵并推动其持续发展。

其次，建设社会主义法治文化需要人民以自身的主体地位确立对法治的内心信仰，把建设社会主义法治文化的规范精神与秩序意识外化为具体的规范与秩序行为。"邦国虽有良法，要是人民不能全部遵循，仍然不能实现法治。"〔1〕法治信仰不仅是人民对法治以及法治文化的主观心理愿望，而且更需要人民展现出与自身主体地位相适应的法律与法治行为。主观心理与客观行为共同构成了法律信仰，二者缺一不可。〔2〕社会主义法治文化是人民主体的精神文化与行为文化，既离不开人民主体对社会主义法治和法治文化的科学认知，形成人民主体对社会主义法治和法治文化的信仰，又离不开人民主体以其社会实践行为对社会主义法治和法治文化的践行。申言之，社会主义法治文化的人民主体地位确立，既要通过确立人民主体内心对法治以及法治文化的信仰而实现，又要通过确立人民主体由信仰而产生的外在行为实践而实现。没有人民主体以自身地位形成的法治信仰与实践的法治行为，也就没有以人民主体的普遍生态秩序构成的

〔1〕［古希腊］亚里士多德：《政治学》，吴寿彭译，商务印书馆 1965 年版，第 199 页。

〔2〕参见谢晖：《法律信仰的理念与基础》，山东人民出版社 1997 年版，第 21 页。

社会主义法治文化。

四、人民主体地位与民法精神

人民作为建设社会主义法治文化的主体，必然在法治文化的建设过程中体现人民主体的目的和价值，[1]并将人民主体的秩序与规范精神即民法精神贯彻其中。民法精神既是人民主体的社会精神，又是人民主体地位的根本条件要求，人民主体地位的实现过程就是民法精神的确立过程，人民主体地位的实现必然以民法精神的形式表现出来。

（一）民法精神是人民主体的秩序精神

民法精神是民事主体的社会规范与行为精神。社会主义法治文化背景下的民事主体是最广泛的人民主体，而人民主体也就是民法精神的普遍主体，人民主体的社会规范与秩序精神决定了民法精神的社会条件与存在。因此，人民主体的民法精神构成了我国社会民法精神的根本形态，人民主体具有了普遍的民法精神，就具有了建设以民为本的社会主义法治文化的根本条件。

换言之，人民主体作为合格的社会主体，必须是具有民法精神的主体，能够以普遍的行为秩序践行和构造社会主义法治文化，成为社会主义法治和法治文化的自觉遵守者和维护者。[2] 也就是说，人民主体不仅应当具有政治上的合格性，而且应当是适格的市民社会主体，即具有民事主体的一般精神与行为品质，而这一精神和品质是人民主体的基本社会秩序条件。因此，对于建设社会主义法治文化的民本模式而言，人民主体是否具有和如何具有民法精神是至关重要的条件，只有人民主体具有与建设社会主义法治文化的民本模式相适应的民法精神，才能够以普遍的社会主体条件成为自觉践行法治和自主参与法治文化建设的根本力量。

人民主体是建设社会主义法治文化的精神主体与行为主体，一旦人民具有了民法精神，就不仅是国家和社会的主人，而且是自觉的社会秩序的追求者和建

---

〔1〕 法治文化建设作为人的实践的一种特殊形式，既是文化创造过程，又是人的本质与目的的实现过程。“人的实践既创造了物质文明和精神文明，也创造了自己，人不仅是本体，也是主体和目的。”龙佳解、罗泽荣：《人文精神重建与以人为本》，载《中国社会科学院研究生院学报》2009 年第 2 期。

〔2〕 “法治秩序的建立不能单靠制定若干法律条文和设定若干法庭，重要的还得看人民怎样去应用这些设备。更进一步，在社会结构和思想观念上还得先有一番改革。”参见费孝通：《乡土中国 · 生育制度》，北京大学出版社 1998 年版，第 58 页。

设者，也就成为了真正的目的与价值主体，并必然主导社会主义法治文化的建设过程与发展方向，从而使社会主义法治文化的建设过程成为人民主体的自我目的与价值的实现过程。

（二）民法精神构造需要人民主体地位

民法精神构造是社会主义法治文化的基础秩序构造，民法精神构造的主体也就是社会主义法治文化的主体即人民主体。以民为本的社会主义法治文化的民法精神构造，既以人民为主体，也需要坚持人民主体地位。坚持人民主体地位，就是要在建设社会主义法治文化中以人民为中心，反映和维护人民主体的利益和目的，以人民主体地位调动人民建设社会主义法治文化的积极性与主动性，发挥人民主体在建设社会主义法治文化中的自主构序作用，使社会主义法治文化的民本模式真正成为以民为本的文化形态，从而让人民主体能够切实享有社会主义法治文化的建设成果。

坚持社会主义法治文化的人民主体地位，以体现人民主体地位的民法精神、构造以民为本的社会主义法治文化，是民本模式的社会主义法治文化的必然选择，也是社会主义法治文化的根本属性。依法治国，选择正确的道路与方向，意义重大。[1] 这条路就是中国特色社会主义法治道路。中国特色社会主义法治道路是坚持人民主体地位和体现人民主体地位的民法精神的法治文化发展道路。[2] 因此，建设以民为本的社会主义法治文化，既离不开人民主体的自主参与，也离不开人民主体的民法精神；既需要发挥人民主体地位的推动作用，又需要实现人民主体地位的本质要求。

建设社会主义法治文化的民本模式及其民法精神构造，是以民为本的社会主义法治文化的必然实现条件，这一条件统一于社会主义法治文化的人民主体地位。一方面，坚持人民主体地位是人民在建设社会主义法治文化中的作用与价值的体现。只有坚持人民主体地位才能够通过人民在建设社会主义法治文化中的主体地位实现形成社会主义法治文化的人民主体性，并以人民主体地位推动社会主义法治文化的全面发展与生态实现；另一方面，坚持人民主体地位也是

〔1〕 参见习近平：《加快建设社会主义法治国家》，载《求是》2015 年第 1 期。

〔2〕 中国特色社会主义法治道路是坚持党的领导的法治道路，而党的领导则必然需要坚持人民主体地位。“牢牢坚持党的领导，必须坚持人民主体地位，因为它决定着中国共产党执政地位合法性的根本基础，体现着中国共产党执政的根本目的和核心理念。”参见金民卿：《全面推进依法治国与坚持人民主体地位》，载《江西社会科学》2015 年第 1 期。

人民在建设社会主义法治文化中的主体条件要求。人民要成为建设社会主义法治文化的主体并在社会主义法治文化中实现自己的主体地位，就必须具有与社会主义法治文化要求相统一的主体条件，这一条件就是人民在社会主义法治文化中作为普遍的规范与秩序主体的一般与普遍的条件，而这一条件的核心存在就是民法精神。〔1〕 民法精神既是人民主体应有的社会规范与秩序精神，又是体现人民主体地位的根本条件，人民主体只有具备了这一精神，才是合格的社会主义法治文化的主体，既能展示自己的主体地位，又能以自己的主体地位自觉追求和实现自己的主体目的。换言之，以民为本的社会主义法治文化，就是人民主体自己的文化，只有人民主体具有与自己的主体地位相适应的社会规范与秩序精神，才能够承担自己的文化建设任务与使命并实现自己的文化建设目的，而这一精神在根本上就是人民主体与民事主体相统一的民法精神。

社会主义法治文化虽然是包括民法文化在内的整体性法治文化，但是居于基础地位的是作为市民社会关系条件的民法文化，所以需要发挥构成这一文化本质的民法精神的基础规范与秩序作用。民法精神能否构成全社会的一般文化观念，能否成为全社会的普遍规范与秩序意识，关键在于民法精神能否成为人民的内在精神品质与自觉精神诉求，并把这一品质与诉求体现在自己的主体地位之中。因此，社会主义法治文化的民法精神构造需要人民主体成为民法精神的行为主体，即自主构序的自觉与自为的精神主体，并通过自己的主体地位有力推动民法精神在全社会的普及与弘扬，从而使社会主义法治文化不仅成为人民主体的制度文化，而且成为人民主体的内生文化。〔2〕

综上，人民主体是民法精神的主体，人民主体的民法精神构造是建设社会主义法治文化民本模式的内在动力与秩序基础。人民主体的民法精神构造既是社会主义法治文化的形成过程，也是人民主体地位在社会主义法治文化中的实现过程。因此，以民法精神为基础的社会主义法治文化必然是人民主体地位的文化，而这一文化就是以民为本和民本模式的文化。

---

〔1〕 民法精神作为人民主体在市民社会关系中的规范与秩序精神，给予人民主体以规范与秩序的精神指引并为人民主体的权利义务实现提供理性的行为模式，从而构成社会主义法治文化的基础构造条件。

〔2〕 人民主体内生的文化才是符合文化自身逻辑的文化，因为“文化的逻辑乃是生活的逻辑，它不是从外部去外在地规范生活，而是从生活中生长出来并内在地引导生活”。参见庞立生：《民族复兴的文化自觉与哲学憧憬》，载《吉林大学社会科学学报》2015 年第 4 期。

五、人民主体地位与社会主义法治文化

我国是人民当家作主的社会主义法治国家，人民是国家的主人，具有人民主体地位。人民主体地位在我国并不是抽象的，而是具体的，体现在我国社会主义法治文化的各个方面。我国社会主义法治文化是包括宪法法治文化、行政法治文化、民事法治文化、司法法治文化等在内的制度文化以及人民主体的自主观念、行为文化的一个广泛的文化系统。人民主体地位在这一文化系统中得到了全面的体现与实现。

（一）人民主体地位在法治文化中的制度实现

人民主体地位在社会主义法治文化中首先是一个制度地位，需要通过立法形式在制度文化上实现，即人民主体地位应当成为法律制度上承认、确立和保障的地位。换言之，人民主体地位在社会主义法治文化中的制度实现，不仅是一种立法形式的制度实现，而且是具体社会关系的制度落实。

1. 人民主体地位与公法制度

公法是与私法即民法相对的概念。[1] 所谓公法主要是指调整国家与普通公民、组织之间关系以及国家机关相互之间及其组成人员之间关系的法律。[2] 换言之，公法与公权相关，主要是调整公权的法律。一般认为，包括宪法、行政法、刑法和诉讼法等在内的有关公权的法律都属于公法的范畴。公法虽然是关于公权的，但是却与人民主体地位直接相关。人民主体既是公法和公权主体，又是私法和私权主体。一方面，公法不仅确立人民主体在国家政治和社会生活中的地位，而且涉及人民主体与国家机关之间的关系；另一方面，公法所调整的公权服务于私人社会，协调私人社会的关系并解决私人社会的矛盾，实现各种社会

---

〔1〕 古罗马法学家乌尔比安认为："公法是关于罗马国家的法律，私法是关于个人利益的法律。"德国学者基尔克指出："公法和私法的区别，是今日整个法律秩序的基础。"公法与私法的划分，是自罗马法以来大陆法系国家的法律体系及其法律部门划分的特点。大陆法普遍认为，公法调整国家或者社会公共利益，其一方主体是国家或者国家机关，另一方主体一般与其具有不平等的隶属或者服从关系。公法是强制性法律，以强制性规范为主，否定主体自治。与公法相对，私法是强调私人利益关系的法律，是个人权利法和自由法，以任意性规范为特质，强调私法自治原则并以行为自治为精神本质。也就是说，公法与私法，一个关于权力运作，强调命令和服从，一个主张个人自由与权利保护，在调整范围、运行机制与维护的利益目的上存在本质区别。

〔2〕 公法调整的范围，既包括公权力之间的关系，也包括公权力与私权利之间的关系。换言之，公法并非仅仅关于国家权力的法，它可以延伸或者作用于私权利领域，形成对私权利的影响和干涉。公权力调整和作用的边界，是个人可能发生矛盾和冲突的社会关系领域。

关系之间的平衡与有序。

当然,在根本意义上,任何权力都属于人民,人民作为公权与私权统一的主体,有权通过一定程序和途径形成自己的统一意志并将这一意志实体化为各种国家机关并通过这些机关体现和执行自己的意志,这就形成了在人民主体地位条件下的公权力与私权利的目的与价值的统一。换言之,没有不受公权力管制的私权利,也没有不受私权利限制的公权力,两者最终需要统一于人民主体的意志并反映人民主体的地位。

我国人民主体地位首先在以宪法制度为代表的宪法法治文化中得到确立和实现。我国的宪法文化制度是包括宪法制度与人权保障的全面制度文化,是社会主义法治文化的根本法文化,是社会主义法治文化的核心部分。我国宪法法治文化就是以人民为主体和确立人民主体地位的文化。

行政法制度是行政法治文化的基础。行政法治文化是社会主义法治文化的具体形态之一,人民主体地位在社会主义法治文化中的实现需要行政法和行政法治文化的确认和保障。行政法或者行政法治文化既是实现人民主体地位的公法制度和公法文化,同时又体现和反映人民主体地位的基础私法价值,因此,行政法和行政法治文化对于人民主体地位的实现至关重要。

人民主体地位的实现离不开刑法制度的切实保障。人民主体地位主要体现为我国是人民民主专政的社会主义国家,人民是国家的主人。作为国家的主人,人民这一主体地位固然需要包括宪法制度、行政法制度、民事法律制度等在内的社会主义法律体系的整体协调作用,共同发挥其相应的制度功能来实现。但是,刑法制度在其中发挥着最为有力的作用,从根本上保障着其他法律制度实效性的实现。“刑法是私法及其他法律的保障,是维护社会正义的最后法律手段。”[1]显然,刑法以刑罚的调整手段对人民主体地位的实现起着最终的也是最为有力的保障作用。

人民主体地位的实现既需要通过实体法的规定,切实保证人民主体在建设社会主义法治文化中享有的各项权利,又需要依靠诉讼法即程序法及其构建的司法法治文化的具体实践来保护人民主体的实体权利得到具体落实。我国的程序司法不仅保护人民主体的人身与财产权利,在人民的人身与财产遭受各种不

---

〔1〕 肖中华、朱志炜:《论刑法解释的价值取舍——从法治视角看人权保障与社会正义的冲突》,载《法学杂志》2017 年第 3 期。

法侵害时可以寻求和获得司法救济，维护社会公平正义，而且人民有权参与司法程序和行使审判权，在司法程序中体现自己的人民主体地位。本书项目组以“您认为下列哪项对实现社会公平正义最重要”为题进行的全国性调查问卷结果显示，选择“公正司法”的占29%，比例最高。[1] 这一数据结果说明，人们已经普遍认识到，在实现社会公平正义，维护人民主体地位的过程中，司法程序发挥着举足轻重的作用。在司法程序中最能体现人民主体地位的制度就是人民陪审员制度。[2] 恩格斯就认为，司法权是国家的产物，归国民直接所有，其实现的途径是陪审员。[3] 人民在司法中不仅是权利受到保护的主体，而且是可以参与审判和行使审判权的主体，这充分体现了人民主体在司法程序中的地位。[4]

2. 人民主体地位与私法制度

私法或称民法，是以民法为基础的关于个人或者私人社会关系即市民社会关系的法律。以民法为基本法并由民法制度和民法精神构成的民法文化或者私法文化，是关于人个权利与自由的社会生态秩序文化。人民主体地位既需要以公法制度为基础的公法文化实现，又需要以民法制度为基础的私法文化即民法文化的实现。民法制度与民法文化作为市民社会的基础规范与秩序文化，直接关系人民主体的日常人身与财产利益，因此对于人民主体具有最为普遍和一般的现实意义。有学者认为：“民法是建设法治国家与民主政治的法律基础。”[5] 也有学者指出：“民法是一切部门法的基础，其他部门法可以说都是从不同侧面

---

〔1〕 本题数据统计结果详见本书第六编（第三十章）“司法裁判的民法精神实践”部分。

〔2〕 人民陪审员制度是中国特色社会主义司法制度的重要组成部分，我国现行的人民陪审员制度，是以全国人大常委会2004年审议通过的《关于完善人民陪审员制度的决定》为核心，包括法院组织法以及民事、刑事、行政诉讼法相关法律规定、司法解释政策文件所构成的制度体系。参见姚宝华：《论人民陪审员制度的功能定位》，载《法律适用》2017年第11期。

〔3〕 《马克思恩格斯全集》（第41卷），人民出版社1982年版，第321页。

〔4〕 十八届三中全会关于《中共中央关于全面深化改革若干重大问题的决定》指出：“广泛实行人民人民陪审员制度、人民监督员制度，拓宽人民群众有序参与司法渠道。”十八届四中全会《决定》强调：“保障人民群众参与司法。坚持人民司法为人民，依靠人民推进公正司法，通过公正司法维护人民权益。在司法调解、司法听证、涉诉信访等司法活动中保障人民群众参与。完善人民陪审员制度，保障公民陪审权利，扩大参审范围，完善随机抽选方式，提高人民陪审制度公信度。”这些决定为人民主体地位在司法程序中的实现提供了根本的政策保障。为了将人民主体地位在司法程序中切实贯彻落实，我国相关法律、司法解释对此作了明确规定。2004年8月，全国人大常委会通过了《关于完善人民陪审员制度的决定》，对人民陪审员的产生依据、参审案件范围、职权、任免职条件、情形、履职保障等方面进行了全面规定，是关于人民陪审员制度的基本法律。此外，最高人民法院制定的一系列关于落实人民陪审员制度的司法解释使我国司法程序通过人民陪审员制度充分实现了人民主体地位。

〔5〕 申卫星：《中国民法典的品性》，载《法学研究》2006年第3期。

对民事法律关系和基本原则的保护、充实和发展。”[1]

民法作为人法和市民法,就是关于民事主体即人民主体地位的法。民法以其调整的平等民事主体的人身与财产关系,最全面和最充分地体现了人民主体地位的一般人身与财产关系条件,可以说是关于人民主体地位的基础法与普通法。目前,我国的民法体系已经初步形成,而作为民法体系的核心与主体的《民法典》也已经颁布。民法是民事主体即人民主体的权利法与自由法。民法确立了人民主体的各项人身与财产权利,这构成了人民主体地位的基础与核心。可以说,没有民法和民法文化确立的人民主体的民事权利地位,也就不可能有人民主体的其他地位,而其他立法在体现和实现人民主体地位上都应当以民法确立的人民主体的民事主体地位为基础和根据。

建设社会主义法治文化最根本的目的是维护人民的根本利益,实现人民的主体地位,首先需要通过民法和民法文化的制度形式反映出来。在社会主义法治体系中,尊重和保障人民的合法权益是基本的原则,这一原则的实现需要进一步的法治化与制度化。虽然我国宪法规定保护公民的人身权利和财产权利,但是这一原则规定需要在民事法律制度中得到体现和落实,而具体的途径就是健全民事法律制度,形成以民法典为核心和主体的完善民法体系,并在实践中加强保护民事权益的力度,从而最终实现维护人民利益和实现人民权利的目的。[2]

人民主体地位的实现不仅需要加强民事立法,使人民的利益得到法律的明确规范与调整,而且需要在人民利益权利化的基础上进一步实现对它的现实保护,从而使立法的权利秩序转化为社会生态秩序。在建设社会主义法治文化的过程中,人民既是社会主义法治文化的创造者,又是也应当是自身创造的法治文化的受益者,即能够享有社会主义法治文化的权利保护,而实现这一权利保护就是民法的社会使命。

权利保护不仅是一个立法问题,而且是一个社会问题,而且首先应当作为一个社会问题来认识。从社会问题认识权利保护,在根本上是一个权利保护的社会观念与落实问题。就人民主体自身而言,就是自主形成相互和谐、稳定、合理

〔1〕 郝铁川:《〈物权法(草案)〉“违宪”问题之我见》,载《法学》2006 年第 8 期。

〔2〕 李建国:《关于〈中华人民共和国民法总则(草案)〉的说明》,载《人民日报》2017 年 3 月 9 日,第 5 版。

与公平的社会秩序，在处理相互关系时遵循人格尊重与利益均衡的基本准则，从而在既维护自己的主体地位又承认他人的主体地位的基础上，落实人民主体地位并实现社会主义法治文化的本质。同时，从宏观社会层面来说，全社会应当为人民主体地位提供和创造必要的权利保护条件和环境，并形成权利保护的社会生态秩序，也就是人民主体地位及其权利的社会保护问题。在我国，权利的社会保护具有丰富的内涵，也具有不同的理解，不过其中的一个重要条件应当是公权力对人民私权的承认与尊重并给予的强制保护，从而成为人民权利实现的有力后盾，并以强制力的引导形成全社会的权利意识与权利保护氛围。换言之，权力的行使应当与人民权利的实现保持统一，而不能走到人民权利的反面或者背离人民的权利目的。

本书项目组以“您自己感到最不安全的个人问题是什么”为题进行了全国性调查问卷，数据统计结果如图 4－1 所示：

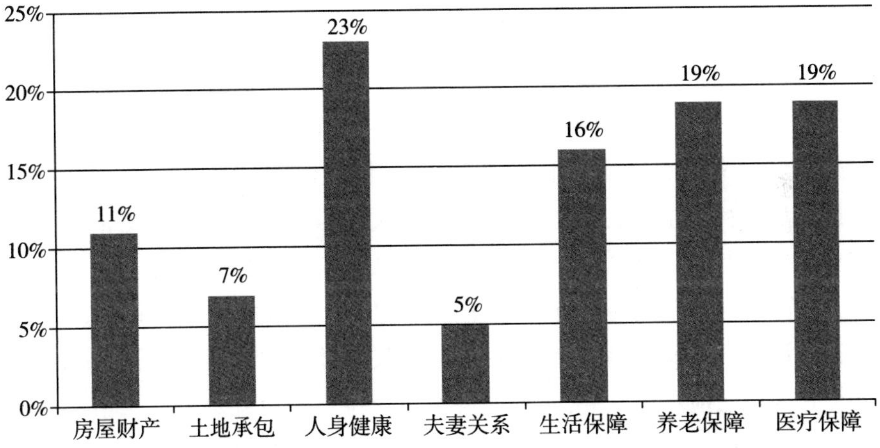

图 4－1　“您自己感到最不安全的个人问题是什么”一题调研数据统计

该数据统计结果显示，在给出的七个备选答案中，人们最关心的个人权利保护与安全问题，仍然在于“人身健康”、“养老保障”、“医疗保障”和“生活保障”等最基本的民生或者生存条件方面，而对财产和家庭生活关系方面的权利与安全保障方面的要求则相对较低。这说明，在人民群众的生活水平不断得到提高的今天，人们对“人身健康”、“养老保障”、“医疗保障”和“生活保障”等社会保障问题还并不满意并开始提出了较高的条件要求。

（二）人民主体地位在法治文化中的自主实现

人民主体地位在根本上并不是法律或者某种形式赋予的，而是人民主体自主与自有的，是人民的自然权利，以法律或者其他形式对人民主体地位的赋予，并不是对人民主体的恩赐，而是对人民主体应有地位的承认和确认。因此，人民主体地位在建设社会主义法治文化中不仅应当通过各种具体的制度实现，而且需要人民主体通过应有的道德品质、理性意识与法治观念等进行自主实现，并且这一自主实现是人民主体地位的最根本体现。

1. 人民主体地位的自律实现

人民主体地位作为人民自己的地位，自然需要人民以自律的主体意识和行为条件自主落实自己的地位。换言之，人民主体首先应当是与自己的主体地位相适应的主体，即能够根据自己的主体地位严格要求自己的所作所为，使自己的作为与自己的主体地位相一致，从而以自律的主体条件既体现自己的主体性又实现自己的主体地位。换言之，人民主体地位不仅是一种权力或者权利地位，而且是一种责任或者义务地位，人民主体应当以自律的行为条件和要求在建设社会主义法治文化中正确反映自己的主体地位。人民在建设社会主义法治文化中的主体性不仅是权力或者权利主体，而且是参与和组织的能动主体，也就是要把自己作为法治文化的建设主体、创造主体、实践主体和捍卫主体，从而以自己的主体性既反映社会主义法治文化的本质，又反映自己在社会主义法治文化中的主体地位。因此，人民应当在建设社会主义法治文化中以主体性身份自律约束自己，培养和形成与社会主义法治文化要求相一致的道德品质与规范意识，并自主承担建设社会主义法治文化的责任，以人民主体的责任感把建设社会主义法治文化作为自己应尽的义务，实现人民主体地位与建设社会主义法治文化条件的统一。“弘扬法治文化，实践法治精神，需要每一个公民增强践行法治的责任感和使命感。”[1]每一个公民的责任和使命就是人民主体地位在建设社会主义法治文化中的体现及其所焕发的整体力量。如果全社会都具备了自觉承担法治责任的使命感，那么建设社会主义法治文化的民本模式，也就具备了主体认同的广泛社会基础。

人民主体地位在建设社会主义法治文化中的自律与自主实现，不仅需要人民主体具有较高的道德品质，而且需要具有与自身主体地位和建设社会主义法

---

〔1〕 龚廷泰：《法治文化的认同：概念、意义、机理与路径》，载《法制与社会发展》2014 年第 4 期。

治文化要求相适应的理性意识。人民主体的理性意识是指人民主体对自身主体性及其在建设社会主义法治文化中的地位与作用以及社会主义法治文化的本质与发展规律的真实、客观与全面的认识。[1] 一方面，人民主体的内在意识与外在行为既是社会主义法治文化一般规律的体现，又是建设社会主义法治文化规范秩序的要求。只有这样，人民主体意识以及由此决定的人民主体行为才是一种理性意识和受理性意识支配的理性行为。另一方面，人民主体的理性意识既是建设社会主义法治文化的工具性，又是价值性的要求，[2] 从而能够全面发挥人民主体在建设社会主义法治文化和实现自身主体地位中的理性能力与作用。

2. 人民主体地位的诉求实现

人民主体的地位，不仅是实体法或者程序法上的一般形式地位，而且是在具体社会关系中的特定与现实的地位。这一地位的存在和维系，是以一定的地位诉求为条件的，是一种诉求的地位。也就是说，人民主体首先应当有自己的地位诉求，否则就无法维护自己的地位，这也是建设社会主义法治文化的民本模式和构造社会生态秩序的本质要求。

因此，作为普遍的人民主体是否具有与建设社会主义法治文化相适应的权利或者地位意识，是否能够充分认识到自己的权利或者地位存在并积极主张自己的权利或者地位诉求，就成为维护自己的权利和地位的关键。换言之，人民主体的地位维持和权利保护的首要问题，是作为权利主体的人民应当知道自己的权利和地位，不放弃自己的权利和地位，并积极寻求自己的权利和地位的社会实现，并为此付出不懈的努力，即应当为自己的权利和地位而斗争。可以说，人民主体主张权利和提出自己的地位诉求，不仅是人民主体最好的权利保护与地位体现，而且是人民主体权利与地位实现的首要条件。

人民主体的权利与地位诉求，决定于人民主体的法律与法治理念。人民主体地位在建设社会主义法治文化中的自主实现必然要求人民主体具有与自身主

---

[1] "理性是合规律性与合目的性相统一的合理理念，同时也兼具工具性与价值性相统一的特征。"（李武装：《西方哲学的理性主义批判逻辑与人类精神的理性主义优位诉求》，载《华侨大学学报（哲学社会科学版）》2013 年第 3 期）

[2] 所谓建设社会主义法治文化的工具性的理性意识，是指人民主体只有具有较高的理性意识，才能够担负起建设社会主义法治文化的责任，才能够在建设社会主义法治文化的过程中确立自己的主体地位；所谓建设社会主义法治文化的价值性的理性意识，是指人民主体的理性意识本身代表了社会主义法治文化的目的性与价值性，是人民主体必然追求和实现的社会理想与目标。

体地位和社会主义法治文化要求相一致的法律与法治理念。体现人民主体地位的法治理念必然要求人民主体具有对社会主义法治文化的内心信仰与实践追求,不仅能够自觉遵守法律,而且能够主动运用法律,将法律真正当作保护自身权利和实现自身地位的武器,从而成为社会主义法治文化的自觉建设者与维护者,并作为社会主义法治文化的实践主体而享受社会主义法治文化的建设成果。

第五章

民法精神的法治文化本质

一、民法精神与民法文化的本质联系

民法精神与民法文化是一对相伴相生的法律文化范畴，两者之间具有内在的本质联系。民法精神不是抽象的思想形态，而是具体的社会条件，是以民法的规范与秩序形式表现的民本社会精神，必须通过一定的民法文化形式得以体现。民法文化作为民本社会的行为文化与秩序文化，[1]并不是简单和形式上的制度文化，而是一种民本社会的精神文化和生态文化，必然以民法精神为文化本体并反映民法精神的民本规定性与民本模式性。因此，民法精神构成了民法文化的内在本质，而民法文化则必然以民法精神为自身存在的条件并展现民法精神。

---

〔1〕 民法文化是指以民本社会为基础，以自然正义为本源，以平等自由为条件，以公序良俗为原则，以个人权利为内涵的一种社会群体性心理、认知、评价、思想以及行为方式和生活秩序的总和。民法文化主张个人权利和自由，尊重人格独立和身份平等，追求个人利益和权利保护，力戒公权在民法调整领域的不合理扩张，强调行为人得依自由意志决定自身行为，是一种以自然正义的哲学思想为理论基础，以对人性的终极关怀为价值取向，以实现个人权利和人民主体地位为目的的法治文化。民法文化是法治文化中最具代表性的文化形态，必须重视民法文化作为法治文化的基础文化和核心文化对人类社会法治文化一般发展的决定意义和影响。（参见王利民：《民法的精神构造：民法哲学的思考》，法律出版社 2010 年版，第 440 ~449 页）

(一)从民法精神到民法文化

民法文化作为以民法形式表现的社会文化,在本质上是一种民法精神的文化形态,它的形成与发展建立在民法精神的自主构造和不断推动的生态秩序基础之上。“没有民法的精神,民法就没有起点和归宿,就没有目的与结果;没有民法的精神,就没有民法的产生、理解和运用。民法的一切问题决定于民法的精神,民法精神之外不能有正确的民法和民法实践。”[1]民法精神是民法文化的本质条件和思想灵魂,决定了民法文化的内涵与存在,民法文化必然需要体现并且代表民法精神。[2]

民法精神作为民法文化的本质构成民法精神文化。“一切精神的,意识形态的东西都毫无疑问属于文化,这是直观的文化,是基本的文化方面。”[3]民法文化是民法精神文化、民法制度文化与民法行为文化的三位一体的表现,民法精神文化决定了民法制度文化和民法行为文化的生态运行。无论是民法制度文化还是民法行为文化,其产生和演进都由民法精神文化主导并表征着民法的精神形态,这就决定了民法文化必然构成一种民本社会的精神文化,以民法精神为本体并具有民法精神的民本规定性与模式性。

民法文化“既不是自然的也不是人为的;既不是通过遗传承继下来的,也不是经由理性设计出来的”。[4] 而是由一定的市民社会的规范与秩序体系条件决定的,是一种社会规范与秩序体系的生态选择,其中根本是一个社会的民法精神条件及其秩序存在问题。一个社会,只有一定条件和水平的民法精神的生态存在和发展,才可能产生民法和民法的社会关系调整,并必然以一定的民法形式表现民法精神的社会规范与秩序条件。虽然民法精神是民法表现的精神,但是“民法精神”作为一种社会生态规范与秩序精神,是人类的自然社会精神,必然先于民法形式存在。民法精神直接决定了民法制度的创设与适用,没有民法精神,就不可能产生民法制度并支配民法行为。只有存在民法精神这一市民社会的自然生态精神,才能够建立民法的制度体系与制度调整并形成和固化出民法文化。当代民法文化之所以产生于西方,就是因为西方社会自罗马法以来就形

[1] 王利民:《民法的精神构造:民法哲学的思考》,法律出版社2010年版,代序第1页。

[2] 参见王利民:《论法律文化与民法文化》,载《法治研究》2010年第8期。

[3] 祝西莹、徐淑霞主编:《中西文化概论》,中国轻工业出版社2005年版,第3页。

[4] [英]冯·哈耶克:《哈耶克论文集》,邓正来编译,首都经济贸易大学出版社2001年版,第602页。

成了民法精神的文化传统并保持着民法精神与民法制度的文化统一。[1] 反观中国历史，长期延续的自然经济与专制统治，从根本上遏制了民法精神的生态成长，民法和民法精神不是中华文化所固有的法律和法律精神，也就没有产生以民法精神为条件的民法制度和民法文化。可以说，民法精神的生态缺失导致了中国传统社会民法文化的根本条件缺失，直接限制和影响了民法文化在中国社会的形成与发展。

显然，民法精神的生态缺失会制约我国民法文化乃至法治文化建设。因为民法精神缺失所引发的民法文化缺失必然导致人们的社会行为秩序的缺失。[2] 因此，只有培育和形成全社会的民法精神，才能够以民法精神为核心构造民法文化和法治文化，“才能有效推进中国法治进程，使法治秩序变成生活现实”。[3]

构造民法文化在根本上是一个民法精神作用于民本社会实践并形成社会生态秩序的过程，即从民法精神到民法文化的社会生态文明的发展过程。中国特色民法文化的建设，必须以民法精神为根据并将其融入我国民法制度及其调整的社会秩序的孕育过程。这一民法精神，既是中国传统发展的民法精神形态，又是在中国传统基础上超越发展的人类一般民法精神条件。在这一过程中，必须充分调动民法精神的实践内涵，发挥民法精神的规范与秩序作用，促进和实现个人行为自律与社会的自主构序。换言之，新时代中国特色社会主义民法文化是以民法精神为本体的生态文化，既是传统与现实的结合，又是制度与精神的统一，民法文化建设必然需求“净化传统文化与道德，建构一种融传统文化与道德和民法文化于一体的、具有中国特色的社会主义和谐社会的新型民法文化”。[4]

---

〔1〕 在文化传统上，“西方的民法文化，不仅具有现代民法的精神，而且代表了现代的民法精神，是现代民法精神的一般构造”。（王利民：《民法的精神构造：民法哲学的思考》，法律出版社 2010 年版，第 544 页）

〔2〕 例如，在医闹事件中，被侵权人或者患者亲属由于民法精神缺失，“极力逃避侵权法的适用而寻求损害的极端救济方式”，（张铁薇：《关于侵权法的几点哲学性思考》，载《政法论坛》2012 年第 1 期）从而采用暴力和违法手段“维权”，破坏社会秩序，其结果非但不能维护自身的合法权益，反而可能触犯法律或者刑法，造成严重的社会危害后果。再如，2011 年 4 月 15 日发生在京哈高速张家湾收费站附近的爱狗人士高速拦车“救狗”事件，一辆载有 520 只待宰狗的卡车被爱狗者拦下，然而，经警方和动物卫生监督部门调查，该运车证照、手续齐全，持有真实有效的检疫运载证明，没有扣车理由，但是爱狗者却仍然提出诸多质疑，拒绝放行。这一行为，不论基于何种动机与目的，都是具有一定民事违法性和损害他人合法财产权益、危害公共安全的行为。

〔3〕 杨震：《法治秩序的私法文化基础》，载《法制与社会发展》2008 年第 4 期。

〔4〕 吴治繁：《论社会主义和谐社会语境中的当代民法文化建构》，载《西南政法大学学报》2007 年第 6 期。

（二）从民法文化再到民法精神

民法精神与民法文化既是相互联系的，又是相互作用的。民法精神促进民法和民法文化的形成，民法和民法文化一旦形成，不但固化民法精神并表现民法精神的本质，而且反作用于民法精神的进一步升华与发展。这既是一个意识形态的循环构造与一体存在过程，又是一个从精神到文化和从文化到精神的统一生态运动过程。因此，我们应当重视民法文化的生态构造对民法精神发展的积极作用。

1. 民法文化表现和促进民法精神发展

民法文化，特别是民法制度文化，总是以自己特定的规范形式代表和反映一定的民法精神。民法精神既是一种社会规范精神，又是一种社会行为精神，反映为一定的社会行为与秩序条件，它不仅是形而上的，而且是在具体的法律关系和行为实践中表现的一种社会规范与秩序的实在条件。因此，民法精神不同于道德或者习惯等社会精神的一个重要特征，就在于它是通过一定的法律制度形式即民法形式表现的，是民法的精神，不仅构成民法的本质，而且构成民法的规范与秩序，也需要以民法的制度与文化载体的形式存在，没有民法和民法文化也就无所谓“民法精神”，一定的民法和民法文化构成了民法精神的存在条件。民法精神在民法和民法文化的形式下，不仅是主观和任意的精神形态，而且是客观和一般的规范条件，是以民法形式确认和通过民法文化普遍认知和传播的社会秩序共识。因此，建设社会主义法治文化的民本模式不仅是以民为本的民法精神构造，而且也必然在以法治或者民法文化的形式固化民法精神的同时促进民法精神的深化发展，从而使民法精神进一步规范化、秩序化和生态化，成为人们普遍信仰的社会秩序精神。

2. 民法文化现代化与民法精神生成

中国社会无疑是一个历史上没有民法精神和民法文化传统的社会。自清末以来，长期的法律移植构成了我国民法和民法文化形成与发展的主要途径。然而，虽然中国社会移植了西方传统的民法体系并形成了民法的制度文化，但是却没有办法与可能移植西方民法制度体系存在的文化与文明的社会基因，即与民法的制度文化相统一的民法精神的意识形态条件。因此，近代以来的我国民法和民法体系的制定与形成，仅仅是自上而下实现了民法的制度文化的体系变革，而不可能在民法制度变革的过程中在全社会同步形成与民法制度相适应的民法精神——社会生态的秩序精神。[1] 中国社会作为一个非民法传统的社会，并没有民法形式的民法精神，中国传统的“民法精神”作为私人社会的规范与秩序精神，是在自然经济与专制制度基础上形成的一种以习惯形式为主的伦理秩序，它与当代以人格平等与行为自由为条件的民法精神在价值原则与内涵本质上大相径庭，是不同文化形态的不同社会精神。因此，随着法律移植过程中的民法制度文化的形成，我们必然需要以民法制度文化所代表的民法精神实现我国社会传统的生态秩序意识的现代化，即“民法精神”的生态转型与生成。也就是说，中国传统的“民法精神”应当在当代民法和民法文化现代化的过程中实现文化形态的变革，逐步形成与当代民法和民法文化相统一的真正民法精神。[2] 民法和民法文化的现代化，根本是民法精神的现代化，民法和民法文化不能单纯实现自己的现代化。因此，民法和民法文化需要以自身的现代化推动与二者相适应的民法精神的生态转型与生成，并实现民法精神的现代化及其与民法文化现代化的同步构造，从而使民法文化的现代化建立于稳固的社会生态基础，实现民法文化和法治文化的生态化发展。

（三）民法精神和民法文化的异态性

虽然民法精神是民法文化的核心组成部分并代表民法文化的本质，两者之间具有内在的联系，但是它们作为不同的社会范畴仍然具有存在上的异态性，即存在形态的差别性。

1. 民法精神的传统保守性与民法文化的制度进步性

一方面，民法精神作为市民社会的生态规范与秩序精神，具有一个民族和社会的传统性，涉及民族和社会整体的心理认知与秩序习惯问题，沉淀于民族的灵魂与社会的深处，是一个持续、稳定和渐进的存在与发展过程，它不可能随着一个国家的民法制度及其所代表的民法文化所表现出的变革而发生同步变化。换言之，民法精神作为市民社会的生态条件具有自己独立的发展轨迹，虽然它会受到已经变革的民法制度及其代表的先进民法文化的精神原则的引领，并寻求与民法制度所代表的文化与精神原则的一致性，但是传统的民法精神作为一种民族性与社会性，并不能够与民法制度及其所代表的民法文化与民法精神同步构

[1] 有学者认为：“中西法律的这些根本不同不是一朝一夕形成的，自然也不是一朝一夕能够改变的。”（尹伊君：《社会变迁的法律解释》，商务印书馆 2003 年版，第 159 页）

[2] 中国民法的现代化是以西方民法文化为主体的法律文化重塑运动。（参见王利民、张国强：《中国民法现代化的传统性》，载《社会科学辑刊》2015 年第 5 期）

造并完成它的民族性和社会性的变革与更新。因此,相对于通过法律移植与制度借鉴所引起的民法制度变革及其所代表的民法文化所表现出的先进性和与时俱进性,作为社会意识形态的传统民法精神,则表现出一定的保守性与落后性。

另一方面,民法精神又是分层次和差别存在的。虽然一个民族和社会的民法精神具有传统上的整体性、连续性和一致性,但是不同的社会阶层基于自己在市民社会关系中的不同地位和不同社会理想又必然具有和表现出不同的民法精神。特别是代表社会最进步力量的精英阶层的民法精神,往往是超越民法文化传统而与时俱进的社会精神,由其所主导的民法制度变革与民法文化更新,更是代表了一个民族和社会在社会规范与秩序体系构造上的时代进步。换言之,一个民族与社会的民法制度与民法文化变革总是由主导这个民族和社会的精英阶层的先进民法精神所引领。但是,这一先进的民法精神却不能代表这个民族和社会的普通民众的民法精神的生态条件及其普遍现状,也就必然引起已经变革的民法制度及其承载的先进民法文化与保守落后的传统民法精神之间的不适应及其相互排斥与矛盾冲突,并必然需要在民族的民法精神的生态转型与更新过程中,再次找到和形成双方的平衡与结合点并使之趋于协调和统一。

2. 民法精神的行为动态性与民法文化的制度静态性

民法精神作为市民社会主体的生态规范与秩序精神,是一种行为精神,不仅具有个人意识形态的差别性与变化性,而且具有个人意志条件决定的行为动态性与多样性。每一个市民社会主体即个人或者民事主体,都有自己的市民社会精神即民法精神,并表现出民法精神的不同生态条件与具体形态,从而决定了每个人不同生态的民事行为及其秩序结果。因此,民法精神的动态性,不但是个人意志的动态性,而且是个人行为的动态性,表现为社会生态秩序的不断运动变化与发展。民法精神的动态性,是民法精神的生命性与活力性,正是这种动态性推动了一个国家和社会的法治和法治文化的不断进化与进步。

显然,民法精神的行为动态性,并不是简单的行为动态,而是一种行为秩序的动态,即行为与秩序的生态结合与统一,在根本上是一种秩序的动态性,是行为主体的一种自主与自律的行为构序,是具有一定法治和法治文化本质的动态性。民法精神的动态性源于主体的个人意志并通过个人行为表现为现实的社会秩序,是个人内在的秩序品质与意志的行为化与秩序化,这既是一个自主与自由的过程,也是一个自觉与自律的过程,代表了一个国家和社会的法治和法治文化的实在生态条件与秩序水平。

与民法精神的动态性不同,民法文化从立法层面来说,具有制度上的静态性。民法文化作为以民法制度的规范形式为载体的法律文化,根本上是一种制度静态的形式规范与秩序构造,具有制度上的明确性、统一性与稳定性。法律制度作为法律文化的规范基础,涵盖了“精神性法律文化之外的所有法律活动和过程中的规则、程序、范型以及贯彻这些规则、程序的机构、设施等”。[1] 民法文化作为“民法”的文化,必须通过一定的民法制度来表现和代表自己,是通过立法形成的一种形式规范的静态制度文化。

社会秩序构造需要一定的形式规范,形式规范作为一种实在法规范既是人类对社会秩序认知的共识与结果,又代表了人类社会秩序的普遍与一般条件。形式规范通过国家强制力为人们确定了可供遵循的行为模式和行为标准,更有利于调整和实现统一的社会秩序,因为“只有在法律确定性的前提下,人们才有机会实现稳定、安全、可预见性的秩序目标”。[2] 法律制度的规范性、确定性与强制性有助于引导和促进社会秩序的生成并维护其正当性与合理性。不过,虽然法律以强制为手段,但是不应当以强制为目的,而应当“是把重点由强制的服从转向自发的同意或默许”。[3] 法律的强制力只是保障法律实施和社会公平正义的最后一道国家防线,而不是绝对有效和万无一失的防线,因为对于那些不愿意服从法律或者胆敢冒犯法律的人来说,法律对于他们并不构成一种绝对禁止和有效的行为条件。因此,建设民本模式的社会主义法治文化,还是要从人的法治精神特别是民法精神的层面上根本解决问题。

(四)民法精神和民法文化的同构性

虽然民法精神与民法文化具有异态性,但是二者作为一个统一的社会规范与秩序体系,仍然具有形态上的同构性,即具有秩序同构的本质。民法文化作为一种精神或者社会生态秩序文化,就是以民法为基础的民法精神文化,既由一定的民法精神所决定,又反映并代表一定的民法精神,以民法精神为本体并具有民法精神的民本规定性与模式性。因而,在秩序构造的意义上,民法精神是民法文化的主体意志与行为秩序的结合条件,而民法文化则是民法精神与民法制度等市民社会的规范与秩序条件相结合所形成和表现出来的一种社会文明形态。民

---

〔1〕 刘进田:《法律文化片论》,载《法律科学》1991 年第 1 期。

〔2〕 董正爱:《生态秩序“二元构造”的法治化模式研究——对哈耶克社会秩序观的反思》,载《重庆大学学报》2013 年第 5 期。

〔3〕 [英]丹尼斯·罗伊德:《法律的理念》,张茂柏译,上海译文出版社 2014 年版,第 22 页。

法精神在民本社会的秩序形态上就是民法文化。

1. 民法精神与民法文化具有相同的秩序本质

秩序本质即秩序构造的社会属性。民法精神与民法文化作为以“民法”形式表现的社会形态，都是民法调整的市民社会的规范与秩序条件，具有市民社会的共同秩序本质，即民本的社会秩序。民法精神作为民本社会的生态秩序精神，既是民本社会秩序的人文生态构造，又是民本社会秩序形态的法治化，具有本质上的民本秩序性。同样，民法文化作为民本社会的法治文化形态，既是民本社会秩序的规范化、具象化与法治化，又是民本社会秩序的生态化，是民法精神的必然文化条件与形式反映。因而，民法精神与民法文化作为市民社会的统一规范与秩序形态不仅具有共同的秩序本质，而且必然产生共同的秩序构造。

2. 民法精神与民法文化具有相同的秩序内涵

秩序内涵即秩序构造的内在条件。虽然民法精神与民法文化是不同的概念范畴，但是作为民法的规范与秩序条件，二者具有相同的市民社会的规范与秩序内涵。这一秩序内涵的基本特征是，主体的个人性、内容的民事性、行为的自由性，是以民为本的建设社会主义法治文化的民本模式的内在要求，同构社会主义法治文化的秩序形态，即民本社会的自主与自律的生态秩序体系，这一秩序体系作为以民为本的社会秩序体系蕴含了人民主体、个人自由与行为自治的社会秩序价值，是个人权利与公共利益统一的社会秩序构造。

3. 民法精神与民法文化具有相同的秩序功能

民法精神作为市民社会的规范与秩序精神，本质上是一种内在的社会秩序能力，具有自主构序的社会功能。民法文化作为民法精神构造的行为文化和秩序文化，同样具有和体现民法精神的自主构序的功能与作用。这种相同的秩序功能是一种民法精神与民法文化统一主体的行为功能与生态功能，是由人的客观利益需求及其实现的规定性所规定的人类自然与自主的秩序构造能力，是人类自然进化的必然条件和需求。因此，建设社会主义法治文化的民本模式，作为发现和尊重社会内在秩序需求及其自主驱动与运行条件的法治文化模式，必然是以自主构序的民法精神和以民为本的民法文化的秩序功能所实现的社会秩序构造。

二、民法精神与法治文化的本质联系

在民法精神与民法文化的本质联系的基础上，必然同时产生和存在民法精神与法治文化的本质联系。换言之,民法精神与民法文化的本质联系,既是基础上的民法精神与法治文化的联系,又在这一基础上扩大形成了相互联系的完整内涵。可以说,任何一个社会的法治文化,基于其基本的社会属性,都离不开一定的民法精神和民法文化的基础,而社会主义法治文化作为民本社会的规范文化、行为文化和秩序文化,在本质上就是以民法文化为基础的社会文化,即一种民法精神文化。民法精神以其特定的主体条件和民本内涵及其在社会生态秩序本质上与社会主义法治文化的契合性与统一性构成建设社会主义法治文化的特定民本模式条件,因而建设社会主义法治文化的民本模式必然需要作为其基础构成的民法精神,并以民法精神的行为化与秩序化内涵实现法治文化的民本模式发展。

(一)民法精神与法治文化的本质统一

民法精神是一种社会生态秩序精神,法治文化是一种社会生态秩序文化,两者具有社会形态与生态上的统一性。这一统一性,不仅在于法治文化的民法精神构成性,而且在于法治文化生成和推进的民法精神模式性,这决定了民法精神在以民为本的社会主义法治文化建设中所具有的不可代替的地位与作用。因此,民法精神既是法治文化的内在需求,又是法治文化的规范条件,建设社会主义法治文化必然诉求民法精神生态化的民本模式构造。

1. 民法精神的民本性与法治文化的主体性

民法精神是以民为本的民本精神,民本性是民法精神的本体性与条件性。民法精神的民本性根源于人性,[1]既反映了民法精神的人性规定性和人性自然性——人性平等、人性自由和人性自治,[2]又决定了民法精神的价值性和目的性——人的主体性和人的目的性。民法精神的民本性,不仅畅扬民法精神的人性自然性,而且强调民法精神的行为秩序性;既决定了民法精神的特定性,又决定了民法精神及其民本秩序构造的一般性和普遍性。从而使其不同于一般的法治精神,构成了对建设社会主义法治文化具有特定规范与秩序意义的精神条件。

---

〔1〕 “人性是人与生俱来、非学而能的天性。这是人之初的本性。本性是支配人行为最根本的原动力。”(刘欣欣:《人性与灵魂》,天地出版社2016年版,第2页)民法精神的民本性,既反映了民法精神的人性自然性,又反映了民法精神的自然生态秩序性。

〔2〕 民法精神是人性精神,民法也是人性法。“仔细考察可以发现,每一项民法制度的确立都可以从其立法背景或立法目的中找出或多或少的人性痕迹……民法发展的每一次进步都是其人性内涵的一次外化。”(田丽红:《现代民法人性化问题探析》,载《广西社会科学》2005年第5期)

因而,社会主义法治和法治文化建设必须以民法精神为基础,弘扬民法精神的民本性,践行和实现民法精神的民本生态秩序构造。

民法精神的民本性决定了其以民为本的基础性社会生态秩序构造。一方面,民法精神及其秩序构造尊重和维护人的主体地位。“人的本质问题,人的人格,对于法的本质是决定性的。法的标准,即法的观念本身,是人。”〔1〕人既是法的主体,又是法的目的。〔2〕人的主体地位不仅与人之生存和发展息息相关,而且还构成了民法的一切制度的基础和秩序条件,所以作为人的主体地位最直接体现的人格权必然需要在民事权利体系中被置于首要位置。〔3〕因此,人必然不断追求和要求提高自己的主体地位。〔4〕另一方面,民法精神及其秩序构造反映人的利益需求及其实现的规定性和规律性并促进人的利益需求实现。人“都把自身的利益作为自己的思想和行动的目的”,〔5〕“其他的一切对他来说都不存在”。〔6〕人只有实现自己的利益需求,“才能成为自由的人、真正的人,也才有所谓人权和人的尊严、人的自由”。〔7〕这就提出了特定的民法和民法精神的条件与需求,即民法必须是立足于人的利益实现的法律,〔8〕而民法精神也必然是反映人的利益需求的社会精神。

显然,民法精神的民本性根本上反映为人的主体性及其实现的规定性与规律性,决定了民法精神及其社会秩序构造是一种以主体利益为中心的主体地位的客观表达。以民法精神构造的民法,其调整的社会关系,包括一定的人身与财产关系,都是人的主体性的体现,所以民法与民法精神的现代性原则的表现就是

〔1〕[德]阿图尔·考夫曼、温弗里德·哈斯默尔:《当代法哲学和法律理论导论》,郑永流译,法律出版社2002年版,第490页。

〔2〕“主体之于法律,既是目的——特权的享有者、权利的占有者、法律的保护者;同时也是目的的根据——一个物之被保护,一个行为之被肯定或阻止,全赖这个物或行为同主体有关联。”(江山:《制度文明》,中国政法大学出版社2005年版,第346页)

〔3〕参见胡光志:《民法与人性的哲学考辨》,载《法律科学》2011年第3期。

〔4〕“我们一生到死,对于自身地位,几乎没有一个人会有一刻觉得完全满意,不求进步,不想改良。”[[英]亚当·斯密:《国民财富的性质和原因的研究》(上卷),郭大力、王亚楠译,商务印书馆1972年版,第314页]

〔5〕[德]黑格尔:《法哲学原理》,杨东柱等编译,北京出版社2007年版,第91页。

〔6〕[德]黑格尔:《法哲学原理》,杨东柱等编译,北京出版社2007年版,第90页。

〔7〕梁慧星:《当前关于民法典编纂的三条思路》,载《律师世界》2003年第4期。

〔8〕“民法作为平等主体的市民或私人权利保护的最基本的法律当坚持合人性的市民之权利本位。”(章礼强:《民法本位的人性基础论析》,载《学术探索》2006年第2期)

主体性。[1] 法治文化的主体性必然以其自然的条件性回归民法精神的民本性,[2]从而表现人的主体利益需求性。因此,以民为本的民法精神必然构成建设社会主义法治文化的主体条件与内在诉求——法治文化建设必须坚持人民主体,人民主体应当立足以民为本。

社会主义法治文化的主体性,就是人民的主体性,建设以民为本的社会主义法治文化必须体现和坚持人民主体地位。“以人为出发点和归宿,人是目的,不是手段,人是主体,而不是客体。”[3]人民是法治文化的建设主体和目的主体,也是法治文化的自律主体和信仰主体。人民是历史的创造者,是决定党和国家前途命运的根本力量。坚持人民主体地位不仅应尊重人民群众整体的主体地位,而且应当“尊重人民中的每一个人的主体地位,通过法治将群体和个人,多数和少数统一起来”,[4]以民法精神影响并促进个人对自身、对他人的人格尊严和平等地位的尊重与维护。主体地位的确认和享有,不仅是人民追求自由和实现利益需求的前提条件,而且使人民通过主体意志实践自己的行为秩序成为可能。因此,尊重和维护人民的主体地位,既是社会主义法治文化的本质要求,也是实践以民为本的法治文化的核心内涵。社会主义法治文化尊重和体现人民主体地位,就是“善待一切人、爱一切人、把一切人都当作人来看待”,[5]满足和保障人民主体的利益需求及其实现,维护和促进人民主体的权利和自由,而这一切都离不开民法和民法精神的实践。[6]

本书项目组以“您认为权利、自由对于您个人是否很重要”为题进行了全国性调查问卷,具体数据统计结果如图 5－1 所示:

---

〔1〕 参见汪志刚:《生命科技时代民法中人的主体地位构造基础》,载《法学研究》2016 年第 6 期。

〔2〕 因而从一定意义上说,法治文化本质上就是民法精神的主体性生态秩序构造。

〔3〕 张卓明:《人民主体地位对法治建设的指导意义》,载《社会主义研究》2015 年第 1 期。

〔4〕 张卓明:《人民主体地位对法治建设的指导意义》,载《社会主义研究》2015 年第 1 期。

〔5〕 王海明:《新伦理学》,商务印书馆 2001 年版,第 399 页。

〔6〕 “民法作为权利法的价值在于,它是自由的法律形式并以自由的形式构建了一个利益分配与社会正义实现的制度体系。”(王利民:《民法的精神构造:民法哲学的思考》,法律出版社 2010 年版,第 128 页)

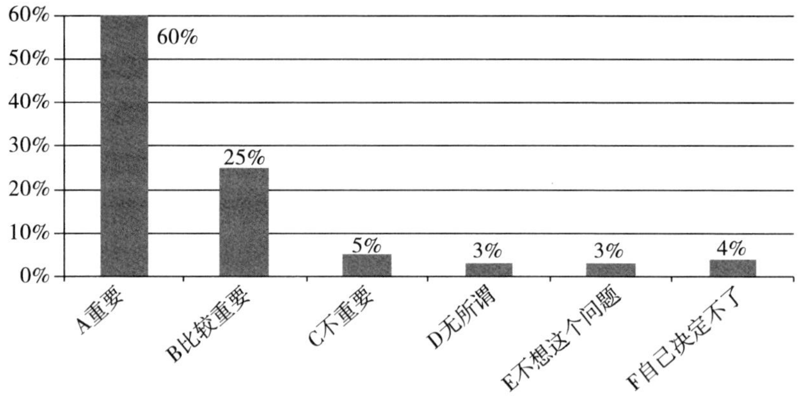

图5－1 “您认为权利、自由对于您个人是否很重要”一题调研数据统计

上述数据统计结果显示，有60%的受访者选择“重要”，这说明经过改革开放四十多年的法治建设，人们对权利和自由的意义在认识上有了普遍的提高。同时，仍然有40%的人没有把权利与自由放在个人的重要位置，这既说明在我国社会人们对权利与自由的价值认识还没有普及和深化，同时也说明在我国社会个人权利与自由的保护和实现还存在一定程度的缺失，以致影响了人们对权利与自由对于自身主体性意义的认识与判断。

民法精神的民本性与法治文化的主体性是对人民的权利与自由的根本表达，必须以实现人民的权利与自由为目的。“真正做到权为民所用，情为民所系，利为民所谋。”[1]以人民主体地位及其利益分配的公平有序实现利益均衡的民本社会正义，并在此基础上让人民“认识到法律既是保障自身权利的有力武器，也是必须遵守的行为规范，增强全社会学法尊法守法用法意识，使法律为人民所掌握、所遵守、所运用”。[2] 可见，这种既以意思自治实现民法和民法精神调整的民本性，又以民本模式的法治文化落实人民的主体地位，构成了以民法精神为基础的社会主义法治文化的运行条件与内在要求。这样，在将民法精神内化为人民主体的秩序意志并外化为自律行为的基础上，实现社会主义法治文化的民本主体构造，即主体自律与自序的生态化构造。

2. 民法精神的特定性与法治文化的一般性

民法精神是民法调整的市民社会关系的秩序精神，它源于市民社会关系，服

〔1〕 范玉凤等:《论以民为本的利益观》，载《河北师范大学学报》2008年第6期。

〔2〕《中共中央关于全面推进依法治国若干重大问题的决定》。

务于市民社会关系的秩序调整，因此是一种特定的社会秩序精神，即私人或者市民社会的精神。这一精神，“已然秉有自身确定的特性……如同其语言、行为方式和基本的社会组织体制”，〔1〕具有特定的精神内涵及其价值和功能并与其他社会精神相区别。一方面，民法精神作为市民社会的规范精神，“只能通过特定的民法制度来表现，成为由特定民法制度构造的精神”，〔2〕它不能脱离民法的表现形式，否则就不是民法精神；另一方面，民法精神作为民本的社会生态精神，具有特定的规范内涵与秩序属性，充分体现了人性的自然规定性和必要满足性，是人性的自然精神，也是道德的自律精神，既是反映人民主体地位和以民为本的自由与利益精神，又是引导个人行为自律和社会自主构序的行为与秩序精神。可见，民法精神的特定性，代表了它的价值性与本质性。

社会主义法治文化作为民本社会的一种规范文化、行为文化和秩序文化，在民本社会生态秩序的形态上表现为一种民法精神文化，因而必然展现民法精神的价值属性和秩序本质。所以，法治文化离不开民本模式的民法精神基础，民法精神的特定性构成了法治文化的一般性，民法精神的特定精神属性和秩序条件必然为法治文化提供一般性内涵。显然，民法精神的特定性，就是市民社会关系条件的特定性，而这一特定性又代表了市民社会关系秩序的普遍性。因此，以民法精神的特定性为基础与核心的法治文化，必然具有文化条件与本质上的一般性，并构成契合人类一般发展和统一的法治文化形态。

3. 民法精神的传统性与法治文化的民族性

民法精神不仅具有人类的一般性，而且具有民族的传统性，〔3〕并与法治文化的民族性相契合。任何一种当代的进步精神或者文化，都不可能脱离一定的民族传统，〔4〕传统精神的优秀成果与民族文化的思想精髓构成了人类文化与文明的一般性。显然，民法精神作为一种“民族或者社会长时期内逐渐养成和一

---

〔1〕［德］弗里德尼希·卡尔·冯·萨维尼：《论立法与法学的当代使命》，中国法制出版社 2001 年版，第 7 页。

〔2〕王利民：《民法的精神构造：民法哲学的思考》，法律出版社 2010 年版，代序第 3 页。

〔3〕传统是“历史沿传下来的思想、文化、道德、风俗、艺术、制度以及行为方式等。对人们的社会行为有无形的影响和控制作用”；“积极的传统对社会发展起促进作用，保守和落后的传统对社会的进步和变革起阻碍作用。”（《辞海》，上海辞书出版社 2009 年版，第 321 页）

〔4〕“‘法律’所表现的风格和设备，在本质上是民族生存的永久的东西。”（［德］黑格尔：《历史哲学》，王造时译，生活·读书·新知三联书店 1956 年版，第 206 页）

时不易改变”的行为与秩序精神,[1]与其所依存的社会构造和文化基础一样,既是一种历史传统,又是一个历史继承与发展的表现,无法脱离历史传统而独立存在,因而必然具有鲜明的传统性即民族性。换言之,民法精神的传统性不过是法治文化的民族性的另一个表征,传统的就是民族的,民族的就是传统的。虽然民法精神在市民社会与市场经济的基础上具有人类文化与文明的一般性,但是它必然生根于民族的土壤并融入民族的传统,如此才能生长为这个民族的并代表这个民族传统的社会精神,所以民法精神必然具有民族传统的自然生态性,“不能和一个民族的性格与传统决裂,而根本上是一个民族性格与传统的反映,因此它的存在要么代表一定的民族性格与传统,要么改变一定的民族性格与传统”。[2] 因此,要实现法治文化的民族性发展并在民族性的基础上融入人类法治文化的一般发展潮流,就必须解决民法精神的传统性问题,必须使这个传统成为一种开放的传统、包容的传统和与时俱进的当代传统。总之,民法精神的传统性并不都具有进步性与时代性,其中必然具有一定的保守性和落后性,所以一定的法治文化及其民族性要走向并获得世界性,首先就要把民法精神的传统性发展成为与时俱进的社会传统,并能够成为法治文化的民族性走向世界的精神基础与支柱。

基于民法精神的传统性与法治文化的民族性的统一,法治文化的民族性发展必然受到民法精神传统性的限制和影响。一方面,民法精神的传统性决定了法治文化的稳定性及其对于外来先进文化可能产生的排斥作用,这一主体的条件和因素必然将影响和限制法治文化的民族性在吸收外来先进文化的基础上所能够实现的进步;另一方面,民法精神的阶层性决定了不同社会阶层对于法治文化的差异化的认同与实践,必然导致法治文化民族性内涵的多样性和复杂性,从而使一个国家和社会的法治文化建设与发展成为一个需要系统调整与整体提高的社会工程。显然,由于民法精神“同各民族生活的其他表现如艺术、习俗、文学一样……在不同的时代有不同的表现,随着需求、感情和文明的变化和日臻完美,而在各民族间互不相同”,[3]要实现法治文化的民族性进步与蜕变,就必须立足于作为市民社会基础秩序的民法精神条件,实现民法精神的传统性与时代

[1] 王利民、张国强:《中国民法现代化的传统性》,载《社会科学辑刊》2015 年第 5 期。
[2] 王利民、张国强:《中国民法现代化的传统性》,载《社会科学辑刊》2015 年第 5 期。
[3] [意]彼德罗·彭梵得:《罗马法教科书》,黄风译,中国政法大学出版社 1992 年版,第 6 页。

性的结合,从而满足法治文化的民族性进步需要。

然而,中国社会是一个非法治传统的社会,法治文化不是我们的民族传统文化,所谓的法治秩序也“带有先天不足与后天强加的特点,不是其历史发展的自然延伸,而是一种无奈的选择,因而表现出明显的‘非历史化’和文化断裂的倾向”。[1] 对这一社会现实的一个归结,就是中国社会的“民法精神”的历史传统性,即在一定意义上的“非民法精神性”,[2]民法精神的传统性生态缺失导致了作为法治文化基础的人文精神的匮乏,从而使法治和法治文化建设缺少生根于民族的精神底蕴及其必要的社会生态条件。“由于中国传统文化本身的惰性和超稳定结构,注定了我们在法治建设中会更多地遭遇到来自传统文化的阻力。”[3]因此,建设社会主义法治文化的民本模式,既要坚持民法精神基础上的民族性,又要实现民法精神在生态转型基础上的世界性发展,这就必将带来我国社会主义法治文化的民族性发展与历史上的民法精神的传统性之间的矛盾与挑战。

可见,法治文化作为一种特定的民族文化,自然需要从民族性的角度认知其文化本质和构造条件。[4] 民法精神是法治和法治文化的民族精神,也就是民族化的法治精神,法治文化要反映民法精神,不仅要具有民法精神的传统性,而且要代表民法精神的时代性,去其糟粕,取其精华。建设社会主义法治文化的民本模式,是一种民族性的法治文化建设模式,既要传承和弘扬中华民族的传统与文化,又要考量和应对陈陈相因的民法精神的历史传统性挑战。应当正视中国社会的非民法精神传统,完成作为当代法治文化基础的民法精神的生态转型,彰显与时俱进的民法精神的民族特性与品格,调和和平衡不同社会阶层的民法精神,发扬民族性,消灭阶层性。既要继承民法精神的优秀历史传统,又要在传统的基础上实现对民法精神的超越发展;既传承传统,又突破传统和改变传统,实现传统的更新与发展,最终完成民法精神的传统性与法治文化的民族性的统一构造。

---

〔1〕 李保平:《法治民族性探微》,载《甘肃社会科学》2009 年第 4 期。

〔2〕 “非民法精神性”典型体现为自然经济性、专制统治性和伦理文化性,这一传统性无疑与现代社会以人格为条件的关于自由和自由限制的民法精神存在价值目标和秩序构造上的矛盾与冲突。

〔3〕 吴丹梅:《法治的文化解析》,黑龙江大学 2003 年博士学位论文,第 241 页。

〔4〕 有学者认为,民法典编纂“要体现民法典的民族性……要立足中国、面向中国,回应中国问题,归根到底是要解决民族性问题”。(孙宪忠:《我国民法典编纂中的几个问题》,载《中国人大》2016 年第 19 期)

所以,建设社会主义法治文化,必须立足于充分反映中华民族优秀文化传统的民族性条件,将中华民族自身的优秀民族传统、民族文化和民族精神融入法治文化的建设之中,[1]从而成为在中国文化元素基础上的世界文化创造,使中国特色社会主义法治文化在坚持民族传统的基础上融入人类法治文化的一般发展。

4. 民法精神的正义性与法治文化的价值性

民法精神作为市民社会与市场经济的规范和秩序条件,在自治与自律的基础上分配个人利益关系并实现利益均衡,具有本质上的正义性。这一正义性构成了民法精神及其代表的以市民社会和市场经济为基础的法治文化的基本价值属性。换言之,民法精神的正义性作为法治文化的内涵条件与本质要求,就是法治文化的价值。没有正义,就没有民法精神,而没有民法精神的正义,也就没有法治文化的价值性。[2]

民法精神之所以构成市民社会的基本秩序条件,就是因为其作为自然生态秩序本身所具有的正义本质。民法精神的正义在根本上是人的正义,是"使每个人获得其应得的东西的人类精神取向",[3]构成"使每个人获得其应得的东西的永恒不变的意志"。[4] 这种正义的取向和意志,既是人性的社会规定性,也是人的道德要求,它通过民法所调整的市民社会即市场经济关系的规范与秩序体系表现出来,具有人格平等与意思自治的秩序本质与条件,以实现平等民事主体之间即私人社会主体之间相互关系的人格尊重与利益均衡,以达到"民法中所包含的人们所追求的各种价值尤其是相互冲突的价值抉择的衡平状态"的目的。[5] 民法精神正义性的引导与作用,不但能够促进符合一般正义的民法制度的生成,还能确保人们的社会行为得到合理的规范和调整,从而构造正义的社会生态秩序,并在此基础上形成具有正义价值的法治和法治文化。

法治文化是民法精神的法治化与生态秩序化,民法精神的正义性决定了法

---

〔1〕 "将社会主义核心价值观融入(民法典编纂)全过程,弘扬中华民族传统美德,强化规则意识,增强道德约束,倡导契约精神,弘扬公序良俗。"(关于《中华人民共和国民法总则(草案)》的说明)

〔2〕 民法精神在本质上是一个正义的价值体系,正义性决定了民法精神构造的正当性与合理性。

〔3〕 [美]E. 博登海默:《法理学:法律哲学与法律方法》,邓正来译,中国政法大学出版社 1999 年版,第 264 页。

〔4〕 [美]E. 博登海默:《法理学:法律哲学与法律方法》,邓正来译,中国政法大学出版社 1999 年版,第 264 页。

〔5〕 马黎:《民法目的性价值研究》,西南政法大学 2012 年博士学位论文,第 71 页。

治文化所必然具有的正义价值。[1] 法治文化，不论是其中何种文化，都必然代表和反映民法精神的正义价值，并以民法精神的正义价值作为自己追求和实现的目标。因此，民法精神的正义价值必然构成法治文化的最高价值。正像真理是思想体系的首要价值一样，[2]民法精神的正义性是法治文化必须具有而不可替代的价值，没有了这一正义价值，法治文化便不具有生命力。

法治文化以民法精神的正义性为基本价值内涵，[3]就必然反映市民社会主体即人的生存利益及其合理诉求。一个国家和社会的法治文化，应当以个人利益为目的和对象，追求个人利益并满足个人需求以实现社会分配正义。[4] 在个人利益的正义分配上，离不开平等和自由，因为"在一个正义的社会里，平等的公民自由是确定不移的"。[5] 以民法精神的正义价值为基础的法治文化，必然尊重人格独立和身份平等，主张个人权利和自由，并以平等和自由作为个人利益实现的根本秩序条件。满足这一秩序条件的法治文化，应当"公平地向个体提供他们必需的资源，从而使他们自由而公平地追求他们发现值得去过的生活方式"。[6] 民法精神的正义价值不仅是一种制度的正义价值，还是一种行为的正义价值，是对主体的行为条件要求，因为只有行为的正义才是真正的社会正义并具有正义的生态价值。因此，以民为本的社会主义法治文化必须以民法精神的

[1] 建设社会主义法治文化的民本模式，就是以民为本的民法精神的社会构造模式，也就是民法精神构造的正义模式，只有这一模式的社会主义法治文化才具有法治文化本身的价值性。

[2] [美]约翰·罗尔斯：《正义论》，何怀宏等译，中国社会科学出版社1988年版，第1页。

[3] "如果没有民法正义就没有社会正义，社会正义在根本上是民法正义，公法正义建立在民法正义的基础上并以实现民法正义为目的，没有脱离于民法正义之外的公法正义，民法正义是社会的真正正义，如果一个社会丧失了民法正义也就失去了整个正义。"（王利民：《民法的精神构造：民法哲学的思考》，法律出版社2010年版，代序第15页）

[4] "分配正义意味着人人享有这样的权利和利益，意味着人们平等地站在公平的起点上。只要有人还没有分享到这样的权利和利益，人类便仍然在寻找正义的途中。"我国具有实现分配正义的制度基础与优势。"社会主义公有制和在国民财富中占据实质性比重的公共财富为实现社会应得理论意义上的分配正义提供了制度保障和财力保障，社会主义公有制更接近分配正义的目标。在分配正义方面，社会主义制度的优越性将得到充分体现。"（张国清：《分配正义与社会应得》，载《中国社会科学》2015年第5期）

[5] [美]约翰·罗尔斯：《正义论》，何怀宏等译，中国社会科学出版社1988年版，第2页。

[6] [美]弗雷曼：《罗尔斯》，张国清译，华夏出版社2013年版，第65~66页。"当前，我国已经进入全面建成小康社会的决定性阶段，按照党的十八大提出的千方百计增加居民收入的战略部署，要继续深化收入分配制度改革，优化收入分配结构，调动各方面积极性，促进经济发展方式转变，维护社会公平正义与和谐稳定，实现发展成果由人民共享，为全面建成小康社会奠定扎实基础。"（《国务院批转发展改革委等部门关于深化收入分配制度改革若干意见的通知》）

正义价值规范和引导人们的社会行为,实现个人行为的自律与自由。显然,一个人"在行为上公正便成为公正的人,在行为上节制便成为节制的人",[1]所以必须以法治文化的整体形态与全面要求,推动实现个人行为的规范化、自由化与秩序化。

当然,法治文化的民法精神正义价值,也包括对司法正义的价值要求。一个国家和社会的法治文化应当以司法正义维护民法或者民法精神的正义。司法正义是民法正义实现的最后保障,如果没有司法正义,不论是制度正义还是行为正义,都可能被司法的权力滥用所毁灭。[2] 本项目组以"您认为目前存在司法不公的最主要原因是哪项"为题进行的全国性调查问卷结果显示,[3]在5个选项中,受访者选择"司法体制缺陷"的占比最高,达47%。这一数据统计结果说明,大多数受访者认为目前我国存在的司法不公现象是由于司法体制的原因造成的,这也正说明了我国当前进行的司法体制改革的重要性,这是一个事关司法公正的重大问题。除此之外,社会环境因素也是影响司法公正的一个重要原因。因此,要整体提高我国的司法水平,保证司法正义的实现,必须从司法体制改革和改善影响司法的环境入手,建设符合社会正义价值诉求的司法文化,并以司法对正义价值的维护强力推进社会主义法治文化的正义价值实现。

5. 民法精神的生态性与法治文化的人文性

民法精神作为民本社会的生态精神,本质上是人的生态精神,由人的生态性所决定。民法精神的生态性,首先是人的自然生态性。人是自然的生物,具有自然生态的本质,遵循生命的自然规定性与规律性,需要生命维系和种族生息的自然生态条件,具有自然的生存利益与发展需求的必然要求性与必要满足性。民法精神作为人的社会生态秩序,必然以人的自然生态为根据,反映人的自然生态的规定性与规律性,构成人的自然生态实现的社会秩序形式,即人的客观利益需求及其实现条件的社会条件反映。显然,民法精神作为人的社会生态性是在人的自然生态性的基础上形成的,是以人的社会关系条件反映的人的自然生态性,是人的自然生态性的社会生态化。当然,民法精神的社会生态性并不是直接的

---

〔1〕 [古希腊]亚里士多德:《尼各马可伦理学》,廖申白译,商务印书馆2003年版,第42页。

〔2〕 司法正义是结果正义和程序正义的有机统一。"司法结果正义主要是指司法结果的公正和公平,司法程序正义则主要是指司法程序公开、公正。"(李克武:《论司法正义及其在我国的实现途径》,载《中南民族大学学报》2004年第3期)

〔3〕 本题数据统计结果详见本书第六编(第三十章)"司法裁判的民法精神实践"部分。

自然生态性,作一种社会意识形态,民法精神是一种社会秩序意志,既反映人的自然生态本质,又超越人的自然生态属性。

民法精神作为人的生态本质与条件,构成了民本模式的法治文化的人文社会基础。可以说,当代法治文化的人文性,根本是民法精神的生态性,民法精神的生态性及其所具有的人文价值,是当代法治文化的价值核心,代表了以民为本的法治文化的根本条件。法治文化是“人类基于对自身的价值和命运的关注而衍生”的文化,〔1〕“作为现实的人的日常生活世界的一种秩序追求……不能不具有强烈的人文关怀”,〔2〕所以“注定要以人文精神为其精神底蕴”,〔3〕必然成为一种人文的社会生态系统,并以自己人文性的本质内涵与秩序条件而与代表人文社会生态基础的民法精神保持统一。因此,法治文化以一切围绕人、尊重人、理解人、关心人、爱护人的人文理念,把满足和实现人的生态利益放在根本地位。“具体体现在对现实的人的物质性生存与发展和精神性生存与发展的深切关怀上,它在法治的观念、意义与精神上,在法治的规范与制度上表现为对现实的人的一系列基本人权和自由的保障,其实质对于个人人格尊严和价值、对个人独立自主地追求自己幸福生活的各种努力的肯定、赞同与支持。”〔4〕

此外,法治文化作为以人的自然生态为本源的文化,其所反映的社会生态秩序,就是人的精神秩序与行为秩序,其中主要是民法精神的自律性与道德性秩序。因而法治文化作为一种人文生态的秩序构造,既静态反映民法精神的秩序本质,又动态呈现民法精神的自律功能,以其社会生态的自律性构序能力,促进人的秩序认知与秩序意志的形成和升华,培育人自身的法治精神的自律模式并最终构建以人的行为自律和自主构序为本体的社会生态秩序,从而成为一种内化于心、外化于行的本体自律的人文生态秩序文化,并以其本体的伦理性与生态

〔1〕 汪太贤:《论中国法治的人文基础重构》,载《中国法学》2001年第4期。

〔2〕 姚建宗:《法治的人文关怀》,载《华东政法学院学报》2000年第3期。

〔3〕 汪太贤:《论中国法治的人文基础重构》,载《中国法学》2001年第4期。“人文精神所包含的自由、平等、人权、博爱和民主精神唤起了人们对法治的追求。”(汪太贤:《人文精神与西方法治传统》,载《政法论坛》2001年第3期)

〔4〕 姚建宗:《法治的人文关怀》,载《华东政法学院学报》2000年第3期。

性实现法治文化的民本模式建设与发展。[1]

（二）民法精神与法治文化的内在差异

民法精神是由具体的民法形式所表现的社会秩序精神，而法治文化是一个国家和社会整体的法律与法治文明形态，因此，虽然民法精神在民本的社会基础上与法治文化具有根本上的统一性，但是，两者作为不同层次和条件的法律和法治现象仍然具有一定的内在差异。

1. 民法精神的主观性与法治文化的客观性

一般来说，民法精神作为一种社会精神范畴、一种主体性的存在而言，具有人的主观性的本质，是人的一种秩序品质与行为意志。[2] 虽然民法精神是通过民法规范的形式表现的社会精神，并且具有人的自然生态的客观规定性，但是它作为内生于不同主体的精神条件，不仅反映个人的心理认知和秩序习惯，而且难以回避个人的利益追求及其主观的意志与愿望，[3] 所以，在根本上是作为人的主观性存在的。也就是说，民法精神作为一种行为精神，在本质上是人的社会行为意志，具有主观意志性，反映为人的主观内化的意志条件和精神秩序，引导个体的人主动自觉地以行为主体的身份思考问题，使“社会的外在要求转化成个人的内在信念并指导约束自身的行为”，[4] 从而促使个人基于主观意志而产生

---

〔1〕 法的规范不等于法的秩序，法治和法治文化必须在自律的自由条件下实现。“邦国虽有良法，要是人民不能全都遵循，仍然不能实现法治。”（[古希腊]亚里士多德：《政治学》，吴寿彭译，商务印书馆1965年版，第199页）“没有使法成为法的作为法主体的个人的法秩序维持活动，这是不可能的……大凡市民社会的法秩序没有作为法主体的个人的守法精神是不能维持的。”（[日]川岛武宜：《现代化与法》，申政武等译，中国政法大学出版社1994年版，第19页）虽然在一开始，“法律就是一个必须遵循的强制性规范，违反它就要受到相应的惩罚，（但）随着人们的不断认同和自觉遵循，慢慢就使其变成了自身的一种需要，一种自我约束”。（马永庆：《道德自律的特性解读》，载《伦理学研究》2009年第5期）显然，只有当法转变为人的行为，使人们“自觉自愿地遵守从心底里拥护的、大家共同分享的道德价值观念的要求和约束”，（[美]巴尔：《三种不同竞争的价值观念体系》，力文译，载《现代外国哲学社会科学文摘》1993年第9期）法才能从制度规范转变为现实的行为秩序，只有这种主体自律的行为秩序，才是法治和法治文化的社会生态化运行与实现。

〔2〕 主观性主要是指人的认知、观念和思想等所具有的特质，“不能将它理解成唯心主义、主观主义、不科学的代名词，它是不带有贬义或褒义的，而仅仅表示主体的思维意识所具有的性质”。另外，本书所指的民法精神的主观性并非随意的主观性，“不包括个人主观主义，毫无逻辑的主观臆断，更不包括非认识主体的主观性”。（韩亚卿：《科学客观性是否包含主观性》，载《社科纵横》2016年第1期）

〔3〕 民法精神积极倡导对人格尊严的促进和维护，人们也“越来越重视精神权利的价值，重视个人感情和感受对于人存在的价值，重视精神创伤、精神痛苦对人格利益的损害”。[梁慧星主编：《民商法论丛》（第10卷），法律出版社1998年版，第617页]但是，人格尊严作为一种精神利益，很大程度上决定于人的主观意志，基于内心情感、认识和观念的程度不同因人而异。

〔4〕 马永庆：《道德自律的特性解读》，载《伦理学研究》2009年第5期。

实践的行为秩序。对主体而言，“合乎意志自律性的行为，是许可的，不合乎意志自律性的行为，是不许可的”。[1]

可见，我们既要看到民法精神所具有的规定性与客观性的一面，也要看到它的个人意志性与主观性的一面，其最终需要“通过人们有意识的、创造性的活动才能表现出来并得以实现”。[2] 不论是立法的形成民法制度的过程，还是实践的落实民法制度的行为，都是在人的精神指导与作用下进行的，都是人的一种精神活动与表现。民法精神“离开了社会主体即人的参与与推进的自觉活动”，[3] 也就没有了自己的存在与发展。

因此，民法精神“作为一种被追求的目的，却同人类其他一切事业一样，是主观的，受心理状态制约的”，[4] 必然得到社会个体的哲学世界观、政治主张、法律观念、伦理思想、价值判断、对客观规律与现实情况的了解与认识，以至于受到他们的知识结构、文化素质、个性特征等主观因素的影响，[5] 而体现人类思想的主观特征。所以，虽然不同民族或者社会的民法精神具有共同的本质和条件，但是不同民族与社会的秩序认知却必然表现出一定的主观心理的差别性，并可能构成不同的民法精神与民法文化的形态，影响到不同法治文化的发展。即使在一个民族和社会内部，因不同阶级、阶层或社会集团的利益意志与现实理想的不同也必然产生不同层次的民法精神及其主观差异，“尤其是那些在经济上、政治上占据统治地位或优势地位的阶级、阶层或社会集团”所彰显的民法精神，[6] 不仅可能超越该民族和社会的民法精神的一般发展，而且对社会秩序的形成往往具有一定的支配地位。显然，民法精神的这一主观性差别与矛盾必将长期存在于社会历史发展的全过程，需要在民法精神的生态转型过程中逐步得到调和与统一。[7]

与民法精神的主观性不同，法治文化不仅具有作为精神文化的主观性，而且

---

〔1〕［德］康德：《道德形而上学原理》，苗力田译，上海人民出版社 1986 年版，第 93 页。

〔2〕陈佑武：《人权法是客观性与主观性的辩证统一》，载《法学杂志》2007 年第 2 期。

〔3〕陈佑武：《人权法是客观性与主观性的辩证统一》，载《法学杂志》2007 年第 2 期。

〔4〕《爱因斯坦文集》（第 1 卷），许良英等编译，商务印书馆 1976 年版，第 298 页。

〔5〕参见陈佑武：《人权法是客观性与主观性的辩证统一》，载《法学杂志》2007 年第 2 期。

〔6〕陈佑武：《人权法是客观性与主观性的辩证统一》，载《法学杂志》2007 年第 2 期。

〔7〕需要重点关注生理差异弱势群体的意志，如妇女、儿童、老人、残疾人等，弥补其与生俱来或后天形成的生理特征所造就不利局面，同时也要关注经济贫困弱势群体的意志，促进和保障其利益需求的实现。（参见陈佑武：《人权法是客观性与主观性的辩证统一》，载《法学杂志》2007 年第 2 期）

具有制度文化的客观性。

(1)法律制度的客观性

法律制度是法治文化存在的客观基础。法律制度必须具有的客观性是“法治命题在理论上成立的必要前提”。[1] 如果法律制度是非客观的,人们就难以对他人的行为或者司法裁判的合法性做出一般性的判断,法治就无法具备实现的基础,更不可能形成良好的法律秩序与法治文化。因此,法律制度的本质就是“用形式意义上的标准取代了实质意义上的标准……为人们用精确、明晰的语言文字表述法律,推进法律的公开性,消除法律的任意性”,[2]而法律制度文本及其目标价值上的确定性、安定性及可预测性构成了法律制度的客观性要求。客观的法律制度,一方面立足于反映人的客观利益需求及其实现的客观条件,遵循事物发展的客观规律,契合客观的法律事实、社会现实以及客观的历史发展方向;另一方面又为人的行为提供客观的和可预见的规范条件,并要求人们根据这一条件理性选择和实施自己的行为,只有这样,才可能“免受当权者、法官或任何人主观任意的偶然性之宰制”,[3]从而使自己的行为能够最大限度地代表和实现自己的利益目的并得到法律的承认和保护。

(2)法律解释的客观性

法律制度是人为创造出来的,而“不管法律制定得多么精致,理论表述多么精当,在具体的司法实践中,法的意蕴总是要通过我们对法律的理解、解释和实践才能表现出来”。[4] 法律解释应当是作为解释者在法律制度文本与法律事实之间,对法律制度文本的意思理解和必要说明,必须受到法律制度本身的客观性

---

〔1〕 厉尽国:《法律的客观性——基于现象学视角的透视》,载《法律方法》2008年第7卷。法治文化的客观性也即哲学意义上的客观性,有学者认为,客观性也就是“与主观世界相对立的客观世界所具有的特性,是不以人的意志为转移的,按自己固有的规律运转的性质”。(傅庆涛:《法律解释的客观性探微》,载《当代法学》2003年第9期)也有学者认为,“客观及客观性可从两个方面理解,其一是从存在意义上理解,即相对于人类的任何对象都不因人类主观感知和认识与否而存在或不存在,事物不取决于人类的认知而存在是绝对的,事物永远是自治地存在的。其二是从认知的意义上理解。在这里,人们的认知既有客观内容,又有主观内容;既有主观性,也有客观性”。(谢晖:《诠释法律的客观性及其原因》,载《法学》2003年第3期)

〔2〕 葛洪义:《法律方法的性质与作用——兼论法律的结构及其客观性》,载《法律方法与法律思维》2005年年刊。

〔3〕 黄伟文:《论法律的中度客观性》,载《法制与社会发展》2013年第4期。

〔4〕 田成有、李来孺:《重构还是超越:法律解释的客观性探询——以德沃金和波斯纳的法律解释论为主》,载《法制与社会发展》2003年第1期。

制约。因此,法律解释作为法律本意的延伸必须与法律制度本身一样具有客观性。也就是说,法律解释不仅应当符合客观、中立的价值标准体系,而且必须遵循既定的程序及规则,“以排除解释的个人性因素、挖掘成文法本身业已存在的确定性为任务”,〔1〕且注重解释方法的科学性、灵活性和多样性,使法律解释的结果尽可能排除个人性、主观性,以赋予更多的确定性和稳定性。当然,解释者归根到底是人,一个人即使再谦虚谨慎,再理性包容,他对法律的解释都脱离不了个人的主观意识,〔2〕即一个人的自发理解性和主观意志性不可避免。但是,解释者又需要秉持“法律解释的答案必然蕴藏在法律制度文本当中”的理念。因此,法律解释虽难以实现完全且最终的客观,但为了正义的最终实现,人们不能停止对于法律解释客观性的探索。可以说,虽然人们在法律解释上无法到达绝对客观的彼岸,但却在无限趋近之中。〔3〕

(3)法律适用的客观性

法律适用是法治文化客观性的实践核心。事实上,任何一个司法案件,其相关的法律事实都是客观存在的,司法及其法律适用的任务,就在于得出与事实相一致的司法结论。〔4〕这种与客观事实符合的司法结论,就是反映案件真实性并具有法律适用客观性的正当判决。司法与法律适用程序具有的正当性,不在于它们能够为解决案件之争提供一种绝对或者完美的答案,而在于它们能够确保以一种中立且公正的客观态度来处理案件纠纷。〔5〕当然,法律适用的客观性是一种介于“最低限度客观性”和“强式客观性”之间的“温和客观性”,它将人设定为具有理想认识条件的“理性人”,因而虽然“事实仍然取决于我们,但是却不取决于我们实际的或现存的认识和信念,而是取决于人们在理想的认知条件下的认识”。〔6〕然而,法律作为一种实践的存在,具有天然的主体性,所以法律适用的客观性在本质上应当是主体意志性与案件客观性的统一。特别是在疑难案件的法律适用问题上,由于法律解释存在“开放结构”,法官在法律适用时将不可

---

〔1〕 陈金钊、刘作翔:《论法律解释的客观性》,载《学习与探索》1997 年第 3 期。

〔2〕 参见张汝伦:《意义的探究——当代西方释义学》,辽宁人民出版社 1986 年版,第 80 ~81 页。

〔3〕 参见傅庆涛:《法律解释的客观性探微》,载《当代法学》2003 年第 9 期。

〔4〕 参见邱昭继:《法律的不确定性与客观性、确实性和自主性》,载《山西财经大学学报》2009 年第 1 期。

〔5〕 参见邱昭继:《法律的不确定性与法治的可能性》,载《政法论丛》2013 年第 1 期。

〔6〕 黄伟文:《论法律的中度客观性》,载《法制与社会发展》2013 年第 4 期。

避免地拥有自由裁量权。[1] 对此,有学者认为,尽管司法者就开放结构能够拥有一定的自由裁量权,可是以一种专门的法律论证理论对司法者的自由裁量权进行限制也不可缺少。[2] 因此,应当以合理制度和规范程序约束法律适用者的消极的个人主观因素,减少法律适用过程中的主观性和任意性,从而使法律适用的结果更加趋于客观并契合实质正义。

综上,建设民本模式的社会主义法治文化,既要以民法精神为基础,又要解决民法精神的主观性与法治文化要求的客观性之间的矛盾。其中根本一点,就是要充分认知民法精神的自然生态性及其所具有的客观规律性与规定性,把握民法精神作为人的客观利益需求及其实现条件的规律性与规定性的本质,从而以民法精神的一般性与普遍性的秩序认知与社会共识,作为建设社会主义法治文化的民本基础。

2. 民法精神的历史性与法治文化的发展性

民法精神作为一种社会精神,同其他社会现象一样,是历史的产物,具有必然的历史性。一方面,民法精神作为主体性存在是一种自在自为的精神条件,具有稳定的历史存在和演进过程,它是在长期的历史积淀当中形成的扎根于人们内心的秩序认知与行为习惯,这一认知与习惯及其伴生的秩序形态,构成了一个国家或者民族的不容易改变的历史传统,因而具有历史的传承性与稳定性。另一方面,民法精神作为一个民族或社会的整体意识形态,具有独立的生态发展过程,无法像法律制度那样,可以通过借鉴、移植或者变革的方式直接实现某一民法精神传统的根本转型与转变,虽然它将不可避免地受到外来先进制度与法治文化的影响而逐步发生内部的渐变,但是却不可能与法律制度及其法治文化实现同步的变革与发展。因而,相对于法律制度及其代表的法治文化形态所具有的与时俱进性,民法精神具有必然的基于历史传统的

---

〔1〕 例如,在“同时娶二女”案中,某男青年同时与两个女青年举行婚礼,其行为明显触犯了《刑法》第 258 条关于“有配偶而重婚”的规定,但是孔祥俊法官认为,同时娶二女与先后娶二女在性质和社会危害性上并无不同,所以应当依据这一规定定罪处罚。[参见孔祥俊:《法律方法论》(第 2 卷),人民法院出版社 2006 年版,第 1017 页。转引自陈坤:《“开放结构”与法律的客观性》,载《法制与社会发展》2016 年第 1 期]

〔2〕 参见邱昭继:《法律的不确定性与法治的可能性》,载《政法论丛》2013 年第 1 期。

保守性与局限性。[1] 换言之，民法精神作为一种人的主观精神形态，既容易在人的内心中发生某种不确定性变化，又容易以人的内心固守而停留在过去。因此，对于民法精神的社会变化，既要正确规范，又要合理引导，否则，非但难以使民法精神脱离历史性与保守性，而且可能带来其存在与变化的随意性。

与民法精神自在自为的历史性与传承性不同，法治文化在制度层面和意义上更具有变革性与发展性。“只有顺应历史潮流，积极应变，主动求变，才能与时代同行。”[2] 显然，作为法治文化基础的法律制度及其制度文化，需要通过不断地更新发展来适应不断变化的社会关系条件要求。一种法治文化在制度上要适应并保障现实社会关系的维系与不断发展，就必然需要主动契合现实社会关系的各种条件与诉求。[3] 在实践基础上不断变化的社会关系条件，必然要求法与社会关系条件同步发展，并通过法的形式表现社会关系条件，即一定历史时期内的社会关系条件决定了法的内容与形式，同时也决定了法的本质。[4] 因此，一种法治文化所具有的制度前提，应当表现出“一定的预见性和超前性，对新的社会关系的产生起一种指引与促进作用”，[5] 否则就不是与时俱进的法律和法治文化，也就不能为现实的社会关系提供合理的规范前提并调整和实现其正确发展。

因此，建设以民为本的社会主义法治文化，一方面，应当建立在市民社会的民法精神的生态基础之上，发挥民法精神的主观能动性，实现主体自觉与自为的自律性社会秩序构造；另一方面，必须从文化形态与社会秩序体系等方面根本解决民法精神的历史传承与生态转型问题，这样才能够以与时俱进的民法精神实现社会主义法治文化的民本模式建设，从而满足社会主义法治文化的本质要求。

---

[1] 特别是中国社会的“民法精神”历史性就是一定的非民法精神的传统性，缺少当代民法精神的思想内核并沉淀积累于整个社会土壤之中，根深蒂固于人们的精神世界。“整个社会体系排斥着民法精神，滞碍着民法的萌生和发展，从而使民族传统文化中，民法文化显得非常落后和贫弱。”（曹诗权等：《传统文化的反思与中国民法法典化》，载《法学研究》1998 年第 1 期）民法精神的产生和发展受制于各种社会历史条件，作为一种社会构造，它只能在社会结构内部和整个社会系统中得到实现，既没有脱离于社会和社会关系的单纯民法精神存在，亦不可能抛开一定的社会或者社会条件孤立的看待民法精神现象。

[2] 《习近平总书记在庆祝改革开放 40 周年大会上的讲话》，载《求是》2018 年第 24 期。

[3] 参见李步云、赵迅：《什么是良法》，载《法学研究》2005 年第 6 期。

[4] 参见李步云、赵迅：《什么是良法》，载《法学研究》2005 年第 6 期。

[5] 李步云、赵迅：《什么是良法》，载《法学研究》2005 年第 6 期。

第六章

民法精神的法治文化特征

一、民法精神与法治文化的民本生态特征[1]

社会主义法治文化是坚持人民主体地位并以人民利益为目的的文化，即以民为本的法治文化，而民法精神作为市民社会或者个人社会的规范与秩序精神，就是民本社会和以民为本的法治精神，从而在民本的基础上建立了民法精神与法治文化的内在联系，即民法精神以其社会规范与秩序构造的本体性和自主自为的自律性而构成了法治文化的民本生态特征。

换言之，民法精神与法治文化的民本是一种人本，而人本或者民本必然遵循人的自然生态性，以人的自然生态为根据，承认人的客观利益需求及其实现的规律性与规定性。这样，人的自然生态必然在民法精神与法治文化的社会构造中转化为一种民本的社会生态秩序体系。

一方面，人的自然生态具有人与人之间的应然平等性，代表人或者市民社会关系的公平正义；另一方面，人的自然生态反映人的本质，体现人的价值与目的。“普遍公平的真正所在是人类的本性。”[2]任何人只要不遵从、逃避或者否认自

---

〔1〕 本部分是关于民法精神与法治文化的民本生态特征的一般性基础认识，对于民法精神与法治文化、法治生态秩序的更深入内容，详见本书第四编（第十九章）“民法精神的生态秩序构造”部分。

〔2〕 [英]彼得·斯坦、约翰·香德：《西方社会的法律价值》，王献平译，中国法制出版社2004年版，第13页。

己的本性,仅凭着这一事实,就必将受到严酷的惩罚。[1] 遵从人的本性,在根本上就是遵从人的自然生态性。如果不能以自然生态的社会规范与秩序体系反映人的本性,也就没有代表人的本性的社会公平与正义。[2]

(一)民本社会与生态社会

民本社会与生态社会具有内在的联系。人是自然的产物,是一种自然生命现象。人首先是自然的,然后才是社会的。由自然之人构成的社会即民本社会,必然反映人的自然生态性,体现人的自然生态的利益需求,遵循人的利益需求及其实现的自然规律与规定性,从而使人类社会具有生态社会的本质。民本社会及其生态社会的本质,构成了建设社会主义法治文化的基础与根本条件。

1. 生态社会是自然的社会形态

"人是自然的产物,存在于自然之中,服从自然的法则,不能超越自然,就是在思想中也不能走出自然;人的精神想冲到有形的世界范围之前乃是徒然的空想,它是永远被迫要回到这个世界里来的。"[3] 自然是一切事物的规定性,是事物存在的客观限度和不可改变的属性。人类社会作为自然的社会,根本是"生态社会"。生态社会的概念和认识,是人类对自身与生存环境即与自然的关系进行不断反思的结果。[4] 人类是生态产物,必然走向生态社会,即人与人之间、人与自然之间在遵循自然生态规律的基础上而实现和谐、稳定与可持续发展的

---

〔1〕［古罗马］西塞罗:《国家篇·法律篇》,沈叔平、苏力译,商务印书馆 1999 年版,第 104 页。

〔2〕"真正的法律是与本性(nature)相合的正确的理性;它是普遍适用的、不变的和永恒的;它以其指令提出义务,并以其禁令来避免做坏事。"([古罗马]西塞罗:《国家篇·法律篇》,沈叔平、苏力译,商务印书馆 1999 年版,第 104 页)真正的法律即良善之法,虽然不是不变和永恒的,但它一定是稳定和普遍适用的,而这种能够稳定和普遍适用的法律又一定是与人的本性结合与统一的,因为只有这样的法律才能够反映人的客观利益需求及其实现的规定性,并代表人的需求和体现人的正义,从而也才能够被人们自律遵守而成为稳定和普遍适用的法律,这样的法律或者法治形态,就是人的自然生态的民法精神秩序及其法治文化。

〔3〕［法］霍尔巴赫:《自然的体系》(上卷),管士滨译,商务印书馆 1999 年版,第 3 页。

〔4〕人类在农业社会阶段,以渔猎和种植业为生,靠天吃饭,依附自然,对大自然充满了敬畏感。然而,进入工业社会以后,由于科学技术的突飞猛进,人类获得了空前的自由和解放,开始向自然掠夺资源,结果使自己与自然处于对立状态,导致环境恶化,自身生存环境面临严重威胁。正是基于这一社会现实,人类开始反思自己的生存方式,以及对待自然的态度,在这一条件下,"生态社会"的概念应然而生。有学者提出了自然社会、农业社会、工业社会、信息社会、生态社会等社会划分理论。(参见邓永芳、胡文娟:《当前国内关于生态社会研究的文献综述》,载《安徽农业科学》2013 年第 3 期)与其他社会特别是工业社会相比,人类的"生态社会"是诉求更科学、更合理和更具有可持续发展性的社会。

社会。[1] 人作为自然的一部分,既有自然的本质,又不能逃脱自然的规律。“由自然形成并且被自然限定的东西,一点也不生存于大的整体之前,它是这个大整体的一部分,并且受整体的影响;人们设想的那些超乎自然或与自然有别的东西,往往是些虚幻的事物,我们永远不可能对这些虚幻的事物形成真实观念。”[2]

然而,本书所谓的生态社会或者社会生态,与前述作为揭示人与自然关系的“生态”或者“生态社会”的概念不同。本书的生态社会概念,是作为社会本质的一个范畴提出并存在的,即社会本身是生态的,是自然生态的一部分,也就是由自然之人构成的社会是反映人的自然生态规律的社会。因此,不同于以人与自然关系为对象或者基础的社会生态观。[3] 换言之,生态社会或者社会生态,就是人或者人的社会关系的生态性,即作为人的法律或者法治文化现象的生态性,也就是以法律或者法治文化形式存在的社会规范与秩序形态作为人的社会现象最终不过是人的生态现象。社会现象并不是超越自然现象的独立现象,也不是纯粹的思想的或者意识形态现象,归根结底,它是人的自然现象的一部分,是由人的自然现象构成的一种社会生态现象。认知和把握了人类社会的生态性,也就认知和把握了人类社会的本质及其规律性与规定性,而需要在生态社会基础上建设和实现的社会主义法治文化也就必然具有了社会生态文化的本质,并自然和客观地决定了它的内在条件和要求。

---

[1] “在人与自然的关系上,既尊重人自身的内在价值和自身活动的能动性,又尊重自然界的运行法则及其内在价值;既强调人类保护自然环境的权利、责任和义务,又承认自然界对于人类的工具价值,珍惜自然资源的可持续利用。在代际关系问题上,既关注现实个人的利益和权利,又正确认识社会发展规律和社会结构价值,以社会、资源与环境的全面、协调、可持续发展为人的全面发展创造条件。在与人的关系问题上,既尊重个人的尊严和生命价值,又尊重人际交往对于人的现实规定和价值,以文明和谐的人际环境促进个人生命价值的实现与提升。因此,坚持生态的生产活动样态和生态的生活消费方式,是坚持‘以人为本’原则的基本要求。”(曹飞等:《“以人为本”社会主义核心价值体系探索》,人民出版社2012年版,第143页)

[2] [法]霍尔巴赫:《自然的体系》(上卷),管士滨译,商务印书馆1999年版,第3页。

[3] “社会生态即人类社会的生态,系由人类与其环境所组成的生态关系或生态系统,它是集自然、社会和经济三重属性为一体的客观现实存在。”(叶峻:《社会生态学的基本概念和基本范畴》,载《烟台大学学报》2001年第3期)“生态社会的构建要求以全新的视角审视人类的政治、经济、文化、社会等活动,以生态效益为核心,主张对现有的自然环境和人文社会进行合理的生态重建。在这样的社会中,没有阶级区别,没有等级观念,没有话语霸权。”(潘赞平、康定华:《析生态社会的基本要求及建设思路》,载《前沿》2010年第14期)

2. 民本社会反映生态社会本质

民本社会作为本体的社会形态，本来既是自然的，又是生态的，但是当它发展到一定阶段并产生政治社会以后，在政治社会统治与意识形态条件的影响和作用下，社会的本质反而在人自身的观念中变得模糊起来，即人们开始在抽象人的基础上看待人和人所构成的社会，这样，人和人的社会的自然生态本质在人的社会观念及其社会体系构造中就被很大程度地抽象掉了。[1] 虽然我们的社会既不可能脱离也不可能改变人的自然生态本质，但是它却极可能在政治目的与意识形态支配的制度设计中以各种形式走向人的自然生态本质的反面，从而在一定程度上背离人的生态目的与要求。

人类对生态社会的背离是从对民本社会的背离开始的。民本社会或者市民社会，作为个人或者私人社会，是人类社会的原生或者本有形态，是人类自然生态的选择与结果。因此，人类社会的一切发展形态特别是在民本社会基础上形成的政治社会，应当服务和服从于民本社会的目的和要求，不能脱离民本社会的条件和价值，而民本社会或者基于民本社会的条件和价值设计的一切社会形态，包括法治和法治文化的社会形态，则必然反映民本社会的生态社会本质，并以其代表民本社会的生态本质而符合人类利益需求及其实现的规律性与规定性并具有其正当性与合理性。然而，问题是，人类在民本社会基础上形成的政治社会及其社会制度设计，既统治和引领了民本社会的发展，又在一定程度上背离了民本社会的生态本质，而在一定的政治目的与意识形态的条件下存在和发展自己。这样，其既在一定程度上脱离了民本社会的生态本质，又在人类的主体性中淡忘和模糊了人类社会的民本性与生态性。因此，一切政治社会的当权者都要用尽一切理论和办法来证明自己的正当性与合法性，而这一切证明在人类生态面前又都是有局限性的。

民本社会的核心要求是以民为本，强调人的主体地位和价值，尊重人的自然

---

〔1〕“人们丝毫没有感到，这个没有善意或恶意的自然，当它产生和毁灭事物的时候，当它使那些因自然而有感性的生物感受痛苦的时候，当它分给它们一些幸福和不幸的时候，当它不断地变换它们的时候，只是遵循自然的不变法则而已；他们丝毫没有看到，人应该在自然本身之内以及自然的力量之内，去寻找他的需要，寻找他祛除痛苦的良药；他们曾从某些想象的存在那里期待着这些事物，这些想象的存在则被他们设想是快乐和不幸的创造者。由此可见，人类曾这样长久地在它们下面战战兢兢的那些不可知的势力，以及作为人类的一切不幸的泉源的这些迷信的宗教祭仪，都是从对自然的无知中产生的。”［［法］霍尔巴赫：《自然的体系》（上卷），管士滨译，商务印书馆1999年版，第6~7页］

利益需求及其实现的规律性与规定性。换言之,人的主体性和价值性是一切社会构造的基础,而人类的自然利益需求及其实现的规律性与规定性即人类自然生态则构成了社会的条件和本质。人类的一切社会认知,就在于发现人类社会发展的一般规律,构建符合人类理想与目的的美好社会。然而,人类社会的发展规律,在根本上是人类自然利益需求及其实现的发展规律,也就是人类的生态发展规律,而人类的一切理想与目的,在根本上都是一定的利益条件和目的。所以,发现和认识人类社会的民本性及其生态性,就是发现和认识人类社会的本质、条件、诉求及其规律性与规定性,就是遵循人的社会本体、本质与要求。

不过,人的自然生态是整个自然生态的一部分,人不能有超越自然生态的生态发展,这就是人与自然的统一。[1] 虽然民本社会和以民为本强调人的主体性,突出人的地位和价值,但是并不等同于"人类中心主义",[2]它需要人与人之外的整个自然的协调发展。"在生态社会中,人们将致力于消除经济活动对大自然的威胁,逐步形成人的生态与自然生态相互协调的生产生活方式,人们更加尊重自然,避免对物欲的过分追求,人们也尊重利益和需求的多元化,避免由于资源分配不公、人群的斗争以及权力的滥用而造成对生态的破坏。"[3] 也就是说,人类要维护自己的生态,首先要把自己作为自然的一部分并维护自然的生态,人类对自然生态的破坏,就是对自身生态社会的破坏,人类失去了自然和自然生态,也就失去了自己和自己的社会生态。"生态社会的本质要求,一方面是认识和尊重人类社会自身的生态性,另一方面是实现人与自然、人与社会、人与

---

〔1〕 "人在他的一切发展以及他所经受的一切变化中,只是永远遵照他的机体以及自然构成这机体的物质的固有规律而活动。"[[法]霍尔巴赫:《自然的体系》(上卷),管士滨译,商务印书馆1999年版,第5页]法国哲学家、社会学和实证主义的创始人孔德认为,社会进化是由整个自然决定的。"孔德的一个基本原理是,人类行动和人类历史像自然界一样严格服从于因果律。"([英]J. B. 伯里:《思想自由史》,周颖如译,商务印书馆2012年版,第118页)

〔2〕 人类中心主义是作为一种价值和价值尺度而被采用的,它是要把人类的利益作为价值原点和道德评价的依据,且只有人类才是价值判断的主体。核心观点如下:(1)在人与自然的价值关系中,只有拥有意识的人类才是主体,自然是客体。价值评价的尺度必须掌握和始终掌握在人类的手中,任何时候说到"价值"都是指"对于人的意义";(2)在人与自然的伦理关系中,应当贯彻人是目的的思想,最早提出"人是目的"这一命题的是康德,这被认为是人类中心主义在理论上完成的标志;(3)人类的一切活动都是为了满足自己的生存和发展的需要,不能达到这一目的的活动就是没有任何意义的,因此一切应当以人类的利益为出发点和归宿。人类中心主义实际上就是把人类的生存和发展作为最高目标的思想,它要求人的一切活动都应该遵循这一价值目标。

〔3〕 邓如辛主编:《以人为本:科学发展观的价值取向研究》,吉林大学出版社2011年版,第259页。

人的多重和谐，进而实现社会、经济与自然的可持续发展以及人的自由全面发展。”〔1〕人类社会的生态性，既是社会认识的出发点，又是社会认知的归宿，而这一切的基石是“民本”，只有在民本社会的基础上才能够正确认识和认知人的生态社会的本质。离开了人和人的生态社会性，人类社会将变得毫无意义。

（二）生态社会与生态秩序

以民为本的生态社会，追求社会生态和社会的生态秩序实现，从而必然产生以民为本的社会生态秩序与生态秩序文化，并以这一秩序和文化构成自身法律或者法治文化的本质特征。

1. 生态社会的生态秩序本质

基于民本的社会基础，人类社会作为生态社会必然构成社会生态。只有从生态上认识人类社会并尊重人类社会的生态规律，才能够形成和繁育良好的社会生态，包括法治和法治文化的生态，从而以一定的社会生态条件促进和实现人的本质。生态社会观应当是基础的社会认识论，没有生态社会观，也就没有真正的社会观，更不可能认知人类社会的真实本质及其社会构造的根本条件与要求。只有把社会作为生态社会才能够实现社会生态，而社会生态就是一种自然有序的社会形态，即一定的生态秩序形态。以生态社会之条件促进社会生态之发展，这是一种社会自然的存在与发展模式，也是建设社会主义法治文化的民本模式要求。社会的生态性，作为一种生态秩序品质，就是一种自主自为的社会规范与秩序的生态体系，这一体系虽然不是简单地反映人的生态性，但是它却以人的生态条件即人的自然利益需求及其实现的规律性与规定性为根据，从而具有人的生态秩序本质。

本书在一般生态观的基础上，坚持把人和人类社会自身作为一种自然对象或者生态来考察从而寻找和揭示人和人类社会及其构造形态的本质，核心是承认人的自然，〔2〕尊重人和人类社会的自然生态规律并确定人和人类社会及其秩

〔1〕 邓如辛主编：《以人为本：科学发展观的价值取向研究》，吉林大学出版社 2011 年版，第 259 页。

〔2〕 作为 18 世纪法国著名的唯物主义哲学家和无神论者，霍尔巴赫特别强调人的自然性。“人是一个纯粹肉体的东西；精神的人，只不过是从某一个观点——从一些为本身机体所决定的行为方式去看的同一个肉体的东西罢了。可是，这个机体难道不是自然的产物吗？这个机体所感受的各种运动或行为方式，难道不是物理性的吗？他的可见的活动，以及由意志和思维而来的内心的不可见的激动，同样都是自然的结果，是他固有的机构所产生的一系列必然的动作，是他从周围的事物接受的一些冲动。”［［法］霍尔巴赫：《自然的体系》（上卷），管士滨译，商务印书馆 1999 年版，第 4 页］

序形态的根据、条件和要求。生态社会不仅是一种自然生态的社会,而且要求社会治理的生态化发展,如社会组织与秩序生态化、社会生产与生活方式生态化等,其根本是作为人类规范与秩序的生态化,也就是追求社会秩序的生态本质,实现社会秩序的生态构造。显然,主体的自主构序与自我“和谐”是实现社会“生态”化的基本条件和要求,核心是人和人类社会自身的自然和谐,而自然与自主和谐的社会构造就是一种规范与秩序的构造,具有生态秩序的本质。

不论是何种生态观,都应当建立在人自身的生态性认知与生态秩序的基础上,只有人的社会秩序构造是自然或者符合自然的,人才不仅能够与自然和谐,而且能够与自身和作为自身条件的社会和谐,从而构造规范有序的社会生态系统。[1] 脱离了人及其自然的社会生态,也就无所谓作为人的认识对象的自然生态与生态秩序。显然,本书所说的生态社会,就是人的自然生存需求与条件的社会形态,作为一种社会文化与文明的形态,也就是反映人的自然利益需求及其实现的规律性与规定性并以其为条件和根据的社会构造,具有生态秩序的文化本质特征。生态社会作为一种规范与秩序的法律或者法治社会,必须实现法律或者法治文化的生态秩序发展,并以一定的社会生态展现人的法律或者法治文化的社会本质,避免法律或者法治文化的社会生态“污染”,从而达到人的自然生态与社会生态在法律或者法治文化形态下的和谐统一。

2. 生态社会与生态秩序文化

生态社会作为自然有序的社会必然在生态秩序的基础上产生特有的生态秩序文化,并以一定的生态秩序文化作为维系自身社会生态的基础文化条件。生态秩序文化的本质是,以自主自为的生态秩序为本体的社会秩序形态;尊重生态秩序对人类制度或者制定法形式的规定性;强调人的生态秩序精神及其在社会秩序构造与运行中的根本作用;坚持以人为目的并以实现人的目的为核心价值理念;建立可持续发展与公平正义的法治社会生态秩序体系。也就是说,生态秩序文化是一种以人为本,促使人的全面、自由、协调发展的人类社会的规范与秩序文化,是法律或者法治文化的本体文化并决定法律或者法治文化的本质与特征。这一文化根据人的生态秩序条件与目的安排人与自然、人与社会、人与人之

---

〔1〕 人要了解自己,必须了解自己的自然,只有在遵循自然法则的基础上才能够确定自己的正确社会秩序规则。然而,人类往往在很大程度上做不到这一点。“他们昧于自然,不认识它的法则,丝毫看不出自然对它所包含的一切所指出的必然道路。”[[法]霍尔巴赫:《自然的体系》(上卷),管士滨译,商务印书馆1999年版,第6页]

间的关系，尊重人的自然与社会生态规律，按照人的自然生态的基本要求进行社会生产和生活，是人的社会行为与活动尊重自然规律并符合人类客观利益需求及其实现的规定性的一种法治文化形态。[1]

在法律或者法治文化的意义上，生态秩序文化作为一种自然的社会秩序文化，就是从人类的社会生态上认识法律和法治文化的自然本质、构造条件、存在形式和发展规律，实现以民为本和民本模式的法治和法治文化形态。换言之，社会生态文化作为一种法治文化，就是在强调法律和法治文化尊重人的自然利益需求及其实现的规律性和规定性的基础上，构建以法律或者法治精神信仰与主体行为秩序为核心的人本主义的法治生态文化，实现以民为本的法治生态文化的形成与发展。虽然法律或者法治文化离不开一定的制度与形式构造，但是，以生态秩序文化为基石的法律或者法治文化观不再强调法律或者法治文化建设的构建主义和形式主义，而是法律或者法治文化的民本性与主体性的自主与自为的自然生态规范与秩序属性。

(三) 民法精神与民本生态的法治文化

民法精神与民本的生态社会具有内在的联系。民本的生态社会必然产生与这一社会本质相统一的社会精神，包括"人法"的社会规范与秩序精神，这一精神的法律发展就是民法精神。民法精神作为民本社会的法律与法治精神，是民本社会法律与法治文化发展的必然结果，具有民本与生态的法治文化属性。

1. 民法精神与法治文化的民本文化性

虽然民法精神作为抽象概念是以民法的形式规范表现为条件的，但是它在根本是一种自然生态的人类社会精神，即由人类客观利益需求及其实现条件所决定的自主自为的社会规范与秩序精神，是以人类的自然生态秩序为基础并作为人类的基本社会共识和生存条件而客观存在的社会意识形态。在这个意义上，只要人和人类社会存在，民法精神就存在，只是这一精神的存在和表现形式可能或者存在不同罢了。换言之，民法精神存在的人类社会条件，也就是民本的市民社会条件，民法精神构成了民本社会的法治文化精神，具有民本的法治文化属性。因此，一个社会越是以民为本，这个社会的民法精神就越是具有和能够发

[1] 虽然人在自己的生态中（包括法治或者法治文化生态中）作为能动的主体并不完全是被动的，并需要发挥人的主观能动性——意志或者精神的引领作用，但是这种能动性是以人的自然为根据的，并受到人的自然的限制，亦即应当以承认和尊重人的客观利益需求及其实现的规定性为前提条件。否则，就是人的任意性，就是破坏人或者人的社会生存与发展的规律性。

挥其社会规范与秩序构造的法治文化的功能与作用。

民本社会即市民社会作为人的本体性或者原生性社会,以“人法”及其自然的社会秩序精神为条件。民法是人法的国家法形态,民法精神作为人的社会规范与秩序精神,既以人为目的,又作用于人,必然以民为本,是一种民本的法治文化精神。民法精神的法治文化的民本性主要表现在以下四个方面:

第一,民法精神的法治文化具有以民为本的人格性。[1] 民法精神作为以民为本的精神,是以人为主体的社会精神,以一般人格观念为基础,即承认每一个人的人格,每个人都具有平等的人格,确认和践行相互关系的人格尊重原则。在这个意义上,民法就是人格法,民法精神就是人格精神,没有人格平等和相互关系的人格承认与尊重,就不是以民为本,也就没有民法和民法精神,更不会有民法和民法精神的法治文化的民本性。

第二,民法精神的法治文化具有以民为本的利益性。以民为本,就是以人的利益为本,承认人的利益,尊重人的利益,以人的利益为目的,遵守人的利益需求及其实现的规律性与规定性。基于民法和民法精神与以民为本这一利益品质的内在联系,民法就是人的利益关系即一定的人身关系与财产关系法,而民法精神就是人的利益规范与秩序精神。一旦脱离了人的利益,也就脱离了以民为本,就不会产生真正意义上的民法和民法精神的法治文化。

第三,民法精神的法治文化具有以民为本的生态性。以民为本的原则和要求,就是要承认和尊重人的自然及其社会生态。人的存在,是人的生命存在,也就是人的自然生态存在,人的社会形态不过是人的自然生态的表现与结构形式。因此,以民为本就是以人的自然生态为本,尊重人的自然生态的规律性与规定性,并在这一规律性与规定性的基础上发现人的社会秩序精神即民法精神的法治文化的本质条件。

---

〔1〕 早在古希腊时代,人类就在民本社会认识的基础上形成了人本主义的社会文化。作为西方或者现代民法起源的罗马法,是人类古代法律文明中唯一的人本主义的法律文化体系,它不仅渗透着人类市民社会与商品经济的人本主义思想价值,而且形成了人类早期的民法与民法精神体系。“罗马法上诸如人法、私犯等制度,虽不及现代法对人身、人格的全面保护,但已经或多或少地体现出了对奴隶以外的自由人的关爱。”(王利明:《民法的人文关怀》,载《中国社会科学》2011 年第 4 期)罗马法在市民概念的基础上形成了人类最早的人格观念,市民作为罗马社会的自由人在一般人格意义上是平等的,这充分体现了西方社会人本主义的自然法思想,正是在自然法思想的影响下,罗马法成为了现代民法的起源并奠定了现代民法的制度与精神体系。

第四,民法精神的法治文化具有以民为本的自由性。[1] 以民为本,就是尊重人的生命性及其自由性。生命的本质是自由,人的本质亦是自由,没有自由就没有生命,亦没有人的本质和人的社会性。所以,以民为本必须以人的生命自由为根据。人的自由,在社会关系的形态与条件下,根本上是人的利益实现的自由,主要是民法调整和民法精神所体现的人身与财产关系的自由,包括一定的意志自由与行为自由。民法是以民为本的自由的法,民法精神是以民为本的自由的精神,其本质条件与要求就是在个人利益的实现上充分承认与尊重个人的自由,个人在利益实现上具有自治地位并享有充分的自主权利,而政治社会应当尽量减少对个人利益关系的干涉。民本社会的这种个人自主与自由的生态秩序及其法治文化形态就是意思自治或者私法自治。私法自治要求尊重私人领域,给予个人独立的生存空间,充分体现个人人格,张扬个人的自由意志。民法或者私法的本质就是在以民为本的基础上承认、尊重私人的独立人格并为人的利益实现提供一种自由的规范条件。民法和民法精神是通过对个人的人格及其独立、平等与自由的承认和对自由的规范与秩序体系设计来落实民本的法治文化价值的。可见,民法精神作为民本的法治文化精神,既昭示人的自由价值,又实现人的自由本质。

2. 民法精神与法治文化的生态文化性

民法精神存在于民本社会,是民本社会的生态精神与秩序。然而,民法精神的生态性作为法治文化的本质,还具有文化性,也就是一种社会文明性。虽然存在民本社会,且民本社会必有自然生态的“民法精神”文化,但是在不以民为本或者不确认人的主体地位和人格不平等的社会,就不可能形成以民法或者民法精神的规范与秩序体系表现的法治文化及其生态性特征。

民法精神是一种社会生态精神,是在社会生态精神基础上形成的社会生态文化。民法精神在根本上是一种自然生态的社会秩序精神,具有自然生态的法治文化本质。正是作为一种自然生态法治文化条件,民法精神才能够遵循人类利益需求及其实现的客观规定性并以此作为自己存在的合理性与正当性条件。当然,民法精神不仅是一种自然生态精神,而且是一种社会生态精神,具有民本

〔1〕 人的尊严与自由是人的根本价值,也是民法精神的核心内涵,人类社会的其他一切价值都必须以此为根据并构成人本主义的文化本质。“人文主义的基本特点就在于,它把焦点集中在人本身,强调人的尊严和精神自由。”(王利明:《民法的人文关怀》,载《中国社会科学》2011 年第 4 期)

社会的人文精神属性,是以民法形式表现的一种社会规范与秩序精神,它以民法规范的形式展现出来并发挥着调整社会关系和实现社会秩序的作用,是一种社会生态秩序的文化,具有法律或者法治文化的生态文化本质。

二、民法精神与法治文化的主体行为特征

民法精神是一种主体的行为精神,既体现法治文化的主体性,又体现法治文化的行为性,代表和反映法治文化的主体行为特征。

(一)主体意志与主体行为

民法精神是主体的意志与行为精神,是主体意志与行为的结合。主体意志必然要转化为主体行为,主体行为是主体意志支配下的目的性行为。

1. 主体意志

人作为主体,不仅是生命的,而且是意志的。[1] 换言之,人的主体人格性,首先是一种意志的主体人格性,每个人都具有自己的主体意志,而且每个人的主体意志都是独立的,是自由的和不受他人支配的。[2] 法律及其法治文化形态作为人的社会意识形态,是人的意志产物和表象,[3]并具有意志的本质。其构成法律的意志,不仅是内在的心理条件,而且表现为外在的规范条件,并最终落实为主体的行为条件。[4] 因此,意志作为人的本质属性,是人的主观秩序,既具有一定的目的性,也具有一定的规范性,构成一定的社会秩序品质,是私人社会关系的主体行为条件。

2. 主体行为

人作为主体,不仅是意志的主体,而且是行为的主体,可以根据自己的意志

---

〔1〕 意志是"决定达到某种目的而产生的心理状态,往往由语言和行动表现出来"。[《现代汉语词典》(第3版),商务印书馆1996年版,第1496页]

〔2〕 "意志作为它自身是自由的。这一点,从我们把意志看作自在之物,看作一切现象的内蕴,已可推论出来。"([德]叔本华:《作为意志和表象的世界》,石冲白译,商务印书馆1982年版,第393页)

〔3〕 "这世界的一面自始至终是表象,正如另一面自始至终是意志。"([德]叔本华:《作为意志和表象的世界》,石冲白译,商务印书馆1982年版,第28页)

〔4〕 "法律行为是旨在引起法律效果的私人意志表示。"([德]罗尔夫·克尼佩尔:《法律与历史》,朱岩译,法律出版社2003年版,第65页)

实施一定的自由行为,包括法律行为。[1] 人只有把自己的意志和目的转化为社会行为才构成主体并具有主体意义。因为只有人的行为才能够直接支配一定的客体并以一定客体的人身与财产价值来满足自己的客观利益需要。因此,意志只有表现为行为才具有客观性并具有社会真实性。在意志与行为的关系上,意志是行为的内在根据与动力,行为是意志的表现形式与结果,而行为与意志的统一就是人或者人格的真实性与价值性。人的主体行为,只能受自身意志的支配,而不能被他人的意志决定;只有自己意志的自由行为,才是自己的行为,也才是真正的主体行为,人也只能对意志的主体行为享受利益并承担后果。表现在法律上,就是意思自治或私法自治。[2] 如果一个人的行为不受自身意志的支配,即自己的意志不能表现为行为,或者人的行为不得不被动地表现他人的意志,则人就不是作为主体或者在该行为上不是作为主体存在的。

主体的意志行为表现在法律意义上,就是法律行为,即在一定民法精神支配下的设权意思表示行为,[3]也就是主体的私法自治与个人自由的行为,即主体自主构序的生态秩序行为,这一行为是以民法精神为基础的当代法治和法治文化的基础社会形态。

本项目组以"您认为法律规范对自己行为的约束程度是什么"为题进行了全国性调查问卷。数据统计结果如图 6 - 1 所示:

---

〔1〕 "人类之所以有理有权可以各别地或者集体地对其中任何分子的行动自由进行干涉,唯一的目的只是自我防卫。这就是说,对于文明群体中的任一成员,所以能够施用一种权力以反其意志而不失为正当,唯一的目的只是要防止对他人的危害。"([英]约翰·密尔:《论自由》,许宝骙译,商务印书馆 1959 年版,第 10 页)

〔2〕 "人的行为自由经由私人意志表示,经由旨在产生法律后果的(法律)行为得以贯彻,该(法律)行为归责于个人。"([德]罗尔夫·克尼佩尔:《法律与历史》,朱岩译,法律出版社 2003 年版,第 65 页)

〔3〕 "意思表示,是指表意人向他人发出的表示,表意人据此向他人表明,根据其意思,某项特定的法律后果(或一系列法律后果)应该发生并产生效力。只要法律制度承认这项意思表示具有法律效力,那么,意思表示所包含的法律后果就正是由意思表示行为——意思表示的发出和送达引起的。"[[德]卡尔·拉伦茨:《德国民法通论》(下册),王晓晔等译,法律出版社 2003 年版,第 451 页]

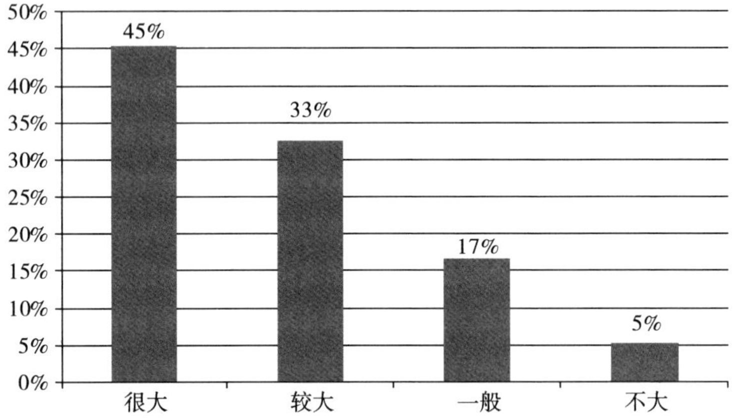

图 6-1 “您认为法律规范对自己行为的约束程度是什么”一题调研数据统计

上述数据统计结果显示,不论基于何种原因,认为法律规范对自己行为的约束程度“很大”和“较大”的合计占比达到78%,法律规范还是构成了对人们行为的现实约束力,即人们的行为在很大程度上都是能够认知和遵守法律的,法律构成了主体的现实行为条件,这一主体行为对法律规范接受的水平和程度,无疑是以人们自主构序的民法精神为基础的一种行为意志的结果,从而在主体守法的行为意志作用下使法律规范最大程度地转化为了人们的行为秩序。不过,仍有22%的人认为法律规范对自己行为的约束程度“一般”或者“不大”,这一对法律作用的“无视”无疑构成了我国社会的一种行为秩序的不稳定因素,亦即潜在的对法治和法治文化的破坏因素。

(二)民法精神与主体行为的法治文化

民法精神作为一种自主与自为的意志形态,也就是主体行为的规范与秩序的法治文化形态。民法精神在主体行为精神的意义上,既构成一种主体文化,也构成一种行为文化,并具有法治文化的本质特征。

1. 民法精神与法治文化的主体文化性

民法精神是一种主体的社会生态精神,是由特定主体表现的现实和具体的社会精神形态。民法精神虽然是通过民法形式表现的社会精神,但是它根本上是主体的社会精神意志,是由不同主体的自然趋同的意志条件构成的一种普遍的社会规范与秩序共识。主体作为具有意志的个人,既是民法精神的存在主体,也是民法精神的实践主体,具有民法精神及其法律行为的实在性。

民法精神作为一种社会生态的社会规范与秩序文化,具有主体文化的社会属性，是一种主体性的法治文化形态。[1] 民法精神作为一种主体性文化，离不开主体的民法精神条件，是需要通过主体所具有的一定民法精神条件才能够存在并发挥作用的法治文化。民法精神文化在它的实在意义上，既不是一种制度文化，也不是一种形式文化，而是一种主体文化，没有民法精神的主体，就没有民法精神的社会生态文化，主体性决定民法精神及其生态文化的实体存在及其秩序实现。

2. 民法精神与法治文化的行为文化性

民法精神作为一种主体精神，是主体的行为精神，其主体文化性根本是主体的行为文化性，是通过主体行为文化表现的主体文化，而以民法精神为基础的法治文化也就具有行为文化的社会属性并构成了法治文化的本质。

民法精神的行为文化作为一种法治文化就是法律行为文化。"人作为权利主体，通过法律行为，相互之间发生着联系。"[2] 法律行为是主体意思自治的行为，作为具有法律效力的主体行为，构成了民法作为任意法和权利法的本质特征。法律行为作为基于主体意志的私人领域与市场秩序的行为，是一种免于他人不当限制的个人自由行为，这是由民法或者民法精神所调整的市民社会关系的民本性与个人利益性决定的。

民法精神的行为文化是一种自主实现的法律和法治文化。它既是主体的行为文化，也是通过主体行为落实的文化，是行为的规范与秩序文化，即法治生态文化。这一文化形态是以行为主体在法律许可的自由范围内可以基于自己的意志自主与他人设定权利义务关系的一种社会秩序体系，这一体系尊重个人的行为选择，不受国家、社会或者他人的非法干预；行为主体只对自己的真实意志行为享受权利和承担责任，并且这一意志行为优先于法律而对行为人具有约束力。换言之，对民法精神的个人行为自由的干预必须有正当的理性，即以实现公序良俗为目的并应当限制在法律规定的范围内，否则，行为人的行为即是有效的法律行为并能够产生与法律一样的后果。

民法精神的行为文化，作为以行为实现的文化，是一种自由的法律与法治文

---

〔1〕 主体文化就是"人"的文化。"对我们的整个法律制度来说，伦理学上的人的概念须臾也不可或缺。这一概念的内涵是：人依其本质属性，有能力在给定的各种可能性的范围内，自主地和负责地决定他的存在和关系、为自己设定目标并对自己的行为加以限制。"[[德]卡尔·拉伦茨：《德国民法通论》（上册），王晓晔等译，法律出版社 2003 年版，第 45～46 页]

〔2〕 [德]迪特尔·梅迪库斯：《德国民法总论》，邵建东译，法律出版社 2001 年版，第 777 页。

化。这种自由的法律与法治文化,以私法的意思自治为根据,并以个人自由的行为秩序实现。意思自治的价值意义,旨在为个人提供一种受法律支持和保护的权利手段,使个人能够在法律行为中基于自己的目的实现自己的意志,即通过受法律支持和保护的自由赋予个人自主决定个人私益行为的可能性。[1] 这就建立了在法律行为中个人行为自由与行为秩序之间的内在联系。例如,订立合同或者是设立遗嘱的自由等,这些行为自由是市民社会及其民法精神的行为文化的根本秩序形式,也是其实现的社会生态条件。

孟德斯鸠说:"自由有这些巨大的好处,人们便滥用自由。"[2] 因此,行为自由必须受到限制。行为自由的限制,一是国家法律的限制,因为自由是国家法律赋予的,国家法律在赋予自由的同时,必然限制自由。[3] 自由的限制,除了他律的国家法律限制外,就是个人的自律限制,这就是民法精神的行为自律性。民法精神的行为文化,不仅是自由的文化,而且是自律的文化,如果没有了行为自律也就没有了行为自由,只有这种自律的自由,才构成民法精神的法治文化的根本秩序要求。自律是民法精神与法治文化的道德秩序。民法精神的法治行为文化,必须建立在普遍的行为自律的道德基础之上,以道德的本体秩序性自主约束个人行为,从而实现主体自由的社会秩序与法治生态文化,并保有民法精神的法治文化作为一种主体行为文化的自由本质与特征。

三、民法精神与法治文化的道德本体特征

民法精神作为自律的行为精神,是一种道德精神,而民法精神的法治文化则是以道德为本体的文化,具有道德本体的文化特征。[4]

(一)民法精神与道德本体

民法精神作为人的社会生态精神,根本是上升为民法形式的人的道德精神,它与道德精神构成统一的社会秩序体系,不能脱离道德精神而独立存在并成为

---

〔1〕 [德]迪特尔·梅迪库斯:《德国民法总论》,邵建东译,法律出版社2001年版,第143页。

〔2〕 [法]孟德斯鸠:《论法的精神》(上册),张雁深译,商务印书馆1959年版,第264页。

〔3〕 "自由和法律之间没有根本性的对立。相反,法律对于自由是必不可少的。当然,法律对于个人施加限制,因此它在一个特定时候和一个特定方面与个人的自由是对立的。但是,法律同样也是限制他人随心所欲地处置个人。法律使个人解除了对恣意侵犯或压迫的恐惧,而这确实是整个社会能够获得自由的唯一方法和唯一意义。"([英]霍布豪斯:《自由主义》,朱曾汶译,商务印书馆1996年版,第9页)

〔4〕 关于民法精神与道德的关系,详见本书第三编(第十章)"自律构序的道德诉求"和本书第四编(第十五章)"民法精神的道德本体构造"部分。

一种社会精神。[1] 因此,民法精神具有道德精神的本质,而民法精神构造的法治文化也必然具有道德文化的社会特征与属性。

1. 民法精神与道德秩序

民法精神是市民社会的自主规范与秩序,是人类自然与必然的社会行为精神,也就是在长期的生产和生活中形成的道德精神与道德秩序。虽然作为当代"民法"范畴的精神是以民法的社会规范与秩序体系表现的社会秩序精神,并作为一个民法或者法律范畴而在一般意义上不能脱离民法或者法律而存在,但是"民法精神"作为人类本有的或者根据客观利益需求及其实现的规定性而自然与必然产生的社会行为与秩序精神,则是一种与人类社会相始终的社会构造精神,是以道德的本体形式存在的社会伦理精神,具有本质上的道德秩序性。[2]

奥斯丁认为:"大多数文明社会确立的许多法律规则和道德规则,是以日常习惯作为根基的。一般来说,它们并不依赖理性思考。它们没有经过仔细的考察,便从前人那里延续下来。"[3] 这种人类自然延续的习惯就是作为法律本源的道德规则。民法作为"人法"或者个人社会关系条件,不仅不能与道德分开,而且必须与道德并行,遵从道德并从道德中寻找自身存在的根据与合理性。道德学科的基本原则是:"'依照一个能够像一项普遍法则那样有效的法则去行动',凡是不符合这个条件的准则,就是违背道德。"[4] 换言之,违法的本质,是一个人的行为不符合道德的一般标准和价值要求并不能被社会接受为一种正当行为,所以需要以法律的强制形式否定它存在的合理性与有效性。

---

〔1〕 "当我们考虑各种类型的道德问题的时候,我们可以很方便地设想出某种刻度或标尺,它的最低起点是社会生活的最明显要求,向上逐渐延伸到人类愿望所能企及的最高境界。"([美]富勒:《法律的道德性》,郑戈译,商务印书馆 2005 年版,第 12 页)

〔2〕 "道德是调整社会关系的一种形式,是人们关于善恶、美丑、正义非正义、光荣耻辱、公正偏私的想法、观念、规范和原则总称。它以人们自我评价和他人评价的方式来调整人们的内心意愿和行为。它是靠社会舆论、社会习俗和人们的内心信念来保证实施的。道德的内容归根到底是来源于社会的经济基础及其所决定的利益关系。其功能也是通过调整利益关系来维护其经济基础。道德的内容从层次上划分,可以大致分为价值、原则、规则、感觉和态度(道德情感)等层次。"(张文显主编:《法理学》,高等教育出版社、北京大学出版社 2011 年版,第 317 页)"法律与道德,原有体与用的关系,如影随形,不可分离,其间的距离愈接受,社会愈安定,人民亦愈幸福。"(王伯琦:《近代法律思潮与中国固有文化》,清华大学出版社 2005 年版,第 6 页)

〔3〕 [英]约翰·奥斯丁:《法理学的范围》,刘星译,北京大学出版社 2013 年版,第 89 页。

〔4〕 [德]康德:《法的形而上学原理——权利的科学》,沈叔平译,商务印书馆 2011 年版,第 30 页。

法律与道德的关系,是法学与伦理学的一个恒久主题。[1] 法律的实在与发展根本是道德的实在与发展,既没有道德之外的法律,也没有道德之外的法律作用,道德与法律是统一的社会秩序构造和整体的社会控制体系。庞德指出:“以往关于法律和道德的讨论,即将被并入关于法律在整个社会控制过程中的地位这一更广泛的考虑之中。”[2] 法律与道德的关系,根本是民法精神的道德性问题,因为只有私法或者民法才具有直接的道德本质,而道德作为主体的自律规范,不过是一种社会精神的秩序形态,也就是表现为民法或者民法精神的秩序形态。

2. 道德秩序的本体性

由于民法精神与道德或者道德精神具有内在的统一性,显然不能离开道德而简单地认识民法或者民法精神问题。然而,在民法或者民法精神与道德或者道德精神的关系中,道德是本体的社会秩序,是社会构造的主要方面。所谓道德秩序的本体性,也就是道德作为人类生态规范即“人法”的自然性与客观性,即本有性或者固有性。“本体”(Ontology)是西方哲学的一个概念,是指存有本身,即一切实在或者现实事物的最终本性或者存在,是与现象对立的“自在之物”。本书所谓的本体,是一个规范伦理学的概念,即作为社会结构之根本的人类自体的规范性或者秩序性存在,它是在规范伦理学的基础上,把道德作为社会构造的本体规范并认识其与民法形式规范的内在关系。

基于道德秩序的本体性,包括民法或者民法精神的一切社会规范形式都必然以道德本体为根据,是道德本体的外化形式。因此,民法作为国家制定法并不是人类的第一性社会规范,而是人类的第二性社会规范,它是人类第一性社会规范的反映与表现形式。只有道德和作为道德的习惯才是人类的第一性社会规范,属于人类精神内在的本质性规范,是规范之母和民法之源。民法不仅以道德为规范,而且以道德为精神,道德精神是民法的规范精神。

(二)民法精神与道德本体的法治文化

民法精神作为一种道德精神,是道德本体的法治文化形态。法治文化离不开民法精神的规范与秩序条件,也就离不开道德,需要道德的价值和实现。

---

〔1〕 关于法律或者民法与道德关系的观点,参见王利民:《民法道德论——市民社会的秩序构造》,法律出版社 2019 年版,代序《论民法与道德》。

〔2〕 [美]罗斯科·庞德:《法律与道德》,陈林林译,中国政法大学出版社 2003 年版,第一版前言第 2 页。

1. 民法精神与法治文化的道德价值

法治文化作为以民为本的文化，既需要构造于以民为本的民法精神基础，也需要根植于民本社会的道德价值。道德价值是一种人类自我本质的一种存在，也是存在于人的本质的规范意识，这种意识是以善与恶、正义与非正义等社会观念进行评价和调节人们的行为，从而形成人类在共同的社会生活基础和社会存在中的一种价值准则。道德价值是人类社会的最高价值，是一切人类社会形态的价值根据。法治文化作为人类社会的一种规范与秩序文化，既建立于以民为本的民法精神的规范与秩序的基础，追求民本社会的道德规范与秩序价值。民法精神的法治文化的道德价值，就是一种人本主义的文化价值，就是坚持人的主体地位并实现人的价值。[1] 不论是民法精神，还是法治文化，一旦脱离了人的道德价值，也就不具有存在的社会正当性与合理性。

法治文化的道德价值，是以民法精神的文化价值表现出来的。同样，社会主义法治文化也必须建立于民法与民法精神的文化基础之上，并以民法精神的道德价值来构建自身的价值体系。

2. 民法精神与法治文化的道德实现

社会主义法治文化不仅是一定的制度文化，而且是一定的行为文化与生态秩序文化。法治文化不仅需要一定的制度文化条件，而且需要把制度转化为人们的行为秩序，从而以社会生态秩序的形式实现，成为一种现实的社会秩序文化。可以说，只有现实的社会生态秩序的法治文化，才是法治文化的目的和目的实现，也才是真正的民本模式的法治文化形态。

法治文化作为一种行为文化，是不能单靠制度来实现的，制度只是构成法治文化的形式条件，它本身并不直接构成现实的和行为秩序的法治文化。法治文化的实现不是制度文化的直接结果，它必须通过人们普遍守法或者合法的行为秩序才能够实现并成为现实的法治生态文化，即法治文化的民法精神化和民法

---

〔1〕 民法精神的道德价值，首先是对主体或者个人的价值，这是个人认可民法精神并将其道德内化的前提，没有个人的价值，也就没有民法精神或者道德的社会价值。“个体遵守此道德规范能够从中获得价值意义这一点是极其重要的，是决定个体是否能够内化此道德规范的关键所在。”（俞世伟、白燕：《规范德性德行——动态伦理道德体系的实践研究》，商务印书馆 2009 年版，第 43 页）

精神的道德规范内化,是一个由制度到精神的文化实现过程。[1] 显然,作为法治文化实现的行为守法与合法的社会秩序形态,是一种自主自为的行为秩序与行为文化,也就是个人行为自律的民法精神文化,即社会的道德文化,是必须通过民法精神的道德条件实现的文化。道德的这种与法律相统一的规范作用正是法律形式借以发挥作用的根本条件。法律不能在道德之外发挥调整社会关系的作用,法律形式发挥规范性作用的前提是同样的道德作用的发挥。如果法律没有与其统一的内在道德精神,就只能是徒有的外在文字形式,这种形式不能与特定人的内在精神与外在行为相结合,也就是无用的法律。道德作为人性内化的行为规范是一种规范意识和精神,是人与行为秩序的思想性与观念性的统一。这种精神是源于内心实在的自觉规范与守法的精神,不仅决定了民法和法治精神的产生,而且决定了民法和法治文化的秩序生成。因此,建设以民为本的社会主义法治文化,不仅需要以道德为规范,而且需要道德的守法作用。道德型守法是个人自律型守法,必然产生个人行为与生态的法治与法治文化秩序的结果,所以,个人自律的道德型守法是践行法治和实现法治文化的根本社会秩序条件。

四、民法精神与法治文化的民族传统特征

民法精神作为市民社会的规范与秩序精神,是根植于民族传统的社会精神,而以民法精神的民本模式为基础的法治文化则必然具有民族传统的文化特征,并展现民族传统的法治文化属性。

(一)民法精神与法治文化的民族性

民法精神与法治文化是一个民族的精神文化。虽然民法精神与法治文化具有人类精神与文化的一般性和普遍性,但是它们作为一定国家和社会的规范精神与秩序文化,不能脱离一定的民族条件并必然具有一定的民族性。

1. 民法精神的民族性

民法精神以市民社会的精神属性而具有直接的民族性。民法精神作为一个民族的社会精神是在一定的民族区域内产生和发展起来的。不同地域的民族因

---

〔1〕“道德规范内化是指个体在外部环境的影响下,通过一定方式的社会学习,接受社会的道德教化,伴随道德情感体验,将社会的道德规范要求、价值观念、行为方式等转化为自身有机系统的一部分,从而在无外界压力的情境中做出的道德行为,它是构建个体德性的关键环节,是达到道德自律的必要前提。道德规范内化的过程实质上是个体不断获得道德自由的过程。”(俞世伟、白燕:《规范德性德行——动态伦理道德体系的实践研究》,商务印书馆2009年版,第41页)

处于不同的自然环境而表现出不同的生产和生活的方式与样态，这是一种适者生存的自然选择的结果，从而也就产生了具有不同民族特征的市民社会的规范与秩序精神，这就是“人法”或者“民法”的社会精神。古代的罗马社会，以城市为中心向周边及海洋发展，形成了以简单商品经济为条件的独立民法体系和民法文化，这就是当代民法和民法精神的起源。民法作为与公法相对的私法，必然具有通过自身体系与形式表达的独立价值与精神，这就是建立在商品经济基础上的以平等和自由为核心的源于西方人本主义文化的民法和民法精神及其所具有的民族性特征。然而，在中国古代的农业社会与农耕文明中，由于缺乏商品经济与城市文化的市民社会基础，因此作为私人社会秩序的“民法”或者“民法精神”则没有上升为独立的民法秩序体系，而是以一定的伦理观念与习惯秩序存在的社会形态，从而形成了与西方以商品经济为基础的民法和民法精神的民族性差别。因此，近代以来，随着西方文化与文明的传入，在民主政治与商品经济发展的基础上，以平等和自由为核心的西方民法和民法精神开始被中国社会接受并影响中国社会，这种不同民族性格的民法和民法精神在中国社会的形成与发展，不仅需要中国社会的法律制度与法律体系的变革，而且需要民族性的社会精神转型，即实现西方民法和民法精神在中国社会的民族性格化。

法律或者一个国家制定法的方向选择，都体现了一个民族的特性。〔1〕任何一个社会的民法精神也都必然在民本基础上而具有民族性的特征。〔2〕法或者法律精神的民族性具有两层含义：“一是指法具有维护某一民族利益，体现某一民族意志的功能，二是体现一定的民族精神和民族意志，即法受民族因素的影响”。〔3〕法律或者民法精神，是一个民族的社会精神，必然受民族因素影响，反映民族的精神诉求，具有民族精神的本质与特点。虽然民法精神具有民本社会

〔1〕参见李丽辉：《法律与民族性：日本法律近代化何以可能》，法律出版社2012年版，第34～48页。

〔2〕“民族性是一个民族在长期的共同生活和共同的社会实践中历史地形成和发展起来的，它为本民族大多数成员所认同和追求，并通过本民族的语言、文学、艺术、社会风俗、宗教信仰等方面表现出来，是一个民族的心理特征、文化特征和思想情感等的综合反映。它如同一个民族在其成员身上留下的胎记一样，不会因其成员地域迁徙、国别不同而改变。是一个民族有别于其他民族的根本标识，它是一个民族重大的精神支撑价值和精神动力价值。”（刘显娅：《从法兰西的民族性看近代法国宪法的频繁变更》，载《政法论丛》2007年第3期）

〔3〕朱龙娟：《法文化与法的民族性的关系》，载《法制博览》2012年第11期。

与市场经济基础的一般性和普遍性,[1]但是民族性始终是民法精神构成中所不能忽视的因素。民法精神的民族性就是民法精神在一元化和普遍化基础上的多元性和特殊性,从而使民法精神成为一种具有民族性格的内容丰富的社会精神。可以说,民法精神的民族性,是民法精神的活力与生命力。"民法是民族生活的浓缩与沉淀。"[2]

一个民族的法律或者民法精神的历史,就是一个民族的发展与进化的历史,必然成为民族精神的象征并留下民族精神的深刻烙印。[3] 萨维尼认为:"在人类信使展开的最为远古的时代,可以看出,法律已然秉有自身确定的特性,其为一定民族所特有,如同其语言、行为方式和基本社会组织体制……将其联结一体的,乃是排除了一切偶然与任意其所由来的意图的这个民族的共同信念,对其内在必然性的共同意识。"[4]他指出:"法律随着民族的成长而成长,随着民族的壮大而壮大,最后,随着民族对于其民族个性的丧失而消亡。"[5]法或者法的精神,是与民族性自然结合在一起的,只有是民族的法或者法的精神,才是对民族有效的法或者法的精神。

传统首先意味着习惯及其秩序形式。传统或者习惯与稳定的社会秩序联系在一起,[6]并从正反两个方面表现出来,一方面它代表一个民族或者社会的精神文化价值,是一个规则秩序被普遍信仰与遵守的民族精神条件;另一方面习惯或者传统又构成了一个民族或者社会不容易改变的保守与落后的思想因素,表现为对法律进步与先进法律文化的排斥力与反作用,是在法律变革与发展中需要进行精神重塑与文化转型的对象。法律或者法律精神与民族习惯具有不可分

---

〔1〕 萨维尼认为:"法的'民族因素'在其封闭性中是'不完善的和局限的',其必须通过'承认无所不在的、完全一致的人类的道德尊严和自由'加以填补和续写。"([德]罗尔夫·克尼佩尔:《法律与历史》,朱岩译,法律出版社2003年版,第24页)

〔2〕 吴治繁:《论民法典的民族性》,载《法制与社会发展》2013年第5期。

〔3〕 不同的民族和社会,必然具有不同民族和社会的民法或者民法精神发展。以大陆法国家的民法为例,如《法国民法典》中的先取特权,《德国民法典》中的土地债务及物权行为制度,《韩国民法典》中的传贳权,《日本民法典》中的入会权,我国《民法典》中以土地公有权为基础的各项用益物权,等等,各个国家的民法都具有自己制度设计上的鲜明民族特色。

〔4〕 [德]萨维尼:《论立法与法学的当代使命》,中国法制出版社2001年版,第7页。

〔5〕 [德]萨维尼:《论立法与法学的当代使命》,中国法制出版社2001年版,第9页。

〔6〕 "无论规则或习惯的情况,有关的行为(如教堂须脱帽)必须是普遍的,虽然不必是一成不变的;这就意味着每当出现这种场合,该群体的多数人会重复这个行为。"([英]哈特:《法律的概念》,张文显等译,中国大百科全书出版社1996年版,第57页)

割的内在联系，并具有相同的社会特征与属性，因此它的存在与发展要么代表一定的民族性并构成其积极与进步的因素，要么它旨在改变一个民族的落后并实现民族性的转型而重塑民族精神。法律或者法律精神只有构成民族的进步性，才能够在这个民族的生态秩序中生根并成为有效的社会秩序条件。如果一种法律或者法律精神既不能代表一定民族性，又不能实现民族性的转型与进步，就只不过是一种立法者的意志——如果我们承认，法律在它的秩序形态上并不是一种形式规范的直接性而是一种意志条件的行为性，这就意味着它是作为一种民族性或者民族的心理行为习惯存在的而不是接受于外部的某种规范强制。

2. 法治文化的民族性

不仅民法精神具有鲜明的民族性，而且以民法精神为基础的法治文化也同样具有民族性特征。法治文化作为一种社会生态秩序文化，必然具有民族的文化特征并且需要以民族的实践性为根据。

因此，弘扬民法精神，建设以民为本的社会主义法治文化，实现中国社会法治和法治文化的现代化，根本上是民族的秩序精神的转型与现代化，也就是在建立社会主义法律体系的基础上实现社会秩序的个人自律化与行为生态化。[1]在建设社会主义法治文化的过程中，我们主张改造和重塑民族秩序文化，但是我们不得不面对民族秩序文化具有的自然传承与不易改变的事实。所以，必须在对民族因素进行全面社会考察的基础上探索中国法治文化现代化的道路。

当然，法治文化的民族性并不是要排斥它们作为人类文化具有的一般性与普遍性，而是要实现法治文化在民族性与世界性上的统一。显然，我们所谓的法治文化的民族性，是对那些优秀的民族精神与文化的传承，是在与人类法治文化的共同条件与一般价值相结合的基础上实现的一种法治文化的民族性超越与发展。

(二)民法精神与法治文化的传统性

民法精神与法治文化的民族性，代表了它在民族性基础上的传统性。民族性是构成一定传统性的社会形态。民族性只有发展出自己的传统性，才能够形

---

〔1〕 十八届四中全会《决定》明确指出："法律的权威源自人民的内心拥护和真诚信仰。人民权益要靠法律保障，法律权威要靠人民维护。必须弘扬社会主义法治精神，建设社会主义法治文化，增强全社会厉行法治的积极性和主动性，形成守法光荣、违法可耻的社会氛围，使全体人民都成为社会主义法治的忠实崇尚者、自觉遵守者、坚定捍卫者。"这就在实质上提出了全面推进和建设社会主义法治最终需要在文化与生态秩序条件上实现的问题。

成自己的民族精神与民族文化,包括民法精神与法治文化。然而,传统性作为一种历史性,往往又代表一种保守性和落后性,[1]因此不仅需要传承,而且需要生态改变、转型与发展。

1. 民法精神的传统性

民法或者民法精神既是民族的,又是民族传统的,民族与传统的结合构成了民法与民法精神的社会本质。法律在本质上就是具有一定社会传统的秩序形式,无论其形成与发展,还是蜕变与创新,都无法脱离一定的社会与历史传统。[2] 特别是市民社会的民法和民法精神,本身就是社会的秩序传统与习惯存在。

当代各国的民法典编纂与民法精神的形成与现代化,都建立于社会文明与文化发展的基础上,都是在对民族传统与现实秩序进行深刻社会变革的条件下完成的。对于没有民法和民法精神传统的中国社会要实现民法和民法精神的现代化,就应当在民族传统的基础上实现对现代民法价值与民法精神的秩序认同,也就是构成新的社会传统的民法与民法精神的形成过程,这是中国民法与民法精神现代化的根本条件与要求。

中国与西方具有不同的法律传统,"它们分别代表了出现法治和缺乏法治的两种极端",[3]必须在实现它们对接的"变法"中进行"会通中西"的传统与文化的整合。早在清末变法时,沈家本就曾就变法修律反对盲目西化,更反对全盘抛弃中国自己的法律传统。他指出:"当此法治时代,若只征之今而不考之古,只推崇西法而不探讨中法,则法学不全,又安能会而通之,以推行于世。"[4]虽然该论断存在一定的保守性和落后性,但是其中关于立法和施行法律应当考虑社会现实与民族传统的思考,还是具有其合理性。如果"变法"不能被传统文化及其生态秩序所认同,就不能实现法律制度与现实秩序的统一,所"变"之法也就必然成为无效之法——尽管它在单纯的制度形式上是一种进步和发展。

---

[1] 不论是中国还是西方社会,在古代传统上均缺乏现代法治和法治文化的社会生态条件。"古时候,人们尚不认识其他事物;人们热爱过自由,但没有追求过平等。古人也常常谈到平等,但是对他们来说,平等还远远不能成为一种理论;相反,它却成为某些人为谋求自由而不惜损害他们大批同胞的一种手段。一个人可以抹杀他同胞的性格,歧视其形象,压制其本性,使其备受折磨……"([法]皮埃尔·勒鲁:《论平等》,王允道译,商务印书馆 1988 年版,第 81 页)尤其是在中国古代社会的传统性中,更是缺乏民法精神与法治文化的基因。

[2] 王利民、张国强:《中国民法现代化的传统性》,载《社会科学辑刊》2015 年第 5 期。

[3] [美]R. M. 昂格尔:《现代社会中的法律》,吴玉章、周汉华译,译林出版社 2001 版,第 104 页。

[4] 《寄簃文存六·薛大司寇遗稿序》。

事实证明，中国社会的民法进步，根本上不是民法的制度进步，而是代表新的民法传统的民法精神的进步，是民法精神的社会传统的转型与更新。虽然代表中国民法现代化的中国民法典已经编纂颁布，中国社会的民法和民法精神已经取得了历史性的发展与进步，但是我们在中国民法典的实施中仍然面临着如何考量固有的法律文化传统这一纷繁复杂的社会现实问题，其中首要面对的将是截然不同的民法价值判断。

2. 法治文化的传统性

法治文化与民法精神一样，同样具有传统性的文化特质。以民法精神为基础的法治文化，是通过民法和民法精神的形式承载的中国传统文化的一部分，是在传统文化的基础上的法治文化的现代建设与新发展，其本身必然既具有现代性，又具有传统性，是现代与传统的结合与统一。然而，如何在建设社会主义法治文化和实现中国法治文化现代化的过程中，解决好传统与现代的关系，从而实现中国法治文化在传统基础上的超越传统的现代化发展，就成为建设社会主义法治文化和实现社会秩序生态化的关键。我们不得不承认，任何事物都是具有传统性的，传统性既是一种惯性，也是一种规律性和规定性，应当在传统中考察其运动过程，并在其基于传统的运动中创造和发展，这就是事物的文化传承与进步，中国社会的法治文化现代化也应当是这样。以市民社会及其民法精神为基础的法治文化本身是一个历史传统，虽然当代法治文化是源自西方的一种文化传统，但是中国特色社会主义法治文化必然与中国的历史传统相结合并作为中国历史传统与文化的一部分而存在和发展，不可能在中国的历史传统与文化之外而有单独的法治文化存在和发展。

因此，必须解决好中国特色社会主义法治文化建设与中国传统文化的关系问题。“法律传统的延续与转换反映了法律传统在社会变迁中的传承以及整合、接续、融合的状况。”〔1〕特别是以市民社会关系的民法和民法文化为基础的社会主义法治文化，其民本模式的建立与形成，只能是在文化上实现传统与现代融合的过程。〔2〕

〔1〕 尹伊君：《社会变迁的法律解析》，商务印书馆2003年版，第206页。

〔2〕 法律和法治文化在自己的传统中，既成为发展的限制，也就成为发展的局限性。特别是对于一个需要改变传统而发展法律和法治文化的民族和社会，法律和法治文化的发展同时需要传统的发展，即法律和法治文化的发展只有成为传统变革的一部分才能够实现。因此，只考虑法律和法治文化发展而不考虑其发展的传统性的法律和法治文化变革是不会取得成效的。

中国社会的民法精神与法治文化及其秩序构造的传统性根源于它的本土性或者乡土性。尤其是中国传统法律文化，是一种与民法文化相对的公法文化，存在着严重的人格意识与民法精神的缺失。因此，要在这样一个文化传统的社会中实现民法或者法治文化的现代化，一方面要实现西方民法或者法治文化的中国本土化与传统化；另一方面则是西方民法或者法治文化在融入中国传统法律文化过程中必然遭遇中国传统法律文化的排斥，并具有生态融合的阻力。虽然自清末变法以来中国打破了延续几千年的中华法系的制度与文化体系，但是中国社会对于源自西方的法律与法治文化的改造与嫁接，不可能同时改变中国历史传统的社会生态秩序体系，而这种原生性的中国社会生态秩序体系作为承载着中国传统秩序文明的惯性与功能性的社会结构，[1]既是中国法律或者法治文化走向现代化的基础和起点，又是它难以跋涉和逾越的路径与障碍，我们不能用改变中国法律体系的方式改变中国社会的法治文化与秩序生态。虽然中国自近代开始接受了自罗马法以来的西方法律与法治文化，但是中国社会的秩序形态仍然是中国传统文化的生态沿续，人们主体内在的秩序意识仍然传承着中华文明血脉相连的生态基因。这是我们必须面对的一个社会现实，然而在西方社会，由于法律文化的本土性，所以在法律文化与法律体系内部则不存在不同法律文化之间的相互排斥和冲突问题。我们必须考量这一差异，它是由我们民族的文化血脉和历史传统所决定的法治生态，是我们无法忽视的客观存在。我们既要继承自己的优良传统，又要接受外来的先进文明，这一文化与文明的再生，是比制度变革更为复杂和长期的社会运动。正如我们过去制定了许多现代民事立法，现在中国民法典也已经编纂颁布，但是人们传统上不会或者不习惯于遵循民法，而现在和今后仍然不会因为中国民法典的颁布而一下子变得更会“依法行事”一样，因为传统民法文化中的法律意识与法治生态的缺失及其未普遍建立的人们对民法精神的信仰与行为自觉，使人们难以做到普遍地守法，更难以实现法律条件与社会生态秩序的文化结合与统一。

中国特色社会主义法治文化作为一种人本主义的社会文化，在实现中国社会本土化的过程中，虽然有来自西方法治文化的基因，但它更具有中国传统文化

---

〔1〕“任何方式的人类社会生活都建立在一定的社会结构上，这种社会结构是由各种个人之间或团体之间的关系网构成的。”[[英]A. R. 拉德克利夫－布朗：《原始社会结构与功能》(一)，丁国勇译，九州出版社2007年版，第67页]任何一种社会结构都具有其秩序传统与功能惯性，并且这种传统与惯性构成了其社会结构的内在体系，它不会随着社会体制的变革而同时完成社会体制变革所要求的传统变革。

的血脉，它需要与中国传统文化结合并必然成为中国传统文化的一部分；它在实现文化变革与转型的过程中仍然保持着与中国传统文化的天然与内在的联系；它以历史的继承性和民族的传统性而无法与中国本土文化相切割；它是中国传统文化发展的历史过程并必然需要根植于中国传统文化的土壤。历史传统的存在与发展，有它自身的规律性与规定性。所以，为了客观评价中国特色社会主义法治文化，我们需要充分了解这一文化的本质与内涵，全面认知中国传统法律文化的精华与糟粕及其对中国法治生态现代化的消极影响，并在此基础上精准把握中国特色社会主义法治文化建设的内涵与路径、规律与规定性，只有这样，中国法治文化的现代化才能够根基于民族的社会秩序文明的深厚土壤之中，并在实现文化传统的变迁中构造一个社会生态秩序的中国特色社会主义法治文化。

王伯琦先生曾指出："西洋的法律制度在中国生了根了吗？我们已能接受西洋20世纪的新文化了吗？我的答复最多是貌合神离。而惟其貌合，乃可不觉其神离，惟其不觉其神离，于是沉湎于貌合。这是极端危险的现象。"[1]21世纪中国特色社会主义法治文化建设面临着同样没有改变的社会现实。虽然中国的法律与法治文化在制度与形式层面相较于自己的历史传统已然发生了翻天覆地的体系性变化，我们在制度体系上已经不再是传统的中华法系，而经由当代的制度体系所代表的法治精神与法治文化也不再是中国传统的伦理法的思想体系，但是这不意味着中国法治和法治文化的生态化与现代化，相反，它更让我们看到了中国社会的法治和法治文化建设及其现代化所面对和需要解决的社会生态秩序问题。所以，建设中国特色社会主义法治文化，不仅需要克服传统秩序文化的作用力及其影响，而且需要在传统秩序文化的基础上转型建立并形成新的法律与法治文化传统，因此，其不仅是法治文化的制度建设而且更需要法治文化的精神构造与生态秩序实现，必须把社会生态秩序的民法精神放在法治文化建设的重要地位。

就法治文化中的民法文化及其现代化而言，一个显明的事实已经被近代以来的世界各国对西方民法的移植以及全球化条件下的民法趋同化发展所验证——法律移植和器官移植并无二致，本体或近亲移植易于成功，而不具血缘关系的不同个体间差异较大，强行移植容易发生排斥反应。虽然人类命运共同体

[1] 王伯琦：《近代法律思潮与中国固有文化》，清华大学出版社2005年版，第403～404页。

使世界各国不得不走不同法律与法治文化之间的趋同化发展道路,但是它需要漫长的培植与适应过程。这就为中国社会的民法移植与民法文化现代化提出了条件和要求。中国民法文化现代化不是一个简单的民法制度的自我形成与完善过程,而是由中国历史传统的社会生态秩序条件所决定的复杂的社会运动过程与系统。对于民法传统的社会,是民法条件构成了社会关系的行为习惯与秩序信仰,而对于非民法传统的中国,是社会关系的行为习惯与秩序信仰有别于民法的一般调整。这就决定了在中国民法文化现代化的过程中存在一个民法表现的社会关系条件和现实的社会关系的传统秩序之间的矛盾与冲突,需要解决传统的社会关系条件如何被民法表现和民法表现的社会关系条件如何生态秩序实现的问题。

五、民法精神与法治文化的市场规范特征

民法以市场经济关系为调整对象,是市场经济关系的法,而民法精神是市场经济关系的规范与秩序精神,是市场经济运行的根本秩序条件,因此,民法和民法精神构成了市场经济的法治文化并必然具有市场经济的规范特征。

(一)民法精神与市场经济的法治文化

民法精神作为市民社会的规范与秩序精神,是一种市场经济的法治精神,具有市场经济的法治文化的本质属性与特征。

1. 民法精神是市场经济的规范精神

市场经济是指通过市场配置社会资源的经济体制,也就是由市场竞争机制与规律进行自主调整的社会经济运行模式。市场经济具有以下基本的规范与秩序特征:第一,市场经济是自由经济,依靠市场主体的自由竞争行为维持市场关系的运行秩序,即市场主体的自主选择或意思自治,它需要民法的任意规范调整并排除非法强制与干预;〔1〕第二,市场经济是法治经济,需要提供和具备市场经济的法律规范作为市场主体自主运行的行为根据,因此市场经济必须实行法治治而反对特权与人治,它要求市场主体人格独立与平等,可以自主实施市场经济

〔1〕“作为商品交换关系总和的‘市场’,它对于法律的最初始、最本能、最基本的要求便是自由、平等和权利保障。”(孙笑侠:《法的现象与观念》,山东人民出版社2003年版,第142页)

行为并对自己的行为享有权利和承担责任;[1]第三,市场经济是诚信经济,不仅需要市场经济的规范与秩序条件,而且需要市场主体具有诚信的社会秩序品格并在诚信原则的基础上以行为自律自觉维护市场经济秩序。[2] 在市场经济体系中,政府只是公共服务的提供者,起到宏观调控的作用,而个人(消费者)与企业(生产者)构成了市场供求关系的两个基本主体。由于市场经济强调人的自主性与能动性,所以一经产生便成为最具效率和活力的经济运行模式。迄今为止,全世界绝大多数国家都实行市场经济体制,这种经济体制的趋同性,不仅表明了市场经济所具有的吸纳与兼容能力,而且反映了市场经济的规范与秩序体系所具有的统一性与共同性。

与自然经济和计划经济相比,市场经济的运作既不依附自然秩序,也不依靠政府力量,而是由市场主体主导。市场经济秩序已经突破了政府掌控的范畴,并导致了经济与政治的相对分离,由此形成了一个相对独立的空间——市民社会的自主与自治的私法领域。在这一私法的空间领域,要求尊重市场规律,承认市场主体的自由。市场经济必须力戒政府或者公权力对市场运行的不合理干预,合理限制公权力的作用范围并向市场主体放权。市场经济必须是自由、法治与诚信的经济,需要建立市场经济的规范与秩序体系。显然,市场经济的规范与秩序体系具有民法和民法精神的规范与秩序本质,而民法和民法精神的调整则必然构成市场经济的根本选择。

民法精神作为市民社会的规范精神,就是市场经济的规范精神。市场经济不仅需要法律和法治,而且需要法律和法治的自主践行,这就是民法精神的规范与秩序作用。民法精神在自由、法治与诚信的价值原则上实现了与市场经济规范条件的生态秩序契合。

---

〔1〕“私有财产是市场的先决条件,而市场则是配置资源的分配机制。绝大多数市场可以而且确定能在没有政府广泛干预或监督的情况下运行。现代经济中实际替代市场的是某种形式的政府计划。政府计划把经济事务的权力都集中到政府官员手中。对经济生活的操纵为官员们提供了可以用于控制生活其他方面的杠杆,而私有财产却设立了一个自由圈,在这个圈内,个人不受政府官员的干预。”([美]罗伯特·D.考特、托马斯·S.尤伦:《法和经济学》,施少华等译,上海财经大学出版社2002年版,第99页)

〔2〕因此,调整市场经济关系的民法和民法精神必须把诚实信用作为自己的基本原则。“这一条款的重要性在很大程度上并不在于其实际包含的、相当难以把握的规范性内容,而在于其作用,即使一些宽泛的道德准则具有了法律效力。”([德]罗伯特·霍恩:《德国民商法导论》,楚建译,中国大百科全书出版社1996年版,第149页)

2. 民法精神是市场经济的法治条件

民法精神不仅是市场经济的规范精神，而且构成了市场经济的法治和法治文化条件，并且是主要和主体的法治和法治文化条件。马克思在分析商品流通时指出，参加物物交换的个人就是默认彼此平等的个人，这一"默认"的"平等的个人"[1]，就是应当具有民法精神的市场经济的主体，即民事主体，而这一主体所参与市场经济所具有的民法精神，则是市场经济的基础法治条件。虽然市场经济的法治条件是一个国家综合统一的法治条件，作为市场经济的法律不仅有民法，而且包括宪法、行政法、经济法、刑法、诉讼法等在内的整个法律体系，[2] 但是在这个法律体系中，直接关系市场经济体制和运行秩序的主要法律是民法，它在整个市场经济法律体系中居于核心和主体的地位。"民法是商品经济的法律表现，它是随着商品经济的产生而产生、发展而发展的。"[3] 民法就是市场经济的法，[4] 它产生于市场或者商品经济的社会基础并直接调整和作用于市场经济关系。虽然民法调整的人身与财产关系，并不都是市场经济关系，但是市场经济关系构成了民法调整的社会关系及其价值与原则的基础，并需要与市场经济的契合。

市场经济不仅需要民法，而且更需要民法精神作为自己的法治条件。因为市场经济作为一种自由与诚信的经济模式，需要市场主体自主与自律的行为秩

---

〔1〕《马克思恩格斯全集》(第 19 卷)，人民出版社 1982 年版，第 422 ~423 页。

〔2〕"法律支持、解释并限制自由市场运转的范围。它禁止某些类型的协议，如一个人不能把自己卖身当奴隶，或缔结定价协议。在自由市场国家或混合经济国家，哪些私人协议可以实施，哪些不可以，合同法表述了一些基本原则，远为重要的是一些专门法律，如劳动法和合伙契约法。法律给市场甚至提供更基本的支持。私有财产制度是以法律为支柱的，法律规则规定土地登记、赠予、出售和继承税，法律制度控制银行、银行票据、钱和货款及股市的运行。刑事司法制度保护财产不被贪污盗窃。市场经济或混合经济使许多经济决定分散，但如果没有法律制度的协助，这无形的手会瘫痪。"([美]弗里德曼:《法律制度》，李琼英、林欣译，中国政法大学出版社 1994 年版，第 24 页)

〔3〕王妍:《市场经济条件下民法与经济法的理性分析》，载《行政与法》1994 年第 3 期。"民法根源于商品经济，商品经济是民法存在和发展的基础，这是民法的本质特征。"(王妍:《市场经济条件下民法与经济法的理性分析》，载《行政与法》1994 年第 3 期)

〔4〕"民法作为市场经济基本法，对市场经济的健康运行发挥着以下作用:一是民法的私权神圣、意思自治、平等、公平、诚实信用和禁止权利滥用等项原则最适应市场经济发展的要求，是规范市场活动的基本法律准则。二是民法的民事主体制度，包括对自然人、合伙组织和法人的法律规范，是规范市场经济主体的基本法律制度。三是民法的物权制度和知识产权制度是保障市场经济主体支配其有形财产和无形财产从事商品生产经营活动的基本法律制度。四是民法的合同制度是规范市场交易行为的基本法律制度。五是民法的民事责任制度和债的担保制度是维护市场交易安全的基本法律制度。"(左振东:《浅析市场经济条件下民法的性质》，载《吉林省经济管理干部学院学报》2004 年第 3 期)

序,而这一秩序的形成与维护的基本法治与法治文化条件就是民法和民法精神。民法精神不仅代表了市场经济的规范条件,而且代表了市场经济的行为条件,是市场经济的法治和法治文化的基础与根本条件,也就是一种社会生态的规范与秩序条件。民法精神与市场经济的法治条件具有内在的直接的联系,在民法精神的规范与秩序条件之外,不能建立市场经济的法治与法治文化。

(二)法治文化与市场经济的规范秩序

市场经济是法治经济,也就是以法治文化条件为支撑的经济体系,只有在法治文化的规范秩序的基础上才能够为市场经济的有效运行提供制度与生态的法治条件并满足其需要。

1. 法治文化是市场经济的规范文化

法治文化具有市场经济的规范文化的本质属性。法治文化是以政治和经济民主为条件的社会治理文化,反映在经济关系领域,它一方面为经济关系提供政府或者公权力不强行干预经济运行的外部法律环境,另一方面为经济关系的市场竞争与自主运行提供一套自由的规范体系,[1]同时它强调和要求社会经济秩序的自律构造与生态实现。所以,建立在市民社会关系与民法精神基础上的法治文化,不仅划清了公权与私权之间的界线,为社会经济的有效运行界定了不受政府强制的市场与自由的领域,而且形成了以个人和权利为本位的民法即任意法调整为核心的社会行为规范,为社会主体的自由竞争与资源分配确定了自由而自律的行为秩序条件。可见,法治文化既超越了民法精神的范畴,也超越了一般法律或者法治的意义和范畴,而在更全面、更充分和更合理的范围内为社会经济运行提供制度规范与行为秩序的生态条件,这一条件就是市场经济的规范条件。换言之,法治文化构成了市场经济的规范文化,包括制度规范文化与行为规范文化,是一个形式与实质统一的市场经济规范体系。

2. 法治文化是市场经济的秩序文化

法治文化作为市场经济的规范文化,也就是市场经济的秩序文化。虽然法治文化的秩序形态以法治文化的规范条件为前提,没有规范或者规范的遵循也

[1] "市民社会,作为一个独立于政治国家的私人利益领域,市场经济是其基础和本质所在。市场经济是以私有制和社会分工为基础的一种经济模式,在人人平等的前提下,人们为了各自的利益而竞争、合作,在此基础上形成了以私人利益为体系的市民社会。为了维持这样一种私人的社会秩序,必然要有体现市民社会本质特征的法律体系与之相适应。"(潘若愚:《论民法是市民社会的基本法》,载《法制与社会》2009 年第 3 期)

就没有秩序结果,但是秩序与规范不同,秩序不是形式秩序而是实质秩序,形式秩序不过就是形式规范,而秩序则是现实的规范形态,也就是不同社会主体之间遵守共同规范的行为状态,即相互关系的人格尊重与利益均衡状态。显然,规范文化不等于秩序文化,一般意义上的规范文化是一种法律文化即制度文化或者形式文化,它并不是直接的秩序文化,秩序文化是一种行为文化与生态文化。规范条件或者规范文化只是法治文化构成的基础要素或者基础文化形态,而法治文化根本是秩序文化,存在法治或者法治文化的规范条件并不意味着有与规范条件相统一的社会规范秩序,而秩序文化才是法治文化的根本条件和要求。

法治文化作为以制度文化为基础的社会生态文化,不仅为市场经济提供了规范文化条件,而且为市场经济确立了秩序文化形态。法治文化的秩序性,是法治文化的行为秩序与生态秩序性,是市场主体的行为自律与自主构序。因此,法治文化的秩序,不仅是市场主体的行为秩序,而且是市场主体的精神秩序,没有市场主体自律的秩序意志与行为精神,就不能形成具有法治文化特征与本质的市场经济秩序。法治文化的市场经济秩序,既是市场经济的发展条件,又需要在市场经济的条件中形成。

第七章

民法精神的法治文化形态

一、民法精神是法治文化的人性自然形态

民法精神作为市民社会的精神一种，其从本质上讲是人的一种规范与秩序精神，是以人性为自然根据与基础条件并反映人性本质的社会精神。[1] 这种民法精神及其规范与秩序的人性本质构成了法治文化的自然形态。

（一）民法精神的人性形态

民法精神作为以人性为根据的社会精神，必然反映人性的规定性与规律性，展示人性的条件性与客观性。因此，民法精神从根本上讲是人性的精神形态，必然承认人性的自然本质，尊重人性的客观需求，追求人性的社会实现。

1. 民法精神是人性的法治文化形态

民法精神作为以人性为根据的规范化和秩序化精神，必然反映出人性的规定性与规律性，并构成一个社会法治文化的人性形态。换言之，民法精神作为一种法治文化的形态，是一种人性的法治文化形态，并以人性的文化形态而具有法治文化的基础文化属性。“文化是法治之源，有什么样的文化，就有什么样的法治形态。”[2] 民法精神作为法治文化的基础文化，根本就在于它所反映和代表的

---

[1] 关于人性的本质，详见本书第三编（第八章）“以民为本的人性诉求”相关部分。

[2] 中国法学会法治文学研究会编：《法治文化与法治中国》，群众出版社 2015 年版，第 14 页。

人性本质，所以，在以民为本的民法精神的基础上形成的法治文化也就是人性的产物，是一种人性的社会文化。人性决定了人的精神，也决定了人的文化。“人的冲动、思想和行为都源于他的天性与他降生在其中的环境之间的关系。”[1]法治文化作为人的文化也就是人性的文化，从人性出发并必然归于人性。[2] 民法精神作为人性的法治文化形态，根本反映和体现的是人性的客观利益需求，所以必然承载着实现人或者人性利益的使命。[3] “法治文化是维护人民群众切身利益的需要，是人民群众对于法治的一种观念、一种意识、一种态度、一种信仰，它融入人民群众的血脉并自觉地影响和左右着人民群众的各种行为和活动。”[4] 显然，只有建立在人性的基础上，并维护人性的利益，民法精神的法治文化才有这样的普遍性并能够融入人们的灵魂深处。

2. 人性是民法精神的条件与规定性

民法精神作为人性的社会精神，是一种人性的条件，并具有人性的规定性。民法精神的人性条件，就是人的客观利益条件，包括一定的人身与财产利益条件，也是民法所调整的人身与财产关系所反映和代表的人的自然与必然的利益条件，这既是人作为主体的基础条件，也就是人的生存与发展条件，是人类存在的根本条件。所以，民法精神以人性为根据，反映人性的条件，就是反映和代表人的生存与发展的根本利益条件，因此，也就是一个社会以民法精神为基础的法治文化所必然具有和体现的条件。

民法精神反映和代表人性条件，必然具有人性的规定性。也就是说，民法精神的人性条件，是一种规定性条件，而不是一种任意性条件，这种规定性就是人的客观利益需求及其实现的规定性或者规律性。换言之，人性的民法精神条件，是一种普遍性和一般性条件，也就是人类的文化与文明条件。这个条件的规定性，就是人的自然与必然的规定性，是人类无法逃脱和必然选择的社会命运，即人类社会构造的生态性规范与秩序结果，包括人格承认与独立、行为自由和自

---

〔1〕 [英]格雷厄姆·沃拉斯：《政治中的人性》，朱曾汶译，商务印书馆2015年版，第39页。

〔2〕 “法治就是从防恶开始的。”（信春鹰主编：《全球化与多元法律文化》，社会科学文献出版社2007年版，第61页）

〔3〕 “人总是按照对本身利益的明智见解行事的假设。”（[英]格雷厄姆·沃拉斯：《政治中的人性》，朱曾汶译，商务印书馆2015年版，第65页）“人因天性而皆有趋利避害之心。”（[英]霍布斯：《法律要义：自然法与民约法》，张书友译，中国法制出版社2010年版，第76页）

〔4〕 中国法学会法治文学研究会编：《法治文化与法治中国》，群众出版社2015年版，第221页。

律、利益均衡和平等正义。这些都是人类必然的社会规范与秩序追求，并构成了民法精神及其法治文化的规定性条件。

民法精神的人性规定性，也就是民法精神的正义性与价值性。因为“正义总会更多地融入社会秩序中”，[1]正义的社会秩序构成了社会稳定发展的条件。[2]民法精神只有反映和代表人性的规定性，才符合人性的社会规范与秩序要求，也才具有正义性和价值性。换言之，民法或者民法精神及其构成的以民为本的法治文化，只有反映和代表人性的规定性，才是一种正义和有价值的民法和民法精神，也才是真正的民法和民法精神，从而人性作为民法和民法精神的本源也就构成了真正以民为本的法治文化形态。

（二）民法精神的自然形态

民法精神作为一种人性的法治文化形态，是一种自然的法治文化形态。人性的民法精神，必然是自然的精神，是一种反映人性自然并具有人性的自然本质的社会规范与秩序形态。

1. 民法精神是自然的法治文化形态

民法是人法，也就是人的自然法，民法的主体是自然人，民法的内容是人的自然规范与秩序。所以，作为民法灵魂的民法精神，也必然是以人或者人性自然为基础的一种自然的法治文化形态。民法精神的自然性，就是人性的生物本质性，是由人的生物性所决定的人的社会自然性。换言之，民法精神作为人的社会精神，并不是单纯的和抽象的社会意识形态，而是由人或者人性的自然性所决定的并反映人或者人性的自然性的一种社会秩序条件。也正是在这个意义上，民法精神才具有规律性和规定性，才是可以被把握和作为普遍认知的对象。

民法精神的社会性并不是一种独立的条件，而是依附于人的自然性的条件，是人的一种自然性的条件与表现形式，是由人的自然本质所决定的。人是自然的产物与存在，必然依附于自然，具有自然的条件和要求，而民法精神作为人的精神也必然反映和具有人的自然品质。也就是说，民法精神及其法治文化的自然性，就是人性的一般性与普遍性条件，这种条件和要求具有无可替代性和必要

---

〔1〕［法］莫里斯·奥里乌：《法源：权力、秩序和自由》，鲁仁译，商务印书馆2015年版，第46页。

〔2〕“社会稳定乃是一个井然有序的社会制度舒缓而均衡地演化运动的结果。”（［法］莫里斯·奥里乌：《法源：权力、秩序和自由》，鲁仁译，商务印书馆2015年版，第74页）

满足性。所以,民法精神的人性自然性,是源于人的生命本质的条件,是一种自然的不可被剥夺的条件。[1] “人生一世,苦乐相依,莫不趋利避害、舍苦求乐。”[2]可以说,趋利避害、舍苦求乐,是一种人类对美好生活的追求和向往,这是由人性决定的一种自然而强烈的愿望,构成了以人性为根据的民法精神的当然内涵。[3] 人性决定了人的生存方式,也就决定了人的社会关系条件,而这一切必然建立在人性的自然性的基础之上并带有人性的自然烙印——民法精神及其构成的法治文化形态也不例外。

2. 自然是民法精神的社会生态属性

民法精神作为自然的法治文化形态,决定了民法精神的社会生态性。也就是说,虽然民法和民法精神是具有社会性的,但是这种社会性不过是在人的自然秩序的基础上所形成的一种生态性。在自然生态性的社会秩序中,必然产生自然的民法精神,并具有自然的客观正义性。

正义判断的客观性也就是人的客观性,即人的生态秩序性,是一种自生自发的秩序。“自生自发秩序的形成乃是它们的要素在对其即时性环境的过程中遵循某些规则所产生的结果。”[4]对这种秩序而言,法律只是它的表现形式,而不是它的本体与实质。正如卢梭所言“这种法律既不镌刻在大理石上,也不镌刻在铜表上,而是铭刻在公民们的心里”。[5] 换言之,民法精神作为一种自然的法治文化形态,也就是一种生态性的法治文化形态,是人的社会生态存在与表现形式。这种“生态”,也就是反映人的自然秩序的生存条件与状态,从而必然遵循人的生态规律,具有人的生态进化的本质。因此,我们只有从社会生态上认识民法精神及其自然秩序的内涵与条件,才能够发现民法精神的规律性与普遍性并认知民法精神的真实性与本质性,从而在尊重民法精神的社会生态性的基础上

---

〔1〕 “人性有自然属性与社会属性之分。自然属性作为人的基础属性决定着人的社会属性。自然属性作为人的生物性,由人的生命本质所决定。”(王利民:《民法的精神构造:民法哲学的思考》,法律出版社2010年版,第22页)

〔2〕 [英]霍布斯:《法律要义:自然法与民约法》,张书友译,中国法制出版社2010年版,第32~33页。

〔3〕 “人性的私法调整应当以人性的最大限度满足为目标。”(王利民:《民法的精神构造:民法哲学的思考》,法律出版社2010年版,第32页)

〔4〕 [英]弗里德利希·冯·哈耶克:《法律、立法与自由》(第1卷),邓正来等译,中国大百科全书出版社2000年版,第63页。

〔5〕 [法]卢梭:《社会契约论》,李平沤译,商务印书馆2014年版,第61页。

建设真正以民为本的社会主义法治文化，并实现社会主义法治文化的生态化发展。

二、民法精神是法治文化的人格尊重形态

法治文化作为人的社会文化，既然以人为主体和目的，就应当以人格尊重为条件，承认和实现人格的本质。在法治文化的人格尊重形态中，民法精神是最具有代表性的文化形态。民法精神作为市民社会精神，是一种"人法"精神，必然以人格尊重为基础，反映人格的本质与条件性。所以，法治文化的人格尊重形态在本质上就是由民法精神构成的社会规范与秩序形态。

（一）民法精神的相互人格承认性

民法精神作为一种人格精神，自然以相互关系的人格承认为前提。没有相互关系的人格承认，即一定的民法制度条件与形式，就没有民法精神，因为民法精神作为民法的精神，不仅具有决定民法的意义，而且需要民法的形式表现。

1. 民法精神与一般人格承认

所谓一般人格承认，就是在一般意义上对人的承认，即承认抽象的人和人格，也就是法律上将人普遍地拟制为平等的民事主体。[1] 这种民法上的制度人格在根本上是由民法精神决定的。民法精神是一种社会秩序精神，是由人的精神所决定的社会秩序形态，既是人表现为制度的精神，也是人的精神形态的转化形式。"人的法律存在是其制度—规范的存在的一个特殊部分，是人类社会'朝着人的情绪愈益得到控制，社会愈益整合的方向前进'所必然要求的一种存在形式……"[2]这种形式就是一种社会秩序条件，一个社会秩序的构建，首先是私人社会秩序的构建，它是通过"人法"或者"民法"的形式来实现的，而民法对私人即市民社会秩序的构建，是以人格的一般承认为前提条件的。民法作为人法和平等关系的法，离不开一般人格承认的制度与秩序基础。只有承认一般人格，才能够有一般人格制度，包括以平等和自由为条件的人身与财产制度，这就是民法上的人身权与财产权的制度体系，它们都是以人格的一般承认为前提的。

人格制度是民法的制度基础，如果没有以平等和自由为本质的人格与人格的相互承认，就没有民法精神及其规范与价值体系。"人都具有实现其人格的

---

〔1〕 古罗马正是在"市民"的一般人格概念基础上发现了"民法"和民法的本质。

〔2〕 俞学明主编：《法治的哲学之维》（第1辑），当代中国出版社2012年版，第23页。

潜力的强烈欲望,也都具有建设性地运用大自然赋予他们的能力的欲望。"[1]这种欲望的本质即人的利益本质,而这种本质的实现就是要求人被承认为人,要成为具有人格的主体,而且不论社会状态如何,人格总是要在一定程度上被承认的,因为这是一个不可从根本上否认的事实。一个具有人格地位的人,必然需要在与他人的关系中维护自己作为人的独立价值。[2] 人只有维护自己的价值并被作为目的存在,才能够被承认为人和具有人格,才具有人的主体地位,而这只有在民法和民法精神的社会秩序体系中才能够实现。

可见,人格的一般承认就是赋予每一个人以平等的人格,也就是每一个人都被承认为人,是确立一种人皆可以自由的社会行为关系。[3] 民法和民法精神是人类对自身人类的根本发现,它承载了人类法治文化与文明的核心价值与内涵,其对相互关系的人格承认,是市民社会的平等秩序的基础,是形成自主社会秩序的前提,更是建设以民为本的社会主义法治文化所不可缺少的秩序条件。

2. 民法精神与一般人格地位

所谓一般人格地位,并不是指狭义上的人格权地位,而是广义上的民事主体地位,也就是民法所调整和确认的民事主体在平等的民事法律关系中的地位,即通过民法或者民法典的各项制度构成的民法体系所确立的一定人身权与财产权地位,是民法精神的自然生态规范与秩序条件在社会制度的形式选择中必然构造和表现出来的规范形态。

一般人格地位是一般人格承认的必然结果。人格地位是以人格和人格承认为条件的地位,是人格承认的具象化和特定化表现,即一般人格的制度化或者权利义务化,是通过具体的法律关系所表现出来的人格规范与秩序条件,是一般人格承认的民法精神及其制度基础在制度形态上的体系化形成与发展。

一般人格地位,是人在市民社会关系即个人或者私的社会关系中的地位,是最基础的社会地位,也是最重要的社会地位,是决定人的一切社会地位的根本地位条件。人一旦丧失了在市民社会关系中的一般人格地位,也就不可能有其他的或者更高的人格地位,包括一定的社会福利和政治地位。换言之,一般人格地

---

[1] [美]E. 博登海默:《法理学:法律哲学与法律方法》,邓正来译,中国政法大学出版社 2017 年版,第 304 页。

[2] [德]康德:《法的形而上学原理——权利的科学》,沈叔平译,商务印书馆 2011 年版,第 51 页。

[3] "社会正义、人权、人类尊严甚至责任及罪责皆根源于人类自由。"([德]考夫曼:《法律哲学》,刘幸义等译,法律出版社 2004 年版,第 332 页)

位，是基础的民生地位，必然为社会所重视并重点解决的问题——虽然解决的方式和结果在不同的社会条件下有所不同，但是不同社会解决的共同点就是必须保证人的一般人格地位在一定程度上的实现，不论是民法的或者其他法的调整，都必须达到这一目的。否则，人的一般人格地位不存在，市民社会也就不存在，从而以市民社会为基础延续出来的其他一切社会形态包括政治社会的形态也都不会存在。人类的几千年文明史证明，确立一般人格地位的最好制度形式就是以人格承认为条件的民法，民法作为人法和市民社会的法，就是关于人的人格地位的一般法，而民法对人格地位的确立，就在于追求人格价值的民法精神，并通过权利或者自由的形式确立这种地位，[1]从而展现民法精神所特有的人格价值。

(二)民法精神的相互人格尊重性

相互人格尊重，就是在人格承认的基础上敬重对方的人格，不做有损对方人格的行为。换言之，不尊重对方人格或者作出有损对方人格的行为，是一种不道德的甚至是危害社会或者违法的行为，应当承担相应的不利后果。如果说相互关系的人格承认主要是对民法的制度要求，那么相互关系的人格尊重则主要是对行为人的要求，是民法精神在具体行为关系中的体现。

民法精神作为市民社会以人格为基础的社会平等精神，在本质上以人与人之间的相互尊重为条件，换言之，人与人之间的人格尊重是民法精神的实质与根本秩序形态。一个人具有民法精神，就能够在相互关系中以理性的行为方式与合理的行为标准尊重他人的人格，从而以个人自觉的人格尊重的意识与行为形成相互和谐的社会生态秩序，并自主构建以人格尊重为基础的法治文化形态。也就是说，不论个人之间发生什么样的矛盾和冲突，都应当从相互之间的人格尊重出发，基于人格尊重的前提条件，正确处理相互关系。只有人与人之间的相互尊重，才能够有效化解各种矛盾和冲突，并使相互关系最终归于和谐与有序。这既是民法精神的核心价值，也是法治文化根本形态。

民法精神的相互人格尊重，是通过民法形式表现并符合民法条件的人文主义制度思想。尊重他人的人格，就是要在自己被尊重和肯定的范围内或者在对

〔1〕“权利是个人对他的应得利益的要求，这种利益是从别人尽了他们的各项义务的过程产生的。”[[英]威廉·葛德文：《政治正义论》(第1卷)，何慕李译，商务印书馆2015年版，本书原则概说第12页]

等的条件下承认和维护他人的人格尊严,既不污辱他人的人格,也不损害他人的人格利益。一个人不仅需要自己的人格被肯定和尊重,而且也需要对他人的人格给予肯定和尊重,肯定和尊重他人的人格是自己的人格被肯定和尊重的前提,一个不肯定和尊重他人人格的人,自己的人格也很难被他人肯定和尊重。因此,只有在相互的人格肯定与尊重中,才能够产生自觉自愿的社会秩序行为。"他们愿意接受约束,乃是同他们要求行动自由的欲望一样都是自然的,只是前者源于人性的社会倾向,而后者则植根于人格自我肯定的一面。"[1]人格的自我肯定不只是对自我人格的肯定,也是对他人人格的一种肯定,这种肯定是一种人格的尊重。相互关系的人格尊重能够在彼此之间产生一种平等与尊严感,[2]而这就是对人的价值与地位的一种承认。每个人都有人格被尊重的欲望,也都应当有尊重他人人格的品质,这种欲望与品质作为一种自主与自由的动力自然追求相互关系人格尊重的社会秩序,这就是民法精神的法治文化的生态秩序。

民法精神的相互人格尊重,作为一种法治文化形态,就是人格尊严的一种社会生态秩序实现。因为人一旦被尊重,就不仅具有了人格,而且具有了尊严,同时也就具有了自由。在市民社会关系中,一个人的人格被尊重,不仅意味着人格权的直接享有和实现,而且作为其他权利实现的基础,意味着具有了其他一切权利实现的条件和可能。例如财产权,它的实现并不是一个单一的财产交易关系,而这一关系的顺利实现,必须有一种当事人之间的人格尊重在里面并直接支配财产交易关系的实现过程。

本书项目组以"您在处理与他人的关系中,是否会把相互之间的人格尊重放在第一位"为题进行的全国性调查问卷的数据统计结果显示,有62%的人会选择把人格尊重放在第一位。[3] 这一数据结果说明,在我国社会主义法治文化建设中,作为以人格尊重为核心价值体系已经得到多数人的认同,这为进一步完善我国以人为本的社会主义法治文化的建设奠定了良好的思想基础。然而,仍有一部分人不确定或者不考虑在处理他人关系时会把人格尊重放在第一位。因此,倡导人格意识,提高相互关系的人格尊重条件和水平,仍然是今后相当长的

---

〔1〕 [美]E. 博登海默:《法理学:法律哲学与法律方法》,邓正来译,中国政法大学出版社2017年版,第305~306页。

〔2〕 "人的平等感的心理根源之一乃是人希望得到尊重的欲望。"([美]E. 博登海默:《法理学:法律哲学与法律方法》,邓正来译,中国政法大学出版社2017年版,第313页)

〔3〕 本题数据统计结果详见本书第三编(第九章)"人格本质的自由诉求"部分。

时间内我国以民法精神为基础的社会主义法治文化建设的重要内容和任务。

三、民法精神是法治文化的权利本位形态

民法是权利本位法,民法精神是市民社会的权利本位精神,构成以民为本的社会主义法治文化的权利本位形态。也就是说,以民法精神为基础的社会主义法治文化的民本模式,应当以民法精神的权利本位作为自己的核心价值,并以权利本位的文化形态推动社会主义法治文化的建设与发展。

(一)法治文化的权利本位形态

法治文化是一个综合的社会秩序系统,涉及私法与公法、私权与公权等复杂的社会治理体系。然而,建立在民法精神基础上的市民社会与市场经济的法治文化,应当是以人为本的法治文化,即以人民为中心和坚持人民主体地位的文化,也就是权利本位形态的文化。这种法治文化,以实现人民对美好生活的向往为最高目的,一切为了人民利益、一切代表人民利益,而这种法治文化必然是一种权利本位形态的法治文化,否则,就要脱离人民中心和背离人民主体地位。所谓权利本位,就是个人本位或者人民本位,也就是人民利益本位,个人或者人民的权利及其所代表的以自由为条件的人身与财产利益是社会优先保护和实现的对象。换言之,个人或者人民作为社会主体,其存在的目的与价值,首先是享有权利,然后才是承担义务,权利构成个人或者人民主体地位的根本。

法治文化的权利本位形态,作为以民法精神为基础的一种社会秩序体系,首先是一种思想意识形态。这种秩序体系及其意识形态是作为一定的权利观念存在的,不仅包括权利主体对自身权利的认识与了解,而且包含对他人权利的认同与尊重。“一个社会必须在某些方面平等地对待其成员……在自由民主社会中占据首要地位的是法律面前的平等与公民身份的平等”,[1]也就是权利意识首先是一种人格平等的意识。然而“权利始终是相对于某人的权利”[2],而在相对的权利关系中必然需要权利与权利之间的平等。“正是无偏倚性的动机给了我们一个理由去想望较之以我们拥有的更多的平等。”[3]在我国的法治文化体系

[1] [美]托马斯·内格尔:《平等与偏倚性》,谭安奎译,商务印书馆2017年版,第69页。

[2] [美]约翰·塞尔:《人类文明的结构:社会世界的构造》,文学平、盈俐译,中国人民大学出版社2015年版,第187页。

[3] [美]托马斯·内格尔:《平等与偏倚性》,谭安奎译,商务印书馆2017年版,第70页。

中,“社会主义权利本位是培养和弘扬公民意识的法律环境”,[1]因为只有权利本位才能够确立公民即个人的主体地位,也才能够唤醒个人的权利意识与法治观念。

法治文化的权利本位形态是通过权利形式表征和实现个人地位与利益形态。“最容易理解的权利就是系于制度的权利,”[2]民法就是权利制度的法,民法调整平等民事主体之间的人身关系与财产关系,也就是关于人身权与财产权的法。可以说,民法体系就是一个权利体系,民法就是一个权利体系的法,并构成了法治文化的完整权利和权利本位形态。民法规定的各项人身与财产权利作为以民为本的法治文化的权利形态与制度基础,就是为了确立人的主体地位,实现人的利益目的。也就是说,法治文化的权利本位形态,就是个人的主体地位及其利益本位形态,只有确认个人的主体地位并承认和保护个人利益的实现,才是权利本位的根本形态。因为权利是体现个人地位和实现个人利益的手段,它表征的不过是个人主体地位及其利益实现的一种法治和法治文化的社会秩序状态,利益才是主体的目的。因此,关注法治文化的权利本位,根本是要关注权利形态下的个人地位与利益的实现条件与结果,而不仅仅是权利形式。

法治文化的权利本位形态,是一种个人自由的社会秩序形态。权利作为个人利益实现的民法形式,也就是以个人为主体的自由形式,即所谓的意思自治形式。人的利益可以通过不同方式实现,包括先占的、分配的、救济的等各种形式,甚至违法行为也是一种客观与现实的利益解决条件。然而,唯有民法的权利形式,才是符合人的本质的一种利益实现形式,因为人在本质上是自由的,并需要自由的存在条件,包括利益实现条件,这是人的主体性与价值性的根本体现。因此,人要成为主体、要实现自己的价值,就必然要求权利及其自由作为自己的利益实现方式,这就为建设社会主义法治文化的民本模式提出了一个根本性的要求,即以民为本的社会主义法治文化必须坚持人民的权利与自由,而以人民为中心和坚持人民主体地位,应当具体落实为以人民的权利和自由为中心并坚持实现人民的权利自由地位。可见,法治文化的权利本位形态,不仅是个人利益本位形态,而且是个人自由本位形态,是个人利益与自由的结合与统一。

---

〔1〕 张文显:《权利与人权》,法律出版社2011年版,第215页。

〔2〕 [美]约翰·塞尔:《人类文明的结构:社会世界的构造》,文学平、盈俐译,中国人民大学出版社2015年版,第189页。

(二)民法精神的权利本位属性

由于法治文化的权利本位在本质上就是民法精神本位,民法精神构成了法治文化的权利本位形态,所以,法治文化的权利本位是由它的民本模式即市民社会基础的民法精神决定的。也就是说,法治文化的权利本位形态,从根本是其民本基础的民法精神的权利本位问题。有什么样的民法精神就必然有什么样的法治文化及其权利本位形态。

1. 民法是权利本位法

民法精神的权利本位是由民法作为权利本位法决定的。民法精神作为以民法形式表现的社会秩序精神,必然以民法的本位为本位。民法作为人法或者市民法,是调整个人或者私人社会关系的法,即以个人为主体,也就必然以实现个人利益的权利为本位,构成个人权利法或者权利本位法。[1] 民法作为权利本位法,并不只是赋予个人权利,而不确认个人义务,所谓权利本位,只是以权利为目的和根据,在国家公权与个人私权的关系中,个人私权或者权利是根本的决定性;在权利与义务之间,权利起主导作用,具有决定意义。基于权利本位,这就需要:(1)每一个社会成员都是权利主体,都享有法律上的权利,个人享有权利并不因为性别、种族、语言、宗教信仰等特殊情况而被剥夺或者有所区别;(2)在权利和义务的相对关系中,权利是目的,义务是手段,设定义务的目的是保障权利的实现,而权利的目的性根本是利益的目的性,在权利与利益的关系上,权利则是作为手段和条件存在的;(3)权利主体的权利与权利行使,除非有事先公布的法律规定,否则不受限制,亦不可剥夺,以实现权利的目的;(4)在法律没有明文禁止的情况下即应当对权利主体作出权利推定,亦即个人获得权利和自由,并有权作为或者不作为。也就是说,民法作为权利本位法,是具有权利规定性的法,应当依据权利的秩序规则构建自己的社会规范体系。

可见,"权利本位"概括地表达了以权利为本位的民法的本质特征。民法的权利本位,也就是作为民法对象的市民社会本位。国家或者政治社会存在的目的就是为了保证和实现市民的权利目的与需要,它本身并没有自己的独立目的。正如前述,权利本位并不是权利的本位,而是市民社会即个人和个人利益的本

[1] "以权利为法的逻辑起点和宗旨并以平等对待(无论是实际上还是形式上)的原则去安排权利义务关系的,就是权利本位模式。"(张文显主编:《马克思主义法理学》,高等教育出版社 2003 年版,第 262 页)

位,也就是以民为本的社会主义法治文化的人民和人民利益本位。

中国古代社会的法,作为伦理法即身份等级的法,是一种义务本位的法。近代以来,中国社会接受了西方民法文化并移植了西方的民法体系,权利本位的民法传入中国。然而,权利本位并不是简单的民法创造,而是一个社会创造,是一个社会体制性的变革。“权利本位是经济条件下利益机制的必然结果。”[1]这个经济条件,就是社会的市场经济条件,也就是以契约自由为基础的经济运行模式。改革开放以来,我国实现社会主义市场经济体制,从而为权利本位的民法调整提供了条件和可能。市场经济的秩序与运行条件,核心就是以民法的权利和权利自由为基础的规范条件,而权利本位的民法,也必将随着市场经济的发展而得到发展和完善。

2. 民法精神是权利本位精神

民法是权利本位法,民法精神就是权利本位精神。换言之,民法精神就是一种主张权利、践行权利的社会行为精神。民法的权利本位精神,是充分表达个人意志的自由精神,这种自由具有不可侵犯的正义性。基于这种不可侵犯的正义性,人们在社会关系中才能够享有不可侵犯的权利,权利本位才能够在市民社会关系中得以建立。权利本位精神确立了个人权利与自由的不可侵犯原则。民法精神作为一种私法精神,是一种以个人权利为本位的社会精神,它必然追求个人的权利目的,维护个人的权利实现,从而确立个人的权利地位。这种精神作为一种私人社会精神,必然是一种与国家权力相制衡的精神,如果不能与国家权力相制衡,民法精神就不能成为一种真正的个人权利精神。

四、民法精神是法治文化的公序良俗形态

公序良俗原则是民法的基本原则。《民法总则》第 8 条规定:“民事主体从事民事活动,不得违反法律,不得违背公序良俗。”[2]法治文化作为一种规范与

---

〔1〕 张文显:《权利与人权》,法律出版社 2011 年版,第 166 页。

〔2〕 “公共秩序是一个社会存在与发展所必须具备的一般秩序。公共秩序作为一种社会秩序,它是法律行为所应当遵守的秩序,但它已经不再是限于当事人之间的私法秩序,而且是一种社会的一般秩序,是公法上的秩序,是对每个社会成员都具有强制遵守义务的秩序。虽然从一般意义来说,凡社会关系秩序都具有社会性,而凡具有社会性者皆具有一定的公共性,否则即没有运用国家法律哪怕是私法进行社会性调整的必要,但是作为民法原则的公共秩序,已经超越了一般私法关系所应当遵循的行为规则的范畴,而是根据一般社会正当性标准判断所要求并应当实现的法律规范之外的秩序,是为禁止权利滥用的国家‘公共秩序保留’。”(王利民:《民法的精神构造:民法哲学的思考》,法律出版社 2010 年版,第 405 页)

秩序文化，应当是代表公共秩序与善良风俗即公序良俗的文化，而公序良俗作为上升为民法原则的市民社会秩序的本质要求，也就是民法精神的根本条件。因此，以民法精神为基础的社会主义法治文化的民本模式必然以民法精神及其秩序本质构成自己的公序良俗形态。

（一）民法精神与法治文化的公序形态

民法精神作为一种秩序精神，是公序与私序统一的精神，不仅具有私序的本质，而且代表公序的条件。[1] 一方面，在民法调整的范围内，私序上升为公序，从而使私序具有一般的社会秩序意义并成为一种民法精神秩序；另一方面，公序是以私序为基础的或者是作为私序的转化秩序，一切公序都代表私序并为了实现私序的目的。

1. 民法精神与社会公序

民法精神既是个人秩序，又是超越个人秩序的社会公共秩序。民法精神的意义就在于它是以个人精神的形式存在的社会公共秩序条件，而且是一种生态条件和根本条件。任何一种个人秩序，一旦上升为法律调整的秩序，就在法律调整的秩序条件下具有了一定的社会公序意义。民法精神的社会秩序作为民法调整的秩序，既是市民社会的私人秩序，又以私人秩序的社会性发展而具有社会公共秩序的属性。所谓公共秩序，或者称为社会公德、社会公共利益，是作为民法调整的私人秩序的自由与自治的对立面存在的，是法律行为的控制条件。民法调整的市民社会关系，是私序与公序的统一，并没有严格的私序与公序的边界。只要是社会秩序，本身都具有一定的公序属性，公序性代表了某一社会秩序在社会结构中的重要性和影响性，是作为主要的和被法律调整的社会秩序的根本条件。换言之，私序就是一种公序，所谓私序性不过是从民法和民法精神秩序作为市民社会秩序的本质而言，而所谓私序的公序性则是着眼于私序所具有的社会价值和意义而言。民法和民法精神所调整的社会秩序的一个基本特征是，它既

---

〔1〕“与法永久相伴相随的基本价值就是社会秩序，所有秩序，无论是从生命的原初状态中发现的，还是人们致力促成的，其名称均可从法律中引申出来。”（［德］G. 拉德布鲁赫：《法学导论》，米健、朱林译，中国大百科全书出版社 2003 年版，第 1 页）“一个健全的法律制度原本就是秩序价值与正义价值的综合体，二者通常不仅不会产生冲突，而且会在较高层次密切相连、趋于一致。法律不仅要力求实现正义，而且还应致力于创设一种正义的社会秩序。”（［美］E. 博登海默：《法理学：法哲学与法律方法》，邓正来译，中国政法大学出版 2010 年版，第 330 页）然而，法律的秩序性效果并不是由法律的规范直接产生的，而是人们遵守法律规范的行为结果，即它是一种实践的行为条件，而作为实践的行为条件离不开人们的行为秩序精神，特别是作为市民社会秩序基础的民法精神。

是市民社会的私人秩序，又作为人类社会本有的私人秩序而构成最重要的社会秩序并具有公序的价值和意义，是一切社会秩序的基础秩序并决定了一切社会秩序的目的。因此，应当客观认识民法和民法精神调整的社会秩序属性，既要看到它私序本质，又要看到它的公序条件，从而为建设社会主义法治文化的民本模式确立正确的社会秩序基础。

2. 法治文化的公序形态

法治文化的公序形态，是一个含义非常广泛的概念，一切纳入法治文化的社会秩序都属于公共秩序的范畴。不过，所谓的"公共秩序"有不同的层次和含义，并和私人秩序有不同程度的交叉和统一。其中公法文化所涉及的社会秩序即公法秩序，作为国家或者政治社会的秩序，是典型或者是最狭义上的公共秩序，但是公法秩序建立在私法秩序的基础之上，是为了实现私法秩序而建立和存在的一种保障性秩序，所以同样不能背离私法秩序或者私序。在法治文化中，民法或者私法所调整的市民社会秩序，是典型的私人社会秩序，但是它一经法律调整又成为进入公共领域或者公共秩序的私人社会秩序，同样应当遵守和符合公共秩序的条件，并不得违背和损害公共秩序。因此，民法和民法精神及其调整的私人社会秩序，是最基础的和最重要的公共秩序，不仅构成了社会主义法治文化中的私法或者私法秩序文化，而且构成了民本模式的社会主义法治文化的一种公共秩序形态。换言之，以民法精神为基础的社会主义法治文化的民本模式，虽然立足于市民社会的私人秩序，但是它建立的不仅是一种私人社会秩序，而且是一种私人社会秩序的公共秩序形态，是以一定的公共秩序条件保障和维护合理的私人社会秩序。

显然，民法精神的私人秩序越是进入公共秩序领域，就越是具有普遍的社会秩序价值，也就越是构成法治文化的公共秩序形态。在公序与私序的统一关系中，公共秩序是作为私人秩序的条件存在的，或者说，公共秩序不过是私人秩序的禁止性或者限制性条件，也就是作为个人自由的控制条件，一旦私人秩序违背或者损害了公共秩序条件，就成为违法的秩序，也就是应当禁止和无效的私人秩序。可见，民法精神的私人秩序在社会本质上是一个"公共秩序"许可的条件问题，代表和反映的是一种法治文化的公共秩序形态，而不是完全的私人社会领域和不受干涉的私人社会秩序条件。任何基于法律事实所产生的私人社会秩序，都是以一定的公共秩序条件为基础的，都是一种国家强制的一般社会秩序。公共秩序是代表私人秩序的一般秩序条件，是私人秩序必须遵守的行为前提。如果民法精神及其私人秩序不以一定的法治文化形态进入公共秩序领域,就不会是通过国家强制力保障实现的社会精神与秩序,也就不能成为普遍的社会精神与社会秩序。因此,民法精神及其私人秩序必须作为法治文化的强制秩序即公共秩序形态而存在,从而使自己成为一种不可破坏和动摇的社会精神与秩序,并彰显自己的精神与秩序价值。

(二)民法精神与法治文化的良俗形态

所谓良俗即善良风俗。“善良风俗是人们在长期的社会生活中形成的并为人们内心确信的一种普遍性的道德标准,属于社会民众的一般价值判断范畴。”[1]良俗与公序具有内在联系,共同构成了民法和民法精神的公序良俗原则。[2] 一般来说,公序应当符合良俗,良俗应当构成公序。也就是说,良俗是公序的基础,公序是良俗追求的结果。民法所调整的市民社会秩序,主要是一种善良风俗的秩序,是在善良风俗的基础上形成的社会秩序,这一秩序反映为民法的道德条件与标准,就是民法精神。建设社会主义法治文化的民本模式,以善良风俗的民法精神为基础,民法精神也就构成了社会主义法治文化的良俗形态。

1. 民法精神与社会良俗

民法精神以良俗为标准,反映良俗的社会规范与秩序条件,是一种社会良俗精神,这一精神内涵代表了民法精神的道德性。因此,民法精神的良俗性或者良俗标准,必然构成一种社会性的一般道德标准,即民法精神的良俗应当符合一般道德条件并具有公认的道德价值。民法调整的市民社会,是以良俗为自然生态秩序的社会,而调整市民社会关系的民法和民法精神,必须以善良风俗为原则并不能背离其价值存在。善良风俗作为市民社会内部的一种普遍的社会规范条件与要求,是一个社会相对稳定的道德秩序与精神文化。民法精神作为制度化、行为化、秩序化和生态化的市民社会精神,也必然是具有良俗性的社会道德精神,它必然代表和弘扬一个社会善良风俗的道德条件和要求,并以善良风俗的道德性构造市民社会的法治文化形态。

---

[1] 王利民:《民法的精神构造:民法哲学的思考》,法律出版社 2010 年版,第 406 ~407 页。

[2] “公共秩序与善良风俗之基础观念,大致相同……盖以维持一般道德,结果即为维持社会国家之一般的秩序,尊重社会国家之一般秩序,亦即适合于一般道德之观念。”(史尚宽:《民法总论》,中国政法大学出版社 2000 年版,第 335 页)一般言之,“公共秩序”是以外部的国家社会秩序为着眼点,而“善良风俗”则以内部的社会道德观念为着眼点。(王利民:《民法的精神构造:民法哲学的思考》,法律出版社 2010 年版,第 407 页)

民法精神的良俗性,不仅是一种道德性,而且是一种习惯或者风俗性。善良风俗是人们在长期的生产与生活的社会实践中逐步形成的,是经过生产与生活检验并行之有效的一种行为规范。因此,承认和尊重善良风俗,就是遵循人们已经客观形成并经过实践验证的对人们有益和有效的社会习惯秩序与风俗理念,也就是服从市民社会秩序的自然性与生态性。所以,我国《民法典》规定,在没有法律规定的情况下,可以适用不违背公序良俗的习惯处理民事纠纷。此时的习惯就是一种公序良俗,而在道德规范的层面上更具有良俗的秩序本质。

2. 法治文化的良俗形态

民本模式的社会主义法治文化作为以市民社会的民法精神为基础的文化,必然具有民法精神的良俗性。换言之,民法精神以其特定的市民社会的道德内涵而自然构成法治文化的良俗形态。法治文化的良俗形态是对法治文化的市民社会秩序形态的根本条件要求,一个社会的法治文化要成为民本模式的法治文化,就必须代表和反映市民社会的善良风俗,并构成以市民社会的民法精神为基础的善良风俗的法治文化形态。

善良风俗在人们的日常生活中形成并表现于人们的日常生活行为中,所以它必然作用于人们的日常生活关系而成为人们共同认可的行为准则。本书项目组以“您对和亲朋之间的日常交易行为通常会采取哪一种形式”为题进行了全国性调查问卷。数据统计结果如图 7 -1 所示:

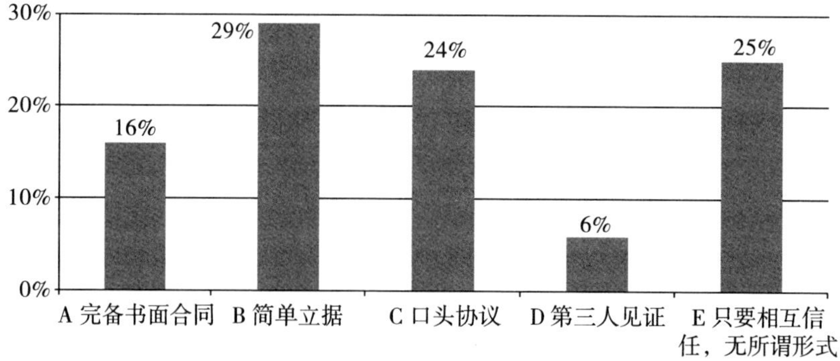

图 7 -1 “您对和亲朋之间的日常交易行为通常会采取哪一种形式”一题调研数据统计

上述数据统计结果显示,在构成我国法治文化的良俗形态中,人们对亲朋之间的日常交易行为,基于相互之间的了解与人身信用关系,既不重视“第三人见证”，也不重视形成“完备书面合同”，而“简单立据”和“口头协议”仍然是人们的普遍行为选择，人们更多注重的是“相互信任”关系而不是所谓的形式，这也反映了在中国传统社会中熟人之间相互交易关系既要“面子”又讲究诚信的习惯性良俗特征。

法治文化的良俗形态，是民法精神的市民社会形态。市民社会作为一种基础或者原生的社会，以善良风俗的道德标准作为本体或者生态的社会秩序条件。换言之，善良风俗就是市民社会的自然生态秩序，是市民社会的根本秩序形态，市民社会的秩序就是从善良风俗中形成和发展起来的秩序。因此，善良风俗不仅具有市民社会的道德性和生态性，而且构成一切社会秩序的根据，是社会秩序和法治文化构造的根本条件。建设社会主义法治文化的民本模式，就是以市民社会的民法精神为基础的善良风俗的模式，并因此赋予了以民为本的社会主义法治文化代表市民社会的自然生态秩序并作为自身根据的道德价值。

法治文化的良俗形态，是民法精神的市场经济形态。市场经济是市民社会的基本运行方式，而善良风俗在构成市民社会的道德要求的同时，也构成了市场经济和商品交换关系的规范条件。善良风俗在市场经济关系中的条件反映主要是交易习惯。不论是交易习惯，还是诚实信用原则，都是市场经济条件下的善良风俗的条件反映与规范要求，具有一般法律规范所不可替代的调整商品交易关系的规范作用。因此，建设社会主义法治文化的民本模式，应当充分承认和尊重作为市场经济内部自生的以交易习惯和诚实信用原则为主体的商品交换条件，从而以社会主义法治文化的民本模式全面反映和体现市场经济的善良风俗形态，使社会主义法治文化立足于市场经济的良俗秩序的道德基础，并以良俗秩序的自主动力推动社会主义法治文化的生态建设与发展。

第三编

以民为本：法治文化的民法精神诉求

第八章

以民为本的人性诉求

一、人与人法

人是社会的主体，也是法治的主体。以民为本的社会主义法治文化，必须立足于民本社会即市民社会的基础，根本是人或者人民的文化，也是以人为目的和实现人的利益诉求的文化，而这一利益诉求，作为一种市民社会的民法精神诉求，根本构成以民为本的人性诉求。人性诉求作为以人为主体和目的的社会规范与秩序条件，就是"人法"，人类必然以"人法"规范和实践自己的人性诉求。

（一）人

建设社会主义法治文化的民本模式，根本在人。它既以人为主体和中心，又以人为根据和目的，是人性诉求的法治文化实现。

人是动物的一种。[1] 关于人的定义，有不同的理解。有释为："生活在地球上会说话、能制造工具并使用工具进行劳动的高等动物。"[2] 也有释为："能制造

---

〔1〕"双足灵长类哺乳动物，属于智人。在解剖学上与巨型猿类关系最近；与猿类不同之处在于人脑更为高度发达，因此具有言语、抽象思维功能，而且身体直立，使双手得以灵活运用而成为进行操作的肢体。"（《不列颠百科全书》第 18 卷，中国大百科全书出版社 2007 年版，第 233 页）

〔2〕《现代汉语词典》，商务印书馆国际有限公司 2017 年版，第 878 页。

并使用工具、能用语言进行思维和交际的高等动物。”[1]对于人的内涵与本质，凯尔森曾指出：“法律上的人的概念，符合一种想象，需要有一个权利与义务持有者……必须还存在着某个‘具有’义务或权利的人物。”[2]哈特从人性角度揭示人的本质：“如果说人不是恶魔的话，人也并不是天使，他们是处于这两个极端之间的中间者，这一事实使得相互克制的制度既有必要又有可能。……就恶魔来说，他们准备毁灭而不顾他们自己要付出什么代价，这就不可能有什么规则了。”[3]这两种关于人的认识颇具一定代表性和说服力，他们从不同角度揭示了人的社会规范本质及其人性特点与需求。

1. 人的主体性

社会是人的构造，人是社会的主体。人的一切社会构造都应当以人为主体并突出人的主体地位。否定人的主体性，就是否定人自身，从而也就否定了人的一切。人显然不会在这条路上走下去，或者起码不会走得太远。人不论如何要在一定社会关系中被确认为主体，而人的社会主体性，则是检验一个社会的根本价值标准。

人的主体性是一种自然的主体性。人是自然的生命主体，并基于生命的自然性而成为自然的社会主体。因此，人的主体性遵循人的自然规定性，即人类利益需求及其实现的规定性。不论是人的人身利益，还是人的财产利益，都是必须与必要满足的客观利益，因此，人的利益需求及其实现具有自然的规定性或者规律性，任何人类社会都不能逃脱这一规定性与规律性，并且需要承认和尊重这一规定性和规律性，从而构造合理的社会秩序。德国学者科殷将“事物的本质”界定为：“包括人的本质，他的天然的能力、本能冲动、意志目标等等。”[4]显然，人的主体性离不开人的本质，正如任何事物都必然代表它的本质一样。“在法律的场合，事物的本质既是对人自然本性的一种概括，也是对人类法律秩序规律性

---

〔1〕《新华大字典》，商务印书馆国际有限公司2011年版，第737页。有类似解释认为，人是“能制造并使用工具进行劳动的高等动物”。（《古代汉语词典》，商务印书馆2014年版，第1231页）也有在对“人”与“民”进行辨析时指出：在上古，“‘人’可专称有一定地位者，有时也可以专称有一定才能、德行者。‘民’专称除统治者和奴隶之外的各种劳动者；至封建社会，成为与统治者相对之民众的通称”。（《古代汉语字典》，商务印书馆国际有限公司2012年版，第1295页）

〔2〕［奥］凯尔森：《法与国家的一般理论》，沈宗灵译，中国大百科全书出版社1996年版，第105页。

〔3〕［英］哈特：《法律的概念》，张文显等译，中国大百科全书出版社1996年版，第191页。

〔4〕［德］科殷：《法哲学》，林荣远译，华夏出版社2002年版，第149～150页。

的一种表述。"[1]法律是人的社会规范，以人为主体，必然反映和代表人的本质，即人的客观利益需求及其实现的规定性，也就是人性的自然与必然的诉求。

人作为主体是相对于对象或者客体而言的，而人的主体性也是从人与对象或者客体的关系中反映出来的，在此，人是能动的意志和自由的主体。显然。马克思的"新唯物主义"是把包括费尔巴哈在内的所有旧唯物主义者作为自己的批判对象的。马克思前的唯物主义学者一般机械地理解物质决定论，反对唯心主义的"自由意志"观点，因此否定人的自由的可能性。霍尔巴赫认为："人的任何行为举止都是不自由的"，[2]这种所谓"彻底"的唯物主义观点把人的自由意志视为一种纯粹的幻想，完全否定掉了人的主体性。否定人的主体性，就是否定人自身，而人类社会的文明发展，首先应当重视并突出人的主体性及其发展，当这种主体性发展到对社会实践产生的影响，就是人的价值地位的提升。

2. 人的价值性

人的主体性决定了人的价值性。人的价值性是人的主体性的体现，只有承认人的价值性，才能够确认人的主体性，而人的主体性是人的价值性的根本性。"价值（不论是肯定方面还是否定方面），决不能作为对象本身的特性，它是相对于一个估价的心灵而言的"，这就意味着，"抽开意志与情感，就不会有价值这个东西。"[3]人的意志与情感是作为主体性的本质存在，它不仅体现人的价值需求，而且反映人的主体性与价值性的内在联系，人的意志与情感得到尊重，也就是人的价值得到承认，人也就获得了主体性。人不具有价值，也就不再有主体性；反之，人一旦没有了主体性，也就不再具有价值性。如何承认和确立人的主体性，在于对人的价值性的认识，对人的价值性认识越是充分和全面，就越是必然重视人的主体性，人的主体性也就越是必然得到提高并实现人的主体地位。所以，为了确立和实现人的主体性，人的价值性必然在实践中得到越来越深化的认识。据此认识，对人的主体性的认识更多地是人的价值性问题，价值性比主体性更为重要。

法治和法治文化的价值，根本上是人的价值。法是人的社会现象，在法的规

---

〔1〕 胡玉鸿：《"法律人"建构论纲》，载《中国法学》2006 年第 5 期。

〔2〕 [法]霍尔巴赫：《健全的思想：或和超自然观念对立的自然观念》，王荫庭译，商务印书馆 1966 年版，第 76 页。

〔3〕 [德]文德尔班：《哲学概论》，载全增嘏主编：《西方哲学史》（下册），上海人民出版社 1995 年版，第 491 页。

范基础上的法治和法治文化构造,作为人的社会关系体系,以人的价值为价值,其自身并没有独立的价值。法治文化的价值性,不过是人和人性的价值性。一个国家和社会的法治文化的价值性,体现的是人的价值性,是人的价值条件的反映,其越是具有价值性,就越是反映了人的价值性,也就越具有人性价值的内涵。文德尔班指出:"我们相信存在着人类估价的绝对标准",即人类的主观价值信念,"这种信念是以我们具有超越理性秩序之特权这个假定为基础的,只要我们把这种秩序看作是一个较高的实在的心灵内容。"[1]这就意味着,诸如法治文化这样的理性秩序的价值性在根本上反映的是一种人的价值心灵与理念,是以人的价值为根据的思想判断。

人的价值,作为人格条件,高于其他任何事物的价值,是一切价值中最高和最根本的价值,也是一切价值尊重的起点。"世间一切事物中,人是第一个可宝贵的。"[2]人有不同于其他动物或者事物的价值性。一方面,"人有智慧、能劳动创造,人不仅能享受已有的价值成果,而且能创造新的价值";另一方面,"人不仅有客体价值,还有主体价值;不仅有功利价值,而且有超功利的价值,即真善美的价值"。[3] 因此,如果人类不承认和不尊重自己作为人的价值,则终将丧失一切价值并丧失自己。承认和尊重人的价值,就是承认和尊重基本的人性和人性诉求。这就要求任何一种社会构造,都应当重视人的社会价值,并为此确立合理的社会规范与秩序。对于具体的个人来说,就是要在社会中充分发挥和实现其作为主体的特定地位和作用,并为其自我价值的满足与实现提供必要的物质与精神条件。

承认和尊重人的价值性,就是承认和尊重人的社会创造性。这是社会发展的基础条件,也是社会发展的基本动力。然而,人类的存在和认识并不都是以人的价值为基础和根据的。当人的价值性出现严重的社会缺失以至于"我们时代的根本疾患是价值的沦丧"时,[4]将会导致社会"缺乏值得信仰和值得为之奉献的东西",[5]这是一种非理性和非秩序的状态,必然制约人的社会创造和影响人

---

〔1〕[德]文德尔班:《哲学概论》,载全增嘏主编:《西方哲学史》(下册),上海人民出版社 1995 年版,第 491 页。

〔2〕秋石:《论社会主义核心价值体系》,载《求是》2006 年第 24 期。

〔3〕王玉樑:《论人的价值》,载《理论导刊》2009 年第 4 期。

〔4〕[美]马斯洛主编:《人类价值新论》,胡万福等译,河北人民出版社 1988 年版,第 1 页。

〔5〕[美]马斯洛主编:《人类价值新论》,胡万福等译,河北人民出版社 1988 年版,第 2 页。

的社会发展。

实质上，承认和尊重人的价值性，就是承认与尊重人的规范与秩序性。人的价值性包括作为主体的自主规范性与秩序性。承认和尊重人的价值性，一方面就是承认和尊重人作为主体的规范与秩序价值，另一方面也会全面调动和促进人的自主规范与构序的能动性。正如尼采发现的那样，人除了作为主体的规范与秩序所实践的“为着自存，给万物以价值”之外，在全面调动和促进人的自主规范与构序的能动性方面，“他们还创造了万物之意义，一个人类的意义。所以，他们自称为‘人’，换言之，估价者”。[1] 也就是说，人通过对不同主体及其附带利益赋予价值的方式体现其对于规范与秩序性的构造、承认乃至于尊重。

首先，应当承认和尊重人的主体价值。也就是人被承认和尊重为人。人作为主体，既是认识的主体，又是被认识的对象。对人的主体地位的承认与尊重过程，就是人的主体地位不断被认识和发现的过程。以民为本的社会主义法治文化，就是充分承认和尊重人的主体价值的法治文化。人作为社会主体，也就是建设社会主义法治文化的主体，既是社会主义法治文化的行为主体，也是社会主义法治文化的构造主体与生态主体。因此，建设社会主义的民本法治文化，必须充分承认和尊重人的主体价值及其地位和作用，反映人性的主体价值诉求。

因此，建设社会主义法治文化，实现以民为本和民法精神的人性诉求，就必须在社会主义核心价值观的基础上实现从中国传统偏重和强调集体主义的价值观向个人主义的价值观的转变，并且这种转变伴随着我国改革发展的全过程已经发生。这种价值观念的转型与转变，与我国市场经济与市民社会关系的不断发展以及以民为本的社会法治文化的逐渐形成的大环境是相互协调和统一的。它不仅有利于实现人的自身发展，而且在个人的价值得到提高并受到重视的条件下，可以形成有效制衡政治社会或者公权力的社会力量，从而防止权力滥用和用权力否定权利事件的发生。[2] 这也从另一个方面反映出了，个人作为市民社会主体的民法精神及其人性价值诉求在形成私权与公权制约均衡的社会关系中的重要性及其对于建设以民为本的社会主义法治文化的意义。

其次，应当承认和尊重人的人身与财产利益价值。一定的人身与财产利益

---

〔1〕［德］尼采：《查拉斯图拉如是说》，尹溟译，文化艺术出版社 1996 年版，第 55 页。

〔2〕在我国，由于受各种社会因素影响，公权滥用和腐败现象依然存在，这一现象存在和相关事件的大量发生，都构成了对个人价值与人个权利的不当侵害和限制。公权力的过于强势，甚至霸道，往往最容易触碰的就是个人价值与私权，并必然限制和影响个人价值与地位的实现。

价值,是人作为主体必须具有和满足的利益价值,这种价值也就是法律调整和法治精神体现的根本价值。“任何集体(如阶级、国家)对个人都不应成为权威概念和外在压迫,个人决不能是无足轻重的工具或所谓‘历史狡计’的牺牲品。”[1]任何社会集体,都应重视作为集体成员并身处其中的每个人作为主体所具有的必然利益需求及其价值,这种价值是一种人性诉求,具有客观和自然的规律性与规定性,是不可否定和剥夺的条件。只有当那些轻视或者否定个人利益的观点和做法被摒弃,并对个人的人身与财产利益给予充分承认和重视并作为社会的根本利益加以保护时,才符合社会存在的本质。

最后,应当承认和尊重人与其他动物差别的超功利价值。法和法治文化的价值,根本上是人的价值,是人的价值在法和法治文化中的表现形态。因此,建设具有民本价值的社会主义法治文化,应当认识到人作为主体的特殊价值即人与其他动物根本差别的超功利价值性,亦即人追求真善美及其社会实现的价值,从而调动人在建设社会主义法治文化中的积极性与能动性。人不仅具有一定的人身与财产利益价值,需要一定的人身与财产利益满足并成为逐利者,而且人追求利益实现的社会价值性,即一定的规范与秩序性,能够成为“一个脱离低级趣味的人、一个有益于人民的人”,从而体现人的道德性与价值性,这也正是我们重视社会主义核心价值观及其在建设社会主义法治文化中所具有的特殊意义。

人作为超越了一般动物的社会规范与秩序主体,是意识到了“只有在共同体中才可能有个人自由”的主体,“在真正的共同体的条件下,各个人在自己的联合中并通过这种联合获得自己的自由”。[2] 因此,人必须具有超越动物的社会价值属性,否则就不能适应社会条件与生活。人不像其他动物那样仅仅满足于自然的和自己的利益与价值实现,而是需要有与社会发展相统一的社会理想与真善美的价值追求。这在以民为本的法治文化上,就是民法精神的人性诉求。

(二)人法

人的社会与社会秩序要求必然产生人的社会规范条件,而对这一条件的一

[1] 李泽厚:《李泽厚十年集(第2卷)——批判哲学的批判》,安徽文艺出版社1994年版,第509页。

[2] 《马克思恩格斯选集》(第1卷),人民出版社1995年版,第118~119页。

般概括即归结为“人法”。[1] 换言之,“人法”是用来概括和反映人的一般社会规范条件的范畴。在法学上,广义的人法并不是指人为制定的法,即国家的法,而是指人的本体法,即人类的社会规范与秩序的规定性,也就是以人为本的市民社会关系的一般规范条件。人法的制定法发展,即私法或者民法。民法和民法精神代表了“人法”的核心条件与价值,建设民本模式的社会主义法治文化,必然以民本社会的民法精神诉求即以民为本的人性诉求为根据,正确认识和确立人在人法中的主体地位,从而实现社会主义法治文化的民本化发展。

人法使人当然获得和具有社会人格并成为“法”的权利主体。“每个单一的生物人,并且仅仅是单一的生物人,可以享有权利。”[2] 人法是人的生物主体性与社会价值性的统一,“不仅包含有人的理性和意志,而且还包含了他的情感,他的直觉和献身,以及他的信仰”。[3] 上升为法律形式的人法,使“人法”以国家的一般意志条件和实在法形式获得了普遍与最高的效力。“法律是建立在对人类的典型性行为的一般化了的心理假设基础之上的。另外,立法者在颁布法律时也抱有这样一种期望,即这些行为会被大众普遍遵从。”[4] 只有被人类所认同和遵从的法,才是对人类有效的法,也才是人类真正的法,即“人法”。

1. 人法是人的本体法

人法作为市民社会关系的法,是人的本体法。所谓人的本体法,就是人的固有或者本有的法,是人的内在的行为品质,是人的自然生态的社会规范与秩序条件。人法调整的民本主体的人身与财产关系,反映人的自然利益需求及其实现的规定性,是人的必然与必要实现的人性条件。所以,人作为主体,必然以人类

---

[1] 西方法学理论认为,人法一般包含三个方面的含义:其一,是指罗马法层面上的人法。罗马法由人法、物法和诉讼法三部分组成,人法与其他两种法并举,主要是人即自然人的民事主体地位问题。其二,是大陆法系通指的人法,即关于人的权利能力和行为能力、人的法律地位、各种权利的取得和丧失以及婚姻家庭关系等私人社会关系方面的法律,即私法或者民法。其三,是作为与永恒法、神法和自然法并举的法。托马斯·阿奎那的学说将法律分为永恒法(神的自然法)、自然法(人的自然法)、人法(人的成文法)和神法(神的成文法,主要是《圣经》)四种类型。托马斯·阿奎那打破了中世纪典型的神学政治的“话语霸权”,使用古代法学的词语,为人们用“人”的眼光观察、了解和分析政治问题,从此不再仰赖宗教权威的自治世俗国家的观念,开始穿透中世纪的薄雾。

[2] Cfr. Pierangelo Catalano, *IlConcetto“Soggettodi Diritto”Secondoil Sistema Giuridico Romano*,Manuscrttoineditto,p. 11. 转引自徐国栋:《权利能力制度的理想与现实——人法的英特纳雄耐尔之路》,载《北方法学》2007 年第 2 期。

[3] [美]伯尔曼:《法律与宗教》,梁治平译,生活·读书·新知三联书店 1991 年版,第 28 页。

[4] [德]霍恩:《法律科学与法哲学导论》,罗莉译,法律出版社 2005 年版,第 17 页。

的客观利益需求及其实现的规定性为条件，并需要把它上升为一定的社会规范和秩序形态。因此，在人或者人法的本体性上，人只是一个具有利益需求和需要利益实现的实体性存在。换言之，人或者人法的本体性，体现市民社会关系即个人或者私人社会的人身与财产关系的内在运行条件与秩序规律，并在反映人的客观利益需求及其实现的规定性上成为代表人性诉求并具有人性的一般价值的法。

显然，人法作为人的本体法，是人或者人性的客观利益需求的反映，是上升为“法”的人身与财产关系的规定性条件，代表了人类客观利益需求及其实现的一般规范性与秩序性。换言之，人的自然利益需求及其实现的规定性，构成了人法的规定性，是人法必须遵守的立法条件与普遍规律。〔1〕这些条件和规律，除了落实在具体的法律制度，还集中体现在人法的基本原则，并凝练为人法的精神，这就是以民为本的民法和民法精神。〔2〕

可见，人法的本体性，是由人的本体性决定的，因此，人法必须反映人的本体性条件，与人的本体性相统一。“法律不只是一整套规则，它是在进行立法、判决、执法和立约的活生生的人。它是分配权利与义务，并据以解决纷争，创造合作关系的活生生的程序。”〔3〕人作为自然的主体而成为人法的主体，而以人为主体的人法必然反映人的本体性并构成人的本体法。人法作为人的本体法，是与人共生的法。只要人存在，这种“法”就必然存在，它反映人的生命本质，体现人的生命规则，具有人的自然性。人法并不是人的制度发明，而是人的人格发现。换言之，人法作为人的本体法和人格的形式，并不是以某种规范或者法的形式的发明创造，而是人对自身人格价值的一种发现和认识，是表现自然人格的形式。〔4〕任何规范或者法的形式都不能创造人的人格，而只能表现人的人格并成为人格的形式——虽然这种表现形式在不同的社会习惯与文化传统下可能有所

---

〔1〕不同民族和国家的公法可能存在不同或者根本不同，但是不同民族和国家的民法即私法则必然在反映一般人性条件及其人的利益需求及其实现的规定性的基础上存在一定程度的共同性，这就是民法或者私法趋同化的根据性与必然性。

〔2〕“民法的主要特征及规范意义在于私法自治，即个人得自主决定，自我负责地形成彼此间的权利义务关系。”（王泽鉴：《民法总则》，中国政法大学出版社2001年版，第13页）

〔3〕［美］伯尔曼：《法律与宗教》，梁治平译，生活·读书·新知三联书店1991年版，第38页。

〔4〕“只有认识到生命的意义和尊严，才是值得过的人生。”（［瑞士］马塞尔·森：《法哲学与社会哲学——关于欧洲、北美、印度和中国的法哲学与社会哲学史研究》，刘毅、高媛译，中国政法大学出版社2016年版，第2页）

不同,但是这绝不能构成人格的实质差别。于是,法律作为人类共同生活的一般规则,也就是人法的客观性与普遍性,体现了以民为本的人性诉求。

2. 民法是人法的形式

人法是人的本有与本体法,反映在国家法或者制定法上就是民法。[1] 民法是人法的实在法形式,人法是民法的代名词并具有民法的意义。因此,民法必然反映人法的本质,尊重和遵循人法的内在规律与条件,体现人法的精神价值。换言之,民法是国家或者制定法上的人法,是以国家或者制定法的形式反映的以民为本的市民社会关系的规范与秩序。民法作为人法的实在法形式,在以法律形式实现对理性的社会生活秩序构建的过程中,不仅反映了人和"人法"的内在本质,也体现了人和"人法"的精神价值。民法的形式产生说明,人或者人法的本质与本体性,是可以通过一定的实在法形式表现出来的,并且这一表现形式更有利于它的存在和实现。[2] 因此,民法作为人法以自身的逻辑与形式,更能够准确与合理地体现人和人法的价值。

民法作为人法的形式,与人法一样,在反映人法的本质的同时反映人的自然生命的本质,也就是承认和尊重人的利益需求及其实现的规定性。因此,民法应当体现人的或者生命的自由本质,以任意性规范或者以任意法的形式,构造市民社会关系的合理秩序。也就是说,基于民法的人法性,自由应当是民法的最高价值,这也是民法以自由或者意思自治(自愿)为原则的根据所在。没有自由,就会既没有自由的本质,也没有人法及其形式的民法的本质。民法作为人法或者人格法,也就是人的自由的法,民法的人格条件及其规范体系,在根本上就是一个关于自由和自由限制的行为体系。民法作为人法,既是人的自由的法,也是人的自由的条件,是以自由的社会条件而最大限度地实现人的自由的法。

民法作为人法的形式,反映人的自然性,也就是人的自然生命性,即人的自然生命的规律性与规定性。在这个意义上,民法是一种"自然法",具有自然的本质,表现人的自然条件。不论是民法调整的人身关系,还是民法调整的财产关

---

[1] 因此,人法应当有两个方面的含义,民法也称为"人法"。本书所称人法,既指人的本体法,也在一定意义上代指民法。

[2] 民法作为人法的实在法形式,并不是"人法"的直接形式,而是借由人类的理性所表现出来的人类社会生活秩序的一般价值条件。"《法国民法典》也是以启蒙运动和理性法所确立的信念为基础的,即一种理性的社会生活秩序的基础,或许可以通过一种全面的法律规则的新秩序予以有目的地奠定。"([德]茨威格特、克茨:《比较法总论》,潘汉典等译,贵州人民出版社 1992 年版,第 161 页)

系,都具有一种自然或者生物的规定性,也就是人的人身与财产利益的客观性及其实现的一般规律性。换言之,民法的本质在于自然,民法的价值亦在于自然,脱离了自然,既不能发现民法,也不能认识民法,更不能发展民法。民法精神在根本上就是反映人的自然与生态的社会规范与秩序精神。当然,民法并不代表人的自然生态的全部规范与秩序,〔1〕而只是它的一部分,是其中的核心与主要部分,因此也是最关键和重要的部分。

因此,承认民法的自然性,就是承认和尊重人的本质及其生命的价值。只有在这一基础上,才能够以民本主义的模式,构造民法的制度体系,合理分配人的利益关系,实现人的利益关系的分配公平与正义。以民为本和建设社会主义法治文化的民本模式,就是以人的利益价值为本的法治文化形态,而人的利益价值所体现的就是人的自然生态属性。所以,民法应当以人的利益价值为根据,民法的民本性,就是人的利益价值性。“一个人无论何时何地肯定会找到适当的动机来考虑的利益,唯有他自己的利益。”〔2〕只有给予个人利益以足够的承认和重视,才能够正确发现和认识民法的规范条件及其合理性。

民法作为人法就是人格法。〔3〕“人格”是一个社会伦理范畴。“人格脱离了人,自然就是一个抽象。”〔4〕民法上的人格概念的抽象并不等于人格内涵的抽象。换言之,人格条件并不是简单的逻辑结论,而是以人为对象并对人的自然本质的概括,是一个符合和应当符合人的自然属性即人的利益需求及其实现的规定性的法律范畴。当人的自然本质上升为民法形式,人格的概念逐步产生了,自然的人成为了法律上的人,并以法律人格的形式获得承认和保护。虽然人格的本质是自然具有的,但并不一定是自然实现的,也不一定是有序实现的,更不一定是公平实现的。所以,它需要借助一定的(外部)规范形式和条件表现和实现自己,民法就是表现和实现人格的实在法形式。人作为自然的主体,应当在社会关系中被确认为法律主体并被赋予法律人格,即以民法的形式获得平等与自由

〔1〕“整个法律秩序也从不决定从属这一秩序的人的全部生活,或影响他的所有的精神和肉体的功能。人只是在某种特定的行为或不行为方面才从属法律秩序;至少所有其他的行为或不行为方面,他与法律秩序就毫无关系。”([奥]凯尔森:《法与国家的一般理论》,沈宗灵译,中国大百科全书出版社1996年版,第106~107页)

〔2〕[英]边沁:《道德与立法原理导论》,时殷弘译,商务印书馆2000年版,第351页。

〔3〕关于人格的具体内涵,详见本书第三编(第九章)“人格本质的自由诉求”部分。

〔4〕《马克思恩格斯全集》(第1卷),人民出版社1995年版,第277页。

的人格地位，从而在现实社会关系下能够以民法的人格地位即民法的规范条件实现自己作为人的主体利益。可见，在民法形式上，人格是被作为一项法定权利进行保护的，而这一保护必须充分体现人的自然主体性与价值性，并根据于人的客观利益需求及其实现的规定性。民法调整人的行为，但是人的行为并不一定都是按照或者直接根据民法发生的。“实际存在的个人行为，是由自然法则根据因果关系原则来决定的。”[1]因此，民法要真正成为人的法并构成生态的法治文化条件，就必须反映人的自然法则即“人法”的本质，也就是民法精神的人性诉求。

人或者自然人既是人法的主体，也是人法的保护对象，并被上升为民法的形式。人法作为自然人的本体法，反映在民法上，一个核心制度就是代表人格的权利能力。权利能力作为一般人格条件，“它的规则必须适用于一般性的阶层并且不能包含专门针对某些人的内容”。[2] 权利能力以平等和非歧视原则构成了现代民法的价值原则与制度核心。

人法或者民法的人，在根本的意义上是指自然人，即基于自律生理规律出生而获得主体地位的人，是自然之人的人格化。[3] 在这个意义上，人法或者民法是一个关于自然人的价值体系。虽然现代人法或者民法之人，不仅包括自然人，也包括作为社会组织体的法人和非法人组织，即社会实体的人格化。然而，这些社会实体作为自然人的人为的人格发明与创造，不过是一定的社会秩序条件与形态的人格化，它以自然人的目的为目的，是自然人意志的体现，最终是自然人享有权利并实现自己主体利益与地位的中介形式。因此，在这个意义上，并不是在自然人之外真正具有一种能够独立的社会实体并能够代表人法的本体性。

民法作为人法或者人格法，其以民为本的人性诉求，作为市民社会的民法精神诉求条件，前提是对人格的认知，并且构成其社会生态秩序的基础。本书项目组以“您了解什么是人格吗”为题进行了全国性调查问卷，其中备选答案有：了

---

〔1〕［奥］凯尔森：《法与国家的一般理论》，沈宗灵译，中国大百科全书出版社 1996 年版，作者序第 2 页。

〔2〕［美］富勒：《法律的道德性》，郑戈译，商务印书馆 2005 年版，第 55 ~56 页。

〔3〕自然人，“指在自然环境中产生并生存的人。此种人之产生，归于造化之功”。（张俊浩主编：《民法学原理》，中国政法大学出版社 2000 年版，第 94 页）“自然人者，天生之人也。”（李贵连：《二十世纪初期的中国法学》，载《中外法学》1997 年第 5 期，第 6 页）“享受私权之人，就是自然而然的世人，每个人都享有，并且相互以之对待。”（周清林：《走向何种“自然”：自然人观念在中国的变迁》，载肖厚国主编：《民法哲学研究》第 2 辑，法律出版社 2010 年版，第 4 页）

解(A);不了解(B);很模糊(C);大概了解(D);不是个人需要了解的问题(E);希望了解(F)。数据统计结果如图 8-1 所示:

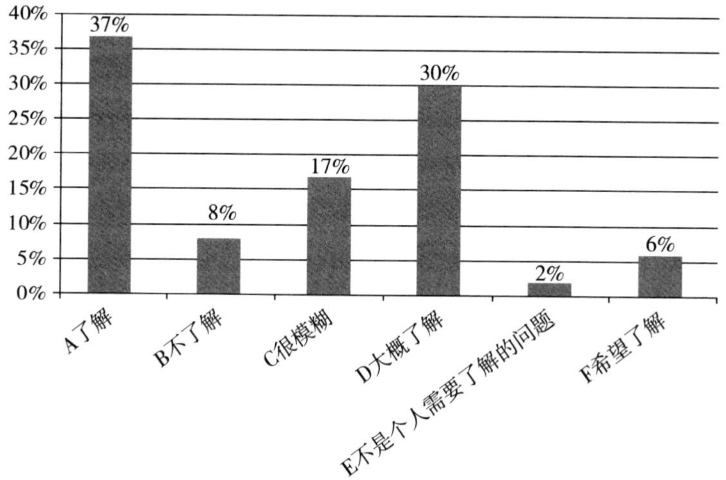

图 8-1 "您了解什么是人格吗"一题调研数据统计

从数据统计结果来看,选择"了解"(占比 37%)与"大概了解"(占比 30%)的合计占比为 67%,这一结果在一定程度和意义上反映了中国社会普通民众的人格意识与认知的自然觉醒,因此人们普遍认识到了人格与自身的相关性,而认为人格"不是个人需要了解的问题"的占比仅为 2%。与这一结果相一致的,应当是人们对人格问题了解的需求与渴望。然而,数据统计结果却显示,人们对人格"希望了解"回答占比仅为 6%。显然,这是一个相互矛盾的结果,而这一矛盾的结果恰恰反映了人们对人格"了解"和"大概了解"的回答在一定程度上是模糊和不真实的。同时也说明,人们对"不了解"(占比 8%)和"很模糊"(占比 17%)的回答合计占比为 25% 的较高数字是相对真实和可信的。因此,在建设以民为本的社会主义法治文化过程中,不仅需要提高人们对人格的认知需求,而且需要人们对人格认知的理性条件与生态转型。

二、人与人性

人的本质是人性,[1]人的一切自然和社会现象根本是人性的条件和反映。

〔1〕 关于人性的详细论述,见本书第四编(第十六章)"民法精神的实践理性构造"部分。

因此，以人为主体的“人法”或者民法，根本是人性的法，并必然以自己的精神和形式代表和反映人性的诉求。

（一）人性与人的本质

人性与人性诉求作为人的本质和条件，反映人的客观利益需求及其实现的规定性。因此，作为人法的民法和民法精神在根本上就是这一规定性的结果，并以民法精神的人性诉求形式体现了这一规定性的内在条件和本质。

1. 人性

人性不仅是人的存在，而且是人的认识。人性是人的天生属性，即“生之为性”。[1] 荀子曰：“生之所以然者谓之性。”[2]有学者说：“孟子及亚里士多德以为人之性对于人是与生俱来的。”[3]这些观点，都旨在强调人性的自然属性。现代人性一词，强调人性与动物性的区别和社会属性。[4] “人性并非是一个抽象物，它就是人们在社会关系中表现出来的人的本性、特性、特质等。”[5]当然，人性首先是自然性然后才是社会性。“人性作为一切人普遍具有的属性，意味着：一个人，只要是人……他也与其他人同样具有人性。”[6]人性的自然性构成了人性的社会性的基础和根据。

人性体现在法律上，应当是一种理性或者正义性，它的实质就是惩恶扬善的社会价值条件。梭伦对于自己主持制定的雅典法律要求：“我制定法律，无贵无贱，一视同仁，直道而行，人人各得其所。”[7]亚里士多德指出：“人的独特之处就在于他们具有善与恶，公正与不公正以及诸如此类的感觉。家庭和城邦就是这类生物的集合体。”[8]马斯洛的需求层次理论将人类需求像阶梯一样从低到高分为生理需求、安全需求、社交需求、尊重需求和自我实现需求五个层次，其实质

---

〔1〕《孟子·告子上》。

〔2〕《荀子·正名》。

〔3〕冯友兰：《三松堂全集》（第3卷），河南人民出版社1986年版，第103页。

〔4〕人性是“在一定的社会制度和一定的历史条件下形成的人的本性”。（《现代汉语词典》，商务印书馆2005年版，第1148页）；人性为“人区别于其他动物的共性”（《辞海》，上海世纪出版股份有限公司、上海辞书出版社2010年版，第3258页）

〔5〕武步云：《人本法学的哲学探究》，法律出版社2008年版，第127页。

〔6〕王海明：《人性论》，商务印书馆2005年版，第9页。

〔7〕［古希腊］亚里士多德：《雅典政制》，日知等译，商务印书馆1978年版，第15页。

〔8〕《亚里士多德全集》（第9卷），苗力田译，中国人民大学出版社1997年版，第7页。

上揭示的也就是人性的不同诉求及其性质、内容和条件。[1]

然而,人性的自由自觉性并不都是积极的因素。在人性的自由自觉中,“弱者常常渴望平等和正义,强者对于这些便都无所顾虑”,而“人们要是其权力足以攫取私利,往往就不惜违反正义”。[2] 因此,亚里士多德认为,要建立一个稳定的优良政体,国家就应当首先确立最有权威的理性规则,“不让任何人在政治方面获得脱离寻常比例的超越地位”。[3] 只有这样,人性的诉求才能够在社会共同体中得到平等的对待,而民法和民法精神恰恰反映了这一平等对待的结果。法律或者民法在代表和实现人性的诉求上具有它优越于道德的优势,但它显然也不能从根本上代替道德的作用。

2. 人的人性本质

关于人性,有观点认为“人性是指人与生俱来的自然属性”,[4]另有观点认为“人有其独特的性质,这种独特的性质便是人性”,[5]还有观点直接将“人性”等同于“人的本质”。[6] 这些观点从不同角度反映了人性是人的本质性。由于人性的本质构成了人的本质,所以脱离了人性,就脱离了人的本质性,如果想要认识人的本质,那就必须从认识人性的本质性开始。同样,如果否定人性,那就是同时否定了人和人的本质,人是必然要基于人性的承认而获得人的本质。人性的本质在于生命的自由性,而人基于生命自由所形成的那些自然与必然的社会关系应当得到普遍的承认与保护。

人性的本质,不仅是自然的,而且是社会的。一定的社会关系是人的自然生命的延伸与存在条件,是人的自然性的社会必然要求与必要。人性的社会实现或者人的一切社会地位都在他的社会关系条件中反映出来,在这个意义,人的本质表现为一定的社会关系条件,即人是一切社会关系的总和。一方面,每个人作为主体具有自由的人性本质并需要自由的利益满足从而在自由的驱使下追求其自由利益实现;另一方面,每个人在社会关系中的利益需求与实现有赖于一定的

---

〔1〕 参见[美]亚伯拉罕·马斯洛:《动机与人格》,许金声译,中国人民大学出版社 2007 年版,第 24 ~26 页。

〔2〕 [古希腊]亚里士多德:《政治学》,吴寿彭译,商务印书馆 1981 年版,第 316 页。

〔3〕 [古希腊]亚里士多德:《政治学》,吴寿彭译,商务印书馆 1981 年版,第 268 页。

〔4〕 俞吾金:《再论中国传统人性理论的去魅与重建》,载《哲学分析》2013 年第 1 期。

〔5〕 王和:《人类历史是人性展现的历史》,载《清华大学学报》2014 年第 1 期。

〔6〕 孙志海:《论抽象的人性理论何以可能与为何必要》,载《哲学研究》2013 年第 7 期。

社会规范与秩序条件。因此，人不仅是利益的主体，而且是规范与秩序的主体，人必然寻求自身利益实现的规则与秩序形态，从而构造社会的一种规则与秩序事实。“法律（和礼俗）就是某种秩序，普遍良好的秩序基于普遍遵守法律（和礼俗）的习惯。”[1]法律作为人的秩序条件构成了人性诉求的普遍表现形式，并代表了人性的正义性。“法律的实际意义却应该是促成全邦人民都能进行正义和善德的制度。”[2]如果法律促进人类实现了正义和美德，也就实现了人和人性的本质，从而也就构造了人类理想的社会秩序。

（二）人性与人的规定性

人性对于法律乃至法治或者法治文化的意义，就在于它是人的规定性，并作为人的规定性而构成了对法律或者法治和法治文化的规定性。

1. 人性的利益需求规定性

人性是人的规定性，构成人类不能逃避的客观规律性。人类不能违反自己的人性，违反人性就是违反自己的生命性，也就是违反自己的本质要求并走向了自身的对立面。人类并不是自然地遵循自己的人性规定性的，它需要人类理性的条件和作用。“当这种最高的理性，在人类的理智中稳固地确定和充分地发展的时候，就是法。”[3]这种理性或者法，也就是对人性尊重的最普遍形式。

人性的规定性，首先是人性对人的利益需求的规定性。一方面，这是人的利益需求性，即人的必要利益条件及其满足性。人作为生命的主体，根本上是利益的主体，需要一定利益条件的满足，否则就无法维系自己的生命性。换言之，利益对于人不是可有可无的，而是必然需要与必须满足的。利益条件不仅是人的生存条件，而且是人的社会条件，是一切社会关系的根本要求。人性的利益需求，是人的生物需求与自然属性。人是自然的产物，需要自然的利益条件，包括一定的人身与财产的利益条件，没有这一条件，人类既不能自足，亦不能自在，也就必然使人类丧失自我。这显然不是人类的目的。所以，人类需要保障自己的利益需求，并且需要为自己的利益需求创造更好的实现条件。显然，以民为本的法治和法治文化作为满足人类利益需求的一种最可靠和最稳定的社会规范与秩序形态，构成了这一条件的最高社会发展。

---

〔1〕［古希腊］亚里士多德：《政治学》，吴寿彭译，商务印书馆 1981 年版，第 353～354 页。

〔2〕［古希腊］亚里士多德：《政治学》，吴寿彭译，商务印书馆 1981 年版，第 138 页。

〔3〕Cicero, *On the Laws: From the Treatises of M. T. Cicero*, GeorgeBell & Sons Press, 1876, p. 406.

另一方面,是人性或者人的利益需求的规定性,即人性的利益需求不仅是有条件和需要满足的,而且其条件和满足具有特定性,反映人性的客观规律。因此,一切有关人的学说与理论,都在于认识和发现人性的利益需求的规定性,并在尊重这一规定性的基础上,为人类利益的实现提供更加明确和具体的条件。也就是说,人类的利益需求及其条件、标准和程度,是一种特定性存在,既不是外在确定的,也不是随意确定的,更不能是想怎么确定就怎么确定的,而具有人性的内在与固有的生命属性,是人的不可改变的自然条件与客观需求。换言之,对于那些反映人性的利益需求的社会关系条件,不论是法律或者其他规范形式,都不能是简单的意志性,不能想怎么规定就怎么规定,而是应当承认和尊重人性的利益需求的规定性,并根据这一规定性对人性的利益需求及其利益关系作出合理的分配与调整。承认人性的利益需求的规定性,就是承认人的生命本质,这一规定性也就构成了人的一切社会利益构造的根据和条件,人的一切社会利益构造就具有了普遍性和一般性并可以在此基础上避免人为的随意性和不确定性。“倘若由它任性行事,总是难保不施展他内在的恶性。”〔1〕任性的结果是恶性,而为了避免这一结果就必须让人的意志接受人性的规定性,可这并非易事,因为人一旦有机会按照自己的意志行使,就往往把自己的意志发挥至任性。

正确认识人性的利益需求的规定性,根本上应当基于人的自然生物属性。自然生物属性是人的本性与人性的基础。人类是一种自然生物,产生于自然界并具有自然的生物属性。因此,人类不能超越自然生物的本质及其规律性,同样具有和需要满足作为自然生物的一般利益需求。“对于统辖一切其他有机体生命的生物学规律来说,人类世界并不构成什么例外。”〔2〕人类应当强化认识自身的生物属性,并从自身的生物本质及其规律出发,去发现自身的利益需求及其规定性,从而为自己的主体性正确定位。“遵循自然,根据自然法生活,就是说,只要人按自然的要求去获取所希望的东西,这必定是最合法和最有美德的生活方式。”〔3〕对于人而言,自然是唯一确定和构成普遍性的东西。

民法作为人法,是反映人的利益需求的法律形式,应当以人性的利益需求的规定性为根据,并在人性的利益需求的规定性的范围内实现自身的制度设计。

〔1〕 [古希腊]亚里士多德:《政治学》,吴寿彭译,商务印书馆1981年版,第319页。

〔2〕 [德]恩斯特·卡西尔:《人论》,甘阳译,上海译文出版社2004年版,第35页。

〔3〕 Cicero, *On the Laws: From the Treatises of M. T. Cicero*, GeorgeBell & Sons Press, 1876, p. 423.

其中,民法精神作为民法的思想灵魂,是民法的价值核心,构成这一规定性的根本条件,更应当符合这一规定性。然而,人类在确定自己的利益条件时,并不都是根据自己的利益需求的规定性来行事的。因此,如何根据人性的利益需求的规定性确定人的法律价值与目标,并实现两者的统一,则成为问题的关键。

2. 人性的利益实现规定性

如果说利益需求的规定性是人的自然的规定性,那么利益实现的规定性则是人的自然的规定性与社会的规定性的统一。人的利益实现与人的利益需求一样,不是任意的,不是想怎么实现就可以怎么实现的,而同样是具有规定性的,这一规定性在根本上是由需求的自然规定性所决定的一种实现条件的社会必然性与必要性及其所具有的正当性与合理性。

不可否认,人性的利益,不仅具有需求的规定性,而且具有实现的规定性。如果需求不能实现或者不能合理或者很好地实现,就仍然不能达到利益的目的。利益的目的不在于需求而在于实现,只有实现的利益才是实在的利益。因此,人性的利益规定性,不仅具有需求的规定性,而且具有实现的规定性。在人性的利益需求的规定性基础上,必然产生和决定人性的利益实现的规定性。也就是说,人性的利益不会停留在需求上而必然在需求的基础上,具有实现的必然性,并受利益需求的客观性驱使而追求个人利益实现的最大化。因此,人性的利益实现的规定性必然是能够使不同的利益需求归于秩序统一的规范性,需要反映为一定的规范条件,并最终需要上升为法律形式。"法律的信条是:正直地生活,不损害任何人和给每个人以应得的权利。"[1]一个社会构造,不仅在于承认和尊重人性的利益需求,而且更在于如何调整和规定人性的利益实现条件,并使这一条件符合人性的利益实现的规定性。

人性的利益需求的规定性,是利益的必然条件,而人性的利益实现的规定性,是利益的必要满足性条件。前者是利益的客观自然性,即利益的自然存在,后者是利益的社会现实性,即利益的分配结果。人性的利益需求并不等于人性的利益实现。换言之,人性的利益需求条件并不等于人性的利益实现条件,因为利益实现的条件并不直接由利益需求所决定,而是由现实的利益实现条件决定的。虽然人性的利益需求的规定性是人性的利益实现规定性的基础,利益实现的规定性应当反映利益需求的规定性,但是两者之间并不是直接的对应关系。

---

〔1〕［美］伯纳德·施瓦茨:《美国法律史》,王军等译,中国政法大学出版社 1990 年版,第 91 页。

一方面，人性的利益需求是无限的，而人性的利益可实现条件是有限的，有限的利益条件不可能满足无限的利益需求；另一方面，人性的利益需求应当合理和正当实现，而不是想怎么实现就怎么实现，因此需要接受作为一定的社会分配条件，即利益实现的价值条件，从而使个人的利益实现符合社会整体的利益秩序。“之所以能够保持自身的存在，都同样有赖于它与其内外环境的平衡、适应、稳定，即自身内部诸要素之间及其复合体与外界环境之间的适应、平衡、稳定。”〔1〕因此，人性的利益实现的规定性不仅反映人性的利益需求的自然性，而且反映人性的利益需求的伦理性，应当在一定的社会价值范围内确定人性的利益实现的条件，这一条件的最终发展就是法治与法治文化的利益分配与实现形态，并为利益实现的规范化与秩序化奠定了坚实的基础。

可是，利益实现的规定性，必然以利益需求的规定性为规定性，也就是不能完全超越人性的利益需求的规定性，而应当以人性的利益需求的规定性为根据，在承认和尊重人的利益需求的规定性的基础上确定人的利益实现的规定性。“社会秩序的终极基础是人类的需要。因此，我们应从人类的需要中去寻找秩序正当性的依据。换言之，只有体现人类需要的秩序才具有正当性。”〔2〕换言之，人性的利益实现的规定性的第一价值选择，是人性的利益需求的规定性，如果违背了人的利益需求的规定性，那么在根本上就不可能是符合人的价值与目的利益选择，即不可能具有人的利益实现的合理性，也就不可能构成人的利益实现的规定性。因此，人性的利益实现的规定性，一方面应当正确反映人的利益需求的规定性，另一方面应当合理体现人的利益实现的社会伦理性，从而实现人的利益需求与伦理的现实统一。

人性的利益实现的规定性，也就是人的利益需求在实现上的社会合理性，即一定的社会规范性与秩序性。人性的利益需求性必须在其规定性的基础上得到满足，但是这一满足是在一定的社会条件下的满足，必须接受一定的社会规范的约束，需要形成合理的利益实现秩序。“个人的社会行为系统与整个社会系统的和谐与统一，应当以人或人性的需要为规定性条件，而不应当是人性之外的某种社会需要。”〔3〕所以，利益实现的规定性最终需要上升为实在的规范形式并获

---

〔1〕 王海明：《人性论》，商务印书馆2005年版，第36页。

〔2〕 高鸿钧等：《法治：理念与制度》，中国政法大学出版社2002年版，第152页。

〔3〕 王利民：《民法的精神构造：民法哲学的思考》，法律出版社2010年版，第13页。

得法律的规定性。“制定法借着限制个人的恣意，而使普遍的自由成为可能。”[1]只有受社会规范约束和限制并在社会规范的条件下满足的利益，才是合理的利益，才符合人性的利益实现的规定性，从而也才具有利益的价值，否则，既不是合理的利益，也不是应当受到承认和保护的利益，更不具有利益实现的价值性。这种价值性既构成了利益需求的合理条件性，又构成了利益实现的正当秩序性。

民法调整人的人身与财产关系，就是反映人的人身与财产利益的实现条件，构成人的人身与财产利益实现的规定性，而其凝聚的民法精神，正是这一规定性的原则体现。民法精神以其对人性本质的生态揭示代表了人的利益实现的规定性，即人的利益实现条件的普遍性与一般性。建设民本模式的社会主义法治文化，必须以民法精神的利益规范与秩序条件反映人性的利益实现的规定性，从而最大限度地满足广大人民群众的利益实现的需要。

显然，人在利益需求与实现上，既要承认自己的自然性，又要尊重自己的社会性。人的利益最大化只能在一定的社会条件下以普遍的利益秩序形态实现，而不能是每个人都根据自己的意志随意实现，并且这也无法实现。个人利益的实现不仅根据于人性的自然性，而且决定于人性的社会性，既需要人类对利益条件的自然规律的认识，又需要对利益实现的社会条件认识，即人类无法脱离对利益实现的社会规律性的认识与约束，并只能根据一定的社会规律和现实条件去追求利益的实现。于是，利益实现作为利益需求的必然结果，要求人类遵守利益实现的规定性，从而使调整人类利益关系的法律——特别是以民为本的人法即民法应当是市民社会的自然生态秩序即“自然法”的发展结果并应当具有“自然法”的价值。作为民法或者实在法之目的与价值的自然法，应当是与人性的利益实现的规定性相统一的“法”，民法只有是“自然”之法，才是代表人性的利益实现的规定性的法律，这种法律在一定意义和范围内是一种超越特定民族与社会或者国家的“应然法”与“普遍法”。

因此，民法作为代表人性利益实现的规定性的实在法，应当表现人类在自然规律的基础上对社会生态秩序及其法律形态与理想的追求，是人类基于自身的自然属性而产生的对于自身的社会性的信仰与尊重。在人类演进过程的漫长历史长河中，蒙昧时期人性的自然性意味着人类同其他动物一样，遵守自然的生存

[1]　[德]阿图尔·考夫曼：《法律哲学》，刘幸义等译，法律出版社 2004 年版，第 222 页。

法则就是服从自然规律，但是随着人类进化与智慧的产生，人类开始出现与其他动物不同的人性特质，即自然人性基础上的社会性的发展，人性中的规定性更多了对于自然规律的社会性把握与利用，并产生了各种把握与利用的形式，包括其中的法律形式。人性的规定性从自然性到社会性的发展，也就是人类文化与文明的形成过程。人只有在社会性上发展和实现自己的自然性，才能够使人的自然性构成一种社会条件并获得社会文化与文明的属性。

社会性作为人性的构成要素，是由人的社会构造及其社会分工的客观条件决定的。社会分工和行业细化使人类处于相互依赖与依存的社会关系之中，[1]并必然受相互关系的条件制约，需要接受统一的社会关系条件。同时，在这一社会结构中，不同利益共同体之间以及各个利益共同体内部都开始分别以其人性利益需求为基础提出具体化和差异化的要求，并由此出现矛盾和冲突的状况。"由于特殊利益和共同利益之间的这种矛盾，共同利益采取国家这种与实际的单个利益和全体利益相脱离的独立形式，同时采取虚幻的共同体的形式出现。"[2]国家在人性的利益矛盾与冲突中，是不可缺少的解决形式。

从具体的身处社会中的个人角度考察，人性的社会性表现为人在日常生活中为满足其利益需求和达成其利益目的，需要依赖各种形态的社会关系。也就是说，人必须在一定的社会结构或者构造中使自己具有社会人格并通过一定的社会分配形式谋求其利益目的的实现。因此，人性的社会性使人必须懂得和利用社会关系，而在通过一定的社会关系的利益实现过程中，基于生存空间的紧密性和利益资源的有限性，人与人之间必然产生相互的利益矛盾与冲突，在这种情况下，相互承认和尊重利益实现的规定性就成为人类利益实现的共同条件。于

---

〔1〕 第一次社会大分工是农业与畜牧业的分工。在野蛮时代中后期，种植农业的发展对劳动力数量有了更高的需求，使得战俘不再被杀掉转而以奴隶形式被吸收为劳动力，于是，在此背景下出现了第一次社会大分工，即农业作为一个生产部门开始与畜牧业相分离，同时社会分裂为两个阶级——主人和奴隶；第二次社会大分工是手工业与农业、畜牧业的分工。在奴隶社会中期，铁制工具等生产技术的运用促进了劳动生产率的提高，推动了手工业向多样化方向发展，活动类别的丰富化使得原来农业的从业者无法同时胜任手工业的工作，这样，对于劳动力数量有了新的需求，于是，在此背景下出现了第二次社会大分工——手工业从农业中分离出来；第三次社会大分工是商业与农业、畜牧业、手工业的分工，以及伴随工业、电子产业和信息产业出现而带来的社会分工的细化。到了奴隶社会晚期，商品交换的发展，导致了不从事生产只从事交换的商人阶级出现，标志着社会进入到第三次大分工阶段，经过了此次大分工，财富进一步集中于商人阶层，同时进一步加剧了阶级间的矛盾。随着信息时代的进一步深入发展，带来了社会分工的进一步细化与发展，并以此为基础形成了不同利益共同体所组成的多元化社会结构形态。

〔2〕《马克思恩格斯全集》（第1卷），人民出版社1995年版，第84页。

是,人类自身也必然产生利益实现上的伦理与价值诉求,即人性的利益实现的自身规定性,并反映了人类利益实现的社会规范与秩序要求。

我国是社会主义国家,建设以民为本的中国特色社会主义法治文化,就是要以社会主义法治文化的形式反映具有中国特色的人的利益实现的规定性。“法律文化中可识别的要素一方面包括制度性的事实”,即一定的形式条件,“另一方面包括行为的各种表现形式”,诸如“更加模糊的观念、价值观、愿望和精神气质”。[1] 显然,以一定的法治文化的形式反映人性的利益实现的规定性,并非简单和直接的条件。因此,建设中国特色社会主义法治文化,既要遵守人类法治文化中可识别的一般制度性事实,也要从我国社会的实际需要出发,去认识人类不同的价值观念及其利益表达形式,并以此为基础提炼具有中国特色社会主义法治文化的人性利益实现的规定性,形成民本模式的社会主义法治文化的生态规范与秩序体系,实现人性与人的社会规定性的统一,最大限度地满足人的利益需求。

三、人和以民为本

人是社会的主体,人的一切社会构造,或者一切与人有关的社会安排,都应当为了人的目的,满足人的利益,实现人的价值,这就是以人或者以民为本。人本就是民本,人或者民的主体目的是社会的唯一条件和根据,此外找不到社会存在的理由。换言之,以民为本,是社会构造的条件和基础,也是对社会目的与价值的要求,包括法治和法治文化在内的一切社会形态,都应当建立在以民为本的社会基础之上,代表人民的利益,实现人民的愿望。所以,建设民本模式的社会主义法治文化,必须处理好人和以民为本这一根本的人性诉求问题。

(一)以民为本与人的本质

以民为本,就是反映人性诉求,体现人的本质,满足人的需要。[2] 换言之,以民为本,就是要以人性为根据,正确揭示人的本质,并在人性和人的本质的基

〔1〕［意］大卫·奈尔肯:《论法律文化概念与运用》,穆永强译,载何勤华主编:《多元法律文化》,法律出版社2007年版,第33页。

〔2〕“以民为本”的内涵核心在于“民本”。在我国,“民本”一词最早出自《尚书》之《五子之歌》:“皇祖有训,民可近,不可下。民惟邦本,本固邦宁。”结合“民可近,不可下”来看“民惟邦本”的含义,显然,我国传统文化的“民本”思想是以保持统治者的最高等级秩序和无上权力为前提的。在传统的身份等级制度条件下,不可能实现真正意义上的民本,更不能在以民为本的人性基础上发展社会关系并产生以人格为条件的法律和法律精神。

础上构造符合人的利益需求及其实现的规定性的社会秩序形态。[1] “对于人性的基本特点所做的理性考察,为我们提供了一个几近不可辩驳的论据,支持我们对人类普遍持有的某些价值予以规范上的保护。”[2]

1. 以民为本是人的本质要求

社会是人的存在方式,人的社会存在必然提出以自己为目的和根据的社会要求,即以民为本和反映人的本质的人性诉求。“人性的一个基本欲求是人的生命和人格得到普遍的承认和尊重,如果侵害人格的行为不视为违法,或者一个人的人格完全可以被另外一个人操纵,那么这样的社会秩序也就丧失了起码的人性条件。”[3] 只有承认和尊重人性的合理诉求,才是以民为本并能够实现人的本质。

人的本质,根本上是人的利益本质与生存本质,即人必然基于自己的利益与生存需要提出自己的诉求。人的本质必然要求以民为本,服从于人的目的和需要。以民为本作为人的本质要求,是人性的利益需求及其实现的规定性的条件和反映。“人性的首要法则,是维护自身的生存,人性的首要关怀,是对于其自身所应有的关怀。”[4] 一项社会安排,只有反映人性的法则,代表人性的利益需求及其实现的规定性,才是以民为本,才是体现了人的本质要求并符合人的目的。当人类在人性的基础上就人的利益需求及其实现的规定性达成一定的社会共识,就必然是以民为本并构成对人的本质的一种规范与秩序的揭示,其最终的发展就是法治和法治文化形态。

事实上,不论是什么性质和制度的社会,社会都是划分一定的身份和等级的,而普通的民众永远是社会构造的主体,也是统治者或者政治社会所应当代表和维护的主要对象。在这个意义上,以民为本,就不仅是以人为本,而应当是以

---

〔1〕 有学者通过文献研究对中国传统的“民本”思想得出的结论是,“民”作为一集合名词,除了“是指贵族以外的人的整体”,“还存在着与官吏相对待的哲学内蕴”;(陈力祥:《民本论》,华夏出版社 2013 年版,第 25 页)对于“本”的颇为精当的表述,是指“事物最为基础的、最为根本的部分”。(张分田等:《中国古代“民本思想”内涵与外延刍议》,载《西北大学学报》2005 年第 1 期)在这一等级身份社会的“民本”秩序中,“民”与“贵”相对,是处于社会下层的普通民众,而以民为本也就是将上层社会以外的普通民众作为某种社会决策的基础和根本,从而反映出我国传统社会的统治者为了维护自己的统治地位而不得不体现的一种“重民”和“恤民”思想。

〔2〕 [美]E. 博登海默:《法理学:法律哲学与法律方法》,邓正来译,中国政法大学出版社 2004 年版,第 274 ~275 页。

〔3〕 王利民:《民法的精神构造:民法哲学的思考》,法律出版社 2010 年版,第 13 页。

〔4〕 [法]卢梭:《社会契约论》,何兆武译,商务印书馆 1980 年版,第 9 页。

社会最广大的普通民众为本,代表普遍的社会下层民众的利益,或者起码不能忘了他们的利益地位,更不能走到他们利益的反面。要揭示民本的真实含义并实现以民为本,只有在以人格平等为条件的民主社会才有可能。以民为本不仅是民主社会的目的要求,而且是法治和法治文化的实现条件。

"要把体现人民利益、反映人民愿望、维护人民权益、增进人民福祉落实到依法治国全过程,使法律及其实施充分体现人民意志。"[1]在我国,以民为本就是以人民为本,而人的本质要求就是人民的目的要求。基于人民的地位,以民为本与人的本质要求是社会主义法治文化的核心价值与根本要求。

2. 以民为本是人的本质实现

以民为本,一方面是人的本质要求,即以民为本的人性诉求,另一方面是人的本质实现,即以民为本的人性满足。只有以民为本,才能在反映人的本质要求的基础上实现人的本质。当一个社会以民为本构造自己的社会制度和落实自己的社会政策,则不仅是代表了人的本质,而且是人的本质的实现。换言之,人必然以自己的本质为根据提出实现自己本质的诉求,而且以民为本的社会存在本身就代表了这一诉求的实现。"诚实生活,不害他人,各得其所(有权)。"[2]这一法的信条与准则所反映的就是人的利益实现的状态,也就是人的本质实现的合理秩序。以民为本的实质目的,就是在承认和尊重人的本质及其利益需求的基础上实现人的本质即满足人的利益需求从而体现人的主体地位。

以民为本,并不是一种制度形式,而是一种社会实践,应当将以民为本作为实现人的本质的根本要求,落实于社会实践的全方位与全过程。简言之,需要将以民为本落到实处,成为现实的社会关系与生态秩序。"坚持以人民为中心的发展思想,就要把增进人民福祉、促进人的全面发展作为发展的出发点和落脚点,发展人民民主,维护社会公平正义,保障人民平等参与、平等发展权利。"[3]以民为本作为人的本质实现的社会条件,是一种社会构造及其政策选择,实质是对政治社会提出的一项根本要求,即政治社会或者政府及其公务人员,应当在自己的施政中服务于民,以人民的利益为本位,破除"官本位"的思想,从而为自己的存在和目的正确定位,真正站在人民的立场上服务于人民利益的实现。

---

〔1〕《习近平总书记系列重要讲话读本》,学习出版社、人民出版社2016年版,第89页。

〔2〕[意]桑德罗·斯奇巴尼选编:《正义和法》,黄风译,中国政法大学出版社1992年版,第39页。

〔3〕《习近平总书记系列重要讲话读本》,学习出版社、人民出版社2016年版,第128页。

虽然人的本质是自然的,但是人的本质的实现并不全然是一个自然的过程,由于人的本质实现是在一定社会关系条件下的社会过程,这一过程既是一个社会发现和认识的过程,也是一个历史进步与文明发展的过程,所以必然受到现实环境与资源条件和人们的观念与社会意识形态等各种不特定因素的制约和影响,并表现出不同的社会制度与文化传统的特征。[1] 在人类发展的早期和古代阶段,原始的“民本”意识及其社会发展条件的局限性只能在一定程度上满足人们的最自然和最基础的生物性本质要求,还不能充分实现人的本质和全面提高人的社会主体地位,更不能使“民本”真正成为社会的核心价值与构造基础。特定历史背景下的社会价值与社会构造是有其特殊性和局限性的,并整体上制约着社会主体的人格意识与人性诉求。在一个人格或者人性尚未觉醒的时代,“民本”还不可能成为社会体制条件,也就不可能以民为本和实现人的本质。

中国传统的“民本”观念,作为当权者的统治观念,并不要求也不可能形成以民为本的社会构造和实现人的本质。是以身份等级为特征的官本位即权力本位的社会,重“权力”轻“权利”的社会意识,确立了权力和权力者高高在上的统治地位,充斥着推崇官位与追逐权力的官僚社会的价值观。因此严重损害了人的本质的社会实现。这种官本位的糟粕意识至今仍然在一定程度上影响着我们这个社会的运行与生态秩序。官位等级不仅意味着职权差别,而且意味着特权和待遇高低,从而导致人们往往以一个人是否为官以及为何官和官职大小来衡量一个人的社会地位和成功与否。在官贵民轻的社会里,民“不能代表自己,一定要别人来代表他们。他们的代表要同时是他们的主宰,是高高站在他们上面的权威,是不受限制的政府权力”。[2] 当人不能代表自己,就没有了自己的主体地位,社会就不会以自己为本,而自己的利益受到损害也就在所难免,[3] 这就不

---

〔1〕“特定法律所包含的价值内涵也是由那个时代的人们尤其是立法者的认识所制约的。人们同时也将用自身的价值标准来衡量和评价现实的法律现象。”(王利民:《民法的精神构造:民法哲学的思考》,法律出版社2010年版,第13页)

〔2〕《马克思恩格斯选集》(第1卷),人民出版社1972年版,第693页。

〔3〕大连商人王某在通过正常的司法程序无法保障自身权利的背景下,实名向省市纪委领导举报蔡某等三名地市级高官,历经多年才成功致其落马,其曲折的过程和利益受损的个人经历足以印证这一命题。事实上,现实生活中类似的案件和事例是大量的,而其对民本利益的损害结果可想而知。人不能代表自己,并不是自己不想代表自己,而是在一定的条件下自己无法代表自己,即当一个人的利益是由别人决定的时候,人就不仅是利益主体,而且是利益的被动接受主体,其利益是否能够实现和如何实现,就只能由别人的意志来决定,这个人也就成为他人利益的主宰者。

是以民为本，也必然限制人的本质实现。

以民为本和人的本质实现，作为建设社会主义法治文化的根本目的与要求，可以从人民群众对与此条件相关的一些事实和问题的观察与认识中得到一定程度的反映和验证。本书项目组以“您认为我国建设社会主义法治文化存在的最主要障碍是什么”为题进行了全国性调查问卷，设定有五个备选答案（A. 社会法治精神缺失；B. 国家法律制度不健全；C. 民族无秩序信仰；D. 权大于法；E. 道德滑坡）。数据统计结果如图 8－2 所示：

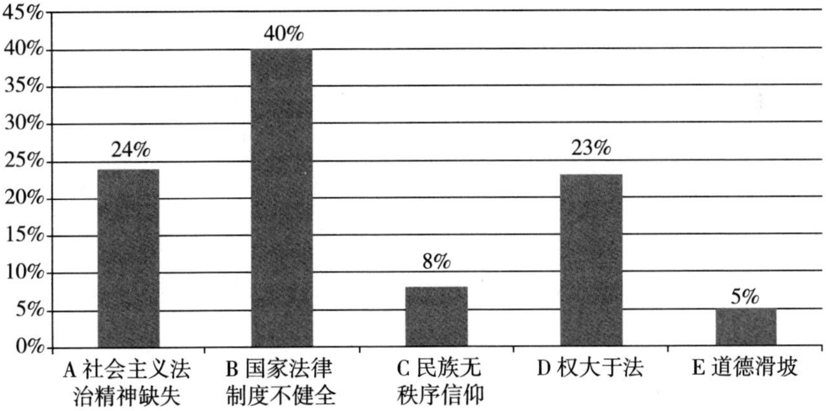

图 8－2　“您认为我国建设社会主义法治文化存在的最主要障碍是什么”一题调研数据统计

数据统计结果显示，选择“国家法律制度不健全”的最高，占比为 40%；选择“社会法治精神缺失”和“权大于法”的次之，分别为 24% 和 23%；选择“民族无秩序信仰”和“道德滑坡”的最低，分别为 8% 和 5%。这一结果说明，人们根据宏观上的一般社会观察而对法律制度本身存在的问题表现出最为直觉和敏感的认识，并具有表层化认识的特点；“社会法治精神缺失”和“权大于法”都是与以民为本和人的本质实现的条件相反的事实，对此，人们基于生活经验也有较为深刻的反映。据此，建设以民为本的社会主义法治文化，不仅要完善以民为本的法律制度，而且要提升人们法治精神及其对以民为本的认识，更是要努力克服和根本解决现实中大量存在的那些直接与以民为本和人的本质实现相悖的权大于法的社会问题。

（二）以民为本与人的价值

以民为本，就是以人和人的价值为本，也就是强调人的人格与主体地位。因此，以民为本是人的价值实现的条件和基础，人的价值不可能在人本之外存在和实现,背离了以民为本,就是背离了人的主体性,也就是背离了人的价值。

1. 以民为本与人的主体价值

以民为本与人的主体价值的存在与实现具有内在的联系。人是自然的社会主体,人的价值性根本是人的主体性。“主体性是人性、人的本质的一个方面,但主体性不等于人性,也不等于人的本质。”[1]作为与人性以及人的本质相关的范畴,人的主体性在人的自然利益需求及其实现的规定性上应当代表人性和人的本质,也就是人的主体性在它的客观性和规律性上应当是人性和人的本质所代表的价值条件。但是,人的主体性在它的社会制度构造上,并不一定充分体现人性和人的本质及其内在的价值性。人的主体价值是指人作为社会主体所具有和应当具有的价值条件与属性,是人的主体性与价值性的统一。人不仅要作为主体,而且要作为目的才有价值。人作为目的,就是以民为本,只有以民为本,人才真正构成主体并具有主体价值。

人是自然和历史的产物,人的产生和劳动都是以自然为对象和基础的,因而人像自然界一样具有客观规律性,也就是人通过自己的劳动和对象证明了自己的自然实在性,也就是证明了自己的主体性与价值性,即人通过与外部的实践关系最大程度地彰显了自己的主体价值。从实践的主体价值上,以市民社会关系即民本社会为调整对象的民法和民法精神,代表了人本主义的普遍社会生态秩序,是人的主体价值及其实践关系的根本秩序形式。在民法和民法精神调整的人身与财产关系的范围内,人的主体价值得到全面承认,并确立了相互关系的人格尊重与利益均衡的主体价值条件。民法对人的主体价值的肯定与确立,使人能够持续稳定地享有自己的社会主体地位,从而不断地满足自己基于人性利益条件的各种诉求。

人的主体价值,根本是人格自由的价值,[2]也就是通过民法和民法精神诉求所表现的市民社会关系即市场经济关系的秩序价值。“每个市场参与者作为每个独立的个体可以在商品生产的各个环节进行自由选择,而这恰恰是个体的主体性和独立性的价值确证。”[3]在市场经济条件下,以民为本的根本意义在于全面实现人的主体价值,而实现人的主体价值的根本制度与精神形式就是体现

[1] 张志勇:《马克思人的主体性思想及其当代价值》,郑州大学 2007 年硕士学位论文,第 16 页。

[2] 关于人格自由的论述,详见本书第三编(第九章)“人格本质的自由诉求”部分。

[3] 吴育林:《论市场经济中人的主体性价值》,载《兰州学刊》2006 年第 5 期。

普遍的市民社会关系主体即民本主体的人身与财产自由的民法与民法精神，民法和民法精神就是以民为本和实现人的主体价值的法与法的精神。

2. 以民为本与人的利益价值

以民为本与人的利益价值及其实现同样具有内在的联系。以民为本在决定人的主体价值的同时也决定了人的利益价值。“在任何情况下，个人总是‘从自己出发的’……由于他们的需要即他们的本性，以及他们求得满足的方式，把他们联系起来（两性关系、交换、分工），所以他们必然也要发生相互关系。”[1]十八届四中全会《决定》强调社会主义法治要恪守“以民为本”，不仅强调的是人民主体地位与主体价值，而且强调的是人民作为主体的利益价值，即以民为本就是以人的利益为本。人的利益价值代表和反映人的主体价值，如果没有人的利益价值，人的主体价值就无法得到体现。人的主体价值，就是人的利益需求及其实现的规定性，符合了这个人的利益的规定性，就是符合了人的主体地位，在满足了人的利益价值的同时也满足了人的主体价值。

本书项目组以“您认为以民为本的社会主义法治文化的根本要求是什么”为题进行了全国性调查问卷，设定的五个备选答案（A. 以国家利益为本；B. 以民族利益为本；C. 以社会利益为本；D. 以个人利益为本；E. 尊重人的利益需求）的数据统计结果如图 8－3 如示：

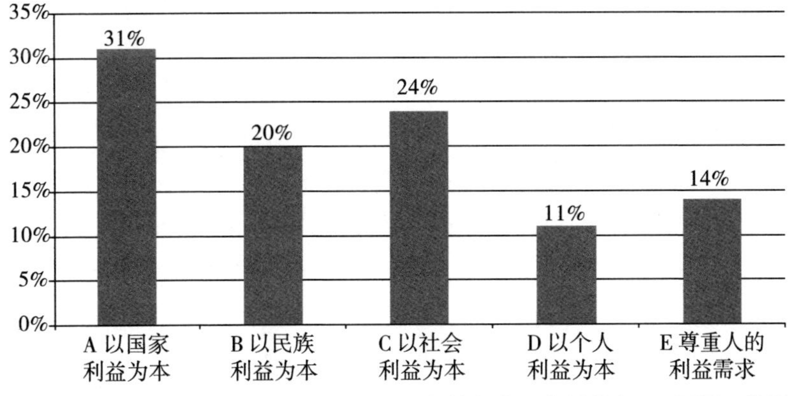

图 8－3　“您认为以民为本的社会主义法治文化的根本要求是什么”一题调研数据统计

数据统计结果显示，选择“以国家利益为本”的占比最高，达到 31%；其次为

[1]《马克思恩格斯全集》（第 3 卷），人民出版社 1960 年版，第 514 页。

“以社会利益为本”占24%、“以民族利益为本”占20%;最低的两项选择为“尊重人的利益需求”占14%、“以个人利益为本”占11%。这一数据结果说明,在我国长期以“大公无私”为核心的国家主义、集体主义和民族主义的社会主义教育中,人们对国家利益与社会利益和民族利益的认同度最高,特别是对国家利益的选择超越了任何一项利益,具有明显的政治选择性,而对以民为本的个人利益和个人利益需求,则在长期的个人主义与民法精神缺失的条件下,表现出人们在观念与诉求上的淡漠。虽然以民为本并不是不强调国家或者社会和民族利益,但是如果没有了人或者人民的利益,哪还有国家或者社会和民族的利益,所以,这是一个值得反思和深思的问题。在建设以民为本的社会主义法治文化中,我们既不能去国家化,也不能去社会化和民族化,但是我们却必须强化个人的利益价值,从而确立以民为本的社会主义法治文化的建设与发展目标。

人的利益价值是一种客观价值,反映人的本质,体现人的自然生态属性,是具体和可衡量的价值标准。然而,这一自然生态的利益价值并不是自然实现的,它的实现需要人类的社会选择并表现为一定的社会利益条件。德国哲学人类学家米夏埃尔·兰德曼指出:“人在本质上是不确定的。就是说,人的生活并不遵循一个预先建立的进程,而大自然似乎只做一半就让他上路了。大自然把另一半留给人自己去完成……人可以并必须塑造自己。”〔1〕因此,大自然只能确定人类利益需求的规定性,但不能决定人类利益需求的实现,人类利益需求的实现则必须通过人类自身的社会过程来完成。

因此,建设“以民为本”的社会主义法治文化,就是坚持了承认和尊重人的利益价值的基本立场,也就是服从人类利益实现的规定性。换言之,就是政治社会不应当有独立于市民社会即人民利益之外的利益诉求,人民的利益价值应当成为政治社会唯一和最高的利益目标。为实现以民为本的个人利益价值,需要在利益价值的正确定位与社会转型的基础上,突出人民的中心与主体地位。“党的十八届五中全会首次提出以人民为中心的发展思想,反映了坚持人民主体地位的内在要求,彰显了人民至上的价值取向,确立了发展理念必须始终坚持的基本原则。”〔2〕这一基本原则的确立,也就是以民为本的个人利益价值的确立。

---

〔1〕［德］米夏埃尔·兰德曼:《哲学人类学》,上海译文出版社1988年版,第77页。

〔2〕《习近平总书记系列重要讲话读本》,学习出版社、人民出版社2016年版,第128页。

四、人与民法精神

人既是民法精神的主体，也是民法精神的目的与价值；民法精神作为以民为本的“人法”精神，是人的主体性与本体性的必然精神形态。

（一）人与民法精神的主体和本体

1. 人的民法精神主体性

所谓民法精神在根本上不是民法的精神，而是以民法形式反映和表现的人的精神，没有人就没有民法精神和表现人的“民法精神”的民法。人是民法精神的主体，形成并践行民法精神。人的民法精神主体性，揭示了人与民法精神的内在联系，体现了人的民事主体地位，彰显了人在建设社会主义法治文化中的根本性与价值性。人的民法精神主体性，一方面在于人的主体性在根本上是一定的精神性或者意志性，没有人的精神或者意志，也就没有人的主体性；另一方面在于人的主体精神作为一种市民社会的自然生态的秩序精神是以民法形式概括和表现的精神，民法使“民法精神”从自然秩序精神转变为社会形态的实在法精神。因此，民法和民法精神一旦形成，就有了自己的社会功能，并作用于社会秩序构造。[1] 人作为民法精神的主体，一方面，是自由的主体并可以基于自己的自由意志为自己的利益设定法律关系，即允许个人通过自己的行为实现自己的利益需求与生命本质；另一方面，人在自由的利益实现中，必须以自由的行为维护社会秩序，即能够以自主自为的行为自律，理性控制自己的行为，使自己的行为既自由又符合自由的社会秩序目标与期待。换言之，人的民法精神主体性，就是人的自由与自律的主体性，是人的主体性的自由秩序实现。

因此，民法的重要任务，就是既以民法精神的规范条件构造社会秩序，又以民法精神的规范条件保护人的民事主体地位，从而以民法精神的制度形式反映人的民法精神主体性，以确保其主体利益——市民社会的人身与财产利益的实现并调动人的自主构序的民法精神动力。

2. 人的民法精神本体性

人既是民法精神的主体，也是民法精神的本体。人与民法精神的本体关系，

---

〔1〕 不论是民法，还是民法精神，都是作为一种行为规范的条件存在的，其功能在于社会秩序构造。“关键职能是指导行为，因此，对法律的科学研究的一大目的是要发现法律对行为的影响。”（［美］弗里德曼：《法律制度——从社会科学角度观察》，李琼英、林欣译，中国政法大学出版社 1994 年版，第 52 页）

揭示的是人作为主体的民法精神的自然性与固有性。民法精神生成于人、存在于人、决定于人、作用于人。人可以通过民法形式表现自己的精神，但是民法形式只有在正确表现人的精神的本体性范围内才有价值和意义。民法精神应当是民法正确表现的人的社会规范与秩序精神，这种精神不论是其产生，还是其表现，乃至其作用的发挥，都不能脱离于人，并决定于人的本体，所以民法精神的本体性不过是人的本体性。所以，对民法和民法精神认知的一个基本原则是："首先考察人，因为如果不了解作为法律对象的人，就不可能很好地了解法律。"[1]民法和民法精神只有符合人的本体性，才是人的主体性精神，也才能够服务于人的主体性的实现。

民法精神的人的本体性及其自然性与固有性，说明了民法精神的规律性与规定性及其生态性本质。虽然民法精神不仅是自然的，而且是社会的，作为一种社会现象是在不断发展变化的，不同的时代和不同的社会有不同的民法精神，但是民法精神作为人的本体性精神，根本决定于人的生命本质及其客观的利益条件与诉求。"生命（包括人）从生存发展的需要开始，对自身需要新陈代谢，需要增强活力，需要繁殖，需要进化；对外需要趋利避害，需要竞争，需要斗争。"[2]人与其他生命一样，都是生存竞争与自然进化的结果，从而不可能有超越或者脱离人的自然本体的社会性。因此，民法精神必然基于人的本体性而具有那些自然的、固定的和不变的属性，例如，对生命价值与财产利益这一人类基本生存条件的承认和保护，必然是人类在任何社会制度条件下的普遍规范与秩序选择，虽然可能存在文化形态的差别，但却必然具有趋同化的发展趋势。

民法精神的本体性作为一种规范性，是人的道德性。[3] 换言之，道德是被用来概括和代表人的本体规范与秩序的伦理范畴，并因此构成了人的社会本体性。民法精神的本体性，在根本上是人的道德性，是以道德本体的形式存在的，而民法精神则是以民法形式表现的道德精神，不能超出道德本体的范畴，所以道德构成了民法精神的根本价值属性。"制定社会道德原则，就是为了约束群体间的过分行为、减少掠夺性行为和违背良心的行为，培养对邻人的关心，从而增

---

[1] [古罗马]查士丁尼：《法学总论》，张企泰译，商务印书馆1989年版，第11页。

[2] 《主客体关系学系列丛书》撰写组：《社会是什么——价值联接的生存单位》，商务印书馆2002年版，第23页。

[3] 关于民法精神与道德的关系，详见本书第三编（第十章）"自律构序的道德诉求"、第四编（第十五章）"民法精神的道德本体构造"部分。

加和谐共处的可能性。”[1]必须充分认识民法精神的道德本体性，把“道德本体”与“民法形式”作为民法精神的统一社会规范体系，以道德的本体性构建和实现民法精神的规范与秩序目标，并在道德本体的基础上揭示道德与民法在民法精神条件下的统一社会构造性及其在社会构造中的相互联系与作用。显然，民法和民法精神与道德具有高度的契合性，民法和民法精神离不开道德的伦理基础，而道德和民法在民法精神的条件下实现了价值与体系的统一。道德是人类内化的规范性与秩序性，是人或者人性的本体性的自然规范与秩序条件，任何一种社会规范与秩序文化，包括法治和法治文化，都根本是一定的道德文化的表现形式，都不可能在道德文化之外而有自己独立的文化价值与属性。

人的民法精神本体性还体现在民法精神在社会主义法治精神中的本体地位。民法精神的本体性决定了民法精神的社会生态性及其主体行为的自律构序性。因此，建设以民为本的社会主义法治文化，必须重视法治文化的社会内在需求驱动并依靠社会自身的民法精神诉求，即人的本体性发现。换言之，建设社会主义法治文化的民本模式只能建立在人的民法精神的主体性和本体性的基础之上，并需要对人与民法精神的深度认知。

（二）人与民法精神的目的与价值

一切关于人的认识，根本是对人的目的与价值的认识，而人的目的与价值就是以人为本的民法精神的目的和价值。人通过民法和民法精神的形式表现自己的目的和价值，就必须要求民法和民法精神与人自身诉求的统一。当不同的人基于共同的人性诉求而构成社会时，作为个人诉求的目的与价值就表现为民法精神的一般和普遍的秩序形式。

1. 人的民法精神目的性

民法精神作为人的条件而代表人的目的。人不仅以民法精神的形式反映自己的目的，而且追求民法精神的目的实现。“人不仅是一种追求目的的动物，而且在很大程度上也是一种遵循规则的动物。”[2]所以，人必然要求反映自己的目的并遵循目的的实现规则，而民法精神就是人的目的与目的规则的统一形式。民法精神的目的，就是人或者人性的目的，民法精神不过是表现人的目的的规则

[1] ［美］E. 博登海默：《法理学：法律哲学与法律方法》，邓正来译，中国政法大学出版社 2004 年版，第 390 页。

[2] ［英］弗里德利希·冯·哈耶克：《法律、立法与自由》（第 1 卷），邓正来等译，中国大百科全书出版社 2000 年版，第 6 页。

条件。因此,民法精神必须以人为目的,表现人的目的,追求人的目的,实现人的目的。换言之,民法精神不能脱离人的目的,必须以人的目的为诉求,否则既不符合人的目的条件,也不构成人的目的规则。

民法和民法精神必然存在自己的目的性,“民法的目的性价值是民法所承载和追求的基本价值”,[1]民法或者民法精神的目的性,作为人的目的性,是个人利益与社会秩序的结合,所以,民法精神作为以民为本的社会精神,应当以个人为目的构建市民社会的秩序体系并使这一体系符合个人的目的诉求。可见,民法精神的目的,作为个人的目的,不是具体的个人目的,而是作为个人目的的普遍性条件,在民法精神表现的个人目的中,虽然不能改变个人的目的,但是个人目的的实现方式却被社会化和一般秩序化了。“无论是在什么样的文化传统里生活的人,都有着人之作为人的并且因此是相同的欲求、需要和愿望,都要过社会生活。不论文明或文化把生活于其中的每个人塑造成或者想塑造成什么样子,但最终改变的只是欲求、需要和愿望的表现形式和相关的社会制度,而不是欲求、需要和愿望本身,尤其是其中所蕴涵的人所固有的尊严和价值,人之作为人的本性。”[2]民法精神的目的性作为人的本质主要在以下三个方面:自由作为生命条件反映人的人格目的诉求;秩序作为人的行为条件代表人的规范目的诉求;正义作为分配条体现人的利益目的诉求。可见,自由、秩序和正义三者,既构成人的社会目的,也构成了人的民法精神诉求。

2. 人的民法精神价值性

价值是一个认识论的范畴。“价值就是事物对于人,更确切的说,是客体对于主体的意义。”[3]德国哲学家文德尔班认为,“价值不是科学、伦理学、美学研究中的具体事物,既不是物理的、心理的东西,也不是形而上学的实体,而只是诸事物之间的联系和关系的总和”,并认为,“价值归根结底不过是形式和秩序”,而作为价值的关系“不过是一种精神的或心理的过程。”[4]在法学上,有观点认为,价值“是以法与人的关系作为基础的,法对于人所具有的意义,和对人关于法的绝对超越的指向”。[5] 民法精神的价值,就是民法精神的社会秩序构造对

[1] 马黎:《民法目的性价值研究》,西南政法大学 2012 年博士学位论文,第 34 页。
[2] 夏勇:《走向权利时代》,中国政法大学出版社 2000 年版,第 17 页。
[3] 李德顺:《价值论》,中国人民大学出版社 2007 年版,第 37 页。
[4] 李连科:《价值哲学引论》,商务印书馆 1999 年版,第 34 ~35 页。
[5] 卓泽渊:《法的价值论》,法律出版社 2006 年版,第 49 页。

于人的积极意义,这种价值不过是作为人的条件和目的存在的。

民法精神的目的,作为人的目的,体现人的价值。人的目的和代表自身目的的民法精神,都是人的价值形式。也就是说,人是把自己的价值作为目的追求的,必然把一定的价值上升为目的。民法精神的价值,作为人的价值,是它所表现的人的目的和目的诉求的正当性与合理性。换言之,民法精神的价值就是它的条件与人的目的的结合与统一,当条件与人的目的相符合并有利于人的目的实现即具有价值,否则就没有价值——价值是条件与目的的符合和符合的程度。

价值是人的社会属性。"每个人在他或她自己的身上都是有价值的。"[1]价值的意义就在于它是与人的目的相符合的条件,能够满足和实现人的目的需求。人的价值,根本是人性的价值,人必然在人性的基础上提出自己的价值诉求,包括一定的人格与财产价值诉求。

民法精神的价值性,既具有客观性,又具有主观性。一方面,民法精神的价值反映人的自然生物需求,必然基于人性而具有客观的规律性与规定性;另一方面,民法精神的价值反映人的必然需求与思想感受,在这个意义上,"价值只是来自人的主观精神表现,并不是一种客观的现实存在"。[2] 民法精神的价值,在人性和人的规定性上是客观的,具有普遍性与一般性,而作为一种精神条件,则是主观的,具有一定的特殊性和不确定性。可见,民法精神价值的主观性,是一个价值观问题,只有具有符合社会秩序条件的个人价值观,才能够具有正确的民法精神价值并实施正确的个人行为。[3] 所以,建设以民为本的社会主义法治文化,应当以社会主义核心价值观作为提出和确定民法精神诉求的价值根据,从而正确反映人的社会本质与价值诉求。

五、民法精神与以民为本的人性诉求

民法精神是以民为本的人性精神,具有以民为本的人性诉求,这一诉求构成

---

〔1〕 [英]阿伦·布洛克:《西方人文主义传统》,董乐山译,生活·读书·新知三联书店 1997 年版,第 234 页。

〔2〕 李德顺:《价值学大辞典》,中国人民大学出版社 1995 年版,第 37 页。

〔3〕 据报道,2015 年 4 月 9 日清晨 5 时许,一辆满载活鱼的货车从武汉驶往乌鲁木齐途中,在连霍高速公路乌鞘岭隧道群路段(甘肃武威天祝县境内)侧翻,车厢中 22 吨活鱼散落一地,被闻讯赶来的当地村民哄抢一空。(参见段小利:《货车拉 22 吨中华鲟等鱼侧翻　村民驾车而来哄抢一空》,载大河网 2015 年 04 月 13 日,http://news.dahe.cn/2015/04-13/104754975.html)这一事件和诸如此类现象的发生,反映了目前我国社会的民法精神及其价值的缺失状况,具有一定的代表性和典型性。

了民法精神诉求的本质。民法精神诉求作为市民社会的秩序品质的正当性根据和基础就是人性。建设社会主义法治文化的民本模式,既需要立足于民本,又需要立足于人性,是以民为本的人性诉求的规范与秩序形态,而以民为本的人性诉求,也就构成了社会主义法治文化的基本诉求——民法精神诉求。

(一)民法精神的民本诉求

民法精神作为市民社会的自然生态秩序,就是民本社会的生态精神。市民社会既是民本社会,也是需要以民为本和追求民本的社会,而民法精神作为市民社会的规范与秩序的本质,则必然追求民本条件,以民本为诉求。

1. 民法精神的民本目的诉求

民法精神是以民为本的市民社会精神,必然提出和具有民本目的诉求并构成自身诉求的本质属性。民法精神的民本诉求,首先是民本目的诉求。所谓民本目的,就是以民为本的个人目的,也就是以个人为主体并坚持个人目的及其价值体系,[1]是一种个人本位的社会价值观。换言之,民法精神以民本为目的,追求民本的社会利益及其实现。民法精神的民本目的诉求,是在建设和维护民本社会的秩序过程中以实现个人利益为目的的社会诉求,其根本表现是人的人格即民事主体地位的诉求,也就是我国社会主义法治文化条件的"以人民为中心"和"人民主体地位"的诉求。

民本目的的诉求,是一种普遍的诉求。对于人或者民本的目的与诉求,虽然不同的民族和社会具有意识形态和表现形式上的文化与传统差别性,但是它们作为人的客观利益条件在根本上是相同的,也就是说,人类具有共同的和固有的民本目的诉求,因此,一个国家的法治文化,不能以文化与传统的差别性而否定人类在民本目的与诉求上的共性及其在民法精神的表现形式上的普遍性和统一性。

以民为本或者民本目的诉求,不仅是一种目的诉求,而且是对目的实现的主体诉求。在对主体的诉求上,一方面是民本社会自身的目的诉求,即市民社会的主体应当以个人为目的,追求个人目的与价值的实现;[2]另一方面是对公权力即政府或者政治社会在尊重和维护个人目的上的诉求。我国在传统上并不是个

---

〔1〕"个人价值体系视个体人格之价值为最高善。"([德]阿图尔·考夫曼:《法律哲学》,刘幸义等译,法律出版社2004年版,第248页)

〔2〕"个别的人,作为这种国家的市民来说,就是私人,他们都把本身利益作为自己的目的。"([英]亚当·斯密:《国富论》,谢祖钧等译,中南大学出版社2003年版,第427页)

人本位的社会，不仅政治社会把自身置于个人之上，而且即使个人亦缺少自身目的的社会价值理念，对个人目的及其与社会秩序的关系没有一个完整和理性的认识。换言之，既是对自我关心不够，也是对自我与社会关系的定位模糊。特别是公权力作为与“民本”相对的“官本”条件，往往被滥用成为损害民本的社会目的的手段。譬如，在河南发生的“村民祖传古董被镇文化站借走30年未归还”事件，[1]虽然可能被认为是一件“小事”，但是它却在根本上反映了公权力对民本目的与利益的一种无视态度，是对民本目的与诉求的背离，不符合以民为本的社会主义法治和法治文化的条件和要求。

因此，社会主义法治文化的民本目的诉求，作为对政府和公权力的要求，就是应当把以人民为中心和坚持人民主体地位落实到具体的施政行为之中，作为施政的根本目标。正如十九大报告所指出的，要正确处理好“人民日益增长的美好生活需要和不平衡不充分的发展之间的矛盾”；要充分认识到，“人民美好生活需要日益广泛，不仅对物质文化生活提出了更高要求，而且在民主、法治、公平、正义、安全、环境等方面的要求日益增长”，所以，“必须始终把人民利益摆在至高无上的地位，让改革发展成果更多更公平惠及全体人民，朝着实现全体人民共同富裕不断迈进”。

2. 民法精神的民本秩序诉求

民法精神的以民为本的人性诉求，不仅根基于人的主体性与利益性的民本目的，而且践行于民本的社会秩序形态与实现，这就是民法精神的民本秩序诉求。也就是说，民法精神的民本诉求，不仅是目的和形式的，而且是实质的行为条件与生态秩序。民本目的诉求只有转化为民本秩序诉求，才能够在民本秩序的基础上成为一种现实的存在，即目的本身不再是目的，而是一种实现的客观状态。

民法精神的民本秩序诉求，从民本社会自身来说，一方面，它是民本主体即个人或者市民社会主体的诉求；另一方面，它是民本社会以自身为目的的秩序诉

---

〔1〕 三十多年前，第二次全国文物普查时，河南安阳滑县上官镇民王庄村村民王连民家中的两件祖传古董被镇文化站（时称人民公社文化站）“借走”，并约定如果文物被国家保存，会给予经济补偿；如果国家不要，会原物退还。可是这一“借”就借了三十年，两件“传家宝”却再无消息。多次催问之后，王连民被告知“两件文物找不到了”。（丁丰林：《村民祖传古董被镇文化站借走后下落不明一借三十年，“传家宝”去哪儿了?》，载《大河报》2015年4月7日，第A6版）

求,即民本目的诉求在秩序形态上的延伸。[1] 因此,这一诉求首先应当表现为市民社会自身的秩序形态,是自身秩序与自身目的的统一,即个人或者市民社会的自律与自主构序。换言之,市民社会自身的目的只能通过自己的秩序来实现,而不能寄托于外部社会或者依赖外部条件。

从对政治社会的要求来说,就是政府或者公权力应当反映市民社会的民本秩序诉求并构造民本的社会秩序体系。民本的社会秩序体系,首先是以市民社会秩序即个人社会秩序为基础或者主体的秩序条件,这一秩序规定了其他社会秩序,包括政治社会秩序,即政治社会秩序应当是以实现市民社会秩序为目的而合理存在的秩序条件,应当代表和反映市民社会的秩序诉求与实现,而不能超越市民社会秩序而有自己独立的秩序诉求。[2] 也就是说,政治社会的秩序应当尊重市民社会的秩序,符合市民社会的秩序诉求及其确立的秩序构造。

市民社会的秩序与秩序诉求,是一种自由的秩序与诉求。"只有在实现普遍利益或公益所必需的时候,才能允许对个人施以强制;此乃自由传统的一项基本原则。"[3]但是,在自由与秩序的关系上,根本是秩序而不是自由,而在合理秩序的条件下,人类也不可能根本丧失自由。美国当代政治学家亨廷顿指出:"首要问题不是自由,而是创建一个合法的政治秩序。很显然,人类可以无自由而有秩序,但不能无秩序而有自由。必须有权威,然后才能对它加以限制。"[4]显然,"合法的政治秩序"是市民社会与民本秩序实现的必要条件。

总之,民法精神诉求的民本秩序,既不是形式秩序,也不是官本秩序,而是以民为本的社会生态秩序,其秩序形成的动力与条件均在于民本,是民本社会自在自为的生态秩序,虽然这一秩序的形成与实现需要一定的外部秩序条件,但是它

〔1〕"人不仅是一种追求目的的动物,而且在很大程度上也是一种遵循规则的动物。"[[英]弗里德利希·冯·哈耶克:《法律、立法与自由》(第1卷),邓正来等译,中国大百科全书出版社2000年版,第6页]

〔2〕"应当围绕政府与社会关系这一主题,努力建设一个以回应型、服务型、有限型、开放型、责任型、守法型等为主要特征的善治型政府,重构一个由以公正为价值取向的民生型社会、以道德为价值取向的精神型社会、以自治为价值取向的组织型社会、以团结为价值取向的合作型社会、以权责为价值取向的公民型社会组构的和谐型社会。"(肖金明:《社会管理创新:意义、特征与重心所在》,载《山东大学学报》2012年第4期)

〔3〕[英]弗里德利希·冯·哈耶克:《法律、立法与自由》(第1卷),邓正来等译,中国大百科全书出版社2000年版,第2页。

〔4〕[美]塞缪尔·亨廷顿:《变化社会中的政治秩序》,王冠华、刘为译,上海人民出版社2008年版,第8页。

在根本上是民本社会的本体秩序，即市民社会的精神与行为秩序。

（二）民法精神的人性诉求

民法精神的民本诉求，其“民本”的真实含义，是人的本质属性即人性，而民本诉求也就应当是人性诉求。人性诉求构成民本诉求的条件，民本诉求应当反映和符合人性诉求。

1. 民法精神的人性根据诉求

民法精神的民本性，是一种人性，而民法精神的民本诉求，是一种人性根据诉求。所谓人性根据诉求，一方面，反映的是这一诉求的人性根据性；另一方面，提出的是民法精神应当以人性为根据并符合人性诉求的条件。前者是指民法精神的自然性与客观性，后者是对民法精神的社会要求。民法精神的人性根据及其诉求意味着，民法精神是人性精神，应当符合人性，只有符合人性的民法精神，才是真正的民法精神。所以，民法精神诉求应当建立在人性的基础上并正确回应人性的诉求和与人性的关系。换言之，“作为人学的民法而言，理解自然人的人性就是理解民法的本性”。[1] 在人性根据之外找不到民法或者民法精神的本质。

人性是民法精神诉求的客观性与规定性。民法精神是以民为本或者民本的精神，然而，何为它的“民本性”？它的民本性根据是什么？对此，只能从民法精神的人性根据及其诉求上寻找答案。因为人性作为人的客观利益需求及其实现条件的规定性存在，也就是人的客观性与规定性存在，而人的客观性与规定性作为不以人的主观意志为转移的条件，就是人的自然与必然性，也就是人本性或者民本性。所以，民法精神诉求，作为一种民本诉求，不仅是一种人性诉求，而且以人性为根据，反映人性的条件。人性作为民法精神诉求的根据是民法精神的本源，构成了民法精神的正义性与价值性。

民法精神的人性根据，是从特定的个人条件中被抽象出来的普遍社会条件。“现实的个人不但具有个体性，而且还具有社会群体性和人类性。”[2] 作为民法精神根据并通过民法精神表现的人性条件，是作为个人的社会条件，是个人条件中所共同具有的普遍性条件。“人是一种不断需求的动物，除短暂的时间外，极少达到完全满足的状况，一个欲望满足后往往又会迅速地被另一个欲望所占

---

〔1〕 周清林：《走向何种“自然”：自然人观念在中国的变迁》，载肖厚国主编：《民法哲学研究》（第2辑），法律出版社2010年版，第3页。

〔2〕 武天林：《马克思主义人学导论》，中国社会科学出版社2006年版，第65页。

领。"[1]人的欲望,既是人性的任意条件,也是人性的秩序根据。当个人的欲望是一种人性的普遍诉求,则该欲望便构成了应当被顺从的社会秩序,从而成为一种根据性。人的欲望较之于其他动物完全出于自然本能的欲望有所不同,它既具有与人类社会文明形态相结合的规范性与有序性,又具有与自身智力和工具创造相结合的无限扩张性。人性欲望的这种扩张性特质,结合社会生产力的提高,就使得人与社会之间的结合与依赖不断增强,否则就无法维护人的社会存在与秩序。人性的欲望本能决定了作为人性条件的民法精神既需要以人性根据为诉求,又必须以自己的形式和条件对人性的自然欲望进行合理的调整与节制,从而更好地满足人的社会发展需要。

2. 民法精神的人性构造诉求

既然人性是民法精神的根据,那么民法精神的规范与秩序体系就是一种人性构造,而其生成与发展必然基于或者离不开一定的人性构造诉求。[2] 民法精神在构造上不仅具有人性的内在属性,而且需要人性的外在条件,是静态的人性构造本质与动态的人性构造形态的结合。所以,民法精神的人性构造诉求,就是民法精神作为社会生态秩序的必然存在条件,从而以人性的构造条件构造人性的民法精神。民法精神的人性构造诉求,作为人类的自然生态条件,必然表现或者实现为一定的人性诉求结果,即人性的社会自然构造。因此,人类从社会构造之初就已经开启了自己的人性构造诉求,并把这一诉求的构造结果以不断发展的各种社会文化与文明的形式表现出来,直到当代的人类文化与文明形态。

民法精神的人性构造诉求是以人的"自然法"即"人法"为基本价值形式的市民社会的构造诉求,[3]也就是对以人格形式和民主自由为基础的市场经济体系及其法治和法治文化构造的诉求,显然,它在根本上是一种社会体制与制度选择。民法精神的人性构造诉求决定了社会主义法治文化的民本模式的内在条件与本质。建设以民为本的社会主义法治文化,应当认知法治文化在民本基础上

---

〔1〕 [美]马斯洛:《马斯洛人本哲学》,成明编译,九州出版社2003年版,第1页。

〔2〕 详细内容请参见本书第四编(第十六章)"民法精神的实践理性构造"部分。

〔3〕 "基于事物的本性(nature)和在所有人之间所具有的普遍的公正感,就是一种因其内在合理性而在到处都要求获得承认的自然法。"Rudolph Sohm, *Institutes. A Textbook of the History and System of Roman Private Law*, *tr. by J. C. Ledlie*, *3rd edn.*, Oxford, at the Clarendon Press, 1907, p. 70. 转引自朱学平:《盖尤斯"法学阶梯"中的自然法——罗马自然法试探之一》,载肖厚国主编:《民法哲学研究》第2辑,法律出版社2010年版,第64页。

的自然与必然的人性条件与诉求并将其转化为具体的法律制度与体系构造。换言之,在建设社会主义法治文化的制度构造中,特别是在民法体系与民法文化的制定与形成过程中,应当坚持民法精神的人性构造诉求,形成以民法精神的人性构造诉求为根据的社会主义法律体系,从而促进以民法精神的人性构造诉求为条件的社会主义法治文化的民本模式的形成与发展。

六、民法精神的人性诉求与法治文化的民本性

坚持以民为本的人性诉求,建设以民为本的法治文化,弘扬以民为本的民法精神,对于人的本质的实现具有重要的现实意义。建设社会主义法治文化的民本模式及其民法精神,既离不开以民为本的人性条件,也必然以人的本质实现为内在的人性诉求。民法精神的人性诉求,作为一种以人性为基础的社会规范与秩序诉求,就是一种以民为本的法治文化诉求,也就是法治文化的民本性或者民本模式诉求。没有民法精神的人性诉求,就没有法治文化的民本性或者民本模式,也就没有实现社会主义法治文化的本质。

(一)法治文化的民本性与民法精神

法治文化的民本性,是民法精神的主体性与构造性体现。民本的法治文化既是民法精神的主体性文化,也是民法精神的构造性文化。

1.法治文化的民本性与民法精神的主体性

如前述,人作为民法精神的主体,既创设民法精神,又践行民法精神,而人在创设和践行民法精神的同时,则以自己的主体性构造了法治文化,成为法治文化的主体,并以民法精神的主体性构成了法治文化的民本性条件与根据。简言之,法治文化的民本性,离不开民法精神的主体性,是以民法精神的主体性表现出来的民本性,是民法精神的主体性文化。

所以,法治文化的民本性内涵根本是法治文化的民法精神主体性,即民本的法治文化是以民法精神的主体性构成的社会文化,民法精神及其主体构成了法治文化的民本基石。这一民法精神的主体性与法治文化的民本性的关系,反映了民法或者民法精神所具有的对于法治文化的一般价值。[1] 正是基于市民社

〔1〕 民法和民法精神以其市民社会的主体性及其关系条件,决定了它与法和法治文化的一般联系。"法的其他部门只是从'民法'的原则出发,较迟或较不完备地发展起来的,民法曾经长期是法学的主要基础。"([法]勒内·达维德:《当代主要法律体系》,漆竹生译,上海译文出版社1984年版,第25页)

会在整个社会构造体系中的主体地位,民法精神及其主体的自然生态性可谓现代法律或者法治文化构造的本体与核心,这就是由民法精神及其主体条件的民本文化即民法文化的本质决定的。“民法文化建立在市民社会与政治社会相互分离的社会结构的基础之上,以对市民社会关系的民法调整和民法自成体系和独立发展为条件,以私权的理论学说与价值体系为思想原则,是肯定个人的主体地位并以个人权利为本位的文化。”〔1〕法治文化的民本性以民法精神及其主体性为基础,确立了民法精神及其主体性在法治文化中的基础地位,也就确立了法治文化的民本性和民本模式的建设条件与目标。

民法精神的主体性,是一种交易关系的平等性与自由性。“经济上的平等和自由交易决定了人们平等和竞争的观念,以及对自我的肯定。”〔2〕人类在平等和自由的民法精神主体性的基础上所发展起来的法治文化的社会属性,就是法治文化的民本性。当人类的社会进步与经济发展使人类的自然理性回归到自身的主体性即民法精神时也就必然在自我肯定的基础上实现法治文化的民本性构造。

法治文化的民本性,在民法精神的主体性的基础上,就是要承认和尊重人的精神意志及其在法治文化构造中的生态意义。换言之,法治文化的民本性就是要求以民法文化的意思自治构成法治文化的基础秩序形式。这种法治文化的本质就是个人意志可以不受干预的自由表达并构成受法律承认和保护的规范与秩序,从而构成一项法治和法治文化的根本价值原则。

民法精神的主体性与法治文化的民本性的关系,不再是简单的规则体系,而是一个复杂的和各种条件与形式的社会生态系统,因此必须从更广泛的社会意义上去考察和认识。〔3〕 一个社会可能有良好的秩序规则,但是却可能没有良好的社会秩序;民法精神的主体性并不一定有主体性的精神行为;法治文化的民本

〔1〕 王利民:《民法的精神构造:民法哲学的思考》,法律出版社2010年版,第450页。

〔2〕 祝西莹、徐淑霞主编:《中西文化概论》,中国轻工业出版社2005年版,第29页。

〔3〕 正如美国学者伯尔特所指出:“法律不是作为一个规则体,而是作为一个过程和一种事业,在这种过程和事业中,规则只有在制度、程序、价值和思想方式的具体关系中才具有意义。从这种广阔的前景出发,法律渊源不仅包括立法者的意志,而且也包括公众的理性和良心,以及他们的习俗和惯例。”[[美]哈罗德·J.伯尔曼:《法律与革命:西方法律传统的形成》(第1卷),高鸿钧等译,法律出版社2008年版,第11页]

性并不等于必然的民本性的法治文化结果。[1] 其关键在于这种精神或者文化是一种制度形式的还是一种生态秩序，而民法精神和法治文化在本质上应当是生态实现的精神和文化，[2] 这就是精神或者主体性的文化意义。因此，在建设社会主义法治和法治文化的进程中，必须强调法治和法治文化的民本性及其民法精神的主体性地位，力戒公权对私权的不当侵害，改变重公轻私、重官轻民这一背离民本的传统文化观念，将民法精神的主体性自觉落实于法治文化的民本性构造之中，实现法治文化的民本性与民法精神的主体性统一。

2. 法治文化的民本性与民法精神的构造性

法治文化的民本性在民法精神主体性的基础上必然走向民法精神的构造性——民本模式的法治文化，从而民法精神的生态秩序既构成法治文化的内在本质，又构成法治文化的实现形态。

民法精神的自然生态秩序构成了一个国家和社会的法治文化的民本性条件和要求，而法治文化的民本性也就必然是民法精神的构造性，与民法精神的构造具有本质和内在的联系。换言之，民法精神的社会秩序的构造性与法治文化的民本性条件与要求具有客观上的契合性，法治文化的民本性必然以民法精神的构造条件与形式展现出来并构成自己的文化形态。民法精神的构造，就是市民社会关系的人身与财产关系的生态秩序构造，是一种平等和自由的社会秩序构造，从而以民法精神的主体性实现人的人身与财产利益需求，这就是以民为本的法治文化。民法精神的主体性与构造性是法治文化的民本性与价值性的统一，它使自身构造的法治文化直接具有了普遍的社会生态秩序文化的意义，构成一种自主与自律的行为文化。

---

〔1〕 河北省农民大货车被违法扣押十余年而赔款不足买半辆车的事件，深刻反映出我国政府在行政执法过程中仍然严重存在的通过公权力的不当甚至违法行使而对私权关系及个人自由乃至民法精神主体的侵害现象。据报道："为了要回 1994 年被扣押的解放牌运输汽车，河北省邯郸市成安县农民王增昌 20 年间先后两次"民告官"：先告河北省邯郸市磁县公安局，再告磁县人民法院。虽然两度都最终得到了法律支持——磁县公安局和磁县人民法院先后被判扣车违法，但依然没能改变那辆被扣押的汽车，在停车场一扣十几年、直至报废的命运。虽然经十多年申诉，最终得到了 6.3 万元的国家赔偿。但国家赔偿的这笔当年的买车钱，如今却远远买不了一辆车——拿着这笔'灭失损失'赔偿金，王增昌欲哭无泪。"（樊江涛、李月锋：《男子大货车被违法扣押十余年，赔款不足买半辆车》，载《中国青年报》2015 年 3 月 31 日，第 6 版）

〔2〕 "文化是一个群体或社会所共同具有的价值观和意义体系，它包括这些价值和意义的物质形态上的具体化。"[［美］戴维·波普诺：《社会学》（上），刘云德、王戈译，辽宁人民出版社 1987 年版，第 137 页]如果一个社会不能形成某种文化的共同价值体系，也就没有某种文化。

我国建设社会主义法治文化的民本模式,在民法精神的构造条件下,就是根植于我国的社会土壤,既需要继承传统,又需要突破传统,从而实现社会主义法治文化在民法精神构造的条件下的文化性蜕变与超越。“即使具体法律规则已经形成,它们仍然会继续从其他文化因素(像所有文化因素那样),以及生活本身吸收新的成分,形成它们新的内容和形式。”[1]由于中国传统的民本思想具有浓重的封建专制文化的本质与色彩,所以如果处理不好对传统民本思想的传承和与时俱进的内涵更新,就会导致在建设社会主义法治文化中的本体错位。民本思想在我国近代以来的社会实践留给我们的启示是:我国法治文化的民本性必须反映民法精神的主体性及其人性诉求,并与民法精神的构造性相结合,否则就不可能有真正意义的民本性及其法治文化实现。

(二)法治文化的民本性与人性诉求

法治文化的民本性既根据于民法精神主体性与构造性,也就必然决定于法治文化自身的人性诉求。因为作为法治文化民本性的民法精神的主体性与构造性在本质上就是一种人性条件与诉求。所以,建设社会主义法治文化的民本模式必须基于人性诉求的民法精神条件并以此确定法治文化的建设目标与发展方向。

1. 法治文化的民本性与人性价值诉求

法治文化作为人的或者民本的社会文化必然具有和体现民本价值,而法治文化的民本价值根本是人性价值。因此,法治文化的民本性是以人性价值为根据的,必须反映人性价值诉求,只有反映人性价值诉求的法治文化,才是民本模式的法治文化。可见,法治文化作为人或者人性的文化,在根本上是如何承认和尊重人和人性诉求的问题,同时,一定的人性价值诉求也必然影响法治文化的民本性并赋予其特定的文化内涵。

人性价值诉求作为法治文化的民本性条件,是法治文化的普遍性与稳定性秩序条件,[2]因为人性的价值诉求,基于人性的客观利益需求及其实现的规律

---

[1] [美]H. W. 埃尔曼:《比较法律文化》,高鸿钧等译,清华大学出版社2002年版,第11页。

[2] 法治文化的普遍性和稳定性,正如其表现形式的法律的普遍性与稳定性一样,都是由其本体的人性价值及其诉求的普遍性与稳定性决定的。“法律是世界秩序中的一个稳定因素,就像宇宙本身一样是永恒的、不可毁灭的。无论是自然界还是人类社会,没有法是不可想象的。……‘哪里有社会,哪里就有法’,任何生物,任何事物都有自己的法则,这是上帝创造出来的一切都具有的不可割舍的属性(因此,人、动物甚至无生命的物体都必须对违反这种法则承担责任)。……这种自然法则就被解释为神权统治下宇宙的普遍规律。”([苏]A. 古列维奇:《中世纪文化范畴》,庞玉洁、李学智译,浙江人民出版社1992年版,第188页)

性与规定性，必然是一种自然的秩序共识并构成一定的社会共性与统一性。“法律所负有的特殊任务之一，就是把支离破碎的道德环境，重新组合成一个结构严密的社会统一体。”[1]不过，构成社会与社会秩序统一体的，最终不可能是法律，而只能是作为法律或者法律文化根据的人性价值及其诉求条件。也就是说，民法精神的人性价值诉求，虽然具有民族与社会的特殊性与特定性，但是它在根本上是一种人类共同的社会规范与秩序条件，如果不承认这一条件，就不可能正确反映一个国家和社会的法治文化的民本性。

对此，建设民本模式的社会主义法治文化，需要在坚持社会主义核心价值观的基础上，借鉴西方法治文化中对人性价值及其诉求的合理认知。“在基督教和人道主义这两大有关人与社会的欧洲思想体系中，个人价值都占有中心地位。”[2]以个人价值为中心并反映人性的价值诉求，是西方法律与法治文化的生态基因与发展动力，[3]而这恰恰构成了中国传统文化的生态缺失与不足，是需要我们在建设民本模式的社会主义法治文化中长期弥补的生态文化条件。

2. 法治文化的民本性与人性实现诉求

人性不仅在于价值诉求，而且在于实现诉求。一方面，人性是必然与必要实现的人的客观性，人性必须实现否则就没有人性和人性的价值。如果人性不能实现，也就使人丧失了人性价值，人性的价值诉求便毫无价值意义。另一方面，人性的必然实现性，本身就代表了人性所具有的自然价值性和人性价值诉求作为必然条件的结果，是对人性价值及其诉求的一种客观证明。人性的价值和价值诉求只是反映了人性的规定性，即它的本质，而人性的实现和实现诉求才代表了人性的客观性，即它的实在。因此，民法精神的人性诉求，不仅在于价值诉求，而且在于实现诉求，即把人性价值转化为现实的人性秩序。在这个意义上，人性价值诉求必然表现为一定的人性实现诉求，因为只有人性实现诉求才代表了人性价值的真正主张。一个社会的人性实现诉求越充分和越全面，也就越能够深度体现和反映人性的价值和价值诉求。

人性实现诉求与人性价值诉求一样，必然以一定的社会文化形态反映和代

---

〔1〕［美］罗杰·科特威尔：《法律社会学导论》，潘大松等译，华夏出版社1989年版，第111页。

〔2〕［英］彼得·斯坦、约翰·香德：《西方社会的法律价值》，王献平译，中国法制出版社2004年版，第162页。

〔3〕“希腊哲学法理化、人文化的观念构成了西方法律传统之活力的基因。”（张文显：《二十世纪西方法哲学思潮研究》，法律出版社2006年版，第34页）

表自己，这在根本上，或者在社会规范与秩序文化的意义上，就是以民为本的法治文化。法治文化的民本性，在体现民法精神的人性价值诉求的同时，就是要以民本的法治文化形态实现人性诉求，因为法治文化的民本模式或者民本性的最后归结，就是人性诉求的秩序落实，而这一人性诉求实现也就构成了以民为本的法治文化的本质与目标。为此，也对一个国家的法律制度提出了要求。"人类在构建法律等社会系统时，必须以人性为根据，充分认识并尊重人性的本质。"[1]只有立足于人性和人性实现的法律制度，才是代表人性实现诉求的社会规范条件并能够为人性诉求的实现提供良好的制度文化基础。

〔1〕 王利民：《民法的精神构造：民法哲学的思考》，法律出版社2010年版，第6页。

第九章

人格本质的自由诉求

一、人格与人

人在社会关系条件下具有人和人格两个方面的存在。正如前述,[1]人在根本上是生物之人,即自然之人或者自然人格,而人在社会实现上即在法律地位或者资格上又成为一种"自然人"的人格存在,即人格之人或者社会人格。前者为人的自然属性,后者为人的社会属性。人的自然性是在一定的社会性中存在和实现的,而人的社会性也必然或者需要代表和反映人的自然性。[2] 因此,人格与人既具有内在的统一性,又是作为两种事实存在的,一个属于意识形态的范畴,一个归于自然生命的本质。然而,在人的社会存在中,人格特别是其中的法律或者民法人格对于人如何成为人或者实现人则是一个至关重要的社会条件。

建设以民为本的社会主义法治文化,就是要在法律上确立和张扬人的人格地位,以人格塑造人和完善人,从而合理满足人的利益需求,实现人的全面发展。

---

〔1〕 参见本书第一章民法精神之"民法精神的人格性"部分。

〔2〕 人或者人格,在民法或者法律上,是一个概括自然人、法人和非法人组织的统一范畴。然而,在本质上,人或者人格只是自然之人或者自然人的人格,或者说,自然人是唯一的人格存在。其他的人或者人格,都不过是人为了自己的利益实现所人为发明和创造的一种人格条件或者人格秩序,是为了人的利益目的服务的人格设计,是人的利益实现的中介形式。

同时,在法治和法治文化的人与人格的实现中,人必然基于自己的主体地位与人格本质而提出自己的人格诉求,以使社会主义法治和法治文化的人格构造更符合实现人的本质即人的利益与价值的需要。人和人格的本质正如人的生命本质,它在根本上是一个自由问题。没有自由既没有生命,就没有人和人格,而人和人格的社会实现在本质上应当是自由的实现。不论是人格还是人的自由,作为一种市民社会关系条件,是通过民法或者民法精神表现的对象。因此,建设以民为本的社会主义法治文化的民法精神的人格诉求,必然是对人格本质的自由诉求,并把这一诉求作为对社会主义法治文化的规定性。

(一)人格与人的主体性

十八届四中全会《决定》将坚持人民主体地位作为实现全面推进依法治国总目标所必须坚持的一项原则,而人民主体地位反映在法律或者法治条件上,就是人格与人的主体性。人格与人的主体性具有直接的联系,人格是用来表达人的主体性或者主体地位的一个法律范畴。换言之,在法律上,人的主体性是通过人格的形式表现和实现的。因此,人的主体性必然在建设社会主义法治文化中作为一种人格条件而被人们所普遍诉求。建设社会主义法治文化,必须面对这一诉求、回应这一诉求、不断满足和实现这一诉求。

1. 人格与人的主体条件

人格是人在法律或者制度上的主体条件。[1] 人要成为主体并具有主体条件,就必须具有人格。[2] 人格越是完善则人越是具有社会主体条件,也就越能在社会关系中体现和实现人的本质。人格是“人的性格、气质、能力等特征的总和”,或者是“人的能作为权利、义务的主体的资格”。[3] 人格的赋予和享有是以是否承认人的主体地位为条件的,而如何以法的形式承认人的人格则反映了一个社会对人的主体条件的理解和认识,而只有当人格的承认达到了一定的水平和程度,人才能够在一个国家或者社会的制度结构中具有主体条件并成为法

---

〔1〕 人格作为人的主体条件,根本是民法上的人格条件,它在一般意义或者广义上不是指与财产权相对的人格权,而是由人的人身权与财产权构成的民法上的统一主体条件。

〔2〕 当然,人格具有法律人格与事实人格之分。事实上的人格作为人的自然与生命的事实存在,是人不论在什么样的生存条件下都存在的,换言之,只要人和人的生命存在,人格的事实就存在,人格也在事实上构成了人和人的生命的本质。然而,作为当代社会文明条件的人格,是一种法律人格,是指人被以法律形式普遍承认为“人”的一种人格价值,是一种社会人格。法律人格应当以人的事实人格为根据并反映人的事实人格的本质与诉求。

〔3〕《现代汉语词典》,商务印书馆 1996 年版,第 1062 页。

律上的主体,也才能够以人格的平等主体性而在社会生活关系中自主地享有权利和承担义务,从而满足自身生存与发展的需要。

关于人格和如何为人,黑格尔指出,“自为地存在的意志即抽象的意志就是人”。[1] 所谓“自为地存在的意志”就是指独立自主的人格。正是人格才使人在社会生活关系中以自己的特定主体条件而不同于人的自然状态并区别于没有人格意志的其他动物。正如黑格尔所言:“人实质上不同于主体,因为主体只是人格的可能性,所有的生物一般说来都是主体。所以人是意识到这种主体性的主体,因为在人里面我完全意识到我自己,人就是意识到他的纯自为存在的那种自由的单一性。”[2] 根据这种人格与人的主体条件的观点,基于人格与人的主体条件之间通过法律规范所形成的这种关系,反映在表现人格的具体法律规范中,是通过赋予人的权利能力的人格形式来承认人的主体条件的,而人是否在法律上具有人格和具有何种人格也就成为人是否具有主体条件和具有何种主体条件的根本因素。只有在被赋予人格的意义上,人才能够从自然的主体成为真正的社会之人并且具有人的主体性。在人人平等与自由的现代人文精神时代,“人格、法主体这种根源性概念必须与人的概念相契合”,于是,“两个概念的根源的同一性以如下的定式表现出来:每个人……皆是权利能力者”。[3]

马克思指出:“人格脱离了人,自然就是一个抽象。”[4] 人格作为一种意识形态,虽然以人为对象,但却是一个抽象物,具有抽象的特质。显然,一旦人被赋予了人格并具有主体条件时,则人的人格或者主体条件是抽象的,并因此获得了普遍的和一般的社会属性,能够以平等和统一的条件构建和形成人的社会主体性。也就是说,根据法律人格的抽象性,可以推论并设计出社会生活关系中的每一个人都应当具有一致的主体条件并赋予这一条件以普遍性。这种抽象的人格概念随着近代以来社会经济的发展和思想的进步而逐步形成,同时由哲学概念进一步发展为法学和法律概念,从而在法律上成为人们终身享有而不可变动、让予和放弃的社会地位,即民法的以人格为本质的人身与财产关系的制度体系。

---

[1] [德]黑格尔:《法哲学原理》,范扬、张企泰译,商务印书馆 1961 年版,第 46 页。

[2] [德]黑格尔:《法哲学原理》,范扬、张企泰译,商务印书馆 1961 年版,第 46 页。

[3] 梁慧星主编:《民商法论丛》(第 8 卷),法律出版社 1998 年版,第 163 页。

[4] 《马克思恩格斯全集》(第 1 卷),人民出版社 1995 年版,第 277 页。

然而,“一切权利均因人而设立”,[1]这就意味着具体到社会中每一个特定主体的人时,由于不同的人在主体条件上存在事实上的差异,并在具体的行为关系和实际的人格享有上而存在主体不平等的现象。[2] 不过,从哲学或者法学的层面上,人的主体条件是以人格为基础的,人格制度也通过对人的主体条件的完善而得以进步,而当人被以人格的形式赋予主体条件时,这种以民法和民法精神的形式所表现的平等而自由的人格也就使人的主体条件得到或者基本得到了满足并以此展示和实现了人的本质。

2. 人格与人的主体地位

当人被以人格的形式赋予主体条件,也就获得了人的主体地位,即作为自主而自由的社会主体的能力与资格。[3] 具有主体地位的人,基于其作为主体并优越于外部事物的意志,“有权把他的意志体现在任何物中,因而使该物成为我的东西”。[4] 人格作为人的主体条件就具有与人的主体地位同一性或者的统一性,一旦人格的主体条件形成也就确立了人的主体地位。“法律上的人并不是在‘它的’义务和权利之外的一个分立本体,而不过是它们的人格化了的统一体,或者由于义务与权利就是法律规范,所以不过是一批法律规范的人格化了的统一体而已。”[5]当人的主体地位实现了与人格的统一,也就实现了人与社会和社会发展的统一,社会也就必然以人和人格的实现为目的。

根据西方近代自然法观点,其核心在于所谓“天赋人权”,即由人的自由理性出发,人具备有意识、有目的控制行为效果的能力,并在社会活动中取得相应

---

〔1〕 [意]彼德罗·彭梵得:《罗马法教科书》,黄风译,中国政法大学出版社1992年版,第29页。

〔2〕 人格的平等赋予并不意味着每一个人都能够完成拉斐尔那样的伟大艺术作品,而是应当保证“每一个有拉斐尔的才能的人都应当有不受阻碍的发展的可能”。[《马克思恩格斯全集》(第46卷上),人民出版社1979年版,第120页]

〔3〕 具体从赋予人以主体地位角度来解析人格,人格不仅包括抽象或者一般人格,还包括具象或者特定人格。正是在这个意义上,德国民法“从法律技术上将人格分割成一个个要素,择其主要者予以维护”。(龙卫球:《论自然人人格权及其当代进路——兼论宪法秩序与民法实证主义》,载《清华法学》2002年第2期)显然,当妇女、老人、儿童、残疾人等处于弱势地位的主体被赋予同青壮年男子相同的地位时,无法回避的问题是他们先天条件的差异性会导致他们在社会生活中无法享有相同的机会与权利。于是,当代法律基于实质公平的考量,赋予前述处于弱势地位的主体以更加优越的特殊主体地位,以实现人格在具体与特定意义上的公平正义。人格的意义在赋予不同的人以相同的主体条件和平等的主体地位的同时,也就从根本上反映了对人的生命与社会价值的承认与尊重,因而构成了一个社会伦理范畴。

〔4〕 [德]黑格尔:《法哲学原理》,范扬、张企泰译,商务印书馆1961年版,第50页。

〔5〕 [奥]凯尔森:《法与国家的一般理论》,沈宗灵译,中国大百科全书出版社1996年版,第106页。

的尊严,因此,人类区别于其他物和动物,而没有理由视之为工具,于是,国家应以人为目的,不可对人的尊严造成伤害。普芬道夫认为,人在留意对自我利益进行保护的同时,对自身存在的价值也有着本能性的感觉,承受这方面贬抑给其主体所造成的伤害不逊于对其肉体以及名下财物的侵害。对于人类这种高等动物而言,具备感知尊严存在的能力。所以,在交往活动中,每个人都应承认他人与自己一样具有主体价值,并视他人与自己天然是平等的,也就是说,一视同仁地将他人当作一个平等的人。[1]

人格或者人的主体地位是一种人格尊严与尊重,它以相互关系的人格承认与尊重为前提。因此,一个国家对于人格尊重的认识程度直接反映了该国的社会文明水平和法治文化条件,并对该国家的法治文化建设具有重要的指标意义。本书项目组以"您在处理与他人的关系中,是否会把相互之间的人格尊重放在第一位"为题进行了全国性调查问卷,调查数据结果统计如图 9－1 所示:

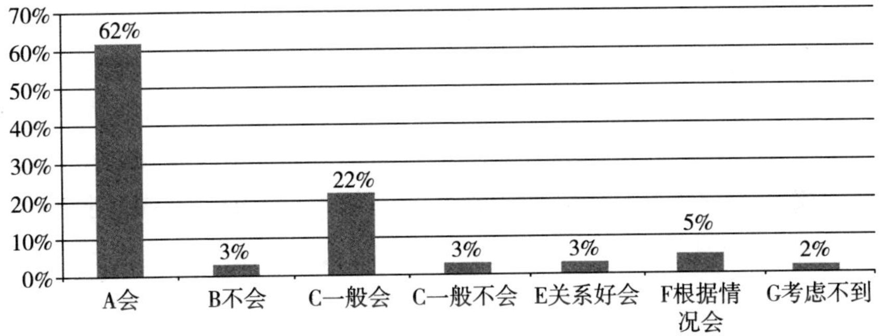

图 9－1　"您在处理与他人的关系中,是否会把相互之间的人格尊重放在第一位"一题调研数据统计

从数据统计结果来看,认为会将人格尊重放在第一位的占被调查人数的62%,加上认为"一般会"的 22%,则合计占比达到 84%。这一数据统计结果表明,在我国的社会主义法治文化建设中以人格尊重为核心的主体价值认同已经成为社会大众的普遍共识并开始形成一种社会的法治理念,这为进一步完善以民为本的社会主义法治文化建设奠定了良好的思想基础。同时,我们也应当看到,还有 16% 的人对这一问题的态度并不是正面和积极的,这对于一个当代文

[1] 参见[德]萨缪尔·普芬道夫:《论人与公民在自然法上的责任》,支振锋译,北京大学出版社 2010 年版,第 85 页。

明社会而言应当是一个比较严重的问题,也必然是影响我国人格和人的主体地位实现的一个主要社会因素。

(二)人格与人的价值

人格并不局限于满足人的主体性条件乃至于赋予人的主体性地位,更体现为实现人的生命体验和社会实践的价值意义。确认人的主体条件和赋予人的主体地位并不仅仅表达了人在规范形式上的一种利益需求及其实现的可能性,而且这种可能性作为人的可以通过自由选择的生命体验和社会实践及其实现的人生过程,则代表了人的价值性并且是一个价值尺度。

人格作为人的主体条件与地位的社会制度与规范形式,在根本上是关于人的价值认识,体现人的价值属性,是对人的利益需求与实现条件的积极肯定。换言之,一个社会有什么样的人格制度,就有什么样的人的价值承认,人也就可以在人格的主体条件与地位的制度条件下展示和实现自己的价值。在这个意义上可以说,以人格为对象的民法和民法精神,就是一个表现人和人格的价值形态,或者说,是以人格为价值条件的关于人的人身与财产自由的社会规范体系。

正是在价值的意义上,虽然人格是关于人的人身与财产的,但是却不直接等于一定的人身和财产。也就是说,人格所具有的价值性已经超越了一定的人身与财产条件而具有一般的社会价值属性,是不能用对等的利益或者金钱尺度来衡量的对象。[1] 这种无法用金钱衡量和补偿的人格在根本上是无价的,体现了人格"无价"的生命价值属性。人格的价值性是一种无价性,是人的生命无价的根本条件与必然诉求。

1. 人格与人的生命价值

人格的价值性,首先是人的生命价值性。"人格作为人的价值存在方式就是人。"[2] 人格以对人的生命的承认与尊重构成了对人的生命价值的制度构造。虽然人的生命价值是无法用任何的制度形式来简单描述的,但是人在自己的社会生活和社会关系中总是要通过一定的形式来表现和反映自己的生命价值,而

〔1〕 早在罗马法上,人格就不是一种可像财产一样为人所享有的东西,所以,在"私犯"制度的人格保护中,"法律将人所遭受的损害,看成是施加给个人与社会的危险",这一制度所产生的罚金责任,"也被当成是惩罚性与威慑性的,而不是补偿性的。因为这里所涉及的利益,与金钱问题无关"。(Eric H. Reiter, *Personality and Patrimony: Comparative Perspectives on The Right to One's Image*, Tulane Law Review, February 2002)

〔2〕 余潇枫:《人格与人的"价值生命"》,载《求是学刊》1999 年第 1 期。

作为人的主体条件与地位的人格制度就是代表和揭示人的生命价值的最好形式。人格以人为对象,也就是以人的生命和生命需求为对象,并必然以其制度内涵构成人的生命价值。人格制度的基础,“最重要的还是在于要确立我们人在作为一个人时,到底为了什么或我们凭什么能真的自认为是人且能被看成为一个人”。[1] 没有一个社会的人格制度,就没有一个生命价值的社会构造性展现,也就不具有人的生命价值实现所需要具有的一般社会条件。因此,建设以民为本的社会主义法治文化,应当以实现人的生命价值为目的构造一个符合人的生命本质的人格制度体系。

当然,人的生命价值的实现,是一个生命价值的社会运动过程,是人的生命价值的生态秩序存在。“人并不仅仅同他自己相联系,而且是同存在相联系的。而且,正是因为同存在相联系,这个人才能获得本真性。”[2]一个社会的人格制度只是为人的生命价值的实现提供了一种规范形式的可能性,而人的生命价值的实现在根本上需要各种以实现人的生命价值为目的的物质与精神的实质条件。虽然人格的人文本质体现了人在幸福体验和审美愉悦等方面所有的生命价值,但是如果人不能实现其生命价值,那么人所享有的人格也必然是有缺陷的,而人格也仅仅构成了人格的形式而不具有和代表人格的实质。

这一点,已为近现代工业文明的发展史和技术的进步史所证实:自工业革命以来工具理性被透支利用之后,“人的工作和生活、生产和消费、欲望和享受、需要和意识、情感和思维,都似乎被这个技术时代所异化,为它所支配和控制”。[3] 这种严峻现实,使得后现代工业社会开始迫切需要结合人的生活意义暨人的生命价值进行人格层面上的深刻反思,人们开始意识到生产力水平的提高和物质生活环境的改善对于人格的完善即人的生命价值的真正实现仅仅是必要条件而不是必然条件。康德指出:“你的行为举止应该是这样:无论是在你自己,还是在任何其他一个人,你都应将人类看做是目的,而永远不要看做是手段。”[4]当我们以目的价值而非工具手段来审视人类的人格条件,就发现人具备人格并被赋予主体地位并不等于其生命价值的必然实现,因为人可能被作为手段而非自身的目的而被形式上赋予一定的人格与主体地位,事实上,人的生命价值在现实

〔1〕 [德]马克斯·舍勒:《马克斯·舍勒三论》,江日新译,台北东大图书公司 1990 年版,第 210 页。

〔2〕 [美]威廉·巴雷特:《非理性的人》,杨照明、艾平译,商务印书馆 1995 年版,第 232 页。

〔3〕 李泽厚:《李泽厚哲学文存》(上编),安徽文艺出版社 1999 年版,第 440 页。

〔4〕 [德]卡尔·拉伦茨:《德国民法通论》(上),王晓晔等译,法律出版社 2003 年版,第 46 页。

中是被各种不合理条件和因素限制的，甚至是剥夺的，与人格的制度形式并不统一。因此，为了避免这一人格的异化和错位，就需要着力建设和发展以民为本的法治文化，不仅使人格成为一个国家的制度规范形式，而且成为一个社会的思想价值体系，通过完善的民本模式的法治生态文化，充分展示和实现人格所体现的生命价值。

同样，单纯的物质丰富也并不能直接带来幸福的生命价值体验，这是由于人在追求物质和通过物质攫取和获得满足的过程中，无法解决精神层面上的困惑，因此需要将物质财富与精神境界的需求相融合，而后者才能让人通过一定的思想体验而真正感受到人格的生命价值内涵。为实现借由幸福体验的提升来实现人的生命价值提高，不仅需要满足人的物质与精神生活条件，而且需要创造和形成人的生命价值实现的社会生态秩序，提高人的审美理性和推动人的审美实践。“美作为自由的形式，是合规律和合目的性的统一，是自然的人化或人化的自然。”〔1〕当人与自然在审美实践的过程中相统一，其生命价值才能够得到进一步体现，人格内涵才能够得到充分彰显。因此，建设民本模式的社会主义法治文化，应当以自己的文化形态全面涵养人格的生命价值与魅力，通过制度与实践相统一的人格实现过程，展现社会主义法治文化的人文本质。

2. 人格与人的社会价值

人格是一个社会范畴，它所代表的人的生命价值，是一定的社会价值形态，是以人格的社会价值形式表现出来的人的生命本质与条件。换言之，人格作为一种社会意识形态，是以人格的社会形式展现的人的生命价值，是人的生命价值的社会条件反映并因此获得了社会价值的属性。一定的人格代表了一定的对人的价值的社会认识，是以人格形式体现的一定社会价值观。人的生命价值，不仅是一个自然的生命实现过程，而且是一个社会的价值实现过程，离不开一定的社会价值判断和选择，而人格的制度设计就是这一判断和选择的根本表现形式。“法的命令是成为一个人，并尊重他人为人。”〔2〕法表现人，需要尊重人，不能走向人格的反面。人的人格制度设计及其所代表的社会价值问题，根本是一个社会的价值观问题，因此，人的生命价值的社会实现，必须首先确立一个社会的正确价值观，用正确的社会价值观引领人和以人为目的的社会实践，从而将人的生

〔1〕 李泽厚：《李泽厚哲学文存》（下编），安徽文艺出版社 1999 年版，第 630 页。

〔2〕 ［德］黑格尔：《法哲学原理》，范扬、张企泰译，商务印书馆 1961 年版，第 46 页。

命价值转变人的社会价值并通过人的社会价值全面展示和实现人的生命价值。

建设以民为本的社会主义法治文化的社会价值观，是社会主义核心价值观的重要条件和组成部分。[1] 社会主义核心价值观，不仅体现了社会主义的法治原则，而且从实现人的社会价值出发提出了对建设社会主义法治文化的本质要求。十八届四中全会《决定》要求“深入开展社会主义核心价值观和社会主义法治理念教育”，“社会主义核心价值观能否真正为公民个体所掌握，主要在于它最终是否转化为公民个体自觉的道德修养”。[2] 这反映了社会价值观与法治理念之间的内在联系与统一。因此，作为社会主义法治文化的人格制度文化及其代表和实现的人的社会价值，是对建设以民为本的社会主义法治文化的根本价值要求。

人格的社会价值需要成为实证理论并获得社会的规范形式。由于人作为各自独立的人格主体而处于相对隔离的自然与社会状态，彼此无从窥探对方的内心世界，所以，对一个人的人格评价在很大程度上是建立在其外部行为所呈现的社会价值方面，而这一评价的客观性与公允性必须借助某种作为人的社会价值共识的统一和普遍的规范标准，这就是人格的一般制度设计。也就是说，如果人的生命价值被界定为人格的内在维度，那么人的社会价值则是人格的外在形态，这一形态需要以人格的制度形式得到实证的规范表现，从而使人格的社会价值得以脱离个人和思想的任意性而获得统一的标准和评价。与古罗马法的人格制度不同，[3] 现代意义上的人格制度，不仅使人可以自由地展现自己的人格，在“没有任何人向其他人施加任意的影响力”[4] 的背景下，还表现为对外在物的支

---

〔1〕 十八大报告提出：“倡导富强、民主、文明、和谐，倡导自由、平等、公正、法治，倡导爱国、敬业、诚信、友善，积极培育和践行社会主义核心价值观。”中央办公厅于关于《关于培育和践行社会主义核心价值观的意见》要求：“把培育和践行社会主义核心价值观融入国民教育全过程、把培育和践行社会主义核心价值观落实到经济发展实践和社会治理中。”十九大报告强调：“要以培养担当民族复兴大任的时代新人为着眼点，强化教育引导、实践养成、制度保障，发挥社会主义核心价值观对国民教育、精神文明创建、精神文化产品创作生产传播的引领作用，把社会主义核心价值观融入社会发展各方面，转化为人们的情感认同和行为习惯。”这些论述都充分体现了对社会主义核心价值观的国民人格教育功能、社会价值实现影响和社会治理作用的高度重视。

〔2〕 吕振宇：《论社会主义核心价值体系》，山东人民出版社 2009 年版，第 284 页。

〔3〕 古罗马法的人格制度，“存在的唯一目的就是通过人格制度来拒绝社会中的某些人拥有人格，而不是为人作为法律主体奠定相应的价值基础”。（胡玉鸿：《法律史上人格制度的演化》，载《法律科学》2008 年第 4 期）

〔4〕 [美]詹姆斯·布坎南：《财产与自由》，韩旭译，中国社会科学出版社 2002 年版，第 34 页。

配以满足自身的人格利益，而且使个人的人格价值实践在共同的价值标准条件下构成统一的社会秩序。

然而，人格的社会价值理念，不仅是需要通过人格的制度形式所表现的价值观念，而且需要形成社会生态的与人格制度相统一的价值理念。[1] 即使人被承认为人格并具有人的社会价值，但是如果人自身没有正确的价值理念，则人可能发挥其工具理性，并会通过种种社会实践活动来盲目追求自身利益的最大化，这就悖离了人的生命价值在主体目的方面的人格要求，也就阻碍了人的社会价值的全面实现。也就是说，如果主体的价值没有反映在主体的目的与实践过程中，那么就是实践过程与人的生命价值与社会目标的对立，也就无法真正实现人的社会价值。这样的社会实践虽然是社会实践的必然存在，[2] 但却不是社会实践的本质要求。因此，在建设以民为本的社会主义法治文化过程中，与社会主义核心价值观相统一的人格价值观的教育和形成是不可缺少的内涵。

二、人格与人的自由

人的本质是自由，人格的本质亦是自由和实现自由。自由是人存在和发展的条件，也是人全面发展的终极目标。显然，人格是人为了实现自由而设计的，反映了人的自由诉求。民法上的人格，是以人的平等为条件的自由制度，反映了人的自由的本质。[3] 中共中央办公厅印发的《关于培育和践行社会主义核心价

---

〔1〕 人的社会价值理念早在罗马法时期就有所体现，在当时概念法学体系尚未完善的背景下，"法律和法学思想不断发展，罗马法逐渐把物限定为一切人力可以支配、对人有用，并能够成人们财产组成部分的事物"。[周枏：《罗马法原论》（上册），商务印书馆2001年版，第298页]从这个意义上讲，对人的社会价值体现最为全面的时期应当是人类经历了三次工业革命之后的当代社会，因为当代社会能够为人的社会价值实现提供更多的和前所未有的物质条件。然而，人的社会价值并不都是物质性的，而人在物质上的价值追求与发展则可能走向人的社会价值实现的反面。

〔2〕 这样的事例在我国社会生活中并不鲜见。如"山西左权县麻田镇村民攀悬崖盗伐崖柏年收入上百万"事件，就是其中一例。2013年以来随着崖柏价格飙升，山西左权县麻田镇峧沟村村民为了逐利不惜违反保护濒危珍稀植物相关法律和冒生命危险，疯狂盗伐并成坠亡惨剧近20例。（高龙：《舍命盗崖柏》，载《南方都市报》2015年4月15日，第A14版）由于人格的社会价值理念的缺失，这种在巨大的利益诱惑面前做出的通过非法的甚至是不顾生命危险的逐利行为选择，在结果上却悖离了人格的社会价值目的与实践目标。

〔3〕 从民法史上考察："德国民法典延续了法国民法典的观念，仍然是将人的自由、尊严等范畴视为人的要素——人本身'内在的东西'，进而使之成为法律人格的伦理基础。"（马俊驹：《人格权的理论基础及其立法体例》，载《法学研究》2004年第6期）《瑞士民法典》第27条明确规定："任何人不得让与其自由，对其自由的限制不得损害法律及善良习俗。"也就是将自由作为与人格不可分割的统一整体，而对自由的让与、限制和损害也就是对人格即人的生命与社会价值的否定，所以必须为民法所禁止。

值观的意见》作为阐释社会主义核心价值观的基本政策文件，明确将“自由”作为社会主义核心价值观在社会层面的首要条件，[1]并与平等、公正和法治一起构成了社会主义核心价值观中的社会规范与秩序价值，足见自由在人格的社会维度上的重要性。古今中外人类无不在努力追求和争取自由，它不仅是人性的自然本质与诉求，而且在我国社会主义制度条件下，更是每个公民实现全面发展的重要保障。[2]

（一）人格的自由本质

自由是生命的价值，也是人格的本质。霍布斯主张：“自由就其本意而言是指缺失外部障碍的状态。”[3]斯宾诺莎基于机械的因果关系决定论对人的自由持否定态度，宣称“不存在绝对或自由的意志”。[4] 黑格尔认为：“所有的人都是有理性的，由于具有理性，所以就形式方面说，人是自由的，自由是人的本性。”[5]现代汉语的自由，有三种释义：(1)在法律规定的范围内，随自己意志活动的权利；(2)哲学上把人认识了的事物发展的规律性，自觉地运用地实践中去，叫作自由；(3)不受拘束、不受限制。[6] 也有释义为：“通常指人身、言论、信仰、集会等方面的自由。”[7]还有从“自由意志”(free will)上释义自由：“指人不受自然的、社会的和神的约束，有在各种抉择中选择的能力或在一定情况下活动的能力。”[8]马克思恩格斯更加强调通过共同体带来的个人自由，“只有在共同体中，个人才能获得全面发展其才能的手段，也就是说，只有在共同体中才可能有个人自由”。[9] 人格的自由本质是多方面的，但是在根本上体现为民法上的

---

[1] “作为社会主义核心价值观重要内容的自由，既是个人自由与集体自由的有机统一，也是形式自由与实质自由的有机统一。同时，社会主义自由还可从更宽的视域来理解。从社会层面的价值取向看，自由、平等、公正、法治是一个有机统一体，它们相互支撑、相互促进，共同指向一个生机勃勃的现代和谐社会。”（谌林：《自由平等公正法治有机统一》，载《中国司法》2015 年第 8 期）

[2] 党的十八大和十八届三中全会以来制定的有关政治、经济、文化等各个领域的改革措施，都是为了确立人民的主体地位和实现人民的自由，是为了让每个人都有更多的权利和机会实现自己的社会梦想。实现人的自由不仅需要发展生产力，提供实现自由的物质与经济基础，而且应当加强以民为本的社会主义法治和法治文化建设，为人的自由实现提供全面的社会规范与秩序条件。

[3] [英]霍布斯：《利维坦》，黎思复、黎廷弼译，商务印书馆 1985 年版，第 97 页。

[4] [荷]斯宾诺莎：《伦理学》，贺麟译，商务印书馆 1983 年版，第 87 页。

[5] [德]黑格尔：《哲学史讲演录》（第 1 卷），贺麟、王太庆译，商务印书馆 1959 年版，第 26 页。

[6] 《现代汉语词典》，商务印书馆 1996 年版，第 1669 页。

[7] 《辞海》，上海世纪出版股份有限公司、上海辞书出版社 2010 年版，第 5320 页。

[8] 《不列颠百科全书》（第 6 卷），中国大百科全书出版社 1999 年版，第 447 页。

[9] 《马克思恩格斯文集》（第 1 卷），人民出版社 2009 年版，第 571 页。

人身自由与财产自由,而人身自由又在根本上是生命自由。

1. 人格的生命自由

自由是人的生命本质。人格的自由本质是由人的生命自由决定的。人具有自然的生命自由,必然诉求社会的人格自由。所以,人格作为人的自由,首先是一种生命自由,没有生命自由,就没有人的其他自由,生命和生命自由是一切自由的前提,所以人格在根本上代表人的生命和生命自由并以人的生命自由体现人格的本质。因此,一个社会对人的一般人格的承认与设计非常重要,它以人格的基本概念和范畴的文化与文明的形式,反映了一个社会对人的生命价值的本质性与体系性认知,并构成了一切以人为本的社会制度的价值核心。"法律是人类的作品,并且像其他人类作品一样,只有从它的理念出发,才可能被理解。……对法律的,或者对任何一个个别的法律现象的无视价值的思考也都是不成立的。"[1]对此,民法和民法精神的人格发现与制度体系的构造,则具有和体现了最为基础的促进和实现人类制度向当代文明发展的社会观念性与结构性作用。所以,建设民本模式的社会主义法治文化,必须以民法和民法精神的人格自由诉求及其自由制度为基础,以人格自由作为社会规范与秩序的本质条件,从而以人的自由为目的,全面体现和实现人的生命价值。

人格的生命自由的基础,是人对于自身主体实在的支配权利。正如康德的著名命题是:"不能把自己仅仅成为供别人使用的手段,对他们来说,你自己同样是一个目的。"[2]黑格尔从人们的主观、精神或意志方面而非感性的现实活动去理解人的主体自由,他指出:"在近代哲学的原则里,主体本身是自由的,人作为人是自由的;与这个定义相关联,就发生了这样一种观念,认为人有使其自身成为实质物的无限天职,由于人的本性,人就是精神。"[3]尽管黑格尔未能从人的主体实践即人的对象性活动中去理解人的生命自由的社会性与实践性,以致这种唯心主义哲学观在考察人的主体性方面存在理论上的偏颇与不足,但是他从人的主观方面来理解人的生命自由与人的主体性的关系,仍然阐明了人作为主体的精神本质。马克思关于"人的主体自由和实践"的辩证唯物主义观点以黑格尔的人的主体精神自由为基础并进行了批判继承。根据马克思的观点,对

---

〔1〕 [德]拉德布鲁赫:《法哲学》,王朴译,法律出版社 2005 年版,第 3 ~4 页。

〔2〕 [德]康德:《法的形而上学原理——权利的科学》,沈叔平译,商务印书馆 1991 年版,第 48 页。

〔3〕 [德]黑格尔:《哲学史讲演录》(第 1 卷),贺麟、王太庆译,商务印书馆 1959 年版,第 104 页。

于人的主体性的全面深刻理解是需要结合主体和客体、主观和客观、认识和实践等关系范畴来展开的。“在马克思主义哲学中,实践的观点和主体性的观点是连为一体的。离开实践的观点,就不可能真正理解人的主体性;同样,离开主体性的观点,也不可能真正理解实践。”[1]虽然人或者人格的生命自由是以主体或者精神的自由为前提的,但是它作为人的社会自由和一个社会范畴,是不能局限于对人的主体性或者精神性来理解的,它需要与社会关系和人的行为实践相联系。也就是说,人格的生命自由包含主体性与实践性两个方面的价值,是精神自由与社会自由的统一,只有将人的主体性与实践性相结合,才能够准确认识和正确把握人格的生命自由的全部价值与完整内涵,而这一观念正是人格的民法和民法精神的制度设计与社会规范和秩序实现的必要条件。

2. 人格的财产自由

人或者人格的生命自由离不开一定的财产自由,人不仅是精神的,而且是物质的,人的生命的维系需要一定的财产或者物质条件的满足。因此,人或者人格的生命自由诉求必然是以提出和实现一定的财产自由诉求为基础的。人格的财产自由是人应当享有一定的财产并可以根据自己的意志而自主支配自己的财产以实现自己的财产利益需求的自由。财产自由既是独立的人格条件,又是与生命自由结合的统一人格条件。“在政府权力、市场经济、大众媒体和科学技术的强烈影响下,人格权财产性的社会需求急剧膨胀,当代人格权的含义已经和水磨时代人格权的涵义相去甚远。”[2]人格自由必然从非财产性的人格自由而要求和发展为财产性的人格自由。“它由基于私人生活所生之非财产性的核心,与在特定情形下所表现出的财产性的面貌所组成。其中后者是第二位的,它不能脱离前者而独立存在。”[3]换言之,人格的生命自由与财产自由是一个辩证统一的整体人格要素,财产作为人的生命利益的必然需求,不仅具有人格性,而且是人的生命自由所不可缺少的条件。由于财产或者物质作为人的社会财富的有限性和稀缺性,因此必然需要在人与人之间按照一定的规范与秩序合理分配社会财产,这就产生了人的财产人格条件,而人的财产人格从市民社会关系的财产利益需求及其实现的规定性上,应当是一种财产自由的人格本质。

---

〔1〕 郭湛:《主体性哲学——人的存在及其意义》,云南人民出版社 2002 年版,第 34 页。

〔2〕 王利明:《人格权法研究》,中国人民大学出版社 2005 年版,第 1 页。

〔3〕 Eric H. Reiter, *Personality and Patrimony: Comparative Perspectives on The Right to One's Image*, Tulane Law Review, February 2002.

在人类与物质的结合过程上,自然环境中的原生物质既无法自然和自动地满足人类的利益需求,又无法在富余的情况下转化为人们的财富,所以只能通过人们的劳动将原生物质进行各种形式的采集和加工处理才能够实现自身的财产利益目的,并能够产生人类的剩余财产和推进财产积累与财富增加。于是,财产自由的人格本质就成为一种劳动权利,当人格被赋予自由地支配生命时间的同时,在本质上就是被赋予了通过劳动获得财产和积累财富的权利。因此,有学者指出,劳动创造财产的理论"在本质上是不容挑战的"。[1] 据此推断,在劳动创造财产上,自由权是财产权的基础,因为劳动首先必须是自由的,但劳动的本质应当是劳动者基于自己的劳动而为自己获得财产,并且在劳动获得财产的基础上可以自由地交换自己的财产,从而在能够实现财产的交换价值的同时形成一个财产自由的社会关系与人格实现的秩序体系。

在人格自由的内涵中,财产与人格自由之间的关系绝非财产权单方面从属于人格自由,或者说,人格的财产自由作为人格自由的条件反过来也带来人格自由并促进人格自由的实现与发展。人类在创造社会财富并增加个人财产积累的同时也不断提高和发展了自己的人格自由条件并得以在更高条件和更广范围内实现自己的人格自由,这在本质上就是扩大和延伸了自己的生命自由,从而成为更加自主与自由的人格主体。"私有权使得个人能够退出因交换——市场所形成的相互依赖关系网络,而迈向宝贵的自给自足的状态。"[2] 换言之,一个人越是具有财产,也就越是具有人格自由的要素并能够实现人格的自由本质。

当然,人格的财产利益条件并不都是通过财产自由的方式来实现的,也就是说,财产自由只是财产人格的一种表现形式而不是它的唯一和全部形式。这种形式是一种市场或者商品经济的形式,即民法调整的市民社会关系的财产权形式,虽然它不能完全代替其他财产分配形式,但是在人格平等与独立的社会关系条件下,作为一种与人格自由统一的形式,则是人的财产利益实现的根本形式与最佳形式,因此成为当代社会的普遍体制与秩序选择。

显然,人格的财产自由是以财产私有权的存在和发展为条件,是个人权利与自由即私权的表现形式。一个社会的财产自由的人格条件与实现,不仅在于制度上的财产自由的人格设计,而且在于人们对权利与自由的认知及其相应的财

---

〔1〕 L. C. Becker, *Property Rights: Philosophic Foundations*, Routledge and K. Paul, 1977, p. 32.

〔2〕 [美]詹姆斯·布坎南:《财产与自由》,韩旭译,中国社会科学出版社2002年版,第37页。

产自由诉求。对此,本书项目组以"您认为权利、自由对于您个人是否很重要"为题进行的全国性调查问卷统计结果显示,在给定的六个备选答案中,选择权利、自由对于个人"重要"的占比最高,达60%。[1] 这表明,一方面,从整体上看,经过改革开放四十余年的社会发展与法治建设,我国民众对于权利和自由的认知水平与重视程度得到了全面提高,我国的财产自由的人格实现具有了较好的社会认知与思想条件;另一方面,虽然在受访者中选择"重要"的比例最高,但是对这一结论的认知仍有进一步扩大和提升的空间和必要,可以说,我国社会对权利与自由的认知还不能完全满足和适应建设社会主义法治文化的需要。

同时,结合另一项调查统计数据,就更能发现问题所在和问题的严重性。在本书项目组以"在下列选项中您最关心的事项有哪些"为题所做的全国性调查问卷的数据统计结果中,人们选择"收入增加"的占比最高为23%,而选择"个人自由"的占比仅有7%,几乎是最低值。[2] 这一数据统计结果说明,由于我国市场经济与财产观念的畸形发展,人们往往关心现实的利益满足,而对"个人自由"这类无法给人们直接带来现实利益的问题与诉求,并不受到人们的重视,而在认识上有待随着我国社会文明的进步而得到进一步的提高。

(二)人格的自由实现

人格具有自由的本质,必然诉求自由、表现自由和通过自由实现。[3] 一个人没有自由就没有人格,人格的存在和实现必然是一种自由的生命形态。

1. 人格的自由实现条件

人格的实现作为一种自由的实现,是一定自由条件的实现,应当具备自由的实现条件。也就是说,没有一定的自由条件,就没有人格的自由实现,人格的自由条件与自由实现构成了人格自由的本质。脱离一定的自由条件,既无所谓人格和人格自由,也无所谓人格的自由实现。因此,建设以民为本的社会主义法治文化,确立人民的主体地位,应当不断创造和发展人格实现的社会自由条件,从

---

〔1〕 本题数据统计结果详见本书第六编(第二十九章)"城乡差别的民法精神实践"部分。

〔2〕 本题数据统计结果详见本书第四编(第十五章)"民法精神的道德本体构造"部分。

〔3〕 人格的自由实现是人类普遍和共同的愿望。习近平总书记指出:"和平、发展、公平、正义、民主、自由,是全人类的共同价值,也是联合国的崇高目标。目标未完成,我们仍须努力。"(习近平:《携手构建合作共赢新伙伴 同心打造人类命运共同体——在第七十届联合国大会一般性辩论时的讲话》,2015年9月28日,纽约)在人类进入全球化和处于普遍联系的当代社会条件下,人格的自由实现不再是某个国家或者民族的社会理想,而是人类共同的价值追求。

而为维护人格和人格的自由实现提供社会条件上的可能性。

人格的自由实现条件主要应当包括以下四个方面：

第一，不断改善和提高的与人格的自由实现相适应的人的自由诉求与支配能力。“人要多方面享受生活，那么他首先需要具有享受生活的能力，因此他必须是具有高度文明的人。”[1]人有什么样的人格自由诉求与支配能力，就必然能够具有什么样的人格自由目的并能够享有和可能实现一定的人格自由。所以，对于人格的自由实现条件而言，人的人格自由诉求与支配能力是第一位的。人的这一能力，既有先天赋予的，也有后天发展形成的。每个人的先天能力各有差异，身体和心理等各方面的素质皆有不同，虽然这种客观条件是无法改变的，但是人却能够通过后天的教育培养而不断改变和完善自己的人格意识与诉求并提高自己对人格自由的支配与实现能力，这就成为一种社会责任，也是一个社会的法治文化建设的目的与任务。

第二，合理制定和形成的与人格的自由实现条件相统一的社会制度体系。虽然人格的自由实现是生命的自然秩序，具有生态秩序的本质，但是人格自由作为一项社会自由，离不开一定的社会条件，并且依赖于良好的社会制度体系，这一制度体系在根本上就是与人格的自由实现相统一的法治和法治文化条件。一个社会的制度和法治条件，是人格自由实现的规范与秩序基础，也是人格自由实现的国家强制力保障，并且引领和主导着人格自由实现的发展与方向。

第三，努力提供和具备的与人格的自由实现条件相协调的客观物质基础。虽然人格的自由实现是一定精神性的，但是却在客观上离不开一定的物质基础，是利用一定的物质条件并在一定的物质基础上的实现。因此，一个社会的发展，就是要为人们不断创造和提供与人格的自由实现条件及其需求相协调的物质基础从而以不断发展的物质条件满足人们日益增长的人格自由实现的需求，为人格的自由实现提供一定的物质条件的可能性。显然，一定社会的生产力发展水平决定了特定历史阶段的社会物质生活条件，并根本上决定了人格的自由实现的客观范围与限度。“资本的伟大的历史方面就是创造这种剩余劳动……为发展丰富的个性创造出物质要素。”[2]所以，人格的自由实现要有与特定社会发展阶段相适应的物质基础。只有提供和具备一定的物质基础，才能够使人格的自

---

[1] [英]肖恩·塞耶斯：《马克思主义与人性》，冯颜利译，东方出版社 2005 年版，第 5 页。

[2] 《马克思恩格斯全集》(第 46 卷上)，人民出版社 1979 年版，第 118 页。

由实现成为一种可持续的社会发展形态。

第四,自主构造和维续的与人格的自由实现条件相一致的自然生态秩序。人格的自由实现并不是单纯的个人实现或者个人的自然实现,而是在一定社会环境和具体社会关系条件下的实现,在根本上构成一定的社会自然生态秩序。马克思指出:“人的本质并不是单个人的抽象物,在其现实性上,它是一切社会关系的总和。”[1]由于人的本质是一切社会关系的总和,那么,人只有通过改善围绕其日常生活所形成的主要社会关系来提升他在这个社会中所属的身份以及所处的地位,才能够推动其人格自由的实现并实际达到更高的水平。因此,在社会整体或者自然生态上,只有为人们营造和形成与人格自由实现条件相统一的一种宽松合理的社会关系环境并形成一定的社会生态秩序,才能够确保人格自由以具体的行为秩序而自然实现。

2. 人格的自由实现方式

人格不仅具有自由的本质和需要自由的实现条件,而且必然以自由的方式实现。在这个意义上,没有自由既没有人格也没有人格的实现,人格的实现必然表现为自由和自由的方式。换言之,哪里有自由,哪里就有自由的实现,哪里有什么样的自由方式,哪里就有什么样的自由表现与自由实现。人格自由是现实的、具体的,是以具体的生态方式与秩序形态表现的。只要存在人的自由,就存在人格的自由实现,人格的自由存在与人格的自由实现与实现方式是统一的,是一个问题的两个方面。因此,弘扬民法精神,建设以民为本的社会主义法治文化,必须从现实的人格自由的社会形态上考察人格的自由实现,并实现人格自由的合理条件向正当社会方式与秩序的转换。

人格的自由实现条件仅仅是影响和制约人格自由的因素,而人格自由最终是通过一定方式或者社会形态实现的。反理性主义哲学代表人物尼采明确指出:“没有谁能把人的特性给予人……(人)不是一个特别意图、一个意志、一个目的的产物,不能用他去试验实现一种‘人的理想’,或一种‘幸福的理想’,或一种‘道德的理想’——想要按照某一目的铸造他的特性是荒谬的。”[2]人格的自由实现对于特定人而言是具体的和现实的,它不能用普遍的或者一般的人格自由的实现条件来代替,需要考察每一个人和每一个社会阶层或者群体的人格自

〔1〕《马克思恩格斯全集》(第1卷),人民出版社1995年版,第56页。

〔2〕[德]尼采:《偶像的黄昏》,周国平译,光明日报出版社2001年版,第42页。

由的实现条件和实然的自由实现状态。

所以,人格自由的实现首先是将特定的人能够作为主体和目的确立起来,然后在社会层面上,无论是人格的生命自由还是财产自由,都不可能是一种片面的追求和实现,而应当是一种合理的正当的和符合社会秩序条件的实现。有时,为了实现整体的自由不得不牺牲个体的自由,而这种牺牲也是维护个体自由的必要条件。不过,这种关于自由协调和让渡的安排需要制度的保障,在根本上有赖于法律的支持和现实秩序的维持与安排。

边沁指出:"在分配权利和义务时,立法者应该以社会的幸福为其目的。"[1]也就是说,人格的自由实现方式应当以整体实现人民幸福的社会分配正义为宗旨。以人格的财产自由实现为例,我们既需要实现私人财产所有权,又不能完全接受私人财产所有权绝对化的个人财产自由的财产分配方案与实现方式。"事实上,所有私人的权利,特别是私人的所有权都因社会方面的考虑而受到影响并在法律上受到约束。"[2]这种法律约束,作为国家基于社会需要而以法律形式统一规定和协调的所有权主体应当承担的相应社会义务,是通过建构一定的他物权体系而赋予物的所有人与利用人以有限的财产自由权利来完成的,从而形成一个社会统一的人格财产自由,否则必然造成个人的财产自由需求与人格自由实现的整体财产自由条件相悖离的社会无序状态,并最终制约和影响人格自由的社会发展与个人的人格自由的实现。

民本社会背景下人格自由实现方式是多元的,而对于不同权利和自由的偏好与重视程度及其差异则直接反映了特定社会条件与背景下人格自由的诉求及其实现方式的特点。本书项目组以"您认为下列哪些权利和自由对您更重要"为题进行了全国性调查问卷,设定有七个备选答案:A. 个人自由与尊严;B. 选举权;C. 劳动权;D. 社会保障权;E. 财产权;F. 言论自由;G. 信仰自由。数据统计结果如图 9 –1 所示:

[1] [英]边沁:《立法理论》,李贵方等译,中国人民公安大学出版社 2004 年版,第 120 页。

[2] [德]克尼佩尔:《法律与历史》,朱岩译,法律出版社 2003 年版,第 258 页。

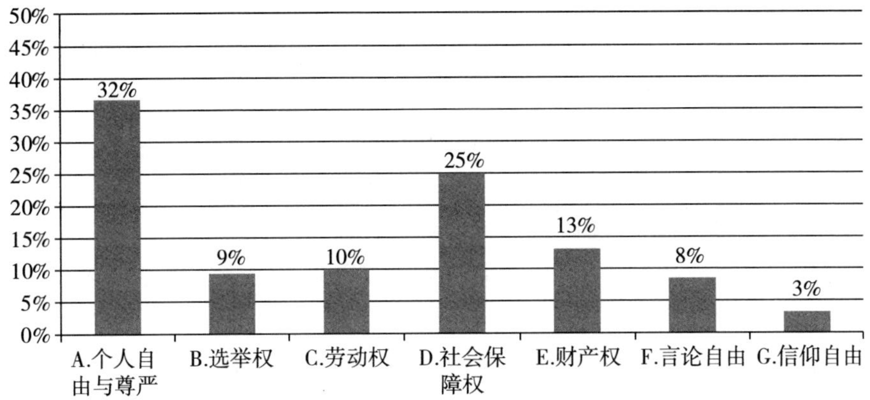

图 9－1　“您认为下列哪些权利和自由对您更重要”一题调研数据统计

根据上述数据统计结果，受访民众将“个人自由与尊严”的重要性放在首位，在占比达 32%，说明人们对个人自由与尊严的重要性的认识，这也必然反映和体现为人们对人格自由实现的现实诉求；其次为“社会保障权”，占比为 25%，反映了人们在社会发展和生活水平提高的条件下进一步对生活安全的重视；“财产权”作为与人的生活水平与人格自由实现直接相关的一项权利，也得到了人们较高程度的体识，占比为 13%；而直接作为人们的人格自由条件的“言论自由”与“信仰自由”，则在我国社会条件下较少受到人们的重视而需求度显著偏低。这一数据统计结果显示，一方面，在我国以民为本的社会主义法治文化建设中，以人格自由为核心的主体价值在普通民众中已经得到了较高水平的认知与重视，这也为进一步建设和完善以民为本的社会主义法治文化奠定了良好的社会基础；另一方面，人们对于人格自由与实现的一些基本条件和形式（言论自由与信仰自由）的忽视则反映出一种现实的我国社会人格自由实现方式的整体不平衡，这提示我们与社会主义法治文化相适应的我国民众的整体人格自由的社会诉求与认知水平仍有待转型与提升。

三、民法精神与人格自由

民法精神作为市民社会的规范与秩序精神，是关于人的主体平等与行为自治的社会规范与价值体系。也就是说，民法精神作为民法的核心价值既是一个以人格为对象的价值体系，也是一个以自由为条件的行为体系，是人格自由与人格实现相统一的社会精神。“人格乃是客观目的，即就其实存在自身就是目的。”[1]人的人格自由的本质决定了人作为目的的必然自由实现,所以一个社会必须有反映和体现这一目的与实现的社会精神,而这一社会精神的最具民本性与正义性的表现形式就是民法和民法精神。民法精神作为以民为本的精神,以人格的自由实现为条件和目的,必然追求人的主体地位。正是以此为基础,十八届四中全会《决定》强调以人格自由为条件的人民主体地位,“保证人民依法享有广泛的权利和自由”,自由作为以民法精神为基础的社会主义法治和法治文化的根本内涵上升到了一个新高度。以民为本的社会主义法治文化决定了民法精神在建设社会主义法治文化中的重要地位,而民法精神所代表的人格自由条件也必然在以民为本的社会主义法治文化中得到根本实现。

(一)民法精神与人格

民法是人格法,民法精神是人格精神。民法精神的主旨就在于承认和调整民事主体的人格地位,落实民事主体的基本人格诉求,是人格性的社会精神。所以,人格权作为人格的集中条件和反映,不仅构成了民法的特定内容并根本上区别于其他法律,而且是民法精神的一个实质条件和要求。

1. 民法精神的人格本质

民法精神作为以人为主体并以人的自由为条件和实现人的自由的社会精神,是一种人格精神,反映人格的真实本质。换言之,民法精神是代表人格的充分与完整的形式,人格和人格的本质在民法精神中得到了全面和具体的体现,可以说,民法精神是对人格的最好社会诠释,没有比民法精神更能够揭示人格的本质并代表人格的价值与条件的社会精神。

人是具有自我主体意识的精神性动物,有超越普通动物的社会目的与价值追求,其行为不仅受本能支配,而且受实现自身社会目的的意志控制与调整。所以,人的客观利益需求及其实现的社会规律性与规定性,决定着人的人格诉求及其表现形式的法的价值原则与内容本质。人格作为人被赋予主体地位并能够独立参与社会生活关系的前提和条件,构成了法和法的精神所必须承认和尊重的价值尺度。就民法而言,作为人法,就是人格法,而民法精神作为人的精神就是人格精神,在民法精神的人格构造中,根本是对人性的认知、尊重与理解,人性构成了民法精神及其人格构造的实质要件。

民法精神的人格本质作为人性的必然与自然的条件与要求,是上升为民法

[1] [德]海德格尔:《现象学之基本问题》,丁耘译,上海译文出版社2008年版,第184页。

和民法精神的社会范畴。“意味着我应当成为一个真正的人并实现一个真正人的使命和责任。这种绝对应当是基于自身内心的呼唤。”[1]对于人格的这种诠释根本上体现了人格的主体性与意志性本质。当人类作为自然存在也就开始了自己的社会历程并成为社会主体而具有了一定的人格诉求与实现。但是,人格作为一项特定社会制度条件,则并不是完全与人的自然相统一的,而是具有社会和文化形态上的差别性。换言之,人格的本质并不都是以民法和民法精神的形式表现的,以民法和民法精神的范畴表现人格的本质,是人类近代文明以来对以商品经济为基础的社会主体的人格认知的结果。作为社会人格,是从自然之人的生态本质中抽象出来的人的一般主体条件与价值。人类社会的不同发展阶段对于人格的认识是不同的,甚至在绝大多数时间内并没有人格的一般概念和认识,更没有关于人格的一般制度设计,而这一结果又与民法和民法精神的制度形式与文明发展相联系,民法和民法精神就是以人格为对象并代表人格本质和实现人格目的的社会规范与秩序体系。[2] 根据民法精神的条件和要求,每一个人的人格都应当得到平等的承认,正是在这个意义上,黑格尔指出,现代法的精髓在于“做一个人,并尊敬他人为人”。[3] 不论是做一个人还是尊敬他人为人,都是人格本质的基础。

2. 民法精神的人格秩序

民法精神作为以人格为条件的社会秩序精神,在根本上就是代表人格秩序的社会精神。可以说,一定社会的民法精神秩序均表现为一定的人格秩序,是以人格秩序为本质的社会秩序体系。因此,一个社会的民法精神代表和反映什么样的人格本质,就构造什么样的人格秩序,并提供什么样的人格条件和实现什么样的人格目的。同时,民法精神的人格秩序又处于整个社会秩序的核心地位,对于整个社会秩序的形成和发展具有至关重要的意义。换言之,民法精神既构成一定的人格秩序,又是整个社会秩序的基础秩序,代表了整个社会秩序的核心条件与根本价值。所以,建设以民为本的社会主义法治文化,就是要以民法精神的人格秩序为基础构建我国的社会秩序体系,从而以民法精神的民本模式实现以民为本的社会主义法治文化的发展目标。

---

[1] 曾云:《胡塞尔对伦理意志的反思:绝对应当和意志真理》,载《道德与文明》2010 年第 3 期。

[2] 事实上,不同的人类社会发展阶段有不同的人格认识与表现形式,也就有了不同社会的人格条件与实现,而民法只是代表人格的一种形式,但它却是真正代表人格本质的唯一形式。

[3] [德]黑格尔:《法哲学原理》,范扬、张企泰译,商务印书馆 1982 年版,第 48 页。

民法精神作为一种社会生态精神,具有差异化的社会文化表现,不同的历史阶段和不同的社会条件有不同的民法精神形态及其表现的不同人格秩序,这本身就代表了人类文明制度的多样性发展。从早期罗马法时代到近代工业文明阶段再到现代和后现代社会,不论是民法精神,还是它所代表的人格秩序,都随着不同时代的发展而发生与时代相适应的变化。有学者认为,人格秩序“从自由的立法者向法律的保护对象”、“从法律人格的平等向不平等的人”、“从抽象的法律人格向具体的人”的转变,在其背后则是“从理性的、意思表示强而智的人向弱而愚的人”的转变。[1] 在这些社会转变中,人格秩序则经历了从以身份为标准的人格等级秩序到以人权为信条的人格平等秩序再到以人性化为表征的实质平等秩序的历史发展过程。

透过这个转化演变和发展的历史过程,对“人格”的概念的不同理解不仅反映不同社会的不同文明发展,而且也直接影响不同社会的人格秩序的本质及其制度构成。罗马法时期对“人”的理解有:“‘homo’指生物学意义上的人,‘caput’指权利义务主体,‘persona’指权利义务主体的各种身份。”[2]虽然罗马法是以私法为主体的法,但是作为奴隶制的法,特别是早期罗马法,其人格的范畴并不限于民法或者私法上的主体,其制度体系同样是具有一定公法意义的身份等级的人格秩序。可见,即使作为当代民法起源的罗马法,其人格秩序也并不是如同当代民法精神一样的人格平等秩序,这同样反映了它的历史发展的局限性,但是它奠定的以民法和民法精神为基础的人格秩序的社会文明条件,则构成了当代民法和民法精神的人格秩序的文化本源。

近代以来,随着传统民法以不平等为基础的身份权的限制和萎缩,以民法精神的独立、平等为条件的法律人格得以真正确立,推动了作为近代文明的人格秩序的形成与发展。这一人格秩序,坚持独立、平等和自由的民法精神原则与价值,以人格平等为根据并维护人格平等的社会秩序目标。然而,到了追求实质平等的当代社会,面对弱势群体基于其弱势地位的不同条件及其个性化的需求,民法精神进一步发展为保护“具体人格”的人格秩序。基于“人格尊严是人之为人的基本条件,是人作为社会关系主体的基本前提”,[3]结合具体社会生活中人与

〔1〕 梁慧星主编:《民商法论丛》(第8卷),法律出版社1997年版,第175页。

〔2〕 周枏:《罗马法原论》,商务印书馆1994年版,第106页。

〔3〕 王利明:《人格权法中的人格尊严价值及其实现》,载《清华法学》2013年第5期。

人之间禀赋条件上的显著差异,原来能够独立判断和追求自身利益的"理性人"假设,后来被强弱地位悬殊的社会现实所无情推翻和否定,在以保护弱势群体地位而实现人格秩序均衡发展的民法精神的目的与背景下,人类必然以民法精神的时代价值与正义目的构建符合人类社会理想的人格秩序,以促进人类社会秩序文明的不断进步。

3. 民法精神的人格诉求

民法精神之所以具有人格本质并代表人格秩序,是因为其必然的人格诉求。民法精神就是一种人格诉求的社会精神,这种精神的存在就是反映一定的人格条件,是作为人格诉求的存在,并时刻提出符合时代和社会需要的人格诉求,不断完善人格实现的制度与现实条件,以满足人的日益增长的人格实现目的。换言之,民法精神是以一定的人格诉求的形式和条件存在的,没有了人格诉求,也就没有了民法精神的社会本质。一定的人格诉求,既是民法精神存在的社会形态,也是民法精神发展的生命动力,正是民法精神代表社会正义实现的规定性而不断提出的人格诉求,才能引领一个国家的民法发展。而一个国家民法的立、改、废等,都是以一定的人格诉求和人格实现目的为基础的,是民法精神的人格诉求在制度上实现的结果,并必然直接影响该国家的法治和法治文化的生态建设与发展。

民法精神的人格诉求,就是以民为本的诉求,就是以人为目的的诉求。"不论是谁,在任何时候都不应把自己和他人仅仅当作工具,而应该永远视为自身就是目的。"[1]当人成为社会的目的与根本,就必然提出以人为目的和人本主义的人格诉求,而这一诉求也必然以民法精神的形式表现出来。同样,一定的人格诉求只有以人为目的,才能构成一种民法精神的诉求。民法精神的人格诉求,坚持人的主体地位,主张人的权利和自由,强调人格独立和身份平等,反对公权力对民法调整领域的不合理干预,要求尊重行为人基于意思自治的行为,这在根本上是以实现人的本质为目的的一种民本的法治文化诉求。

民法精神的人格诉求是一定社会价值观的反映。不同的社会与文化传统有不同的价值观,也就会不同的人格诉求,表现为一定的人格诉求的差别性。美国法学家惠特曼曾指出,在对私人社会生活保护上,即使是美国和欧洲也存在价值

---

〔1〕 [德]康德:《道德形而上学原理》,苗力田译,上海人民出版社2005年版,第53页。

观的不同,美国的法律关注个人的人身自由,而欧洲的法律则突出个人的人格尊严。〔1〕虽然美国和欧洲都是西方资本主义的法治文化,都强调个人的主体地位,但是作为英美和大陆两个不同的法系,它们在强调的侧重点上还是有所差异。〔2〕我国民法精神的人格诉求,作为新时代中国特色社会主义的人格诉求,则必然反映社会主义核心价值观和新时代中国特色社会主义思想,〔3〕提出具有中国特色社会主义法治文化本质的民法精神的人格诉求及其内涵与本质。

民法精神的人格诉求是一个社会的历史的发展过程。在不同的历史发展阶段和不同的社会条件下,人们有不同的民法精神及其人格诉求的认知,从而也就表现出不同的民法精神及其人格诉求。换言之,民法精神的人格诉求作为自然之人的自然人格的表现形式,虽然反映和代表人格的一般条件性,但是这一诉求作为一种社会意识形态,则必然具有不同时代和不同社会文化与传统背景下的观念性。"罗马古时,只有贵族家长是权利义务主体,市民中的家属以及平民则都不是。以后由于战争的需要,参军作战的家属和平民可以取得部分公权和私权,在一定程度上成为权利义务主体。到《十二表法》时,罗马至少在私法上已经承认平民是权利义务主体。"〔4〕到罗马法后期,"权利义务主体的范围从贵族家长逐渐扩展到几乎全体自由人",〔5〕至此,包括普通市民即平民在内的自由人才具有了民事主体地位并实现了自己形式意义上的人格诉求。可以说,人类社会的发展过程,就是一个人格诉求不断扩大和实现的过程,也是一个民法精神的人格诉求的弘扬过程,更是一个社会的法治和法治文化的进步过程。当代社会,人们开始反思并寻求在差别事实基础上的人格诉求的均衡实现以体现社会正

---

〔1〕 See James Q. Whitman, *The Two Western Cultures of Privacy: Dignity versus Liberty*, Yale Law Journal, 2004, p. 1151.

〔2〕 中国近代以来的法律体系作为大陆法系的文化传统,在民法和民法精神的人格诉求上一般也有侧重强调对人格尊严的法律保护的一面。如原《民法通则》第101条规定"公民的人格尊严受法律保护",人格尊严具有我国最早承认和保护的一般人格权的意义。《民法典》总则编第109条在对一般人格权的法律保护上把自然人的人身自由、人格尊严相并列。在人格自由与人格尊重的关系上,人格自由是基础,如果人没有了人格自由,也就没有了人格尊严,人格尊严必然以一定的人格自由的形式来表现和实现自己。

〔3〕 十九大报告指出:"新时代中国特色社会主义思想,明确新时代我国社会主要矛盾是人民日益增长的美好生活需要和不平衡不充分的发展之间的矛盾,必须坚持以人民为中心的发展思想,不断促进人的全面发展、全体人民共同富裕。"这一以人民为中心和促进人的全面发展的思想具体反映在法律或者民法上,就必然落实为一种民法精神的人格诉求。

〔4〕 周枏:《罗马法原论》(上册),商务印书馆1994年版,第106页。

〔5〕 周枏:《罗马法原论》(上册),商务印书馆1994年版,第107页。

义。“每个人在他或她自己的身上都是有价值的——我们仍用文艺复兴时期的话,叫作人的尊严——其他一切价值的根源和人权的根源就是对此的尊重。”[1]于是,民法精神不仅寻求人格本质的自由诉求,而且寻求利益均衡的正义诉求,从而开启了以人格诉求的全面与普遍实现为目的和特质的当代法治和法治文化的历史进程。

(二)民法精神与自由

民法精神不仅具有人格性,是一种人格精神,而且具有自由性,是一种自由精神。十八届四中全会《决定》指出,必须坚持法治建设,“保证人民依法享有广泛的权利和自由”。保证人民的权利和自由的法治和法治文化需要建立在以权利和自由为规范属性与价值条件的法律体系之上,这一体系就是以个人为主体并反映市民社会的个人自由秩序的民法和民法精神的制度与思想体系。

1. 民法精神的自由本质

民法精神作为一种自由精神反映自由的本质。康德指出:“一种独立性就是最严格意义下的(即先验意义下的)自由。”[2]没有独立当然不会有自由,独立作为自由的条件就是一个人不依赖于他人的主体性存在。民法精神在人的主体性上实现了人格与自由的统一,并反映了人格的自由本质与诉求。民法精神的人格自由作为一个法律范畴,是民法调整的以市场经济关系为基础的行为自由,包含一定的人身自由和财产自由。虽然这一自由具有行为自由或者社会自由的本质,但是它离不开民法精神的个人意志条件,是由人的意志支配的具有自主性与目的性的自由,既具有自由的自然生态属性,又具有自由的社会秩序属性。

在主体意志的支配下,每个人的行为自由都具有个性化的人格特质并反映其内在的意志状态。“这个内在状态的外部表现恰恰是所谓的自由动作,因为只有自我是这动作的创造者,又因为这动作把整个自我表示出来。”[3]民法精神的人格自由的本质,就是人的内在意志与外在行为相统一的社会秩序形态,而这一统一或者一致,既是意志的真实性,也是自由的真实性,正是由于这一真实性而使个人的行为自由具有了社会合理性与正当性,并因此获得了被社会承认和

〔1〕[英]阿伦·布洛克:《西方人文主义传统》,董乐山译,生活·读书·新知三联书店1997年版,第234页。

〔2〕[德]康德:《实践理性批判》,邓小芒译,人民出版社2004年版,第28页。

〔3〕[法]柏格森:《时间与自由意志》,吴士栋译,商务印书馆1958年版,第113页。

保护的一般价值，这就是民法和民法精神的意思自治及其法律行为制度。“在事实上，引起人们做出自由决定的正是整个的灵魂。有一个动力式的系列跟动作联在一起；这系列越能代表基本自我，则动作越是自由的。”[1]一个人的外在行为条件越是能够反映人的内在行为意志，就越能够代表和符合一个人的自由本质，也就应当作为个人权利义务产生的根据而被确认。

民法精神的自由本质，根本是人的本质。人在本质上是自由的，而作为人的本质反映的民法精神，也必然是自由的精神并具有自由的本质。因此，民法精神构成了人的自由的思想灵魂，没有比民法精神更好的能够代表人的自由本质的社会精神范畴。一个社会，如果失去了民法精神，也就根本上失去了人的自由精神，而这个社会也就不会再有人的自由。

2. 民法精神的自由秩序

民法精神作为一种自由的社会精神，既以自由为条件，也以自由为目的，是自由秩序的社会构造。换言之，民法精神是以人格为条件的自由秩序精神，民法精神的人格秩序，根本是一种人格自由的社会秩序，是人格的自由秩序实现。因此，民法精神不仅具有自由的本质，而且代表了自由的秩序，是以民为本的社会主义法治文化的根本秩序。

民法精神的自由秩序是对市民社会关系的制度性安排，是市民社会关系的自然生态秩序的社会性条件和要求。市民社会秩序在本质上就是一种自然生态的自由秩序，而民法精神作为这一秩序的社会条件和形式，必然接受市民社会关系的自然生态秩序的自由规定性并以自由秩序的社会条件反映市民社会关系的自由秩序本质。也就是说，民法精神的自由秩序，是以民法精神的形式反映的市民社会关系的自然生态条件，具有市民社会关系的客观性与必然性。市民社会关系是一个复杂的社会关系体系，人类既依存于这一关系，又受制于这一关系。“这些关系既为人提供了生存空间与发展可能，是生存与发展不可缺少的环境与条件；同时又限制与束缚着人的生存与发展，是人生存与发展的阻力与障碍。”[2]因此，人类总是希望创造和选择这一关系的理想社会秩序条件，以提高人类在这一关系中的本质实现，而这一理想的社会秩序条件，就是民法精神的自由秩序。

---

〔1〕［法］柏格森：《时间与自由意志》，吴士栋译，商务印书馆 1958 年版，第 114 页。

〔2〕张伟胜：《自由与人的本质》，载《浙江社会科学》2004 年第 5 期。

民法精神的自由秩序是自由与秩序的统一。民法精神不仅是一种自由的精神，而且是一种秩序的精神，自由而秩序才是民法精神的社会本质。在民法精神的价值位阶中，自由当然是重要的，是作为目的存在的，具有不可取代的地位；同时，自由作为一种社会条件，又是以符合一定社会价值的秩序形态存在的，秩序同样是民法精神所不可缺少的构成要素。民法精神的自由秩序形态，反映在民法调整的市民社会关系上，就是民事主体根据意思自治实施的法律行为秩序。在早期资本主义阶段，基于倡导契约自由的法律原则，通过当事人的自由意志开展民事活动的自由秩序得以形成，并在解放人的基础上极大地促进了社会发展和进步。然而，仅凭市场的行为自发性和个人的道德自觉性则难以维护和形成市民社会的自由秩序，这就必然产生对市民社会与市场经济的自律与他律的秩序条件要求问题。意志自律的"'绝对命令'其所以具有这种力量，因为它不是来自经验和个人幸福，而是来自纯粹理性，纯粹理性自身有实践力量"。〔1〕换言之，市民社会的自由行为，不仅应当是自觉的，而且应当是自律的，这就是对个人自由的理性要求；同时，它不仅应当是自律的，而且应当是他律的，这就是对行为自由的外在调整；进一步，其不仅是自律和他律的，而且是自律和他律统一的，这就是个人理性与行为自由结合的民法精神秩序。

由此，民法精神的自由秩序是个人与社会和谐的秩序，它不仅需要普遍的自由秩序形式，而且需要普遍的自由秩序意志。前者即市民社会的私法即民法的秩序形式，它为个人的行为自由提供了一般的秩序条件。"就是那些使任何人的有意识的行为，按照普遍的自由法则确实能与别人的有意识的行为相协调的全部条件的综合。"〔2〕后者就是行为主体所应当具备的民法精神理性及其自主构序的行为能力，它构成了自由秩序的社会生态条件。因此，建设民本模式的社会主义法治文化，不仅要通过立法形式为民本社会的行为秩序提供普遍的秩序条件并对其行为自由进行合理的限制，从而创造一个良好的外部秩序环境，而且应当弘扬社会主义法治精神，特别是应当强调民法精神对于社会自由秩序的形成与实现的规范与价值意义，从而通过民法精神的自由诉求实现自由秩序的社会构造。

---

〔1〕［日］安倍能成：《康德实践哲学》，于凤梧、王宏文译，福建人民出版社1984年版，第8页。

〔2〕卓泽渊：《法的价值论》，法律出版社2006年版，第267页。

3. 民法精神的自由诉求

一切自由首先都是从自由的诉求开始的。没有自由的诉求,就没有自由的条件和动力,也就不会有表现自由的社会规范与制度条件,更不会有自由实现的社会实践与生态秩序。对于人类的自由诉求而言,民法精神就是代表这一诉求的制度与精神的统一。民法精神就是一种自由诉求的精神,既代表自由,又代表自由的诉求,并以自由诉求构成自己的精神本质。概言之,一切有关市民社会关系及其个人行为条件的自由诉求,都构成民法精神,都属于民法精神的范畴。

民法精神的自由秩序反映民法精神的自由诉求,在根本上是作为主体的自由诉求存在的。民法精神的自由诉求在本质上必然内在和同构于建设社会主义法治文化的民本模式诉求,是民本模式的社会主义法治文化的必然条件和反映。因此,建设以民为本的社会主义法治文化,需要以民法精神的自由诉求为基础,既反映和体现这一诉求,又追求和实现这一诉求,并以此构成自己的文化条件与形态。可以说,一个社会的法治文化,是否以民法精神为基础并反映民法精神的自由诉求,构成了这一文化的本质问题,而一个社会的法治文化反映什么的民法精神及其自由诉求,则体现了该文化的基本价值。

民法精神的自由诉求,作为个人或者市民社会的诉求,即民法调整的人身关系与财产关系的诉求,也就是民事主体的人身与财产自由诉求。在人身自由诉求上,就是每个人都是独立平等的民事主体并能够实现自己的人格或者人身自由,都能够自主支配和享受自己的人身利益而不受他人或者公权力的不当限制或者强迫。在财产自由诉求上,就是对能够自由支配和取得财产的诉求,也就是对民法的私人财产所有权及其取得的交换或者契约自由的诉求,使契约自由成为代表财产自由的基本形式并能够通过契约形式实现自己的财产自由。“契约自由的结果首先是:敞开机会,通过在市场上精明的利用货物财产,通过法律限制,畅行无阻地利用财富作为达到支配他人的权利手段。”[1]显然,民法精神的自由诉求,是市民社会关系的制度构造问题,它坚持民法即个人自由的法对市民社会关系的调整,并能够以民法的自由形式充分承认和实现个人的人身与财产自由,从而使人身与财产自由成为人们的基本生产与生活方式。

可见,民法精神的自由诉求既是一种社会生态诉求,也是一种反映和需要反映为民法形式的诉求。民法作为反映和代表民法精神的自由诉求的法律形式,

---

〔1〕［德］康德:《实践理性批判》,邓小芒译,人民出版社2004年版,第28页。

既以市民社会的生态自由为根据,又是促进和实现市民社会的生态自由的条件。因此,民法需要把市民社会的自由意志上升为法律,即把民法精神的自由意志的诉求转化为民法形式的规范自由诉求,并承认个人的自由意志能够成为自己的行为法则。“一个只能以准则的单纯立法形式作为自己法则的意志,就是一个自由意志。”[1]个人的自由意志可以成为个人的法律,就是民法精神的自由诉求的民法制度实现。“近代民法中财产法的基础,即所有权绝对和契约自由,在《法国民法典》中得到完成。”[2]《法国民法典》作为法国大革命的产物,是自由资本主义的典型立法,充分体现了自由资本主义条件下的民法精神及其自由诉求,并因此具有世界影响。我国民法是具有中国特色社会主义的民法,所以必然体现以社会主义核心价值观为基础的民法精神及其自由诉求并确立自己的本质。

四、民法精神的人格自由诉求与以民为本的法治文化

民法精神蕴含以民为本的法治文化的一般价值,而民法精神的人格自由诉求也就构成了以民为本的法治文化的基本诉求。以民为本的法治文化必然反映和建立于民法精神的人格自由诉求基础,并以这一诉求的实现作为自己的秩序条件与文化形态。所以,建设以民为本的社会主义法治文化离不开民法精神的人格自由诉求所具有的法治文化价值与本质,民法精神的人格自由诉求为建设以民为本的社会主义法治文化提供了条件、目标和动力,从而需要不断提出民法精神的人格自由诉求以满足建设和发展社会主义法治文化的内在需要。

民法精神的人格自由诉求是由民法或者民法精神的个人本位或者权利本位决定的。“民法的社会本位,只是对权利本位的一种修正,与权利本位从理念上说是一脉相通的,其最终的落脚点还是尊重个人的人格,保障个人的自由,维护个人的权利,这同时即是民法精神的精髓,也是民法之所以是民法的要素。”[3]一个社会的民法精神的人格自由诉求只有在以民为本的法治文化的社会秩序条件下才能够实现,因此,建设以民为本的法治文化和发展法治文化的民本性,必须妥善处理好法治文化的民本性与民法精神的人格自由诉求的关系问题。

---

[1] [德]马克斯·韦伯:《经济与社会》(下),林荣远译,商务印书馆 1997 年版,第 89 ~90 页。

[2] 谢怀栻:《大陆国家民法典研究》,载《外国法译评》1994 年第 3 期。

[3] 朱晓喆、唐启光:《民法基本原理研究——以大陆法系民法传统为背景》,中国方正出版社 2005 年版,第 37 ~38 页。

（一）法治文化的民本性与民法精神的人格诉求

法治文化的民本性决定了市民社会的民法文化在法治文化建设中的基础地位，而民法文化又是以民法精神为本质的文化。当一个社会的法治文化以人为中心并坚持人的主体地位，则必然确立以人格为核心的法治文化，主张人及其人格的独立与平等并需要将这一主张付诸社会秩序实践，这在根本上就是以民法精神的形式所表现的人格诉求。

1. 法治文化的民本性与民法精神的人格本质

民法精神的人格诉求反映了民法精神的人格本质，是对人格本质的诉求。法治文化的民本性与民法精神诉求的人格本质具有内在的联系。法治文化的民本性或者民本模式性，就是要反映人在市民社会条件下的主体地位，而这一地位，也就是民法精神的人格诉求与本质。反之，民法精神诉求的人格本质，也必然以一定的法治文化的形态表现出来，这就是法治文化的民本性。所以，法治文化的民本性就是坚持人的主体性和以人为目的的法治文化价值，这就实现了法治文化的民本性与民法精神的人格本质的统一。民法精神的人格本质就是以作为法治文化的人格诉求及其提出的社会规范与秩序条件实现人的主体地位，它在根本上是一个法治文化形态，是法治文化的民本性问题。一个社会的法治文化越是以民为本、越具有民本性，也就越是反映民法精神的人格诉求和体现民法精神的人格本质。所以，对于法治文化的民本性而言，民法精神的人格本质应当构成它的存在基础，而在人格的本质上，"是指作为一个'人'所应有的最起码的社会地位，及应受到社会和他人最起码的尊重"。[1] 一个人在社会关系中，越是被承认和尊重为人，也就越是具有人格地位，而这样的社会关系作为一种法治文化形态，也就以自身的民本性反映了民法精神诉求的人格本质。

作为一种法治文化的发展和进步形态，民法精神诉求的人格本质是一个超越人的自然性的社会范畴，存在于不断发现和认识的社会过程之中。"近代以来，由于普遍平等之自然人人格的确立，罗马法上'人格'的阶级区分功能，逐渐丧失……以后的学说对法国民法确立的'平等抽象之人格'（实际上仅限于法国人之间）的评述中，其人格的含义渐渐抽换成'民事主体资格'。"[2] 民法精神诉

〔1〕 梁慧星：《民法总论》，法律出版社2004年版，第119页。

〔2〕 朱晓喆、唐启光：《民法基本原理研究——以大陆法系民法传统为背景》，中国方正出版社2005年版，第92页。

求的人格本质作为以民法形式表现的民事主体资格，是通过近代资本主义民法的形式反映和确立起来的，随着资本主义法治文化的现代化进程，民法精神的人格诉求及其本质在现代民法中得到了更加全面和充分的体现并具有了更加丰富和理性的意涵。我国在全面推进依法治国和建设社会主义法治文化的过程中，同样需要以自己的法治文化的民本性反映和满足民法精神的人格诉求及其本质，并以此体现社会主义法治文化的民本价值。

民法精神诉求的人格本质，是一种个人主义和权利本位的现代社会构造，不可能在简单的社会条件下存在和发展。它需要复杂和多元的社会要素，“与个人主义、多元主义、合理化和市场化之间有着密不可分的联系，而且由于权利观念与上述现代性的四个因素中的每一个因素之间的联系，因而在现代时期中，关于权利的论述是无法遏制的，而且几乎是不可缺少的”。[1] 所以，建设以民为本的法治文化应当构建系统的社会权利体系，全面保障人的权利地位，充分体现人的权利价值，只有这样，才能够以法治文化的民本性及其最大包容性展现和满足民法精神的人格本质与诉求。

2. 法治文化的民本性与民法精神的人格条件

法治文化的民本性所代表的民法精神的人格诉求，不仅体现了民法精神的人格本质，而且体现了民法精神的人格条件。法治文化的民本性，在市民社会的意义上，就是一种民法精神的人格条件，也就是人的主体条件。换言之，一个社会的法治文化只有反映一定的民法精神诉求的人格条件，并体现市民社会关系的秩序条件要求，才是具有民本性的法治文化。同样，民法精神诉求的人格条件，只有具体化为一定的法治文化条件，以法治文化的民本的制度形式反映出来，才能够作为普遍的社会秩序实现。在这个意义上，民法精神诉求的人格条件，就是以民法形式调整和表现的市民社会关系的制度条件，即民法的规范与权利体系，也就是由人格权、物权、债权、亲属权与继承权等民事权利构成的市民社会的规范与秩序条件，它不仅是一个人格权条件，而且是一个财产权条件，是一个全面体现人的利益需求及其实现的规定性的市民社会关系条件，即一个整体的人格条件。一个社会的法治文化的民本性，只有具备这一民法精神诉求的人格条件，才是立足于最广泛的社会基础，也才是真正的以民为本的法治文化。

民法精神诉求的人格条件，不仅是一种人的主体地位条件，而且是在一定条

---

〔1〕 陈弘毅：《权利的兴起：对几种文明的比较研究》，载《外国法译评》1996 年第 4 期。

件下的人格商品化条件，也就是人格或者人格权作为商业对象的经济价值条件。“应当承认在市场经济条件下，某些人格权具有一定经济价值，可以作为商业利用的对象，但这并不改变其人格权的本质属性，只要承认人格权的经济价值即可。”[1]人格条件的商品价值化，并不是贬损或者降低人格的价值，而是一定的人格条件及其价值在商品经济条件下的全面实现，是人的社会地位的真正提高，是民法精神的必然人格条件与实现诉求。建设社会主义法治文化的民本性，也要充分体现民法精神的人格价值条件，满足人格条件的商品化实现诉求。

显然，民法精神诉求的人格条件，作为以民为本的现代法治文化的诉求条件，并不是一个简单的人格条件，而是一个以当代的民法高度发展为代表的社会文明条件。“民法需要把对人的保护上升到更高层次，确保每一个生而为人的人都能够成为独立、自主、有尊严的个体，在法治框架内充分实现自我意志、发挥自我潜能，过上幸福、体面的生活。”[2]所以，社会主义法治文化的民本性建设不能作为一个孤立的目标来完成，而应该将法治文化的民本性实现作为一个社会文明的发展过程，保持与民法精神诉求的人格条件相统一，注重考量民本性的民法精神诉求标准并进行合理控制与评估，才能够保证法治文化的民本性建设与发展符合民法精神诉求的人格条件与价值目标。

民法精神诉求的人格条件，不仅构成法治文化的民本性，而且需要法治文化的民本性实现，其重要性就在于，可以使民法精神诉求的人格条件获得以民为本的法治文化的稳定性、可靠性与保障性。考察我国的历史，“由于封建主义传统和极‘左’思想的影响，人的尊严没有得到有效的尊重和保护，以致在‘文化大革命’期间出现严重侵害个人人格权、践踏人格尊严的现象，甚至到了无以复加的地步。”[3]当一个国家无法根本保障市民社会的人格条件而悖离民法精神的人格诉求时，这个国家或者社会就从根本上丧失了民本性，也就无所谓法治和法治文化的存在可言。历史的经验和教训反面印证了民法精神诉求的人格条件对于建设以民为本的社会主义法治文化的重要性与必要性。

民法精神的人格条件诉求，在社会生态秩序上，构成一个社会民众的普遍人格认知与实践条件。对于一个国家和社会而言，广大民众即市民社会主体对于

---

〔1〕 王利明:《论人格权商品化》，载《法律科学》2013 年第 4 期。

〔2〕 李新天、孙聪聪:《人格伦理价值的民法保护》，载《法商研究》2014 年第 4 期。

〔3〕 王利明:《人格权法的发展与完善》，载《法律科学》2012 年第 4 期。

人格条件与诉求的认知程度则反映该国家和社会实际存在的建设法治文化的民本性基础。对此,本书项目组以“您对建设社会主义法治文化的主要诉求是什么”为题进行了全国性调查问卷,其中设定六个备选答案:A. 个人财产安全;B. 个人人格尊重;C. 依法行政;D. 减少违法犯罪;E. 惩治腐败;F. 社会稳定和谐。数据统计结果如图 9－2 所示:

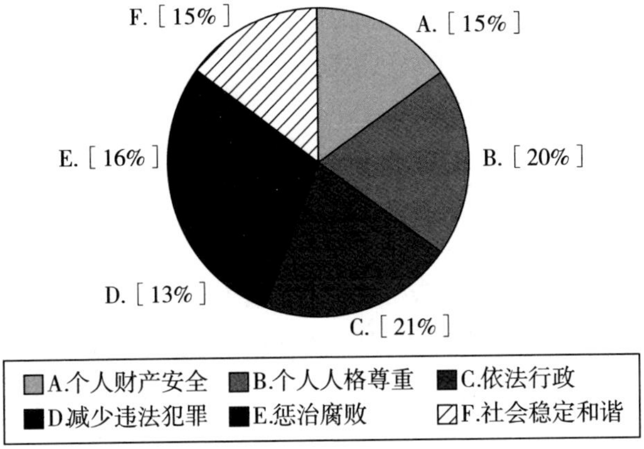

图 9－2　“您对建设社会主义法治文化的主要诉求是什么”一题调研数据统计

从数据统计结果来看,直接与民法精神诉求的人格条件相关的“个人人格尊重”与“个人财产安全”分别占比 20% 和 15%,体现了人们对民法精神诉求的人格条件有较高的认知水平,但是,从对“依法行政”的回答占比高达 21% 的结果来看,在中国社会的特定条件与文化背景下,人们对私法的人格诉求与条件实现更多地依赖于一定的公法或者政治社会的条件与作用;再从人们对“减少违法犯罪”、“惩治腐败”和“社会稳定和谐”的回答占比分别为 13%、16% 和 15% 的情况观察,显然在人格条件的实现上人们重点关注的不是社会自身的秩序状态而是代表整体和全局的政治社会的运行情况及其大的社会背景条件。这进一步说明,在我国建设以民为本的社会主义法治文化和实现民法精神的人格条件诉求的社会复杂性与矛盾性。

(二)法治文化的民本性与民法精神的自由诉求

法治文化的民本性,不仅在于民法精神的人格性,而且在于民法精神的自由性,既反映民法精神的自由诉求,也以实现民法精神的自由诉求为目的。建设以民为本的社会主义法治文化,在民法精神的人格本质的实现上,最根本的表现和作用就是保障个人在市民社会关系中的自由诉求,也就是在以民为本的法治文化中展现个人意志的自由价值。构成人格的意志，是一种自由意志——意志是自由的诉求，是作为自由存在的。“一个有理性的存在者的意志，只有在他受自由的观念支配下而行动时，才能是他自己的意志。”[1]有意志而没有自由，只是人而不是人格，人格必然是自由意志与行为自由的统一，即与民法精神的自由诉求的统一。法治文化的民本性根本在于展示和实现民法精神诉求的自由性，自由性构成了民本性的根本条件性，而民法精神的自由诉求，首先是一种自由意志的诉求，它根据于自由意志，是从自由意志出发的，没有意志的自由，就没有民法精神的社会自由，也就不会有以社会自由为基础的法治文化的民本性。所以，建设以民为本或者民本模式的社会主义法治文化，对民法精神的自由诉求的调整和保护，首先是对个人自由意志的承认和尊重，当个人的自由意志构成了法治文化的民本条件，也就实现了人的人格价值。

1. 法治文化的民本性与民法精神的自由本质

民法精神的自由诉求，首先提出的是一个民法精神的自由本质问题，是对自由本质的诉求。它定位于自由的本质，并从自由的本质出发，追求和实现自由的目的。然而，民法精神诉求的自由本质，作为人的本质，并不是简单地以民法精神的形式实现的。也就是说，它既不是直接以民法的形式实现的，也不是直接以民法的精神形式实现的，而是以民法和民法精神的形式构成一定的民本的法治文化形态实现的，是一种法治生态的实现。

以民为本的社会主义法治文化具有自由的必然性。以民为本的社会主义法治文化，在以人民为中心和坚持人民主体地位的条件下，必然以人的自由为目的并具有自由的必然性。换言之，社会主义法治文化基于自己的目的与原则要最大限度地保障和实现人民的根本利益，就必然承认人民的自由，因为人民的利益不可能在人民没有自由或者自由缺失的条件下得到保障和实现。一旦主体不是自由的，也就不再是受自己的必然性支配，从而也就不再代表自己的本质与诉求。由于我国的传统法律文化缺乏自由的精神本质，而建设以民为本的社会主义法治文化则必然是在当代社会条件下对中国人长期被传统文化所压抑的民法精神与自由诉求的解放与张扬，因此，具有历史的必然性和社会发展的规律性。

以民为本的社会主义法治文化具有自由的必要性。以民为本的社会主义法治文化不仅具有自由的必然性，而且具有自由的必要性，需要以民法精神的自由

[1] [加]约翰·华特生：《康德哲学原著选读》，韦卓民译，商务印书馆1987年版，第216页。

诉求表现法治文化的民本性，从而体现社会主义法治文化的本质与属性。也就是说，以民为本的社会主义法治文化，需要具有自由的本质，自由不仅是人或者人格的实在性，而且构成社会主义法治文化的实在性，自由的实在性通过民法精神的诉求形式表现为以民为本的社会主义法治文化形态，从而也就构成了法治文化所不可或缺的条件和本质，决定了法治文化的价值与伦理的实在性。“对法治价值的实体性理解着眼于法治本身所包含的道德原则和法治所要达成的社会目标，依此，法治被看作一种培育自由、遏制权势的方法，看作人类作为负责任的道德主体或自由意志主体所从事的一种道德实践。”〔1〕实际上，自由在作为法治文化的必要性的同时，也就赋予了它作为法治文化存在和实现的价值与伦理属性。

以民为本的社会主义法治文化具有自由的目的性。以民为本的社会主义法治文化就是以人为目的的法治文化，而人的目的作为生命的目的根本是自由的目的。所以，建设社会主义法治文化，必须追求和实现人的自由目的，以人的自由目的引导自己的存在和发展。“秩序、公平和个人自由是法律制度的三个基本价值，人们都希望法律能够保障社会秩序，但人们同时希望法律能够促进公平，给予人们足够的自由。”〔2〕从宏观和整体的社会形态来说，民法精神的自由诉求及其自由的目的性，就在于建立一个以人为目的并以自由为规范条件的社会主义法治文化体系。从微观和具体的社会关系来看，以民为本的社会主义法治文化的自由目的性就是市民社会的主体或者个人可以依法根据契约的自由行为实现自己的利益需求并使自己的利益最大化。“契约自由的目的在于确保人格自由，即在私法的范围内，通过合同自主地安排自己的社会生活，最大限度地实现人格的自由发展。”〔3〕正是以契约自由为基础的人格目的的实现，展现了以民为本的社会主义法治文化的秩序条件与本质属性。

以民为本的社会主义法治文化具有自由的价值性。正如前述，以民为本的社会主义法治文化作为一种具有自由本质的文化，必然具有自由的价值性。社会主义法治文化的自由价值，是社会主义核心价值观的自由价值的体现，它既继承了人类先进法治文化的一般自由价值，又具有民族的和社会的自由价值特征。

〔1〕 夏勇主编：《公法》（第2卷），法律出版社2000年版，第27页。

〔2〕 ［英］彼得·斯坦、约翰·香德：《西方社会的法律价值》，王献平译，中国法制出版社2004年版，第1～2页。

〔3〕 李新天、孙聪聪：《人格伦理价值的民法保护》，载《法商研究》2014年第4期。

“人的自由存在是整个人类世界的终极价值”“这里所谓的自由存在是指人的一种社会历史性的存在或生存状态，普遍道德法则或绝对律令是其内在的‘形式’”。[1] 从个人自由与社会秩序的关系来看，自由的价值在于，“作为个体的人自觉和自愿的生存和生活不受他人、包括任何国家和集体的任意强制或没有任何不合理的内在和外在的束缚”。[2] 一旦个人自由受到不合理的强制或者束缚，也就在丧失自由的同时丧失了自己的价值。值得注意的是，以民为本的法治文化所必然具有的民本社会的文化传统在为我国社会主义法治文化建设提供宝贵的思想资源的同时，也在一定程度上阻却着对人类一般自由价值的借鉴与吸收，从而也就桎梏着自身自由价值的转型与发展，这就为我们提出了在建设中国特色社会主义法治文化的过程中如何处理协调好自身价值体系的民本性与传统性的关系及其对自由价值形成的影响问题。

2. 法治文化的民本性与民法精神的自由条件

民法精神的自由诉求提出的不仅是自由的本质，而且是自由的条件与实现，并构成了法治文化的民本性及其秩序形态。没有民法精神的自由条件，就没有法治文化的民本秩序，而法治文化的民本秩序必然表现民法精神的自由条件。法治文化的民本性与民法精神的自由条件是相互契合与统一的社会存在，是法治文化的民本性与民法精神诉求的人格性契合与统一的必然结果。“一方面，法治文化通过维护宪法和法律的权威，确立人的自由发展和平等地位，为自由平等的实现提供载体；另一方面，法治文化把握自由平等的发展方向，使自由平等始终在社会主义法律体系范围内发展，以防范极端自由主义与绝对平等主义，保障自由平等的有序发展。”[3] 然而，我国民本社会的文化传统体现为对集体主义与集权主义的推崇，以致往往在一定程度上与个人本位的民法精神诉求及其自由条件存在冲突和矛盾，这是一个需要从根本上认识和长期解决的问题。

总体而言，中国特色社会主义法治文化，基于法治文化的基本社会属性，与西方法治文化一样都离不开一定的民法精神的自由条件，可是与后者有所区别的是，我国法治文化从传统中汲取的民本性精髓，较之西方的个人主义更为注重人民的整体性利益，即在保障个人权利和自由的同时强调兼顾人的集合体——

〔1〕 林道海:《论法的自由价值》，载《政治与法律》2006 年第 5 期。

〔2〕 林道海:《论法的自由价值》，载《政治与法律》2006 年第 5 期。

〔3〕 周叶中:《论中国特色社会主义法治文化》，载《武汉大学学报》2008 年第 4 期。

社会的集体利益和秩序条件，这需要我们在建设以民为本的社会主义法治文化的过程中不断创造和实现法治文化的民本性与民法精神诉求的自由条件之间的协调和统一关系。“法律按其真正的含义而言与其说是限制自由，还不如说是指导一个有智慧的人去追求他的正当利益……法律的目的不是废除和限制自由，而是保护和扩大自由。”〔1〕从这个基本立场出发，我们不难得出结论，“法律存在的目的就是为了保障个人在市民社会中尽情享有私人自由。个人的自由及其保护才是法律的灵魂”。〔2〕鉴于此，建设社会主义法治文化的民本模式，应当是实现法治文化的民本性与民法精神诉求的自由性同步转型与契合的模式。

---

〔1〕［英］约翰·洛克：《政府论》（下篇），叶启芳、瞿菊农译，商务印书馆1964年版，第35~36页。

〔2〕刘诚、杜晓成：《为国家主义法制观正名——以新中国1949年至1957年的法律实践为例》，载《武汉大学学报》2005年第5期。

第十章

自律构序的道德诉求

一、道德与道德精神

道德和道德精神与民法精神具有内在的联系，建设社会主义法治文化的民法精神诉求，实质应以自律构序的道德诉求为本质。[1] 道德"是人类自然生态秩序的自主意志即本体规范形式，是人类自身内在与自律的行为规范与精神秩序，它居于人类灵魂的处所并指令人类的自主行为，代表了人类社会构造的正义与价值，是人类社会其他规范构造的根据和条件"。[2] 民法精神作为以民为本的社会生态秩序精神，是以自律构序的道德和道德精神为基础的法治精神。[3] "道德精神是自由意志的精神"，[4] 而民法精神作为民法的本质精神，是民法形式与道德意志的结合形态，因此，具有自由秩序本质的民法精神，实质是一种自律构序的道德精神。"民法精神的贯彻与弘扬，既是民法规范的要求，也是道德规范的要求，因为道德规范是民法规范的重要渊源，是道德规范的法制化，是民

---

〔1〕 本章内容参阅本书第四编(第十五章)"民法精神的道德本体构造"部分。

〔2〕 王利民：《民法道德论——市民社会的秩序构造》，法律出版社2019年版，第15页。

〔3〕 《论语·为政》。

〔4〕 高兆明：《黑格尔〈法哲学原理〉导读》，商务印书馆，2010年版，第208页。"所谓道德精神是自由意志精神是指：道德是主体的、自由的精神。作为自由意志的道德，是个人内心、精神方面的，它是主体的自我规定。"(高兆明：《黑格尔〈法哲学原理〉导读》，商务印书馆2010年版，第208页)

法精神的道德基础。”[1]民法精神的社会生态秩序属性,是一种道德精神,是一种本体的社会规范与秩序形态,没有道德的规范与秩序精神,就没有民法精神,也没有以民为本的法治文化。因此,社会主义法治文化的民本模式必然具有以民法精神为核心的自律构序的道德诉求。

（一）道德

“‘道德’(Moral)源自拉丁语 *mos* 的复数形式 *mores*,意为风俗习惯、生活方式、风格作风”,[2]是一种被人们自觉践行的社会准则,而民法精神作为一种社会规范与秩序精神,根本是一种自律构序的道德精神,因此,建设社会主义法治文化的民法精神诉求,实质就是一种自律构序的道德诉求。民法精神的规范与秩序属性,在社会生态机制上具有道德精神的属性,他不仅表现为民法形式上的精神条件,而且是内化于心的普遍性行为意志,具有道德的自发自为的本质。进言之,建设社会主义法治文化的民法精神诉求,必然需要以与民法精神相统一的道德与道德诉求为条件。

人是社会的,就必然是道德的。道德具有与人和社会的必然联系性。道德是内在于人类本体的社会规范与秩序属性,是人的社会秩序品性,具有人性的社会性。[3] 秩序性的道德诉求或者道德规范,需要行为主体自由与自律的内在统一,[4]“那些引导个人以一种使社会生活成为可能的方式行事的规则是经由选择的过程而演化出来的时候,社会才可能存在”。[5] 道德既是社会的需要,也是社会的选择。自律构序的道德诉求不仅是社会主体的一般性秩序条件,也是社会存在的普遍性秩序需求,更是以民为本的法治文化与民法精神的基础性秩序要求。

---

[1] 王歌雅:《民法的精神与道德基础》,载《学术交流》2005 年第 7 期。

[2] 张东辉:《德国古典哲学中的道德与法权》,中国人民大学出版社 2017 年版,第 43 页。

[3] “在某种生产方法之下,社会必有某种组织,人必须有某种行为,对于人此种行为之规定,即是道德。”(冯友兰:《贞元六书》,华东师范大学出版社 1996 年版,第 363 页)道德“必须有来自于个人内在精神的诠释、激励与支撑”。(高兆明:《黑格尔〈法哲学原理〉导读》,商务印书馆 2010 年版,第 210 页)

[4] “秩序并非一种从外部强加给社会的压力,而是一种从内部建立起来的平衡。”[[英]弗里德利希・冯・哈耶克:《自由秩序原理》(上),邓正来译,生活・读书・新知三联书店 1997 年版,第 183 页]

[5] [英]弗里德利希・冯・哈耶克:《法律、立法与自由》(第 1 卷),中国百科全书出版社 2000 年版,第 65 页。“道德规律是社会组织所必须。有了道德规律,才能有社会。没有道德规律,即没有社会。”[冯友兰:《三松堂全集》(第 4 卷),河南人民出版社 2001 年版,第 354 页]

1. 道德的意志性

道德属于行为意志的范畴，具有意志性。“道德的意志性，也就是道德的情感性，是以情感形式表达的意志条件。无论是意志的还是情感的道德，都是一种代表规范的道德。”〔1〕民法精神是民法形式与道德意志的结合。一方面，民法精神是上升民法形式的道德意志，另一方面，上升为道德意志的民法形式只有被行为主体所普遍接受，才能实现规范与秩序的价值统一。“每一个理性存在者的意志都是一个普遍立法的意志。”〔2〕意志是一种精神和思想的形态，道德的意志性就是一种普遍和稳定的行为意志条件，这种条件可以转化为一种内在确信和尊重，作为一种社会精神，成为社会主义法治文化所追求的民本规范与秩序信仰。

道德的意志性及其具有的差别性与不确定性，既不是道德的随意性，也不是道德的无序性。相反，它反映了道德的内在性、根本性与现实性。道德的存在，是社会规范与秩序的存在，道德精神是社会规范与秩序的精神，它超越实在法或形式规范的外在条件，成为内化为人们精神灵魂的现实的行为规范与生态秩序。换言之，道德是精神的法、行为的法、习惯的法和实践的法；道德的实在，是法或者社会规范与秩序的实在。一个国家和社会的道德条件和水平，既反映和代表一个国家和社会的民法精神的条件和水平，也最终决定一个国家和社会的法治和法治文化的条件与进步。因此，道德意志的深化需要通过社会规范来体现，这不仅是民法精神的需要，而且是社会主义法治文化民本模式的价值诉求。

道德意志虽然具有差别性，但道德作为一般的社会规范与秩序条件，代表了一定的共识性，单纯的个人道德或者极端的道德意识并不是真正的道德或者并不具有道德价值，道德在一般意义上应是普遍的社会规范与秩序条件。由道德的共识性所决定，道德意志的培养与道德精神的形成应是不断增进秩序认知的过程，也是人们以一般理性承认和接受公认的社会行为条件与方式的过程，需要改变和塑造这种规范有序的社会生活形态。概要之，道德的意志性，使得规范与秩序既容易在意志的条件下改变，也能够在意志的条件下生根与永恒。

道德意志的形成是个体完善自我人格、调整自我行为的内在价值指引，是现

---

〔1〕 王利民：《民法道德论——市民社会的秩序构造》，法律出版社2019年版，第48页。
〔2〕 张东辉：《德国古典哲学中的道德与法权》，中国人民大学出版社2017年版，第19页。

实存在的人的秩序意志。[1] 黑格尔认为，道德是"主观意志的法"[2]、是"作为主体的自我观念"[3]。因此，道德"是自由意志的精神""道德的第一前提是个体及其自由意志的存在"。[4] 民法作为实在的形式法，尽管它具有一定的权威和客观属性，但却很难保证人人遵守，而民法精神作为民法的本质，是民法形式与道德本体的统一形态，是上升为民法的道德精神，是转化为自律构序的道德诉求，是追求自主秩序的个人行为意志，只有将形式规范上升至制度与生态一体的民法精神，才是以民为本的社会主义法治文化的秩序精神。[5]

道德是内在于心的秩序信仰，是一种向善而行的意志形态。[6] 向善与自律是道德秩序的本质，[7]符合社会主义法治文化的民法精神诉求。道德意志从意识形态上具有不确定的一面，需以"善"的价值标准为尺度检验和确定行为的道德合理性。"如果把善恶混淆起来，那么一切道德都将完结，而每个人都将可以为所欲为。"[8]"道德并不是一个纯粹善良动机的问题，它是一个善的目的及其实现问题。"[9]道德的善是一个不断认知与变化的发展过程，这个过程需要人们以一般理性所认可的"善"的标准作为规范自己行为的基本条件。"道德目的就在于在个人生活中和社会生活中扬善除恶。"[10]民法精神就是以民法的形式所

---

〔1〕 道德是"依靠社会舆论、内心信念和传统习惯来维持的行为规范。"（侯世武：《浅议道德建设与法制建设的辩证关系》，载《学习论坛》1997 年第 6 期）

〔2〕 [德]黑格尔：《法哲学原理》，范扬、张企泰译，商务印书馆 1997 年版，第 109 页。

〔3〕 [德]黑格尔：《黑格尔的伦理思想》，黄涛译，知识产权出版社 2016 年版，第 38 页。

〔4〕 高兆明：《黑格尔〈法哲学原理〉导读》，商务印书馆 2010 年版，第 208、200 页。

〔5〕 "所以，一方面，外在法必须有来自于个人内在精神的支持，它只有成为人们的内在自觉时才能真正普遍有效；另一方面，外在法是明令法，尽管其价值基点是保护自由，但是其存在形式却是禁止性、否定性的，而这种禁止性的命令法的规定总是有限的，无法及时顾及或虑及一切可能性情景，因而，它必须有来自于个人内在精神的诠释、激励与支撑。"（高兆明：《黑格尔〈法哲学原理〉导读》，商务印书馆 2010 年版，第 209、210 页）

〔6〕 "道德命令要求人们根据高尚的意图——首先是根据伦理责任感——而行事，它还要求人们为了善而去追求善。"（[美]E. 博登海默：《法理学—法律哲学与法律方法》，邓正来译，中国政法大学出版社 2017 年版，第 389 页。）"意志作为主观的或道德的意志表现于外时，就是行为。"（[德]黑格尔：《法哲学原理》，范扬、张企泰译，商务印书馆 1961 年版，第 113 页）"德志定行为之趋向""无行为则道德无从表现""盖行为虽重结果，然亦并重动机"。（严群：《亚里士多德之伦理思想》，商务印书馆 2003 年版，第 102、185 页）

〔7〕 "道德是人性的规定性，人性作为人的利益本性有善恶之分，其中只有善才构成道德价值与条件。"（[英]亚当・斯密：《道德情操论》，蒋自强等译，商务印书馆 1997 年版，第 105 页）

〔8〕 韦冬、王小锡：《马克思主义经典作家论道德》，中国人民大学出版社 2017 年版，第 29 页。

〔9〕 高兆明：《黑格尔〈法哲学原理〉导读》，商务印书馆 2010 年版，第 293 页。

〔10〕 Paul Tillich, *Morality and Beyond*, New York, 1963, p. 22.

确立的一种判断善恶的一般行为标准,它以民法的“善”的规范来调整人们的市民社会行为,并以此实现社会主义法治文化的道德目的与诉求。

道德的意志性决定了道德是一种主体条件,即道德的规范与秩序主要不是一种形式的规范与秩序,而是一种主体的行为规范与秩序,它与特定的主体和主体行为直接联系。每个人或者每个行为主体,都有自己的道德及道德标准,不同主体的道德观表现出较强的主观差异性。〔1〕同一主体在不同环境或行为条件下,可能表现不同的道德情感与道德行为,因此道德从意志形态上具有不确定的一面,需要一种恒定和符合社会普遍价值理念的道德信仰,以保持和维护道德的统一性和一般性。〔2〕人类在自己的社会构造中必然追求符合客观利益需求的普遍性道德结果,从而必然遵循某种自然而然的道德规范,并基于人类的共识性认知而将这一道德规范上升为社会的一般秩序标准。〔3〕

显然,个人道德意志的变化,不仅与个人的主观意志的差异性有关,而且也受到各种社会客观条件的影响。本书项目组以“您认为您个人在社会中的人身安全程度是什么”为题进行的全国性调查问卷结果显示,在被调查的样本中,有57%的人对个人在社会中的人身安全程度持基本满意的态度。〔4〕这一数据不仅说明了社会给予国民生活和经济上的保障,也体现了人们自律性道德意志的不断提高。可以说,随着经济、文化和政治等客观因素的发展变化,〔5〕社会的整体道德环境与条件趋好,必然转变人们对自身和对他人的态度,形成一种积极向

〔1〕 例如,在经过四十余年的改革开放以后,人们对待婚前性行为的态度,一方面是开放的,另一方面则是人们在传统禁欲观念影响下的对这一问题的道德困惑与彷徨。

〔2〕 例如,南京彭宇案件中当事人彭宇陈述出于好意救助的心理,搀扶起跌倒的老人,却被受救助人以一纸诉状将其告之法院。对这一案件产生的所谓“见死不救”的社会影响,引起了全社会的广泛讨论与深刻反思,因为人们不希望社会的道德标准因一个先例而发生改变。[徐某诉彭宇案,南京市鼓楼区人民法院(2007)鼓民一初字第212号民事判决书]又如,洞穴奇案所提到的洞穴探险谋杀事件,五名探险者被困洞穴,在不能得到救助的情况下无奈吃掉其中一人,很明显,只要还有剩余食物,其余四人就不可能吃掉其中一人。(参见[美]彼得·萨伯:《洞穴奇案》,陈福勇、张世泰译,生活·读书·新知三联书店2012年版,第15页)

〔3〕 针对社会出现的消极救助现象,鼓励积极救助的道德行为,确立社会的一般道德价值与行为准则,《民法典》总则编第184条作出了“因自愿实施紧急救助行为造成受助人损害的,救助人不承担民事责任”的规定。

〔4〕 本题数据统计结果详见本书第五编(第二十四章)“从静态到动态的法治运行转型”部分。

〔5〕 道德并不是单一的社会现象,而只是整个社会循环系统的一部分并受其他社会因素的影响,尤其是其中的经济因素。“道德由经济基础决定,并为经济基础服务。”(柴文化主编:《冯友兰思想研究》,人民出版社2010年版,第67页)

上的道德行为意志，从而表现出更高的道德水平。因此，建设社会主义法治文化的民法精神诉求，必须正确把握自律构序的道德本质，从而为建设以民为本的社会主义法治文化提供影响人们道德意志的社会环境与行为引导，在改变和形成人们的道德意志的同时实现自律构序的法治文化形态与发展。

2. 道德的规范性

"道德的规范性，也就是道德规范构序性，即道德作为社会规范所具有的秩序性功能与作用。"〔1〕道德是"关系到某些规范性模式的价值侧重概念"，〔2〕具有社会规范属性和自律构序的规范作用与社会价值，是能够成为代表民法精神诉求的主体规范条件。道德不仅是一种行为意志并具有意志性，而且是一种社会规范并具有规范性，道德只有在规范的意义上才构成民法精神的秩序本质。〔3〕因此，道德的规范性构成了本体的社会规范形态，是一种生态性的社会规范体系。

道德是限制和约束个人意志行为的自主规范，并能够以自律的行为条件把握人类的自我世界，对人类社会秩序的构造具有本体的规范与调整作用。道德作为本体性的社会规范，具有民本性和生态性，是在人性基础上形成的一种社会共识，反映人与人之间利益关系的自然秩序及其规定性条件。道德规范的结果促进人们对道德行为的秩序认知，通过这种认知进一步形成道德规范的普遍性。〔4〕正是在道德规范的基础上，人们才自觉地遵守法律并使自己的行为符合民本社会的秩序要求，从而形成自律构序的法治文化。

道德规范是一定社会和民族生产和生活方式的产物。社会及民族的生存环境、传统习惯和文明程度等对道德规范的形成与品质具有重要的影响。在特定的生产与生活条件下，基于人们的整体利益需要产生一种内在的规范形态，这种规范形态作为人们在社会实践中逐步形成并普遍遵循的行为准则，就是道德。

〔1〕王利民：《民法道德论——市民社会的秩序构造》，法律出版社2019年版，第167页。

〔2〕［美］E. 博登海默：《法理学——法律哲学与法律方法》，邓正来译，中国政法大学出版社2017年版，第388页。

〔3〕道德是"维系一个社会的最基本的规范体系，没有伦理道德规范，整个社会就会分崩离析"。（赵万一：《民法的伦理分析》，法律出版社2012年版，第51页。）"道德就是社会的规范，是一个社会得以存在的必要条件。"（柴文华主编：《冯友兰思想研究》，人民出版社2010年版，第67页）

〔4〕"在裁定良好道德品德问题时，法院的个别态度并不是标准。由于这种标准具有公认的缺点与可变性，所以就时间和地点来看，所适用的标准应当是整个社会接受的行为规范。"（［美］E. 博登海默：《法理学——法律哲学与法律方法》，邓正来译，中国政法大学出版社2017年版，第490页）

不同的社会或民族,在一定程度上表现出道德的不同标准和要求,从而反映出不同社会或民族在道德规范上的差别性。然而,不论哪个社会或民族,只要符合社会秩序及一般的价值要求,只要是人类基本生产与生活条件的生态反映,就必然存在道德规范的共性或者一致性,并且在人类社会发展所建立起来的普遍联系中,这些道德规范的共性和一致将构成人类共同的文化与文明的基础。

道德规范既具有一般和普遍的内涵,又具有与时俱进和不断发展的本质,这就是道德规范的社会生态性。不同历史背景及物质生活条件必然具有不同的道德标准和评价尺度,随着社会不断发展和进步,道德规范的自身标准及界限也在发生变化。因此,如何认知和把握道德属性也是道德规范本身的一个根本问题。当道德规范表现自己并发挥作用时,就会有一些旧的规范退出、新的规范进入,这种进与退的不断交合,构成了道德规范的历史发展与演变,这不仅发生在社会剧变的历史时期,即使在社会发展的渐进阶段也表现得极为明显。民法精神作为市民社会关系的规范精神,体现着社会发展的文明与文化进步,作为以民法形式为表现的社会规范精神,具有民法与道德规范的统一性。因此,民法精神的道德诉求必然要以道德规范为社会实践基础,以实现生态化和秩序化的法治和法治文化的发展样态。

3. 道德的自律性

道德是主体自生自发的生态行为准则,是内在的行为意识表现于外的秩序形态。这种行为规范与秩序必然以自律为其实施和实现的条件与根据。"道德的自律性,也就是道德的自律构序性,是道德的社会构序性的自律性本质。"[1]马克思指出:"道德的基础是人类精神的自律。"[2]道德是主体在自由意志的前提下,服从社会普遍规范的自主构序的行为品性,唯有这种品性才使道德具有自身的规范本质。康德认为,自律是意志的根本特性,"是一切道德法则的唯一原则",[3]这个"原则必定是定言命令,这个定言命令所命令的,不多不少正好是自律"。[4] 自律是道德规范的根本秩序属性,是社会生态秩序实现的基本条件,即

〔1〕 王利民:《民法道德论——市民社会的秩序构造》,法律出版社 2019 年版,第 170 页。"道德的自律性是个人的意志自律性,即一个人控制自己行为的意志并使之符合社会秩序的自由能力。"(第 170 页~171 页)

〔2〕《马克思恩格斯全集》(第 1 卷),人民出版社 1965 年版,第 15 页。

〔3〕 [德]康德:《道德与人性》,高适译,华中科技大学出版社 2012 年版,第 60 页。

〔4〕 [德]康德:《道德形而上学奠基》,杨云飞译,人民出版社 2013 年版,第 80 页。

使是法治秩序,也离不开自主构序的道德条件与作用。法治和法治文化作为一种社会生态文明,显然不能在单纯的和普遍的国家强制的作用下形成,而只能在不脱离国家强制的条件下以自律构序的道德方式实现。

道德规范作为自律性规范,它的作用“并不是外部的物理性强制与威胁,而是人们对道德规范所固有的正当性的内在信念,因此,道德命令所诉诸的乃是我们的内在态度、我们的良知”。[1] 道德规范是一种“态度”和“良知”的自律性规范,主体的意志自律是道德规范的基本要求,也是内在于心的自我约束与行为引导。“人由于德行而倾向于做高尚(高贵)的事。”[2] 人是道德的主体,但并不是每一个人都是有道德的人,道德主体应当具有高度的自律意识并自主遵循道德的条件和要求,把道德作为一项自觉作为的义务规范。[3] 因此,道德自律是主体意志的义务特性,需要主体将“道义”内化为自律的规则意识去遵守和践行,而不是片面或者直接地享受道德利益。当然,道德意志的目的并非仅是义务,道德自律的目的最终仍然在于通过主体的自律行为来实现主体自身的利益。换言之,道德不仅是目的,也是手段。道德作为人类自身的社会秩序诉求,是一种自发的行为选择与规范条件,它既是为了自利的目的,也是为了利它的选择,是以相互关系的利益均衡形成的一种共同秩序形态。

总之,道德的形成主要依据主体的自律性行为选择,并使之符合作为普遍条件或者道德精神的社会实效性要求,这种道德效力的自律性与实在性也正是其作为社会规范与秩序本体的根据。民法精神的自律性正是源于其本身所具有的这一道德本质,从而建立起法律强制与道德自律之间的联系。

4. 道德的自然性

达尔文指出:“我们的良心和道德感像我们巨大的脑容量、直立行走的姿势以及我们的文化常识一样,是‘自然选择’的结果。”[4] 道德是人的道德,具有人

---

[1] Macht, Recht, Moral (Szeged, 1922), pp. 15 – 16.

[2] [古希腊]亚里士多德:《尼各马可伦理学理》,廖申白译,商务印书馆 2003 年版,第 31 页。

[3] “义务就其作为不同于法律义务的道德义务而言,必须是自律的,亦即自己主动地、自觉地约束自己,强迫自己,而不是他律的,不受其他外在因素的影响和强制。”(张东辉:《德国古典哲学中的道德与法权》,中国人民大学出版社 2017 年版,第 19 ~20 页。)“道德由美德、原则和规则所组成,人们有义务培养美德并将其付诸实践,有义务依原则行事,有义务尊重规则。”([英]A. J. M. 米尔恩:《人的权利与人的多样性——人权哲学》,夏勇、张志铭译,中国大百科全书出版社 1995 年版,第 38 页)

[4] [美]克里斯托弗・博姆:《道德的起源——美德、利他、羞耻的演化》,贾拥民、傅瑞蓉译,浙江大学出版社 2015 年版,第 7 页。

的自然性。“自然是一切认识的对象,不仅道德本源于人性自律,而且当人和人之间相互接触或者发生关系的外部条件被作为自然来看待的时候,作为这一关系的道德要求也就同样具有了自然性并由自然所决定。”[1]道德的自然性是人性的自然,即人的不可改变的生命属性。道德的自然性体现了其内在的规律性与规定性,并因此具有不以人的意志为转移的规范与秩序条件。[2] 因此,道德是自然产生,也是自然遵守的。道德的自然性、规律性与规定性决定了道德的一般性与普遍性,虽然不同民族和社会的道德可能存在一定的意识形态差别,但是不同民族和社会的道德基于道德的自然性,一定存在相同或者趋同性,并具有共同的本质。[3] 道德是人性的道德,不仅具有人的生命及其条件的自然属性,而且是人类自然发展与进化的客观结果。在老子的“道”与“德”中,“‘道’是指未经渗入一丝一毫人为的自然状态。‘德’是指渗与了人为的因素而仍然返回到自然的状态”。[4] 对于何谓“自然”,胡适先生认为:“自是自己,然是如此,‘自然’只是自己如此。”[5]因此,自然的道德一定是普遍的道德,并具有社会一般性。

道德的自然性与普遍性价值,表现了道德所具有的不以人的主观意志为转移的社会本质属性。道德的独立性在于:(1)道德作为由人的生命条件所决定和产生的社会规范形态,具有不以人的主观意志为转移的自然生命属性,并因此必然具有共同的社会本质。(2)基于生命的物质条件需求,道德又是被一定社会的物质生活条件决定的,随物质生活条件的变化而变化,并不是单纯的意志或意志产物。(3)道德的变化和社会条件的发展之间并不完全同步,它既与其他社会形态发生某种特定的内在联系,又作为独立的社会意识形态而具有自身的历史继承性,并对其他社会条件产生巨大的能动作用。(4)人类的历史发展与

---

〔1〕 王利民:《民法道德论——市民社会的秩序构造》,法律出版社 2019 年版,第 108 页。

〔2〕 “人作为社会共同体存在,必然有用以协调相互关系的行为规范,且这些行为规范是人类基于一定的自然基质,在社会交往实践中形成的。”(高兆明:《道德失范研究》,商务印书馆 2016 年版,第 170 页)

〔3〕 “人具有普遍的理性,这种实际的道德又被置于一种评判性的道德之下,有时甚至依照评判性的道德予以修正。换言之,人的生物本性提供了一些框架条件,这种框架条件有助于促进道德的发展,而人则必须依靠一些文化因素及自身的力量,特别是自身的理性评判原则发展道德。”(沈国琴:《奥特弗利德·赫费的道德哲学研究》,浙江大学出版社 2014 年版,第 28 页)

〔4〕 陈鼓应:《老子今注今译》,商务印书馆 2003 年版,第 34 页。

〔5〕 胡适:《中国哲学史大纲》,东方出版社 1996 年版,第 46 页。

进步不断加强着与道德的普遍联系，任何社会、民族都不可能完全独立于道德的一般条件与发展之外，一定与人类道德的一般规律具有相同或者相似的本质。[1] 因此，基于道德的自然性及其自身发展的内在规律性，即使受物质条件的限制与社会环境的影响，也会根据自身的一般进化规律而不断发展并具有其普遍性。因此，以道德的自然性为基础的民法精神，对以民为本的法治文化的生态发展同样具有自然与普遍的一般规范与引领作用。

5. 道德的本体性

道德的本体性是就道德与其他社会规范包括法律规范之间的关系而言。所谓道德的本体性，是指道德是人类自体的规范或者秩序性存在，是派生其他一切社会规范的根本或基础，其他一切社会规范都应以道德为根据并符合道德规范的价值与基本原则。[2] 换言之，道德规范具有一切社会规范的本质，代表了一切社会规范的根本条件和基本诉求。道德的本体性具有人或者人性的目的，反映人的规范与秩序本质。因此，道德的本体性说明道德的本质是人或者人性的本质，[3] 人是自我道德即人类本体法或者人法的自主创造者和自律践行者。由道德的本体性决定，人既是道德的构造主体，又是道德的行为主体，是自我道德的制定者，又是自我道德的实践者。即人是自我的立法者，又是自律的守法者。

道德的本体性决定了人作为道德主体在道德生活中的自我主导价值。人在践行道德义务时具有自主自为的主观能动性，这不仅体现了人的本体性，也是民本社会秩序构造的本质要求，即人应当成为自我秩序的构造主体，缺少这一本体的秩序支持，任何一种社会，都不能仅凭外力强制而在完全被动的条件下形成可持续发展的秩序形态。可见，在人与道德的相互关系中，人既是道德的主体，又是道德作用的对象与客体，人是掌握和体现道德财富的主人，具有道德的创造性和自主性，需要在一定社会关系条件下接受道德的条件和约束。道德的本体性

---

〔1〕“人并不是全然先天地就对内心的道德法则有一种清晰而全面的洞察，而是只有在历史的发展过程中随着人的自然禀赋和才智的不断完善，才能培养出自身的道德能力。”（张东辉：《德国古典哲学中的道德与法权》，中国人民大学出版社 2017 年版，第 56 页）

〔2〕参见王利民：《民法道德论——市民社会的秩序构造》，法律出版社 2019 年版，第 3 ~ 15、31 ~ 38 页。

〔3〕“人性成为社会和政治的创造物，人具有伟大的建立社会准则的能力。”（[美]弗朗西斯·福山：《大分裂——人类本性与社会秩序的重建》，刘榜离等译，中国社会科学出版社 2002 年版，第 176 页）“可普遍化原则仅仅是道德的必要条件，必须补充人性的本质目的，两者共同构成道德的充分必要条件。”（张东辉：《德国古典哲学中的道德与法权》，中国人民大学出版社 2017 年版，第 22 页）

决定了在道德生成中，主体能够将外在的规范内化为自身需求，使抽象的规范在主观意志中转化为具体命令，最终在各种各样的道德规范或者无所遵循的情况下作出自主选择，从而创造道德。换言之，主体可以将自己的价值判断作为道德标准运用于自身的实践过程，作为特定的道德规则以调整个人行为在社会关系中的自律性效果，形成并实现在道德本体基础上的一种自主构序的社会生态体系。

“从社会本体认识社会，必然发现社会构造的本质。社会作为人类自然结合与生态文明的秩序形态，是人类相互联系和依存的一个完整的人文生态系统，而把人类自然而文明地结合在一起并能够自发形成有序的社会生态体系的那种人类本有的自序性构造要素，就是人类社会内在的本体秩序条件，这一秩序条件作为一种社会共识和意识形态被以一定的范畴——‘道德’认知，道德即以构成人类一般规范与秩序条件的本质而成为被用来代表和概括人类本体规范秩序的唯一和最高形式，并因此被赋予了社会构造的正义价值。”〔1〕道德的本体性是主体在完善自我道德修养的同时，信服某些道德原则和道德规范，自觉地按照这些原则和规范行事，努力使自己成为一个具有高尚道德品质并受其约束的人。〔2〕道德的本体性决定了道德的自律特质。道德的主体与本体的统一，使不同的个人在不同的方面表达相同的道德意义，如在道德活动中，一个具有道德理性或者意志力的人，在面对欲望、爱好、情欲时会表现出正当的节制和引导力，并且在道德进化与完善过程中，承担起高度的维护社会整体价值与尊严的责任。如是，道德的主体能动性就是在信仰或服从道德标准的前提下的一种自我约束与主宰的力量，这种能动性不是去破坏道德，而是自律的服从、构建道德秩序的统一，最终形成一定的社会文化与文明形态。

（二）道德精神

道德是人类本有的社会规范与秩序精神，符合人类发展与进步的价值规律。道德精神则是构成道德本质与实质的规范精神，来源于人性自然之初，又存在于社会实践之中，是人性条件与社会实践的结合产物，具有社会秩序价值的存在性。作为内在于秩序形态的规范精神，道德精神是根本的社会精神，是社会构造

---

〔1〕 王利民：《民法道德论——市民社会的秩序构造》，法律出版社 2019 年版，第 10 页。

〔2〕 如道德主体所具有的道德意识可以“竭力使世界以及它自己的自然本能符合普遍义务要求，从而带来‘道德’与‘现实’的和谐”。（[英]斯蒂芬·霍尔盖特：《黑格尔导论自由、真理与历史》，丁三东译，商务印书馆 2013 年版，第 132 页）

的基础,是一种理性和自觉的社会规范与秩序精神。[1]

道德精神是构成自律性道德意志的本质前提,[2]没有道德精神就不会有主体的自律意志,或者说自律意志本身就是道德精神的表现。作为市民社会的规范精神,道德精神反映为社会关系的秩序条件,是人性自然与社会实践的结合,产生于人类自身的社会规范性认识,而民法精神就是这一规范性认识即道德精神的发展结果。所以,建设以民为本的社会主义法治文化的民法精神诉求,根本是一种道德精神的诉求。

1. 道德精神的人文性

道德精神是一种人文社会精神,表现为人类社会的一种文化与文明现象。[3] 道德精神的水平和高度,代表着人类文化与文明的水平和高度。没有道德精神,不仅没有人类的规范与秩序,也没有人类的文化与文明形态,更没有因此而生的社会发展与进步。[4] 因此,道德精神在人类社会的规范与秩序体系乃至于整个人类的文化与文明构造中都占据重要地位,它既是人类发展的标志,也是推动人类文化的进步条件。社会主义法治文化作为人类法治文明的最新发展,具有高度的道德精神的人文属性,代表了法治文化形态下道德精神的人文进步,体现了社会主义法治文化在道德与人文上的先进性。

道德精神反映道德的人文社会价值,而这一价值是人存在于社会的根本,体现于人格与社会关系的所有价值认知之中。任何一种社会文化,都需要通过一定的道德精神把人性的各种价值全面融入社会规范与秩序体系之中,用人格价值和人格精神体现社会整体的价值理念,从而通过人性价值的道德深化形成道德精神的人文本质。道德精神的人文性,不仅是抽象的,而且是具体的,表现为人们在处理相互关系中的一种态度及其所代表和反映的社会人文品质。道德精

---

〔1〕 “道德精神就其本体是自我意识,是精神的一种形式,因为它的对象依然是明确地普遍的、客观地有权威的理性,而不是自我及其概念。因此,道德的精神又是自觉的精神,或‘对它自己确信的精神’,因为它知道,它自己内在的意志和思想是普遍理性唯一的现实化。”([英]斯蒂芬·霍尔盖特:《黑格尔导论自由、真理与历史》,丁三东译,商务印书馆 2013 年版,第 132 页)

〔2〕 参见高兆明:《黑格尔〈法哲学原理〉导读》,商务印书馆 2010 年版,第 208 页。

〔3〕 “道德是人的社会精神,道德社会是人的精神社会,道德构造是人的社会精神构造。社会不能没有道德,就是不能没有一种共识性的秩序精神。人类的社会结合,首先是一种精神结合和精神的能够结合,是在秩序共识的基础上产生的一种适序性的社会构造。”(王利民:《民法道德论——市民社会的秩序构造》,法律出版社 2019 年版,第 211 页)

〔4〕 “一个民族的道德往往就是这个民族的人文性质与文化的综合表述。”(赵万一:《民法的伦理分析》,法律出版社 2012 年版,第 46 页)

神作为人文精神就是要肯定人的价值、尊严和潜力,关注人的发展,促进人的公平、和谐。因此,道德精神最终需要人在获取自我生活利益的同时也要对他人承担相应的道义,表现出个人的社会文明性并符合社会条件的要求。一个人只有具备这样的道德精神与人文品质,才能在对外关系中建立良好的社会秩序,实现社会生态的规范化与秩序化,即一种道德精神及其人文属性的法治文化形态。

2. 道德精神的生态性

道德精神作为一种社会规范与秩序精神,是一种社会生态精神,具有社会生态性。道德精神的生态性,一方面说明了道德的自然存在性,另一方面说明道德的自然演变性。[1] 道德不仅是意志的,而且根本是遵循一定的自然生态规律与法则的,其形成和发展是由自然生态向社会生态的演变过程。道德的生态性根本是人的生态性,决定于人的生态条件与生活方式。因此,非内在于人类本质的道德精神,或者说不具有生态性的道德精神,既不符合自然发展规律,也不是自律性的价值诉求。这种所谓的道德精神,定然是在某种他律的作用下产生的,必然缺少人们对它的内心遵从与信仰,也不可能以此建立一个自由公正的社会秩序。

道德精神虽然是"精神性"的,但作为一种普遍和共识的社会精神,它不是随意出现,而是在一定的规定条件下生发的,这一条件就是人类的生存环境。换言之,道德精神的本质是一定生态条件的反映。虽然人类的生存条件因地域和环境等因素的影响而存在一定的自然与社会的判别性,但是作为人类生存需求的基本条件和基础环境是相同的,即使不同的民族和地区在具体的生存条件上是各异的,可是人类生存的客观需求是一致的,不论是其中的人身还是财产利益条件需求,都必然具有共同的生态本质。所以,道德精神在根本上是人的生态条件的要求和反映,具有人类生态的本质属性。

道德精神的生态性,也就是它的客观性与自然性。一方面,道德精神是一种自然生态的社会存在,不仅具有人的主观意志性,而且具有不以人的主观意志为

〔1〕"人类的社会构造,是人类自然生态选择的结果,人类依赖社会生活,社会构造是人类生存的利益关系与条件构造。人类在生存与趋利避害的自然选择中最终形成了有益于自己繁衍生存下去的社会生态,它能够给人类带来和实现最好的生存利益,这种利益虽然不一定是人类在初始的自然社会选择时就认识清楚的,但是起码人类是被这种利益所吸引并规定着人类去作出社会及其秩序条件选择的。人类依生命法则选择了社会生活也就自然构造了社会生态体系,必然需要和具备符合社会构造并维护其存在的内在秩序条件。"(王利民:《民法道德论——市民社会的秩序构造》,法律出版社 2019 年版,第 185 页)

转移的客观性；另一方面，道德精神是自然演变的，这种演变反映了人自身存在的规律性及其与外部环境与资源等条件的关系，是人与外部关系相互协调的结果。道德精神的生态性涉及个体与社会、自由与秩序、主观与客观等多重价值及其相互关系。在面临人类生存与发展的问题时，个人必须与社会相联系才能体现和获取更多的利益与价值；主体在实现其权利时也必须建立在自由的基础上，而这种自由应限制在社会给定的有序范围内。也就是说，道德精神的生态性要求主体必须符合社会规范的基本价值条件，这个条件即为“道德”，亦即人类基于自然生态的一般社会性。因此，道德精神的生态性既决定了以道德精神为基础的民法精神的生态性，也决定了以民法精神为基础的法治和法治文化的生态构造。法治和法治文化的不是一种偶然的社会现象，而是随着人类的文明进步与生态秩序的发展而进化生成的，需要道德精神的生态性支持。

3. 道德精神的秩序性

道德精神作为一种社会规范精神，是一种秩序精神，即自主构序的社会行为精神。一定的道德精神，既构成一定的社会规范，也代表一定的社会秩序。道德或者道德精神的价值，就在于它的社会秩序属性及其社会秩序实现。道德精神的秩序，是意志与行为的秩序，属于自然生态的秩序。只有具有社会秩序属性的道德精神才符合人类的自然生态需求，而社会只有在可以预期的秩序条件下才能够存在和发展。〔1〕道德精神与可预见的社会秩序之间，具有内在的统一性。道德精神不仅具有社会秩序的属性，而且作为一种生态条件也是一种最具有稳定性的社会秩序形态。

人类社会是秩序的构造体系，秩序是人类社会存在的基本条件与价值需求。秩序并不是自然产生的，它是规范的结果，没有规范就没有秩序，规范是秩序的前提。人类的规范和秩序，既有形式上的，也有精神方面的，道德就是一种精神规范和自主的秩序诉求。道德精神作为社会的本体规范精神，其根本作用在于自主规范和调整社会关系的秩序形成。道德精神是直接和现实的社会秩序，道德精神与秩序的结合，形成道德精神的社会秩序构造。道德精神的秩序条件，在生态秩序的意义上构成一个国家和社会的法治和法治文化的根本秩序。因此，

---

〔1〕“在一个传统和惯例使人们的行为在很大程度上都可预期的社会中，国家的强制力可以降低到最低限度。”（[英]弗里德利希·冯·哈耶克：《个人主义：真与伪》，贾湛、文跃然译，北京经济学院出版社1991年版，第23页及其注2）

道德精神的秩序性同样决定了一个国家和社会的法治文化的秩序条件与现实状态。

二、民法精神与道德的统一

孟德斯鸠认为："法和各类事物可能产生的关系中，都存在法的精神。"[1]民法精神作为一种法律和法治精神，是市民社会的规范与秩序条件。作为一种社会规范精神，民法精神以道德形式存在，具有一定道德属性。[2] 民法精神的道德性既是上升为民法形式的价值根据，又是通过民法形式转化为法律行为的自治条件。民法精神的道德性决定了两者之间的内在统一性。

（一）民法精神与道德的价值统一

民法精神是以民为本的道德精神，是以道德规范为基础的社会行为精神，没有道德价值的民法精神则毫无法规范精神的意义。道德是规范人类内在品质的价值信仰，是民法规范的根源与基础；民法精神是包含道德价值的秩序，如果没有与民法或者民法精神相一致的道德价值，民法精神则会丧失其作为社会秩序条件的本质属性。

民法精神与道德精神具有内在的联系和统一。[3] 民法精神是通过民法形式表现的道德精神，在这个意义上，民法精神就是道德精神。民法精神具有道德精神的本质，其价值是由道德精神所决定的。如果民法精神缺乏一定的道德精神的指引与规范，就没有道德价值，而没有道德价值的民法精神，也就没有作为社会普遍条件的正当性。民法精神之所以与道德精神相统一，是因为民法精神蕴涵着人们认同的统一道德精神，而道德精神作为市民社会关系的生态秩序与诉求，必然反映和体现在调整市民社会关系的民法和民法精神之中，并成为最终决定民法和民法精神的社会内在条件和因素。

基于民法精神与道德内在的联系与统一，任何民法和民法精神都不能脱离道德精神而孤立存在，否则即不符合普遍"善"的标准，也丧失了自律性的道德信仰。否定民法精神的道德性，就等于否定民法精神的价值性。"法律与道德

[1] ［法］孟德斯鸠：《论法的精神》，欧启明译，译林出版社2016年版，第7页。

[2] "民法既与道德不同，又具有道德属性。"（［美］罗斯科·庞德：《法律与道德》，陈林林译，中国政法大学出版社2003年版，第92~93页）

[3] "法律与道德，原有体与用的关系，如影随形，不可分离，其间距离愈接近，社会愈安定，人民亦愈幸福。"（王伯琦：《近代法律思潮与中国固有文化》，清华大学出版社2005年版，第6页）

代表着不同的规范性命令，然而它们控制的领域却在部分上是重叠的。"[1]民法精神是通过民法的规范形式表现出来的市民社会的道德精神，在价值上是由其反映的市民社会关系的道德性所决定的，如果民法精神不具有道德精神的属性，就不是真正的民法精神，也就不能作为社会主义法治文化的民本基础。

民法精神与道德精神具有相同的社会性，是同一对象的规范，具有规范上的性质同一性和统一性。然而，因两者规范形式的不同，在调整范畴与调整方式上也并非一致，道德是依靠社会舆论与内心信念来调整人们相互关系的内在行为规范，是民法精神存在与运行的根据；民法精神是表现为民法形式的行为规范，除了主体的行为自治之外，是通过民法的强制手段发挥调整作用的。道德作为内在于人的本质的规范意识，以善和恶、正义和非正义、诚信和虚伪等社会观念来评价和调整人们的行为，[2]是人类维持共同生活基础和社会存在所必须认可的价值准则与共性本质。与此不同，民法精神并不能涵盖所有的道德领域，它只代表特定的道德条件，是一定道德要求的社会存在的反映，并在自己调整的市民社会关系领域内与道德保持一致。

民法精神作为道德的外化形式，既本源于道德，又超越于道德，并最终回归于道德。[3] 民法精神作为国家的制定法精神，并非人类第一性社会规范精神，而是人类的第二性社会规范精神，它是道德——第一性社会规范精神的反应与表现形式，只有道德和归于道德的自律性秩序条件才是一切社会规范的基本精神诉求，也是民法精神诉求的内在条件与本质。

民法精神的道德精神性决定了民法精神与道德的价值统一。民法精神若不是道德精神，也就不具有上升为社会规范与秩序的正当性和合理性，而道德若不能满足民法精神的价值条件和要求，也不能转化为民法和民法精神。民法精神

---

[1] [美]E.博登海默：《法理学：法律哲学与法律方法》，邓正来译，中国政法大学出版社 2017 年版，第 400 页。

[2] 道德的"目的就在于在个人生活和社会生活中扬善去恶"。([美]E.博登海默：《法理学：法律哲学法律方法》，邓正来译，中国政法大学出版社 2017 年版，第 388 页)

[3] "道德对法律在逻辑上的居先性还可以用另一种方式来展示，它是惯例性规则对制度性规则的逻辑居先的一种特殊情况。"([英]A.J.M.米尔恩：《人的权利与人的多样性——人权哲学》，夏勇、张志铭译，中国大百科全书出版社 1995 年版，第 35 页)民法同样是以道德和习惯为先例而发展起来的。"没有法律可以有道德，但没有道德就不会有法律。"(第 308 页)"法律调整人们的外部关系，而道德则支配人们的内心生活和动机。"([美]E.博登海默：《法理学：法律哲学与法律方法》，邓正来译，中国政法大学出版社 2017 年版，第 389 页)

与道德的价值统一,应当以道德价值为标准,尊重道德的价值条件,将一定的道德价值上升为民法精神的社会规范与秩序形态。民法一旦脱离道德价值,就不再有正确的民法精神,也就不再是善法和善的精神。民法精神是与道德价值相统一的社会规范精神,一定依附并存在于道德精神之中。因此,作为法治文化实现的根本条件,民法精神应以道德为基础,与道德精神保持价值上的一致性。

由民法精神与道德价值的统一性所决定,民法的价值,在根本上就是道德价值。凡是有价值的民法和民法精神,在根本上都是具有道德本质的民法精神。不论民法的平等、自由,亦或是诚信、公序良序,都是一定的道德价值,都是由市民社会关系的道德秩序条件所决定的。〔1〕 道德价值是检验民法和民法精神的唯一和根本标准。“一个制度要能够对社会进行有效的整合,其本身首先应当具有道德合理性与道德权威。没有道德合理性与道德权威的制度,除了仰赖强权暴力,没有他法能够有效地整合社会。”〔2〕没有道德价值的民法精神,必然不是社会主义法治文化所追求的真正目的,也不是市民社会的核心价值,民法精神只有实现与道德价值的统一,才具有实现民主自由的正当性与合理性。

“道德作为主观意志的法,即是自由意志的内在定在,又是人的自由行为的法则。”〔3〕道德意志和道德观念表现人的主体性与自由性,道德的复杂性与甚至可能存在的非道德性也都源于它的主观自由的个人因素。但是,道德作为一种社会规范要求,它的主体意志必须在社会的普遍性中得到承认,不能随个体意志而肆意实现。因此,内化为自由意志的道德必须接受社会的一般性约束,这种约束即为一种自律构序的道德精神。同样,民法精神要成为一种道德精神,一方面需要以道德为根据,是道德的民法形式化;另一方面又需要在民法形式的基础上转化为一种道德秩序,即自律性的道德秩序精神。只有在道德精神和道德秩序的共同条件下,民法精神才能实现法治文化所追求的道德现实性。

(二)民法精神与道德的规范统一

民法精神不仅具有道德价值性,而且具有道德规范性。民法精神的道德属

〔1〕 “没有道德、风俗、习惯,即使民法典仍在,民间秩序将不复存在。”(刘武俊:《论市民社会与中国法治之路》,载《唐都学刊》2003 年第 4 期)

〔2〕 高兆明:《道德失范研究》,商务印书馆 2016 年版,第 271 页。

〔3〕 高兆明:《黑格尔〈法哲学原理〉导读》,商务印书馆 2014 年版,第 211 页。“人都愿意别人对他按他的自我规定来作出评价,所以不问各种外在的规定如何,他在这种关系中是自由的。”([德]黑格尔:《法哲学原理》,范扬、张企泰译,商务印书馆 1961 年版,第 111 页)

性,不仅在于它的道德价值性,而且在于它的道德规范性。民法精神正是基于它的道德规范属性而具有了社会生态本质。民法精神的道德规范性,使它既具有民法规范的“硬规范”或者“硬法”的特征,又具有道德规范的“软规范”或者“软法”的性质。

民法精神在道德规范的基础上,作为一种社会“软规范”,[1]是一种社会规范精神。社会规范精神或者称之精神或者意志性规范,是内化为人们精神或意志的生态性规范条件。民法精神在社会规范精神意义上,属于“软规范”或者“软法”的范畴。它既是“硬规范”或者“硬法”即形式法或者实在法的法源与本体,又是“硬规范”或者“硬法”实现的条件与根据。在这个意义上,道德或者社会规范精神,作为人们内化的社会规范条件,属于生态规范的范畴,是真正“实在”的社会规范或者“实在法”。“那些与具有合理性的道德价值精神背道而驰的法规没有存在的根据,因而是要被废弃的。”[2]因此,作为民法规范的上位价值——民法精神,只有具有道德的规范属性,才能够成为制定民法和指导民法发挥规范作用的现实条件。

显然,社会规范的“实在性”,并不在于形式的实在性,而在于人的精神的实在性。民法精神作为联系民法与道德之间的规范条件,既是用民法形式表现的道德精神,又是用道德精神践行的民法形式,对于社会主义法治文化的建设具有特殊的思想价值,并构成了社会主义法治文化不可缺少的内在条件。因此,建设社会主义法治文化,必然要以民法精神的道德规范为条件,并最终形成社会主义法治文化的本质要求。

民法精神反映道德规范的本质,并保持与道德规范在调整市民社会关系中的协调一致,从而共同实现民本社会的规范与秩序形态。[3] 如果一个国家的民法及其代表和反映的民法精神,背离基本的道德条件,并与道德规范发生根本的矛盾和冲突,那么这个国家的民法及其代表和反映的民法精神,就不是符合市民社会关系条件和要求的民法和民法精神,也就不应成为民法和民法精神。在这

[1] 所谓“软规范”或者“软法”,也就是精神规范或者精神上的自主意志的法,即所谓的个人立法。

[2] 高兆明:《道德失范研究》,商务印书馆 2016 年版,第 179 页。

[3] “事实上,虽然一般意义上的道德与法,具有不同的存在和表现形式,但是在作为规范的实施层面上,即在作为行为主体的具体行为条件而实际发挥规范作用上,道德和法是没有明确界限的一体性社会规范体系。”([英]约翰·奥斯丁:《法理学的范围》,刘星译,北京大学出版社 2013 年版,第 202 页)

个意义上,道德是民法和民法精神的价值尺度与衡量标准。[1] 建设社会主义法治文化,实现民本主义和自律构序的道德秩序,就必须保持包括民法在内的国家各项法律与道德规范的统一,并共同发挥统一的规范作用。[2] 民法精神与道德规范的统一,体现了民法的基础价值,"一些重要的道德规范也会因为社会发展的需要上升为法律,如,婚外情、家庭暴力……"[3]在中国古代正统的儒家思想中,并不单纯追求法律意义上的规范与秩序,而是将道德规范与法律规范融为一体,甚至更倾向于以德治国,这种调整方式体现了法律对道德的依赖,从另一个角度也说明了法与道德的内在联系与统一。[4] 民法和民法精神从来都是在道德规范的基础上形成和发展的,没有道德的基础规范,就没有民法和民法精神,更不可能产生法治和法治文化的规范形态与实践效果。

民法精神与道德规范的统一,并不能说明道德规范都能够上升为民法和民法精神。"道德规范只有通过合法的立法程序成为法律规范,此时,才能在法律的意义上对社会成员具有拘束性。"[5]同时,上升民法的道德规范又必须内化为人类本体的社会规范意识,通过民法精神的自律诉求转化为人们的自主行为,才具有现实的规范意义。民法精神与道德规范的统一,也不意味着两者之间的绝对一致,或者说不存在矛盾和冲突。"法律应符合一定道德要求,尽管事实上往往如此,然而不是一个必然真理。"[6]民法精神只代表和反映一定的道德,而不能代表和反映全部的道德,这样,就必然产生道德与那些没有代表和反映道德的民法精神之间的矛盾和冲突。当然,民法精神代表和反映的规范内容,既可能是道德的,也可能是非道德的,既可能真超于道德,也可能低于道德,这同样是民法精神与道德发生矛盾和

---

[1] "道德在逻辑上先于法律。没有法律也可以有道德,但没有道德就不会有法律。这是因为尽管法律能创立具体的义务,却不能创立服从法律的一般义务。"([英]A. J. M. 米尔恩:《人的权利于人的多样性——人权哲学》,王先恒等译,东方出版社 1991 年版,第 51 页)

[2] "凡是人类为实现至善而制定的、能引起道德感情的规范均可称为道德规范。这些规范旨在促进理想的实现。道德和法律一样是实现目的的一个手段。"([美]弗兰克·梯利:《伦理学》,何意译,北京师范大学出版集团 2015 年版,第 229 ~230 页)

[3] 陈绍辉、朗晓冬:《论法律道德化》,载《辽宁商务职业学院学报》2003 年第 3 期,第 127 页。

[4] "在真正的法治国家,法治所体现的价值观念与社会主流的伦理道德规范价值观应当表现出高度的同质性,法治的价值在很大程度上也是道德规范的价值,或者是道德规范的评价指标。这一点在民法与伦理道德的关系上表现得尤其突出,民法也表现为论理性非常显著的一个法律部门。"(赵万一:《民法的伦理分析》,法律出版社 2012 年版,第 2 页)

[5] 高兆明:《道德失范研究》,商务印书馆 2016 年版,第 17 页。

[6] [英]哈特:《法律的概念》,张文显译,中国大百科全书出版社 1996 年版,第 182 页。

冲突的因素。特别是中国作为非民法传统的国家,以民法这一法律体系代表和反映的道德,与中国传统的道德条件存在着文化上的差异,这也成为建设社会主义法治文化所必须解决的社会深层次问题。〔1〕 事实是,既非道德都是人性的,也非法律都是道德的,民法作为道德的外化形式,既然已经脱离了道德形式而上升为国家意识,那么民法与道德已然归属不同的社会存在,冲突必然不可避免。

(三)民法精神与道德的行为统一

"意志作为主观的或道德的意志表现于外时,就是行为。"〔2〕道德行为就是"道德的客观性特质中包含着做、向直接现实性转化之品质"。〔3〕 道德行为是社会规范通过主体行为表现于外的意志自由。民法精神作为市民社会的规范精神,具有道德行为的社会实在性。没有道德行为的民法精神是不现实、也是不存在的,只有普遍性的道德行为效果才能反映民法精神的现实秩序意义。〔4〕 因此,民法精神的行为与实践属性必然是一种道德实在。

民法精神是与道德规范相统一的市民社会精神,它不仅是通过民法形式表现出的道德规范精神,更是通过人们具体的社会实践行为沉淀与积累的法律结果,具有外在的社会行为性。民法精神不仅是道德规范,而且是道德行为,是以道德行为表现出的社会规范精神,道德精神就是民法精神所追求的价值本体,反映社会成员的行为精神。〔5〕 因此,一个国家和社会的民法精神条件与形态,并不是或者主要不是从民法形式上考察,而是通过人们普遍的法律实践去实证。

---

〔1〕 "问题在于是否单是道德深入人心人类之性,而法律所处之社会范畴本质上非为人性之自然"。[[德]考夫曼:《法律哲学》,刘幸义等译,法律出版社2004年版,第306页]

〔2〕 [德]黑格尔:《法哲学原理》,范扬、张企泰译,北京商务印书馆1961年版,第116页。"自由意志的外在表现就是道德行为。"(高兆明:《黑格尔〈法哲学原理〉导读》,商务印书馆2014年版,第227页)

〔3〕 [德]黑格尔:《法哲学原理》,范扬、张企泰译,北京商务印书馆1961年版,第113页。

〔4〕 道德规范是通过人们的行为秩序表现出来的规范形态,具有主体的行为性。"道德存在是通过人们普遍的行为秩序证明和表现出来的,其存在与一定的行为秩序不能分离,行为既是道德存在,也是道德存在的形式,在行为秩序之外没有独立的道德存在形式。"[[德]黑格尔:《逻辑学》(下卷),杨一之译,商务印书馆1976年版,第76页]

〔5〕 "法律调整人们的外部关系,而道德则支配人们的内心生活和动机。"([美]E.博登海默:《法理学——法哲学及其方法》,邓正来译,中国政法大学出版社2017年版,第389页)"一个人主观的道德情感或者德行只有转化为德行和道德实践才具有真正的社会道德性,这种转化是必然发生的,只有这一转化才使道德从主观意志变为社会现象,成为一种社会存在。"[[德]黑格尔:《逻辑学》(下卷),杨一之译,商务印书馆1976年版,第139页]近代国学大师章太炎提出"依自不依他"的道德践履观点,他认为"'儒行'是一种'依自不依他'的力行哲学"。(参见张春香:《章太炎主体性道德哲学研究》,中国社会科学出版社2007年版,第307页)

民法精神的道德行为性决定了民法精神具有道德规范的行为内容，与道德具有行为统一性。当民法精神代表一个国家和民族的道德条件时，民法精神的行为实践就代表了一定的道德行为实践，一个国家和民族有什么样的民法精神，必然表现出什么样的道德行为，凡构成民法精神的行为，一定是道德行为。“行为既是道德的存在，也是道德存在的形式，在行为秩序之外没有独立的道德存在形式。”[1]道德没有规范的外在形式，而是通过行为体现自己的客观性。道德行为表现为市民社会关系的法律行为，就是民法精神的行为，民法精神及其法律行为需要道德作用和通过道德标准来检验。因此，民法精神是一个国家和民族的统一道德行为意志，代表这个国家和民族在法律上的道德高度。

民法精神与道德行为的统一决定了不同民族和社会可以有普遍性的民法精神与道德行为，这就是民法精神的人文性。[2] 数千年的人类文明史证明，在不同时期和不同族群的文化中，总是包含着一些共同和基本的人文精神，如仁爱、信义、友善、和平，追求正义，这种人文精神上升为民法精神，就是法律与道德统一的行为精神。黑格尔指出：“任何行为如果要算作道德的行为，必须首先与我的故意相一致。”[3]这里的故意，可以概括或者至少包括正义。[4] 民法精神与道德规范在各种文化背景下都是相通的，具有人类规范与秩序本质即正义的统一性。人性的自然统一必然产生统一的道德，而统一的道德在市民社会关系领域必然表现为统一的民法精神，并成为代表人类道德的普遍行为条件。民法精神与道德行为的统一，使人们通过民法精神塑造统一的道德行为，并以民法精神的统一道德行为实现法治文化的生态转型与普遍发展。

（四）民法精神与道德的秩序统一

民法精神与道德的规范条件与行为结果体现社会秩序形态，秩序实现是民法精神与道德诉求的最终社会目的，民法精神内在的道德规范与道德行为决定了民法精神的道德秩序性。民法精神的道德秩序形态与实现，是民法精神的本

---

〔1〕［德］黑格尔：《逻辑学》（下卷），杨一之译，商务印书馆1976年版，第76页。

〔2〕“道德不仅仅是我的内在精神修养，更是我的一种现实活动与行为，我的内在精神修养也只有在我的现实活动与行为中才有可能真实达到。”（高兆明：《黑格尔〈法哲学〉原理导读》，商务印书馆2011年版，第227页）

〔3〕［德］黑格尔：《法哲学原理》，范扬、张企泰译，商务印书馆1961年版，第117页。

〔4〕“正义被理解为个人符合道德姿态。它要求每一个人都要按照道德善和要求，诚实可信地扮演社会角色并完成其社会任务。”（［英］大卫·休谟士：《论道德原理、论人类理智》，同晓亮译，凤凰出版传媒集团、译林出版2010年版，第124页）

质条件与要求,也是实现民法精神发展的社会基础。“正是这些能够为公民普遍接受的道德价值意识与道德要求,使社会生活、人生存在有了基本秩序与某种可公度性。没有这些最基本的道德价值要求与道德意识,很难想象人类还能作为一个共同体存在。它们是维系人类的最基本精神价值。”[1]因此,没有自律性的道德秩序就没有民法精神的实践基础,更无法实现以民为本的社会主义法治文化的秩序形态。

民法精神作为社会行为精神,是一种自主构序的秩序精神。民法精神的行为是一种秩序行为,其行为本身代表了社会规范与秩序条件。哈耶克曾将秩序分为两种,一种是“自生自发的秩序”,另一种是“人造的秩序”,前者称为“传统”,后者称作“制度”,[2]作为伦理传统的道德规范所期许的社会状态就是“自律构序”的秩序精神。“人们之所以能够作出正确的预见,就在于社会客观存在着某种社会交往关系结构,正是社会关系结构本身的稳定协调性,才形成交往过程中的通行规则。”[3]民法精神就是一种通行规则,这一规则需要满足道德的要求并保持与道德秩序的统一,才能践行道德秩序的社会效果。

道德作为一种自主构序的社会秩序,是调整与平衡社会利益关系的社会规范,是市民社会关系条件下以道德精神为价值准则的民法精神的内在秩序诉求。对于一个社会和民族,如果没有道德精神为其存在的灵魂,既不能制定出合理的民法,也不能产生“善”的民法精神,更没有良好的民法和民法精神的践行效果。民法精神的社会秩序表现为一定的道德实践与实在,而不是民法的如何进行规则编制的结果。“人类社会中存在着种种有序的结构,但它们是许多人的行为的产物,而不是人之设计的结果。”[4]民法精神的秩序诉求,根本是道德秩序的诉求,它不是人为设计,也不是通过外在方式实现的,他最终目的是通过道德转化为现实的社会生态秩序,从而实现以道德秩序为基础的法治

---

〔1〕 高兆明:《道德失范研究》,商务印书馆 2016 年版,第 275 页。“社会秩序是各种社会规范共荣作用的‘合力’的结果,任何一种单纯的社会规范都不可能营造出现实的社会秩序。因此在考察法律秩序的时候,我们必须考虑相关社会道德因素。”(吕世伦主编:《法的真善美》,法律出版社 2004 年版,第 243 页)

〔2〕 [英]弗里德利希·冯·哈耶克:《自由秩序原理》(上),邓正来译,生活·读书·新知三联书店 1997 年版,第 26 页。

〔3〕 高兆明:《道德失范研究》,商务印书馆 2016 年版,第 65 页。

〔4〕 [英]弗里德利希·冯·哈耶克:《法律、立法与自由》(第 1 卷),邓正来等译,中国百科全书出版社 2000 年版,第 56 页。

文化形态。

民法精神的道德秩序性决定了民法精神不仅需要通过民法形式体现，更要通过自律构序的道德秩序精神实现。一方面，民法和民法精神代表一定的道德秩序；另一方面，民法和民法精神必须转化为主体内在的自律性道德意识才具有其本质意义。否则，即不存在真正有效的民法，也不是真正属于社会秩序本质要求的民法精神。民法精神与道德的秩序统一，不仅是民法精神与道德秩序的本质条件，而且是市民社会对民法精神提出的秩序诉求，即民法精神应当本于道德、归于道德并成于道德，把追求和实现道德秩序作为民法精神的条件和目标。

本书项目组以“您认为道德规范对自己行为的约束程度是什么”为题进行了全国性调查问卷，数据统计结果显示，在接受调查的对象中，有48%的人认为道德规范对自己的行为约束程度很大；34%的人认为约束程度比较大；14%的人认为约束程度一般；仅有4%的人认为道德规范对自己行为约束程度不大。具体数据统一结果如图10－1所示：

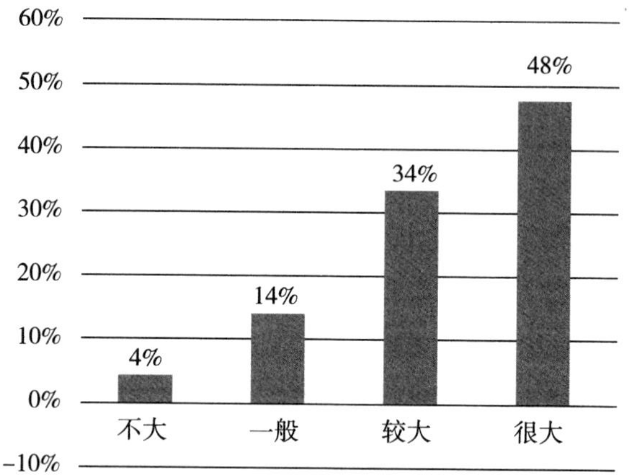

图10－1　“您认为道德规范对自己行为的约束程度是什么”一题调研数据统计

这一统计数据结果说明，多数人都认识到道德在不同的领域和不同条件下对自己行为发挥很大程度的约束作用，同时也有部分人对道德规范约束个人行为的作用认识不深，这一方面反映了人们的道德进步，另一方面也反映了人们传统道德意识中秩序观念的淡漠和缺失，并总体说明了我国社会秩序的生态化条件的薄弱。[1] 因此,建设以民为本的社会主义法治文化,还是要从根本上解决人们的道德秩序和道德观念问题。

三、民法精神的自律构序诉求

基于民法精神的道德性和道德构序的自律性,建设社会主义法治文化的民法精神诉求,必然是一种自律构序的道德诉求,是民法精神的道德性和道德构序的自律性的统一。民法精神作为建设社会主义法治文化的基本秩序诉求,必然要以自律构序的社会规范与秩序条件为核心条件,从而反映社会主义法治文化的社会生态本质。

(一)自律构序

自律构序,即主体行为自律的自主秩序构造。自律构序是一种道德的秩序形态,是行为主体自由与自序的社会生态秩序。民法精神作为建设社会主义法治文化的民本秩序诉求,必然以自律构序为其内在本质与条件。也就是说,自律构序是行为主体通过自律能力将自己的内在秩序意志转化为现实的社会秩序形态,是个人自由与自序相结合的社会生态秩序,是一种本体的道德秩序形态。达尔文进化论指出:"从社会的角度来看,正是这种慈悲的内心深处的声音,保证我们不至于与我们的同伴发生矛盾和冲突,从而不至于使自己陷于麻烦之中。"[2]这种内心约束表现出来的意识即为道德的自律构序性,构成社会主义法治文化的民本秩序诉求。道德是人的社会秩序性品格,也是人的自我约束能力,道德与法律具有互为联系的规范性本质。因此,民法精神作为民法的内在本质必然需要自律构序的道德意识为其实现条件。

---

[1] 随着我国法治文化进程不断发展,不断发生的道德缺失事件同样受到社会的广泛关注。例如,2017年6月发生的杭州保姆纵火案件,保姆因长期嗜赌多次向雇主借钱成功,且私下偷盗窃取雇主物品又未被发现,便心生通过放火再灭火的方式博取雇主的感激以便再次借钱,保姆的道德意识缺失逾越了社会秩序规范的底线酿成悲惨后果。(王春:《你所不知道的汉周保姆纵火案细节》,载《法制日报》2018年2月3日)又如,在日留学的中国籍女学生江歌被害事件,表面看是一起杀人事件,但背后引人深思的道德意识缺乏却警醒世人,江歌替同住的女室友挡住其前男友而被害,但事后同住女室友不仅没有感谢并看望被害人家属,反而屡次通过刺激性语言伤害其母亲。如果道德自律意识尚存,这样的现象不会发生。(杨胡贤哲:《关于江歌案,法律的理性与道德的感性并不对立》,载新华网思客2017年11月15日,http://www.sohu.com/a/204320381_166683)

[2] [荷]B.曼德维尔:《蜜蜂的寓言》(第1卷),肖聿译,商务印书馆2016年版,第271页。

1. 自律构序与社会自然生态秩序

社会自然生态秩序是一种自由性的社会构序形态,是行为主体自主接受和自律遵循的行为秩序,是内在秩序品质与外在秩序行为的统一。[1] 社会生态秩序既具有社会秩序的现实性,又具有现实秩序的可靠性,是反映人类客观利益需求的自在自为的主体意识,这个秩序必定以自律为基础和条件。自律是一种本性的即内在于心的伦理道德,是人类构成社会生态秩序系统的意识架构,社会自然生态秩序需以自律为存在基础。因此,建设社会主义法治文化的民法精神也必然以自律与自由为社会自然生态秩序的本源。

社会自然生态秩序是一种自律构序的社会形态,是在行为主体自律构序的条件下产生的。建设社会主义法治文化的民本模式,根本是要实现社会自然生态秩序,只有在社会自然生态秩序条件下,才能够真正建设和实现社会主义法治和法治文化。自律与秩序需要公民的守法意识,[2]"没有普遍的守法精神,法治只不过是一种善良的奢望"。[3] 由于生态秩序是一种自然秩序,这种秩序是行为主体自主接受和自律遵循的,因此,社会主义法治和法治文化最终须以一定的社会自然生态秩序为其实现条件。

自律是道德构成社会规范的实践行为与条件,而人作为道德践行的主体,必然要符合社会的自律性,[4]这种符合即社会自然生态秩序所追求的内在价值本体。在道德的自律构造体系中,人不再是简单的意识主体,而是通过行为意志表现出来的人格主体,这个主体实质就是符合社会生态自然秩序的价值要求,是社会生态秩序形成的必然条件。[5] 因此,社会的自然生态秩序必然以主体的道德意识为形态,所谓的道德意识即为自律构序的价值要求。

中国的社会主义法治文化建设,必须走从形式构序到自律构序的发展道路。

---

[1] "只是由于个人遵循某些共同的规则,一群人才能够在那些被我们称之为社会的有序的关系中生活在一起",而道德作为人们共同遵守的规则,社会必然在自然生态环境下井然有序。[[英]弗里德里希·冯·哈耶克:《法律、立法与自由》(第1卷),邓正来等译,中国百科全书出版社2000年版,第153页]

[2] "法律只在受到信仰,并且因而并不要求强制力制裁的时候,才是有效的。"([美]伯尔曼:《法律和宗教》,梁治平译,生活·读书·新知三联书店1991年版,第43页)

[3] 高兆明:《道德失范研究》,商务印书馆2016年版,第294~295页。

[4] "自律性是道德的唯一原则,因为,经过解剖就会发现,道德原则必定是个定言命令,而这个命令所颁布的,不多不少恰好是自律性。"([美]克里斯托弗·博姆:《道德的起源——美德、利他、羞耻的演化》,贾拥民、傅瑞蓉译,浙江大学出版社2015年版,第7~8页)

[5] "法治所要求和禁止的行为应该是人们合理地被期望去做或不做的行为。"([美]约翰·罗尔斯:《正义论》,何怀宏、何包钢、廖申白译,中国社会科学出版社1988年版,第235页)

所谓形式构序，即在社会主义法治的制度建设中所形成和具备的形式法治的制度条件，核心是建立社会主义市场经济的法律体系，其主体是在我国社会主义宪法的基础上形成调整市民社会关系的民法或者私法体系。所谓自律构序，就是根据形式构序的制度模式构建社会主义法律体系及其法治原则，以此推动社会主义法治和法治文化的生态建设，实现自律构序的主体和行为的秩序构造。社会主义法治文化从形式构序到自律构序的转化，也就是从形式法治到实质法治的生态转化，是从根本上构造社会主义法治文化的形态条件。民法是形式构序的外在表现，是社会生态秩序的制度保护，如何实现从形式构序到自律构序，则是民法精神的诉求之一。因此，道德的自律构序必然构成民法精神或者民本模式的社会主义法治文化的实现基础与根本条件。

2. 自律构序与社会本体秩序能力

自律构序作为一种社会自然生态秩序，是市民社会内在的秩序能力，也就是社会本体的秩序能力，即社会自在自为的秩序能力。[1] 道德是人类的本体秩序，是人类生态属性的社会规范秩序，是内在于人本质之内的自律性的规范意识。道德秩序是根本的社会秩序条件，而一个社会的道德秩序条件与形态反映了这个社会的自律构序的自然生态能力。“一个正义良序社会的存在，离不开公民德性精神的滋养与补充。”[2] 因此，没有道德依托的社会，也就不存在秩序，道德是人类本体秩序属性的一种社会规范，是人性中的社会秩序性。社会本体秩序形态的建立是市民社会内在的自律意识表现，需要自律构序的道德予以规范。道德秩序是根本的社会秩序，这一秩序反映一个社会本体的秩序能力。

民法精神的自律构序诉求，作为社会主义法治文化的民本模式，构成了建设社会主义法治文化的法治能力与秩序能力。自律构序的本体秩序能力，决定了建设社会主义法治文化必须从解决道德层面的自律构序这一根本条件入手，在建设社会主义法治文化的制度条件的同时，将其转化为自律构序的社会生态条件，从而使社会主义法治文化在民本基础上成为社会自主推动的生态文化。目前，我国社会经济发展较快而作为当代市场经济与法治条件的道德，则缺失较为严重，从而面临各种混乱与冲突的道德选择。因此，个人的道德意志及其选择必

---

〔1〕［英］弗里德利希·冯·哈耶克：《自由秩序原理》（上），邓正来译，生活·读书·新知三联书店 1997 年版，第 183 页。

〔2〕高兆明：《道德失范研究》，商务印书馆 2016 年版，第 283 页。

须得到社会规范的认可，才能形成自律构序的道德事实，实现社会主义法治文化的社会本体秩序发展。

随着中国法治文化的生态化转型，人们在实现自己主体地位的同时，在法律与法治条件之外必然提出更高的道德诉求、寻求更为有效的解决社会秩序构造的道德途径，这也是社会本体秩序能力不断提高的一个表现。[1] 自律构序的社会本体秩序能力受社会文化、商品经济等因素的影响，既受制于社会又存在于社会，因此，要提高社会整体的自律构序能力，必须改变和改善社会的道德环境与条件，从而促进社会道德的成长。

（二）自律构序与民法精神

自律构序既是一种道德实在，也是民法精神的本质。民法精神在本质上就是一种主体自律构序的法治精神，没有自律构序，即使有民法或者有"民法上"的精神，亦没有生态性的民法精神。

1. 自律构序是民法精神的自主条件

卢梭指出："唯有道德的自由才使人类真正成为自己的主人，因为仅只有嗜欲的冲动便是奴隶状态，而唯有服从人们自己为自己所规定的法律，才是自由。"[2] 自律构序是一种自由与自律的秩序形态，既需要道德的作用，又需要法律的条件，特别是作为法律与道德统一条件的民法精神，同样是作为道德的自律构序条件存在的。这一条件，不仅是一种秩序条件，而且是一种良序条件，[3] 这一社会主义法治文化的本质条件，代表了社会主义法治和法治文化的民本价值。

民法精神作为社会主义法治文化的民本模式，是由民法精神的自律构序的民本性与生态性所决定的。因此，建设社会主义法治和法治文化，必须深入市民社会关系，发现和认识市民社会的民本性与生态性及其规律与规定性，从而揭示社会主义法治和法治文化的本质条件。

自律构序作为人的自由秩序精神，是民法精神的本质，构成民法精神的自主

〔1〕"道德既是社会的本能，那就适应社会生活的变动，随着社会的需要，因时因地而有变动。"（《李大钊文集》，人民出版社 1984 年版，第 179 页）

〔2〕［法］卢梭：《社会契约论》，商务印书馆 2003 年版，第 26 页。

〔3〕"良序社会就既是一个制度正义、富有德性精神、合乎人性的社会，同时又是一个持续受到社会德性精神滋润的社会。"（高兆明：《道德失范研究》，商务印书馆 2016 年版，第 251 页）

秩序条件。自律构序作为自主条件的民法精神，既是主体的，又是品质的。[1]只有社会主体具有了自律构序的道德品质，并构成社会的普遍秩序要求，才真正具备了建设法治和法治文化的生态条件。社会主义法治文化的生态条件，在根本上不是制度的规范条件，而是人的主体条件，即人及其自主的秩序品质才是社会主义法治文化的根本条件与决定因素。因此，建设社会主义法治文化，必须从根本上认识和发现中国社会和中国人的自主秩序品质，从根本上认知和确立实现社会主义法治文化的社会主体条件。

民法精神是根源于主体内部的法律精神，是主体的行为意志与秩序品质的统一。[2] 民法精神作为社会秩序的实现条件，必然体现人的主体性，这种主体性就是自律构序的本质属性。没有主体行为支持的道德不是真正意义上的道德，也不是民法精神所追求和遵循的道德。民法精神的主体性及其道德品质，使其具有主体的行为趋向性和意志性，能够转化为人的现实行为秩序，这种行为秩序是民法精神的自律构序的道德需求与结果。

2. 自律构序是民法精神的民本形态

自律构序作为建设社会主义法治文化的民法精神诉求，一方面反映了民法精神的民本社会性，另一方面反映了民法精神的民本社会的秩序形态性。民法精神的民本性，根本在于它的市民社会——民本社会主体的自律构序性，以其主体和秩序条件的民本性构成了民法精神的民本形态。个人作为市民社会的主体，是自律构序的行为主体，[3]构成市民社会秩序的民本根据。民法精神的自律构序的民本性，决定了民法精神的规范与秩序不是形式的而是实质的，它超越了民法的外在形式规范即制定法形式，是以市民社会的个体生态秩序表现出来的民本形态的社会秩序。这一秩序不仅以民为本，而且本源于民，是真正的民本

---

〔1〕“存在着一种人性，并且，这一人性对所有人来讲都是共同的；人天生就具有智力；具有智力的人在行为的时候知道自己在做什么，因此，也有能力决定自己追求的目的”。（[法]雅克·马里旦：《自然法理论与实践的反思》，鞠成伟译，中国法制出版社 2009 年版，第 17 页）

〔2〕“停留在法律阶段的道德规范，无论人们怎样尽职尽责地去遵循它，它始终是一种外在于道德主体的异己的力量；只要道德主体尚未将道德规范内化为自己的品质，尚未走完从他律到自律的历程，那么道德规范的道德性就不是完全的，即不是严格意义上的道德规范。”（俞世伟、白燕：《规范 德性 德行——动态伦理道德体系的实践性研究》，商务印书馆 2009 年版，第 26 页）

〔3〕“个体性应当上升为社会性，但是这种上升不是一种外在力量的提携，而是伦理实体自身内在发展的过程，这是一种内在性的自我否定性生长过程。”（高兆明：《黑格尔〈法哲学原理〉导读》，商务印书馆 2014 年版，第 441 页）

主义的社会秩序构造。[1]

社会主义法治文化的民本性,一方面具有社会主义法治文化的民本社会性,另一方面体现了社会主义法治文化下民本社会的自律构序性。自律构序的民法精神是法治文化的根本诉求,并构成了社会主义法治文化的人文生态秩序属性。社会主义法治文化,虽然离不开一定的制度即形式基础,但是以道德的自律构序为本质的民法精神才是实现民本社会秩序的真实条件。民本社会秩序是一切社会规范的内在秩序需求,也是道德的对象和目的,应将民法精神这一法律与道德统一的民本秩序条件转化为民本的社会秩序形态,从而满足建设社会主义法治文化的民本模式要求。

四、自律构序与法治文化的民本模式

建设社会主义法治文化,首先需要认知社会主义法治和法治文化的本质及其实现的条件和样态。社会主义法治文化的民本模式,就是将社会主义法治文化及其建设立足于民本。可以说,自律构序的民法精神就是建设社会主义法治文化的民本条件之一,是实现以民为本模式下社会主义法治文化建设与发展的根本条件。

(一)自律构序与法治文化

自律构序的根本条件是道德规范,构成社会主义法治文化自由与秩序的内在本质。建设社会主义法治和法治文化,必须立足于自律构序的民本秩序,从而确立社会主义法治文化存在的社会秩序基础。

1. 自律构序与科学立法的法治文化

社会主义法治文化首先是一定的立法文化。[2] 法治文化以一定的法律即立法为基础,没有法律或者立法当然不可能有法治或者法治文化。作为社会主义法治文化基础的法律,应当是科学立法的结果。《中国共产党第十八届中央委员会第四次全体会议公报》(以下简称十八届四中全会《公报》)指出:“法律是治国之重器,良法是善治之前提。建设中国特色社会主义法治体系,必须坚持立法先行,发挥立法的引领和推动作用,抓住提高立法质量这个关键。要恪守以民

---

〔1〕“假如自由不是一切公民平等地享受,自由便不存在。”(周仲秋:《平等观念的历程》,海南出版社2002年版,第61页)

〔2〕“立法是由特定主体,依据一定职权和程序,运用一定技术,制定、认可和变动法这种特定社会规范的活动。”(张文显主编:《法理学》,高等教育出版社2015年版,第189页)

为本、立法为民理念,贯彻社会主义核心价值观,使每一项立法都符合宪法精神、反映人民意志、得到人民拥护。”社会主义法律体系的科学性,主要就是市场经济条件下的社会主义立法的规律性与规定性,特别是作为市场经济基础的市民社会关系的法律体系,即民法体系,更需要体现自律构序的市民社会的秩序本质。因此,以民法体系为基础的社会主义市场经济法律体系,其科学立法的基本原则,就是尊重市民社会与市场经济的人格平等、意思自治、诚实信用和公序良俗等民本价值,在尊重主体意志的条件下,构建自律构序的社会主义法律体系。[1] 这要求我国的法律体系,不仅民法,所有部门法都应当以承认和尊重人格与自由的民法精神为条件,最大限度地扩张任意性规范,限制强制性规范的适用范围,从而提高立法的科学性与公正性。[2]

自律构序的社会主义法律体系是民法精神得以实现并转化为法治和法治文化的前提条件。这一法律体系的建立,就是将个人私法地位的确立与维护作为法治文化建设的应有之义。强调和尊重个人行为的自律构序作为一种道德诉求,是中国特色立法体系特别是民法体系的规范基础,也是社会主义法治文化所追求的立法理念。作为道德精神的基本价值属性,自律构序是民法精神所秉持的秩序形态,无论从立法角度,还是建构一国的法律体系,都应以自律构序为基础。“道德存在于行动与意志自律——经由意志准则而可能发生的普遍立法的关系中。”[3] 如果立法并非良法,“那么加以改良与其说是立法者的工作,不如说是道德家的事情”。[4] 因此,应当将道德的自律构序作为克服冲动与肆意的内在约束,从而实现科学立法及其民本模式的社会主义法治文化的基本制度价值与要求。

2. 自律构序与严格执法的法治文化

社会主义法治文化不仅是立法文化,也是行政执法文化,行政执法是社会主义法治文化的重要组成部分。作为社会主义法治文化的基本条件,行政执法应

---

〔1〕“尽可能地赋予当事人的行为自由是市场经济和意思自治的共同要求。”(江平、张礼洪:《市场经济和意思自治》,载《法学研究》1993 年第 6 期)

〔2〕“公正的政治法令不过是从道德规范中精选出来的一部分。”[[英]威廉·葛德文:《政治正义论》(第 1 卷),何穆李译,商务印书馆 1997 年版,第 81 ~82 页]

〔3〕[德]伊曼努尔·康德:《康德法哲学及其起源》,汤沛丰、朱振译,知识产权出版社 2015 年,第 338 页。

〔4〕[英]边沁:《道德与立法原理导论》,时殷弘译,商务印书馆 2000 年版,第 181 页。

当符合严格执法的要求。[1] 严格执法并非仅是对国家承担的作为义务，而且应当成为以民为本的自律性的行政行为。只有在自律的条件下，才能够真正做到严格执法、依法行政，自觉使执法的效果符合立法的民本目的。没有自律约束的执法行为，则无从谈及秩序及法治。基于严格执法的民本目的及其法治文化要求，必须加强行政执法人员的自律执法的自觉性与意志性，提高严格执法的自律构序的条件和水平，使行政执法不仅符合依法行政，而且构成自律行政，成为自律构序的社会主义法治文化的基本形态。

严格执法是法律实施与法治文化建设的基础条件，是以人民利益为前提的实践性需求。[2] "现代法制观念和行政法的发展，要求国家行政机关及其工作人员改变传统观念，要将自己所从事的工作看作是一种执行法律的工作，而不是那种传统意义上的行政工作，即要确立'依法行政'的法治观念，将行政工作纳入法治的轨道，而不是过去那种主观任意的活动。"[3] 自律的执法行为，是依法控制执法并防止执法滥权的自主行为，也就是严格执法的法治行为，是自觉地把自己的权力装在制度的笼子里而执法保民与护民的民法精神行为，从而构成自律构序的社会主义法治文化民本模式的重要组成部分。

十八届四中全会《决定》指出："法律的生命力在于实施，法律的权威也在于实施。"严格执法是依照法定职权和法定程序，对国家、社会和人民承担作为义务的具体行为，并以民法精神的道德自律为准则，使执法效果符合执法为民的立法目的。因此，加强行政执法人员自律构序的道德意识，提高自律执法的自觉性与意识性，是建设以民为本的社会主义法治文化必然民法精神诉求。

3. 自律构序与公正司法的法治文化

社会主义法治文化不仅要求严格执法，而且要求公正司法。公正司法就是要求司法的程序与结果符合公平正义。与行政执法一样，公正司法同样需要司法人员在自觉维护法律权威与尊严的条件下实现正义。也就是说，司法行为及其公正司法实现的效果，应当成为道德自律的社会主义法治文化的内在精神，一

---

〔1〕 "广义的执法是指一切执行法律的活动，包括国家行政机关、司法机关及其公职人员，依照法定职权和程序，贯彻执行实施法律的活动。狭义的执法仅指国家行政机关及其公职人员依照法定职权和程序，贯彻、执行法律的活动。"（张文显主编：《法理学》，法律出版社 2009 年版，第 232 页）

〔2〕 十九大报告要求："坚持以人民为中心。人民是历史的创造者，是决定党和国家前途命运的根本力量。必须坚持人民主体地位，坚持立党为公、执政为民，践行全心全意为人民服务的根本宗旨。"

〔3〕 张文显主编：《法理学》，法律出版社 2009 年版，第 233 页。

种司法文化的法治精神。只有在自律司法的前提下,才有追求司法公正的社会条件,并以司法公正为天职与目标,构造公平正义的司法秩序。因此,培养司法人员公正司法的道德意识,自觉以司法公正维护法律的权威与尊严,是建构以民为本的社会主义法治文化的重要社会条件。

司法与公正相互联系,司法本身意味着人们对于公正的期待与理想,而公正司法的实现又以合理配置民事主体权利与义务为实践基础。〔1〕因此,作为行使司法权的司法机关及其人员没有维护社会公正的自律性意识很难真正的实现公平正义。一个社会的公正司法是由司法机关及其人员自律性维护司法秩序的道德意识为基础的,没有自律构序的道德意识为依准,就很难实现权利义务平衡的公正司法秩序。

公正司法不仅要以自律性的道德意识为基本要求,更关键的是要站在以民为本的角度实现自律,实现以民法精神为秩序条件与根据的司法文化。首先,公正司法是一个具有普适意义的概念,如何准确理解公正,需从人民利益角度出发,符合市民社会的民法精神及其价值判断,只有这样,才能够作出真正意义上的公正司法;〔2〕其次,公正司法理念一定要有道德意识,否则很难真正实现以平等自由为权利追求的司法理念。总之,司法公正不能在没有自律构序的道德精神的空洞条件下实现,真正的公正司法需要司法机关及其人员在具备自律构序的道德品质的基础上,自主追求司法的公正性,正确理解和适用法律,自觉自律维护法律权威,使司法行为符合社会的合理期待,从而构造公平正义的司法秩序与环境。

4. 自律构序与全民守法的法治文化

社会主义法治文化作为民本社会的法治文化,虽然离不开科学立法、严格执法和公正司法,但是它的实质性要求是全民守法。全民守法的法治文化,才是符

---

〔1〕“任何民法制度的设计,都必须符合基本的社会理念,这些理念包括正义、公平和公正,必须符合人的基本权利的要求。”(赵万一:《法性自然——民法精神散论》,法律出版社2009年版,第232页)

〔2〕田某某的丈夫段某某因在电梯内吸烟与杨某发生争执,在双方被小区物业公司工作人员劝阻后杨某离开,而后段某某猝死,一审法院依据《侵权责任法》第24条的规定,判决由杨某补偿田某某15000元,驳回田某某的其他诉讼请求。田某某不服一审判决上诉至二审法院,二审法院在查清事实基础上,认为杨某在电梯内劝阻段某某的吸烟行为属于正当劝阻行为,且没有发生肢体冲突和拉扯等不当行为,又因段某某自身患有心脏疾病,在未能控制自身情绪的情况下,杨某劝阻段某某吸烟行为与段某某死亡不存在法律上的因果关系,因此依法判决撤销一审法院的民事判决,驳回田某某的诉讼请求。[田九菊诉杨帆案,河南省郑州市中级人民法院(2017)豫01民终14848号民事判决书]

合民本和社会生态的法治文化。[1] 全民守法以全民的自律守法为条件，是全民自律构序的法治文化形态与生态。全民守法的法治条件，就是要求社会全体成员能够以自律构序的民法精神，践行社会主义法治并构造社会主义法治文化。或言之，全民守法就是市民社会主体的普遍守法，是对市民社会主体在市民社会关系中的自律构序的秩序品质要求。

以民为本的法治文化的根本目的和需求是全民守法。“法治社会要求法律一经制定和生效，必须付诸实施。如果一个国家和社会制定了大量的法律，但却不能在社会中得到遵守和实施，那将失去立法目的，也失去了法律的权威性和尊严。”[2]全民守法是法律实施的基础社会形态，也是维护法治和建设法治文化的根本要求。作为以民为本的社会主义法治文化的内在条件，全民守法就是民法精神自律构序的道德诉求。

守法是自由与自律的道德精神，是社会主体维护法律权威与尊严的基本义务，也是作为法治文化内涵之一的民法精神实现的基本要求。民法精神作为调整民事主体权利与义务的规范精神，以意思自治为原则，而这一原则的落实前提就是主体的自觉守法，这是市民社会关系道德进步及其法治文化生态发展的重要因素。特别是处于社会转型期的当代中国社会，无论是市场经济秩序的有效运行还是公民权利的实现，都离不开公民守法的自觉性与自律性。[3] 缺乏全民守法的意识，就是缺乏法治精神，[4]也就很难形成以自律构序的道德诉求为基础的法治文化。

自律构序的道德精神不仅是民法精神的基本诉求，也是实现全民守法的内在价值要求。守法的前提必须是保证主体个人的自由与利益，即能够在法治文化建设中实现守法者的基本权利，这是以民为本的法治文化建设的应有之义。

---

〔1〕 “法治社会形成的最基本条件也就是亚里士多德勾勒出的良法＋普遍守法的框架。普遍守法即法律道德化后的守法精神；良法即善法、符合人类良知与正义道德的法律。”（赵万一：《法性自然——民法精神散论》，法律出版社2009年版，第230页）

〔2〕 张文显主编：《法理学》，法律出版社2009年版，第228页。

〔3〕 “各守法主体的良好的法律意识既是法律得到遵守的前提条件，也是法律被遵守的关键因素。”（张文显主编：《法理学》，法律出版社2009年版，第231页）“所有的人都遵守规则，对于每个人来说都是极为重要的，因为个人目的的实现正依赖于此，尽管人们的各自目的有可能完全不同。”［［英］弗里德利希·冯·哈耶克：《法律、立法与自由》（第1卷），邓正来、张守东、李静冰译，中国百科全书出版社2000年版，第159页］

〔4〕 “对法律的尊重本身就是一种精神气质，就是一种法律形式的自律。”（［德］康德：《伦理学的形而上学要素》，改革出版社1997年版，第361页）

“每个人都生活在特定的制度背景中，个人的平等自由权利只有在公平正义的社会制度中才能得到的有效保障。如果公民没有守法精神，这就意味着公民在毁灭赖以保障自身自由权利的制度。”[1]同样，社会在保障公民权利的基础上，公民也应当自觉的遵守法律和维护法治，践行和实现法治精神。

（二）自律构序的民本模式

自律构序作为建设社会主义法治文化的民法精神诉求，根本上不是对法律的诉求，而是对人的诉求，是对民本的文化诉求。自律构序作为市民社会的民本秩序形态，是在道德构造的基础上发展起来的秩序形态，这种秩序形态本身就是一种民本模式的社会秩序文化。

1. 自律构序的民本属性

自律构序的民法精神诉求作为一种社会生态文化现象，具有民本模式的文化属性，是一种以民为本即民本主义的社会秩序文化。“动物的行为规则主要来自于其特定的生理机制，表现为生物本能对行为的支配；而人类的行为规则却主要不是来自于生理上的遗传和本能，相反，它们产生于一定的文化，是文化的一部分，其中的法律文化又是其特殊部分。”[2]亚里士多德认为，人民在过幸福生活过程中形成优良品德，而人民的幸福生活只有在民本的社会秩序条件下才能够以自律构序的自主方式实现。自律构序的民法精神与道德秩序形态，既以民本为目的，又是民本主体的秩序，民本性构成基本的社会属性。自律构序的民本性就是一种民本文化性，民本文化具有人性的本质，而以人性为根据的民法精神就是民本文化的基础文化形态。因此，建设社会主义法治文化的民本模式，只有以民法精神的自律构序诉求为根据，才能够实现法治文化的民本文化发展。

自律构序的民本模式性反映在民法或者民法文化上，是民法精神的行为规范与秩序形态。民法精神作为自律构序的民本文化，在本质上是以自由、平等为核心价值理念，[3]是立足于民本的社会生态秩序精神。自由、平等作为民法的基本原则和价值准则，代表民法精神的本质，是自律构序的道德条件和要求，也是市民社会与市场经济的根本条件与诉求。与传统民法精神一样，我国社会主

---

〔1〕 高兆明：《道德失范研究》，商务印书馆2016年版，第295页。

〔2〕 张文显主编：《马克思主义法理学——理论、方法和前沿》，高等教育出版社2003年版，第244页。

〔3〕 “道德自由使人类成为自己真正的主人，因为仅有欲望的冲动是奴役，而对自我预设的法律的服从则是自由。”（[法]卢梭：《社会契约论》，台海出版社2016年版，第26页）

义法治文化的民法精神同样构成市民社会的民本文化精神，并在建设以民为本的社会主义法治文化中发挥着不可替代的核心价值作用。

2. 自律构序的民本实现

自律构序作为个人的自主秩序形态，需要普遍的个人主体与行为条件，即民本的实现条件。民法精神的自律构序，不是民法上的形式构序，而是主体的行为构序，即自律构序的民法精神的法治文化属性，不是一个法律或者民法上的形式条件，而是一个民本主体的行为条件。建设民法精神与自律构序的民本模式的法治文化，必须以民本条件为基础，了解民本条件的现实性，基于民本条件的可能性，遵循民本条件的规定性，追求民本条件的现实性，实现民本条件的本质性。[1] “任何一种社会制度必须遵从一定的条件才可以生存。如果我们能够为其中一个普遍性的条件下定义，即人类社会所必须遵从的条件，那么就产生了一种社会学的法规。某种制度的‘社会起源’就是指这样的一些条件或者法规，即某种制度与必要的条件相一致——如果我们可以证明的话。”[2] 因此，建设民本模式的社会主义法治文化，不仅要重视法律制度的建设，而且要注重自律构序的民本条件的形成与作用，需要根据民本条件的规定性，发现社会主义法治文化的建设与发展规律，并在以民本条件为基础的法律制度之上实现法治文化的民法精神构造。

可见，自律构序作为一种道德或者民法精神秩序的民本模式属性，既决定了其目的的民本性，又决定了其主体与条件的民本性，因此也就决定了其实现的民本性。自律构序的民法精神及其社会主义法治文化的民本模式实现，一方面需要在民本社会中实现，另一方面需要以民本的形态实现。民法精神的自律构序以人民的利益为目的，追求人民的利益实现，因此人民也必然以自己的自律行为构造自律构序的民法精神秩序。在此意义上，建立在人民利益和以民为本基础上的社会主义法治文化，也必然以民本模式实现自己的文化形态。

自律构序的民本模式的实现，实质就是民本的自由秩序实现。“只有在这样的一种生活方式中，康德所提出的内在自由与外在自由、道德与法的完全统一

---

〔1〕“现代社会的道德应当基于个体的现实存在方式，应当关注人的需要及其满足方式，应当使道德更加呵护人性，应当防止现代社会中的道德坠入神秘主义或空想主义。”（[美]保罗·库尔茨：《保卫世俗人道主义》，余灵灵、杜丽燕等译，东方出版社 1996 年版，第 36 页）

〔2〕[英]A. R. 拉德克利夫布朗：《原始社会结构与功能》（第 1 册），丁国勇译，九州出版社 2007 年版，第 65 页。

才能变为现实，人类世世代代憧憬的自由生活才有可能真正实现。而这正是现代化社会所要追寻的。"[1]自由既是自律构序的行为条件，也是民本文化的社会基础，并必然构成民法精神的内在秩序诉求。正如人的生存条件实现需要自由一样，自律构序的民法精神秩序的实现，也必然是一种自由的实现，同样离不开自由的民本条件，这是建设以民为本的社会主义法治文化的根本要求。

---

〔1〕 高兆明：《道德失范研究》，商务印书馆 2016 年版，第 326 页。

第十一章

规范和谐的理性诉求

一、理性

建设社会主义法治文化的民法精神诉求,作为一种规范与秩序诉求,必然是一种理性诉求。理性是民法精神的规范与秩序本质,没有规范和谐的理性诉求就没有民法精神,也没有民本的法治文化。然而,有理性就有感性,感性同样是人性的自然条件,并影响着人类理性实践。

(一)理性与感性

理性是与感性相对的范畴。人类既没有单纯的理性,也没有单纯的感性,而是感性与理性的统一存在。民事立法所思考的是如何表现感性与理性并在合理控制感性的基础上发挥理性的规范与秩序作用的问题。

1. 感性

感性是"感觉、知觉、表象等的直观形式",[1]"一般指外界事物作用于人的感觉器官而产生的感觉、知觉和表象等客观形式的认识"。[2]《说文解字》释曰:"感,动人心也。"意为"使人心动"。[3] 感性认识是"认识的初级阶段,即感觉和印象阶段,是人们通过感官获得的对客观事物的现象各个片面和外

[1] 《现代汉语规范词典》,外语教学与研究出版社 2004 年版,第 426 页。

[2] 《辞海》(第七版)第 2 卷,上海辞书出版社 2020 年版,第 1289 页。

[3] 《说文解字图解详析》,北京联合出版公司 2014 年版,第 294 页。

部联系的认识”。〔1〕 所以，感性认识是认识过程的低级阶段，只是整个认识过程的基础，有待于发展到理性阶段。可见，虽然感性是不可缺少的人性，但是它是个人意志与行为的一种非秩序倾向，因此，感性不具有规范的民法精神诉求的一般秩序属性，也不构成建设社会主义法治文化的普遍人性条件。

中外许多思想家都对感性进行过相关论述。庄子奉行天道自然观，认为人是自然的产物，人的感性是人的自然属性的反映。〔2〕 荀子认为人性本恶，感性是人性的表现，〔3〕这一点与古希腊哲学思想不谋而合，正如柏拉图所说：“人的本性将永远倾向于贪婪与自私。”〔4〕感性只是人性的一种倾向，而不是人性的全部，所以人在感性的基础上不仅有理性的诉求，而且有遵循理性的条件和可能。欧洲哲学史上最早涉及感性与理性问题的是爱菲斯学派代表人物赫拉克利特，他重视感性的作用，也强调理性的价值，但遗憾的是他没能看到感性与理性的辩证关系。〔5〕 后来雅典学派的阿那克萨戈拉以及古希腊的得谟克利特均对感性和理性的作用关系提出过自己的认识，认为感性只能认识事物的表象，理性才能

〔1〕《现代汉语分类大词典》，上海辞书出版社 2007 年版，第 463 页。

〔2〕“而吾未尝以此自多者，自以比形于天地，而受气于阴阳，吾在天地之间，犹小石小木之在大山也。”（《庄子·秋水》）舜问乎丞：“道可得而有乎?”曰：“汝身非汝有也，汝何得有夫道!”舜曰：“吾身非吾有也，孰有之哉?”曰：“是天地之委形也；生非汝有，是天地之委和也；性命非汝有，是天地之委顺也；子孙非汝有，是天地之委蜕也。故行不知所往，处不知所持，食不知所味。天地之强阳气也，又胡可得而有邪!”（《庄子·外篇·知北游》）庄子将人看作自然界的一部分，将人的存在、行动、思想看作天地之气——道所赋予的。

〔3〕“凡人有所一同，饥而欲食，寒而欲暖，劳而欲息，好利而恶害，是人之所生而有也。”（《荀子·荣辱》）这些人生而有之的行为就是一种感性行为，它基于人的生理需要，并非一种不合理的行为，但是如果不对这些感性行为进行必要的节制，就可能超越社会规范与秩序的合理限度。

〔4〕［古希腊］柏拉图：《法律篇》，载《西方法律思想史资料选编》，北京大学出版社 1983 年版，第 42 页。

〔5〕“如果一切都变成了烟，鼻孔就会把他们分辨出来。”“思想是最大的优点，智慧就在于说出真理，并且按自然行事，倾听自然的话。”（北京大学哲学系外国哲学史教研室：《古希腊罗马哲学》，商务印书馆 1961 年版，第 16、29 页）

认识事物的本质,[1]但是由于他们否认理性是在感性基础之上的认识,因而也就不能把握感性与理性的本质关系。

虽然中西方思想家对于感性的描述各有不同,但有两点是一致的。第一,感性是人类在自然界生存的基础,其存在是客观、合理、必然的。“人是自然的存在物,人只有凭借现实的、感性的对象才能满足自己的欲望,维持他的生存。”[2]第二,感性是人类认知发展的低级阶段,其支配下的人类行为是随意的、非规范的、利己的和非统一的。感性之人对客观事物的认知往往不够全面、客观与深刻与善恶分明。[3] 当然,感性并不为某些人所独有,任何人都有感性的一面,也都需要有感性的一面。感性是真实的,但是却可能并不符合社会条件要求,所以需要理性的调整与引导,人类就是在自身感性与理性的矛盾运动中不断发展的。[4]

基于感性的正当性与必要性,社会生态秩序的存在和运行离不开感性和感性利益,社会主义法治文化建设首先需要承认和尊重人的感性,以满足感性所代表的人利益需求及其实现的合理性。同时,由于感性的局限性,人类不能仅以感性认识构成普遍秩序,所以建设社会主义法治文化,需要在感性和感性利益的基础上而超越感性并在理性的条件下构建规范和谐的社会秩序。

2. 理性

与感性相对应的是理性。理性,“又名‘理智’,属于概念、判断、推理等抽象思维活动”。[5] 理性认识“反映事物的本质和内部联系”;“认识的真正任务,在

---

[1] 阿那克萨戈拉说:“我们吃的食物表面看起来好像是单纯齐一的,譬如水和面包,可是从这食物却长出头发、筋腱、血管、肌肉、神经、骨骼和其他一切肢体来。因此应当承认,在我们所吃的食物中并存着一切事物,因而一切事物都能由他而增长。所以在食物中便含有血液、神经、骨骼等等的发生部分,这些部分只能为理性所认识,因为不能把一切都归结到感官,感官只是给我们指出水和面包由这些物质构成,而只有凭借理性才能认识到这些物质包含着部分。”(北京大学哲学系外国哲学史教研室:《古希腊罗马哲学》,商务印书馆 1961 年版,第 67 页)得谟克利特说:“当暗昧的认识在最最微小的领域内不能再看、不能再听、不能再嗅、不能再尝、不能再触摸、而知识的探求又要求精确时,于是真理性的认识就参加进来了,它具有一种更精致的工具。”(北京大学哲学系外国哲学史教研室:《古希腊罗马哲学》,商务印书馆 1961 年版,第 10 页)

[2] 刘纲纪:《感性、理性与非理性》,载《江汉论坛》1987 年第 7 期。人的感性的自然存在,根本是一种客观的利益条件。“人类在很大程度上是被利益所支配的,并且甚至当他们把关切扩展到自身以外时,也不会扩展得很远。”[[英]休谟:《人性论》(下册),关文运译,商务印书馆 1980 年版,第 574 页]

[3] 王利民:《人的私法地位》,法律出版社 2013 年版,第 15 页。

[4] “我的感性把握的存在是对象的那种可观察的实体性的存在,而我的理性看不见这样的存在;反过来,我的理性所把握的存在,是关于对象的内在规定性的存在,但是我的感性把握不到对象的本质。”(孙正聿:《哲学修养十五讲》,北京大学出版社 2004 年版,第 99 页)

[5] 《现代汉语规范词典》,外语教学与研究出版社 2004 年版,第 804 页。

于经过感性认识而达于理性认识”。[1] 理性认识是“认识的高级阶段,即概念、判断和推理的阶段,是人们经过思考分析而得到的对客观事物的现象各个片面和外部联系的认识”。[2] 理性是人类认知的思维特性与心理机能,是人类把握和控制外部世界的实践能力,它以对事物的本质性和规律性认识成为人类特有的秩序性构造。[3] 理性不仅是民法精神的属性,而且是社会主义法治文化的本质条件,因此,必然构成建设社会主义法治文化的内在精神诉求。

“从 16 世纪开始,西方哲学理性主义经历了诞生、成长和壮大的全过程。”[4]分析这些观点有助于我们把握理性的本质及价值,包括:(1)斯多葛学派观点。早期斯多葛学派提出“自然理性”的观点,人是自然界的一部分,应按照自然本身的秩序理性生活。[5] 古罗马法学家、哲学家西塞罗创设了“理性主义自然法”思想,他认为自然理性太过抽象,需要借助人间执政官将自然理性具体化为社会秩序。[6] 因此,统治者只是自然理性的执行者,必须依法执政,不得为所欲为。[7] 这使得对于理性价值的探讨从哲学层面拓展到政治学层面,对后世社会的法治和法治文化具有积极影响。[8] (2)唯理论观点。[9] 代表人物有

---

〔1〕《辞海》(第七版)第 4 卷,上海辞书出版社 2020 年版,第 2606 页。

〔2〕《现代汉语分类大词典》,上海辞书出版社 2007 年版,第 463 页。

〔3〕“理性:指人们认识事物本质和规律的抽象思维形式和思维能力;在人性论意义上,指人的抽象思维能力所支配的人的理智的、合理的、自觉的和合乎逻辑的能力和存在属性。”(《法律辞典》,法律出版社 2003 年版,第 853 页)

〔4〕王申:《论法律与理性》,载《法制与社会发展》2004 年第 6 期。

〔5〕自然理性观点认为:“自然界作为一个有机整体‘是一个活生生的存在,拥有灵魂和理性’,自然宇宙中唯有人拥有了宇宙的理性,而人拥有理性的目的就在于正确地按照理性生活。人类运用理性为自身立法,而立法的目的在于与自然宇宙秩序保持一致。”(曹孟勤:《合乎自然而生活——斯多葛学派生态伦理思想研究》,载《道德与文明》2012 年第 1 期)

〔6〕“西塞罗是罗马伟大的法学家和政治家,他深受斯多噶哲学家观点的影响。像斯多噶哲学家一样,他倾向于确定自然和自然理性,并设想理性是宇宙的主宰力量。”([美]E. 博登海默:《法理学——法哲学及其方法》,邓正来译,华夏出版社 1987 年版,第 14 页)

〔7〕依法执政,首要是处理好法律与权力的关系。“法律指导执政官,执政官指导人民,正是在这种意义上,我们可以说执政官是说话的工具,法律是不说话的执政官。”([古罗马]西塞罗:《论共和国·论法律》,王焕生译,中国政法大学出版社 1997 年版,第 255 页)

〔8〕“后期斯多葛学派代表人物西塞罗在道德层面,在政治、法律、伦理方面贯通自然理性智慧与财富的基础上,着眼于现实的批判,致力于现实政体、法律规则体系的实证建构。”(齐延平:《论西塞罗理性主义自然法思想》,载《法学论坛》2005 年第 1 期)

〔9〕唯理论又称“理性主义”,与“经验论”相对,是旧哲学认识论中的一派,有唯心主义唯理论和唯物主义唯理论之分。这一学派和理论,片面强调理性的作用,只承认理性认识的可靠性,贬低感性认识的重要意义,否认理性认识依赖于感性经验。

法国笛卡尔、德国莱布尼茨等。[1] 在认识论上,唯理论强调人要依靠理性而不是感性来把握事物的本质。在方法论上,唯理论重视理性对于构建和谐人际关系、规范社会秩序的作用。[2] (3)唯物论观点。[3] 唯物论反对唯理论的“理性至上”观点,[4]强调感性对于理性的作用和价值。[5] 其对于法治和法治文化认识的进步意义在于,基于这一理论,法治及法治文化必然是在人类感性基础上的理性构造。[6] (4)黑格尔与康德哲学。黑格尔虽然要辩证看待理性与感性的关系,但他“未能把握这种统一之真正的现实基础——实践,便不可避免地使统一成为一种折中和调合”。[7] 康德哲学在这一点上有所突破,康德提出实践经验对于人的认知水平的提升具有重要意义。[8] (5)马克思主义哲学。这是一种辩证唯物主义的世界观与方法论,辩证唯物的思想真正使得理性与感性有机统一

---

〔1〕 笛卡尔作为唯理论的代表人物,他以事物的变动性否认了感性认识事物的可能性,又通过感性认识的相对性否定感性认识的绝对性一面,从而得出感性是骗人的结论,只有理性才能得出真理,即“我想,所以我是”。(参见卢良梅:《欧洲哲学史上关于感性认识和理性认识学说的发展》,载《上海师范大学学报(哲学社会科学版)》1982 年第 1 期)莱布尼茨提出:“人具有明确的理性与意志,有了这两个先决条件,就可以追逐自由,探索真理。”(王敏光:《近代西方哲学理性视域下个体性之觉醒与高扬——以笛卡尔、斯宾诺莎、莱布尼茨为线索》,载《社会科学家》2013 年第 7 期)

〔2〕 “凡受理性指导的,亦即以理性作指针而寻求自己的利益的人,他们所追求的东西,也即是他们为别人而追求的东西。”([荷兰]斯宾诺莎:《伦理学》,贺麟译,商务印书馆 1983 年版,第 184 页)

〔3〕 即唯物主义或者唯物派。马克思主义认为,唯物主义是与唯心主义对立的两大哲学派别之一。唯物论主张物质是第一性的,精神是第二性的,物质是世界的本源,物质即客观世界独立于意识之外并决定意识,意识是物质或者客观世界在人脑中的反映。

〔4〕 “过于理性会使人敛翼自保,远离一切对他有妨碍和使他痛苦的东西,如果人类的保存仅仅依赖于人们的推理,则人类也许久已不复存在。”([法]卢梭:《论人类不平等的起源和基础》,李常山译,商务印书馆 1962 年版,第 102、103 页)

〔5〕 “由于情感的活动,我们的理性才能够趋于完善,既没有欲望也没有恐惧的人而肯费力去推理,那是不可思议的。”“情感也在很大程度上依赖于悟性,情感的发展则来源于我们的认识。”([法]卢梭:《论人类不平等的起源和基础》,李常山译,商务印书馆 1962 年版,第 85 页)

〔6〕 “当人类从经验发现,人们离开了社会便不可能存在,而且人们如果放纵他们的欲望,也就不可能维持社会;于是那样一种迫切的利益便迅速地约束住他们的行为,而以遵守我们所谓正义法则的那些规则的一种义务加于人们。”[[英]休谟:《人性论》(下册),关文运译,商务印书馆 1980 年版,第 610 页]

〔7〕 丁立群:《理性主义与非理性主义——黑格尔哲学的内在矛盾》,载《求是学刊》1990 年第 6 期。

〔8〕 “不从经验出发而获得的知识不能认识本体,更不能获得关于本体的普遍必然的知识。”(强以华:《康德的认识论思想》,载《湖北大学学报(哲学社会科学版)》1998 年第 5 期)

于人类的社会实践。[1]

法治是一种理性的实践,而法治文化则是在理性实践基础上的理性文化,是人类理性的一种升华。揭示理性的本质并唤醒人类的理性精神是一个国家进行法治和法治文化建设的前提。理性反映人的社会性特征,是人区别于动物的本质属性。[2] 理性的基本特征主要体现为意志性、行为性、规范性和秩序性。这四点使得理性成为市民社会秩序构造和法治文化建设的民本基础,也成为建设社会主义法治文化的重要精神诉求,而这一诉求在市民社会秩序形态的基础上必然以一定的民法精神诉求的形式反映出来。

(1)理性的意志性

理性是特定主体的意志条件与品质,在本体意义上,就是一种道德品质。理性"既是生命的内在本质,也是自我实现的理想状态"。[3] 理性意志的产生及实现都离不开感性。人的意志是一个开放的系统,"它在努力使自己适应外部环境的过程中不断发生变化",[4]人类运用感觉器官搜集、整理感性材料,分析感性对象,为理性意志的产生提供必要素材。真正的理性不是对于感性、非理性的绝对排斥,而是对其合理改造和利用。同时,理性意志必须转化为感性的东西,符合人的现实需要,"在社会实践中将人的本质力量对象化",[5]才能实现理性意志对于社会秩序构造的实践价值和作用。

理性意志在一定程度上超越感性的客观制约,是体现人的主观能动性、目的性与价值性的自由意志。理性意志使得人类遵循道德的自律法则,追求善,思考

---

〔1〕 人区别于动物是因为其感性生命活动中加入了意识,正因为人有意识,所以生产劳动在某种程度上说是自由的,人的生产劳动使人拥有受动性(受制于自然环境的约束)与能动性(通过生产与改造自然界,人与自然的生命相互融合、共同发展)的双重生命特质。(参见丁立卿:《实践是人的本质"对象化"的"对象性"活动——〈1844年经济学哲学手稿〉的实践观探析》,载《学术交流》2015年第5期)通过实践,人类形成从"思想把握表象"的感性具体阶段到"思想蒸发表象"的理性抽象阶段再到"思想重组表象的理性具体阶段"的完整认识过程,从而实现感性与理性的辩证统一。(参见孙正聿:《"表象"与"思想"的矛盾运动——关于认识发展过程的一个理论模式》,载《教学与研究》1998年第9期)

〔2〕 "人不仅是一种追求目的(purpose-seeking)的动物,而且在很大程度上也是一种遵循规则(rule-following)的动物。"([英]弗里德利希·冯·哈耶克:《法律、立法与自由》第1卷,邓正来译,中国大百科全书出版社1973年版,第7页)

〔3〕 郑家栋:《理性与理想:中国现代人文主义哲学的基本精神》,载《哲学研究》1993年第8期。

〔4〕 [英]弗里德利希·冯·哈耶克:《自由秩序原理》(上),邓正来译,三联书店1997年版,第21页。

〔5〕 王继辉:《尊重人、理解人、关心人:人类个体问题研究》,电子科技大学出版社2014年版,第54页。

人生的目的、尊严和价值，使基于感性产生的动因更具有合理性。理性意志使得个体不局限于现象界之必然性而达到无限的自由境界，成为实践理性的体现者或道德行为的主体。[1] 理性意志是具有普遍性及一般性的群体意志。所以“理性之人”的含义应理解为——理性的社会人。在社会伦理秩序中，人被以理性抽象为“社会之人”，并需要服从一般的理性条件，这就是抽象人格，这一抽象人格使得人类超越了自然生物意义上的有限性而具有恒久的普遍生命力。

(2)理性的行为性

理性不仅是人的内在意志，而且是人的外在行为。理性产生于人类社会实践，只有转化为实践行为，才具有现实的社会意义。在社会实践中，人类产生了关于自由与自由限度的理性思考，进而产生了作为理性结晶的法治文化与文明成果。市民社会生活尤需理性，平等民事主体作出意思表示，进行要约与承诺的合意过程，都是个体展示理性和个体间理性的制衡与交换过程，这一过程既体现了社会实践的自由，也同时反映出理性对自由的合理约束及其实践意义。

所以，理性只有转化为实践行为，作用于人们的现实行为关系，才具有社会构造的价值。实践行为是否符合理性要求，就看其是否符合代表理性的法律与道德标准。一个人的行为实践的法律和道德诉求就是在实践理性。“一个有理智的人，必然能够在实践中运用自己的理性，克制自己灵魂中非理性的方面，选择与他人交往过程中的正确行为。”[2] 理性意志指导下的理性行为是稳定、有序的社会关系得以确立及和谐社会得以构建的基本条件，理性的意志性决定了理性的行为性，而理性的行为性则进一步决定了理性的规范性与秩序性。

(3)理性的规范性

理性作为行为或者实践理性是一种规范理性，理性的行为表现应当具有符合一般社会规范条件的属性。理性的规范性是个体认可并遵循社会的一般行为规范，是维护社会稳定与秩序的条件，没有理性的规范性，就没有社会的有序运转，更不会有人类的法治文明。

理性的规范性最直接的表现形式是法律。法律是在现有知识基础上对尽可

---

〔1〕 参见周志山：《康德批判哲学中的“理性自我”与“感性自我”》，载《学术论坛》2002 年第 6 期。

〔2〕 俞世伟、白燕：《规范 · 德性 · 德行——动态伦理道德体系的实践性研究》，商务印书馆 2009 年版，第 138 页。

能多的因素进行综合性思考作出的理性判断,是人类理性意志的制度表达。[1] 法律所代表的理性是多元主体理性相互沟通、妥协之后产生的社会理性共识,[2] 具有"客观性、科学性、相对独立性、价值上的中立性",[3] 是构建法治和法治文化的必要条件。"法治的生活不受任何人不可预测的意愿(偏见、情感、无知、贪婪或心血来潮的念头)变化所左右,人们宁可依法行事也不愿意受制于一个聪明人及其易被滥用的统治权力。"[4] 如果法律不具备以上特征,而是"服从某种权威,这个国家的崩溃就为期不远了"。[5] 法律作为代表理性的规范形式,也就是代表法治和正义的标准,是任何一个社会都应当遵循的行为条件,否则社会就不复存在。

理性的规范性还体现为道德,即本土的非正式的法律制度。道德源于社会内部的自然生成与演化的秩序形态,反映特定社会的环境条件与特征,是社会主体生存交往的第一性法则。[6] 道德通过影响人的观念及思想间接规范人的行为,实现人的行为秩序。道德作为内生性、自律性规范,"辐射市民社会自由自主活动的广泛空间,为市民社会主体活动提供价值准则和行为规则"。[7] 法律和道德作为理性规范的体现,"其本身都非目的,而是要通过实施和遵行将其转化为现实的社会秩序"。[8] 也就是说,"规范是秩序的前提,秩序才是规范的设定目的和实施结果,才是被实现了的法和道德"。[9]

本书项目组以"您遵守法律的原因是什么"为题进行了全国性调查问卷。在

---

〔1〕 西塞罗指出:"理性,当在人类理智中稳定而充分发展了的时候,就是法律。"(张文显:《法学基本范畴研究》,中国政法大学出版社 1993 年版,第 31 页)

〔2〕 "任何时候法律理性的产生都离不开少数精英的参与和理性思维活动,但这种理性思维活动要以广大群众长期积累的丰富经验为基础。"(严存生:《法治社会的"法"与"治"》,载《比较法研究》2005 年第 6 期)

〔3〕 严存生:《法治社会的"法"与"治"》,载《比较法研究》2005 年第 6 期。

〔4〕 Brian Z Tamanaha, *On the Rule of Law: History*, *Politics*, *Theory*, Cambridge University Press, 2004, chapter 9, pp. 114 –126.

〔5〕 [古希腊]柏拉图:《法律篇》,张智仁、何勤华译,上海人民出版社 2001 年版,第 122、123 页。

〔6〕 陈福胜:《法治:自由与秩序的动态平衡》,法律出版社 2006 年版,第 150 页。"伦理道德不仅包括善恶美丑,是非曲直的认知,也包括理性、正当性的价值评判,因而它绝非单纯、狭隘的日用伦常,而是人们处理相互关系时应遵循的行为准则,是在长期社会生活中形成的关于人类行为合于理、利于人的起码价值标准。"(魏英敏:《新伦理学教程》,北京大学出版社 1993 年版,第 107 页)

〔7〕 马长山:《法治社会中法与道德关系及其实践把握》,载《法学研究》1999 年第 1 期。

〔8〕 马长山:《法治社会中法与道德关系及其实践把握》,载《法学研究》1999 年第 1 期。

〔9〕 吕世伦:《当代西方理论法学研究》,中国人民大学出版社 1997 年版,第 373 页。

人们对七个选项的回答中,“道德自律”的占比最高,达到 36%;其次是“法律强制”,占比 29%;“害怕责任”和“民族习惯”,占比均为 9%;“利益需求”,占比 8%;“社会舆论”,占比 5%;“宗教信仰”,占比 4%。具体数据统计结果如图11－1所示:

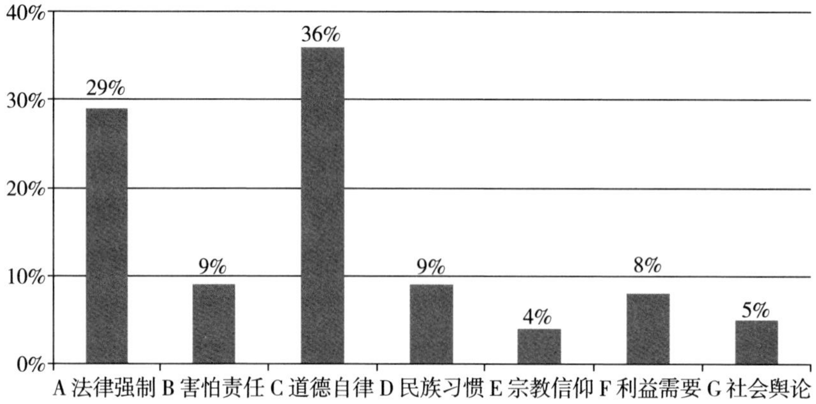

图 11－1 “您遵守法律的原因是什么”一题调研数据统计

这一数据统计结果显示,人们对于社会秩序的遵守主要是依据内心的道德自律和外在的法律强制约束,尤其是对“道德自律”的最高占比选择,反映了法律被以道德条件自律遵守的社会生态问题,这不仅表明法律作为人的理性的外在表达,从根本上因符合人的道德理性而被广泛遵循,更表明了随着理性水平的不断提升,人们理性和开阔地意识到了道德和法律在构建社会关系中的规范和秩序意义,因此必须要协调好道德和法律两者的关系,发挥两者在以民为本的法治和法治文化建设中的统一调整作用。

(4)理性的秩序性

秩序性是理性的社会属性,是理性的行为规范性的必然结果。理性的社会秩序反映出人在社会交往中行为的一致性、连续性和确定性,是社会生活良性运转的基本条件。社会秩序的构建是人类从主体角度出发的理性自主作为,根本上符合人的利益需求及其实现的规定性。法律、道德等理性的规范为社会秩序构造提供了预想模式、调节机制及事后保障。[1] 从人类社会得以合理存在的角度看,设定秩序旨在使“有差异的各个部分得到最恰当的安排,每一部分都安置

〔1〕 参见卓泽渊:《法的价值论》,法律出版社 1999 年版,第 183 页。

在最合适的地方”。[1] 从人类社会得以持续发展的角度看,设定秩序旨在保持“自然和社会发展过程中存在某种程度一致性、连续性和连贯性”。[2] 只有形成理性的社会秩序,才能充分整合与合理利用社会资源,最大程度创造社会财富,化解利益争端,最终实现社会规范和谐的理性诉求。

理性秩序的形成最终会反过来促进人的自由发展和权利最大程度的实现。如果不存在理性秩序,人类的生存与发展就将失去稳定和可预见的社会环境与条件,这本身就是对人类生存与发展的自我否定。所以,为了实现人类社会存在与发展的终极目的,人类必然需要和存在理性秩序,并构成个人在社会关系中享有自由和权利的前提。

(二)理性与社会

理性与社会具有内在联系。人类理性的发展必然产生规范和谐的社会诉求,而社会则是人类理性发展的必然结果并需要由理性的、规范和谐的秩序来维系。

1. 理性与和谐社会

和谐社会,是理性自律的生态秩序社会,是中国社会体制的结构性存在,是现代文明社会发展的最高秩序形态。和谐社会涵盖了秩序、自由、公平、正义、效率等多元社会价值追求。中国自古以来就有和谐的观念,[3]既有“极高明而道中庸”的个体身心和谐的观念,[4]也有“以和为贵”“保合太和”的人与社会和谐发展的观念,[5]更有“天人合一”的人与自然和谐共生的观念,它们都集中反映了古代社会朴实的和谐观。辩证看待中国传统文化中的和谐观念,可以发现,一方面,中国传统文化中的和谐观念不同于现代意义的和谐观念,它“强调维护群

---

〔1〕《西方法律资料史选编》,北京大学出版社 1983 年版,第 91 页。

〔2〕[美]E. 博登海默:《法理学——法律哲学与法律方法》,邓正来译,中国政法大学出版社 1999 年版,第 199 页。

〔3〕“礼之用,和为贵,先王之道,斯为美,小大由之。”(《论语·学而》)“畜之以道,则民和;养之以德,则民合。和合故能谐,谐故能辑,谐辑以悉,莫之能伤。”(《管子·兵法》)

〔4〕“中庸协和是安居一处,以稳定平和为旨趣的农业自然经济和宗法社会培育的人群心态。”(冯天瑜:《中国文化:生态与特质》,载《中国文化研究》1994 年第 5 期)

〔5〕“乾道变化,各正性命,保合太和,乃利贞。首出庶物,万国咸宁。”(《周易·乾·彖》)“‘保合太和’包含两层意思,‘保合’是指宇宙万物,皆有形躯,而其自性之真,必由内在的保全,‘太和’指宇宙万物间的有序而和谐。‘保合太和’乃宇宙存在之相互缘生,互证互体的两个方面;由此所成之宇宙万物差异、有序、互通而和谐的整体性的存在境域。”(李景林:《差序格局与“太和”理念——儒学“和”、“太和”观念的理论内涵与思想特色》,载《江汉论坛》2007 年第 2 期)

体的秩序与和谐,而非个人正义与权利的发扬”,[1]并且一味倡导“无讼、厌讼、贱讼”,这一“和谐条件”严重阻碍了法治文化的产生,这是它的消极一面;[2]另一方面,中国传统文化中的和谐观念不仅对几千年封建秩序的维系起到了根本作用,同时还为“当今世界人与自然之间、穷人与富人之间、发达国家与发展中国家之间、种族之间、这种宗教信仰与那种宗教信仰之间种种矛盾与冲突的解决提供了重要思路”,[3]这是它的积极一面。

中国对现代意义的和谐认识,是伴随着改革开放的现代化与法治化进程而逐步产生和加深的。[4] 改革开放在推动社会进步的同时也带来了很多社会问题,经济体制改革使已经形成的利益结构发生变动,而为了调整新的利益结构而从西方学习借鉴的法律制度又缺乏本土法律文化的认同,从而导致传统乡土秩序瓦解所释放出来的自由能量没有合适的秩序制度去承接,就业、腐败、财富分配不公、社会治安等一系列社会问题接踵而来。[5] 这些问题如果处理不好,势必会引发严重的社会动荡,阻碍经济进一步发展,因此必须运用个人与社会理性,重新认识并构建现代意义的和谐社会。

现代意义的和谐社会,是一个强调多元异质的理性社会,是不同主体之间能够进行自由沟通的有序社会。构建和谐社会,关键在于人际和谐,它“是主体理性地智慧地创造的,是一种高级的主体间性”。[6] 而人际和谐的关键又在于和谐的人,即能够合理设定社会关系并使之实现和谐的理性的主体。理性是人类

---

[1] 冯玉军:《法治中国——中西比较与道路模式》,北京师范大学出版社 2017 年版,第 153 页。

[2] 张晋藩:《中国法律的传统与近代转型》,法律出版社 2005 年版,第 270 页。

[3] 李步云:《法理探索》,湖南人民出版社 2003 年版,第 575 页。

[4] 十六大报告第一次将“社会更加和谐”作为重要目标提出;十六届四中全会正式提出了“构建社会主义和谐社会”的社会发展目标和主要内容;2005 年 2 月 19 日,胡锦涛同志在省部级主要领导干部提高构建社会主义和谐社会能力专题研讨班上的讲话,明确提出和谐社会建设的主要任务:“民主法治、公平正义、诚信友爱、充满活力、安定有序、人与自然和谐相处。”和谐社会主要包括五个方面的含义:一是个人自身的和谐,二是人与人之间的和谐,三是社会各系统、各阶层之间的和谐,四是个人、社会与自然之间的和谐,五是整个国家与外部世界的和谐。

[5] 在经济领域,存在“一收就死、一放就乱”的悖论;政治领域,也存在个人自由与权力控制、中央权威与地方权力、政府权力与经济效益、公民政治参与与政局稳定之间的矛盾;社会领域,则存在价值观和社会评价体系混乱的问题。

[6] 李伟迪:《法律的和谐价值》,光明日报出版社 2013 年版,第 58 页。“主体间性”(Intersubjectivity)这一概念在认识论、社会学、本体论中有各自特定含义,在本研究中,“主体间性”应从社会学角度进行理解,指一个主体与完整的作为主体运作的另一个主体间的互相作用。具体来说是指作为社会主体的人与人之间的关系,关涉到人际关系以及价值观念的统一性问题。高级的主体间性则是表明主体与主体之间的统一性、和谐性、有序性。

从自我和谐走向社会和谐的内在规范与秩序条件，构成了和谐社会构建的秩序认知和思想文化基础。“对于和谐社会，不论是正义的价值，还是平衡的目标，都离不开人的理性，没有人的理性，就没有了价值判断。”[1]理性之人不仅可以作出合理的社会价值判断和行为选择，还能够不断反思理性，进而形成公共理性，而公共理性既是民法精神的重要诉求，也是构建和谐社会和培育“民本”法治文化的重要条件。

2. 理性与法治社会

法治社会与人治社会相对，既是法律治理的规范与秩序的社会，也是和谐的社会。一个社会的法治条件存在并决定于由个人理性因素构成的社会内在的自然生态秩序之中。“法治的核心是‘私人之治’，用以排除和对抗专制性的‘人治’，而‘私人之治’的前提则是人的理性能力及水平。”[2]法治社会最终是人具有法治的品质，而这一品质就是一种法治理性。

法治理性是一种法治精神，在市民社会的条件下，也就是以理性为诉求的民法精神。民法精神是以人为本的自然理性与自由秩序精神，代表了人类构建社会秩序的理性条件和价值目标。建设法治社会，需要实现民法精神的理性诉求，理性能够培养具有权利意识的社会成员，减少社会冲突的控制成本，最大程度凝聚社会共识，形成公共理性，从而为国家和社会发展提供有序的精神动力和智力支持。所以，建设法治社会需要尊重并彰显人的理性，具体涉及两方面：一方面要认识人的理性，人的理性体现出人性的社会价值，是构建社会生态秩序的主观条件。另一方面要维护法律尊严，尤其要重视民法在市民社会治理中的价值和作用。法律是公共理性的规范表达，是构建社会生态秩序的制度条件。法治社会本质上是私法之治的社会，民法作为调整私人社会关系最直接、最主要的法律，集中体现了市民社会自主构序的公共理性，蕴含着民法精神对人性、自由、平等、正义、秩序等价值的追求，尊重民法，就是尊重公共理性，就是为市民社会自主构序提供了必要空间。

当然，中国的法治社会建设要有中国特色，体现中国智慧。理性是人类思维的共性，世界范围内对于民法精神的理性诉求具有一致性和普遍性，这为我们建设法治社会提供了大量可以借鉴的外来资源。不过，每个国家的社会结构和法

---

〔1〕 王利民、郭明龙：《论“和谐社会”的私法构建》，载《河北法学》2006 年第 2 期。

〔2〕 郑成良：《论法治理念与法律思维》，载《吉林大学社会科学学报》2000 年第 4 期。

治生态基础存在差异,因此建设法治社会也要立足于本土法治生态环境,挖掘本土法治文化中的合理内容和精髓。

二、中国传统文化与理性

建设社会主义法治文化,是在中国传统文化基础之上的文化建设工程。社会主义法治文化与中国传统文化一脉相承,传统文化有其自身的规定性,传统文化的理性条件直接决定了社会主义法治文化的建设程度及水平。建设社会主义法治文化,必然会在传统文化的基础上提出规范和谐的理性诉求。

(一)中国传统文化的理性缺失

理性是社会秩序的基石,也是法治和谐社会的条件。一个社会有什么样的主体理性,就有什么样的规范与秩序条件,也就有什么样的法治文化形态。一个社会的法治文化形态产生于由个人理性因素构成的传统文化的社会结构之中并深受其影响。

1. 中国传统文化的非理性特征

中国传统文化产生于落后的自然经济,低水平的社会经济条件直接导致了人的低水平理性。[1] 中国传统文化的理性缺失,根本上是以理性为条件的法治生态的缺失。[2] 中国传统文化的非理性特征主要表现为四点:

第一,缺乏人格意识。人格意识强调人的理性,尊重人的价值,重视人格的社会实现,而中国传统法律文化则以“良”“贱”“尊”“卑”“庶”“君”“臣”等概念构建了一个人格差别的等级社会结构,将等级秩序作为“人性品质培育的方向”,[3]目的在于“迫使成员以消极的臣民意识被动地接受自上而下的单向社会

---

〔1〕“前现代社会的经济社会条件塑造了前现代的自我意识被淹没的人,这种人与父权主义的专制相适应;现代化过程中的社会强调理性化的生产组织方式和社会安排方式,个人虽然解放出来,却被卷入了按科学、理性的原则组织起来的工作单位和社会组织,这个时期的相应治理方式是法制;只有当现代化过程完成,一个社会已经变成现代社会的时候,另一种强调个性化的生活方式、强调自由和权利的政治文化才会兴起,而这种政治文化就是法治文化。”(郑戈:《法治立国的两个步骤》,载《国家检察官学院学报》2015 年第 1 期)

〔2〕“我国虽自春秋始便有‘法治主义’,但此种法治非与现代社会一体通行、既规范人民之行为又约束政府权力之法治,而是帮助君主管理臣民的法治。这种法治实为法制,是一种自上而下的权力投射,而不能体现人人平等的政治价值。”(郑戈:《法治立国的两个步骤》,载《国家检察官学院学报》2015 年第 1 期)

〔3〕赵明:《先秦儒家论和谐社会的构建——兼论其对当代中国和谐社会法制建构的精神意义》,载《湘潭大学学报》2006 年第 5 期。

控制,使他们更好地履行对统治者的义务”。[1] 等级秩序下社会成员依附于封建专制皇权,丧失了独立人格。[2] 虽然古代历史上也曾出现“敬民保民”的理性思想,但其本质含义是“人民是被统治的对象,既要依赖又要防范,统治者和人民不可能摆脱根本利益的对立和冲突”。[3] 人格意识的缺失使得古代统治者制定的法律只是维系封建统治秩序的工具,因其背离了人性的基本要求而无自由、人权、正义、公平的理性价值可言。

第二,缺乏权利精神。与现代法治文化倡导“权利本位”不同,中国传统文化奉行“权力本位”,“把治理国家的希望寄托于人格化权威的圣明和贤能上”,[4]并用道德礼教来要求老百姓反省克制自身的正当利益需求,这种重权力轻权利的文化思维定式使得人们丧失了对权利与权力界限的理性判断。即使先秦法家思想提出“缘法而治”,也只是“把法律当做政治统治的工具”,[5]人们长期生活在这种社会中,会觊觎权力,蔑视侵权并习惯承受权利损害,甚至将对权利保护的希望寄托于权力,社会失去了基本的理性与权利精神。

第三,缺乏私有观念。私有观念是一种维系人的基本生存和自由发展的理性观念,私有是人格实现的物质前提,也是构建现代社会的经济基础。中国自古以来是农业社会,自给自足的小农经济限制了私有观念的形成和发展,个体创造财富仅是为了满足生存需要,而非用于交换增值。自先秦时代的“天下为公”起至改革开放以前的“大公社会”,都是排斥私有的社会。财产权利上缺乏私有意识使得我国传统法律文化只看到人民和国家,看不到具体的、原生的、少数的个人主体”,[6]最终导致缺少理性的私有观念,极大地限制了个人财产地位,即个人的主体性。

第四,缺乏政治民主价值。政治民主是一种以个人理性为基础的社会理性,

---

[1] 张文显:《马克思主义法理学——理论、方法和前沿》,高等教育出版社 2003 版,第 262 页。

[2] 《马克思恩格斯选集》(第 1 卷),人民出版社 2012 年版,第 763 页。

[3] 李德顺、余勇:《法治与德治》,载《法治的哲学之维》(第 1 辑),当代中国出版社 2012 年版,第 2 页。“‘重民’是作为君主维护统治的手段而提出的。原因在于这种国家最高所有权支配下的小农经济,小农经济是专制王权建立的基础,是国家兵力和财政的直接来源,没有民的支持,任何一个政权都无法维持。”(冯玉军:《法治中国——中西比较与道路模式》,北京师范大学出版社 2017 年版,第 120 页)

[4] 李燕:《中国古代的盛世、法治与和谐社会——比较、借鉴和反思》,载《和谐社会与法治国家建设》,中国政法大学出版社 2006 年版,第 227 页。

[5] 林毓生:《中国传统的创造性转化》,生活·读书·新知三联书店 1992 年版,第 318 页。

[6] 李伟迪:《论人本法律观中的人》,载《中南林业科技大学学报》2008 年第 1 期。

是构建法治和法治文化的价值条件,平等享有权利与自由是个体作为独立主体参与社会生产、生活的前提。中国传统文化是人治文化,是“实用的、功利的、从属于世俗政治的‘伦理精神’或‘政治精神’”。[1] 在人治文化下,社会秩序的形成并不是人民理性意志下的自主选择和理性共识,而是迫不得已地屈服于强权。然而,当经济发展到一定程度,社会成员的政治诉求必然会显现,民权、民主的“人本”理性价值及其思想终将觉醒,也必将影响社会的法治发展进程。

2. 中国社会理性缺失的现实性

中国传统文化的理性缺乏及其形成的非理性文化特征,直接影响和决定了当代中国社会法治和法治文化建设的理性条件与现状。在实现社会主义市场经济和建设社会主义法治文化的过程中,明显地表现出了与市场经济和法治文化相统一的社会理性条件的缺失,直接影响了法治文化与和谐社会的建设,使得中国法治建设缺乏理性的社会基础。虽然造成这一现状的原因是多方面的,但是传统文化中的社会理性缺失必然加重这一社会现实。“改革对既有利益调整产生冲突、物质水平提高但是精神文化建设水平跟不上、配套社会制度不健全等”,[2] 都是这一现实的原因与表现。从根本上看,“之所以会出现这些与法治文明相背离的社会无序现象,是因为传统文化缺失理性导致的对市场经济的不适应”。[3] 经由传统文化形成和发展的中国社会理性缺失的现实性,主要体现在以下三个方面:

第一,制度理性的不足。[4] 法律作为人类从社会生活实践中总结出来用于解决平等民事主体利益纠纷的手段,“不仅仅是根据主权者的意志自上而下的设置,还是一种相对独立于主权者意志的东西,具有自己的独立正当性与生命力”,[5] 这种生命力就在于法律是人类达成的理性共识,是“人类知识、认知能力

---

〔1〕 [德]马克斯·韦伯:《儒教与道教》,洪天富译,江苏人民出版社 1995 年版,第 117 页。

〔2〕 姜明安:《构建权利、权力的法治化博弈机制是构建和谐社会的前提》,载《美中法律评论》2007 年第 3 期。

〔3〕 陈云良:《儒家伦理与法治精神》,载《中国法学》2000 年第 5 期。

〔4〕 虽然历经四十年的改革开放和法制化建设,我国已初步形成具有中国特色的社会主义法律体系,但是这并不等于我国的制度体系没有缺失,虽然导致这一缺失的原因是多方面的,但是其中的立法理性——立法思想缺失及其必然决定的立法制度缺失,应当是原因之一。

〔5〕 泮伟江:《当代中国法治的分析与建构》,中国法制出版社 2012 年版,第 61 页。

的积累对时代脉搏的把握”。[1] 制度理性要求法律尤其是民法的制定应当贯彻以个人为目的、尊崇和保护个人行动自主、自由意志不受限制压迫的“民本”理念，体现民法精神的理性诉求，这对于建设法治和法治文化具有重要意义。当前我国社会制度理性的缺失既表现为立法不健全，也表现为制度内容与立法初衷及立法目标相距甚远，还表现为制度与制度之间衔接配合不当。诸如：现阶段人格权保护的立法缺失使得公民的人格尊严和人身权益无法得到充分保护；[2]《民法典》侵权责任编侧重对受害人的损害赔偿而忽略了受害人与加害人社会关系的修复；[3]《民法典》总则编的“紧急救助行为”条款，在鼓励见义勇为行为的同时缺乏对滥用该条款的救助人的适度承担责任的规定；[4]《民法典》婚姻家庭编对于夫妻共同债务的认定和清偿责任的规定，虽然在《婚姻法》的基础上有所完善，但还不能够在很好维系夫妻共同关系、保障夫或妻各方利益、维护交易

---

〔1〕 王威：《和谐社会构建的法律保障》，载《和谐社会构建与法治国家建设》，中国政法大学出版社2006年版，第100页。

〔2〕 “2017年3月15日颁布的《民法总则》将人格权置于各项权利之首，通过3个条款（第109、110、111条）对人格权的权利内容再次加以系统确权，丰富了《民法通则》的人格权类型，增加了身体权与隐私权，明确将生命健康权拆分为生命权与健康权，构建了‘一般人格权＋具体人格权’的人格权体系，此外，该法还首次对个人信息加以规定。”（王利明：《论人格权编与侵权责任编的区分与衔接》，载《比较法研究》2018年第2期）为弥补立法不足和满足当今社会人格权保护的客观需求，虽然2020年5月28日通过的《民法典》在总则编的基础上进一步将人格权独立成编，但是由于人格权的自然性与复杂性，在当代社会条件与情况下的一些侵犯人格权的行为，被侵权人往往仍然难以找到权利保护的法律根据与请求权基础，尤其是在“个人信息”与“网络隐私权”保护方面，即使在制定《个人信息保护法》的条件下，仍然存在制度调整的不足。

〔3〕 侵权责任法作为权利救济法，应该充分平衡“保障受害人民事权利”与“维护行为人行为自由”这两者之间的关系，以医疗损害责任为例，在医患纠纷上，《民法典》侵权责任编第1218条在《侵权责任法》第54条规定的基础上，有所调整，但是该规定的诊疗损害责任采取一般的过错责任，并未明确具体的举证责任规则，即“过错”的推定规则，仍然需要新的司法解释对此做出进一步规定。2020年修正的最高人民法院《关于审理医疗损害责任纠纷案件适用法律若干问题的解释》第4条规定：“患者依据民法典第一千二百一十八条规定主张医疗机构承担赔偿责任的，应当提交到该医疗机构就诊、受到损害的证据。患者无法提交医疗机构或者其医务人员有过错、诊疗行为与损害之间具有因果关系的证据，依法提出医疗损害鉴定申请的，人民法院应予准许。医疗机构主张不承担责任的，应当就民法典第一千二百二十四条第一款规定情形等抗辩事由承担举证证明责任。”

〔4〕 《民法典》总则编第184条关于“因自愿实施紧急救助行为造成受助人损害的，救助人不承担民事责任”的规定，作为一项法定免责事由，只是一个原则规定，适用于现实各种复杂的“救助”行为，则必然存在规范上的不足。因此，在《民法总则》颁布后，就有学者指出：“如严格贯彻本条，即使因救助人重大过失造成受助人重大损害也不承担任何责任，难免有以目的正当性代替社会正义之虞，因此对于过失致人损害，应考虑援用《刑法》上的过失伤害犯罪。”（梁慧星：《〈民法总则〉重要条文的理解与适用》，载《四川大学学报》2017年第4期）

安全三者之间找到更有价值的契合点。[1] 因此,即使在《民法典》颁布后,仍然存在部分制度缺失和因此无法根本解决的权利保护与社会秩序问题。在民法典编撰的同时欠缺与之相配合的社会保障法来克服因市场失灵、个体禀赋差异等引发的社会矛盾,从而强化对弱势群体的保护以及解决社会群体生老病死等后顾之忧,缓解分配不公的矛盾,实现社会公平正义。这些立法问题的克服与解决,作为一个制度体系及其不断完善的过程,需要作为基础的制度理性的培养和形成,而在根本上是要解决作为主体的人的理性缺失问题。

第二,个人主体意识的理性不足。表现在具体和普遍的行为关系上,个体缺乏以自主与自觉的理性意志控制自身行为的能力,无法使自己的行为在较高水平上符合法治和法治文化建设的需要。主体理性意识是一种对自身权利维护和对他人权利尊重的意识,在市场交易过程中,"交易双方必须有独立的人格和地位,能够自我做主并对自己的行为负责",[2] 只有这样,才能够达到以意思自治为基础的法治文化发展目标。改革开放以来,虽然我国长期开展普法工作,但是由于受中国传统文化的非理性因素影响,大多数中国人仍未形成作为市场经济主体的理性意识,很多人并不清楚自身拥有哪些基本权利以及如何实现这些权利。以山东临沂发生的徐玉玉电信诈骗案为例,[3] 社会上存在大量过度收集、擅自披露、擅自提供、非法买卖个人信息等侵犯公民人身权及财产权的违法行为,通常,当事人很难及时意识到自己被侵权,即便意识到,在目前法治环境下想要维权也是一件不容易的事情。[4] 市场经济条件下主体理性意识缺失还表现为市民社会成员在行使自身权利的时候忽略他人的合法权利,以市场交易中的诚信缺失现象为例,"违法经营、短期行为、假冒伪劣、坑蒙拐骗、虚假宣传、商业

---

〔1〕《民法典》婚姻家庭编第1089条把《婚姻法》第41条规定的"原为夫妻共同生活所负的债务"调整为"夫妻共同债务",虽然扩大了夫妻共同债务的"内涵",但是由于夫妻关系的伦理性与私密性,事实上并没有改善夫妻共同债务的法定条件。最高人民法院《关于适用〈中华人民共和国民法典〉婚姻家庭编的解释(一)》(法释〔2020〕22号)以司法规则的形式,对夫妻共同债务的认定和承担作了具体规定。

〔2〕张文显:《中国步入法治社会的必由之路》,载《中国社会科学》1989年第2期。

〔3〕2016年12月,"两高一部"共同制定出台了《关于办理电信网络诈骗等刑事案件适用法律若干问题的意见》。曾轰动一时的"山东临沂徐玉玉电信诈骗案",是适用该意见审理的第一例案件,对打击电信网络诈骗犯罪、维护公民财产权、人身权起到积极作用。

〔4〕尤其是在当前的大数据时代,由于网络传播、数字影像和数据存储技术的发展,个人的隐私权和信息自主权保护面临空前压力,目前的司法救济和维权不仅仅受技术条件、水平限制,而且以《民法典》和《网络安全法》等为主的有关个人的隐私权以及信息自主权保护的立法不完善,导致实践中大量不当利用个人信息以及侵害隐私权的违法行为难以被追究法律责任。

贿赂、欺行霸市近年来都有越发严重的势头”。[1] 道德与信用是个体乃至人类社会存在和发展的基本条件，是任何一个民族和社会所不可缺少的品质。[2] 因此，培养公民的权利意识和理性精神，规范权利的行使，不断完善公民权利的法律保障体系是当下建设法治和法治文化的重要内容和必要的诉求条件。

第三，社会治理行为的理性不足。改革开放以来，通过理念、制度、机制、方法创新，我国开创了社会治理的良好局面。但是，进步之中也有不足，社会治理水平还有待提高，特别是在行政行为与司法行为方面，仍存在不作为、乱作为甚至违法作为的情况，违纪违法与贪污腐败现象时有发生。以腐败问题为例，它既是一个道德问题——反映出贪欲和失衡的人性，为了一己私欲牺牲国家、社会公共利益；同时也是一个政治问题——反映出权力的过度膨胀以及监督的缺位。可以说，行政与司法领域的一些治理乱象反映出我国目前社会治理行为在理性方面仍存在一些不足。在行政领域，一些执法者仍旧官本位思想浓厚，“政绩观”导向的行政行为忽视对公民私权利益的保护；在司法领域，由于仍存在“行政干预、司法人员素质差、传统司法理念落后”等因素，导致司法不公。[3] 而且，在一些司法活动中，“对效率的过分强调，致使在实践中出现了一些为追求效率而损害司法公正的现象，冤假错案的产生就是明证”。[4]

本书项目组以“您认为对您财产构成最大威胁的是什么”为题进行了全国性调查问卷，数据统计结果显示（如图 11 - 2 所示），在 5 个备选答案中，有 29% 的受访者选择“行政违法或不作为”，有 24% 的受访者选择“司法判决不公”，有 23% 的受访者选择“个人违法侵权”，有 13% 的受访者选择“黑社会性

[1] 例如：中国生物多样性保护与绿色发展基金会诉北京市朝阳区某幼儿园铺设塑胶“毒跑道”案。该案最终以调解方式结案：被告同意拆除塑胶跑道，并以保护生态环境为目的向中华社会救助基金会捐助 10 万元。该案体现了司法应对社会生活中的个体理性缺失的手段创新，有助于构建良性的社会生态秩序。又例如：淘宝网诉电商卖家售假。这是全国首例公开宣判的电商平台诉售假店铺案，对于打击市场交易主体不诚信行为，维护市场交易安全和秩序稳定、推动中国互联网法治进程有积极作用。

[2] 近年来相继发生“毒奶粉”“瘦肉精”“地沟油”“染色馒头”等事件，这些恶性的食品安全事件足以表明，诚信的缺失、道德的滑坡已经到了何等严重的地步，一个国家，如果没有国民素质的提高和道德的力量，绝不可能成为一个真正强大的国家、一个受人尊敬的国家。

[3] 赵占信：《司法公正与和谐社会的构建》，载《河北学刊》2008 年第 3 期。

[4] 万毅、何永军：《司法中公正和效率之关系辨正——兼评刑事普通程序简易审》，载《法律科学》2004 年第 6 期。呼格吉勒图奸杀案、念斌投毒案、佘祥林杀妻案、赵作海杀人案、聂树斌强奸杀人案等冤假错案的发生都是司法不公正的结果，极其严重地侵害和损害了当事人的合法权益。英国哲学家培根说过：“一次不公正的审判，其恶果甚至超过十次犯罪。因为犯罪虽是无视法律，好比污染了水流。而不公正的审判则毁坏法律，好比污染了水源。”

质犯罪”，还有11%的受访者选择“幕后交易”。这一数据统计结果反映出当前影响人民财产安全的主要因素来自公权行使的执法与司法领域，由于错误甚至是枉法执法与司法，这种公权的不当行使及其具有的强大与强制的作用而给人们的财产安全带来的影响和损害，往往超过一般或者普遍的民事侵权行为所造成的后果。通常来说，行政执法与司法裁判本来是维护人民财产利益的最强有力的手段，然而，由于执法与司法的不公与腐败问题，反而却成为了对人民财产安全的最大威胁。显然，社会治理行为的理性缺失与违法枉法，不仅直接侵犯了人民的财产与人身利益，而且更深层次地破坏了社会秩序的和谐稳定与长治久安。

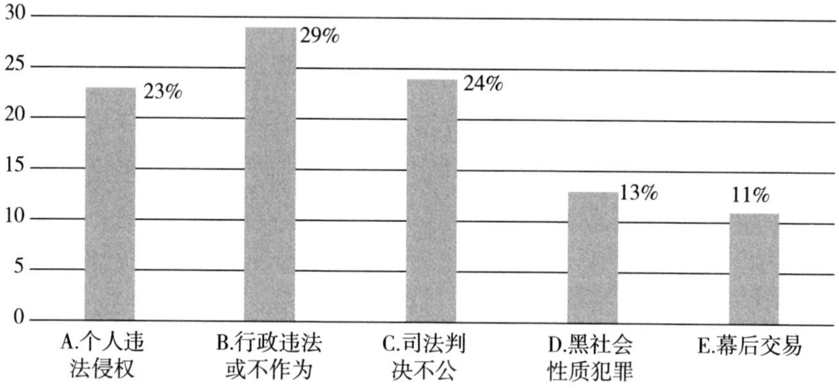

图11－2　“您认为对您财产构成最大威胁的是什么”一题调研数据统计

因此，要提高社会治理的理性水平并改善执法与司法的环境与条件，必须依靠人民群众进行民主监督，参与国家治理，发挥公共理性精神的作用，为法治和法治文化建社创造良好的社会条件。“只有让人民来监督政府，政府才不敢松懈，只有人人起来负责，才不会政息人亡。”[1]

（二）法治文化建设的理性诉求

建设社会主义法治文化，实现人类最先进的法治文明，离不开高度的社会理性，因此建设社会主义法治文化的过程，必然是一个不断提出理性诉求的过程。以理性诉求实现法治文化建设，以法治文化建设促进理性发展。

〔1〕黄炎培：《八十年来》，文史资料出版社1982年版，第148、149页。

1. 法治文化与理性社会

法治文化是理性社会的文化，而理性社会，则是社会主体具有和遵循理性并能够以理性来构造社会规范与秩序形态的社会。理性社会是一种和谐社会，而以理性社会为基础的社会主义法治文化，则必然是和谐社会的法治文化。法治文化作为一种自律、规范的社会文化，是理性社会的文化，理性社会是法治文化的社会基础，没有理性社会也就没有法治与法治文化。

法治文化是通过实践比较“法治”和“人治”后产生的对于法治规则与秩序的信仰和遵循，是理性社会的产物。法治优于人治，法治代表理性之治，代表法律至上，能够有效避免执政的偏见和腐败。

与现代社会倡导以人为本、弘扬理性精神的法治文化不同，中国传统法律文化是自然经济条件下的封建伦理法律文化，是人治下的“权力本位”文化，统治者“存天理、灭人欲”，要求人们“克己复礼”、严守“三纲五常”，在社会治理上采取“以刑为本，诸法合体”的严刑酷罚，这些都是维护封建统治秩序的驭民之术，具有突出的法律工具主义本质。由此，中国传统法律文化与以人格尊重和利益均衡为特征的现代民本主义法治文明相去甚远，所以中国要建设现代法治文化，必须从人的本质属性出发，尊重并最大程度实现人的利益需求，发掘并弘扬人的理性精神，完成社会的自主构序和政治生活的民主治理。只有社会成员的理性水平普遍提升，才能够实现法治和法治文化的社会秩序构造。

2. 法治文化的理性条件

法治文化是理性社会的理性文化，也就以理性为建设和实现的条件。法治文化的理性条件，也就是法治和谐社会的理性条件。法治文化的理性条件具体涉及三个方面：第一，精神条件，即社会成员自律的道德品质、认知习惯、宗教信仰等；[1]第二，制度条件，即社会成员理性共识的规范制度表达——法律；[2]第三，行为条件，

---

〔1〕“法治文化建设需要寻求本土资源，包括从社会生活中的各种非正式的法律制度中去寻找……当代人的社会实践中已经形成或正在萌芽发展的各种非正式的制度包括道德、习惯、甚至宗教，其中蕴含着人类的实践理性，是法治文化建设的重要资源。”（苏力：《变法，法治建设及其本土资源》，载《中外法学》1995 年第 5 期）

〔2〕法治文化的表现形式之一就是法律制度。“法的产生经历了从个别调整到规范调整到法的调整、从习惯到习惯法再到制定法、从法与宗教规范、道德规范的浑然一体到法与宗教规范、道德规范的分化，法相对独立发展的过程。”（刘晓兵：《法哲学思考》，知识产权出版社 2005 年版，第 60、61 页）法律制度作为社会规范与秩序形成的主要手段，其产生和发展的一般规律反映出人的理性水平在推动法制健全、建设法治文化中的条件和作用。

即社会成员的理性实践——对法律、道德的普遍认同和自觉遵守。在建设法治文化的目标下，社会制度建设与治理行为应当遵循一般的社会理性要求，每一个社会成员也应当具备符合法治文化要求的理性品质。

理性作为法治文化建设的重要条件，是人类社会发展的内生动力。个体理性包括人的社会主体意识觉醒以及对自我行为的约束能力，蕴含了社会成员自律的道德修养、普遍的行为习惯和共同的社会价值追求，是社会自主构序的基本要求，也是法治文化建设的精神和行为条件。个体理性是社会理性即社会秩序共识达成的前提，是社会理性自治的基础。个体理性并不必然产生理性的法治和法治文化，当立法者和执法者自身的理性水平较低时，社会制度构建和治理也会违背社会理性，走向法治和法治文化与文明的对立面。只有个体理性上升为群体理性，形成法律制度，从外部对人的非理性行为进行强制性约束，同时对于非理性行为产生的权利损害提供有效的司法救济，才能塑造法治文化，这就是法治文化的制度条件，而这一条件又必然影响法治文化的精神与行为条件。综合来看，法治文化的三个理性条件关系密切，互相制约和配合。其中精神条件是法治文化建设的内在条件，也是非正式的制度条件，它内生于社会发展的历史进程中，是人的理性的产物；制度条件是法治文化的外在条件，更能反映出一个时代的理性特征和水平。法治文化的精神条件和制度条件为法治文化的行为条件提供了规范、明确的指引，而行为条件则是对精神条件和制度条件的生态转化，在实践精神条件和制度条件的同时也反作用于精神条件和制度条件，使得精神条件和制度条件不断深化、调整而更加趋于理性，这一法治文化的理性结构构成了法治文化的完整内部运行系统。

法治文化是对理性的精神条件、制度条件及其背后的法的权威、法的价值、法治信仰、人的自律品质等的高度抽象与概括。人类基于理性对制度条件和精神条件的认可与遵循，就是对法治文化的建设与弘扬。理性条件从精神层面、制度层面以及行为层面为法治文化的建设提供了由内到外、由理论到实践的全方位智力支持和行为保障，因此法治文化建设离不开理性条件。

三、理性与民法精神

民法精神是私人社会关系的规范与秩序精神，这种规范与秩序是市民社会主体的理性结果。理性作为市民社会成员的主体秩序意志，是维系个人生存和社会稳定的主观意志条件，在理性的指引下接受和遵守社会的一般规范与秩序，是“个体以自己特殊的方式面对他赖以存在的社会环境，寻求属于自己的表征自我作为生命存在的途径”，[1]是个体必须作出的以民法精神为基础的社会价值与行为方式的选择。

(一)理性是个人的社会秩序意志

理性作为个人的社会秩序意志，在秩序品质上建立了与民法精神的内在联系与统一。市民社会的理性意志就是民法精神。

1. 理性是社会认知的判断能力

认知属于心理活动的范畴，是通过思维活动了解和认识事物本质的过程。认知通过对现象的观察揭示事物的本质及其发展规律，它在本质上是一个理性思维的过程，这就建立了认知与理性之间的内在联系。理性的认知过程，也就是对和谐社会的规范与秩序的发现、识别与选择的过程，而在这一过程中对社会规范与秩序的认知水平与结果，决定于一个人对社会规范与秩序认知的判断能力，这个能力，就是基本的理性能力。

社会认知(Social Cognition)是指个体理解和思考他人，根据环境中的社会信息对客观事物或他人的心理状态、行为动机和意志作出分析、推测和判断的主体思维活动。理性的社会认知，则是对社会生态秩序的本质与规律的识别与选择，是一种自我的秩序调节机制。人类思维进化的重要表现之一在于人们不再仅仅满足于感性支配下的生存方式，而是开始依据理性对有关人和事物进行分析、判断、取舍，进而找到认知的共同点，即所谓的认知的真理，从而追求群体互助、共赢的生活方式并形成普遍的社会秩序。[2] 柏拉图在《理想国》中提出理性是个体认知的原点，“理性认识论是我们认识真理的唯一途径”。[3] 以理性为出发点进行社会认知不仅能够认知真理，而且能够在认知真正的思想基础上构建市民社会的规范与秩序，是民法精神的基本诉求。

市民社会规范与秩序的构建水平高低、结果如何，首先取决于人类对社会认

---

〔1〕 王继辉：《尊重人、理解人、关心人：人类个体问题研究》，电子科技大学出版社 2014 年版，第 32 页。

〔2〕 我们认为，理性是一种人类获得知识的能力，即人们所具有的区分善恶、好坏、对错的能力，而理性辨别判断的前提在于尊重、宽容不同的认知，通过不同认知之间的相互辩驳，真理得以浮出水面。不同思想观念和信仰体系的共存是理性认知判断的客观前提，对差异性的尊重与宽容是理性认知判断的主观条件，对差异的分析、判断过程就是理性运用、发展的过程。(参见吴玉章：《法治的层次》，清华大学出版社 2002 年版，第 79 页)

〔3〕 谢文郁：《信仰和理性：一种认识论的分析》，载《山东大学学报(哲学社会科学版)》2008 年第 3 期。

知的判断能力，它是进行社会行为选择的前提。在古希腊哲学中，“理性”一词拥有两层含义：第一层含义是人对社会规范和秩序条件的认识能力，即主体理性；第二层含义是人能够基于理性认识能力能够支配自己行为并形成社会关系，即社会理性。主体理性是实现社会理性的前提，只有主体理性转化为市民社会自主构序的行为理性中，社会理性才能够得以真正实现，而只有实现了社会理性，才能真正构建规范有序的和谐社会与法治文化。

2. 理性是社会行为的选择能力

理性不仅是一种社会认知能力，而且是一种社会行为能力，是社会行为的选择能力。在理性的支配和作用下，人们能够审慎地实施社会行为，使自己的行为符合和谐社会的规范与秩序的目标。理性总是能够在正确的道德认知的基础上选择合理的社会行为并使自己的行为具有社会正当性。因此，人的社会行为，在根本上是理性能力选择的行为，是以理性为条件和基础的行为。

人类具有理性意志并必然会运用理性指导和控制自己的社会行为选择，使其符合法律、道德、习惯等基本社会价值与伦理要求，并最终服务于自身的发展，这既是人类的自然生物本能，也是人类的必然社会选择。国家的产生就是人类理性的行为选择的结果，其目的在于确保个体财富和自由的最终实现。“国家的价值，从长远来看，归根结底还在于组成它的全体个人的价值。”〔1〕国家是人们建构起来的用以保护个人的天赋权利和自由的，个体通过让渡自身权利的行为，形成国家权力，目的在于更好地保障个体生存和发展。法国《人权宣言》指出：“政治结合的目的在于保持人的自然的不可磨灭的权利。这些权利为自由、财产、安全和抵抗压迫。”〔2〕

人类在作出行为选择时，应以“群体接受”作为标准之一，这就是理性人的行为。这一标准的预设的目的并不是为人们设定一个超自然的神，而是为个体提供一个具有普遍性与一般性的人性标准。基于此种预设标准，人们可以事先预测自己行为的安全性、道德性甚至合法性，进而作出理性的、符合社会规范与秩序的行为选择。此处的理性行为选择同康德在理性批判思想中所提出的实践理性原则相类似，“要这样行动，使得你的意志的准则任何时候都能够同时被看

〔1〕［英］约翰·密尔：《论自由》，程崇华译，人民出版社1959年版，第125页。
〔2〕姜士林：《世界宪法大全》（上卷），中国广播电视出版社1989年版，第761页。

作一个普遍的立法原则”,[1]而这时的行动,就是符合市民社会秩序的行为选择,也是符合民法精神的理性诉求。

3. 理性是个人意志的控制能力

理性是一种意志或者思维的控制能力,理性并不放任自己的意志,而使自己的意志接受社会一般条件的限制。没有理性的意志或者思维控制,就没有个人符合社会条件的意志。人的意志或善或恶,不论是为善还是为恶,都是一种意志控制过程,是在意志控制中完成的,是意志控制的结果。然而,一个人的意志趋善并符合社会的规范与秩序的本质,则是一种理性能力的控制。理性是个人意志的控制能力,只有理性的控制,才能够使个人的意志符合社会规范与秩序的条件和要求。

个人意志的理性控制是个人的行为选择符合社会规范与秩序要求的前提条件。理性作为个人意志的控制能力具体表现在两个方面:

一方面,表现为个人在最大程度上发扬人性中的善并抑制人性中的恶,从而完成自身的价值平衡。人性本质上是复杂的:既有追求自由、平等、正义、安全、秩序的善的一面,也有自私自利、虚伪善变的恶的一面。在市民社会条件下,人人都追求个人权利的实现,但又常常忽略自身对于他人权利实现所负有的基本义务。孔子曰:“己所不欲,勿施于人。”[2]孟子曰:“反求诸己。”[3]朱熹曰:“推己及人。”[4]这些都是在强调人要学会理性地反思自己,而不是盲目地苛责别人,在人性自身的冲突面前,人类要想拥有未来,就必然需要理性来控制个人意志的恣意,培养市民社会关系中个人的意志控制能力。“提高个体自身的人性,树立宽容、诚信、自主、自律这样一种自觉的意识和观念。”[5]

另一方面,表现为市民社会中理性共识的达成。个体在市民社会生活中往往会产生利益冲突,达成理性共识是实现利益共赢的必然选择,而理性共识则是理性作为个人意志控制能力发展到高级阶段的必然结果。市民社会的理性共识所形成的最主要的制度形式就是民法。“通过建立一种规范,从而改变建立在自利倾向的理性计算基础上的交往模式,使得双方都能够准确预见对方的行动

[1] [德]康德:《实践理性批判》,邓晓芒译,人民出版社2003版,第39页。

[2] 《论语·卫灵公》。

[3] 《孟子·公孙丑章句上》。

[4] 《朱熹·与范直阁书》。

[5] 张文显:《“以人为本”的法哲学解读——“以人为本”四人谈》,载《金陵法律评论》2004年第2期。

意图,从而建立起稳定的信任机制,减少(民事主体)'交易'或'沟通'的成本。"[1]孟德斯鸠在《论法的精神》一书中指出,"法精神就是人类的理性",而民法作为人法,其背后的民法精神更是充分凝结了人类的理性精神。[2]"法律作为积极的、活生生的人类活动,包含了人的全部生命,包括他的梦想,他的激情,他的终极关切。"[3]因此,法律必须被信仰,"人的法律存在是人类社会存在的必要条件",[4]没有法律,人类将在无秩序的混乱状态中失去自身存在和发展的条件。实现社会的秩序构建,必须在培养个人意志的控制能力基础上运用法律的手段将群体理性共识进行规范化表达并作为个人意志的统一控制条件。

4. 理性是个人行为的自律能力

理性的行为选择与控制,是意志与行为的结合,是意志支配行为达到特定的行为目标与效果,是理性选择和控制的行为能够按照意志的目的发生,从而使实践行为及其过程表现为现实的行为理性。这种理性行为,就是理性的自律性。理性不仅是一种规范与秩序的思维能力,而且是一种规范与秩序的实践行为能力,是实践行为的自律能力。理性不仅在于选择和控制社会行为目标,而且在于实践社会行为目标并使之达到规范与秩序的社会的条件要求。理性的意志和行为能力,根本上是一种个人意志和行为的自律能力。

个人行为的自律能力,就是个人行为的理性控制能力,表现为在理性意志支配下进行理性实践。理性不仅是对社会生态秩序进行认知、判断、选择等的思维能力,而且是对规范与秩序的自觉遵守与践行能力。行为自律是个人社会秩序意志的外在表现,是构建规范市民社会生态秩序的直接动力,个人行为的自律能力同样也是构成人们践行法治和塑造法治文化的理性能力与道德品质。

在自律能力的支配下,人类能够运用理性约束自己的行为方式、决定自身行为的内容,从而使其行为不仅符合法律的强制性要求,更符合道德、习惯等基本伦理条件。社会秩序的构建虽然离不开法律作为外在强制手段,但是在根本上还是要靠市民主体内在的自律秩序即理性秩序,包括道德、习惯等秩序的维护,它们"在很大程度上是市民社会成员价值追求的直接反映和本真表现,呈现的

---

[1] 泮伟江:《当代中国法治的分析与建构》,中国法制出版社 2012 年版,第 67、68 页。
[2] 参见吕世伦:《当代法的精神》,武汉大学出版社 2013 年版,前言第 1 页。
[3] [美]哈罗德·J. 伯尔曼:《法律与宗教》,梁治平译,中国政法大学出版社 2003 年版,导言第 3 页。
[4] 舒国滢、程春明:《西方法治的文化社会学解释框架》,载《政法论坛》2001 年第 4 期。

是与市民社会精神相吻合的内在自律秩序”。[1] 根本上讲，法治国家的秩序必须来自人民自身——自觉自愿地遵守，同时，“现代法律秩序的他律性和外在性，（必然）隐含着自律性和内在性要素”。[2] 因此，法律作为社会秩序构建的他律手段，其自然与生态的社会规范与秩序效果的发挥离不开个体的自愿遵守与自觉服从，主体的精神自觉与行为自律才是法治和法治文化建设所需要的社会基础。

在本项目组以“您认为建设法治文化与您个人规范自身行为有直接关系吗”为题进行的全国性调查问卷中，有高达88%的受访者认为“有”或者“关系很大”。[3] 这一数据表明，经过改革开放四十余年的社会主义法制体系建设，当今中国人的法治观念已经得到初步树立，法治文化作为一种从制度到观念的社会价值取向对于规范个体行为、构建自主和谐的市民社会秩序具有不可替代的积极作用。同时，仍然有12%的人持“没有”或者“关系不大”的立场，从中可以发现传统非理性意识的深重影响，因此，以民为本的法治文化建设必须重视作为个人行为自律能力的社会理性水平的提高。具体来说，法治文化建设不仅要完成基本的外部制度建设，更应该注重塑造社会成员规范自律的法治观念，不断提升社会成员的理性能力，从而为法治和法治文化建设提供坚实的思想基础。

个人对自身社会价值认同的追求是个人行为自律能力养成的动力之一。当一个人的行为不符合同类、同族或者同伴一贯认可的行为方式时，会产生某种羞耻感（既可能基于行为人主观反省，也可能基于社会对其的道德批判与谴责），而这种“另类”的行为方式所带来的后果也会影响到个人的社会评价。赞恩将遵守社会秩序作为个体社会生存的条件，他说，“若有谁不象他们的同伴那样行事就会不可避免地被逐出集体，对于一个训练成为只过社会生活的生物来说，这种结局是不能容忍的”。[4]

（二）民法精神是民本的理性精神

建设社会主义法治文化的民法精神，不仅是理性的精神，而且是民本的精神，在民本与理性结合的基础上，作为社会主义法治文化的诉求，具有对社会主义法治文化的决定意义。

---

〔1〕 马长山：《法治社会中法与道德关系及其实践把握》，载《法学研究》1999 年第 1 期。

〔2〕 马长山：《法治社会中法与道德关系及其实践把握》，载《法学研究》1999 年第 1 期。

〔3〕 本题数据统计结果详见本书第五编（第二十六章）“从政府到社会的法治本位转型”部分。

〔4〕 [美]约翰·麦·赞恩：《法律的故事》，刘听、胡凝译，江苏人民出版社 1998 年版，第 22 页。

1. 民法精神的理性价值

民法精神的规范性以及民本性决定了民法精神蕴含社会理性的价值本质与追求。民法的理性价值，是相互关系的人格尊重与利益均衡的社会公平与正义价值。民法精神作为民本社会的理性精神，反映社会主义法治文化的民本条件与人文基础，而这一精神必然建立在社会理性的价值与基础之上。

民法精神作为从市民社会的具体民法规范制度中抽象出来的普遍价值与一般原则，是一种民本的理性精神。“民本”是民法制度规范和民法精神的核心，它包含了人的价值高于一切、人是发展的中心主体、人是目的不是手段、要崇尚彰显人性、尊重保障人权、权利优位于义务、权利优位于权力、维护人的人格尊严、坚持人的独立自主、实现人的全面发展等基本内容。[1] 总而言之，民本的法律是体现民法精神理性价值的法律，是法治的制度基础。

民法精神的理性价值构成市民社会成员的规范秩序品质。当个体理性地意识到自我在社会面前的局限性，理解自身的存在和发展有赖于群体和社会时，个体就会自觉遵守道德、法律的要求，并且随着个体理性水平的提高，个体会在现实条件下更加充分地发挥主观能动性，不断调整自身的认知结构、心理状态以及行为方式，从而更好地适应社会生活秩序。

民法精神的理性价值包含公平、正义的社会价值追求。[2] 在市民社会中，法律本质上体现为一种基于人格和财产独立的理性契约，人们以契约进行的交易，基于“双方明确目标的选择以及对他们任何一项交易中所含的利益的冷静估价。合同关系代替了以地位为基础的那些关系，人们逐渐以同样的标准来看待作为整体的社会。它的组织结构并非由人给予的，而是由理性的合同决定的。它不过就是由自由而理性的个人所执行的自由而理性的诸合同的一个总和”。[3] 当然，市民社会在强调意思自治、自主构序以及权利至上的同时，也强调社会分配应充分权衡个体与整体利益的关系，最大程度实现效率和公平的双赢结果。因此，人际关系的和谐与秩序，不仅表现一种民法精神的理性秩序价

---

〔1〕 参见李步云：《“以人为本”的科学内涵和重大意义》，载《和谐社会与法治建设研讨会论文集》2007 年版，第 33 ~36 页。

〔2〕 公平是指行为主体参与市民生活时人格平等、机会均等，享有不为外力所剥夺的权利能力，而正义“本质上依赖于如何分配基本权利义务，依赖于在社会的不同阶层中存在着的经济机会和社会条件”。([美]约翰·罗尔斯：《正义论》，何怀宏译，中国社会科学出版 1988 年版，第 7 页)

〔3〕 [英]欧内斯特·盖尔纳：《理性与文化》，周邦宪译，贵州人民出版社 2009 年版，第 113 页。

值，而且更为深刻的是其内在的正义价值，实现民法精神的理性价值在一定程度上就是实现社会的公平、正义，而实现社会公平、正义就是实现民本与法治的社会构造。

2. 民法精神的理性诉求

民法精神的理性诉求，是对民事法律关系的规范与秩序诉求，也就是民事主体对关涉自身人身权利与财产权利的获得与保障，体现了市民社会规范秩序的治理目标以及市民社会文化与文明的进步，是最终极的社会价值诉求。

民法精神作为构成市民社会的基本精神，必须以理性为条件并坚持以理性来构造社会秩序本质，这是建设法治社会，实现法治文化生态构造的主体条件。民法精神的理性诉求主要体现为以下三个方面：

第一，民法精神的理性诉求体现为理性看待社会中存在的冲突和矛盾（即社会中存在的非理性因素）。社会的不完善、不和谐在一定程度上是社会动态变化、不断发展的基础，同样，社会也“不是对于感性、非理性的绝对排斥，而是对其合理地改造和利用”，〔1〕即“在于公正有效地解决矛盾，化解利益纠纷”。〔2〕对于社会发展过程中出现的“良性”冲突，利益各方应及时交换信息、充分了解对方观点、提出建设性意见，在理性的引导下最终达成一致的解决方案。〔3〕

第二，民法精神的理性诉求要求市民社会成员充分发挥构建社会秩序的主观能动精神，即基于客观情况作出的积极应对和适度调整，从而通过每一个追求他们自己的，自觉预期的目的来创造人类社会的历史。必须承认，“社会发展固然有其客观因素制约，但绝不是一个纯客观的过程，人的理性和意志有不可替代的作用，社会发展在一定程度上是一种理性的建构”。〔4〕

第三，民法精神的理性诉求不是一个绝对、静止的概念，必须承认人类理性

---

〔1〕［德］马克斯·霍克海默、西奥多·阿道尔诺：《启蒙辩证法：哲学断片》，梁敬东、曹卫东译，上海人民出版社2003年版，第82、83页。

〔2〕姜明安：《构建权利、权力的法治化博弈机制是构建和谐社会的前提》，载《美中法律评论》2007年第3期。

〔3〕管理学中将冲突分为“良性”冲突和“恶性”冲突，前者是冲突双方目标一致，在一定范围内所引发的争执，经过沟通协商可以进行调整，是建设性冲突；而后者冲突双方的目的和途径不一致，造成内部严重损耗，甚至整体性的分裂、瓦解，后果往往具有破坏性，是负能量冲突。（参见赵树坤、付子堂：《和谐社会之冲突的法律控制探究》，载《南京社会科学》2006年第3期）

〔4〕周祖成：《法律公平与社会和谐》，载《和谐社会构建与法治国家建设》，中国政法大学出版社2006年版，第151页。

是"历史的、当下的、有限的"。随着社会实践的深入,人的理性能力和水平在不断提升,理性的内容也不断丰富。因此,民法精神的理性诉求,是一个发展变化的诉求,并且只有在变化中,才能把握其全面与本质的内涵。

民法精神的理性诉求,作为对民法调整的社会关系的规范与秩序的诉求,是人的本性使然。几乎所有的社会都成功地确立起了使其成员和平共处的各种措施,而且都成功地创造了各种旨在增进社会单位内部的和谐与和平的制度。但是,"法律也有好有坏,或者合乎正义或者不合乎正义",〔1〕正如中国古代法律文化虽然也有和谐秩序,但其和谐本质上是在等级礼制之下抹杀了人的权利自由与人格平等。〔2〕现代法治文明下的法律制度不同于封建社会的"治民之术",是建立在市民社会普遍理性基础上的自主构序,是"保民之术"。民法作为调整市民社会关系的法,它创制的根本目的在于实现人的利益需求,真正体现民法精神的"民本"理性,这才是规范有序的民法精神与法治文化的根本价值与诉求。

四、理性与法治文化

理性的民法精神价值与诉求,根本在于它是一种法治文化的价值与诉求。法治文化作为民本的理性的社会意识形态,产生于理性的社会实践。民本理性的核心是社会主体运用理性完成社会秩序的构造,其价值判断和行为选择是基于一定经济水平和政治环境的客观发展情况作出的理性决定,因此民本理性所创造的法治文化具有真、善、美的本质特征,是规范有序的民本法治文化。

(一)理性是法治文化的民本基础

作为社会主义法治文化形态的民法精神诉求,在其理性诉求层面上,就是普遍的社会主体的理性诉求,这一诉求以其主体的个体性和普遍性构成了法治文化的民本基础。

1. 理性的民本性

理性是个体理性,也是社会理性共识,即"公共理性",其是构建规范和谐的社会秩序的主体条件。这样,理性就当然具有了民本的属性,具体表现为两方面:(1)理性主体的民本性,即理性的主体是普遍的民事法律关系主体。(2)理

---

〔1〕［古希腊］亚里士多德:《政治学》,吴寿彭译,商务印书馆1997年版,第169页。

〔2〕赵明:《先秦儒家论和谐社会的构建——兼论其对当代中国和谐社会法制建构的精神意义》,载《湘潭大学学报(哲学社会科学版)》2006年第5期。

性条件的民本性，它代表普遍民事法律关系主体的利益条件与主体意志。理性主体的民本性与理性条件的民本性决定了社会主义法治文化的民本理性，决定了我国社会规范和谐的理性诉求。

理性主体的民本性是构成社会关系的社会主体的普遍理性，它反映民本社会整体的理性程度和水平，代表民本社会普遍的理性价值追求。理性主体的民本性是个体理性不断发展的必然结果。个体天生“是一种对自己不满，并且有能力超越自己的存在物”，[1]个体能够基于对自身发展需要的理性思考，“不断地重新创造自己的东西，是自我的创造者”。[2]“‘自利’是人的理性使然，‘自利’的逻辑不会也不可能使得个体不见合作利益，而仅想从竞争或掠夺中取利，个体展望未来，‘自利’促成了与其他有机体自愿合作。”[3]由此可见，“尽管人的个性复杂多变，但仍存在着共同性的方面，即人的共同本质或类本质，舍弃人的类本质，人就无法生存”，[4]普遍理性就是人的类本质的真实反映，是人类社会长久发展的客观需求。

理性主体的民本性在强调普遍理性的同时，也重视个体理性的作用。仅重视普遍理性而忽视个体理性的后果使普遍理性容易走向基于“大众心理”产生的“大众理性”，背离理性民本性的初衷。[5] 理性主体的民本性“不是高悬和凌驾于个人之上的对立物”，“它的功能就是对个人的自由和发展创造

---

[1] [俄]别尔嘉耶夫：《论人的使命》，学林出版社2000年版，第63页。

[2] 李平晔：《宗教改革与西方近代社会思潮》，今日中国出版社1996年版，第184页。

[3] [美]莱斯利·里普森：《政治学的重大问题——政治学导论》，刘晓译，华夏出版社2001年版，第26页。

[4] 吕世伦、蔡宝钢：《“以人为本”的法哲学思考——马克思的理论阐释》，载《法学家》2004年第6期。

[5] 在“大众心理”的作用下，个人极有可能丧失理性，导致道德和法律的约束机制失去其应有的效力，大众本应是社会规范与秩序的建设者，反而成为了社会规范与秩序的破坏者，最终走向了法治及法治文化的对立面。2012年4月，日本右翼保守派政治家石原慎太郎在华盛顿发表演讲，提出东京将“购买”钓鱼岛，这一做法激起中国人民的反日情绪。据南方周末网报道，2012年9月15日到16日，北京、广东、武汉、西安等地出现反对日本政府“购买”钓鱼岛的民众抗议活动。各地游行示威的队伍日益扩大，伴随着这种爱国行为的同时，不和谐的狂热行为开始出现，有的日系车被砸，有的日式餐馆被砸，有的日本品牌汽车4S店被烧，甚至开日系车的人亦被伤及。这种在“大众心理”驱使下作出的群体行为，是盲目冲动的，不符合民本的理性要求，更与法治和法治文化所倡导的理性精神相背离。“基于‘大众心理’的大众理性在民主政治的进程中也不可避免地出现很多非理性的因素，这种浪漫主义的‘大众理性’如果走向极端，其结果必然引起我们放弃理性。”（史云贵：《现代社会中的理性与公共理性》，载《江苏社会科学》2007年第4期）

条件”。[1] “它存在的目的是为了适应一定群体的实践需要，维持群体的一定社会关系和利益”。[2] 中国古代社会严重忽视理性主体的民本性，“把治理国家的希望寄托于人格化的权威的圣明和贤能之上”，[3]这种单纯依靠个体理性完成社会治理的模式最终带来的是社会整体的非理性结果。社会主义法治文化的规范与秩序内容必须是在普遍理性的条件下产生，正如西塞罗所言，“当这种（普遍）理性在人类理智中稳定而充分发展的时候，就是法律”。[4] 此处的“法律”作为法治文化的社会制度形态，它所承载的法治文化，“不是一个中性描述意义上的一般法律文化概念，它是一种与人治文化相对立而存在的先进文化、进步文化的形态”，[5]是民本理性的法治文化。

以理性主体的民本性为基础，必然会产生理性条件的民本性。理性条件的民本性是指构成理性内容的民本性，即理性的内容代表了社会普遍与根本利益条件。“人离开动物越远，他们对自然界的作用就越带有经过事先思考的、有计划的、向着一定的和事先知道的目标前进的特征。”[6]这一目标就是对社会公共利益的保障和个人利益最大化的实现。民本的理性主体必然会产生民本的利益诉求，即社会以公序良俗为秩序基础的人身与财产利益诉求。这直接关系到人类能否正常生存和不断发展。因此，如果说理性主体的民本性是法治文化建设的主体条件，那么理性主体的民本利益条件则构成法治文化建设的客观目标，具有本质性和必然性。同样，理性的民本条件涉及正确看待个人利益与公共秩序之间的关系问题，个人利益的实现离不开公共秩序的满足，公共秩序实现的最终目的也是为了个人利益。平衡的个人利益和公共秩序的关系，作为民法精神的理性诉求与民本条件，其实现的法治秩序，就是以民为本的社会主义法治文化。

2. 民本理性与法治文化

民本理性的民事主体属性与民事主体利益属性既构成社会主义法治社会的

---

〔1〕 陶渝苏、徐圻：《人的解读与重塑——马克思主义学说与东西方文化》，重庆出版社 2002 年版，第 74 页。

〔2〕 王继辉：《尊重人、理解人、关心人：人类个体问题研究》，电子科技大学出版社 2014 年版，第 58 页。

〔3〕 李燕：《中国古代的盛世、法治与和谐社会——比较、借鉴、反思》，载《和谐社会构建与法治国家建设》，中国政法大学出版社 2006 版，第 227 页。

〔4〕 张文显：《法学基本研究范畴》，中国政法大学出版社 1993 年版，第 31 页。

〔5〕 孙育玮：《“和谐社会法治文化”命题的理论与实践》，载《法学》2006 年第 6 期。

〔6〕 《马克思恩格斯选集》（第 4 卷），人民出版社 1995 年版，第 382 页。

生态基础,同时也构成了社会主义法治文化的生态本质。

法治文化是展示人类社会的自然生态要求与本质属性的文化,是一种以普遍的社会成员为主体、以实现社会成员的利益为目的,体现民本的社会价值与理性精神的自然生态秩序的文化。自党的十五大把建设社会主义法治国家确立为治国理政的建设目标以来,我国的法治理论和法治实践就已经进入到新阶段、新高度,从单纯的制度建设扩展到生态建设,开始重视法治文化对社会秩序建设的引领作用。[1] 社会主义法治最终应当是以社会民本理性为动力的"文化法治",而不仅仅是"制度法治"。理性的民本性使得社会秩序构造中的人民主体地位得以彰显,人民的根本利益得以维护。相反,如果一个国家和社会的民本理性条件缺失,则必然构成这个国家和社会的法治和法治文化的生态秩序缺失,而这样的法治之路也就必将行走艰难。

人是社会性的存在,构成社会文化的主体,人创造文化,文化必然反映人的理性水平和能力。民本的理性条件和要求决定了法治和法治文化的基本内容及其价值目的,法治和法治文化是对民本理性的最高社会表达,代表了人类理性的最终社会理想与愿望。因此,建设社会主义法治文化,要以民本理性为根据,既构造规范有序的社会生态系统,又要塑造民本社会的理性条件,始终坚持发展依靠人民、发展为了人民,将民本作为社会主义法治文化建设的底色。

(二)法治文化是理性的社会文化

1.法治文化的理性本质

法治文化作为社会规范与秩序的文明形式与生态构造,是一种理性文化,具有社会的理性本质。社会的理性具体表现为对于社会"真、善、美"的认知与追求。"真是一种客观性的反映,强调市场经济条件下的契约精神、倡导诚实信用;善是一种人性的反映,如公序良俗、见义勇为等;美是一种和谐的反映,如公平正义",[2]因此法治文化的理性本质使得法治文化同样具有"真、善、美"的

〔1〕 参见胡建淼:《走向法治强国》,法律出版社2016年版,第15页。

〔2〕 胡建淼:《法治文化的核心是"真善美"》,载《人民公仆》2015年第4期。"法治文化是人类理性的产物和标志,法治文化让人类走向有序、走向人性、走向文明。法治文化引导人们走进真善美、远离虚假、罪恶和丑劣。法治文化让多数利益主体服从行为规则,各驶其道,和谐相处,当他们发生冲突时,不再是依靠暴力,而是在公正司法轨道内依照公正的规则裁决纠纷。"(胡建淼:《让法治成为一种信仰》,载《人民公仆》2014年第10期)

内涵。[1] 法治文化之所以具有理性的本质,能够展现社会的“真、善、美”,主要有两个方面的原因:

一方面是因为法治文化产生于人类的法治实践,而法治实践的内在推动力就是人的理性需求。法治文化本质上反映了人的理性对于社会规范与秩序的要求,可以说人的理性精神催生了其对法律文化的信仰。这里的“人的理性”是指“那些共享平等公民身份的人的(普遍)理性”。[2] 此时的公民具有自由意识、参与意识、宽容意识、沟通意识、说理意识、公共责任意识、守诺意识、妥协意识、合作意识等,同时具有“批判的态度、现实的态度、客观的态度、注重实践,相信错误难免发生,愿意妥协和宽容,具有信心和灵活性等”,[3] 这些意识与态度就是普遍理性的具体表现。普遍理性是达成法律价值共识、生成法治文化的前提,它不是一蹴而就的,而是法律理念深入人心、塑造法律信仰的长期过程。当普遍理性水平提升、法治文化真正形成时,也会反作用于社会,不仅个体的社会责任感会增强,而且社会各个阶层的沟通也会更加顺畅,这样有助于在最大程度上化解社会冲突和矛盾,从而大大减少法律制度的实施成本,提高法律调整社会关系的效率,形成自主构序的社会环境。

另一方面是因为法治文化的社会功能,反映出其理性本质。法治文化具有教化和调控功能,它可以形成一种“场效应”,内化为个体的思想意识,并进一步规范个体行为,具有软约束力。不仅如此,法治文化可以使人们在更深层次上把握法律本质,体会制度背后的法治精神,并根据法治精神推动立法、执法、司法和守法走向更高层次。法治文化还具有作出判断的工具价值,当人们面对复杂多变的现实生活,遇到立法空白或冲突时,可借助自己所掌握的法治文化理念作出是非或可否判断。法治文化对人的规范、指引、评价、教育等功能,本质上都是法治文化对人的精神世界的涵养,是规范与秩序的理性精神的塑造、确认和强化。因此,“法律理性精神就是法治文化的精髓,也是法治文化的核心价值观”。[4]

---

〔1〕 我们认为,法治文化的理性本质体现出法治的文明价值,法治文化的理性本质显露的程度及水平体现出当时时代的人类文明发展程度和水平,而具有“真、善、美”的理性品质的法治文化则反映出人类社会高水平的法治文明。

〔2〕 [美]约翰·罗尔斯:《政治自由主义》,万俊人译,译林出版社 2002 年版,第 225 页。

〔3〕 [美]科恩:《论民主》,聂崇信、朱秀贤译,商务印书馆 1988 年版,第 173 页 ~191 页。

〔4〕 李广仓:《法治文化在法治中国建设中的重要作用》,载《法治文化与法治中国》,群众出版社 2015 年版,第 231 页。

法治文化的理性本质决定了法治文化对构建社会秩序所具有的引领作用，法治文化反映了人类文明的先进理念，必然具有规范、秩序、公平、正义、民主、自由等理性内涵。“公民生存在法治文化的环境下，会有一种归属感和安全感。因此必须以法治文化引领和谐社会管理，让法治观念深植在社会每一个成员的心中，把先进文明的法治文化思想付诸自觉行动，成为一种生活方式和精神信仰。”〔1〕

2. 法治文化的理性构造

中国传统文化中缺乏法治建设所需的精神土壤——法治文化。当我们完成了对西方法律制度的移植，构建起“完善的法律体系”后，却发现我们自身的传统法律文化无法适应这些现代法律制度。这些法律制度之所以是“死法”而不是“活法”原因就在于中国人传统生活方式是“人治”而不是“法治”，“人治”之下没有理性产生和发展的必要空间，缺乏尚法、信法、法律至上的精神，所以传统的农业文明不能成为现代法治的根基和支撑。虽然国家立法所构建的社会秩序更加具有强制力，与却很难与社会有机融合，缺失自我再生产、扩展和自我调整的持续性动力。因此，要想让法律真正发挥作用，就要在法律之外寻找其发挥作用的根据。“必须加强法制的外在运作环境建设，其中一点是改革和完善现有的法治文化体制，形成良好的现代法治文化氛围，即在社会民众中培育和普及现代法律意识。”〔2〕这种现代法律意识就是社会的普遍理性，构成社会秩序构造的根据。

法治文化的构造可以分为两个层面：最表层的是法律制度构造，更深层的是把法律制度转化为普遍理性并指导法治实践的秩序构造。法律制度以社会主体的理性意识与理性实践为桥梁，由原来的法律条件转化为社会生态秩序形态，形成了法治文化的社会制度形态并引导着社会秩序的建立。因此，法治文化的社会构造，在根本上是一种理性精神指引下的社会生态规范与秩序构造，反映出理性精神所具有的自主、自为的社会品质。

对于当下的中国社会来说，要想从传统文化中重生，走向法治社会，构建法治文化，必然要经历一个思想转变过程，即理性认知的塑造过程。而塑造理性认

〔1〕　余进军：《关于法治文化引领和谐社会管理的若干思考》，载《法治文化与法治中国》，群众出版社 2015 年版，第 204 页。

〔2〕　秦国荣：《法治社会中法律的局限性及其矫正》，载《法学》2005 年第 3 期。

知的前提则是需要全面分析中国传统文化,并从中挖掘出可以为现代法治文化建设所用的理性因素。理性的法治文化建设不应当脱离本国的国情和文化传统,它是建设社会主义法治文化所必须面对的现实条件。法律文化的构建应充分考虑分析本国的历史与社会条件,要注意保存传统习惯中有价值的内容,同时合理借鉴西方法治文化的有关制度,从而实现法治文化的生态转型。

塑造社会主义法治文化所需的理性精神需要发掘传统文化中理性因素并将其转化为现代法治精神。如对“人本主义”的传统文化进行重新定位,赋予其保护基本人权的现代法治文化内涵;而“无讼、忍让”的传统文化理念应解读为在构建法治社会的过程中注重民事利益主体平等、广泛参与,进行理性协商、重视纠纷解决手段的多元化;对传统农业文明奉行的“情、理、法”的纠纷处理适用顺序重新进行调试,转变为“法、理、情”。对传统文化进行整合升级和实现其生态转型的背后,是当代中国人的理性思维与社会法治水平的提升。只有立足传统,面向未来,不断培养人们的理性精神,才能够在社会转型中实现法治文化的理性构造,这是建设中国特色社会主义法治和法治文化的必由之路。

第十二章

利益均衡的正义诉求

一、利益与利益均衡

人的意识形态和思想抽象使人对事物的认识往往脱离事物的本质。我们努力认识的对象及其观念形式反而有可能远离或者不符合对象的真实性,其中包括我们对人自身的社会与法律认识。法律是人的社会现象,是人的社会规范与秩序条件,而人的一切社会构造的目的就是满足自身生存与发展的需要。法律作为人的社会现象不过是表现和实现人的利益的一种规范与秩序手段,而利益才是人的需求与根本。然而,在人的法律观念与抽象中,权利却成为了最基本的范畴,人是权利的主体,权利是法律或者规范的代名词,成为了人的社会追求与渴望,甚至成为了人的存在真理与目的。

尤其是作为人法或者调整市民社会关系即个人或者私人社会关系的民法或者私法,是人的利益关系或者利益分配法。民事法律关系或者权利义务关系是利益关系,民事主体是利益主体,具有人的自然利益需求及其实现的规定性。因此,建设以民为本的社会主义法治文化的根本问题,就是要以法律或者法治的形式正确表现和表达人的利益,追求人的利益的法治和法治文化的秩序实现。法治文化根本是一种利益的规范与秩序文化,是利益的权利实现文化,利益和利益均衡构成了民本模式的社会主义法治文化的民法精神诉求,而且是代表民法精神与法治文化价值的正义诉求。

（一）利益

关于利益的概念有各种界定。利益是“人们通过一定社会关系表现出来的不同需要。人的第一个历史活动利益是由需要引起的”。[1] 从客观角度定义利益，认为利益是一种客观对象，是“好处”；[2] 或者说，“是我们每个人看作是对自己的幸福所不可缺少的东西”。[3] 从主体需求的角度定义利益，认为利益是“人们通过社会关系表现出来的不同需求”；[4] 或者说，“是人们满足一定的客观产生的需要的集中的持续较长的目的；或者这种满足是不充分的，以致对满足的要求不断使人谋虑，或者这种满足（由于所引起的情绪和情感）引起人的特别注意和不断重复的，有时是更加增强的要求”。[5] 利益作为人的根本需求，是社会构造的基础。“个人或个人的集团寻求得到满足和保护的权利请求、要求、愿望或需求；规定社会中人与人之间关系的秩序，必须要考虑利益。”[6] 还有观点认为，利益兼具主体性和客观性。“所谓利益，是人为了满足实现其需要而在社会政治、经济、文化活动过程中通过一定的社会关系表现出来的价值。在构成利益的各个要素中，人是利益的主体，需要是利益的动力和根源，社会活动是实现利益的媒介和途径，社会关系是利益的本质和转换机，价值则是利益的表现和载体。”[7] “利益，就是一定的客观需要的对象在满足主体需要时，在需要主体之间进行分配时所形成的一定性质的社会关系的形式。”[8] 显然，利益是一个内涵非

---

〔1〕《中国大百科全书》（第二版）第 14 卷，中国大百科全书出版社 2009 年版，第 69 页。

〔2〕《现代汉语词典》，商务印书馆 2005 年版，第 841 页。

〔3〕［法］霍尔巴赫：《自然的体系》，管士滨译，商务印书馆 1999 年版，第 259 页。

〔4〕《中国大百科全书·哲学》，中国大百科全书出版社 1987 年版，第 483 页。

〔5〕［捷］奥塔·锡克：《经济—利益—政治》，王福民等译，中国社会科学出版社 1984 年版，第 263 页。

〔6〕［英］《牛津法律大词典》，北京社会与科技发展研究所译，光明日报出版社 1988 年版，第 454 页。

〔7〕姚文胜：《利益均衡——推进社会公平的路径建议》，法律出版社 2012 年版，第 20 页。

〔8〕王伟光：《利益论》，人民出版社 2001 年版，第 74 页。

常复杂的概念，从不同的角度认识利益，就会产生不同的利益观。[1]

我们认为，利益是人类基于生命规律而必须满足的自然与客观需求。利益具有自然性、客观性、需求性与必要满足性，也就是一种无法克服、排除和避免的生命条件。只要人或者主体存在，利益和利益需求就必然存在，只是利益满足与实现的条件和方式可能存在不同。解释法律涵摄下的“利益”，就是法律承认的主体需要满足的财产和人身方面的客观要求。民法上的利益是被民法所承认的私人利益，即市民社会关系的利益。一般的客观利益只有纳入民法调整的范畴才构成民法语境下的民事利益。[2]

1. 利益的自然需求性

利益的自然需求性既表明了利益的客观性，也表明了利益的主观性。人的利益需求是主观的，或者说是精神和意志的，而人的利益需求产生的原因和根据则是客观的，是作为生命的条件而无法克服和避免的。也就是说，利益和人的需求之间具有本质联系，人的利益需求是自然的和客观的必然需求，表现为人对一定人身和财产对象和条件的直接需求。如人既需要满足生命、健康、名誉、隐私等方面的人身利益需求，也需要满足衣食住行等方面的财产利益需求，这是由人的生命性及其自然的本能性所决定的必然性需求。人类“最初的情感是对自己生存的情感，他最初的关心是对自我保存的关心”，[3]这种关心自然离不开对“自我保存”的利益关心。人只有保存自己和维系自己的自然生命才能够实现自己的社会人格存在，也才有一切社会创造的需要和可能。人对自然物品的需要完全是基于人的自然属性的利益需要，这种利益需要具有直接、具体和多元无限的特点，而人的需要及其满足的物质要素的发展，则贯穿于人的整个劳动创造

〔1〕 从客观角度认识利益，利益从内容到形式都是客观的实物，即利益等同于主体需要的对象。此种观点认同利益与客观需要之间的关系，表明了利益的客观性质，但是没有表明主体需要在利益构成中的作用。“客观只有与一定的主体相联系，被一定的主体所拥有，并且是在一定的社会条件下发生的、为当时的社会所认可的，才成为利益的事实。”（张成兴：《试论利益概念》，载《青海社会科学》2000 年第 4 期）从主观角度认识利益，强调了利益构成中的主体需求，表达了利益和需要满足之间的联系，但是需要的满足与否并不能完全说明利益概念，因为“需要的满足无法说明人的需要的社会性，从而无法同动物的本能需要区分开；需要的满足本身还要通过利益的实现才能达到；利益本质上并不是人的一种主观精神状态，利益是主客体之间的一种特殊的关系，即主体能动地对待能满足自己需要的课题，并运用它来满足自己的需要的一种关系”。（张玉堂：《近年来利益问题研究综述》，载《哲学动态》1998 年第 4 期）综合客观说与主观说的观点，则从主观与客观结合的基础上认识利益。

〔2〕 参见王利民：《民法的精神构造：民法哲学的思考》，法律出版社 2010 年版，第 130 页。

〔3〕 [法]让－雅克·卢梭：《论人类不平等的起源》，吕卓译，九州出版社 2007 年版，第 115 页。

的过程之中。[1] 正是利益的自然需求性驱动着人类的生产与生活,促进了人类自身的进步与改造自然的进程。

2. 利益的必要满足性

利益是人类必然具有和满足的生命与生存需求,是维系人类生存与发展的客观要素,因此,利益具有必要满足性,否则即不存在人类,也不存在人类的社会构造与社会问题。利益的满足需要利益的条件,是通过一定利益条件的满足。所谓利益条件,即一定的人身与财产条件,其主要的存在形式,就是市民社会的亦即民法调整的人身与财产关系条件。[2] 一切利益条件的价值就在于能够满足人的利益需求,是实现人的利益需求所不可缺少的要素。人的利益满足,既表现为物质层面的满足,也表现为精神层面的满足;既表现为主体直接通过自己的生产劳动满足自己的利益需求,也表现为一个人通过自己的劳动创造财富满足他人的需求;既表现为人与人之间相互关系的人格承认与尊重,也表现为人与人之间相互关系的利益平等与均衡。在人类社会化的条件下,特别是人类处于普遍联系的现代社会关系条件下,人类的利益需求的满足,就不再是一个简单的自我生产与生活的过程,而是一个社会分配的过程,不仅需要一定的社会分配秩序,而且追求一定的社会分配的目的与价值,这就产生了人类的社会构造及其文化与文明的正义问题。

3. 利益的社会目的性

虽然人的利益需求是自然和客观的,但是人的利益实现则是社会的并具有社会目的。人的社会活动都具有某种利益的目的和意图,是经过深思熟虑或者凭借激情作出的,它追求某种目的,而不是一种无自觉意图和预期目的行为。[3] 利益是在一定社会条件下通过社会方式实现的,利益的本质是社会关系,不仅具有一定的社会目的性,而且体现了人的社会行为秩序。任何人都不可能像鲁滨逊一样漂流于孤岛而与世隔绝地生活,人必须将自己置身于一定的社会关系,并在参与社会关系中实现自己的利益。人们对利益的追求决定了生产力的发展发

---

[1] 张晓明:《论利益概念》,载《哲学动态》1995 年第 4 期。

[2] 一般来说,利益与利益条件不同,利益是人的自然或者客观需求性,而利益条件则是能够满足人的利益需求的各种人身与财产要素。创造一定的利益条件最大限度地满足人不断发展和丰富的利益需求,这就是社会创造与进步的目的。民法、民法精神与法治文化,就是满足人的利益需求的社会规范与秩序条件,它为人类利益需求的实现提供了一个公平合理即符合正义的社会价值体系。

[3] 参见《马克思恩格斯选集》(第 4 卷),人民出版社 1995 年版,第 247 页。

向和发展进程，同时，利益既受到社会关系的制约，也构成并影响了社会关系。利益的社会目的推动了社会的发展，利益的社会分配秩序决定了人的生存与生活状态及其目的的实现及其条件和水平。

4. 利益的社会价值性

利益不仅具有社会目的性，而且具有社会价值性。利益的目的与实现应当符合和满足一定的社会价值，即应当具有一定的正当性与合理性。利益的社会价值性或者正当性与合理性要求，就是利益的正义性要求，在本质上是一个社会正义问题。利益不仅是个人的，而且是社会的，除了满足主体的直接需要之外，还需要符合一定的社会条件并具有社会关系和秩序属性。在人类的社会结构中，伴随着劳动的分化和社会需求的多样性，一个人的劳动具有满足他人需要的效用，这决定了某一个人具有和群体中的其他成员、和整个社会共同的价值关系。因此，利益的需求与实现应当得到所处社会的认可。“利益本身是社会所决定的利益，而且只有在社会所创造的条件下并且使用社会所提供的手段才能达到。”[1]利益的社会价值性作为一种正义性，根本是一种社会规范与秩序性，也就是利益实现在法治和法治文化上的均衡性。

（二）利益均衡

建设社会主义法治文化的民法精神诉求，体现在人的利益关系上，就是利益均衡。“人类历史就是一种围绕物质资源的斗争”，[2]这就是人类在社会关系中的利益分配问题。社会充满了利益均衡和失衡的动态变化，而利益的分配与均衡状态则反映和预示着一定的社会发展形态与结果。所谓利益均衡，并不是利益的均等，而是在承认社会分工与劳动能力差异的客观条件下，对利益分配的合理性与公平性的一种审视。[3] 利益均衡作为一种社会秩序条件，应当是“利益的共同化和利益的协调”，[4]在根本上就是利益实现的公平性与合理性，即正义性。

1. 利益均衡的需求

人的利益结果是不平等的，这一不平等构成了人的事实不平等的实质性。

---

〔1〕《马克思恩格斯全集》（第46卷），人民出版社1979年版，第102页。

〔2〕［澳］马尔科姆·沃斯特：《现代社会学理论》，杨善华、李康译，华夏出版社2000年版，第233页。

〔3〕参见姚文胜：《利益均衡——推进社会公平的路径建议》，法律出版社2012年版，第20页。

〔4〕王利民：《人的私法地位》，法律出版社2013年版，第380页。

然而,人的利益需求是平等的,这一平等体现了人的资格或者地位平等,是人的社会关系条件。人的利益需求平等反映为一定的利益实现秩序,就是利益均衡,这就对社会提出了利益均衡的实现需求。具体如下:

第一,利益导向——公平正义。建设社会主义法治文化,实现利益均衡的民法精神正义诉求,面对的是中国社会经历四十余年改革开放所形成的多元化的利益格局。在这一利益格局中,各种社会利益矛盾较为突出,如公有制改革与私有制发展所急剧形成和不断拉大的贫富差距与分配不公;公权集中与私用的社会腐败现象和官民之间的矛盾;土地公有制和土地使用权出让条件下的房屋强制拆迁与公私权对立;二元社会结构的城乡居民体制上的差别待遇;市场经济与垄断经营环境中的强制契约与生产经营者和消费者之间的不平等;契约自由与维护劳动合同关系所产生的大量劳资纠纷;由于历史和现实原因所形成的东与西、南与北的区域发展不平衡等等。不同社会群体、阶层与不同地区之间是一个复杂而多元的利益关系与利益结构体系,而在现有利益格局下,如何均衡各方主体之间的利益,使社会经济、政治与文化利益在不同社会主体之间得到合理分配与实现,其目标导向就是社会公平正义。"在利益协调和整合的过程中,应当以公平公正为出发点和导向,将社会某个领域、某个阶层不合理的利益汇集输送到社会需要之处,将利益分配中影响公平的因素尽量去除。"〔1〕利益均衡的公平正义导向,就是合理的社会利益秩序,也就是法治和法治文化的社会构造。"公平正义朴素的含义包括惩恶扬善、是非分明、办事公道、态度公允、利益平衡、多寡相均等内容。"〔2〕利益均衡的社会分配秩序,不仅是社会的公平正义诉求,而且是社会发展的价值与目标,也是法治和法治文化的本质。

第二,利益规范——法治体系。利益均衡的核心在于利益分配的合理性与正当性,需要协调不同社会成员之间的利益关系,实现社会资源的公平配置,使每个社会成员各得其所、各得其利。这样一个没有偏私的社会利益分配体系,就是一个国家的法治体系。只有形成一个利益分配的法律和法治体系,实现利益分配的法律化与法治化,才能够建立利益均衡的社会规范与秩序。"社会全体成员按照宪法和法律规定的方式公平地实现权利和义务,并受到法律的保

〔1〕 姚文胜:《利益均衡——推进社会公平的路径建议》,法律出版社 2012 年版,第 25 页。

〔2〕 中共中央政法委员会:《社会主义法治理念读本》,中国长安出版社 2009 年版,第 84 页。

护。”[1]健全的法治和法治文化是推进和实现利益均衡的社会规范条件和秩序要求，在利益分配的规范性、稳定性与可预见性的基础上，保障利益分配的公平正义。

一个国家的法治体系作为实现利益均衡的条件，实质是各种利益博弈、取舍、协调和均衡的结果，需要体现各种资源和利益分配的均衡。其中，既有立法对各种社会利益的合理配置，也有司法和执法对利益均衡的保障，而直接作用于公私关系并分配公私利益的是行政执法。同时，司法和执法作为对当事人利益的一种强制性分配，其分配结果的公正与否则直接影响到司法和执法的公信力以及人们对司法和社会的期待。因此，作为公权手段的司法和执法如何协调和均衡不同社会主体的利益关系，正确处理社会生活中的各种矛盾和冲突，对于一个国家法治体系的建立至关重要。

第三，利益成果——全民共享。利益共享强调的是全体社会成员共同享有社会发展的利益成果。在现实中国，四十余年的改革开放极大地丰富了人们的物质与精神生活，这一方面使不同社会主体普遍获益，另一方面也存在各种分配不公，带来了不同阶层、不同社会、不同区域群体之间的利益冲突。目前，我国利益分化、利益固化的现象突出，其中在教育、养老、医疗以及住房等方面的表现尤为明显，这种利益分配的不均衡使得社会风险不断加大、社会矛盾日益尖锐。2013年国家统计局公布的居民收入基尼系数表明，我国的发展成果在人民群众公平分享方面已经不尽如人意，出现了种种分配不公与收入差距的不均衡现象。[2] 必须承认，因为我国社会发展不平衡和利益分配不公而引发的利益冲突已经构成我国法治和法治文化建设所面临的一个严重的社会失序因素。针对这种利益不均衡与利益冲突，强调发展的成果由全民共享，目的在于消除社会成员之间存在的利益失衡的不合理现象，更加使社会发展的利益成果公平地惠及全体人民，从而促进以民为本的社会发展。我国全面建成的“小康社会”，是“发展水平”与“发展的平衡性、协调性、可持续性”的统一，[3]即一种利益均衡的小康社会。我国社会的发展问题、小康问题，根本是利益和利益分配的问题，需要在处理利益关系时实现利益均衡。

---

[1] 中共中央政法委员会：《社会主义法治理念读本》，中国长安出版社2009年版，第84～85页。

[2] 孔陆泉、张正云：《我国四种领域的利益分配不公和收入差距》，载中国社会科学网2015年9月15日，http://ex.cssn.cn/jjx/jjx_gzf/201509/t20150915_2343506.shtml。

[3] 参见《习近平谈治国理政》（第2卷），外文出版社2017年版，第78页。

2. 利益均衡的条件

利益均衡的需求与实现,需要一定的均衡条件,是在一定条件下的均衡。其具体条件要求是:

第一,不同社会阶层和主体的平等利益分配地位。利益均衡首先需要不同利益主体的平等地位条件,是在平等条件下的均衡。由于各种社会成员所处地位和谋生方式等方面的不同,必然产生利益均衡的平等条件要求,以弥合人们在利益关系上的事实不平等,即承认利益阶层的事实存在和不同利益阶层的地位平等是推动和实现利益均衡的前提条件。每个社会阶层有不同的利益诉求,正是这种相异的利益诉求引发了社会矛盾,导致利益失衡。"利益冲突是利益主体之间矛盾尖锐化的产物和结果。"〔1〕因此,承认每个不同主体的平等利益分配地位,有效控制事实的或者初始条件的不平等并不使其过度发挥作用,才能够协调社会各阶层的利益关系并达到他们之间的利益均衡的目的。

第二,公平合理的社会利益分配体制与机制。由于利益不平等是一种事实,如果不建立公平合理的社会利益分配体制并形成相应的利益分配机制,则无法达成不同社会主体之间的利益协调与均衡,所以,建立一套合理有效的社会制度以保障不同社会成员之间的有序利益分配,是利益均衡的必要条件。现实中国社会的贫富差距越来越大,根据《社会蓝皮书——2016 年中国社会形势分析与预测》调查结果,中国收入最高的 1% 家庭拥有全国 1/3 的国内财富,而收入最低的 1/4 家庭则只有 1% 。在全部被调查者当中,认为财富和收入分配不太公平甚至非常不公平的人占了 51.2% ,认为城乡居民之间的权利和待遇不太公平,或者是非常不公平的约占 50.3% ,因为工作和就业机会分配不太公平或非常不公平的占 40.3% ,认为养老等方面的社会保障待遇不太公平或者非常不公平的占 33.9% 。这种利益分配上的不公平表明不同的社会群体在对于整个社会利益成果的分享上处于不平等的状态。"人们奋斗所争取的一切,都同他们的利益有关",〔2〕都是在利益的驱使下进行的。"利益是思想的基础,利益决定思想",〔3〕直接影响人们对公平与秩序的认识。"利益分配是否公平合理是衡量

〔1〕 参见马用浩:《社会阶层层面上的利益问题——利益结构失衡和利益结构关系紧张》,载《中共福建省委党校学报》2010 年第 9 期。

〔2〕 《马克思恩格斯全集》(第 1 卷),人民出版社 1956 版,第 82 页。

〔3〕 《马克思恩格斯选集》(第 3 卷),人民出版社 1995 版,第 209 页。

公平正义的主要标准和试金石。”[1]因此，建立公平合理的社会分配体制与机制以确保利益的均衡，是实现社会公平正义的关键。十七大报告指出：“初次分配和再分配都要处理好效率和公平的关系，再分配更加注重公平。”[2]在初次分配环节向劳动者倾斜，建立对弱势群体的利益保障条件，在二次和三次分配环节更加注重社会公平，加大对低收入人群的社会保障力度，发挥税收在国民收入再分配中对利益均衡的调整作用，从而才能在制度机制上创造一个利益均衡的社会秩序体制。

第三，社会利益分配过程的有效调整与合理管控。利益分配是一个复杂的社会过程，涉及社会生活的方方面面，存在各种条件与对象的分配体系与分配方式，因此，实现对社会利益分配过程的有效调整与合理管控，保证利益分配过程与结果的公平有序，是利益均衡的社会运行条件。这一运行条件，是一种法治的运行条件，不仅需要法律的规范，而且需要法治的动态与实现过程，只有通过法治条件实现的利益分配，才能够在不断检验利益分配效果的基础上及时发现分配中存在的问题并提出正确的解决方案，从而在有效调整与合理管控利益分配过程的条件下达到利益均衡的分配目的。[3]

3. 利益均衡的实现

利益的均衡实现是各方利益博弈的结果，其实现途径表现为：

第一，增强利益诉求表达机制以实现政治利益均衡。利益主体必然有利益诉求的表达，即主张利益并对利益分配提出意见。[4] 不同的社会成员在利益诉求表达能力和机会上的不平等，会导致其利益诉求难以反映到国家的政治体系，即使反映到国家立法和决策中，也会导致在其利益受损时难以通过正常的制度途径维护自己的利益。因此，增强社会成员利益诉求的表达机制，有助于社会成员加入到利益博弈的过程，以实现政治利益均衡。其途径主要表现为：其一，完善不同社会群体的政治参与机制，保证不同阶层社会成员参与到人民代表大会

---

〔1〕 祝猛昌：《协调利益分配是推进社会公平正义建设的着力点》，载《前线》2013 年第 4 期。

〔2〕 胡锦涛：《高举中国特色社会主义伟大旗帜　为夺取全面建设小康社会新胜利而奋斗》，人民出版社 2007 年版，第 39 页。

〔3〕 “现代国家的法治可以通过程序正义来消弭实质性价值判断的相异所引起的对抗，为决定提供各方承认的正当性；可以通过权利的认定和保障，来防止多数派专制对公民平等、自由的伤害。”（季卫东：《通往法治的道路——社会的多元化与权威体系》，法律出版社 2014 年版，第 9 页）

〔4〕 参见姚望：《当代中国利益表达现状分析及对策研究》，载《内蒙古社会科学》2006 年第 1 期。

和政治协商制度中；其二，加强社会利益群体的组织化建设，使社会组织成为不同社会群体、尤其是社会弱势阶层表现意见的渠道；其三，加强利益诉求表达的法治化建设，约束利益诉求表达和利益博弈的过程。只有这样，才能够正确和全面地表达不同社会成员与群体的不同利益诉求并上升为社会利益分配的过程，才能够实现利益均衡的结果。

第二，完善收入分配制度以实现经济利益均衡。我国的国民收入分配主要有初次分配和再分配两种形式，这两种分配分别是通过市场行为和政府调节的方式实现的，而个人或者团体的捐赠行为又被视为“第三次分配”。〔1〕 十七大报告强调，深化收入分配制度改革，增加城乡居民收入，建立公平的分配关系；〔2〕十八大报告提出要“完善按要素分配的体制机制”。这就是要求履行好政府再分配调节职能，缩小收入分配差距。在我国的分配体制中，应当依据以初次分配为主、再次分配为辅的原则，提高城乡居民劳动收入在初次分配中的比重，即应当在初次分配中缩短行业差距，提高最低工资标准，实行向产业工人和基层民众倾斜的收入政策；在第二次或者第三次分配中，通过税收调节不同社会阶层的收入，提高最低生活标准，从而通过多次收入分配调整实现总体上的经济利益均衡。

第三，提供公共服务以实现社会利益的均衡。在我国改革过程中，教育、医疗和住房的市场化导致在上述领域利益失衡较为严重。在教育领域，地域差别、城乡差别、贫富差别引发的“教育不平等和阶层固化的现象却日益明显”；〔3〕在医疗和住房方面，医疗市场化引发医疗费用大幅上涨，老百姓无钱就医，医患矛盾激增；而住房市场化则使房价昂贵，导致许多城市居民买不起住房，居住条件无法得到保障。市场并不是万能的，市场化在促进社会经济增长与社会进步的

---

〔1〕 参见姚文胜：《利益均衡——推进社会公平的路径建议》，法律出版社 2012 年版，第 374 页。

〔2〕 党的十七大报告指出：“合理的收入分配制度是社会公平的重要体现。要坚持和完善按劳分配为主体、多种分配方式并存的分配制度，健全劳动、资本、技术、管理等生产要素按贡献参与分配的制度，初次分配和再分配都要处理好效率和公平的关系，再分配更加注重公平。逐步提高居民收入在国民收入分配中的比重，提高劳动报酬在初次分配中的比重。着力提高低收入者收入，逐步提高扶贫标准和最低工资标准，建立企业职工工资正常增长机制和支付保障机制。创造条件让更多群众拥有财产性收入。保护合法收入，调节过高收入，取缔非法收入。扩大转移支付，强化税收调节，打破经营垄断，创造机会公平，整顿分配秩序，逐步扭转收入分配差距扩大趋势。”

〔3〕 孙立平：《重建社会——转型社会的秩序再造》，社会文献出版社 2009 年版，第 128 页。

同时也导致了贫富不均与人的事实不平等，[1]并因此造成和扩大了社会利益失衡。市场化的改革成果更多是由社会强势阶层享有的，他们最适于市场环境和在市场条件下生存，是市场化改革的获利者。市场化所形成的社会弱势群体，则需要政府通过提供公共服务的方式保证他们的社会利益。十八大报告强调，"加快推进基本公共服务均等化"，就是要通过一定的社会性安排解决不同社会群体的利益均衡问题。因此，以公共服务的形式对弱势群体和阶层给予基本生活方面的帮助，是实现社会利益均衡的有效途径。[2]

二、利益均衡与正义

正义不是单纯的社会理想与观念，而是现实的利益分配秩序，不仅具有利益的规定性，而且要求"以人为本并为了体现社会的共同体性质，进行适当的利益均衡"。[3]

（一）正义与本体正义

一个国家和社会的规范与秩序体系的根本价值是正义，正义是人类恒久的社会追求与目标。建设社会主义法治文化就是要实现人民的美好社会理想，也就是正义。正义在根本上是社会利益分配问题，是分配正义，凡是利益分配符合人的利益目的并具有和形成一定的社会规范与秩序价值就是正义，而这样的利益分配结果就是利益均衡，从而建立了利益均衡与分配正义之间的本质联系。因此，利益均衡作为民法精神与民本模式的法治文化条件，构成了建设社会主义法治文化的根本诉求。

1. 正义

人类社会实践的过程，就是一个不断探索正义的过程。中国传统的正义观

---

〔1〕 2015年11月，中央扶贫开发工作会议召开。习近平总书记强调，消除贫困、改善民生、逐步实现共同富裕，是社会主义的本质要求，是中国共产党的重要使命。全面建成小康社会，是中国共产党对中国人民的庄严承诺。脱贫攻坚战的冲锋号已经吹响。立下愚公移山志，咬定目标、苦干实干，坚决打赢脱贫攻坚战，确保到2020年所有贫困地区和贫困人口一道迈入全面小康社会。十九大报告指出：坚决打赢脱贫攻坚战。要动员全党全国全社会力量，坚持精准扶贫、精准脱贫，坚持中央统筹省负总责市县抓落实的工作机制，强化党政一把手负总责的责任制，坚持大扶贫格局，注重扶贫同扶志、扶智相结合，深入实施东西部扶贫协作，重点攻克深度贫困地区脱贫任务，确保到2020年我国现行标准下农村贫困人口实现脱贫，贫困县全部摘帽，解决区域性整体贫困，做到脱真贫、真脱贫。

〔2〕 2017年3月，国务院印发《"十三五"推进基本公共服务均等化规划》，提出了系列政策措施。一是明确国家基本公共服务制度框架；二是建立基本公共服务清单制；三是提出四方面保障措施。

〔3〕 董建坪：《构建当代中国的社会公正理念》，载《中共浙江省委党校学报》2007年第6期。

是从人伦角度阐释正义问题,强调义利关系与伦理秩序,并未对正义的内容进行实质的和平等的分析。审视中西方传统的公平观念,中国传统伦理文化强调"人伦正义",而西方的人本思想则主张"社会正义",[1]并形成了各自不同的正义观并指引了不同的社会发展。西方历代思想家一直关注社会利益分配的正义性,尽管不同历史阶段的思想家对正义提出有不同的认识,但是都受到古希腊关于分配正义思想的影响,并且是对这一思想的继承和发展。[2]

正义与法治社会具有内在的和直接的联系。正义是一定的社会规范与秩序形态,必然通过法治的形式表现出来。正义是法治的必然条件和要求,没有正义就没有法治,正义代表了法治的根本价值与目标。社会主义的正义观,就是法治社会的正义观,必然要求表现为社会主义法治和法治文化。十八大报告要求:"必须坚持维护社会公平正义。公平正义是中国特色社会主义的内在要求。"社会公平正义的保障体系,在根本上就是法治社会的规范与秩序体系。十八届四中全会《决定》将"维护社会公平正义"作为全面推进依法治国的重要条件与目标。正义已经成为社会主义法治的主题,是法治社会的根本要求。

正义是建设社会主义法治和法治文化的核心价值观,是不可回避的社会现实问题。社会主义法治社会的正义观,根本是"权利公平、机会公平、规则公平",也就是权利、机会和规则的正义。这种正义观体现的是普遍正义而非个案正义、条件正义而非结果正义。本项目组以"您认为下列哪项对实现社会公平正义最重要"为题进行的全国性调查问卷结果显示,有29%的受访者在五个备选答案中选择"公正司法",占比最高。[3] 这一数据统计结果说明,人们对实现社会公平正义主要还是对公权社会和公权行使提出了要求,不仅表明了人民对实现社会公平正义的一种政治期待,而且也表明在我国建设社会主义法治和法治文化的过程中,政治社会与权力运行的法治化对于实现社会公平正义的重要意义与特殊地位。

---

〔1〕 参见谢鹏程:《基本法律价值》,山东人民出版社2000年版,第69页。

〔2〕 "今天的正义理念产生自昨天的正义理念,明天的正义理念产生自今天的正义理念。"([奥]尤根·埃里希:《法律社会学基本原理》,叶明怡、袁震译,九州出版社2009年版,第531页)"虽然中国传统法律文化的正义观念有它中国社会的背景条件,但从法律价值的方面来看,西方社会产生于对社会关系整体认识的正义论,更符合正义的本质。"(王利民:《民法精神的价值构造:民法哲学的思考》,法律出版社2010年版,第74页)

〔3〕 本数据统计结果详见本书第六编(第三十章)"司法裁判的民法精神实践"部分。

2. 本体正义

所谓本体正义，与结果正义相对，是一种关于正义是什么的观点，也就是正义的条件和标准问题。从本体上认识正义，正义人类的客观利益需求及其实现的规定性与规律性。[1] 在本体上，正义既是被规定性的，具有自身的本质与规律；也是规定性的，是一切社会规范与秩序形成的条件和根据。

正义的规定性，根本是利益的规定性，没有超越利益规定性的正义。

(1) 正义的利益需求规定性

所谓正义的利益需求规定性，是指正义是作为人的客观利益需求存在的，是一定利益需求的条件要求和反映，这是正义的客观性与自然性，它揭示了正义的社会关系与利益需求之间的内在与必然的联系。利益需求的规定性是正义的根据和出发点，具有正义的本质性，而正义也必然以利益需求的实现为目的，并以实现的利益均衡为标志。

关于正义与利益之间的关系，有各种不同理解和认识。有观点认为，正义以个人为逻辑起点，并以维护和实现个人利益为基本导向，其逻辑归宿是要求社会基本制度可以在个人利益之间实现最佳调和，以古代亚里士多德和当代罗尔斯为代表的正义论都持这一正义观；也有观点认为，正义以社会公共利益为逻辑起点和基本导向，强调维护和促进社会公共利益，其逻辑归宿是要求个人在具有奉献美德条件下的公共利益优先与融入；还有观点认为，“个人的利益与社会的利益从根本上来讲是一致的”“只有在共同体中，个人才能获得全面发展其才能的手段”，[2] 即正义是个人利益与社会利益的统一。不过，正义应当以何种利益为本并不是否定个人利益与社会利益之间的统一，它只是强调正义的利益规定性应当是何种利益的规定性或者应当以何种利益作为其规定性的实质。

本项目组以“您认为下列利益中属于根本利益的是什么”为题进行了全国性调查问卷，数据统计结果显示，在 6 个备选答案中，有 30% 的受访者选择“国家利益”，有 20% 的受访者选择“社会利益”，有 14% 的受访者选择“集体利益”，有 14% 的受访者选择“公共利益”，而仅有 19% 的受访者选择“个人利益”（如图 12 - 1 所示）。这一数据统计结果同样说明，在传统义利观的影响下，中国人更多地认识到国家或者社会利益的存在价值，而较为忽视个人利益的根本地位。

---

〔1〕 参见王利民：《民法的精神构造：民法哲学的思考》，法律出版社 2010 年版，第 89 页。

〔2〕 参见朱大鹏：《社会主义正义观研究》，中国社会科学出版社 2014 年版，第 5 ~6 页。

虽然强调个人利益并不是要放弃国家或者社会利益,但是一个健康和正常的理性社会不应当对个人利益毫无观念。显然,追求正当的个人利益是需要我们在以人为本的社会主义法治和法治文化建设中不断进行调整的一个利益错位问题。否则,没有健康、完整的利益观,也就不能有正确的正义观。

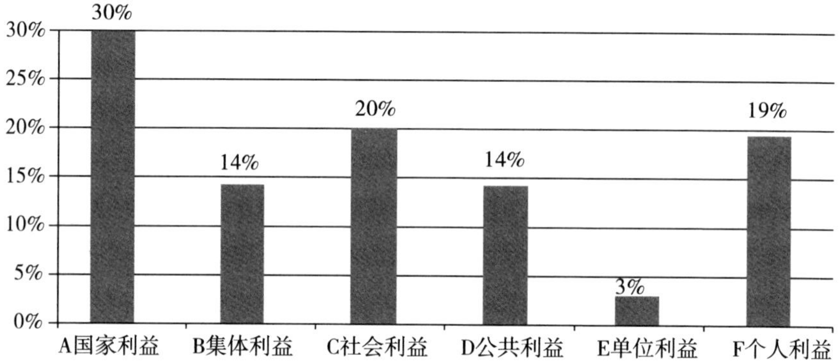

图 12-1 “您认为下列利益中属于根本利益的是什么”一题调研数据统计

同时,在本书项目组以“您认为以民为本的社会主义法治文化的根本要求是什么”为题进行的全国性调查问卷中,有高达 31% 的受访者认为是以国家利益为本,其他依次的选项为以社会利益为本、以民族利益为本,只有 14% 的受访者认为是尊重个人的利益需求,还有 11% 的受访者认为是以个人利益为本。[1] 这一数据结果显示,虽然经过改革开放四十余年的私有制经济与个人利益的发展,但是在当今中国人的利益观念中,还无法正面或者直接把个人利益在国家或者公共利益之外而作为社会的根本利益来认识。因此,在我国的社会发展与法治文化建设中,需要进一步培养和形成以重视个人利益的社会正义观,从而为实现以人为本或者以人民为中心的社会发展与法治文化创造必要的社会认识与思想条件。

(2)正义的利益实现规定性

如果说正义的利益需求的规定性是正义的客观性与自然性,那么正义的利益实现的规定性,则是正义的社会性与观念性。“正义是对于社会基本结构对利益关系的划分与平衡的评价。”[2] 无论哪一种对正义的认识,其在逻辑认识上的最终归宿都在于不同主体利益需求的实现、社会利益的实现和不同利益之间

[1] 本数据统计结果详见本书第三编(第八章)“以民为本的人性诉求”部分。
[2] 朱大鹏:《社会主义正义观研究》,中国社会科学出版社 2014 年版,第 7 页。

的均衡问题。正义的利益实现规定性本质在于“社会规则或者社会分配关系的公平与正当”,[1]其目的是利益均衡,使“社会成员的利益和权利的分配符合公认的、既定的标准”,[2]赋予社会成员以利益均衡的主体地位,都能够在平等的条件下实现自己的利益。

正义的利益实现的规定性,在根本上是对利益实现的法律或者法治要求,也就是社会法律或者法治作为人的利益实现的规范与秩序形式,应当符合人的利益实现的规定性。法律或者法治作为人的利益实现条件应当具有社会正当性与合理性,是能够被人们普遍认可的社会利益规范与秩序形式,即一种法律或者法治的规定性。人类在以法律或者法治的形式分配人的利益时,不是任意的,需要尊重人的利益实现的应然条件,不能背离人的利益实现的规定性,否则就是恶法,也不是真正的法治。“只有当法治成为社会和民众的真实需求和刚性需求,才会有自身的动力。”[3]“被需求的法治才是真法治,才会有全面和深度的法治。”[4]对法治的需求,根本是对法治作为正义的规定性条件的需求,如果一种法治不符合正义的规定性,也就不会被需求。

马克思指出:“法律应该是社会共同的,由一定物质生产方式所产生的利益和需要的表现。”[5]法律是利益需求的表现形式,必然需要具有正义的利益实现的规定性。因此,一个国家或者社会以人的利益实现为目的的立法或者法治,应当正确反映人的利益需求条件,以人的客观利益需求为根据,从而制定和确立普遍和统一的人类利益实现的法律和法治条件,并实现人类利益实现条件的法治与法治文化发展。

(二)利益均衡的正义性

利益均衡是正义的本质条件和要求,建设社会主义法治文化的民法精神的正义诉求,根本是利益均衡的诉求,利益均衡本身就代表正义并具有正义性。

1. 利益是正义价值的对象和目标

利益是正义的分配对象与实现目标,正义不能超越和脱离利益,没有利益条件和要求之外的正义。否则,正义就是无的放矢。因此,无论哪一种正义观,都

---

〔1〕 王利民:《民法的精神构造:民法哲学的思考》,法律出版社 2010 年版,第 89 页。

〔2〕 [美]约翰·罗尔斯:《正义论》,何怀宏等译,中国社会科学出版社 1988 版,第 252 页。

〔3〕 孙笑侠:《法治需求及其动力》,法律出版社 2016 年版,第 2 页。

〔4〕 孙笑侠:《法治需求及其动力》,法律出版社 2016 年版,第 3 页。

〔5〕《马克思恩格斯全集》(第 6 卷),人民出版社 1961 版,第 292 页。

强调正义的本质是人与人之间的利益关系。“其目标取向是这种利益关系的均衡与秩序。”[1]无论是亚里士多德的分配正义还是罗尔斯的社会正义，都以利益作为正义存在的逻辑起点和最终归宿。[2]

显然，不论是正义还是不正义，都以利益为对象，都是一个利益问题。“正义离不开利益和利益分配，利益及其分配是人类社会一切矛盾与冲突的根源。”[3]尽管人们对正义有不同的理解，但是都不能脱离对正义与利益的诠释，都需要揭示正义和利益的关系及其本质。正义的价值目标就在于对个人利益需求的合理满足并提供利益实现的保障。“任何一个时代，任何一个社会的公平正义，其核心内容都是关于利益的分配及其原则与方法。”[4]因此，“让发展成果更多更公平惠及全体人民”，“推动经济更有效率、更加公平、更可持续发展”“紧紧围绕更好保障和改善民生、促进社会公平正义深化社会体制改革”，[5]就成为我国社会发展的根本要求与目标。

2. 均衡是利益实现的正义规定性

均衡也就是一种平衡，即不偏不倚，强调的是利益分配关系的合理性。无论是分配正义还是矫正正义，也无论是形式正义还是实质正义，正义的所有问题都集中于利益均衡。均衡即为“应得”，应得即为正义。“正义是给予每一个人他应得部分的持久永恒的愿望。”[6]正义是“一种习惯，依据这种习惯，一个人以一种永恒不变的意志是每个人获得其应得的东西。”[7]“正义是给每个人——包括给予者本人——应得的部分。”[8]总之，应得及其均衡作为分配的合理结果，是利益实现的正义规定性，均衡代表了利益实现的正义，而没有了均衡，也就没有了利益实现的正义性。

因此，均衡构成了正义的本质条件与要求。正义追求的目标就是不同主体

---

〔1〕 王利民：《民法的精神构造：民法哲学的思考》，法律出版社 2010 年版，第 83 页。

〔2〕 参见［美］约翰·罗尔斯：《正义论》，何怀宏等译，中国社会科学出版社 1988 年版，第 5 页。

〔3〕 王利民：《民法的精神构造：民法哲学的思考》，法律出版社 2010 年版，第 85 页。

〔4〕 朱大鹏：《社会正义观研究》，中国社会科学出版社 2014 年版，第 149 页。

〔5〕 《中共中央关于全面深化改革若干重大问题的决定》，人民出版社 2013 年版，第 3 ~4 页。

〔6〕 ［古罗马］查士丁尼：《法学总论》，张企泰译，商务印书馆 1995 年版，第 5 页。

〔7〕 ［美］E. 博登海默：《法理学：法哲学与法学方法》，邓正来译，中国政法大学出版社 1999 年版，第 265 页。

〔8〕 ［美］麦尔太金：《谁之正义？何种合理性?》，万俊人等译，当代中国出版社 1996 年版，第 56 页。

之间利益关系的均衡发展。只有达到均衡,才能够在不同社会成员之间实现利益的合理配置,从而使不同利益主体得以在利益共存与和谐中实现共同发展。“公平正义,就是社会各方面的利益关系得到协调”[1]“国家治理现代化的最终目标是要建立人与自然、人与人和谐相处的社会,即现代国家治理要体现对社会各群体利益的包容性,而包容性则意味着必须实现社会利益均衡。”[2]

3. 正义的必然利益均衡诉求

利益均衡的正义性反之就是正义的利益均衡性。一个国家和社会的制度条件与秩序形成的正义性,就是以它的利益均衡性表现出来的。

正义不仅以利益均衡为条件,而且必然提出利益均衡的诉求,并构成了正义存在和实现的社会基础条件。“利益社会的根本是社会利益的分配,并必然提出社会利益的分配标准与目标,实现社会分配的均衡有序,这就是正义和正义的诉求。”[3]正义是从正义诉求开始的,没有了正义诉求,也就没有了正义,正义诉求决定社会正义。

利益均衡的正义诉求,不仅反映一个社会的正义理想与发展目标,而且是对已经失衡的各种社会利益关系进行调整并使之归于正义的条件。社会利益的失衡与均衡是一个不断调整和动态的正义实现过程。任何一个社会都不可能保持某种恒定或者持久的利益均衡状态以表现自己的绝对正义,相反,正义是对利益失衡现象的有效控制与合理调整。[4] 因此,一个社会的正义发展与实现,需要

---

[1] 胡锦涛:《在省部级主要领导干部提高构建社会主义和谐社会能力专题研讨班上的讲话》,载《人民日报》2005 年 6 月 27 日,第 1 版。

[2] 徐琳:《论利益均衡与国家治理现代化》,载《学习与实践》2015 年第 6 期。

[3] 王利民:《人的私法地位》,法律出版社 2013 年版,第 380 页。

[4] 《中华人民共和国国民经济和社会发展第十三个五年规划纲要》在“发展环境”一章中指出了我国社会发展的各种不平衡现象:“发展方式粗放,不平衡、不协调、不可持续问题仍然突出,经济增速换挡、结构调整阵痛、动能转换困难相互交织,面临稳增长、调结构、防风险、惠民生等多重挑战。有效需求乏力和有效供给不足并存,结构性矛盾更加凸显,传统比较优势减弱,创新能力不强,经济下行压力加大,财政收支矛盾更加突出,金融风险隐患增大。农业基础依然薄弱,部分行业产能过剩严重,商品房库存过高,企业效益下滑,债务水平持续上升。城乡区域发展不平衡,空间开发粗放低效,资源约束趋紧,生态环境恶化趋势尚未得到根本扭转。基本公共服务供给仍然不足,收入差距较大,人口老龄化加快,消除贫困任务艰巨。重大安全事故频发,影响社会稳定因素增多,国民文明素质和社会文明程度有待提高,法治建设有待加强,维护社会和谐稳定难度加大。”这些现象,或者是一种社会利益失衡的现象,或者是社会利益失衡的表现,或者必然导致社会利益失衡的结果。《中华人民共和国国民经济和社会发展第十四个五年规划和 2035 年远景目标纲要》在“发展环境”一章中同样指出:“我国发展不平衡不充分问题仍然突出,重点领域关键环节改革任务仍然艰巨,创新能力不适应高质量发展要求,农业基础还不稳固,城乡区域发展和收入分配差距较大,生态环保任重道远,民生保障存在短板,社会治理还有弱项。”

不断地提出正义的诉求,从而既提出社会的发展目标,也提出社会的改革方案。

随着改革开放的不断深入,我国在利益分配方面取得了很大成效。一方面,坚持效率和发展经济,不断积累和增加社会财富,藏富于民,在改善利益条件的同时使人们的物质与精神利益需求得到了更大程度的满足;另一方面,注重社会的分配的利益均衡,着力解决不同社会群体之间的利益失衡问题,维护社会分配的公平正义。尽管如此,在我国社会转型期必然存在着各种利益失衡的现象,[1]甚至达到了相当严重的程度,因此带来了一系列社会问题,损害了社会公平正义,影响了社会公平正义的实现。[2] 在这种情况,人们必然提出更多和更强烈的实现利益均衡的正义诉求。[3] 所以,正视和反映人们的正义诉求,及时和有效协调社会不同群体之间的利益关系,实现社会利益关系的均衡调整,是我国社会所不容忽视的正义问题,[4]尤其应当在建设社会主义法治和法治文化的过程中得到高度认识与重视,并成为建设社会主义法治和法治文化的重要条件与要求。

利益均衡的正义诉求,不仅是对国家和社会的诉求,而且是对个人的诉求,也就是对正义主体的诉求。换言之,利益均衡的正义诉求,应当是普遍的社会主体即个人的正义追求,只有人人能够正确认识社会的利益条件,关心和主张利益均衡的社会正义,才可能存在和实现正义。同时,每一个社会主体在处理相互关系中能够自主地以利益均衡为条件,接受和满足双方当事人的利益均衡诉求,才能够形成和维护利益均衡的社会秩序。

本书项目组以“您在处理与他人的关系中,是否会把相互之间的利益均衡

---

〔1〕 “当代中国仍处于从高度集中的计划经济向市场经济转型时期……在转型期,由于利益多元,各种矛盾凸显,社会公正已经成为执政党、各级政府和广大民众最为关心的问题。”(陈剑:《中国改革报告·2012》,法律出版社2012年版,第4页)

〔2〕 “如果同处一国,同一遭遇,各人的感情却不一样,哀乐不同,那么,团结的纽带就会中断了。”([古希腊]柏拉图:《理想国》,郭斌和、张竹明译,商务印书馆2002年版,第197页)因此,形成共同的感情并提出共同的诉求是维护社会团结及其秩序实现的重要纽带。

〔3〕 当然,“利益分配的均衡与正义并不是绝对的,我们不能追求绝对的均衡与正义并以此为诉请,我们所要求的,只是也应当是一种非过度失衡的分配正义”。(王利民:《人的私法地位》,法律出版社2013年版,第384页)

〔4〕 十九大报告明确要求:“必须始终把人民利益摆在至高无上的地位,让改革发展成果更多更公平惠及全体人民,朝着实现全体人民共同富裕不断迈进。”并指出:“保障和改善民生要抓住人民最关心最直接最现实的利益问题,既尽力而为,又量力而行,一件事情接着一件事情办,一年接着一年干。坚持人人尽责、人人享有,坚守底线、突出重点、完善制度、引导预期,完善公共服务体系,保障群众基本生活,不断满足人民日益增长的美好生活需要,不断促进社会公平正义,形成有效的社会治理、良好的社会秩序,使人民获得感、幸福感、安全感更加充实、更有保障、更可持续。”

放在第一位”为题进行了全国性调查问卷,数据统计结果显示(见图12-2所示),虽然有35%的受访者认为“会”,但是仍然有多达65%的人会基于各种原因和理由而对此持否定或者可能持否定的态度。这一数据统计结果说明,在我国影响个人利益均衡的条件和因素还很多,人们的利益均衡观念在整体上还有待培养、提高和加强,这是我国建设社会主义法治文化所必须面临和接受的一个客观现实,也是一项需要完成和解决的一项重要任务。相互关系的利益均衡,是社会和市场经济关系的秩序基础,而我国社会整体的利益均衡观念的缺失及其导致的相互关系的利益失衡,普遍影响和制约了我国社会和市场经济的秩序条件和水平,这在根本上必然限制我国法治文化的生态建设与发展。

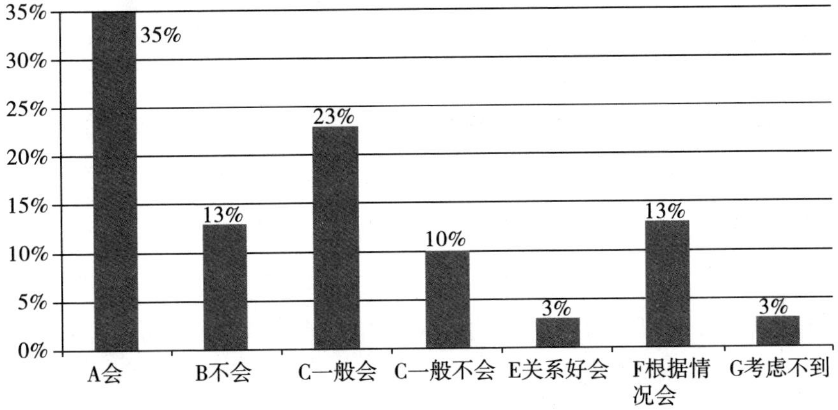

图12-2　“您在处理与他人的关系中,是否会把相互之间的利益均衡放在第一位”一题调研数据统计

4. 正义的必然利益均衡实现

由于利益均衡与正义之间的内在联系,任何一个国家或者社会如果不能在总体上或者基本社会秩序上实现利益均衡,也就不可能实现正义。正义的实现必然是一种利益均衡的社会秩序形态,利益均衡既代表着正义的实现。正义的实现最终是一个利益均衡的社会分配结果问题,是一个现实的利益均衡状态,应当有具体的检验标准和条件,而不能以对某种分配制度与分配条件的论证来进行说明与证明。

一个社会是否存在利益均衡的正义实现,有两个主要社会指标:一是社会的贫富差距,二是人民的满意程度。虽然利益均衡并不否定或者反对利益差别与贫富差距,但是一个社会的利益均衡是以该社会的贫富差距被合理控制在一定水平和条件下为前提的。如果一个社会的贫富差距过大，已经形成社会利益分配的严重失衡，则很难说该社会是一种利益均衡的正义状态。对此，一般来说，一个社会的绝大多数财富不能集中在该社会的少数富人手里，而应当由绝大多数的普遍民众或者中产阶层占有社会的主要财富，或者他们占有的社会财富应当占有较高的比例。这样一种维护社会财富合理分配秩序的社会，就是利益均衡的正义实现的社会。当然，一个社会的维护在利益均衡状态下的贫富差距水平与条件，是由该社会的经济发展与利益结构等各种具体情况所决定的，只是一个相对的条件，没有绝对的要求。因此，人民对社会利益分配结果与现实秩序的满意程度就成为衡量一个社会是否构成利益均衡的正义实现状态的根本标准。利益均衡和公正并不意味着在利益分配上的完全均等，起点平等、机会均等、规则公平是决定人民对社会利益分配结果与现实秩序满意度的重要因素。

三、民法精神与利益均衡的正义诉求

利益均衡的正义诉求，作为以民为本的社会主义法治文化的诉求，是市民社会关系条件下的民法精神诉求，是民法精神在建设民本模式的社会主义法治文化中的诉求，是民法精神与民本模式的社会主义法治文化的必然条件与要求。西方自由主义哲学观认为，社会的逻辑和价值元点是人，反映在民法上，就是个人或者权利本位，构成民法的本质与性格特征。权利本位体现了对个人自由的极大尊重，"表述了对于权力、特权和权势的冷静界定和怵惕之心"，[1]是民法精神的制度基础与思想灵魂，而它的目的就在于实现社会公平正义，正义是以利益均衡为条件的民法精神的根本价值。

（一）民法精神与利益均衡

民法精神作为民法调整的以平等为原则的社会规范与秩序精神，是利益均衡的社会分配精神，民法的目的精神就是正义，正义的基本要求就是个人利益的实现。因此，"民法正义是以个人利益为目的的权利义务关系的正义"[2]"直接涉及到个人的基本生产和生活关系，决定个人生存利益的基本社会关系秩序"，[3]具有利益均衡的内在本质。

---

〔1〕 张俊浩：《民法学原理》，中国政法大学出版社，2000 年版，第 41 页。
〔2〕 王利民：《民法的精神构造：民法哲学的思考》，法律出版社 2010 年版，第 15 页。
〔3〕 王利民：《民法的精神构造：民法哲学的思考》，法律出版社 2010 年版，第 15 页。

1. 民法精神与市民社会的利益条件

市民社会是民法精神的社会基础，民法精神反映和提供了市民社会的利益分配条件。黑尔格将市民社会看作是私人利益的体系，认为个人是市民活动的基础，通过个人的活动实现个人利益以及个人利益和他人利益的均衡，而在市民社会和国家的关系上，黑格尔则认为市民社会依附于国家。[1] 马克思认为，国家以市民社会为基础，[2]市民社会强调"以人为本"，以个人利益作为存在的基础和追求的目标，以权利行使和权力限制作为社会民主与自由的保障。"私人及其利益的存在是市民社会的基础；私人利益的需求和满足是市民社会的目的；契约性等价交换是市民社会的运行方式；平等和自由是市民社会的存在前提；独立于政治社会并与之对立是市民社会的价值。"[3]因此，市民社会的利益条件，需要"社会价值的多元化；社会利益的个体化；社会成员的阶层化；社会政治的民主化；社会资源的市场化；政府权力的弱小化"。[4] 这一市民社会的利益条件，在根本上是以民法调整的规范与秩序为基础的社会利益分配条件，需要民法精神的本质与诉求。

民法是市民社会的法，以市民社会关系为调整对象，民法精神构成了市民社会的根本精神。"民法及其整个规范体系的构筑，以确认私人的人格和财产存在为前提，以保护和实现私人利益为目的，以承认私人的行为自由为条件，构筑了市民社会的基本生活方式与组织结构。"[5]民法通过设定权利，以达到维护市民社会利益条件与秩序的目的，这种条件和秩序以市民社会的权利义务关系及其平等与自由等原则和诉求表现出来，构成了以民法精神为本质的市民社会关系的利益分配体系。"市民法通过其体系中的各项制度表现出了市民社会的要

〔1〕 "市民社会是处在家庭和国家之间的差别的阶段，虽然它的形成比国家晚。其实，作为差别的阶段，它必须以国家为前提。在市民社会中，每个人都以自身为目的，其他一切在他看来都是虚无。但是，如果他不同别人发生关系，他就不可能达到他的全部目的，因此，其他人便成为特殊的人达到目的的手段。但是特殊目的通过同他人的关系就取得了普遍性的形式，并且在满足他人福利的同时，满足自己。"（[德]黑格尔：《法哲学原理》，范扬、张企泰译，商务印书馆 1961 年版，第 197 页）

〔2〕 "政治社会没有家庭的天然基础就不可能存在。它们是国家的必要条件。但是在黑格尔那里条件变成了被限制的东西，产生其他东西的东西变成了他的产品的产品。"[马克思恩格斯全集(第 1 卷)，人民出版社 1956 年版，第 232 页]

〔3〕 王利民：《民法的精神构造：民法哲学的思考》，法律出版社 2010 年版，第 155 页。

〔4〕 王利民：《民法的精神构造：民法哲学的思考》，法律出版社 2010 年版，第 155 页。

〔5〕 王利民：《民法的精神构造：民法哲学的思考》，法律出版社 2010 年版，第 156 页。

求。”[1]因此,市民社会的利益均衡的正义诉求,根本是一种民法与民法精神的诉求,代表民法和民法精神的本质,需要以民法和民法精神的利益条件实现。

2. 民法精神与市民社会的利益均衡

民法精神不仅是市民社会的利益条件,而且是市民社会的利益均衡条件,是一种利益均衡的精神,体现市民社会的利益价值与目的。市民社会是私人社会关系的总和,反映了私人社会关系的利益条件与诉求。在市民社会关系领域,不论是私人权利的保护,还是公共权力的限制,都提出了利益均衡的本质要求,而这一要求的实现需要确立以下社会利益规则,即承认私人主体的利益地位,建构行为自由的利益秩序,这在根本上就是民法和民法精神的利益均衡的社会规范与秩序条件。

民法精神是一种“规范的精神,是一种社会行为精神,它追求社会秩序的价值实现,其核心条件与诉求,就是实现相互关系的利益均衡,[2]并以实现利益均衡的社会规范与秩序体系为根据,反映市民社会的利益均衡条件及其合理性与正义性。民法和民法精神以承认和尊重个体权利为其存在的基础和来源。这样的民法和民法精神必然是一种以实现市民社会的利益均衡为目的的法律和法律精神。显然,民法和民法精神与市民社会的利益均衡具有内在的统一性,是作为市民社会的利益均衡条件而产生和存在的。这种作为民法和民法精神条件的各种利益制衡的空间,也就是一种实现市民社会利益均衡的法治和法治文化的形态。

不过,民法和民法精神以利益均衡为目的却承认和维护利益不均衡的社会事实。“在近代民法典中,人被作为抽象掉了种种能力的个人并且是以平等的自由意思行动的主体被对待。这种处理致使在各种情况下从人与人之间实际上的不平等、尤其是贫富差距中产生的诸问题表面化。”[3]因此,民法和民法精神的利益均衡,也只是一种利益条件与利益实现机会的均衡。

(二)民法精神与正义诉求

民法精神作为一种社会正义精神,也就是一种社会的正义诉求,必然存在和

---

〔1〕 张俊浩:《民法学原理》,法律出版社2009年版,第16页。

〔2〕 包括个人与个人之间的利益均衡和个人利益与公共利益的均衡。可以说,民法就是市民社会的利益分配与均衡法,民法精神就是市民社会的利益分配与均衡精神;民法和民法精神就是一个关于市民社会的利益与利益均衡的规范与价值体系。

〔3〕 [日]星野英一:《私法中的人》,王闯译,中国法制出版社,2004年,第65页。

提出自己的正义价值与原则,并以此构建市民社会的利益均衡秩序。

民法精神作为一种社会生态精神,是以实现市民社会的利益均衡为目的的一种正义诉求精神,是作为市民社会即个人的正义诉求存在的一种社会精神,是现实和具体的社会精神形态。民法精神的正义诉求不仅是法律的形式条件,而且是一种客观的和生态的社会存在,是以持续的社会正义思想与行为所构造的社会正义秩序和提出的社会正义主张,从而为市民社会的利益均衡与秩序实现确定一个保持和接近正义的发展目标。如果一个社会在正义面前沉寂下去,没有了一个代表社会价值与发展目标的精神指引与正义诉求,则这个社会就不仅不能发展,而且必然走向衰亡。一个社会,只有存在正义的精神与诉求,才有发展的活力与动力,也才能朝着正义的方向不断发展与进步。显然,一个社会的正义精神和诉求,作为市民社会的规范与秩序条件,在根本上就是民法精神的正义诉求,民法精神具有正义诉求的本质属性。"正义诉求是从需要和主体方面对正义的欲求与预期,当其由心理愿望转变为社会事实时,就成为社会结构和体制必须面对的实践性要求。"〔1〕民法和民法精神作为市民社会与市场经济的法与法治精神,既代表社会的正义与正义诉求,也对社会正义的一般发展具有规定性,即社会正义的一般发展不能超越一定的民法和民法精神条件。

可见,民法精神的正义诉求,作为一种普遍的市民社会关系的条件与价值,构成一个社会的法治和法治文化的根本诉求。个人权利作为民法精神的实质要件,是民法精神的正义诉求的核心价值,并以权利形式构造了一个反映市民社会正义诉求的规范与秩序体系。"一个正义的社会体系确定了一个范围,个人必须在这一范围内确定他们的目标……那些需要违反正义才能获得的利益本身毫无价值。由于这些利益一开始就无价值,他们就不可能逾越正义的要求。"〔2〕

四、利益均衡的正义诉求与以民为本的法治文化

利益均衡的正义诉求作为民法精神诉求,是市民社会的利益诉求,其诉求的规范与秩序体系,就是以民为本的法治文化形态。因此,建设社会主义法治文化的民本模式,就是以民法精神为基础的利益均衡的正义模式,必须以利益均衡的

〔1〕 胡真圣:《论当代中国的正义诉求》,载江畅等主编:《价值论与伦理学研究》(2014 年卷),社会科学文献出版社 2014 年版,第 124 页。

〔2〕 [美]约翰·罗尔斯:《正义论》,何怀宏等译,中国社会科学出版社 1988 年版,第 30 ~31 页。

正义诉求为条件，并必然追求民法精神的利益均衡的正义价值。

(一)以民为本的法治文化与利益均衡

以民为本的法治文化，是追求和实现民本社会的利益目的的文化，这一文化反映的市民社会即民本社会的利益目的与秩序条件，就是以民法精神的利益均衡诉求为本质的规范与价值体系。

1. 以民为本的法治文化与民本社会的利益均衡目的

以民为本的法治文化，必然以民本社会的利益和利益均衡为目的，是一种以民本社会的利益均衡为基本价值与秩序体系的文化。因此，以民为本的法治文化与民本社会的利益均衡目的具有本质的统一性。建设以民为本的社会主义法治文化必须将民本社会的利益和利益均衡作为自己的根本目的与要求，以实现民本社会的利益均衡作为社会主义法治文化及其秩序构造的核心价值与条件。利益均衡代表了民本社会的基本秩序形态，以民为本的社会主义法治文化必须代表和揭示民本社会的利益均衡的秩序本质，从而在反映民本社会的利益均衡目的的基础上体现自身的正义诉求与价值。

人类社会一切矛盾和冲突的本质都是一定的利益矛盾和冲突，而利益矛盾和冲突的根本表现就是利益不均与利益失衡，是一种利益分配的非秩序状态，背离了利益关系的正义诉求。可以说，利益不均与利益失衡是一切社会矛盾与冲突的根源，[1]而人类的一切社会秩序构造也都从利益均衡的正义诉求开始。改革开放以来，中国社会的经济发展，不仅积累了社会财富和增长了人民收入并提高了人民生活水平，而且也导致了贫富不均和各种利益失衡现象。所以，对不同群体和阶层之间的利益进行均衡以实现民本社会的利益均衡目的，已经成为建设以民为本的社会主义法治文化的根本任务。民本社会的最终目标，就是要建立人与自然、人与人的和谐关系，实现不同社会群体的利益均衡发展。

显然，以上民本社会的利益均衡目的，虽然离不开社会自身的利益均衡条件与诉求，但是它却不能在社会中自发地实现而需要一定的外部环境的作用，这就是以民为本的法治文化的规范与秩序条件。民本社会的利益均衡条件，作为一定的法治条件，必然在民本社会的基础上产生并服务于民本的利益目的实现。因此，建设以民为本的社会主义法治文化，应当把实现民本社会的利益均衡作为

---

〔1〕“人类历史就是一种围绕物质资源的斗争。物资资源与权力获得之间是一种循环式的关系。”([澳]马尔科姆·沃斯特:《现代社会学理论》，杨善华、李康译，华夏出版社2000版，第233页)

自己的根本目的,并以代表民本社会的价值与条件的民法精神及其正义诉求维护和促进这一利益目的社会实现。

2. 以民为本的法治文化与民本社会的利益均衡形态

以民为本的法治文化在反映民本社会的利益均衡目的的同时,代表了一种民本社会的利益均衡形态。有什么样的利益目的,必然追求什么样的利益秩序形态与生态。以民为本的社会主义法治文化,不会将利益均衡仅仅作为自己的目的,而必然需要将这一目的转化为自己的秩序形态。在这个意义上,以民为本的法治文化就是代表民本社会的利益均衡形态的文化,或者这一文化起码反映一定的民本社会的利益均衡条件的秩序实现。否则,就不仅背离了以民为本的利益目的,也不再具有法治文化的本质。以民为本的法治文化"崇尚个人自由和权利,尊重人格独立和身份平等,追求个人利益和私权保护,力戒国家公权在私法自治领域的扩张,强调行为人得依自由意志决定私法行为,是一种以自然正义的哲学思想为理论基础,以对人性的终极关怀为价值取向,以实现个人权利至上为立法本位的'人本主义'法律文化。"[1]这种法律或者法治文化必然是以民为本并实现民本社会的利益均衡的一种生态文化。

以民为本的法治文化及其利益秩序实现表现为一定的市民社会关系的利益形态,而这一利益形态的秩序本质就是利益均衡。利益均衡形态的秩序表现就是结果正义,即在利益分配关系上反映了民本社会的正义诉求,并使社会利益在不同主体之间得到了公平合理的分配,实现和维持了社会利益关系的和谐与稳定,促进了社会利益的发展。因此,为了实现民本社会的利益均衡的社会秩序形态,就必须加强以民为本的法治文化建设,以一定的法治和法治文化提供和确定利益均衡的社会规范与秩序条件。"法治国家是依靠法律进行社会控制的国家。"[2]一个社会的利益均衡形态总是需要通过一定的规范与秩序条件来表现和实现,而这一条件的最佳形式就是以民为本的法治和法治文化,它为民本社会的利益均衡提供了一个具有规范性、强制性、普遍性和稳定性的有效社会控制体系,从而在法治和法治文化的条件下最有利于实现利益均衡的社会形态。

(二)以民为本的法治文化与正义诉求

以民为本的法治文化作为一种利益均衡的社会文化,在以利益均衡为目的

---

[1] 王利民:《民法的精神构造:民法哲学的思考》,法律出版社2010年版,第441页。

[2] 卓泽渊:《法治国家论》,中国方正出版社2001年版,第21页。

并构成利益均衡的秩序形态的基础上,必然是一种代表社会正义诉求的文化。

1. 以民为本的法治文化的必然正义诉求

以民为本的法治文化作为一种利益均衡的社会规范与秩序文化,必然以自己表现和实现的市民社会关系的利益均衡代表和体现自己的正义诉求。以市民社会的正义诉求为自己的伦理基础,是以民为本的法治文化的本质条件与精神灵魂,正是这一条件和灵魂,使法治能够成为人们普遍的社会共识与秩序信仰,并构成一种法治文化的社会生态秩序。建设以民为本的社会主义法治文化必须提出自己的反映市民社会的利益条件的正义诉求,并以这一诉求为自己的价值根据与发展方向。

以民为本的法治文化的正义诉求,作为市民社会的民法精神诉求,反映了市民社会关系的规范与秩序的本质,其核心就是相互关系的人格尊重与利益均衡,其具体表现就是要求承认个人利益实现的权利与自由的形式,即强调以民法的规范与秩序体系构建市民社会的利益关系,实现市民社会关系的人格平等与利益均衡。这一正义诉求,是民法和民法精神必然接受的并构成了以民为本的法治文化的自然生态条件,它不是民法或者民法精神的正义发明,而是民法或者民法精神的正义发现,它是市民社会关系的固有属性,并因此构成普遍和一般的"人法"规范条件。"我们应该承认,在人为法确定之前,已存在着公正。"〔1〕这种公正或者正义,就是以民为本的法治文化的正义诉求,是市民社会的自然生态诉求,是市民社会生态秩序的一种客观与必然的诉求。正是在这一诉求的基础上,才提出和确定了以民为本的法治文化的特定条件与内涵,才能够引领和促进一个社会的法治和法治文化始终沿着正义方向发展并追求正义的价值目标。因此,建设以民为本的社会主义法治文化必须对这一文化存在于市民社会的并通过民法精神反映的正义诉求进行全面和深入的考察,并以此作为自己的建设基础与制度根据。

2. 以民为本的法治文化的必然正义实现

以民为本的法治文化作为以市民社会关系为基础并具有民法精神的正义诉求的文化,在提出和确定自己的正义诉求的同时,既以正义来代表自己,也以正义来实现自己。换言之,以民为本的法治文化基于自己的正义诉求,必然追求正义的实现,并以正义的实现作为自己的实现,即自己的现实性。在以民为本的法

〔1〕［法］孟德斯鸠:《论法的精神》,孙立坚等译,陕西人民出版社2001年版,第6页。

治文化的正义实现中，民法精神构成了这一实现的秩序条件，基于民法精神的规范与秩序，人们必然追求和实现市民社会的正义，并把这一正义作为一种必然与自然的客观存在和现实秩序。民法的权利的保护和实现，不仅代表了民法精神的诉求实现，而且代表了民法精神的正义实现。这一实现，是一种主体性的权利地位实现，即权利的社会生态实现。"对权利的这种意识的信念和热情，正是使权利得以成为权利、是法律秩序得以成为法律秩序的根本条件。"〔1〕

〔1〕［日］川岛武宜：《现代化与法》，申政武等译，中国政法大学出版社1994年版，第56～57页。

第十三章

中国特色的文化诉求

一、文化

民法精神是社会主义法治文化的基础文化形态。建设社会主义法治文化的民法精神诉求必然以中国特色的文化诉求为条件。要建设什么样的法治文化，必然提出什么样的文化和法治文化诉求，并根据自己的诉求确定建设社会主义法治文化的条件及实现建设社会主义法治文化的目的。建设民本模式的社会主义法治文化，必然提出代表民本内涵与条件的民法精神的文化诉求与目的并以此确定社会主义法治文化的本质。

中国特色社会主义法治文化是具有中国特色的文化，必然是具有中国特色的民法精神文化诉求，并以表现中国特色的民法精神的文化诉求为根据。中国特色的文化诉求构成了建设社会主义法治文化的民法精神诉求的本质。

（一）文化的本质

文化是人类特有的社会现象。英国人类学家泰勒在《原始文化》一书中代表性的使用了“文化”一词来研究人类生活：“所谓文化或文明乃是包括知识、信仰、艺术、道德、法律、习惯以及其他人类作为社会成员而获得的种种能力、习性在内的一种复合整体。”[1]文化是一个多义概念，对文化的本质可以从不同的角

〔1〕［英］泰勒：《原始文化》，蔡江浓编译，浙江人民出版社1988年版，第1页。

度进行不同的揭示,不同的学科和不同的学者也会做出不同的解释。美国人类学家克拉伯和克拉克洪在《文化的概念与定义评述》一书中对"文化"词意做出了整体性的概括和历史性的总结,罗列了近300种"文化"的定义。[1] 文化定义的多维度、多学科考量反映出其外延广泛性和内涵复杂性。法国学者埃尔在其所著的《文化概念》一书中研究了文化概念的产生和起源,他指出:"关于文化概念的探讨是在17世纪和18世纪以来随着政治思想一起发展起来的;因此,文化与政治的关系是一种原始的和基本的关系。"[2]英国学者威廉斯在他的《文化与社会》一书中指出,文化一词"记录了人类对社会、经济以及政治生活中这些历史变迁所引起的一系列重要而持续的反应,我们不妨把这段发展的本身看成一幅特殊的地图;借助这幅地图,我们可以探索以上种种历史变迁的性质"。[3] 他通过工业、民主、阶级、艺术等范畴考察了"文化"概念内涵的形成,提出了"文化是一种整体的生活方式"的论断,强调了文化概念的批判性,使之成为衡量社会发展和人性完美的一种尺度,拓宽了文化的内涵使之延伸到整个社会生活中。美国文化人类学家克鲁克洪在《文化的研究》中提出:"美国人类学家所用的文化一词,当然是一个术语,绝不能与普通语言以及历史和文学上比较有限的概念相混淆。这一人类学术语所确定的涵义,是指整个人类环境中由人所创造的那些方面,既包含有形的也包含无形的。所谓'一种文化',它指的是某个人类群体独特的生活方式,他们整套的'生存式样'。"[4]

在中国,"文化"一词,古已有之。"文"的本义,系指各色交错的纹理,有文饰、文章之义。《说文解字》释曰:"文,错画也,象交文。"引申为包括语言文字在

---

[1] "20世纪50年代,美国人类学家A.克拉伯和克拉克洪对众多关于文化的定义进行了比较,总结为六大类型:(1)列举和描述性的。如博厄斯(F. Boas)认为:文化包括一个社区中所有社会习惯、个人对其生活的社会习惯的反应及由此决定的人类活动。(2)历史性的。强调文化的社会遗留性及其传统性,认为文化即社会的遗传。(3)规范性的。强调文化是一种具有特色的生活方式,或是具有动力的规范观念及其影响。(4)心理性的。认为文化是满足欲求、解决问题和调适环境以及人际关系的制度。(5)结构性的。以每一文化系统的性质及可隔离的文化现象之间所具有的组织之相互关系为中心,如克拉克洪和凯利认为,文化是历史上所创造的生存式样的系统(包括显型或隐型式样),它为群体的全部成员或某部分成员所共有。(6)遗传性的。主要关心文化的来源、存在及其继续生存的原因等,如卡尔(L. J. Carl)认为,文化的本质是通过'团体中过去行为而累积与传授的'。克拉伯和克拉克洪认为文化是一个成套的系统,文化的核心是价值观念;文化系统既是限制人类活动方式的原因,又是人类活动的产物和成果。"(林坚:《文化概念演变及文化学研究历程》,载《文化学刊》2007年第4期)

[2] [法]维克多·埃尔:《文化概念》,康新文等译,上海人民出版社1988年版,第18页。

[3] [英]雷蒙德·威廉斯:《文化与社会》,吴松江等译,北京大学出版社1991年版,第19页。

[4] [美]克鲁克洪等:《文化与个人》,高佳等译,浙江人民出版社1986年版,第5页。

内的各种象征符号,以及文物典章、礼仪制度等等。“化”本义为变易、生成、造化,所谓“万物化生”,其引申义则为改造、教化、培育等。《贲卦·象传》曰:“刚柔交错,天文也;文明以止,人文也。关乎天文以察时变,关乎人文已化成天下。”现代汉语的“文化”,是“人类在社会历史发展过程中所创造的物质财富和精神财富的总和,特指精神财富,如文学、艺术、教育、科学等”。[1] 文化“广义指人类在社会实践过程中所获得的物质、精神的生产能力和创造的物质、精神财富的综合。狭义指精神生产的能力和精神产品,包括一切社会意识形式:自然科学、技术科学、社会意识形态”。[2]

文化概念的多义性和不确定性使其难以被明确界定,关于文化的各种经典性解释,大都集中于回答“文化是什么”或者“文化包括什么”的问题。可是,对于一个内涵极为丰富的概念,单一的定义难以全面准确的对文化的本质进行总结。不过,通过对各种文化概念的分析及文化结构的解剖,其内涵仍然在于物质性和精神性两个方面,具有物质性与精神性的统一性。

1. 文化的物质性

文化的物质性是人类文化外显的形态特征,是人类在社会历史实践过程中创造的物质财富。人类文化有着强烈的传承性或渗透性,具有物质性的特点,是一个相对独立的存在。换言之,文化的物质性是体现在人工制品的制造和使用中的文化现象,亦即创造并使用这些实体有形物的知识和观念,具有某种独特的文化意涵,呈现出来的是一种文化意义上的物质秩序以及这个秩序背后的历史叙述。

物质是一种影响,人类对于人工制品的制造和使用就是物质的影响形式,是以物质的存在为基础的,经过长时间的历史创造和反复又转化为文化,这就说明了文化的物质性。意识来源于物质的影响,这就说明作为思维起始形态的意识是物质的,那么人的思维过程也是物质的,它是物质影响的一种转化形式,因此,这可以说明文化是具有物质性的。

人是物质性的,人类的生存及发展需要都离不开物质,而人对于物质的占有及分配在长期的实践过程中形成了人类社会的秩序。我们对世界的描述,都是人对世界的描述,而不是客观事物自己对自己的描述,所以我们所讲的道理大部

---

〔1〕《现代汉语词典》,商务印书馆 1998 年版,第 1318 页。

〔2〕《辞海》,上海辞书出版社 2009 年版,第 2379 页。

分都是以人为标准的,多数都是站在人的角度上的,也多数是被人来应用的。文化尚不能够超脱于物质之外,人更是受到客观和主观条件的双重限制,既不能超越物质性而有文化的精神性表达,也不能在精神性之外而表达文化的物质性。作为思维的基础知识和观念来源于信息,而这些知识及观念又是物质发出的和通过物质进行表现的,所以人的意识来源于物质,人的意识也是物质的,是物质转化来的。意识是物质的,进一步可以说明人的思维也是物质的,是物质存在的一种方式。文化的形成是人类对于客观事物的信息在人脑中的转化,是从客观现象转化为信息,再转化为人的意识,再对认识进行加工、抽象等过程的结果。人存在的具体条件和环境不同,就会造成在不同人的思维里产生不同的认识,也正是因为人存在的物质性不同,导致人的认识各异,也造成了文化之间的差别。

2. 文化的精神性

文化的精神性是人类文化的精神内涵,主要指文化心理方面的价值观念、思维方式、审美趣味、道德情操、宗教情绪、民族性格等。人类不断认识自然、改造自然,必然从文化的物质性秩序及人自身的关系中抽象出人的认识和思想,并构成文化的精神性。

文化的精神性是物质性的观念意识体现,也是不断推进物质性发展的内在动力。文化的精神性在现代社会主要体现为一个集体的意识形态,而法律作为意识形态是文化的重要精神表现形式。制度、规范、准则的法律形式及其对外影响要素,就是一种文化即法律文化的直接体现。文化的精神性通过思维模式的形成不断调整人类的行为秩序,选择和引领着人类对物质的使用及其改造方式,从而影响着社会秩序的建立,而文化的这种属性所具有的不确定性、易于传播及融合的特点也使得民法精神诉求的法治文化在秩序形态及其形成上深受人的精神性的影响和制约。

文化是人类在社会历史实践过程中创造的物质财富和精神财富的总和,而优秀的传统文化是文化积淀的精华,蕴含着推进社会发展与进步的哲学思想、科学精神和人文理念,也为法治文化的成长提供了丰富的物质与精神资源。“法治文化能够将良法善治的理念贯穿于法律制度及法律实施之中,增强法律尊严性和法治公信力;同时,通过法律符号、法治标识和法治文学艺术等宣传活动,在法制宣传教育的内容和形式上,把法律制度和法律知识转化为法治精神,起到升华的桥梁作用。"[1]

文化的物质性与精神性是对立统一的体系。文化的创新和拓展永无止境。民众对于文化的需求日趋旺盛,人们思想活动的独立性、选择性、多变性、差异性增强,都对新时代的文化提出更高诉求。以民为本的社会主义法治文化建设,必然要在市民社会关系的基础上,落实到具体的法治文化的民法精神诉求之中。

(二)文化与文明

文化与文明无论从含义还是在使用功能上,都是既有区别又有联系的一对范畴。[2] "'文化'与'文明'在概念上具有高度同源性,文明侧重于从集合、总体的角度反映所表征对象,文化则从分化、差别、多样性意义上反映所表征对象。相对于文明,文化是一个类概念,是类群中人们信仰、观念、习惯、行为方式,甚至是生产生活方式等共性特征的表现。在类群中,正是对人们信仰、观念、行为方式、生活习惯等起着统一、协调、优化作用的文化,推动着人类文明进步。"[3]可见,文化是文明的精神灵魂与内核,文明是文化的对象化,是文化外显的载体。"文明是一定文化发展的结果,它是人在改造客观世界、在协调群体关系、在调节自身情感的过程中所表现出来的时代特征、地域风格和民族样式。"[4]由于人类的文化与文明是在不同的地理与社会环境下由不同民族或者群体独立发展起来的,尤其是早期的文化与文明,所以必然表现出不同的外显形式并具有不同的民族与社会特征。

---

〔1〕 周文:《论法治文化与法治精神的关系》,载《中国司法》2012 年第 4 期。

〔2〕 文明是一个历史性概念。中国古代文献《易·乾·文言》曰:"见龙在田、天下文明。"《尚书·舜典》:"浚哲文明。"唐孔颖达《尚书注疏》:"经天纬地曰文,照临四方曰明。"有文采光明和文德辉耀之意。清代李渔的《闲情寄语》中有"辟草昧而致文明",以文明表示社会的进步、开化程度。近代以来,西方学者针对殖民地半殖民地落后的生产方式与文化,使用"文明"概念,认为从"野蛮"到"文明"标志着人类社会的发展。文明是"表示人类社会进步和开化状态的社会历史范畴,包括物质文明和精神文明两方面。前者是后者的基础,后者对前者有巨大反作用。它是历史发展的产物。人类社会始于蒙昧时代,经过野蛮时代而进入文明时代,其标志是文字的发明和使用。它随社会进步,经过奴隶社会、封建社会、资本主义社会、社会主义社会几种不同类型的历史发展形态"。(《中国百科大辞典》,华厦出版社 1990 年版,第 63 页)美国社会学家摩尔根在《古代社会》一书中,把人类原始社会的发展分为蒙昧时代、野蛮时代、文明时代三个时期。文明是"人类改造自然和改造社会的实践活动在物质和精神两个方面取得的积极成果的总和;人类开化状态和社会进步的标志"。(朱贻庭主编:《伦理学大辞典》,上海辞书出版社 2002 年版,第 60 页)

〔3〕 潘维夫:《"文化"与"文明"及其关系——在哲学与词学意义上解读》,载《中共济南市委党校学报》2007 年第 2 期。

〔4〕 赵建军:《幻象逻辑:中华文明的独特呈现》,载《学术月刊》2013 年第 4 期。

1. 文化是文明的基础

文化是人类社会特有的现象，没有文化就没有社会。文化人类学家和一些社会学家认为，文化和社会是统一的，文化就是社会。“文明是文化的内在价值，文化是文明的外在形式。文明的内在价值通过文化的外在形式得以实现，文化的外在形式借助文明的内在价值而有意义。文明是一元的，是以人类基本需求和全面发展的满足程度为共同尺度的；文化是多元的，是以不同民族、不同地域、不同时代的不同条件为依据的。全球化的历史过程，正是人类文化不断提高其内在的文明总量的过程；这种全球化的历史进程，也正是人类文明不断减少其外在的文化差异的过程。”〔1〕

文化和文明的概念都是人文社会科学的基本范畴，二者相互关联，但又有各自不同的特定意义，既相对存在，又相互包容。“文化与文明的区别可以从几个方面看：从时间上看，文化比文明早；从空间上看，文明有地域性，文化可以多方向传播；从内容和形式上看，文明为内，文化为表；从性质上看，文化有积极的和消极的方面，文明是进步状态。文化创造文明，文明推动文化。”〔2〕

一般来说，文化的产生要早于文明，文化是伴随着人类产生之日起就有的，当人类通过劳动进化而脱离动物状态并进行认识自然和改造自然的活动时，就赋予了自然物以人的“目的性”的标志和观念，原有的自然物便有了文化的意蕴，具备了成为一种文化现象的可能性，从而使人类的活动进入了文化的领域。恩格斯在《家庭、私有制和国家的起源》一书中，沿用摩尔根对古代社会的分期，将人类社会历史的演进划分为蒙昧时代、野蛮时代和文明时代三个时期。他指出：“我在这里根据摩尔根的著作描绘的这幅人类经过蒙昧时代和野蛮时代达到文明时代的开端的发展图景，……跟我们此次遨游终了时将展现在我们面前的那幅图景比较起来，就会显得暗淡和可怜；只有在那个时候，才能充分看到从野蛮时代到文明时代的过渡以及两者之间的显著对立。”〔3〕可以说，自从人类社会脱离动物界并自主利用和改造自然界进行创造活动时起，就有了文化与文明。

〔1〕 陈炎：《“文明”与“文化”》，载《学术月刊》2002 年第 2 期。

〔2〕 林坚：《文化与文明：界定、联系、区别》，载《文化学刊》2014 年第 5 期。

〔3〕 《马克思恩格斯选集》（第 4 卷），人民出版社 2012 年版，第 24 页。蒙昧时代、野蛮时代与文明时代的区别，不在于人们是否开始创造出了自己的文化，而在于人们是否将自己创造出来的文化转化为现实的产品或成果。当人类开始从动物界分离、提升出来，以人的身份存在时，人类就开始创造自己的文化，并生存于有文化的环境中，文明则属于人类文化发展的一个较高阶段。

文明从总体上而言,是人类文化发展到了有文字记录以后才开始的。

2. 文明是文化的发展

一般来说,文化常指观念,文明常指受文化支配下所产生的实践成果。文化是文明的基础,文明是文化的物质及精神方面的表现和发展。"从结构来看,与文化的三个层次即物质文化、精神文化与人文精神相对应,文明也包括三个层次,即物质文明、精神文明、道德文明。"[1]人类为了满足自身的生存需求,实现更美好的生活,就必然探索个人与外部世界的关系,包括人与自然之间和人与人之间的关系,并面临着实现这些关系的各种矛盾与冲突,而文明就是人类为了克服这些矛盾与冲突所实现的进步与积累,代表了人类发展的高度。"文明是指人类借助科学、技术等手段来改造客观世界,通过法律、道德等制度来协调群体关系,借助宗教、艺术等形式来调节自身情感,从而最大限度地满足基本需要、实现全面发展所达到的程度。"[2]

"文化作为一个系统,是由各种不同的要素组成的,而每种文化要素都有实现其文明价值的特殊功能,以满足人类群体的需要。"[3]文化人类学家马林诺夫斯基的文化功能论中分列了人的三种不同层次的需求——基本需求(生物)、衍生需求(社会)和综合需求(精神),对这三种需求的回应构成了复杂的文化体系,换言之,文化的功能就是满足人的这三种需求。"文化是包括一套工具及一套风俗——人体的或心灵的习惯,它们都是直接的或间接的满足人类的需要。"[4]人类所创造的文化成果涵盖了物质的、精神的和其他方面的一切成果,而人类必然在文化的基础上实现文明的发展。在人类文化成果中,既有推动人类社会不断向前发展的不朽内容,又不乏有糟粕的和落后的。所有的这些都是人类所创造的文化的一部分,均可称之为文化。但是,只有真正的反映时代精神和推动人类进步的优秀文化成果,才能称之为文明。文化是多样的,而文明则是文化构成中那些先进和精华的部分,代表了文化的发展高度。

---

[1] 任丽梅:《"文化"与"文明"内涵的马克思主义解读与时代要求》,载《学术论坛》2016 年第 8 期。

[2] 陈炎:《"文明"与"文化"》,载《学术月刊》2002 年第 2 期。

[3] 付广华:《生态文明概念辨析》,载《鄱阳湖学刊》2013 年第 6 期。

[4] [英]马林诺夫斯基:《文化论》,费孝通译,华夏出版社 2002 年版,第 15 页。

二、中国文化

以民法精神的规范与秩序为主体和诉求的社会主义法治文化，是中国特色的法治文化，是中国文化发展的一部分，其建立于中国传统文化发展的基础之上，并必然提出中国特色的文化诉求。近代以来，中国传统的以自然经济和专制统治为基础的文化及其社会结构受到来自西方文明的冲击并开始发生文化变迁与转型，其中法律文化也在整个社会文化变迁与转型中逐步开始走上了与世界法律文明接轨的发展道路。新中国成立后，特别是改革开放以来，文化战略和文化建设在实践中不断丰富和发展。早在改革开放之初，邓小平同志就提出了中国现代化建设的纲领性要求。"我们要在建设高度物质文明的同时，提高全民族的科学文化水平，发展高尚的丰富多彩的文化生活，建设高度的社会主义精神文明。"[1]从此，中国迎来了全面改革开放和社会文化转型发展的新阶段。

（一）传统的中国文化

文化是传统发展的结果。"中国传统文化是中华民族在中国古代社会形成和发展起来的比较稳定的文化形态，是中华民族智慧的结晶，是中华民族的历史遗产在现实生活中的展现。"[2]每一种社会形态都有与其相适应的文化，每一种文化都随着社会物质生产的发展而发展。"中国文明是在一种特殊的自然条件和历史条件下产生的，又长期按着自己的文化逻辑和历史规律独立地发展着，形成了一种独特的文明模式。与历史上其他文明相比，中国古代文明保持着持久的韧性和活力。"[3]传统的中国文化就是具有中国特色的文化，而立足于中国社会与传统并走向世界与人类一般文明的中国文化，必然构成我国社会主义法治文化的本质与诉求，从而构成社会主义法治文化的基本价值与发展方向。不同的民族习俗和社会实践发展会以一定的形式表现出来，而这些表现民族发展的形式被传承下来便构成了一个民族的特定文化。

1. 自然经济的文化

中国文化具有悠久的历史与鲜明的民族特点。自然经济的基本特征是以家

---

〔1〕《邓小平文选》（第2卷），人民出版社1994年版，第208页。

〔2〕高永祥：《将中国传统文化融入管理学教学的探索与思考》，载《金陵科技学院学报》2014年第2期。

〔3〕张陆庆：《中国法律文化的历史发展与近代变革》，载《河北学刊》2011年第6期。

庭为主要基本生产单位,[1]生产规模相当小,大多数情况下产品的原料采集、生产乃至消费都是为了满足劳动者自身需要,而不是为了交换的目的。自然经济是人类早期的经济发展形态,是社会生产力水平低下和社会分工不发达的表现。自然经济是一种农耕经济,在农耕经济的持续发展下,中国自然经济性质的文化也随之延续下来,而自然经济的持续性,也造就了自然经济背景下中国传统文化的特殊性,体现在中国文化具有延续性、包容性以及凝重性上。

自然经济是一种封闭的经济形态,在自然经济的形态下,很难产生以人格为基础的公平与公正的规范与秩序文化即法治文化,而以人格为基础的法治文化是与商品或者市场经济相联系的一种文化。所以,到了近代,随着中国社会早期商品经济形态的萌芽与发展,特别是随着资本主义生产关系的浸入,传统的自然经济文化必然在商品经济的文化与文明的冲击下逐步解体。中国自然经济的解体,促进了中国由传统社会向近代社会的转变,也使中国的社会生活、思想文化发生了巨大变化。法治文化在根本上是一种城市文化与市场经济的文化,没有城市文化与市场经济文化,既不可能产生构成当代社会规范与秩序基础的民法精神,也不可能有社会主义法治文化。自然经济文化的解体与市场经济文化的形成,给中国社会走向法治和建设法治文化提供了条件和可能。

2. 封建专制的文化

在自然经济文化的基础上,中国传统文化是政治和伦理道德相结合的文化。在如此漫长的封建社会的现实基础上,产生了一整套维护封建秩序的意识形态,而封建伦理道德在其中居于非常重要的地位。

传统的封建伦理文化在法律文化方面的体现,就是重德轻刑的刑德观、重义轻利的义利观、重刑轻民的民刑观。在中国封建社会,无论是统治者,还是思想家,均把德为本、刑为用作为治世的基本信条,把法律看作是治世的辅助手段。“文化上,由于生产力水平低下,群体本位意识突出;倡导儒学独尊,宣扬君权神授,主权在君;经史子集的知识结构和偏重社会科学的知识内容;注重经验和内

---

[1] 自然经济是“只为了生产者或生产单位本身需要而进行生产的经济形式。与“商品经济”相对。产品的生产不是为了出售,而是为了自己消费。”[《现代汉语大词典》(下册),上海辞书出版社 2009 年版,第 2960 页]“又称‘自给自足经济’。商品经济的对称。生产不是为了交换,而是为满足生产者自己需要的经济形式。是生产力水平低下和社会分工不发达的产物。”(《中国百科大辞典》,华厦出版社 1990 年版,第 308 页)

圣外王的资治思想;侧重家国内部的认知空间和纵向的比较模式。”[1]法学是有关权利的学问,重义轻利的思想压抑了人们的权利观念。中国传统的封建伦理文化把刑罚手段作为推行和实现德本的工具推向了极端,“刑”成为了“法”的代名词,而作为市场经济关系的规范与秩序准则的民法,则既不发达,也不受重视,从而形成了民刑不分和以刑为主的法律体系,民法既没有形成独立的体系也没有独立的发展,更不可能形成代表现代法治文化核心价值的民法精神。

建立在自然经济与封建伦理文化基础上的政治文化,必然是一种专制制度的文化。在专制国家里,法律仅是君主的意志,皇帝集立法、司法、行政等大权于一身。在家国相通的封建政治体系中,传统的伦理道德始终支撑着中国封建大厦,成为历代封建王朝实现政治统治的有力武器。在这一封建专制统治与儒家伦理秩序的文化背景下,中国人往往对个人的权威和权力存在盲目的崇拜心理,从而扼杀了权利文化的形成和发展,“三纲五常”“三从四德”等封建枷锁使人的个性被严重束缚而无法获得解放。专制主义制度必然导致思想文化控制的加强,文化专制的日趋严厉,阻碍了中国法治文化的发展。专制制度的文化以对民主与自由的否定,同样是一种与法治文化相对的文化。因此,近代以来,封建专制制度的被打破和民主政体的建立,特别是社会主义民主政治制度的实现,为建设社会主义法治文化奠定了坚实的社会基础。

(二)近代以来中国文化的变迁

文化本身是一个动态的概念,是一个历史的发展过程,因此文化既具有地域和民族特征,又具有时代本质。文化变迁,是指“一个文化系统的成分及模式的被改变。这一现象可因这一文化内部的发明、革新、发现而发生,也可因与别的社会文化接触而发生。此外,文化也可因某一部分人有计划的努力而改变另一部分人的信仰和价值”。[2] 这种变迁是由于族群社会内部的发展或由于不同族

---

[1] 燕华:《近代中国社会变迁与文化转型的再思考》,载《内蒙古农业大学学报》2009 年第 5 期。

[2] 《中国百科大辞典》,华厦出版社 1990 年版,第 392 页。文化变迁作为文化人类学术语,亦指一种文化中足以影响文化内容或文化结构的变化。最早从事这方面研究的是 19 世纪的进化论人类学者。文化发生变化主要依靠传播和发明,而这两个因素通常是互相结合或互相影响的。马林诺夫斯基等功能派学者认为,文化过程就是文化变迁。文化变迁是“现存的社会秩序,包括组织、信仰、知识以及工具和消费者的目的,或多或少地发生改变的过程”。人类学者基林在《人的道路》一书中认为文化变迁发生在这样的情况下:(1)文化的供应满足不了当时社会的要求;(2)洞察到并掌握了新的进步的工具;(3)如果能够做出必要的反应;(4)新的事物比旧的事物看起来更令人满意。(蒋广学、朱剑主编:《世界文化词典》,湖南出版社 1990 年版,第 1076 页)

群之间的接触而引起的一个族群文化的改变。

人类历史上形成了不同民族与社会的文化，而不同民族与社会的文化又在相互交融中发生不断的变化。一般意义上的文化是以各个民族各具特色的文化为载体和基础的。不同民族文化，在具有人类共享的同时，由于行程发展的自认、社会环境和历史传统的不同，又具有各自的特点。〔1〕不同民族与社会的文化是一个相互交融与发展的过程，在这一过程中，既有文化趋同，也有文化分化，既有一元化，也有多元化。

1. 西方文化的浸入与传播

文化浸入是一种文化对另外一种文化的渗透，包括了一个国家或者民族对另外一个国家或者民族通过思想渗透而达到的一种文化改变现象。近代以来，随着人类全球化联系的建立与快速发展，西方文化开始浸入中国，并逐步融入于中国传统文化之中。“西方文化在中国社会的传播，给中国传统本土文化造成了极大的冲击，不仅产生了与中国传统文化的矛盾与冲突，而且也促进了中国传统文化的生态转型与更新发展。”〔2〕西方文化的浸入与传播，既打破了中国文化的传统性，又开始了中国文化的生态转型与传统重塑。

两种文化的碰撞与相互浸入，是由两种文化传统的差别性决定的，并必然由其中的强势文化或者其文化的强势因素起主导与支配作用。“文化的差异原本产生于时代、地域和民族的不同，但随着科技的进步、交通的改善、信息的加强，不同民族、地域之间以经济交往、文化交流、政治对话、军事征服等各种方式渐渐打破了固有的文化疆界。然而，在世界一体化（也就是时、空一体化）的过程中，不同文化系统之间的彼此影响和相互渗透并不总是自愿的，更不是等值的。在这一过程中，‘强势文化’常常居于主导和支配的地位。”〔3〕在近代中西两种文化的碰撞中，中国传统文化在变化的世界发展趋势面前与西方文化相比已经处于弱势地位，从而必然成为被浸入的对象。

中国传统文化与西方传统文化是两种不同的社会文化，这不仅是由于两种文化的模式和形态不同，而且是由于两种文化处于不同的发展阶段，即中国传统文化是封建文化、农业文化，而近代传入中国的西方文化则是资本主义文化、工

〔1〕参见李世宇：《文化散论》，载何勤华主编：《多元的法律文化》，法律出版社2006年版。

〔2〕刘良凯：《论近代西方文化的传播对中国的影响》，载《佳木斯职业学院学报》2016年第6期。

〔3〕陈炎：《“文明”与“文化”》，载《学术月刊》2002年第2期。

业文化、城市文化、商业文化。就其中法律文化而言,中国传统的法律文化是以自然经济和封建制度为基础的一种身份等级的伦理法文化,存在与市场经济条件下的法治文化发展要求与价值规律的相背性,而西方法律文化的主体则是以人格平等为条件的关于自由和自由限制的民法文化,代表了人类法治文化发展的主体方向。这样,中国传统法律文化的自然演进过程则必然在近代中西两种法律文化的碰撞与冲突过程中而被强势浸入的西方法律文化所打破和中断,并开始法律文化的生态转型与变迁。

1840 年鸦片战争以后,中国从传统农业社会向工业社会转型。这种社会转型意味着要从一种稳定的社会结构状态向另一种异质的结构状态的过渡与转变,是社会生活的各个领域和各个层面的整体性变革。在法律文化方面,中国近代因西方法律文化浸入而接受的主要是大陆法系文化。大陆法系文化是以民法文化即私法文化为主体的文化,即民法精神文化。“在西方文化传统中,民法的学说和理论具有极其广泛和重要的影响,它们不仅模塑了西方古代和近代的法典,而且深深渗入到西方人的思想和思维之中。与此形成鲜明对照的是,这个在西方文化和法律传统中具有如此重要意义的部分在中国古代社会完全没有对应物。”〔1〕显然,以民法精神为主体并代表了现代法治核心价值内涵的民法文化,是中国传统法律文化中最为欠缺的。“中国古代法自有其统一性,这种统一性根植于文化,因此,法律应该首先根据它置身于其中的文化的类型来把握。”〔2〕这种根植自身文化传统中的法律文化,必然在西方法律文化的浸入中不得不接受和移植外来文化的影响并成为百年以来中国传统法律文化变革的主题。

西方法律或者法治文化,是一种人本主义的法律文化。“西方的法治文化可归结为‘众生平等’,‘天赋人权’。‘众生平等’由原来的上帝面前人人平等演变为法律面前的平等,所有人都应受到法律的同等保护和同等对待。”〔3〕人本主义就是民本主义,包含了社会主义法治文化“以民为本”及其民本模式的合理内核,必然影响人类法治文化与文明的一般发展,也必然为我国的法律发展与法治文化建设所吸收和借鉴。

然而,与西方人本主义的法律文化不同,在中国古代与传统的伦理法律文化

---

〔1〕 梁治平:《寻求自然秩序中的和谐——中国传统法律文化研究》,商务印书馆 2013 年版,第 9 页。

〔2〕 梁治平:《寻求自然秩序中的和谐——中国传统法律文化研究》,商务印书馆 2013 年版,第 9 页。

〔3〕 许增裕:《中国法治的源与基探索》,中国社会科学出版社 2008 年版,第 34 页。

中,没有人本主义法律文化的人格与权利概念。“中国传统思想文化的伦理性和宗法性,使中国古代法始终未摆脱法与道德相混淆的阶段。法总是与‘礼’纠缠不清,法律缺乏独立的品格,法从属于礼,法的精神和特点皆由礼决定,礼高于法重于法。”[1]由于人格与权利观念的缺失,在中国传统的法律文化中,不可能形成“以民为本”的民法和民法精神,更不可能形成以民法精神为基础的法治和法治文化。中国传统文化走向世界,必须借鉴外部文化,实现自己传统文化的转型与变迁。

在近代西方文化的浸入中,中国社会并不完全是被动的,也有主动寻求变革并接受西方文化的一面。中国思想界一方面对危机有深刻的认识,另一方面又对中国的命运有着很高的期望。这样,中国思想界既对西学非常敬仰,又对中国的传统文化眷恋不舍,所以希望用中体西用模式挽救危机。虽然中国近代文化的变迁以西方文化的浸入为背景,但是也以中国社会自身发现和学习西方文化为条件,在被动开放国门的同时,也有主动吸取和积极引进西方文化的变法运动。变法的目的,是通过学习西方先进文化,挽回民族自尊、实现国家富强,重塑强国形象。因此,“中学为体,西学为用”就成为中国近代社会文化变迁的一种巧妙的构造模式。

“近代以来,中国对西方文化的学习和接纳,经过了一个由简单到复杂、由局部到整体、由外象到内质的发展历程。它在很大程度上影响了国人对中国社会和外部世界的认识,从而推动了中国近代社会的发展。”[2]从历史唯物主义出发,我们应当客观认识与全面理解西方文化浸入中国社会及其对更新传统文化的价值与意义。“中西文化交流与融合是中国特色社会主义法治文化追求人类文明价值的本质要求,在中国特色社会主义法治文化的形成、发展和完善过程中具有不可忽视的作用。在全球化背景下,中西文化的交流与融合既构成了建设中国特色社会主义法治文化的内质与条件,也给这一过程带来了机遇和挑战。”[3]

2. 中西文化的矛盾与融合

近代以来,中国社会的运动与变革,虽然有中西文化碰撞的外因与作用,但在根本上是中国社会遵循内在的运动与发展规律的必然结果。“西方东侵和西

---

〔1〕 许增裕:《中国法治的源与基探索》,中国社会科学出版社2008年版,第37页。

〔2〕 孙守敏:《近代中国对西方文化的接纳及得失》,载《同济大学学报》2003年第3期。

〔3〕 崔婷、曹允春:《中西文化交流与中国特色社会主义文化发展》,载《东岳论丛》2006年第3期。

学东渐的外来因素在变迁和转型中起着决定性的作用。”[1]虽然从外部表象上来看,中国近代社会变迁与文化转型的动力主要是外来因素,但是如果没有中国社会内在变革需求的兴起与推动,同样不可能实现这一社会变革与转型。

西方文化的浸入与中西两种文化的碰撞必然是两种不同文化从矛盾、冲突到相互融合与共同发展的过程。“从人类文化发展的历史来看,文化的冲突与融合是一种规律。如果没有文化的冲突与融合,也就没有文化的发展与创新,文化就会走向故步自封,最终走向灭亡。”[2]中西不同文化的交融过程,必然是两种文化的矛盾与冲突过程,矛盾与冲突的结果,是两种文化走向融合并在多元文化的基础上寻求一元文化的认知与发展。“近代中西文化冲突有着复杂的历史和深刻的文化背景。资本主义向全球扩张的历史必然性与中国文化抵御外来文化强制的历史合理性相交织,必然引起近代中西文化冲突的剧烈与持久。”[3]在西方文化的浸入过程中,中西文化之间的矛盾与冲突,既有中国传统文化落后的问题,也有对抗西方不良文化的问题,更有中国传统文化如何现代化并走向世界的问题。

在近代社会变革中,法律文化的变迁最引人注目,因为法律文化作为社会规范与秩序文化即社会构造与治理文化在西方文明中具有某种最先进和最重要的地位,代表了西方文化的核心价值。与此相反,在传统的封建社会及其伦理文化中,法律文化构成了中国传统文化的薄弱环节。于是,随着西方法律文化的浸入,建构于自然经济和专制统治基础之上的中国传统法律文化与以商品经济的规范与秩序为基础的西方法律文化基于性质、功能和作用的截然差别而必然产生某种直接的对立,并成为中西两种不同文化矛盾与冲突的核心与焦点。

中西方法律及文化冲突是多方面的,并不鲜见。从价值层面上看,西方法律的自治独立性与中国传统法律文化的礼法结合的冲突;西方法律文化中的资本主义法理精神与中国传统法律文化中的封建纲常礼教的格格不入;西方法律文化中的法治主义与中国传统法律文化中的人治主义的截然对立;西方的权利本位与中国的义务观念的价值不同;西方憧憬的自由和正义与中国追求的秩序与

---

〔1〕 燕华:《近代中国社会变迁与文化转型的再思考》,载《内蒙古农业大学学报》2009年第5期。

〔2〕 熊吕茂:《近代中西文化冲突与融合的特点及其影响》,载《中南林业科技大学学报》2007年第1期。

〔3〕 王继平:《论近代中西文化冲突与整合过程中的价值选择模式》,载《湘潭大学社会科学学报》2001年第5期。

和谐的认知差别；等等。这些都表明了这两种文化的差异性与矛盾性。如何消解中西方法律文化之间的冲突，并实现两者的融合与和谐，是近代以来中国法文化学者一直在探索的主题。“民主与法治是当今中国融入世界的理性选择。要实现中西方法文化的和谐，就必须坚持以‘法治为主体，在法治的框架下扬弃传统文化’的文化策略。”[1]然而，这需要两种不同文化的协调与包容发展，尤其是中国传统文化在坚持自己文化传统的基础上应当对吸收西方先进法律文化保持一种开放和理性的态度。

中西文化冲突与融合是异质文化交往过程中的必然现象，而文化融合是中西文化冲突的必然结果。[2] 提升两种文化的认同感，寻求异质文化之间的对话与沟通，积极实施“走出去”与“引进来”的文化发展，始终坚持社会主义文化的主体性，大力建设中国特色社会主义文化，使中国传统文化成为走向世界的主流文化，才能够更多地造福于人类文化与文明的发展。经过近代文化变迁的中国文化，是中华民族优秀传统文化与世界各民族优秀文化对接融合后的产物，是立足于中国传统并走向世界潮流的各种思想观念和物质形态的先进文化体系。对于像中国这样有数千年连续不断的文化传统的国家来说，这个转化与转型过程是相当长期和复杂的，既不可能脱离中国既有的传统，也不可能拒绝融入世界各民族的优秀文化体系并汲取它们的优良基因与元素。

（三）中国特色的社会主义文化

十九大报告强调：“文化是一个国家、一个民族的灵魂。文化兴国运兴，文化强民族强。没有高度的文化自信，没有文化的繁荣兴盛，就没有中华民族伟大复兴。要坚持中国特色社会主义文化发展道路，激发全民族文化创新创造活力，建设社会主义文化强国。”[1]中国特色社会主义文化本质上是社会主义经济和政治的反映，其核心内容是社会主义核心价值体系，并通过特定观念、大众文化和日常生活表现出来；其基本特征通过实践基础、制度性质、时代特点、民族特色

---

[1] 易顶强：《中西方法文化的冲突与和谐》，载《贵州工业大学学报》2007 年第 5 期。

[2] “自鸦片战争开始，中国文化的人格化代表——知识分子就在不断地探索调适中西文化的途径，文化传统主义、文化折衷主义、文化虚无主义就是近代中西文化冲突与整合过程中依次发展的三种价值选择模式，也是中国人整合西方文化、建构中国新文化的尝试。近代后期，伴随着中国资产阶级革命的胜利和资本主义的发展，王国维、陈寅恪、鲁迅等一批知识分子超越了这三种价值选择，在理性的基础上提出了融合西方文化、建构中国新文化的主张，表现了中国先进人士整合中西文化的理性价值选择。”（王继平：《论近代中西文化冲突与整合过程中的价值选择模式》，载《湘潭大学社会科学学报》2001 年第 5 期）

等方面体现出来。

十九大报告指出："中国特色社会主义文化，源自中华民族五千多年文明历史所孕育的中华优秀传统文化，熔铸于党领导人民在革命、建设、改革中创造的革命文化和社会主义先进文化，植根于中国特色社会主义伟大实践。"增强中国特色社会主义文化的吸引力和感召力，是开创中国特色社会主义事业新局面的必然要求。

1. 中国文化的历史传统特色

建设社会主义法治文化的民法精神文化诉求，是具有中国历史传统特色的社会主义文化诉求。中国特色社会主义文化是中国传统文化的历史发展。中国传统文化是指中国历史上以个体农业经济为基础，以宗法家庭为背景，以儒家伦理道德为核心的社会文化体系。它无时无刻不在影响着今天的中国人，为我们开拓创新社会主义文化提供了历史根据和现实基础。所以，中国特色社会主义文化必然在坚持中国文化的优秀历史传统并发扬光大的基础上走向世界并立足于世界民族文化之林。

中国文化的历史传统及其现代化的发展与形态具有以下特色：

（1）同一性与多样性的统一。中国传统文化所特有的延续性和自我愈合能力，使其在人类五千年的文明史中极为特殊。"中国文化历经艰辛，在数千年的发展中经历了多民族、各地域文化的融合发展，以汉民族文化为主体、以中原文化为核心的中国传统文化，逐渐融合其他少数民族文化和周围地域文化、形成了同一性与多样性相结合的发展态势。"〔1〕

（2）民族性与世界性的统一。传统文化具有鲜明的中华民族的显著特点和特征，渗透着古老东方民族的聪明和智慧。"世界上各个国家各个民族都有自己的传统文化，虽然说是传统但它并不是一成不变的，是随着各个国家民族在相互的交往活动中，相互学习、相互吸收而不断充实发展自己。"〔2〕这种发展，是相互融合的，使自己更加完美、更具有自己国家和民族的特色。我国的传统文化在自身的发展与转型、演进中，不断吸收与融合了外来民族和文化的精华，逐步丰富和完善了自身的文化内涵与品质，并随着人类文化的趋同化与一元化发展而

〔1〕 李新：《论中国传统文化的民族特征、价值体系及其建构走向》，载《宿州教育学院学报》2013年第2期。

〔2〕 郝毓业：《中国传统文化认识之浅议》，载《现代商业》2011年第6期。

成为走向世界的具有中国特色的社会文。换言之,中国传统文化在近代历史的文化变迁中,虽然曾经作为弱势文化遭受西方文化的浸入,但是,近代以来的中西文化的碰撞与冲突并不是一场中国传统文化的悲剧,而是中国传统文化转型与新生的历史转折,它在不同文化的交融中发展、壮大和丰富了中国传统文化,从而使中国传统文化在民族文化的基础上成为了走向世界的文化。

(3)继承性与创新性的统一。“中国传统文化强调前代文化遗产的价值,充分宣扬传统本身得以存在和流传的合理性,虽然它也有起伏跌宕,并多次面临挑战,但一次又一次表现出巨大的再生能力。”〔1〕中国文化在一个漫长而曲折的形成过程中,经历了无数个后人继承前人又发展前人、虚心学习前人又丰富前人、依据时代需求又超越前人,这样一个周而复始、连续不断的接力运动,付出了无数代人坚持不懈地刻苦努力和巨大心血,才逐步形成、不断补充、不断完善成熟起来,成为民族的丰富遗产。因此,中国传统文化,在历史的传承与发展中,并不是一个完全保守与落后的文化,而是一个存在不断创新和进步的文化,其与时俱进的时代本质与特征,永远作为优秀的民族文化立足于世界文化之林,并为中国特色社会主义文化所传承。

2. 中国文化的社会制度特色

建设社会主义法治文化的民法精神文化诉求,是具有中国社会制度特色的文化诉求。这一社会制度特色,就是具有中国特色社会主义制度,是具有中国特色社会主义制度的文化诉求。“人类没有脱离一定社会制度的文化,人类的文化又总是通过一定的社会制度表现自己,而人类文化一旦通过社会制度表现自己并与制度相结合,社会制度本身就成了文化载体并属于文化的一部分。”〔2〕改革开放以来,在推进中国特色社会主义事业的伟大进程中,中国共产党坚持马克思主义文化发展理论与中国社会实际相结合,逐步探索出了一条适合中国国情的文化发展道路,形成了具有中国制度特色的文化形态。要扎实推进社会主义文化强国建设,加强社会主义核心价值体系建设,全面提高公民道德素质,丰富人民精神文化生活,增强文化整体实力和竞争力。民本模式与民法精神的社会主义法治文化是文化的一部分,而社会主义法治文化是具有中国特色的法治文化,因此,建设社会主义法治文化的民法精神,必然是具有中国特色的民法精神

〔1〕 尹强:《从“仁本信义和同”的视角谈当代大学生品德养成》,载《文教资料》2015 年第 2 期。

〔2〕 王利民:《民法的精神构造:民法哲学思考》,法律出版社 2010 年版,第 293 页。

文化，中国特色的社会制度构成了建设社会主义法治文化的民法精神的基础。

制度文明内在地蕴涵着价值理念、制度设计、机制程序。制度文化则是制度文明建设的基本价值维度，是制度的理念、灵魂和生命，它决定民主政治制度的最终确立良序运作。政治文明的最终标准是现代政治制度的文明，建设社会主义制度文明，就是要建立一个以现代核心价值理念为灵魂、以市场经济、民主政制、法治国家、先进文化、理性精神为基本支撑的现代制度文明秩序。[1] 人类文明的进步，本质上是制度文化变迁的过程。中国特色社会主义的制度选择和文化源流之间存在着内在的逻辑联系，是中国传统文化延续与发展的必然结果。社会主义法治文化，是中国社会制度文化的一部分，以社会主义制度文化为根据，社会主义制度文化的形态与演进，是直接决定社会主义法治文化的基础文化条件。

一如前述，“在多元价值观凸显的现代社会，时代精神与民族精神的融合，生动昭示了中国特色社会主义文化是一个蕴含着现代性与民族性的文化系统。现代性是面向现代化进程、他国先进文化、全球化世界的文化普适性的体现；民族性是面向中国国情、华夏民族文化与中国社会主义意识形态的文化地域性的体现。这种现代性与民族性的交融，共同构成了中国特色社会主义文化的基本维度，也是体现其文化先进性的根本来源”。[2] 中国特色社会主义制度是一个完整的、系统的有机体，主要体现在政治和经济两大领域。[3] 中国特色社会主义制度体系是最符合中国国情的社会制度顶层设计，在实践中发挥着巨大的社会功能，是建设中国特色社会主义文化的根本前提与可靠保障。

建设社会主义法治文化的中国特色社会主义制度文化诉求，就是要求社会主义法治文化必须以社会主义制度为基础，实现法治文化与制度文化的统一，并要求社会制度文化具有法治文化的公平正义的本质。构建和谐社会、践行科学发展观，核心就是要解决制度的公平正义问题。以人为本，改善民生，进行社会管理创新，这些制度文化的本质无不体现法治文化的内在诉求。为满足建设社

[1] 参见张西山：《文化、制度、模式：中国特色社会主义的制度文化之思》，载《河南师范大学学报》2013 年第 4 期。

[2] 周国文：《现代性与民族性：中国特色社会主义文化的基本维度》，载《唯实》2007 年第 5 期。

[3] 在政治领域，中国的根本政治制度是人民代表大会制度，基本政治制度包括：中国共产党领导的多党合作和政治协制度、民族区域自治制度和基层群众自治制度；在经济领域，中国的基本经济制度是公有制为主体、多种所有制经济共同发展。

会主义法治文化的制度文化诉求,必须坚持加强制度文化建设,在实践中实现制度文化的和谐,实现制度文化传统的现代转换和制度创新,着力构建有利于科学发展与社会和谐的体制机制,积极建立更加健全、充满活力的制度文化体系。

3. 中国文化的人类文明特色

建设社会主义法治文化的民法精神文化诉求,并不是简单的对中国传统文化的诉求,而是对实现生态转型并具有人类文明特色的中国文化的诉求。文化是一个国家和民族的根基和灵魂。正确的文化发展道路是一个国家、一个民族实现社会繁荣与进步的根本保证。改革开放以来,在推进中国特色社会主义事业的伟大进程中,中国共产党坚持马克思主义文化发展理论与中国实际相结合,逐步探索出了一条适合中国国情的文化发展道路。

"中国特色社会主义道路不仅属于中国历史,也属于世界历史,它对人类文明作出了历史性的贡献。这种贡献主要表现在:中国道路增强了人类文明的物质基础;中国道路彰显了人类文明发展的多样性;中国道路开辟了和平发展的人类文明新路;中国道路为人类文明破解难题提供了借鉴。"[1]"中国当代全球化进程的社会转型,需要在改革实践中化解文化的特殊性与文明的普遍性问题,这直接关系到中国崛起的速度、方向以及社会结构的根本变化和人的生存方式的根本变革。这里需要的是开放包容和改革创新精神的发扬光大、东西方文明的相济融合,是本土文化对世界现代性文明的回应超越,是多元文明的互补发展。"[2]实践证明,中国特色社会主义文化是一个既坚持科学社会主义基本原则,又具有鲜明时代和民族特色的新型文化模式,是人类文化与文明的重大创新与发展,必然以人类文化与文明的形式而发扬光大。

中国的法治文化建设是对人类文明的贡献。法治文化是当代世界文明国家治理国家的基本途径和手段,是人类文明和进步的重要标志,而中国社会也从未停止在建设法治道路上探索与前进的步伐,并必然走中国特色社会主义文化的人类文明发展道路。

三、民法精神与中国特色的文化诉求

中国特色的文化诉求构成建设社会主义法治文化的特定内涵与要求。中国

---

〔1〕 陈学明:《论中国道路对人类文明的历史性贡献》,载《上海师范大学学报》2013 年第 3 期。

〔2〕 武经伟:《中国社会转型:路径、文化与文明的历史变迁》,载《思想战线》2011 年第 5 期。

特色的文化诉求作为市民社会的民本诉求,也就是民法精神的文化诉求。建设社会主义法治文化,既是社会主义法治文化的形成过程,也是社会主义法治文化的诉求过程。建设社会主义法治文化的文化内涵与诉求,与民法精神具有内在的本质联系。建设社会主义法治文化必然提出对法治文化基础的民法精神的诉求。换言之,建设社会主义法治文化的文化内涵与诉求,在社会基础或者本体的的规范与秩序意义上,是一种民法精神或者民法精神文化的诉求。作为社会主义法治文化诉求的民法精神,构成中国特色的文化形态,代表了中国特色的规范与秩序文化的条件与本质。因此,建设社会主义法治文化的中国特色文化诉求,根本上离不开民法精神诉求,民法精神与中国特色的文化诉求具有内在的一致性。

(一)民法精神与中国特色诉求

民法精神既有人类一般性,也有民族特色性。构成社会主义法治文化民本模式的民法精神,作为中国社会的生态规范与秩序精神,是在人类一般民法精神的基础上形成的中国特色民法精神,必然体现中国特色本质,具有中国特色诉求。

1. 民法精神的人类一般诉求性

民法精神首先是人类一般性的社会精神,具有人类的一般诉求性。换言之,民法精神作为以人性为基础的社会精神,必然反映人性诉求的一般性即人类的自然生态条件,并必然在诉求上遵循人类利益需求及其实现的规定性,追求相互关系的公平与正义。因此,建设以民为本的社会主义法治文化必然提出民法精神诉求,并站在人类一般诉求的高度,思考民法精神与法治文化的价值、目的与方向问题,承认和尊重人类民法精神诉求的一般内涵和条件,反映人类民法精神的共同信仰,探讨和认知人类民法精神的普遍本质,并以此作为完善中国社会民法精神诉求的原则和根据,从而为建设以民为本的社会主义法治文化提供最为优秀和先进的民法精神资源。

2. 民法精神的中国特色诉求性

建设社会主义法治文化的民法精神,不仅具有人类一般性,而且具有中国特色性,是以中国社会实际为根据的社会规范与秩序精神,所以必然在反映人类一般诉求的基础上而具有中国特色诉求的属性。民法精神的中国特色性与民法精神的中国传统性不同。中国传统的民法精神是指中国民法精神的习俗性与历史性,而中国特色的民法精神则是指民法精神的民族性与当代性。虽然民法精神的中国特色性是在民法精神的中国传统性的基础上发展起来的,但是它融合了民法精神人类一般诉求性和时代进步性,是具有中国社会本质和符合中国社会法治和法治文化发展规律的民法精神。

有人总结中国传统民法精神与西方民法精神的不同:“其一,中国传统民法精神趋向于守成,冒险性缺席史不绝书,而西方民法精神中则积极鼓励冒险以追求更多利润或更高利益。其二,中国传统民法精神表现为财产共有型,而西方民法精神中则表现为独立财产型。其三,中国传统民法精神体现为人情型,而西方法治型社会体现为道德与法治。其四,中国传统民法文化中的个体人格呈现为一种序列人格或等差人格。其五,西方历史上,远在罗马法时期,就产生了公法、私法的理论,虽然其立法晚推至自由资本主义时期,但历史上商人始终是一种独立的社会力量。相形之下,中国传统民法的发展所受的限制则大得多。”〔1〕当然,中国传统社会并没有民法和民法精神的范畴,所谓的中国传统的民法精神,不过是对中国传统的市民社会的规范与秩序精神的一种概括和总结。

与中国传统的民法精神不同,中国特色的民法精神是近代以来中国社会法律与法治文化发展的结果,是在民刑分立的现代法律体系与法律文化的基础上,通过民法制度及其文化的中国道路与实践所表现出来的反映中国社会的历史传统与时代要求并具有中国社会的特定品质与价值诉求的一种规范与秩序精神。中国特色的民法精神以中国特色社会主义法律体系为基础,是通过当代中国民法形式表现的并具有中国社会生态秩序品质的法治精神。

“作为因应市场经济的一部法律,民法最伟大的贡献其实并不仅仅在于推动了中国经济的崛起,而在于解放了市民社会中的个体人性——是民法让每一个人站立起来了,是民法让每一个人真正成为独立、平等、自由、自主的人。”〔2〕因而,民法的贡献,不仅是形式的制度贡献,而且是实质的精神贡献,只有以中国特色的民法精神为诉求,才能够形成具有中国特色的社会主义法治文化。“民法精神以个体为核心,个体以意思自治为原则,独立地创设平等主体之间的民事关系。民法精神包含:契约自由观念、权利义务观念、主体意识。社会主义市场经济下必须弘扬民法精神,完善民事立法,对中国传统及西方法律精神予以批判

〔1〕 刘云生:《中西民法精神比较论纲——兼论民法史学方法论构建》,载《法律科学》2007 年第 3 期。
〔2〕 胡光志:《民法与人性的哲学考辨》,载《法律科学》2011 年第 3 期。

地扬弃、吸纳,使民法精神在今日中国勃兴起来。”[1]民法精神作为建设社会主义法治文化的民本模式,其内涵表现为中国特色的文化诉求,即建设以民为本的社会主义法治文化应当坚持具有中国特色与民族品质的民法精神诉求,以中国特色的民法精神建立中国特色的法治文化。

(二)民法精神与中国文化诉求

民法精神的中国特色诉求,是中国特色的文化诉求。民法精神只有构成中国文化并以中国文化的内在条件与秩序品质为诉求,才能够构成建设社会主义法治文化的民本模式,使社会主义法治文化具有鲜明的中国文化特色。

1. 民法精神的中国文化条件

作为建设社会主义法治文化的民本模式,民法精神与中国文化具有内在的本质联系,一方面,民法精神应当构成中国文化的内在精神条件,另一方面,中国文化应当以民法精神作为自己的内在品质需求。

民法精神作为起源于西方社会并具有西方文化背景的一种社会规范与秩序精神,正是基于其市场经济的法治条件与地位,构成了具有人类一般性的社会精神与文化现象,因此也必然构成中国文化特别是法治文化的内在精神条件,并必然在中国社会条件下走中国文化的发展之路。民法精神要构成中国社会的法治精神,不仅要中国化,而且要作为中国文化生态化,以中国文化的生态条件发挥构造社会规范与秩序的作用,从而构成社会主义法治文化的基础形态。

本项目组以“您认为影响建设社会主义法治文化的主要因素是什么”为题进行了全国性调查问卷,数据统计结果显示,在对这一问题的回答样本中,选择“完善的法律体系”的占31%;选择“建立社会公平”的占19%;选择“个人行为自律”的占18%;选择“严格法律制裁”的占18%;选择“良法善治”的占11%;选择“实现社会转型”的占3%(如图13－1所示)。这一数据统计结果表明,在我国社会,人们在法治文化建设上对于“完善的法律体系”的制度重视与强调在整体上远高于对其他法治和法治文化价值与因素的追求,而这些价值和因素则恰恰在更能体现民法精神的生态文化条件的基础上构成我国社会主义法治文化生态建设与实现的根本与实质因素。

[1] 章礼强:《民法精神论》,载《安徽教育学院学报》1996年第4期。

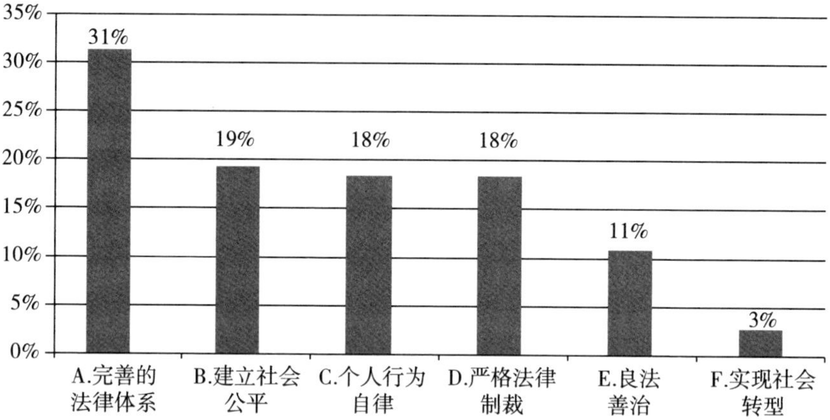

图 13-1 “您认为影响建设社会主义法治文化的主要因素是什么”一题调研数据统计

建设具有中国特色社会主义法治文化，不仅需要坚持中国传统文化的与时俱进，用体现人类一般社会规范与秩序品质的民法精神变革和更新中国传统文化的生态条件，在以人民为主体的中国文化构造中更需要内在文化涵养的外在形式表现，以展现民法精神的中国文化形态与特色，实现社会主义法治文化的现代化。显然，建设社会主义法治文化的民法精神诉求，不仅在于民法精神方面，也在于中国文化的形态建设。中国文化应当以积极、开放和包容的姿态接收并形成民法精神的规范与秩序品质，并构成中国文化自身的内在条件。

2. 民法精神的中国文化构造

民法精神作为中国特色社会主义法治文化的民本模式形态，其诉求不仅需要构成一种中国文化条件，而且其实现也需要中国文化的构造，即以中国文化形态构成的民法精神实现社会主义法治文化的诉求与建设。民法精神的中国文化构造，是一种中国社会的精神文化构造，民法精神作为中国社会的一种精神文化，需要中国社会的精神文化现代化。中国社会的现代化，主要有物质文化的现代化和精神文化的现代化两个方面。物质文化的现代化主要体现在科技进步及其现代化基础上的物质生产能力的提高并达到世界先进水平，从而在物质上改变人民的生活条件和提高人民的生活水平，使人民过上富裕的物质生活；精神文化的现代化就是人们的观念与思想的现代化，即整个民族拥有与时俱进并适应当代社会发展要求的思想观念、文化素养与精神信仰，并能够通过各种物质载体的形式把民族的精神文化展现于世界民族之林。民法精神作为中国文化中的一种精神文化,以中国文化的整体社会构造为基础,只有在中国文化的整体社会构造中才能够实现民法精神及其文化形态的构造与发展。

民法精神作为中国社会的一种精神文化,延伸出的是一个精神文明问题。精神文明是物质文明的基础,没有精神文明的现代化,或者说,没有代表时代精神文化的社会文明与进步,就不可能有物质文化与文明的现代化。[1] 民法精神在当代社会的精神文化中,代表了社会的规范与秩序文化及其进步与文明程度,而这一精神文化的进步与现代化,最终需要通过中国文化的整体进步与现代化表现出来,并需要中国文化形态的构造与推动,不可能有脱离于中国文化整体构成之外的民法精神及其文化形态的存在与发展。

四、民法精神的文化诉求与法治文化

民法精神的文化属性与建设社会主义法治文化的民法精神的文化诉求,既代表了社会主义法治文化的根本条件,也代表了社会主义法治文化的内在需求,因此,民法精神和民法精神的文化诉求,不仅是建设社会主义法治文化的民本基础,而且是建设社会主义法治文化的决定因素。

法治及其作用的重要性,在于法治作为社会文化的重要性,也就是作为一种民族整体与稳定的社会规范与秩序信仰的重要性。“根据西方的法治文化观念,在任何法律制度中,法治的内容是:对立法权的限制;反对滥用行政权力的保护措施;获得法律的忠告、帮助和保护的大量的和平等的机会;对个人和团体各种权利及自由的正当保护;以及在法律面前人人平等。”[2] 可见,在西方的法治和法治文化中,其基本条件和内涵是“民法精神”所代表的规范与秩序及其价值本质,同时也是对民法精神所代表的个人利益及其实现的权利与自由的保护,因此没有民法精神及其文化诉求,也就没有西方社会的法治和法治文化。

---

〔1〕“国家治理现代化的体系结构需要法治文化来进行优化,治理者从政府拓展到基层组织、公益机构、社会团体甚至公民个体,形成多元主体模式。”(于秀丽:《法治文化:国家治理现代化的重要推动力》,载《人民论坛》2018 年 1 月)特别是民法精神的法治文化,对于推动中国社会的秩序文明,提高整个社会的治理水平,实现中国文化的现代化发展,具有十分重要的意义。中国文化的现代化,不仅需要法治文化现代化的保证,而且需要法治文化现代化的条件与推动,没有法治文化的现代化,就不可能有中国社会及其文化的现代化发展,法治文化是中国文化现代化的基础文化。

〔2〕《牛津法律大辞典》,李双元等译,法律出版社 2003 年版,第 990 页。

在中国特色社会主义法治文化建设中,[1]民法精神及其文化诉求同样重要。以市场经济为基础和以民主为实质的社会主义法治文化,也就是以民法精神为基本生态规范与秩序条件的文化,这一文化不能缺失民法精神及其对法治文化的本质诉求。民法精神及其文化诉求,就是民法精神的法治化,是民法精神的法治形态化与生态秩序化。一方面,民法精神及其文化诉求具有法治文化的本质;另一方面,民法精神是一种实践法治文化的生态秩序能力。因此,没有民法精神或者民法精神及其诉求的缺失,就不可能有以民为本的当代法治文化的建设与形成。

(一)民法精神的文化诉求与法治文化本质

由于民法精神与法治文化的内在联系,民法精神具有法治文化的内涵和条件,因此,民法精神的文化诉求,对于建设社会主义法治文化和形成社会主义法治文化的本质,具有直接的现实意义。

民法精神的文化诉求,以民法精神文化或者民法文化的条件与形式表现出来。民法精神构成了民法文化的核心与本质,一定的民法文化既代表了一定的民法精神构造,又由一定的民法精神诉求所决定,有什么样的民法精神,必然有什么样的民法文化和由民法文化构成的法治文化。民法精神的文化诉求对于法治文化的本质意义,在于民法精神作为法治文化的精神本质,法治文化亦根本是一种精神文化,即法治文化最终不能由单纯的制度形式构成,而必须由一定的精神秩序所代表的社会生态条件实现。

1. 社会主义法治文化的民法精神文化性

正如民法精神的法治文化本质,社会主义法治文化必然具有民法精神的内涵与属性。“社会主义的本质决定了社会主义法治实践观是一个平等的、以社会为本位的和谐社会观。”[2]我国以民为本的社会主义法治文化建设,基于其民法精神的中国文化诉求,如果失去了民法精神的中国文化性,也就失去了社会主义法治文化的中国特色及其文化本质。可以说,法治文化的民法精神文化性,必须是中国特色的文化属性,它构成中国文化的一部分,必然由中国文化的社会生态秩序所决定,从而形成了社会主义法治文化的精神与文化实质。

---

[1] “中国特色社会主义的法治文化,是指以依法治国为原则、以建设社会主义法治国家为目标的法治理念,在社会生活各个领域、各个层面得到充分贯彻,以法治为特征的物质文化、政治文化、精神文化的全面生成。”(李德顺:《法治文化论纲》,载《中国政法大学学报》2007年第1期)

[2] 梁斌:《构建和谐社会的法律思考》,载《江西科技师范学院学报》2006年第2期。

基于社会主义法治文化的民法精神文化性和民法精神的中国文化性，建设社会主义法治文化，必须从根本解决中国社会的市民社会主体的民法精神及其构成的中国文化形态入手，在市民社会弘扬和形成民法精神的中国文化传统，只有市民社会主体信仰民法精神并具有代表民法精神的中国文化本质，社会主义法治文化才能够从根本上形成并具有中国特色的文化属性。换言之，社会主义法治文化是以市民社会为基础的文化，只有市民社会主体所代表的中国文化及其民法精神的文化条件才符合社会主义法治文化的本质诉求，才是真正的中国特色社会主义文化的一部分。因此，基于民法精神及其社会主义法治文化的中国文化属性，我国社会主义法治文化的民法精神文化诉求，不是简单的一般社会诉求，而是具有中国特色的文化诉求，而社会主义法治文化的民法精神文化性，也不是简单的一般文化性，而是代表中国社会民法精神条件与秩序品质的中国文化性。

2. 社会主义法治文化的民法精神诉求性

由社会主义法治文化的民法精神文化性所决定的，建设社会主义法治文化的民本模式，必然提出民法精神的文化诉求，并以民法精神的文化诉求性决定和维系社会主义法治文化的民本性。社会主义法治文化的民法精神诉求，就是要求在社会主义法治文化及其建设过程中，不断提出和满足民法精神的条件要求，以符合社会主义法治文化本质的民法精神充实社会主义法治文化的思想体系，从而使社会主义法治文化既不偏离中国特色社会主义文化的发展方向，又不脱离作为人类一般生态秩序的民法精神的价值目的。

“中国特色社会主义法治文化是社会主义法治理论和法治实践的集中反映，它是在吸收和借鉴中西方法律思想的基础上，结合我国的特殊环境和体制而形成的。因此，我国的法治文化拥有其他法治国家所不具备的特殊的要素，即具有中国特色的社会主义法律制度、与中国法治实践相匹配的法治理念、兼容并蓄的文化传统。”[1]社会主义法治文化的兼容并蓄，必然吸收和借鉴人类法治文化的优秀遗产，追求和体现人类法治文化的一般价值，而民法精神作为人类法治文化的一般内涵，必然成为建设社会主义法治文化的基础精神与诉求。“民法不仅作为调整市民社会关系的规范，而且还作为文化现象渗透于市民社会生活的

〔1〕 刘雁鹏：《中国特色社会主义法治文化的构成要素》，载《社会科学家》2014 年第 11 期。

各个领域。"[1]社会主义法治文化的民法精神诉求,就是要以具有中国文化特色的民法精神形态构造和完善我国的社会规范与秩序体系,实现社会主义法治文化的社会生态发展。因此,社会主义法治文化的民法精神诉求,既要追求民法精神的一般条件,又要坚持中国文化的特殊内涵,既以中国文化的形式弘扬民法精神,又以民法精神的法治文化实现中国文化的社会进步。

(二)民法精神的文化诉求与法治文化建设

民法精神的文化诉求,必然转化为社会主义法治文化建设的实际条件,因此与建设社会主义法治文化的社会实践具有统一性,不仅构成社会主义法治文化的建设行为,而且必然形成社会主义法治文化的建设成果。

1. 社会主义法治文化建设的民法精神文化形态

十八届四中全会《决定》明确要求建设社会主义法治文化。以民法精神为代表的民法文化形态是我国法治文化体系的重要组成部分,构成中国特色社会主义文化的基础秩序文化。民法精神及其中国文化实现的市民社会关系的规范与秩序,是社会主义法治文化的民本社会构造,由民法精神所代表的中国民法文化的人格条件、权利意识、私有观念与民主政治等文化形态构成了社会主义法治文化建设的重要基石,而这一基石的条件与水平,直接影响到社会主义法治文化的建设与过程及其成功与失败。

社会主义法治文化建设与民法精神的中国文化形态之间的内在联系,决定了有什么样的民法精神的中国文化形态,就有什么样的中国特色社会主义法治文化建设。社会主义法治文化建设既要注重民法精神的中国文化形态的条件及其培养与形成,又要实现社会主义法治文化的民法精神及其中国文化形态的构造与发展。在建设以民为本的社会主义法治文化过程中,民法精神的中国文化形态构造并不是一个被动的条件,而是一个积极主动的内化为社会主义法治文化并促进社会主义法治文化发展的因素,民法精神的中国文化形态的缺失与不足,必然影响和制约社会主义法治文化的建设与形成。

2. 社会主义法治文化建设的民法精神文化条件

社会主义法治文化的民法精神及其中国文化形态,决定了民法精神文化构成了社会主义法治文化建设的条件。在某种意义上可以说,社会主义法治文化就是以民法精神文化为条件和基础的文化。建设社会主义法治文化,不能没有

---

[1] 杜晓辉:《市民社会的构建与民法的基本价值》,载《山东社会科学》2010年第1期。

我们整个民族和社会的民法精神及其文化条件。在一定程度上，我们这个社会的法治文化，是由我们这个民族和社会的民法精神及其构成的中国文化条件所代表和决定的，脱离了中国社会的民法精神文化的中国文化条件，也就没有了社会主义法治文化的建设条件，更谈不上法治文化的以民为本和民本模式的建设。

法治文化不是一种理论空谈而是一种现实的社会存在。"中国社会主义法治文化根源于中华法治文明和中国特色社会主义法治建设伟大实践，摄取于全球法治文明优秀成果。把内涵于法治概念、法治观念、法治思维、法治理论、法治价值、法治习惯中的核心要素凝练出来，揭示的就是法治的文化内涵。"〔1〕这样的社会主义法治文化内涵，是以代表市民社会的民法精神的文化条件为基础的，没有全社会的民法精神及其所代表的中国文化条件，既不可能生成以民为本的社会主义法治文化的目的与价值诉求，也不可能形成以民为本的社会主义法治文化建设过程。因为没有了民法精神这一市民社会的文化条件基础，社会主义法治文化大厦就失去了建设与立足的根基。

民法精神的思想观念体系作为自然生态的社会规范与秩序体系，在社会主义法治文化的建设条件中，当然处于一种基础和核心地位，因为法治文化不论何种形态与结构，都最终根源于人的思想条件并需要思想条件的文化实现。〔2〕这就是我们强调民法精神及其构成的中国文化条件在社会主义法治文化建设中的重要性的根本原因。民法精神是社会主义法治文化的核心与基础的文化条件，建设社会主义法治文化首先应当建设以民法精神为基础的中国社会文化，只有这样才能建成民本模式的社会主义法治文化。

我们认为，中国社会主义法治文化建设的民法精神文化条件应当从精神理念文化、制度规范文化、行为实践文化这三个层面形成：〔3〕

---

〔1〕 张文显：《法治的文化内涵——法治中国的文化建构》，载《吉林大学社会科学学报》2015 年第 4 期。

〔2〕 "法治文化就是法律的意识形态和与其相适应的社会制度和组织机构。一般来说，观念支配行为，思想决定行动，而良好的制度和规范又影响和塑造着人们的思想观念体系。法治文化建设就是制度性文化建设与观念性文化建设的结合和互动。"（刘作翔：《法治文化的几个理论问题》，载《法学论坛》2012 年第 1 期）

〔3〕 "法律精神文化总是支配一定的法律制度文化和法律行为文化，法律制度文化总是代表和统一着一定的法律精神文化与法律行为文化，而法律行为文化总是受制于一定的法律精神文化与法律制度文化，并也总有脱离于精神与制度之外的表现或者存在。"（王利民：《论法律文化与民法文化》，载《法治研究》2010 年第 8 期）

(1)精神理念文化层面。民法精神文化理念的全面践行,是人类追求社会秩序文明的最高和最理想状态,符合社会主义法治文化的本质诉求。所以,应当以民法精神及其所代表的中国文化的规范与秩序理念作为社会主义法治文化的主体内容,构成内化为人们行为准则的社会主义法治文化的自然生态,从而使社会主义法治文化得以稳定发展和永续传承。我们认为,民法精神的文化理念构成社会主义法治文化的重要条件,所以建设社会主义法治文化需要形成以民法精神的文化条件为基础的法治理念认同。[1] 法治文化是以法治理念认同为条件的规范与秩序的生态文化,法治理念认同构成法治文化建设的共同精神基础,社会主义法治文化的生态转型与建设,自然离不开民法精神的文化条件及其所代表的构成中国文化形态的法治理念及其秩序认同与共识。

(2)制度规范文化层面。以民法精神的文化形态为基础的社会主义法治文化的制度建设,就是建设包括宪法、民法、刑法、行政法、经济法、社会法和诉讼法等在内的各种制度体系,即社会主义法律体系。这一制度体系的基础是调整市民社会关系的民法即权利法。中国民法典的编纂是传播和弘扬民法精神文化的制度载体,并为社会主义法治文化的制度建设提供基础规范条件。以民法典为代表的民法体系作为以民为本的法律体系,不仅构成了社会主义法治文化建设的制度条件,而且必将通过这一制度条件使民法精神的法治文化条件得到普遍的发展与传播。

(3)行为实践文化层面。以民法精神的文化形态与诉求为条件的社会主义法治文化建设,主要体现为全体社会成员在具体的法治实践中遵循民法精神条件的行为方式及其构造的法治文化形态。民法精神的行为实践,一方面是法律行为的实践,即民事主体基于意思表示以产生预期的民事法律后果为目的的私法行为实践,另一方面是以权利保护为条件和目的的立法、司法、执法和法律监督等具有法律意义和后果的公法行为实践。其中本体与核心的是民事主体自主自律的法律行为实践,即市民社会的自然生态的规范与秩序行为实践,它代表了法治文化的普遍行为文化与生态文化,是社会主义法治文化建设的根本社会条

[1] "社会主义法治理念的认同是一种文化认同。法治理念的认同是人们在一个民族共同体或国家中长期共同生活所形成的对法治的肯定性体认,其核心是对一个国家法治价值的认同;是凝聚广大民众追求法治的知识纽带、是一个国家法治得实现的精神动力。因而,增强全社会的法治理念的认同,对于我国当下社会主义法治国家建设目标的实现具有非常重要的意义。"(龚廷泰:《建设社会主义法治文化论纲》,载《金陵法律评论》2015 年第 1 期)

件。显然,民法精神的法治文化意义,就在于它是法治文化的直接行为实践条件,决定了社会主义法治文化的生态秩序,具有社会主义法治文化形态的直接性与现实性。

在人类社会从身份到契约的发展过程中,权利义务的行为实践已经成为人类社会生活的方式,离开了权利与义务人们就不会生活也无法生活。因此,民法精神的行为实践,不仅是一种法治文化,而且也是一种生活文化。民法精神的行为实践不仅反映了人类在生存与发展上的客观利益需求,而且凝结了人类法治文化与文明发展的本质,所以建设以民为本的社会主义法治文化必然根基于民法精神及其所代表的中国文化形态的实践条件与行为构造。

第四编

科学发展：法治文化的民法精神构造

第十四章

民法精神的人性自然构造

一、人性观及其社会构造的历史考察

社会主义法治文化作为以民为本的文化形态，不仅是人的社会创造，而且是人的自然构造，遵循人的自然进化的规律性与规定性。人的自然构造，就是人性的构造，是人性的自然构造。

社会主义法治文化建立于人性的自然基础之上，人性自然构造是以民为本的社会主义法治文化存在和发展的本质与本体形态。人性作为人的普遍属性，是人的一切社会现象的规定性，因此也是社会主义法治文化的规定性。人性的本质既体现于自然性又体现于社会性。人性的自然性即人的自然需求性，本质上是人的客观利益性。以民为本的社会主义法治文化要实现人的利益需求，需要承认和尊重人性的自然规定性，并必然在本质与实现上体现为一种人性自然构造。

人性不仅具有人的自然性，而且具有人的复杂性，因此要认识人性是一个非常困难的事情，甚至在本质上是不能被透视的。[1] 人性的复杂性决定了人性观的复杂性。历史上，关于人性观的分疏，既有性善论与性恶论的争论，也有理性

---

〔1〕 正如"正义有着一张普洛透斯似的脸"（[美]E. 博登海默：《法理学：法律哲学与法律方法》，邓正来译，中国政法大学出版社2004年版，第261页），人性也是如此。

与感性的分歧。[1] 人性观的分歧性与多样性，主要是因为人性虽然是客观的、普遍的，但是对人性的理解与认识是随着时代的发展不断变化的，在不同时代和不同社会条件下就会产生不同的人性观。因此，法治和法治文化作为民法精神的人性自然构造，虽然具有人性构造的一般性和普遍性，但也并非完全统一的构造而必然呈现有不同构造的文化形态与属性。

（一）中国传统的人性观及其社会构造

中国传统的人性观是中国古代社会关于人、人性的思想观念与认识成果。中国传统的人性观作为中国传统文化的组成部分，既是中国传统社会条件的产物，又是中国传统的社会制度与秩序构造的根据。中国传统的社会构造，一是经济上的自然形态，二是伦理上的家族本位，三是政治上的专制集权。传统社会构造反映为中国传统人性观的三重特征，即自然秩序的人性观、伦理秩序的人性观和专制秩序的人性观。

1. 自然秩序的人性观及其社会构造

中国传统的人性观，从人的自然本性出发，是一种自然秩序的人性观。《孟子》云，“生之谓性”“食色，性也”。（《孟子·告子上》）《诗经》云：“天生烝民，有物有则。”（《大雅·烝民》）孔子强调人的自然本性，认为“性相近也，习相远也”。（《论语·阳货》）所谓“性相近”也就是人性的自然秩序条件的普遍性和相似性。孔子亦说：“吾未见好德如好色者也。”（《论语·子罕》）显然，“好德”是人的社会属性，而“好色”是人的自然属性。孟子坚持性善论，[2] 荀子坚持性恶论，[3] 然而，不论是性善还是性恶，在本质上都不是人后天习成的善或者恶，而是人先天固有的善或者恶。“周人世硕，以为‘人性有善有恶。举人之善性，养而致之则善长；性恶，养而致之则恶长’。”（《论衡·本性》）人性中有善有恶，都是潜在的先天人性，因“养”而致，或者“善长”，或者“恶长”，而后天的人性变化必然是以先天的人性为根据的。可见，中国传统的人性观，不论对人性持何种

---

〔1〕 关于人性概念的具体内涵，详见本书第三编（第八章）“以民为本的人性诉求”的相关部分。

〔2〕 “乃若其情，则可以为善矣，乃所谓善也。若夫为不善，非才之罪也。恻隐之心，人皆有之；羞恶之心，人皆有之；恭敬之心，人皆有之；是非之心，人皆有之。恻隐之心，仁也；羞恶之心，义也；恭敬之心，礼也；是非之心，智也。仁义礼智，非由外铄我也，我固有之也，弗思耳矣。”（《孟子·告子章句上》）

〔3〕 “人之性恶，其善者伪也。今人之性，生而有好利焉，顺是，故争夺生而辞让亡焉；生而有疾恶焉，顺是，故残贼生而忠信亡焉；生而有耳目之欲，有好声色焉，顺是，故淫乱生而礼义文理亡焉。然则从人之性，顺人之情，必出于争夺，合于犯分乱理，而归于暴。故必将有师法之化，礼义之道，然后出于辞让，合于文理，而归于治。用此观之，人之性恶明矣，其善者伪也。”（《荀子·性恶》）

认识，都是从人的先天本性即人的自然属性出发揭示人性的本质，都属于一种自然主义即自然秩序的人性观。自然秩序的人性观就是承认人的自然本质，要求人遵守自然秩序，而人的社会秩序不过是人的自然秩序的发展结果，因此社会秩序具有自然秩序的规定性。

自然秩序的人性观，本身就是人的自然认识。人认识自己的世界，必然从自己的自然开始，并从自然中发现自己的人性本质。自然秩序的人性观，是一种最直观和最本质的人性认识。中国的传统文化是一种农业文化，这种文化以自然经济为基础，是一种自然秩序的文化，是与农业文化和农业文明直接联系的自然经济，与商品经济或者市场经济相对，是一种自给自足的社会经济模式。它简单和直接地反映了人的自然生产和生活的条件与秩序，是一种很少被社会修饰的生产与生活方式，也就更多地体现了人的自然性与本能性，这种社会经济模式所产生的人性观，必然直接反映人在自然秩序条件下的人性观念，从而形成一种自然主义或者自然秩序的人性观。然而，中国传统的自然秩序的人性观是有局限性的，它从自然认识人性，但却没有真正认识人性自然的社会实现条件与需求。

2. 伦理秩序的人性观及其社会构造

中国传统社会的人性观，不仅是自然秩序的人性观，而且是伦理秩序的人性观。所谓伦理，就是人与人之间相互关系的道德准则，而中国传统的伦理是以“礼”为核心的身份等级秩序。在中国传统的伦理秩序中，人是被划分为不同身份和等级的，而不同身份和等级的人，也就自然被以不同的人性对待。中国传统的伦理秩序作为一种身份等级秩序就是一种人性的差别秩序，而这种人性差别不是人的自然或者先天的差别，而是人的社会或者伦理的差别，是相同的人被以不同的人性对待而产生的相互关系的尊卑贵贱的地位差别。也就是说，中国传统的身份等级的伦理秩序，其在根本上不是人性的自然差别而是人性观的意识形态差别，是一种人性的社会异化。

礼是中国传统伦理秩序中人性观的核心范畴。“夫礼者，所以定亲疏，决嫌疑，别同异，明是非也。”（《礼记·曲礼上》）可见，礼是以宗法等级名分制度为基础的伦理秩序，其基本原则是亲亲与尊尊。《礼记》曰：“上治祖祢，尊尊也；下治子孙，亲亲也。”在中国传统社会里，人们之所以区分尊卑贵贱的不同等级，一方面是因为人们在生产关系中所处的地位不同，决定了人们政治上的不同等级地位；另一方面是因为血缘关系的亲疏，决定了人们在宗法制度中的不同等级名分。因此,上亲下尊必然被用来确认尊卑贵贱之间的等级名分关系。同时,根据礼的精神,亲亲为孝,尊尊为忠。中国古代统治者找到了“家国相通”的道理。亲其亲者,在家事父母;尊其尊者,出外敬长上,这一礼的原则要求,成为构筑整个社会关系秩序的基础框架,从而实现齐家治国平天下的社会目标。《礼记·坊记》云:“天无二日,土无二王,家无二主,尊无二上,示民有君臣之别也。”反映的正是在尊亲关系上族权与王权的一致性。在族权与王权一致的社会里,必有忠与孝的伦理要求,忠孝观念就成为维护社会秩序的思想基础。礼的目的和作用正是在于确立忠孝观念,维护等级差别的社会关系秩序。不同的等级有不同的礼;不同等级的礼,有各自的规格、内容和形式;不同的礼,不仅是行为的准则,而且是区分行为主体即贵贱尊卑的标志,从而也就被赋予了特定的人性含义。

中国传统的伦理秩序的人性观形成于先秦。[1] 作为中国传统思想文化的一部分,伦理秩序的人性观与中国古代社会的血缘关系及其秩序条件相契合,成为中国古代社会正统的人性观,构成了中华文化的一种本质属性,被两千余年的封建社会长期延续,几乎没有发生什么根本性的变化,具有超强的稳固性。中国传统的伦理秩序的人性观之所以能够在我国封建社会长期占据主流地位,是因为我国传统社会是以家族这一团体为基本单位,而非以个人为基本单位。在中国传统社会中,权利义务并非由个人设定的,而是源自一个人的出生与身份,是由家长或者户主的意志与强制产生的。[2] 这就是一种“贵贱有等,长幼有差”的伦理关系,而反映这种等级秩序的人性观就是中国传统的伦理秩序的人性观。中国在漫长的古代社会中,这种等级秩序的伦理关系极其稳定,与此相适应,传统的伦理秩序的人性观也没有发生什么根本性的变化。

3. 专制秩序的人性观及其社会构造

中国传统的秩序文化,不仅是一种自然与伦理秩序文化,而且是一种专制秩序的文化。西方启蒙思想家孟德斯鸠曾把中国描述为一个有很强专制精神的

---

〔1〕 中国传统的伦理秩序的人性观集中体现于“礼”及其相关理论学说,而“礼”及其相关学说,成熟于西周,至孔子创立儒家学说时起成为一种完善的关于伦理秩序的理论体系。“真正成熟的礼制,是在西周成王、周公的时代才成立。”(邵方:《儒家思想与礼制——兼议中国古代传统法律思想的礼法结合》,载《中国法学》2004 年第 6 期)春秋时期,以孔子为代表的儒家学说积极倡导恢复“礼”,以维护社会的秩序。“在儒家看来,礼的制定就是为了稳定社会秩序,礼仪更重要的意义是它所象征的一种秩序。”(邵方:《儒家思想与礼制——兼议中国古代传统法律思想的礼法结合》,载《中国法学》2004 年第 6 期)因此,中国传统的伦理秩序的人性观在先秦时期就已经完全形成。

〔2〕 参见[英]梅因:《古代法》,沈景一译,商务印书馆 1959 年版,第 176 页。

“恐怖”与疆域辽阔的国家。[1] 孟德斯鸠关于中国专制的论述是站在18世纪的西方视角下观察中国古代社会得出的结论。从社会秩序构造的视角观察,建立在自然经济与等级名分基础上的中国传统社会的政治制度,必然是一种专制的社会制度。[2] 专制的本质是专制秩序,即与自由秩序相对的强制秩序,所谓“天下之事无大小皆决于上”(《史记·秦始皇本纪》),统一与强权构成了中国古代专制秩序的典型特征。专制秩序就是把人的奴性或者服从性视为其基本的人性条件和要求,就是认可少数人统治或者奴役多数人的必要性与正当性,也就是广大平民百姓接受专制秩序的常态性与合理性。[3] 可见,专制秩序的人性观,就是一部分人可以压迫和奴役另一部分人的人性观,或者是人应当接受他人设定的强制条件而必须绝对服从的人性观。这种人性观是人可以限制人、剥夺人甚至否定人的人性观,因此其是一种不平等的人性观。

中国古代社会及其传统文化,缺少民主与自由的社会土壤,既没有实现商品经济的大发展,也没有形成民主制度的条件。因此,专制秩序就构成了社会的主体秩序,而这种秩序构造既是一定的人性观的结果,也必然以一定的人性观的形式表现出来。[4] 专制秩序的社会构造具有社会秩序构造成本的廉价性,但却以牺牲绝大多数人的自由为代价。所以,虽然其存在具有一定的合理性甚至是必要性,但是在本质上是一种非人性的秩序构造,也就必然被民主自由的社会秩序及其人性观所代替。

(二)西方传统的人性观及其社会构造

西方传统的人性观作为西方文化的重要组成部分,基于人本主义及其对人

---

〔1〕 参见[法]孟德斯鸠:《论法的精神》(上册),张雁深译,商务印书馆1961年版,第129页。

〔2〕 在社会秩序构造的视角下,法治与人治是两种截然不同的社会构造形态。而专制的社会制度就是人治的一种具体形态。有学者将我国古代社会专制制度的特征概括为:“这种专制的唯一的核心或特征,就是一个‘一’字,全社会都必须与皇权意志或曰国家意识形态,保持绝对的统一。”(李振宏:《秦至清皇权专制社会说的思想史论证》,载《清华大学学报(哲学社会科学版)》2016年第4期)

〔3〕 “三纲五常”理论就是为专制秩序必要性与正当性、常态性与合理性辩护的突出体现。如学者指出的那样:“到了西汉武帝时期,董仲舒更是把君臣、父子、夫妇之三纲,附会以阴阳五行思想,发挥出一套系统的三纲五常的伦理体系。”(李振宏:《从政治体制角度看秦至清社会的皇权专制属性》,载《中国史研究》2016年第3期)

〔4〕 例如,朱熹理学中“存天理、灭人欲”“克己复礼”的人性观既是专制秩序作为我国古代社会主体秩序受到人性观这一专制文化具象形态作用的结果,同时也是专制秩序在人性观中的具体体现。这一人性观客观上加强了专制制度在社会领域中的渗透与控制力,成为专制制度控制社会大多数人并维护专制秩序的文化工具。

和人的价值的认识,产生了丰富的关于人和人性的学说。西方传统的人性观以性恶论为主流观点,在此基础上强调约束国家权力、张扬人的自然权利,这一理念为法治和法治文化的发展奠定了坚实的人性论基础。虽然西方传统人性观在早期有其局限性,特别是在受基督教神学蒙蔽的时期这种局限性尤为明显,但是自启蒙运动以来,西方传统人性观所体现的人文精神,强调人的主体地位,尊重并保护人的合法权利,体现了鲜明的人文主义法治文化的本质,并以此为基础构造了法治的社会秩序体系。这一体系对世界其他地区的法治文化的形成与发展产生了广泛而深远的历史影响,也对我国建设以民为本的社会主义法治文化具有重要的借鉴意义。

1. 古希腊哲学的人性观及其社会构造

古希腊的哲学很早就把人作为研究的中心,产生了许多富有洞见的人性观。正如普罗泰戈拉所言:“人是万物的尺度,是存在的事物存在的尺度,也是不存在的事物不存在的尺度。”〔1〕这一“人是万物的尺度”的命题,为西方社会人性观的形成奠定了认识论的基础。苏格拉底认为,人们应当关注灵魂,最高的知识就是对人类灵魂的“善”的认识。他认为:“知识即德性,无知即罪恶。”〔2〕苏格拉底的“认识你自己”的哲学命题使认识主体实现了由神到人的转变,使人们开始认识到人是社会活动的主体。〔3〕柏拉图提出“灵魂三分论”,〔4〕认为人除了肉体,还有灵魂,灵魂是由理智、激情和欲望结合而成,三者之间存在等级层次关系。理智是最高贵的部分,激情处于中间部分,激情服从并协助理智,欲望占据灵魂的大部分,其本性是贪婪,受到理智和激情的制约。〔5〕亚里士多德认为,人的灵魂有所谓天赋、习惯和理性“三端”,而理性则是人类独有的一种精神条件。〔6〕亚里士多德对人性的创建性认识,在于其主张人性除了理性还存在非理性的因素,这就将人性学说大大向前推进了一大步。“亚里士多德的天才在于辩证地论述了人的理性本质,揭示了人的本性是理性与非理性的对立统一。”〔7〕

〔1〕北京大学哲学系外国哲学史教研室编译:《古希腊罗马哲学》,生活·读书·新知三联书店1957年版,第138页。

〔2〕苗力田、李毓章主编:《西方哲学史新编》,人民出版社1990年版,第54页。

〔3〕路淑英:《“认识你自己”:一个贯穿古今的哲学命题》,载《新视野》2006年第3期。

〔4〕参见《柏拉图全集》(第2卷),王晓朝译,人民出版社2003年版,第418页。

〔5〕参见《柏拉图全集》(第2卷),王晓朝译,人民出版社2003年版,第421~422页。

〔6〕参见[古希腊]亚里士多德:《政治学》,吴寿彭译,商务印书馆1965年版,第385页。

〔7〕陈兴良:《刑法的人性基础》,中国人民大学出版社2006年版,第3页。

柏拉图和亚里士多德在对抑制人性恶、张扬人性善的政治理想上，都强调教化的重要作用，这对于社会秩序构造具有重要的现实意义。

2. 古罗马法学的人性观及其社会构造

古罗马法学之所以能够对西方甚至世界的法治文化产生重大影响在很大程度上是与其积极的人性观相关的。古罗马法学建立在简单商品经济的基础之上，因此其法律制度，特别是作为私法的民法制度承认人格独立，保护私有财产，尊重人的意思自治。这些民法的价值原则所代表的人性观，就是将人作为主体对待，尊重人的利益需求及其自由意志。在这种人性观的指导下，古罗马法学发展出了以市民社会自治为基础的法治文化以及民法精神，构造了人格尊重与利益均衡的市民社会秩序。〔1〕

西塞罗是对古罗马法学的人性观具有重要贡献的代表性人物。作为古罗马伟大的法学家和政治家，他深受斯多葛派哲学家观点影响。斯多葛学派认为，人在本质上属于理性动物，具有用理性支配自己的本能，并能够根据符合本性的法则去安排自己的生活，从而使自己接受理性的命令而不受或者少受个人感情的影响。〔2〕继承了斯多葛学派思想的西塞罗，其关于理性是人性的主要特性的观点，对于西方传统的人性观产生了很大的影响。

古罗马法学的人性观，以简单商品经济为基础，构造了承认人的主体地位、尊重人的利益需求、均衡市民社会的利益结构的民法精神及其法治文化，不仅合理构造了古罗马社会与国家的秩序，成为其秩序构造的基本条件，而且对后世西欧诸国乃至大陆法系法治文化产生了深远影响。正如恩格斯指出的，虽然罗马法产生于资本主义之前的简单商品社会，但是却蕴含了资本主义时代的法权关系，〔3〕即具有普遍性和一般性。

3. 启蒙思想家的人性观及其社会构造

文艺复兴时期，西方社会文化领域变革主要表现为反对神性对人性的控制，以彰显人性的本来面目。尽管文艺复兴与人文主义在形式上呈现出多样化的面貌，但其本质却是人的文化，是人性的文化。因此，从人性的视角观之，文艺复兴

---

〔1〕“罗马法中的‘诚实生活、毋害他人，分给各人属于他的’（I. 1，1，3）的戒条设定了理想的市民的标准。”徐国栋：《民法哲学》，中国法制出版社 2015 年版，第 393 页。

〔2〕参见［美］E. 博登海默：《法理学：法律哲学与法律方法》，邓正来译，中国政法大学出版社 2004 年版，第 17 页。

〔3〕参见《马克思恩格斯全集》（第 36 卷），人民出版社 1974 年版，第 169 页。

运动是一场重新发现人性与人的价值的文化运动。由于教权和传统束缚着中世纪的人心,所以改革家们在文化方面转向古典文化,复活古希腊罗与古马文化,这就是所谓的文艺复兴,从而使重新发现的人性复归人文主义。[1] 文艺复兴时期的启蒙思想家认为,人性的本来面目是善恶并存的。近现代的西方人性理论在前人基础上产生了丰富多彩的人性观点及社会理论。功利主义认为,人性的根本在于追求快乐,避免痛苦——人性受这一功利原理支配,而快乐和痛苦受自然的主宰并决定了人们想干什么和将干什么。[2] 在功利主义看来,趋乐避苦的人性是包括法律在内的制度的基础。社会契约论的学者则认为人性是自由以及富有理性的,自由是人性的产物,其目的在于维护自身的生存,而生存构成人性的首要法则,人只有成为自己的主人,才能够达到以适当方式维护自己生存的目的。[3] 孟德斯鸠认为理性是人性的必要组成部分,并认为法律是理性的产物,作为支配所有人民的法律就是人类理性,这种人类理性个别适用的时候就体现为各国的政治和民事法律制度。[4]

启蒙思想家的人性观是文艺复兴运动以来西方文化变革的重要体现,其主要内容为反对中世纪基督教神学对人性的禁锢和压抑,倡导重新发现人性以及人的价值,主张将人性从教权的束缚中解放出来,为近现代西方人性观的进一步丰富和发展开辟了道路。所谓启蒙,就是从蒙昧的状态中挣脱出来。因此总结起来,启蒙思想家的人性观就是冲破之前对人性的蒙昧认识,重新发现人性以及人的价值的人性观,这一人性观对于资本主义的文化与制度构造产生了重要影响。

4. 近现代西方的人性观及其社会构造

近现代西方人性观是建立在近代资本主义制度基础之上的文化形态。近代以来,西方随着资本主义经济的发展,人的平等、自由的文化价值得到弘扬。在此文化背景下,近现代西方人性观集中探究人性的感性与理性的面向,感性主义与理性主义的人性观此消彼长,进而以此人性观为基础构造了近代以来的资本主义文化形态与社会秩序。作为西方第一位专门研究人性的哲学家,休谟首先将人性置于科学研究的核心地位。休谟主张哲学研究应当抛弃老的迂回曲折的

---

〔1〕 参见[美]梯利:《西方哲学史》,葛力译,商务印书馆 1995 年版,第 253 页。

〔2〕 参见[英]边沁:《道德与立法原理导论》,时殷弘译,商务印书馆 2000 年版,第 57 页。

〔3〕 参见[法]卢梭:《社会契约论》,何兆武译,商务印书馆 2003 年版,第 5 页。

〔4〕 参见[法]孟德斯鸠:《论法的精神》(上册),张雁深译,商务印书馆 1961 年版,第 6 页。

方法,而直指人性本身这一核心,人性一旦被掌握,其他方面就变得轻而易举了。[1] 其后的近代唯理主义先驱笛卡尔极端强调人性中精神的独立性,后世学者将其认定为把精神与肉体完全对立起来的二元论者。[2] 他认为,形状、位移等肉体的特性都与人的本性无关,只有思想才属于人的本性,当人们怀疑肉体是否存在的时候就已经认识到思维的存在,所以精神的范畴比物质的概念更加具有优先和确实的地位。[3] 康德把人性分为“禀赋”和“倾向”。他认为,人作为生命、理性以及负责任的存在物,分别具有动物性、人性以及人格性的禀赋。[4] 康德认为人是恶的,这主要指向人所具有的意志薄弱、不纯粹和堕落这三种活动倾向。康德这种理性与感性并存的人性观是其哲学主张的具体体现。[5] 费尔巴哈的人性观是人本主义的人性观。人本主义人性观主要包括以下层面:其一是自然主义人性观。“人在世界上之最初的出现……只归功于感性的自然界。”[6]“完全与动植物一样,人也是一个自然本质。”[7] 其二是感性主义人性观。人和动物虽然在感官方面是共通的,但是人的感官从相对的、较低的本质转变为绝对的、自我目的以及自我享受的本质。[8] 其三是人的本质的人性观。人性中的理性、爱、意志力构成人的完善性,这就是人的本质,是人生存的目的。[9]

进入现代社会以来,理性主义的人性观占据了主流地位。就理性主义而言,随着社会政治经济的变迁,特别是“二战”对人性的摧残,对人的价值的漠视,促使人们深入反思建构理性主义,逐步树立进化理性主义的观念。人的理性既不能预见也不能型构出自身的未来。理性是通过发现既有错误而发展的。[10] 此

---

〔1〕 参见[英]休谟:《人性论》(上册),关文运译,商务印书馆1980年版,第7页。

〔2〕 参见韩秋红、杨赫娇:《“思”与“在”的世界——笛卡尔哲学二元论新解》,载《东北师大学报(哲学社会科学版)》2010年第5期。

〔3〕 参见[美]梯利:《西方哲学史》,葛力译,商务印书馆1995年版,第315页。

〔4〕 [德]康德:《单纯理性限度内的宗教》,李秋零译,中国人民大学出版社2003年版,第9~10页。

〔5〕 “康德哲学的基本特征是调和唯物主义和唯心主义,使二者妥协,使不同的相互对立的哲学派别结合在一个体系中。”[《列宁全集》(第18卷),人民出版社1988年版,第204页]

〔6〕 《费尔巴哈哲学著作选集》(上卷),荣震华、李金山等译,商务印书馆1984年版,第214页。

〔7〕 《费尔巴哈哲学著作选集》(上卷),荣震华、李金山等译,商务印书馆1984年版,第312页。

〔8〕 《费尔巴哈哲学著作选集》(上卷),荣震华、李金山等译,商务印书馆1984年版,第212页。

〔9〕 参见《费尔巴哈哲学著作选集》(下卷),荣震华、王太庆等译,商务印书馆1984年版,第27~28页。

〔10〕 [英]弗里德里希·冯·哈耶克:《自由秩序原理》(上),邓正来译,生活·读书·新知三联书店1997年版,第44页。

即有限理性推演出的无知人性观。无知人性观认为,决定所有社会成员行动的事实对于每个人而言都是无知的。[1] 总之,近现代西方人性观是近代资本主义文化的重要组成部分,同时也是近代资本主义文化的人性基础。近现代西方人性观的主要特征是围绕人的感性、理性等内容而展开的关于人性的认识与主张。在启蒙运动发现人性以及人的价值的基础上,近现代西方人性观进一步挖掘人性中的感性、理性等不同面向,从而为自由、平等的西方资本主义文化寻找人性基础与人性根据。

(三)中国人性观的历史性变革与进步

中国社会人性观的历史性变革是指清末以来发生的由传统人性观到当代人性观的转变。清朝末期,西方资本主义文化传入中国,从而导致中国法律制度与法治文化的变革。在此背景下,人性观亦由传统的封建伦理的人性观向近代人本主义的人性观变迁,并且这一变迁是作为整个社会结构与社会秩序体系变革的条件存在的。中国社会人性观的历史变革作为中国文化整体变革的重要组成部分,主要表现为以自然经济为基础的人性观向以资本主义经济为基础的自由、平等的人性观的转变。

1. 中国近代人性观的历史变革

近代以来,西学东渐,包含人性论的西方思想学说逐渐传入中国,在中华大地传播。西学的传播,使一些进步的知识分子逐渐将西方思想学说纳入自己的思想体系之中,并利用其抨击、改造中国传统文化,从而形成了中国近代的思想学说。中国近代人性观作为近代思想文化的一部分,亦受近代文化转变的影响,呈现出与中国传统人性观不同的内涵特征与历史演变。

清末时期,中国的资本主义经济在萌芽中曲折缓慢发展。与资本主义经济发展相伴随的资产阶级力量开始逐步形成和壮大,资产阶级思想观念也不断成熟和发展。中国近代萌生的资产阶级人性观,与中国传统人性观的显著区别,就是以西方社会的自由、平等、博爱等资产阶级意识形态为导向,提出人性的平等性与普遍性,肯定人的自然欲求以及个人利益的正当性,即自然人性论的人性观。通过自然人性论的人性观,一些进步的政治家和思想家为自由平等的思想意识以及变法图强的政治主张寻求理论根据,而在诸多持自然人性论的思想家

---

〔1〕 参见[英]弗里德利希·冯·哈耶克:《法律、立法与自由》(第1卷),邓正来等译,中国大百科全书出版社2000年版,第8页。

之中，康有为、梁启超、谭嗣同、严复最具代表性。

康有为以尊孔为名，宣传其人性观。孔子主张“性相近”，康有为据此提出人性的平等性：“若名之曰人，性必不远，故孔子曰：性相近也。夫相近，则平等之谓。”[1]人性的平等性，为资产阶级反对封建社会的等级制度，提供了人性的根据。谭嗣同则以人性都由以太派生立论，[2]表达资产积极“博爱”的思想。“就性名之已立而论之，性一以太之用，以太有相成相爱之能力，故曰性善也。”[3]自然人性论者认为人的欲望和自利心是人性的根本内容，趋乐避苦、趋利避害是人的本性使然。梁启超亦认为，自利心是人性中必然存在的，并非传统社会所斥的“恶德”。“为我也，利己也，私也，中国古义以为恶德者也，是果恶德乎？曰：恶，是何言！天下之道德法律，未有不自利己而立者也。”[4]在梁启超看来自利心与群体利益并不相悖。在肯定人的自利心的基础上，中国近代自然人性论者受西方功利主义思想影响，认为趋乐避苦、趋利避害是符合人性的。“故夫人道者，依人以为道。依人之道，苦乐而已。为人谋者，去苦以求乐而已，无他道矣。”[5]严复也认为，趋乐避苦是人之常情，“夫背苦而向乐者，人情之大常也，好善而恶恶者，人性所同具也”。[6] 总之，中国近代人性观的历史变革为新兴资产阶级的自由、平等、博爱等价值观提供了人性根据，反映了其摆脱封建制度束缚，变革社会，建立民主制度的强烈愿望，具有划时代的社会进步意义，影响了新社会秩序的形成。

2. 社会主义人性观的历史进步

社会主义人性观与以往时代的人性观相比具有巨大的历史进步性。尊重及发展人性是社会主义社会的本质属性，人性与社会主义存在本质的联系与统一。

---

[1] 《康有为全集》(第1集)，上海古籍出版社1987年版，第547页。

[2] “以太”为近代康有为、谭嗣同、孙中山等人使用的哲学名词，是物理学概念的借用。康有为在《孟子微》中把“以太”与“仁”、“不忍人之心”等道德观念等同。谭嗣同在《仁学》《以太说》中把“以太”说成宇宙间无所不在的无色、无声、无臭的物质，同时又作各种精神性的解释，把孔子的“仁”“元”“性”，墨家的“兼爱”，佛家的“慈悲”，基督的“灵魂”等，都看作是“以太”的作用。“以太”作为谭嗣同关于人性问题的理论，为其“冲决伦常之网罗”、实现“仁—通—平等”的道德理想提供人性论根据。“以太”一词于19世纪后半叶传入中国后引起维新派思想家的很大兴趣。谭嗣同将“以太”作为其宇宙观、人生观的根本范畴，称“以太”为“遍结界、虚空界、众生界，有至大至精微，无所不胶粘、不贯洽、不筦络而充满之一物”。

[3] 《谭嗣同全集》(下册)，中华书局1981年版，第300页。

[4] 《梁启超哲学思想论文选》，北京大学出版社1984年版，第53页。

[5] 康有为：《大同书》，辽宁人民出版社1994年版，第7页。

[6] 胡伟希选注：《论世变之亟——严复集》，辽宁人民出版社1994年版，第179页。

“被束缚的个性如不得解放,就没有民主主义,也没有社会主义。”[1]但是不能回避地是新中国成立以来社会主义人性观的形成与发展经历了曲折的过程。社会主义人性观的发展阶段大致可以区分为以下两个时期:改革开放之前与改革开放之后。改革开放之前的人性论研究基本上处于停滞的状态。自新中国成立以来,由于特殊的时代背景,我国的学科建设和学术发展深受苏联的影响,打上了深深的苏式烙印。苏联主流学术界将历史唯物主义僵化地理解为物决定人的机械决定论,只有抽象的物质,忽视具体的现实生活以及生活于其间的活生生的人。在这种生硬的认识指引下,我国改革开放之前的人性研究,错误地主张马克思主义的关于人的研究完全不同于西方的人性论,坚持认为马克思曾经使用的“人的本质”的概念与“人性”无关。因此,“人性”一度被错误地认为是资产阶级的概念,人性研究亦成为理论的禁区。

改革开放以来,我国不仅在经济体制上进行了改革,在思想文化方面亦进行了拨乱反正,纠正过去偏激的观念与思想。在人性论研究方面,不再视“人性”概念为资产阶级专属,人性研究获得了良好的学术环境,人性研究亦取得了长足的进步。首先,认为人性理论中西都有,但是关于人的本质的理论是马克思主义的重要贡献。进而,在研究马克思主义人性理论的基础上,有学者将其归纳为“三层次理论”。[2] 其次,在社会主义理论创新之路上,邓小平理论、[3]“三个代表”重要思想、[4]科学发展观、[5]社会主义核心价值观[6]都倡导尊重人的主体地位、以人为本,发展和弘扬了正确的人性观。特别是十八大以来提出的以人民为中心的治国理政新理念深刻地体现了社会主义人性观的重大历史进步。习近平新时代中国特色社会主义理论继承并发展了马克思主义的唯物史观,“坚持

---

[1] 《毛泽东书信选集》,人民出版社 1983 年版,第 239 页。

[2] 人性的“三层次理论”将人性界分为“人的属性”“人的根本共性”“人的本质”三个层次。参见黄楠森:《人学的足迹》,广西人民出版社 1999 年版,第 56 ~57 页。

[3] 邓小平同志指出:“我们过去发生的各种错误,固然与某些领导人的思想、作风有关,但是组织制度、工作制度方面的问题更重要。这些方面的制度好可以使坏人无法任意横行,制度不好可以使好人无法充分做好事,甚至会走向反面。”[《邓小平文选》(第 2 卷),人民出版社 1994 年版,第 333 页]这表明制度对人性发挥作用的方向具有重大影响。

[4] “代表最广大人民的根本利益”即体现了尊重人性的利益需求性。

[5] 科学发展观的核心是以人文本,以人为本就是把人作为主体,把人的利益放在核心位置,这就是以人为主体的人性观。

[6] 社会主义核心价值观中的自由、平等、公正、法治等也是人性的价值。社会主义核心价值观体现了人性的自然性与社会性的统一,是社会主义人性观的文化反映。

人民群众是历史的创造者，尊重人民的主体地位，始终把人民放在心中最高位置，始终相信人民，紧紧依靠人民，充分调动广大人民群众的积极性、主动性和创造性，引导广大人民群众为过上更加美好的生活而矢志奋斗”。[1] 以人民为中心的思想体现了一种促进人的全面发展和全体人民共同富裕的人性观。这一人性观更加强调人、人性的全面发展。因此，以人民为中心的人性观在新时期进一步推动了社会主义人性观的进步。上述理论创新既以马克思主义的基本原理为指导，又以中国改革开放以来的经济社会发展实践为背景，并汲取我国传统文化的积极因素，因此所体现的人性观是全面而深刻的。

二、人性的自然性及其社会构造

人性就是人所具有的普遍属性。人性作为从根本上决定并解释人类行为的普遍属性，既有自然性也有社会性。人性的自然性是人作为生物主体所呈现的普遍性特征，人性的社会性是人作为社会关系的主体所应当具有的一般性条件。人的自然性与社会性同为人本身固有的属性，是相互渗透、互为前提、不可分割的两个方面。一方面，自然性是人类的本体性，是人类存在的自然基础，社会性以自然性为根据，离不开自然性，是自然性的必然条件和要求；另一方面，社会性是人类自然性在社会关系条件下的存在和延伸，自然性需要通过一定的社会性表现出来，因为人类的自然性不同于一般动物的那种纯粹的自然性而需要构成一定的社会构造形态。

（一）人性与人的自然条件性

人性首先是人的自然条件性。[2] 人是作为自然生物存在的，人性首先是人的自然生物属性，反映人的自然生物本质，构成人的自然生物条件。人性的自然性作为人的生物条件是人的根本条件。人性的自然性主要表现为以下两个方面：一是人的自然生物本性；[3] 二是非后天习得性。[4] 因此，就人性的自然性

---

〔1〕 付海莲、邱耕田：《习近平以人民为中心的发展思想的生成逻辑与内涵》，载《中共中央党校学报》2018 年第 4 期。

〔2〕 单纯就人的自然性而言，人与动物相差无几。“显而易见，对于统辖一切其他有机体生命的生物学规律来说，人类世界并不构成什么例外。”（[德]卡西尔：《人论》，甘阳译，上海译文出版社 2004 年版，第 35 页）

〔3〕 “生之所以然者谓之性。”（《荀子·正名》）荀子对人性的认识，即人的自然生物本性。

〔4〕 “凡性者，天之就也，不可学，不可事。”（《荀子·性恶》）也就是说，自然性是人的先天属性，是后天不可改变的固有性。

的产生而言，并不是后天社会化的结果，而一种先天的自然生物本质。人是自然的生物，具有自然的条件和本质，需要自然条件的实现和满足。[1] 人的自然条件，是人的生命条件，即一定的人身利益条件及其所需求的必要物质条件。

人性的自然条件性首先表现为人的一定的人身利益条件。人作为有生命的自然存在物，受自然规律的支配，必须满足一定的人身利益条件才能保存并实现自身发展。在自然规律诸如自然界的遗传规律、生命规律和进化规律等作用下，人性的自然条件性主要是以生物本能的客观需求所表现出来包括生命、健康和种族延续等在内的自然与必然的生理与心理条件。这些条件，既是人性的固有属性，也是人性不可抗拒的存在。

人性的自然条件性还表现为人的人身利益条件所需要的一定物质利益条件。人为了自我保存而需要衣、食、住、行等个人或者群居的生活条件满足。[2] 一定的欲望和物质利益条件的满足构成人性的必然性与必要性。人首先必须作为物质的存在才能够有自己的精神存在。人只有占有和满足特定的物质利益条件，才能够保存并发展自己。这一条件，作为人的自然利益条件同时也构成了人的社会利益需求。人为了实现自己的独立与自由等社会人格条件，必须掌握和具有一定的物质资料并满足一定的物质条件。马克思指出："个人是什么样的，这取决于他们进行生产的物质条件。"[3] 人性的自然条件性的重要基础，是物质生活资料的生产，物质条件不仅构成了人的自然条件而且决定人性的自然条件性，而物质条件的获得主要是生产，社会生产使人们过上富足的物质生活，并使人们的体力及智力的充分与自由发展获得保障，[4] 所以是人类生存与发展的必要条件。

人的自然条件性既是人性的自然秩序存在，也是人性的社会构造根据。作为自然存在物，人既是能动的又是受动的，既具有自然赋予的生命力、天赋以及才能又同时受到自然的制约和限制。人的欲望和需要的对象是外在于人而存在

[1] "人的需要就是人的本性，而这种本性是纯属自然的，因为它是人们发生'两性关系、交换、分工'的前提。"（程燎原、王人博：《权利论》，广西师范大学出版社 2014 年版，第 54 页）

[2] "人生而有欲。"（《荀子·礼论》）"口之于味也，目之于色也，耳之于声也，鼻之于臭也，四肢之于安佚也，性也，有命焉，君子不谓性也。"（《孟子·尽心下》）"利益是人的需求特性的一种满足，这种需求是人为了维持正常生存与发展所形成的对周围外部环境的依赖。"（周秀芹：《利益的本质探究》，载《黑龙江教育学院学报》2008 年第 6 期）

[3] 《马克思恩格斯全集》（第 3 卷），人民出版社 1960 年版，第 24 页。

[4] 《马克思恩格斯选集》（第 3 卷），人民出版社 1995 年版，第 633 页。

的，这些对象同时也是确证人的本质的必要的对象，凭借这些感性的、现实的对象，人的生命才得以表现。[1] 因此，人性的自然条件性既是人性的规定性条件，也是人性的约束性条件。人性的约束反映在社会条件上，就是人必须生存其中的社会秩序构造。

（二）人性与人的自然规定性

人性的自然条件性决定了人性的自然规定性或者规律性，即不以人的意志为转移的人性自然条件的一般性和普遍性。人从自然而来，却又不纯粹是自然的。"人的本性就是一个'二律背反'，就是一种'矛盾'：人不同于物，却与物结为一体；人依赖着自然，却又在不断地否定自然；人以自我为中心，却只能在他物中去实现自我；生命是有限存在，人却永在追求着无限；人受制于必然，同时又在享受着自由；人未走出自然存在，却能够超越自然的限定；如此等等。"[2] 人的自然性是客观存在的，而人的自然规定性也是无法否认的，这一规定性就是人性的规定性。马克思认为，人类生存的首要前提是能够生活，而生活则需要首先满足衣、食、住等自然需求条件。[3] 毋庸置疑，一个人即使受社会影响和文化熏陶再深，也必须接受和遵循人性的自然规定性，并需要把自然规定性置于根本地位。人性的自然规定性在社会条件下是以一定的普遍性条件表现和存在的，包括一定法治和法治文化的社会构造，都是人性的自然规定性的社会结果。人性的自然规定性是人的社会性及其社会构造的根据与基础，人的社会构造需要并必然尊重和遵循人的自然规定性。人性的自然规定性是人作为自然生物而在漫长的进化发展过程中所具有的对外界环境的合目的性的反应。因此，人性的自然规定性本身就具有合理性和正当性，从而具有了社会价值属性并决定社会构造。

（三）人性与人的自然生态秩序

人性的自然性决定并构造了人的自然生态秩序。人类必然在自己的自然性的基础上构造自然的生态秩序，即由人性或者人的客观利益需求及其实现条件所决定的人的生活与生存的本有秩序形态，是通过人与人之间的生态关系所反映的最基础的秩序条件。自然生态秩序是人类最根本的社会秩序，是社会秩序的本体与本质，一切社会秩序所反映的都是或者应当是人类的自然生态秩序，或

〔1〕 参见马克思：《1844 年经济学哲学手稿》，人民出版社 2014 年版，第 268 ~269 页。

〔2〕 高清海：《哲学的奥秘》，吉林人民出版社 1997 年版，第 22 页。

〔3〕《马克思恩格斯全集》（第 3 卷），人民出版社 1960 年版，第 31 页。

者是根据人类的自然生态秩序并在其合理限度内的发展形式。自然生态秩序是一种现实的利益秩序,是人与人之间利益交换与均衡的结果,是利益追求与博弈过程中所实现的一种动态发展的秩序。

人性的自然生态秩序在社会条件下是以一定的社会构造及其秩序形式表现出来的。一定的社会秩序必然是一定的自然生态秩序的要求和反映,在自然生态秩序之外不存在单纯的社会秩序,即社会秩序不能脱离自然生态秩序而存在。自然界的每种生物都有自己的自然生态秩序,并遵循自然生态秩序而生活和生存。人类也不例外,也必然遵循自然生态秩序的规律与规定性,并只有在这一秩序条件内存在和延续自己。自然生态秩序是人性的自然性的必要条件和要求,它以满足人的利益需求为目的并反映人的主体条件与本质的客观秩序形态。因此,人性是人的自然生态秩序形成与维系的根本基础,只有那些以人性为根据并能够合理满足人性需求的社会秩序才是真正以人的自然生态秩序为基础的社会构造。

人的自然生态秩序既然是人性的秩序,就必然是以人为本的秩序。它反映人的目的,体现人的价值,是人类真正需要和依赖的一种秩序,是人类不能脱离的秩序条件。这一秩序作为市民社会关系的秩序构造,就是以民法精神为核心的法治和法治文化秩序。从根本上说,人性的自然生态秩序作为一种民法精神的法律与法治秩序,决定了人的社会主体地位和社会利益分配的秩序构造。因此,建设以民法精神为基础的以民为本的社会主义法治文化,必然立足于人性的自然生态秩序,以自然生态秩序凝练民法精神,以民法精神构造的民本模式建设社会主义法治和法治文化。

因由人性的自然生态秩序所决定,故,人或者人性的社会秩序根本是一种社会生态秩序,是自然生态秩序的社会生态化。“事实就是如此:人只能存在于社会之中,天性使人适应他由以生长的那种环境。”〔1〕然而,人的社会生存条件和环境,在根本上是一种“自然”的生态条件和环境,人的一切社会创造都离不开一定的“自然”。人的社会秩序作为人的社会生活形态的必然条件和反映,是人的自然生态秩序的社会要求和表现形式。人的自然生态秩序一旦表现为社会生

〔1〕[英]亚当·斯密:《道德情操论》,蒋自强、钦北愚等译,商务印书馆 1997 年版,第 105 页。

态秩序，就成为了一种社会文明秩序。[1] 可见，人类的社会秩序，不是脱离人的自然生态秩序的抽象社会秩序，而根本上仍然是人的生态秩序，具有生态秩序的本质和属性。这一生态秩序，不仅是一种生态秩序形式，而且是由生态秩序所决定的现实秩序条件。人是自然的社会秩序主体，人的社会形态是一种生物形态，人的生物自然性决定了人的社会秩序的生态性本质。只有从生态秩序性上认识人的社会秩序，才能够真正发现和揭示人的社会秩序及其社会构造真实性和本质性。

三、人性与以民为本的民法精神构造

民法精神作为以人为主体的“人法”精神，是以民为本的社会规范与秩序精神，本质上是以人性的规律与规定性为根据的社会精神。同时，民法精神作为市民社会的规范与秩序精神，根本上是一种人文主义精神，既以人为价值根据，又以人为价值目的。因此，人性与以民为本的民法精神构造具有本质的统一性。

(一)人性是民法精神构造的民本性

民法精神作为民事主体的普遍规范与秩序精神，是以人性为根据并代表和反映人性的社会精神。人性作为人的规定性和本质性，是民法精神的根据和条件。如果说民法精神是一种民本精神，那么民本性的根据与本源就是人性，人性不仅是民法精神的根本性，而且是民法精神的民本性。[2]

1. 人性是民法精神的实质性

从本源考察，民法精神是人性条件的反映，是人性自然构造的社会精神。民法精神作为一种市民社会的自主与自律的精神，是人的社会需要的产物，必然反映和代表人性，并以人性的精神为圭臬。人性有什么样的规定性，就需要反映为什么样的民法精神并呈现什么样的社会生态秩序。人性精神作为一种本体性的精神，是包括民法精神在内的人的一切社会精神的本源与根据，尤其是民法精神，作为一种“人法”精神，更离不开人性的精神内容与条件。人性的本体性决定了人性之外不存在决定民法及民法精神的其他实质性因素，人性精神构成了民法精神的本质。在这个意义上，人性精神是民法精神的唯一条件。

---

〔1〕 “从古至今，维护一定的社会秩序就是人类谋求共同社会生活和协作的自然需求。”(王静：《马克思主义利益观与法治社会秩序建构》，载《理论视野》2017 年第 10 期)

〔2〕 民法精神的民本性就是在市民社会中坚持以人为本，充分尊重和发扬人的主体性。尊重人的主体性就是尊重人性的根本性，以人性为根据。

民法精神作为人性的精神,不仅反映人的自然属性及其实质性,而且反映人的社会属性,是社会形式反映的人性的自然秩序条件。"精神权利往往兼具自然属性或社会属性,所以往往是以附着或表现在人的自然权利和社会权利之上的形式出现。"[1]民法精神通过一定的社会规范与秩序形式构造了自然与社会统一的人的精神体系,而人性构成了它的唯一实质性。

2. 民法精神是以民为本的人性精神

民法精神作为市民社会的规范与秩序精神,调整和反映以人为主体的人身与财产关系,既具有主体的的社会普遍性,又具有社会关系条件的一般性,而这种普遍性与一般性的实质就是民本性。民法精神以人为主体,必然代表和反映人性的本质与目的,从而构成以民为本的人性精神。民法精神的民本性,根本是人性的自利与自益性,它的核心本质是人性的"私"而不是人性的"公"。[2] 人性的"私性"作为一种人本性,正是以民为本的根据和规定性,需要包括民法精神在内的社会承认与实现。因此,任何以人性为基础的社会制度与规范秩序,都应当以人性的"私性"作为其民本性的条件和根据。[3] 正是在这个意义上,民法精神才具有民本的社会价值属性,也才使民法精神不同于一般的法治精神而成为建设社会主义法治文化的特定规范与秩序条件,即法治文化的民本模式。

(二)人性是民法精神构造的需求性

民法精神及其社会构造作为普遍的以人为主体的社会规范与秩序形态,必然以人性为根据并代表和反映人性的客观需求。因此,人性是民法精神构造的需求性。一方面,民法精神必然需要人性条件,人性必然构成民法精神构造的实质形态;另一方面,人性也必然以一定的民法精神形式表现出来,表现为民法精神构造的人性实现。

1. 民法精神构造的人性目的需求

民法精神构造作为人的社会规范与秩序形态,以人性为根据,必然反映人性的目的需求。人性的目的需求,就是以人为目的的需求,是代表人的目的的市民社会关系的人身与财产利益需求。这一需求以民法或者民法精神构造的社会规范

---

[1] 刘斌:《法治的人性基础》,载《中国政法大学学报》2008 年第 2 期。

[2] 虽然社会需要"公",人性也离不开"公心",但是正如休谟所言,"自私是建立正义的原始动机"。([英]大卫·休谟:《人性论》,观文运译,商务印书馆 1980 年版,第 540 页)

[3] 这就是"以人民为中心"的新时代中国特色社会主义思想。以人民为中心,就是以人民的利益为中心,也就是承认人民作为普遍的"私"的利益主体所具有的至高地位。

与秩序形式表现出来，因此，民法精神应当代表和反映人性的目的，实现符合人性目的需求的社会构造，而这一构造就是使人能够更好地成为人，使人能够在社会关系中更好地实现自己的人性利益与目的。人的需要和私益以及对它们的保护，这一天然必然性条件，是联系人与社会的唯一纽带。[1] 所以，民法精神构造所反映的人性目的需求，必然以一定的私人利益和目的的形式表现为民法即私法所调整的人身与财产关系，从而使这一私的关系——市民社会关系成为民法即私法的调整对象。

无论具体的人的生存状况如何，人都是有目的的存在，否则人就与其他生物无异。人虽然是有目的的，而且每个人都具有个性化的目的，但是人的目的是客观的。人或者人性的目的之所以确定并具有实现的规定性，是由人或者人性目的即利益的客观需求性所决定的。[2] 这种以人的客观需求为根据的人性目的，必然构成民法精神构造的人性需求。民法精神及其构造的人性目的需求，是人性法则的必然结果。人的一切行为都源于人的自然属性并应当遵循人的自然法则以满足其利益目的，这不仅是人性的基本问题，也是一切代表和反映人性的社会构造的基本问题，民法精神亦不能例外。

人的共性生存利益决定了人类能够认同、需要和维持一种相对稳定和统一的社会秩序，而这一秩序构造是人性的根本条件和目的。人能够通过理性在稳定的社会秩序中创造一种合乎人性的生存条件，实现一种理想的生存状态，如共享共治、公平正义等。然而，社会秩序的具体状况以及生存条件的好坏与优劣并非都是按照理性安排和决定的，它要符合人性的目的与需求，就必须把人或者人性作为目的，即人是目的而非手段，这样才能够使人真正成为人。不论自己还是他人人格中的人性，在任何时候都只能作为目的而不能成为手段。民法精神的社会构造作为一种民本的市民社会秩序，必然体现人性的目的需求并以人为目的，而把人作为目的就是把人性的目的需求作为自己的根本目的。因此，人性的目的性体现了民法精神构造的根本性，民法精神构造在根本上就是以人性为目的并满足人性目的需求的理想社会构造。

---

〔1〕《马克思恩格斯全集》（第1卷），人民出版社1956年版，第439页。

〔2〕“‘需要’如果不是表现为一种纯主观任性的话，那么它必定与某种利益相联系。”（程燎原、王人博：《权利论》，广西师范大学出版社2014年版，第58页）

2. 民法精神构造的人性条件需求

民法精神构造作为以人性为目的的社会构造，必然以人性为构造的条件，代表人性的条件需求。人性是反映人的本质的客观条件，具有特定的条件性。民法精神构造作为一种人性目的的社会构造，不仅代表一定的人性目的需求，而且具有人性的条件需求，并以人性的条件需求决定民法精神构造的人性目的需求。马克思指出："他们的需要即他们的本性。"[1]有什么样的人性条件，必然决定有什么样的民法精神构造，而民法精神构造也必然有特定的人性条件需求。人性的条件需求，是一种客观的条件需求，包括人的一定人身与财产条件需求，是市民社会关系的必然条件需求。民法精神的人性条件需求，是民法精神所代表的人性本质并反映人性的自然性与客观性的规定性需求。这一条件需求的民法精神构造必然以民法的形式表现为一定的社会规范与秩序体系，也就是市民社会关系的一般规范与秩序形态。换言之，民法精神构造的人性条件需求，作为以民法形式反映的条件需求，是代表人性条件的社会规范与秩序的需求，人性的普遍性决定了民法形式与民法精神构造及其所代表的规范与秩序的普遍性。

基于民法精神构造的人性条件需求，没有民法精神的人性条件，也就没有民法精神的人性自然构造，并且只有这一构造才是人的内在秩序意志为构造，是一种社会生态的秩序构造。以人性条件为需求的民法精神构造决定建设社会主义法治文化的必然民本模式选择，因为人性的条件也就是一种民本条件，只有民本模式的法治文化选择，才符合这一条件的法治文化建设要求。

3. 民法精神构造的人性价值需求

民法精神作为以民为本的人性精神，是人性的自然伦理与社会伦理的协调与统一，不仅具有人性的目的与条件需求，而且具有人性价值需求的本质，并构成人性价值的社会构造。换言之，民法精神构造的价值需求，应当是人性的价值需求，并把人性的价值需求反映为民法精神构造的价值需求。民法精神构造的人性价值需求，是人性正义或者善的需求，也就是一种道德需求。民法精神及其所代表的民法体系作为一个有价值的社会构造体系，除去一些社会和技术因素的特殊考虑，在其体系的构造中如何发现和认知人性价值并体现人性价值需求则是其构造的根本问题。

显然，人性价值并不是简单接受的条件和事实，因为不是任何的人性面向都

---

〔1〕《马克思恩格斯全集》(第3卷)，人民出版社1960年版，第514页。

具有人性价值并构成民法精神构造的价值需求,而民法精神构造也不是直接的人性价值及其规定的结果。包括民法精神在内,人类井然有序的社会秩序并不都是自然与必然生成的,而是人类在自然选择的基础上,通过自身理性全面认识人性并充分展示人性的价值需求而实现的。人性的价值需求是人的普遍与共性需求,需要反映和代表人类的一般社会条件,因此,价值的"偏好"并不是某种个人任性的表达,而是社会整体的对人类有意义的"偏好"与取向。可以说,只有那些对于人类具有积极意义并可以满足人类利益需求的事物及其功能和属性才具有人性的价值,才能够成为民法精神及其构造的人性价值需求。民法精神作为市民社会关系的秩序构造,决定了其构造的民本性制度目的与秩序形态,只有那些以民为本的人性价值才能够成为民法精神构造的需求。

人性价值是人的自然性与社会性的伦理统一。人必然在自己的自然性基础与社会性选择中提出自己的人性价值需求,并因此决定了以人性为根据的民法精神及其构造的价值和价值需求,从而构成其伦理基础。虽然"个体之差异的需求、动机和目的必然与个体之差异的价值判断相关联",〔1〕但是人性的普遍性决定了人性价值需求的统一性,而民法精神构造也就必然成为一种代表人性普遍性的社会构造。民法精神构造的价值需求是多方面的,例如,任何人都应当被承认和尊重为人,这就是人性的相互关系的人格承认与尊重的价值需求;又如,"任何人对于自己的同类都没有任何天然的权威",〔2〕这就是人性的平等价值需求;再如,人生而是自由的,没有自由就没有生命的本质,因此自由就必然构成人身与财产关系的人性价值需求;等等。以上各种价值需求,都离不开一定的秩序需求,都需要在一定的秩序条件下实现,这就是人性的统一社会秩序价值。社会秩序的最终根据是人性的秩序价值。

然而,民法精神构造的人性价值需求是一个方面,而民法精神构造的价值是另一个方面。换言之,实际构造的价值并不一定是需求的价值。一定社会在作出某种制度选择或者某种法律决策时,往往会忘记人类自己的人性价值与需求,甚至背离这一价值和需求。这时,考虑的就不再是人性的价值而人仅被作为规范的对象置于该体系中。人也就因此在法的规范中失去了自己的主体性与价值性,法也就不再代表和反映人的价值需求。因此,建设以民为本的社会主义法治

---

〔1〕 舒国滢:《法哲学沉思录》,北京大学出版社 2010 年版,第 252 页。

〔2〕 [法]卢梭:《社会契约论》,何兆武译,商务印书馆 2003 年版,第 10 页。

文化,应当在民法精神构造中积极发现和认识人性价值,尊重人性的价值需求,并把这一需求反映为民法精神构造的价值需求并实现其价值构造。也就是说,一定的民法精神构造只能顺应人性的价值需求,以人性的价值需求为自己需求,而不能做人性的设计师。制度的生成是极其复杂的,但是这并非设计和发明的结果,而是人类社会活动的自然秩序选择,其结果并非是人们在各自行动时所明确意识到的。[1] 一切人为的制度设计,只有代表和反映人性的价值需求,才能够最终成为人的价值构造。

四、人性与以民为本的法治文化构造

社会主义法治文化作为全民共建共享的文化形态,是以民为本和以人民为主体的社会文化。法治文化的民本性必然要求尊重人性构造的客观规律,反映人性构造的客观需求,符合人性构造的自然条件。因此,人性与以民为本的法治文化构造具有本质的统一性。只有符合人性构造的法治文化构造,才是以民为本的自然生态的法治文化,才符合社会主义法治文化坚持人民主体地位和以人民为中心的根本原则与要求。一方面,人性的构造性是法治文化的民本模式性。法治文化只有以民为本,遵循人性的规律与规定性并以人性为构造的根据,才能够实现法治文化的科学与生态发展;另一方面,法治文化是人性的社会秩序形态化,是人性的法治文化构造实现。人性是抽象的社会秩序基因,而法治文化则是具象的人性实现条件,是人性的社会规范化与秩序化。换言之,以人性为根据并反映人性规定性的民法精神构造,就是社会主义法治文化的人性自然构造,也就是社会主义法治文化的民本模式发展。

(一)人性是法治文化构造的民本根据

建设社会主义法治文化的民本模式,作为以民为本的模式,也就是社会主义法治文化的人性构造模式。人性的秩序本质构成社会主义法治文化的民本根据。“人本性和主体性是文化的根本特性。”[2] 社会主义法治文化是人的秩序文化,既是人创造的,也是为了人和人性的实现存在的。人的群体生活产生社会文化,社会文化反映人性的规定性。社会主义法治文化作为以民为本的文化形态,

---

[1] 参见[英]弗里德利希·冯·哈耶克:《自由秩序原理》(上),邓正来译,生活·读书·新知三联书店1997年版,第67页。

[2] 王金霞:《论当代中国的法治文化概念》,载《中国政法大学学报》2014年第1期。

反映了人或者人民在社会主义法治文化中的主体性，这构成了社会主义法治文化的人性本质，并决定了人性对于建设民本模式的社会主义法治文化的根据意义。

1. 法治文化与人性

法治文化是人的文化，人的文化以人性为根据和条件，也就是人性的文化。人性的社会性使人能够通过自身的理性能力构造社会秩序从而形成了人性的法治文化。理性能力是使人们与生俱来的一种在自我之外构设自我而且能够意识到合作必要性的能力。[1] 因此，法治文化必须从人性出发，与人性相结合，只有建立在合理的人性基础上的法治文化，才有可能获得本质上的合理性。否则违背人性的法治和法治文化，终将得不到人自身的认可并必然失去其存在的可能性。法治文化作为人性的文化，首要的是坚持合理关照人的基础生存条件，即人在市民社会关系中的人身与财产利益，这是法治文化作为人的文化必须满足的人性自然需求。因此，人性既是法治文化构造的生态基础，又是法治文化构造的价值标准。这一基础和标准是以法治文化应当合理反映人性并能够满足人性的利益需求为出发点和归宿的。然而从法治文化的实践中会发现，由于人性的复杂性，法治文化与人性的契合标准和具体模式并不是单一的。虽然人性和人性的法治文化构造具有一般性和普遍性，但是仍然不能排除反映和代表人性的法治文化在一般性与普遍性的基础上的多样性和特殊性发展。同时，在人性的社会制度化与规范化的过程中，由于认知能力的差别性和局限性，人们也可能对人性的真实性和本质性做出错误的判断，从而可能做出背离人性的社会选择。[2] 这也从另一个方面说明了坚持自然与客观的人性标准的重要性。

任何一种法治文化，都代表和反映一定的人性条件和需求，都是由一定的人性决定的。一定的法治文化所代表和反映的人性条件和需求具有这一法治文化

---

〔1〕［美］E. 博登海默：《法理学：法律哲学与法律方法》，邓正来译，中国政法大学出版社 2004 年版，中文版前言第 7 页。

〔2〕 2006 年 8 月，丹东市振安区教育局制定并下发了《关于振安区中小学人员聘用制实施办法》。就是这份 2006 第 50 号文件，将同兴镇教师原本宁静的校园生活突然搅进了漩涡。据振安区教育局时任局长赵溪哲介绍，全区共有 1065 名小学教师，超编 98 人。缩小到同兴镇，超编 11 人。同兴镇一名时任副镇长说，当年同兴镇中心小学有两名教师退休，即这次竞聘后，将有 9 名教师不能上岗。面对 10% 的下岗指标，教师们内心十分恐慌，纷纷为自己的前程寻找对策，并终于发现了教育局 50 号文件有可乘之机。文件第 17 条第 3 款中规定，“离异或丧偶且抚养未成年子女的”，可以不用竞聘直接上岗。正是这个文件中的这个条款，让全镇五十多名教师上演了“集体离婚”的闹剧。

的社会本质属性。有学者指出:"法治文化是指融注在人们心底和行为方式中的法治意识、法治原则、法治精神及其价值追求。"[1]这种"融注在人们心底和行为方式"中的精神,必然由人性决定并反映一定的人性条件和需求,也必然在人性的自然构造中以一定的社会规范与秩序形式表现出来,这就是以一定的"法治意识、法治原则、法治精神及其价值追求"构成的法治文化构造。

人性的法治文化条件必然反映为一定的法律与法治观念,并可以通过一定的实证数据去考察。本项目组以"您认为目前我国法律纠纷频发、量大的最主要原因是什么"为题进行了全国性调查问卷。在五个备选答案中,选择"法治意识淡薄"(A)占比为42%;选择"法律知识不普及"(B)占比为24%;选择"道德滑坡"(C)占比为13%;选择"法治环境不好"(D)占比为14%;选择"贫富不均"(E)占比为7%(具体数据统计结果如图14-1所示)。这一数据统计结果说明,要解决纠纷频发与秩序混乱的法治和法治文化的社会生态问题,就必须提高人们自觉遵守法律的法治意识,而这一意识根本是人的思想条件问题,也就是一种具有人性本质的法治精神问题。因此,应当提高人的法治认知水平,从人性的社会秩序本质上解决法治和法治文化的自然构造。

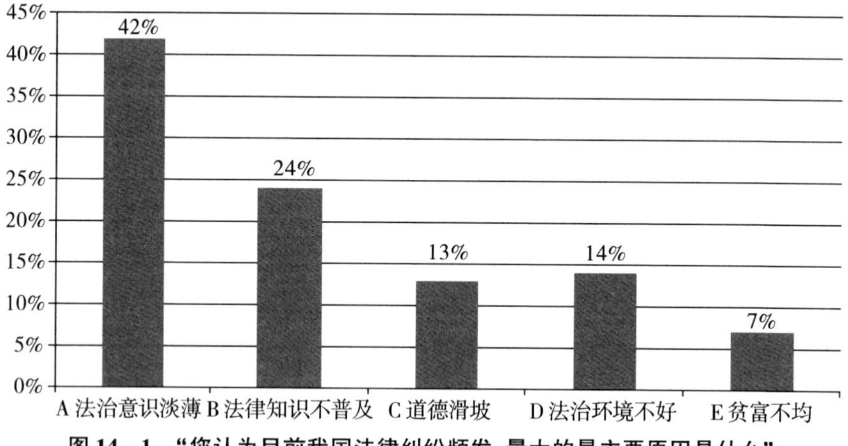

图14-1 "您认为目前我国法律纠纷频发、量大的最主要原因是什么"一题调研数据统计

2. 法治文化的人性与民本性

法治文化作为人性的文化,就是以人性为根据的文化,而人性根据体现为人

[1] 刘斌:《中国当代法治文化的研究范畴》,载《中国政法大学学报》2009年第6期。

的目的与价值，这就是民本性问题。法治文化的人性与民本性与法治文化的以民为本和民本构造具有统一性。脱离了法治文化的人性，也就不可能有法治文化的民本构造，而法治文化的民本构造必然是建立在人性基础上的社会构造。

建设以民为本的社会主义法治文化必然坚持和具有正确的社会主义人性观，以社会主义人性观确立社会主义法治观，并以社会主义法治观展现社会主义法治文化的民本性，从而实现社会主义法治文化构造的人性与民本性的统一，使社会主义法治文化的内在构造具有人类最高的人文价值。

因此，社会主义法治文化坚持以人民为中心，就是坚持以民本的普遍人性诉求，代表最广大人民群众的根本利益。社会主义法治文化构造是人性的社会化与普遍化，并以社会主义法治文化构造的人性品质，实现社会主义法治文化构造的民本性。这样，社会主义法治文化就成为人性与民本性统一的社会规范与秩序文化，是人性自然构造基础上的社会生态构造，既展示人性的普遍性又展示民本的价值性，具有科学发展的时代意义。只有具有人性本质和反映人性需求的法治文化，才是民本的法治文化。法治文化的民本构造是人性的必然条件与要求。法治文化的价值，根本是人性的民本价值，没有脱离民本价值的单纯和抽象的法治文化的民本构造。

（二）法治文化构造是人性的社会形态

法治文化构造是人的社会规范与秩序形态。这一形态，反映人性的本质，是人性的社会形态化。人性既然是法治的根据，法治就必然顺应人性。法治顺应人性的规定性就是不仅把人作为法治的对象，而且作为法治的目的，即把人作为观念、行为和制度的主体与价值归宿。只有法治文化构造是一种人性的社会形态并遵循人性的自然构造，人类才能够在自己的社会构造中既找到人性的社会本质与实现方式，又找到人性本质实现的规定性与规律性。

1. 法治文化是人性的社会规范性

法治文化是规范的社会文化，是以规范制度构造的秩序文化，是人性的秩序本质与条件要求的社会规范化。人类的一切社会规范制度形态，作为人自身的条件和要求，都是在人性自然构造基础上的社会规范形式，都代表和反映人性的社会规定性，都是人性实现的必然社会选择。人性本身不仅是规范性的，而且必然是社会性的，而这种规范性与社会性的最终发展形态就是法治文化。作为人性的社会规范形态，法治文化在规范形态上必然表现对人类自身行为的规制与约束，从而使自己的行为在规范的基础上符合一个特定和整体的社会性目标。

当然,法治文化的规范化所体现的对人类自身行为的规制与约束,并不是为了强迫或者抑制人性,而为了规范和满足人性在社会构造条件下的合理要求,是为了更好地实现人性。因此,法治文化是人性的内在规范性的外在社会规范化。从人性的本质考察,人性不仅具有规范的品性,而且也具有非规范的面向。因此,人类不能任由自己的非规范性消极地放任自流而威胁自身的种族生存,所以必然选择人性的社会规范化发展,而作为这一发展形态的法治文化就是一种人性的社会规范性构造,是人性的理性的社会实践的结果。

显然,人性作为人的内在规定性与规范性,是极为复杂的人类现象,所以不可能简单地上升为法治文化。法治文化作为人性的社会规范性,以对人性的真实认识与合理反映为条件,是人性选择的自然构造结果。然而,由于人类对自身人性认识的局限性,法治文化对人性的反映也必然存在一定的不足和缺陷,甚至走向偏差。所以,人类必须以高度的理性控制人性的社会存在与作用,从而使法治文化及其社会规范构造于合理的人性基础之上。“人类社会有一个自然目的和五个自然事实……一个自然目的就是生存,五个自然事实就是人的脆弱性,人类大体上平等,有限的利他主义,有限的资源与有限的理解力和意志力。”〔1〕当然,法治文化既需要充分考虑人性的多样性,又需要高度尊重人性的规定性,既不能无视人性的合理需求,又不能以人性的合理需求扼杀人性的自然性,往往是一个实难周全安排与选择的社会构造。

法治文化作为人性的社会规范性,不仅是人性的社会规范与制度化而且是人性的规范与制度的文明化,是人性实现的社会文明形态。法治文化具有规范力,可以内化为个人行为意志,从而自觉规范人们的行为方式,使人们自觉决定应该做什么,不应该做什么,并使自己的作为能够符合人类理性的规范需要,从而满足人类社会的良性运行状态。制定法的目的实现,需要人们的自愿遵守。〔2〕法治文化的人性社会构造,本于人性并只有内化为人性——民法精神,才能够成为一种人性自觉的生态文化。

2. 法治文化是人性的社会秩序性

法治文化在人性的社会规范性的基础上必然实现人性的社会秩序性。人性

---

〔1〕[英]哈特:《法律的概念》,张文显、郑成良等译,中国大百科全书出版社1996年版,第189~194页。

〔2〕[奥]欧根·埃利希:《法社会学原理》,舒国滢译,中国大百科全书出版社2009年版,第404页。

的社会秩序性是人性的社会秩序形态化，也就是人性的社会规范条件转化为现实的社会生态秩序的构造形态，是规范条件的社会生态化。社会秩序终究建立在人类需求的基础之上的，而符合人类需求也就构成了秩序的正当性条件与根据。[1] 人性的社会规范性并不必然实现人性的社会秩序性，人性的社会秩序性是人性规范品质的社会生态秩序实现。因此人性的社会秩序性，不仅是人性条件与需求的规范化，而且还是人性规范的法治化，即法治文化的社会生态化。

人类的一切社会秩序现象，最终不过是人性的需求并由人性决定的。建设社会主义法治文化的根本目的是实现人类的社会秩序形态，这在根本上是人性条件的社会秩序化。因此，应当从人性的社会秩序需求中寻找社会秩序的正当性，从而实现法治文化形态的合理秩序构造。法治文化的人性秩序实现，应当是在各种具体的和不同的人性需求之间寻找人性的一般秩序条件并上升为法治文化的构造形式。所以，首先必须协调和解决人性的各种矛盾与冲突问题，并从这一矛盾和冲突中发现人性秩序化的社会本质，从而以人性的社会秩序条件达到人类利益实现的优化与最大化。由于人的自然条件与客观需求的相同或者相似性，这就决定了人性的社会秩序条件与要求的共同性与普遍性，因此法治文化的社会秩序构造必然能够在不同的人性之间找到人性利益的支点和平衡点，从而实现法治文化形态的合理社会秩序构造。

人的生态决定了人不仅是自然的，而且是社会的。人在社会中的生存与发展需要以人性的自然构造为基础的社会秩序构造，满足人类自身存在的社会秩序条件。这一人的社会秩序选择根本是人的自然生态构造的客观条件及其社会表现形式，而法治文化作为人类社会秩序的最高发展形态则以制度与精神的秩序条件实现了人性的社会秩序性及其社会生态化。[2] 在我国，建设以民为本的社会主义法治文化与人性的社会秩序构造具有内在的联系和统一性，社会主义法治文化以人性为根据，而人性的法治文化形态就是人性的社会秩序构造，是转化为了法治文化的人性生态秩序。

人性的社会秩序构造是社会主义法治文化的根本任务与建设目标。建设社会主义法治文化必须立足于人性的社会秩序化，既需要人性的社会规范化，又需

---

〔1〕 参见高鸿钧等：《法治：理念与制度》，中国政法大学出版社 2002 年版，第 152 页。

〔2〕 秩序是人性的基本需求与社会存在条件，"因为人类社会的存在与发展天然地内蕴着秩序化的需要，秩序是人类社会首要的前提性条件"。（庞正：《法治秩序的社会之维》，载《法律科学（西北政法大学学报）》2016 年第 1 期）

要社会规范的生态秩序化，而并非依靠法律逻辑与立法技术所产生的一种形式结果。虽然，“法律在今天是社会控制的主要手段”，[1]但是，包括立法在内的一切社会规范制度的构建及其秩序条件决不能仅仅是当权者的意志，而必须是对人性以及人性秩序的社会发现与实现。任何一种具有法治文化价值的社会秩序体系，都只能是人性的社会秩序发现，而不能是人为的社会秩序发明。[2]

基于以上的法治文化与人性秩序的联系，建设以民为本的社会主义法治文化必须从人性的社会秩序性上认识社会主义法治文化的本质及其客观要求，以反映人性本质及其秩序形态的民本模式建设社会主义法治文化。因此，建设社会主义法治文化的民本模式就是人性的社会生态秩序模式，体现人性的生态秩序本质，反映人性的生态秩序条件，是人性自然构造的社会秩序化。

五、法治文化的科学发展与民法精神的人性自然构造

民法精神既是人性秩序社会化的基础形式，又是法治文化人性化的具体抽象形态，是人性与法治文化结合与统一的基础秩序体系。法治文化的科学发展必须以民法精神的人性自然构造为基础并反映民法精神所代表的人性内涵。只有体现民法精神的人性自然构造的法治文化才是符合科学发展的民本模式的法治文化。一方面，法治文化的科学发展是民法精神的人性自然构造的理想社会秩序与先进文化形态；另一方面，民法精神的人性自然构造是法治文化科学发展的人性条件与根据，因此法治文化的科学发展必然是民法精神的人性自然构造结果并反映民法精神的人性自然秩序需求。

（一）法治文化的科学发展与人性自然构造

法治文化的科学发展，就是法治文化的正义性与价值性发展，也就是法治文化所代表和反映人性需求与利益实现的社会秩序条件的合理化发展。法治文化的科学发展是人性自然构造的必然结果，人性自然构造是法治文化科学发展的人性根据，与法治文化科学发展之间具有内在的联系。只有符合人性自然构造并遵循人性利益实现的社会规定性的法治文化才是科学发展的法治文化，也才

---

[1] [美]罗斯科·庞德：《通过法律的社会控制》，沈宗灵译，商务印书馆2010年版，第37页。

[2] 正如哈耶克所言：“人类文明有其自身的生命，我们所有欲图完善社会的努力都必须在一我们并不可能完全控制的自行运作的整体中展开，而且对于其间各种力量的运作，我们只能希望在理解它们的前提上去促进和协助它们。”[[英]弗里德利希·冯·哈耶克：《自由秩序原理》(上)，邓正来译，生活·读书·新知三联书店1997年版，第81页]“促进和协助”的过程就是人性的社会秩序化。

能够实现科学发展的法治文化目标。

1.法治文化科学发展的人性自然条件

法治文化科学发展离不开人性自然,必须以人性自然构造为条件。法治文化的发展是否科学以及是否符合人类需要的发展目标,根本的评判标准就是其是否以人性为根据,是否符合并体现人性的客观需求,是否尊重人性自然构造的规定性与规律性。因此,以民为本的法治文化的科学发展必须基于人性自然构造的规范与秩序条件的基础,即法治文化的民本模式在本质上应当是人性的自然构造模式,不能在人性自然构造之外而单纯地进行人为的意志设计。只有这种基于人性自然条件的法治和法治文化的本位思想,才是真正的人文主义的本位观。[1] 换言之,人文主义的法治本位观应当是一种自然人性观,是以人性自然条件为法治和法治文化基础的法治和法治文化观,在这种法治和法治文化观中,“不是人为法律而存在,而是法律为人而存在”。[2]

人性自然条件也就是人性的自然的规定性与合理性。人性的自然性是人性社会性的根据和基础,人的社会性需要并必然尊重和遵循人的自然性。因此,体现人性自然条件的人性自然构造必然直接作用于人的社会构造,并构成包括法治和法治文化在内的人类社会构造的生态根据。显然,包括法律和法治及其文化形态在内的一切社会构造都不是单纯的人造物,它首先是人的自然条件的产物。“法律的历史作为人的历史,绝不仅仅因为人是创制法律的主体,而更重要的原因在于:人创制法律的目的也是为了人。”[3]法治文化作为人类文化的重要部分,必须尊重和遵循人性自然条件的这种规律和规定性。法治文化科学发展的基础和根据只有从人性自然条件中去寻找,也就是从“人民对美好生活的向往”中去寻找。[4] 因为这种生活向往一定是人民最自然和最真实的生活向往,这种向往必然离不开人性的自然条件基础。同样法治文化作为人类建立理想社会秩序的美好向往,也必须尊重人的自然生物条件,反映人的自然生物本质,以人性的自然生物条件为客观规范对象,在人性自然条件的规律性和规定性下发

[1] “人文本位观就是一种以人的合理价值取向和基本需求为本位的法治本位观念。”(宋春香:《论中国当代法治文化生成中的人文困境及其突围路径》,载《中国政法大学学报》2009年第4期)

[2] 《马克思恩格斯全集》(第1卷),人民出版社1956年版,第281页。

[3] 舒国滢:《法哲学沉思录》,北京大学出版社2010年版,第304页。

[4] 党的十九大报告指出:“永远把人民对美好生活的向往作为奋斗目标。”这一目标,也就是法治和法治文化建设的目标,即以民为本的建设社会主义法治文化的民本模式的目标。

现法治文化的科学内涵与形式。可以说,法治文化一旦选择了人性自然条件,也就是选择了人们对美好社会秩序的向往,尊重了法治文化发展的客观条件与科学规律。如承认以人格和人格自由为基础的市场经济及其民法体系的调整,发挥民法精神的自主构序作用及其以民为本的内在条件,就是对人性自然条件及其所代表的规范与秩序体系的一种民法和民法精神的承认与尊重,也就是对人的美好生活向往的一种人性承认与尊重。

2. 法治文化科学发展的人性自然实现

法治文化的科学发展不仅需要人性的自然条件,而且需要人性的自然实现。人性作为人的普遍属性,是以人的利益需求的条件形式反映于外部的。为了实现自我利益,人会要求社会为其提供必要的客观性条件,以使人在利益冲突中的行为在符合这一条件时被“合法化”。[1] 法律和法治文化的科学发展就是要通过一定的权利与义务机制对人的利益需求进行公平合理的分配,并使人的利益实现法律化与法治化。这种人性利益的法治与法治文化实现,作为法治和法治文化的科学发展,就是人性利益的自然实现,是以人性利益的自然实现为规范与秩序条件的。人性的自然实现必然代表着法治文化的一种科学发展,而法治文化的科学发展则必然表现为一种人性自然实现的结果。

在法治文化科学发展的人性自然实现上,一个重要的特质在于代表人性利益的法治与法治文化不仅表现为以人性自然为基础的外部制度形式,而且是以人性自然的自主自为的内在精神实现的一种生态文化构造。法治不仅是一种形式和一套法律条文,而且更是一种民主、文明和科学的理性精神。[2] 法治文化的这种“科学的理性精神”在市民社会的秩序体系中就是民法精神。作为科学与理性的民法精神,既体现人性自然的条件,又代表人性自然的社会秩序实现。在法治文化科学发展的人性自然实现上,民法精神的人性自然构造成为代表法治文化科学发展的一个重要标志。建立在民法精神的人性自然构造基础上的法治文化,就是法治文化的科学发展与实现的人的社会生态与自然生态结合与统

〔1〕 程燎原、王人博:《权利论》,广西师范大学出版社2014年版,第59页。
〔2〕 李德顺:《法治文化论纲》,载《中国政法大学学报》2007年第1期。

一的文化。法治文化作为人类的特有文化,[1]其科学发展及其实现既是自然性的,又是社会性的,必须表现为人性自然实现的一种状态和结果,不可能在没有人性自然实现的条件下而实现法治文化的科学发展。

以民法和民法精神对市民社会关系即一定的人身与财产关系的调整,就是对人性自然实现所要求的平等与自由条件的确认。民法和民法精神反映了人类为了生存、发展而占有、支配和利用一定人身与财产利益的人性自然实现的秩序条件与基础,是一种以人性自然实现的民法制度与秩序构造所表现出来的法治文化的科学发展模式。

(二)法治文化的科学发展与民法精神的人性自然

法治文化的科学发展作为民法精神的人性自然构造,必然反映为民法精神的人性自然。民法精神作为法治文化的市民社会关系形态,是人性的精神,是体现人性自然的社会精神。因此,法治文化只有以民法精神的人性自然为其民本的文化本质与内涵,才能达到科学发展的理想目的,也才是符合科学发展规律的法治文化形态。

1. 法治文化的科学性与民法精神的人性本质

法治文化的科学性必须是反映民法精神的人性本质。民法精神的人性本质构成了法治文化是否具有科学性的判断标准。法治文化反映的是群体的精神形态以及由此产生的制度及组织机构样态,而精神形态以及相应的制度和组织机构样态则根本上是人性的文化表征。在市民社会中,法治文化的群体精神形态就是民法精神。因此,法治文化所反映和具有的民法精神条件,就直接决定了法治文化的科学与否。因为民法精神在根本上代表了人性的秩序本质。所以,只有与民法精神的人性本质相契合的法治文化才能是一种具有科学性的法治文化。

法治文化是根源于人的内在精神并反映于人的外在行为的社会规范文

---

[1] "动物的行为规则主要来自于其特定的生理机制,表现为生物本能对行为的支配;而人类的行为规则却主要不是来自于生理上的遗传和本能,相反,它们产生于一定的文化,是文化的一部分,其中的法律文化又是其特殊部分。"(张文显主编:《马克思主义法理学——理论、方法和前沿》,高等教育出版社2003年版,第244页)

化。[1] 在法治文化中，人的精神处于根本的地位，[2] 构成了法治文化的意志性、行为性与生态性。民法精神作为法治文化的内在精神，是体现市民社会的利益需求及其规范秩序的社会生态因素，是直接的人性条件与结果，是反映人性需求并由人性决定的规范与秩序精神。因此，以民法精神为基础的法治文化的科学性，就是由民法精神所代表的人性本质的特定内涵条件，而民法精神也就成为了代表法治文化科学性的直接形式。

如前所述，人性的本质是人的自主性与自利性，这正是民法精神的社会规范与秩序体系的实质内涵。民法精神的人性本质反映的就是人的自利性与自主性的自然秩序需求，即民法精神本质上就是尊重人的自然利益需求并因此认可人的主体地位的社会规范与秩序形式。这样，以民法精神及其民本模式为基础的法治文化，其是否具有科学性并符合科学发展规律，一个重要判断标准就是它是否尊重人的利益需求及其实现的主体地位。只有尊重人的利益需求并认可人的主体地位的法治文化才是科学的法治文化，如果偏离了这一标准，法治文化便难有科学性。

2. 法治文化的科学性与民法精神的人性构造

建立在法治文化的科学性与民法精神的人性本质的基础上，法治文化的科学性必然符合民法精神的人性构造。法治文化的科学性不仅反映了民法精神的人性本质，而且是通过民法精神的人性构造所表现出来的文化体系。民法精神在人性目的、条件和价值的基础上，必然实现人性的社会秩序构造，而这种社会秩序构造是以人性为出发点和归宿的法治文化形态。民法精神的人性构造就是在反映人性自然需求并遵循人性自然规律的基础上对人性利益的合理与有序实现，是一种法治文化及其科学发展的形态。法治文化作为人的行为秩序文化，只有符合人的行为规律及其互动关系的行为准则，才可能构成一种具有科学性的文化，而人的行为规律及其互动关系的行为准则，必然遵守人和人性的规律与规定性，因此人性便成为衡量法治文化科学性的标准与尺度。民法精神的人性构造，是以符合人性目的、条件与价值的法治文化构造，它以人性为根据，反映人性

---

[1] “在最一般的意义上，法治文化是某一社会普遍存在尊重法律的思维习惯和遵守法律的行为模式。”（王若磊：《法治文化之要义及其在当代中国语境下的建构》，载《理论与改革》2013 年第 4 期）

[2] 外在的人的行为以及法治文化的制度因素都是由人的内在精神决定的。“精神不仅主宰着社会和个人的世界观和价值观，而且还塑造着特有社会体制和制度实体的形成。”（魏建国：《法治文化：特质、功能及培育机理分析》，载《社会科学战线》2012 年第 6 期）

的需求，是充分认识和尊重人性本质的社会秩序构造。法治文化在民本形态上与民法精神的人性自然构造具有本质的统一性。只有科学发展的法治文化才能契合人性的民法精神构造，也只有反映人性自然构造的民法精神才是能够展现法治文化科学发展的社会秩序构造。

第十五章

民法精神的道德本体构造

一、道德品质与道德构造

道德构造即道德的社会或者社会秩序构造，是以道德的本体性为基础的社会生态秩序构造。[1] 道德构造问题根本是道德和道德秩序的本质与功能问题，也就是道德品质问题。道德产生于人类生存和发展的自然的、客观的利益需要，是普遍存在于人类社会并为人类社会所特有的一种行为秩序，具有社会秩序的本体性和人法性特征，也就是人的社会规范与秩序品质的特征。

（一）道德品质

道德构造之所以是一种本体构造，就在于道德的本体性，因此需要有本体道德观，认识到道德规范的本体地位与价值。[2] 道德是人内在的或者内生于社会的本体性社会规范，构成社会的自然生态秩序，体现了道德作为人的内在规范与秩序品质在整个社会规范与秩序体系构造中的根本地位与作用。因此，道德的本质问题不仅指道德是什么即道德的根源与本体问题，而且是关于道德的认识和价值判断问题，是一个道德的社会目的与作用问题。本体的道德观就是因道德所具有的本体性和人法性属性而将道德作为社会秩序的基本生态规范的一种

〔1〕 本章内容参阅本书第三编（第十章）“自律构序的道德诉求”部分。

〔2〕 参见王利民：《民法道德论——市民社会的秩序构造》，法律出版社2019年版，第3～15页。

道德观念。在这种道德观中,人的利益需求及实现不仅是道德调整的对象,更是道德规范的目的。道德作为一种社会秩序规范,必然具有调整社会主体间的利益关系、规范社会主体行为方式的秩序功能,但是道德规范是一种本体性的社会规范,是主体内在的规范条件,这决定了道德的社会秩序功能是通过激发社会主体内心向善的品质从而实现道德自觉,本质上是一种自律构序的社会规范,具有其他规范所不可替代的规范价值。

1. 道德的规范品质

道德的本体性首先是一种规范性,即道德是一种社会本体规范。本体的道德观首先确认道德的规范品质,即道德的本体规范属性,其是一种社会生态秩序条件,是人基于对客观利益需求及实现的规定性而自然形成的一种以个体理性自律为主要形式的社会规范形式,体现了道德作为本体构造的社会价值。[1] 道德根源于人性的自然需求,是人性自然需求的社会实现条件,正因为道德体现了人性的规定性,所以道德规范具有自发性、必然性、普遍性等社会生态特征与本质。

从道德产生于人的客观利益需求角度来说,道德规范具有自然性与普遍性,进而决定了差异道德文化下的共识性。一种道德文化之所以能够成为特定社会的秩序形态并切实发挥构造社会秩序的作用,原因在于这种道德文化根本上是符合人性要求的,也就是含有道德规范的普遍性条件与内容。中国传统文化的道德观虽然在今天看来有很多非人本的落后内容,尤其是对人性的压抑和对个体权利的漠视并不符合社会规范的一般本质要求,即便如此,从客观上讲,中国传统文化的道德观在中国两千多年的封建社会很好地发挥了维系统治、民族团结、传承文化的作用,这已经足以说明中国传统文化的道德观中所具有的自身必然合理性的内容,而这些内容是作为道德的基础规范品质存在的。如中国传统道德观所要求的仁爱、孝顺、忠诚等道德内容,虽然作为封建伦理条件其内涵本身具有“超道德”的一面,但是其合理内涵及其所代表的道德规范品质仍然反映了人性的规定性,是任何社会形态下的社会秩序构造所应该遵循的一般道德要求。因此,尽管不同的社会条件下道德规范的具体内容不尽相同,但根本上都不会偏离道德的一般规范品质即道德的普遍性太远,否则将因背离人性而不具有道德属性。

---

[1] 参见王利民:《民法道德论——市民社会的秩序构造》,法律出版社 2019 年版,第 51 ~90 页。

从道德规范的文化属性来看,道德规范具有特定性。道德规范是主体的道德认知的结果。因此,基于不同的道德认知,必然表现出道德规范品质的差异性。一方面,在不同历史时期、不同社会条件下,人的道德认知水平和内容会存在差别,即使是受人的客观利益需求这一普遍性因素决定的道德规范也会有不同的内容,进而在评判某种道德规范是否合理时,就应该充分考量该道德规范产生的社会条件,而不是拿一个所谓的道德标准盲目比较,任何脱离了特定社会条件的道德标准导向的结果都是道德标准的虚无,这样的道德标准无法真正作用于稳定的社会秩序构造。另一方面,即使道德主体的道德认知水平和认知内容相同,道德主体对道德规范的实践水平也会存在不同。之所以相同的道德规范不必然产生一致的道德结果,就是因为道德规范的自律性品质及其主观性差别。道德规范是一种非强制的社会秩序构造手段,其发挥作用的前提是个体自觉遵守。在一定条件下,个体虽然认同道德规范的要求,但是在面对涉及自身具体利益的选择时,基于对违反道德规范的成本及其可能获得的利益权衡,可能会产生不同的道德要求和作出不同的道德判断,从而影响个体的道德实践。正因为道德实践存在主观性和不确定性,所以应该通过道德教育提升个体理性水平,培养个体良好道德规范品质,从而在面对利益选择时能够克服极端的利己思想而成为一个合理的利己主义和普遍秩序的自觉遵循者。

2. 道德的善性品质

道德的本体性不仅是一种规范性,而且是一种善性,即作为善的规范条件。人性内涵是复杂的,既有善的一面,也有恶的一面,其中善才是人性的道德规定性,道德是人性中的善性品质。[1] 道德是人所特有的追求具有"善性"的生存方式。善是人性的必然的社会行为选择,是对主体间社会交往的利益均衡与利他主义的认可与遵守,是个体理性基础上的道德共识。善既是个体内心的道德品质,也是个体社会行为的道德规范。只有个体具有善性品质,并在善性的指引下进行道德实践,才能推动社会公共利益的实现并真正满足个体生存发展的需要。

---

〔1〕 参见王利民:《民法道德论——市民社会的秩序构造》,法律出版社2019年版,第38~44页。

一方面,“善”是一种个体的意志品质,具有主观性。[1] 不同个体(利益当事人、利益相关人或不涉及自身利益的第三者)从不同的角度出发(以行为出发点看或从行为结果看或从行为过程看)会对“善”有不同的理解和判断,很难找到一个放之四海而皆准的“善”的标准。但是,“善”以其普遍和一般价值划定了一个伦理限度,在该限度内的行为都应该被视作是“善”的,在“善”的限度内,人依据自身的主观道德认知做出的社会行为不仅具有较大的自由性和可选择性,而且其行为的结果是对他人或者社会有益的。另一方面,“善”的边界就是人性的规定性,一旦突破这一边界就是“恶”,从这一角度来说,“善”同样具有客观性。正因为存在客观的善恶边界,人就不能够恣意妄为而必须克服自身感性的缺陷,最大程度地发挥自身的理性精神和自律品质,从而使自身行为符合社会道德规范的要求。“善”作为客观性与主观性的结合,涵盖了自律与自由的双重人性要求,具有道德实践的合理性,并能够正确指导道德实践。

正因为道德具有善的品质,而善的品质符合人性的规定性,因此,道德规范也就作为社会秩序的本体规范而成为社会成员普遍践行的行为准则。践行道德不仅体现在个体社会活动中的具体善行,而且体现在以道德为依据的立法中。法律要想证成自身的合理性并获得社会一体尊崇的权威性,就不能仅凭立法者的意志立法,而应最大程度凝聚社会共识,即依据社会的道德标准制定善法。因此,道德的善性品质为法律制定确定了价值前提与目标,当然也就构成了法律的价值评判标准。当法律作为社会秩序的实在规范能够保证“自由而平等的公民可以自由担待他们的生活,每一个人都可以期望他人使其善观念适应于他所期待的对首要善的公平共享”,[2] 这样的法律就是良法,也就是法律的道德构造。

(二)道德的本体构造

道德的本体构造就是道德作为本体的社会规范所自然调整和必然形成的社

---

〔1〕“善总是一种后果方面的特性:善者之为善,是借助于它的本性中某些其他的事物,借助于成为某个种类的事物。”([英]戴维·罗斯:《正当与善》,林南译,上海译文出版社 2008 年版,第 223 页)在亚里士多德的伦理学体系中,作为最为核心的范畴,善根基于目的论伦理学的认知——“每一门技艺,每一项探究,每一个行为,每一种选择,看起来都是为达到某种好处……好处被恰当地解释为所有事物的目标所在”。([美]雅克·蒂洛等:《伦理学与生活》,程立显等译,世界图书出版公司 2008 年版,第 68 页)麦金泰尔指出:“假如我的目的在于其物,或努力促成某种事态,那么,我如此追求的目的肯定不足以证明我可以把自己追求的任何目的都称为善。但假如我称我追求的东西为善,那我便是说,我所追求的,是想要追求这东西的人一般都会追求的”。([英]麦金泰尔:《伦理学简史》,龚群译,商务印书馆 2003 年版,第 93 页)

〔2〕[美]约翰·罗尔斯:《政治自由主义》,万俊人译,译林出版社 2000 年版,第 184 页。

会生态秩序体系。这一秩序体系构成整个社会的基础秩序,是一切社会秩序构造的条件和根据。

1. 道德的人法构造

道德作为人的本体规范,是作为社会主体的人的利益需求及其实现方式与条件的产物,因此,道德的本质是以人为本的社会秩序形态,它体现人性的社会性要求,具有人法的本体性特征。因此,道德具有人性的规定性,以道德为本体的人类社会秩序构造,是人类社会内生的自然秩序条件与要求,即以道德形式存在的一种人性与人法的社会本体秩序形态。

道德的人法性是指道德是以人为本的社会秩序规范,具有"人本性"与"秩序性"相统一的本质。"人本性"既是道德产生的根据,也是道德的社会目的,是道德的本质特征;"秩序性"是道德所具有的调整人的行为关系的规范性功能与作用。人本性与秩序性构成了道德的人法性的基本内涵。

道德的人本性是道德的人法性的基础。道德作为人性的条件与形式,必然具有人本的自然与社会属性。从道德的产生来看,人类的存在是道德产生的自然史前提。人类作为自然界的主体之一,需要通过与自然界其他主体的斗争而获取自身的生存资源,为了拥有对自然界的强大对抗力量,人类选择结成社会,因此,人的自然性需求决定了人的社会性存在。人类面对有限的社会资源,个体间必须通过合理的秩序规则解决彼此利益冲突,从而实现社会成员的互利共存,由此便产生了以道德为本体的社会交往规则,而这一规则从其产生之日起既是人本的需要,也必然是具有人本性的存在。如果说人与自然的冲突是道德产生的"第一性根源",那么个体与社会的冲突就便是道德产生的"第二性根源",构成道德的直接现实基础。"道德属于人类自我本质的一种存在,是内在于人的本质的规范意识,是人性中的社会性,它以善和恶、正义与非正义、诚实和虚伪等社会观念来评价和调节人们的行为,是人类维系共同的生活基础和社会存在所必须认可的价值准则,是人类之所以构成社会并以社会形式存在所不可缺乏的共性本质与要求。"[1]正因为道德直接产生于人性的社会性并以实现人性自然性为最终目的,所以人本性便构成了道德的本质属性,而具有人本性的道德所构造的社会秩序则必然反映人的内在社会需求,具有社会秩序的规定性,是生态的社会秩序。

---

〔1〕 王利民:《民法的精神构造:民法哲学的思考》,法律出版社 2010 年版,第 43 页。

道德的人法秩序是道德的人法性的表现形式。道德“是由一个民族所采纳和接受的一些情感、态度和信念构成的,这些东西在这个民族中产生了某种生命力和凝聚力”。〔1〕 道德的生命力与凝聚力,在根本上是一种秩序力,具有秩序性的本质。基于道德秩序的“人本性”,即主体自主自为的行为秩序构造性,道德秩序与法律秩序不同,如果说法律秩序是国家的形式秩序,那么道德秩序则是主体的行为秩序,是一种现实的社会生态秩序。因此,道德秩序作为人的行为秩序其构造条件需要人的道德品质养成和人的社会价值的自主实现。由此,道德设定的社会秩序要求更高,它不仅是一种本体的社会规范形式,而且代表了法律所应具备的规范与秩序理念,是社会或者法律的“应然”秩序形态。如果说法律是作为实在法的制定法而具有社会秩序的构造作用,那么道德则是作为人法或者人的自然法而成为生态社会秩序构造的内在条件和本质。

2. 道德的正义构造

道德是人法,人法需要是人的正义法,是正义的社会秩序构造,这是由道德及其人法的本质决定的。道德的人法构造即道德的人法性是由人性所决定的生态秩序规则及其社会构造形态,反映了人的社会生态秩序的客观事实与现实需求,并决定了道德作为“人法”的本体性,即道德是人类自然与本有的社会生态秩序条件,〔2〕是人类内在的一种精神秩序。〔3〕 道德的本体性要求一切社会规范都应当以道德为基础并具有道德价值。〔4〕 道德价值就是一种正义价值,这一价值构成了以道德为本源的法律根据,法律要具有社会存在的正当性,就必须实事求是地反映道德这一本体的社会秩序条件,并与道德的价值及其正义目标保持一致。当然法律并不是对道德的简单重复归纳,而是在道德本体的基础上的

---

〔1〕 徐向东:《自我、他人与道德——道德哲学导论》(上册),商务印书馆2007年版,第21页。

〔2〕 道德的本体性是指道德是社会的本体性规范,对实现社会根本目标具有基础性的规范作用,这与“道德本体论”是两个完全不同的内容。“道德本体论”是和“道德工具论”相对立的观点,“道德本体论”是就道德为宇宙之本体,视人为道德之工具,强调道义的至上性与超功利主义。与之相对立,“道德工具论”在人与道德的关系上,确立人的中心地位。在历史与道德的关系上,坚持历史本位主义,肯定道德作出适度妥协的合理性。由此,本研究所说的道德本质的本体性正是契合了“道德工具主义”的理念。(参见朱贻庭、黄伟合:《“道德本体论”与“道德工具论”——中西传统伦理文化关于道德本质认识之差异》,载《文史哲》1989年第6期)

〔3〕 “所有的秩序,政治的也好,经济的也好,社会的也好,最终是一种精神上的秩序。在一种精神上的秩序没有形成之前,任何外在的秩序均不牢固。”(王沪宁:《政治的人生》,上海人民出版社1995年版,第46~47页)

〔4〕 参见王利民:《民法道德论——市民社会的秩序构造》,法律出版社2019年版,第31~33页。

意志创造,旨在更好的反映道德本体并实现道德的价值目的。〔1〕

总之,道德的人法性及其本体性代表了道德的正义构造。道德的本体性既是道德的价值所在,也体现道德所具有的正义本质。道德的本体性本身就承载了社会正义的价值目标,并追求人的正义价值及其实现。一切社会秩序构造都是以道德为基础的,也就是以道德的正义价值为目标的,要反映人类的客观利益需求及其实现的规定性。道德的本体性确立了人在社会秩序构造中的主体地位,也就确立了以人为目的和价值的社会秩序体系。

二、中西不同文化的道德观与道德构造

道德构造作为一种本体的社会秩序构造,是一定道德观的结果。道德观是特定社会主体在特定社会条件下基于具体生产生活实践所形成的社会秩序共识。不同社会主体在不同社会历史条件下对道德本质和功能的认知必然会存在差异,即对作为道德主体的人所具有的社会和历史地位及其应然本质的认识不同,由此形成了不同的道德观,并决定了不同的道德文化及其道德构造。

人性作为人类规范的终极事实,决定了具有"人法性"的道德规则在某种程度上的普遍性和客观性。与道德规则不同,道德观反映了在某个特定的时空范围内,特定社会和民族的价值理念和生活态度,在看似普遍的道德规则下,实则隐藏了基于不同社会发展目标和社会秩序构想的多元化观念体系和主观情感,因此道德观是具体的和主观的。〔2〕

(一)中国传统的道德观及其道德构造

中国传统文化的道德观是在自给自足的小农经济条件和封建专制的政治条件下形成的一种强调"道德本位"的伦理文化观念。一方面,在落后的自然经济条件下,个体为了抵御生存风险不得不互相依赖,客观上使得以血缘关系为纽带的具有人身依附性质的宗法制得以加强;另一方面,在封建君主专制的政治制度

---

〔1〕 法律观念产生于道德观念,是超越了"道德个人主义"(moral individualism)的普遍道德观念,是社会理性共识的产物;法律规则是道德规则的规范化和制度化表达,是对具体道德规则的筛选、提炼和逻辑安排,完善的法律规则体系为道德观念提供良好的结构性支撑。

〔2〕 在"道德相对主义"观点看来,某一特定群体称之为"善"的东西,其实是由这一群体中的成员自身的基因条件、他们所处的自然和社会环境中的偶然因素所决定的结果,因此道德具有相对性而非绝对的。"道德价值是不同文化的产物,这些文化彼此相去甚远,各个社会的中心价值观彼此迥异其趣。"([美]唐纳德·帕尔玛:《伦理学导论》,黄少婷译,上海社会科学院出版社 2013 年版,第 18 页)在不同的文化背景产生了不同的中西方传统文化的道德观。

下,“身份等级”构成了社会秩序结构的基本形态。

1. 以儒家思想为核心的道德观

与传统社会的经济政治发展情况相适应,先秦儒家思想最先提出了一套“尚公、重礼、贵和”的系统道德观念。[1] 具体来说:儒家思想的道德观是以“家国一体”的社会格局为基础形成的一种“整体主体”的道德观,家族整体利益在个人利益之上,国家利益在家族利益之上,其对个体社会性即整体性的关注远远高于对个体自身权利的关注。为了维持人格差序的封建社会结构稳定,在政治治理层面儒家提出用“礼”教化百姓,所谓“礼者,天地之序也”,[2] 而对于个体德性养成,《荀子·劝学》曰:“《礼》者,法之大分,类之纲纪也。故学至乎《礼》而止矣。夫是之谓道德之极。”个体应“克己复礼”,严守“君道(君主治国、治吏、治民)、臣道(身为人臣者的修己之道和忠君之道)、民道(作为百姓所拥有的顺民意识和义务观念)”的社会秩序规范内容。[3] 这样儒家通过构建出一个涵盖了个体伦理和政治伦理的社会伦理体系,最终为封建社会秩序的稳定提供了根据和保证。

道家思想批判儒家思想的道德观是一种功利主义道德观,并提出了一种与儒家道德观完全不同的“道法自然”的自然主义伦理思想。老子将“道”视为宇宙万物的本源,正所谓:“有物混成,先天地生。寂兮寥兮,独立而不改,周行而不殆,可以为天下母。”[4] 在“道”的孕育下,“万物负阴而抱阳,冲气以为和”。[5] 正是因为道德出于自然之本性,“生而不有,为而不恃、长而不宰”,[6] 因此道德本身就是目的。虽然道家思想的道德观相较于儒家思想更为纯粹,但是过分强调道德目的本身的合理性,会导向另一种极端即“非道德主义”或“道德虚无主义”。

2. 抽象与整体秩序的道德构造

中国传统文化的道德观,不论是儒家的道德观还是道家的道德观,都是一种

[1] 张锡勤:《尚公·重礼·贵和:中国传统伦理道德的基本精神》,载《道德与文明》1998 年第 4 期。

[2] 《礼记·乐记》。

[3] 参见郑文宝:《中国传统政治伦理研究》,黑龙江大学 2015 年博士学位论文,第 87 ~119 页。

[4] 《道德经》第二十五章。

[5] 《道德经》第四十二章。

[6] 《道德经》第十章。

非人本主义的抽象道德观,因此其道德构造也就是一种非人本主义的抽象和整体秩序的构造。虽然相比于道家思想倡导“无为而治”的出世哲学,儒家思想的道德观是一种积极入世的伦理哲学,但是儒家的道德观仍然是以一种伦理性的抽象人格为基础的,所以其社会秩序构造并不以个人为主体,而是以人的抽象和整体为对象,是一种整体或者集体主义的道德观与道德构造。孔子的“忠恕之道”是个体伦理——“仁”“义”的实践依据,孟子的“内圣外王”的道德观则将个体伦理拓展至政治伦理领域——“仁政”,个体通过“修身、齐家、治国、平天下”的人格形塑路径,最终完成自身对社会的义务。[1] 也正是因为“儒家游方之内,道家游方之外”,[2]儒家思想的道德观才能在中国传统社会秩序构造中具有极强的生命力。虽然儒家思想的道德构造在随后长达几千年的中国封建社会乃至近现代社会一直起着规范个人社会行为、塑造个人道德品格、凝聚社会成员共识、维持社会秩序以及创造中华民族文化的重要作用,但是由于中国古代的道德秩序不是一种人本主义的社会构造,既不以人的客观利益需求为根据,也不以实现人的客观利益需求为目标,所以中国传统的以儒家思想为核心的道德构造并不能直接成为当代以人为本的社会秩序文明及其法治文化构造的伦理基础。

(二)西方传统的道德观及其道德构造

与中国传统的封建礼教的道德观不同,西方传统的道德观是一种人本主义的道德观,建立在这种道德观的基础上,必然是一种自由秩序体系的道德构造。

1. 西方人本主义的道德观

西方文化起源于古希腊文明,古希腊特殊的地理环境孕育出来的是不同于中国古代文明的商品经济和人类早期的民主政治社会。在这种社会条件下,必然形成人本主义或者以人为中心的道德文化,人的个性自然会得到最大的解放。自古希腊智者学派的代表人物普罗泰戈拉提出“人是万物的尺度”这一概念后,西方思想文化便普遍充斥着一种宝贵的人文精神,同样,西方传统文化的道德观也是一种体现人文精神的“个人本位”的伦理观念。

西方哲学史上第一个完成“伦理学转向”的苏格拉底,开启了对人的本性和灵魂的伦理学探究,人类从关注自然、宇宙、神灵转而开始“认识自己”。与中国传统道德观中倡导的“义本利末”不同,在西方传统文化中,人是“利”和“义”的统一体,

---

[1] 《礼记·大学》。
[2] 《庄子》。

人的合理利益需求是人性之善,是人获得幸福的根源,是道德的目的,“义”则是获得“利”的道德条件,是实现“利”的道德手段。为了更好地实现“利”,人需要运用“知识”进行道德判断,而“美德即知识”。在比较中西方传统文化道德观的差异中,两者对“利”与“义”关系的不同认识,间接反映了中国传统文化中的道德观是“整体主义”的道德观,而西方文化传统对于道德的理解则是基于“个体意识”展开的。

西方传统文化之所以能够从“个体”角度出发完成道德观的形塑,根本上是古希腊和古罗马的特殊社会关系形态以及决定社会关系形态的社会经济因素的原因。商品经济的发展打破了由原始氏族血缘建立起的公社结构,个体间自由、平等地进行商品交换成为市民社会关系的主要秩序形态,这样就逐步产生了不同于家庭伦理(身份血缘)和国家伦理(权力统治)的市民社会伦理。在这种社会条件下产生的罗马法作为市民社会的经济秩序规则是以市民社会平等、自由、秩序、公平等伦理内涵的规范表达,代表了古代法的最高人文水平。

中世纪时期,封建诸侯割据使得国家层面的伦理规范被破坏,但是市民社会伦理和宗教伦理却稳定地存续下来。西方的宗教伦理认为,只有在“上帝之法”面前,所有人的意志都是自由的,所有人最终都会被公平地审判,由此,“自由意志”构成了西方传统文化道德观的重要内容。“自由意志”一方面是说个体意志是自动、自发的;另一方面是说自动、自发的个体意志只有在理性的条件下才能够成为真正的“自由意志”。道德就是由“自由的意志”和“理性的意志”两部分构成的,其中,“自由的意志”是个体对自身行为负责的前提,也是对个体进行道德评价的基础,而“理性的意志”则是道德本身的要求。可见,与中国传统文化“情感体验式”的道德观不同,在西方传统文化的道德观念中,仅依靠情感体验获得的感受不一定符合道德,只有符合规律、逻辑的理性意志才是符合道德的,[1]并构成道德的根基。

自由与理性作为西方传统道德观念的两个基本要素是对立统一的。以伊壁鸠鲁学派为代表的部分学者认为“自由”是道德的主要内容,进而确立了“享乐主义”的道德观,而以斯多葛学派为代表的部分学者则认为“理性”才是道德的主要内容并由此发展出“禁欲主义”的道德观。[2] 直到康德提出“实践理性”的概念,两种道德观在一定程度上获得了统一。“实践理性”是说只有理性指导下

〔1〕 参见邓晓芒:《西方哲学史中的理性主义与非理性主义》,载《现代哲学》2011 年第 3 期。
〔2〕 参见邓晓芒:《西方哲学史中的理性主义与非理性主义》,载《现代哲学》2011 年第 3 期。

的行为实践才能达成个体目标,最终实现个体的“自由意志”。这一观点,不仅将道德观中的两个基本要素“自由”与“理性”有机结合起来,同时也将道德拓展至法律,为法律注入了基本的道德伦理内涵。

2. 自由秩序体系的道德构造

西方人本主义的道德观必然产生自由秩序体系的道德构造。换言之,与人本主义的道德观相适应的,必然是以个人自由秩序为本位和主体的道德构造。自启蒙时代以降,自由秩序体系始终是占据西方社会主导地位的秩序体系。17世纪到18世纪,古典自由主义者率先提出国家“公”权力不得干涉个人“私”领域的自由选择,否则就会变得本应是自律的道德就会因沦为“他律”而不再符合道德的基本要求。因此,社会的道德构造应以实现个人不言而喻、不证自明的天赋自由及权利为出发点确立社会的普遍道德法则。[1] 19世纪,功利自由主义批判古典自由主义自然道德的正义观念是建立在虚构、臆想的基础上,并提出道德规范所设定的权利是人为设计的避苦求乐的工具。伴随“二战”后自然法与自然权利思想的复兴,20世纪70年代,以罗尔斯为代表的新自由主义者提出“正义的权利具有道德上的优先性”,不能因为许多人享有更大利益而牺牲少数人的正当利益。[2] 同时期与自由主义思想针锋相对的是社群主义思想,虽然后者也认可个自由主义思想提出的权利在道德伦理意义上的优先性,但其论证角度与前者截然不同。社群主义者认为,自由主义是建立在与世隔绝观念基础上的,既不能彰显团体的独特价值又独立于外部世界,既不能实现个人的自我认同又无法形成社会的共同秩序。[3] 社群主义者提出,“权利不能够用一种依赖于任何共同体的善的生活的观念为前提获得确认和证明”,个人权利的正当性基础根本上是社群赋予的。[4] 分析以上这两大观点,可以发现,其实在西方自由秩序体系的道德构造过程中,社群主义思想与自由主义思想本质上是统一的,他们都产生于人本主义的道德观之下并以保障个体权利实现、构建自由的社会秩序

---

〔1〕 简成熙:《从社群主义与自由主义之辩论国人“公德”之提升》,载《山西大学学报(哲学社会科学版)》2018年第5期。

〔2〕 John Rawls, *A Theory of Justice*, The Belknap Press of Harvard University Press, 1971, p. 4.

〔3〕 Michael J. Sandel, *Liberalism and the Limits of justice*, Cambridge University Press, 1998. 转引自简成熙:《从社群主义与自由主义之辩论国人“公德”之提升》,载《山西大学学报(哲学社会科学版)》2018年第5期。

〔4〕 范进学:《权利是否优先于善——论新自由主义与社群主义理论之争》,载《政法论丛》2016年第3期。

体系为道德目标，只是双方就实现目标应该采用何种手段存在分歧，因此，要真正地理解社群主义就必然绕不开自由主义。[1]

三、道德认知与道德情感

道德认知与道德情感都是道德意识的重要内容，前者是对道德现象由表象到本质的逐步认识过程，后者是在道德认知的基础上依据个体的道德确信而对客观道德现象产生的情感倾向。[2] 道德认知与道德情感彰显了主体的思维自觉，对道德实践具有重要意义。

（一）道德认知

道德认知是指个体基于人性客观的道德需求，对纷繁存在于社会的道德现象进行整合、分析以及反思，从而理解这些道德现象背后有关道德的规律性、价值性、本质性的内容，并在此基础上形成一般的道德标准和道德确信。道德认知不是一蹴而就的，它是一个不断理解道德知识和积累道德经验的过程，是个体道德认知能力和道德思维水平由感性到理性不断提升的过程，最终挖掘出关于道德的普遍性和客观性内容。在不断接近道德本质和道德真实的个体道德认知过程中，不同的个体间不确定、不稳定的道德认知会逐渐向符合人性规定性的道德共识靠拢，最终形成普遍的社会道德情感，进而推动道德实践和社会本体秩序的构造。

在普遍意义上，道德认知必然经过的基本环节是道德印象的获得、道德概念的形成、道德思维能力的产生，即道德认知是由表及里、由浅入深的发展过程。道德印象的获得是形成道德认知的前提条件；道德概念的形成是个体道德认知形成的主要形式；道德思维能力由产生到不断完善则表示道德认知逐渐趋于系统化和规范化，这是一个完整的道德认知过程。

1. 道德印象的获得

道德印象的获得是指个体对具体道德行为和道德现象的初级感知，是一种

---

〔1〕 俞可平：《社群主义》，东方出版社 2015 年版，第 139 页。

〔2〕 “道德作为规范意识是由道德认知、道德情感、道德意志和道德行为构成的道德结构体系。道德认知是人们对道德现象的价值观察、思考与理解；道德情感是人们在道德认知的基础上对道德现象形成的一种确定性的心理倾向；道德意志是人们把道德情感转化为现实行为的主观能动力；道德行为是在道德意志支配下的道德情感的社会化形式。在道德结构体系中，四者之间具有内在的联系和统一性，道德认知产生道德情感，道德情感决定道德意志，道德意志支配道德行为，彼此互为条件和因素，其中前三者属于德性，也就是道德意识的范畴，后者属于德行，也就是道德实践的范畴。”（王利民：《民法道德论——市民社会的秩序构造》，法律出版社 2019 年版，第 48 ~49 页）

基于非系统的、直觉性的道德情感体验而形成的道德感知,一般是道德主体在日常生活中接触到各种道德现象之后,结合自身的惯常理解和实践经验,获得的一种较为主观的基础印象。道德印象的主观性亦称道德印象的个体意志性,是指对于同一道德现象,不同的个体受到个人生活经验、日常经历的影响,或受到父母、老师、同事等周围人评价的影响,会形成不同的道德结果。道德印象的获得不需要对道德现象进行本质分析,个体在接触到道德现象后,结合自己的社会经验就能迅速在大脑中形成某种道德印象,因此通过道德印象获取的道德知识在很大程度上是不准确、表面的、易变的。虽然道德印象获取的道德知识零碎且多变,但它们却是形成道德认知所必要的,道德印象所包含的道德知识不仅拓宽了个体的视野,为道德观念的形成积累了大量经验素材,同时获取道德印象的过程本身也锻炼了个体观察能力和反应能力,为进一步的抽象道德认知提供了思维基础,因此在道德认知的产生过程中,道德印象的获得不可或缺。

2. 道德概念的形成

道德概念是在道德印象的基础上,经由个体的抽象思维对具体的道德印象不断进行分析和加工,最终总结出有关道德现象的本质特征的认知过程。道德概念的形成,一方面意味着个体能够对复杂的道德现象进行抽象概括和类型化分析,通过挖掘道德的规定性和规律性内容,形成关于道德本质的内在深刻认识;另一方面表明个体可以运用已形成的道德概念作为标准对某一特定道德行为的动机、目的、手段、效果等内容是否符合道德标准进行把握,最终形成连贯的、具有逻辑性的道德推理和最终判断。由此可见,从道德印象的获取到道德概念的形成反映出个体理性水平的提升和道德思维能力的初步形成,为培养系统化的道德思维能力奠定了基础。

3. 道德思维的能力

如果说道德印象的获得是一种对道德现象综合思维的能力,那么道德概念的形成则是一种对道德本质分析思维的能力,而道德思维方式的形成就构成一种对道德真实的反思性思维能力。[1] 道德印象的获取和道德概念的出现,意味

---

〔1〕“作为一种思想和思维方法,反思,就是复而思之,反过来而思之。反思的特点在于它把既定的思想和认识作为再思想、再认识的对象,特别是通过对思想和认识据以形成的那些‘前提’(无论是感性的前提,知性的前提,还是价值的前提)的批判而提升或更新人们的思想和认识。”道德思维能力是一种反思性思维能力,能够对既成的道德认知和道德观念进行再认识和再深化,从而不断接近道德现象的本质和真实。(张文显:《中国民法典的历史方位和时代精神》,载《经贸法律评论》2018 年第 1 期)

着塑造道德思维能力的基本条件已经具备,但要想形成系统的道德思维能力,仍需要以科学的思维逻辑结构继续对道德知识进行加工。具体来说,道德思维的逻辑起点是“人”,要求在思考道德问题时,应当基于人的真实意图、本质属性、现实需要和价值地位。[1] 正是在“人本”的道德思维逻辑结构下,个体才产生了“向善”的系统性道德思维能力,具体表现为“‘善知’与‘善行’相资互用、‘道义’与‘利益’协调平衡、‘理智’与‘情感’善性融通”。[2] 道德思维能力作为个体开展道德实践的主观条件,最终会转化为具体的道德行为,在实现个体道德理想的同时推动社会道德水平的整体提升,并不断推进和完善以道德为基础的社会生态秩序构造。

显然,道德认知是道德的社会秩序构造的基础,然而,通过下面调查问卷的数据统计结果不难发现我国社会在道德认知上存在的问题及其对社会生态秩序所必然产生的实际影响。本项目组以“在下列选项中您最关心的事项有哪些”为题进行了全国性调查问卷,数据统计结果显示:在 A. 国家稳定;B. 经济发展;C. 收入增加;D. 社会公平;E. 个人自由;F. 道德进步;G. 环境保护七个备选答案中,选择“收入增加”和“国家稳定”的比例最高,分别占 24% 和 22%,其次为“经济发展”与“社会公平”,各占 16%,选择“环境保护”和“个人自由”的占比分别为 8% 和 7%,而选择“道德进步”的占比最低,仅为 6%。具体数据统计结果如图 15－1 所示:

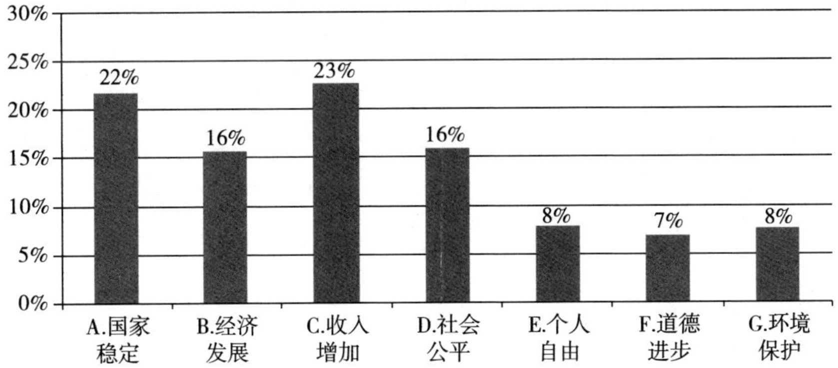

图 15－1　“在下列选项中您最关心的事项有哪些”一题调研数据统计

---

〔1〕 参见甘绍平:《道德思维的逻辑结构》,载《伦理学研究》2018 年第 1 期。

〔2〕 参见魏雷东:《道德思维的逻辑结构与形态演进:规范、语言与共识》,载《湖南大学学报(社会科学版)》2015 年第 5 期。

在这一调查问卷的数据统计与对比中,可以清楚地看到我国社会主义法治文化的道德本体构造的条件与现状,并且可以对这一问题进行比较全面和准确的把握并得出客观的结论。这一数据统计结果说明:一方面,经过改革开放以来商品与市场经济的发展以及个人生活条件的变化,人们更关心现实物质利益的实现,所以对"收入增加"选项的回答比例最高,是人们最为重视的社会问题;另一方面,由于受国家至上和集体主义等传统社会观念的长期影响,以及人们对自己现实的生存与发展环境的关注,人们对于宏观政策方面的主题与内容兴趣更大,认识上也更直观和敏感,所以对"国家稳定"、"经济发展"和"社会公平"选项的合计占比最高,达54%。同时,与人们的现实与眼前利益较远的"个人自由"与"环境保护"的占比则相对较低,而与个人行为意识与秩序品质直接相关的"道德进步"则最不为人们所关心和重视。显然,在市场经济的冲击下,人们的财产与利益观念在不断加强,人们更加关注眼前和现实的利益而忽视长远和根本的社会发展条件,包括作为社会生态秩序构造基础的个人道德进步。因此,我国社会的道德观念,需要在建设社会主义法治和法治文化中实现生态转型与发展。

(二)道德情感

如果说道德认知是个体对道德现象进行客观的综合、抽象或反思,那么道德情感则是超越个体道德认知的具有很强主观心理倾向的情感共鸣。[1] 没有道德情感,就没有道德行为,也就没有道德秩序。当感性的道德情感面对社会的自然生态秩序和人的客观本质和自然需求时,这一共鸣则因符合道德的社会规定性而具有了理性的社会价值。依据道德情感对道德现象进行是非善恶的确定性评判,能够形成为大多数社会群体所认可的一般社会秩序规则,因此道德情感具有规范品质并能够作用于具体的道德实践。

1. 道德情感与道德规范

道德情感,是指个人按照一定的道德观念去评定行为、人品的善恶,或由于道德需要是否得到满足所引起的一种情绪体验。[2] 道德情感产生于个体的道

---

〔1〕"基于法律行为的道德基础,法律行为同样是道德情感的行为,这就是作为法律行为要素的意思表示的道德情感性。意思表示不过是道德情感的法律用语,而意思表示只有是道德情感即具有道德价值,才能够成为内容合法的行为。因此,道德情感作为一种规范意识,不仅是直接的道德而且构成法律的实在条件。"(王利民:《民法道德论——市民社会的秩序构造》,法律出版社2019年版,第48页)

〔2〕参见《中国大百科全书·教育》,中国大百科全书出版社1985年版,第48页。

德认知和道德实践的共同作用。一方面,个体道德情感是“主体由于过去的道德认识和道德经验所形成的对某一个道德文化现象的较稳定的、持续的、明确的道德评价、道德情感、道德行为倾向”;[1]另一方面,个体在道德实践的过程中会收到大量的道德结果反馈并积累新的道德认知,由此也会促进道德情感的产生。“无论是道德认识变为道德行为接受实践的检验,还是道德行为的结果反馈到道德认识,都离不开道德情感这一‘中转站’。道德情感对道德认识的固化或修正都是由道德实践对道德认识的检验作用决定的。”[2]

道德情感的规范品质决定了道德情感具有构造社会秩序的本体性规范特征。道德情感内涵丰富,在社会生活中既可能表现为个体特定的道德情感体验,也可能表现为基于系统的道德判断、分析而形成某种较为确定的是非善恶的道德评价。尽管在这些道德情感体验或道德评价中有一部分可能是零散而非理性的,但是它们客观上确实是系统的道德规范的组成因子。在日常零散的道德认知中,人们会自觉反思、总结并形成为社会成员自愿接受的普遍的内生社会秩序规则。道德情感的规范品质就是道德作为本体的社会秩序规范的品质,其不同于法律规范的技术性特征,道德情感的规范品质反映出社会成员对社会秩序规定性的主动感知与真诚认可,其社会实现需要依靠道德主体的行为自律,道德情感的规范品质是构造规范和谐的社会秩序的内在动因,是社会生态秩序形成的民本基础。

道德情感的规范品质既是被人赋予的,也是被人不断认知、发现的结果。道德情感具有理性特征,是个体不断克服情感的感性特征而达成的社会理性与秩序共识,因此在某种程度上道德情感所具有的规范品质是由人的理性精神赋予的。这种赋予不是任意的、盲目的,任何道德情感的产生都不能脱离人的自然性需求和由此决定的社会行为规律。人是在不断认识自己、认识社会的过程中形成道德情感的,任何违背人性和人的社会客观性的道德情感在本质上都是不道德的,这样的道德情感不具有规范品质,无法真正发挥调整人的行为、规范和构造社会秩序的作用。因此,与其说道德情感的规范品质是被人赋予的,不如说是被人发现的。随着人的认知能力不断提升,为了适应并服务于人和社会的内在需求道德情感也会逐步发生变化,不过,作为道德情感的规范品质等本质性或规

---

[1] 张琼、马尽举:《道德接受论》,中国社会科学出版社 1995 版,第 191 页。

[2] 刘锋:《浅谈道德认识和道德情感的双向联系》,载《道德与文明》1987 年第 2 期。

律性的内涵是不会轻易改变的。

2. 道德情感的规范作用

道德情感所具有的规范品质决定道德情感是道德规范的一种重要表达方式，对人的内心和行为具有评价、调节和信号的规范作用。[1] 因为社会资源的有限性和人的利益需求的无限性之间的矛盾，确认人的利益内容和调解人与人之间的利益冲突便成为社会秩序构造的永恒内容，道德情感作为一种同时作用于人的内心和行为的秩序手段本质上也是对人的利益的权衡，当道德情感能够实现社会主体之间的人格尊重与利益均衡时，这样的道德情感就具有规范社会的正向价值；而当道德情感无法理性调和主体间的利益关系时，就丧失了规范社会的秩序功能，因此个体充分展现自身的理性精神和品质，是推动道德情感发挥规范社会的正向价值的重要保障。道德情感的规范作用主要有三方面：

(1) 评价作用。一方面，道德情感是一种强烈的心理倾向，本身就可以视作一种道德评价形式。作为道德评价形式的道德情感，时常会先于最终道德结论而流露出来；另一方面，道德情感作为一种社会规范，其评价的主要内容是道德主体的道德行为，即判断某一特定道德行为是否合乎社会大多数个体所认可的道德规范要求。这种评价与法律评价不同，它并没有确定的法典式的文本规范可以进行参照，通常采用生活在同一历史文化发展水平上的人们约定俗成的观念标准，这一标准反映了人们共同的道德理想和道德追求，这一观念标准是社会成员以积极理解的个人态度参与进来的逻辑思维的结果，最终内化为个体成员个性和品格的一部分。

(2) 调节作用。其是道德情感对人的行为所具有的指引功能，反映了道德情感对具体行为之发生和走向的干预。道德情感调节本质上是利益调节，旨在最大程度满足个体的道德需要，但是道德情感的调节是一种较为特殊的调节。一方面，道德情感调节是一种间接调节。道德情感作为一种主观的道德意识之所以具有调节具体行为的作用，根本原因在于道德情感能够转化为道德意志，道德意志是道德情感在内心形成的稳定的道德信念。因此道德情感就通过道德意志这一中间环节间接作用于道德行为。另一方面，道德情感调节是一种内在的

[1] "规范品性的道德情感是一个人在与他人的行为关系中存在并表现出来的能够规范自身行为的秩序情感。它强调的是道德情感的个人内在性与行为规范性，并因此具有直接的道德性，道德既离不开道德情感的品质，又需要道德情感的作用。"（王利民：《民法道德论——市民社会的秩序构造》，法律出版社2019年版，第51页）

非强制性调节。与法律调节不同，道德情感的调节不同于刑事惩罚措施、行政强制措施等强制性手段，而是通过道德主体的自觉、自律来实现。在社会生活中，如果个体遵守了大多数社会成员所认同的道德情感，那么他对自己的行为会有积极的评价，反之的评价就是会否定和消极的。出于对个体社会地位、利益需求以及更好适应社会等因素的考虑，个体往往会遵从社会普遍认可的道德情感，道德情感也由此对社会生活中个体的自我认知和社会认同起到积极促进作用，进而会感染社会的其他成员，当社会的大多数成员形成共同的道德标准和统一的道德取向时，道德情感就会实在化为对全体社会成员具有普遍约束力的稳定道德规范。

(3)信号作用。道德情感所释放出来的情感倾向对全体社会成员道德行为的做出具有提醒功能。道德情感之所以具有信号作用，一个重要的前提是道德情感能够传递需求信息，是主体间信息交流的重要方式。一般来说道德情感会先于语言和逻辑将主体的利益需求和道德愿望等内容表现出来。正因为道德情感是个体需求信息的载体，也是信息表达和传输的渠道，所以通过仔细观察道德情感的内容，接收其释放出的需求信号，社会成员的道德实践就会更具有目的性和针对性。道德情感不仅为道德实践提供信号的指引，同时道德情感释放的信号也是时刻关注道德情感变化并对其进行引导的重要指标。道德情感变化的背后是人的利益需求及其道德条件的变化，道德情感的变化既有积极的变化，如开心、满足、幸福等；也有消极的变化如失望、愤怒、悲伤等。而对情感变化进行监测的目的就在于不断调整、平衡主体间的利益关系，从而增进积极的道德情感，克服消极的道德情感。

四、道德意志与道德行为

道德意志是将道德情感转化为道德行为的一种主观能动精神，是主体在道德活动中实现某种预定目的的精神力量与心理过程。[1] 对主体道德行为起到价值指引和行为控制的作用。道德行为是道德意志社会化的表现方式，是道德主体在理性的道德意志支配下的自我约束，个体通过自觉遵守道德要求的道德

〔1〕 参见沈永福、张友国：《论道德意志的功能》，载《首都师范大学学报（社会科学版）》2011年第6期。

行为来展现个体所具有的道德意志力。[1]

（一）道德意志

道德意志的价值目标在于规范道德主体的行为，推动道德主体的理性实践，实现德性到德行的转化。道德意志价值目标的实现是基于道德意志对行为的控制功能，道德意志是道德主体积极促使道德情感转化为理性道德实践的关键环节，与道德行为的做出具有直接的因果关系。

1. 道德意志的价值目标

道德意志能够帮助道德主体实践理性。道德意志是"道德意识的最终体现，是道德意识向道德行为转化的最后阶段，是实施道德行为的直接动力因素"。[2] 道德主体在做出某一项道德行为时一般都会事先设定道德价值目标，并按照既定的价值取向力求实现某种对自身和他人利益具有社会影响的结果。这一行为过程中，道德主体对道德价值目标的选择和追求都是基于道德主体的理性意志。理性的道德意志是一种意识层面的控制能力，它能够控制道德主体的行为选择，道德意志是"具有支持道德主体统一道德价值目标趋向的力量和能力"，[3]能够帮助道德主体克服自身的消极道德情感，保留积极道德情感，培养道德主体的善性品质。道德意志还能够推动道德主体的善行实践，保留了积极道德情感的道德意志最终会转化为道德主体行为实践的动力，从而推动社会道德水平的整体提升。

作为一种理性约束机制，道德意志推动理性实践的根本价值目标在于实现道德主体的客观利益需求。在复杂的社会环境中，道德主体的社会行为会受到内心因素和客观因素的影响，许多情况下这些影响是相互冲突和矛盾的。道德意志通过对道德行为的必要性、可行性、合理性以及具体的实施方式、实施带来

---

[1] "道德的意志性，也就是道德的情感性，是以情感形式表达的意志条件。不论是意志的还是情感的道德，都是一种代表规范的道德。道德作为人的内在行为秩序，是一种规范性意识。道德作为规范意识是由道德认知、道德情感、道德意志和道德行为构成的道德结构体系。道德认知是人们对道德现象的价值观察、思考与理解；道德情感是人们在道德认知的基础上对道德现象形成的一种确定性的心理倾向；道德意志是人们把道德情感转化为现实行为的主观能动力；道德行为是在道德意志支配下的道德情感的社会化形式。在道德结构体系中，四者之间具有内在的联系和统一性，道德认知产生道德情感，道德情感决定道德意志，道德意志支配道德行为，彼此互为条件和因素，其中前三者属于德性，也就是道德意识的范畴，后者属于德行，也就是道德实践的范畴。"（王利民：《民法道德论——市民社会的秩序构造》，法律出版社2019年版，第48～49页）

[2] 周斌：《论道德意志在个人品德形成中的重要使命》，载《伦理学研究》2010年第1期。

[3] 沈永福、张友国：《论道德意志的功能》，载《首都师范大学学报（社会科学版）》2011年第6期。

的社会影响和社会反馈等因素进行整体性的分析和评估，来帮助道德主体进行理性抉择，从而做出正确的道德行为。这种正确的道德行为不仅克服了道德情感中的非理性因素，有效避免了个体道德与社会道德的冲突，更是构成了道德主体需求的社会性实现的重要条件。[1] 只有运用理性的道德意志对个体行为进行合理规范，个体才能在社会的道德框架内真正实现自身的社会需求和社会价值，从而使个人利益在社会秩序条件下最大化。

2. 道德意志的行为控制

道德意志是主体能够控制自己的行为并使之具有规范与秩序品质的意志。道德意志能够控制行为是因为道德意志本质上是一种实践精神，而道德意志控制行为的前提是道德意志能够控制道德主体的主观世界，道德意志通过控制道德主体的主观世界进而控制了道德主体的道德行为。因此道德意志作为一种道德主体的主观能动精神，既是一种作用于道德主体主观世界的观念转化机制，也是一种作用于道德主体行为的技术运行机制。

第一，道德意志提供了一种观念转化机制。具体地说，道德意志是推动个体内在道德情感外化为道德行为的精神力量，是连接道德主体内在心理与外在行为的关键纽带。道德意志会在纷繁复杂的个体道德情感中进行选择，以特定的标准支持和论证积极的道德情感对于道德行为的必要性，这一标准就是道德意志的人本价值目标。消极的道德情感虽然也可能符合部分个体的利益需求，但是本质上是非理性的，从长远看不利于个体利益的实现或者会导致个体间的利益失衡，因此消极的道德观念会被理性的道德意志屏蔽和转化。当然，道德意志的理性选择不是说道德意志可以独自支配和筛选道德情感，真正使得道德意志能够提供这种观念转化机制的原因在于道德意志的理性实践。在道德实践的过程中，道德意志会根据道德实践不断调整并进而作用于道德情感的选择，道德实践才是道德观念转化的内在动因。

第二，道德意志提供了一种技术运行机制。道德意志为个体的道德行为实践提供了一种技术调控机制，这种调节很大程度上是道德主体自觉、自律的行为。人们在收集、筛选外界道德信息的过程中，为了排除其他因素的干扰，必须

---

[1] “道德情感是人的自然情感，也是人的品行情感，是人作为主体的社会构造性情感，只有在道德情感的支配和作用下，人们才能够以自律的道德行为构造社会关系秩序，把个人行为约束在社会构造所允许的条件与范围之内。”（王利民：《民法道德论——市民社会的秩序构造》，法律出版社 2019 年版，第 52 页）

以确定的道德意志为指引,从而确定道德的真正目的。主体在面对客观存在的多种诱惑和吸引时,需要坚强的道德意志来控制自己的道德选择,从而克服困难,实现最终的道德目标,而坚强的道德意志作为一种积极的道德意志品质,有助于这一目标的确立。相反,脆弱的道德意志是一种消极的个人品质,会在道德目标的确立过程中起反作用。当然,道德目的是否符合社会的客观实际,需要进一步的道德实践的检验,即道德意志是否是真正的积极意志,有赖于道德实践结果的进一步确证。"人的思维是否具有客观的真理性,这并不是一个理论的问题,而是一个实践的问题。人应该在实践中证明自己思维的真理性,即自己思维的现实性和力量,亦即自己思维的彼岸性。"[1]

(二)道德行为

道德行为是指道德主体在道德意志支配下做出的由道德规范进行调整的社会行为,是个人内在道德品质的外在表现。道德行为使得道德规范具有现实的社会价值,道德规范的社会意义就在于实践道德。一般来说,道德行为是道德主体基于道德情感和道德意志所表现于外部的具体行为,能够被进行客观的道德评价,根据一定的道德标准,划分为道德的行为和不道德的行为。道德的行为是以一定道德准则为根据的有利于他人和社会发展的行为,是道德规范的具体实践,而不道德的行为则与之相反。道德行为具有如下的基本特征:

1.道德行为的自由性

道德行为的自由性是说人们日常生活中能够凭借个人的道德认知和道德情感做出符合自身道德意志要求的道德选择和道德行为。道德行为的自由性是受道德观念的自由性决定的,而道德观念的自由性则反映了人性对自由的本质需求。人类社会的发展是作为个体的人走向必然自由性的过程。"自由是人的生物必然性并构成人性的本质。"[2]它是道德律的存在理由,道德行为作为人之行为的一种具体体现,就是必然表达人性中的自由。当然,这种自由会受到历史、社会、舆论等客观条件的限制,因此并不是绝对的。人性的自由本质对道德观念以及道德行为自由性的决定关系,投射到民法规范以及民法精神中,就是任何一种社会规范的制定都应当优先安排体现人性之自然与自由特征的伦理要求,并以实现人性自然与自由的伦理价值为目标。

---

[1] 《马克思恩格斯选集》(第1卷),人民出版社1995年版,第55页。

[2] 王利民:《民法的精神构造:民法哲学的思考》,法律出版社2010年版,第26页。

2. 道德行为的自律性

“道德的自律性，也就是道德的自律构序性，是道德的社构序性的自律性本质。”[1]道德行为的自由性决定了道德行为的自律性。“道德主体的自由选择权力越大，需要做出抉择的广度也就越大，承担的道德责任就越重。”[2]对于个体来说，人们在经过自由选择之后，就会产生一定的后果和责任。这种道德上的责任，就要求道德主体在进行道德选择时不能为所欲为，而要考虑可能的后果和影响。因此，道德的自由会使主体对自身的行为有自觉的约束和限制，从而表现出一定的自律性。这种自律性会促使个体不断进行自我反省，从而使个人人格不断提升完善，帮助人们形成正直、善良、公正、无私等积极品质。

如果说道德行为的自由是人的自然性需求，那么道德行为的自律性就是人的社会性要求。从社会现实来看，道德行为的自律性很大程度上能在保障个人利益得到满足的同时，也保障社会利益得到满足。有道德自律作为伦理基础的社会，人与人之间容易建立起相互信任的社会关系，会促进社会中个体间的合作，提升个体工作的积极性和主动性，从而为全社会的发展提供动力。[3] 理性是道德自律的主观条件，理性指引下的道德行为可能不符合个体主观的道德情感需求，但却符合社会道德规范的普遍条件。理性有助于克服道德感情的随意性，使得道德行为不仅仅是一种随机的功利选择而更是一种顺应社会发展客观规律和符合人性本质规定性的价值判断。只有自律的道德行为才是稳定的和持久的，才会真正作用于生态的社会秩序构建。

3. 道德行为的规范性

道德行为是道德规范的实在化，道德行为必然反映道德规范的基本要求，具有规范性特征。“道德的规范性，也就是道德的规范构序性，即道德作为社会规范所具有的秩序性功能与作用。换言之，道德的规范性直接构成社会秩序条件，道德的社会构序性是道德作为社会本体规范的必然秩序要求与结果。”[4]“规范

[1] 王利民:《民法道德论——市民社会的秩序构造》，法律出版社 2019 年版，第 170 页。

[2] 陈红梅:《论道德行为选择中的自由与责任》，载《宝鸡文理学院学报(社会科学版)》2015 年第 4 期。

[3] “自律是道德实在与实践的基本条件与形式，在自律之外没有道德和道德实践，自律是人们能够自主地遵守一定的规范条件并符合社会秩序要求，即人们必须自觉地成为一个道德的人，既对自己运用道德，也对别人运用道德。”(王利民:《民法道德论——市民社会的秩序构造》，法律出版社 2019 年版，第 171 页)

[4] 王利民:《民法道德论——市民社会的秩序构造》，法律出版社 2019 年版，第 167 页。

论观点把道德当作一定社会经济关系的产物……其本质则在于维护社会集体利益,道德的崇高性、道德的尊严和价值。"[1]根据道德规范论的观点,为了保障人类的集体生存,需要遏制个人想要脱离集体而独自存活的欲望。换而言之,道德规范的约束性是为了所有人的共同发展,当个体利益间或个体利益与公共利益发生冲突时,要进行利益的权衡并对道德行为进行规范,从而优先保证对社会发展有利的利益得到实现。道德行为的规范不是一种强制性规范,它主要依靠人们内心信念、社会习惯以及舆论导向等形式使人自觉自愿地做出道德行为。

道德行为的规范性特征使得道德主体能够最大程度克服个体基于现实的功利目的而导致的行为的随意性,从而能够做出符合社会一般道德标准的价值判断和行为选择。[2] 一方面,规范的道德行为是个体主观意志基础上的行为选择,另一方面,规范的道德行为是在反映了人和社会的自然规律和客观要求基础上的主观能动选择,人和社会的自然规律和客观要求催生了道德规范,道德规范既是人规定的,同时也是人被规定的,进而在特定的社会条件下,道德规范所调整的道德行为具有一致性和统一性的可能,社会的规范秩序得以形成。

4. 道德行为的秩序性

通过道德行为,道德规范本身所蕴含的维护社会秩序的价值得以转化为良好的社会秩序现实。道德规范是市民社会的本体秩序规范,而市民社会的道德行为是主体的自律行为,具有社会的本体秩序性。正因为道德规范是社会的本体秩序规范,所以在制定社会秩序的实在法规范时,将道德规范作为基石进行考量就是自然而然的。制度的实践需要一定的价值取向,而道德作为一种价值判断的有效手段,能够为制度设计提供正确合理的方向指引。如果社会秩序的制度设计不能吸取道德规范的积极因素而盲目将道德规范和制度规范两者割裂开来,其导致的结果必然是使立法陷入"唯制度论"的僵化思想中,这样的法律制度不能适应社会发展的需要并根据社会生活的实际情况及时做出调整,从而成为社会和谐有序发展的消极因素。

---

〔1〕 杜振吉:《论道德的主体性和规范性》,载《湖南师范大学社会科学学报》2003 年第 2 期。

〔2〕 "道德的规范性一方面是人类能够在理性的作用下具有一种自觉的秩序共识和价值目标,另一方面是人类在不同的自主意识的支配下可能形成不同的行为标准与秩序要求。因此,人类的道德以主体的规范意识和行为精神条件既成为了所有生物界唯一具有主观自觉性与统一性的规范,同时也形成了各种主体意志条件的差别性规范。"(王利民:《民法道德论——市民社会的秩序构造》,法律出版社 2019 年版,第 169 页)

作为社会本体秩序的道德规范和一系列符合道德规范秩序要求的其他社会制度规范一起,共同作用于道德行为的实施。社会秩序表征的是一种社会主体行为较为一致和统一的社会状态,是社会主体间的人格相互承认和利益均衡分配。道德行为并不天然是一致的,道德行为受个体主观的道德意志和社会条件影响,具有多样性和不确定性。然而,道德规范的自然性和规律性使得行为主体能够从内心深处认可并自觉遵守社会的一般道德标准,形成对个体道德行为的内在约束;而其他社会制度规范则从外部构建起一个具有强制性和确定性的社会秩序框架,形成对个体道德行为的外在约束,通过内在约束和外在约束的共同作用,道德行为最终取得较高程度的一致性并具有了法治实践价值。〔1〕

5. 道德行为的生态性

"道德的社会构序性是道德所具有的主体性、行为性、秩序性和生态性统一的构序本质。"〔2〕道德行为的生态性是说道德规范作为社会的本体秩序规范其所指引的道德行为符合社会生态秩序的基本要求,是行为主体基于社会正义价值目标进行的理性利益权衡。出于实现个体间人格尊重与利益均衡目标的考量,个体通过自律的道德行为展现出自身的道德实践能力,而普遍的自律道德行为则展现出社会整体的道德实践水平并构成社会秩序的稳定性。只有大多数的社会成员都能够以实现社会正义作为自己的行动准则,这样形成的社会秩序才具有生态性。

道德行为的生态性本质上反映了道德行为的自然性,道德行为是克服了个体主观道德意志的随意性而力求顺应人的社会规定性的理性行为,只有自然的道德行为才能构建起生态的社会秩序。"自然是一切认识的对象,不仅道德本源于人性的自然,而且当人和人之间相互接触或者发生关系的外部条件被作为

---

〔1〕"道德以规范的条件构造秩序社会,道德构造是秩序的社会构造,是实现社会秩序的自然生态的规范条件。秩序是社会关系的行为要求,道德以规范条件提供秩序的行为根据。当一个人接受道德并以道德条件规范自己的行为,则其行为必然构成社会秩序的一部分。社会秩序不是规范的形式秩序,而是实践的行为秩序,规范秩序只是发生行为秩序的根据和前提,只有实践的行为秩序才是真正的社会秩序。"(王利民:《民法道德论——市民社会的秩序构造》,法律出版社 2019 年版,第 205 页)

〔2〕王利民:《民法道德论——市民社会的秩序构造》,法律出版社 2019 年版,第 156 页。"显然,人类的社会生态构造必须具有一种组织和完成社会生活的条件与能力,这种条件和能力既没有什么力量能够统一强加给社会,也没有什么人能够强加给另一个人,人类只能自然具有这种条件和能力才能够构造社会生活,这种条件和能力也只能以习惯的方式产生并作用于人类的行为关系。"(王利民:《民法道德论——市民社会的秩序构造》,法律出版社 2019 年版,第 157 页)

自然来看待的时候，作为这一关系的道德要求也就同样具有了自然性并由自然所决定。"[1]这里我们强调道德行为克服个体主观道德意志的任意性不是说完全否定人的功利道德行为的合理性。人性本质上就是利己的、功利的，因此人性做出功利的道德选择是客观和必然的，但是承认功利的道德行为具有自然合理性不同于认可绝对利己的道德行为选择，归根结底，功利的道德行为必须让位于更具有自然意义的理性道德行为——合理的利己主义行为。只有合理的利己主义行为所形成的个体间相对公平的利益关系才是社会稳定发展和人的价值实现的根本保障，才是社会生态秩序的应有之义。

五、民法精神与法治文化的道德构造

民法精神是一种道德精神，与道德精神具有内涵与价值上的统一。民法精神的道德精神性决定了民法精神及其构造的道德本体性，即民法精神构造以道德精神为本体，具有道德精神与道德本体构造的基本属性。因此民法精神必然以社会的道德目标为根据，以道德规范的基本要求为条件，通过行为主体的道德实践，最终构建起与社会本体秩序相一致的法治文化与法治生态秩序。

建设社会主义法治文化的民法精神构造，既是社会主义法治文化的科学发展过程，也是民本模式的社会主义法治文化的民法精神实践过程，而这一过程根本是法治文化的道德本体构造过程。科学发展的社会主义法治文化的民本模式，是民法精神构造与道德本体构造的统一。

（一）民法精神的道德构造

民法精神的道德构造，反映民法精神的法治文化构造的道德性，是一种道德本体的社会生态秩序构造。

1. 民法精神的道德品质性

民法精神作为一种社会规范与秩序构造，不仅是一种民法的构造，而且是一种道德的构造，具有道德的品质属性。作为调整市民社会关系的基础法，民法必然与道德存在着千丝万缕的直接联系，相比于其他部门法，民法与道德的联系更具有本质的统一性。"民法作为形式规范，具有道德的内在性，它内在于道德之中而外（转）化为民法形式。"[2]民法与道德之间的密切联系，根本决定于民法

---

〔1〕 王利民：《民法道德论——市民社会的秩序构造》，法律出版社2019年版，第108页。

〔2〕 王利民：《民法的精神构造：民法哲学的思考》，法律出版社2010年版，第53页。

及其内在精神的道德品质问题。

民法精神是人性的道德精神。它是人类社会特有的一种社会精神现象，对民法精神的认识最终不可能不追及到人的本性，但是，能够作为民法精神及其构造基础的人性只能是人的道德性。[1] 从民法起源与功能上来看，正如恩格斯所言："直接的物质的生活资料的生产，从而一个民族或一个时代的一定的经济发展阶段，便构成基础，人们的国家设施、法的观点、艺术以至宗教观念，就是从这个基础上发展起来的。"[2]毫无疑问，这种反映人的利益需求及实现的物质生活条件构成了道德的基础，也构成了民法的现实条件，并直接影响人们的道德品质及其民法精神的形成。人性是复杂的，既包括人性的自然性，也包括人性的社会性或道德性，虽然人性自然性是客观的、必然的，但只有道德性才是人性的价值性，是人性的应然社会品质。人性的道德品质作为市民社会的规范与秩序品质，也就构成了以道德品质为价值根据的民法精神的品质。这一品质要求合理确认与规范人类的人身与财产关系关系，从而实现社会主体之间人格尊重与利益均衡的社会秩序形态，而这一形态的民法精神发展，就是一种民本的法治文化形态。因此，道德品质构成了民法精神的内在条件及其规定性，民法精神必须具有道德品质性，而民法精神的道德品质缺失，也就构成了民法精神的根本价值缺失。只有具备道德品质的民法精神才是真正展示和实现人的价值的精神，也才具有以民为本的法治文化构造的意义。

2. 民法精神的道德信仰性

民法精神作为一种社会精神与行为秩序构造，在本质上是一种道德信仰的秩序形态。道德信仰是同人类的社会生活、精神生活一起发展起来的精神现象，是"人们基于对道德价值的认识，以及在道德理想与道德现实的张力作用下产生的"。[3] "道德信仰是道德世界与道德生活的最后支撑力量，它在深层次上维系着个体的道德生活与社会的伦理秩序。"[4]

由于道德是市民社会"以人为本"的自然法，是市民社会秩序的本体性，所以道德不仅应该被遵守、被认同，更应该被信仰。"道德信仰是社会群体最主要

[1] 参见严存生：《道德性：法律的人性之维——兼论法与道德的关系》，载《法律科学》2007 年第 1 期。

[2] 《马克思恩格斯选集》（第 3 卷），人民出版社 1995 年版，第 776 页。

[3] 黄明理：《社会主义道德信仰研究》，人民出版社 2006 年版，第 73 页。

[4] 樊和平：《善恶因果律与伦理合理性》，载《上海社会科学院学术季刊》1999 年第 3 期。

的精神凝聚方式。道德信仰在社会群体生活中起着重要的价值整合作用。”[1]脱离信仰的道德形同虚设。同时信仰道德不应该仅停留在社会成员观念层面的自由选择,更应该落实到行动层面的必须遵守。

民法精神是社会成员将其对道德的信仰转化为法治实践的形式,是市民社会“以民为本”的法治文化构造。因此,民法精神必然具有道德信仰性并以此构成法治文化的生态秩序基础。民法精神的道德信仰性使遵守道德从观念层面落实到具体的制度与行为层面,信仰道德首先要遵守法律,弘扬民法精神。这样,在民法精神的道德信仰中,社会成员的守法行为不仅仅是法律强制的结果,更是自觉的道德精神诉求,在守法的过程中,个体的道德境界不断提升,道德人格得以完善,而和谐有序的法治文化也必然构成一种生态性的道德文化和信仰文化。

3. 民法精神的道德实践性

民法精神是实践的道德精神,具有道德实践相统一的构造性。一方面,以道德为根据和条件的民法精神能够有效转化为具体的道德实践,从而将民法精神的规范条件内化为一种道德理念并转化为道德行为,从而以道德的自主性与自律性实践民法精神的社会秩序构造。民法精神作为市民社会的行为精神,具有道德的实践性,表现或者需要表现为主体的道德实践行为。民法精神在“精神构造”的意义上,就是以“道德律令”的形式指引人们自觉的行为实践,从而使民法精神从法律的强迫条件转化为道德的自觉行为,并以道德实践的社会生态运动过程实现民法精神的社会秩序构造。民法精神只有转化为道德实践,才能够成为行为主体基于自身的道德认知和道德情感的道德意志而自主推动的行为实践,从而在民法和民法的精神——道德意志的强迫与自律的双重作用下实现社会秩序构造的稳定性和可靠性。

另一方面,民法精神及其法治文化构造在道德的实践过程中,必须根据实践的道德结果反馈不断实现对构造过程与形态的调整。民法精神构造的目标,应该致力于反思并弥补现代道德实践发展的困境,从而以道德问题的解决来解决民法精神的法治文化构造问题。任何脱离了道德实践的民法精神及其法治文化构造都是形同虚设的。当前道德实践中存在的主要问题有:

第一,道德功利化。在当代利益社会,相当一部分人将物质利益奉为最高价值目标,因而传统的道德信仰在个人主义和物质主义的现代道德浪潮的冲击下

---

[1] 马军远、王征:《时代呼唤道德信仰》,载《理论学习》2016 年第 5 期。

已经被边缘化并在日渐消失之中。[1] 一旦道德不再是一种价值和信仰，就只能成为一种功利化的手段。

第二，道德虚无化。在以“交换价值”为尺度来衡量事物价值大小的社会生活中，道德主体因道德精神是一种脱离于具体价值之外的抽象意义存在而否定其在市场经济社会中的意义和价值。因此，在个人的利益交换中，道德就不再是一种规范和标准，从而丧失或者弱化对人的行为约束。

第三，道德虚伪化。道德主体仅将道德规范和原则视作一种能为主体所用的工具性存在，往往借道德维护之名，行道德败坏之事实。这样，以道德之名实现的就不是普遍的社会秩序，而是背离道德的个人目的。

以上三种现实社会中存在的道德实践问题仅依靠道德主体自身的意志品质同样是无法很好解决的，它需要借于某种外力的手段或者需要外化为一定的实在法形式从而在实证自己的规范性与普遍性的同时实现自己统一的社会秩序性，这就是道德或者道德精神的民法精神外化。民法精神的社会构造，不仅是道德的或者精神的，而且是民法的，具有民法的强制形式和要求，从而必然促进民法的道德实践与实践的道德构造。因此，民法精神与道德，在社会秩序构造的实践中是相互统一的，并以两者的统一构造了统一的社会生态秩序体系。[2]

（二）法治文化的道德构造

民法精神的道德构造性决定了以民法精神为基础的法治文化同样是一种道德构造的文化形态。法治文化是道德文化的规范化与制度化形态，其内容和价值追求均来自对道德文化的筛选和提炼，是社会主体道德实践基础上的文化创

---

〔1〕 参见邓黎、张澍军：《反思与重构：基于现代道德发展困境的思考》，载《思想教育研究》2018 年第 2 期。

〔2〕 “社会是人类规范构造的总和形态，是各种规范体系功效的统一结果。社会构造对于自然生态秩序的市民社会，是本体的道德规范和形式的民法规范的一体构造。道德的本体性是道德的市民社会构造的本体性，道德具有市民社会构造的本质，是市民社会自律与自序的能力。然而，道德不是市民社会构造的自足性规范，不能满足市民社会构造的全部规范要求，市民社会的秩序发展和调整需要在道德本体的基础上进一步形成和具备实在法的规范条件，这就产生了道德秩序的民法构造。民法与道德构造的统一性证明，没有独立存在和实施的不同规范，只有统一于‘人’的共同规范。任何市民社会的规范都是人本统一的秩序形式，是决定于人的利益需求及其实现的规定性的统一生态条件，并一体构造了一个目标与价值统一的社会行为体系。道德与民法的统一构造性必然产生和需要对两者相互关系与地位的认知性。”（王利民：《民法道德论——市民社会的秩序构造》，法律出版社 2019 年版，第 181 页）

造，体现了道德主体的主观能动精神。[1] 法治文化必然具备道德文化的基本属性，并能够超越单纯的制度规范转化为社会生活中具体的道德文化形态，这样的法治文化才是构成社会生态秩序的文化形态。

1. 法治文化科学发展的道德文化属性

法治文化的科学发展，一方面是指法治文化的内容应客观反映社会生态秩序形态的基本面貌，是民本的法治文化；另一方面是指法治文化的建设应自觉契合社会生态秩序构造的本体要求，是规范秩序的法治文化。民本性、规范性以及秩序性正是道德文化这一社会本体文化的本质属性，因此，科学发展的法治文化与道德文化两者具有内在的高度统一性，法治文化的科学性就来源于法治文化所具有的道德文化属性。道德文化是社会主体基于自身利益需求及实现的考量而对社会规范秩序的自觉需要，“是在人的实践活动基础上逐渐形成的处理人际关系（包括人与人、人与社会、人与自然、个人与集体、集体与集体）的原则、规范和理论观点，是社会生活有序发展和稳定发展的一种精神力量”，具有构造民法精神乃至形塑和发展民本法治文化的基础价值。[2]

科学发展的法治文化必然是具有社会道德属性的秩序文化，也就必然是具有本土性和民族性的秩序文化。道德不仅具有反映人性普遍需要的内容，还具有反映特定民族、宗教、文化主体社会认知和社会需求差异的特定内容，每一种道德文化都是特定历史条件以及特定社会条件的产物，其存在既是客观的，也是合理的。因此，在道德文化基础上构造和发展起来的民法精神以及法治文化，必然会体现特定时空条件下的社会秩序认知和规范需要，也只有立足于本民族的社会发展实际情况并以社会的特定文化需求为根据，所实现的法治文化构造才具有科学性，才能够被一代代传承并具有持续指引社会生态秩序构造的强大生命力。

法治文化的科学发展不仅要求法治文化体现本土的、民族的道德文化要求，还要求法治文化体现先进的、普遍的道德文化要求，即自觉摒弃落后的社会道德传统并不断挖掘真正符合人的利益需求及实现的道德规定性的内容。虽然法律文化具有道德文化属性，但是却不能称之为法治文化，任何一个国家均具有一定

---

〔1〕 道德文化是社会文化的本体，反映社会主体道德实践的规定性，而法治文化不过是一定的社会道德文化的法治形态，法治文化只有建立在一定的道德文化的基础上才是一种社会生态的有价值的文化。

〔2〕 孙晓峰：《中国特色道德文化的构建》，载《当代世界与社会主义》2008 年第 1 期。

的法律文化，这是长期的人类秩序实践所必然产生的一种文化形态，然而却并非任何一个有法律文化的国家都拥有法治文化。法治文化的形成首先需要在该国内部产生具有人法性和正义性的人文主义的道德精神和道德文化，并进而衍生出民本社会的法治精神及其引导的法治实践，实现法律秩序的普遍化与生态化。中国传统社会确实存在一种以“维持政治、社会秩序，主要是维护君权，巩固中央集权的专制主义，维护父权和夫权，维护家族主义”的法律文化，[1]但是也确定地不存在那种以人文主义为基础的奉法律为至高“圭臬”并以承认和尊重人的主体地位和实现人的权利与公平正义为目的的法治精神与法治文化。因此，在当代中国社会实现法治文化的建设与科学发展，根本问题就在于落实改革开放以来确立的以社会主义核心价值观为主要内容的新时期道德文化要求，通过将本体的道德意志和道德精神融入民法的精神构造中，实现社会主义法治文化的生态秩序发展。

2. 法治文化科学发展的道德文化形态

科学发展的法治文化不仅具备道德文化的属性，而且在结构与形态上，则是超越了法律规范的实体法形态而展现出道德文化这一自然法形态的道德化与生态化的法治文化。“作为当代中国先进文化的重要组成部分，是公平正义、自由平等、保障人权、民主法治等社会主义基本价值的集中体现，是全体人民意志和党的主张相统一的集中体现，是社会主义伦理道德与社会主义法治精神相统一的集中体现。”[2]这种意义的法治文化不仅具有法律与制度文化形态，而且展现为一种具有社会道德精神与文明风貌的思想与价值文化形态，即道德文化形态。社会主义法治文化的道德文化形态是社会主义法治文化的基本形态，是构造社会主义法治生态秩序的文化基础。

一方面，法治文化直接展现为自律构序的道德文化形态。道德文化是私法文化的本源，私法文化构成了法治文化的道德文化形态，道德文化所蕴含的自律构序的法治文化条件是实现法治文化科学发展的必要条件。道德文化的自律构序形成在实体法层面，即民法上的实现，就是民法对市民社会的人身权与财产权的调整与保护。民法作为确认和规范市民社会关系及其秩序条件的“母法”，能

---

〔1〕 瞿同祖：《瞿同祖法学论著集》，中国政法大学出版社2004年版，第413页。

〔2〕 李林：《社会主义法治文化概念的几个问题》，载《北京联合大学学报(人文社会科学版)》2012年第2期。

够将现代法治文化的内在精神主旨——保障公民权利、限制政府权力的民法精神转化为道德文化形态的法治实践,从而以道德文化的秩序形态实现法治文化的生态秩序构造。所以,作为法治文化基础形态的民法和民法精神,其对法治文化的构造意义不仅在于它是法和法的精神,而且更在于它一体构成道德文化,是以道德文化形态构造的法治文化。“民法典虽然只调整私人之间的权利关系,但通过私法自治原理、人身权和物权的“排他性”,赋予了个体自由决定其命运和生活、追求幸福的权利,他们不仅可以排斥来自第三人对权利的侵害,而且可以要求国家尊重其权利并排斥国家权力对私人领域的不当侵入。”〔1〕这样一种民法形式及其秩序构造,如果不同时是一种道德文化形态,是根本不可能以简单的民法形式来完成的。因此,社会主义法治文化的科学发展必须立足于道德文化的基本秩序形态,将道德文化的自律构序以民法形式制度化与规范化,并通过民法精神与道德文化的形态同构,实现法治文化与道德文化的一体发展。

另一方面,法治文化展现为以人为本的道德文化形态。以人为本的道德文化,“是人类文化创造的价值和理想,是指向人的主体生命层面的终极关怀”。〔2〕既然以人为本的道德文化强调“在人与社会的关系中,个人必须有个人的尊严,得到社会的认同”,〔3〕那么展现为道德文化形态的法治文化必然是一种人本主义的文化。这一文化,以对人性的终极关怀为主旨,确立人的主体地位,追求和实现人的价值与目的。只有人民主体地位深入人心,人民才能够自觉遵守法律,维护法治权威,参与法治文化实践,最终成为建设社会主义法治文化的自觉力量。只有以道德文化所蕴含的以人为本的自然正义为本源,通过道德文化承载的社会人文精神的潜移默化影响,人们才能够以道德的行为实践实现法治文化的形态构造与科学发展。

〔1〕 谢鸿飞:《中国民法典的宪法功能——超越宪法施行法与民法帝国主义》,载《国家检察官学院学报》2016 年第 6 期。

〔2〕 谢鸿飞:《中国民法典的宪法功能——超越宪法施行法与民法帝国主义》,载《国家检察官学院学报》2016 年第 6 期。

〔3〕 樊崇义:《人文精神与刑事诉讼法的修改》,载《政法论坛》2004 年第 3 期。

第十六章

民法精神的实践理性构造

一、实践理性

实践理性是实践与理性的结合，这一结合必然产生实践的理性功能与效果，即实践行为的规范与秩序形态，这一形态作为一种市民社会的规范与秩序，实现了实践理性与民法精神的结合，从而使实践理性的规范与秩序成为一种民法精神的实践理性构造。

（一）实践理性的规则意义

实践理性是法治和法治文化的认知性与行为性，具有民法精神的规范与秩序的本质属性，是建设社会主义法治文化的民本模式的思想与规则基础。“社会规则是特定社会或者共同体的规则……社会规则是它们构成其规则的那些群体的实践。”〔1〕法治文化作为一种社会规范或者规则形态，既源于实践的需要，又必然作用于实践。“有时，一条规范得到实践与否，与其有效性有关。”〔2〕法治文化从实践到规则和从规则到实践的构造，离不开实践理性的作用。只有那些符合实践理性并能够通过实践理性转化实践的规则，才是现实的有效规则。

---

〔1〕［英］约瑟夫·拉兹：《实践理性与规范》，朱学平译，中国法制出版社2011年版，第49页。

〔2〕［英］约瑟夫·拉兹：《实践理性与规范》，朱学平译，中国法制出版社2011年版，第86页。

实践证明,“许多规范的有效性依赖于人们对它们的实践”,[1]因为有效的规范或者规则必然是被实践的,而未被人们实践的规范,即使是形式上存在的,也是现实无效的。在私人社会中,“私人规则是个人的实践”。[2] 个人的实践规则就是个人选择的对个人有效的规则,个人实践之外,一切规则对于个人都是潜在的而不是实在的。对于个人来讲,“每个行动的选择(每个优先权)是一个判断”,[3]这个判断就是“自由理性的行动是以合乎确定的行为人的意图结构为标志的”,[4]而“实践理性的一个恰当的理论必须允许特殊意图根据一般意图可被视为理性的”。[5] 理性不是人的特殊性而是人的一般性,是人在一般条件下的实践标准。一个行为所应当指向的行为规则,是一个实践标准,只有这样的在规则基础上的实践行为才符合社会伦理标准并具有正当性。康德的实践理性是关注人的经验之外的先验世界,认为在这些世界里,不仅感觉无法达到,而且对于理论不能进入的领域则需要实践理性的作用,实践理性在实践领域中确立人们应当怎样行为,它的依据是人们对先验道德律的感知,而这种先验道德律独立于感觉经验之外,构成一种先验的实践规则并应当约束人们的实践。

波斯纳认为,实践理性有三种含义,第一种含义认为:“与精密研究方法形成反差的是一些‘实践理性’的方法。不幸的是,波斯纳对实践理性的第一种含义明显是缺乏一种标准的界定,这一层含义只是当人们在伦理或实践两者作出选择时才适用。例如是否上电影院,是否对熟人撒谎,使用的一些方法(在这里,‘深思’和‘实践三段论’是最关键的表述方式)。这种意义上的实践理性以行动为导向,与以‘纯粹理性’来决定命题的真假、论证的有效与否的一些方法形成反差。”[6]第二种含义认为:“这一术语还被用来指一种方法论,它大量依据具体的研究或探索领域内的传统来获得结论,而事实上对我们通常所说的理性表示怀疑,在某些类型的传统主义那里,甚至对前一种意义上的实践理性也表示

---

〔1〕 [英]约瑟夫·拉兹:《实践理性与规范》,朱学平译,中国法制出版社2011年版,第87页。

〔2〕 [英]约瑟夫·拉兹:《实践理性与规范》,朱学平译,中国法制出版社2011年版,第48页。

〔3〕 [德]朱利安·尼达-诺姆林:《理性与责任:实践理性的两个基本概念》,迟帅译,北京大学出版社2017年版,导论第5页。

〔4〕 [德]朱利安·尼达-诺姆林:《理性与责任:实践理性的两个基本概念》,迟帅译,北京大学出版社2017年版,导论第8页。

〔5〕 [德]朱利安·尼达-诺姆林:《理性与责任:实践理性的两个基本概念》,迟帅译,北京大学出版社2017年版,第22页。

〔6〕 [美]波斯纳:《法理学问题》,苏力译,中国政法大学出版社2002年版,第90页。

怀疑。”[1]这种用法被其称作“新传统主义”。这种意义上的实践理性，是法官据以进行推论，并作出正当化行为的一套方法，它建立在经验的基础上，适应了英美普通法的决策特色，具有很强的实用主义色彩。波斯纳的前两种可以在亚里士多德那里找到凭据，第三种实践理性的含义不同于前两种，“这种方法主要来自亚里士多德对归纳、辩证法和修辞学的讨论，是不轻信者对无法为逻辑或精密观察证实之事物形成种种确信时使用的各种方法”。[2]

虽然对于实践理性概念存在不同的理解，但是共同的认识在于实践理性是一种在实践中做出正当行为的依据或理由，是人所具有的这样一种能力，这一能力具有实现规则的意义。实践理性是以一种以理性反思为基础的行为选择与实践的能力，它通过理性的思维过程，形成一种人们自觉遵循的规律，从而给自己的行为以规定性，所以理性本身具有规则的意义，与作为普遍规则的法律及其行为秩序的实现密切相关，[3]构成法律的实践根据和理由。具有实践理性的人必然在实践中具有实现规则的行为能力，这一能力与自律构序的民法精神及其法治文化构造的本质是一致的。[4]

（二）理论理性和实践理性

虽然理性是客观的、现实的，但是人们对理性的认识却是不同的，因此也就产生了有关理性的不同认识。[5] 康德把理性区分为实践理性和理论理性。[6]实践理性是理性的一种类型，它与理论理性相对，康德认为这两者共同构成了纯

---

〔1〕 ［美］波斯纳：《法理学问题》，苏力译，中国政法大学出版社 2002 年版，第 91 页。

〔2〕 ［美］波斯纳：《法理学问题》，苏力译，中国政法大学出版社 2002 年版，第 91 页。

〔3〕 “法律是根植于自然的最高理性。”［［古罗马］西塞罗：《西塞罗文集》（政治学卷），王焕生译，中央编译出版社 2010 年版，第 158 页］

〔4〕 本书的实践理性，是人的行为实践的理性，是人在社会实践中能够合理控制自己的行为并使之符合普遍的社会性的认知能力。这一理性，既是一种先验的主观思维能力，又是一种实践的经验把握与总结。

〔5〕 除实践理性与理论理性之外，还有公共理性、工具理性、价值理性等不同的理性认识。理性是人在类属性的基础上所特有的这样一种适应外在环境的能力。外在环境的复杂性和人类调适能力的多样性相结合，结果便形成了不同类型的理性形式，尽管这些理性形式都是人们的理论概括，也就是韦伯所说的“理想类型”。能够应对外在环境复杂性的人必然需要具备某些条件，因为虽然所有的人乃至于动物都会对外界的条件做出某种反应，但是能就外界环境做出有效的调适行为并把这种经验上升为理性层面，这是人的特性，更具体地说，是具有理性的人的品质。

〔6〕 理论理性属于思辨理性的范畴。“现在实践理性与理论理性，就两者都是纯粹理性而言，是以同样的认识能力为基础的。”（［德］康德：《实践理性批判》，韩水法译，商务印书馆 2016 年版，第 99 页）“因为纯粹实践理性必须从原理开始，而这些原理作为最初的材料必定被做成为一切科学的基础，而不能够首先从这些科学之中发生出来。”（［德］康德：《实践理性批判》，韩水法译，商务印书馆 2016 年版，第 99 页）

粹理性,他在《实践理性批判》中详细阐述了实践理性概念。此前,亚里士多德已经区分了理论知识、实践知识和创制知识这三种知识形态,可以视为理论理性的早期源起。康德认为,理论理性和实践理性处理不同的问题,理论理性处理科学中的知识问题,而实践理性是纯粹理性在实践中的应用,处理的是实践中的问题,如道德和法律的问题。理论理性是对感觉材料的处理,由此产生了知识,知识是理性在现象中的引用;康德认为理性的实践应该是与道德相关的,它所关注的是存在应当发生的法则而不是存在的实际法则,前者为当然,后者为实然。〔1〕"实践理论的一个主要特征是,它允许每一种形式的人类行为都受到规范的调整。"〔2〕理性不仅是实践的,而且是理论的,人类的行为或者行动作为实践并不能完全脱离理论的指导和作用。"行动是理性人出于实践和理论权衡之后的结果,行动在一定程度上代表人们所接受的理论和实践的原因总和。"〔3〕康德认为,"对于纯粹理性来说,无论是作为理论理性的认识能力还是作为实践理性的实践能力,二者都必须通过法则得以表达和实现"。〔4〕而且,"纯粹理论理性的分析论处理那些可以给予知性的对象的知识,所以必须从直观,因而(因为直观在任何时候都是感性的)从感性开始,不过从这里首先进到(这种直观的对象)概念,并且只有在先行处理这两者之后才可以诸种原理结篇。与此相反,因为实践理性并不处理对象以求认识它们,而是处理它自己(根据关于这些对象的认识)现实地实现这些对象的能力,亦即处理乃系一种因果性的意志"。〔5〕理论理性和实践理性是从不同事实条件出发而寻求行为根据的不同理性法则。而"理论理性作为一种与经验相关的主体,从感性出发经过概念而终止于原理,为自然立法;实践理性作为不受经验制约的超验主体,从原理出发到概念再到感性,为人自身的实践活动颁布法则,即为自由立法"。〔6〕理性认识只能认识到自然世界,而不能认识到物自体的自由世界,康德把这种自由世界称为目的王国,而对物自体的认识,是实践理性的任务。康德的实践理性和理论理性的区分,产生了

---

〔1〕杨国荣:《实践理性:基于广义视域的考察》,载《学术月刊》2012 年第 3 期。

〔2〕[英]约瑟夫·拉兹:《实践理性与规范》,朱学平译,中国法制出版社 2011 年版,第 50 页。

〔3〕[德]朱利安·尼达-诺姆林:《理性与责任:实践理性的两个基本概念》,迟帅译,北京大学出版社 2017 年版,导论第 4 页。

〔4〕刘敬东:《理性、自由与实践批判》,北京师范大学出版社 2015 年版,第 70 页。

〔5〕[德]康德:《实践理性批判》,韩水法译,商务印书馆 2016 年版,第 97 页。

〔6〕刘敬东:《理性、自由与实践批判》,北京师范大学出版社 2015 年版,第 70~71 页。

很大影响。“理论理性主要是关系到经验事实的描述、说明和预测。”[1]而“实践理性关系到如何行动和如何选择(就选择与行动相关而论)的问题”,[2]因此实践理性关注实践中的行为的可欲性问题,是思考一个行为是否值得做或者需要考虑行为目的的正当性以及什么是正当的行为,同时思考如何才能做这种行为,进而实现预期目的。

二、实践理性的社会构造

实践理性不仅是人的认知能力与行为品质,而且以其实践的规范与秩序的本质而具有社会构造的属性,即在实践主体的行为规范与秩序的基础上具有社会构造的本质并与民法精神的法治文化构造相统一。

(一)实践理性的社会主体构造

所谓实践理性的主体构造是实践理性从主体出发必然构造理性的实践主体,即提出实践理性的主体条件和要求。实践理性作为理性的一种形式,与其他理性一样,均离不开主体即行为人。“理性既代表了人类本质又代表了人类本质的进化和发展。”[3]实践理性是人的理性行为,实践行为是根据人的理性发生的,即理性实践的主体是人,而人的本质作为一种社会条件要求就是理性和理性实践,从而在理性的基础上构成社会规范与秩序的主体。只有主体是理性的,其社会构造才能够在理性的基础上符合社会构造的主体条件和要求,即成为实现社会构造的合格主体。“就实践理性而言,进行认知(to konw)就等于是作出规定(to prescribe)。”[4]这种规定,就是主体的行为条件。“事实上,任何一个法律实践者在解决实际问题时,都要思考法律具体是什么”,[5]也就是要以自己的理性赋予法律以实质的内容,从而确定自己的行为准则,而这种准则不过是理性内容的规则化与实质化,这是主体基于实践理性而应当具有的社会构造本质。人作为理性的主体,在自己的实践中,不仅赋予了理性以实质内容,而且使得自身的理性从静态的纯粹观念变成了动态的社会实践,成为一种社会构造。

---

[1] 徐向东编:《实践理性》,浙江大学出版社 2011 年版,第 2 页。
[2] 徐向东编:《实践理性》,浙江大学出版社 2011 年版,第 3 页。
[3] 王利民:《人的私法地位》,法律出版社 2013 年版,第 32 页。
[4] [美]杰曼·格里塞茨:《实践理性的第一原则》,吴彦译,商务印书馆 2015 年版,第 65 页。
[5] 刘星:《法律是什么:二十世纪英美法理学批判阅读》,中国法制出版社 2015 年版,第 211 页。

虽然“社会秩序变化多端，其组织类型多种多样，过渡形式无穷无尽”，[1]但是在各种变化的秩序体系中，我们都可以从理性的主体寻找其构造基础。无论社会构造如何变迁和存在，都无法脱离人的客观存在，而在人的客观存在中，一方面是人作为主体的自然性，另一方面是人基于自然性的理性，并最终必然经由理性支配自己的社会构造。实践理性的主体构造，作为实践理性要求并确定的人的社会主体性，必然是符合人类实践理性的社会构造，这一主体构造的最高形式发展，就是人的生态性秩序体系即法治文化的民本模式构造。可以说，实践理性的社会主体构造，既是实现实践理性目的的根本构造，也是建设社会主义法治文化的民法精神构造。没有实践理性的主体，或者主体的实践理性缺失，就不可能实现民法精神及其民本模式的法治文化建设。

可见，法治文化的民法精神构造的主体，就是实践理性的主体，这种实践理性的主体，也就是民法精神的主体。人作为社会主体能够在纷繁复杂的社会关系中不断根据普遍的理性条件合理调整自己的行为和行为策略，从而以主体的秩序构造不断满足和适应社会构造的需要，这也就是主体以行为自律为基础的实践理性，并作为实践理性的道德法则。“道德法则无非表达了纯粹实践理性的自律，亦即自由的自律，而这种自律本身就是一切准则的形式条件，唯有在这个条件下，一切准则才能与最高实践法则符合一致。”[2]

实践理性的主体，作为理性人的表现，其对行为与秩序的理解及其实践是与“人的利益需求及其实践的规定性”即人类的“自然生态秩序”相统一的。一个主体，其行为秩序越是接近“人的利益需求及其实践的规定性”即人类的“自然生态秩序”，就越可能接近理性的条件和要求，也就越具有理性人的本质。人的本质是在理性中实践和实现的，并与社会的规范与秩序构造结合在一起。“自由理性的行动是以合乎确定的行为人意图结构为标志的。”[3]理性既具有目的性和行为性，又具有确定性。“因此，理性不仅是人类认识自然规律的理智能力，而且更重要的是，它是人类为自己和社会制订普遍必然的秩序和规则的真正源泉。”[4]一个正常的社会，应当是由普遍的理性人构成的，理性人作为社会主

---

〔1〕［法］莫里斯·奥里乌：《法源：权利、秩序和自由》，鲁仁译，商务印书馆2015年版，第42页。

〔2〕［德］康德：《实践理性批判》，韩水法译，商务印书馆2016年版，第34~35页。

〔3〕［德］朱利安·尼达-诺姆林：《理性与责任：实践理性的两个基本概念》，迟帅译，北京大学出版社2017年版，导论第8页。

〔4〕刘敬东：《理性、自由与实践批判》，北京师范大学出版社2015年版，第65页。

体,就是其意志和行为具有社会适序性,是一个秩序的主体,即理性主体的秩序品质问题。理性主体的行为,不仅决定于人的生理,而且决定于人的伦理,是自然生态的利益需求与社会伦理的秩序条件的统一,而这种统一是实践理性主体及其社会构造的必然条件和要求。理性不仅是自然的,而且是一种正常的道德心理机制,它使得人在基于特定因素产生行为的意图,能够有意识地选择可欲的行为目的,并通过正当的行为方式实现目的。这种道德心理机制不仅使得主体在手段和目的之间进行衡量,而且也会衡量目的和手段的正当性。可见,道德心理机制能够把非理性因素排除在主体的实践之外,即使人们在实践中做出某种非理性的行为,那么这种行为也并不是理性的实践运用。

(二)实践理性的社会行为构造

实践理性的行为,或者称为实践理性的客体,也就是实践理性的行为要素。所谓实践理性的社会行为构造,也就是实践理性的行为条件及其内在的社会构序能力。人的意志行为都是由一定的原因引起的,由于原因的不同,决定了行为及其构造的差别性。“行为表达了(所接受的)原因。”[1]人们总是在一定原因的基础上作出一定行为的。“首先人们能够区分仅仅关乎行为后果的行动原因和无关与此的行动原因。”[2]究竟什么原因决定了人的行为,这是判断和评价一个行为的伦理根据与价值基础。

实践理性是进行正当行为的能力,主体的正当性的行为便成为实践理性的客体,而这种行为一定基于正当的理性原因,并必然产生理性的正当行为秩序。对于这种行为构造,实践理性的作用在于通过动机为主体提供正当的行为理由,从而使理性的人能够正当地实施行为。显然,个人在实施行为的时候必定会为自己的行为找出理由,无论这种理由是明确意识到的,还是潜移默化到行为中的,都直接决定了行为状态和结果。一个人可能基于不同的动机选择某种行为,这种行为的正当性与否,或者是否选择某种正当行为,其理由来自动机,而动机如何发挥作用是受理性支配的。实践理性正是这样一种通过行为动机选择正当行为的能力,它并不是接受一切动机,也不是为了动机而不择行为手段,实践理性的行为只选择正当的动机和实现动机的正当行为,从而有效控制动机和支配

---

〔1〕[德]朱利安·尼达-诺姆林:《理性与责任:实践理性的两个基本概念》,迟帅译,北京大学出版社2017年版,第55页。

〔2〕[德]朱利安·尼达-诺姆林:《理性与责任:实践理性的两个基本概念》,迟帅译,北京大学出版社2017年版,第59页。

行为并使之结果具有社会构造性。

社会的规范与秩序构造，既以行为为对象，又以行为为根据，是由行为决定的。一个实践理性的行为，就是符合规范与秩序的行为，因此也就是具有普遍行为秩序的民法精神行为。作为自主调整市民社会关系的理性行为，就是民法精神的实践理性行为，它在符合个人利益目的的理性基础上，也必然构成对民法精神及其规范条件的理性遵守。戴维森"关于行动的信念——欲望论点"[1]指出："行动是人类生活的一个本质部分，我们通过行动来实现自己的目的，满足自己的欲望。"[2]行为必然追求目标的实现，而行为追求何种目标和以何种行为追求目标，则需要实践理性的决定。"关于实践合理性的工具主义观点"也认为："在如何行动的问题上，我们所从事的一切推理都仅仅在于决定如何获得我们的目标或者如何满足我们的欲望。"[3]这种从目的入手来解释行动的产生，并借以说明行动合理性的方式，也就是韦伯理论中的"目的合理性"或"工具合理性"。关注行为对于目的的实现程度，在手段——目的关系中衡量行为，与之相关的价值合理性则关注行为结果的实质价值。在实践理性中，人们行为选择目标时，可能是考虑到了实质的价值，也可能是仅从实现目的角度考虑，由于实践理性是选择一种正当的行为，也就对行为提出了道德要求，或者说实践理性中的行为具有了某种道德动机。这种动机需要符合道德目的，这一目的作为一种市民社会的人身与财产利益目的，就是民法精神的目的要求。

一个人的社会行为离不开一定的道德动机，而在道德动机的本源上，有康德主义和休谟主义两种观点。康德主义认为："实践理性唯一的客体就是善和恶的客体。"[4]又因为理性提供了道德的依据和动机，只要认识到了道德要求是理性律令，就会具有服从道德要求的动机，只要具备了相应的知识，就会去做道德要求的事情。"道德动机并不取决于我们所具有的任何感性欲望"，[5]因为它是一种理性目的要求。故，"在实践理性的情形中，基于一个目的(end)而行动就是为了一个目标(goal)而行动，因为实践理性就是一个有意识的且自我规定的

---

〔1〕 行动信念的初始是欲望的产生，欲望会促使人去实施其行为。

〔2〕 徐向东编：《实践理性》，浙江大学出版社2011年版，第1页。

〔3〕 徐向东编：《实践理性》，浙江大学出版社2011年版，第7页。

〔4〕 [德]康德：《实践理性批判》，韩水法译，商务印书馆2016年版，第62页。

〔5〕 徐向东编：《实践理性》，浙江大学出版社2011年版，第7页。

行动者”。[1] 休谟认为:“实践理性实际上是由行动者的动机所驱动的,或者换句话说,实践理性是欲望导向的(desire-oriented),因为欲望充当了本质上的动机状态而论;因此,如果我们通过实践推理得到了行动的理由,那么所有行动的理由实际上都是假设性的(hypothetical)——它们在动机上的有效性取决于我们的欲望。”[2]也就是说,欲望是行为的本质动机,行为是由欲望决定的,即使行为没有欲望来源,也是因为行为与欲望的动机背景之间具有联系。这两种观点之间的核心区别在于,行为动机是来自先验的理性,还是来自经验的欲望。实际上,人在行动时,可能是基于诸多欲望的“动机性理由”,也有基于不同的理由选择不同行为的可能。然而,最终正当的行为会基于“规范性的实践理由”,[3]这种规范性的实践理由赋予了行为正当性,也是“排他性的理由”,[4]一个人用会这种理由排斥掉那些初始的“动机性理由”。由于实践的复杂性,这种规范理由既可能和“动机性理由”建立起某种关联,也可能来自人类的理性认知。正是由于人们的行为会有个人的动机和目标,因此才有接受一般条件即规范和秩序的必要性,即人的行为应当符合社会公共秩序条件,具有维护共同规范和秩序的法治精神,其中主要是调整市民社会关系的民法规范及其民法精神。

实践理性首先从考察理性和意志的关系开始。在生活中,人要对事实与信念之间进行选择与判断,其本质就是一种理性的判断与选择。“有时信念即理由,但是如果认为所有信念都是理由,那就错了。我们应该记住,理由用于指导行为,而人们的行为常常由事实而非人们对事实的信念指导。”[5]凡行为必有根据和理由。“行动理由是在一定条件成立时一个人实施一个行动的理由。”[6]一个人的行为,如果是自主地符合社会规范与秩序,那么,它的行为理由必定由理性指引。人们的社会规范与秩序行为即人的实践理性行为,是在一定理性信念指引下实施的符合特定社会目的行为。“理性需要只以它自身为先决条件”,[7]“因此理性在本性上把人类之自然倾向的所有对象都把握为善——亦即将其把

---

〔1〕[美]杰曼·格里塞茨:《实践理性的第一原则》,吴彦译,商务印书馆2015年版,第25页。

〔2〕徐向东编:《实践理性》,浙江大学出版社2011年版,第8页。

〔3〕参见徐向东编:《实践理性》,浙江大学出版社2011年版,第5页。

〔4〕H. L. A. Hart, *Essays on Benthan: Jurisprudence and Political Theory*, Oxford University Press, 1982, pp. 243-269.

〔5〕[英]约瑟夫·拉兹:《实践理性与规范》,朱学平译,中国法制出版社2011年版,第4页。

〔6〕[英]约瑟夫·拉兹:《实践理性与规范》,朱学平译,中国法制出版社2011年版,第6页。

〔7〕[德]康德:《实践理性批判》,韩水法译,商务印书馆2016年版,第19页。

握为‘当为之事’,而把与其对立的东西把握为恶和‘当避免之事’。由此,自然法诸律令的秩序就与自然倾向的秩序相一致。”[1]人类没有理性,便不会有行为秩序,也无法构成社会,理性是社会构造不可缺少的意志条件。

(三)实践理性的社会价值构造

实践理性不仅是一定主体和行为的社会条件,具有主体与行为构造的属性,而且是一定的社会价值体现,是一定的社会价值构造。

正当行为的价值是道德性、正义性。从根本上讲是一种普遍的社会规范与秩序性,即在公认的社会规范和秩序的基础上符合人类共同的利益目标。反映在基础的市民社会关系即民法所调整的私人社会关系,就是由民法精神所代表的私人社会的普遍规范与秩序价值。[2] 正当行为的价值就是一种具有社会公认性与普遍性的规范与秩序的价值,这一价值既符合人类社会构造的整体目标,也能够实现个人利益的社会最大化。“实践理性的任务就在于引导其对象趋向于一个目的,在此,该对象将达致一种完美的状态。”[3]实践理性不仅引导实现一个目的,而且引导实现一个完美的目的。“理性的指引将保证行动是富有成效的,并保证生活是尽可能丰富和令人满意的。”[4]这就是行为的正当性及其所具有的社会价值构造。

有学者提出了实践理性包含三个具体评价原则:正当性原则、向善原则、有效性原则,这三个原则分别从行动要符合规范、合理性根据、价值实现的方式三个方面提供达到具体价值目标的保证。[5] 这些价值原则无疑有助于人们对实践理性行为正当性的评价,而在这些具体的实践评价原则背后,是实质性的价值观念,而价值观的不同,必然导致人们对行为做出不同的评价。不同的评价在于,其中任何一种评价都希望自己的评价是标准的或者是能够或者应当作为根据或者一般条件的评价。换言之,不同的评价的目的并不在于制造不同的评价,

---

〔1〕 参见[美]杰曼·格里塞茨:《实践理性的第一原则》,吴彦译,商务印书馆2015年版,第10页。

〔2〕 “完备的法律规范体系应当统一贯彻社会主义法治的基本价值,这就是说,要恪守以民为本、立法为民的理念,贯彻公平正义等核心价值观。”(王利明:《法治:良法与善治》,北京大学出版社2015年版,第104页)民法作为市场经济的完备的法,其在一个国家法律体系中的根本地位,就在于它所体现的作为人法或者市民社会法的私法价值。

〔3〕 [美]杰曼·格里塞茨:《实践理性的第一原则》,吴彦译,商务印书馆2015年版,第30页。

〔4〕 [美]杰曼·格里塞茨:《实践理性的第一原则》,吴彦译,商务印书馆2015年版,第56页。

〔5〕 杨国荣:《实践理性:基于广义视域的考察》,载《学术月刊》2012年第3期。

而在于追求统一的评价。[1] 现代规范伦理学领域有三大主导性价值学说，分别提供了不同的价值观和评价标准，分别为亚里士多德的美德伦理学、康德的义务论和边沁代表的功利主义。康德认为："实践的规则始终是理性的产物，因为它指定作为手段的行为，以达到作为目标的结果。但是，对于不以理性为意志的唯一决定根据的存在者，这一个规则是一个命令。"[2] 人本身就是目的，不能被当做手段使用，而人作为目的就具有了价值并必然要求实现人的价值，因此现实中应当尊重每个人的道德人格，人在道德世界为自己立法，在实践领域，要遵循"绝对命令"和普遍的行为规则。边沁的功利主义则从后果来评价行为，一件事情是否有价值，是否值得做，需要看这一行为是否带来更多的快乐，更少的痛苦，是否有利于"最大多数人的最大幸福"这一功利原则包括描述性原则和评价原则，描述性原则认为人们实际上是依据功利考量而行为，评价性原则认为人们对行为的评价也应当适用功利原则。不同的价值观为实践理性提供了不同的正当性标准，如果说实践理性在评价行为的正当性的时候面临困难，那么也一定是由于价值观上的冲突。不论是什么价值学说，或者从什么角度评价人的行为，人的行为在根本是一定的利益目的行为，其行为标准根本上是利益标准，应当遵循利益需求及其实现的规定性。作为行为的规范与秩序，最终需要回归具体或一定的法律规范标准，践行法治价值，而这一价值是其社会构造的基础。

三、实践理性与法治文化

法治文化与实践理性具有内在的联系，法治文化是一种实践理性文化，具有实践理性的本质，需要实践理性作为其构造的条件。建设社会主义法治文化的民本模式，作为以民法为基础调整的市民社会关系的普遍模式即民法精神的构造模式，也就是人的实践理性的模式，即运用实践理性规范自己的行为并构造社会秩序的模式。

(一)法治文化的实践理性本质

法治文化是实践理性的文化，具有实践理性的属性，需要实践理性作为其构造条件，在民本模式的法治文化建设中，需要运用实践理性的本质实现社会主义

---

〔1〕 民法或者民法精神，就是在市民社会关系领域代表一个国家和社会对规范与秩序条件的统一评价体系，因此构成了建设社会主义法治文化的实践理性价值。

〔2〕 [德]康德：《实践理性批判》，韩水法译，商务印书馆 2016 年版，第 18 页。

法治文化的实践理性构造。

1. 法治文化是一种实践理性的文化

法治文化是一种社会规范与秩序文化，也是一种实践理性文化，具有实践理性的本质，离不开实践理性的条件和要求。实践理性的条件和要求，就是对主体即人的行为要求。“人通过给自己提出目的创造了文化的世界，而文化世界的基本理念和基本精神就是人的理性和自由。”[1]人作为实践理性的主体，不仅是自由的主体，而且是责任的主体，对于自由行为而言，承担责任是必要的理性要求与行为条件。实践理性不论是人的能力，还是人的自由与责任，都意味着是由一种正当行为构成的行为秩序，这本身就是法治文化条件和要求，具有法治文化的本质。因此，法治或者法治文化作为一种实践理性的文化，符合实践理性，其自身不仅是一个规则与秩序的体系，而且是一个实践理性的价值体系，需要符合实践理性的正当性证明。

近代法律实证主义发展出了一种规则内部的有效性论证思路。如凯尔森用基础规范论证，哈特用承认规则论证，边沁和奥斯丁用主权者的命令论证。尽管如此，实证法律体系同样需要符合基本的道德要求，否则，整个法律体系的正当性就会出现问题，而这是背离人类的一般社会目标的。所以，法治文化的实践理性意在表明，法治文化与实践理性是一个统一的社会体系，正如法律和道德的统一性一样，[2]法治文化为实践理性提供规范与秩序的表现形式，而实践理性则为法治文化提供正当性与价值性的伦理基础。由于法治文化是一种实践理性的文化，法治文化的社会运行也就必然表现出实践理性的本质与形态。

2. 法治文化是一种实践理性的产物

法治文化既是实践理性的文化并具有实践理性的本质又是实践理性的产物，没有实践理性，就不可能有法治文化，法治文化是人类实践理性的文化与文明的成果。法治文化作为法治的社会生态化发展，而这一发展的过程就是实践理性发挥作用并产生结果的过程。作为现代法治和法治文化的起源，欧洲大陆法系在哲学上奉行建构论理性主义，在继承罗马法的基础上，以成文法为特色，形成了法治国家的社会制度体系；而英美法系则以经验主义或进化论理性主义

---

〔1〕 刘敬东：《理性、自由与实践批判》，北京师范大学出版社 2015 年版，第 77 页。

〔2〕 “法律和道德是不可分的，道德是法律推理和法律论证的重要内容；科学方法在法学领域的引用前景是有限的，不能用自然科学的方法代替法学与法律的实践方式。”（葛洪义：《法与实践理性》，中国社会科学院 2002 年博士学位论文，第 96 页）

为根据，形成了以普通法即习惯法和判例法为主体的法治主义传统。无论是大陆法系的理性主义，还是英美法系的经验主义（进化论理性主义），都是对任意性的规制，都排斥非理性的权力行使，都强调理性规则对人们行为的调整，都离不开实践理性的条件和要求。可以说，实践理性，不论是法律职业群体的还是普遍个人的，都是推动法治社会和法治文化产生所不可缺少的构成因素。

（二）法治文化的实践理性实现

法治文化不仅具有实践理性的本质，而且需要通过实践理性实现，没有实践理性的社会运动过程，既不会形成法治文化，也不会有法治文化的实现，即法治文化本质的社会生态规范与秩序构造。

1. 立法文化的实践理性

立法既是一个法律和法律体系形成和变动的过程，也是一个法治文化即立法文化的形成与实现过程。立法一旦构成一定法治文化并具有其生态与人文价值，则必然是实践理性的反映和实现过程。显然，人类社会越来越需要立法的规范控制，〔1〕而作为这一控制的法律，一定是通过实践理性实现的立法，否则，就无法达到并体现对立法的实践理性要求。"法治本质上是良法之治，良法是善治的前提和基础。"〔2〕良法作为一种立法或者制定法，是把人们的意志或者任意性纳入规则系统而进行合理调整的强制形式，而这种让人们的意志必须统一接受的强制性规范应当具有一定的正当性，而这一正当性实现的基础就是反映和体现实践理性的立法要求。"立法本身是一门科学，科学立法要求立法反映客观规律，符合实际需要，并能对未来的发展作出一定前瞻性的预见。"〔3〕不论是立法所需要遵循的客观规律，还是立法所面对的实践需要，都是实践理性的总结，都需要通过实践理性的检验并作为实践理性认知转化为立法即法治文化成果。

显然，立法或者立法文化的实现，并不单纯是立法者意志的结果，而是实践理性的一个检验过程。立法者需要依据实践的具体情境的正当性价值的认知，在不同的利益之间进行选择，肯定大多数人的利益取向，制定出正当的行为标

〔1〕"随着社会进步、人口愈趋稠密、生活方式愈趋多样、问题愈趋复杂，规范性社会控制程度亦愈趋提高。"（［美］E. 博登海默：《法理学：法律哲学与法律方法》，邓正来译，中国政法大学出版社 2017 年版，第 239 页）

〔2〕王利明：《法治：良法与善治》，北京大学出版社 2015 年版，第 106 页。

〔3〕王利明：《法治：良法与善治》，北京大学出版社 2015 年版，第 106 页。

准。这种正当的行为标准就是良法,不仅需要具有实践的能动性,而且符合普遍的正义观念。这种普遍的正义观念,应当是特定社会中的法律实践者和非法律人所共享的理性认知。对于基于理性而制定法律的立法行为,虽然立法者是来自人民的授权,但是立法者代表普遍性和稳定性的法律并能不被任意性的“民意”或者激情所左右,毕竟激情和非理性因素很容易在特定情形中被制造出来并影响立法,因此它还必须接受来自实践理性的一般约束,才摆脱个人激情与任意性所可能产生的对立法过程与结果的影响。

任何一种有价值的立法,或者任何一种有价值的社会规范,都应当是在实践理性基础上产生并具有实践理性的意义。“在正常情形下,传统、习惯、业经确立的惯例、文化模式、社会规范和法律规范,都有助于将集体生活的发展趋势控制在合理稳定的范围之内。”〔1〕这种控制的实现首先在于人们能够接受这一控制,而人们能够接受这一控制的原因,既在于一种理性的符合,又在于理性的实现,这是因为它能够代表和达到人类普遍希望的社会秩序的规范目标。“对人类事务中秩序的寻求,已被普遍承认为个人努力或社会努力的一个有价值的目标。”〔2〕对这个有价值的目标的认知与形成,不可能是某种强迫的结果,而应当是一种具有规定性的生态秩序,这就是一种共同的对实践理性的认同与把握。“一种稳定的社会秩序实际上总是含有若干融入其中的正义。”〔3〕正义的法律代表了人们的普遍秩序条件和要求,作为一种立法或者立法文化的实现,必然是一种实践理性的精神成果,代表了实践理性的文化价值。

2. 司法文化的实践理性

司法是法治的重要内容和环节,司法作为一种法治的社会形态,构成了法治文化中的司法文化。司法包括执法,作为把特定法律适用于特定行为的司法或者执法过程,既需要对事实的正确把握,又需要对法律的精准理解,因此不仅需要专业的法律素质,而且需要正义的法治精神,无疑是一种高度的实践理性行为。司法是法官运用法律知识依据法律规则解决法律问题的行为,这种行为不能任意为之,需要受到法律和实践理性的约束,追求和实现特定的司法目标,这

〔1〕［美］E. 博登海默:《法理学:法律哲学与法律方法》,邓正来译,中国政法大学出版社 2017 年版,第 241 页。

〔2〕［美］E. 博登海默:《法理学:法律哲学与法律方法》,邓正来译,中国政法大学出版社 2017 年版,第 241 页。

〔3〕［法］莫里斯·奥里乌:《法源:权力、秩序和自由》,鲁仁译,商务印书馆 2015 年版,第 42 页。

就要求平等地对待当事人,实现司法公平与公正。[1] 因此,在司法中,法官审判应当服从统一的法律,既不应当受到情感、激情、冲动、错觉、愤怒、喜悦、偏私等非理性因素的影响,也不应当受到权力、经济与社会地位等外在因素的控制,否则其司法行为就不符合法治的要求与目标。

司法中有一系列的法律活动,不仅包括起诉、审判、执行这些环节,也包括审判过程中不同的程序阶段,在这些活动中实践理性都对司法行为构成了约束。一般来说,法官的实践理性包括以下几个方面:"法官只接受建立在确凿证据和正当推理之上的真理";[2]"法官认知中任何可知的事实都必定具有某种可理解的因果结构";[3]"法官必须领悟独立审判对其正确判断的重要性";[4]"法官审判依靠由规则提供的可以被理性讨论的实践智慧"。[5] "尤其针对疑难案件的解决,实践理性关注理性在疑难案件价值判断中的作用问题。"[6]司法的实践理性,是法律实践理性的具体运用,这一运用就是经由实践理性的法治文化的司法文化实现。

此外,行政执法活动直接适用国家制定法,并直接面对公民的私人活动,在公权力和私权利之间极易产生冲突。公权力的强大而私人的弱势使公权力压制和侵犯私人权益的情况随时都可能发生,这就更加需要公权力的行使遵循实践理性的条件。因此,如果说法律为公权力的行使划定了外在边界,那么司法的实践理性就为公权力的行使划定了内在边界。

3. 行为文化的实践理性

法治文化就它的生态性而言,是一种法治行为文化,即普遍的个人——市民社会主体信仰和践行法治的社会生态文明与文化。行为文化是民法所调整的法律行为文化,即以民法精神为基础的意思自治与自主构序的文化。

法治文化的实践理性实现,除了立法与司法以外,最重要的是行为文化的实

---

[1] "一个社会必须在某些方面平等地对待其成员;"([美]托马斯·内格尔:《平等与偏倚性》,谭安奎译,商务印书馆2017年版,第69页)"为每一个个体保护一个个人自主性的范围。"([美]托马斯·内格尔:《平等与偏倚性》,谭安奎译,商务印书馆2017年版,第152页)

[2] 王申:《法官的实践理性论》,中国政法大学出版社2013年版,第106页。

[3] 王申:《法官的实践理性论》,中国政法大学出版社2013年版,第107页。

[4] 王申:《法官的实践理性论》,中国政法大学出版社2013年版,第109页。

[5] 王申:《法官的实践理性论》,中国政法大学出版社2013年版,第111页。

[6] 余涛:《实践理性与疑难案件的法律适用——基于"实践法律观"的一种补充》,载《政法学刊》2013年第1期。

践理性实现,即社会行为主体普遍具有实践理性的精神,能够以自主的行为意志践行法治,自主构造法治文化的社会生态秩序,即以自主与自由的法律行为践行和实现法治文化,成为法治文化构造的行为主体。法治文化的行为文化构造,既是法治文化的生态化实现,也是法治文化的根本秩序形态。

法治行为文化是自由与自由限制的文化。"每个人都应当具有与他人的同样自由一致的最大的平等的自由。"[1]在法治行为文化的形态下,法律的存在和作用不是如何限制人们的行为与自由,而是为了最大限度地保障和实现人们的行为自由。因此,它要求普遍的行为主体必须具备实现行为自由的条件,即能够以自己的行为实现自由,也不以自己的行为破坏自由,这就是实践理性。在这个意义上,实践理性就是指导人们正确实施法律行为的理性意志,它使人们能够正确控制自己的行为,并能够使自己的行为符合普遍的社会行为条件。

个人的行为理性不仅来源于经验事实,而且来源于先验的知识总结。本书项目组以"您愿意了解和学习法律的原因是什么"为题进行了全国性调查问卷,在5个备选答案中,选择"解决遇到的实际问题"和"日常生活需要"的人数最多,占比分别为53%和32%;而为了"选择法律职业"、"感兴趣"和"打官司"的占比则分别为10%、4%和1%。具体数据统计结果如图16-1所示:

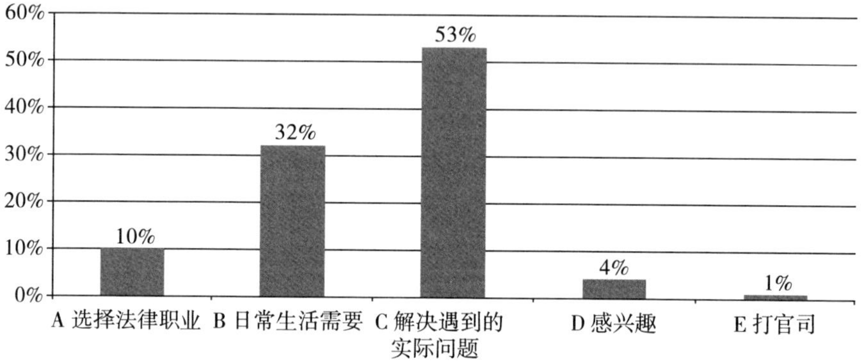

图16-1 "您愿意了解和学习法律的原因是什么"一题调研数据统计

上述数据统计结果显示,社会大众对于了解和学习法律采取了一种实用性的态度,即为了解决实践和生活中遇到的现实问题,也是为了正确实施法律行为,实现法律行为的规范化与法治化。在这一学习目的的支配下,人们显然会逐

---

[1] [美]约翰·罗尔斯:《正义论》,何怀宏等译,中国社会科学出版社2017年版,第257页。

渐接受法律的评判标准和行为理由,并随着法律日益指导人们生产和生活并作用于个人的法律行为,就会在个人社会关系领域形成一种普遍的法律实践理性。在实践理性的作用下,自然会形成普遍的行为秩序,从而在理性的行为秩序中形成一种实践理性的行为文化,即法治文化的社会行为化与生态化的本质实现。然而,表象上懂得法律的需要是一个方面,实践上学会运用法律是另一个方面,因此,这一数据统计结果并不能直接反映人们的法律行为的理性普及程度。

(三)法治文化的实践理性动力

法治文化是一种社会规范与秩序文化,是一个社会规范与秩序的动态运行过程。法治文化的发展动力,是一种实践理性的动力,即实践理性是法治文化形成和发展的推动力。法治通常包括国家和社会两个方面,这两个方面就是法治发展的不同动力来源。在法治发展历程中,有的国家采取了国家主导的法治模式,有的国家采取了社会主导的法治模式,也有的国家则是在国家与社会的互动中实现法治发展的。无论何种发展模式,都需要国家和社会协力,发挥自身的优势,调动相关资源,推动法治的发展。这个过程中,不论是来自国家还是社会的法治动力,都需要符合实践理性的要求,因此,实践理性构成了法治发展的真正动力来源。通常认为,社会分层固化、权力对人民的压制、国内矛盾的激化容易激发人民呼唤法治的激情。从历史上看,这种激情导致的社会冲突也确实推动了一些国家法治的发展,如英国法治就起源于国王任意征税产生的政治纷争后的秩序重建中。这样,冲突似乎成为了法治的动力来源,好像法治可以不依赖于理性而实现一样。然而,事实并非如此,任何一种社会矛盾激化的后果,如果没有理性的规制,都足以击垮这个国家和社会。“就社会生活而言,作为整体的共同体对于每个主体保持一种宽容与开放的心态,反对任何歧视。”〔1〕所以无论是代表国家的政府,还是人民自治的社会,如果没有实践中的宽容与克制,没有忍让与妥协,那么就容易导致政权不稳定和国家分裂,社会动荡不安,显然已经缺少了国家和社会内生的认同法治秩序的理性动力。实践理性作为法治的动力是对社会冲突的控制力量,它使一定条件的法治激情可以转变为一种对法治秩序的理性认同和自觉追求。因此,实践理性实际上也就成为了一种公共理性,而公共理性也就是一种秩序与法治理性。

在政府和社会的关系中,政府以公共权力的支配作用而往往处于一种主导

〔1〕 郑智航、王刚义:《宽容意识与权利话语的逻辑转向》,载《法制与社会发展》2009年第3期。

和优势的地位。“但是,社会的集体活动不一定要靠强制或限制来进行。”[1]政府应当给予社会以必要的自由尊重,这是对政府在推动法治发展过程中的实践理性要求。“一个良序社会是一个被设计来发展它的成员们的善,并由一个公共的正义观念有效地调节着社会。”[2]这个能够对社会实现有效调节的公共正义观念,就是政府或者公共权力在推动法治发展过程中所应当具有和体现的实践理性。在实践理性的正义观念所调节的社会秩序构造中,就会形成政府与社会合力推动的法治文化发展。

四、实践理性与民法精神

民法精神的建设社会主义法治文化的民本模式,是一种实践理性的模式,民法精神的社会秩序与法治文化构造,是一种实践理性的构造。[3] 民法精神作为一种社会行为精神,本质上是一种人的实践理性精神,自然以实践理性为基础和根据并反映实践理性的社会条件,这种反应实践理性的民法精神必然实现民法精神的实践理性构造。

(一)民法精神的实践理性属性

民法精神作为一种私人社会的自主与自为的自律与秩序精神,本身就是一种实践理性精神,是人类实践理性在市民社会关系条件下的集中体现。社会主义法治文化的民法精神构造,根本就在于它所具有的市民社会的实践理性属性。法治文化的民本模式构造,是一种实践理性的构造,其基础是民法精神代表的市民社会的实践理性条件及其秩序属性,需要市民社会的实践理性的主体,即个人应当具有普遍的实践理性并成为理性的实践主体。“一个社会法治的根本问题,一方面是要在物质与客观上创造守法的条件与保障,另一方面是要在精神与主观上塑造人们守法的思想和灵魂。”[4]“因此,实践理性对于把握善拥有一种旨趣,亦即把这种善作为理智行动的必然目的。”[5]实践理性作民法精神的秩序属性,具有主观善的道德本质,是个人实施正当行为的能力,既为个人行为提供正当性根据和理由,也为以民法精神为基础的法治文化构造确立规范与秩序的

---

〔1〕 [英]霍布豪斯:《自由主义》,朱增文译,商务印书馆2017年版,第68页。
〔2〕 [美]约翰·罗尔斯:《正义论》,何怀宏等译,中国社会科学出版社2017年版,第358页。
〔3〕 关于理性的概念和基本内涵,详见本书第三编(第十一章)“规范和谐的理性诉求”部分。
〔4〕 王利民:《人的私法地位》,法律出版社2013年版,代序第4页。
〔5〕 [美]杰曼·格里塞茨:《实践理性的第一原则》,吴彦译,商务印书馆2015年版,第99页。

价值。

1. 以民为本的价值精神与实践理性的统一

民法精神是以民为本的人文社会精神，以民为本构成了民法精神根本价值。这一价值精神，反映在中国特色社会主义法治文化中，就是以人民为中心和坚持人民主体地位的中国特色社会主义思想，是社会主义核心价值观的基本内涵。以民为本是民法精神的人性诉求，它要求法律及其实践以自然人性为基础，反映人的主体地位，满足人的利益条件；它要求充分认识人的价值与目的，承认人的需求，尊重人的选择。因此，民法精神主张公平正义、私法自治、公序良俗、个人理性等价值，这些价值构成了民法精神的伦理基础。"对于一个社会和民族，如果没有一般民法精神的道德基础，既不可能制定有良好的民法及其表现的民法精神，也不可能有良好的民法和民法精神的实行效果。"[1]民法精神以民为本和追求社会秩序的道德实现，这一伦理基础契合了实践理性的道德要求，实现了两者的道德价值统一。实践理性以道德规律为基础，其理性是一种善良意志，目的是区别善恶以走向至善，具有正当性的要求；实践理性就是道德理性，依据普遍的道德规律行事，是以道德自律为根据的行为理性。可见，实践理性的道德价值，正是民法精神所蕴含的以民为本的自律构序的价值及其人本主义的秩序属性，在目的和条件上实现了与实践理性的价值契合并通过自身的实践理性条件和要求自主践行至善的社会秩序。

民法精神与实践理性的价值统一，是由人的必然规则性所决定的。"人类的理性不仅能够遵守、把握规范与规则，而且更重要的是，能够建构规则。"[2]民法精神来源于人类的理性，既是人类理性的生态产物，也是人类理性的设计结果，必然形成人类理性的行为实践。人类在理性的规则设计下，进行理性的实践活动，从而实现理性的实践价值，[3]这就是民法精神所代表的以民为本的价值及其社会秩序体系。民法精神的民本秩序体系是一个公平正义的价值诉求，它坚持把人作为目的而非手段，体现实践理性对个体价值的尊重。虽然公平正义具有多重内涵，不同价值观的公平正义本身具有不同的标准，但是民法精神的公平正义在以民为本的基础上仍然符合实践理性的价值要求——尽管它们具有实

---

〔1〕 王利民：《人的私法地位》，法律出版社2013年版，第2版代序第6页。

〔2〕 龚群：《追问正义——西方政治伦理思想研究》，北京大学出版社2017年版，第243页。

〔3〕 "人类活动在一定的意义上，也就是遵守规则前提下的理性设计。"（龚群：《追问正义—西方政治伦理思想研究》，北京大学出版社2017年版，第243页）

现公平正义的不同方法,可是在要不要实现公平正义这个问题上并无分歧。

2. 人民主体的制度精神与实践理性的统一

民法精神的主体是“人”,也就是社会主义制度条件下的普遍人民主体,是人民主体的制度精神。民法或者民法精神调整平等主体的人身关系和财产关系,作为以主体的行为自治为本质的社会关系必然以个人理性为条件并构成实践理性的对象,从而在主体行为与制度规则上实现了与实践理性的统一。人民主体的制度与精神构成了民法和民法精神的本质属性,它要求通过理性化的制度设计和体现实践理性的个人行为实现人民主体的利益目的。不论是民法精神还是社会主义法治精神,都不仅有制度形式的要求,而且也有行为实践的本质,其中都离不开理性的作用。理性不仅使民法和民法精神能够反映市民社会关系的正当性秩序条件,而且使人民主体能够以民法和民法精神为根据实施正当的法律行为,从而自觉维护市民社会关系的正当秩序,这就是民法精神的制度规则与普遍主体的行为秩序在实践理性上的结合与契合。

实践理性的规则与精神意味着,行为不能出于激情、冲动、喜怒哀乐等非理性的原因,而要建立在理性动机之上,更为重要的是行为需要具有正当性,而基于制度规则的实践理性行为,正好符合了这一要求,它不仅通过实践理性表现了制度规则,而且通过制度规则与实践理性的统一实现了市民社会关系的正当性秩序构造。因此,为了合理控制个人行为并使之不会因为个人的喜怒哀乐等情绪性因素而变动或者导致无序化,就必须在实践理性的基础上使个人的行为规则制度化和统一化,从而使个人行为在制度化和统一化的条件下具有一定的规律性和可预见性,也就是能够形成和具有某种稳定的秩序构造。民法精神作为人民主体的制度精神即社会主义法治精神,正是通过人们对规则的承认和遵守而使个人行为体现了实践理性的指导作用。

民法精神的制度性条件应当具有正当理由。“就制度性权利而言,权利的正当理由来自制度的用途。”[1]然而,制度的用途安排,并不是简单形成的,而且是通过人的意志形成的,而这一意志只有反映理性的目的要求,才能够使其构建的权利制度具有正当理由。同时,每一个权利制度调整的个人行为也不是直接根据制度条件发生的,而是直接的个人利益目的的结果。“每个行为都是实施

〔1〕 [美]约翰·塞尔:《人类文明的结构:社会世界的构造》,文学平、盈俐译,中国人民大学出版社2015年版,第191页。

那行为的欲望的表达。"[1]既然行为是对欲望与目的的表达,而这一表达对制度规则与精神的遵守与符合就成为一种实践理性的要求。因此,对制度行为的实践理性调整是非常重要的秩序构造条件,只有通过这一调整才能够使个人的制度行为符合制度的行为条件并产生制度设计的实践理性效果。

3. 道德本体的自律行为与实践理性的统一

民法精神是以道德为本体的自律精神,民法精神的自律性,也就是民法精神内化为道德秩序的行为实践,即通过个人行为的实践理性所实现的自主与自律的社会秩序构造,与实践理性具有道德上的内在行为秩序的统一性。民法精神作为行为主体的秩序精神具有道德本体性,在根本上是一种道德精神即自律精神,这与实践理性的自由意志相契合并具有统一的行为秩序属性,民法精神的道德自律性是实践理性对主体及其行为的要求,而这一要求必然使民法精神以实践理性的道德形式实现。显然,人类的理性离不开伦理,伦理是理性的目的和根据,理性的行为选择本身就是一种伦理的秩序选择,而伦理的社会化与秩序化同样需要一定的理性条件和作用。人类因理性而成伦理,因伦理而趋理性,在伦理与理性的行为统一中,自律构成了它们共同的秩序属性。民法精神作为一种自律精神,就是个人自觉服从有效的法律,而个人对法律的自律性服从就是行为自治与自由,这正是实践理性的自由原则及其行为条件,服从理性的道德律就是自由,法律是这种理性道德律的结果,而这一道德领域就是自由的王国,这种自由的需求意味着把人作为目的本身,这也就意味着道德自律。[2] 虽然服从法律或者民法精神的自律会限制个体的自由意志,但是这种限制也只是对个体任意的非理性行为的限制,而在服从法律和民法精神范围内的个体仍然是自由的,因为他满足了实践理性的要求,也就是满足了行为自由的条件。

(二)民法精神的实践理性特质

民法精神与实践理性的契合,既揭示了实践理性的市民社会属性,也揭示民法精神的实践理性特质。民法精神只有具备实践理性的特质性,才能够在实践理性的基础上形成市民社会的秩序构造。

---

[1] [美]约翰·塞尔:《人类文明的结构:社会世界的构造》,文学平、盈俐译,中国人民大学出版社2015年版,第139页。

[2] 参见[德]康德:《实践理性批判》,韩水法译,商务印书馆2016年版,第34~35页。

1. 个人主体的实践行为

民法精神是个人主体的实践行为精神,离开了个人主体的实践行为,就没有民法精神。个人是民法精神实践的主体,个人的实践活动必然要展现民法精神或者接受民法精神的行为秩序,因此民法精神的个人实践行为必须具有和接受某种实质的行为秩序条件,这个条件就是实践理性在民法精神的行为实践中的特质要求和表现。民法精神的个人主体的实践行为,就是一种实践理性的行为,并具有实践理性的行为特质。这样,实践理性既成为了对民法精神的行为主体要求,也成为了对民法精神主体的行为条件要求。

在个人主体的实践行为上,民法精神的实践理性就是个人主体在参与民事活动和实施民事法律行为中所应当具有和表现出来的行为特质,而这种活动和行为特质是人的人身与财产利益需求的规定性结果,〔1〕是人身与财产利益的必然性统一。不论是人身还是财产利益需求,都需要通过人的实践行为来获得和完成。“人是一个合成的生物,是由推理的力量和感觉的力量组成的。”〔2〕这种力量使人在实践活动中具有理性,特别是在民法精神的个人主体的实践行为中,更是基于特定的人身与财产利益目的而具有一种实践理性的自觉与自为,并能够实现利益目的与伦理秩序的统一。〔3〕 个人主体的实践行为作为一种民法精神行为,是在私人社会关系领域内发生的人身与财产行为,不仅实践行为主体具有私人身份,而且在实践行为的秩序实现中也是私人理性的运用,因此不同于公共权力机关的公共理性。后者也是一种实践理性,但是它更多体现公共权力的因素——尽管私人参与公共理性的行为过程,并且也可以通过私人理性实现公共理性,但是它们却是不同主体的不同实践行为。

2. 个人利益的实践目的

民法精神不仅在个人主体的实践行为上具有实践理性的特质,而且在个人利益的实践目的上,同样表现出实践理性的本性。正如前述,民法精神的个人实

〔1〕 “人生来就有两种总的需要,即身体的需要和精神的需要。”[[英]托马斯·孟、尼古拉斯·巴尔本、达德利·诺斯:《贸易论》(三种),顾为群等译,商务印书馆 2017 年版,第 56 页]所谓身体与精神需要,也就是民法范畴的人身与财产利益需要,其中精神需要主要是一定的人格利益需要,而身体需要则应当是指“身体”上的人身与财产利益需要。

〔2〕 [英]威廉·葛德文:《政治正义论》(第 1 卷),何慕李译,商务印书馆 2015 年版,第 37 页。

〔3〕 “人类社会既是一种伦理共同体,也是一种利益共同体。”(马长山:《国家、市民社会与法治》,商务印书馆 2015 年版,第 170 页)

践行为是以一定的人身与财产利益为目的的行为，其实践理性的表现是通过私人的行为自治来追求私人的利益目的。虽然私人的利益目的从来都不能脱离公序良俗的一般利益条件，但是它的私人即个人利益目的性则决定了民法精神的实践理性的价值与本质特性。民法精神的实践理性，是追求和实现个人利益目的的实践理性，个人利益的目的性构成了民法精神及其实践理性的最高价值特性。

市民社会的目的与秩序特质决定了民法精神的实践理性条件与要求。“市民社会是一种以利益、权利和契约为纽带的自治社会。”[1]基于市民社会的个人利益实践的权利性与契约性，民法精神的实践理性强调私人自治，凡是国家不禁止的行为，都是私人可以实现利益目的的自由，都可以根据平等互利、契约自由、诚实信用和公平正义的民法精神与原则，实施个人利益目的的行为，追求个人利益目的的实现，也唯有这一利益目的的实现，才符合民法精神的实践理性条件和要求并具有实践理性的目的价值。“市民社会要接受利益和理想的多样性，任何由众多人组成的社会都会产生这种多样性。它允许个人及机构追求多样化的目标，但并不允许不择手段地追求这些目标。”[2]因此，市民社会的个人利益目的及其秩序构造，不仅需要民法精神，而且需要民法精神的实践理性构造。个人的利益目的只能在不违反国家强制性规定的条件下才能够通过个人自主的实践行为实现，[3]而且最终不能通过其他行为来实现，包括公共权力的行使。

3. 个人价值的实践原则

民法精神在个人主体和个人利益的基础上必然追求个人价值，以个人价值作为自己的实践原则，而这一原则同样是实践理性的条件和要求。在民法和民法精神调整的市民社会关系领域，个人价值的核心就是个人的人格尊严价值、独立价值、平等价值与自由价值等以民为本的基础社会价值要求，这些价值既构成了民法精神构造的实践理性内容，又构成了民法精神构造实践理性目的。民法精神的个人价值实现本身就是一个价值原则的判断，而这个原则和判断作为一

---

〔1〕 马长山：《国家、市民社会与法治》，商务印书馆 2015 年版，第 280 页。

〔2〕 马长山：《国家、市民社会与法治》，商务印书馆 2015 年版，第 171 页。

〔3〕 这不同于公权力行使的实践行为，实践理性对公权力提出的要求是，权力依法而为、依法而治，奉行法无规定即禁止的原则。同时，公共权力行使的意图在于实现公共利益，尽管可以认为有时它也保护私人利益，或者可以认为实现公共利益的最终目的在于实现私人利益，但是，这不能否定或者排除在公共权力实践中可能把公共利益或国家利益、社会利益作为宗旨或者最高利益。

种实践理性标准，集中体现为公平正义。[1] 民法精神的公平正义作为一种社会规定性，其基本的价值原则就是相互关系的人格尊重与利益均衡，这既是人的尊严，也是人的平等，更是人的自由，从而形成个人价值的民法精神及其实践理性构造。

当然，民法精神的实践理性构造，其个人价值的实践原则，不仅应当是市民社会的价值标准，而且应当反映包括政治社会在内的整个社会构造的价值要求，构成与公共社会的价值协调与统一。然而，公共社会的实践原则，则不仅把公平正义作为价值评判标准，而且也会采用功利、权力和效率等多元的实践标准，即使是强调公平正义，作为一种社会公共领域的条件和需求，也更多会强调机会均等、分配合理、程序正当等不同的意义。“法治秩序之根本乃是在于市民社会的理性规则秩序。”[2] 在整个社会秩序体系的构造中，民法精神的个人价值及其实践理性的社会构造，构成法治及其社会秩序的根本特质。

（三）民法精神的实践理性发展

1. 民法精神与个人秩序的实践理性

民法精神的市民社会秩序，作为个人的理性秩序，一方面来源于个人的实践理性，另一方面又作用于个人的实践理性，并能够促进民法精神与个人秩序的实践理性发展。民法精神既代表个人秩序，又代表个人秩序的实践理性发展，是个人秩序与实践理性发展的统一形态。民法或者私法的自治精神，就是个人秩序形成和发展的实践理性精神。在实现个人秩序的私法自治中，民法精神为个人秩序的私法自治提供了正当行为的实践理性标准，并促进了它的发展。所以，民法精神反映了个人秩序的实践理性标准与行为要求，个人秩序的实践理性只能在民法精神的形式和条件中去发现和认识。这样，实践理性不仅是民法精神的条件，也是民法精神表现和作用的对象，两者相互促进，共同成长和发展。

可以说，个人秩序的实践理性源于市民社会的秩序要求及其实践行为并构成市民社会的当然秩序规则，市民社会只有在个人秩序的实践理性的基础上才能够实现民法精神的秩序构造。实践理性的个人秩序必然使孕育民法精神的市民社会成为实践理性与民法精神的共同母体。在个人秩序的市民社会领域，民

---

〔1〕“公正是社会制度的第一美德。”（张文显：《司法的实践理性》，法律出版社 2016 年版，第 143 页）

〔2〕马长山：《国家、市民社会与法治》，商务印书馆 2015 年版，第 285 页。

法精神以实践理性为条件构成了一种社会生态秩序,并最终发展成为以民为本的法治文化形态。个人秩序的实践理性决定了人们在市民社会中会自觉地运用理性来解决自身所面临的复杂的人身与财产关系问题,而人类固有的实践理性必然让人们认识到,只有达成某种社会秩序共识,以一定的行为方式遵循社会既有的交往规则和公序良俗,才能够实现个人秩序的社会构造,而这一构造作为法治文化形态上的民法精神构造,也只有在不断的实践理性的运用下才能够实现自身的科学发展。个人秩序的实践理性所最终转化和表现的社会规则与秩序体系,既是民法精神的个人秩序形态,也是个人秩序在实践理性作用下的法治文化发展结果。

2. 民法精神与公共秩序的实践理性

民法精神不仅需要在实践理性的个人秩序中发展,而且需要在实践理性的公共秩序中实现。民法或者民法精神不仅调整个人秩序,而且调整公共秩序,是个人秩序与公共秩序的统一。因此,民法精神不仅是个人秩序的精神,也是公共秩序的精神。社会秩序都具有一定的公共性,个人秩序在根本上也是作为社会公共秩序存在并被统一调整,既是公共秩序的表现形态,也是公共秩序的组成部分。因此,实践理性的秩序作用,不仅促进个人秩序的民法精神发展,而且也促进公共秩序的民法精神实现,是维护个人秩序与公共秩序在民法精神条件下的统一并促进其共同发展。民法精神的实践理性构造,是一种实践理性的构造,在这一构造中,私人理性扩展到了公共领域,并影响了公共理性的形成与运作,这种公共理性是民法精神所不可缺少的实践理性因素。这种民法精神从私人理性到公共理性的发展,是民法精神构造的理性化与秩序化的完整构造与形态。民法精神不仅在自己的实践理性中构造了个人秩序,而且将这一秩序价值带入公共秩序领域,把对个人秩序的价值维护与正当行为追求作为了公共秩序构造的基本准则,并必然影响公共秩序的实践理性发展。因此,民法精神在个人与公共秩序领域的实践理性发展,既是民法精神构造的发展,也是实践理性发展的构造。

第十七章

民法精神的个人自律构造

一、个人与社会

个人是社会的主体,社会是个人的生态结构。人在本质上是社会动物,社会性构成了人的本质属性。民法精神是个人的社会精神,是个人自律的社会构造。因此,个人与社会之间的关系,构成了认识民法精神与个人自律构造的基础。

相较于外在的强制,个人自律才真正能够体现个人的主体性和道德性,也唯有个人自律的自我行为立法才可谓是真正的行为自由。由此,个人自律的民法精神及其行为实践才真正彰显出社会秩序构造的道德本质。

(一)个人

什么是人和人的本质,这是一切人文社会科学的首要问题,作为社会科学重要分支的法学亦不例外。“因为如果不了解作为法律的对象的人,就不可很好地了解法律。”[1]就“个人”这一社会主体性存在而言,必然基于他的特定本质而成为民法精神的个人自律构造的主体。

1. 个人的特定主体性

正如古希腊哲学家普罗泰戈拉的名言,“人是万物的尺度”。人作为主体和

---

〔1〕 查士丁尼:《法学总论——法学阶梯》,张企泰译,商务印书馆 1989 年版,第 11 页。

目的,必然是衡量万物的标准。民法精神的个人自律构造是个人的主体精神及其实现的社会构造,与个人的特定主体性具有内在的本质联系。个人主体性是一切有关人的认识的根本问题,这一问题在人本主义的社会思想与文化条件下,特别是近代以来的人类社会文明与进步中,被人们深刻挖掘与阐释,不断焕发出时代的光彩。基于人的主体性,个人是自由意志的主体,能够自主规划和选择个人行为。也就是说,在人的本质性活动,即实践活动中,人的能力、作用和地位,具有相当程度的能动性、自由性和目的性,不受其他意志的支配。因此,如何揭示和认识人的社会主体性及其特定性,对于我们了解人的本质及其在社会构造中的地位与作用,则具有非常重要的现实意义。

个人的特定主体性虽然是人的社会性,具有个人的意志性,但是人的社会主体性仍然是由人的自然生命性决定的。人是自然的主体,然后才是社会的主体。人的自然生命的特定性作为人的社会规定性决定了人的特定主体性。换言之,人有什么样的自然生命本质,就必然有什么样的社会主体需求。因此,人作为主体具有自然生命的特定规定性与规律性,它是自然的,也是自然进化的,遵循人类自然进化的条件与规律,是人的自然进化的表现与结果,具有人类自然的一般性与普遍性。

2. 个人的特定利益性

个人作为民法和民法精神主体,其本质是利益主体,因为有自然和客观的利益需求而需要利益满足并需要通过一定的形式——规范与秩序实现利益分配的结果。[1] 因此,个人与社会的关系及其自律性构造,不仅是由个人的特定主体性决定的,而且是由个人的特定利益性决定的。“我们得以存在的全部动力,其实只是我们要生存下去的那种近于本能的感觉欲望。所以,存在之于我们的另外一种似乎更准确的意义实际是生存。”[2] 人是基于本能而生存的,本能的利益需求是人的基本需求,并决定了人的自然的社会生态条件。人的行为,其动因之本,乃是生命的基本需求和自我实现的生存本能,[3] 而在人的生存本能以及相应的生理需要和欲望的支配下,个人必然成为一种具有特定利益性的社会主体并建立与他人或者社会的关系。

---

〔1〕 关于利益和人的利益性,详见本书第三编(第十二章)“利益均衡的正义诉求”部分。

〔2〕 江山:《法的自然精神导论》,中国政法大学出版社 2002 年版,第 2 页。

〔3〕 王海明:《人性论》,商务印书馆 2005 年版,第 17 页。

个人的特定利益性决定了人首先主要关心自己的利益。通常情况下,人们很难指望他人能像自己一样关心自己而自己也不能像关心自己一样关心他人。但是这并不等于人不能关心他人和他人利益,相反人是需要关心他人和他人利益的社会主体,这是人的社会主体性的必然条件和要求,只是人只有在满足自身利益的前提下,才可能有利他行动。

(二)社会

个人的结合构成社会,社会是个人的另一面。如果说个人属于一种具有特定主体性和利益性的自然生命体,那么由人的群体构成的社会,又会具有或者体现人的哪些特征呢?尤其是,在个人视角之下,社会又会呈现出哪些既体现个人又不代表个人的生态面目呢?在我们看来,"社会"作为人的生态构造,具有以下个人主体性本质,并直接表现和决定了个人的社会生态性。

1. 社会的个人结构性

任何一种生物,都具有一定的社会性,只是其具体的社会结构或者构造性不同。人作为地球上唯一的智慧生命,具有比其他生物更加复杂和多样的社会生态结构与社会属性。人需要结成社会,而不能独自生存,这是由人的自然生命秩序及其条件所决定的,也是我们认识人和人类社会的前提。孤立的个人,无力对抗自然界的其他体能占据优势的动物,唯有集合在一起,形成社会组织,并依靠社会,才能够补偿自己在自然界中的弱势地位,并在自然竞争中取得优势,获得生存的安全条件与保障,从而实现自己的生存发展。〔1〕"所以人类便没有别的办法可以自存,除非是集合起来形成一种力量的总和才能够克服这种阻力,由一个唯一的动力把它们发动起来,并使它们共同协作。"〔2〕显然,人类的自然状态并不那么美好,生活与竞争的现实对于人类是极其残酷的。个人由于智力、体力等多方面的劣势和不足而表现出独自生存的局限性,根本无法抵御和克服来自自然与人为的各种危险与灾难。于是,为了摆脱个人的生存困境,人类的社会生态构造便伴随人类自身而生。社会结构是人类的自然生态选择,是人的自然生态结构,是人类生命延续与自然进化的组织形态,这一形态可以使人类通过共同生活、共同合作、共同交往的结构形式,既完成生命的过程,又能够抵御和减少个人生活的风险与不确定性。

---

〔1〕[英]休谟:《人性论》(下册),关文运译,商务印书馆1980年版,第525~526页。

〔2〕[法]卢梭:《社会契约论》,何兆武译,商务印书馆2003年版,第18页。

2. 社会的个人关系性

社会的个人结构性不是个人的简单集合，而是人通过一定社会关系形成的稳定联系。马克思指出："人的本质不是单个人所固有的抽象物，在其现实性上，它是一切社会关系的总和。"[1]社会不是个人的简单的物理性结合，而是一种相互关系的结构性存在。"每个人都存在于与他人的共在关系中，每个人都不可能先于共在而具有存在的意义。"[2]基于人们在社会状态下的"共在"条件而能够合理预见和有序安排自己的生活，追求和实现自己理想的生活目的。所以，社会不仅具有个人的聚合性，而且具有个人的结构性，即内在的个人关系性。每个人都生活在相互的社会条件下并共同构造了人的社会关系形态。社会的个人关系性决定了人与人之间既是各自独立的社会主体，具有个人的人格与自由，又必须承认和尊重他人的社会主体地位并共同维护公共的社会关系条件与秩序。

3. 社会的个人共识性

社会的个人关系性是个人的共识性结果。社会是个人之间的社会，而个人之间之所以能够形成社会，就在于具有构成社会的共同目的与需求并能够形成这一构成的社会共识。也就是说，人类要构造社会就必须有统一的社会认识并达成统一的社会条件，否则就不能建立个人之间的内在社会关系。由于个人必须以社会形态构成自己的自然生态，又因个人之间必须以一定的社会关系存在于社会之中，所以人类必然面对一个如何维持和存续社会关系条件的问题，也就是如何才能够使自己的社会存在成为可能。特别是人类不仅要维护社会的存在，而且要实现社会的美好存在，这就必须建立人类社会存在的统一条件，而这个条件的核心要素与前提，就是人类的社会共识性，即人类在社会关系的基本条件上能够达成一定程度的甚至是普遍的一致。正是由于这种共识的"社会黏合剂"的存在，人类的社会结构才有可能实现。

社会的个人共识性是人类利益需求及其实现的必然共同条件与要求。尽管从本性上来说，人作为利益主体具有自然与必然的自利需求与自私倾向，然而，如果个人仅仅是自利与自私的主体，如果个人完全从自我利益出发来对待与他人的关系，那么也就无法形成和维续这种关系并达成社会生活的目的。因此，人

---

〔1〕《马克思恩格斯选集》(第1卷)，人民出版社2012年版，第135页。

〔2〕赵汀阳:《每个人的政治》，社会科学文献出版社2010年版，第167页。

类必然在共同的生活目的与条件下通过各种形式的沟通、交流和协商，并在长期的习惯与默示中，自然而然地接受或者形成维续社会生活所必需的某种共识性条件，这些共识便构成了社会的“底线伦理”或者“门槛规则”，任何个人均不得随意违反和逾越，否则个人就要承担违背社会的后果。进而，通过这些个人共识将个人的社会关系自然化、生态化、秩序化与稳定化，人们不仅能够对社会共识形成一定的崇敬与信仰，而且能够自律性地遵从与遵守，于是，一种建立在个人共识性基础上的社会运行机制便由此产生。“通过大家‘广为接受’的观念（宗教的、神圣的东西）把它建筑在自然的基础之上，从而获得了稳定生存的基础。”[1]这就是人基于共识条件的社会结构。

4. 社会的个人秩序性

社会的个人结构性、关系性、共识性结果是社会的个人秩序性。秩序是实现个人利益的最佳社会条件，也是个人利益实现的必然与必要的社会要求，因此人类的社会选择必然是秩序选择，秩序是构成社会的必要条件。人类作为社会主体是秩序主体，需要遵守个人的行为秩序从而达成和实现普遍的社会秩序。社会的秩序构造，必然具有自己的构序能力，即作为社会主体的个人通过某种力量来形成、构建秩序的能力，社会的构序能力实际上是个人秩序性的条件和反映。一切物种，“在自然进程和社会进程中都存在着某种程度的一致性、连续性和确定性”，[2]这便是秩序，它是“一切事物依照一定的规则或规律呈现出的和谐状态”，[3]因此，秩序也必然构成人类的社会生态条件。

秩序不仅是人类的社会条件，而且是一切生命现象的共同要求。现代生态学的研究成果表明，在自然界的一切物种中，都需要存在一定的秩序。在人之外的动物世界，“工作就像一台自动机器一样有序、精确地进行，没有命令，没有监督者也没有统治者”。[4] 显然，一切事物皆有自己的秩序，只是这种秩序的条件与水平各有差异。相比之下，人类社会的“秩序”形态，既具有自然与自发的特征，又是人为的控制体系。一方面，遵循斯密所谓的“看不见的手”的隐喻，每个人都在利己之心的支配下自由地追求自己的利益，而在无意间就形成了一种独

---

〔1〕 周雪光：《组织社会学十讲》，社会科学文献出版社2003年版，第83页。

〔2〕 [美]E.博登海默：《法理学：法律哲学与法律方法》，邓正来译，中国政法大学出版社2004年版，第227～228页。

〔3〕 尹伊君：《社会变迁的法律解释》，商务印书馆2003年版，第271页。

〔4〕 [美]约翰·梅西·赞恩：《法律的故事》，孙运申译，中国盲文出版社2002年版，第9～10页。

特的秩序状态——市场秩序；另一方面，由于“划定财产、稳定财物占有的协议，是确立人类社会的一切条件中最必要的条件”，[1]因此，为了有效保障财产的占有和转移，人们便需要和制定出了若干社会法则来调整人与人之间的关系，从而使人类社会的秩序构成具有了人文主义的本质。

二、个人自律

建立在个人与社会关系的基础上，个人作为社会主体的一个基本问题，是个人由于自身的生存需要而无法摆脱和必须自主融入社会，建立社会关系并成为社会秩序的构造者与维护者。因此，个人不仅需要具有自律构序的道德诉求，[2]而且必须自觉地创造和遵循社会与秩序，即成为自律构序的社会主体。个人不能自律，就不是合格的社会主体，既无法构造社会，也无法维护有序的社会生活。

（一）自律与他律

德国哲学家卡西尔说：“人被宣称为应当是不断探究他自身的存在物——一个在他生存的每时每刻都必须查问和审视他的生存状况的存在物。人类生活的真正价值，恰恰就存在于这种审视中，存在于这种对人类生活的批判态度中。”[3]人类对自身及其生存状况的审视，就是对自身社会存在条件的审视，也就是对自身行为及其社会普遍性的审视，而这一审视离不开自律与他律的本质与要求。

1. 自律

自律是个人行为的规范与秩序性控制，即个人的自我构序状态，也就是个人行为自主地与社会相统一，是个人的社会主体条件。在法哲学的范畴体系中，自律构成了法哲学体系里必不可少的价值范畴。自律作为自然生态秩序的根本形态，既是民法精神的内在品质与条件，也是民法精神与伦理秩序的结合与统一。

自律是个人行为的道德属性，也是社会秩序的普遍要求。然而，自律作为一种个人的自由秩序并没有在人类早期社会成为个人自主与自觉的主导社会意

[1]　[英]休谟：《人性论》（下册），关文运译，商务印书馆1980年版，第532页。

[2]　参见本书第三编（第十章）“自律构序的道德诉求”部分。

[3]　[德]卡西尔：《人论》，甘阳译，上海译文出版社2004年版，第9页。

识。对于古代的社会伦理秩序,法国哲学家里克尔指出:“经由害怕而不是经由爱,人类才进入伦理世界。”[1]在古代社会中,保证个人服从道德的关键因素在于宗教,正是通过宗教营造在个人心中的神秘的敬畏感,或者说是畏惧与害怕,才使个人得以超脱狭隘的自私自利,能够在“自律”层面上达成个人与社会的妥协与一致。此种自律并不代表个人自由,而是个人不自由的结果。

随着近代以来人类文明制度的兴起,上帝、神意或者教会的作用日益降低,人类世界进入了一个韦伯所言的“祛魅”时代。在这个人本主义时代,人类的社会构造需要做出一种双向的价值选择:一方面,人类需要被赋予前所未有的自由意志和自主品性,可以自由创造包括政治权威与市民社会的一切人类秩序;另一方面,为了社会生活的稳定与有序,也为了保证个人与他人或者社会的和谐相处与共同生活,又必须自觉接受和遵守一定的社会规范与秩序,而不能任由自己的自由意志过度发挥作用而不受一般社会规范与秩序条件的限制。正如卢梭那句名言,“人是生而自由的,但却无往不在枷锁之中”,[2]没有自由的枷锁,便不显自由本身。自由与自由的限制,既体现了现代社会秩序的本质,也代表了现代社会构造的内在悖论与困境。

那么,这种个人枷锁如何产生和存在而又不至于违背个人的自由意志呢?对此,康德的“自我立法”理论给出了答案。它高度强调具有自由精神和自由意识的人的主体性,认为以理性的自我立法为基础的“普遍立法”是建立道德律的唯一途径,亦是人得以服从道德规范、遵循道德律的唯一原因。在自我立法的过程中,个人自律占据了中心地位。通过意志的自律,道德在潜移默化中形成一种自觉认可的习惯秩序。可见,个人自律与自我立法可谓是个人意志与社会秩序的统一,个人自律之所以具有道德价值,根本在于它是完全基于个人自由意志的“自主立法”而产生和具有行为效果。一个人通常都能够遵守代表个人自由意志的“自主立法”,如果一个人对于自己自主制定、自由选择后的“立法”仍然不愿意承认和遵行,便是自相矛盾的,这个人也就不是一个合格的社会之人。

个人的“自主立法”,是个人行为规范的自觉选择,即个人的行为自律。自律并不是个人行为的任意性,而是个人行为自觉地接受普遍的社会行为条件,而

---

〔1〕[法]里克尔:《恶的象征》,公车译,上海人民出版社2005年版,第27页。

〔2〕[法]卢梭:《社会契约论》,何兆武译,商务印书馆2003年版,第4页。

使这一代表社会规范与秩序的条件成为自己的“立法”即行为规范。自律或者“自主立法”不是个人在普遍的社会条件之外的任意造法，而是个人“行为法”在自由意志下与社会普遍规范和秩序条件的统一与结合，即社会秩序的个人意志化与行为化，亦即社会规范与秩序的个人生态化与法治文化构造化。

2. 他律

个人作为社会主体不仅是自律的主体，而且是他律的主体。个人的自主意志性并不能在自律的同时排除个人非自律的行为状态，不可能形成完全统一和谐的自律秩序，所以，他律同样是不可缺少的个人秩序形成的社会条件。他律是某种外在的个人行为约束，即通过个人服从某种外在的规范或者约束条件来实现个人行为的社会秩序化。他律作为对个人的一种被动、异己和强制的外在力量，“可以成为自律的前提和内容”，[1]即他律的目的不仅在于强迫个人的行为，而且在于通过这种强迫而使个人能够在应然的行为选择中成为自律的行为主体。

他律作为实现个人行为秩序的外在机制，有各种各样的条件与形式。如政府强制、家长权威、舆论力量等，其中最重要的表现形式是国家法律。法律是以国家强制力为后盾的行为规范，违反法律者要承担国家强制的法律后果甚至是接受国家制裁，所以法律是他律的普遍形式和条件。正如伯尔曼所言：“没有信仰的法律将退化成为僵死的教条……所以法律必须被信仰，否则它将形同虚设。”[2]而在凯尔森看来，法律之所以不同于道德、宗教等社会规范的基本特征，就在于“社会有组织的制裁”这一强制措施的存在，从而构成了对个人行为最具强制力的他律。[3]

个人的社会行为秩序，是自律与他律的统一。一般来说，自律的行为规范是道德，他律的行为规范是法律，如果法律既有他律的强制性而又能够上升为自律的道德性，那么法律就在个人的行为自律中成为了普遍的社会秩序，即实现了法律秩序的社会生态与法治文化形态。

（二）自律与自序

通过对于自律与他律的分析不难发现，他律模式作为一种法律形式，如果在

---

〔1〕 詹世友：《“自律”与“他律”的哲理辩证》，载《道德与文明》1998 年第 6 期。

〔2〕 [美]伯尔曼：《法律与宗教》，梁治平译，生活・读书・新知三联书店 1991 年版，第 5 页。

〔3〕 参见[奥]凯尔森：《法与国家的一般理论》，沈宗灵译，中国大百科全书出版社 1996 年版，第 20 ~21 页。

运行中控制不当就极易产生对个人利益的损害而引发个人对权力的反感与抵触。然而,国家为了保障自己的强制力与统治意志能够得到有效贯彻,就必然需要扩大公共投入,增加国家强制力的执行成本与能力,从而以更强的他律条件来实现对个人行为的支配并维护社会秩序。"一些不是必需的、过于仓促的或者未经深思熟虑的立法,不仅会导致所谓的'一次性法律'(disposable law),还会降低政府和立法者的威望。"[1]法律,特别是民法,与其他社会规范一样,都属于人的社会生活方式,因此,试图通过国家立法的形式来改变人们长期形成的自然性生态秩序,容易造成法律选择与社会传统之间的对立冲突,即使国家增加执行的强制能力与成本,往往也一时难以取得好的效果。所以,社会的规范与秩序形态即法治文化形成根本应当是个人的自律形态,即自序的结果。

1. 自律与自序结果

在个人与社会的关系中,自律的结果必然是自序,即个人社会行为的自主秩序化。个人的行为自律,就是个人的行为自序,而个人的行为自律或者自序,是个人的一种行为能力,即个人行为的秩序能力,也就是个人的自序能力或者自序力。我们认为,自序能力是一个社会自身所具有的自由能力、民主能力与法治能力的结合,这种能力对于一个民族和社会而言,是一种社会文明和文化形态,亦是一种生态性的社会秩序的构造能力。这一能力的培养和生成是一个社会人文生态的发展过程,它涉及民族的传统与习惯、文明与文化的类型及其内在规律性的演变进程,是一个民族整体的,与民主、自由和法治相适应的价值观念与行为方式的渐进形成的历史进程,只能从社会本体构造的生态转型开始。

从个人的自序能力与社会秩序的构造关系上来看,自律的行为模式无疑会直接决定个人的行为条件并有助于自序结果的生成。由于自律的自我秩序实现,这意味着在社会秩序的构造中,是个人的自由意志和主观能动性而非外在的他律或者强制力在发挥根本的构序作用。在个人自律与自序的社会秩序构造模式中,社会自身存在的自律与自序机制本身就具有直接地促成个人自律与自序的意义,而这一机制主要有三种类型,即利益化机制、习惯化机制和正当化机制。

首先,在利益化机制中,个人行为之所以形成社会秩序,主要是因为这种机制充分承认人的自然本能及其社会条件需要,也就是人的客观利益需求及其实现的社会规定性,反映了人的趋利避害性和需求自利性特征。利益机制的最佳

---

[1] 胡水君:《法律的政治分析》,北京大学出版社2005年版,第133页。

社会形式就是民法调整的人身与财产关系的秩序体系，即以民法或者私法的人格与自由形式调整的个人利益关系。以民法的契约制度为例，人们之所以愿意通过契约形式为自己设定和实现财产利益，就在于契约形式是以当事人平等与自由的行为条件构成的个人利益的最佳实现方式。作为一种利益机制，契约制度以平等与自由的契约条件反映了平等与自由的个人利益关系，体现了存在于平等的个人之间的一种相互信任、相互承诺和相互约束，而通过这种制度的运行，可以最有效地实现个人的利益并使其最大化。所以，人们必然愿意遵守和维护契约秩序，把契约行为变成一种诚信的自律行为。虽然，人们在契约关系中可能受到地位强弱、信息掌握和知识水平等客观条件不对等的限制，但是凭借人们对契约条款的严格制定、有效了解、灵活运用和事后控制，依然能够在最大程度上通过契约形式实现个人的利益并把自己的决策风险和交易成本降低到最小，从而实现一种公平的利益交换结果。因此，通过民法契约法的利益调整及其社会利益机制的建立，必然形成市场经济条件的个人利益实现的自律与自序的社会秩序。

其次，在习惯化机制中，个人行为之所以形成社会秩序，主要是因为这种机制充分尊重习惯或者惯例在社会秩序形成中的地位和作用。在现实世界中，每个人在面对即时发生的种种不特定事件时，都处于一种“必然的且无从救济的无知状态”之中，于是，任何人在应对此种情势时的一个自然与必然的选择便是依据习惯，因此，习惯构成了个人自律与自序的先天性条件与根据。显然，对于一个民族的特定社会秩序构造而言，习惯构成了一种秩序优势并构成了一种自律与自序的社会机制。不过，虽然习惯化机制对于个人自律与自序的形成是有效的，“但是其具体做法却不是使他获取更多的知识，而是使他能够利用那些广泛分散于个人之中的知识”。[1] 习惯或惯例的自然性与稳定性无疑在个人对立与知识分散的人类早期社会条件下能够形成一种“自生自发秩序”并构成一种社会普遍性。在规范意义上，一旦某个人偏离了某种稳定的社会行为模式即习惯或者惯例时，一种哈特意义上的“社会压力”便会由此产生，而其他人会对此种偏离行为进行批判或者作出否定性评价，“对偏离行为的批评在这个意义上

〔1〕［英］弗里德利希·冯·哈耶克：《法律、立法与自由》（第 1 卷），邓正来等译，中国大百科全书出版社 2000 年版，第 13 页。

被认为是合法或正当的”,[1]因此必然促进人们对习惯的承认与遵守。在这个过程中,以习惯化机制主导的个人行为自律与自序的社会结果就自然得以形成。

最后,在正当化机制中,个人行为之所以会形成社会秩序,主要是因为这种机制能够满足个人对国家的合理期待并因此愿意遵守国家的政治秩序。在个人的社会构序中,政治秩序的正当性问题被凸显出来并直接影响个人对社会秩序的承认与尊重。在绝大多数国家或者社会中,正当化机制主要是通过以下两种手段来具体运作的:第一,通过意识形态宣传,而在这种宣传手段中,至关重要的运行途径便是“政治社会化”;第二,通过具体制度的构建并以制度代表自己的正当性。事实上,即使政治社会化的作用再明显,如果没有制度建设的配合,前者也很容易演化成空洞的说教。一个人之所以要服从某种政治秩序,是因为他表示过同意并自律维护这一秩序。于是,无论何种类型的国家,在走向现代化的过程中,均会通过各种各样的制度建设来试图表明自己的政治统治。相应地,政治国家就有权力要求个人接受和遵守这一秩序,而个人也应当把这一秩序变成一种自律的社会秩序。

为了客观了解中国社会的自律与自序的生态现状,从而为本项目研究的自律与自序的法治文化观点与理论提供数据统计上的实证根据,本项目组设计了“您对交通规则的遵守原则是什么”的题目,进行了全国性调查问卷(见图17-1)。本题目设计的目的是,遵守交通规范作为一项日常的行为条件和要求,人们对其遵守的情况和态度,直接反映人们在日常生活中的自律与自序的条件与水平,由此,本题问卷的数据统计结果可以在一定意义上用以判断我国法治文化个人自律构造的生态现状。最后,本项目组获得的数据统计结果是,在给定的3个选项中,有占85%的受访者选择“坚持走斑马线和绿灯通行”;12%的受访者选择“因为着急可以横穿马路和闯红灯”;3%的受访者选择“为了方便可以横穿马路和闯红灯”。可见,虽然绝大多数受访者选择了“坚持走斑马线和绿灯通行”这一自律行为,但是并没有能够成为人们唯一的自律性选择。

---

[1] [英]哈特:《法律的概念》,张文显等译,中国大百科全书出版社1996年版,第58页。

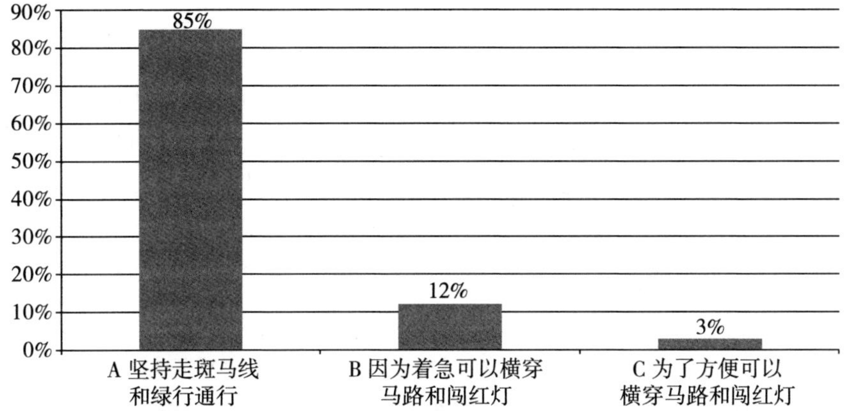

图 17－1　“您对交通规则的遵守原则是什么”一题调研数据统计

根据这一数据统计结果,绝大多数民众认为在出行时应当自觉遵守交通规则,这说明随着我国法治建设的不断推进和社会文明的持续进步,民众的整体素质和守法自律的水平得到了显著提高。然而,依然有少部分民众认为出于便捷或个人利益等其他因素考虑,会选择破坏规则,甚至违反法律法规这说明在我国社会,人们对于规范秩序和行为自律的认识还存在相当程度的缺失与不足。因此,建设社会主义法治文化,必须不断培养和增强广大社会民众的规范与秩序意识,日益促进和深化社会主体的个人行为自律,使个人对社会规范与秩序的普遍认可与遵守成为个人的精神信仰,从而形成个人行为自律的法治文化构造。

2. 自序与自律条件

如果说自序是自律的结果,那么自律就是自序的条件。自律必然产生自序,而自序必然需要自律,两者之间具有内在的联系,是一个问题的两个方面,代表了社会生态秩序的两种内在机制。因此如果说自序是社会规范与秩序的生态化,是一种社会生态秩序的结果与表现,那么作为社会主体的个人的行为自律就是构造这一秩序生态的根本条件。自律是一种自序的行为意志,只有培养和形成个人的自律意识,使个人具有遵守包括法律在内的社会规范的内在精神信仰,才能够实现个人行为的自律性支配,从而构造自序化和生态化法治文化形态。

自序结果形成与自律模式运行的内在联系说明,自律模式本身构成了自序的个人意志性与动力性因素。然而,既然自律是个人的行为意志,而个人之所以能够发挥这一意志的作用并形成普遍的行为秩序,除了个人的自然伦理选择之外,作为社会的整体性构造因素也是不可缺少的条件,这就涉及个人自律模式产生并运行的社会文化与文明的形态问题，即个人主义或者民本主义的社会存在条件。个人主义或者民本主义是个人自律的社会秩序模式的社会文化与文明存在的基础，在这一基础之上，个人不仅作为主体存在，而且成为社会的目的与价值，因此，个人的行为自律就不再是被迫的，而是个人作为主体的自愿条件，是需要也能够被个人主动接受的一个主体性条件；于是，个人或者民本主义便构成了个人自律与自序的社会人文与伦理的基础根据。

所谓个人或者民本主义，是将某些价值的根源、目的和归宿归结为人或者个人的一种道德主张。这一主张的一个根本诉求与特点，就是坚持人或者个人在社会中的主体价值与地位。由此，在对待个人与国家的关系问题上，个人或者民本主义从人或者个人的本质及其利益需求出发，将其视为在道德上具有最高价值的理性存在物。继而认为，个人只有在享有一系列基础性权利的前提下，才能够成为真正的社会主体，实现个人自身的良好发展，这才符合国家或者一定社会结构存在的根本目的。相应地，国家或者政治社会既不能随意干涉、侵犯也不能任意剥夺个人的主体地位及其权利，相反，普遍道德却“要求政府负有义务去竭力保护其管辖下的每个人的人权”，[1] 否则，“政府就是在羞辱它的公民们，并否定了自己的道德责任”。[2] 显然，个人或者民本主义的上述观点与立场构成了现代社会的秩序即法治或者法治文化的基石，同时也彰显出了现代社会秩序与法治的道德维度，并能够为社会秩序与法治的个人自律的生态构造提供一种不可缺少的价值证成与正当说明。

所以，个人或者民本主义是实现个人自律与自序的社会生态秩序的必然社会伦理条件与要求。个人或者民本主义为个人自律与自序提供了充分的伦理条件与基础，而一个国家或者社会要支持和维护一种以人或者个人为目的和价值的社会结构，就必须以个人为主体并高度重视和强调个人的自律与自序作用。一定的社会秩序的形成必然与个人在这种秩序形成中的地位与作用相结合，否则，再完善的制度设计与运行工具都不可能产生理想的构序效果。在这个意义上，一个国家和社会的理想秩序状态的实现，归根结底决定于个人的社会主体地位及其在社会秩序实现中的自律性作用的发挥。

---

〔1〕［英］A. J. M. 米尔恩：《人的权利与人的多样性——人权哲学》，夏勇、张志铭译，中国大百科全书出版社 1995 年版，第 190 页。

〔2〕 Ronald Dworkin, *Freedom's Law: The Moral Reading of The American Constitution*, Oxford University Press, 1996, p. 200.

法治的根本目的是实现人的社会发展，而人的社会发展需要人的社会规范与秩序化，即人成为自律与自序的主体。如果没有个人自主决定、自我约束与自我负责的自律与自序化主体条件，就不可能有法治的现代化与生态化实现。因此不难发现自律即是道德实在与实践的基本形式，在自律之外没有道德和道德实践，只有自律才能把人们置于一定的道德条件与状态之下，并使之成为一个有道德的人。相应地，人在自律的条件下会表现出实践的道德性，也会在自律的条件下实践道德的条件与约束，最终，自律既承载道德，又是一种法治形态。所以，一个国家和社会，要实现法治和法治文化的建设与发展目标，就必须以个人或者民本主义的社会构造促进个人自律与自序的社会生态秩序的形成，从而构成法治和法治文化生态实现的根本条件。

三、个人自律的道德维度

既然个人自律是社会构造的自然生态条件，对于社会秩序的形成具有决定性的地位和作用，那么自然的追问就是：个人自律的道德价值何在？换言之，在道德维度上，个人自律到底体现和具有何种人性的品质并成为人性的“善”？对于这一问题，可以从个人自律与个人目的、个人自律与个人自由、个人自律与个人行为以及个人自律与个人秩序这四个方面得到具体揭示。

（一）个人自律与个人目的

在日常语境中，“目的”一词通常是指行为主体根据自身的需要，借助意识和观念，设想某种行为目标和预先结果。[1] 这个意义上的“目的”一词与通常所谓的“目标”概念大体等同，均是指非道德价值意义上的“手段——目的”关系，具有较强的功利色彩。[2] 目的作为某种观念形态，通常反映出的是人与客观事物的实践关系，并贯穿于实践活动的全过程。不过，本研究的目的是作为对个人自律行为的价值认识，反映的是一种道德维度，所以具有与通常不同的含义。

1. 个人自律的目的引导

所谓“目的引导”，是指个人自律是基于一定的目的并通过目的引导完成的

---

〔1〕“想要达到的地点或境地；想要得到的结果。”（《现代汉语词典》“目的”条，商务印书馆 2005 年版，第 971 页）

〔2〕“按照某种目的或结果来解释事物的学说”即“目的论”；根据目的论，“目的或结果也称为终极的因果关系，它不同于只以动力因作解释”。（参见《不列颠百科全书》第 16 卷“目的论”条，中国大百科全书出版社 2007 年版，第 525 页）

社会行为过程。目的决定行为和行为的自律性机制，只有正确的目的和正确的目的引导，才能够有正确的行为和行为自律。个人自律本身就具有一定道德意义，它既以一定的道德为根据，又具有一定的道德指示作用；既以一定的目的为引导又给行为以目的的规定性。个人不可能在一定目的之外而有行为和行为自律，个人行为要么直接决定于个人目的，要么受普遍的社会目的引导，从而构成个人的目的行为。目的决定行为，有什么样的目的，就必然有什么样的目的行为，因此个人自律或者是否自律和如何自律的问题，在根本上是由个人的目的决定的道德品性与品行问题。

个人目的，根本是个人利益目的。个人利益既有存在上的独立性和分散性，也有实现上的共同性和普遍性，因此，个人行为不仅受个人利益目的的引导，而且受个人利益实现的社会条件的限制。所以，个人行为既可能完全受个人利益目的的引导而脱离一定的社会秩序，也可能受普遍的社会利益条件的引导而接受一定的社会秩序，而后者作为人的社会存在条件，使人既有自律的目的也有自律的要求，从而必然成为自律的主体。

个人自律的目的，作为个人的“善意”属于道德范畴并具有良心的属性。个人自律就是个人的自主决定、自我反思、自我约束和自我负责的行为条件与控制过程。从道德哲学的角度看，这一行为的本质与实现离不开个人“良心”的作用。良心的理解和界定多种多样，但毋庸置疑，在良心的内部构成中，个人自律无疑是其中的核心组成部分，因为正是通过个人对于自己行为的适当反思和自我约束，才使得外在的规范压力向内在的行为动力的转变成为可能，进而凭借良心对于个人行为和思想的指导、评判、反省、纠正等功能的有效发挥，外在的他律约束逐步向内在的自律控制转变，最终实现了社会生活的道德状态，即由“善意”的良心目的转化为“善行”的个人自律。就此而论，我们完全可以认为，良心是个人自律的目的根据与行为动力，亦是社会对于个人自律期许的道德条件。由于将道德视为具有最高价值的行为准则，所以个人必然接受一定道德目的的行为引导，并凭借良心的自律功能与作用而形成一定的道德行为及其生态秩序。

2. 个人自律的目的价值

个人自律是一种主体自我行为调整的目的行为，它追求并具有一定的目的价值。个人自律的目的与结果，是个人行为符合社会的普遍条件与要求，而不是简单地受个人任意性支配，即个人行为的合规与适序。因此个人自律的目的价值，首先是一种规范与秩序价值，并以个人行为的规范与秩序价值为基础，具有实现个人行为的合理性与正义性的价值目标。显然,只有个人自律的行为,才是具有目的价值的行为,而个人自律的目的价值决定了个人与社会的本质联系,并提出了对个人行为的伦理诉求。

个人自律的目的价值决定于个人本身的社会主体价值。个人自律的社会规范与秩序构造必须符合个人的目的与价值,否则个人自律就没有目的与价值根据,也就没有目的与价值。一方面,个人自律以实现社会规范与秩序为目的;另一方面,个人自律的社会必须以个人为目的,具有个人与社会的目的价值的统一与契合,从而才能够形成相向的规范与秩序生态。一个社会要实现个人自律及其目的价值,就必须以个人为目的,承认个人的价值,否则,就没有个人自律及其目的价值实现的社会正当性条件。

人是一种工具还是一种目的,是衡量和判断一个社会文明的根本尺度,而人的工具性与目的性区别也正是划分古代社会与现代社会的一个重要标志。总体上前现代时期流行的伦理观主要是一种"亚里士多德式"的整体主义目的论和一种上帝主宰一切的神秘宗教观。〔1〕 这种观念把个人置于集体或者上帝的支配之下,并没有将其视为一种独立的目的所在和价值主体。在这种不以个人为目的的社会条件下,就必然缺乏个人自律的目的性,个人的"自律"在普遍的意义上就是被强制的,而不是一种自觉自愿的行为,从而丧失个人自律的目的价值。

相反,在现代社会条件下,人文主义乃至于"人是目的"的主体性观念已经成为一种根本的社会意识形态。因此,"谈到人的时候,既然据我们所能设想得到的,人就是自然最终目的",〔2〕并认为"人是生活在目的的王国中。人是自身目的,不是工具。人是自己立法自己遵守的自由人。人也是自然的立法者"。〔3〕总而言之,在人本主义的现实社会,不但将人视为一种独特的目的性存在,而且更赋予个人"自主决定、自我约束与自我负责"的人格尊严与主体能力。虽然每个民族和国家在通往现代社会的道路上往往基于自身特殊的历史与文化传承而采取不同的发展路径,但是在其多样化的道路选择中都必然包含人是目的的文化与文明因素。

---

〔1〕 参见《阿奎那政治著作选》,马清槐译,商务印书馆 2009 年版,第 101 页。

〔2〕 [德]康德:《判断力批判》(下),韦卓民译,商务印书馆 2009 年版,第 156 页。

〔3〕 贺麟:《贺麟教授在纪念康德、黑格尔学术讨论会开幕式上的讲话(摘要)》,载《国内哲学动态》1981 年第 10 期。

人是目的本身是通往现代社会的必由之路,而现代社会的根本价值也正在于实现“人是目的”这一社会发展目标。就此而论,如果我们承认“人是目的”决定了人的善和至上的地位,我们也就同样赋予个人自律以最高的道德价值,因为唯有将个人视为目的才具有个人自律的主体动力,而个人基于自律而成为自主决定、自我约束与自我负责的理性主体,又使个人真正成为了自我目的与价值的存在。在这个意义上,“人是目的”就构成了个人自律这一现代社会的伦理诉求与生态秩序的本质条件。

(二)个人自律与个人自由

个人自律是个人自由的本质。自由是自律的自由,没有自律就没有自由,自由只有在自律条件下才是具有规范与秩序的本质,也才符合社会需要并且是真正的社会自由。自由是人或者生命的本质,没有自由就没有人或者生命的自然生态,所以,自由对于个人不仅是宝贵的,而且是必需的,如果没有了自由,不仅意味着被奴役或者被专制,而且意味着人或者生命的价值丧失。然而,自由的伦理基础是自律,个人只有在自律的条件下才可能是自由并且应当是自由的。这样,就建立了个人自律与个人自由的内在秩序统一。

1. 个人自律的自由本质

关于自由的本质有各种各样的解读。英国保守主义思想家柏克(Edmund Burke)认为:“自由之于个体的效果,在于人们可以做自己想做的事。”[1]显然这一“常识自由观”无疑是粗糙的、质朴的,经不起严格的推敲和缜密的追问。因为个人是社会主体,如果个人是平等的,那么“人们可以做自己想做的事”的结果,必然是人与人之间的相互冲突,从而导致社会的无序状态。因此密尔认为自由这东西绝非你想做什么就做什么,而是需要我们不剥夺他人同样的自由。[2]自由不是无所限制的,更不是为所欲为的,而是需要一定的行为约束与控制否则,自由便犹如断了线的风筝,只具有思想的美感,却无现实的用处,也就没有了自由的社会价值和意义。

正是在这个意义上,自律与自由具有了本质联系。自由的限制,大体上可分两类:一类是外在的限制,也就是通过诸如法律、习俗、民约、规章等社会强制力

---

〔1〕 [英]埃德蒙·柏克:《反思法国大革命》,张雅楠译,上海社会科学院出版社2014年版,第6页。

〔2〕 参见[英]约翰·密尔:《论自由》,许宝骙译,商务印书馆2007年版,第14页。

给个人施加的限制,它可以提供避免个人行为自由之间相互冲突的基本社会条件,并在出现冲突时可以适当加以纠正和调整。这个意义上的自由,实际上是"一种社会性条件,表现为社会许可的行为限度";〔1〕另一类是内在的限制,即以个人意志对个人行为加以合理地约束和控制从而保证个人行为的社会正当性。此种内在限制就是"个人自律",即一个人不仅可以自主支配自己的行为,而且可以自主管控和约束自己的行为,并能够反思自己的行为后果,从而在"从心所欲"和"不逾矩"之间达到合度的平衡。就此而论,个人自律就是个人自由的本质条件与形态,只有是自律的才是自由的,自律是自由的社会形式,没有个人自律,也就没有个人自由,而没有了个人自由,自律也便是一种虚伪的"禁欲"。"自律的概念与自由的理念不可分离地结合在一起,而德性的普遍原则由于与自律概念不可分离地结合在一起,这种德性原则在理念中为理性存在者的一切行动奠定了基础。"〔2〕

2. 个人自律的自由实现

个人自律是个人自由实现的社会规范条件与秩序要求,个人只有在自律的条件下才能够实现自由,而自由在个人自律条件下的实现才是具有社会价值的生态性实现。正如对自由的限制一样,自由的实现也需要内外两个条件。一是外在条件:即"个人是否自由,并不取决于他可选择的范围大小,而取决于他能否期望按其现有的意图形成自己的行动途径……自由预设了个人具有某种确获保障的私域,亦预设了他的生活环境中存有一系列情势是他人所不能干涉的"。〔3〕 换言之,外在的条件是社会需要提供一种个人实现自由的环境或者可能性,即个人为实现自由而应当享有一定的基本权利,只要在这种可能性或者权利的合理范围内,个人就可以行使和实现自由,而一旦"这些自由或权利,统治者方面若加侵犯,便算背弃义务,而当他果真有所侵犯时,那么个别的抗拒或者一般的造反就可以称为正当"。〔4〕 二是内在条件:即个人自律所具有的自由秩序的本质是从自由的自律中获得,既是自由的个人实现,也是个人自由与社会秩序的统一。人不仅是自由的,而且是自律的,这不仅是人的自由实现而且是人的

〔1〕 王利民:《民法的精神构造:民法哲学的思考》,法律出版社 2010 年版,第 140 页。

〔2〕 卞绍斌:《法则与自由:康德定言命令公式的规范性阐释》,载《学术月刊》2018 年第 3 期。

〔3〕 [英]弗里德利希·冯·哈耶克:《自由秩序原理》(上),邓正来译,生活·读书·新知三联书店 1997 年版,第 6 页。

〔4〕 [英]约翰·密尔:《论自由》,许宝骙译,商务印书馆 2009 年版,第 2 页。

本质实现。自由与自律的人，不仅是意志的，而且是理性的。考夫曼指出：“自由是立于实践理性之上。人之自律及尊严皆根植于此。”[1]个人自律对于自由实现的作用是通过实践理性表现出来的，是一种实践理性的结果。自律的便是理性的，理性构成了个人自律的条件。

个人自律在结构上包括了两个部分：一是个人的自我反思、自我约束和自我负责；二是个人的自我规划、自我计算、自我选择和自我决断。一个人自律的行为过程，体现为一种实践理性的支配与运行过程。在这一过程中，作为行为主体的个人需要结合自己的欲望、目标、手段、工具、环境、信息等一系列因素进行综合计算和规划，同时，也要顾及行为可能产生的风险等不确定性和外部性后果，并在能够保证自我约束和自我负责的基础上做出一种合理的行为选择。因此，自由其实并非那么容易和简单，自由的行使和实现既是需要付出代价和成本的，又是需要个人反复抉择和修正的，更是可能存在和发生各种社会风险的。因此，个人自律的行为与社会秩序的统一就为个人自由的实现提供了一种自我意志条件的安全与有效的保障，它以个人自由不损害他人和社会，并与他人和社会相向统一的社会生态秩序，实现了个人主体的社会构造。

（三）个人自律与个人行为

个人自律既是个人的主观意志性，又是个人的客观行为性，个人自律只有从主观意志转化为个人行为，才是个人意志与行为的统一，才构成社会规范与秩序形态。换言之，个人自律作为社会条件和要求，是一种个人的行为秩序，是以个人行为表现的个人与社会协调统一的秩序体系。

1. 个人自律与行为自律

个人自律是把个人视为目的与价值的基础之上，既确立个人的主体地位，又承认个人的行为自由并需要个人在自律的条件下完成和实现自由的行为过程。也就是说，个人自律是在意志自律基础上的行为自律，只有通过行为自律表现出来的行为秩序才具有个人自律的本质并构成社会的秩序条件。

个人因为行为性而具有了社会性，个人的主体性，是一种行为主体性。“主体就等于它的一连串的行为。”[2]由于每个主体都有不同的行为意志并表现出不同的行为条件，所以如何统一不同主体的行为并构成统一的行为秩序即社会

---

〔1〕［德］考夫曼：《法律哲学》，刘幸义等译，法律出版社2004年版，第345页。

〔2〕［德］黑格尔：《法哲学原理》，范扬、张企泰译，商务印书馆1961年版，第126页。

秩序就成为社会构造的根本条件与基础需求，这一秩序即使不是一种有组织的结果，也应当是一种事实性的存在。同时，即使社会有一定的组织和秩序条件，也未必在不同行为主体之间形成与之相一致的行为秩序。然而，人类社会既要保证一定的秩序，而作为行为主体的个人行为又不能够完全服从或者听命于外部的社会秩序条件，所以个人的行为自律就成为社会秩序构造的关键因素。

行为自律是一种个人在主观意志的内在约束和控制之下的外在社会行为。虽然个人的行为约束与控制离不开一定的外在强制或者力量，但是个人行为作为个人意志支配的主观行为，其根本的约束与控制条件是个人的内在秩序条件即行为自律，是通过自主的行为调控而实现的个人行为与社会要求的统一。可以说，通过个人的规范与秩序信仰，确立个人的规范与秩序精神，特别是作为个人社会条件的民法与民法精神，从个人的自由意志出发，由个人自主的行为控制与约束实现的社会秩序构造，作为一种社会生态秩序，是一个国家和社会建立法治和法治文化的根本秩序形态。

事实证明，在社会秩序构造中，外部强制性的规范力量并不能起到决定性的作用，相反，基于自我立法、自我反思的内在律令即行为自律则是社会秩序构造——社会生态秩序形成的根本条件。在行为自律的条件下，即使不存在一定的外部规范力和强制力，个人亦能够在自我规范与自我约束的条件下足以形成一种个人与社会相和谐的行为秩序。显然，没有什么样的社会状态能够比“行为自律”的秩序结果更好和更为有效。个人自律通过行为自律的形式所表现出来的社会构序性，成为一个社会特别是个人社会的根本秩序构造。

2. 个人自律与行为限制

个人自律作为一种个人行为约束与控制，构成一种个人行为限制。换言之，个人自律既是一种个人行为自由，也是一种个人行为限制，是一种个人行为限制的行为自由。个人自律的社会价值，不仅在于它的个人自由性，而且在于它的个人限制性。个人行为只有个人自由并不能够形成个人行为秩序，个人行为只有在个人限制的条件下才能够形成个人行为秩序并符合社会条件与需要。在这个意义上，个人自律的行为限制，就是一种个人自由的限制，个人自律作为个人对自身行为自由在一定程度上的自我约束或者取缔，必然包含了对个人行为自由的部分限制或者丧失的成分。

当然，个人自律的行为限制并非为了限制或者剥夺个人的行为自由，而是为了使个人行为符合社会规范与秩序。所以，个人自律对行为自由的限制，只是对个人行为可能存在或者出现的不合理现象或者结果的限制,它的根本目的是使个人行为摆脱自主与任意的无序状态而在接受或者适应社会一般要求与普遍条件的基础上而具有社会合理性与正当性。个人行为自律以个人对行为的合理限制而最大限度地满足和实现了个人行为自由。所以,个人自律不仅是个人行为的限制,而且是个人行为和行为自由的合理限度与条件。

个人自律的行为限制,是个人行为从个人主观任意性走向社会规范性与秩序性,它使不同主体的个人行为成为了"规范行为"与"秩序形态",从而构成了社会存在条件——法治和法治文化的自然生态。个人自律的规范行为,作为个人自主与自治的行为,既包括根据个人意志产生并具有一定法律效果的法律行为,也包括民法或者法律调整之外的其他社会行为。作为法律行为的自律与限制,就是使具有法律条件与要求的个人行为合法,这一"行为只是因为它是由法律规范决定并且也只在这一范围内才是一个'法律'行为",〔1〕并且只有这一个人自律的行为才有法律评价的意义。"在法学思想中,我们只是在人的行为成为法律秩序的内容时才涉及他人。因而只有那些有资格作为法律秩序中义务或权利的人的行为和不行为,才是与法律上的人的概念有关的。一个人只是在他'具有'义务和权利时才存在,离开义务和权利,就无所谓人了。"〔2〕因此,个人自律条件下的规范行为及其行为限制,作为一种社会或者法律条件限制,是一种普遍的社会行为秩序的限制,这一行为限制是个人行为意志与社会秩序条件的统一,是个人行为产生法律效果并受法律保护的前提与根据。个人行为既可能基于个人的自律性限制而产生行为人根据自己的意志而期望发生的法律后果,并受到国家的承认和保护,也可能由于个人自律的限制性缺失而被国家强制性否定或者取缔,甚至可能承担惩罚性的不利后果。所以,个人行为的自律与限制,既是个人行为与社会秩序的统一,也是个人行为具有积极的社会意义并应当成为有效行为的条件与前提。

(四)个人自律与个人秩序

个人自律是实现个人秩序的条件,个人秩序是个人自律的结果。由于个人秩序是构成社会秩序的主体或者个体因素,个人自律在实现个人秩序的基础上也就建立了个人与社会的内在联系并实现了个人的社会秩序构造。

---

〔1〕[奥]凯尔森:《法与国家的一般理论》,沈宗灵译,中国大百科全书出版社1996年版,第42页。

〔2〕[奥]凯尔森:《法与国家的一般理论》,沈宗灵译,中国大百科全书出版社1996年版,第107页。

个人的社会主体性以及个人自律与个人目的、个人自由、个人行为之间的关系所揭示的就是个人自律的秩序条件。个人自律的目的在于个人秩序。没有个人自律就没有个人秩序，如果有个人自律而没有个人秩序，那么个人自律就毫无意义，也就不是真正的个人自律。所谓秩序，意味着社会生活中的某种相互性的关系，并且这种社会关系具有某些可预见性和重复性的因素，能够被人们有所相互期待。总体而言，社会生活还具有某种稳定性、一致性和不矛盾性，能够在某种程度上长期保持它的形式。[1] 从秩序的产生条件和具体的表现形态上看，个人自律起到了决定性的作用，这亦构成了个人自律之道德维度的重要方面。

1. 个人自律的秩序条件

作为个人秩序，个人自律构成了社会秩序条件。个人自律的秩序条件性决定了它对于社会的必要性与重要性，一个社会离不开秩序条件，也就离不开个人自律——作为社会主体的个人必须以自律与秩序进入社会，否则社会即不存在，个人亦不会存在。社会作为一种个人的秩序生态，其秩序本源于个人自律的秩序条件，个人自律的秩序条件构成了社会存在的根本秩序条件。也就是说，社会秩序主要来源于个人自律的内部秩序而不是个人之外的某种外部秩序，社会和社会秩序只能从作为社会主体的个人内部生成。一切的外部条件，包括一定的形式或者强制条件，虽然是必要的甚至是不可缺少的社会条件，但是它对于社会和社会秩序的形成也只能是起到一定的辅助作用，而不可能起根本作用。

既然个人自律构成秩序条件，那么这种秩序到底是如何在个人自律条件下形成的，或者说个人自律到底具有和可能提供何种秩序条件，则是一个需要破解的重要问题。个人自律的秩序条件主要有如下两点：

第一，个人自律提供了秩序形成的主体条件。自律是个人的自律，自律的个人构成社会的秩序主体，只有秩序主体才有主体的秩序行为。个人的秩序条件根本是一种个人的主体条件，只有个人的秩序主体存在，才能够有个人主体的秩序存在。就如霍布斯意义的“秩序”即秩序意味着一种排除了“一切人对一切人”的战争状态，也就是个人与个人之间的和谐状态。在失序的战争状态中，每个人都仅仅根据自己的利益行事，凭借着自己的蛮力、强力或者身体上的物理优势来获得暂时的好处。显然，如果任由这种不受控制的无序状态持续下去，那么

---

[1] P. S. Cohen, *Modern Social Theory*, Heinemann, London, 1968, p. 138.

任何个人的生存利益都将最终难保,因为哪怕是最强的个人,“也需要睡眠,而在他入睡的时候,他就暂时失去他的优势”。[1] 因此,人类必然以战争状态对照秩序状态,从而需要或者必然选择秩序状态而避免无序的战争或者个人对立状态,并以此为个人提供一种必要的生存环境与条件。这样,个人秩序对于人类的社会生态不仅是自然的事实,而且是自觉的行为,是人类进化所必然选择和遵循的规律与规则。

对照人类的战争状态[2]就不难发现,社会秩序的形成首先要求个人作为秩序主体必须具备一定的秩序条件即个人自律的行为规范性与普遍性。这就要求一个人不能仅仅将自己的利益奉为一切行事的准则,而是应当考虑个人行为可能给他人或者社会利益带来的影响,从而选择个人利益与他人和社会利益协调统一的行为条件,即以与个人秩序相向统一的社会条件实现个人利益与他人和社会利益的共生与共存的理想状态。这一状态既保持了可预见的个人与社会秩序,又满足和实现了个人的利益需求与目标。

第二,个人自律提供秩序形成的信息条件。实际上,即便是在面对面的博弈状态中,由于信息的不充分、不对称,往往会导致事后看来极易达成的合作行为都无法实现,而这种可能性的概率随着博弈人数的逐渐增多,而变得越来越大。于是,个人自律便在经济学的意义上具有了充分的重要性——因为个人自律的一个重要含义便是要求一个人在面对他人时,能够尽可能地提供大体上真实的信息,亦即必须满足哈贝马斯意义上的那种社会沟通和交往过程中的“真诚性”(sincerity)标准。显然,个人自律在这里既具有道德的重要性,又具有经济学上的合理性,它实际上是为了形成可能的社会秩序,而通过道德准则的形式,施加于个人身上的一种经济学要求。

2. 个人自律的秩序形态

个人自律的秩序形态,既是一种个人自主与自由的秩序形态,也是一种个人自然与必然的秩序形态,是一种以个人为主体并由个人的精神与行为秩序构造的生态秩序形态。这一秩序形态反映个人利益需求及其实现的规定性,代表了人类自然进化的秩序选择,并遵循人类自然进化的一般条件和规律,具有人类社

---

〔1〕[英]H. L. A. 哈特:《法律的概念》,许家馨、李冠宜译,法律出版社 2011 年版,第 173 页。

〔2〕人类在追求和实现秩序的过程中始终不能也没有避免这种状态,人类各种形式的冲突与战争总是在不断地发生的,虽然人类自身具有对它的控制能力并使它不至达到毁灭人类自身的程度与地步,但是这种无序状态对人类自身的伤害促使人类必须最大程度地选择社会文明与秩序。

会规范与秩序文化——法治文化的一般性与普遍性。因此,个人自律的秩序形态,体现人格的本质与条件,是以人为主体并以人为目的的人本主义的秩序形态,是人类根本的秩序形态,是决定人类一切秩序形态的形态,是一种稳定的和可持续发展的秩序形态。

博登海默指出,“在正常情形下,传统、习惯、业经确立的惯例、文化模式、社会规范和法律规范,都有助于将集体生活的发展趋势控制在合理稳定的范围之内”。[1] 这一描述的社会状态,在本质上就是个人自律的秩序状态。纵观人类社会的发展历史,如何维持一种稳定的秩序状态,都离不开个人的行为秩序状态,而这一个人的秩序条件,就是个人自律。不论是在专制的社会,还是在自由的社会,个人自律对社会秩序状态的形成和发展均是至关重要的因素。

首先,个人自律具有秩序形态的习惯性与传承性。诚如希尔斯所言,“传统”的涵义仅仅意味着“世代相传的东西,即任何从过去延传至今或相传至今的东西……决定性的标准是,它是人类行为、思想和想象的产物,并且被代代相传”。[2] 人类世代相传的行为与思想,作为一种稳定和相对不变的社会条件,本身就是一种秩序形态,而这种秩序形态通过个人行为与思想的相传,也就是一种以个人自律为基础的社会文化的传承形式。

如前所述,在个人自律之中,自我反思是其构成的必然因素。因此,在人类社会生活中,随着历史的不断演进,作为人们合理反思之产物的经验便会形成积累,久而久之,这种经验之积累便会凝结成传统,并成为规则与秩序。“作为传统而存延下来的规则是那些最成功地适应了环境变化的规则;它们显示了其效益。……存延的根据是,遵循这种行为规则所不断地带来和积累的效益。”[3] 显然,人类社会的传统及其规范与秩序形态是与个人自律直接相关的,因为传统的规范与秩序形态本身就是作为社会主体的个人长期进行自我反思的经验产物,并通过不断试错而获得其社会存在的正当性与合理性。

传统的规范性与秩序性一般是通过习惯或者惯例的形式表现出来的。由于习惯或惯例“总是以规则表现出来”,“凝结了有关特定社会的环境特征、人的自然禀赋和人与人冲突及其解决的信息,是人们在反复博弈后形成的在日常生活

---

[1] [美]E. 博登海默:《法理学:法律哲学与法律方法》,邓正来译,中国政法大学出版社 2004 年版,第 236 页。

[2] [美]希尔斯:《论传统》,傅铿、吕乐译,上海人民出版社 1991 年版,第 15 页。

[3] [美]希尔斯:《论传统》,傅铿、吕乐译,上海人民出版社 1991 年版,第 274 页。

中必须遵循的‘定式’”。[1] 所以,习惯或者惯例本身便构成了传统的规范与秩序形式,并凝结了人类在日常生活中进行合理反思所形成的经验因子,因此作为一种具有传统属性的规范与秩序形式本身就是一种个人自律的秩序形态。

其次,个人自律的秩序形态离不开一定的外部社会条件。虽然个人自律的秩序是一种自主自为的秩序,但是它不能在单纯的自主自为的个人条件下完成而同样需要一定的社会条件或者外部环境压力,如个人权威、社会舆论、道德谴责等,尽管这些压力不是法律规范具有的那种国家强制力,但它之所以会产生一定强力作用,其中的关键就在于这些压力作为外部社会环境与条件实质上是指出了个人行为的一般社会条件与要求,从而使需要维护自身社会人格的每一个人都能够在一定程度上认可和接受这些条件,并以此合理制约个人行为。于是,外部的压力就转化为了内部的动力,成为了一种个人自律的社会秩序。显然,个人自律离不开一定的社会压力所形成和给予的个人行为引导,这些外部压力通过影响个人的道德认知、道德判断、道德情感、道德体验、道德意向和道德评价等行为意志而直接作用于个人的外在行为,并使这一行为符合社会秩序条件。所以,个人自律是个人意志与社会条件的结合与统一,也是社会规范能够约束个人行为并有效发挥作用的个人秩序品质。

最后,个人自律的秩序形态需要社会规范与个人目的的统一。虽然社会规范特别是其中的法律规范是典型的外部强制秩序,但是这些规范与秩序之所以具有社会价值并且应当成为个人自律的条件,就在于它与个人目的与要求的统一性,从而才能够转化为个人自觉自愿的自律行为。社会规范或者法律作为从社会外部强加给个人的行为条件,应当具有强制给个人的正当性与合理性,也就是应当有一个能够让个人接受和认可的理由,而这一理由在根本上是它与个人目的和要求的一致性,从而使个人主体能够愿意将这些规范转变为个人的自律行为。如果法律或者社会外部规范不能代表个人的利益,并且与个人的目的与要求相背离,那么即使再具有和施加外部的强制力,也不可能成为人们自觉接受的社会生态秩序。

因此,在任何一个法治社会,法律都不是简单的暴力,相反,它一般能够反映社会中个人的普遍意志和总体偏好,成为个人意志的代表。所以,法律或者其他社会规范并不是也不应当是与个人自律对立的,而是与个人自律相互融洽、相辅

---

〔1〕 苏力:《道路通向城市——转型中国的法治》,法律出版社 2004 年版,第 105 页。

相成、相向而行的社会秩序。于是，个人自律就在自主决定、自我反思、自我约束与自我负责中成为个人服从法律和其他社会规范并转化为个人行为的主体条件，而个人服从法律或者其他社会规范显然与这些规范符合个人的目的与要求具有内在联系，正是外部规范与个人目的与动机的契合，才使法律和其他社会规范不仅是一种形式条件，而且能够成为个人的社会生态秩序。只有法律和其他社会规范能够反映出个人对于国家或者社会的正当信仰，并且，符合个人的利益目的，才无须国家通过强制力的推行就能够被个人所承认和接受，并最终内化为个人自律的行为准则。

四、个人自律的规范维度

如果说个人自律的道德维度展现的是个人自律的道德属性与价值形态，那么个人自律的规范维度则揭示的是个人自律在规范上所具有存在形式与社会属性。在这个意义上，如果说前者属于个人自律的价值性与正当性问题，那么后者则涉及个人自律的规范条件、效力根据及其形式评价问题。

（一）个人自律的规范目标与导向

在最基本的含义上，规范就意味着一种标准或尺度，其特征“乃在于它含有一种允许、命令、禁止或调整人的行为与行动的概括性声明或指令”。[1] 显然，在规范的意义上，个人自律就不仅是个人行为，而且是个人行为标准，具有某种规范的目标导向功能，实质上就是个人的一把尺子，既确定了个人的规范目标，也确定了个人的规范导向。

1. 个人自律的规范目标

个人自律作为个人主体自主自为的秩序条件，在规范维度上既表现为一定的规范形态，又具有一定的规范目标。个人自律是具有并指向一定的规范目标的，它既体现个人自律的规范条件，也展示个人自律的规范维度。

个人自律的规范目标，作为个人自主的行为目标，是个人的利益目标。没有个人的利益目标，就不可能有个人的利益行为和个人利益的规范性。个人自律只有代表和符合个人利益，才能够在个人自律的条件下追求自主实现并形成规范的行为秩序。这说明，个人自律作为个人的行为自律，其对象一般是个人的利

---

〔1〕［美］E. 博登海默：《法理学：法律哲学与法律方法》，邓正来译，中国政法大学出版社 2004 年版，第 246 页。

益,而这一利益既是个人的根本利益,也是社会的利益目标;同时,个人利益不仅是个人自主的客观需求,而且个人自律是其最佳的规范与实现条件。因此,个人利益的实现也应当存在于个人自律的规范维度之内,并以意思自治为基本的规范形式。

个人利益实现的个人自律行为是民法调整和以民法精神为根据的法律行为。个人自律的规范目标主要体现在个人自律实施的法律行为中,是法律行为的设权意思目标。个人自律体现为法律行为,就是私人自治或者意思自治,也是个人基于意思表示以产生预期的私法效果的自律行为。意思自治作为个人行为或者契约形式,是"自我立法",属于个人自律的自我规范性与设权性表达。个人自律体现在具体的法律关系中是私人自治,而私人自治也是个人自律在具体法律关系中的体现与落实。这样,个人自律就以私人自治的直接"自我立法"的形式构成了个人的规范与目标。

凯尔森指出:"法律秩序由于给予个人以通过私法行为调整其相互关系的可能性,也就承认个人有某种法律上的自治。当事人的所谓'私人自治'就体现在私法行为的创造法律功能中。通过私法行为,人们创造调整当事人相互行为的个别规范,有时甚至是一般规范。"[1]于是,私人自治是在不同主体间通过"自我立法"的规范形式所形成的一种相互约束的秩序形态。"在私人自治原则之下,私人与国家同为立法者。一为私人立法者,一为国家立法者。"[2]在私人自治中,个人既是自我规范的制定者,又是自我规范的遵守者,需要以自我的自律行为实现自我规范的秩序目标。

显然,个人自律作为一种秩序形态不仅具有一定的规范目标而且必须转化为符合这一目标的规范形式,通过一定的规范形式及其规范目标来表现个人自律的实践要求与效果,而这一形式的主要表现就是构成"私人自治"的法律行为——由个人自律实施并对个人具有相当于法律效力的一种受国家承认和保护的行为。这样,个人自律就不仅是个人的行为,而且是个人的律令,在反映个人的规范目标的同时成为了普遍的社会秩序。

2. 个人自律的规范导向

如果说个人自律通过法律行为实现了内在规范目标向外在规范行为的转化

---

〔1〕 [奥]凯尔森:《法与国家的一般理论》,沈宗灵译,中国大百科全书出版社1996年版,第155页。

〔2〕 易军:《私人自治的政治哲学之维》,载《政法论坛》2012年第3期。

并通过外在规范行为展现了内在的规范目标，那么个人自律之所以能够表现为个人的规范行为并实现个人的规范目标就在于个人自律本身所具有的一种自主的规范导向功能与作用。

个人自律是个人意志的规范维度，既具有规范形态，又导向规范结果。个人自律的规范导向是由个人自律的规范意志性所决定的，个人自律之所以必然具有规范导向的功能并必然导向规范，原因在于个人自律本身就是一种规范意志，并且它以规范为目标并追求规范的实现。所以，个人自律的意志性所展现的是一个广阔的个人规范维度，它不仅是一个思想的规范维度，而且是一个行为的规范维度；它不仅是规范的，而且是自主导向规范的。这样的规范，就是一种生态的规范，这样的规范维度，就是一种生态性的整体与实在维度。无疑，个人自律的规范导向在个人意志力的作用下，是一种主体的自主性与能动性的规范导向，是一种最稳定和最有效的持续性规范力。因此，个人自律的生态规范条件代表了一个国家和社会的法治和法治文化的根本秩序形态。

没有比个人自律更有效的规范形态，也没有比个人自律更直接导向规范的行为与动力条件。因此，对于规范目标的实现而言，个人自律具有最可靠的规范导向功能，它既代表了个人的规范条件与目标，也以个人的自主意志导向规范条件与目标的实现。

（二）个人自律的规范标准与评价

不论是个人自律的规范目标，还是个人自律的规范导向，都意味着个人自律的规范事实并提供一种个人自律的规范标准与规范评价。它可以作为韦伯意义上的“理想类型”〔1〕而反观现实，为人们的社会生活，尤其是为人们的社会实践与交往活动提供一种可作为条件与标准的规范维度。

1. 个人自律的规范标准

个人自律的规范标准是个人自律构成一种社会规范形态所应当具备的一般规范条件与属性。个人自律的规范标准主要有两点：人格性标准和行为性标准。个人的自律以这两个规范标准将个人的具体行为限定在了具有社会属性的规范维度内，并符合社会的秩序条件与本质。

---

〔1〕 理想类型（ideal-types）是韦伯社会科学方法论中的一大核心概念，亦是他建构其社会理论的重要工具。其基本特征在于，理想类型主要属于一种思维上的建构，用来整理、透视纷乱复杂的经验现象和现实世界，并凭借比较经验对象与理想类型间的相似和差别，来更好地实现描述和分析工作。（参见［德］韦伯：《韦伯作品集1：学术与政治》，钱永祥等译，广西师范大学出版社2004年版，第199页）

个人自律作为个人的规范形式是以人格为条件和标准的,即每一个自律的个人或者行为人都是一个独立人格体,都具有独立的人格,否则,既不能在相互的行为关系中自立,也不能在相互的行为关系中自为,因此,也就不可能有个人自律及其规范标准。基于个人自律的人格标准,社会中的每个人都应当被承认为人并具有人格,每个人的人格都是平等的,从而能够以相互平等的人格条件而实现个人在平等社会关系条件下的行为自律。个人自律的人格独立与平等体现在具体的行为关系中,就是相互关系的人格承认与尊重,只有在相互的人格承认与尊重的平等社会关系中才能够形成个人自律的规范条件。

个人自律存在的人格独立与平等的社会关系,是以个人为主体的社会关系,即私人或者市民社会关系,也就是民法或者私法所调整的社会关系。一方面,这一社会关系基于主体的人格本质必然提出人格独立与平等的要求;另一方面,这一社会关系的个人主体的人格独立与平等是以个人的行为自律为条件,否则,人格独立与平等既会被滥用,也不可能实现。康德指出,个人“要这样行动,使得你的意志的准则任何时候都能同时被看作一个普遍立法的原则”。[1] 这段话表明了个人自律其实并非一个人专断的自我立法;相反如果个人自律所表现的行为准则都能够具有实践上的指导性,那就必然要求这种准则具有普遍性和一般性;于是,个人“外在地要这样去行动:你的意志的自由行使,根据一条普遍法则,能够和所有其他人的自由并存”。[2] 如果人与人之间没有相互人格平等与尊重,也就不会有实践理性意义上的个人自律,而没有了人格平等与尊重的相互关系条件,个人也就不可能成为自律的主体并具有个人行为的社会规范价值。由此个人自律的规范标准必然是一种人格标准,它强调“人们居于相同的法律地位,处于相同的竞争起点,得以相同地享有社会赋予个人的机会”,[3] 而不论个人在性别、财产、种族、地域、智力等方面的具体差别。可见,市民社会关系的个人自律是这一关系条件的一种自然与必然的规范与行为精神。作为一种社会生态精神,它是市民社会的秩序精神;作为一种形式规范精神,它是以民法为表现形式的民法精神。

作为个人的规范条件,个人自律是一种行为性的规范标准,并展现行为的规

---

〔1〕 [德]康德:《实践理性批判》,邓晓芒译,人民出版社 2003 年版,第 39 页。
〔2〕 [德]康德:《法的形而上学原理——权利的科学》,沈叔平译,商务印书馆 1991 年版,第 41 页。
〔3〕 易军:《个人主义方法论与私法》,载《法学研究》2006 年第 1 期。

范维度。个人自律的规范并不是形式规范，而是以个人的行为条件表现出来的主体性社会生态规范。作为个人的行为性规范，个人自律是个人在具体的行为关系中基于主体意志决定所表现出来的行为条件，是一种实质的个人规范标准。一方面，个人的行为性规范在个人自主意志的支配下是千差万别的；另一方面，个人的行为性规范作为一种社会构造条件又必须自然和必然地接受和符合人类社会的一般和普遍的规范秩序，从而以自主的个人行为标准成为一种现实的和实际有效的规范形态。个人的行为规范标准，有自序和非序两个方面的行为趋向，而在这两种趋向之间需要形成一种秩序性的稳定与平衡，这是个人自律的自然生态要求。这种由个人自律的规范标准构成的自然生态秩序，作为国家秩序的反映，是一种民本的法治和法治文化形态。

在本质上，个人自律的行为性规范标准是一种主体自身的行为判断与自我的评价尺度。既然个人自律是一种自我决定、自我反思、自我约束和自我负责的规范形态，那么个人自律的行为自主性与自我担当性就必然确立一种个人主义的立场与行为标准，或者说，它必须是以个人主义为前提的。个人主义既承认个人的主体地位又重视个人的行为自由，而个人主义作为一种社会行为标准，既尊重个人的行为选择，又要求个人对自律的行为选择负责。“个人主义者欣赏人们对自己的行为承担责任”，〔1〕或者说，“尊重个人的原则意味着个人应对自己行为所造成的后果负责”。〔2〕否则，个人不是一个合格的社会主体，而社会也不会允许超越一定规范维度的个人自由存在。

个人自律的行为规范标准，在个人行为的意义上是一种自治或者自由的规范标准。所谓“自治”，是指市民社会关系，即民法或者私法所调整的社会关系的意思自治与行为自由，要求个人必须能够在自由意志的支配下，做出自我选择、自我决断和自我有序的行为。人的社会主体性与规范性的根本就在于它的自由意志性，“即人们在自己推理的基础上，在不完全受各种限制的支配的基础上，对各种事物进行选择以及在特定情况中从事活动的力量或能力”。〔3〕如果我们否认了人自身的这种力量或者能力，也就否认了自己作为人的本质属性。

---

〔1〕［德］柯武刚、史漫飞：《制度经济学：社会秩序与公共政策》，韩朝华译，商务印书馆 2000 年版，第 187 页。

〔2〕［英］彼得·斯坦、约翰·香德：《西方社会的法律价值》，王献平译，中国法制出版社 2004 年版，第 172 页。

〔3〕《牛津法律大词典》，北京社会与科技发展研究所译，光明日报出版社 1988 年版，第 351 页。

既然个人自律是由个人意志所支配和控制的,那么个人行为是否符合规范标准就必然由个人意志的是否自治来决定。如果一个人根本就不具备自由的意志,或者一个人的意志和意志的行为选择不是在意思自治条件下发生的,那么这个人的行为就是不具有规范标准的,因为他缺乏基本的内在规范条件。

作为一种意思自治的标准,行为的规范标准并不是简单的个人行为标准,而是作为社会关系条件的相互行为标准,需要个人自律满足相互关系的行为条件要求。"事实就是如此:人只能存在于社会之中,天性使人适应他由以生长的那种环境。人类社会的所有成员,都处在一种需要相互帮助的状态之中,同时也面临相互之间的伤害。"〔1〕斯密这段话深刻勾勒出了社会关系条件下人与人之间的内在矛盾与困境,即个人既是独立的,又是相互生活在一起的,若个人脱离了社会关系或者离开了他人的帮助,是无法生活下去的。然而,一旦个人进入社会并和他人发生一定的社会关系,又很容易受到来自他人的干扰与伤害。因此,个人自律的行为自治,必须是一种相互关系的行为条件与规范要求,也就是个人自律的"相互性"行为规范标准。相互性的个人自律的规范标准或者要求,就是个人的行为必须尊重他人的主体地位,并不得伤害他人或者损害他人的正当利益,也就是个人应当奉行"己所不欲,勿施于人"这一道德上的"黄金规则"(golden rule)。〔2〕进而,通过这样一种相互性的行为自治,不同主体的个人自律便会形成一种符合社会规范条件的秩序形态。不论个人是自觉的还是不自觉的,都会最终发现和承认只有在相互性的行为自律的规范状态中,个人所追求的利益目标才能够得以实现,因此,个人也就必然成为相互关系条件的接受者。"那样一种迫切的利益便迅速地约束住他们的行为,而以遵守我们所谓正义法则的那些规则的一种义务加于人们。"〔3〕

2. 个人自律的规范评价

个人自律的规范评价,作为对个人行为的社会性评价,既应当坚持个人行为的个人合理性标准,也应当坚持个人行为的社会正当性标准。既然"合情合理"是人们在日常生活中评价个人行为的一般规范条件要求,那么个人行为的情理性就为我们评价个人自律的规范性提供了一个重要原则与根据;同时,个人自律

---

〔1〕[英]亚当・斯密:《道德情操论》,蒋自强等译,商务印书馆1997年版,第105页。

〔2〕有关这种最小道德的全面论述,参见何怀宏:《底线伦理的概念、含义与方法》,载《道德与文明》2010年第1期。

〔3〕[英]休谟:《人性论》(下册),关文运译,商务印书馆1980年版,第610页。

作为一种社会关系的规范条件，必须具有社会认可的正义性或者正当性，这就对个人自律的规范评价提出了一种普遍性的社会标准，个人自律的情理性应当是符合社会正当性的情理性。于是，个人自律的规范评价被纳入了社会正当性标准和个人情理性标准的范畴与规范维度之内。

第一，作为社会正当性评价，个人自律是具有社会规范标准的个人行为条件并且必须符合并接受社会规范评价。该评价的一般根据和条件是社会正当性，只有根据社会正当性评价而具有一般社会价值的个人自律行为，才是符合社会需要的规范与秩序行为，也才在社会所允许的个人自律的范围内。虽然个人自律体现个人的人格独立，并且是个人的自主行为，但是，个人自律作为一种社会行为，其评价和评价标准就不能是简单的个人的，而应当是社会的，并且应当作为社会评价的对象纳入社会评价的范围，从而以正当的社会评价作为个人行为的自律构成与条件。显然，对个人自律的社会评价，也就是社会正当性评价，即个人自律是否是因自律的行为结果而使个人行为具有社会正当性，并符合社会要求和具有积极的社会价值。

社会正当性评价是对个人自律的一般性评价，只有接受这一评价并符合这一评价的个人行为，才是个人的合格社会行为，只有这样的个人行为，才能够被社会所认可，并可能被赋予一定的社会效力，是一种有效的社会行为，甚至是具有法律效力的行为。个人自律行为能够被社会认可并产生一定社会效力的前提，就是这一行为经过了社会正当性评价，被认可为是一种符合社会正当性的行为并被社会所接受。否则，就会被社会作出否定性评价，从而不符合合格社会行为的条件与要求，因此也就不会被社会认可并承认其行为结果。

追求个人行为的社会承认是每一个人实施社会行为的根本目的与要求。因此通过个人自律使自己的行为符合并经得起社会正当性评价，是在个人自律的条件范围内并构成了个人自律的内在本质。于是，如果一个人的行为不符合社会正当性评价，便不是个人自律行为，既不具有个人自律的社会价值，也不能产生个人自律的社会效果。

第二，作为个人情理性评价，个人自律是个人行为，必然从个人情理出发，离不开个人情理基础，需要构成个人情理行为，应当以个人情理为根据，成为个人情理评价的对象。也就是说，对个人自律的评价，除了社会正当性评价之外，还应当有个人情理性评价，社会正当性评价不是也不应当是唯一的评价，因为个人自律毕竟是个人基于一定情理的行为，其评价不能离开一定的情理条件并需要以个人情理为根据。这样,虽然个人情理性评价的层次低于社会正当性评价,但是它却构成了社会正当性评价的基础,社会正当性一旦背离了个人情理性,也就失去了正当性。因此,社会正当性一定是在个人情理性基础上的正当性,是个人情理性条件上的价值要求。

个人情理性评价,是以个人行为的具体情理性条件为根据的一种个人自律的规范评价,是个人自律的主体性或者特殊性评价。个人自律的规范评价,既以特定的行为主体为对象,也离不开特定主体实施特定行为的现实情理条件。对个人自律的规范评价只有以个人的情理条件为根据并体现个人特殊的情理现实性,才符合个人自律的条件和本质。只要个人行为在特定情形下的发生是合情合理的,也就具有个人行为的合理性与正当性。对个人自律的规范评价不能超越个人行为的情理性,相反,应当承认个人行为的情理性价值,个人行为的情理性就是个人行为的正当性并构成个人自律的规范条件。显然,个人自律的合理性与正当性标准,不仅是社会标准,而且是个人标准,不能舍弃个人标准而追求社会标准,社会标准应当建立在个人标准的基础之上;也只有这样的标准,才是现实的、客观的和可行的个人自律标准;而对个人自律的评价,则应当坚持个人情理性评价标准,合理体现个人情理性的条件与价值。

个人情理性作为个人的一种合情合理的行为评价,是个人的伦理性评价,是对个人自律的特定道德情感的认可或者否定。道德情感既代表个人的行为意志,也体现个人的社会价值认知,是个人主观条件与社会客观要求的统一。个人自律行为就是个人的道德行为,必然以个人的道德为根据,离开个人道德就没有个人自律,而个人的道德和道德行为是在个人道德情感的基础上发生的,道德情感是一切个人道德行为的出发点并决定道德行为的条件与标准。所以,道德情感作为个人道德行为的基础,构成了个人自律的情理性,而这种情理性也就具有了个人自律的合理性与正当性。对个人自律的规范评价,同样需要以个人的道德情感为根据,需要进行个人道德情感的社会考察与分析,从而才能够对个人自律是否符合规范标准作出正确的评价与结论。

个人情理性评价属于一种价值理性意义上的规范评价。个人自律的情理性评价标准,并不是一种完全感性或者世俗的评价标准,而是对个人自律的规范与秩序的理性评价标准。个人情理性评价关心的是个人具体行为是否具有足够的可理解性和可接受性,而这样的评价是一种理性的评价,其评价标准也是一种理性的标准。换言之,个人自律的情理性规范形态,是一种理想的社会秩序形态,而这一形态必然是一种个人的理性形态。“一个合理的人可社会化为一个社团的规范和惯例，因而他的目的符合公共的价值观，而他对这些目的的追求符合集体的规范。”[1]个人自律的自我反思所关心的不仅是个人和个人利益条件，而是需要个人与他人或者社会关系的理性协调与平衡，控制或者避免完全受个人感性或者任意性的支配而作出与他人对立的或者是反社会和不道德的行为，即个人的行为选择应当符合一定的伦理底线和公共价值评价，而不能“不择手段”“唯利是图”。因此，就个人自律而言，首先需要个人通过价值理性对自身的行为和行动的目标作出规范评价，并对个人行为做出可能的和适当的修正和调整，以使个人行为以自律形式符合社会正当性目标。于是，个人自律的情理性评价作为一种理性价值，既是个人内在的自律性评价条件，也必然成为社会外在的客观性评价要求。

（三）个人自律的规范条件与形态

个人自律的规范，在性质上不是一种形式规范，而是一种行为或者实然规范，即通过主体或者个人的实然行为所表现出来的具体规范形态。行为性决定了个人自律的规范条件与形态，个人自律的行为性与规范性具有直接的联系，没有个人自律的实然行为，就没有个人自律的规范条件与形态。虽然个人自律的行为规范以一定的形式规范为根据和前提，并应当符合一定的形式规范，但是个人自律的行为规范条件是个人自主、自为的行为意志的直接结果，是根据个人的规范认知所发生的个人行为的规范形态，具有个人行为条件的规范性质，并不必然决定和符合于形式规范。

1. 个人自律的规范条件

个人自律的规范，作为一种实然的行为性规范，其规范条件是一种个人行为条件，即个人自律的行为本身就构成一种现实和具体的个人规范，是对个人具有实然约束力的规范。个人自律的规范条件以个人自律的行为条件表现出来并由个人自律的行为条件所决定。于是，个人自律的行为性与行为条件，既直接构成了个人自律的规范性，又体现了个人自律的规范维度。

因此，个人行为的性质与条件，就成为个人行为构成行为自律并具有社会规范性质的根本因素。换言之，个人的具体行为要想满足个人自律并具有规范条

---

〔1〕［美］罗伯特·考特、托马斯·尤伦：《法和经济学》，张军等译，上海人民出版社1994年版，第14页。

件的性质,就必须符合特定的行为条件与要求,并得到肯定的社会规范评价;否则一个人的行为就不是自律的行为,也就不具有规范的性质与意义。

考察个人自律的规范条件,主要在于以下两点:

第一,个人自律的规范理性条件。个人行为的规范理性是个人行为对社会规范的客观认知与自觉服从的理性状态。即“理性是世界的灵魂,理性居住在世界中,理性构成世界的内在的、固有的、深邃的本性,或者说,理性是世界的共性。”〔1〕理性构成了个人自律与行为规范的根本性。行为缺失理性,既不构成自律,也不构成规范。个人行为脱离理性与自律,便不构成社会关系的规范条件。此时的个人,既失去了在社会关系条件中的个性,也失去了在社会关系条件中的共性,而此时的个人行为是自主与自为的,却不是符合自由与自律的。“理性的法则不能受意志的随意性支配,而受本能意志支配的行为就是违反理性的行为……理性是唯一的规则,也是规则的唯一来源。”〔2〕个人行为只有受理性的支配,才是一种自律的规范行为,才构成规范条件并具有规范的属性与本质。个人规范的自律行为决定于个人的理性条件与水平,理性人会自然地“运用逻辑推理和所有相关的可以获得的信息,去实现愿望和价值,决定如何行动,以及接受法律原则”,〔3〕理性人的理性行为必然是一种自律的规范行为。人一旦失去理性,就不会有理性行为,也就不会有个人自律的规范形态,而失去了理性的人作为主体就不再具有自己的社会本质。“没有理性的东西只具有一种相对的价值,只能作为手段,因此叫做物;而有理性的生灵叫做‘人’,因为人依其本质即为目的本身,而不能仅仅作为手段使用。”〔4〕

第二,个人自律的规范目的条件。个人自律的行为是在个人理性支配下的具有规范目的的行为。个人自律是个人自觉地追求行为的规范性,具有明确的实现个人行为规范性的目的。“在社会历史领域内进行活动的,是具有意识的、经过思虑或凭激情行动的、追求某种目的的人;任何事情的发生都不是没有自觉的意图,没有预期的目的的。”〔5〕个人的社会行为,作为个人的自主行为,都是有目的的行为,差别的只是其目的性本身,即是否以规范为目的的问题。目的性作

〔1〕[德]黑格尔:《小逻辑》,贺麟译,商务印书馆1980年版,第80页。
〔2〕王利民:《人的私法地位》,法律出版社2013年版,第33页。
〔3〕[美]贝勒斯:《法律的原则》,张文显等译,中国大百科全书出版社1996年版,第4页。
〔4〕[德]卡尔·拉伦茨:《德国民法通论》(上册),王晓晔等译,法律出版社1998年版,第46页。
〔5〕《马克思恩格斯选集》(第4卷),人民出版社2012年版,第253页。

为人的社会行为性，显然构成了人区别于动物的一个根本属性。“各人追求自己的目的，各人根据自身的气质决定自己的行为。”[1]这无疑彰显和突出了个人行为的目的要素在人类社会生活中的重要地位与作用。个人既然作为自我决定、自我反思、自我约束和自我负责的行为主体，必须是以规范为目的的个人自律的主体，只有以规范为目的，才能够自律地规范个人行为，这样的个人行为才是规范的行为并具有规范的性质和维度。因此，个人行为是有确定目的的，是根据目的而做出的行为。而个人行为的目的，作为一种自律的行为目的，具有规范的条件性和维度性，需要以规范为目的并追求规范目的的实现。只有在行为的规范目的确定之后，才能够根据行为的规范目的实现行为的规范结果，而个人自律的规范目的，则是评价个人自律的行为标准与依据。换言之，个人自律的规范目反作用于个人自律的行为并决定了个人自律的规范价值，个人只有接受规范目的的指引，才能够实现个人自律和个人自律的规范形态。

作为一种主体性与行为性的规范条件，个人自律的行为规范条件是个人意志与自治的规范条件。这种规范条件也是市民社会关系的内在条件，是以民法精神为根本的规范条件，是一种精神性的规范条件。这一规范条件又是社会生态的规范条件，并遵守社会生态的规律性与规定性。个人自律条件的生态性受个人精神意志的支配，具有个人行为条件的不确定性与不稳定性；同时，生态性的规范条件作为一种实然性的规范条件，又是最有效和最可靠的规范条件。所以一旦这种规范条件形成，就必然构成一个国家和社会的法治和法治文化的根本规范条件。

2. 个人自律的规范形态

作为规范条件，个人自律是一种规范形态。个人自律的规范形态作为一种社会关系的统一形态，是一种秩序形态，即个人社会关系的相互和谐与均衡的合理行为状态。个人自律在创造规范的同时，也创造了秩序，它不但使人类社会生活得以在一种可预期和稳定的条件下进行，亦使得个人的德性与品行在和谐有序的社会关系中得到了全面的涵养和提升，并具有了重要的规范作用。

个人自律的规范秩序形态，作为市民社会关系的形态，是民法或者私法调整的社会关系条件，主要表现为契约形态与习惯形态。

在契约形态中，个人自律是作为个人的合意机制来发挥规范与秩序作用的。

[1] [德]黑格尔：《小逻辑》，贺麟译，商务印书馆1980年版，第92页。

所谓的“合意机制”，即是以个人的自由意志为基础，通过不同个人间的自由沟通、协商和博弈来形成某种互利互惠的秩序共识并追求和实现个人利益目的的一种个人规范或者“立法”形式。在这种秩序形态中，由于每个人作为自律的主体都具有独立的意志和人格，并具有平等的地位，因此可以在法律所不禁止的私人社会关系领域自主地实施设权意思表示行为，通过当事人之间达成合意来设立、变更和终止相互的权利义务关系，从而在以个人行为实现个人利益的同时也是使个人利益的实现更符合个人的目的。

很显然，以合意机制为基础的契约形态，在形式上给所有人提供了自由选择的机会，不仅为人们重新安排和调整自己的社会生活提供了必需的行为根据，也由此对整个社会的制度改进和变迁提供了一个充分与宽广的规范维度，从而使整体文明和法治在个人自律与自治的秩序形态下得以确立和稳定地运行。通过契约的规范形式，不仅彰显了个人的主体地位，而且也使个人成为自我规范的制定者，充分展现了个人利益实现的自律与自由的秩序条件与形态。

在习惯形态中，个人自律是作为个人间的反思机制来发挥作用的。所谓“只可意会，不可言传”这句话，真切地道出了“默会知识”的存在及其属性。“默会知识”是人们在日常生活中经由反复实践和试错之后所形成的，无法完全由言语和文字加以表达，但是其基本含义和主旨却在不同个体之间都了然于心的一种知识形态。在个人自律的习惯规范与秩序形态中，“习惯”或者“惯例”构成了默会知识的一种形式，它们实际上反映出个人自律中的反思因子在与现实反复接触之后所形成的一种事实的秩序状态。社会学家们经常研究和回答的一个问题是：人与人之间的社会合作是如何可能的？特别是，在一个给定的环境中，一个行动者至少需要掌握多少其他行动者的想法和需求信息，才能形成对他人行为的整体概念，并能够利用这种知识与他人沟通？[1] 显然，为了克服和解决上述问题，任何行动者都必须借助某些抽象化的一般性规则，以及建立在这一规范之上的一般知识来提供一种可预见的社会关系的相互条件，而人们在长期的生产和生活中形成并接受的习惯或者惯例则恰恰满足了这一条件需求——因为在习惯或者惯例的秩序形态中，人们并不会在采取行动前对某一特定情势中的可能情况进行全部的考察，“而始终是在把此一特定情势中的某些只具相关性

〔1〕 Norman Schofield, *Anarchy, Altruism and Cooperation: A Review, Social Choice and Welfare*, Springer Science + Business Media, Vol. 2:3, p. 207 -219 (1985).

的方面挑选出来加以考虑的情况下行事的”。[1] 于是，这类习惯或者惯例可能既不要求被明确“发明出来”，又不要求具有某种特定的目的，而在其调整之下的不同行动者之间，“各个组成部分都是平等的，都服从着同样的规则。没有一个主体作为指挥他人的权威而行动”。[2] 在习惯的秩序形态中，一方面，习惯或者惯例本身作为人们在现实生产和生活中进行合理反思的经验选择与试错产物，构成了个人自律的规范形态；另一方面，个人自律作为个人的行为根据和条件，其行为秩序也对习惯或者惯例的形成与实践具有基础的构序作用。

既然个人自律的规范秩序形态主要表现为契约和习惯两种形态，那么这两种形态的实现则又分别涉及合意机制和反思机制的具体运行过程，被分别概括为“博弈性实现”和“试错性实现”。

在博弈性实现中，博弈的双方均为有限理性的个人，他们在形式平等的基础上，均具有自由的意志，利用一切可以获得的信息、资源和知识，向对方提出自己的要求和主张，同时对对方反馈回来的信息进行计算、评估和回应，最终在双方各自的利益函数曲线中寻找到交叉点，达到该次博弈的有效终结。不过，尽管每个人的自由意志在这个过程中表现出了决定性的作用，但经由合意机制所达成的这种博弈性的实现，其最终的结果却并非是其中任何一方意志的主宰。因为在此过程中，“契约双方当事人互以直接独立的人相对待，所以契约（甲）从任性出发；（乙）通过契约而达到定在的同一意志只能由双方当事人设定，从而它仅仅是共同意志，而不是自在自为地普遍的意志”。[3]

在试错性实现中，不同的个人结成了一个整体来作为参与的主体，继而通过在实践中反复试验、反思和总结的方式来形成规则（即习惯、惯例），最终达致了一种建立在群体选择基础上的秩序形态。实际上，无论是在博弈性实现还是在试错性实现中，个人的理性都是有限的，尤其是在后者中，由于信息是昂贵的和不对称的，人的计算能力也是有限的，加之在决策过程中仍然存在着大量无法避免的不确定性因素。[4] 于是，为了形成稳定、有效的社会交往，人们就必须产生

---

〔1〕［英］弗里德利希·冯·哈耶克：《法律、立法与自由》（第 1 卷），邓正来等译，中国大百科全书出版社 2000 年版，第 34 页。

〔2〕［德］柯武刚、史漫飞：《制度经济学：社会秩序与公共政策》，韩朝华译，商务印书馆 2000 年版，第 172 页。

〔3〕［德］黑格尔：《法哲学原理》，范扬、张企泰译，商务印书馆 1961 年版，第 82 页。

〔4〕［美］安东尼·唐斯：《官僚制内幕》，郭小聪等译，中国人民大学出版社 2006 年版，第 3 页。

出某些抽象化、一般化的规则来指导彼此间行动的预期,并替代个人自发行为,于是,那种通过个体间循环往复的互动而产生的习惯或者惯例便脱颖而出。“有了惯例,才会使得许多同时发生的行为彼此协调一致。”[1]而“那些被认为具有约束力的东西,乃是每个人都确信会得到遵守从而成为大多数活动得以成功的条件的惯例”。[2]

五、个人自律与意思自治

上述可知,个人自律是以个人主义为根本前提,以自我立法为内在动力,以私人自治为外在形式的规范与秩序形态。在这一形态中,人是目的这一现代性的伦理诉求彰显出了个人自律的道德价值。与此同时,通过工具理性和价值理性的共同作用,通过对形式标准与实质标准的共同追求,个人自律亦得以对个人及其行为产生一种本体性的规范与秩序作用,并最终形成了一种建立在私人自治基础上的民本模式的社会秩序。然而,既然个人自律具有本体的规范与秩序作用,那么在调整个人社会即市民社会的法律——民法或者私法领域,个人自律又是如何发挥其作用并建立起与民法的本质联系的,这就是个人自律的行为秩序与作为民法的灵魂性原则的意思自治的关系问题。

(一)个人自律走向意思自治

作为一个哲学范畴的概念,个人自律反映在民法基本原则上就是意思自治。个人自律借助民法原则,从抽象的个人伦理秩序转化为具体的民法规范条件。在民法调整的范围内,个人自律是作为一种民法精神条件发挥规范与秩序作用的。

1. 自律的自治需求

个人自律作为个人自主与自为的行为,在体现个人的人格价值并具有普遍的社会规范意义的条件下,作为社会主体与目的的个人,必然要将个人自律作为一种可以获取和实现个人利益目的的有效规范形式,从而依据个人自律的行为条件可以产生一定的设权性效果,这就是道德的个人自律走向民法的意思自治,个人自律也就具有了法律行为的性质与效力。

---

〔1〕[美]詹姆斯·G. 马奇、[挪]约翰·P. 奥尔森:《重新发现制度:政治的组织基础》,张伟译,生活·读书·新知三联书店2011年版,第23页。

〔2〕[英]弗里德利希·冯·哈耶克:《法律、立法与自由》(第1卷),邓正来等译,中国大百科全书出版社2000年版,第155页。

意思自治，又被称为私法自治，是“行为人可以根据自己的意志实现私法关系变动的行为自由……法律承认的行为人可以根据自主意思设立法律关系的一般制度规则”。[1] 意思自治作为“各个主体根据他的意志自主形成法律关系的原则”，[2]是民法作为私法所独有的规范与秩序形态，构成了民法的核心价值与精神灵魂。民法虽然是国家的法，但是它必须尊重民法作为私法的价值与本质并需要承认个人意思自治的行为空间，即意思自治原则和作为其条件的任意性规范构成民法的根本原则与特有规范以满足个人自律的民法需求。“民法的主要特征及规范意义在于私法自治，即个人得自主决定，自我负责地形成彼此间的权利义务关系。”[3]如果民法秩序是一种需要承认和尊重行为主体之自由意志与自我选择的秩序形态，那么这种承认与尊重正是通过意思自治这一规范与秩序原则确立了符合市民社会关系的条件与本质的民法规范与秩序形式，并为个人自律的实现提供了民法上的规范条件与可能。

2. 自律的自治必然

个人自律一旦具有了普遍的社会意义，它便不会再简单地作为一种个人自由行为存在而必然上升为一定的法律形式。这一法律形式，就是作为民法或者私法的意思自治。个人自律作为个人的普遍规范条件，应当具有个人的法即“人法”的意义并被国家的法律所承认。“在法治中，自由实质上就是社会与个人，社会的完整性、统一性与个人的相对独立性、自由性，社会的发展与个人的完善的关系问题，也是社会权力与个人权利的比例关系如何构成的问题。”[4]个人自律与自由从来都不是单纯的个人事实，而是具有普遍社会意义的主体条件，并且作为体现主体的人格性与活力性的根本条件必然被作为主体之间相互分配利益关系的事实根据。可是，个人自律的自由作为个人之间确定利益关系的一种形式必然需要具有一定的稳定性和可预见性，从而需要转化为一定的国家法的形式，即民法的意思自治。“法律自由是法律对于自由在一定程度上的限制和保障，这也意味着，在法治意义上，自由是法律所许可的行为。”[5]这个行为就从个人自律的自由行为成为了民法或者私法上的意思自治行为，这一从个人自律

---

〔1〕 王利民：《民法的精神构造：民法哲学的思考》，法律出版社 2010 年版，第 365 ~366 页。

〔2〕 [德]迪特尔・梅迪库斯：《德国民法总论》，邵建东译，法律出版社 2000 年版，第 142 页。

〔3〕 王泽鉴：《民法总则》，中国政法大学出版社 2001 年版，第 13 页。

〔4〕 王人博、程燎原：《法治论》，山东人民出版社 1989 年版，第 161 页。

〔5〕 吕世伦主编：《法的真善美：法美学初探》，法律出版社 2004 年版，第 329 页。

到私法自治的转变,既是法律对于个人自律与自由的限制,又是个人自律与自由在法律限制范围内的实现,从而不仅使个人自律从个人伦理走向了社会伦理,而且使个人自律成为了中介个人利益关系的有效形式。

显然,意思自治是个人自律的必然归宿。独白的主体理念需要向交互的主体间性转换。独白的主体理念属于一种极端的个人主义哲学,往往会将诸如个人的真实存在性、个人偏好的重要性、个人的理性决策能力乃至于国家权力寻租的可能性等方面夸大到极致,进而否定社会生活中还存在着相互合作的一面以及国家权力对于个人行为实有干预的必要。尽管个人自律并不完全等同于独白的主体理念,但是如果一个社会不能以任意法或者自由法即民法或者私法的形式实现个人自律向意思自治的转换,那么这种对个人自律与自由的社会规范与秩序价值的忽视与无视,不仅是对个人自由的压制甚至是对个人人格的否认,而且会带来个人行为在单纯的个人自律与自由条件下的混乱,甚至是相互的矛盾和冲突,从而构成破坏社会秩序的最直接因素。于是,个人自律也就从个人的人格积极性变成了个人的人格消极性。

相反,既然现实的社会生活主要是一种通过人与人之间的社会交往和互动所形成的秩序,那么哈贝马斯意义上的"交往理性"或者拉康意义上的"主体间性",便自然成为了社会秩序得以运行的内在动力。它往往高度强调和重视各种类型的社会合作,认为"社会个体之间除了持有各种异质的主观目的外,总是在不同内容、范围和程度上分享着相同或相似的主观目的和利益"。[1] 无疑,个人合作的社会承认可以将个人行为所具有的忽视社会整体与公共利益、违背个人关系的实质平等与利益均衡等消极后果与潜在风险降低到最小。因此,个人自律走向意思自治不仅是个人的利益需求,而且是社会的秩序必然。

(二)意思自治需要个人自律

当个人自律上升为意思自治,从个人的意志行为转变为个人的法律行为,并不意味着作为民法或者私法条件的意思自治就完全脱离了个人自律而成为了单纯的法律形式。恰恰相反,意思自治作为个人自律的需求与必然,是以个人自律为行为条件与存在形态的。

1. 自治的自律条件

意思自治作为民法的基本原则,体现为个人自律行为,即法律行为。个人自

〔1〕 熊丙万:《私法的基础:从个人主义走向合作主义》,载《中国法学》2014 年第 3 期。

律的法律行为是设权意思表示行为，与意思自治有着内在的联系。意思自治是法律行为的内容和决定条件；法律行为是意思自治的表现和实现方式。意思自治只有通过法律行为才能发挥作用，只有在法律行为中才具有私法意义。

意思自治作为民法或者私法上的行为自治，仍然以个人自律为行为条件，并必然在行为自律的条件下发生和存在。在这个意义上，个人自治是个人的行为自治，即个人自律不再是单纯的个人行为自由，而是以民法或者私法为根据并接受其限制的意思自治。于是，民法的意思自治把个人的自律条件转变为社会的一般规范条件，从而使意思自治这一民法上的原则与制度具有了个人自律的规定性与条件性。

首先，民法的意思自治与个人的意志自由条件。意思自治只有作为个人的意志条件才能够作为个人的行为条件。“意志而没有自由，只是一句空话；同时，自由只有作为意志，作为主体，才是现实的。”[1]显然，意志自由构成了意思自治的本质性。实际上不但是意思自治，甚至对于包括民法在内的整个私法而言，意志自由都是一个基础的或者根本的条件。因为没有了意志自由，个人便不能根据自己的意志设定法律关系，私法也就失去了自身作为私人社会关系条件的本质而与公法无异。意思自治离不开个人的意志自由，没有个人的意志自由就没有民法的意思自治，因为民法的意思自治是以个人的意志自由为条件和根据的，只有体现意志自由的个人行为，才是意思自治的法律行为，才能够作为个人的行为而对个人产生约束力。

个人的意志自由，既是个人的自治条件，也是个人的自律条件，个人自律的本质就在于个人是意志自由的主体，它在根本上是以个人意志自由为基础的个人行为的规范性与秩序性。意思自治在意志自由条件上实现了与个人自律的统一，并以个人自律的意志自由条件构成了民法的意思自治的内在规定性。

其次，意思自治与个人的行为自由条件。民法的意思自治不仅是意志性的，而且是行为性的，意志只有表现为行为才具有客观性并能够成为确定个人社会关系的事实根据。自由必然自律，否则就不是真正的个人自由，也不能获得自由的社会承认与价值。意思自治作为一种个人自由条件，一方面是个人的行为自由，另一方面是个人的行为控制，其本质就是个人自律，其精神在于“个人既能

---

〔1〕［德］黑格尔：《法哲学原理》，范扬、张企泰译，商务印书馆 1961 年版，第 12 页。

自主决定,就其行为(亦)应'自我负责'"。[1] 意思自治的行为自由作为民法意义上的行为自由,不仅是一种民法上的形式自由,而且是一种行为上的个人自由,需要个人自律的行为自由条件的实现,如果没有个人自律的行为自由的规范与秩序,或者说如果不能实现民法上的意思自治向个人自律的行为自由的转换,民法上的意思自治就毫无秩序意义。

所以,民法的意思自治必须以个人自律的行为自由为条件,只有把意思自由转化为个人自律的行为自由条件即一种个人的行为规范与秩序的精神条件,实现意思自治与个人自律的行为自由的统一,才能够真正有民法的意思自治。

2. 自治的自律形态

民法的意思自治不仅以自律为条件,而且以自律为自身的存在形态,即意思自治是作为个人自律的法律行为,是以个人自律的社会形态表现并存在的一种规范与秩序形式。这个形态既是个人为主体行为自由与行为竞争的市场秩序形态,也是在行为自由与行为竞争条件下的自主构序的自然秩序形态。

个人自律的意思自治作为以个人行为及其行为自由为根据的社会关系条件,必然是个人行为竞争并由此走向个人利益均衡的市场秩序形态。作为一种法律行为,个人自律的意思自治行为主要是市场经济行为或者是以市场经济行为的价值为基础的行为,它是个人的利益对立与竞争的行为,也是个人利益的自由选择与均衡并实现自主秩序的行为。不论是民法调整的财产关系还是人身关系,都离不开一定的行为竞争并表现为一定的个人自律条件下的市场秩序形态。在竞争条件下个人自律及其法律行为或者合同关系的效率性,是由个人在这一行为关系中的自主性与自决性决定的。社会不仅是由不同的个人主体组成的,而且是由不同条件的个人主体组成的,个体的差别不仅能够在相互关系中表现出各自不同的竞争能力与优势,而且必然基于个人利益目的而调整出不同个人的行为活力与动力。个人自律的行为竞争不仅意味着相互关系的行为制衡与均衡,而且意味着行为的秩序与效率。

事实上,人类生活在一个有差别的、事实不平等的社会,民法也是以平等为原则而承认不平等事实并保护不平等结果的法律。而"私法自治作为一种形式上人人平等的自由,没有顾及实际上并非人人平等的事实",[2] 所以,人与人之

---

〔1〕 王泽鉴:《民法总则》,中国政法大学出版社 2001 年版,第 249 页。

〔2〕 [德]迪特尔·梅迪库斯:《德国民法总论》,邵建东译,法律出版社 2000 年版,第 144 页。

间既是主体差别与独立的，又是利益分歧与对立的，既不可能有事实的平等，也不能要求有事实的平等，那种绝对平等的社会模式是不存在的。相反，如果以一种社会秩序的形式允许不同的个人利用其差异，追求不同的利益，反倒可以使社会在一种“和而不同”的良性竞争与秩序中保持自己的长期稳定与繁荣。显然，这样的社会秩序形态就是一种人本社会与民法调整的意思自治与个人自律的形态，正是在个人自律的形态下，每个人才都能在个人社会关系中凭借其自由意志，自主地参与、选择、决策、判断、反思和负责，并最终能够通过个人的行为竞争以最小的交易成本而最大限度地追求和实现个人的利益目的，并维护个人竞争的社会秩序。

个人自律的行为竞争形态，不仅是一种市场秩序形态，而且是一种自主构序的自然秩序形态。这种秩序形态作为民本社会的个人行为与精神的秩序，是一种适者生存的自然生态秩序。自然生态秩序通过民法或者私法的调整，必然上升为一个国家和社会的文化与文明秩序，并构成法治和法治文化。

六、个人自律与民法精神

民法精神是意思自治的行为精神通过民法形式的表现。建立在个人自律与意思自治关系的基础上，民法精神就是意思自治的个人自律精神，个人自律构成了民法精神的生态条件与必然要求。

作为一种个人的行为规范与秩序精神，虽然民法精神是以民法形式表现的社会精神，但是它既不等同于民法的基本原则，又区别于民法的具体规范，而是一种民法调整条件下的高于民法的原则与制度的价值理念与行为取向，是个人超越了世俗的利益冲突和功利的价值权衡而自主构序的社会精神与生态条件；它源于一个民族和社会的内部长期积淀，是形成市民或者个人社会关系的文化基因与意识结构，并构成了当代社会文明的私法规范与秩序的精神与灵魂，从而在私法或者民法的规范形式与个人自律的行为体系中表现为一种个人与社会统一的生态规范与秩序。

（一）个人自律的民法精神性

个人自律作为市民社会的规范与秩序精神，反映在民法范畴上，就是民法精神。个人自律具有民法精神的本质与属性，它既彰显了民法精神，又需要民法精神的实现。

1. 个人自律的民法精神本质

个人自律作为个人的意志与自由，表现为市民社会关系的法律形式和条件，就是民法和民法精神。民法精神是个人自律的市民社会关系条件发展的必然的结果，两者之间具有内在的统一性，个人自律表现在市民社会关系的民法形式上就是民法精神，而民法精神也必然是一种个人自律的市民社会精神。

个人自律的民法精神本质涉及对个人自律与民法精神关系的总体认识与理解。个人自律具有何种民法精神的本质，而民法精神又是何种个人自律的精神，是这一认识与理解的根本所在，其中涉及个人与民法、自律与道德等诸多范畴的关系问题。个人自律作为一种个人自主构序的社会规范与秩序精神，在本质上是一种道德精神，属于道德范畴并具有道德属性，而道德在根本上就是个人自律的社会规范与秩序形态。同样，民法精神作为一种个人自律的精神，也必然在个人自律的条件下具有道德属性并与道德具有内在的联系。民法精神与道德的联系正如民法与道德的关系一样，不仅民法不能脱离道德，而且人们不可能在道德之外有真正的民法和民法精神的认识，道德构成了民法与民法精神的本体，也就构成了民法和民法精神的实质。

因此，民法精神不仅是一种民法的规范精神，而且是一种道德的个人自律精神，个人自律构成了民法精神的实质内涵与要求。一个民族和社会，有什么样的个人自律的道德生态，就有什么样的民法精神，并最终决定民法精神条件下的法治和法治文化的民本形态。一个民族和社会的民法精神，不可能在单纯的民法形式的条件下形成，而需要个人自律的道德精神及其规范与秩序的生态构造。对于存在个人自律与道德精神缺失的民族与社会，即使有再好的民法形式条件及其民法精神的美好要求，也不可能形成和具有作为社会生态规范与秩序的民法精神及其法治和法治文化形态。

2. 个人自律的民法精神实现

市民社会关系的个人自律及其自然生态条件，通过民法的调整，形成了通过民法形式表现和实现的民法精神。同时，个人自律也成为了民法精神实现的个人行为方式。民法精神蕴含个人自律的因子，当个人自律上升为一种民法精神条件，个人自律就不再只是一种道德行为，而且还是一种法律行为，需要以符合民法和民法精神的规范与秩序的条件实现。

个人自律的民法精神实现，在个人自律上升为民法精神的条件下，除了具有个人自律的行为性与精神等一般属性外，还具有以下特点：

首先,个人自律的民法精神实现是一种规范性实现。个人自律的民法精神实现是在个人自律上升为民法精神条件下的实现,也就是个人自律的道德行为通过民法的形式表现出来并在民法调整下的实现。这一实现不仅是一种个人自律的实现,而且是法律规范的实现,与单纯的个人自律行为相比,具有直接的规范性。[1] 民法精神不仅是一种个人行为精神,而且是民法上的规范精神,具有规范上的明确性与直接性,而作为民法精神的个人自律便以民法精神的形式获得了直接的规范性而不再是单纯的个人意志性。因此,个人自律的民法精神实现作为一种规范性实现,也就构成了一种法治和法治文化的构造。

其次,个人自律的民法精神实现是一种强制性实现。当个人自律上升为民法精神,个人自律就不再只是简单的个人任意性事实,而是一种受国家强制力保障的行为条件,违背民法精神的个人自律要求,也就是违背民法或者民法的基本价值原则,需要承担国家法律上的责任。个人自律的民法或者民法精神实现,作为一种国家强制条件,是一种依法获得了确定性和稳定性的实现。

最后,个人自律的民法精神实现是一种普遍性实现。个人自律作为一种社会道德现象,虽然具有生态上的普遍性与一般性,但是在个人意志条件下,这种普遍性与一般性并不具有客观上的统一性。然而,当个人自律以民法或者民法精神的形式表现出来并以此规范形式实现时,个人自律便具有了表现为民法或者民法精神的统一条件与客观属性,即获得了实在法的规范与秩序形式。因此,个人自律的民法精神实现,基于民法或者民法精神的规范性与统一性便具有了普遍的效力性,并因此必然得以普遍实现。

总之,个人自律的民法精神实现,是个人自律的民法或者民法精神选择,当个人自律的市民社会关系即自然生态的道德或者道德社会发展到一定阶段,必然需要并外化和固化为一定的实在规范形式,而这一形式的市民社会关系选择,就是民法和民法精神。

(二)民法精神的个人自律性

“人虽是个人,但非绝对意义的个人,因此使得道德非基于纯粹的自律,而

---

〔1〕“与道德比起来,法律具有更为确定的结构。像语言一样,它作为一组符号而存在,借此文化模式得以传递。同时,法律规则也像语言那样表达了人类社会的一个特定群体内的共同特点,这群体可以等同于一个民族国家,也可能大于或小于后者。”([美]埃尔曼:《比较法律文化》,高鸿钧等译,清华大学出版社2002年版,第11页)

法律亦非基于纯粹的他律所形成的。"[1]与个人自律的民法精神性相一致,民法精神也就是个人自律的精神,具有个人自律性。离开了个人自律,既没有民法,也没有民法精神。个人自律以个人意志与自由的社会品质构成了民法与民法精神的根本条件。

1. 民法精神的个人自律品质

民法精神作为以民法形式表现的个人规范与秩序精神,具有个人品质的属性,而这一品质就是个人自律的品质。个人自律的品质是一种道德品质。民法和民法精神作为市民社会的法和法律精神,既源于道德,又本于道德,是道德的条件和表现形式,必然具有道德的个人自律属性,并必然以任意法或者权利法的形式把个人自律的民法精神作为自己的规范本质与条件。

民法和民法精神是一定的社会道德或者道德精神发展的结果。道德作为一个民族和社会长期形成的一种稳定和普遍的风俗习惯,"是由一个民族所采纳和接受的一些情感、态度和信念构成的,这些东西在这个民族中产生了某种生命力和凝聚力"。[2] 如果不否认"法律之外存在着一个道德信念,即法律涉及人们都有互相限制某些伤害行为的权利。这一至少禁止某些伤害的交互性权利和义务结构构成了每一社会团体的道德基础"。[3] 一个民族和社会不论发展到什么阶段,也不论其法律有何种发达与完善,道德和道德的个人自律精神,都是这个民族和社会的规范与秩序的生态条件,并始终处于基础的地位并发挥根本的作用。当人类社会把个人自律的市民社会关系条件上升为民法和民法精神,并不是民法和民法精神脱离了个人自律的道德品质,而是个人自律的道德本质在民法精神的形式与条件下的转变与升华。民法精神不仅是他律的,而且根本上是自律的。市民社会的法律形式只有充分保有个人自律的道德品质才是这个社会的真正法律和法律精神,即民法和民法精神。

2. 民法精神的个人自律行为

民法精神作为一种民本的社会精神,是道德社会的个人自律精神。这种精神是一种个人的法律行为精神,基于这一精神所实施的个人自律的法律行为,具有民法上的设权意思表示的效力。

---

[1] [德]考夫曼:《法律哲学》,刘幸义等译,法律出版社2004年版,第308页。

[2] 徐向东:《自我、他人与道德——道德哲学导论》(上册),商务印书馆2007年版,第21页。

[3] [英]哈特:《法律的概念》,张文显等译,中国大百科全书出版社1996年版,第162页。

民法精神并不是单纯的个人精神或者意志的存在物,而是由个人精神支配的行为条件,这一行为条件作为以意思表示为要素的法律行为,在个人意志与意思的基础上就是个人自律行为。换言之,民法精神条件下的法律行为,不仅是他律行为,而且是自律行为,并且只有作为自律行为才能够体现这一行为的人格性与意志性,并使这一行为具有个人自由与自愿的品质。

民法精神作为个人自律与意思自治的行为精神,就是一种“个人选择精神”,这一精神体现为民法所特有的法律行为制度,既让人们的社会生活安排具有稳定的制度性规范和可预见的行为结果,又让人们在这种制度的范围内能够自主、自愿地表达意志、享有权利、负有义务、承担责任,一切都能够根据人们的意愿而自由地发生,从而实现了个人行为与社会关系条件、个人利益目的与社会公共秩序的契合。

3. 民法精神的个人自律秩序

民法精神的个人自律行为构造了民法精神的个人自律秩序。个人自律的行为目的就在于以民法精神条件构造一种社会生态的普遍社会秩序。民法精神的个人自律秩序,是民法秩序与个人行为的统一,即国家强制与个人自由的统一。民法精神的社会秩序的形成,不仅需要民法的秩序形式,而且需要个人自律的秩序行为,即现实的社会生态秩序。

个人自律的民法精神秩序,是一种公序良俗的社会秩序。民法是公序良俗的法,民法精神是公序良俗的精神,民法秩序是公序良俗的秩序。〔1〕 这一秩序,是“由社会全体成员所普遍认许、遵循的道德准则”,〔2〕并构成一种个人自律的道德秩序。在个人自律的条件中,民法精神的社会秩序已经不仅是一种个人的行为秩序,而且已经成为一种具有个人行为趋同性的普遍社会生态秩序,即一种具有社会共识性的社会风俗与习惯秩序,也就是作为公序良俗的社会构造条件。因此作为一种以个人自律为基础的公序良俗或者社会生态秩序,民法精神秩序并不是由民法或者民法精神创造的秩序,而是以民法或者民法精神的形式表现的市场社会关系的本有秩序。民法或者民法精神的价值就在于发现和承认这一秩序,从而以民法和民法精神的形式合理有效地保障与实现这一秩序。

---

〔1〕 所谓“公序”即公共秩序,“谓为社会之存在及其发展所必要之一般的秩序”;所谓“良俗”即“善良风俗”,“谓为社会之有在及其发展所必要之一般道德”。(史尚宽:《民法总论》,中国政法大学出版社 2000 年版,第 334 ~335 页)

〔2〕 王利明:《民法总则研究》,中国人民大学出版社 2003 年版,第 128 页。

民法精神对个人自律的承认与尊重,使这一公序良俗的市民社会秩序成为一种民法秩序并得以在民法的条件下规范运行,从而公序良俗获得了民法规范与秩序的属性,并具有了民法承认的社会合理性与正当性。同时,公序良俗也构成了个人自律的一种民法精神条件,使个人行为自觉接受公序良俗的约束并成为一种精神原则,从而有效维护市民社会的生活秩序。

(三)个人自律与民法精神的法治文化

个人自律的民法精神,作为市民社会的规范与秩序精神,是民本的法治文化的基础构造。当个人自律走向民法精神而民法精神又以个人自律实现时,个人自律与民法精神的统一就构成一种市民社会的法治文化构造。

1. 法治文化的民法精神自律条件

法治文化作为一种精神文化、行为文化,根本是民法精神的个人自律文化。因此,法治文化的社会生态实现,需要民法精神的个人自律条件,是在民法精神的个人自律条件基础上的规范与秩序文化。

作为民本社会的个人自律精神,民法精神为民本社会的法治文化确立了以人格平等与意思自治为基础的一整套制度与规范体系。民法或者民法精神之所以是市民社会的“根本法”,是一个“适用于全体人的法,是一个无等级社会的法”,[1]关键就在于民法或者民法精神接受并尊重市民社会的伦理秩序,并以市民社会主体的应然平等性和意思自治的个人自律条件为根据和基础,实现人在自身社会关系中的解放,从而可以根据民法和民法精神自由地追求个人利益,实现以个人自律为条件的个人与他人或者社会的秩序统一。“人们只有在享有平等人格时,才会最充分地参与各种民事活动,也才会最积极地要求制定各种民事规范。”[2]当然,个人参加的民事活动及其所依据的民事规范,也一定具有个人或者市民社会关系的平等与意思自治的本质。

个人自律的民法精神条件在法治文化构造中的主要贡献,在于它提供了一套以抽象平等、形式平等为中心的激励机制:此种机制不问行为主体出身、性别、种族、地域等具体情况,而在法律上一视同仁,将其统一抽象化为一个个具有独立人格、拥有权利能力的“经济人”和“伦理人”,不但“因其理性的缘故能够选择

---

〔1〕[德]迪特尔·梅迪库斯:《德国民法总论》,邵建东译,法律出版社2000年版,第15页。

〔2〕李锡鹤:《民法哲学论稿》,复旦大学出版社2000年版,第71页。

最小的劳动而受到最大的效果”,〔1〕而且“有能力在给定的各种可能性的范围内,自主地和负责地决定他的存在和关系、为自己设定目标并对自己的行为加以限制”。〔2〕通过这样一种抽象化的过程,每个人不但获得了同等的尊重,也获致了同样的自由,“立法者亦难以依其恣意作有利或不利于部分个人或群体的制度设计”。〔3〕这样的民法和民法精神,不仅使人格平等与意思自治从自然生态走向了法治生态,而且其实现具有了制度上的根据与可能。个人在平等与自由的基础上,“不依赖任何他人而能够自主和独立存在,可以在法律规定的范围内实施法律行为,其自由不受他人限制和干涉”,〔4〕从而确立了一种以人格平等与意思自治为本质的法治文化——市民社会的民本法治文化。

民法精神的人格平等与意思自治条件,以民法的制度形式为民本的法治文化确立了一个任意性的规范体系,从而为民法精神的个人自律提供了个人可以自由作为的行为空间。如果说强制性规范是一种公、私法皆可适用的法律规范(只不过私法中的强制性规范以否定性规则或禁令占多数),那么在现实中,任意性规范则是行为主体可以自由选择是否适用的法律规范。“具有任意性规定是民法独具的特点。”〔5〕这一任意性规范不仅是民法文化的本质,而且构成民本法治文化的根本价值。

无论是补充性的任意性规范还是解释性的任意性规范,〔6〕就其本质而论,均是民法为了保护主体之间的利益平衡而设定的一种机制。“基于私法自治的本质属性,这种利益衡平具有补充性,即只有当事人在没有对这种利益进行合适取舍的情况下,法律才能‘越俎代庖’地进行规范。”〔7〕民法的本位在于私法自

〔1〕［日］星野英一:《私法中的人》,王闯译,中国法制出版社2004年版,第292页。

〔2〕［德］卡尔·拉伦茨:《德国民法通论》(上册),王晓晔等译,法律出版社1998年版,第45～46页。

〔3〕易军:《私人自治与私法品性》,载《法学研究》2012年第3期。

〔4〕王利民:《人的私法地位》,法律出版社2013年版,第51页。

〔5〕徐国栋:《民法基本原则解释——成文法局限性之克服》,中国政法大学出版社1992年版,第37页。

〔6〕所谓的“补充性任意性规范”,就是指在当事人未就相关事项作出自主决定时,替代当事人自主决定的任意性规范,是当事人得经由特别约定而排除该项法律规范适用的规范。相比之下,所谓的“解释性的任意性规范”,是指目的在于详细说明当事人所期待的和所表示的法律效果,以消除意思表示中不清楚或不精确内容的任意性规范。(参见王轶:《论合同法上的任意性规范》,载《社会科学战线》2006年第5期)

〔7〕许中缘:《论任意性规范——一种比较法的视角》,载《政治与法律》2008年第11期。

治，然而，行为主体在现实的自治过程中，始终处于一种“有限理性”和“必然的且无从救济的无知”状态，加之交往、交易活动的日益专业性和复杂性，就决定了人们的自治结果可能具有各种瑕疵，并可能因彼此之间的意思表示不清而导致权利义务纠纷的无法直接裁决，这就需要通过民法的“补充性任意性规范”来弥补当事人约定的自律性漏洞与不足，在确定当事人之间具体的意思表示的基础上，保证他们所期待的法律效果能够得到实现。在这一过程中，民法的任意性规范就既起到了提示风险、降低交易费用的作用，又发挥了鼓励交易、促进交往的功能，[1]使建立在意思自治基础上的法治秩序的运行变得可能。而在终极意义上，正是通过“意思自治”的有效运行，民法精神的个人自律因子才得以真正发挥作用，从而为法治文化的科学发展奠定坚实的私法基础。

2. 法治文化的民法精神自律构造

作为一种秩序文化，法治文化不仅是法的秩序，而且是人的生态秩序。于是法治文化的生态性就必须以人的内在精神秩序为本体，并实现人的精神的自律构造。只有这样的法治文化构造，才真正属于这个社会，并且是具有这个社会本质的法治文化。

一方面，法治文化的民法精神自律构造是一种从个人伦理走向社会伦理的制度构造。个人自律的民法精神并非纯粹的个人伦理，而是一种社会伦理并具有现实的社会行为性与经验性。个人自律的民法精神作为现实的社会关系条件，已经脱离了单纯的个人伦理的形态，而是以意思自治为伦理基础的一个客观存在的社会制度体系。“私法自治之意义，在于法律给个人提供一种法律上的权力手段，并以此实现个人的意思。这即是说，私法自治给个人提供一种受法律保护的自由，使个人获得自主决定的可能性。”[2]个人一旦失去了这种受法律保护的自由，个人自律也就失去了它的民法精神价值。于是，民法精神便以意思自治的民法制度建立了个人自律与法律秩序的内在联系，从而为个人自律提供了一种通过法律形式实现的途径与可能，使意志和抽象的个人自律规范化与客观化。

另一方面，法治文化的民法精神自律构造是一种个人与社会统一的关于价值的构造。民法精神具有民本法治文化的价值取向，其自律构造以对人的尊重

---

〔1〕 王轶：《论合同法上的任意性规范》，载《社会科学战线》2006 年第 5 期。
〔2〕 [德]迪特尔·梅迪库斯：《德国民法总论》，邵建东译，法律出版社 2000 年版，第 143 页。

为圭臬,并以个人与社会的统一为最高价值。民法精神的自律模式与他律不同,它既需要对人苛以较高的要求,又需要对人给予必要的尊重,从而以人的主体性并通过人的理性认知与道德能力实现个人自律的行为秩序状态,在"从心所欲"与"不逾矩"之间形成一种自我和谐的个人秩序。"人不仅是一种追求目的(purpose-seeking)的动物,而且在很大程度也是一种遵循规则(rule-following)的动物。"[1]个人对规则的遵循不仅来源于强迫,而且来源于自愿,因为这种规则作为一种民法精神条件,代表了他们的个人价值,并以实现他们的个人价值为目的。于是,人也就能够以个人自律的民法精神遵循这些规则,并形成一种个人自律的法治文化。

显然,民法精神为个人的社会生活提供了一种以个人为目的并实现了个人价值与社会价值相统一的规则体系。对于该规则体系,个人能够自律服从的根本原因在于这一规则体系是深深根植于他们的精神世界并能够实现他们的美好生活愿望的自然体系。它既是人本身的,也是人所需要的。由于民法精神的规范体系通过个人自律的意思自治形式代表人们的利益,有利于形成人们所期待的那种个人之间的安全、稳定、可预期乃至于可反复进行的社会沟通、交流、交往和交易,使各种社会生态的交往关系得以自主建立和有效维护。与此同时,由于民法精神的规则体系是以个人为主体并能够充分调动个人自律的制度形式,使个人自律的社会生态秩序在这一规则体系及其法治文化的构造中找到了最合适与最完善的落脚点与栖息地,从而构成了法治文化构造的实质条件。

---

〔1〕 [英]弗里德利希·冯·哈耶克:《法律、立法与自由》(第1卷),邓正来等译,中国大百科全书出版社2000年版,第7页。

第十八章

民法精神的动态行为构造

一、行为与动态行为

民法精神是人的行为精神，民法精神构造是人的行为构造。民法精神的行为是一种动态行为，是动态行为的民法精神构造。

（一）行为

行为构成了民法精神及其法治文化构造的实质对象。没有人类的行为条件和需要，就没有基于人类行为的一切社会现象。包括法律和法治文化在内的一切社会现象，都不过是一种人的行为或者行为秩序现象。因此，它最终不能在作为行为根据的法律上去认识，而只能从人的现实行为中去考察。

1. 行为的概念

行为是构成社会关系并进行社会调整的前提条件。行为作为社会关系产生的根据，不仅是人的自然现象，而且是人的社会现象。社会问题，根本是解决人的社会行为及其所引起的社会关系或者社会后果问题。因此，行为是一切人文社会科学研究的对象，[1]如心理学、经济学、伦理学、法学等学科从不同的理论视角对行为的概念与内涵各有不同的阐释。按照心理学的研究，行为是指任何事情，包括外显行为，即可以观察到的行为和反应；内隐行为，如思考、做梦、记忆等个人心理活动。[2] 心理学本身就是研究行为的科学，它是以科学观察的方法来系统的研究人类行为，其研究目标是描述、理解、预测和控制行为。现代心理学理论吸收传统心理学理论予以发展，形成行为的现代心理学理论，主要有三种观点。[3] 第一是生物学观点，包含生物心理学派和生物进化论学派。生物心理学派的主要观点认为：人类和动物的行为会受体内生理、化学和生物的控制，并通过大脑和神经系统的活动及生理学、遗传学、内分泌学、生物化学等作用来解释行为；生物进化论学派则认为，人类和动物的行为受进化过程的控制，并通过自然选择的进化理论来解释人类行为。生物学观点中对人的本性的看法是中立、还原主义和机械论的。[4] 第二是心理学观点，括行为主义学派、认知理论学派、心理动力学派和人本主义学派，不同的心理学派对人的行为有各种不同的看法，其中行为主义学派认为，行为是在环境中形成的，并受环境的控制。行为主义心理学[5]将

---

[1] 行为概念的一般释义是："受思想支配而表现出来的活动。"（《现代汉语词典》"行为"条，商务印书馆2005年版，第1524页；《当代汉语词典》"行为"条，中华书局2009年版，第1612页）"心理学上泛指有机体对所处情境的所有反应的总和。"（《辞海》下"行为"条，上海辞书出版社2010年版，第4437页）行为的更多释义有："某种特定有机生物体的活动"；"在某一特殊的形式、关系或场合中的举止"；"举动"；"行动或谈话的方式"；"选择的方针政策"；"做某事的方式"；"负有责任的动因所完成或实现的事物"；"一种特定类型的活动或特定方式的举止"。（王同亿主编：《语言大典》下册"行为"条，三环出版社1990年版，第3856页）

[2] 参见[美]Dennis Coon、John O. Mitterer：《心理学导论——思想与行为的认识之路》，郑钢等译，中国轻工业出版社2017年版，第14页。

[3] 以下内容参见[美]Dennis Coon、John O. Mitterer：《心理学导论——思想与行为的认识之路》，郑钢等译，中国轻工业出版社2017年版，第32~34页。

[4] 生物学观点根据生物学原理，利用新科技探索大脑与思维、感觉、知觉及异常行为的关系，根据人类的进化论和遗传理论来解释行为，将人看作是一台复杂的机器，按照物质系统的运行和唯物主义解释行为，不考虑外界因素，力图探究行为的本源。

[5] 西方心理学主要流派之一。20世纪初起源于美国。主要代表人物有华生。认为心理学不应研究意识，而应研究行为。在研究方法上反对内省法，主张客观观察法。认为除极少数的简单反射，一切复杂行为都取决于环境影响，而这种影响是通过条件反射实现的。该学派观点在20世纪20年代以后逐渐被新行为主义所取代。

生物对外界刺激所产生的反应都视之行为;认知理论学派[1]认为,人的行为就是对信息的心理加工过程,它以一种中立的,像看待计算机的眼光来看待人的本性;心理动力学派认为行为是由人的个性的力量所驱动的,是由人的冲突性的个性力量控制的,其对人的本性看法较为消极和悲观;人本主义学派积极看待人的本性,认为行为是由个人的自我形象、成长需要和对世界的主观知觉决定的,凸显个人的自我实现对行为进行解释的意义。第三是社会文化观点,认为行为是受一个人的社会及文化背景影响的,强调行为与一个人的出生、成长和生活的社会及文化环境有关,对人的本性持中立、交互作用论的观点。综上可见,在各种学科对行为的研究中,心理学对于行为的研究显然更具有专业性和系统性,因此心理学中对行为的概念定义在理论界具有重要地位。

在经济学领域,对于行为的概念有着与心理学不同的解释,市场经济理论家米塞斯认为:“行为是见之于活动而变成一个动作的意志,是为达成某些目的,是自我对于外界环境的刺激所作的有意义的反应,是一个人对于那个决定其生活的宇宙所作的有意识的调整。”[2]可见,经济学的行为概念比较强调行为的目的。行为不仅具有心理、生物、文化和经济学的内涵,而且作为社会行为,是一个伦理范畴。伦理学家对行为的定义是:“行为是有机体受意识支配的实际反应活动;受意识支配的先天固有的活动是本能;受意识支配的后天习得的活动是学习。这就是我们所确证的行为概念。”[3]伦理学家不赞成将行为定义为一切有机体对刺激的反应,认为“行为是有机体受大脑皮层控制的实际反应或反射活动,它的根本特征是受意识支配”。[4]

---

[1] 20世纪60年代后,大多数心理学家将内部心理活动与外显行为区别开来,试图从信息加工的角度描述心理活动的状态和过程,以此解释各种外显行为发生和发展的规律。认知心理学已能解释人的大部分经由后天习得为主的智能行为,这些行为涉及问题解决、学习、决策以及直觉等许多方面;那些以先天遗传为主的本能行为,则在生理心理学中得到较为合理的解释。

[2] [奥]路德维希·冯·米塞斯:《人的行为》,夏道平译,上海社会科学院出版社2015年版,第13页。

[3] 王海明:《新伦理学》(上册),商务印书馆2008年版,第544页。

[4] 王海明:《新伦理学》(上册),商务印书馆2008年版,第544页。

法律是行为法，法学是行为科学，行为构成法律和法学的基本范畴。[1] 特别是民法学中的法律行为，作为主体的设权意思表示行为，与主体的行为自治即自由相联系，构成法律关系产生、变更和消灭的主要事实，并由此决定了民法和民法精神的内在本质。黑格尔认为："行为的外部定在是一种复杂的综合体，得被视为无限地分成各个单一性……行为的规定性自身并不是限于外在单一性而孤立的内容，而是在自身中含有复杂联系的普遍内容。出自一个能思维的人的故意，不仅含有单一性，而且实质上含有上述行为的普遍方面，即意图。"[2] 法学对行为的认识，区分法律行为的性质与类型及其发生的条件和根据，如是否存在主观过错（故意和过失），从而根据不同性质和类型的行为适用不同的法律并确认不同的法律后果。"人有自身的定在，并由此决定人的目的与需求。人与其他生物不同，人有智慧与思维并且有自我主体意识，能够认识到自我利益的客观存在，并能在一定价值上对自我利益做出主观判断和选择，以自我为主体和中心，不断追求自我利益，即'私'的满足和最大化。"[3] 因此，人不仅可以行为，而且必须承担行为后果。

行为是生命的条件，对行为的认识就是对于人类生命本质的认识；行为是人的社会关系条件，对行为的认识就是对人类行为伦理及其秩序文化形态的认识。人的行为是动态的，动态行为是受人的意志支配和决定的，具有意志性。意志的动态行为是一种目的性行为，意志性与目的性反映了人类行为的社会性，是行为构成人类文化与文明形态的根本价值条件。

2. 行为的特点

所谓行为的特点，是指社会行为的特点。社会行为是作为社会关系条件的行为，也就是具有一定社会意义并能够引起一定社会后果的行为，包括一定的法律行为。社会行为的特点具有诸多方面，其中主要有：

（1）行为的目的性。目的是一种决心、打算和明确的目标。"行为的目的是

---

〔1〕 法学的行为释义有："法律名词。民事法律关系客体之一。民事法律关系中能够满足权利人利益的活动。包括作为和不作为。"（《辞海》下"行为"条，上海辞书出版社 2010 年版，第 4437 页）民法学上，行为即人的行为或者人的设权意思表示行为，"是指人的有意识的活动"，属于法律事实的范畴，分为"民事法律行为"、"准法律行为"、"事实行为"和"其他行为"。（参见《中国大百科全书·法学》"民事法律事实"条，中国大百科全书出版社 2006 年版，第 350 ~351 页）

〔2〕 ［德］黑格尔：《法哲学原理》，范扬、张企泰译，商务印书馆 2009 年版，第 140 页。

〔3〕 王利民：《人的私法地位》，法律出版社 2013 年版，第 12 页。

想以比较满足的事态来代替较不满足的事态。”[1]目的是“人的自觉活动和行为的要素之一”,[2]其一般含义是,“想要达到的地点和境地;想要得到的结果”。[3] 目的是行为的动力和追求的结果,它支配行为并贯穿于整个行为过程之中,有目的才有行为,行为都是有目的的,这是行为与人的生物学反应的最大不同之处,也是将人和其他动植物区分开来的主要根据。“动物始终只是消极的,置身于异己的规定中,并且只使自己习惯于这种规定而已。”[4]人能够通过行为有目的地改变周围环境,这种改变是符合人类自身需要的改变行为。显然,行为的目的性对行为结果具有决定意义。“人在采取行动之前,要设置一定的目的,或者说是要具有针对性、指向性和可控性。相反,‘漫无目的’或者目的不明确的行动,必然会影响最终行为结果实现。”[5]

(2)行为的自觉性。行为的目的性决定了行为的自觉性。所谓自觉是指行为主体认识到自己的行为目的而有意识地追求目的的实现的主动性。自觉是主体内在自我发现和外在自我实现的一种行为意识。自觉性作为人的社会行为本质,直接决定人的目的及其社会关系条件,具有人格的基本属性。“人能够行为,因为他有能力发现那些宇宙间事物变化和形成的因果关系。”[6]因果关系的探究就是人主动干涉和改变事情的趋势,使其符合人的目的。人们想成为事情的主动者,因此他自觉寻求世界的规则性和“法则”。人的一切社会行为都是在自觉的条件下形成并遵循其本质与规律的,从而表现为对于人的自我存在的必然维持、发展与提高。特别是作为民法精神的法律行为,是主体为了实现一定的人身与财产利益目的而实施的社会秩序构造行为,既离不开自觉的行为条件,又具有自觉的真实本性。可以说,行为的自觉性特点是民法存在的前提条件,每个个体都拥有自己自觉主动决定的权力,而不是他人的决定,如合同双方通过各自的自觉行为签订合同,形成双方权利义务关系,因此,“私法自治的实现有赖于

---

〔1〕 [奥]路德维希·冯·米塞斯:《人的行为》,夏道平译,上海社会科学院出版社 2015 年版,第 95 页。

〔2〕 金炳华:《马克思主义哲学大辞典》,上海辞书出版社 2003 年版,第 218 页。

〔3〕《现代汉语词典》“目的”条,商务印书馆 2005 年版,第 971 页。

〔4〕 [德]黑格尔:《法哲学原理》,范扬、张企泰译,商务印书馆 2009 年版,第 17 页。

〔5〕 卞桂平:《人—品质—行为的伦理价值生态》,中国社会科学出版社 2017 年版,第 58 页。

〔6〕 [奥]路德维希·冯·米塞斯:《人的行为》,夏道平译,上海社会科学院出版社 2015 年版,第 24 页。

自主决定权力的确实存在”。[1]

(3)行为的实践性。“行为是一实在的东西。”[2]行为与想法、期望、思路不同,行为必须去实践,没有实践就没有行为,人是行为实践的主体。故,“实践是人类自觉自我的一切行为”。[3] “实践是人的有意识、有目的、物质的能动活动,是人积极改造世界的能动的物质活动。”[4]“人的主体性的实质就是行为主体在实践过程中所体现出来的自觉性、能动性以及创造性品质。”[5]人们通常为了达到某种目的而为一定的行为,这种行为可能是积极的作为,即做出一定事情,或者说一些话来表明某种态度和意思;也可能是消极的不为,即只是顺其自然,让事态自由发展,有能力做而不做,从而使事物朝着不特定的方向发展而不进行控制。行为的实践性表现在人们对于目的行为的有意义的反应,而不在于人们是否付出劳动或者是否态度积极,即行为的实践性不仅是积极的做,也包括消极的不做。不管是积极的作为还是消极的不作为,行为的实践性都是行为目的实现或者一定后果发生的直接条件。[6]

(4)行为的预见性。行为大多可以预见,这是因为人的行为由人的意志决定并受制于自然环境、客观规律、实施条件和历史维度等因素,[7]一般情况下不存在超脱预见之外的行为。由于人的行为是主观性和客观性的统一,体现了现实性和历史性的选择,所以人的行为不是随心所欲的,而是具有规律可循的,并基于其规律而具有可预见性。行为的预见性反映行为的规定性,人的行为必须遵守自然发展规律与规定性。行为具有可预见性,才能够事先判断和预知行为的后果,也才能够产生社会信赖与合理期待,并能够根据相应的行为选择安排自

---

[1] [德]维尔纳·弗卢梅:《法律行为论》,迟颖译,法律出版社2013年版,第11页。

[2] [奥]路德维希·冯·米塞斯:《人的行为》,夏道平译,上海社会科学院出版社2015年版,第15页。

[3] 晓树:《思想家论人的行为》,北京工业大学出版社2011年版,第237页。

[4] 王伟光:《人类思想史上的新历史观》,人民出版社2014年版,第34页。

[5] 卞桂平:《人—品质—行为的伦理价值生态》,中国社会科学出版社2017年版,第111页。

[6] 2011年10月,广东省佛山市2岁的小悦悦(本名王悦)被两车碾压,7分钟内,18名路人路过但都视而不见;2015年4月,北京八达岭长城一名女游客摔倒后失去意识,十多分钟无人扶起,窒息而死。这些案件在当时社会影响很大,是典型的不作为导致的悲剧。

[7] “人作为自然的、肉体的、感性的、对象性的存在物,和动植物一样,是受动的、受制约的和受限制的存在物,也就是说,他的欲望的对象是作为不依赖于他的对象而存在于他之外的;但这些对象是他的需要的对象;是表现和确证他的本质力量所不可缺少的、重要的对象。”[《马克思恩格斯全集》(第42卷),人民出版社1979年版,第167页]

己的生产和生活,从而在达到预期的行为效果的情况下实现自己的目的。

(5)行为的程序性。行为的可预见性说明行为是按照一定程序发生的,而只有按照一定程序发生的行为才能够具有可预见性。行为之所以具有程序性,是因为人们在确知某一行为的目的后,就可以根据行为的目的推断出未来该行为的内容与方式。行为的程序性来源于人类的学习和生活经验,人类通过学习掌握一定的知识,通过生活积累一些经验,自然而然就会判断一个行为能够产生什么样的效果和结果,需要用什么样的程序去实践。掌握行为的程序性特点,就可以帮助人们制定正确的行为规则从而合理控制人们的行为。[1] 人们可以将行为的程序按照一定的流程和方式总结出来,从而作为行为的依据,最后达到控制行为结果的目的。[2] 可见,行为的预见性直接要求和决定了行为的程序性。

(6)行为的多样性。行为作为个人的意志行为,是由不同的行为主体做出的,而每个行为主体的行为受主体自身特定意志支配,因此作为个人的行为是有个性和差异性的,这也就决定了行为的多样性和复杂性。正如“一千个人眼中就有一千个哈姆雷特”,即使是为同一种目的,一千个人也会有一千个不同的行为去实现自己的目的,甚至同一个人在不同时期、不同条件下实现同一目的,也可能采取和存在不同的行为。“夫物之不齐,物之情也。或相倍蓰,或相什百,或相千万。”[3]物质世界存在千差万别,人的精神世界更是迥然相异。“人心之不同,如其面焉。”[4]目前还没有任何一门学科可以归纳和总结行为的种类,大多也只能观察、记录、分析行为,或者通过对行为的观察引导人按照一定的方式去行为。行为的多样性,也正是人这种高智慧生物的迷人之处,是人区别于其他生物,甚至是智能机器的重要特征之一。[5] 人的行为的多样性,是人为了达到自己的目的可以采用的多种手段,即行为方式或者种类的可选择性。行为手段有优劣之分,也就是人的品质有高低之别,因此一个人为了达到自己的目的采取何种行为可以帮助我们判断这个人的品质好坏。行为的多样性可以帮助我们了

---

〔1〕“控制指的是根据预测结果,改变影响行为的条件。”([美]Dennis Coon、John O. Mitterer:《心理学导论——思想与行为的认识之路》,郑钢等译,中国轻工业出版社 2017 年版,第 17 页)

〔2〕如在合同行为中,要约与承诺作为合同订立的程序,其如何作出和接受以及如何撤销和撤回等则涉及合同的成立及效力问题。

〔3〕《孟子·滕文公上》。

〔4〕《左传·襄公三十一年》。

〔5〕智能机器通过芯片按照指令模拟人的行为,永远不会出错,更不会变化,也不会变通,而人随着思维的改变产生多样行为。

解人,判断一个人在某一特定时间、地点会做出的行为,这并不是研究行为的偶然性,而是研究行为的普遍性。

(7)行为的可变性。如前文所述,虽然行为大多数是可以预见的,但是因为在行为的多样性中,确实存在各种偶然性因素,所以才造成了行为的可变性。那些超出人们的一般预见、推理和不遵守规则或者程序的行为,就是可变性行为。在行为的可变性中,两个方面的内容需要特别关注:一是行为可能因为偶然事件的发生而改变,当然这种可变性是相对于普遍性而言的;二是那些人们积极主动的可变行为,很可能是代表人类进步和发展方向的创造性行为。[1] 创造是人类进步的源泉。“我们之所以要进行创造,就是为了要超过以往的创造。这在世界的发展中就称之为‘进化’。”[2]因此,可变性行为并不一定是不好的行为,其中的创造行为是人类特有的一种综合性本领,是对世界的探索与发现行为,极有可能为人类发展带来巨大进步。可变的行为在未来极有可能变成普遍的行为,因为行为的大多变化,是为了适用人类社会的发展需要,一旦可变性行为被社会接受或者被社会所改变,可变性行为就发展成为普遍性行为,所以这些行为的可变性是人们所期望发生的。

(8)行为的从众性。虽然行为具有多样性和可变性,但是根据人们的行为心理,大多数人在为了达成同一目的的时候都会有一定的从众心理,[3]并导致行为的从众性。“在任何直接压力之下,我们的行为都会变得与其他人的行动、规范或者价值观相一致,这就是从众。”[4]是根据大多数人的行为来改变自己的行为,由个人行为变为群体行为,寻求相对安全、稳妥的行为和解决问题的方式,这就是行为的从众性。行为的从众性在社会发展中具有非常重要的作用,甚至决定社会的发展。正是因为行为模式的从众性,其长久演变就会逐渐成为社会

---

〔1〕“创造是指将两个以上概念或事物按一定方式联系起来,以达到某种目的的行为。简而言之,就是把以前没有的事物给生产出或者制造出来了。这是一种典型的人类自主行为。”(晓树:《思想家论人的行为》,北京工业大学出版社 2011 年版,第 30 页)

〔2〕晓树:《思想家论人的行为》,北京工业大学出版社 2011 年版,第 33 页。

〔3〕1952 年,美国心理学家所罗门·阿希设计实施了一个实验,来研究人们会在多大程度上受到他人的影响,而违心地进行明显错误的判断。从总体结果看,平均有 33% 的人判断是从众的,有 76% 的人至少做了一次从众的判断,而在正常的情况下,人们判断错的可能性还不到 1%。当然,还有 24% 的人一直没有从众,他们按照自己的正确判断来回答。可见从众是一种常见的心理现象。

〔4〕[美]Dennis Coon、John O. Mitterer:《心理学导论——思想与行为的认识之路》,郑钢等译,中国轻工业出版社 2017 年版,第 667 页。

的共同行为模式,并构成人们的一种行为习惯与传统,最终成为人们自觉认可与遵行的道德与法律规范,从而上升到社会行为文化的范畴。行为的从众性可以使我们通过一些方法引导群体遵守一定的规范,达到治理社会的目的,并且这种引导是自然而然的而不是强迫的。只要一种行为的从众性是健康的,能够符合人类共同的价值,并可以促成人和人之间的关系和谐、合作、互利与共赢,那么这种行为的从众性就是积极的,应当被肯定和鼓励。

(二)动态行为

人的行为是多样的,有心理行为、意志行为等思想性的内在行为,也有以追求一定物质与精神利益为目的的外在行为,即社会行为或者社会关系行为。社会行为是一种表示行为,即把自己期望发生一定社会后果的内在意志表现于外部并与他人发生一定关系和后果的行为,是一定的动态行为。这种动态行为发端于意志,但是并不停留于意志阶段,也不是简单的个人行为,而是代表个人利益目的的意志行为,是为了一定利益目的而表现于外部的社会行为。

1. 动态行为与意志行为

人的动态行为作为一种有目的的自觉行为,是一种意志行为,与意志具有内在联系。[1] 虽然动态行为是指人的外在的客观社会行为,但是这种动态行为是在意志支配下的行为,意志是发生动态行为的内在根据。人的行为,首先是一种意志行为,然后才是一种动态的社会行为,没有内在的意志行为,就无所谓外在的动态行为。[2] 意志来源于意识,[3]是人类特有的心理现象,是人的意识能动性的体现。意志是"自觉地确定目的,并根据目的来支配、调解自己的行动,克服困难,实现预定目的的心理过程"。[4] 一般言之,有意识的行为,也就是意志

---

〔1〕 萨特指出:"人的存在即自为……自为是一种由行动加以定义的存在。而行动的首要特征就是意向性,就是说,行动一定是一种有意识的谋划。"(李超杰:《哲学的精神》,商务印书馆2013年版,第348页)

〔2〕 人的行为因是否受主观意志的支配而有根本的区别,前者带有鲜明的目的性和自觉性。而后者则是人的身体细胞和神经不自觉的反应和对于外界刺激所做出的反射作用,如打哈欠、眨眼、感觉到冷热等。

〔3〕 "意识指人对外界的感觉和知觉的心理觉察以及对思想、记忆和情感等心理过程的觉察。"([美]Dennis Coon、John O. Mitterer:《心理学导论——思想与行为的认识之路》,郑钢等译,中国轻工业出版社2017年版,第187页)意识"是各种心理过程的综合。它是人的头脑对客观物质世界的反映。意志和存在两者之间是相辅相成的,存在决定意识,意识又反作用于存在。在意识中,思维是人类特有的反映客观现实的高级形式"。(《当代汉语词典》"意识"条,中华书局2009年版,第1715页)

〔4〕 《辞海》(下)"意志"条,上海辞书出版社2010年版,第4715页。

行为，意志行为体现人的主观能动性，并必然根据主体的利益需要而转化为外在的动态行为，因此，意志行为是动态行为的根据和基础。意志与行为相辅相成，有意志就有行为。黑格尔指出："意志作为主观的或道德的意志表现于外时，就是行为。"[1]反之，"行为是一个人的意志之表现"。[2] 亚里士多德在论述行为时着重讨论了"意愿行为"和"违反意愿行为"，他认为"违反意愿的行为是被迫的或出于无知的"。[3] "行为是出于意愿的还是违反意愿的，只能就做出行为的那个时刻而言。"[4]他还认为，"出于无知的行为在任何时候都不是出于意愿的，然而它们只是在引起了痛苦和悔恨时才是违反了意愿的"。[5] "出于意愿的行为就是行动的始因在了解行为的具体环境的当事者自身中的行为。"[6]意志行为是人们把意识转化为目的，付诸行为，获得结果的过程。在意志行为的基础上，可以更好地认识人的动态行为，特别是民法精神的动态秩序行为，从而有助于推动社会主义法治文化的民本模式建设和社会生态秩序构造。

2. 动态行为与利益行为

人的动态行为的本质是满足个人利益需求，是为了实现个人利益目的而实施的行为，是一种利益行为。行为的目的性，根本是利益的目的性。人之所以会产生动态社会行为就是因为人有利益需求，需要通过社会行为并在社会行为所设定的社会关系中实现自己的利益目的，所以行为是利益需求与目的的意志结果。如人的物质利益需求必然产生人的获取食物、水、衣物和房屋等物质财富的动态行为；人的精神利益需求，必然产生人的实现人际交往与情感交流并证明自己的人格价值的动态行为。人不仅具有一般生物的基本生理需求，而且作为高级智慧生物又具有特殊的心理需求，包括精神和文化层面的需求。要想实现和满足上述这些需求，人就必须采取行动，需要利用手段、决定、意图、选择等驱动个人的动态行为，并最终达到自己的利益目的，满足自己的利益需求。

人有需求所以有行为，而一个人要达到理想的需求就会选择对自身最有利

---

〔1〕［德］黑格尔：《法哲学原理》，范扬、张企泰译，商务印书馆 2009 年版，第 134 页。

〔2〕［奥］路德维希·冯·米塞斯：《人的行为》，夏道平译，上海社会科学院出版社 2015 年版，第 15 页。

〔3〕［古希腊］亚里士多德：《尼各马可伦理学》，廖申白译注，商务印书馆 2009 年版，第 61 页。

〔4〕［古希腊］亚里士多德：《尼各马可伦理学》，廖申白译注，商务印书馆 2009 年版，第 62 页。

〔5〕［古希腊］亚里士多德：《尼各马可伦理学》，廖申白译注，商务印书馆 2009 年版，第 64 页。

〔6〕［古希腊］亚里士多德：《尼各马可伦理学》，廖申白译注，商务印书馆 2009 年版，第 67 页。

的条件去实施自己的行为,以达到自己理想的需求结果,这就是行为产生和实现的过程。如果一个人对自身的现状和所处环境已经足够满足而没有进一步的需求,就不会有任何行为。也就是说,满足可以阻止人的行为。然而,生活的现实往往是,人的需求很多,不可能有最终的满足,只是由于能力有限而不可能随心所欲地发动行为而获取利益和实现需求。因此,人的动态行为不仅由自己的主观意志支配,而且受自己的客观条件限制,不可能是无所不能或者无所不及的,人们在无法达到的利益目的面前也只能放弃和止步。当然,人的动态行为的结果是否满足了自己的需求及其满足的程度如何,也只能由个人判断,而个人判断就会因人而异,同样具有极大的主观性。

人的动态行为作为一种意志行为,在本质上与人的本能行为不同。一方面,人的动态行为来源于个人的利益选择,而面对同样的需求,不同的人会有不同的行为内容与行为方式,而人的本能则是与自然界的其他动植物一样的先天行为表现,既无意志的作用,也无需行为选择;另一方面,人的动态行为受人的意志与理性的支配,人通过理性意志能够有效控制自己的行为,让自己去做那些符合社会秩序并被社会所认可的道德行为,向社会展现自身优良品质,从而避免自己行为的不当性与违法性,而人的本能行为无法控制,本能是下意识的有用动作,就像呼吸一样。总之,人的动态行为源自有目的的利益需求,不仅是本能的,而且是意志和目的的。

(三)个体行为与群体行为

动态行为是个体的行为,但是它作为社会行为具有群体性,是具有群体特征与标准的社会秩序行为。

1. 个体行为

社会行为是由个体行为构成的。个人所表现的动态行为就是个体行为。基于行为的意志性,一个人很难全面准确地了解另外一个人的行为,而只能在他人意志之外对他人的意志行为进行推测和判断。在不同意志的支配下,个体行为因人而异,在一定意义上,人类往往并不知道自己的行为具体如何,而仅仅是根据目的和直觉去行为。目前学界对个体行为的探究大都停留在对行为的观察、分析、归纳、分类的程度,很难从人本身出发去探究其行为的真谛。“人在选择和行为方面是‘自由’的。我们只是证实这个事实;他选择、他行为;我们不知道如何用自然科学的一些方法来解答‘为什么他要这样行为,而不那样行为’这个问题。"[1]个体行为的这种特性会造成人们对他人行为的误解,因为在大多数情况下,人们并不知道他人行为的真正动因,而只能从特定的环境和行为本身去推断一个人的行为是如何的,这就会导致对他人行为理解的错误,即所谓的"行为者—观察者偏差"。[2] 人们在产生这种偏差之后,会导致对行为结果的错判,甚至会导致对行为人的认识错误,因此,人和人之间只有根据行为做进一步交流,才能弄清行为的真正意义。

在个体行为的实施过程中,最重要的是人脑的自我控制。"使人们行动起来的一切,都必然要经过他们的头脑;但是这一切在人们的头脑中采取什么形式,这在很大程度上是由各种情况决定的。"[3]这就是所谓的内因和外因的问题。大多数人在行为之前会思考,也就是在头脑中加工信息,就像体操比赛选手在上场前将动作在头脑中思考一遍,人们也会根据掌握的信息去支配行为,控制即将采取的行为,规避危险,尽量成功完成目标,做出自认为是正确的行为。

个体行为的内容来源于人的选择。这种选择极具个人特点,因人因事而异,而个体行为由先天遗传和后天环境所决定,因此虽然具有差异性但总会有规律可循,这种规律几乎可以等同于外因。例如,一个人的家庭、种族、民族、受教育程度、社会身份、职业、信仰、阶级等都是决定他的思想和价值观的重要因素,也是决定个体行为内容的重要因素,除了少数具有创造力的人之外,[4]一般大多数人的行为内容都会遵守这些因素(外因)的制约,从而表现出行为的一般性。

2. 群体行为

群体行为的形成来源于所处环境对个体行为的影响。这种环境包括自然环境和社会环境,在现代社会中,影响更大的是社会环境。由于每个人对他人的个体动态行为的价值判断不同,所以不能从个人的角度去评价个体行为的合理性。虽然一般而言,行为存在即合理,但是作为社会中的人,可以通过周围人的评价去判断一个人的行为好坏、优劣、对错、合理或者不合理,这就是人所处的社会环

---

〔1〕 [奥]路德维希·冯·米塞斯:《人的行为》,夏道平译,上海社会科学院出版社 2015 年版,第 103 页。

〔2〕 行为者—观察者偏差是指在归因过程中,倾向于将他人的行为归因为内部原因,而把自己的行为归因为外部原因(如环境因素)。([美]Dennis Coon、John O. Mitterer:《心理学导论——思想与行为的认识之路》,郑钢等译,中国轻工业出版社 2017 年版,第 657 页)

〔3〕 《马克思恩格斯选集》(第 4 卷),人民出版社 2012 年版,第 256 页。

〔4〕 从这一角度来看创造力就是人超出其自身和周围环境条件而产生的力量,这种力量的做出不符合一般个体行为规律,代表着特殊性,因此有创造力的人是极少数。

境对个体行为的控制和要求。群体行为与个体行为密不可分,群体行为由个体行为构成,群体行为反映个体行为;群体行为和个体行为又相互区别,群体行为是个体行为的综合表现,单独的个体行为不同于群体行为,个体行为只有体现在群体中才具有群体性,才能称之为群体行为。

群体行为等同于群体认可的行为,群体的发展就是社会。“从个人的观点来看,社会是达成他的一切目的的一个大手段。一个人,不管他想用什么行为来实现什么计划,社会的保持是一个基本要件。”[1]“每天,我们自身的行为与周围人的行为之间都在相互影响。文化也是这样。”[2]做出群体认可的行为,行为人往往被他人所理解、认可和尊重,而人们为了获得这种认可,就会逐步调整个体行为,使个体行为符合群体的条件和要求,这就需要遵守共同的行为规范从而产生共同的行为和行为秩序。因此个人的动态行为经过一定阶段的经验总结之后,基于普遍的客观利益需求及其实现的一般规定性,会产生行为趋同并形成社会认可的行为,这种行为经过一定演化和发展就构成群体行为。因此,我们所说的群体行为指的是群体认可的行为,即使是一个有个性、有能力、并且不愿意与社会中的其他人合作的人,也不会去有意破坏社会,实施反社会的行为,因为他知道破坏社会的行为最终不利于个体的生存。所以,任何人都会努力调整自己的行为以适应社会生活的需要,从而使个人的行为与社会的群体行为相互和谐与统一。显然,好的群体行为代表了一个群体的理智、成熟和有序,由这种群体成员所构成的社会必然形成一种成员自律的社会秩序,并最终构成一种社会秩序文化并在文化的形态上不断传承和发展这种社会秩序形态。

在一定意义上,个体行为与群体行为就如同自由和民主,个体行为代表着人的自由意志,群体行为代表着社会的一般道德条件与规范标准。相对于个体而言,自由意志不可缺少,它是生命的本质与向往。但是,自由意志的个体行为作为一种社会行为需要符合群体的行为要求,应当是社会所允许的行为,因此个体行为是社会行为而不是纯粹的自由行为,其选择必然受个体所处的社会环境和条件等因素的影响,而不可能完全是基于本能或者自然。也就是说,接受群体条件的个体行为自由是一种有限的自由,这种个体行为只有构成群体行为的一部

---

〔1〕[奥]路德维希·冯·米塞斯:《人的行为》,夏道平译,上海社会科学院出版社 2015 年版,第160 页。

〔2〕[美]Dennis Coon、John O. Mitterer:《心理学导论——思想与行为的认识之路》,郑钢等译,中国轻工业出版社 2017 年版,第 650 页。

分,才具有社会价值和意义。群体行为是人类理性和稳定的有序行为,在市民社会条件下也就是民法精神的法治行为,构成了一个社会法治和法治文化的行为秩序基础。

(四)动态行为的形成与改变

动态行为处于不断的形成与改变的过程中,动态行为的形成与改变过程,也就是社会的运动过程,而这一运动过程的价值与秩序,就成为动态行为作为社会构造的根本条件和要求。

1. 动态行为的形成

既然人的动态行为是一种为了满足个人需求的意志行为,那么动态行为的形成就有规律可循。从心理学的角度,"遗传与环境,支配一个人的行为",[1]即决定动态行为形成的因素包括内在因素和外在因素。内在因素是指人与生俱来或者随着人的成长而产生的东西,既有遗传因素,如性格、智力、气质等,也有伴随人的自然成长而形成的因素,如运动技能、认知能力、语言发展、身体状况等;外在因素是指人所处的环境,包括一定的自然环境和社会环境。[2] 在决定人的动态行为形成的过程中,内在因素和外在因素的作用难以区分,因此"天性与教养""遗传与环境"等类似问题对行为的影响在学术上长期争论不休。只能说,一般行为的形成是内在因素和外在因素交互作用的结果,外在因素可以制约或者促进内在因素,内在因素也会接受外在因素的影响。总之,不论是所谓内在因素还是外在因素,都会对人的行为方式、内容和特征产生影响,并影响到行为的社会秩序形态。

然而,人的动态行为,作为实现个人利益的社会行为,根本是由人的利益需求及其实现的客观与社会条件决定的。决定人类动态行为的因素,一方面是利益需求因素,另一方面是利益实现条件因素。没有一定的利益需求当然不会有

---

〔1〕［奥］路德维希·冯·米塞斯:《人的行为》,夏道平译,上海社会科学院出版社 2015 年版,第 47 页。

〔2〕"环境是指影响一个人的所有外部条件的总和。"（［美］Dennis Coon、John O. Mitterer:《心理学导论——思想与行为的认识之路》,郑钢等译,中国轻工业出版社 2017 年版,第 96 页）"环境是周围的自然条件和社会条件。"（《当代汉语词典》"环境"条,中华书局 2009 年版,第 641 页）"一般指围绕人类生存和发展的各种外部条件和要素的总体。在时间与空间上是无限的。"［《辞海》(上)"环境"条,上海辞书出版社 2010 年版,第 1631 页］"社会环境是影响一个人或一个社会的社会和文化条件(如风俗习惯、法律、语言、宗教以及经济和政治组织)的总和。"［王同亿主编:《语言大典》(下册)"社会环境"条,三环出版社 1990 年版,第 3009 页］

利益行为，而利益行为必然受制于自身实现的客观与社会条件的可能性，不可能完全由人的利益需求本身所决定。因此，认识人的动态行为并实现动态行为的社会秩序构造，一方面要认识人的客观利益需求，承认人的客观利益需求的规定性；另一方面，要认识人的利益需求实现的现实条件，包括一定的自然与社会条件，尊重人的利益需求实现的规定性。

2. 动态行为的改变

人的动态行为是可以改变的，为了达到动态行为的目标，人们可以合理调整自己的行为从而更好地服务于自己行为目的的实现。虽然人的行为是由人的客观利益决定的，具有自然与必然的行为属性，但是受客观利益支配的个体行为并不是不能改变和调整的，并且这种改变和调整作为一种个体或者群体行为的完善，只会更加有利于主体目的的实现。换言之，人的行为不仅是受利益目的支配的，而且是受各种因素影响的，并且受制于一定的外部条件，所以人们为了更好地达到自己的目的，应当根据客观实际不断改变和调整自己的动态行为，从而使自己的行为更符合社会秩序构造的要求，也更具有效率与合理性，并能够成为更好的实现自己利益目的的行为条件。

人们在选择、决定和企图达到一定目的之后，靠的就是用动态行为去实现，并且行为可以随着目的的变化而发生变化，即动态行为可以调整和被改变，人们可以通过自己的意识支配产生一定的动态行为或者使某些动态行为不被发生。正如上述，内在因素和外在因素共同作用于人的动态行为的形成，但是由于内在因素中的许多遗传因素和先天因素是人们无法控制和改变的，因此只能通过改变和影响外在因素来达到改变人的动态行为的目的。动态行为的改变就是人的自身行为与外在因素等相互作用的过程，改变人的动态行为主要依靠学习、道德和制度等外在因素，具体来说表现为以下几个方面：

(1)动态行为的学习改变。人的行为过程是一个学习的过程，是在通过学习所获得的知识指导行为实践的过程。〔1〕“获得知识或技能，主要通过阅读、听讲、研究、实践等方法。”〔2〕人的行为千差万别，学习至关重要。“但是在人这里，

〔1〕“学习是指获得知识或技能，主要通过阅读、听讲、研究、实践等方法。”（[美]Dennis Coon、John O. Mitterer：《心理学导论——思想与行为的认识之路》，郑钢等译，中国轻工业出版社2017年版，第233页）

〔2〕《当代汉语词典》“学习”条，中华书局2009年版，第1640页。

行为的数量非常之大,而且大多数行为都是艰苦学习的结果。"[1]可以说大多数行为都是学习后获得的。人从婴儿开始学习,学习所得伴随一生,学习之所以能改变人的动态行为,是因为学习的过程使人们建立起一种条件反射,从而影响人的行为。比如,孩子因懂礼貌受到表扬而变得更有礼貌,学生因努力做题获得好成绩得到家长的奖励而更喜欢做题等等。在各种学习之中,人类特有的较为复杂的认知学习对人的行为具有更大的影响。"认知学习是指理解、认识、预测或其他利用丰富信息的高级心理过程。"[2]认知学习是一种高级的学习,它不是机械的、死记硬背的学习,而是理解式的学习。认知学习使人能够充分思考、理解、解决问题。通过认知学习来改变动态行为的内容和方式,更能体现人的主观能动性。

(2)动态行为的道德改变。人的动态行为是一个具有是非曲直的价值判断的行为。人的行为具有一定道德性,是在一定道德支配下的道德选择行为,所以一个人的道德和道德水平必然影响人的行为,并决定人的行为内容和方式。心理学家科尔伯格认为,人的道德观和价值观是通过思维和推理而习得的,他将道德发展水平划分为前习俗水平、习俗水平和后习俗水平,[3]认为只有20%左右的成人达到了代表着自我定向和更高原则的后习俗水平;不但如此,现实中许多人甚至连习俗水平的道德发展都没有达到,这才是导致社会混乱、无序、不讲信用等现象发生的真正原因。提高道德水平可以更好地指导人的行为,增强人的责任心,改变人的动态行为使之符合社会发展要求。道德水平高的人,其动态行为往往更具有社会价值和符合社会期许,也更能够被社会或者他人所认可和接受。"道德包含所有在社会中适用的社会规范。……符合道德的行为是符合规范的行为。"[4]因此,道德作为人的内在行为精神,不但可以改变人的动态行为,而且决定人的行为价值与取向,并代表了人和人类群体的社会生态规范与秩序的发展方向。

---

[1] [美]威廉·詹姆斯:《心理学原理》(一),郭宾译,九州出版社2007年版,第249页。

[2] [美]Dennis Coon、John O. Mitterer:《心理学导论——思想与行为的认识士之路》,郑钢等译,中国轻工业出版社2017年版,第261页。

[3] 前习俗水平:人根据行为后果(如惩罚、奖励或互惠)做出道德判断;习俗水平:人根据他人期望、规则和一般行为标准做出道德判断;后习俗水平:人能够在认真检验事实和自主选择道德原则的基础上做出自己的道德判断。(参见[美]Dennis Coon、John O. Mitterer:《心理学导论——思想与行为的认识之路》,郑钢等译,中国轻工业出版社2017年版,第123页)

[4] [德]托马斯·莱塞尔:《法社会学导论》,高旭军等译,上海人民出版社2014年版,第172页。

(3)动态行为的制度改变。人的行为不仅受内在道德的约束,而且受外在制度的限制。有效的制度可以改变人的动态行为。[1] 人可以通过制度的调整和对制度的适应建立自己与制度相协调和统一的社会行为。法作为制度的一种,是主要的行为制度,其中民法或者私法是主体的行为法,人创制法律的目的就是调整和规范人的行为并使之符合特定的社会目标。"法律为人们能够在社会中共同生活创造了可能性;它组织了社会及其划分,并保障了社会的融合与稳定。"[2] 法对于人的行为具有普遍的规范和调整作用。"法律在历史上的作用表现在:它通过规定人们的行为模式,梳理'理想类型的'的人类形象,作为一种'架构'(Gestell)的技术引导人类'先行筹划'(vorentwerfen)自己的生活。"[3] 而"法律通过创造超个人的行为模式、定义社会角色、确定有限财富分配、赋予团体和组织必要的规范框架、形成法律定义和法律制度并使其共同组成一个从逻辑和价值上(axiologisch)尽可能不相矛盾的体系,来规范和协调人们的行为和期待"。[4] 法在控制人的行为的同时也给人以行为自由的空间并保障人的行为自由的安全与实现,这就是通过民法和民法精神所表现的社会规范与秩序体系。

二、民法精神与动态行为

民法精神作为市民社会的规范与秩序精神,就是主体的动态行为精神,民法精神的动态行为是社会主义法治文化的一种生态构造。一个人的动态行为如果构成一种市民社会关系的规范与秩序行为,就应当是一种民法精神的行为,并因此具有法治和法治文化的社会意义。

(一)民法精神与动态行为的统一

民法精神作为一种社会行为精神必然指导和规范人的动态行为,并形成与人的动态行为的统一。一个人有什么样的民法精神,就有什么样的动态行为,而

---

[1] 制度有三重含义:一是 system,即"社会、经济或其他组织的形式或实践"。二是 order,即"在特定地区和时间占主导地位的社会、政治和文化的完整结构"。三是 institution,即"建立的一种事物、一种重要的持久的要素(如一种习惯、关系、组织)在集中于人类基本需要、活动或价值的文化生活中,在一个社会中占据经久的和主要的地位,通常通过社会调节机构保持稳定"。[王同亿主编:《语言大典》(下册)"制度"条,三环出版社 1990 年版,第 4440 页]

[2] [德]托马斯·莱塞尔:《法社会学导论》,高旭军等译,上海人民出版社 2014 年版,第 169 页。

[3] 舒国滢:《法哲学沉思录》,北京大学出版社 2014 年版,第 305 页。

[4] [德]托马斯·莱塞尔:《法社会学导论》,高旭军等译,上海人民出版社 2014 年版,第 169 页。

民法精神调整和规范的动态行为作为一种法律行为,是个人利益目的的权利义务行为,必然构成法治和法治文化的构造形态。但"对于法律来说,除了我的行为以外,我是根本不存在的,我根本不是法律的对象。我的行为就是我同法律打交道的唯一领域,因为行为就是我为之要求生存权利、要求现实权利的唯一东西,而且因此我才受到现行法的支配"。[1]

1. 民法精神的自然性与动态行为的生态统一

民法精神是人民主体地位的社会精神,是一种普适的人性精神。"马克思主义认为,人性是人的自然属性和社会属性的统一,它不是抽象的,而是现实的、具体的、具有历史性"。[2] 人性的自然属性,来源于人的生物性,是人作为生命体存在的基础属性。"人性的普遍性并不是简单自然的生物性,它是建立在人之所以为人的基础之上的人性,即人类在生产、语言、理性与科学条件下所展现的区别于其他动物本质的属性,这个属性是人的自然属性与社会属性的统一。"[3]民法精神作为以民为本和反映人在民事法律关系中的主体地位的法律精神体现了人性的自然属性即自然性,是人主体地位的最好体现。

人的动态行为首先反映民法精神的自然性,即受民法精神的自然条件支配并具有自然生态的行为属性。一个人的动态行为受民法精神的自然性支配,本身也就必然具有一定的自然生态性,是基于一定自然生态条件发生的行为,这个自然生态条件,主要是人的客观利益条件,也就是作为人性的必然条件。人的动态行为受目的驱动,体现人的自然需求,人的自然需求包括吃、穿、住、用、行等物质和精神方面的需求,有需求就会产生目的,目的导致人实施动态行为,这种动态行为在一般情况下是遵从人的自然性并且是利己的行为即动态行为的利己主义。"毫无疑问,每个人生来首先和主要关心自己;而且,因为他比任何其他人都更适合关心自己,所以他如果这样做的话是恰当和正确的。"[4]民法精神和动态行为的生态统一体现了民法精神与人的动态行为所具有的满足人的客观利益需求的自然共性,利己主义的动态行为必然在民法精神的规范和调整下按照一定的自然秩序展开并实现自己的社会性。

---

〔1〕《马克思恩格斯全集》(第1卷),人民出版社1965年版,第16~17页。

〔2〕《辞海》(中)"人性"条,上海辞书出版社2010年版,第3258页。

〔3〕王利民:《民法的精神构造:民法哲学的思考》,法律出版社2010年版,第19~20页。

〔4〕[美]亚当·斯密:《道德情操论》,蒋自强等译,商务印书馆1997年版,第101~102页。

2. 民法精神的道德性与动态行为的自律统一

民法精神作为市民社会的生活法则，是一种道德性规范。民法精神的道德性主要是一种行为自律性。因此在民法精神的道德性基础上产生的个人动态行为，也就是一种自律的动态行为，具有自主秩序的生态必然性。“意志作为主观的或道德的意志表现于外时，就是行为。”〔1〕虽然人具有客观利益需求，但是人的客观利益满足不能任意为之，即需要遵循一定的道德规范，用道德的行为标准对寻求客观利益满足的个人动态行为进行合理的自律。因此，人的动态行为作为具有民法精神的道德性的行为，应当是与道德价值相符合的行为，即行为之事实符合道德的最终目的。“一类行为被一个社会称之为道德的，是因为履行这些行为被认为具有社会重要性，而忽视和违背这类行为将给社会带来灾祸。”〔2〕道德在作用于人的动态行为时，必然促进人的行为自律，“按照他们在最好地表达着他们作为自由平等的理性存在物的本性的条件下将会承认的那些原则而行为”。〔3〕民法精神是以道德自律为基础的社会行为精神，必然以自己的明确的规范与价值条件作用于人的行为，在实现人的行为规范性与自律性的同时实现人的动态行为的自主秩序构造。因此，民法精神的行为秩序必然要求人的动态行为的自律，不论这种自律来源于人的先天本性还是后天习得，都必须使人处于一种恰当适度的社会地位，能够自主平衡个人自由和社会约束之间的关系。显然，民法精神与个人自律的动态行为都建立于追求理想社会秩序的共同道德基础，具有统一的社会目的与伦理价值。

（二）民法精神与动态行为的矛盾

虽然民法精神与人的动态行为具有相同的自然与伦理基础，但是民法精神的一般性与动态行为的特殊性之间必然存在一定的矛盾，从而形成了两者之间的矛盾与统一的关系及其社会构造形态。

1. 民法精神的规范性与动态行为的随意性矛盾

民法精神是以民法规范形式表现的社会精神，具有明确的规范条件与法律原则性。然而，一个人的动态行为，虽然需要接受民法精神的规范条件并使自己的行为符合民法精神的规范要求，但是它首先是受个人意志支配的行为，难免表

---

〔1〕［德］黑格尔：《法哲学原理》，范扬、张企泰译，商务印书馆2009年版，第134页。

〔2〕王海明：《新伦理学》（上册），商务印书馆2008年版，第545页。

〔3〕［美］约翰·罗尔斯：《正义论》，何怀宏等译，中国社会科学出版社2009年版，第408页。

现出个人的主观随意性,并因此具有一定的非规范和非确定的行为特点。“未来的不确定,已蕴含在行为这个观念中。一个人的行为在自己的主观意志的支配下,必然具有在动态上的多样性和多变性,并可能导致一个人的行为偏离或者背离民法精神的规范条件而走向非规范的行为结果。

人的动态行为的随意性与不确定性也可能使确定的民法和民法精神发生不应有的改变。这是因为随意和不确定的动态行为大都会造成出乎意料的结果,既有可能使社会发生重大变革,也有可能导致社会秩序的混乱,从而在社会正常的法律、习惯与道德秩序之外而产生现实的影响,甚至可能在一定阶段和程度上影响法律和人的社会行为精神,这是一个良性发展的社会所应当避免的。

2. 民法精神的社会性与动态行为的个体性矛盾

民法精神是一种普遍和一般的社会性精神,代表社会所公认的秩序与价值,而动态行为作为个体性行为,基于个人的行为意志和个人利益选择的多样性与复杂性,则可能与民法精神的条件与要求背道而驰。民法精神既是个人的行为精神,也是群体的社会精神,是由个体的动态行为构成的。可是,个体的动态行为并不是完全一致的,存在与民法精神的社会性与群体性行为不协调或者矛盾与对立的行为现象。因此,不论是与民法精神的社会性的统一,还是与民法精神的社会性矛盾,都是由作为个体的人决定的。“人是社会的存在物,而不是社会的发明物,人是构成社会的真正主体,一切社会问题的发生和存在都是因为人和离不开人的问题。”[1]人是社会的主体,社会是人的结合,人的主体性体现在人的社会行为上,而人的社会行为反映人的主体性。然而,由于个人行为的目的性和功利性差异,个人行为是多种多样,甚至可能偏离社会行为的一般性条件和要求,因此对个体行为需要进行规则性校正,而这个校正的标准就是作为一般个人行为秩序条件的民法精神。按照西奥多·盖格尔的法社会学观点,社会秩序的形成是基于人们特有的自然趋向,即人们会拒绝与习惯不符的行为,会采取措施(制定社会规范)促使这些行为恢复成习惯行为。因此,每个社会团体中都有特定的规范制度,人们为了能够共同生存,必须顺从群体成员在某些情况下的反复进行的行为。[2] 可是,纵使人类通过民法精神等各种社会条件趋动人的动态行

〔1〕 王利民:《民法的精神构造:民法哲学的思考》,法律出版社2010年版,第225页。

〔2〕 参见[德]托马斯·莱塞尔:《法社会学导论》,高旭军等译,上海人民出版社2014年版,第102页。

为的统一,但是基于动态行为的个体性,两者之间的矛盾总是不可避免的,这就是一个社会构造的矛盾运动过程。

(三)民法精神的动态行为实践

民法精神的动态行为,是一个实践的行为过程;民法精神的法治文化构造,是一个实践的动态行为的社会秩序构造。这一构造,是一个生态和现实的法治文化构造,是社会主义法治文化的民本性与实质性的客观存在。

1. 知行合一的行为实践

既然民法精神和人的动态行为存在对立统一的关系,那么如何使民法精神作用于人的行为,使民法精神通过人的动态行为转化为实践的行为条件,这是民法精神的动态行为构造的根本问题。马克思认为,"社会生活本质上是实践的",[1]"通过实践创造对象世界,改造无机界,人证明自己是有意识的类存在物"。[2] "人的思维是否具有客观的[gegenständliche]真理性,这不是一个理论的问题,而是一个实践的问题。"[3]因此,民法精神的社会本质及其秩序构造,需要人的动态行为去实践,将民法精神蕴含在人的社会行为的各个方面,在通过民法精神规范和指导人的社会行为实践的同时,也通过人的动态行为为民法精神提供更多的作用于社会生活的条件,使民法精神的认知与动态行为的实践有机结合,即实现"知"与"行"的实践合一。

显然,是否具有知行合一的行为实践,对于社会生态秩序的形成至关重要。在本项目组以"在下列选项中您认为对您最具有现实约束力的是什么"为题进行的全国性调查问卷中,有34%的受访者认为"国家法律"对其最具有现实约束力,在全部七个选项中占比最高。[4] 然而,人们这一对法律规范的直觉认识并不一定代表人们在法律行为实践中的知行合一。从最高人民法院近几年发布的受理案件数据可以看出,我国法院受理案件数量逐年攀升,2015年,全国法院新收各类案件同比增幅均是2014年的3倍多,也是近10年来的最高水平。[5] 2013至2017年这五年,最高人民法院受理案件82383件,比前五年上升

---

[1] 《马克思恩格斯选集》(第1卷),人民出版社2012年版,第56~57页。

[2] 马克思:《1844年经济学哲学手稿》,人民出版社2000年版,第57页。

[3] 《马克思恩格斯选集》(第1卷),人民出版社2012年版,第134页。

[4] 本题数据统计结果详见本书第六编(第三十章)"司法裁判的民法精神实践"部分。

[5] 参见最高人民法院研究室:《2015年全国法院审判执行情况》,载《人民法院报》2016年3月18日,第4版。

60.6%，地方各级人民法院受理案件8896.7万件，同比上升58.6%；[1]2018年最高人民法院受理案件34794件，同比上升22.1%，地方各级人民法院受理案件2800万件，同比上升8.8%。[2] 司法案件数量逐年攀升的情况在一定意义上说明，人们的非秩序行为在不断增长，虽然人们知道法律的要求但是却不能在自己的行为实践中保持与法律的统一，也就是知行分离，从而制约和影响行为实践的秩序效果。

动态行为实践的知行合一，根本上是一个民法精神的秩序条件问题。民法精神本身就是知行合一的秩序精神，因为民法精神作为一种规范与秩序精神，一方面是一种规范与秩序认知，另一方面就是这一认知支配的行为秩序，这也正是民法精神在建设民本模式的社会主义法治文化中的生态秩序意义。民法精神的知行合一意味着只有具备民法精神的行为主体，才能够在民法精神的支配下自觉地实现动态行为与社会主义法治文化要求的统一。

2.行为实践的理智选择

民法精神的知行合一的动态行为实践，就是人们的行为实践应当是经过行为人理智选择而能够取得满意结果、达到预期行为目的的理想状态的实践过程。首先，人可以在民法精神的作用下进行实践行为的选择，既可以自主选择做出某一行为，也可以选择不做出某一行为；其次，人需要为他的选择行为结果负责，不论是积极还是消极的结果，都应当为行为主体所承受；最后，人的行为选择应当是一种理智的选择，人的选择受到环境的制约，选择需要条件，不是也不能任意选择。因而“一个人选择做什么，这在很大程度上取决于他的主观能力。选择的主观能力不仅包括一个人的体力和智力，而且也包括他的信念体系。人们的信念体系由偏好、意向和价值观等构成，它是一个欲望、理性和意志的统一体。”[3]理智选择是民法精神的基本要求，更是民法精神动态行为在实际生活中的重要条件表现。理智选择的动态行为源于人们对自身条件和周围环境的综合性判断，一般来说，理智行为利己利人，同时也符合社会发展的要求。理智是“分辨是非、利害关系以及自我控制的能力”，[4]因此理智的选择必然是一种规范与秩序的选择，并符合法治和法治文化的本质。

---

〔1〕 参见《最高人民法院工作报告（2018）》，载《人民日报》2018年3月26日，第2版。

〔2〕 参见《最高人民法院工作报告（2019）》，载《人民日报》2019年3月13日，第2版。

〔3〕 姚大志：《道德自由的两个原则》，载《吉林大学社会科学学报》2018年第6期。

〔4〕 《当代汉语词典》“理智”条，中华书局2009年版，第900页。

理智是人的一种专有能力,包括理性和智慧两种能力内涵。理性则是“指概念、判断、推理等思维形式或思维活动”。[1] 笛卡尔认为,理性是人之所以成为人并区别于禽兽的尺度。[2] 康德认为,人的认识能力有感性、知性、理性三个环节,理性要求对“本体”有所认识,“他必须承认他自己是属于感觉世界的;但就他的纯粹能动性而言,他必须承认自己是属于理性世界的”。[3] 黑格尔将理性区分为消极理性与积极理性两种,积极理性是“正”“反”两面得到统一,可以全面地、具体地、深刻地把握事物。在马克思主义哲学中,理性通常指理性认识的阶段。[4] 恩格斯认为,只有辩证的思维才是人区别于动物所独有的。[5] 人是理性存在物,人的行为也应当是理性的,理性可以指导人们通过多种形式的思维全面分析现实情况,做出最有可能实现目的和最具有操作性的行动方案。智慧指“聪明才智;辨析判断、发明创造的能力”。[6] 智慧是指导人们如何理性行为的标准和方法,没有智慧,就不会产生理性的行为。智慧来源于日复一日的学习和长久的生活经验总结,智慧可以使人在遇到事物时迅速做出反应,遇到困难时找到正确解决方法。理性和智慧在动态行为选择过程中发挥着重要的“理智”作用,人的理智正确指导人产生意识,使人们能够合理选择自己的行为,而这种理智选择的动态行为正是民法精神实践的应有之意。

既然理智选择对于民法精神的动态行为如此重要,那么如何使人们能够有理智地实施动态行为,就成为当前民法精神实践所迫切需要解决的问题。正如前述,我们认为,学习对于民法精神动态行为的改变具有重要作用,学习可以使人理智,使人的行为得到自我控制,也会对道德和制度的理解更加深入,因此我

---

〔1〕 理性是“划分认识能力或认识发展阶段的范畴。各种哲学流派有不同的理解。斯多葛派认为理性是神的属性和人的本性。唯理论认为只有理性是最可靠的,把理性看成知识的源泉。18 世纪法国唯物主义者认为合乎自然和人性的就是理性,主张把理性作为衡量一切现存事物的唯一标准,建立一个理性与永恒正义的王国。在康德哲学中,狭义的理性指认识无限的、绝对的东西的能力。它位于感性与知性之上,企图对自在之物有所认识。但理性在试图认识自在之物时,不可避免地陷入难以自解的二律背反或推论谬误,这表明自在之物不可认识。广义上的‘理性’包括感性、知性先天形式。”[《辞海》(中)“理性”条,上海辞书出版社 2010 年版,第 2340 页]

〔2〕 [法]笛卡尔:《方法谈》,载北京大学哲学系外国哲学史教研室编译:《十六—十八世纪西欧各国哲学》,商务印书馆 1975 年版。

〔3〕 [德]康德:《道德形而上学的基本原则》,载郑保华主编:《康德文集》,刘克苏等译,改革出版社 1997 年版。

〔4〕 参见《辞海》(中)“理性”条,上海辞书出版社 2010 年版,第 2340 页。

〔5〕 参见《马克思恩格斯全集》(第 20 卷),人民出版社 1971 年版,第 565 页。

〔6〕《当代汉语词典》“智慧”条,中华书局 2009 年版,第 1869 页。

们认为学习知识,尤其是在依法治国背景下学习法律知识并用法治精神特别是民法精神培养人民将是未来我国法治文化建设中最重要的任务与内容。我国从“一五普法”开始,到现在的“八五”普法,[1]已经走过三十多年的时间,这种由政府主导的自上而下的普法运动,已经纳入地方经济社会发展规划,覆盖全国,体现了中国特色社会主义法治和法治文化建设的特殊条件和形式。普法作为一个法律知识的学习过程,同样也是一个培养社会主体的法律和法治精神的过程,更是一个正确指导人们的民法精神实践的动态行为过程。

本书项目组以“您关心国家法治和法治文化建设问题吗”为题进行了全国性调查问卷,在受访者中,选择“关心”和“比较关心”的占比达到82%,[2]这在一定程度上体现了我国长期普法使我国民众的法律意识普遍提升的作用与结果。显然,普法工作在弘扬法治精神,发挥法治文化的引领、熏陶作用,使人民内心真正拥护和真诚信仰法律,积极推进社会主义法治文化建设等方面发挥了重要作用。当然,社会主义市场经济条件下的法治社会建设使社会生产和生活已经逐步纳入法律轨道,广大民众必须根据法律安排和处理生产和生活的相关问题,这应当是我国广大民众关心国家法治和法治文化建设的最重要原因。

三、法治文化与民法精神的动态行为

“文化总是人的文化,生活总是人的生活,历史总是人的历史。”[3]社会主义法治文化作为一种动态的行为秩序文化,是民法精神的个人动态行为的秩序结果,离不开民法精神的动态行为构造。民法精神的动态行为构成民本模式的法治文化形态。建设以民为本的社会主义法治文化,以民本模式构造社会主义法治文化的动态行为秩序,必须对基础的社会秩序形态即民法精神及其动态行为进行考察,并从民法精神的动态行为构造入手,使建设社会主义法治文化从民开始、用民之力、在民生根。

(一)法治文化的民本模式与民法精神的动态行为

民法精神是动态行为的规范与秩序精神,两者之间具有内在的统一,而这一

---

〔1〕 2021年6月,中共中央、国务院转发《中央宣传部、司法部关于开展法治宣传教育的第八个五年规划(2021~2025年)》。

〔2〕 本题数据统计结果详见本书第五编(第二十五章)“从他律到自律的法治行为转型”部分。

〔3〕 周熙明:《我国文化建设亟需解决的几个问题》,载《北京联合大学学报(人文社会科学版)》2012年第1期。

统一又与建设社会主义法治文化的民本模式具有内在的本质联系。凡是民法精神的动态行为，都是符合建设社会主义法治文化的民本模式的规范与秩序的行为，是社会主义法治文化的民本构造形态。因为社会主义法治文化的民本模式，就是以市民社会的民法精神为主体的个人动态行为模式，是民法精神的动态行为的法治化与法治文化发展。

民法精神的动态行为构造，是市民社会的个人秩序构造，而市民社会的个人秩序构造就是社会主义法治文化的民本模式构造。法治文化的民本模式性，一方面是它的市民社会性，另一方面是它的个人秩序性。作为民法精神存在基础的市民社会，以私人利益的需求和满足为目的，遵守利益交换的行为法则，推崇平等和自由的社会价值。在这种利益需求与满足的市民社会关系中，个人的动态行为就成为构造这一社会关系秩序的根据，从而以个人动态行为推动个人利益需求的满足与实现。需求产生目的，目的需要手段，这就是民法精神的动态行为。“需要和手段，作为实在的定在，就成为一种为他人的存在，而他人的需要和劳动就是大家彼此满足的条件。”〔1〕通过与他人的关系实现，大家必须互相配合，彼此联系，因此市民社会的动态行为既反映个人目的，又受到他人制约，这就是市民社会的秩序构造。黑格尔指出：“在市民社会中，每个人都以自身为目的，其他一切在他看来都是虚无。但是，如果他不同别人发生关系，他就不能达到他的全部目的，因此，其他人便成为特殊的人达到目的的手段但是特殊目的通过同他人的关系就取得了普遍性的形式……受到普遍性限制的特殊性是衡量一切特殊性是否促进它的福利的唯一尺度。”〔2〕市民社会的动态行为，不仅是个人行为或者个人利益行为，而且是与他人有关并涉及他人利益的社会行为，所以需要取得他人的认可，从而成为普遍性的行为。马克思肯定市民社会的地位，认为“绝不是国家制约和决定市民社会，而是市民社会制约和决定国家”。〔3〕作为市民社会主体的个人是国家存在及其秩序选择的根据，而个人主体的动态行为及其民法精神的秩序展现，则是一个国家法治和法治文化构造的基础，因此，市民社会的民法精神与动态行为就构成了一个国家的民本模式的法治文化的形态。在市民社会中，如果人们能够基于民法精神而理性地选择自己的社会行为，“它

〔1〕［德］黑格尔：《法哲学原理》，范扬、张企泰译，商务印书馆2009年版，第235页。

〔2〕［德］黑格尔：《法哲学原理》，范扬、张企泰译，商务印书馆2009年版，第224～225页。

〔3〕《马克思恩格斯选集》（第4卷），人民出版社2012年版，第202页。

显然与德性有最紧密的联系，并且比行为更能判断一个人的品质”。[1] 在法律与法治的基础上实现个人自由与社会秩序的统一，法律或者法治就不仅是一种制度形式，而且是一种转化为人们动态行为的法治精神与法治文化形态，这就是法治精神与法治文化在人们动态行为中的生态化，也就是建设社会主义法治文化的民本模式化。

社会主义法治文化是法治文化的特殊类别，是中国特有的一种法治文化，更是中国当代文化的重要组成部分，建设社会主义法治文化，就是向世界展现中国人民的文化自信。社会主义法治文化的实现模式是民本模式，因此首先要解决的就是动态行为的民法精神构造问题，人民自觉遵法守法办事，行政权力部门依法行使行职权，政府在法律授权范围内发挥服务监督职能，只有社会中的这些主体的行为都在民法精神的引领下各司其职，才能形成社会主义法治文化或者法治文化的秩序与文明状态。在这种文化中人的行为自由与社会的秩序需求互相统一、彼此联系，社会呈现美好状态，人民群众将成为法治文化建设的最终受益者。

(二)法治文化的民本实践与民法精神的动态行为

“法律的历史作为人的历史，绝不仅仅因为人是创制法律的主体，而更重要的原因在于：人创制法律的目的也是为了人。”[2] 通过“法律在历史上的作用表现在：它通过规定人们的行为模式，树立‘理想类型的’人类形象，作为一种‘架构’(Gestell)的技术引导人类‘先行筹划’(vorentwerfen)自己的生活”。[3] 以民为本的社会主义法治文化，不仅在于建设社会主义法治文化的民本模式，而且在于建设社会主义的民本实践。所谓民本实践，一方面是以民为本的实践也就是以人民为中心，坚持人民主体地位，为了实现人民利益目的的实践；另一方面就是全民的行为实践即以全体人民的动态行为秩序为基础的社会实践。这一实践既以人民为主体，又以人民为目的，是以人民的民法精神及其动态行为实践为主体的社会主义法治文化构造。民法精神的动态行为对社会主义法治文化的民

[1] [古希腊]亚里士多德：《尼各马可伦理学》，廖申白译注，商务印书馆2009年版，第68～69页。正确行为的前提是选择。“亚里士多德的选择概念是同时包含着意图与能力的追求目的(善)的实践。”([古希腊]亚里士多德：《尼各马可伦理学》，廖申白译注，商务印书馆2009年版，第68页注释③)亚里士多德认为，选择非常重要，它区别于“欲望、怒气、希望以及某种意见”等概念。([古希腊]亚里士多德：《尼各马可伦理学》，廖申白译注，商务印书馆2009年版，第69页)“自制者的行为则是出于选择的”(同上，第69页)。

[2] 舒国滢：《法哲学沉思录》，北京大学出版社2010年版，第304页。

[3] 舒国滢：《法哲学沉思录》，北京大学出版社2010年版，第305页。

本实践,体现了法治践行“以人民为中心的发展思想”,坚持人民主体地位这一根本原则在法治理论和法治实践上的运用,是社会主义法治文化构造的根本目的、内在动力、存在形态与发展趋势的本质反映与集中体现。社会主义法治文化是以人民为中心的文化,民法精神的动态行为及其法治文化构造就是为了维护和实现最广大人民群众的根本利益,提高人民群众的生活水平和质量,满足人民群众日益增长的美好生活需要,解决这一需要与不平衡、不充分发展之间的矛盾,从而促进人的全面发展。〔1〕 民法精神的动态行为主体是人民,人民是民法精神及其动态行为实践的力量源泉,充分尊重人民的主体地位,吸收人民主体在建设社会主义法治文化的民本实践中的智慧和作用,发挥人民主体在民法精神的动态行为实践中的创造性和积极性,这对建设社会主义法治文化的民本模式及其法治文化形态的实现,是一个根本性的社会选择。

“文化概念包含着两种相互补充的观念:一种观念把文化客观地看作是决定某个人类群体生活的独特性和真实性的行为、物质创造和制度的总和……另一种观念则注重这些行为、物质创造和制度对人和人类群体所产生的心理作用和精神作用,在这里,人类群体被看作是一个集合体,人也不是被视为单独的个体,而是文化概念之目的性的表现形式。”〔2〕文化的第二种观念就是文化实践。社会主义法治文化作为一种社会生态的秩序文化,是以市民社会的自由与自律的民法精神为基础的动态行为文化,是民法精神的动态行为构造。因此,建设社会主义法治文化的民本实践虽然离不开以民为本和代表社会公平正义的司法实践与行政实践,但是它在根本上是以人民为主体并由人民的动态行为构成的普遍实践。这一实践,除了自身需要遵守和符合法治的条件外,还需要得到政治社会的承认和保护,〔3〕“民法是市民社会关系的法,但并不意味着民法远离政治社

---

〔1〕 党的十九大报告指出,我国社会主要矛盾已经转化为人民日益增长的美好生活需要和不平衡不充分的发展之间的矛盾。

〔2〕 晓树:《思想家论人的行为》,北京工业大学出版社2011年版,第242~243页。

〔3〕 有学者认为:首先,政治社会同市民社会和基础权力一样是现代国家的政治基础,因此在性质上它是现代国家在社会之中建构的政治构造,是现代国家与社会相互融合而形成的新质因素,它从社会内部将现代国家与社会紧紧联系在一起,从而改变了国家与社会相互分离的状态。其次,政治社会是现代国家通过国家制度在社会之中扎下的根基,是国家与社会长期互动而形成的沉淀物,因此政治社会在经验上是能够被观察和分析的对象。虽然政治社会是一个广泛而又深入的网络,但民族主义观念、公民身份、阶级划分、政治结盟与政治排斥关系、政党与社会组织、代表分配与选区划分规则等,则是政治社会不可或缺的基本组成要素。要言之,由于明确了政治社会的性质以及基本的构成要素,政治社会才能够成为一个分析概念。(汪仕凯:《政治社会:一个中层理论》,载《学术月刊》2017年第7期)

会……政治社会构成市民社会的外部因素,是弥补市民社会在实现其自身普遍性方面力量不足的必要形式”。[1]“市民社会不因政治社会的选择与形成而丧失自己的地位,反而市民社会作为一种基础性的社会在整个社会构建中占居主导地位。”[2]推动以人民为主体和展现人民秩序精神的普遍动态行为实践,从而实现以民法精神为基础的社会主义法治文化的民本模式构造,对实现全面推进依法治国的总目标,无疑具有重要的社会现实意义。没有以民法精神的动态行为构成的社会主义法治文化的民本实践,就不可能有真正意义上的社会主义法治和法治文化,而这种文化也才是真正属于以民为本的社会生态文化。因此,建设社会主义法治文化的民本模式,就是确立以市民社会及其民法精神为基础的个人行为与普遍秩序的动态与生态文化,而不是将这种文化束之高阁,或者仅仅是一种社会精英文化。

人民是建设社会主义法治文化的实践者,社会主义法治文化中最重要的内容就是人民的信仰、生活方式和行为习惯。人民创造文化,也在文化之中,是文化的践行者,文化作为隐形的行为规则,不断影响人的行为,而人的行为也反过来促使文化的内容不断充实,因此,人民无时无刻不在建设和创造法治文化。社会主义法治文化服务于人民、尊重和保障人民,符合人民的利益的追求。社会主义法治文化就是充满人文主义的文化,处处体现了尊重人、关心人、爱护人的精神,是一种平等、自由、民主的动态行为文化。

社会主义法治文化的民本实践是一个循序渐进的过程,是在社会主义法治实践的过程中逐步认识和形成的。我们追求的是“规范承受者个人或集体对法或法律体系之可接受性主动加以认识、反思,在此基础上认同或承认法或法律体系的效力,进而自愿遵行和服从”[3]的法治文化。可以看出在社会主义法治文化的民本实践中,人民既是实践的主体,又是实践的目的,而这一主体与目的相统一的法治文化建设模式,在市民社会基础的规范与秩序意义上,就是民法精神的动态行为构造,是最普遍的法治行为民本实践。建设社会主义法治文化的民本实践,就是社会主义法治文化的人民创造,是人民创造自己的法治文化的历史过程。“归根结底,法律的历史是人的历史,是人存在(心理存在、社会存在与文

[1] 王利民:《民法的精神构造:民法哲学的思考》,法律出版社2010年版,第156~157页。
[2] 王利民:《民法的精神构造:民法哲学的思考》,法律出版社2010年版,第157页。
[3] 舒国滢:《法哲学沉思录》,北京大学出版社2010年版,第223页。

化存在)的历史。"[1]民本实践的社会主义法治文化的动态行为构造,就是以人民为中心和坚持人民主体地位的法治和法治文化发展,也就是人民的法治和法治文化创造。"无论历史的结局如何,人们总是通过每一个人追求他自己的、自觉预期的目的来创造他们的历史,而这许多按不同方向活动的愿望及其对外部世界的各种各样作用的合理,就是历史。"[2]

---

[1] 舒国滢:《法哲学沉思录》,北京大学出版社 2010 年版,第 300 页。

[2] 《马克思恩格斯选集》(第 4 卷),人民出版社 2012 年版,第 254 页。

第十九章

民法精神的生态秩序构造

一、生态

建设社会主义法治文化的民法精神构造，是一种生态秩序构造。生态秩序就是反映人的客观利益需求的自然秩序。通常所谓“生态”是自然生态，“指生物在一定的自然环境下生存和发展的状态，也指生物的生理特性和生活习性”。[1] 生态构成一定的生态圈或者生态系统。“支持生命的环境，无论大小，无论是自然的还是人造的，都是一个完整网络的一部分，在这个网络中每个成分都直接或间接地与所有其他成分相互作用，并影响整个网络的功能。”[2]生态与文明的结合就是生态文明，生态文明是自然生态文明与社会生态文明的统一体，

---

〔1〕《现代汉语词典》“生态”条，商务印书馆2005年版，第1220页。

〔2〕《不列颠百科全书》(第5卷)“生态系统”条，中国大百科全书出版社2007年版，第530～531页。

是以自然生态文明为基础的人类社会文明形态。[1] 2015 年 4 月中共中央国务院《关于加快推进生态文明建设的意见》指出:“生态文明建设是中国特色社会主义事业的重要内容,关系人民福祉,关乎民族未来,事关‘两个一百年’奋斗目标和中华民族伟大复兴中国梦的实现。”[2]这一生态文明,同样是指作为人类生存环境的自然生态文明,而不包括人和人的自然生态条件及其反映的社会生态系统。

生态文明对于人类的重要性不言而喻。然而,人类作为自然的产物是自然生态的一部分,而人类为了生存创造的一切,包括社会文明创造,都必然具有和反映人类的自然生态本质并具有生态性。换言之,社会是人类的一种生态,社会生态也是一种自然生态,是整个自然生态及其循环系统的一部分,而且是重要的部分。没有自然生态之外的“纯粹社会生态”,永远不可能有自然生态之外或者脱离自然生态的社会生态存在。人类社会的法治文化,作为以市民社会的民法精神为基础的民本文化,同样构成人类的生态文化,是人类的自然生态与社会生态的一体文化。

(一)自然生态

人类是自然的生物,首先是作为自然生态条件存在的,然后才可能衍生出作为自然生态条件的社会生态。自然生态构成了人类的根本生态,人类的一切生态条件都是自然生态或者自然生态的延伸,都离不开自然生态的条件和需求,并

---

〔1〕 生态文明是由“生态”和“文明”组成的复合概念。“生态”一词源于古希腊语,最早的意思是房屋、家庭,19 世纪中叶以来被赋予了现代科学意义,主要指自然界诸主体、诸系统之间交错复杂的关系。“文明”一词,根据唐孔颖达《尚书注疏》中关于“经天纬地曰文,照临四方曰明”的解释,“经天纬地”意为改造自然,属物质文明;“照临四方”意为驱走愚昧,属精神文明。在西方语言体系中,“文明”一词来源于古希腊“城邦”的代称。古希腊和古罗马文明是一种城市或者城邦文明,是以城市为中心并以城市生活为主体的文明。因此,文明是指人类社会的开化程度和整体进步状态。从人类社会实践活动上,文明则是人类改造自然、改造社会和自我改造的结晶。2007 年,十七大第一次把“生态文明”写入报告,提出“建设生态文明,基本形成节约能源资源和保护生态环境的产业结构、增长方式、消费模式”,并把它作为全面建成小康社会的一项新要求、新任务。2012 年,十八大报告再次论述“生态文明”,并独立成篇,提出要把“生态文明建设放在突出地位,融入经济建设、政治建设、文化建设、社会建设各方面和全过程,努力建设美丽中国,实现中华民族永续发展”,即“五位一体”。

〔2〕 该意见强调:“加快推进生态文明建设是加快转变经济发展方式、提高发展质量和效益的内在要求,是坚持以人为本、促进社会和谐的必然选择,是全面建成小康社会、实现中华民族伟大复兴中国梦的时代抉择,是积极应对气候变化、维护全球生态安全的重大举措。要充分认识加快推进生态文明建设的极端重要性和紧迫性,切实增强责任感和使命感,牢固树立尊重自然、顺应自然、保护自然的理念,坚持绿水青山就是金山银山,动员全党、全社会积极行动、深入持久地推进生态文明建设,加快形成人与自然和谐发展的现代化建设新格局,开创社会主义生态文明新时代。”

具有自然生态的规定性。

1. 自然生态的自在自为性

人类和其他自然物共同存在的客观世界,是一种自然生态世界。[1] 自然生态是自然而然的生态,是"不经外力干预而形成的状态",[2] 即一种自在自为的生态系统。自然生态并不是无序的生态,而是有序的生态;它基于物质世界及其存在的生物世界的内在规律而自然形成,是一种自在自为和自我选择的自然秩序形态;它遵循物质或者生物自身存在、演变与发展的规律,具有外力或者人力的不可抗拒性,任何一种事物只能接受和适应这一规律而不排斥或者背离这一规律。自然生态作为一种自在自为的秩序形态,具有自身的规律性和规定性,这种规律性和规定性本身代表了自然生态秩序的必然性与必要性,也就是它的正当性与合理性,既不能完全超越,也不能任意改变。

自然生态的自在自为性受自然的支配,是一种自然竞争、选择、演变与进化的客观存在性,遵循优胜劣汰、适者生存的自然规律。这一规律就是自然的法则与秩序,具有一切事物的本体法则与秩序属性。虽然它不是有目的的自主选择的结果,但是它的一切自在自为的结果都是符合自身目的的,因此对于自身也就是最有价值和意义的客观存在。

自然生态的自在自为的存在形态,一方面,是自然物的一种本能的自我生存能力,具有自我发展与实现的内在基因,是一种物质性的未来发展的可能形态;另一方面,自然物的内在生存能力会在环境的影响与作用下表现出来,并形成一种外在的客观化的物质形态。这种自在自为性实际上表征了自然物的自我发展和自我维续的属性与能力,是一切自然物都必然存在的一种可持续的并具有稳定性的发展体系,它不仅是人类的外在客观环境,是人类理性认知的对象世界,而且人类也属于这一客观环境本身并构成其中的一部分。人类既作用于环境,又改变环境,并需要适应环境而不能与环境相背离,具有与其他自然物一样的自然生态性,即自在自为的生态秩序。

---

〔1〕 自然是中国古代哲学术语。道家用以指原始本来状态。《老子》:"道之尊,德之贵,夫莫之命而常自然。"《庄子·田子方篇》:"无为而才自然矣。"[参见《不列颠百科全书》(第18卷)"自然"条,中国大百科全书出版社2007年版,第558页]

〔2〕 路丽梅、王群会、江培英主编:《新编汉语辞海》(下)"自然而然"条,光明日报出版社2012年版,第1772页。

2. 人类存在的自然生态性

人类虽然独立于自然世界并自我构造了人类文明的社会世界，但是人类的这种独立具有相对性，人同样不能改变作为自然物的自然生态属性。自然为人类提供了生存基础，人类作为自然的一部分，也是自然生态循环中的一个存在要素。人类存在既具有自然生态的自在自为性，也需要遵循自然规律，把自然性及其对自身生存的规律性与规定性作为自己的根本属性。马克思认为人是类的存在物，“人的万能正是表现在他把整个自然界——首先就是它是人的直接的生活资料而言，其次就它是人的生命活动的材料、对象和工具而言——变成了人的无机的身体。自然界就它本身不是人的身体而言，是人的无机身体。人靠自然界来生活……自然界同自己本身不可分离，因为人是自然界的一部分”。[1] 因此，人类并不能因为自己的社会属性而改变自己的自然属性，人类既是自然的，又是依赖自然的，社会不过是人类自然的表象；人类不能在自然之外独立存在，而是需要作为自然物以自然生态存在并需要尊重自然生态的自在自为性，不能过度地运用人力或者人为地改变人类的自然生态秩序，否则必然受到自然的惩罚。

人类的自然生态，既具有有机的存在，也具有无机的存在，既具有有机的身体，也具有无机的身体，两者“统一于人类的生产劳动实践”。人的有机性身体就是指人类的自然属性，无机的身体就是人类的自然环境，两者会“在社会实践中达到‘主体客体化’和‘客体主体化’的有机统一”，这就意味着“人们的道德责任和义务，不应局限于传统的人类社会而应拓展到整个自然生态系统，因为人类对‘无机的身体’负责的同时，也是对自身的‘有机的身体’负责”。[2] 人类既不能改变自己的自然属性，也不能改变自己的自然环境，其中任何的改变，都是对人类自然生态的改变，都必将带来一种全部的或者整体的改变，这种改变都是对人类自然生态秩序的破坏，结果都是灾难性的。

自然世界不仅是指无机界和有机界，而且“也指包括人类社会在内的整个物质世界”。[3] 人类生态构成了自然生态的一部分，不论是作为人的生物性的自然生态，还是人类活动所形成的社会生态，都具有生态或者自然生态的本质。自然生态是人类作为生物性的客观存在，是人的生物性与自身外部自然环境的

---

〔1〕《马克思1844年经济学—哲学手稿》，刘丕坤译，人民出版社1979年版，第49页。

〔2〕柳兰芳：《自然生态、人文生态和社会生态的辩证统一》，载《社会科学家》2013年第7期。

〔3〕路丽梅、王群会、江培英主编：《新编汉语辞海》(下)“自然界”条，光明日报出版社2012年版，第1772页。

统一，人类以自然为根据所形成的社会构造也是自然生态的延伸，并不能脱离人类的自然生态的本质与属性。

人类同其他自然物一样，必然受自身生态属性的自律规律的支配并反映自身的生态需求与条件，这就是人类的自然生态性。自然生态作为人类生存与发展的自由状态，是由人类的各种生命要素作用和形成的一个有机系统及其自然秩序状态。作为人类的生态秩序，自然秩序是人类的生命秩序与本体秩序，人类的一切秩序包括法律秩序，都必然派生于人类的自然生态秩序并被其规定，都逃不出自然生态秩序的本质。

自然生态反映人类的客观利益需求及其实现的规律性与规定性，是人类自在自为的秩序状态。自在自为的秩序状态并不是一种“无为”的状态，而是一种遵循人类的自然本质及其自然选择的规律性与规定性的状态，因此，这一状态本身就构成了人类的正当性与合理性秩序。一方面，人类的自然生态依赖于人类自身的自然存在，是人类自然进化的结果，体现了人类自我生存与发展的内在条件与能力，具有人类物种延续与实现的基因，是一种物质性的客观存在，是整个自然环境体系的一部分；另一方面，自在自为的自然生态秩序又是受人类能动条件支配的秩序，是在人类意志条件的作用下形成的一种动态活动的并构成相互利益关系的社会体系，同时具有人类行为与文化的社会属性。但是，自在自为的自然生态的根本是自然性而不是社会性，社会性不过是自然性的一种表象，其必然依赖和服从于自然性。

人类自然生态的自在自为性，既受自身自然规律的支配，又受自身自然规律的限制，是根据人类自然生态的客观利益需求及其实现的内在条件发生的，既不是随意选择的，也不是任意发生的，所以构成人类的生存法则与秩序，具有人类生存的一般价值并发展为人类的社会生态。然而，自然生态的自在自为性，在自然的选择与限制范围内，也是一种自由的秩序形态，体现人类生命秩序的自由本质与法则。没有了人类的生命自由性，也就没有了人类自然生态的自在自为性。所以，自然生态的自在自为性是以人类生命及其生存的自由本质为根据的，既体现人的主体性，也体现人的尊严性。

（二）社会生态

社会生态是人类在利用自然、相互交往、繁衍生息等自我生存与发展的活动与过程中所形成的一种以人为主体的群体性构造形态。社会生态不同于社会或者社会形态,[1]它强调社会或者社会形态的生态性及其规律性与规定性,是对自然生态的一种社会拟制和延续的文明与文化形态。有学者指出,“生态的理念已从最初关注生物体同外部环境之间的关系扩展到了整个人类社会”,而且,“社会生态的概念所指也已经远远超过了原有的自然环境科学的范畴,而是赋予了更多的人文、社会科学的涵义。换言之,社会生态是融经济、科技、教育、文化、环境等诸多领域而形成的一个共生的、复杂的系统”。[2] 或者说,“社会生态,是指人在一定的社会环境下生存与发展的生动状态”。[3] 显然,这一社会生态的概念强调的不是社会生态的自然性,而是社会生态要素的共生性、复杂性及其系统性。

与上述社会生态概念及其认识不同,本书中的社会生态概念,强调的是社会生态条件的自然性及其自然的内在规范与秩序属性,即作为社会生态主体的人及其人性的自然性或者生物性本质,也就是人的社会构造本于人的自然生态并属于自然生态的客观存在性,它在根本上是人类的自然生存利益需求及其实现的规律性与规定性,是社会的自然规范性与秩序性本质。社会生态是人的自然生态的社会性延伸,是人的自然生态的本质与需求在一定社会关系条件下的反映和表现形态,即自然生态的社会化形态。因此,社会生态概念的另外一种表述就是“社会自然”,而且这一概念更能准确代表社会生态的本质。

简言之,本书的社会生态,就是把社会当作自然来看待的一种社会观,认为社会是自然的一种形态,是自然的表象和一部分;社会的生态性根本是人的生态性,是由人的生态性决定的,是人的自然生态的社会反映;对社会现象及其规律的认识,根本是对人的自然现象及其规定性的认识,任何背离人的自然现象及其规定性的认识,都必然是错误的认识。因此,本书对民法精神及其民本模式的法治文化构造的认识,作为一种社会认识或者人的认识,必然把结果导向人→人性→人的伦理。

1.社会生态的自然性

虽然社会是人为的,但却是属于人自身的,并必然具有人的自然性。“人们

---

[1] 社会也称社会形态,“指由一定的经济基础和上层建筑构成的整体”;“泛指由于共同物质条件而互相联系起来的人群”。(《现代汉语词典》“社会”条,商务印书馆2005年版,第1204页)社会是“以物质生产活动为基础而相互联系的人类生活共同体”。[路丽梅、王群会、江培英主编:《新编汉语辞海》(下)“社会”条,光明日报出版社2012年版,第1169页]

[2] 王学俭、张哲:《互通与契合:公民社会与社会生态空间关联研究》,载《西北师大学报(社会科学版)》2014年第5期。

[3] 刘善泳:《论地方志的社会生态记录功能》,载《中国地方志》2005年第4期。

在社会中扮演不同的角色或占有不同的地位，彼此之间或与社会各种风俗、制度的关系上，都有不同的看法。行动及行动之合理化、观念和陈述意见甚至竞争之中，似乎都有某种社会秩序或模式。"[1]这种社会秩序或者模式，就是一种社会生态构造。这一构造既是社会性的，又是自然性的，是不同社会主体与社会系统之间相互联系与相互作用所形成的一种社会秩序体系，这一体系的不同主体之间通过生存资源的开发、交换与利用构成了一个相对稳定并相互维持的共生系统，即人的自然与社会的存在系统。

社会生态作为人类自然生态的延续形态，既有人类超越自然的一面，也有人类遵循自然的一面，而且在根本上是自然的。因为人类本身就是自然的，人类的一切社会创造都是人类自然选择与发展的一部分，既不能超越人性和人的自然伦理，也就不能超越人的自然性和人的自然生态。人类的社会生态性，在根本上不在于它的社会性，而在于它的生态性。生态性是一种自然性，社会性只有在反映人类生态性即自然性并代表人类生态或者自然条件的基础上才具有其必然性与必要性。因此，生态性或者自然性才是社会性的真实性与本质性，没有了人类的生态性，也就没有了人类的社会性，而人类的生态性的本质是一种自然性。

社会生态的自然性体现在三个方面：第一，社会生态是人的生态，具有人的自然生命的条件性与需求性；第二，社会生态的维持需要自然生态的资源供给并尊重自然生态的客观条件；第三，社会生态的存在与发展受制于自然生态并具有自然生态的规律性与规定性。因此，只有通过社会生态的自然性才能够认识和发现人类社会生态的本质，并合理构建人类的社会生态秩序，从而实现人类社会的有序发展，包括人类的法治和法治文化的构造与发展。

2. 社会生态的人文性

虽然社会生态是生态的和自然的，但是在社会形态上又是人文的。社会生态，不论是其生态性或者自然性，抑或是其社会性或者人文性，根本在于人的社会主体性。作为社会主体，人是自然性与社会性的统一。社会生态的自然性与社会性是由人的自然与社会统一的本质决定的，并必然具有这一本质。社会生态是由人的主体性构成的一种人类生命或者生存形态及其形态的人与人之间的相互关系与行为的体系。社会生态以人为主体，反映人的意志与行为条件，表现人类思想活动与劳动创造的精神与物质成果，是一种人的文明与文化现象。因

[1] 《不列颠百科全书》(第15卷)"社会结构"条，中国大百科全书出版社2007年版，第474页。

此,社会生态不仅具有自然性,而且具有人文性。[1] 人作为主体参与社会生活,不仅会有共同的意志条件,而且会形成共同的行为方式与行为习惯并产生共同的行为结果。人类的社会生态不仅必然具有人类的共同性和普遍性,而且必然反映和体现不同民族或者群体的特定条件与文化特征。换言之,人类的社会生态在自然性的基础上,既具有人文的一般性,又具有人文的特殊性。

"人是社会生态的主体,人的生存与发展的状态,大致表现为一定社会阶段的人文状况(物质文明、政治文明、精神文明)的总和。"[2] 人的本质使得社会生态具有一定的共通性,人的生存环境的特殊性又使得社会生态呈现出地域性,不同地域中的社会生态具有不同的特质。社会生态的人文性体现为社会生态的要素是社会政治、经济、教育、科技、文化、历史等诸要素的综合;社会生态的外在特征受到不同的人文社会环境的影响,如欧洲大陆的制定法传统和英美的普通法传统就是不同地域的思想文化和社会环境的综合结果;社会生态的发展和演变受到历史文化和社会环境影响,从而中国社会在历史上曾长期处于"超稳定结构",[3] 这种结构就是社会的政治、经济、思想等因素结合而形成的一种社会秩序状态,这种状态的维持是来自社会生态本身的自我固化,因此难以形成近代以来的推动社会迅速发展的科技和人文观念。总之,社会人文环境不仅是社会生态的外在表征,也为社会生态的发展提供了特定的条件与动力。

当然,社会生态的人文性最终是由生态的人本性决定的。社会生态虽然是一种自然的生态,但是在根本上是人的自然,而人的自然不仅反映人的生命与生物属性,还必然直接受到人的思想意志及其支配下的各种活动与创造的影响,具有特定的人文本质与色彩。

3. 社会生态的秩序性

社会生态不仅是一种自然和人文的形态,而且是一种秩序形态,具有社会秩序的本质。而"社会秩序表示在社会中存在某种程度的关系稳定性、进程的连

---

[1] 人文"指人类社会的各种文化现象";"指强调以人为主体,尊重人的价值,关心人的利益的思想观念"。(《现代汉语词典》"人文"条,商务印书馆2005年版,第1147页)这种思想观念就是人文主义,是"高度重视人和人的价值观的一种思想态度"。(《不列颠百科全书》第8卷"人文主义"条,中国大百科全书出版社2007年版,第241页)

[2] 刘善泳:《论地方志的社会生态记录功能》,载《中国地方志》2005年第4期。

[3] 参见金观涛、刘青峰:《兴盛与危机:论中国社会超稳定结构》,法律出版社2011年版,序言第xi页。

续性、行为的规则性以及财产和心理的安全性”。[1] 社会生态是一种秩序生态，是按照一定的秩序发生的，而秩序本身就是一种社会生态条件，它使社会生态成为一种具有稳定性的、可预见和可持续的形态，并在这一基础上成为一种自我维系和自我生存与发展的人类结构体系。

社会生态的秩序性虽然具有不同时间和不同地域环境条件下的差别性，[2] 但是基于人类共同的利益需求及其实现条件的客观规定性，即便是不同的民族或者群体的社会生态秩序，不论它们是在什么时间和阶段以及什么样的环境与条件下形成的，都会具有和表现出一定的生产和生活的相同秩序形态，并具有本质的一致性，这就是人类的共同生态本质和共同的社会文化性。

社会生态秩序是由各种不同秩序构成的统一秩序形态。如根据秩序的社会本质可以分为个人秩序与公共秩序、市民社会秩序与政治社会秩序；根据社会秩序的不同领域可以分为政治秩序、经济秩序、文化秩序、法律秩序、个人心理与行为秩序等。其中，法律秩序又可以分为自然法秩序、制定法秩序和行为法秩序。[3] 此外，从不同的角度看待社会秩序就可能形成和具有不同的社会秩序

---

〔1〕 张文显编：《法理学》，高等教育出版社 2011 年版，第 260 页。

〔2〕 古代社会普遍是一种等级结构秩序，依据出身、阶层、财富等标准，社会划分为了不同的等级，中世纪的宗教学说和中国的传统道德观均是与这种秩序相适应的理论形态。近现代以来，随着启蒙运动思想和人人平等观念的兴起，以及社会主义思想对极端自由状态下社会不平等的反思，人类社会开始形成反映自身生态平等条件的社会秩序。现代社会的生态秩序不仅需要尊重个人权利和利益，而且需要兼顾社会公共利益并实现个人秩序与社会公序良俗的生态平衡与统一。

〔3〕 “在法的体系与概念上，作为实在法的价值根据的道德体系或者自然法，是人类内在的行为秩序，可谓之本体的法；作为本体法表现形式的实在法，是国家制定的规则体系，可谓之形式的法；作为形式法生态实现的实质规则，是主体性的生态行为，可谓之行为的法。这样，‘法’的规则构造为：本体法、形式法和行为法。本体法是实在法的内在根据，实在法是本体法的表现形式，行为法是实在法的生态实现。本体法作为人类的内在秩序和社会行为的规定性，具有一般性和普适性，是人类的法、自然的法、价值的法；形式法具有人为性，产生于立法者的意志，是国家的法、制定的法、强制的法；行为法是人的主体性行为，体现各自不同的主体个性，构成现实的生态秩序，是主体的法、实行的法、生态的法。本体法应当是人类理性的发现，否则即不能作为形式法的价值；形式法应当符合本体法的一般价值，否则即为恶法；行为法应当在形式法模糊空间的容许内，否则即是违法。其中，任何一种法都代表法的本质，但都不能代表法的全部真实。法或法的实践从来都不能在绝对真实的意义上判断。尤其是所谓实在法的形式法，其形式上代表着法的真实，而实质上则可能是法的一种虚假现象。”（王利民：《人的私法地位》，法律出版社 2013 年版，第 129 页）自然法是人类本体的法，是一种价值的法，是国家法的本源，是制定国家法的根据；制定法是国家法或者实在法、形式法，是行为法的前提和条件，制定法只有符合自然法才是善法并具有法的价值；行为法是当事人的法，是任意法，是由个人的现实行为条件构成的具体行为规范，行为法只有符合制定法才是有效的法并被制定法所承认，否则就不具有法的效力。这三种法的秩序构成了人类完整的法律秩序。

观，如身份等级秩序观、自由平等秩序观、个人与权利本位秩序观、社会与国家本位秩序观、历史唯物主义秩序观等。[1] 这些秩序观既是对相同形态社会秩序及其特性的概括总结，又是一种对特定的或者应然的社会秩序的态度与认可。

(三)社会生态与自然生态的同质性

自然生态与社会生态划分，是人的观念物，但是对于人存在的自然和人作为自然物而构成的社会而言，不过是一个以人为主体和对象的同质性存在。

1. 自然生态是社会生态的条件

社会生态作为人的生态，是人的社会构造性生态，包括人类社会构造的各种形态，如个人与家庭、国家与政治、经济与科技、教育与科学、文化与艺术等各种不同的社会要素都是社会生态的存在形式。这一生态系统虽然是“人为”的，体现人的智慧性与创造性，但是它的存在与发展都不可能脱离人的自然生态性及其依存的自然环境与条件。没有自然生态就没有人的生态和人的社会生态，社会生态作为自然生态的延伸形态，是自然生态的一部分，是自然生态的人类构造性表现形态，它以自然生态为条件和根据，是自然生态发展和演变的客观结果。

所以，不论社会生态的何种要素，无不依赖于自然生态的条件，并以自然生态为根据。自然生态系统为社会生态的维续和发展提供了不可或缺的物质条件。同时，自然生态条件的变化也会影响和决定社会生态的存在与变化，人类社会生态的延续与发展必须有与之相适应的自然生态环境，否则人类的社会生态就不复存在。在这个意义上，社会生态并不是人的随意创造，也不可能由人随意创造，更不可能在人的随意创造中获得自己的存在和发展条件，而是以自然生态为根据的一种社会形态发展。人的社会创造无不在人的自然生态的规定性之中，一旦超越必然受到自然生态的惩罚。

孟德斯鸠曾论述了法律与政治制度、风俗习惯、生活方式、自然环境、气候和地理因素的关系，[2] 任何一种社会生态现象或者因素，都需要在一定的自然生态条件下认识和考察。虽然自然生态和社会生态之间的具体关系作为一个发展和变化的条件，需要人类不断的研究和认识，但是包括地理、环境、气候与资源等在内的自然生态条件对人类社会生态的形成及其具体样态的直接影响和作用，是不言而喻的。外在的自然生态不仅是人的认识和改造对象，而且也是人的存

---

[1] 张文显编：《法理学》，高等教育出版社 2011 年版，第 260 ~261 页。

[2] 参见[法]孟德斯鸠：《论法的精神》(上卷)，张雁深译，商务印书馆 1982 年版，第 227 页。

在场所并和人结为一体，人生活在自然环境之中，自然生态构成了人类社会生态秩序存在的客观事实。

2. 社会生态是自然生态的发展

社会生态不仅以自然生态为条件和根据，具有自然生态的规定性，而且是自然生态发展的结果。人类的自然生态发展必然产生人类的社会生态，并通过社会生态表现和展示人类的自然生态。人类在社会生态中如何表现和展示自己的自然生态，这才是人类社会生态的价值与本质。

人类的社会生态形式代表了人类自然生态的进化水平与程度。这既是一个自然发展的过程，也是一个在尊重自然的基础上改变自然和创造自然的进步过程。在人类文明史中，人类通过不断改造自然而改变了自身的生存与发展环境，同时也就创造了与自然生态相适应的社会生态。“人类社会对资源系统开采利用，将社会要素与自然要素联结在一起，组合成一种带有人类印记的自然社会资源系统。”〔1〕人类在对自然资源的依赖、加工与利用的过程中，不仅形成了一定的利益分配秩序，而且也构造了自己的社会生态系统。“社会生态系统是人类社会系统及其环境系统在特定时空的有机结合。”〔2〕社会生态系统是一个复杂的人类生存体系，既属于自然生态，又是自然生态的发展形态，并在这一形态中包含了各种生态要素。“如果按照功能特征和结构要素来划分的话，社会生态系统包括两大基本结构要素：环境要素和社会要素。环境要素即生存环境又分为无机环境，有机环境和社会环境三个部分。而社会要素即人类社会则分为社会生产群体，社会管理群体和社会败坏群体三个部分。”〔3〕不论其中何种要素，都是人类自然生态与社会生态结合的要素，即从自然生态文明向社会生态文明发展的要素。

3. 自然生态的社会生态文明性

社会生态作为自然生态的发展与存在形态，自然生态必然表现为社会生态并具有社会生态的文明与文化属性，并在人的自然生态社会文明化的同时，以更高的社会生态文明形式实现自然生态的本质需求。所以，社会生态文明不仅是人的自然生态的现实需要，而且是人的自然生态的客观结果，自然生态必然在自

〔1〕 杨涛：《公共事务治理行动的影响因素》，载《南京社会科学》2014 年第 10 期。

〔2〕 叶峻：《自然生态、社会生态与社会生态学》，载《贵州社会科学》1998 年第 4 期。

〔3〕 叶峻：《自然生态、社会生态与社会生态学》，载《贵州社会科学》1998 年第 4 期。

身的存在与发展中获得社会生态文明的条件与属性。人的自然生态同样具有对社会生态文明的依赖性,并需要以社会生态文明的更高形式存在和实现,也就是实现人的更好发展,达到人的更高理想、目的和价值。

当人类的自然生态获得了社会生态文明的形式,人类的自然生态就不再是简单的原始状态,而是在社会生态文明条件下的更高形式,特别是具有了一定的精神文明构造。社会生态文明是人类在自然生态基础上发展和创造的一种体现理想与价值的生产与生活方式。生态文明作为人类的价值理性,是正确处理人与人、人与自然、人与社会关系的一种最高文明形态。本书的社会生态文明,主要是指社会构造文明即一定社会结构条件下的规范与秩序文明,其核心是法治和法治文明。因此,社会生态文明的概念与一般生态文明的概念不同,一般生态文明主要是反映人与自然关系的概念,是人类在对工业发展带来的后果的深刻反思基础上提出的一种人与自然和谐相处的模式。"生态文明要求人类摆脱工业文明中为增长而增长的经济发展模式,实现由单纯追求经济目标向追求经济——生态双重目标的转变,通过一定的法律与政策手段,使社会与自然更和谐……达到社会、经济、政治、文化与自然之间的和谐互动。"[1]社会生态文明是这一和谐发展模式在社会领域的延伸,当代社会面临的各种问题要求在社会发展领域中贯彻生态文明理念,并用社会生态文明维护人类的自然生态并使其作为人类自身的条件而更适合于人类的存在与发展。

十八大报告指出:"建设生态文明,是关系人民福祉、关乎民族未来的长远大计。面对资源约束趋紧、环境污染严重、生态系统退化的严峻形势,必须树立尊重自然、顺应自然、保护自然的生态文明理念,把生态文明建设放在首地位,融入经济建设、政治建设、文化建设、社会建设各方面和全过程。"自然生态的社会生态性意味着要以社会生态文明的要求及其价值理念来对待自然生态,要实现自然生态的社会生态文明化发展,并在秉持人与自然和谐发展理念的基础上将自然生态融入人的社会生态文明的建设与发展之中,使自然生态在社会生态文明的条件下获得更好的存在条件,最终造福于人类。

4. 社会生态的自然生态规律性

社会生态的存在和发展具有自己的规律性。社会生态规律不仅是社会规律,即人的社会活动规律,而且是自然规律,并且在根本上是自然生态规律,即人

---

〔1〕 杨继瑞等:《生态文明建设的若干思考与对策》,载《经济社会体制比较》2013 年第 3 期。

的自然生态规律的社会生态条件反映。人的社会生态虽然是人的社会活动的结果并受人的社会意志支配,但是人的社会生态的条件和形成不是任意的,而且是受人的自然生态规律限制并需要接受人的自然生态规律条件的,也就是人的社会生态不能违背人的自然生态,需要在自然生态的条件与规律下存在和发展。

因此,社会生态的发展需要尊重自然生态的规律。一方面人类的社会构造包括经济、政治和文化的建设,需要以自然生态为基础,并且自然生态规律必然制约着人类的社会构造与发展,人类改造自然和进行各类社会生态构造只能在尊重自然生态规律的条件和基础上完成;另一方面人类的社会生态构造应当正确处理人和自然的关系,做到人与自然的共生共存与和谐有序,其目标就是建设和实现社会生态文明。"生态文明是协调人与自然关系的新型文明形态……这种文明观的实现需要人的自觉与自律,需要强有力的社会道德力量作为支撑。"[1]社会生态的自然生态规律性还意味着人类要尊重社会生态主体的自然需求,并关照主体的"正义的伦理诉求",既不能忽视对个体或群体的自然属性进行社会改革,同时也要培育和提升"全体公民的生态文化普遍价值与公共理性、公共精神"。[2] 社会生态只有遵循自然生态的规律性,才能够在符合自然生态伦理的基础上具有社会生态伦理的正当性。

二、社会生态秩序

社会生态作为人类生存与发展形态,是一种人类维系种群延续的秩序构造。不论是自然还是社会,一旦构成了生态,也就构成了秩序,是秩序给予了生态的存在本质。只有是秩序的才是生态的,生态需要以秩序的形式存在,否则就没有生态及其社会构造,因此人类的生态构造是一种生态秩序构造。

(一)社会生态秩序的本质属性

人类生态秩序具有人类利益需求及其实现的规定性,即具有其特定的本质属性,是特定本质的社会构造形态。

1. 社会生态秩序的自然性

生态秩序首先是自然秩序,然后才是社会秩序,自然性构成了生态秩序的本

---

[1] 卢丽华、张桂春:《社会生态文明建设视域下公民教育的逻辑起点》,载《教育评论》2015 年第 10 期。

[2] 卢丽华、张桂春:《社会生态文明建设视域下公民教育的逻辑起点》,载《教育评论》2015 年第 10 期。

质属性。社会生态秩序是人类在改造自然、相互交往、推动社会发展过程中所形成的秩序状态,包括一定的政治生态秩序、经济生态秩序、文化生态秩序等。在政治理论中,人文政治社会来自家庭和部落的基础之上,是自然发展形成的,这一理论被称为政治自然主义。[1] 根据这一理论,政治社会源于市民社会,是市民社会需要的产物,而市民社会是人类的自然社会,其存在和发展遵循着人类自身的自然本质及其进化规律,不能也不应当有脱离这一本质之外的存在。

社会生态秩序的自然性是由这一秩序的主体即人的自然性所决定的。正如前述,人是自然的主体,具有自然的本质属性,一切有关人的秩序形态,都必然以人的自然性为根据,否则就脱离或者违背了人的本质,也就不是以人为目的的构造。[2] 因此,人的社会生态秩序构造,不是一种社会性的任意构成,而应当是一种自然性的社会构造,是反映人的生态本质的规律性与规定性的构造。

社会生态秩序的自然性还体现在它的维续和运行遵循着一种自然的或者与自然系统相统一的逻辑。自然生态秩序遵循能量守恒的定律,而社会生态秩序则遵循相互关系的利益均衡原则,如果社会中的利益和力量能够保持基本平衡状态,那么社会生态秩序就处于相对稳定的均衡状态,反之,社会生态秩序则处于一种不稳定的或者可能引起激烈变动的状态。

社会生态秩序自然性的根据是人的自然规律。因为,“我们受到自然规律的支配,因此,从根本上讲,我们的行为能被生态学的系统论观念所囊括并加以解释。不仅个体如此,上升到群体与更高层面,社会生态系统与自然系统具有强烈的相关性与可类比性。这些相关性与联系源自于社会生态系统与自然系统的相互交叉性,使得这种相关性是有机的相关,而不是生搬硬套地将社会生态系统与自然系统类比”。[3] 由于社会生态秩序具有自然性,人类在社会实践与构造中便需要遵循一定的社会生态守恒定律。一方面,在人和自然的关系中,人类社会实践不能违背自然规律,人类活动不能超过自然生态所能承载的范围;另一方

---

〔1〕 亚里士多德在“《政治学》第一卷中表达了政治自然主义的思想,具体表现为以下三个主张:城邦由于自然而存在,人类本性上是政治动物,城邦在本性上优先于个体”。(田道敏:《自然主义的政治》,华中科技大学2014年博士学位论文,第10页)

〔2〕 典型的制度形式就是作为市民法即民法的自然人制度,该制度构造的自然人秩序中的制度条件与规则,都是以人的自然性为根据的。自然性构成了自然人的人格本质及其制度属性。

〔3〕 马道明、李海强:《社会生态系统与自然生态系统的相似性与差异性探析》,载《东岳论丛》2011年第11期。

面，在人和人的关系中，人类实践和人类社会关系也应当维持人类生态秩序的自然稳定，人类社会资源应当得到大体公平的分配，人类活动也应当受到合理的约束与限制。只有这样的社会生态秩序，才是良性的和可持续发展的秩序。

2. 社会生态秩序的民本性

社会生态秩序是社会各领域的一种安定有序的状态，这种秩序状态不仅以人为主体，而且以人为目的，具有人本或者民本的秩序属性。或言之，社会生态秩序是人的秩序，其一切社会秩序构造应当是以民为本的构造，即社会生态秩序应当反映人的利益，体现人的价值，实现人的目的。

社会生态秩序的民本性，是民本主义的表现与结果。民本主义是人类社会的根本思想。现代民本主义是权利本位的民本主义，即以民法和民法精神为主体构造的一种社会规范与秩序体系。与古代民本思想不同，现代民本主义不是实现君本主义的工具，即不是统治者为了实现自己的统治目的而不得不为臣民的利益作某种考虑的一种道德规训，而是社会秩序构造的一项基本的价值准则。社会生态秩序的以民为本，其民不是臣民，而是人民，是最普遍的人的主体，人民不仅是社会的主体，而且是统治的主体，人民不再是被统治的对象或者客体，而是社会治理的积极作为与自主构造的因素。由于人民的普遍主体性，所以这种意义上的以民为本就是以人为本。“以人为本是从最广泛意义上来肯定人的价值，因此它的价值目标就是要实现人的全面发展。”[1]以民为本就是把普遍的个人作为目的和价值，而并非当做工具和手段。可见，生态秩序的民本性就是人的秩序与人自身的统一性，也正是由于生态秩序的民本性，人民才能够自主地构造和实现这一秩序。

3. 社会生态秩序的意志性

生态秩序作为人的秩序，反映人的主体地位，具有人的意志性。社会生态秩序不仅受人的自然性的支配，而且受人的意志性的支配，体现人的意志性条件。因此，社会生态秩序作为一种社会秩序构造，具有社会意识形态的属性，并具有了意识形态的多样性与复杂性。因此，不同的民族和社会往往表现出社会生态秩序的变化性与差别性并形成不同的社会生态特征。但是，生态秩序的意志性不是人或者个别人的任意性或者随意性，而应当是人类的理性，在此基础上的生态秩序的意志性必然实现与人的自然性的统一并表现出共同的秩序本质。

---

〔1〕 诸凤娟：《古代民本思想的当代价值探析》，载《北京大学学报（哲学社会科学版）》2012年第1期。

社会生态秩序是人们展现自然和参与社会所形成的一种秩序,没有人的自然展现就没有生态秩序,而没有人的社会参与,就只是一种自然秩序而不是社会秩序。人有意识地参与社会和改造自然的结果便形成了各种不同的文明或者社会生态文明形态,无论是中华文明、欧美文明、非洲文明,还是伊斯兰文明、印度文明,均离不开特定人或者群体的自主参与,是这种参与的形态与结果,所以必然使社会生态秩序体现和具有人的意志性。尽管对于社会秩序的形成存在进化论理性主义和建构论理性主义两种观点,前者认为社会秩序是一种自生自发秩序,后者认为社会秩序形成于人类的理性塑造,但两种不同的观点均不否认在社会秩序形成过程中人的主观意志发挥了不可或缺的作用。对于人和世界的关系,存在决定论和自由意志论两种观点,决定论认为世界受到必然性的因果规律的决定,自由意志论认为人的自由意志创造了社会秩序。[1] 实际上,社会生态秩序无论如何遵循自然规律与人的规定性,其形成也都离不开人的意志的作用,社会生态秩序作为人的社会构造是人的意志的直接外化。

正是社会生态秩序的意志性,使社会具有了复杂性并增加了人们认识社会的难度,社会成为既源于人类自身又与人类自身相异化、既代表人类自身又需要人类自身不断认识和发现的一个永恒主题。

4. 生态秩序的自由性

生态秩序作为人的秩序,在人的意志性的基础上具有人的自由性,是人的自由秩序。自由秩序就是人的自律秩序,具有人的自主构序性,是人的自由而有序的一种社会生态条件。当人的自由与秩序相结合或者接受秩序的条件,人的自由就成为一种自由秩序。自由秩序既体现了人的主体人格价值,又实现了人的社会秩序需要。所以,自由秩序是一种最理想的社会秩序构造。

自由不仅是人格的需要和条件,而且是人类理想的社会状态。霍布斯、洛克、密尔等思想家把自由界定为人身安全和财产不受侵犯的权利,自由意味着免受外在强制力的不合理干涉,是一种消极意义上的自由。与此相对,源自古希腊公民参与城邦的实践,作为近代自由主义奠基者之一的法国思想家贡斯当,区分了古代社会的自由和现代社会的自由,“古代人的自由在于以集体的方式直接

〔1〕 参见俞吾金:《决定论与自由意志关系新探》,载《复旦大学学报(社会科学版)》2013 年第 2 期。

行使完整主权的若干部分”,[1]自由不仅意味着不受限制,还意味着积极参与社会公共实践,是一种积极意义上的自由。消极自由和积极自由的内涵和实现条件等方面存在不同,其共同之处在于分别从不同角度保障了人的社会行动秩序。这种社会行动秩序就是社会生态秩序的基础,社会生态秩序的实现也需要从积极和消极两方面来保障社会主体的自由。社会生态秩序并不是一种反对自由的秩序,而是一种以自由为基础并为自由的实现创造条件的秩序,即以自由为目的提供自由条件并保障自由实现的秩序。

生态秩序的自由性,作为市民社会关系的条件,就是民法精神的自由性,即由民法调整并需要通过人的民法精神实现的一种自由形态。在民法精神的生态秩序构造中,只有保障个人的自由,个人行为及其效果受到法律的承认和保护,个人的市民社会生活才会具有一定的稳定性和可预见性,从而才能够形成一种个人财产与人身安全的社会生态秩序;只有保障个人的积极自由,个人才能够积极参与市民社会关系并自主构造合理的市民社会秩序,实现市民社会秩序与公共社会秩序的结合与统一,并形成人们在社会秩序构造中的行为意识与责任意识,从而使社会生态秩序不仅成为一种自主的社会构造,而且成为一种自由的社会构造。可见,生态秩序的自由性为个人生活的社会实现提供了一个稳定的个人秩序与社会秩序结合与统一的社会构造条件。

5. 生态秩序的行为性

生态秩序作为人的秩序,是人的行为秩序的总和,具有人的行为性。它是市民社会关系的行为秩序,即个人在市民社会关系中的设权行为秩序,也就是民法的法律行为秩序。法律行为秩序既是民法调整的行为秩序,也是个人的民法精神秩序,是在自愿或者意思自治条件下形成的社会生态秩序。

市民社会的行为秩序蕴含于社会生态之中,集中体现社会主体在自由意志的支配下参与社会实践并实现自我存在与发展的生态本质。社会生态秩序是主体参与社会实践形成的一种稳定的和可持续发展的社会状态,其秩序性决定于社会主体或者个人自身的行为所具有的秩序属性。也就是说,行为秩序形成于主体展现自身价值与社会构造能力的行为实践过程,并由主体自觉、有意识的社会行为构成,既离不开主体的行为,也必然具有主体的行为性。行为秩序是一种

---

[1] [法]邦雅曼·贡斯当:《古代人的自由与现代人的自由》,阎克文、刘满贵译,上海人民出版社2005年版,第34页。

外化秩序、客观秩序、实在秩序,而不是内在的思想或者意志秩序。人的社会意志或者思想只有转化为一定的行为秩序,才具有社会性并构成社会生态秩序。

由于主体只有通过社会实践才能成为社会生态秩序的构造者并使自己的行为成为社会秩序的构造要素,所以社会实践是理解生态秩序的关键范畴。社会实践具有客观现实性与主观能动性、主体的能动性与受动性、能动的主体对象化与客体主体化、自我更新的超越性和社会历史性的统一。[1] 对于实践的知识属性问题,亚里士多德、康德、马克思、布迪厄等人都从实践哲学方面进行了讨论,尽管不同思想家的实践哲学理论内涵不同,但区别于纯粹思维领域中的理论哲学,实践哲学以实践为对象进行哲学省思,探讨如何实现一种理想的社会秩序问题。

马克思实践哲学的核心内容和根本旨趣在于:“如何创造一种自由的社会生活共同体,使所有的人在此社会生活共同体中实现真正的自由。通过实践活动改造与人的本性不相符合的社会政治关系,并建立一个‘自由人的联合体’。”[2]社会生态秩序的根本目标也在于实现这样一种理想的秩序,其表现在社会生态秩序中的行为性不仅形成于行为所构成的社会实践,也塑造了社会实践,并为行为创造了条件。社会实践中的行为体现在人类活动的不同领域,具体体现为政治行为、经济行为、文化行为等不同类型。行为可以是个体形态也可以是集体形态,无论个体行为还是集体行为都是一种具有意向性的行为。[3] 个体在集体行为中通过合作和互动形成了一定的秩序,不同秩序结合到一起便成为了社会生态秩序,社会生态秩序的形成是不同的个体和集体行为的结果。然而,不论人类的社会实践属于何种行为类型或者有多么的复杂,其根本是市民社会的行为和行为秩序,这一秩序正是社会生态秩序的基础秩序构造。

(二)社会生态秩序与规范秩序

1. 社会生态秩序的规范秩序条件

社会生态秩序是人类在社会实践中形成的行为秩序,虽然这一秩序具有行为主体的意志性、精神性与自由性,但是作为秩序本身它以规范为条件,是一种规范秩序。生态秩序是自然的也是规范的,规范是秩序的前提,秩序是规范的结

---

〔1〕 杨思基:《论社会实践的本质、形式、特点和规律》,载《齐鲁学刊》2000 年第 2 期。

〔2〕 贺来:《论马克思实践哲学的政治意蕴》,载《哲学研究》2007 年第 1 期。

〔3〕 参见季士强、任建霞:《集体行动何以可能?——约翰·塞尔的行动哲学分析》,载《科学技术哲学研究》2015 年第 1 期。

果,秩序本身就意味着自身形态的规范性。所以,没有规范,就没有秩序,秩序是在规范条件下形成的一种持续和稳定的社会生态。规范之所以具有生态秩序的构造性,就在于规范是普遍和统一的行为条件,行为主体只有承认和遵循行为规范,才能够在不同主体之间形成共同的行为秩序。行为一旦失去了规范,也就失去了秩序,就不再具有作为社会构造的正当性与合理性。

生态秩序的规范秩序条件,一方面来源于社会的形式规范,即国家实在法的规范,实在法规范为生态秩序提供了基础的、强制的规范条件;另一方面来源于行为主体自觉的规范认知,是行为主体将包括实在法规范在内的外在行为规范内化为具体的意志或者精神的规范条件,即自律的行为规范。因此,生态秩序的规范秩序条件是一种多元的和整体的社会规范条件,它既来源于包括实在法规范在内的各种公序良俗的规范要求,又需要转化为不同行为主体的自治与自律的规范精神。所以生态秩序的规范既是普遍的一般规范,又是主体的特定规范,既是一种形式规范,又是一种具体和现实的行为规范,是个人规范与社会规范的统一,是转化为实在秩序的规范,是生态秩序的规范生态化。

人类的实践活动需要依赖于不同的规范,这些规范构成了社会生态秩序实现的现实规范条件。一方面,形成生态秩序所需要的规范类型具有广泛性和多元性。社会生态关系和社会生态行为具有多样性,这就决定了相应规范的多元性和广泛性,是由法律规范与习惯规范、正式规范与非正式规范等各种规范在内组成的统一的规范体系。在这些规范中,不仅有调整人与人之间关系的规范,也有调整人与自然关系的规范;不仅有调整市民社会关系的私法规范,也有调整公共社会关系的公法规范,但其基础与核心的是市民社会的个人行为规范,也就是民法精神的生态规范。

另一方面,不同的社会规范从不同方面为生态秩序的社会构造提供了条件,特别是其中的法律规范是不可或缺的一种生态秩序条件。虽然生态秩序是一种行为和精神的秩序,但是它作为一种法治和法治文化形态是以法律规范为根据的秩序形态,这是法治生态秩序的一个重要属性。法律体系内部秩序统一是法治生态秩序的先决条件。市场经济条件下的社会关系日益复杂,仅仅依据习惯基础上的自我规范不足以形成社会生态秩序。同时,现代工业化生产与城市化生活意味着社会关系不再局限于日常生活领域,人作为行为主体越来越具有普遍的社会性,人的普遍社会交往关系越来越不受地域限制,在现实与虚拟空间的交往范围甚至可以无限扩大。在这种条件下,如果没有法律规范进行统一调整,不同主体和不同社会行为之间就可能产生难以调和的矛盾冲突,而整个社会甚至是全体人类都可能严重失序。所以,法律规范的价值就在于为人们的社会行为和社会关系提供了一般的秩序条件,以这一规范秩序为根据,一个社会才能够产生一种社会生态秩序构造。

总之,生态秩序和规范条件是一个统一的共生体系,社会规范创生并构造了生态秩序,成为社会规范的外在效果与环境,而生态秩序的内在秩序本质则决定了必然的社会规范条件与形态。

2. 规范秩序的社会生态秩序实现

不仅生态秩序需要规范秩序条件,规范秩序也需要转化为生态秩序实现。一定的规范或者规范秩序只有转化为生态秩序,才能够起到规范与秩序的作用,才具有现实的规范与秩序价值。不论是什么规范,尤其是国家的实在法规范,只有转化为生态秩序,才是在社会关系条件下的有效规范。因此,规范秩序必须转化为生态秩序,这是规范秩序的目的与诉求。

规范秩序不仅需要生态秩序实现,而且需要生态秩序的基础。就形式规范秩序而言,现代社会的规范秩序主要是法律规范秩序,虽然社会的道德、习俗、宗教、礼仪等社会规范形式也是整个社会规范体系中所不可缺少的要素,但是国家法律的权威性和强制性使得法律规范居于形式规范的主要地位。法律规范秩序具有两种含义,“一个是将法律秩序等同于法律或法律制度;一个是把法律秩序当做一种经由法律而形成的社会状态”。[1] 这两种含义意味着法律规范秩序实现的两种要求:一方面是法律规范体系的秩序,它是国家存在的条件,特定国家法律规范调整国家主权范围内的社会行为和社会关系,而国家法律规范秩序的形成意味着法律体系内部具有秩序性,也就是法律满足了形式秩序的需要。富勒对此提出了八个法治或者法律秩序原则:法律适用的普遍性、法律的公开性、法律的非溯及力、法律的明确性、法律的一致性、法律的可行性、法律的稳定性、法官行为与法律的一致性。[2] 不同学者对于法律满足的形式要求看法不同,但大都认可法律形式秩序要求的必要与重要,“对于实现法律的目的价值而言,形式价值具有无以复加的重要性”。[3] 法律的形式价值或法律体系的秩序性是法

〔1〕 孙笑侠编:《法理学》,浙江大学出版社 2011 年版,第 237 页。

〔2〕 严存生:《西方法律思想史》,中国法制出版社 2012 年版,第 401 页。

〔3〕 张文显编:《法理学》,高等教育出版社 2011 年版,第 254 页。

治生态秩序构造的必要条件,这主要是通过立法和司法性造法来实现的。

另一方面,法律规范秩序需要成为一种现实的社会生态秩序。法律规范秩序不仅停留在形式规范的条件与阶段,它的制定与存在的目的,是能够成为对人们具有普遍的约束力的行为规范,即人们普遍地根据法律规范实施法律行为从而形成普遍的法律生态秩序。在这方面,显然又离不开人的规范精神条件,即自主地践行法律,使法律规范秩序转化为社会生态秩序并实现个人的行为秩序与法律的规范秩序的契合,即主体人格与社会价值统一的社会生态秩序构造。

三、社会生态秩序与民法精神

(一)社会生态秩序的民法精神性

1.社会生态秩序的民法精神需求性

社会生态秩序具有自然性、民本性、意志性、自由性、行为性的本质,这种以人为主体,由人的精神秩序直接外化的现实秩序形态是以民为本的社会秩序,在本质上是民本社会即市民社会的本体秩序,即市民社会关系的自律与自治的秩序,亦即市民社会的民法调整或者民法精神秩序。生态秩序作为市民社会和以市民社会为基础的社会秩序,必然有市民社会秩序实现的民法精神需求性。

生态秩序在市民社会关系条件的基础上,是一种民本主义的社会秩序。因此生态秩序具有市民社会的特定价值属性,这一价值属性是通过民法精神的形式表现出来的。民法精神作为市民社会秩序的法律或者法治文化形态,具有市民社会的价值规定性,并决定了民法精神的特定条件与内涵。民法精神的价值构成了社会生态秩序核心价值,是社会生态秩序的必然需求。民法精神的人格平等精神、行为理性精神、公平正义精神、权利保护精神所体现出的人格、自由、平等、理性、公正等价值是社会生态秩序构造的基本价值条件。没有这些价值提供的规范性目标,社会生态秩序就难以形成自己的本质,而且整个社会也将会陷入无序的危险状态。所以,在构成社会生态秩序的规范与秩序需求的同时,民法精神的价值也为社会生态秩序的法治和法治文化实现提供了稳定的秩序条件。

社会生态秩序的民法精神需求性是由生态秩序的特定条件决定的,民法精神是满足社会生态秩序需求的特定秩序形态。生态秩序的特定秩序条件与形态使其区别于非生态秩序、规范秩序和形式秩序,也为社会生态秩序的行为主体提出了特定的条件要求。然而,行为主体的社会行为如何与社会制度或者规范形式相结合并实现社会秩序的生态化?这一命题对社会构造本身提出了要求,即当社会实践面临不同的行为方式的选择，或者社会制度构造面临不同方案的取舍，应当采取何种标准和价值原则判定何种方式或者方案符合或者更加符合社会生态秩序的内在条件与需求，这就是社会生态秩序的伦理问题。伦理性标准提供了社会主体、社会行为和社会制度的判断尺度，能够回答何种行为和制度是“善”的，是与人的自然生态秩序相统一并反映其本质的。显然，不同社会秩序的根本区别在于它的内在伦理与精神价值的差异，而这些区别又成为不同社会和不同个人行为的支配性原则。因此，在特定的社会条件与环境下，社会生态秩序必然与某种特定的社会形式及其所代表的社会精神体系相联系，并必然有对这种形式与精神的需求。对此，人类法治文化与文明发展的实践证明，这一需求的共同形式与普遍条件就是作为市民社会一般规范与秩序形态的民法精神，是由民法精神所代表的民本模式的社会构造所决定的。所以，民法精神作为社会生态秩序的特定条件，也就必然成为人类社会生态秩序的客观需求与自然选择。

2. 社会生态秩序的民法精神条件性

民法精神作为生态秩序的客观需求，同时构成了生态秩序的内在条件。社会生态秩序作为一种社会文明秩序，特别是其中的法治文化秩序，并不是简单和原始的“生态”秩序，而是以一定的社会文明条件表现出来的社会秩序形态。在这种社会形态的构造中，正是民法精神为其提供了社会文明条件。首先，民法精神为生态秩序构造提供了制度条件。民法精神是一种制度精神，是通过民法的制度体系表现出来的社会精神，具有明确的制度性规范与秩序的特征。换言之，民法精神是表现在民法的制度体系中的规范与秩序精神，它作为一种规范与秩序条件为行为主体的行为秩序提供了明确的行为根据。其次，民法精神为生态秩序构造提供了精神条件。民法精神不仅是一种制度条件，而且还是一种精神或者行为条件，它是一种现实的精神或者行为秩序的表现形态，是民法的规范与秩序本质内化为个人精神与行为所产生的一种自主自为的社会秩序。这种自主自为的民法精神秩序是一种生态性的社会秩序，是以市民社会为基础的社会生态秩序。没有民法精神的行为秩序与精神秩序，就没有生态秩序。最后，民法精神为生态秩序构造提供了文化条件，它不仅是人类对自身自然生态秩序的认识和发现，而且是对自身自然生态秩序的社会化创造与发展，是反映人类社会创造水平与发展高度的精神财富，是人类的普遍社会生态秩序共识。民法精神代表着现代法治和法治文化的基础规范与秩序形式，它以民本主义的价值观和对人格与人的自由的全面承认与尊重，构成了一个国家和社会的法治文化生态秩序构造的核心价值体系。

3. 社会生态秩序的民法精神构造性

民法精神的社会生态秩序构造是社会生态秩序以民法精神为要素的一种社会构造。民法精神作为生态秩序的需求与条件,就是生态秩序的构成要素,即民法精神本身就是一种生态秩序构造。社会生态秩序是市民社会秩序,是市民社会的精神与行为秩序,市民社会秩序构成了社会生态秩序的自然与本体的秩序形态,而民法精神作为市民社会秩序的核心秩序价值与根本秩序条件,它的生成与存在具有直接的社会生态秩序构造的价值与意义。因此,只有市民社会的秩序构造才是生态秩序构造;只有市民社会以民法精神的文明与文化的秩序条件形成的秩序构造,才是社会生态秩序的根本构造。

社会生态秩序需要民法精神,民法精神是构成生态秩序并促进生态秩序生成与发展的根本因素。从社会生态秩序的生成和发展来看,民法精神是生态秩序不可缺少的内在要求。不论是人类社会原始阶段或者早期发展阶段的生态秩序,还是近代以来以人本主义为代表的文化与文明的生态秩序,都需要特定的"民法"或者"人法"的精神构造要素。特别近现代的生态秩序,正是以民法精神的规范与秩序体系为主体构造的一种民本模式的社会秩序,民法精神在这一秩序的构造中起到了基础的规范导向与价值指引的作用。民法精神整合了现代社会规范与秩序核心价值与原则,为社会生态秩序的民本模式构造确定了目标并提供了要素。

由于民法精神并不是简单的个人意志与自由精神,而是一个完整的和统一的社会秩序精神,那么,在民法精神的诸多要素中,与社会生态秩序构造相适应的民法精神的内部结构是如何构造的呢?从民法精神的价值形态与构成要素来看,不同价值形态与要素的民法精神构成了"个人—社会—国家"的统一秩序体系。个人价值形态的民法精神是以人性自然、人格尊重与行为理性为主体的精神;社会价值形态的民法精神是以行为自律、公序良俗为代表的精神;国家价值形态的民法精神是以人格承认、权利保护、利益均衡与公平正义为核心的精神。当然这只是一种相对价值与意义上的划分,这些价值形成的民法精神是相互交融并统一于人的内在本质。虽然在社会生态秩序的构造中,不同价值形成的民法精神在个体内部以及个体与个体、个体与社会或者国家之间会发生一定的矛盾和冲突,但是这种矛盾与冲突都能够在法治原则与法治文化的条件下得到有效的克服与解决,因为民法精神不仅构造了生态秩序,而且蕴含了生态秩序的法治原则与法治文化,并使生态秩序得以在法治原则与法治文化的机制上有效运行和实现。

(二)民法精神的社会生态秩序性

社会生态秩序的民法精神需求性,是由民法精神的生态秩序性决定的。民法精神本身就是一种生态秩序的社会精神,只要民法精神存在,社会生态秩序才能够存在,民法精神以其生态秩序的本质属性成为生态秩序的生成要素并决定了生态秩序的条件与内涵。

1. 民法精神的社会生态秩序本质

民法精神是以民为本的市民社会的规范与秩序精神。市民社会,是人类的自然生态社会,是人类在自然进化过程中自然与必然形成的基础社会构造,是人类生物与生命延续所依存的必然与必要的结群形式。市民社会在自然进化及其自然的社会构造中必然产生自然的社会规范与秩序形态并形成一定的社会规范与秩序精神。这一市民社会的规范与秩序精神,即民法精神是本体的社会规范与秩序精神,并作为一种自主自为的社会存在,始终是社会构造不可缺少的伦理条件,并必然具有生态秩序的本质。

民法精神虽然是民法的精神,离不开民法这一国家法即实在法的形式,是以民法的实在规范的形式表现的社会精神,具有法律上的规范性与强制性。但是民法精神不是法律强制规定的产物,民法对民法精神的规范与确认,是尊重市民社会的基本价值理念即市民社会主体的客观利益需求及其实现的规律性与规定性的结果。民法精神来源于市民社会的自然伦理秩序,具有天然的生态性。虽然民法精神具有一定的民族性和社会性,并因此会表现出不同民族和社会的特殊性和差别性,但是民法精神基于人类客观利益需求及其实现的规律性与规定性而必然具有生态上的普遍性和一般性并表现出民法或者私法的趋同化发展,而这一趋同化根本就是由其对象的市民社会秩序的生态性决定的。民法或者私法的趋同化,反映的就是民法精神的生态秩序本质,作为生态秩序的民法精神必然是趋同化的社会秩序。

既然民法精神的社会秩序形态是一种生态秩序,那么民法精神的社会秩序实现也就是一种社会生态秩序的实现。这一实现需要以人为本突出个人利益地位,均衡各种社会利益关系形成一种个人在法律条件下的自主自为的社会秩序形态。这种秩序不仅表现为市民社会秩序,而且要与政治社会秩序协调统一,从而使不同的社会秩序均承认、尊重和维护民法精神的生态本质,并在这一条件下形成共同的规范与秩序认知,避免不同社会秩序之间的矛盾和冲突,实现整个社会秩序的生态化发展。这一生态化发展是法治和法治文化的根本形态。

2. 民法精神的社会生态秩序形态

民法精神的生态秩序作为民本模式的社会秩序,不同于传统社会的伦理秩序和权力秩序,而是一种契约秩序和权利秩序,也就是一种个人自主与自为、自由与自律的现代社会秩序。梅因从身份到契约来描述传统社会向现代社会的转变,[1]梁漱溟认为中国古代社会是一种伦理本位的社会。[2] 这些对传统社会和现代社会秩序的不同概括,反映了不同社会的生态秩序的具体形态差别。不过,不论是古代社会还是现代社会,亦不论是西方社会还是中国社会,既有生态秩序的形态差别,也有生态秩序的形态趋同,这就是对人的基本人身与财产利益的承认与维护并使人类得以实现种群延续的目标。不论是什么社会,都必然在人的客观利益需求及其实现的规定性上孕育自己的民法精神,并形成共同或者趋同的人类生态秩序形态。

虽然现代民法精神起源于西方社会即古罗马的民法文化,但是民法精神并不是西方社会独有的社会秩序形态,任何社会的土壤都会在市民社会关系条件下孕育自己的民法精神。无论古代罗马法还是中国传统社会的民事关系,都发育和存在有公平交易、诚实信用等现代民法精神的要素。当然与现代社会秩序的民法精神相比,传统社会中的民法精神要素尚未完全发育成为社会秩序的普遍性原则,并具有适用和作用上的局限性。也就是说,古代社会的民法精神,不仅自身发育不成熟,而且主要是作为私人社会的活动规则,尚未深入到公法领域并成为制衡政治社会的秩序形态。在这样的社会,民法精神的概念尚未形成并成为普遍的社会秩序观念,也就不构成具有社会支配性的法治原则。

近代以来,商品经济的发展及其民法调整不仅形成了完整的民法精神理念,而且扩大了民法精神的适用与作用范围,而社会秩序形态也从传统伦理性秩序转变为了民法精神支配下的生态秩序。虽然现代民法精神条件下的社会生态秩序仍具有一系列的伦理性要求,但是这种伦理要求立足于人本的社会基础,已经不同于传统社会的集体性伦理,而是一种反映商品经济条件的个体伦理,因此,其秩序形态集中体现为个体具有平等与独立的人格,以及个体与群体、社会与国

---

〔1〕 参见[英]梅因:《古代法》,沈景一译,商务印书馆 1996 年版,第 97 页。

〔2〕 参见梁漱溟:《中国文化要义》,上海人民出版社 2011 年版,第 76 ~92 页。

家的相互独立与制衡。

3. 民法精神的社会生态秩序系统

作为一种社会秩序形态,民法精神的社会生态秩序是民法精神在社会关系中的具象化,既是一种静态秩序,也是一种动态秩序。人类实践和生活关系的复杂性使得社会主体同时参与不同的社会关系,成为不同社会秩序的主体,不同时间领域也形成了不同的社会秩序,从而成为一定的社会生态秩序系统构造。

从系统论角度看,社会由不同的系统组成,不同系统内部具有相对独立的运行机理;遵循不同的规则,系统之间的互动共同组成了社会整体秩序。帕森斯的结构功能分析模式把行动系统分为社会系统、人格系统、文化系统和行为有机体系统四种类型。其中,社会系统又分为经济、政治、社会化和社区四个子系统。与这些社会系统分类相比,民法精神的社会生态秩序系统也是一种社会系统,是民法精神融入并作用于不同社会关系所形成的社会秩序系统。民法精神不仅体现在法律实践中,也体现在社会经济、政治、文化等领域的社会实践中,也就是在这些社会实践中都需要体现民法精神并需要民法精神的秩序构造。从民法精神的秩序形态及其实质存在来看,民法精神的社会生态秩序系统可以分为三个次级系统,分别是个人秩序系统、社会秩序系统和国家秩序系统。在个人秩序系统中,主要体现道德本体的自律精神和个人自由的行为精神;在社会秩序系统中,主要体现中国特色的文化精神和人格平等的社会精神;在国家秩序系统中,主要体现社会主义法治精神、人民主体的制度精神和以民为本的价值精神。

四、法治文化与民法精神的社会生态秩序

法治文化作为一种法律规范与秩序文化,是法律和法治科学发展的结果。法治文化的科学发展必然是实现以民法精神为基础的生态秩序构造。民法精神的社会生态秩序构造是法治文化科学发展的必然要求与结果,是法治文化科学发展的必然条件与目的。

(一)法治文化的社会生态秩序本质

法治文化不仅是一种社会制度文化,而且在根本上是一种社会的精神文化与行为文化,即是一种生态秩序的文化。法治文化的科学发展是从制度和外在的国家强制文化到精神和行为的个人自由文化,是法治文化的生态秩序实现的过程,也就是法治文化的生态秩序化。

1. 法治文化的社会生态秩序文化属性

首先,法治文化是人类自然生态的社会秩序化。自然生态不仅是指人类作为生物性存在所面对的外部自然环境,而且是指人类自身生存的自然生态条件与需求,具有人类客观利益需求及其实现的规定性及其普遍性与一般性。因此,自然生态既是一种自然生态秩序,也是一种社会生态秩序,是人类自然生态秩序与社会生态秩序的结合与统一。人类秩序不论是自然的,还是社会的,只要是生态的,就是人的本质的;只要是自然的和生态的秩序,本身就是合理的和正当的秩序,并必然包含和具有包括法治文化在内的人类秩序文化的根本属性。

当然,就单纯的自然生态而言,一般是指人类在自然状态下的自然秩序,这一秩序是按照适者生存的自然进化法则进行调整的,未有国家的或者法律的外在干预。虽然人类在自然生态中也会存在一定的社会关系,并形成一些人际交往规范,但是这些规范尚未普遍化、形式化、体系化和文明化,是一种多元分散的秩序体系。在自然生态条件下,人类的行为更多受到自然规律的支配,并表现出更多的自然性,而尚未形成成熟的社会治理体系,社会也没有形成普遍有效的形式化规范,更谈不上社会规范与秩序形态的文化与文明条件。不管是基于哪一种假想,人类的初始蒙昧状态一定和人类在以后的任何时期所表现出来的状态毫无相似之处。〔1〕虽然人类已经无法知道自身早期的生存状态具体是一种什么样的形态,但是它一定是人类根据自我保存的本能进行活动的自然生态,并且是处于一种蒙昧的状态,因为这符合人类自然进化的规律。

社会契约论把人类进入社会之前的状态假定为一种自然状态,如霍布斯认为自然状态中的人们受人性驱使而处于一种相互为战的状态。〔2〕"所谓自然状态是对人类及其相互关系自然地会是什么样子的定义,也就是说,在这种状态下不存在任何人为设计的制度。"〔3〕从已知的人类进化规律判断,人类早期的自然状态不仅是一种假定,而且是一种事实。事实本身就意味着作为规范与秩序的合理性与必要性,是人类生存发展的客观基础,在此基础上生成和发展起来的人类法治文化,在本质上并不是使人脱离自然生态,而是尊重人的自然生态,并通过有限的外在法律干预使自然生态更加合理化。法治文化是人类自然生态的社

---

〔1〕　参见[英]亚当・弗格森:《文明社会史论》,林本椿、王绍祥译,浙江大学出版社 2010 年版,第 1 页。

〔2〕　参见[英]霍布斯:《利维坦》,黎思复、黎廷弼译,商务印书馆 1985 年版,第 95 页。

〔3〕　[英]迈克尔・莱斯诺夫:《社会契约论》,刘训练等译,江苏人民出版社 2006 年版,第 11 页。

会秩序化,即法律秩序化,并且只有建立在自然生态基础上的社会秩序化或者法治化,才具有必然性和正当性。

在法治文化的条件下,人类通过对自然的人化而把自然生态纳入人类社会规范自觉调整的范围,通过对人的社会秩序化而将法治文明的规范条件内化为主体的自觉要求。在法治文化中,人类脱离了自然生态的原始性与简单性,理性的原则取代了欲望的原则,法律规制的原则取代了暴力强制原则,社会性原则取代了自然性原则,成为了人的普遍行为准则。从而,社会从无序走向了有序,从自然秩序走向了法治秩序,从强制秩序走向了自由秩序,并以法治文化与文明的条件回归实现了人的自然生态本质。

其次,法治文化是社会秩序的人类自然生态化。法治文化,既是人类自然生态的社会秩序化,也是人类社会秩序的自然生态化。法治文化作为一种社会规范与秩序文化,并不是脱离人类自然生态的社会秩序化,而是自然生态的社会秩序化,即以人的自然生态为基础的社会秩序化。这一社会秩序化在实现自然生态社会秩序化的同时,也是社会秩序的自然生态化的实现。虽然它不是简单的回归人类的自然生态秩序,而是人类自然生态秩序在法治文化条件下的发展,但是它在本质上是对人类自然生态秩序的承认与尊重。

法治文化是生态化的社会秩序,是对于自然生态的接受与模仿,也是一种有机的社会生态秩序。自然生态系统是一个有机系统,自然生态的不同要素内部依据自然法则运行,系统内部能量互补且相互转化,有机体和无机体在自然演化过程中融合为一个有序的系统。法治文化的社会生态秩序应当是接受、模仿和尊重人类自然生态的产物,人类在法治文化的社会秩序构造中必然希望并要求根据自己的自然生态形成一种内部和谐、有序的社会生态秩序。奥斯特罗姆提出的社会生态系统理论认为,社会生态包括资源系统(如特定的森林管理区)、资源单位(如管理区内的树木以及其他植物、野生动物的类型)、管理系统(管理区政府或其他组织、管理区的规则和规则的制定)和用户(使用资源的个人),这种理论试图从生态系统的角度分析生态治理问题。[1] 如果法治文化的社会秩序能够像自然生态那样成为有机体系,其就能够成为一种具有内在自主构序机制的稳定秩序。人类采取法治方式进行社会治理的目标之一,也就在于形成一

〔1〕 参见谭江涛等:《奥斯特罗姆的社会生态系统可持续发展总体分析框架述评》,载《科技进步与对策》2010 年第 22 期。

种自主与自序的稳定社会秩序，而这一秩序必然具有生态秩序属性、产生于社会内部的个人自觉与自愿。显然，法治文化的生成与发展为实现人类社会秩序的生态化实现与发展提供了一种更高和更文明的社会构造形态。

2. 法治文化的社会生态秩序文化形态

法治文化是一种生态秩序文化，不仅具有生态秩序文化的属性，而且具有生态秩序文化的形态。法治文化的科学发展就是生态秩序文化形态的形成过程。法治文化作为一种文化，必然具有文化的构成要素和内在结构。通常，文化由价值观、规范、意义、符号构成，法治文化也由法治的价值观、法治的规范和法治意义与符号构成。人类法治文化的发展进程表明，法治价值观的传播和认同、法治规范的形成和遵守、法治符号的塑造和法治符号意义的阐释过程就是法治文化的科学发展过程，而这一过程并不是单纯的制度形式与思想抽象的过程，而且也是一个以法治形态凝结和展示生态秩序文化的过程。

具体而言，法治文化不仅仅是制度文化，也是一种社会秩序的精神文化、信仰文化和行为文化，是一种生态秩序文化的形态。作为一种生态秩序文化，法治文化的形态就体现在制度文化、精神文化、行为文化与信仰文化四个方面，是一个人类法治文化的生态系统。社会主义法治文化在社会形态上是一种民本文化，这就要求法治文化在不同方面均体现民本精神的社会生态秩序。其一，制度文化是法治生态秩序文化的规范文化。法治文化形态下的法治生态秩序是一种规范化的秩序，并具有文化形态的规范要求。其二，精神文化是法治生态秩序文化的价值文化。法治精神旨在为社会生态秩序进行价值指引，为具体行为和规范提供价值判断的标准。其三，信仰文化是法治生态秩序的观念文化。法治信仰通过个人观念自觉形成法治行为，这就为法治秩序提供了主体条件。其四，行为文化是法治生态秩序文化的主体文化。秩序是行为的有序化和规律化，整体意义上的秩序来自个体行为的实现。法治主体行为文化的结果便是法治生态秩序。可见，文化结构具有表层和深层次之分，制度文化和行为文化是法治生态秩序文化的表层文化形态，具有法治文化的结果性；精神文化和信仰文化是法治生态秩序文化的深层次文化形态，具有法治文化的本体性。在法治文化的科学发展中，法治行为文化和制度文化较为容易发生形态改变，但法治精神文化和信仰文化则具有形态上的稳定性，一般较难改变从而成为维护和实现法治生态秩序统一的根本条件。

（二）社会生态秩序的法治文化发展

法治文化的发展既不能脱离一定的物质生活条件，也必然依赖于特定的社会生态秩序基础。法治文化的科学发展作为民法精神的社会生态秩序的发展，民法精神的社会生态秩序既构成法治文化发展的条件，也构成法治文化发展的结果。

1.法治文化发展与民法精神的社会生态秩序认知

由于民法精神是法治文化的内在构成部分，民法精神的生态秩序是法治文化发展的现实条件与土壤，不仅是法治文化的内在需求也是法治文化的内涵条件，更是一种社会生态秩序的体现。因此，法治文化的发展首先就要求认识民法精神的生态秩序属性，从而以民法精神构造自己的生态秩序。具体而言，就是法治文化的科学发展需要明确认识到民法精神作为市民社会的生态秩序精神所具有的自律性构序功能及其法治文化内涵。

民法精神的生态秩序是一种自律和自治秩序，是民法精神自律构序的体现。民法精神是一种具有自律性的行为精神和规范精神，它体现为社会主体行为的社会规范自律。主体在交往中的社会自律形成了各种社会习惯、商业惯例和自治规范，这些规范是自发形成的社会规范，在国家法律制度之外维持了特定社会关系和人们特定行为的秩序。

民法精神的生态秩序是一种法治化的秩序。换言之，民法精神是社会秩序的法治化与生态化的结合，是生态秩序的法治化体现。民法精神的生态秩序作为一种规范化的社会秩序，既是源自市民社会的自主性自然秩序，也是来自政治社会的强制性国家秩序。这两种秩序在民法精神条件实现了生态秩序的统一，并构成了社会主义法治文化的秩序基石。

民法精神的自律精神和法治化内涵意味着它有能动性的建构秩序的作用，法治文化的科学发展就是实现民法精神的自律性的法治化内涵式发展。此外，法治文化也为民法精神的生态秩序提供价值指引，民法精神的生态秩序不是超越法治秩序的单纯个人秩序条件，而是一个在法治秩序条件下的个人行为秩序的协调与统一的社会生态秩序体系。

总之，正确的民法精神的生态秩序认知，是正确的法治文化认知的前提，法治文化的科学发展必须建立于以民法精神为基础的社会生态秩序条件之上。民法精神的生态秩序认知提供了民本模式的法治文化的价值与原则，并为法治文化的科学发展确立了社会本体的规范与秩序形态。

2. 法治文化发展与民法精神的社会生态秩序品质

民法精神是法治化的精神，民法精神法治化是民法精神的法治形态化与生态化，也就是民法精神的民本化、规范化、社会化、行为化与秩序化，并构成了民法精神的生态秩序品质。这些品质既使民法精神的生态秩序得以法治化实现，也使法治文化的科学发展具有了生态秩序的条件。

民法精神的生态秩序品质是一种个人的行为秩序品质，是人文的社会秩序品质，也是以个人自主自为的行为秩序为根据的文明秩序形态。这种品质，不仅是一种思想品质与精神品质，而且是一种道德品质，它在构成民法精神的生态秩序品质之前，已经构成了道德的生态秩序，即一种本体的社会秩序。民法精神的生态秩序品质，是民法规范品质与个人道德品质的契合与统一，民法规范品质为民法精神的生态秩序提供了普遍的规范化与法治化条件，而个人道德品质则使民法的规范条件能够在个人自律的行为秩序中得以生态化实现。

民法精神的生态秩序是一种具有价值和规范、个体和社会、静态和动态等多重品质和谐统一的秩序，这种秩序虽然离不开法律或者民法的条件，但是它在根本上是一种社会内部生成的自主秩序，从而不同于外部强制与强加的被动秩序。因此，民法精神的生态秩序品质要求法律的价值与目的，不是强制个人的行为，而是给个人行为提供一种自由的条件。这就意味着尊重个人或者社会主体的行为自由，用法律规范引导个人行为的合理实施，使法律规范成为主体自由的行为准则，成为个人自觉遵守的普遍条件，从而使各种社会关系在民法或者法律精神的统一协调下成为有机的社会生态体系。这种动态的生态秩序品质形成的过程就是民本化、规范化、社会化、行为化与秩序化的民法精神的自觉化与具体化的实践过程。由于在秩序形成过程中离不开民法或者法律规范的引导与评价，这种秩序品质的形成过程就是一种法治化或者法治文化科学发展的过程。

中国民法典的编纂和中国民法体系的形成，是一个集中凝练民法精神的生态秩序并形成其秩序品质的过程。在中国民法典的编纂过程中，虽然人们对中国民法典的结构形式与体系以及具体的规范制度有不同的理解，但是人们对中国民法典需要展现当代社会的民法精神及其生态秩序品质的认识是一致的。中国民法典的编纂及其秩序构造，就是一个民法精神的制度化与法治化过程，而制度化与法治化的民法精神作为一种生态秩序品质，必然要指导和作用于人们的现实社会关系及其法律行为，从而形成社会的生态秩序构造。中国民法典的编纂是中国法治文化科学发展的基础与核心的制度体系，它以民法精神的生态秩序品质为基础,必然构造中国特色社会主义法治文化的民本文化形态。因此,社会主义法治文化的科学发展如何反映和形成民法精神的生态秩序品质,则构成了新时代中国特色社会主义法治文化的根本条件。只有具备了这一条件,社会主义法治文化的民本模式构造才具有现实的可能性,并且会更加稳定和具有不竭的发展动力,因为民法精神的生态秩序品质尊重人民的主体地位及其自主构序的生态能力,构成了社会主义法治文化的基本价值原则,并必然构成社会主义法治和法治文化科学发展的内生动力。

3. 法治文化发展与民法精神的社会生态秩序条件

文化发展是自然和社会的客观发展与人类主观建构共同作用的结果。关于文化发展是否遵循特定规律及其影响因素的问题,有学者认为,文化发展显示出许多重复性和常规性的规律,这些规律有"自然—人化"律、"功能—结构"律、"主流—传播"律、"目的—自然决定"律等。[1] 也有学者认为,文化发展的影响因素在于地域、政治、经济和技术。[2] 还有学者认为,"人类文化的进步是许多不同文化动力因素作用的结果。每个文化时代、文明时期都具有自己的动力机制,动力作用随着社会和历史环境的不同而消逝。因此,与文化进步的主导力量同时发生而又相对立的因素不是固定的"。[3] 实际上,从文化发展的历史来看,不同地域和不同历史阶段文化发展的影响因素并不完全相同,有的文化属于内生型的自我演变模式,文化在社会的自我演变中不断发展;也有的文化属于外生型的突变模式,文化在外力作用下发生断裂和突变。由此可见政治、经济、军事、环境、科技等因素均可以影响文化发展。中国近代以来的现代化过程,包括现代文化与法治文化的发展,可以称之为一种外部压力下的文化突变现象,是各种因素合力的结果。但是,新中国成立后,在国家主权独立与民族独立的条件下,虽然社会主义法治文化的建设离不开一定的外在条件的压力与作用,但是它根本上反映了我国社会主义法治文化的发展规律,而影响其形成的主要因素是中国社会在自身发展中所面临的各种自然与社会的客观条件,是中国人民在这种条件下为创造更美好的社会生活所调动的主观能动性,它不仅使中国特色社会主

---

〔1〕 参见韩民青:《论文化发展的特点与规律》,载《贵州社会科学》2011 年第 6 期。

〔2〕 参见陈占彪:《论文化发展的影响因素》,载《郑州大学学报(哲学社会科学版)》2006 年第 2 期。

〔3〕 马晓燕、单连春:《论精神文化发展的动力》,载《东北师大学报(哲学社会科学版)》2007 年第 3 期。

义法治文化在条件上横贯东西,而且实现了具有中国特色的法治文化发展。

当然,作为一种人本主义的社会秩序文化,法治文化的根本条件还在于人自身所具有的实现社会秩序的内在品质。它的核心就是民法精神的生态秩序条件,这就是来源于市民社会的、以精神和信仰为根据的、以自主与自为的行为构造的秩序条件。民法精神的社会生态秩序孕育了法治文化发展所需要的民本与根本条件,并成为法治文化发展的实践动力与思想来源。

一方面,民法精神的生态秩序作为内生的社会秩序条件,是法治文化科学发展的实践动力。法治文化的根本形态是一种精神文化,而精神文化本身是主体性存在的生态秩序条件并自主地推动着文化的实践与发展。“精神文化发展的实践性这一根本属性必然要求精神文化在自身发展过程中要始终以社会实践为中心……反之,脱离社会实践的精神文化必然会失去现实生存的空间。”[1]民法精神的生态秩序条件作为一种实践的社会秩序条件,构成了推动法治文化发展的根本动力,没有这一条件的存在与推动,法治文化既不能形成自身的构成,也不能存在与发展。民法精神的生态秩序条件是法治文化发展的社会基础。在法治文化的发展中,民法精神的生态秩序既为其提出了实践的需求,也为其提供了实践的动力,是一个自主发展与自我完善的法治文化的构造过程。

另一方面,民法精神的社会实践是法治文化科学发展的理论来源。法治文化的科学发展离不开理论的指引作用,理论不是自我发展的结果,而是人们对于现实的生态秩序在法治实践与法治需求上的高度抽象。戴雪、庞德、富勒、哈特等西方法学家对于法治内涵提出的不同理论阐述,是对于西方法律实践的理论抽象。党的十八大以来,我国对于法治思维、法治方式和法治中国、法治社会的系统论述,以人民利益为中心并坚持人民主体地位,实际上就是确立了以人为本的民法精神的生态秩序在社会主义法治文化建设中的基础条件地位,切实回应和充分满足了当代中国社会的法治文化建设的理论需求,并形成了具有中国特色社会主义法治文化的思想观与价值观,构成了社会主义法治文化的重要理论来源。所以,中国特色社会主义法治文化的科学发展必然需要民法精神的生态秩序条件,并以此来形成社会主义法治文化的生态秩序构造。

4.法治文化发展与民法精神的社会生态秩序价值

民法精神的生态秩序为法治文化的科学发展提供了符合时代价值的秩序的

〔1〕 董伟武:《精神文化发展的三重意蕴》,载《武汉理工大学学报(社会科学版)》2010年第4期。

指引。价值是一种伦理性的行为标准、评价体系和实践目标,而民法精神的生态秩序价值作为一种民本社会和以民为本的社会规范与秩序价值,它的确立和提出,明确了当代法治文化的科学发展所应当坚持的基本准则与目标追求。显然,民法精神的生态秩序不仅是一种自然的生态秩序,而且是具有社会伦理价值的秩序条件,它蕴含了作为当代社会文明的法治文化发展的本体与本位。民法精神的社会生态秩序价值构成了法治文化的制度文化、行为文化、精神文化和信仰文化的思想灵魂。在民法精神的生态秩序价值体系中,民本价值居于首要地位,它使民法精神不同于一般法治精神而成为一种对法治文化具有特定规范与秩序意义的价值条件。在民本价值的指引下,以自然正义价值为本源,统合自由价值、人格平等价值、利益均衡价值、生态平衡价值和人权价值,这些价值在实践中又具体化为民法精神的社会生态秩序的具体形态与构造。

民法精神的生态秩序对法治文化发展的价值意义最终体现在具体的行为秩序的规范与指引中。在法治文化的四种形态中,制度文化对主体的外在行为进行规范,精神文化和信仰文化对主体的内在心态进行指引,制度文化通过精神文化和信仰文化的指引对主体的行为产生规范作用。“任何一种思想观念性的东西都是作为行为的内在方面而存在的。任何完整、本质意义的行为包括内在方面和外在方面。外在方面直接表现为人的机体活动,内在方面则是引发和驱动机体活动的那些心理因素。”[1]文化必然承载某种价值,在价值的客观有效性上,康德哲学和新康德主义存在分歧。“价值的客观有效性在于它反映了现实生活的本质。”[2]民法精神的生态秩序价值正是来源于人类自然生态秩序的选择所提出的社会生活实践的需要,在法治文化的科学发展中,通过一定的制度文化、行为文化、精神文化和信仰文化,构成法治文化的价值体系并展现出法治文化的生态秩序价值的人本主义光辉。

5. 法治文化发展与民法精神的社会生态秩序基础

法治文化的发展需要相应的社会秩序基础。从广义上看,“文化的构成要素包括符号及其意义体系、价值观和规范”。[3] 法治文化形态则是文化要素在法律实践中的体现。对于法治文化的科学发展来说,稳定的社会秩序对于社会

---

〔1〕 张文显:《法哲学范畴研究》,中国政法大学出版社2001年版,第251页。

〔2〕 潘中伟:《文化发展:朝向善的实践诠释》,载《郑州大学学报(哲学社会科学版)》2008年第2期。

〔3〕 冯钢主编:《社会学》,浙江大学出版社2013年版,第121页。

中的行为主体提供了一种可预见的社会行为体系，这种预见来自人们对法律符号及其传达的意义、法律体现的价值观、法律规范的内涵有较为明确的共识，人们不会产生较大的分歧，并能够统一地维护这一法治条件。语言是文化的体现，也是文化的构成要素，特定文化中人们对于语言及其含义有一种习惯性共识。法律规则具有核心意义，也具有一定的解释空间。即使人们对法律规则外延的理解不同，但是对法律规则核心的意义也会存在基本共识。这种共识来自于一种稳定的社会秩序，社会就是一张意义之网，同一社会秩序中的人们基于共同的文化背景具有大致相同的法律意义认知，并且会通过法律解释技术在法律实践中延续并扩展这一社会秩序。

因此，法治文化的科学发展需要一种稳定的社会秩序，而这一秩序也必须且只能是来源于社会自身的生态性秩序共识，并需要遵循民本主义与法治的价值原则与实现方式。这种生态性秩序就是民法精神的社会生态秩序。民法精神的社会生态秩序为法治文化的科学发展奠定了民本社会的构造基础。作为市民社会即民本社会的法治文化的秩序形态，民法精神的社会生态秩序在法治文化的科学发展中基于人类共同的利益需求及其实现的规定性而形成了具有共同意义的秩序认知，并能够被扩展成为整个社会的完整秩序体系。对于法治的制度文化形态，民法精神的社会生态秩序中的行为习惯与个人的行为实践构成其文化本源，而特定的制度文化也是社会生态秩序以民法精神形式的普遍化；对于法治行为文化，民法精神的生态秩序是其外在与内在环境的统一，在正式法律制度之外，社会秩序中的道德、习惯、组织规范等非法律规范也约束着主体的行为；对于法治精神文化和法治信仰文化，民法精神的生态秩序是其现实的实践土壤，同时也通过在社会中培育法治的文化心理的方式，凝聚法治精神文化和法治信仰文化。所以，法治文化的发展必然构造于民法精神的生态秩序基础之上，并离不开民法精神的生态秩序条件。

以民法精神的社会生态秩序为基础推动法治文化的科学发展，应当注意以下两个方面：

首先，法治文化的发展应当注重国家和社会的互动。文化发展有内发型和外发型两种方式，这两种方式虽然具有不同的文化驱动力，但是共同之处都在于文化发展的社会依赖性。文化发展均是社会情势使然，法治文化的科学发展也是如此，或者是外在社会因素的驱动发展，或者是内部社会因素自发要求。中国法治文化的生成和发展初期受到西方法治文化的影响，在中西碰撞之中开启了法治现代化进程。当前,中国特色社会主义法治文化的科学发展主要来自中国社会自身的内在需求。而中国社会内部又需要通过国家推动和社会演进相结合的方式推进法治文化的科学发展。一方面,国家可以主动推动法治文化观念的传播和法治的制度建设,并为法治文化发展创造物质条件;另一方面,法治文化能否生根发芽的关键在于社会生态秩序基础的形成,即作为主体的人是否在行为中体现出法治的条件与要求,是否从心理上接受法治文化并完成自身的生态秩序构造。

其次,法治文化的发展应当注重凝聚法治文化认同。虽然当前中国社会中人们普遍认识到法治的重要意义,但法治仍未深入到处于不同领域的人们的内心,并没有成为中国的一种文化心理构成要素,人情和关系对于中国人的行为方式具有普遍性的影响。本项目组以"可能影响您与熟人之间交易关系的主要因素是什么"为题进行的全国性调查问卷结果显示,其中"面子"和"关系"因素占比最大,分别为36%和27%。这表明,在我国熟人社会式的经济交往中,人们受面子和关系等个人情感因素的影响较大,[1]而这一影响的行为结果往往背离法治文化及其社会秩序的需要。显然,费孝通早年提出的差序格局概念仍适用于当今的熟人社会,即使社会发展到今天,中国社会从实际上讲仍然是一个人情社会或情理社会,而这在一定意义上是与法治文化的社会生态秩序要求并不一致。"这样的社会对做人、做事及其判断不是单从理性的、逻辑的思维和条文制度规定等角度来考虑的,而是从具体的、情境的和个别性上来考虑。"[2]法律实践中面临情理和法理的冲突。[3] 人情和关系等非法律因素会影响法律实践和权力运行,司法和行政腐败的一个原因,就是由熟人请托引发的人情案。显然,这种"生态化"并不是积极的民法精神的或者法治的生态化,而是一种消极的非法治与非民法精神的社会行为的"生态化",是在法治文化的科学发展中需要不断剔除的不良社会现象,而不能作为法治文化发展的生态基础。

在这种文化背景下,私人领域中的人们基于人情、关系和面子等因素进行经济往来可以降低交易成本,但公权力中的人情、关系和面子等因素则有可能导致腐败。因此公权力部门的法治思维和依据法治解决问题的意识和能力亟须转变

[1] 本题数据统计结果详见本书第六编(第二十八章)"不同区域的民法精神实践"部分。
[2] 翟学伟:《人情、面子与权力的再生产》,北京大学出版社2005年版,第200页。
[3] 参见凌斌:《法律与情理:法治进程的情法矛盾与伦理选择》,载《中外法学》2012年第1期。

和提高，这些都是法治文化发展需要面对的问题，这些问题的症结在于社会尚未从根本上真正形成法治文化认同。法治文化认同不仅有助于推进法治建设，也有助于弥合社会发展中利益多元引发的观念冲突，通过文化整合维护社会秩序稳定。然而，法治文化认同的形成需要共同的认识基础，这一基础是市民社会的民法精神的社会生态秩序。它本于人的客观利益需求及其实现的规定性及其一般性，是一种普遍的社会秩序条件。

最后，法治文化发展的实现途径在于人和法律制度的互动。当前，中国社会主义法律体系基本建成，法律制度日臻完善，但法治乃至于法治文化的发展不仅仅意味着制度的完善，还需要社会观念的普遍转变。社会实践中的民法精神要素构成了法治文化的核心，这些要素也有必要体现在立法中并构成思想体系。吉登斯认为社会秩序具有结构二重性，“在结构二重性观点看来，社会系统的结构性特征对于它们反复组织起来的实践来说，既是后者的中介，又是它的结果”。[1] 个人不仅是被动接受法律制度的约束，而且也是在活动中塑造法律制度，从而构造法治文化的社会生态秩序。

本项目组以“您认为影响建设社会主义法治文化的主要因素是什么”为题进行的全国性调查问卷数据结果显示，选择“完善的法律体系”为31%占比最高，其次为“建立社会公平”，占比19%。[2] 这一数据统计结果意味着社会对于法律制度运行状况存在较大期待。然而，为什么人民群众会认为立法不完善？法律结果实现的公平正义的程度不够？从立法和执法主体来看，这是立法不科学和执法不公平；而基于人和制度互动的角度分析，则是由于现有的立法和执法机制中公民参与机制的不完善，或者说公民的参与程度不高，从而造成在人民的感知和法治的理想状态之间存在距离。因此，需要畅通公民参与立法和监督执法的途径，在立法过程中更多地吸纳社会意见，在执法过程中施行便捷有效的社会监督模式，并用法治精神加以适当引领，从而以公民的积极参与推动法治文化发展，发挥公民在法治文化发展中的主观能动作用，这是法治文化科学发展的最坚实的社会基础，也是法治文化的民法精神与社会生态秩序的实现。

---

[1] ［英］安东尼·吉登斯：《社会的构成：结构化理论纲要》，李康、李猛译，中国人民大学出版社2016年版，第89页。

[2] 本题数据统计结果详见本书第三编（第十三章）“中国特色的文化诉求”部分。

国家社会科学基金重大项目“民法精神与建设社会主义法治文化民本模式研究”
（批准号:14ZDC022）结项成果

民法精神与法治文化民本模式论

自然生态的社会秩序体系及其规范形态与演进

下 册

王利民 等 著

当代中国出版社
Contemporary China Publishing House

目录

上册

下　册

第五编　与时俱进：法治文化的民法精神转型

第六编　良法善治：法治文化的民法精神实践

第五编

与时俱进：法治文化的民法精神转型

第二十章

从感性到理性的法治认知转型

一、认知与法治认知

民法精神作为建设社会主义法治文化的民本模式要素,既是一种意识形态,也是一种社会生态;既是一种精神形态,也是一种客观形态。然而,不论是哪一种形态,作为一种构成社会主义法治文化的文明形态,都是一种社会性的认知结果,是一定的认知形态。因此,如何认知民法精神,不仅涉及民法精神的本质与价值及其功能与作用,而且涉及建设社会主义法治文化的民法精神条件与需求的根本问题。基于我国传统社会的理性缺失及其对民法精神条件的影响,建设社会主义法治文化的民本模式,首先需要实现从感性到理性的民法精神转型,也就是社会主义法治文化认知的一种民法精神形态转型。

(一)认知

所谓认知,就是"人类认识客观事物、获得知识的活动";[1]是"通过思维活动认识、了解"认识对象或者客观的本质。[2] 认知是对认识对象的客观性与真

〔1〕《辞海》(第七版)第5卷,上海辞书出版社2020年版,第3636页。
〔2〕《现代汉语词典》,商务印书馆2005年版,第1150页。

实性的把握,而不是认识对象在头脑中的直接印象与简单反映。认知不同于认识,[1]认知它是上升为知识性与真理性的过程。或者说,“认知的本质是判断”。[2] 认知是一种理性的思维活动,而认知性的法律或者法治思维,就是揭示法治或者法治文化的本质及其规律性与规定性,即发现和获取法治和法治文化的真实知识的过程。

1. 认知活动

认知是一种个体获取知识的心理活动过程。认知活动是人们选择认知对象并为获取对象知识而有目的采取的行动。瑞士心理学家皮亚杰通过两个基本过程阐述认知适应性:同化和顺应。同化是个体根据建立在过去经验之上的、关于世界的内部模型而对现实进行解释的过程;顺应是通过发展对现实的各种适应机制而对内部模型进行修改的过程。[3] 对任何事物的知识了解,都离不开认知活动,都是通过认知活动获得的。认知活动使我们得以掌握客观对象的内在结构与条件并为改造客观对象提供了知识基础。

2. 认知过程

认知过程就是认知活动的过程,也就是认知客观对象和获取对象知识并进行存储、加工以及在运用这些知识的基础上探索和揭示对象本质的一个完整的思维和推理过程。辩证唯物主义认识论认为,知、认知和知识这些我们了解和把握客观世界所不可缺少的条件或者材料就是通过一定的认知过程获得的。[4] 认知过程,就是对一定对象或者事物的真实性与真理性的发现与掌握的过程,而这在根本上是人类为了解和把握自身的存在与发展条件的实践过程。

认知是从实践中产生并且是从感性认识开始的。感性认识是认识的起点和

---

〔1〕 严格意义上,认知区别于认识。认识“指人的头脑对客观世界的反映”。[《现代汉语词典》(第5版),商务印书馆2005年版,第1150页]哲学上的认识,一般是指认识论,即关于人类认识的来源、发展过程,以及认识与实践的关系的学说。认知作为一个知识获取的推理、判断过程是一个学习和影响人的行为的过程。本研究未将认知与认识做严格区分。“法治认知”亦指辩证唯物主义认识论范畴内对法治的感性认识与理性认识。

〔2〕《不列颠百科全书》(第4卷),中国大百科全书出版社2007年版,第331页。

〔3〕 皮亚杰提出的认知发展理论被公认为20世纪发展心理学上最权威的理论。所谓认知发展,是指个体自出生以后在适应环境的活动中,对事物的认知及面对问题情境时的思维方式与能力表现随年龄增长而改变的历程。

〔4〕“对认识论研究者至关重要的是认知事物之实际,这样的知识是命题的知识,认知一个命题或陈述是真实的或是概然的。这类知识以语言的存在为前提。‘知道某事某物如何如何’是认识论研究者较为关心的,因为这种陈述具有真理价值。”[《不列颠百科全书》(第6卷),中国大百科全书出版社2007年版,第103页]

基础,由于感性认识是对客观事物表面现象和外部联系的认知,不能触及事物的本质与规律,需要上升到理性认知。作为认识过程的高级阶段,理性认知是通过理性思维对感性认识进行加工从而揭示事物的本质和规律的一个认知过程。辩证唯物主义的认知过程就是认识论中的两次飞跃,一是从感性认识到理性认知,二是从理性认知到实践。前者是认知客体的本质与规律,后者是根据认知作用于客体的行为。理性认知的基本形式是概念、推理与判断。概念是对事物本质的抽象概括;推理是以已知的判断为前提,做出新判断的过程;判断是对思维对象是否存在、是否具有某种属性以及事物之间是否具有某种必然联系的肯定或否定。从理性认知到实践的过程就是主体能动性的发挥过程,而主体一旦具备了理性和理性认知的能力并转化为实践,必将对实践产生实质的作用和影响。

(二)法治认知

1. 法治的观念性与认知性

法治是意识形态的范畴,具有观念性。法治首先是一种观念,即法治观念。观念是"客观事物在人脑里留下的概括的形象"。[1] 人们对事物的看法、思想,也指事物在人的头脑中留下的概括形象。观念的形成受制于时代的发展与社会的变化,反映社会发展和需求的新观念会逐渐成为主流观念,代替或抛弃旧观念,因此观念是主观的、实践的和历史的。法治观念是主体对法治的主观认识,与一般的观念不同,法治观念作为一种规范与秩序观念,必然具有理性的本质与特征,本身就蕴含法治思想以及对法治的价值判断。因此,人们常常用是否具有法治观念来表达与社会法治发展的协同或者差距,并以此检验和说明一个人所具有的法律或者法治素质。

法治的观念性,就是法治的认知性。一个人的法治观念必然反映一个人的法治认知,而一个人的法治认知则必然决定一个人的法治观念及其水平。法治的观念性从属于法治的认知性,是法治认知的具体内容与知识结果。有什么样的法治认知性,就会产生什么样的法治观念性,法治的认知性是产生法治的观念的条件和基础。没有一定的法治认知或者通过一定的法治认知过程,就不可能产生法治的观念及其法治的社会秩序形态。

2. 法治认知与法治意识

法治的观念性,也是法治的思想意识性,一定的法治观念必然代表一定的法

[1] 《现代汉语词典》,商务印书馆 2005 年版,第 502 页。

治意识。意识是客观物质世界在人的头脑中的反映。[1] 法治意识,或者称法律意识,是“人们对于法律,特别是本国现行法律的思想、观点、心理或态度等”。[2] 与法律意识相联系,法治意识是有关法治思维的一种思想形态,是一定法治观念发展的思想结果。不过,法治意识又有与法律意识的条件与程度的不同。通常的法律意识是人们对法和有关法律现象的观点、知识和心理态度,而法治意识是人们对法律发自内心的认可、崇尚、遵守和服从。按照这一定义,法治意识是有关法律或者法治的理性认知,是法治认知的理性阶段。“在建设法治国家的过程中,必然要不断提高社会成员和公职人员的法律意识。”[3] 法治与法律或者法治意识具有内在的联系,两者相互依存和相互促进,没有一定的法治意识,就不可能有法治和法治文化的生态建设与发展。

法治意识离不开法治认知。法治意识是一定的法治认知的表现形态与结果,法治认知的深化与发展必然产生和形成一定的法治意识。法治认知是指人作为主体获取有关法治的知识、观点与思想的思维过程,即认识和揭示法治的本质及其发展规律的过程。没有通过法治认知获取和形成的有关法治的思想观点以及对法治的本质与规律的把握与认识,就不可能存在法治意识。法治认知包括法治的感性认识与法治的理性认知,是一个从感性到理性的发展过程。

本项目组以“您认为法治(法律)宣传和教育的最主要目的应当是什么”为题进行了全国性调查问卷,数据统计结果如图 20 - 1 所示:

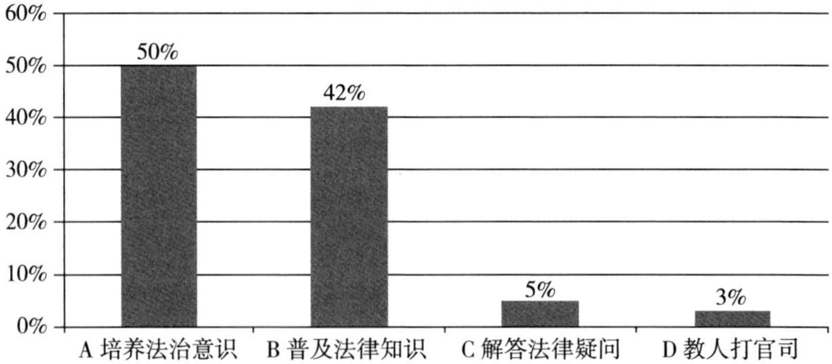

图 20 - 1 “您认为法治(法律)宣传和教育的最主要目的应当是什么”一题调研数据统计

---

〔1〕《现代汉语词典》,商务印书馆 2005 年版,第 1618 页。

〔2〕《中国大百科全书·法学》,中国大百科全书出版社 2006 年版,第 82 页。

〔3〕《中国大百科全书·法学》,中国大百科全书出版社 2006 年版,第 82 页。

数据统计结果显示，在四个备选答案中，选择“培养法治意识”（A）的占50%，选择“普及法律知识”（B）的占42%，选择“解答法律疑问”（C）的占5%，选择“教人打官司”（D）的占3%。这一数据统计结果说明，我国人口的法治意识存在着不平衡且整体偏低的状态。选择“培养法治意识”和“普及法律知识”的占绝大多数的结果，说明经过改革开放以来几十年的法治建设，我国城乡居民对法治意识培养和法律知识获取的要求在不断提高，反映了人们对法治意识与法律知识在建设社会主义法治中的重要地位与作用的认知在逐步加深，体现了人们法治认知的一种持续深化与理性发展的良性状态。在具体数据统计中，相比较而言，城市地区的调查结果更倾向“培养法治意识”，而农村地区对法律知识的需求则更多一些。显然，这表明我国城市居民的法律知识和法治素养要高于城镇和农村居民，而农村和城镇居民的法律知识水平则整体偏低。因此，在我国农村和城镇人口占大多数的情况下，整个社会的法治意识水平也必然受此制约，表现出与建设社会主义法治和法治文化要求的差距性和不适应性。

由于受中国传统文化的影响，在目前我国社会主义法治发展的初级阶段，人们的法治认知与法治意识仍旧薄弱，自觉的法治认知与自发的法治意识的形成尚有困难。因此，通过一定的教育方式提高人们的法治认知和培养人们的法治意识非常必要。有鉴于此，我国“七五普法”确定的原则是：“以满足群众不断增长的法治需求为出发点和落脚点，以群众喜闻乐见、易于接受的方式开展法治宣传教育，增强全社会尊法学法守法用法意识，使国家法律和党内法规为党员群众所掌握、所尊重、所运用。”〔1〕“八五普法”提出的主要目标是：“到2025年，公民法治素养和社会治理法治化水平显著提升，全民普法工作体系更加健全。公民对法律法规的知晓度、法治精神的认同度、法治实践的参与度显著提高，全社会尊法学法守法用法的自觉性和主动性显著增强。……”〔2〕这一切的前提是，要逐步形成人们自觉的法治认知，在提高人们的法治认知水平的条件下，全面促进人们的法治意识的形成和实现与建设社会主义法治和法治文化需求的协调与统一。

3. 法治意识与法治共识

法治共识是形成自主自为的法治生态秩序的统一思想条件。正如没有法治

〔1〕《中央宣传部、司法部关于在公民中开展法治宣传教育的第七个五年规划》（2016—2020年）。

〔2〕《中央宣传部、司法部关于开展法治宣传教育的第八个五年规划（2021—2025年）》。

认知就不可能有法治意识一样,没有法治意识也就不能有法治共识。人们只有具备一定的法治意识并基于法治意识的一般性与普遍性而自然和自觉地达成一定的法治共识,才能够形成自主自为的法治和法治文化的社会秩序形态。

法治意识是法治共识的前提和基础,只有在形成和具备一定的法治意识的条件下才可能达成法治共识并基于法治共识而形成社会生态秩序。共识或者社会共识是指一个社会的不同阶层或者不同利益主体就某一社会主题所达成的共同认识,而法治共识就是作为法律主体的个人对法治和有关法治的目的与价值等问题所形成的一种共同性认知,是自主自为的法治生态秩序的统一社会思想条件,即内在的普遍秩序意志。法治共识首先要认知并解决“法治”是什么的问题,并对这一问题形成统一的态度。有学者认为,十八届四中全会《决定》是对我国“全面推进依法治国”进行的顶层设计和战略部署,“然而,如何反省既有的法治建设局限、实现‘法治中国’建设的战略转向”,[1]实现法治价值观的重建,则是全面推进依法治国的根本方向与内涵问题。法治价值观的重建实际上是针对长期以来我国社会内部对法治理解上的多元化问题所引发的认识分歧与实践矛盾的实际问题所提出的,在根本上是如何实现依法治国战略目标的法治共识问题。我国的法治或者法治文化建设所需要的法治共识,不仅要吸取世界法治实践的经验和规律,更重要的应该是结合我国的社会实际,探索出一条符合中国国情和具有中国特色的社会主义法治发展道路。在这方面,马克思主义与中国具体实践相结合所实现的两次历史性飞跃充分地说明了在建设法治中国问题上所应遵循的历史规律。

4. 法治共识与法治秩序

法治共识与法治秩序——特别是法治生态秩序具有内在的本质联系。法治共识作为人们内在的普遍秩序意志,本身就具有社会秩序的属性,而这一秩序一旦转化为人们的现实行为秩序,就构成了法治生态秩序,这正是建设社会主义法治文化所要实现的根本目标与要求。法治是当今世界普遍实行的社会制度与社会秩序形态,法治的文化发展即法治的法治文化实现,就是以人的精神与行为秩序为主体的法治生态秩序。良好与稳定的社会秩序是国家与社会进步的根本条件与保证。社会秩序是动态发展的,如何保持社会秩序的动态平衡与持续发展是国家与社会治理的重要课题,而这一平衡与持续不仅是外在的行为秩序,而且

---

[1] 马长山:《“全面推进依法治国”需要重建法治价值观》,载《国家检察官学院学报》2015 年第 1 期。

是内在的意志秩序，即一种秩序认知与法治共识，而后者作为社会秩序的思想与精神形态，是实现这一动态平衡与持续发展的根本条件。

卢梭指出："社会秩序乃是为其他一切权利提供了基础的一项神圣权利。"[1]社会由个人、群体、组织等构成，是多元、多层次社会结构的综合体，其秩序形成需要各种主观与客观条件。"所谓社会的秩序，在本质上便意味着个人的行动是由成功的预见所指导的。"[2]简单地讲社会秩序过于笼统，具体而言，社会秩序包括宗教秩序、道德秩序、政治秩序、经济秩序、法律秩序等。各种秩序类型都有其不可替代的作用，法律或者法治秩序无疑是当今世界最为重要的秩序形态。"法律秩序已经成为一种最重要、最有效的社会控制形式。"[3]法律秩序是社会秩序的核心秩序，是被普遍认可的理想社会秩序，但是法律秩序并不意味着人们追求良好社会秩序的终结。法治秩序是以法律秩序为基础的一种社会治理秩序，是法律秩序的社会文明化与秩序生态化，是对法律秩序的反思与超越发展。"如果说法律秩序是通过法律的运作而得以实现的一种社会秩序，那么法治秩序则是充分表征了法治的实现过程和价值评价的社会秩序。"[4]

5. 法治秩序与法治文化

法治秩序是一种法治文化的秩序形态。建立在一定法治认知、法治共识与法治意识基础上的法治秩序，根本上就是一种社会生态的法治文化秩序。法治秩序的社会实现，实质上是法治以一定社会文化条件的实现，是法治在法治文化形态上的存在与发展。一方面，法治秩序的发展必然是法治的文化形态化，另一方面法治文化构成了法治秩序的根本秩序形态。一定的法治秩序的建设与形成离不开一定的法治文化，是一定的法治文化孕育了法治和法治秩序，法治秩序是在一定的法治文化中成长的社会秩序。同样，法治文化是一定的法治秩序文化，没有一定的法治秩序就不能形成一定的法治文化。

总之，法治文化是法治秩序形成的重要条件，法治秩序作为一种法治文化形态应当也只能在一定的法治文化的社会秩序体系中形成，而法治文化的社会秩序体系需要以法治认知为基础的法治意识条件，只有在具备一定法治意识的条

---

[1] ［法］卢梭：《社会契约论》，何兆武译，商务印书馆 2010 年版，第 4 页。

[2] ［英］弗里德利希·冯·哈耶克：《自由秩序原理》（上），邓正来译，生活·读书·新知三联书店 2003 年版，第 199 页。

[3] ［美］罗斯科·庞德：《法律与道德》，陈林林译，中国政法大学出版社 2003 年版，第 37 页。

[4] 杨春福：《论法治秩序》，载《法学评论》2011 年第 6 期。

件下才能够达成具有普遍价值的法治共识。法治共识是法治秩序实现的统一思想基础,同时,一定的法治秩序也必将推动全社会崇尚法治的自觉性与主动性,从而进一步发展法治文化并提高法治文化的条件与水平。

二、法治认知与理性

建设社会主义法治文化的法治认知转型,作为建设社会主义法治文化的民法精神转型的一种模式,是对民法精神这一社会主义法治文化的民本模式条件从感性认识到理性认知的转型,也就是实现对民法精神的法治认知的过程,因此这一认知与理性有着内在的联系。

(一)法治认知的理性本质

关于民法精神的法治认知,就是对民法精神的法治与法治文化本质的认知,这一认知具有理性的本质,是一种理性认知,是发现民法精神自身存在和蕴含的法治和法治文化理性,并且只有基于理性条件才能够实现这一认知。

1. 法治认知的理性思维

法治认知作为一种规范与秩序认知,是一种理性思维的认知形态。法治认知与一般认知一样,有感性认识与理性认知两个阶段,但是法治认知作为一种普遍的规范与秩序认知,其本质是理性认知。法治认知是实现社会主义法治和法治文化转型建设的逻辑起点。从感性的法治认识到理性的法治认知的民法精神获取和实现过程,需要通过理性认知的不断深化并在理性思维的过程中逐步完成。有关民法精神的法治理性思维,是通过运用概念、判断和推理而在诸多有关民法精神或者法治的感性经验和材料的基础上形成对民法精神或者法治的理性认知的过程。法治理性思维不同于法治思维。近年来,法治思维成为法学研究的一个热点,虽然这些研究对法治思维的表述各有侧重,“但是他们其实都是从‘法治’出发来对‘思维’的过程进行界定或者描述的,只是在有关‘法治’的理解和对‘思维’活动的认识上存有差异”。[1] 与法治思维不同,法治理性思维则特指法治认知中的理性条件与作用以及运用理性的法治思维方式所实现的法治秩序,它不仅涉及法治认知的一般理性内容,而且其目的与作用在于强调法治认知的理性本质与秩序构造。

---

〔1〕 公丕祥主编:《社会主义核心价值观研究丛书:法治篇》,江苏人民出版社 2016 年,第 240 ~ 241 页。

2. 法治认知的理性心理

认知是一种心理活动，法治认知作为理性认知，必然以理性心理为条件。心理是“人的头脑反映客观现实的过程，如感觉、知觉、思维、情绪等”，也“泛指人的思想、感情等内心活动”。[1] 在心理学中，“一般认为，直觉、灵感、无意识属于非理性因素的认知能力层面，情感、本能、习惯等属于非理性因素的精神动力方面。不管何种形式的非理性因素，一般都具备这样的特点：非自觉性、非逻辑性和突发性”。[2] 理性心理则是自觉的、强调逻辑的，通过主动的选择、组织和分辨来达到认知目的的心理活动过程。法治认知就是一种理性心理的认知，是一种成熟、稳定的心理认知，其认知结果具有关于社会规范与秩序的共识性和可预见性。只有在理性心理条件的作用下才能够形成法治认知，并具有社会规范与秩序的意义。

理性心理为人们对法治认知提供了一种健康的与符合社会常态的个人心理条件。理性心理不仅能够自觉地形成个人的法治认知，而且能够对不同的法治理论和法治现象进行全面考察、综合分析与系统判断并得出符合自身理性的认知结论。[3] 在人类社会的历史发展中，形成了各种各样的法治理论与法治现象，有关法治的具体路径和内部构造以及外部表现等各有不同，这些都需要以理性心理进行认知并获取对自身有用的知识元素。从亚里士多德到洛克、孟德斯鸠，再到富勒、拉兹、昂格尔等，他们均基于自身的时代与条件为人类提供了各自不同的经典法治理论，而即使是典型的西方法治国家，它们也都有各自不同的法治传统并形成有不同的法治构造。因此，对于中国这一非法治传统的国家，在走向法治社会的过程中，对这些不同的法治理论与法治传统的正确认知与把握就离不开一定的理性心理，需要以一定的理性心理来辨别它们的优劣与真伪及其适应与适用的条件，从而取其精华、去其糟粕，真正形成属于我们自己的法治价值观并作用于我们的法治和法治文化建设。

---

〔1〕《现代汉语词典》，商务印书馆 2005 年版，第 1513 页。

〔2〕钟敬：《教学中的非理性因素评价》，载《教育评论》1996 年第 6 期。

〔3〕因此，是否具有理性并根据理性作出判断和结论，是人和动物的根本区别。“缺乏理性就把动物限制在时间上直接呈现的直观表象上，也就是限制在现实的客体上；我们人则相反，借助于抽象中的认识，在窄狭的、实有的现在之外，还能掌握整个的过去和未来，以及可能性的广大王国。我们能从各个方面综观生活，远远超过当前和现实之外。”（［德］叔本华：《作为意志和表象的世界》，石冲白译，商务印书馆 1982 年版，第 133 页）

3. 法治认知的理性结果

认知不仅是过程,而且也是结果。法治认知作为一种理性认知,必然具有理性结果,只有理性结果的法治认知,才是理性的法治认知。法治认知的理性结果是认知主体对法治(客体)的本质与规律的理性认知,是对法治现象的真实性与真理性的认知。只有作为理性结果的法治认知,才能够揭示法治的本质及其发展的规律性与规定性,从而为一个国家和社会提供正确的法治建设方案。现实中,有各种法治认知误区,如"法治影响发展论、法治影响效率论、法治推行国情论以及民众无关紧要论"。[1] 这些均是非理性的法治认知。在理性思维与理性心理的条件与作用下,必然能够产生一定的理性认知结果,而这一结果作为一种法治认知,是一个国家和社会法治的法治文化建设所不可缺少的知识与思想条件。

一般而言,只要是法治认知的结果,必然是一种理性结果,只有理性的结果才符合法治认知的本质,才能够发现法治的规律性与规定性。法治认知的理性结果是以法治为对象的认知过程中从感性到理性的一种认知飞跃。感性到理性的飞跃需要具备两个条件:一是掌握丰富、真实可靠的感性材料;二是运用科学的方法对感性认识材料进行加工。就我国社会主义法治认知而言,其认知的感性材料来源于我国的历史与现实,是对我国传统治国理政的思想、方法、效果、经验与教训的总结,是对新中国成立后特别是改革开放以来从社会主义"法制"到"法治"的理论与实践的探索。实现这一认知结果的科学方法,则是进行顶层设计,[2]通过建设社会主义法治和法治文化来完善和发展中国特色社会主义制度,推进国家治理体系和治理能力现代化,在法治条件下实现中国社会物质与精神文明的全面发展与根本进步。

(二)法治认知的理性条件

法治认知不仅具有理性的本质,而且需要理性的条件,只有在理性条件下才能够产生正确的法治认知并具有法治文化的意义。

1. 法治认知的理性意志条件

法治认知是以理性意志为条件的认知。理性是人们按照规律和原则行动的

---

[1] 详见李林平:《法治认知误区之厘清及对策》,载《长江论坛》2015 年第 4 期。

[2] "党的十八大提出了全面建成小康社会的奋斗目标,党的十八届三中全会对全面深化改革作出了顶层设计,实现这个奋斗目标,落实这个顶层设计,需要从法治上提供可靠保障。"(习近平:《关于〈中共中央关于全面推进依法治国若干重大问题的决定〉的说明》,载《理论参考》2014 年第 12 期)

能力或者意志。[1] 意志是人有意识地为达到某种目的,有计划地调节和支配自己行为的心理状态。理性意志反映人的自觉性和选择性。认知与意志既相互区别又互有联系,认知既是意志产生的基础,又是意志作用的过程,认知不仅能够形成特定的意志,而且意志一旦形成就能够促进认知的深化。康德认为:“意志是这样的一种能力,它只选择那种,理性在不受爱好影响的条件下,认为实践上是必然的东西,也就是,认为善的东西。”[2]在法治认知过程中,对法的价值判断即法的善与恶,良法与恶法是其先决条件,这样的判断来自理性意志。“在一个国家里,只有真正体现人民意志的法,才能称其为‘善法’。”[3]对于法的认知,是法治认知的基础,也是法治或者法治文化建设的前提条件,而这一认知首先就是要区分或者能够区分良法与恶法,从而选择和制定良法或者善法作为法治的规范条件。然而,对法的良善选择,是由人的理性意志决定的,只有在理性意志支配下的法律选择或者制定的法律,才可能是良善之法,也才可能符合法治和法治文化建设的需要。

当然,作为法治认知的意志条件,不仅是一种法的认知条件,而且是一种个人的行为意志条件,而这一条件作为一种规范与秩序条件应当是一种理性意志条件,而不能是一种感性意志。它必须避免个人意志的任意性,并能够在不同主体的意志之间形成共同的意志结果,即具有意志的共识性。这种意志条件,必须是正确认识个人行为的私法价值与社会意义的关系并能够实现对个人行为合理控制的意志形态。法治认知在实现个人行为的规范性与秩序性上的一个最重要条件,就是实现理性意志的作用,避免感性意志的发挥。只有在这种理性意志的条件下,才能够形成以个人的行为自律与自治为主体的法治生态秩序并形成民本模式的社会主义法治文化建设。

2. 法治认知的理性规范条件

理性是人的意志规范性,法治认知作为一种理性认知,需要理性的规范条件,是把理性的规范条件上升为法治的规范要求。只有理性的法治认知,才是一

---

〔1〕 参见[德]伊曼努尔·康德:《道德形而上学原理》,苗力田译,上海世纪出版集团2012年版,第23页。

〔2〕 [德]伊曼努尔·康德:《道德形而上学原理》,苗力田译,上海世纪出版集团2012年版,第23页。

〔3〕 徐显明、宋云峰:《试论实现法治目标的三大基本条件》,载《当代世界社会主义问题》2005年第4期。

种规范条件的认知,法治认知需要达成理性的规范条件,即形成理性条件的规范认知结果。如果认知的结果没有形成认知需要的理性规范条件,那么这一认知既不是理性的,也不是法治,或者起码不是有效的法治认知。法治认知作为一种社会规范认知,是以理性的规范性为条件需求的一种社会认知,离不开理性为个人或者认知者提供的构造社会秩序属性的规范条件。理性作为对事物的客观性与本质性的思维与认识,本身就代表了符合事物客观性与本质性的规范性,是一种规范性的社会秩序条件。理性意志作为一种自觉的目的性意志,是一种规范性意志,是一种行为控制与合序意志,因此与法治和法治文化具有内在与本质的联系。

一方面,理性为法治认知提供规范的制度条件。法治认知是关于法的权威、国家治理方式与社会秩序状态的理性认知,为认知者提供一种理性的关于法律制度形成方面的价值评价。正是这一评价,构成了一种静态的法律规范即法律制度的认知标准,也就是一种理性的法治认知的规范条件与形态。在严格意义上,理性认知的规范意味着"良法",即法治提供良法之治。由于所有合乎立法程序制定的法律都是"合法"之法,所以基于对法律规范与制度的理性认知,应当考察法律规范与制度的价值合法性。另一方面,法治认知在获取静态规范条件的基础上,把自己的评价扩展至法治运行的动态规范,即具体的法律行为及其实践的规范条件的形成,从而构造理性的动态规范及其实践的规范秩序。动态的理性规范从个人行为到司法实践,是一个社会生态的规范体系。

3. 法治认知的理性行为条件

法治认知是以理性的意志与规范条件指导人的行为的过程。法治不仅是"法律"之治,而且更是"行为"之治,最终是行为的法治状态。因此,法治认知追求人的行为理性及其理性的行为条件,如果没有达到人的理性行为条件,就没有达到理性的法治认知。不论是法治认知的理性意志,还是法治认知的理性规范,都只有转化为理性行为才能够形成一种社会生态的法治秩序。法治认知的理性条件,不仅提供法治的行为意志条件,而且提供法治的行为规范条件,并因此构成具有法治文化本质的理性行为,即符合法治文化条件与要求的一种自主构序的社会意志与规范行为。

法治认知不仅是一种理性的行为认知,而且指导理性的行为实践,理性的法治行为是法治认知与理性结合的结果。法治本身作为一种社会治理方式,最终是一种理性的行为方式。"一般而言,法治方式是指依据法律、在充分思考的基础上所形成的决断，既是一种权力运作方式，也是一种公民行为方式。”[1]要实现法治和法治文化的社会治理构造，就作为决策主体的立法者或者管理者而言，必须在理性的法治认知的基础上进行良法的创制与实施；就作为行为主体的个人或者公民而言，必须基于理性的法治认知而崇尚法律和遵守法律，并在政府治理与个人自治结合的基础上形成法治和法治文化的社会行为构造。

4. 法治认知的理性秩序条件

理性秩序是法治认知的最终目的与结果。在理性意志基础上的理性规范与行为必然构成法治认知的理性秩序。不论是理性的意志还是理性的规范与行为，它们都是达成理性秩序的前提和条件。一定的社会秩序即法治或者法治文化的社会秩序形态，是法治认知的根本目的，只有达到理性秩序的目的才是建设社会主义法治文化的理想社会秩序。

理性不仅意味着规范和规范性行为，而且意味着规范和规范行为的秩序化。理性的行为秩序，是一种社会生态秩序，是法治秩序的根本秩序形态。没有理性，就没有秩序，理性不仅能够提供法治认知的意志、规范与行为条件，而且在根本上构成了法治认知的秩序条件及其行为结果的秩序形态。十八届四中全会《决定》作出的关于加快建设社会主义法治国家的全面战略部署，在本质上就是要建设一种理性秩序的社会主义法治和法治文化。

（三）法治认知的理性发展

法治和法治文化是一个发展的过程，必须在发展过程中把握法治和法治文化的发展方向与构造形态，并根据发展需要调整自身的构造形态并通过社会转型以实现自身的发展。法治和法治文化和发展，首先是一个法治认知的发展，而法治认知的发展应当是一种理性的发展，既应当以理性为需要，也应当以理性为基础，并应当以理性为动力并实现理性的发展形态。

1. 法治认知的理性发展需要

法治认知的发展，既是理性的发展，也以理性为发展的需要。在法治认知的理性发展中，必然提出自己的法治理性及其发展的理性条件需要。法治认知是一个发展的过程，这一过程也就是一个指导法治和法治文化建设的过程，是一个法治文化不断深化与升华的过程，是一个不断接近和实现人类法治文化的美好理想的过程。在这一过程中，如何把握法治认知的正确发展方面就成为一个根

---

〔1〕 公丕祥主编：《社会主义核心价值观研究丛书：法治篇》，江苏人民出版社2016年版，第255页。

本条件和需要。显然,理性发展是法治认知的正确发展条件,理性的发展需要才是法治认知的正确发展需要并能够确定法治认知的正确发展方向,法治认知一旦失去了理性的发展需要,也就失去了法治发展的正确需要。“只有信仰法治的新思想、新理念在全社会占据主导地位,法治建设才能真正取得成功。”〔1〕法治认知的正确发展,就是能够不断地发现法治和法治文化的本质与规律,并根据这一本质与规律进行现实的法治和法治文化建设,而这一法治认知的发展需要,就是一种理性的发展需要,没有理性的发展,就不能有法治认知的发展,更不会有社会主义法治文化建设本身的发展。因此,如果没有理性或者理性缺失,就必然在制约法治认知的基础上影响和限制法治和法治文化的发展。

法治认知的发展是法治和法治文化发展的先决条件。法治认知是动态的而不是静止不动的,正是这一动态认知的发展推动了法治和法治文化的发展。从世界范围来看,法治认知不断深化发展代表了法治文化的文明进步过程。在古希腊、古罗马时期,在柏拉图、亚里士多德、西塞罗的思想中,法律权威与良法之治成为法治的基本原则,并构成了那一时代的法律文明。近代通过洛克、孟德斯鸠、卢梭等人的思想,权力的分立与制衡成为法治和法治文化的重要内容,并奠定了近代法治的理论与思想基础。19 世纪英国法学家戴雪提出的法治原则成为主流,其法治思想的重要发展是对公民权利与自由的保障,成为近代法治理论的经典。当代法学家关于法治的理论问题主要涉及法治与政府自由裁量权的关系,法治与平等的关系,法治和允许批评法律,等等。〔2〕这些都是对法治发展的一种理性认知,体现了一种理性发展。人类在追求法治真理的道路上是永不止步的,它需要法治认知的发展条件,而法治认知的发展又需要不断的理性发展,只有理性的发展,才能够实现法治认知的发展。

新中国的法治发展经历了法制初创、法制恢复、“依法治国,建设社会主义法治国家”三个时期。1997 年,党的“十五大”将“依法治国,建设社会主义法治国家”确定为党领导人民治理国家的基本方略,1999 年又将其写入宪法修正案。十八届四中全会《决定》对建设社会主义法治国家进行的全面战略部署,是目前我国在法治认知上取得的最大成果。中国社会正以理性的法治发展需求实现着理性的法治认知与法治文化发展,这是建设民本模式的社会主义法治文化的必

〔1〕 李林平:《法治认知误区之厘清及对策》,载《长江论坛》2015 年第 4 期。

〔2〕 参见张文显主编:《法理学》,法律出版社 2007 年版,第 86 页。

然需要和选择。

2. 法治认知的理性发展基础

法治认知不仅有理性发展的需要，而且离不开理性发展的基础，即必须建立在一定理性发展的基础之上。只有理性发展的基础，才能够有法治认知的理性发展。法治认知的理性发展基础，作为一种社会条件，是由个人理性构成的一个整体性或者群体性的社会理性因素，根本是由个人的理性水平决定的一个社会的法治构造条件与根据。个人的理性水平决定了社会的理性条件并最终构成了法治认知与法治发展的理性基础。

法治建设是通过法治认知转化为法治实践的过程来完成的，法治认知的理性发展基础在根本上是为法治实践提供的理性发展条件。我国的社会主义法治文化建设就是通过以法治作为治国理政的基本模式来实现社会转型发展，而这一社会转型发展，是一个从感性到理性的发展，也就是一个需要不断确立和奠定法治认知的理性发展基础的法治实践过程。因此，随着法治发展走向深入，需要法治认知为法治发展提供一种从感性上升到理性的发展条件，并在理性的基础上丰富法治认知的内容，加强法治认知的深度与广度，提高法治认知的水平与品质，从而指导法治文化的实践发展。

应当客观地看到，我国历史上人治传统根深蒂固，在制度层面和对民众的心理与行为的影响深远，因此民本模式的我国社会主义法治和法治文化建设应当是一个去人治、立法治的过程，这一过程注定是渐进的，是需要在曲折与转型中发展与完善的根据。本项目组以“您愿意了解和学习法律的原因是什么”为题进行的全国性调查问卷数据统计结果显示，在给出的各种备选答案中，选择“解决遇到的实际问题”的占比过半达53%，[1]说明人们对法律的认识，更多的还是直观地看到了它在解决实际问题或者处理矛盾与纠纷上的应用价值，从而反映出人们对于法律的一种功利主义的态度，这固然体现了人们对法治认知的进步一面，但是另外一个方面，这一结果也证明，在中国社会人们把法律作为自身的生活方式或者需要的理性认知则不够强，甚至还十分薄弱。在中国社会的法治认知上，人们整体上还缺乏理性的认知基础。因此，中国社会的法治和法治文化的发展，需要不断地从感性到理性的法治认知转型，从而为建设社会主义法治和法治文化提供和奠定坚实的理性发展基础。

---

〔1〕 本题数据统计结果详见本书第四编（第十六章）“民法精神的实践理性构造”部分。

固然,在法治社会中,并不是所有的人都要接受法律的训练,具有专业的法律知识,否则法律职业者尤其是律师就没有存在的必要。然而,法治社会需要人们具有与之相适应的法治认知,这就是作为法治存在与发展基础的理性认知。这一理性认知,就是需要人们能够正确地认识到法律对生活的重要性,懂得法律和法治作为生活方式的意义,使人们不仅知道通过法律解决纠纷,而且知道用法律或者法治的方式安排和预见个人生活,维护法律和司法的权威。这样,既不侵犯他人的合法权益,又能够增强人们对法律和公正司法的信任,同时也能够提高人们信仰法律和遵守法律的自觉性。

3. 法治认知的理性发展动力

法治认知的发展,不仅需要理性的发展基础,而且需要以理性发展为动力,即以理性发展为自己发展的动力。法治认知作为一种理性认知,既以理性为发展条件,也就必然以理性为发展动力,理性是法治认知发展的唯一动力之源。理性的动力,就是一种个人践行法治的思想和精神的动力。一个社会的法治和法治认知的发展动力,是存在于普遍的个人理性发展条件,没有普遍的个人理性,就没有法治和法治认知的发展动力,或者起码实现这一发展的动力条件是不足的,需要这一动力条件的调整、增强和转型发展。

中国特色社会主义法治是中国特色社会主义发展道路的重要内容。中国特色社会主义法治和法治文化是在中国特色社会主义建设中,不断解放思想、实事求是、与时俱进创立和发展起来的,而从感性到理性的法治认知转型则构成了中国特色社会主义法治文化发展的核心动力之源。我国民本模式的社会主义法治文化建设,在坚持以民为本的基础上,既确立人民的主体地位,又以人民的普遍理性为发展的动力,而人民的主体地位必然焕发出人民自觉认知法治和推动法治发展的积极性、主动性与创造性,这是我国社会主义法治文化从感性到理性的认知转型中所形成的不竭动力之源。

4. 法治认知的理性发展形态

一种理性认知的发展表现为理性自身的发展形态。法治认知的理性发展作为一种理性发展的结果,必然产生法治认知的理性发展形态。这一形态,在根本上就是符合人的客观利益需求及其实现的规律性与规定性的法治文化形态。法治认知是人们获取的法治知识的总体形态,它包括法治观念、法治意识、法治思维、法治思想、法治理论、法治原则、法治精神等不同层面的内容,这些方面的法治认知之间相互联系和区别,并在具有独立价值的基础上整体形成了法治认知的理性发展形态。这一形态一方面转化并表现为一定的法律制度形态，另一方面转化并表现为人们利益实现的社会生态秩序。

新中国成立后，特别是改革开放以来，不论是社会主义法律的制定和法律体系的形成，还是中国社会现实的法治生态秩序的构造与发展，不论是人们的“法制”观念，还是社会的“法治”思想，集中反映在不断深化发展的社会主义法治理论中，特别是集中体现在十八届四中全会《决定》中，都是我国社会主义法治认知的不同理性发展形态。有学者认为，中国特色法治国家的发展进展分为初级阶段、发展阶段和成熟阶段。[1] 阶段式发展符合法治建设的一般理性规律，不仅反映了我国法治建设的宏观部署与全面发展的需要，而且体现了我国社会主义法治认知的全面理性深化与发展的形态。

（四）法治认知的理性实现

法治认知不仅具有理性本质，需要理性条件和理性发展，而且需要理性的认知目的与价值实现。法治认知的理性实现，是法治认知实现的本质要求。只有理性的实现，才既符合法治认知的目的，又正确反映法治和法治文化的内在条件与需求及其实现的规律性和规定性，从而实现法治文化的科学发展。

1. 法治认知的理性目的实现

法治认知的理性目的，既是法治的目的，也是理性的目的，是以理性目的反映的法治目的。法治认知的理性实现，就是要认知和实现这一目的。这一认知目的实现，首先是要认知一个国家的法律或者法治如何体现和尊重人和人格的目的，这是民本模式的法治文化建设的根本目的与必然要求。这一目的，就是以民为本的正义目的，代表了一个法治文化的核心价值，是以法治认知所建立的一个国家的法律体系及其实现的社会生态秩序所反映的人与人之间关系的人格尊重与利益均衡的条件与水平而代表的一种法治和法治文化的目的。法治认知的理性目的，一个是法律或者法治体系的建立目的，另一个就是法律或者法治体系所代表和实现的价值目的，而这两个目的的理性实现，都是人的目的的实现，即法治认知的理性目的是全面揭示和获取人的主体性知识并不断确立和实现人的目的与地位，这是一种人格的客观利益条件与需求。

法治的目的是法治理性认知的根本对象。法治的目的来源于人的目的，人是目的而非手段，法治的终极目的是实现人的幸福与安宁，让人过上美好的生

〔1〕 参见蒋小伟：《论中国特色社会主义法治国家的初级阶段》，载《政法论丛》2016 年第 2 期。

活，而人的目的性是经过长期的认知及其曲折的实践过程才获得的一种认知与认同，并成为了当代法治的普遍价值共识。人的目的就是人的利益目的，法治认知的理性实现，就是理性认知人的利益目的并把这一目的转化为法治实践的目的。以人为目的法治认知，是社会统治与治理的观念产物。新中国成立后，我国即确立了人民当家作主的人民主体地位，只是当时还缺乏对法治的理性认知，自然也就没有将人作为法治认知的理性目的。改革开放以来，随着我国社会主义民主与法治的发展，人民当家作主有了更加完善和成熟的政治与法律条件，在此基础上，我国的法治认知也在不断深入中逐步走向以人为本的理性目的，从而实现了人民主体地位与社会主义法治目的与原则的结合。法治认知的理性目的实现，对于建设法治文化的民本模式具有重要的现实意义，因为民本模式的法治文化建设必然是一种法治认知的理性目的实现。

2. 法治认知的理性价值实现

法治认知的实现，不仅是认知理性的目的，而且认知理性的价值，即实现对法治价值的理性认知。法治认知的价值，就是法治认知所实现的积极的和有意义的社会规范与秩序价值。法治认知的价值，以法治认知的目的为根据和基础，只有基于正确的法治认知的目的，才能够获取和实现法治认知的合理价值，而这一价值同样是一种理性价值。基于以人为本的法治认知目的，必然产生和形成以人为本的法治认知价值，包括平等、自由、公平、诚信当代法治的核心价值，是以人为本的法治认知目的的具体化，根本上可以概括为正义价值。

一个国家和社会的法治和法治文化的价值，是建立在一定的法治认知的价值基础上的。有什么样的法治价值认知，就有什么样的法治和法治文化价值。法治和法治文化价值只有通过法治认知的存在才能够成为法治实践的存在。西方法治认知与实践有形式法治、实质法治之分，也存在法治的工具理性与价值理性的理论学说。法治的价值性是法治的目的性内涵之一。在法治自身层面，西方法治价值性的认知突出体现在对实质法治与价值理性的追求。“在整个历史上，法治的不可或缺的要素是政府官员和一般民众接受法治的价值和正当性。”[1]法治的价值既是法治历史发展的动力，也是法治认知的过程与结果。法治认知的价值核心就是不断认识、重申、普及人本主义的法治价值。“法治意味

〔1〕［美］布雷恩·Z. 塔玛纳哈：《论法治——历史、政治和理论》，李桂林译，武汉大学出版社 2010 年版，第 178 页。

着一系列的价值和以价值为基础的原则。"[1]这一价值观，就是社会主义法治和法治文化的价值观，是社会主义法治认知的价值结果。我国的社会主义法治价值观，"既是社会主义核心价值观的基本要素，又是社会主义核心价值观的实现载体，还是社会主义核心价值观的保障机制"，[2]是以社会主义核心价值观的形式表现出来的法治认知的理性价值条件与要求，充分表明了我国社会主义核心价值观与法治价值观的内在联系与本质统一以及法治价值在社会主义核心价值的构成中所具有的重要地位。社会主义核心价值观就是社会主义的法治价值观，代表了我国社会主义法治认知与法治发展的目标与方向，并直接为我国社会主义法治文化建设提供了精神支持与价值引导。

三、法治认知与民法精神

法治认知作为对法治的规律性与规定性的认知，其基础是对市民社会即民本社会的规范与秩序认知，而民法精神作为市民社会的生态规范与秩序形态，既是法治认知的对象，又构成法治认知的条件

（一）法治认知的民法精神发现

法治认知在于发现法治的本质。这一本质的发现，在尊重法治的人本主义的规律与规定性的基础上，必然是一种市民社会的民法精神发现并具有民法精神的本质属性。

法治认知作为一种意志活动，是一种精神活动，建立于一定的精神基础，是以一定的精神条件为根据并在一定精神条件下的精神认知。法治认知既是精神性的，又需要一定的精神条件来完成和达到精神认知的目的，是从精神到精神的实现与升华过程。这一作为起点与目的的精神，就是一种法治精神，即法治认知是以一定的法治精神为根据并追求法治精神的认知。没有法治精神，就没有法治认知，两者是相互作用和促进的统一体。

法治精神作为市民社会的具体规范与秩序精神，就是民法精神。民法精神作为市民社会与市场经济的规范与秩序精神，本身具有理性精神的秩序品质，所以法治认知在作用和影响民法精神的法治实践的同时又必然依赖于民法精神的

---

[1] ［瑞士］丽狄娅·R.巴斯坦·弗莱纳、托马斯·弗莱纳：《法治》，石玉英等译，中国方正出版社2009年版，第19～20页。

[2] 公丕祥主编：《社会主义核心价值观研究丛书：法治篇》，江苏人民出版社2015年版，第5页。

理性认知基础。法治认知应当在民法精神的基础上,以一种人本主义的法律和法治的观点与态度,正确认知法治的现实目的与价值及其实现方式与进路。法治认知只有立足于民法精神的认知基础,才能够以市民社会与市场经济的理性条件而获得正确的法治认知结果,并为建设社会主义法治和法治文化奠定以民为本的坚实理性条件。因此,法治认知不能没有或者脱离民法精神这一民本社会的规范与秩序前提,否则就失去了法治认知的理性思想。

法治认知不仅以民法精神为基础,而且在民法精神基础上的法治认知必然进一步发现民法精神。法治认知在民法精神的基础上对市民社会关系的规范与秩序认知,就是对民法精神的认知,民法精神构成了法治认知的主要内容和对象。通过法治认知发现民法精神,就是发现以民为本的社会主义法治文化的本质。在一定意义上,可以说,我国社会主义法治文化的民本模式建设过程,就是一个民法精神的认知与发现过程,而法治认知的民法精神发现水平,则决定了我国社会主义法治和法治文化建设的根本条件。

我国的民法精神,是社会主义民法精神,它是对我国传统民法精神与西方民法精神的继承和超越。有学者认为,我国传统民法精神与西方民法精神的区别有:守成型与开拓型;共有型与独立财产型;人情形与法治型;序列人格与平等人格;习惯法与成文法;教化型与权利型。〔1〕 此种观点对于认识我国传统民法精神与西方民法精神的特点及两者之间的差异具有启示意义。在比较中发现差异,在认知中发现本质。应当正视我国传统民法精神的缺失与不足,通过利用本土民法文化的优秀资源与西方民法精神的可借鉴价值,促进我国社会的民法精神转型并实现民法精神的法治文化发展。

在人本主义的社会条件下,法治和法治文化的建设与发展首先是民法精神的发现与进步,其直接形式是民事立法及其表现的民法精神条件。当今中国,民法典的编纂,既是一个法治认知的民法精神发现过程,也是一个以民法典的制度体系与规范形式表现民法精神的认知过程。中国民法典是具有 21 世纪鲜明时代性与进步性的民法典,代表当代社会的民法精神的最高与最新发现,因此,中国民法典的编纂,不仅是形成一个完整的中国特色民法体系,而且是展现人类民法精神的最优秀认知成果。

---

〔1〕 参见刘云生:《中西民法精神比较论纲——简论民法史学方法论构建》,载《法律科学》2007 年第 3 期。

1. 法治认知的民法精神价值发现

法治认知的民法精神发现，首先是民法精神的价值发现，每一个法治认知的理性进步，都意味着一定民法精神的价值收获。法治认知本身就代表了一定的民法精神价值，法治认知必然是对民法精神价值的收获并在这一收获中实现自身的进步与深化。民法精神价值作为民本社会的精神价值是法治精神的核心价值。民法精神的价值，根本是人的价值，法治认知的民法精神价值的发现，根本是人的价值发现，是发现人在市民社会关系条件下的客观利益需求及其实现的社会规律性与规定性。"法治的起点、终点、目标和实施都离不开人，法治的最终主体是自然人，抛开人的法治是不可想象的。"[1] 人的价值，是民法精神的根本价值和唯一价值，没有人的价值，就没有民法精神的价值。以民为本的民法精神价值构成了法治的基础与核心价值，当代法治精神凸显的人格平等精神、行为自由精神、理性自律精神、诚实守信精神、权利与义务对等精神等，都属于民法精神的人本价值范畴。民法精神具有人性、道德、正义和权利等价值形态，其中人性精神是民法的自然精神；道德是民法的规范精神；正义是民法的目的精神。[2] 民法精神蕴含人格平等、意志自由和行为自律等价值条件，不仅规范民法制度体系的形成，而且引导人们的法律行为实践，是静态与动态价值的统一。因此，必须重视法治认知的民法精神价值，发挥民法精神价值在建设社会主义法治文化中的规范与秩序作用。民本模式的社会主义法治和法治文化建设，应当以积极的法治认知发现民法精神的价值，并以法治认知的民法精神价值促进社会主义法治文化的建设与发展。

2. 法治认知的民法精神本质发现

法治认知在发现民法精神价值的同时发现民法精神的本质。民法精神的本质就是什么是民法精神和民法精神应当是什么的问题，是一种本体的民法精神认识，是以民法精神的条件和价值等内涵所表现出来的民法精神的本体属性，是决定民法精神内在构造的一般性与普遍性。由于市民社会是基础的社会，市民社会的规范与秩序是法治认知的根本对象，所以法治认知的结果必然是不断发现民法精神的本质，而这一认知结果必然构成一个国家法治文化建设的根本条件与客观要求。不认知民法精神的本质与本体，就不可能了解和掌握法治或者

---

〔1〕 刘斌：《法治的人性基础》，载《中国政法大学学报》2008 年第 2 期。

〔2〕 详见王利民：《民法的精神构造：民法哲学的思考》，法律出版社 2010 年版，代序第 4 ~18 页。

法治文化的本质要求,更不可能有人本主义和民本模式的法治文化建设与发展。因此,建设民本模式的社会主义法治文化首先应当通过法治认知解决作为基础的民法精神的本质问题。

民法精神中的平等精神、自由精神、公平精神、诚实信用精神,都是作为法治社会基础的市民社会的基本规范与秩序精神,是平等民事主体的人身关系与财产关系的根本精神,是社会主义法治精神的本质条件和要求。民法精神是人民主体的制度精神,十八届四中全会《决定》将人民主体地位确定为全面推进依法治国的基本原则,实行社会主义法治就是实现按照人民的意志,依照体现人民意志的法来治理国家。然而,体现在国家法律中的民法精神,不仅是法律或者民法的精神,而且是主体的社会精神,在制定法的形式之外,还是一种动态的行为精神,现实的秩序精神,道德的自律精神,习惯的传承精神,思想的信仰精神,文化的固化精神,自然的生态精神,等等。因此,不能只把民法精神看成一个法律或者民法的制度现象,对民法精神的本质,必须在法治认知的基础上发现其不同的社会本体形态及其内涵,从而以对民法精神本质的全面认识正确指导以民法精神为基础的法治文化转型与实践。[1]

(二)民法精神的法治认知实现

民法精神的法治认知,是在法治基础上的民法精神认知,只有这一认知,才构成发现民法精神的认知过程,并能够实现民法精神的认知结果。民法精神是在法治认知中形成的,民法精神的形成过程,就是一个法治认知的过程,而法治认知过程必然收获和实现民法精神的认知结果。

法治认知的过程作为一个不断发现民法精神并揭示其价值与本质的过程,是一个漫长的历史发展过程。现代民法源于罗马法,现代民法精神源于罗马法的人文精神,罗马法为平等、公正、契约自由和诚实信用等民法精神奠定了基础。罗马法学家乌尔比安认为,“根据自然法,一切人生来平等”。罗马法中的自然法思想,为欧洲启蒙思想家的人权理论所继承和发展,并发展成为近代以来的法治精神。罗马法的万民法发展是“法律面前人人平等”的早期实践。[2] 罗马法的民法精神及其确立的民法体系为以《法国民法典》和《德国民法典》为代表的

---

〔1〕 建设社会主义法治文化,“如果我们从文化的结构来看,则是一个从文化的物质层面→制度层面→精神层面逐步递进、逐步深化的过程”。(公丕祥主编:《社会主义核心价值观研究丛书:法治篇》,江苏人民出版社 2015 年版,第 202 页)

〔2〕 参见江平、米健:《罗马法基础》,中国政法大学出版社 2004 年版,第 17 页。

西方国家民法所继承,并经由近现代资本主义生产关系的发展而构成了民主宪制下的社会主体精神,不仅是私法或者法治精神的核心,而且也发展成为一种保障私人财产、自由免受国家侵犯的宪法权利与精神,从而成为西方资本主义法治的基础。我国社会主义民法精神也是在不断的法治认知过程中形成的。[1] 从改革开放初期的"双轨制"条件下的"法制"形成,[2] 到 1992 年实现社会主义市场经济以来的"法治"建设,特别是以《中国民法典》的编纂为基础的我国社会主义法律体系的不断完善,不仅标志着我国社会主义法治认知的不断深化与成熟,而且反映了我国在社会主义法治建设中对民法精神这一法治认知结果的基础地位与作用的高度肯定与正确定位。

不难看出,我国社会主义法治认知与进步的过程,就是一个民法精神的发现与发挥作用的实现过程,也就是一个逐步正确认知民法和民法精神与公法和公法精神的关系、确认民法和民法精神的基础社会地位和实现与公法及其所代表的政治社会相制衡的过程。当然,中国社会主义民法精神是具有中国特色的民法精神认知,是具有中国特色社会主义法治实践的认知过程所收获的民族精神成果,它不仅具有人类民法精神所包含的平等和自由等一般内涵价值,而且体现了几千年中华文化传统与中国特色社会主义制度条件下的民法精神的独特性、民族性及其特定的历史使命性。我国的民法精神产生并根植于中华民族的深厚土壤,其社会主义的精神本质要求民法精神体现党的领导、人民主体地位与依法治国有机统一的原则,并在建设中国特色社会主义法治文化中具有基础的社会生态秩序的构造地位与作用。

有学者提出,中国民法法典化,"更重要的是要突破自我封闭的私法体系,超越私法,将私法的精神贯穿到整个法律体系中,渗透到政府行为规则中,贯彻到整个社会运行之中。这是民法文化建设的重要组成部分"。[3] 这种观点认识

---

[1] 《中共中央关于全面推进依法治国若干重大问题的决定》指出:"长期以来,特别是党的十一届三中全会以来,我们党深刻总结我国社会主义法治建设的成功经验和深刻教训,提出为了保障人民民主,必须加强法治,必须使民主制度化、法律化,把依法治国确定为党领导人民治理国家的基本方略,把依法执政确定为党治国理政的基本方式,积极建设社会主义法治,取得历史性成就。"

[2] 即计划经济与商品经济相结合的社会经济体制。在"双轨制"条件下,虽然基于商品经济的需要而制定了大量民事立法,但是往往以"经济法"的形式出现,仍然强调国家计划与管理在社会经济运行的特殊地位和作用,从而不仅严重偏离了民事立法的价值取向,而且极大地缩限了意思自治原则在民法调整的"商品关系"领域的适用。

[3] 高富平:《社会转型时期私法的使命》,载《甘肃政法学院学报》2009 年第 4 期。

到了在我国社会转型中的法治和法治文化的转型实现应当重视私法的作用，要选择适合我国实际的私法发展道路，而其中对私法精神在我国整个法律体系中的重要性的强调，则符合我国社会主义法治认知的现实条件与要求。“中国法治建设的一个可能路径或许应当以民法文化为起点。”[1]事实上，民法和民法精神作为社会主义法治建设的起点，不仅是一个理论观点，而且是一个客观事实，它体现了社会主义法治认知的科学发展过程。

民法精神的法治认知过程，必然在形成民法精神的认知结果同时使民法精神作用于法治实践，从而实现民法精神的法治文化作用。民法精神本身就是法治认知所必然获取的一种民本社会的法治精神条件，并必然被运用于法治实践，实现民法精神在法治和法治文化建设中的规范与秩序作用。民法精神作为民本社会的法治文化精神，其法治认知的过程与结果，必然充分认识到民法精神与建设社会主义法治文化的内在关系，并将民法精神作为建设社会主义法治文化的民本模式而实现其在建设社会主义法治文化中的基础构造作用。可见，没有法治认知的深化发展，就不可能发现真正的民法精神并发挥民法精神在法治文化建设中的作用，而通过法治认知把民法精神作用于法治文化建设则完成了民法精神发现与实现的过程统一。

通过法治认知发现和实现民法精神，发挥民法精神的在法治文化建设中的作用，就必须认知民法精神在建设社会主义法治文化中的基础地位。“法治文化是社会主义先进文化的重要组成部分，建设社会主义文化强国离不开法治文化。”[2]法治文化在我国法治建设与文化强国战略中的地位，离不开民法精神这一法治文化的基础条件。民法精神是市民社会的法治文化精神，它作为人本主义的社会生态规范与秩序，决定了以民为本的法治文化的主体构成与实质条件。

民法精神在法治认知过程中的实现，需要通过法治认知的形式实现民法精神的社会普遍性。“法治文化的培育，关键在于要把法治文化、法治理念、法治精神转化为普通民众的日常生活实践。”[3]民法精神集中反映了人们在日常生

---

〔1〕 戴少杰：《法治启蒙与制度反思——一种民法文化视角的初步分析》，载《清华法治论衡》第4辑，清华大学出版社2004年版，第465页。

〔2〕 马怀德：《法治文化在文化强国战略中的作用和意义》，载《中国政法大学学报》2012年第1期。

〔3〕 龚廷泰：《法治文化的认同：概念、意义、机理与路径》，载《法制与社会发展》2014年第4期。

活和交易关系中所应当遵循的一般行为规则与价值理念，它在通过民法形式表现并与民法形式统一的基础上，易于人们理解、接受和遵循，从而使人们可以通过获得一定的民法精神而实现对民法制度的践行。所以，建设社会主义法治文化的过程，就是认知民法精神和民法精神的实现过程，只有确立以民法精神为主体的法治精神，才能够建设和形成法治文化。十八届四中全会《决定》把“编纂民法典”作为“加强市场法律制度建设”的核心内容与条件提了出来，同时也就明确了民法或者民法典及其所体现的民法精神在建设社会主义法治文化中的特殊地位与作用。

四、与时俱进的法治认知转型

建设社会主义法治文化的民法精神转型，是民法精神的法治认知的与时俱进发展。中国社会的民法精神，作为一种社会生态秩序，从中国传统文化中生根，并需要在吸收人类民法精神文明的一般性与普遍性条件和价值的基础上实现转型发展并构成建设社会主义法治文化的基础精神文化。因此，作为社会主义法治文化的民本模式的民法精神，必须与时俱进并实现法治认知转型，从而以当代的人本主义的民法精神形态构成建设社会主义法治文化的基础文化条件。

（一）法治认知的与时俱进发展

民法精神的法治认知，作为生动的市民社会的秩序认知，需要不断反映和揭示民法精神的先进性与时代性，代表和体现人类法治文化的基本价值与发展方向，具有必然的与时俱进性。

1. 法治认知内容的与时俱进

作为社会主义法治基础的法治认知，同样必须具有与时俱进性，从而才能够发现我们这个时代最先进和最优秀的法治和法治精神。依法治国基本方略的确定，充分体现了中国共产党领导广大人民群众在建设社会主义法治国家过程中，坚持与时俱进，不断进行理论与实践创新的决心和意志。

法治认知内容的与时俱进就是要从我国的基本国情出发，以人本主义的民法精神为基础，提出反映人民主体地位并符合人民根本利益需求的创新法治理论。要根据社会主义法治和法治文化建设的不同阶段和不同条件提供法治认知的不同内容，从而满足法治和法治文化建设实践所不断提出的法治认知需求。因此，社会主义法治和法治文化的建设与发展过程，就是以民法精神为基础的法治认知内容的不断扩大与全面深化的过程,也就是逐步揭示民法精神的本质与内涵并实现与社会主义法治和法治文化相统一的过程。

应当说,党的一系列依法治国重大决策本身都以鲜明的时代特色而充分体现了法治认知内容的与时俱进。只有法治认知内容的与时俱进与不断创新,才能够为社会主义法治和法治文化建设适时提供新的和符合时代要求的内容并在转型更新中实现社会主义法治和法治文化的根本发展与进步。由于法治认知的内容是以民法精神为主体的法治精神条件,所以,法治认知内容的与时俱进,根本是民法精神认知内容的与时俱进。基于民法精神的市民社会条件与基础构造地位,只有民法精神的与时俱进,才有社会主义法治和法治文化的与时俱进,因此,法治认知就是要根据实践需要发现以民法精神的内容为主体的法治精神与法治文化。

社会主义法治认知的与时俱进过程,在实现社会主义法治理论创新的同时,必然实现法治和法治文化的民法精神转型构造与生态发展。中国特色社会主义新时代,是一个法治认知的与时俱进时代。党和国家法治认知与时俱进的重要表现,就是进一步明确了我国新时代法治建设以民为本的根本目的与发展目标。“意味着法治不仅仅是为经济社会保驾护航的工具,更是我们奋斗的目标和价值取向,法治本身就具有目的性。”[1]

法治认知内容的与时俱进,具有民族性、社会性与时代特征。法治认知内容的与时俱进,意味着法治认知的内容是动态调整的对象,需要随着社会发展和法治建设的条件需要而进行适时变化与更新。不同的社会条件与法治发展阶段,必然具有不同的法治认知内容,而法治认知的内容及其变化和与时俱进,则构成了特定时代与民族的法治条件和要求。

2. 法治认知水平的与时俱进

以民法精神转型为基础的法治认知的与时俱进,并不是单纯的认知内容的与时俱进,即认知对象的变化与调整,而是法治认知水平的与时俱进,即一种认知价值的提高与进步。换言之,法治认知的创新,应当是以价值创新为基础的一种内容创新,只有这种创新,才能够保证创新的合理性与正当性,才能够符合社会主义法治和法治文化建设与发展的根本需要。

法治认知的水平问题,首先是它所代表的高度问题,其中核心是对法治在国

---

〔1〕 王利明:《新时代中国法治建设的基本问题》,载《中国社会科学》2018 年第 1 期。

家治理中的根本地位的认识问题。十八届四中全会《决定》指出，依法治国“事关我们党执政兴国，事关人民幸福安康，事关党和国家长治久安”。这就是把法治上升到了涉及党和国家命运的高度，不仅党的领导离不开法治，而且国家的治理也离不开法治，法治是党和国家的生命，一日不可背离和偏废。可以说，我们党作为执政党，领导国家的法治建设，自身的法治认知水平就代表和反映了国家和社会的法治认知，而这一认知也必然直接决定社会主义法治和法治文化建设的内涵和本质。所以，要保持党的法治认知的时代高度与先进水平，就必须保证党的法治认知的与时俱进，能够不断为社会主义法治和法治文化建设提供最先进和最优秀的精神食粮。

从传统到现代，我国的法治建设经历了深刻的历史变革。法治建设的不同发展阶段，都是那个阶段的法治认知水平的体现，而只有法治认知水平的与时俱进，才能够实现法治认知水平与社会主义法治建设条件的统一。人类对法治认知的历史久远，在古希腊柏拉图和亚里士多德的著作里有诸多的表述，尤其是亚里士多德的法治思想经由中世纪、近代思想家的阐发成为现代法治认知的基础。西方国家的法治建设是法治思想与近代资本主义民主制度相结合的产物。然而，即使是在西方法治社会，也存在法治认知的不同观点，没有完全一致的法治认知，这是由人和社会的复杂性与特殊性所决定的，不同的人和不同的社会与民族有不同的法治需求，就必然产生不同的法治认知并进行不同的法治实践。人类的法治认知历史，既形成有被不同民族和社会所普遍认同的法治理念与价值原则，并在全球化的视野下被广泛地关注、适用与实践，也存在不同民族和社会在自身法治建设中所面临的特殊问题与困境，从而需要提出符合自身条件的法治认知。因此，法治认知水平的高低不仅具有一般文化性，而且同样具有特殊的民族性、社会性和时代性，是一般价值与特殊价值的统一，只有基于人类法治认知的普遍条件并能够代表民族和社会的特定时代的法治认知，才可能产生符合这个民族和社会的特定时代需要的最高水平的法治认知。

正如法治在各个国家的发生条件与基础各不相同，法治认知的水平与程度必然存在一定的差异。在法治认同的基础上，寻找适合本国和本民族法治发展需要的法治认知就显得尤为重要。显然，法治认知的水平，不仅是民族和社会的，而且是时代的，是不同社会发展阶段的产物。有学者认为，西方法治形态的变迁分为三个阶段：第一阶段是以自然经济为基础的农耕时代和农耕社会，主要存在于 16 世纪以前；第二阶段是以商品经济为基础的工业时代和工业社会，个体本位的法治形态居于主导地位，主要流行于17至19世纪；第三阶段是以知识经济为基础的信息时代和信息社会，社会本位的法治形态居于主导地位，主要发生在20世纪以后。[1] 对于我国的法治认知有学者从“大变局”的历史观出发，认为“中国经历了春秋战国与近代两次‘大变局’。与此相对应，中国也出现了两次法治思想的‘突破’，即春秋战国时期法治思想的突破和中国近代法治思想的突破”。[2] 在第二次“突破”过程中，经历了我国近代以来三波百年法治思潮。“中国百年法治思潮的第一波，在20世纪初期开始涌现，前前后后，经历了50多年，是为国家主义法治理念，其核心价值是国家富强。中国百年法治思潮的第二波，开始于20世纪80年代初，汹涌澎湃的时间超过25年，是为自由主义法治理念，其核心价值是个人自由。第三波则出现在21世纪初，更具体地说，始于2006年正式提出的社会主义法治理念，其核心价值是公平正义与社会和谐。”[3]这样的一个法治认知过程，就是一个法治认知的与时俱进的过程，必然实现法治认知水平的不断提高。

中国社会法治思潮与法治理念的变化，尤其是社会主义法治理念和法治国家理论的提出，立足于中国当代国情，是由主政者进行并作出的理性化、系统化的法治认知，凝聚了我国法治建设的共识，代表了当代中国社会法治认知的与时俱进与最高水平。总结我们党和国家的法治认知及其发展过程，不难发现，这一认知是以实现人民的主体地位与根本利益为目的的社会实践，并且在这一过程中不断认清和强化了人民主体地位与根本利益在整个国家与社会发展及其法治建设中的核心价值地位。

（二）从感性到理性的法治认知

法治是人类的理性条件，是一种理性认知的结果。因此，人类的法治认知是从感性到理性的一种超越。如果不实现这一超越，就不可能有符合人类客观利益需求及其实现的规定性的法治认知。

1. 从感性到理性的法治本质认知

理性的法治认知，首先在于发现法治的本质。法治认知是一种理性认知，人类的法治发展，就是一个从感性到理性的法治认知的发展过程，是一个通过理性

---

〔1〕 参见喻中：《社会主义法治理念概论》，法律出版社2012年版，第135页。

〔2〕 程燎原：《中国法治思想的“突破”》，载《法商研究》2011年第3期。

〔3〕 喻中：《社会主义法治理念概论》，法律出版社2012年版，第160页。

认知不断发现法治本质的历史，也就是理性与非理性即感性相互作用并最终走向理性认同与法治共识的社会形态。西方关于法治本质的理论与思想可以追溯到古希腊，尤其是柏拉图和亚里士多德从贤人之治到法律治国的思想在法治本质的认知上散发出理性精神的永恒魅力。中世纪在神学与教会的笼罩下，托马斯·阿奎那对亚里士多德与奥古斯丁思想的继承投射出中世纪的理性之光。"阿奎那声称法律以理性为基础，必须以公共善为指向。"〔1〕主权者虽不受法律的限制，但受神法与自然法的约束。中世纪英国1215年大宪章以其确立的"王在法下"的传统与"正当程序"的渊源深刻地影响了西方法治理论和实践的发展。西方近代启蒙思想尤其是古典自然法学以自由主义的个人权利保护为中心，"它们决定性地塑造了西方自由主义民主中的现代法治"，〔2〕从而展现了一种以人为本的理性思想。自由主义法治理论经由美国独立战争、法国大革命的实践成为早期资本主义国家的主流观念。戴雪的法治论是至19世纪末英国法治乃至西方法治的经典理论。西方在19世纪末逐步过渡到福利国家阶段的过程中，自由主义法治呈现衰退的趋势，美国20世纪兴起现实主义法学、批判法学运动，将矛头指向自由主义法治、法治理性以及形式法治，其结果是呈现出实质法治作为对形式法治的修正与补充而与形式法治并存的样态。当代法治的发展不仅局限于西方，它是一个法治与全球化、多元社会与法治结合的发展趋势，因此，人们对法治本质的认知也自然呈现出多元化发展及其矛盾和冲突的问题。

人类的法治发展，是一个深化理解和充分实现法治本质的过程，而这一过程离不开从感性到理性的法治本质认知，正是这一认知为法治本质的实现提供了基础材料与思想条件，而这一材料和条件又不可能是完全统一和一致的，其必然反映和存在不同民族和社会条件下人们对法治本质认知的差别性。同时，理性的法治认知又始终离不开感性的限制和影响，从而使人们对法治本质的认知必然存在一定的缺陷和不足，这就需要不断的理性认知的调整与补充。

西方的法治历史为我国社会主义法治本质的认知提供了两方面的重要启示：一是法治本质与价值的稳定性和共通性；二是不同国家和社会的法治本质及其实现路径的差异化与特殊性。近代以来，西方法治逐步传入，开启了我国对西

〔1〕［美］布雷恩·Z.塔玛纳哈：《论法治——历史、政治和理论》，李桂林译，武汉大学出版社2010年版，第23页。

〔2〕［美］布雷恩·Z.塔玛纳哈：《论法治——历史、政治和理论》，李桂林译，武汉大学出版社2010年版，第59页。

方法治及其本质的认知旅程，经由清末变法、民族资本主义与法治实践结合的历史经验教训，新中国成立后尤其是改革开放以来对法治道路的探索始终坚持对中国特色社会主义法治本质的理性认知，从社会主义法治的提出至十八届四中全会作出全面推进依法治国的决定，对法治国家、法治政府、法治社会的一体建设，充分体现了对法治本质认知的理性发展与社会主义法治理论的创新。

2. 从感性到理性的法治条件认知

法治条件是法治和法治文化建设与生成所依赖并受影响的各种外部环境因素。从感性到理性的法治认知，不仅在于发现法治的本质，而且在于发现法治的条件，既要解决法治是什么的问题，也要解决法治如何建设的问题。实际上，西方社会的发展经验与要素，大的方面在于宗教、个人主义哲学、市场经济、民主政治、宪法体制和法治。[1] 总结起来，就是宗教、哲学、经济、政治、宪制与法治构成理解西方社会的基础条件，这种观点一方面认为西方法治是一个综合体，另一方面体现形式法治的倾向。现代西方法治理论的发展趋势需要关注的是，一般意义上将法治等同于宪制，再有是实质法治的发展。

我国的法治认知，必须坚持社会主义法治条件的理性认知。我国学者多将法治的条件分为内在条件与外在条件。所谓法治的内在条件实质上是法治的内在要求，而民主政治、市场经济等才是法治生成所依赖的外部环境，才能称得上是法治的条件。基于一般的法治认知，法治的出现是与资本主义民主政治与市场经济直接相关的，也只有在这样的条件下才能孕育出法治社会。改革开放以来，我国的政治民主与法制和法治建设有了飞跃发展，并从计划经济经由计划经济与商品经济的“双轨制”过渡发展到了市场经济，从而为我国的法治建设提供了政治前提与经济基础。同时，法治是社会主义民主政治进步与发展的保障，并为社会主义市场经济创造了制度规则与秩序环境。这些都充分体现了我国对社会主义法治条件认知的从感性到理性的发展与结果。

3. 从感性到理性的法治规律认知

法治规律是以法治的本质为认识对象，对法治与其他因素内在联系的理性认知。社会主义法治规律要求法治的一般规律与中国特色社会主义相结合，既遵守法治规律的普遍性，又坚持法治规律的特殊性。“所谓法治规律，从根本上说，就是世界各国在走向现代化的过程中，必须确立法律的最高权威，必须在民

---

[1] 参见王人博：《法的中国性》，广西师范大学出版社 2014 年版，第 123 页。

主的基础上制定良法，必须依法治理国家的政治事务、经济事务和社会事务。”[1]所以，不同的民族和社会，应当以自己的理性认知，探索属于自己国家的法治规律，实现人类的一般法治规律与自身条件与实践相结合，而不能简单地把人类法治发展的一般规律直接作为自己国家的法治规律。显然，十八届四中全会《决定》是对我国法治建设的规律性认知与总结，并规划了我国法治建设的长远发展。

4. 从感性到理性的法治建设认知

法治建设需要法治理论的支撑、需要制定法治建设方案。法治意味着形成社会共识和代表主权的公正法律，统治者的权利来自法律授权并受得约束。[2]理性的法治认知不等于理性的法治建设，国家治理受理性与非理性的共同影响，而国家治理的理性化发展则自然是理性的法治认知与理性的法治实践的结合。回顾我国法治建设的历程与规律，不难发现，法治认知根据法治建设的需要而转型发展具有重要的现实意义。

十一届三中全会通过对“文化大革命”的拨乱反正，认识到建立法制的重要性。“必须使民主制度化、法律化。”[3]此后，以 1982 年宪法为根本大法着力制定了一批重要的法律。1992 年十四大确立了建立社会主义市场经济体制的目标，市场经济是法治经济，法治建设必然围绕社会主义市场经济的规范、调控与保障展开。1997 年十五大提出了“依法治国，建设社会主义法治国家”的基本方针，并将其写进 1999 年的宪法。“将以往的‘建设社会主义法制国家’改为‘建设社会主义法治国家’，虽然只是把‘制’改为了‘治’，一字之改，意义重大，它反映出我们党对法治内涵的认识递进了一层。”[4]2005 年，中共中央首次提出社会主义法治理念的重大命题，为法治建设注入了理性的法治思想与灵魂。十七大提出“弘扬法治精神”和“积极构建社会主义和谐社会”，“这是新时期中国特色社会主义法治建设方面的又一重大理论创新”。[5] 至十八届四中全会《决

---

〔1〕 袁曙宏：《法治规律与中国国情创造性结合的蓝本——论〈全面推进依法行政实施纲要〉的理论精髓》，载《中国法学》2004 年第 4 期。

〔2〕 参见[美]弗朗斯西・福山：《政治秩序的起源：从前人类时代到法国大革命》，毛俊杰译，广西师范大学出版社 2014 年版，第 237 页。

〔3〕 《邓小平文选》(第 2 卷)，人民出版社 1994 年第 2 版，第 146 页。

〔4〕 吴传毅：《改革开放以来中国法治建设探索的三阶段》，载《国家行政学院学报》2016 年第 4 期。

〔5〕 柯卫：《社会主义和谐社会与法治精神研究》，法律出版社 2012 年版，第 4 页。

定》提出为加快建设社会主义法治国家,决定“全面推进依法治国”,党在法治建设的理性认知上达到了新的高度。[1]

(三)法治认知转型的历史必然

建设社会主义法治文化的民法精神转型,作为一种法治认知转型,是历史的必然选择,具有历史的必然性。我国是非传统的法治国家,缺乏法治的理性条件与生态土壤,因此建设社会主义法治文化必须实现从感性到理性的社会主义法治认知转型,从而以理性的法治认知与社会生态的民法精神条件构造社会主义法治文化。法治是一种理性之治,法治认知是一种理性认知,法治精神是一种理性精神,没有理性就不可能有法治认知与法治精神并实现法治之治。理性认知以人本主义的法治精神即民法精神发现为法治和法治文化建设提供基础的社会生态秩序条件。然而,中国作为一个没有民法和法治传统的社会,在我们民族的文化与文明的生态基因中,存在严重的法治理性缺失。因此,建设社会主义法治文化必须实现法治认知从感性到理性的转型,从而为建设社会主义法治文化提供一种具有普遍社会理性的生态条件。

法治是社会的治理模式,是通过“法的统治”构建的社会秩序和达致的社会形态。法治是国家治理模式的理性秩序,建设社会主义法治文化必然以理性的法治认知作为生态基础。然而,我国社会的理性缺失构成了建设社会主义法治文化的根本生态障碍,从而严重影响了社会生态秩序的自主与自律构造,这些都必须通过整个社会从感性到理性的法治认知转型,才能够为建设社会主义法治文化提供生态的社会秩序条件。例如,我国市场经济关系条件下反映和存在的社会诚信缺失,就是最严重的一种法治文化的理性缺失,是我国社会理性缺失的一个最突出表现,已经成为人们普遍关注的社会秩序构造问题,构成了社会经济秩序、道德秩序和法治秩序形成的最主要破坏性因素。解决社会诚信缺失和实现社会自主秩序的最直接、最有效和最根本的方式是整个社会的认知形态从感性到理性的生态转型,使社会秩序的形成机制从他律到自律,从外在强制到内在自觉,形成一种以自主构序的精神与行为秩序为主体的社会秩序形态。

---

[1] 社会主义法治建设,应当“形成完备的法律规范体系、高效的法治实施体系、严密的法治监督体系、有力的法治保障体系,形成完善的党内法规体系,坚持依法治国、依法执政、依法行政共同推进,坚持法治国家、法治政府、法治社会一体建设,实现科学立法、严格执法、公正司法、全民守法,促进国家治理体系和治理能力现代化”。(《中共中央关于全面推进依法治国若干重大问题的决定》)

本书项目组以“您认为下列行为中哪些应当遵守法律规范”为题进行了全国性调查问卷。在设定的七个备选答案中，选择“借款”（C）的占34%；选择“捐款”（D）的占15%；选择“乘坐公交车”（B）的占17%，选择“处理邻居关系”（G）的占16%；选择“请人吃饭（A）”、“送朋友回家”（F）和“订婚”（E）的分别占6%，5%和7%。具体数据统计结果如图20－2所示：

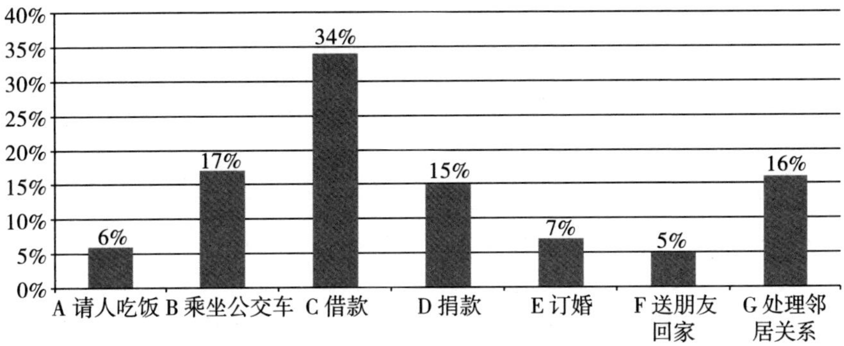

图20－2　“您认为下列行为中哪些应当遵守法律规范”一题调研数据统计

这一数据统计结果说明，受访者大多能够自觉和不自觉地区分法律行为与非法律行为，并对利益重大、纠纷较多的借款行为的理性意识较强，而对其他日常生活法律行为的理性认识，则相对比较淡薄和欠缺。这种法治理性的缺失，作为一种市民社会的生态秩序条件的缺失，根本是一种民法精神的缺失。因此，我国的法治文化建设，就整个社会的法治认知来讲，还有很大的民法精神的理性认知的增长需求与空间，应当通过不断的法治教育和民法精神的培养，逐步实现全社会从感性到理性的社会主义法治认知转型，从而弥补我国社会法治建设的理性条件缺失与民法精神不足。

法治和法治文化建设的条件，作为一种社会规范与秩序条件，是一种理性条件，需要理性条件的不断提高和进步，这是一个不断从感性到理性的认知转型过程。法治和法治文化建设的决策、方案、内容、措施和步骤以及效果评估等都需要进行理性的思考并以一定的理性条件为支撑。本书项目组以“您认为我国建设社会主义法治文化存在的最主要障碍是什么”为题进行的全国性调查问卷的数据统计结果显示，选择“国家法律制度不健全”的占比最高达40%，其次为“社会法治精神缺失”占24%，而选择“民族无秩序信仰”的仅占8%。[1] 从这一结果可以看出,虽然人们对社会法治精神的缺失有了一定程度的认知,但是对建设社会主义法治文化的认知基本上还是一种法律制度或者制度实施层面的认知,而对民族秩序信仰与道德条件的认知则表现出普遍的缺乏和不足。这种对法律形式和权力作用具有明显的直觉认识,而对自身行为秩序条件在建设法治文化中的意义则表现出普遍的认知缺失的社会生态条件,反映了人们对社会主义法治文化建设条件认知的一种感性的支配与作用的状态。因此,在我国,建设社会主义法治文化需要全社会迫切的理性条件的培养和满足,而其核心和基础的条件是民法精神的社会生态秩序的需求,这应当是建设我国社会主义法治文化从感性到理性的民法精神转型的重要内容。

法治认知的转型,不仅是由我国社会生态的理性缺失决定的,而且也是由法治文化建设的理性条件需要决定的。建设法治文化的社会理性条件,只有通过法治认知的理性认知才能够提供。在我国社会主义法治文化建设过程中,法治认知的转型与社会向全面法治转型是相伴相生的。法治文化作为秩序化的一种生活状态只能建立在理性的法治认知的基础之上,而在我国尤其是应当根据国情实现法治认知从感性到理性的转型从而发现我国社会的法治文化建设的真实理性条件。通过法治认知的理性转型所认知的我国法治理性条件,是一种与人类法治文化一般条件相统一的中国社会的文化条件;是一种与中国社会实际相结合的法治文化发展条件;是一种中国特色的社会主义法治文化条件;是一种以民本社会的规范与秩序为基础的民法精神条件;是一种以精神信仰与行为自律为核心的生态秩序条件。只有具备这些理性条件,才能够实现法治文化的理性建设。

建设社会主义法治文化的理性条件,决定了社会主义法治文化的理性建设。社会主义法治文化的理性建设,必须认知社会主义法治文化的理性内涵。有学者认为:"如果我们把法治文化比作一座大厦的话,那么理念文化就是这座大厦的设计理念和灵魂,组织文化是这座大厦的基础,制度文化是这座大厦的主体,设施文化、语言与文本文化就是这座大厦的外观与形式,而行为文化则是这座大厦的社会效果。"[2] 这实际上提出了我国法治文化建设应当是集理念、主体、形式与社会效果于一体的方案。也有学者认为:"法治文化由表层结构和深层结

---

〔1〕 本题数据统计结果详见本书第三编(第八章)"以民为本的人性诉求"部分。

〔2〕 刘斌:《中国当代法治文化的研究范畴》,载《中国政法大学学报》2009年第6期。

构组成，前者包括法律规范、法律制度、法律组织机构、法律设施等，后者包括法律心理、法律意识、法律思想体系。"[1]制度性文化建设是法治文化的表层结构，观念性文化是法治文化的深层结构，它们都需要理性认知提供的建设方案，尤其是观念性的法治文化建设更离不开理性认知的精神成果。

---

〔1〕 刘作翔：《法治文化的几个理论问题》，载《法学论坛》2012年第1期。

第二十一章

从工具到目的的法治理念转型

一、法律工具论与法律目的论

十八届四中全会《决定》将“全面推进依法治国”作为国家战略。那么，依法治国之“法”是被作为工具还是目的，就成为关注的焦点，引起社会与学界的广泛讨论和高度重视。

法律工具论同法律目的论是对法律本质、功能等两种截然相反的认识理论。法律工具论将法律本质看作纯粹的社会治理的工具，认为法律除了工具价值之外没有任何意义。法律目的论强调法律不仅仅是社会治理的手段，其终极价值在于尊重并维护人的社会主体地位，充分表达并最大程度实现人的利益需要，增进人类福祉。在中国社会的背景与条件下，从工具论到目的论的法治理念转型是建设社会主义法治文化的民本模式对民法精神诉求与构造的肯定与积极回应，不仅为以民为本的社会主义法治文化建设提供了正确的价值观与方法论，而且有助于在法治文化建设的基础上推进国家治理体系和治理能力的现代化。〔1〕

〔1〕“工具主义法律观与现代化的国家治理体系和治理能力是不相容的，中国推进国家治理体系和治理能力现代化的成果大小取决于对工具主义法律观的扬弃程度。”（刘建军：《从“工具主义法律观”到“治理主义法律观”：全面推进依法治国进程中的观念革命》，载《湖北社会科学》2017 年第 2 期）

(一)法律工具论

所谓法律工具论,就是认为法律仅仅是一种维护社会秩序或者代表统治阶级意志的工具,如果这种工具不能有效维护社会秩序,那么统治阶级就可以放弃这种工具而完全基于自己的意志选择其他工具来实现自己的利益。法律工具论不承认法律的目的和价值,是法治可能被随意破坏的思想根源。[1] 因此,建设以民为本的社会主义法治文化,实现社会主义法治文化的民法精神构造,必须实现从法律工具论到法律目的论的法治理念转型,从而确立正确的法律价值观与方法论。

1. 法律工具论与法律本质

作为关于法律本质和功能的价值观和方法论,法律工具论同法律目的论的首要分歧是两者对法律本质的不同看法。按照法律工具论的观点进行推理分析,既然法律只是一种社会治理的工具和手段,那么法律作为社会目标达成的方式之一,是可以被政策、纪律、长官命令、政策之类其他规范性和非规范性等调节方式替代的,法律失去了权威性。法律一旦让位于其他社会治理手段,便失去了权威性和至上性,社会治理就不再是"法治"(rule of law)而是"以法治理"(rule by law),最终走向了"法治"的对立面"人治"。[2] 法律工具论认为法律不具有相对独立性,它应该完全服从于社会经济、政治变化、发展的客观需要,可以随时被修改或废止。这样,法律就极不稳定,社会成员无法依法对自身行为的法律后果作出合理预期,在社会生活和交往过程中缺乏基本安全感。可见,法律工具论从根本上背离了法治所追求的安定、有序、和谐的社会治理目标。

在不同国家或同一国家的不同历史时期与社会条件下,对法律本质、功能、价值等的认识会有所不同。在传统西方社会,对法律本质的认知始终围绕自然法思想而展开,从古希腊早期思想家苏格拉底、柏拉图、亚里士多德等人的法治

---

〔1〕 "法律工具论造成了法律精神的缺失、法律稳定性的缺失,也造成了执法的随意性。法律工具论使得民众迷信熟人、迷信关系。法律工具论使得民众信访不信法。"(申友祥:《依法治国应彻底摒弃法律工具论》,载《人民法院报》2014 年 11 月 29 日,第 2 版)

〔2〕 "'法治'不同于'依法而治',后者指的是用法治理,以法治理,其只是将法作为一种社会治理工具,而前者则是将实现法治作为社会治理的目标。"(王利明:《法治具有目的性》,载《苏州大学学报(哲学社会科学版)》2016 年第 6 期)

思想到后期斯多噶学派自然法理念以及古罗马思想家西塞罗的法治思想,[1]从中世纪后文艺复兴、宗教改革和罗马法复兴时期格老秀斯、霍布斯、洛克、孟德斯鸠、卢梭、康德、黑格尔等古典自然法学家所确立的近代法治理念[2]到现代新分析实证法学代表人物约瑟夫·拉兹、社会法学家马克思·韦伯以及新自然法学派的代表人物富勒、罗尔斯等人对法治的深刻认识,[3]可以看出西方传统法治理念在自然法思想统率下就法律对于法治所具有的公平、正义、民主、权利、自由、秩序等价值给予高度肯定,并因此明确赋予法律以至上权威的法治意义。自然法思想强调法律的产生、运行、监督都离不开人的理性价值,认可法律的连续性、稳定性、普遍性和一致性对于限制个人意识中的非理性和行为的恣意有重要价值。[4] 在自然法思想的统率下,法律本质上具有一种尊重人的主体地位、维护人的尊严、实现人的利益需求的制度规范价值和法治建设使命。即使20世纪上半叶,现代主义法学、批判法学以及后现代法学对传统西方的自然法理念关于人的绝对理性观点提出了异议,并指出"人与社会的互动关系,必须在承认理性

---

〔1〕 苏格拉底之死是对其"守法就是正义"的观点的践行,反映了理性的人对于法律至上的高度认可和对法律的无限忠诚。(参见何勤华:《西方法律思想史》,复旦大学出版社2005年版,第8页)"如果一个国家的法律处于从属地位,没有法律权威,我敢说这个国家一定要覆灭;然而我们认为一个国家的法律在官吏之上,而这些官吏服从法律,这个国家就会获得诸神的保佑和赐福。"([古希腊]柏拉图:《法律篇》,载《西方法律思想史资料选编》,北京大学出版社1983年版,第25页)"法治应该包含两重含义:已成立的法律获得普遍的服从,而大家所服从的法律又应该是本身制定得良好的法律。"([古希腊]亚里士多德:《政治学》,吴彭寿译,商务印书馆1965年版,第199页)这里的"良法"是指实在法或人定法符合自然法的要求,即内含公平、正义、平等、自由、权利等一系列的法治价值。罗马时期的西塞罗强调法律不是由统治者意志决定的,法律不是统治者的统治工具,统治者只是自然法的忠实执行者,作为"人间执政官"的统治者不能超越法至高无上的权威。(参见齐延平:《论西塞罗理性主义自然法思想》,载《法学论坛》2005年第1期)

〔2〕 格老秀斯、霍布斯、洛克、孟德斯鸠、卢梭等古典自然法学派将人的理性推崇到很高的地位,依理性也就是依自然法所制定的实在法才具有正义性、合理性,"这种经由理性建构的外在于实在法的自然法理想图景便构成了制定、修改和否弃实在法及其全部效力的最终判断"。([美]罗斯科·庞德:《法律史解释》,邓正来译,中国法制出版社2002年版,第2页)康德、黑格尔作为德国古典自然法学代表人物都将人的理性与法治、自由的实现联系起来。理性主义的价值判断方法有助于弘扬人的社会主体地位为基础,对法治目的和价值的实现具有积极意义。

〔3〕 现代法学家普遍将法治看作"一种理性的办事原则",法律本身具有形式理性(稳定性、连续性、一致性、普遍性)和实质理性(内涵符合人性本质要求的法治价值),法律是法治的最终目标是实现社会正义和人的全面发展。(参见公丕祥:《法理学》,复旦大学出版社2002年版,第271页)

〔4〕 参见卢建军:《法治理想与"法律神话"的悖论——兼论西方法治思想发展中对理性与非理性的不同态度》,载《甘肃社会科学》2011年第5期。

主导作用的前提下结合非理性因素才能得到很好的解释”,[1]这一观点所强调的也只是要客观、现实、科学、全面地看待法律并进行法治实践,仍然承认法律的目的价值及其对于法治实践具有重要意义。

不同于西方法治思想对法律目的价值的崇尚,中国传统法律文化对于法律本质的认识主要集中在法律是作为一种统治工具而存在。法律工具论最直接体现于中国古代的法家思想中。“法者,宪令著于官府,刑罚必于民心,赏存乎慎法,而罚加乎奸令者也……皆帝主之具也。”[2]法家思想虽将法律提升至“德”“礼”之上,强调“以法为本”,但是其强调的法或者“法治”不过是将法律当作实现封建君主专制统治最主要的乃至唯一的工具。虽然儒家思想的治国理念与法家不同,但是他们在法律工具论的认识上是一致的,不仅认为法律是一种统治工具,而且是在“德”“礼”之下的辅助性工具。荀子作为新儒家思想的代表人物同样认为应该重人治、轻法治,将法律视为实现人治的补充工具。“有乱君,无乱国;有治人,无治法……故法不能独立,类不能自行。得其人则存,失其人则亡。法者,治之端也,君子者,法之原也。固有君子,则法虽省,足以遍矣。无君子,则法虽具,失先后之施,不能应万事之变,足以乱矣。”[3]先秦诸子百家后自汉至明清,法律始终被称为“治术”,是统治者“治乱”的工具。“法令者治之具。”[4]“这样的法,不是正义之法,也不是权利之法,而是‘治之法’,或曰‘治法’。”[5]几千年来中国传统的法律文化对法律本质的工具定性严重阻碍了中国法治和法治文化的进步,落后的法律思想观念从根本上桎梏了中国从封建社会向现代法治社会的转型。

新中国成立以来,以 1978 年十一届三中全会为分水岭,对法律本质的理解可划分为两个阶段。十一届三中全会之前,受“以阶级斗争为纲”的影响,法律的本质被纯粹理解为阶级斗争的工具并在“文化大革命”期间被运用到了极致。十一届三中全会首次将国家工作的重心从阶级斗争转移到经济建设和对外开放,特别是 1992 年后,我国进入社会主义市场经济时期,人们对于法律的本质有

---

[1] 谢志青、詹世友:《社会发展的非理性限度及其引导》,载《湖南大学学报(社会科学版)》2010 年第 2 期。

[2] 《韩非子・定法》。

[3] 《荀子・君道》。

[4] 《史记・酷吏列传》。

[5] 程燎原:《千古一“治”:中国古代法思想的一个“深层结构”》,载《政法论坛》2017 年第 3 期。

了更多的认识。有学者提出法的本质是阶级性和社会性的综合,既是统治阶级意志的表现,又受社会物质生活条件所制约。还有学者否认法本质的阶级论,只承认法本质的社会论,他们从法律所具有的指引、评价、预防、教育、强制的社会治理功能角度出发,提出“法律的本质在于其社会性,贯彻于人类社会发展的始终”,[1]我国学者朱苏力提出了关于法律本质的“无本质论”观点,他认为法律的“本质”实际上是由使用者创造出来的,应当抛弃人为虚构的“本质”而回归日常生活,从人类的行为中进行理解。[2]

以上对法律本质的认识过程虽然有进步性,但从本质上看,这些观点始终强调法律是作为满足社会需要的工具而存在,其自身的独立价值被严重抹杀,在法律工具论的观念影响下,法制体系无法进一步健全,法治理念和法治思维得不到发展,法治和法治文化建设处于低水平甚至停摆的状态,既不可能在民法精神的基础上建设以民为本的社会主义法治文化,也不可能实现社会主义法治文化的民本模式化。

2. 法律工具论与社会治理

首先,法律工具论强调社会治理主体的政治思维。按照政治思维来分析,法律所看重的事实、证据、因果关系等基本因素都要服从于政治需要的大局。因此,法律只是权力者政治斗争、攫取利益的手段,而无法作用于构建公平正义、和谐有序的民本社会的生态秩序系统。现代化的社会治理倡导用法治思维方式代替政治思维方式,一切社会矛盾纠纷的解决都要从事实出发,就事论事,根据法律的精神、目的、原则来适用法律,从而做出公平正义的裁判,以实现合理的社会治理目标。

其次,法律工具论强调社会治理手段中法律的惩戒制裁功能,弱化法律对于维护权利、保障自由、促进民主和实现民生的作用。法律工具论对法律功能的片面化认识使得社会成员对法律及法治文化丧失基本的认同,包括情感认同、价值

---

〔1〕 郑成良:《法理学》,清华大学出版社2008年版,第25、26页。

〔2〕 法律文化研究中心:《法律的本质:一个虚构的神话》,载《法学》1998年第1期。

认同以及行为认同。[1] 法律带给人的感觉就是残酷冷漠的国家强制工具，人们不仅不会通过遵守法律、运用法律来维护自身权利，实现合理的利益需求，反而会尽可能地规避法律，导致法治和法治文化建设因缺乏社会主体的积极、广泛参与而止步不前，从而也就不可能实现法治文化的民本化与生态化。

社会治理的主要内容在于社会资源和利益的合理分配，而法律工具论指导下的社会分配缺乏一定价值指导下的公平、正义的标准，无法实现社会和谐、稳定、发展的法治化治理目标。传统中国的法律片面强调工具性，瞿同祖先生将其概括为一个"以礼入法"的儒家化过程。具体来说，法律并不是独立的社会秩序条件，而仅仅是随意被运用的实现"礼"的惩罚性手段。"'礼'是等级性的行为准则，它们根据个人相对的社会地位而支配人们之间的关系。"[2] 相反，法律本身则没有独立性和权威性，其定纷止争的功能以及代表的公平正义的价值不得不让位于礼治下的身份等级标准，从而使各种社会资源和利益条件集中于少数人手中，根本没有实现相互关系的人格尊重与利益均衡的公平化、法治化的社会发展条件。

近代变法以来，法律目的与价值的认识开始进入中国，但是却一直无法成为主流的社会观点。即使是新中国成立后，法律工具论仍长期作为主流的意识形态而产生影响并发挥作用。在多元异质的社会利益主体间产生对立与冲突时，法律机会主义者往往会通过填写、解释、操控和利用法律去服务于自身的目标，[3] 即把法律仅仅作为一种相对文明的斗争工具。这种以法律为工具的社会治理状态，直到十一届三中全会确定改革开放路线和实行法制建设以后，特别是随着社会主义市场经济体系的建立和法治建设目标的提出，才逐步得以改善。

现代社会治理追求社会治理体系的法治化，所以不能把法律简单地作为工

---

〔1〕 "法治文化的情感认同包括人们对法治的信任感、敬畏感以及责任感；法治文化的价值认同是指对于法治文化追求社会的民主法治、公平正义、人权保障、权力制约、……实现社会的善治和人类的善业的价值的认同；法治文化的行为认同关键在于对我国执法行为、司法行为、守法行为的认同。法治文化的行为认同是法治文化的情感认同、价值认同的本源性基石。"（龚廷泰：《法治文化的认同：概念、意义、机理与路径》，载《法制与社会发展》2014 年第 4 期）

〔2〕 [美]R·M. 昂格尔：《现代社会中的法律》，吴玉章、周汉华译，译林出版社 2001 年版，第 89 页。

〔3〕 [美]布莱恩·Z. 塔玛纳哈：《法律工具主义对法治的危害》，陈虎、杨洁译，北京大学出版社 2016 年版，第 2 页。

具,而应更强调法律的社会化和价值化,需要提升法律在化解社会冲突和规范个人行为中的权威性。[1] 法律在进行利益分配时所遵循的如诚实守信、意思自治、公平正义、权利本位等价值标准,作为一种以市民社会为基础的社会治理价值体系,使民本利益得到优先承认和有效保护,从而推动了以民为本的社会治理目标的实现。显然,这些价值目标是民法精神的基本内涵与诉求,是社会主义法治文化的民本模式构造。

3. 法律工具论与统治意志

法律工具论认为法律纯粹是统治阶级意志的体现,忽视甚至否定法律与社会物质生活条件之间的客观联系,使得法律本应具有的规律性、客观性等价值品质被抹杀,也使得作为社会物质资料生产者、占有者的人的主体地位被弱化甚至被否定。

对比中西社会关于法律与统治阶级意志的关系问题的看法,可以发现两者存在的显著差别。在西方古代社会,虽然法律从一开始也主要是被作为统治阶级意志的体现,但是这种意志背后却反映出法制理性、权利至上、反对专制和追求民主、平等及自由的目的价值,法律被视作源于一种实事求是的智慧和理性的规则。西方近代社会以来,一方面,法律被看作是限制个人恣意任性的理性公共意志的体现,是公民权利的保障,强调运用法律保障人用于生存的所有权、人格权以及诉讼权;另一方面,法律要维持自由与秩序的有机平衡,法律是意识形态的内容,具有自由的规定性,但自由不代表任性,不是为所欲为,法律应当是通过理智到达于思维发展的高级阶段的结果——把人视作主体,在使个体成为人的同时,也要尊重他人为人。虽然西方的法律思想确实有过度美化法律本质的嫌疑,但其反对将法律简单归结于统治阶级意志的观点具有社会进步意义。在中国传统法律思想中,法律被视作上天的意志,君王为天之子,其意志即代表上天的意志,而法律也就成为君王意志即统治者意志的直接体现,并因此被赋予天然的正当性和权威性。近现代以来,随着西方政治制度与法律文化的传入,强调法律是统治阶级意志的产物更多的是从法律的制定、认可、实施和维护的主体是国家这一角度来理解的。不过,虽然统治阶级的意志需要上升为国家意志并通过国家这一主体表现出来,但是,在法律工具论的作用下,仍然容易把法律极端化

---

〔1〕 参见刘建军:《从“工具主义法律观”到“治理主义法律观”:全面推进依法治国进程中的观念革命》,载《湖北社会科学》2017 年第 2 期。

为长官或者领导人的个人意志，而这种意志往往是独断和非理性的意志，从而也就使法律丧失了民主、科学的基本价值。

新中国成立后的很长时期内，通过模仿苏联的阶级斗争方式巩固政权，并简单地基于"法律是统治阶级意志的体现"命题来认识法律的本质。然而，机械地将法律本质理解为统治阶级的意志并作为阶级斗争的工具，不仅是对马克思主义法学理论的片面歪曲，也阻碍了新中国的法制建设和法治现代化进程，不利于构建法治文化的民本模式。虽然《共产党宣言》在揭示资本主义剥削本质时指出"你们的法不过是奉为法律的你们这个阶级的意志"，提出法律"是一种反映着经济关系的意志关系"，[1]但是马克思主义法学同样强调"法律应该是社会共同的由一定物质生产方式所产生的利益和需要的表现"。[2] 因此，应该对马克思主义法学作全面理解，法律不是统治阶级恣意妄为的工具，其背后更深层的制约因素包括了社会的生产力状况和生产力状况所决定的生产关系（市民社会），法律本质不仅仅是阶级斗争的工具，其内含平等、自由、秩序、理性、权利等促进社会经济发展、维护市民社会正常运转的法治价值。中国的法治现代化建设不能死守在特定社会背景和历史条件下形成的马克思主义的阶级斗争理论，而应该与时俱进，用发展的眼光看待问题，遵循社会的发展规律，在生产力与生产关系的矛盾中把握中国特色社会主义法治文化建设的方向。

事实上，法律所调整的社会现实的人身与财产关系的内容和本质，完全取决于客观现实的生产力和生产方式的发展。[3] 真正能够推动社会生产发展的一定是普遍的人民主体，人民主体才应当是立法、执法和法律维护的主体。否定人民的主体地位，就是立法的主体与价值错位，必然会导致立法失当、执法腐败和司法不公。法律作为人类文明的社会秩序形态，应当标志作为社会主体的人或者人民对自身地位、权利和利益的自觉程度，体现人民对社会公平正义的理解与维护的认知与水平。[4] 法律的根本宗旨和最终目的应该是实现人民主体的根

〔1〕《马克思恩格斯全集》（第23卷），人民出版社2016年版，第102页。

〔2〕《马克思恩格斯全集》（第6卷），人民出版社2016年版，第291页。

〔3〕"随着新生产力的获得，人们改变自己的生产方式，随着生产方式即保证自己生活的方式的改变，人们也就改变自己的一切社会关系。"[《马克思恩格斯全集》（第4卷），人民出版社1995年版，第144页]"人们按照自己的物质生产的发展建立相应的社会关系，正是这些人又按照自己的社会关系创造了相应的原理、观念和范畴。"[《马克思恩格斯全集》（第4卷），人民出版社1958年版，第144页]

〔4〕参见陈力军、张学军：《法律是统治阶级意志的表现吗》，载《西北师大学报（社会科学版）》1999年第5期。

本利益，它应当成为人民主体的意志形式而不仅仅是一种统治意志，这样，法律的权威和效力就不再是简单地依靠“国家强制力”维护和保证的工具。相反，由于法律源于人民主体的意志并代表人民主体的利益，所以它的真正效力根源与根据是人民对它的内在认同与自觉遵循，而这样的法律就必然符合人民主体所追求的社会秩序与公平正义的价值目标，从而构成一种人类社会文明的法治和法治文化的社会生态系统。

4. 法律工具论与权力本位

法律工具论认为法律是自上而下制定出来维护国家权力的工具，法律是保证权力神圣不得侵犯的手段。有学者将权力本位的基本特征概括为十个方面：权力无界；权力万能；权力至上；权力情结；权大于法；权力天然合理、正确；权力独立化倾向；国家政权至高无上；国有财产有特别优越的地位并给予特别的保护；个人利益无条件服从国家利益。[1] 权力本位的这十个基本特征反映出在法律工具论下作为法治基本要素的法律和权利几乎没有生存和发展的空间，以为民本的法治文化更没有建设和实现的可能。

我国传统法律文化中的权力本位思想根深蒂固。中国古代社会权力集于中央，体现为皇权，具有至高无上性，而法律则始终处于“用”与“末”的工具地位，无法对权力形成有效制约。以法律工具论为基础的权力本位，在我国具有根深蒂固的历史影响和现实作用，这种状况至今仍难以得到彻底改变。特别是改革开放之前，政治上社会主义民主未得到充分发展，经济上实行计划经济体制，使得权力本位长期存在。权力集中有其好处，能够提升行政决策与执行的效率，但是其缺点则在于缺少横向和自上而下的制约，存在权力滥用的风险。[2] 传统法律文化中的权力本位思想本质上是将法律作为实现、维护权力的工具，忽视了“法律自身的公正性、效益性价值、权利保障的功能和程序化的特征”。权力本位的法律工具思想不仅会制约现代社会的民主政治建设和市场经济发展，更会阻碍“以民为本”的法治和法治文化现代化进程，因此建设民本模式的法治文化必须对其予以剔除。

权力本位无疑会压制权利的萌生与发展，本质上等同于人民主体的“义务本位”，与现代法治文化所倡导的“权利本位”思想相背。在法律工具主义之下，

---

〔1〕 伍俊斌：《论从权力本位到权利本位的嬗变》，载《社会科学论坛》2011 年第 9 期。

〔2〕 张永缜：《权力本位：中国现代化的绊脚石》，载《理论导刊》2001 年第 2 期。

法律仅被看作政府控制人民、维系权力的工具，而没有同时把法律当作人民监督政府、实现权利的规范保障。权力本位导致国家政治生活的非正常化，官员权力思想根深蒂固，容易滋生权力腐败、权钱交易、权色交易。[1] 尤其是在市场经济活动中，执法者的权力内容和界限不清，会扰乱市场经济自身运行的规律，不仅不利于建立公平自由的市场竞争环境，还使得市场资源配置效率低下，影响社会经济发展。[2] 在司法领域，权力本位导致司法活动从属、依附于行政政策、命令，导致维护社会公平正义的最后一道防线崩塌，社会成为泛政治化的政治共同体而非现代文明社会所倡导的法治生态体系。

5. 法律工具论与法律制度

从静态角度分析，法律工具论奉行“权力本位”的法律价值取向，认为立法的唯一权威主体是国家，将法律看作统治者意志的产物，这种“一元化”主体的立法必然导致立法模式与内容的僵化，不能充分体现社会各方面的立法意志与法律需求，也就不可能形成健全和系统的法律制度，从而成为影响法律制度构建与科学发展的体制性障碍。

具体来说，法律工具论对法律制度构建的消极影响主要有两方面：一是纯粹自上而下的立法过于主观片面，忽视了道德、宗教、习惯法、民间法等多种法律文

〔1〕“党的十八大以来，反腐败斗争坚持无禁区、全覆盖、零容忍，‘老虎苍蝇一起打’，不留死角，不搞例外，严肃查处腐败分子，着力营造不敢腐、不能腐、不想腐的政治氛围。治理形式主义、官僚主义、享乐主义和奢靡之风立场坚定、不折不扣，巡视利剑高悬，震慑威力持续，党纪国法真正成为‘带电的高压线’，成为不可逾越的‘红线’和‘底线’。加强和完善党内法规建设，制定和实施了《中国共产党廉洁自律准则》、《中国共产党巡视工作条例》、《中国共产党纪律处分条例》、《中国共产党问责条例》、《关于新形势下党内政治生活的若干准则》和《中国共产党党内监督条例》等多部党规党法，把权力关进制度的笼子，用制度管权治权。”（张晓林：《抵制商品交换原则侵蚀，加大政治生态源头治理》，载《前沿》2018 年第 3 期）十九大报告要求全党要尊崇党章，严格执行新形势下党内政治生活若干准则，增强党内政治生活的政治性、时代性、原则性、战斗性，营造风清气正的良好政治生态。

〔2〕这里所谓的限制权力滥用，减少过度、全面行政干预对市场经济的干扰并不是旨在推崇西方资本主义新自由主义经济思想，而是在以完善中国特色社会主义经济制度为目标和以社会主义基本经济制度为前提下的论述。“深化经济体制改革必须要抓住政府与市场关系这个核心问题。使市场在资源配置中起决定性作用，更好发挥政府作用，既是一个重大理论命题，又是一个重大实践命题，要充分发挥市场与计划的优势，避免二者的缺陷和不足，使之互相补充。市场的‘决定性作用’是有限制的，政府要在资源配置中起‘导向性作用’，市场在资源配置中起决定性作用，应该限制在微观层次，而政府职能如行政审批等的缩减，也主要在微观领域。至于宏观层次上以及微观经济活动中对宏观产生重大影响的资源配置问题，政府要加强计划调控和管理，不能让市场这只‘看不见的手’盲目操纵，自发‘决定’。当然，对市场提供服务、实施监管、做‘守夜人’的责任，政府还是责无旁贷的。”（刘国光、王佳宁：《中国经济体制改革的方向、目标和核心议题》，载《改革》2018 年 1 期）

化的社会根基，使得法律制度存在与社会客观需求相违背的诸多缺陷，不能适应和满足社会秩序构造的需要，不仅难以具有科学性，而且因为阻断了法律制度的多元化渊源，导致法律制度的形式单一及其内容匮乏。[1] 二是对统治阶级的立法条件、权限、方式、程序等内容缺乏明确规定和有效监督，过于随意的立法使得法律制度不仅欠缺体系性，结构不合理，而且极不稳定，随时有可能被行政政策、命令等取代而导致立法流于形式。以上法律工具论对法律制度的消极作用和影响，不仅在新中国的历史上存在过，而且造成了严重的社会后果。“从整个法律体系看，20 世纪 60 年代是我国法制建设停滞和受到严重破坏的时期，与 50 年代相比，立法数量出现明显下滑，从 114 件下降到 14 件，减少了 100 件。60 年代初期和中期每年只制定几部法律，而 1967 ~ 1969 年‘文化大革命’期间没有一部法律出台。”[2]“文化大革命”的历史悲剧就是在这样的历史背景和社会条件下发生的。

法律工具论下的立法活动功利性极强，法律制度作为社会治理的手段之一必须完完全全服从并服务于政治需要，因而法律制度自身的价值品质被忽略。法律制度的内容不能从人的利益需求角度出发，无法满足人的合理诉求，不能体现对人性的基本关怀，也无法促进人与社会的全面发展。法律制度只是社会管理需要的产物，无法保障权利、自由、公平、正义等民本法治价值的实现，欠缺民本因素的法律制度难以在全社会中得到自觉遵守与执行，更无法起到培育公民法律信仰和执政者法治思维的作用，结果是法律实施效率低下，最终成为一纸空文，不利于以民为本的社会主义法治文化建设。

6. 法律工具论与法律发展

从动态角度分析，法律工具论是关于法律本质、价值、功能等的片面世界观

[1] 一元化的立法模式容易产生“法条单边情节”，即“以自上而下的，形式化的法条作为规制底层生活的核心要素，并潜在地排斥道德、宗教、习惯等社会规范的秩序功能”。（马长山：《国家“构建主义”法治的误区与出路》，载《法学评论》2016 年第 4 期）“社会中的习惯、道德、惯例、风俗等社会规范从来都是一个社会的秩序和制度的一部分，因此也是其法治的构成性部分，并且是不可缺少的部分……没有这些非正式制度的支撑和配合，国家正式的制度也就缺乏坚实的基础。”（苏力：《道路通向城市：转型中国的法治》，法律出版社 2004 年版，第 26 页）“法律既是从整个社会的结构和习惯自下而上发展而来，又是从社会中的统治者们的政策和价值中自上而下移动，法律有助于这两者的整合。”（[美]哈罗德·J. 伯尔曼：《法律与革命——西方法律传统的形成》，高鸿钧等译，中国大百科全书出版社 1993 年版，第 665 页）

[2] 朱景文：《中国法律发展报告 2010·中国立法 60 年——体制、机构、立法者、立法数量》，中国人民大学出版社 2011 年版，第 4 页。

和方法论，是滞后于现代社会法律与法治文化发展的思想观念，无法正向引导法律发展和法治文化建设。当然，法律工具论下的法律也会发生变化，但是这只能称作“法律变迁”，难以体现社会进步意义。现代法精神是法律与法治文化发展的思想基础，它集中表现为以市民社会为基础的民法精神即以民为本的法治精神。法律发展作为一项法律变革的实践活动，是整个社会构造与秩序体系进步的重要环节。法律发展的运动轨迹是螺旋上升的，推动法律发展的动因主要包括“社会的政治制度、法律自身的状况、社会的价值取向以及社会的法律传统”等方面，[1]但根本在于法律发展的理念支撑和目标定位，即将法律发展作为一项在特定发展观指引下的民本目的与事业，是为实现经济、社会、文化以及人的全面发展创设尽可能完善、科学、与时俱进的制度条件。

法律发展需要科学的法律发展观。科学的法律发展观是法律发展的正确理念支撑和合理目标定位，是“以人为中心的发展观”。法律的科学发展观不同于法律工具论将单纯获取物质利益、强化少数人的权力作为法律所追求的根本目标，它以人为中心，力求实现人的能力提升。诚然“以人为中心的发展观”的建立离不开一定的经济基础，但其终究是属于工具的范畴，人类社会的最高价值标准是人的自由的发展。法律发展作为以民为本的社会主义法治文化的建设条件，必须坚持新时代中国特色社会主义法治思想，以社会主义核心价值观为导向，坚持人民主体地位，努力实现社会公平正义的法治价值追求。新时代中国特色社会主义法治思想就是一种法律和法治的科学发展观，它立足于实现市民社会的民本诉求，摒弃法律工具论的偏颇和错误认识，从而能够在与时俱进中实现以民为本的社会主义法治文化的科学发展。

7. 法律工具论与法治建设

法治建设需要实践环境，除了政治、经济、社会等外在实践环境，法治文化是法治实践的内在环境，而法治理念作为法治文化的抽象表达和精神内核，是法治实践的内在条件。对于法治建设来说，正确的法治理念应当是法律的工具价值和目的价值均应得到关注并最大程度发挥法律工具价值对实现法律目的价值的积极作用。后者是法的内在的价值，是以民为本的社会主义法治文化的生命价值。

法律工具论对法律价值以及社会治理片面、偏颇甚至谬误的理解，妨碍法治

---

〔1〕 陈振一:《法律发展的类型模式及其影响因素》，载《金陵法律评论》2007 年第 1 期。

的生成和现代化发展，并必然在社会治理上最终与法治建设背道而驰，走向法治建设的对立面——人治。法律工具论不能理性、客观、全面看待法律在社会治理中的综合价值，忽略法律在工具价值之上存在的目的价值，使得法律的制定、执行、遵守仅仅是为了完成社会的规范构造，而不能从更深层和更根本的面向上确立一个社会的法治发展道路，从而以法治的社会规范与秩序条件满足人自身发展的需求，追求和实现人的目的和价值。

法律工具论对法治建设的消极影响主要体现在两方面：一方面，法律工具论导致法治建设的主体不适格。中国法治建设应在党的领导、政府主导、社会协同、民众参与中进行，其中人民大众是普遍的法治建设与实践的主体。然而，法律工具主义下的法治建设主体仅仅是权力主体，使得法治实践缺乏民主、科学的社会品质，既不合实践规律、也不合实践目的，最终无法实现良法善治的法治建设目标。另一方面，法律工具论下的法治建设内容无法得到完善。法治建设的主要内容包括立法实践、执法实践、司法实践、守法实践以及法律监督实践等各个环节。然而，法律工具论只谋求和突出法律在各个环节的工具作用，忽视以价值为导向的各个实践环节的系统建设，特别是忽视作为主体的人在各个实践环节的秩序品质在实现法治建设中的决定意义。〔1〕 因此，法律工具主义对于法治建设并不是科学的法律观，并不具有进步和积极意义。

(二)法律目的论

1. 法律目的论与法律本质

法律目的论是与法律工具论截然不同的一种法律观。它首先排除将法律纯粹作为一种社会治理工具，相较于法律目的的工具价值，它更强调法律目的的伦理价值，即法律目的自身的合理性和正当性。〔2〕 显然，法律目的自身的合理性和正当性，并不是来源于法律本身，而是基于对法律“人本”本质的深刻认知。

在西方法哲学中，关于法律目的的探讨主要集中于耶林、庞德、富勒等法学

---

〔1〕 “假如我们审视法律，就会发现法律中最大的问题不是来自法律本身或其规则，而是来自执法者、司法者的人为因素。出色的执法者和法官可以增加不完善体制的灵活性和变通性。即便有最好的体制，但执法者和法官的层次跟不上，那也只能招致抱怨。”（参见［美］约翰·麦·赞恩：《法律的故事》，刘昕等译，江苏人民出版社 1998 年版，第 374 页）

〔2〕 我们认为，法律目的的工具性价值强调的是法律目的的功能性，法律目的自身的价值强调法律目的在法治实践中的实现方式和价值处境。（参见郑玉双：《实现共同善的良法善治：工具主义法治观新探》，载《环球法律评论》2016 年第 3 期）

家的思想中。耶林的目的法学具有极强的功利性色彩，强调法律目的的工具价值，在本质上仍是法律工具论。与耶林不同，庞德看到了法律自身的目的价值，他将法律与道德之间的关系作为主要关照，认为法律目的应包括社会道德的基本价值内容。〔1〕同时，他强调相比于道德所容纳的内容众多、范围模糊的伦理价值，法律应当在社会多元复杂的伦理内容中作出价值判断与取舍，从而将法律目的上升到了法律理想的高度，并指出了法律理想对于立法、执法、司法等法律实践活动的价值指引和决定性作用。〔2〕富勒也是法律目的论者，他从法律目的对社会治理的作用角度指出法律自身所具有的规范、秩序价值。他提出："法律既是事实又是评判事实的标准。"〔3〕西方法哲学试图运用法律目的论思想揭示出法律本身所承载的价值内涵与选择，这一法律价值观对于建设以民为本的社会主义法治文化和实现社会主义法治文化的转型发展，具有重要的借鉴意义。

法律目的论的法律，存在多方面的目的价值，包括公平、正义、自由、权利、秩序等，但是根本的目的价值或者说终极价值则是人的利益需求及其实现。法律作为人的社会产物，应当以人为目的，服务于人的利益实现。"随着我国从计划经济体制转化为市场经济体制，随着政策主导的社会关系调整机制向法律主导的社会关系调整机制的转变，我们应该从良法的角度论证法律本质，从客观要求和主观意志的统一，从内容和形式的统一，从应然和实然的统一来分析法律本质。"〔4〕从社会主义法治文化建设的角度来说，理解法律的本质或"良法"的含

---

〔1〕"法律律令体的整个生命都来自发展和适用他们的技术；此外，这种技术的取向及其方向以及法律律令的形式和内容在一定时间内也源自有关法律目的的传统观念或当下的职业观念。"[[美]罗斯科·庞德：《法理学》(第1卷)，邓正来译，中国政法大学出版社2004年版，第72、73页]

〔2〕"一个迫切的问题是关于法律的理想要素——法律目的之公认理想，以及法律规则的应然状态及其努力目标之公认理想。这一理想要素塑造了部分可靠的司法工具。从根本上说，这是一个与法律制定、司法发现、司法解释和法律规范适用相关联的价值理论问题。在调整或者整合相互冲突或重叠的诉求时，应当承认哪些诉求，以及如何界定和保障这些诉求等问题，都依赖于一种价值纲目或一个价值理论。"([美]罗斯科·庞德：《法律与道德》，陈林林译，中国政法大学出版社2003年版，第36页)法律目的体现法治理想，"它始终是法制化社会控制模式外在的高级的价值原则和标准，是一个令人不断追求但尚未达到的终极目标"。([美]劳伦斯·M.弗里德曼、傅郁林：《法治、现代化和司法》，载《北大法律评论》1998年第1期)

〔3〕[英]韦恩·莫里森：《法理学：从古希腊到后现代》，李桂林等译，武汉大学出版社2003年版，第410页。"法律是一种建立社会关系的伦理方法，是社会关系的保障形式。法律规则具有表达性：每一规则都包含一个旨在实现某种法律秩序价值的目的。"([英]韦恩·莫里森：《法理学：从古希腊到后现代》，李桂林等译，武汉大学出版社2003年版，第410页)

〔4〕季金华：《改革开放三十年我国法律本质理论的回顾》，载《北方法学》2009年第1期。

义离不开对人的本质的关照。“人不是为法律而创的,而法律却是有人并为了人才创造的。”[1] 人性影响着法的产生和价值,因此,法的主体是人,规定的是人的行为,调整的是人的社会关系,法应该通过对人或者人性的塑造来体现并实现自身的价值。[2] 法律是人的目的条件,法律的本质是人或者人性的本质,即人的客观利益需求及其实现的社会规定性,法律没有独立于人或者人性本质之外的本质,因为法律一旦脱离人或者人性的本质,就不再代表和反映人或者人性的本质,也就不再具有法律的真实本质。只有从人性的角度来认识法律本质,才能真正建立以民为本的社会主义法治和法治文化体系。

2. 法律目的论与法律价值

基于法律目的论,法律是有价值的。法律价值具有多元性特征,基于不同主体的不同需求与视角会有不同的法律价值。从法律所意欲实现的社会目的角度来看,法律价值可分别可以界定为法的工具合理性与法的价值合理性,前者是指“作为法律与它所调整的具体社会关系以及调整的结果之间具有合理性”;[3] 后者则是指“法律对实现某些价值目标(如由伦理、审美、宗教等方面的信念所确认的价值目标,特别是意识形态所确认的价值目标)的合理性”。[4] 法的工具合理性是价值中立的,法的价值合理性则侧重于实现特定价值目标。法律目的论一方面承认两者对于法治来说都是不可或缺的,但是同时又强调前者为辅,后者为主,法的工具合理性是作为实现法的价值合理性的手段和方法而存在和被运用的,法的价值合理性具有终极意义,是法律的根本目的。[5]

法律目的论的法治理念,是建设以民为本的社会主义法治文化的价值观,能够在法治文化建设过程中多元价值发生冲突时做出理性选择。[6] 一般认为,法

---

[1] 沈宗灵:《现代西方法理学》,北京大学出版社 1992 年版,第 333 页。

[2] 参见张敏、王俊峰:《法的发展应关注人性塑造》,载《河南大学学报(社会科学版)》2005 年第 5 期。

[3] 谢鹏程:《论法律的工具合理性与价值合理性:以法律移植为例》,载《法律科学》1996 年第 6 期。

[4] 谢鹏程:《论法律的工具合理性与价值合理性:以法律移植为例》,载《法律科学》1996 年第 6 期。

[5] “探求法律的价值意义就是在寻找法律最真实的生命。”(梁治平:《法辨——中国法的过去、现在与未来》,贵州人民出版社 1992 年版,第 196 页)

[6] “价值多元表达的是价值存在的状态,价值多元符合事物的规定性和必然性,价值冲突是价值运行的一种实时状态。”(谢晖:《论法律价值与制度修辞》,载《河南大学学报(社会科学版)》2017 年第 1 期)

律价值反映主体对客体的需求,在不同时代、不同场域和不同主体之间的利益需求不同,法律价值取向也各有侧重,在社会资源有限的情况下,必然会产生价值冲突。[1] 价值冲突是一个中性客观的事实,它不简单是法治文化建设的消极因素,相反,价值冲突构成了价值合作的必要逻辑前提。强调法律目的价值的社会主义法治理念为法律价值合作提供了根本性标准,即以民为本的理性共识标准,而这一共识达成的基础则是社会自主构序、公平正义、自由权利、规范秩序的法治精神即民法精神的基本价值诉求。所以,这一"民本模式"的价值标准能够理清法律的多元价值并对其进行合理定位,从而优化法治资源配置,实现和谐的社会主义法治和法治文化建设。

3. 法律目的论与法律伦理

法律是人的社会形态,必须具有伦理功能和体现伦理关怀,法律伦理功能和伦理关怀的实现是法律正义目的实现的道德前提,是以民为本的法治文化建设的道德基础。一方面,法律具有社会正义的目的价值;另一方面,法律的来源之一是社会道德观念和习惯,作为对道德、习惯等的抽象制度表达,法律必须体现法律伦理价值并强调法律构建的道德合法性。法律伦理通过探究人的法律生活中存在的道德性,意欲借助法律机制实现社会的正义价值和目标,尤其是社会主义法律伦理,是现代"市民伦理"的制度化表达。[2] 建设以民为本的社会主义法治文化,实现社会主义法治文化的民本模式化,必须处理好法律机制、法律目的和法律伦理三者的关系,从而使法律更具有正当性和价值性。

法律机制能否以及在何种程度上实现社会伦理目标,关键在于法律伦理行为是否实现了法律目的。法律伦理行为主要包括法律的产生、法律体系的制定、法律的适用,法律目的主要包括自由、平等、安全、共同福利等,但是根本目的是民本利益的实现,即人的客观需求的满足与对社会正义的符合。

具体判断法律伦理行为是否符合法律正义的目的,主要在以下四个方面:第一,法律的产生。立法伦理要求法律是"民主理性共识"的产物,是民本目的指

---

〔1〕 "所谓法律价值取向,是指不同法律主体依据自身需要对法律的属性、特点、功能、效果所做出的价值选择,它表明法律需求主体的价值态度和权衡。对于同一价值客体的同一属性,不同需求主体有着不同的价值需求和判断,价值选择的冲突就由此而产生。"(陈东升:《冲突与权衡——法律价值选择的方法论思考》,载《法制与社会发展》2003 年第 1 期)

〔2〕 参见范忠信:《中华法系的亲伦精神——以西方法系的市民精神为参照系来认识》,载《南京大学法律评论》1999 年第 1 期。

引下的民本利益协调和表达，民本立法是保证立法科学、树立法律权威的前提。第二，法本体的确立。“立法目的的正当并不等于法律内容的合理。”[1]法本体具体包括法律的程序规则和实体规则，[2]只有形式和实质上均符合正义的法律目的，法本体才符合法律伦理要求。第三，法的适用。“法律内容合理并不等于法律效果实现。”[3]法律正义效果的实现离不开法律的实施，执法活动以及司法活动是否公平正义直接关系到法律伦理价值能否实现。第四，守法。法律能否得到全社会的一体认同和遵守不是一个独立问题，它需要依附于以上三方面，只有法的产生、法本体的确立、法的适用均符合法律目的的正义要求，法的权威才能在全社会树立，法治和法治文化建设才具备广泛的社会伦理基础。[4]

4. 法律目的论与权利本位

权利本位是对权利的价值定位和价值陈述。[5] 在法哲学语境中，权利本位强调权利是基础、出发点、根源和逻辑起点。[6] 权利本位思想的基本内容可以概括为“权利先于功利、权利先于义务、权利先于权力、权利先于立法”，[7]正是从以上四个方面，权利本位体现出法律的目的价值。

第一，权利先于功利。“在功利主义者看来，社会可以在不同的个人之间进行得失权衡。”[8]功利主义思想使得公共利益、大局利益、长远利益、社会利益凌驾于个人合法权利之上，背离了民本法律目的的初衷。以民为本的法治文化建设的最终目的在于实现每个个体的全面发展，因此必须摒弃功利主义思想，权利

---

〔1〕 时统君：《法律的伦理和伦理的法律》，载《东岳论丛》2004 年第 1 期。

〔2〕 “正义是社会制度的首要价值，正像真理是思想体系的首要价值一样……某些法律和制度，不管它们如何有效率和有条理，只要它们不正义，就必须加以改造和废除。”（[美]约翰·罗尔斯：《正义论》，何怀宏等译，中国社会科学出版社 1988 年版，第 3、4 页）

〔3〕 时统君：《法律的伦理和伦理的法律》，载《东岳论丛》2004 年第 1 期。

〔4〕 “一切社会制度若要得到民众最大的支持，必须拥有为全社会所接受的、行使社会权威的道德正当性。”（[美]丹尼尔·贝尔：《资本主义文化矛盾》，严蓓雯译，人民出版社 2010 年版，第 124、125 页）

〔5〕 夏勇：《权利哲学的基本问题》，载《法学研究》2004 年第 3 期。该文将当代的权利理论体系分为三类：权利的分析理论、权利的价值理论、权利的社会理论。权利本位应当归属于权利的价值理论，旨在确立权利在各项法律价值中的优先地位和基础地位。

〔6〕 郑成良：《权利本位论——兼与封日贤同志商榷》，载《中国法学》1991 年第 1 期。“在商品经济和民主政治发达的现代社会，法是以权利为本位的，从宪法、民法到其他法律，权利规定都处于主导地位，并领先于义务，即便是刑法，其逻辑前提也是公民、社会或国家的权利。”（张光博、张文显：《以权利和义务为基本范畴重构法学理论》，载《求是》1989 年第 10 期）

〔7〕 黄文艺：《权利本位论新解——以中西比较为视角》，载《法律科学》2014 年第 5 期。

〔8〕 John Rawls, *A Theory of Justice*, Harvard University Press, 1971.

应当先于功利。

第二,权利先于义务。权利—义务在事实层面上是并列且关联的一组概念,没有先后之分,权利先于义务主要是从价值层面来强调权利优位,具体表现为两方面:一方面在逻辑上权利先于义务,前者是目的,后者是实现前者的手段,前者是后者存在的依据和意义;[1]另一方面在价值上权利优先于义务,义务来源于、服务于并从属于权利,权利是义务存在的合理性和必要性前提。因此制定和实施法律的目的不是为了给社会成员强加义务的枷锁,法律的真正目的旨在通过规定与权利对应的义务和违反义务所要承担的责任来最终保障社会成员的权利实现。

第三,权利先于权力。“权力来源于权利、权力服务于权利、权力应以权利为界限、权力必须由权利来制约。”[2]权利先于权力是社会政治生活中公民对自身权利的理性认知和正当表达,反映出公民主体意识的觉醒。权利先于权力“是将人民视为国家权力的正当性以及合法性基础,通过公民主体对于国家政治生活的民主参与,实现人民监督的实践命题”。[3] 从权力本位走向权利本位就是要“把权力关进制度的笼子里”,这既是实现法律目的的重要手段,也是以人民为中心,全面推进依法治国,建设以民为本的社会主义法治文化的根本内容与要求。

权利优先权力的前提,是权利能够制约权力,即权利存在的社会基础和权利的承认与保护应当成为制衡权力的基础社会条件。本项目组以“您认为制约政府权力的有效办法是什么”为题进行了全国性调查问卷。在给出的制约政府权力的六个备选答案中,选择“权力监督”(B)的占比最高,达 31%;选择“权利保护”(E)的则占比最低,只有 7%。具体数据统计结果如图 21-1 所示:

〔1〕 参见张文显:《“权利本位”之语义和意义分析:兼论社会主义法是新型的权利本位法》,载《中国法学》1990 年第 4 期。

〔2〕 张文显:《法哲学研究范畴》,中国政法大学出版社 2001 年版,第 396、399 页。

〔3〕 周恒、庞正:《法治社会的四维表征》,载《河北法学》2018 年第 1 期。

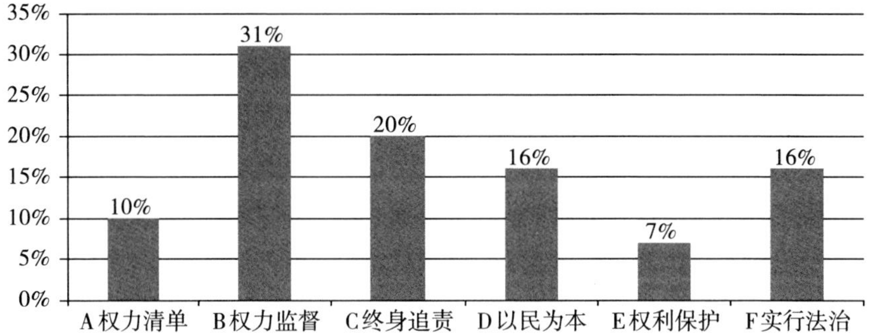

图21－1 "您认为制约政府权力的有效办法是什么"一题调研数据统计

这一数据统计结果显示，由于我国的权力监督主要来源于权力内部机制，因此选择"权力监督"的占比最高，说明人们对权力制约上还是寄希望于在体制内部解决问题，而并没有或者很少认识到权利本身对权力的基础制约作用，即还没有权利制衡权力的法律与法治意识，这是整个中国社会权利意识缺失和没有树立起正确的权利观念的必然结果表现。事实上，政府权力需要制约的原因就是其可能存在的不当行使及其对权利的侵害，所以制约政府权力的最根本和最有效办法就是与公权行使相对的"权利保护"，即只有划定"权利"与"权力"的边界，"权利"能够排除"权力"的侵害，实现"权利"与"权力"的制衡，才是政府权力真正处于有效的制约状态。

第四，权利先于立法。权利按照形态可以分为应有权利、现实权利、法定权利、习惯权利。应有权利的存在是前提，在此基础上才会产生应不应当以及如何保障的问题；法定权利是使应有权利得以实现的规范性保障。否认应有权利，法定权利就会成为无源之水，无本之木。实现人的应有权利要求法律必须从人性出发、明确实现人的利益需求的法律目的。

5. 法律目的论与法律作用

法律作用是一个中性概念，指法对人与人所形成的社会关系的调整规范作用。法律作用不是天然产生的，而是被国家政权、法的创制者基于特定时空条件而创设的，能够对社会主体和社会关系产生重要影响。对法律的价值定位不同，法律发挥作用的效果也不同,[1] 只有充分明确法律的目的——实现人的利益需求,构建自由公平正义的社会生态秩序,才能最大程度发挥法律的正向作用。

法律目的的实现离不开法律作用的发挥。市民社会要接受利益和理想的多样性,任何由众人组成的社会都会产生这种多样性,它允许个人及机构追求多样化的目标,但是目标实现的路径选择必须合理科学,应通过理性的规则秩序对冲突进行有效控制来完成社会资源、利益的整合,最大程度达成市民共识。法律作为市民社会利益共识的理性制度表达,其制定的目的就在于发挥法律的优势来创造一个规范和谐的民本社会生态秩序,因此法律作用与实现法律目的具有高度的一致性。

本项目组以"您认为法律的最根本作用是什么"为题进行了全国性调查问卷,在给出的六个选项中,选择"规范行为"(D)的占比为33%;选择"服务社会"(C)的占比为30%;选择"形成秩序"(E)的占比为23%;选择"维护自由"(F)、"限制自由"(B)和"镇压敌人"(A)的占比分别为6%、4%和4%。具体数据统计结果如图21-2所示:

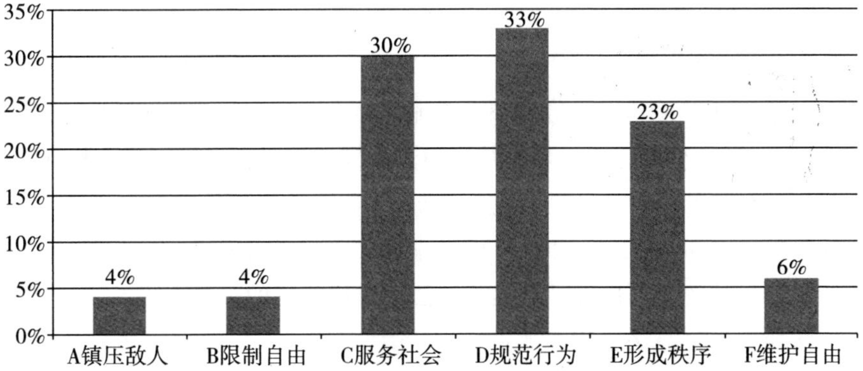

图21-2　"您认为法律的最根本作用是什么"一题调研数据统计

这一数据统计结果显示,经过改革开放以来的市场经济体制及其法治建设,人们对法律在社会规范与秩序体系形成中的一般构造作用,有了较为深刻和全

[1] "法在自己的任何部分既可以成为自由的生命,也可以成为奴役和专横的工具,既可以成为社会利益的妥协,也可以成为压迫的手段,既可以成为秩序的基础,也可以成为空洞的宣言,既可以成为个人权利的可靠支柱,也可以使专制的暴政和无法无天的局面合法化。"([俄]O.列依斯特:《三种法律思想》,载《外国法译评》1993年第1期,第83页。转引自刘作翔:《论法律的作用及其局限性》,载《法制与社会发展》1996年第2期)

面的认识,而对于传统的法律维权与镇压的手段与工具作用,则表现出明显的忽略和关注度下降,其中在影响这一选择的因素内,也不排除有一定怀疑和不信任的成分在内。这一方面表明,在当前的社会治理中,法律在维持社会稳定、打击犯罪、提供维权救济上产生了一定的积极效果,法律为人们的基本权利和生产生活的实现提供了已经习以为常的安全保障;另一方面也说明,法律对自由的保障力度还不够,尤其是市场经济的发展需要民事主体的意思自治,而行政权对于市民社会生活的过度干预不仅仅会破坏市场经济的自身规律,造成社会腐败,还会损害市民社会成员的积极性。其中司法权与行政权的交叉错位,特别是行政权对司法权的入侵和干预所导致的问题,对社会产生了许多消极的影响,损害了司法和行政的公信力。当然,在改革开放四十多年后的今天,人们已经不再信任法律作为阶级斗争的工具而在"镇压敌人"方面的作用,这种忽略法律本身的制度价值的极端认识,已经被人们普遍摒弃。显然,在人们对于法律的目的价值与社会作用的认识上,越来越趋于理性,而这一认识结果对于建设民本模式的社会主义法治文化,实现法治文化的社会生态化,具有特别的现实意义。

法律目的可以进一步弥补法律作用的局限性。在法治的框架内,法律作为意识形态的产物,其规范性和社会性作用的发挥都会受社会发展客观情况及立法主体思维能力及水平的制约,法律不可避免地具有滞后性和不周延性,因此法律要想最大程度发挥其社会治理和社会服务的作用,除了提升立法质量和立法效率,司法人员必须在法律适用尤其是司法裁判活动中合理行使自由裁判权,而合理与否的标准就是司法裁判者是否遵循并努力实现法律保障自由、促进公平正义的目的。[1] 可见,作为自由与公平正义实现的国家强力条件,司法审判活动对于法律目的的全面准确把握是弥补法律作用不足的重要方式。

6. 法律目的论与法治建设

法律目的论将法律的终极目的定位在民本利益的实现,这与法治建设的目标本质相一致。"法不光有规则性要求,更重要的是法有原则性要求,即法要通过规则体现其中所蕴含的价值取向。"[2] 这种价值取向不仅体现在法律条文,而

---

〔1〕"法律的正式渊源并不能覆盖司法活动的全部领域,总是有某种领域要依靠法官的自由裁量权来决定,在这种领域中,法官必须发挥其创造精神和能动性。这种自由裁量权不应当根据法官那种不受控制的、任意的个人感情来行使,而应当根据客观的原则来行使。"([美]E. 博登海默:《法理学——法哲学及其方法》,邓正来等译,华夏出版社 1987 年版,第 137、138 页)

〔2〕张敏、王俊峰:《法的发展应关注人性塑造》,载《河南大学学报(社会科学版)》2005 年第 5 期。

且蕴含于“用以治国的法律所必须遵守的原则、规范或理想”。[1] 只有从实现法律目的出发，进行宏观的法律原则和具体的法律制度设计，并在此基础上适用法律、进行法治文化的弘扬与教育，一个国家和社会的法治建设才能够从制度层面（法律制度本身科学合理）、精神层面（社会成员对法律的高度信仰、认同和自觉遵守）以及实践层面（法治信仰支配下的立法、执法、司法实践）全方位推进，从而实现法治和法治文化的全面发展。

法治的生命在于实践，法治实践既是对法律信仰的外在表达、对法律制度的充分落实，也是法治发展的第一推动力。法治实践具体可以分为四个层面，每一个层面的法治实践要顺利开展并产生法治价值都必须始终以法律目的为重要关照与关注点。具体来说：

第一，民主、科学立法。立法不仅仅是利益需求各方博弈、协商、妥协的结果，它也应当体现出法律公平、正义、权利、秩序的价值，而立法者能否高质量完成立法工作，立法者伦理素养的高低起到直接作用。只有当以上法律的目的价值融入立法者的思想血液，民主立法的产物才是法治建设所追求的善法。

第二，依法行政。法治建设的必要条件是“法律至上”，即对公权力从外在制度和内在精神两方面进行双重制约。法治建设在规制行政权的同时，也关注政府职能的高效实现和特权思想的消除，而这根本上在于培育执法者的法治思维，即以法律目的为执法行为的标准和依据。

第三，公正司法。司法判决是否公正不仅取决于法律制度的完善程度，更大程度上依赖司法工作人员自身的法律专业素养。其影响因素不仅包括行政权，还有许多隐形因素，比如人大、纪检监察、检察机关、社会群众、新闻媒体等对司法活动的监督权。因此，要想保证司法实践的公正就必须用正确的法治理念作思想引导，保证法治建设的正确方向，同时以法律目的是否获得实现作为检验司法实践成果的标准。

第四，树立法律信仰。法律信仰是法治建设的精神支柱与思想基础，是联结社会行为与法律制度的观念场域。[2] 法律信仰的形成依附于人们对法律是否具有正义、平等、民主、人权、秩序等法律价值的理性判断，而只有实现人类所追

---

〔1〕 龚祥瑞：《比较宪法与行政法》，法律出版社 1985 年版，第 81 页。

〔2〕 “所谓法律信仰，是如下两方面的有机统一，即一是主体以坚定的法律信念为前提并在其支配下把法律规则作为其行为准则；二是主体在法律规则严格支配下开展活动。”（谢晖：《法律信仰：历史、对象及主观条件》，载《学习与探索》1996 年第 2 期）

求的社会价值的法律,即法律自身包含社会目的价值,才具备被信仰的基础。

二、法律目的与法治理念

社会主义法治理念是体现社会主义法治内在要求、精神实质和基本规律的一系列观念、信念、理想和价值的集合体。[1] 法治认知是法治理念形成的基础,法治思维是法治认知的深化与升华,其运用于法治实践,反映法治理念。培育社会主义法治理念应当在法治认知和法治思维养成的过程中深化对于法律目的的理解、认同和实践。在建设社会主义法治文化的过程中,法律目的论把法律目的带入法治理念,为法治理念的形成和发展确定了人本主义的方向,而弘扬社会主义法治理念的目标则在于实现法律目的所蕴含的法治文化价值与追求。

(一)法律目的与法治认知

法律目的论的目的,并不单纯是法律的目的,而且是社会生态秩序构造基础上的法治目的。法律目的论把目的引入法律形式,就是引入法治过程,并需要以法治认知的主体条件深化从法律到法治的目的形成与发展。[2]

1. 法律目的与法治目的的统一

法治认知,首先是对法治目的的认知。法律目的与法治目的是两个关系密切的概念,两者在价值取向上高度一致。法律目的是对法治目的的制度表达,法律制度所反映的法的内在精神就是法治目的。法治具有目的性,法治主要是通过法律目的体现法治的价值追求。法律的目的价值为法治建设提供了方向性指引,同时法治建设的成效也需要依据法律目的的价值实现与否进行评价。

法治目的在制度层面首先是一个法律目的问题,有什么样的法律目的,就必然影响和形成什么样的法治目的,要有符合法治和法治文化建设和发展的法治目的,就必须首先在法律价值观与方法论上解决法律目的问题,并需要实现从法律工具到法律目的的法治理念转型。

法律目的是法治认知的对象,而法治认知也必然促进法律目的的深化,并成为法治的目的。相较于人治,法治形成的社会状态具有根本性、全面性、稳定性、长期性的特征,是国家和社会治理所追求的目标,实现法治的社会运行状态就是

---

〔1〕 参见邢国忠:《试论社会主义法治理念的基本内涵及其属性》,载《高校马克思主义研究》2016年第2期。

〔2〕 关于"法治认知"的具体内涵,详见本书第五编(第二十章)"从感性到理性的法治认知转型"相关部分。

目的。[1] 法治目的的实现需要摒弃法律工具主义将法律仅仅视为社会治理工具的错误观念,充分挖掘法律本身的价值,树立正确的社会主义法治理念。“法治理念是法治的精神价值和理念追求,最根本的是民主的法制,保障人权和公民权利,制约国家权力。”[2] 法治理念首先是通过法律目的表达的,而法治理念的法律目的表达也就将自己转化为了法律形式的法治目的。确立良好的法律目的,实现法律目的的民本化,有助于在以民为本的基础上规范和制约公权力的作用并保障私权利的价值目的的实现。这充分表达和体现了人类追求公平正义的基本诉求,是市场经济发展和法治文化建设的根本条件,并能够为人们提供一种规范、有序和稳定的可预见和可自主的生产与生活方式。

法治的目的性并不否定法律作为实现社会治理的工具性价值。法治社会建设的最终目的是“实现人民的福祉,实现个人的幸福安宁”,[3] 在最根本的人民福祉的意义上,不论是法律还是法治都是具有工具性的,强调法律或者法治的工具性价值只是为了更加突出人民之于法律或者法治的价值与意义。法治作为社会治理的目的与法治作为实现人民福祉的工具两者并不冲突,结合点在于统一形式的法律目的,法律目的既蕴含了规范、秩序、自由、公平、正义等以民为本的价值目的,也将法律作为了实现法治目的的制度手段,因此以法律目的为基础的法治认知与法治文化建设就成为实现社会秩序生态化的最佳形式。

2. 法律目的与法治认知的统一

法治认知是一个对社会主义法律和法律现象理解、分析、判断、认同的过程。法治认知包括感性认知和理性认知,感性认知是对法治的形式认知,主要是对法律工具性价值的认知,而理性认知则是对法治的本质认知,更加关注法律的自身价值。[4]

---

[1] “对国家而言,法治建设在制度安排方面具有基础性意义,它体现了广大人民群众共同的意志,凝聚了广大人民群众的共识。历史经验证明,法治更具有根本性、全局性、稳定性和长期性,只有厉行法治,国家和社会才能长治久安。”(姜明安:《再论法治、法治思维与法律手段》,载《湖南社会科学》2012 年第 4 期)

[2] 周旺生、朱苏力:《北京大学法学百科全书》(法理学·立法学·法律社会学),北京大学出版社 2010 年版,第 403 页。

[3] 王利明:《法治具有目的性》,载《苏州大学学报(哲学社会科学版)》2016 年第 6 期。

[4] 我们认为,对法治的认知,按照不同的标准会有不同的认知类型分类。从公众对法治的功能认知角度,法治可以分为工具性认知和价值性认知;从公众与法治的关系角度,法治认知可以分为义务性守法认知和权利性用法认知;从公众在法治建设中的地位角度,法治认知可以分为客体性法治认知和主体性法治认知。社会主义法治认知应该是价值性、权利用法性、主体性的理性法治认知。(参考李春明、张玉梅:《当代中国的法治认同:意义、内容及形成机制》,载《山东大学学报(哲学社会科学版)》2007 年第 5 期)

"我们试图通过法律的社会控制实现什么的问题,即我们试图通过法律秩序以及因此通过司法判决、法学讨论和立法活动实现什么目的。"[1]由感性认知上升到理性认知的过程,是从法律工具到法律目的的法治理念转型过程。

法治认知的主体具有广泛性,包括立法者、执法者、司法者及全体社会成员。不同主体的认知能力存在差异,对法律目的的理解程度不同,因此法治和法治文化建设对不同主体的法治认知的要求也就不同。无疑,对法律专业人员的法治理性认知能力的要求不能等同于普遍社会成员,必然较高。对普通社会成员来说,法治理性认知的培养重点和要求,则主要应当是在最基本的层面上解决对法律与法治目的的一般性了解和认识并引导其法治理念的正确发展。法治认知的目的在于正确理解法律和发挥法律在实现法治中的客观作用,这就不仅是对法律本身的认知问题,而且更重要是的对法律运用和实践的主体——法治主体及其法治理念在法治和法治文化建设中的地位和意义的认知问题。因此,以法律目的为基础的法治认知,一方面可以使社会成员对自身在实现法治目标的社会秩序构建中的社会身份进行清晰定位。另一方面还在于它为人与人之间的社会交往关系提供平等、自由、公正的法治理念及其社会秩序构造,从而科学确立人的权利义务与责任标准,合理分配社会资源,最终达成维系人、发展人、实现人的法治目标。

法治认知首先在于法律目的认知,两者在认知对象和内涵上具有统一性。通过认知法律目的,有助于人们在法律目的的基础上更好地理性认知法治的本质、目的和作用,为法治建设凝聚法治共识,形成正确的法治理念。在从法律目的到法治目的的发展上,一个社会的法治共识和法治建设的凝聚力并不能够简单和自然的形成,而必须通过有目的的培育和提高全社会的法治理念,形成社会秩序的法治共识,即通过人们理解和认同法律和法治的目的与价值来形成。[2]只有让社会全体成员深刻认知法律和法治的目的与价值,才能够在主体条件和因素上产生推动法治和法治文化发展的生态动力,促进社会秩序的生态构造,实

---

〔1〕[美]罗斯科·庞德:《法理学》(第1卷),余履雪译,法律出版社2007年版,第297页。

〔2〕"法治所表达的是社会应主要由法律来治理;社会整合应通过法律实施和实现;立法政策和法律必须经由民主程序制定;法律必须建立在尊重和保障人权的基础上;法律必须具有极大的权威性;法律必须具有稳定性;法律必须具有连续性和一致性;法律必须以公正地调整各种利益关系,平等的保护和促进一切正当利益为价值目标;法律应能有效地制约国家权力,防止国家权力的失控与变异,法律应力求社会价值的衡平与互补。"(张文显:《法学基本范畴研究》,中国政法大学出版社1993年版,第209、298页)

现个体间、个体与社会间的和谐、有序、平等、诚信、公正的社会关系。

（二）法律目的与法治思维

法律目的不仅需要法治认知的发现，而且是以法治思维的条件存在的。没有思维，就没有认知，也就没有目的。

1. 法治思维与法律目的理性

法治思维是法治认知的深度发展。“法治认知发展到一定阶段后将社会主义法治建设内化为一种明确、坚定的信仰与价值追求，具备立法参与、严格守法、依法作为的思想意识和行为能力。”[1]法治思维本质上是一种“围绕改革、发展、稳定等主题，依照既定的法律规则去处理社会各方面事务的思维方式”，[2]在公正司法和依法行政上，法治思维就是对司法和行政人员的专业素质的要求，而在日常守法上就是普通民众所具有的践行法治的一般行为品质问题。

法治思维有助于社会治理主体理性地实现法律的目的。法律目的的实现需要综合各种因素：第一，法律规范和程序，这是法律目的的实现的制度因素；第二，法制运行机制和体制，这是法律目的的实现的外在环境因素；第三，法治思维，这是对法律目的的实现的主体理性要求，三者缺一不可。同时，法治思维是法治制度建设和法治环境建设的思想基础，没有理性的法治思维，法律目的既无法形成，也难以实现。法治思维的理性主要表现为两个方面：

第一，法治思维具有目的理性。人创制了法律，法律是为了人的目的存在的，应当服务于人的需要，而不能把法律作为奴役人的手段。与法律工具论不同，法治思维下的目的理性凸显法律本身的目的价值。“以规则为中心、合法性判断为优先、限制权力、保障权利、推崇正当程序。”[3]需要明确，目的理性所强调的“法律至上”并未否认人的社会主体地位，相反，虽然人被作为法律治理的对象，但是人首先是作为法律主体存在的，人在法律规范的框架下获得了在纯粹自然状态下所根本无法获得的人格尊严、权利保障与行为自由，实现了自身真正解放，所以，目的理性是真正的民本理性。

第二，法治思维具有方法理性。从方法论角度看，法治思维要求社会治理主体“根据法律进行思考”。这里的“法律”具体指三方面：一是法律规定；二是法

[1] 邢国忠：《试论社会主义法治理念的基本内涵及其属性》，载《高校马克思主义研究》2016 年第 2 期。

[2] 张恒山：《论法治思维的观念基础》，载《理论与改革》2013 年第 4 期。

[3] 陈今钊：《法学意义上的法治思维》，载《国家检察官学院学报》2017 年第 1 期。

律思维规则;三是法治理念、法律价值与法律目的。“根据法律进行思考”不能仅仅将法律规定当作法律的全部,而要尽可能灵活运用法律,避免出现机械司法和执法。法律规定本身就是公共理性的制度表达,是形式法治的基本要求,而法律思维规则和法治理念、法律价值与法律目的都是实质法治对正义价值的诉求。正是形式法治与实质法治的有机结合使得法治思维成为法治社会治理的重要思维手段。法治思维的理性不仅使得法律具有了生命力,而且使得法律所追求的价值目标具有了主体条件即实现的思想基础和行为能力。〔1〕

2. 法治思维与法律目的实践

法治思维是法的精神性存在,是法作用于法治实践、构建法治生态秩序的主体条件,即观念性、精神性因素。法治思维具有实践性、科学性与指引性的理论品质,为法律目的实践和法治最终实现提供内在的精神与思想支撑。法治思维之所以具有实践性,是因为其结果具有科学性和指引性。所谓科学性,一方面是指法治思维是一种理性的社会治理思维方式,另一方面是指法治思维所追求的法律目的是一种正确的法治价值取向;所谓指引性,是说法治思维是在现代化的法治建设过程中总结、抽象出来的思维方式,因此能够对法治实践产生正向的引导作用。

法治思维是一种理论知识、情感体验和行为追求的集合体,反映一个社会治理过程中的法治文化心理,作用于法律目的实践的诸多方面,集中体现为社会治理主体在立法过程中关注法的实质正义,执法和司法过程中努力保障人权。法治水平和能力的提升是当前中国立法、执法、司法环节实践法律与法治目的的关键。只有在法治实践环节始终牢记法律目的,将实现公平、正义的法律目的价值作为法治和法治文化建设的目标,才能够在全体社会成员心中形成对法治的信仰和认同,〔2〕从而积极参与到构建与法律目标相一致的现代社会生态秩序体系之中。

---

〔1〕“如果一个国家的人民缺乏一种能够赋予这些制度以真实生命力的广泛的现代心理基础,如果执行和运用着这些现代制度的人自身还没有从心理、思想、态度和行为上经历一个向现代化的转变,失败和畸形发展的悲剧结局是不可避免的,再完美的现代制度和管理方式,再先进的技术工艺也会在一群传统人的手中变成废纸一堆。”([美]阿历克斯·英格尔斯:《人的现代化——心理、思想、态度、行为》,殷陆君译,四川人民出版社 1985 年版,第 4 页)

〔2〕“法治信仰,信的不是法律本身,而是法律背后的要素,如正义、公平、平等等价值理念,是相信通过法律的运作,这些理念可以现实化。也只有在这个意义上,正义、平等、公平等才可以化约成人的内在精神性信念。”(张永和、孟庆涛:《法治信仰形成路径探析》,载《人民论坛》2013 年第 14 期)

（三）法律目的与法治思想

法治思想是在法治思维指引下进行法治认知所形成的系统、深刻、较为稳定的思想体系。法治认知和法治思维是法治思想形成的基础，法治思想是法治认知和法治思维的深化及升华。进行法治认知以及养成法治思维首先是要准确认知法律目的，在此基础上运用法治思维去实践、实现法律目的，塑造法治思想同样也需要以法律目的作为前提和条件，并以法律目的实现程度作为衡量法治思想发展水平的标准，凸显法律目的对于法治思想的重要价值，完成社会主义法治理念的转型。

1. 法律目的是法治思想的基础

法治思想是系统的思想理论，其中法律目的是思想体系的核心，没有法律目的，法治思想就没有主题，没有灵魂，更缺乏发展和深化的动力。法律目的反映法律的“民本”本质，法治思想本质上就是“民本”思想，法治思想的实践及实现离不开对广大人民群众权利的维护，离不开对社会公平正义的法律目的的遵循与追求，而对法律目的的遵循与追求也是树立法律权威、培养全社会对法律的忠诚与信仰的前提。法治思想之所以能够为法治实践提供正确的方向性指引，从而服务于法治国家和法治社会的建设，一个重要原因就在于其始终将法律目的作为思想构建的基础，关注法律在社会治理中的工具性价值的同时，深入挖掘法律自身具有的社会伦理价值，真正做到法律至上、依法治国。深刻理解法律目的对于法治思想确立和发展的必要性，就是把握住法治和法治文化建设的客观规律。

2. 法律目的是法治思想的条件

法律目的不仅是法治思想确立与发展的基础，同时也是法治思想的构成条件。没有法律目的的法治思想是不完整的，更不能称之为现代法治思想。中国传统法律文化中不缺乏法律思想，自春秋战国时期的法家学说到明末清初以黄宗羲等人为代表提出的“有治法而后有治人”的近代法治观念再到新中国成立后对建立现代法治的探索都积累了大量的法律思想。[1] 改革开放以来在建设社会主义法治国家的不断求索与尝试中，具有中国特色的社会主义法治思想逐步成型。从传统法律思想到现代法治思想的发展，仅靠完善制度内容，构建法律体系是远远不够的，更深层次的是法理念的转变，即对法的认识从法律工具论向

---

〔1〕 参见程燎原：《中国法治思想的“突破”》，载《法商研究》2011 年第 3 期。

法律目的论转变，只有确立民主、公平、正义、权利本位的现代法治理念，摒弃法律是为统治阶级服务，反映统治阶级意志的工具的片面观点，才能真正在思想上成熟起来，完成从法律思想到法治思想的质的飞跃。

3. 法律目的是法治思想的根据

法治思想存在于法律基础，法治思想是含有一定的法律目的的思想，必然以一定的法律目的为根据。法治思想不能偏离一定的法律目的，法律目的对于法治思想具有规定意义。法治思想的根据在一定程度上可以解读为对良法的品质要求。良法既是法治思想在价值层面的根据，同时也是法治思想在规范层面上的要求。良法是对法律目的及其价值的集中表达，法治思想是否成熟、是否科学合理，评判根据就是法治思想是否能够深刻理解法律的目的。良法不仅是形式上的法律体系完整、内容充分，更是实质意义上的体现公平正义的法治价值，即对法律目的的充分体现，[1]这无疑是形成正确法治思想的前提条件。十八届四中全会《决定》强调："要恪守以民为本、立法为民理念，贯彻社会主义核心价值观，使每一项立法都符合宪法精神，反映人民意志、得到人民拥护。"这一立法及其实现的法律目的，就是建立一个以良法为根据的法治实施体系、法治监督体系和法治保障体系，并通过相互配合来落实社会治理对规范秩序的要求，而社会规范秩序建立的目的就是要切实保障广大人民群众的合法权益，这正是当代法治思想的核心价值与要求。

4. 法律目的是法治思想的价值

法律目的在对法治思想进行价值评判的同时也赋予了法治思想丰富的价值内涵，法治思想本质上作为一种法治价值观必然会在多元价值中有倾向和取舍，法律目的是法治思想对社会多元价值作出的理性选择——以民为本。法律目的使得法治思想对社会主义法治文化的建设具有理论价值，从对法律工具论的分析与批判过程中，法律目的论明晰了法律的本质和作用，关注法律规范价值的同时也强调法律的伦理价值，使得法治文化建设始终坚持权利本位的法治思想不动摇。法律目的使得法治思想对法治建设具有重要的实践价值，法治思想以民本的法律目的为基础和根据从而具有法治的实践转化能力。法治实践的主体是广大人民，法治实践的评价标准是人民利益的实现程度，法治实践的目的是社会

---

〔1〕 参见石茂生：《论法治概念的实质要素——评亚里士多德的法治思想》，载《法学杂志》2008 年第 1 期。

公平正义的实现。[1] 因此，以民为本的法律目的为法治实践提供了广泛的群众基础，使得法治实践在正确的方向上不断推进。

三、法律目的与以民为本

建设社会主义法治文化的民本模式，必须要确立民本的法律目的。法律目的并不是法律本身的目的，法律蕴含的民本价值才是目的。法律目的作为法治实践基础上的人的理性意识的制度表达，其蕴含的规则至上、平等自由、权利本位、公平正义等目的内容与以民为本的法治理念高度统一，既是民本的法治社会的价值规定性，又为以民为本的法治文化建设提供了基础的民本条件。

（一）法律目的的民本目的性

对法律目的的认识，并不是对法律本身的目的认识，而是对法律所代表和反映的人的目的的认识，也就是对法律的民本目的性的认识。民本目的性，是法律的根本目的性。

1. 法律目的与人的目的

法律是人有目的的理性创造，必然在精神层面反映人的社会价值追求。法律目的是人的目的的规范表达形式，两者在价值取向上具有一致性。法律调整的对象，最终指向的是人的行为及其所形成的社会关系；调整的目的是以最大公约的个人利益行为与社会秩序条件的结合与统一来实现人类的整体幸福。法律目的通过自身所蕴含的人文价值塑造法律、变革法律、发展法律，使之不偏离人的目的与主体性这一根本前提，最终实现以人为目的的"法治统治"。

对于人的目的的认识，最先提出"人是目的而非手段"的德国古典哲学家康德指出，"人是生活在目的的王国中。人是自身目的，不是工具，人是自己立法自己遵守的自由人，人也是自然的立法者"。[2] 但是，康德在论证"人是目的"的过程中，将人与自然、人的自然性和社会性相分离，进入了一个仅凭自身能力创造的天地，进入宗教般神圣的境界，后来被进一步发展为极端的"人类中心主义"理论，成为人与自然分裂的法哲学思想的理论来源之一。[3]

---

〔1〕 参见沈辰辰、袁寿其：《习近平社会主义法治思想的人本向度》，载《江苏大学学报（社会科学版）》2015 年第 4 期。

〔2〕 贺麟：《在纪念康德、黑格尔学术讨论会开幕式上的讲话》。（转引自陈金全：《人是目的而不是手段——康德法治论解读》，载《法学家》2005 年第 3 期）

〔3〕 参见陈金全：《人是目的而不是手段：康德法治论解读》，载《法学家》2005 年第 3 期。

在人是目的的思想上，与康德思想不同，马克思主义法学认为，“人是目的揭示的是人类社会发展的内在意义和终极目标。”[1]社会主义法治文化着重从人与劳动、人与社会的关系中论证人的自由全面发展是社会发展的核心价值和根本目标。“人的类本质（实践本质）、社会本质（群体本质）、个体本质三重本质超越了对人的单一本质的错误理解。”[2]基于对人的目的以及人的本质的全面理解，法律对人的定位更加客观、历史、现实和科学，从而也就能更准确代表和反映人。

2. 法律目的与民本目的

民本与人本相关，探讨和认识民本，离不开人本。“人本”与“民本”是一对既有区别又有联系的社会价值观念。民本以“人本”为基础，在人本基础上具有价值选择与发展的意义，但是两者在一般意义上是统一的一致的。法律目的不仅是对“人本目的”的自然表达，而且是对“民本目的”的价值追求和反映。只有在坚持“人本”的前提下，不断追求法律的民本目的实现，法治文化建设才能够具有深厚的社会根基。

“人本”观念起源于西方，而“民本”观念在我国古已有之，两者产生于不同的经济、政治、文化及社会条件，而作为一种价值观两者也存在诸多方面的认识差异。[3] 具体说：第一，从关注对象来看，“人本”是对“类的个体”的关注，强调关注人类普遍具有的无差别的价值；“民本”是对“类的群体”的关注，“民”是一个具有民族性、政治性和阶级性的概念。第二，从目标追求上看，“人本”是“对

---

〔1〕 参见江德兴、庄立峰：《马克思的“人是目的”思想与民生幸福》，载《东南大学学报（哲学社会科学版）》2012 年第 4 期。

〔2〕 参见陈曙光：《“以人为本”的人学阐释》，载《新疆社会科学》2006 年第 1 期。

〔3〕 民本思想最早可以追溯到殷周时期，“民为邦本，本固邦宁”。（《尚书·五子之歌》）商代盘庚提出“重我民”的思想。（《尚书·盘庚上》）周初期周公旦提出“人无于水监，当于民监”和“敬德保民”的思想。（《尚书·酒诰》《尚书·康诰》）春秋战国孔子提出：“节用而爱人，使民以时。”（《论语·学而》）孟子提出“民贵君轻”。（《孟子·尽心下》）荀子提出：“君者，舟也；庶人者，水也；水则载舟，水则覆舟。”（《荀子·王制》）随着封建自然经济的不断发展和血缘宗族维系的社会关系的不断强化，传统的民本观念得到进一步强化，直到清代社会，帝国入侵和资本主义民主思想传入，中国传统的民本思想发展被迫中断。（参见荣长海、孙月玲：《论社会主义初级阶段民本和民主的价值取向》，载《道德与文明》2002 年第 3 期）西方的人本思想则是在商品经济和发达的市民社会基础上产生的平等、民主、人权思想，最早见于古希腊苏格拉底时期，“人就代替了自然而变成了思辩的中心”。（[法]罗斑：《希腊思想和科学精神的起源》，陈修斋译，商务印书馆 1965 年版，第 163 页）晚期希腊哲学中，“形而上学隐退到幕后去，个人的伦理现在变成了具有头等意义的东西”。[[英]罗素：《西方哲学史》（上卷），何兆武、李约瑟译，商务印书馆 1963 年版，第 291 页]

人的自我异化的积极扬弃”，是“对人的本质的真正占有”，在承认个体价值多元、个性差异以及利益多样的前提下追求人的个性解放、实现人的权利和利益。“民本”旨在维护、巩固、强化特定的统治秩序和社会秩序，实现特定阶级的利益和政治目标。第三，从价值观念上看，“人本”重视人的主体地位、人的自由以及人的理性品质，“民本”则更加强调人是社会治理的对象，安民保民的最终目的是统治秩序的维护。第四，从参照对象上看，“人本”对应的是“物本”和“神本”，而“民本”对应的是“君本”和“官本”。第五，从历史作用上看，“人本”对于西方社会将人从封建神学枷锁下解放出来，促进政治民主具有积极作用，“民本”思想则深刻揭示了统治者应该遵循的执政规律，对于维持社会秩序，增强民族文化认同和团结，构建稳定的社会生态环境具有重要意义。

显然，“民”“人”是从不同角度对人的社会主体性及其存在状态的表述，两者关系密切。在一般意义上，相较于“民本”来说，“人本”外延更广，它是对“民本”的抽象化、本质化。“人本”与“民本”是社会法治建设的两个侧重点，与以往中国传统法律文化中的“民本”思想不同，新时代中国特色社会主义法治思想赋予了“民本”更加科学的内涵，“民本”即以人民为本，也就是以人民为中心，坚持人民主体地位。人民是依法治国的主体和力量源泉，充分实现人民当家作主是依法治国的目标。“党的领导、人民当家作主与依法治国的有机统一，是中国特色社会主义法治道路的基本架构。”〔1〕“确保人民群众主体地位，尊重和保障人权，切实维护人民群众合法权益，是中国特色社会主义法治道路的本质特征。”〔2〕既要合理分配个人、群体、阶层内部以及他们之间的社会利益，也要对“民之外”的个人给予必要的“人道关怀”，〔3〕这就是在民本基础上实现对“人”的尊重。“以民为本”准确反映了我国法治建设的“人民性”，是社会主义法治原则与目标的统一，是社会主义法治的核心理念，符合“以人为本”的法治现代化要求。以民为本的社会主义法治文化能够彻底摆脱传统“御民”“治民”的法律工具论思想，从而走向民本的法治目的与理念。

---

〔1〕 江必新：《法治中国的制度逻辑与理性构建》，中国法制出版社 2014 年版，第 101 页。

〔2〕 江必新：《法治中国的制度逻辑与理性构建》，中国法制出版社 2014 年版，第 103 页。

〔3〕 比如犯罪分子，对其合法的人身权益以及财产权利，要按照法律的要求予以保护，尊重其作为“人”的基本权利。（参见江德兴、庄立峰：《马克思的“人是目的”思想与民生幸福》，载《东南大学学报（哲学社会科学版）》2012 年第 4 期）

(二)法律目的的民本条件性

法律目的在与民本目的统一的基础上,不仅要反映民本的自然条件,而且要从民本的自然条件中抽象出民本的社会条件,从而使人的本质及其实现上升到理性的社会高度。

1. 法律目的与民本的自然条件

法律目的的实现首先要满足民本的自然条件。民本的自然条件是指人的生物与生态条件,它由人的生命本质所决定,反映人的客观利益需求,体现人和人性的本质要求。"人性实质就是人的自然本性,表现为对物质生活资料和精神生活资料的需求以及保护自己适应环境的本能——趋乐避苦的天然倾向。"[1]民本的自然条件具体包括三部分:需求自利性、趋利避害性和必然自由性。需求自利性是指人作为利益主体是有需求的主体,人的需求是必然和客观的,并反映人的自利倾向。需求自利性又决定了人的需求在满足过程中的趋利避害性,趋利避害一方面是人向外寻求更多的生存发展空间,另一方面是人性对于安保的诉求,本质上需要通过个人的行为自由来实现。[2] 民本的自然条件反映人的生物属性,也就是人和人性的真实本质,具有天然正义且必然合理的特征,是人结成社会的根据和前提。"人作为人必须首先满足人的自然性然后才能在人的自然性的基础上发展自己的社会性。"[3]

人的自然性是人的社会性实现的前提和基础,而人的社会性实现最终是为了人的自然性实现,从而人的自然性也必然表现为一定的社会性。法律作为以人的自然性为根据并反映人的自然条件的社会形式,人的自然需求及其实现条件就构成了法律的本体性和目的性,而这个本体性和目的性,作为人的本体性和目的性就是作为社会关系条件的民本性,即法律和法律目的应当反映和代表民本的自然秩序条件并以此揭示法律和法律目的的真实本质。换言之,人的自然条件性反映在法律和法律目的上就是民本性,民本性既代表了人的自然条件性,也代表了人的法律目的性,因此,法律目的的民本性就是人的自然条件性,民本也就成为联系人的自然条件与法律目的之间的唯一价值形式。

人的自然需求与实现条件是人的社会性实现的本源与动力。作为人在社会

---

〔1〕 邹化政:《论人的本质和人性规律》,载《吉林大学社会科学学报》1989 年第 1 期。

〔2〕 王利民:《民法的精神构造:民法哲学的思考》,法律出版社 2010 年版,第 23 ~27 页。

〔3〕 王利民:《民法的精神构造:民法哲学的思考》,法律出版社 2010 年版,第 20 页。

性实现过程中所形成的法律规则、制度、原则等都要以民本的价值与法律目的体现和反映人的自然条件性。民本的法律目的应当反映人的自然条件及其本质需求，而在此基础上形成的法律制度也就必然以民本的自然条件为逻辑起点和归宿，最大程度体现民本的法律目的，满足民本的自然需求。实现法律目的的法律制度一旦脱离民本的自然条件，也就丧失了法律所应有的目的价值，最终必然沦为束缚人和剥夺人的工具，从而必然成为限制人的发展的工具。

当然，在人的自然性与社会性之间，并不只是社会性对自然性的需求，而且也是自然性对社会性的需求。“人的自然属性必然要表现在他的社会属性之中，必然通过他的社会属性才能表现他的自然属性自身。”[1]人的自然需求及其条件只有置于一定的社会秩序之中才能够得以正常和正当实现，而人类在社会发展中所形成的法律就是人的自然需求与条件实现的一种最具规范性、稳定性和可预见性的规范体系。民本的法律目的是对人的自然需求与实现条件的充分与理性表达，必然促使法律反映民本的自然秩序条件并代表和实现人的本质。

2. 法律目的与民本的社会条件

法律目的的实现需要在具备民本的自然条件基础上满足民本的社会条件。民本的社会条件是指人的社会性条件，它是基于人性自然性的群体共同选择。人的社会条件反映人性的普遍性和人性普遍性中的善性。法律目的一旦失去了民本的社会条件，就失去了自己的合理目的与价值，也便没有了目的和价值。

民本的自然条件反映人性的客观需求，而民本的社会条件则反映人性的共同价值，两者统一于人实现自身规律的活动中，即法治实践。民本的社会条件具体包括两方面：一是指自然性选择，二是指规范性要求。自然性选择就是指人的社会性是由人的自然性实现需要决定的，发端于人的自然性；规范性要求则是指人的社会性必然需要和表现为一定的规范性，这种规范性最终是为了达到人性目的的一种秩序性。规范性要求的目的，就是力求最大程度地克服人性自然性中的感性因素，提升人的理性水平，法律就是这种规范性要求的最高形式发展。法律必然以民本的社会条件为根据构建和谐稳定的社会秩序，从而以公平合理的社会秩序条件维护和实现民本的利益目的。只有理性认知民本的法律目的和客观揭示民本的社会条件，才能够在以民为本的基础上通过法律的规范与秩序形式最大限度地追求和实现人的社会价值。

---

〔1〕 邹化政：《论人的本质和人性规律》，载《吉林大学社会科学学报》1989 年第 1 期。

法律目的作为人的目的，应当在民本的自然条件的基础上反映民本的社会条件要求，否则，同样不能形成和代表正确的法律目的。法律目的的民本社会条件化，是一个复杂的社会过程。对此，存在一个社会的历史文化、成员心理结构与思维方式以及政治经济体制等各种条件和因素的作用与影响。这些因素承载了一个民族的历史传统及其思想观念与精神信仰，既有进步的内涵也必有落后的方面。只有从各种社会条件和因素上解决法律的民本目的问题，满足法律目的的民本社会条件，才能够真正完成社会主义法治理念从工具到目的的转型并为建设以民为本的社会主义法治文化创造必要的思想条件。

（三）法律目的的民本规定性

法律目的集中反映了以人的利益需求及实现为主要内容的民本目的，法律目的的实现应以民本的自然条件和社会条件作为人性基础，法律目的的实践过程始终离不开民本需求的方向性指引并必然会体现法律目的所蕴含的民本价值，因此，民本需求及民本价值构成了法律目的的民本规定性。

1. 法律目的的民本需求规定

法律目的产生于民本需求，以民本需求为出发点的法律目的具有客观性和规律性。这一目的独立于个人或某特定阶层的意志，反映人的客观自然性与普遍社会需求，具有民本需求的规定性。虽然中国传统社会也出现过“民本”思想，但其与法治社会所需求的“民本”思想具有本质差别，前者的法律制度并没有真实、全面反映民本需求的利益条件与本质内涵，更无法孕育出崇尚法律目的的现代法治理念。[1] 只有真正以民本需求为出发点和落脚点的现代社会，才能够真正以民本需求作为法律目的的规定性并实现法律目的的民本需求价值。法律目的只有受民本需求的规定，才能够反映法律目的的正当社会条件，避免法律目的的随意性、混乱性和盲目性，从而在实现法律目的的民本价值的基础上使法律超越一般工具价值而成为一种具有法治文化品质的社会规范与

---

〔1〕 此处并不是要全盘否定古代“民本”思想，古代的“民本”思想中确有一定积极因素，但是不可将古代的“民本”价值过分夸大。有学者认为：“儒家的民本思想既然以人民为最高价值性的存在，于是‘保民’‘养民’便成为人君的最大职务。”这可谓关乎古代“民本”论述中最是将其阐发与现代民主法治接近的观点。即便如此，此种观点也承认儒家的“民本”思想未能贯穿古代的始终，在明清黄宗羲反君主专制思想提出以及康有为、梁启超等在接受西方法治思想后对传统民本作新的阐发之前，古代民本思想在进入西汉之后便“停滞”“消沉”了。同时此种观点未能说明先秦儒家“民本”思想中法的作用，或是忽视整个古代社会法律工具性的事实，也就无法关照现代的法治观。（参见金耀基：《中国民本思想史》，法律出版社2008年版，第11～13页）

秩序体系。

基于民本需求的规定性，民本需求的性质决定法律目的的性质。由于民本需求根本是一种自然的利益需求，具有客观性、规律性和普遍性，所以法律目的也应当符合人的社会发展的客观情况、具有人的社会实现的一般规律并反映人的社会本质的普遍条件。中国特色社会主义法律目的，在反映民本需求的规定性上，不是对西方法律思想的简单复制，而是在批判性继承传统法律思想和选择性借鉴外国先进法治经验的基础上的一种全新的科学认识，具有新时代中国特色社会主义法治思想的价值。它以马克思主义法学为指导，立足于中国社会发展的现实需要，是具有中国特色的社会主义法治理念，“反映了中国空间的法律文化与传统的历史资源和现实国情的时代精神的结合，展现出马克思主义及其中国化的思想成果体现在中国特色社会主义法学理论体系中的一脉相承与发展创新，体现出中国特色社会主义法学理论体系对于人类政治文明和法治文明共识的自觉接受与消化融通”。[1] 这样的法律目的在实现从工具到目的转型的基础上，作为建设以民为本的社会主义法治文化的条件，具有全面性与针对性、整体性与层次性、阶段性与大局性统一的规定性特点和本质。

民本需求的内容决定法律目的的内容。社会主义法律目的与社会治理的民本需求，就是通过“统筹社会力量、平衡社会利益、调节社会关系、规范社会行为，使我国社会在深刻变革中既生机勃勃又井然有序，实现经济发展、政治清明、文化昌盛、社会公正、生态良好”的发展局面，最终实现人民日益增长的美好生活需要。法律目的是法治文化的价值基础，法律目的只有具有民本需求的规定性，才能够成为以民为本的社会主义法治文化的存在基础与建设条件。法律反映和代表民本需求的规定性，核心是以人民为中心，坚持人民主体地位，满足人民的美好生活向往，实现人民的生存与发展目的。十九大报告指出：“必须坚持人民主体地位，坚持立党为公、执政为民，践行全心全意为人民服务的根本宗旨，把党的群众路线贯彻到治国理政全部活动之中，把人民对美好生活的向往作为奋斗目标，依靠人民创造历史伟业。”社会主义民主政治充分准确地表达了民本的社会目的与需求，而在此基础上建立的社会主义法律制度与法治文化，必然接受和具有民本需求的规定性，从而成为自身发展的根本条件。

---

〔1〕 姚建宗、黄文艺：《中国特色社会主义法学理论体系研究》，载《法制与社会发展》2012 年第 2 期。

2. 法律目的的民本价值规定

法律以民为本,具有民本价值的规定性。民本价值决定法律目的,是法律的最终与根本价值。法律目的只有接受民本价值及其规定性,并在民本价值的基础上存在和发展自己,才是以民为本的法律,才有正确的法律目的。民本价值表征的是民本法治理念对构建民本法治社会的积极意义,即民本法治理念是"以民为本"的科学发展观的文化基因,是中国特色社会主义法治文化的生成土壤。这一价值为中国共产党的执政理论提供宝贵的思想资源,是推动中国法治现代化的思想动力。[1] 以民为本的社会主义法治文化和建设社会主义法治文化的民本模式决定了社会主义法治文化需要以民本为根据,展现民本价值。

法律目的的民本价值表现在法治建设与法治文化的方方面面。包括法律体系的完善、法律制度的运行和法律行为的实施等在内的法律与法治实践,都从立法、司法、行政和守法等方面提出了民本价值的法律目的要求。十九大报告指出:"坚持以人民为中心。人民是历史的创造者,是决定党和国家前途命运的根本力量。"新时代中国特色社会主义法治和法治文化建设已经深刻认识到民本的重要价值,法律目的应当体现民本价值的规定性,这样才能为全面推进依法治国方略奠定坚实的民本基础。

法律目的所蕴含的民本价值是一种不同于传统"民本"思想的现代社会价值取向,其更多的是基于对社会发展本质条件和客观规律的认识及把握,是一种体现人文关怀和人本思想并具有中国特色的先进法治理念,是一种现代化的民本法治理念,其形成一方面基于传统民本观念的现代性转化,另一方面也取决于现代民主思想对传统民本观念的实质超越。法律目的在体现并实现民本价值上充分诠释了社会主义"民本"的科学内涵和本质要求。第一,"民本"的主体和对象不再是过去的被统治的臣民而是作为国家和社会主人的全体公民,其中核心是人民。第二,"民本"的目的不再是传统政治中"驭民""治民"的统治策略或手段,而是通过法律形式与法治体系所表现出来的以人为中心的法治实践。第三,"民本"的内容和条件要求,是社会主义法治实践应以最广大人民群众的利益实现为根本标准,始终依靠人民群众的智慧和力量。正是在深刻认识"民本"价值的基础上,社会主义法治文化建设才能够以人民为中心,坚持人民主体地位,并从根本上维护人民利益。以人民为目的、为标准、为动力,就能够调动人民的积

---

[1] 诸凤娟:《古代民本思想的当代价值探析》,载《北京大学学报(哲学社会科学版)》2012 年第 1 期。

极因素，发挥人民创造历史和建设社会主义法治文化的巨大作用。

（四）法律目的的民本实现性

法律目的的民本实现，是民本目的与主体的实现统一。法律既应当实现民本的目的，又应当通过民本的主体和实践实现。

1. 法律目的实现的民本主体性

法律目的的实现主体与法律目的的实施主体是两个不同的概念。法律目的的实施主体是从技术手段层面强调法律目的的实践主体，而法律目的的实现主体是从价值层面强调实践法律目的的出发点和落脚点，即“以民为本”的法律目的的实现。法律目的的实现主体决定了法律目的实施主体并使得法律目的的实施主体切实担负起保障法律目的实现的职能。法律目的的民本实现需要民本的主体。民本主体是一个整体性概念，包括实现法律目的所依靠的主体和最终服务的主体，是实现主体与实施主体的统一。

第一，法律目的的实现需要依靠民本主体。社会主义法治文化的民本主体就是人民主体，人民是国家的主人，是历史的创造者和社会发展的最终推动者，也是实现民本的法律目的的主体，即人民是自己的法律目的的实现者。人民作为法律目的的实现者，应当具有法律目的实现的自觉意识，即追求法律目的实现的规范意识和行为意识，它集中体现了人民的理性精神和水平，是法律目的实现的主体能力。考察我国的法治发展现状，人民群众的法治意识整体上仍然比较薄弱，这既是由我国社会文明发展的阶段及其整体水平决定的，也有中国传统法律文化根深蒂固的影响，还有立法不完善、执法和司法腐败所导致的人民群众对法治信仰与信心的不足。以上这些我国法律目的实现的主体问题，恰恰需要从主体自身去改变和完善，而首先需要解决的，就是人的法治意识问题。

第二，法律目的实现最终服务的主体也是民本主体。民本主体或者人民主体，是法律目的实现的利益归属主体，即法律目的为了人民主体的利益而实现，它所蕴含的价值旨在最大限度地实现人民主体的利益需求，这符合我们党一贯坚持的民本思想，对建设以民为本的社会主义法治文化具有重要的时代意义。公权机关要清楚认知人民的社会主体地位，充分尊重和保障宪法和法律所赋予公民的各项权利，激活其参与国家治理和社会主义法治建设的积极性与创造性，从而以法治的方式平衡社会主要矛盾，不断满足人民日益增长的物质文化需要，回应人民对美好生活的向往与期待。

总之，只有依靠人民、服务人民，法律目的才是正当与合理的，法律目的所包含的法治理念和法治价值才能够实现,也才能够为建设民本的社会主义法治文化提供坚实的社会基础。

2. 法律目的实现的民本实践性

法律目的的实现最终靠实践,没有法律目的的实践都是空谈。法律目的源于民本、服务于民本,实现于民本的实践。民本实践作为一种法治实践,是在人民目的和人民主体的基础上的一种人民自身的法治实践,是一种社会生态系统的法治实践活动。法律目的的实践本质上是社会主义民本法治意识的行为表达,民本法治意识是指导法治实践,实现法律目的的思想基础。"社会主义法治意识作为一国公民的理性品质,构成社会主义法治国家的精神底蕴。它既是法律规范化的思想动力,又是制度建设的精神支柱;它不仅影响法律规范创制的质量,而且制约着法律规范转化为现实制度的全过程,从而决定制度建设的成败。"〔1〕法治意识作为民本社会的意识,其指导的法治实践,既是可以归为民本的主体实践,也是可以归为民本的法律目的实践,并最终是法律目的民本实现。

法律目的的民本实现是法治实践的最终目标,它所蕴含的法治理念和法治价值只有通过民本的法治实践才能够转化为现实的民本利益。民本的法治实践,作为民本主体自主自为的一种实践,追求以下法律目的实现:第一,正义,它是关于法治的价值目标的一种整体概括的表述,是法治实践的内在价值目标。〔2〕 第二,人权,人权是一种应然权利或者道德权利,其通过法定权利的制度形式转化为实然权利,即公民基本权利。第三,自由,法治实质上是对自由的承诺,法治意味着法律成为主体获得自由的手段。〔3〕 第四,平等,法治是尽可能使社会成员获得均等机会的一种制度。〔4〕 第五,秩序,法治要求制定内容合理、形式科学的社会秩序规范。将这五点法治价值放在法治实践的立法、执法以及司法、守法过程中,可以理解为法律目的最终实现与否的评判标准在于广大人民群众的意愿是否是立法的依据、执法的标准和尺度是否能为广大人民群众所接受、

〔1〕 柯卫、李文:《社会主义法治意识的内涵和功能探析》,载《求是》2011 年第 7 期。

〔2〕 "只有在正义的制约下,自由和平等才能和谐地达到它们各自的最大限度,也只有意识到这一点,才能匡正自由意志论和平均主义的谬误。"([美]马尔蒂莫·J. 阿德勒:《哲学的误区》,汪关盛译,上海人民出版社 1992 年版,第 165 页)

〔3〕 "法律是自由的真实保障,是对自由的确认,法律限制自由,实现自由与自由对立面的统一。"[[英]罗素:《西方哲学史》(上卷),何兆武、李约瑟译,商务印书馆 1963 年版,第 13 页]

〔4〕 尹力:《法治价值论》,载《河北法学》2004 年第 4 期。

司法的公平正义是否为广大人民群众所感知、广大人民群众是否树立起法治意识并自觉守法和维护法的尊严。法律目的实现最终以人民的接受程度、满意程度为根据,反映在具体的民本实践之中。

四、法律目的与民法精神

法律目的作为法治精神的制度表达,其民本的价值理念体现在整个法律体系之中,而民法精神作为法治精神的民本形态更是集中承载了法律目的的核心价值和根本诉求。民法精神不仅是直接适用于市民社会生活的秩序精神,而且构成了整个法律目的的本体价值与伦理。民法精神作为民本社会的法律精神,与以民为本的法律目的具有高度的一致性。建设民本模式的社会主义法治文化,实现从工具到目的的社会主义法治理念转型,根本上需要弘扬民法精神,以民法精神的价值诉求与秩序构造推动这一转型的实现。

(一)法律目的与民法精神的统一

法律目的,在民本的基础上,就是民法精神的目的。民法精神的目的,是民法精神所代表的市民社会的利益目的,即人或者人性的一般人身与财产利益需求及其实现的目的。以民为本的法律目的,具有必然的民法精神属性,也就必然表现民法精神和民法精神的目的并保持与民法精神的统一。如果法律目的不保有和坚持民法精神和民法精神目的,就不具有法律目的的价值,也就不应当成为法律目的和具有法律目的的本质。

1. 法律目的与民法精神的基础统一

法律目的与民法精神的统一,首先是由民法精神与法律目的的共同市民社会基础性的统一。法律目的和民法精神都是在市民社会目的基础上产生的有关法的现象和问题,不能脱离市民社会的条件并需要符合市民社会对它们的共同条件和要求。一方面,不论是什么法律目的,都必须立足于民法精神存在的市民社会的基础,都必然具有市民社会的民法或者民法精神的一般目的属性;另一方面,民法精神在市民社会关系的基础上,必然成为法律的一般目的或者成为法律的目的表达形式,构成法律目的的主要方面或者主要的法律目的。基于市民社会关系的共同基础,民法精神必然构成法律目的的内容并影响法律目的的形成,法律目的则需要符合民法精神的本质并具有民法精神的价值内涵。不论是法律目的还是民法精神,都旨在通过对市民社会关系的调整,构造一个民本化、规范化、自序化的社会生态秩序体系,确立个人的主体与权利地位,维护社会公平正义，最大限程地满足和实现人的利益需求，从而构成法律目的与民法精神的共同根据。

2. 法律目的与民法精神要求的统一

民法精神要求既是对市民社会的规范与秩序要求，也是对市民社会规范与秩序实现的目的与价值要求。它是在社会主义市场经济条件下形成的以人格尊重与利益均衡为基础的个体自由与自律的统一以及个人利益与社会公共利益协调的法治精神诉求。以民法精神表现的市民社会的规范与秩序精神，能够反映社会主体的理性水平，是建设法治文化的思想前提，也是实现法律目的的必要条件，因此，法律目的与民法精神必然具有共同的规范与秩序要求。这一要求，首先是法律目的的要求，即法律目的要求在“法律”要求的意义上，应当反映和体现民法精神的自然生态秩序的本质，不能有违反民法精神的自然生态秩序要求的法律目的，这样的法律目的背离人的客观利益需求及其实现的规定性，不是以民为本的法律目的。同时，民法精神的规范与秩序要求也需要反映为法律目的的一般要求，即成为整个法律体系的目的要求，以整个法律体系对民法精神的规范与秩序的反映和提出，实现民法精神对于法治文化发展的一般规范与秩序意义。

3. 法律目的与民法精神本位的统一

民法精神的本位，就是人本位或者民本位，也就是人民本位、权利本位和自由本位，这一民法精神本位构成法律目的的一般价值条件。法律目的是法治社会的价值追求，是法律的本位与定位问题，它同样离不开民法精神的本位条件。法律目的立足于一定的法律本位，以一定的法律本位为出发点，必须符合一定的法律本位。法律目的立足的法律本位，在根本上是人的本位，而代表这一本位的基础法律形式，就是民法和民法精神——法律目的以自己必然立足的法律本位而与民法精神的本位相统一。

法律目的的定位，不能脱离民法精神的本位，而民法精神本位之所以构成法律目的的本位，是因为民法精神是人民主体地位的社会精神，与人民主体地位的要求相统一；[1]民法精神是法治与德治一体的人文精神，与人类法治和道德的

---

〔1〕 法治实践需要人民群众参与，发挥首创精神，践行社会治理自主构序，“没有人民支持和参与，任何改革都不可能取得成功。无论遇到任何困难和挑战，只要有人民支持和参与，就没有克服不了的困难，就没有越不过的坎”。（习近平：《切实把思想统一到党的十八届三中全会精神上来》，载《求是》2014年第1期）

一般秩序条件相统一;[1]民法精神是中国特色的民族精神,与中华民族的文化传统相统一;民法精神是市场经济的法律精神,与市场经济的一般法律准则相统一。这样的民法精神本位,足以构成法律的一般本位。法律目的以民法精神为本位,体现了法律目的的民本特征。民法精神本位在于尊重人和人性,而法律目的的实践和实现也要以人和人性作为出发点和落脚点,体现民法精神的民本性。只有以人和人性为出发点,法律目的关于平等、自由、正义、权利等的价值追求才具有正当性和合理性,也才构成法治文化的民本价值。因此,法律目的不能脱离人本和民本,也就不能脱离民法精神本位,并需要保持与民法精神本位的统一。

4. 法律目的与民法精神内容的统一

民法精神的内容就是民法精神的秩序构造。民法精神的秩序是作为普遍主体的人或者人民在民法和民法精神的规范调整下自主形成的市民社会的人身与财产关系秩序及其社会生态秩序构造。民法精神的内容,一方面是市民社会关系的秩序形态,另一方面是市民社会关系的自主构序形态。这一民法精神的内容既构成民本模式的法治文化的生态条件,也必然是以民为本的法律目的的规定条件,法律目的必须保有这一民本与自主秩序的民法精神的内容并与之相统一。只有这一内容统一,才能保持法律目的与以民为本的法治文化建设的统一。作为社会主义法治文化民本条件的民法精神内容,是一个法治要素与民本精神结合的秩序体系,是社会主义法治文化的民本性秩序构成。民法精神的内容在塑造自治、规范、理性、自由与和谐的私人社会关系的秩序本质中,浓缩了社会主义法治文化的基本秩序形态,反映了民法精神内容与法律和法治目的相统一的精神实质,凸显了践行民法精神内容对于构建民本模式的社会主义法治文化和实现法律与法治目的的现实意义。

5. 法律目的与民法精神价值的统一

民法精神作为法治精神的核心,反映了社会治理主体自身具有的理性品质、秉承的治理理念以及追求的社会理想,其内在的价值追求与构建的价值体系与建设社会主义法治文化的法律目的相统一,是实现从工具到目的的社会主义法治理念转型的思想条件与价值基础。

---

〔1〕“民法精神中平等源于爱类意识的道德萌芽,诚信源于人性向善的道德自觉,公平源于社会正义的道德追求,人格源于以人为本的道德价值。”(王歌雅:《民法精神与道德的基础》,载《学术交流》2005年第7期)

民法精神的价值是多方面的,可以从不同的角度和不同的方面进行不同的概括。就与法律目的相统一的价值而言,主要在以下几个方面:第一,承认和尊重人格。民法精神是一种人格精神,其价值核心是承认人和尊重人。法律目的作为人的目的,同样是建立在承认人和尊重人的社会关系的基础之上,必然具有和体现民法精神的人格价值。第二,实现经济发展,满足人的利益。民法精神作为市民社会的法律精神,也就是市场经济的法治精神,它在调整市场经济关系的基础上,必然实现社会经济的发展,从而满足人的不断增长的物质利益需求。这一民法精神的价值同样是法律目的存在的要求。第三,推动政治文明与社会文明一体建设。民法精神条件下的人的权利意识觉醒有助于形成重视个体利益、追求个性自由、平等开放、自主自律、竞争参与、开拓创造的社会法治观念,并在社会利益主体多元化和权利内容复杂化的条件下能够有效地自主调整市民社会关系及其秩序形态并实现其生态发展,从而在形成自身秩序构造的基础上有条件完成与政治国家的良性互动,并使政治文明始终遵从和服务于市民社会的价值目的。[1] 第四,构建和谐社会,促进自主构序。民法精神蕴含和谐社会与自主构序的内在本质。“以民为本”的理念是和谐社会的基础,平等的原则为和谐社会的构建创造了良好的社会环境,公平正义是和谐社会的目标,效益最大化是和谐社会的内在动力,诚实信用则是和谐社会建立的伦理基础。这些民法精神所具有的构建和谐社会和促进社会自主构序的价值原则与法律的一般目的完全一致。第五,培育民本法治理念,建设民本法治文化。民法精神作为以民为本的社会精神,具有民本法治理念的基本价值,并对建设民本模式的法治文化具有直接的现实意义和作用。同样,任何一个国家的法律目的都不能脱离民本,从而必然在民本的基础上达成法律目的与民法精神价值的契合,从而有利于实现从工具到目的的社会主义法治理念转型。

(二)民法精神追求和践行法律目的

与法律目的的民法精神性相统一,民法精神同样是一种法律目的精神,它不仅代表和追求一定的法律目的,而且以自身所代表的市民社会的特定秩序品质与构造能力追求和践行法律目的。

---

〔1〕 参见马长山:《国家、市民社会与法治》,商务印书馆出版 2003 年版,第 217 页。“一个灵活的社会则通过冲突行为而获益,因为种种冲突行为通过规范的改进和创造,保证了它们在变化了的条件下延续下去。”([美]刘易斯·科塞:《社会冲突的功能》,孙立平译,华夏出版社 1989 年版,第 114 页)

1. 民法精神追求法律目的

民法精神作为一种自主与自由的精神，本身具有明确的目的性，它不仅代表一定的法律目的，而且追求法律目的的自主与自由实现。民法精神在市民社会关系中的法律目的表达，就是民法精神的法律目的体现和对法律目的的直接追求。民法精神所代表和追求的法律目的，是市民社会的人身与财产利益目的，是这一目的实现条件的意思自治与实现结果的公平公正。民法精神不仅为法律目的提供基础条件，而且接受法律目的的一般指引，并在法律目的引领下聚焦市民社会关系并追求市民社会关系的规范秩序，确立法律行为的自主行为准则，以此完成对市民社会关系的生态秩序构造，从而实现市民社会的法律目的。

2. 民法精神践行法律目的

民法精神不仅代表和追求法律目的，而且是践行法律目的的具体实践。[1]相较于法律目的从宏观层面构建了法治和法治文化的价值取向和发展目标，民法精神作为行为精神，在精神与行为秩序结合的基础上，则不仅是静态地表达法律目的，而且动态地践行法律目的。民法精神渊源于市民社会，是市民社会关系的条件要求和目的反映，作为市民社会的秩序形态，它在实现人的利益目的及其对自由的需求上发展出市民社会关系的行为规则与秩序体系，并以市民社会的秩序构造推动法律目的在市民社会关系中的实现。可以说，民法精神代表了公平正义的法律目的，并在市民社会关系的条件下追求公平正义的目的结果。[2]当面临市民社会成员之间发生利益冲突时，民法精神就为这一冲突的解决提供一种具体的价值原则，从而达成一种符合法律目的的利益选择与取舍，维护法律和法治秩序，从而实践民法精神的法律目的。

法律目的既是意识领域的价值目标，又是具体的社会实践过程。民法精神作为法律目的的具体形式，既是内在的秩序意志品质，又是外在的法治实践能

---

〔1〕 民法精神不仅是法律目的的具体化，而且是一种法律目的的法治实践。民法精神充分浓缩了法律目的的内涵并直接作用于私人社会，既为私人社会生活提供了最基本的精神指导，也作用于实现法律目的的民主法治与政治环境。因此，民法精神不仅追求法律目的，而且是追求法律目的的法治实践。民法精神作为市民社会关系的一般秩序条件，既是对法律目的及其所代表利益的现实选择，也是为了实现法律目的的社会生态秩序构造。

〔2〕 民法精神对于权利冲突的解决有助于权利正义的回归以及社会正义的实现。民法精神在维护法律正义目的实现的过程中始终坚持人的主体地位不动摇，以人性为基础，展现人道关怀，在充分肯定个体利益的基础之上坚持适度的社会公共利益优先，体现出法律目的人本主义精神。（参见戴剑波：《权利正义论：基于法哲学与法社会学立场的权利制度正义理论》，法律出版社 2007 年版，第 78 ~90 页）

力,能够真正以社会生态构造践行法律目的。民法精神的价值目的不仅能够在思想意识上培育人们法治观念,而且能够正确引导人们开展立法、执法、司法和守法等一系列法治实践,使之符合规范秩序的法律目的要求,构造社会动态的法治生态体系。同时,在民法精神的法治实践中,实践主体既展现了民法精神的秩序品质与目的要求,又丰富和发展了民法精神的内涵,并进一步促进和实现与法律目的的契合,实现民法精神的法治文化建设。

民法精神践行法律目的的根本目标是实现法律目的,而实现法律目的的前提是民法精神在价值上崇尚法律目的,在内容上代表法律目的,在作用上维护法律目的。要实现法律目的,离不开民法精神的生态普及与光大,因此必须弘扬民法精神,以民法精神塑造和践行法律目的,这是实现从工具到目的的社会主义法治理念转型的重要条件。中国共产党作为执政党在提升国家治理能力、完善国家治理体系的长期理论探索与实践总结中,一个重大的制度发现与落实,就是实行社会主义市场经济并以民法调整市民社会关系,从而不仅确立了正确的社会发展方向,而且形成了以民法精神为主体的法律目的实践。在这一实践过程中,既以民法精神的形式凝聚和优化了法律目的,又以民法精神的行为推动了法律目的的实现。以民法精神践行的法律目的实现,具有两个基本的特质:一是权力受到法律的有效制约;二是人的尊严、自由等得到法律的有效保护。这一法律目的实现,就是在我国传统社会文化的基础上实现以民为本的社会主义法治文化的生态转型与发展。

五、与时俱进和民法精神的法治理念转型

改革开放以来,在市场经济基础上市民社会生活的不断深入与发展为我国民法精神内涵的丰富和深化提供了不可或缺的民族实践资源,[1]同时,全球化的人类普遍联系又为我国民法精神的生成与转型提供了人类法治文化与法治理念发展的一般文明条件。在民族与世界的高度上,与时俱进的民法精神能够更好地诠释法律目的的价值追求与目标,从而突破我国传统文化中非法治因素的束缚与羁绊,实现从工具到目的的社会主义法治理念转型。

---

〔1〕“法治实践不仅创造法治,而且要创造与其相适应的主体及其理念。法治主体、法治实践和法治理念是法治系统中三个基本的、活的因素,它们之间的相互作用构成了法治系统的内在矛盾和发展动力。”(谢鹏程:《论社会主义法治理念》,载《中国社会科学》2007 年第 1 期)

（一）法治理念的与时俱进性

法治理念是民法精神的核心。基于我国传统文化的法治理念缺失，建设社会主义法治文化的民法精神转型，必须从工具到目的的法治理念转型开始。法治理念的转型，就是法治理念的与时俱进，只有在与时俱进的条件下，才既能够在扬弃的基础上实现法治理念的转型，又能够在创新的基础上实现法治理念的发展，从而保持社会主义法治理念的科学性与先进性。

1. 法治理念民族观的与时俱进

法治理念是一种民族观。它在根本上是一个民族传统，是一个民族的法律观与法治观，是一个民族的法治文化格局与视野。正如法律被视为一种“地方性知识”，[1]法治理念作为一定法律制度的抽象表达，是在民族文化发展的特定地方及其环境和条件因素下产生和存在的，既有地域性，也有民族性；既有民族的特殊性，也有民族的局限性。法治理念的民族观就是以民族文化认同为前提的法律秩序的地域认同，具有鲜明的民族文化观念与传统的本质。然而，法治理念的民族性并不是一成不变的，它既具有民族文化的传承性，是历史反思与选择的结果，又是随着时代进步、地域变迁、政治经济思想文化环境改变而与时俱进和不断发展的。这既是一个民族在自身社会治理中对法治理念发展的客观需要，也反映了一个民族的法治思维能力与理性水平的提高。

法治理念民族观的文化传承性使得法治理念的发展是基于对历史经验的批判性继承。中国古代的法治理念虽然也有重法的思想，但是其更多的是一种“以法治理”的法律工具主义思想，侧重形式法治而忽略法的实质正义价值。因此，随着社会主义市场经济的规范发展、政治民主的进步、文化事业的繁荣、和谐社会的构建等社会环境的变化和人的利益诉求的不断增加，摒弃法律工具论下的人治思维，崇尚法律目的价值的法治理念，就成为我国社会主义法治文化建设的必然选择。我国法治理念民族观的与时俱进，是在人类一般法治理念与法治文明基础上形成的具有中国特色的社会主义法治理念，凝结为党的领导、依法治国、执法为民、公平正义、服务大局这五个方面。

---

[1] “法律就是地方性知识，地方在此处不只是指空间、时间、阶级和各种问题，而且也指特色（accent），即把对所发生的事件的本地认识与对可能发生的事件的本地想象联系在一起。这种认识与想象的复合体以及隐含于对原则的形象化描述中的事件叙述，便是我所谓的法律认识。”（[美]克利福德·吉尔兹：《地方性知识：阐释人类学论文集》，王海龙译，中央编译出版社2000年版，第126页）

2. 法治理念世界观的与时俱进

法治理念也是一种世界观。它必须遵循人类法治理论的一般发展,承认人类法治理念的普遍价值,而不能自我封闭于人类共同的法治理念之外。然而,法治理念的世界观也不是一成不变的,它同样需要与时俱进,也只有与时俱进的法治理念,才可能具有世界观的价值,才能够作为法治理念的民族观的条件。因此,建设中国特色社会主义法治文化的法治理念所需要借鉴和吸收的世界观,必须是与时俱进的能够代表人类法治文化与文明一般发展的先进法治理念。

法治理念世界观的形成和发展是在民族观的基础上对域外法治理念的借鉴与交流。每个民族的法治理念都是在本民族长期法治实践基础上的理论总结,有其存在的民族根基与合理性和价值性。一方面,法治理念的民族观为法治理念的世界观的形成提供了丰富的法治经验资源;另一方面,法治理念的世界观也为法治理念的民族观的发展确立了普遍的思想原则。从法治理念民族观的形成到法治理念世界观的共同认知,是一个从自发到自觉的法治理性意识及其水平的不断提升过程,其间人类不同法治文化与文明的交流是不可缺少的条件。没有法治理念民族观的丰富基础,没有各个民族理性水平所能达到的高度,更没有人类普遍联系条件下的不同法治文化与文明的交流与融合,也就无所谓法治理念的世界观。〔1〕

法治理念的世界观,是一个民族应有的法治观。它不仅是世界的,更是民族的,是由民族形成和代表的。一个民族的法治理念,既立于民族基础,又站在世界前沿,是民族观与世界观的融合与统一。我国社会主义法治理念的世界观形成,经历了一个曲折的过程。〔2〕 在新中国成立后的一个相当长的历史时期内,由于以阶级斗争为纲并受苏联法律理论影响,我国传统法治思想和西方资本主义法治理念通通被看作革命的对象,法律工具主义进一步极端化为法律虚无主义,法治理念的世界观难以形成。在改革开放以后我国走向世界并与世界文明

〔1〕 法治理念民族观的形成以及法治理念世界观的确立是文化自觉的体现。“文化的自觉,是一种主体的需求,一种民众的觉醒,一种社会的呼唤,一种理性的行为。具体包括两方面:(1)对异域法律文化与本土法律文化的双重体认;(2)对法治文化培育的开放态度。”(龚廷泰:《理念、制度与法治实践——一个文化的分析视角》,载《北方法学》2013 年第 2 期)“文化自觉实质上就是人们对民族文化发展道路以及人类文化命运的探索和筹划。”(王文兵:《文化自觉与社会秩序变革》,中央文献出版社 2007 年版,第 3 页)

〔2〕 “精神文化因为深藏于文化系统的核心,规定着文化发展的方向,因而最为保守,较难交流和改变。”(庞朴:《稂莠集》,上海人民出版社出版 1988 年版,第 6 页)

接轨的过程中，国外一些先进的法治理念被引入中国并在民族的文化土壤与基因中开始形成具有中国特色社会主义法治理念，逐步在法治理念民族观的基础上确立了自己的法治理念世界观。同时，伴随我国对外开放及对内政治经济体制改革的不断深化，利益主体及诉求的多元化使得社会矛盾日益凸显，产生和形成了具有一定国际背景与因素的国内法律与法治问题。在这种情况下，我国社会主义法治建设更需要立足国情走国际化的发展道路，即需要继承和借鉴人类先进的法治理论与法治文明并建设具有中国特色社会主义法治文化，而这一法治文化建设的前提，是具有中国特色社会主义法治理念在人类法治理念一般发展基础上的形成，这就是中国特色的法治理念的世界观，是既具有中国民族特色又具有人类文明高度的民主法治、公平正义、维护人权、和谐稳定的社会主义法治理念，是法治理论民族观的走向世界，也是法治理念世界观的民族成熟与发展。[1]

法治理念世界观的树立与发展需要站在人类社会发展的高度上辩证审视当前世界现有法治文化，没有对所要借鉴的法律制度背后抽象的法治理念以及形成该法治理念的社会环境进行深刻的分析和理解，就不能因地制宜地将域外法治资源为我所用，更谈不上促进法治理念民族观的超越发展。[2] 法治理念世界观的与时俱进会促进法治理念民族观的形成和发展并具有世界观的先进性与价值性。尽管法律是“地方性”知识，但并不是说法律和法治理念的发展局限于“地方”，法律的地方性、民族性和多元性必然会产生不同法治理念间的比较、斗争、博弈、沟通、对话、合作，这有助于提升人们在法律智慧库中寻求应变未来世界发展和变化的能力。[3]

---

〔1〕 法律世界观的形成离不开法律移植。表面上看，法律移植是简单的制度的学习和借鉴，但本质上是对一个异己文化体系下的法治理念的再理解和再阐释，“是一个从一般性向个别性、文化性回归的过程”。（谢晖：《法人类学视角的法：静态与动态》，载《政法论丛》2014 年第 3 期）

〔2〕 “由于法治发展有其自身独特的规律性，它在绝对地依赖社会存在的同时，其自身又有着相对独立性，它遵循着法治的普遍规律而发展，体现人类法治文明的共同价值，反映人类追求公平正义的普遍诉求，因此世界法治发展在呈现出多元化和异质性的同时，各国法治在全球化趋势的发展中又呈现出相互渗透、相互移植和相互融合的趋同化态势。”（龚廷泰：《法治文化的认同：概念、意义、机理》，载《法治与社会发展》2014 年第 4 期）

〔3〕 积极应对各国法治理念的冲突能够使本民族整体的法治整合程度和适应外部环境的能力得到提升。（参见[美]刘易斯·科塞：《社会冲突的功能》，孙立平等译，华夏出版社 1989 年版，第 17、18 页）“法治的确立是个漫长的过程，而法治确立的成功与否取决于特定国家综合的政治文化环境，而非单纯地取决于法制的建构，法律出口国仅仅能够向进口国展示它是如何处理所面对的法律问题的。最终，仍是由进口国权衡具体的移植是否有益。”（[荷]简·M. 斯米茨、魏磊杰：《法律模式的进口与出口：荷兰的经验》，载《私法研究》2008 年第 1 期）

(二)从工具到目的的法治理念转型

法治理念的与时俱进,是为了法治理念的转型发展。中国的法治理念转型问题,从中国传统文化的落后基础到中国特色社会主义法治文化的与时俱进,根本是要解决法律从工具到目的的问题,也就是要实现从工具到目的的法治理念转型,保证法治理念与中国特色社会主义法治文化要求的统一。

1. 法治目的的民本理念转型

法治目的是法治和法治文化建设的根据,为法治建设确立价值和指明方向。有什么样的法治目的,就会有什么样的法治实践,也就有什么样的法治结果。法治的民本属性体现了法治的根本目的是最大限度地满足人的利益需求和对美好生活的向往,维护人的尊严,实现人的发展。因此,建设以民为本的社会主义法治文化,必须在中国传统文化的本位观上实现法治目的的民本理念转型,这一转型作为一种民法精神的理念转型,构成了建设社会主义法治文化的民本模式及其核心价值。

中国传统社会,特别是古代社会,人治一直占据社会治理的统治地位,法律作为人治的手段更多的是作为压制社会矛盾、惩罚违法犯罪以及阶级斗争的工具,广大人民只是法律义务的承担者而不具有主体资格和权利。伴随着改革开放四十多年的发展,十八大报告提出党领导人民建设富强、民主、文明、和谐的社会主义现代化国家,实现民族复兴,明确了社会主义的法治目的。有学者认为,与西方"自由型法治"不同,社会主义法治是"效能型法治",而法治效能实现的关键在于国家能力的培育和提升,包括"国家的改革能力和治理能力,即国家权力的权威性、国家权力对社会的渗透、国家权力对自身的控制"。[1] 然而,国家权威要想树立并发挥作用,需要广大人民群众的认可和尊重,所以同样需要确立民本的法治理念。国家权力来源于人民的赋予,权力的行使应当受人民监督,并服从和服务于以民为本的法治目的。因此,必须摒弃法律工具主义的落后法律观,不仅要关注法律的工具性价值,更要重视法律的目的价值,从而完成从工具到目的的社会主义法治理念转型。

---

〔1〕 郭忠:《自由型法治抑或效能型法治?——中国变法时代的法治选择》,载《浙江大学学报(人文社会科学版)》2017年第1期。该文认为,自由型法治与效能型法治是根据法治目的不同而划分的,前者强调法治对权力的制约,保障个体的自由,是西方国家的法治类型;后者强调法治有效达成既定目标的能力,是中国变法时代的法治类型。我们认为,这两种法治类型是以现阶段法治侧重实现的目的来划分的,这一划分的效能和自由不是对立的,自由是对民本法治理念的直接表达,而效能的最终目的也是实现民本利益和价值,两者在民本的理念上具有一致性,因此中国传统的法律文化因不具备民本理念而不能够归入以上两类。

2. 法治作用的民本理念转型

法治作用是指法治在动态实施过程中所产生的社会治理效果。这一治理效果的根本评价标准就在于法治是否以及在何种程度上实现了维护人民权益、实现人民利益的目的。[1] 建设以民为本的社会主义法治文化,就是要通过法治所具有的社会生态的规范和秩序作用实现符合公平正义的社会构造,达到民本的社会目的。法治要发挥和具有实现民本目的的作用,就必须坚持和具有正确的民本理念,这就必须摈弃传统的法律工具主义,完成法治作用的民本理念转型,即一种从工具到目的的法治理念转型。

在民本的法治理念基础上,法治必然以系统的功能作用促进民本目的的社会实现。这主要体现以下三个方面:

第一,通过民本的法治理念,推进"社会主义民主政治制度化、规范化、程序化"。[2] "以人为本"是社会主义民主政治的主体条件,其内涵是"人民",外延是"人人",即社会全体成员。无论是中国特色社会主义法治文化建设,还是全面推进依法治国,对政治社会的基本要求,就是以人民为中心,坚持人民主体地位,维护和谋求民本目的的实现。

第二,追求民本的法治理念,维护和保障以民本为目的的市场经济秩序。市场经济本身就是以"民"为主体的"民生"经济,其运行的规范与秩序基础是法治,所以在本质上是法治经济。市场经济在实现自身目的上对法治作用的最低要求主要在四个方面:"一、公法与私法的区分,二、财产权的平等保护,三、意思自治,四、市场经济的司法保障。"[3] 显然,这四个方面的要求,都是维护和实现民本目的所不可缺少的法治条件。市场经济赖以存在的私人社会是民本社会,其规范形成和秩序运行,离不开民本的法治理念作用。只有追求民本的

---

〔1〕 我们认为,法治作用和后文的法治价值都是从不同角度对法治的理解,两者侧重不同。法治作用关注的对象是社会,即法治对社会政治、经济、文化生活的积极意义,而法治价值则是以法治作为关注对象,更多的是强调法治自身所具备的伦理属性和伦理追求。

〔2〕 胡锦涛:《在中国共产党第十七次全国代表大会上的报告》,人民出版社 2007 年版,第 28、29 页。

〔3〕 谢海定:《中国法治经济建设的逻辑》,载《法学研究》2017 年第 6 期。"其中'公私法相区分的法律体系'一方面为市场运行提供行为可预见性的规范基础,另一方面维护市场的独立性;'财产权平等保护'是财产权秩序的核心,解决市场动力问题;'契约自由'涉及对市场主体在市场中意志自主地运用财产、追求财产增值的法律确认,自由契约是市场的本质性构成要素;'公正有效的司法系统'则主要是从财产争议处理的角度对市场信用的保障。"

法治理念,法治才能够在市场经济领域发挥禁止公法随意介入、崇尚自由平等、保障公民财产与人身权利、维护社会公平正义的作用,从而实现民本的法治目的。

第三,确立民本的法治理念,建立和促进以民为本的社会治理体系。法治是一种社会治理手段,而法治在社会治理中的一个根本作用,就是构建和谐社会的综合治理体系。和谐社会的本质不仅在和谐,而且在多元,是一个多元而和谐的社会。和谐社会的和谐目的,根本就是人民群众的利益和谐,也就是利益的规范与秩序,这就是民本的目的。在完善社会治理体系和构建和谐社会的过程中,复杂多样的利益需求需要运用法治手段的作用进行多方利益的协调和均衡,而不能把社会治理与和谐社会的秩序形成完全交给社会自身,这是实现社会治理和构建和谐社会的重要前提。[1] 因此,必须坚持民本的法治理念,强调“法治的利益平衡功能、维护和发展权利的保障功能、社会矛盾调节功能、稳定社会的基础功能”,[2]在确立民本法治理论的基础上,发挥法治在完善社会治理体系、构建和谐社会中的关键作用。

3. 法治价值的民本理念转型

法治价值是指法治的终极意义,是法的客体对于主体所表现出来的积极意义或有用性。法治的一般价值内涵包括权利、自由、道德、正义、秩序、理性等,这些均反映了文明时代个体社会生存的基本需求。从特定角度出发,法治价值也有侧重,比如从人性本身,在法治价值的诸多面向中,自由是法治的核心价值,它源于人性本身,是个人生存与发展的自然生态前提和最终目的。从促进社会治理的角度出发,“建构‘社会本位’法治的价值尺度是整个法治的核心”,[3]秩序、效益、规范等法治价值就处在较优先的位置。从促进市场经济发展的角度出发,则需要确立私法优位、社会利益优位以及权利优位的法治

---

〔1〕“利益是法治的逻辑起点,法治是利益均衡实现的最理性选择,利益均衡是秩序的前提条件,秩序是法治的最基本价值,和谐是法治的终极价值,是秩序的最高境界。”(王成礼:《利益、法治、秩序与和谐——关于构建和谐社会法治维度的价值理路》,载《法学杂志》2008 年第 6 期)

〔2〕李盛娟:《社会主义法治理念与构建和谐社会》,载《当代法学》2008 年第 S1 期。

〔3〕吴家清:《国家与社会:法治的价值选择》,载《法律科学》1999 年第 2 期。

价值体系。[1]

不论从哪个方面认识法治价值,其根本仍然在于民本,都旨在追求民本的法治目的。因此,必须有正确的法治价值定位,否则就很难有正确的法治目的与作用,这就应当根据建设以民为本的社会主义法治文化的需要,实现法治价值的民本理念转型。这一转型,一方面客观反映在社会主义法治文化建设中实现人民对美好生活向往的价值需求,另一方面也体现社会主义法治文化建设在实现法治目的上所需要的价值导向。法治价值的民本理念确立,就是正确的法治价值的确立,也就是确立了社会主义法治文化的合理性及其发展方向。

社会主义法治理念的民本价值转型,本质上要注重法治的公平正义价值。之所以强调公平、正义的法治价值,主要是为了契合当前我国社会发展与法治建设的需求。在政治经济改革进入攻坚区和深水区的情况下,原有的利益格局被打破,因此,新一轮的社会资源分配能否保证公平、正义(初次分配侧重公平,再次分配侧重正义)不仅会影响到经济生产的效率,而且还会影响到社会的稳定与发展。所以,在通过法治和法治文化建设实现的社会利益分配中,必须善于运用法治思维,找准价值定位,加强顶层设计,实现社会分配的公平、正义价值。随着社会公平、正义的法治价值实现,市场经济会更加充满活力、政治民主化程度会更高,和谐社会的人的自由需求也终将实现。[2]

4. 法治实践的民本理念转型

不论何种法治理念的民本转型,最终都应当落实到法治实践上。只有实现了法治实践的民本理念转型,才是真正实现了从工具到目的的社会主义法治理念转型,也才真正达到和实现了民法精神的社会主义法治理念转型的结果。法

---

〔1〕“为什么中国的效能型法治更强调的价值是公平正义而不是个体自由或权利呢?因为在变法时期,原有的利益格局被打破,新的利益格局正在形成,对公平正义有更强烈的社会需求。而由于权利、人权和自由有重视个人的倾向,如果过度发展,则一定程度上可能会消解社会整体发展力量和核心领导力量,或许这是权利和自由在效能型法治中居于次要地位的原因。”(郭忠:《自由型法治抑或效能型法治?——中国变法时代的法治选择》,载《浙江大学学报(人文社会科学版)》2017年第1期)“‘中国式道路’在很大程度上可以表述为:确立市场化的经济改革方向,但更关注竞争和分配的公正性,共同富裕、社会公正和公民美德则点出了社会主义传统的特色。”(季卫东:《论法律意识形态》,载《中国社会科学》2015年第11期)

〔2〕“一个进步的社会,它的法律不是要不要公平正义的问题,而是在何种程度上实现了公平正义,是否真正地符合公平正义?通过对公平正义的追求,最终促进人类的全面自由发展。”(卓泽渊:《法的价值论》,法律出版社2006年版,总序第8页)“未来社会将是一个更高级的、以每个人的全面而自由的发展为基本原则的社会形式。”[《马克思恩格斯全集》(第23卷),人民出版社1972年版,第649页]

治实践的民本理念转型,对不同的实践主体和实践行为有不同的要求。一方面,国家或者公权上的法治实践,不能把法律和法治实践仅仅作为实现统治需要的措施,相反,一切国家或者公权的法治实践都应当以民本为基础,立足民本的目的实现,把是否符合民本原则、增进民本利益和促进民本目的实现作为检验自己施政行为的唯一和最高标准。另一方面,在市民社会关系中,是对具体的法治行为及其设定的法律关系的要求,即法律行为及其设定的法律关系结果应当体现民本理念,能够均衡实现各方的利益,而不是仅仅把法律行为与法律关系作为谋求和实现单方或者片面利益的工具,特别是不能把法律行为作为欺诈和实现某种非法目的的手段,更不能用法律手段破坏社会秩序。

法治实践的民本理念转型,根本是对法律或者法治实践主体的法治理念要求,包括对执法、司法主体和法律行为主体的要求,是法律或者法治实践主体在具体的法治实践中所表现出来的从工具到目的的民本法治理念转型,是一种实现社会生态秩序构造的法治理念转型。这一转型,从民本的实践目的上,也是一个从法律文化到法治文化的深刻社会变革过程。[1]

为了解我国法治实践的民本理念及其法治生态,本项目组以"您认为以民为本的社会主义法治文化的根本要求是什么"为题进行了全国性问卷调查,数据统计结果显示,[2]在给定的五个备选答案中,受访者选择"以国家利益为本"的占31%、"以民族利益为本"的占20%、"以社会利益为本"的占24%、"以个人利益为本"的占11%、"尊重人的利益需求"的占14%。这一数据统计结果说明,大多数受访者缺乏或者没有对"以个人利益为本"和"尊重人的利益需求"作为民本的法治理念在法治文化实践中的意义和地位的理解和认识,相反,"国家本位""社会本位"的社会观念仍旧根深蒂固,因此社会主义法治文化建设的重点必须放在尊重人的主体地位、挖掘人的价值、实现人的利益需求上,真正树立民本的社会主义法治理念及其在法治实践中的价值本位。

(三)思想变革的法治理念转型需求

法治理念从工具到目的的转型,是我国法治思想变革与发展的客观需求。

---

[1] "法律文化与法治文化的含义是不一样的,法律文化在价值判断上是中性的,它强调的是历史和传统,而法治文化是带有价值判断的,它强调的是当下和变革。保持原有的法律文化相对容易,创造新的法治文化任务艰巨。从法律文化转向法治文化,是一条充满着荆棘的道路,因为法律易改,文化却根深蒂固。"(徐爱国:《从法律文化到法治文化》,载《人民法院报》2012年2月17日,第5版)

[2] 本题数据统计结果详见本书第三编(第八章)"以民为本的人性诉求"部分。

从传统的法律思想到现代法治理念的发展、从僵化的法律意识到当代科学的法治理论，这一社会主义法治文化的思想变革与发展结果，必然提出从工具到民本目的的法治理念转型需求。

1. 从传统法律思想到现代法治理念

我国传统法律思想的本质是人治思想。古代法的实质意义是刑，作为“治之具”，“为盛世所不能废，而亦盛世所不尚”。近世以来，西方法治思想传入，启迪了中国人的心智，民族生存危机下的救亡图存需要也使得中国的法律思想发生了巨大改变，但这一时期对于法治的理解仍带有时代局限性，主要是被动地接受西方的一些法治理念。[1] 自20世纪80年代起，我国的法治建设终于进入从“形变“到“质变”的发展阶段，其更多的是在分析、参考近现代法治思想基础上以本国国情为基础的自觉的法治理念的创造与生成。特别是党的“依法治国、执法为民、公平正义、服务大局、党的领导”法治理念的提出，为以民为本的现代法治理念转型奠定了坚实的政治基础。[2] 十八大以来，党的重大决定，特别是十九大报告中“以人民为中心”的思想确立，标志着我国社会主义法治理念的民本转型在党的政治认识上的一种成熟和实现。

传统法律思想并没有真正理解法律的民本性及其社会价值，而是把作为法的价值主体的人当作了法的统治对象，通过法律强制、镇压、惩罚等手段完成对人的控制与统治，人的一些正当利益与需求被认为是不合理的，更无法运用法律手段予以充分维护和实现。这种严重忽视人的主体地位的法律认识直接阻碍了

---

[1] “戊戌变法”希望通过学习近西方的法律制度改革社会，然而当时社会的现实条件并没有给法治的发展提供充分的发展空间。清末的“预备立宪”与司法独立等改革是国人学习西方，经统治阶层形成共识后试图建立西方法治的首次尝试，也是通过法制改革的实践对法律工具论进行反思与批判的肇始。但是这种批判与反思具有极大的局限性，主要症结在于清末法制改革既要给清廷内部立宪派以交代，又要固皇权之根本，更有甚者，意图以此平息日益高涨的革命风潮，法律本质上被认为是统治阶级的工具。“民国初年，以孙中山、伍廷芳为代表践行资产阶级法治观，加之民主共和观念渐入人心，是为民国时期对法律工具论最大的反拨。1926年国民党夺得政权之后，如果以孙中山的建国三时期为指导原则，应该可以逐步走上民主政治的道路。不料北伐成功之后，法西斯主义袭来，迷惑了黄埔系的军人。”地方议会的取消后，在南京国民政府威权主义下，无法形成法律之治，无法建立起完善的民主，法律只能依旧是一种工具。（张朋园：《中国民主政治的困境：1909～1949》，吉林出版集团有限责任公司2008年版，第219页）

[2] 2006年4月11日至13日，中央政法委在北京举办社会主义法治理念研讨班，时任中共中央政治局常委、中央政法委书记罗干出席并讲话，就社会主义法治理念的基本内涵作出说明。2006年10月11日十六届六中全会通过《中共中央关于构建社会主义和谐社会若干重大问题的决定》，正式提出“树立社会主义法治理念”。

法治和法治文化的生成与发展。从传统法律思想到现代法治理念的转型,是新中国成立以来社会主义制度所确立的政治原则,是国家及社会生存、发展的客观需要。显然,社会政治、经济和文化等各项条件会直接影响到法治和法治文化建设的结果与成败,而中国特色社会主义制度在实现政治、经济和文化转型与发展的基础上,也为社会主义法治理念的民本转型创造了必要条件。

从传统人治法律思想到现代民本法治理念转型的社会内在推动力,主要是市场经济发展的需求所带来的社会主体对利益、秩序与价值的自主选择。在市场经济的条件下,市民社会阶层不断扩大,产生了践行自主构序的私人社会空间,权利、自由、秩序、平等、民主等民本的法治理念必然在市民社会主体实现自身利益的市场经济行为中自发地形成。当然,民本法治理念的转型升级亦离不开一定的外源推动力,即改革开放过程中西方社会对中国从"器物"到"制度"再到"思想"的影响。建设中国特色社会主义法治文化,实现国家和社会的长治久安与稳定发展,不能再固守传统人治的社会治理方式,而是要树立现代的民本法治理念,从域外的法律思想和法治文化中汲取那些先进的能够为我所用的现代法治元素,从而在完成从工具到目的的法治理念转型的同时,创造和形成具有中国特色社会主义法治理念,全面推进以民为本的社会主义法治文化建设。

2. 从僵化法律意识到科学法治理论

法律意识是人们对于法和有关法律现象的观点、知识和心理态度的总称。不同的人、不同的群体对法律的认知程度不一,即使认知主体特定,在不同的社会发展阶段,法律意识水平也存在差异,有高低之分。低水平的法律意识是落后、僵化的法律意识,更多地表现出法律意识中的感性、被动性一面。

高水平的法律意识是一种自觉主动的法律意识,它更强调人的理性能力和主动精神,是一种科学的法治理论。科学的法治理论"作为反映法治的性质、宗旨、结构、功能和价值取向的一些达到理性具体的观念和信念,是立法、执法、司法、守法和法律监督的基本指导思想,是法治体系的精髓和灵魂"。[1] 科学法治理论的条件和要求是:"一了解法的客观内容和意义、二承认法的目的和意义、三追求法的创造性的法律意识。"[2]科学的法治理念通过强调人的精神尊严,培

[1] 谢鹏程:《论社会主义法治理念》,载《中国社会科学》2007年第1期。

[2] 于丽芬、戴艳军:《论国家治理现代化中的"规范法律意识"》,载《社会主义研究》2015年第6期。

养人的自律性法律意识以及相互承认精神，能够使人的自觉性、理性在法治文化的社会秩序构造中得到最大限度的发挥和实现。

与僵化的法律意识相比，科学的法治理论更加强调法治意识的动态发展。随着社会法治实践的不断深入，对僵化的法律意识的批判与反思是国家治理现代化以及规范秩序正常化的必然选择。历史唯物论关于社会主义法治建设的重要观点之一就是要不断地对现有法律制度和观念进行反思。通过反思和不断发现法治的民本价值与目的，对法律的尊重与认同更深刻地被理解和发展为对法治目的和价值的尊崇，这种经由法律意识发展起来的法治理念不再是对法律的被动接纳，而是从内心深处对于良法的信仰，是一种权利意识和自由自律的法治行为意识。法治和法治文化发展必须要完成从僵化的法律意识向科学的法治理论的转型，将人的法律认知水平提升到更高的法治和法治文化层次，进而增强对法治的科学认知，真正将法治和法治文化作为一种以民为本的社会生产和生活方式。[1]

六、民本模式的法治文化与法治理念转型

建设社会主义法治文化的民法精神转型，包括从工具到目的的社会主义法治理念转型，是建设以民为本的社会主义法治文化和实现法治文化民本模式构造的重要思想条件。社会主义法治文化的民本模式包括了制度、观念与实践等不同层面的内涵，其中法治文化的民本观念是制度与实践的思想基础与前提。[2] 在传统法治理念缺失的生态条件下，建设社会主义法治文化的民本模式，必须首先解决法治文化建设的法治理念转型问题。

（一）法治文化的民本理念要求与法治理念转型

建设社会主义法治文化的民本模式，必然具有特定的民本法治理念的思想

---

〔1〕 被动接纳法律主要表现为"知法犯法"和"被动守法"两种形态，其中"知法犯法"是对法的单项接纳，只承认法律中的权利而否认义务和责任，"被动守法"则是将"法律规则放在计算理性范畴内作为一种利害衡量的工具"，也可称作"法律机会主义"，被动守法看重的不是法的尊严而只是法的力量，这与"现代法治所倡导的法律权威性、法律效力普遍性、服从规则治理的一般性是相悖的"。（参见朱家明：《公民意识的道德培育和法律塑造》，载《江西社会科学》1999 年第 8 期）

〔2〕 "社会主义法治理念是社会主义法治文化的精神文明成果，是社会主义法治文化建设的思想、灵魂和理论先导。社会主义法治理念是社会主义法治文化的重要组成部分，是体现社会主义法治本质要求和价值取向的思想理论观念，是指导社会主义立法、执法、司法、守法、法律监督和宪法法律实施的方针原则。"（李林：《社会主义法治文化概念的几个问题》，载《北京联合大学学报（人文社会科学版）》2012 年第 2 期）

条件要求,这一要求必然被诉诸法治理念的生态转型并通过这一转型实现。

1. 法治理念的先进性与社会主义法治文化的本质

法治理念的先进性构成了社会主义法治文化的本质要求。法治理念先进与否直接决定了法治文化的建设与发展条件及其可能实现的建设水平与高度。先进的法治理念体现法治的目的价值,符合法治的本质要求,对建设法治文化具有直接的目标引领作用。先进的法治理念只能从与时俱进和适时转型中获得自己的时代内涵与科学价值,而那些僵化的、保守的、一成不变的法治理念不可能是先进的法治理念。"转型"就是求变、就是创新、就是发展,就是保持发展的活力与动力,就是时刻处于人类法治理念的前沿,就是占据人类法治理念的高峰。因此,不断转型发展是保持社会主义法治理念先进性的必要条件,也就是说,只有与时俱进与合理转型的先进法治理念,才能够体现和实现社会主义法治文化的本质,也才能够作为建设社会主义法治文化的指导思想与价值基础,从而引领正确的社会主义法治文化的发展方向。

法治理念的先进性是由其内涵表现和决定的。社会主义法治理念从宏观层面到微观层面可以进行不同的解析。从宏观角度,社会主义法治理念包括"依法治国、执法为民、公平正义、服务大局、党的领导"五个方面;从中观角度,"民主、人权、平等、自由、正义、公正等价值在内的人类优秀法律文化类型"是社会主义法治理念的重要内容;[1]从微观的法治操作和实施角度,"科学立法、严格执法、公正司法、全民守法、法律监督"等内容则构成了法治理念的应有之义。可见,从微观到宏观,中国特色社会主义法治理念的本质被逐渐凸显出来,而"党的领导、人民当家作主与依法治国"三者的有机统一既能够集中体现出社会主义法治理念的先进性,也能够全面反映社会主义法治文化的本质。[2]

"党的领导、人民当家作主与依法治国"的核心,在于党和国家确立了通过法治方式最大程度凝聚社会共识,促进社会进步,实现社会发展,不断满足人民日益增长的美好生活愿望的法治理念。所以,"以人为本,实现人的全面和科学

---

〔1〕 刘作翔:《法治文化的几个理论问题》,载《法学论坛》2012 年第 1 期。

〔2〕 宏观视角下的社会主义法治理念,其思想性、政治性、意识形态性、指导性很强,中国特色也十分明显,从中观到微观,其普适性、法律性、规范性、可操作性越来越强,其政治性、意识形态性越来越弱。宏观视角下的社会主义法治理念是根据中国法治建设的具体情况作出的理智定性,是在批判性地继承中国传统法律文化和借鉴吸收他国优秀法律理念基础上的科学定位。(参见李林:《社会主义法治文化概念的几个问题》,载《北京联合大学学报(人文社会科学版)》2012 年第 2 期)

发展,是建设和发展法治文化的出发点”,[1]也是法治文化的落脚点,是社会主义法治理念的先进性与法治文化的本质性的统一条件和要求。这一条件和要求的根本概括,就是民本的法治理念,这一法治理念是一种法律目的论的理念,这一理念代表了当代法治文化与法律目的的先进性,需要通过法治理念从工具到目的转型确立并构成社会主义法治文化的本质。

2. 法治理念的科学性与社会主义法治文化的条件

法治理念的科学性构成了社会主义法治文化的条件要求。法治理念的科学性是法治理念能够作为社会主义法治文化的条件并正向作用于社会主义法治文化建设。法治理念的科学性主要体现在两个方面:一方面是法治理念的内容本身是科学合理的,正确反映了人类的社会伦理秩序和价值标准;另一方面是法治理念作为一个有机的思想体系结构是全面合理的,能够代表和反映一个社会法治理念的总体水平和条件要求。

(1)民本法治理念内容的科学性。民本法治理念作为社会主义法治理念,其内容的科学性根本在其民本性,是一种民本理念的科学性。社会主义法治理念以马克思主义法学观和社会主义核心价值观特别是新时代中国特色社会主义思想为核心,总结了我国法治建设的历史经验,吸收借鉴了国外法治理念的思想精髓,科学回答了“什么是社会主义法治文化”和“如何建设社会主义法治文化”这一重大理论和实践问题,是人类法治文化与文明发展的优秀成果。社会主义法治理念的民本内涵及其科学性“既是时代发展的产物,也是时代精神的体现,是人的主观意识对客观存在的凝练”。[2] 民本的社会主义法治理念既符合中国特色社会主义法治和法治文化发展的民本模式要求,又符合人类法治思维与法治认知及其法治文明结晶的人文主义的一般性与普遍性条件,所以是一种科学的并能够作为建设社会主义法治文化民本模式条件的法治理念。

(2)民本法治理念结构的科学性。民本法治理念的结构是社会主义法治思想的体系化、规律化布局。“体系化”具体表现为围绕构建中国特色社会主义的法治文化这一目标,民本法治理念首先明确了社会主义法治文化的“民本”本质和特征,即法治文化的民本规定性,进而分析构建“以民为本”的法治文化的必

---

[1] 段凡:《中国特色社会主义法治文化研究》,载《科学社会主义》2014 年第 4 期。

[2] 虞崇胜、刘远亮:《社会主义核心价值观与法治理念生成规律的一致性》,载《云南行政学院学报》2017 年第 1 期。

要性以及重要性，最后提出构建民本法治文化的思想条件，突出民法精神对构建社会主义法治文化民本模式的意义和价值，通过“是什么、为什么、怎么办”这一逻辑顺序，社会主义的民本法治理念的体系化结构得以形成。“规律化”是指民本法治理念的思想条件符合社会主义法治发展的规律，能够在全社会最大限度达成民本模式的法治和法治文化建设的理性共识。民本法治理念作用于社会主义市场经济建设，塑造出具有守法、用法意识的法治认同主体，以维护和实现民本的利益需求为出发点和落脚点，为法治认同的形成创造物质利益条件，同时倡导规范秩序、建设民主政治、突出强调执政者和行政者应起带头作用，为法治认同的形成提供了良好的政治生态环境。〔1〕 在民本法治理念的引领下，能够最终形成个体自我认同、社会认同、“法律人”认同的完善的法治认同体系，凝聚科学的法治共识。〔2〕 民本模式的法治理念结构，具有社会主义法治理念的科学性，有助于社会主义法治理念的不断丰富和发展，并构成了建设社会主义法治文化民本模式的观念前提和思想基础。

法治理念的民本性是社会主义法治文化的价值要求。法治理念是伴随着政治民主和市场经济的发展而产生的，是民本社会的法治文明形态。不论是法治理念的先进性，还是法治理念的科学性，都不能脱离法治理念的民本性。民本性决定了法治理念的目标定位、价值取向与生态基础。民本法治理念是“中国特色社会主义法治道路所凸显出来的最本质的法理理念，也是中国特色社会主义法治理论的核心原则、核心理念和核心价值”，〔3〕根本是以人民为中心和坚持人

---

〔1〕 “政府守法程序从一定意义上关系着法律至上观念的成败，因为完全缺乏对法律的经验，人们尚可以相信法律的价值及其作用，保留对法律的企盼，若是一种恶劣的‘政府都不守法’的法律经验，将会从根本上摧毁关于法律的信念，甚至使人们丧失对法律的信心，更不必说法律至上观念。”（夏锦文、蔡道通：《论中国法治化的观念基础》，载《中国法学》1997 年第 5 期）

〔2〕 “法治认同，是指公众对制定得良好的法律的普遍认可和接受，是指公众通过实践经验和理性对法律进行评判，因法律顺应公众的价值期待、满足公众的需要，公众从而认可法律、尊重和信任法律、愿意服从法律的过程。”（李春明、王金祥：《以“法治认同”替代“法律信仰”——兼对“法律不能信仰”论题的补充性研究》，载《山东大学学报（哲学社会科学版）》2008 年第 6 期）个体认同是个体对自身权利的维护、对他人权利的尊重，自觉学法、守法、用法。社会认同是社会全体成员将法治视为共同理想、共同理念和普遍价值观。法律人认同是强调法治理念的社会化需要专业法治宣传和普及。在党和国家宏观引导立法、执法、司法的基础上，加强个体认同、社会认同、法律人认同三方面的相互配合，使得法治理念真正成为一种社会普遍认同的法治精神。（参见龚廷泰：《建设社会主义法治文化论纲》，载《金陵法律评论》2015 年第 1 期）

〔3〕 李娟：《习近平领导中国特色社会主义法治建设的成就、规律及实践意义》，载《探索》2018 年第 1 期。

民主体地位。民本的法治理念作为市民社会的价值原则,就是以民为本的民法精神,可以说,法治理念的民本性集中地体现在民法精神的价值内涵与基本诉求之中——民法精神是表达民本法治理念的基本范畴,全面体现了法治和法治文化的目的价值,是对民本法治理念的最为充分和全面的揭示。

社会主义法治文化的价值要求,重在以一定的社会秩序条件维护人们的生活目的实现,这就是与社会主义法治理念相契合的民本性。实现法治文化价值的民本性塑造与转型,必须大力弘扬民法精神,使民法精神成为法治理念的基础价值与内涵。“本质上是强调以‘人’为中心,尊重人、体贴人、让法治成为融入公民生活、促进和服务于公民成长与发展的生活方式。”[1]

(二)法治文化的民本理念建设与法治理念转型

社会主义法治文化的本质、条件与价值要求,只是提供了建设社会主义法治文化的基础和根据,社会主义法治文化最终要通过建设来完成。因此,从工具到目的的社会主义法治理念转型,根本要体现在社会主义法治文化建设的实践之中,成为一种对社会构造和社会秩序形成具有直接和现实影响的法治理念选择。

1. 法治理念转型与社会主义法治文化建设的目标定位

社会主义法治文化建设的目标是全面推进依法治国,建设中国特色社会主义法治体系和社会主义法治国家,而从工具到目的的法治理念转型确保了法治文化建设的目标明确,定位清晰。“法治文化不只是一种形式、一套法律规定和条文,更是一种精神,一种民主的和科学的理性精神,一种文明的精神。”[2]法治文化建设的关键在于有明确的目的定位,而这一定位首先根据于正确的法治理念,这就需要在法治文化建设的具体实践中完成从工具到目的的民本法治理念的转型,使民本的法治目的与定位成为社会主义法治文化建设的实践原则与行为基准,是不可违背的法治规范与条件。因此,从工具到目的的法治理念转型对于建设社会主义法治文化的目的定位具有直接的实践意义和影响。这一转型的目的定位,就是要求法治文化建设始终围绕以民为本展开自己的社会构造,从而切实维护人民的利益和实现人民的利益发展。

对于法治文化建设来说,有多种路径选择,目前在西方法治文化较为有代表

---

〔1〕 周叶中、蔡武进:《我国社会主义法治建设的路向展望——1982 年宪法实施 30 周年的思考》,载《法学评论》2012 年第 6 期。

〔2〕 李德顺:《法治文化论纲》,载《中国政法大学学报》2007 年第 1 期。

性的是“渐进式”构建和“建构式”构建两种模式。[1] 对于社会主义法治文化建设来说，路径选择的关键取决于法治文化建设的目的定位，而法治文化建设的目的定位又取决于所秉持的法治理念，不同的法治理念会产生不同的法治实践与法治文化。不论是西方法治文化的“渐进式”构建或“建构式”构建对于中国的法治文化建设来说都存在不适应的社会问题。[2] 所以，中国社会的民本模式的法治文化建设必须找到一条适合自己并具有中国特色的目的定位与实践路径，而这一目的定位与路径选择的关键，在于实现以民为本的民法精神转型，即从工具到目的的民本法治理念转型。[3] 民本法治理念的中国特色社会主义法治文化的建构模式应当是对于渐进式和建构式的综合与平衡，既能够发挥最广大人民群众的自觉自主的创造精神，又能够在根本上保证以民为本的法治文化建设的正确方向。

社会主义法治文化建设的民本法治理念的目的定位，必须立足于市民社会与市场经济的基础，不断完善市民社会的市场经济秩序的内部与外部秩序整合，把民本的法治理念转化为市场经济条件下的市民社会内部秩序与外部条件的统一要求，从而使民本的法治理念在民法精神的形态下成为政治社会与市民社会

---

[1] “渐进式”法治文化建设是自下而上自发式的理性构建，“法治和整个社会进程一样，在相当程度上是一个自发演进的过程”，而“建构式”的法治文化建设是政府主导推行自上而下的文化建构模式。(叶传星:《论法治的人性基础》，载《天津社会科学》1997 年第 2 期)

[2] 这两种模式如果直接搬来用于中国的法治文化建设均不妥当，前者由于中国传统文化中缺乏自然法精神而很难完成对全体社会成员的约束，后者则有可能存在权力主导、权力膨胀等问题。“人在其发展过程中积累起跟自身生活相关的知识或经验，进而使得在共同环境和生产方式下的群体生活形成约定俗成的行为方式与价值观念。在这个意义上，文化是一个经验积累的进程，权力当然会在这一进程之中贡献它的力量，并意图注入它的意志。但问题的关键在于，权力只能成为文化生成进程中的一个影响因子，它无力按照它的意图和模板来塑造文化，也决定不了文化的最后样态。”(杨建:《作为政治概念的法治文化:内在张力与规范诉求》，载《法制与社会发展》2018 年第 1 期)

[3] 法治文化建设应采用政府推进和社会演进相互作用之模式。一方面，要重视社会自身机制的作用，培育社会对法治文化的需求与支撑力，其中最重要的是使市场经济茁壮成长，培育出力量足够强大的市场主体，为法治文化建设奠定物质基础，这是根本。另一方面，也应重视现代政府的作用，政府的力量暂时强大，这是无法抹杀的事实。民本法治理念尤其是民法精神对市场经济活动的顺利开展提供规范秩序指引，同时也有效监督权力的行使方式和界限，保证了市场经济的自主运行空间。(参见侯继虎:《我国法治模式的选择及其实现——以法治的市场建构为路径》，载《河南社会科学》2013 年第 12 期)

在建设以民为本的社会主义法治文化中的统一目的定位。[1]

2. 法治理念转型与社会主义法治文化建设的思想成熟

从工具到目的的社会主义法治理念转型是一种法治文化的自觉创新，反映法治文化建设主体在意识形态上对法治文化的本质认识，是社会主义法治文化建设思想走向成熟的标志。社会主义法治文化建设需要成熟的法治理念，而成熟的法治理念应当是在传统法律文化的基础上实现了转型发展并获取了适合法治文化建设所需要的正确思想内涵的法治理念。建设社会主义法治文化的思想是否成熟，根本取决于法治理念是否能够在适时转型的基础上不断实现内涵与价值的更新和与时俱进。基于中国传统的法律工具主义及其所具有的保守性、消极性和落后性，没有法治理念的民本转型，就没有正确法治思想，也就没有建设社会主义法治文化的正确思想指导，因此就更不会有正确的法治和法治文化建设。从工具到目的的法治理念转型是社会规范与秩序建构方式发生重大变化的思想基础，反映出法律由一个用于证明规则、命令或官职正统性的装置向一个自身的存在就具有合理性和价值性的目的本身转变；同时也反映出法律寻求社会认同的方式从依附于政治权威向倡导依法独立行使司法职权、追求形式正义，并在形式正义的基础上不断就社会利益冲突问题应当给予公正的司法回应的实质正义的转变。[2] 社会治理从依靠人治到树立法律权威的法治建构，这本身就是一个民本法治理念的转型实现，标志着法治和法治文化建设思想的成熟。在这一转型实现中，法律目的所蕴含的民本价值得到了社会主体——人民的普遍

---

〔1〕 市场经济的内部整合主要指通过订立契约等手段明确市场经济中民事法律关系所涉及的权利义务关系、生产资料的权属以及交换方式等内容。市场经济的外部整合主要指契约化的民事纠纷处理方式以及规定权力能够介入市场经济的条件和程度，通过外部整合为市民社会提供良好的自治空间。不论内部整合抑或是外部整合，其整合的前提是按照民法精神的基本要求，秉持的理念是民本法治理念。"法治进程既是演进的，也是推进的，既有权利的伸张，也需要权力的运作，既是经验的，也是建构的，因此在某种程度上可以说是二者的有机结合……应通过培育中国的市民社会，合理界定国家活动的范围，并建立二者的良性互动，权利与权利的制约及功能耦合关系，从而形成国家与市民社会的合力推动。"（马长山：《国家、市民与法治》，商务印书馆 2003 年版，第 15 页）

〔2〕 这种转变可以参考 P. 诺内特、P. 塞尔兹尼克对法律与社会转变问题的观点，法律从"压制型法"向"自治型法"再向"回应型法"的转变就是法治理念的一次更新，从将法律视作压制社会的工具到强调法律至上的形式正义再到"探寻法治与经济、政治、文化、社会等复杂而广泛的现实因素之间的互动与关联，立足于法治对于解决社会实际问题的作用，注重法治的社会功能，强调法治对社会需求的确切而有效的回应，旨在通过法治追求更大远、更艰难的社会进步"，这个转变过程就是在法治实践深化基础上的法治观念的成熟与理性，它更加趋向于一种"以人为本"的法治文明。（顾培东：《当代中国法治话语体系的构建》，载《法学研究》2012 年第 3 期）

认同与尊重，从而也有效提升了法治理念的思想普及其对建设社会主义法治文化的促进意义。

社会主义法治文化建设的思想成熟在于我们不仅是了解世界范围内的多元化治理模式，或者简单复制、承袭传统的法律文化，而是能够在此基础上结合自身的社会发展情况创造性地选择适合自己的建设路径，形成具有中国特色法治文化与法治理念。只有这样，才真正意味着社会主义法治思想的成熟，才能够坚定地走中国特色社会主义法治文化的建设与发展道路，从而在以民为本的社会主义法治文化建设中实现人的全面发展。社会主义法治理念的转型与法治文化建设思想的成熟，从根本上解决了法治文化建设的社会思想基础及其目标与目的的定位问题，没有这一思想基础和条件，社会主义法治文化建设就无法从一个正确的思想源头开启，就必然犯各种错误、走各种弯路和遭受各种挫折，也就不可能全面实现以民为本的建设与发展目标。

第二十二章

从制度到精神的法治生成转型

一、法律制度

法治文化有两个方面的内涵,一是制度文化,二是精神文化。任何一种法治文化都建立于一定的法律制度基础之上,离开了法律制度或者制度文化,也就没有法律或者法治文化。但是,法治文化从生态发展上最终要转变为精神文化,即把法治内化为人们的精神,成为一种社会精神存在。建设民本模式的社会主义法治文化,就是要实现法治文化的生态化发展,所以必须实现社会主义法治文化从制度到精神的法治生成转型。以民为本的中国特色社会主义法治文化不仅要生成于制度,更要根植于精神。

(一)法律制度的形式性

法律制度通常是以文字、条文的形式表现的一种形式规则,是一种上升为法律规范的制度体系。法律制度为人们处理相互关系提供了确定的行为条件,是法治和法治文化生成的规范基础。因此,法律或者法律制度是法治的根据,法治和法治文化首先通过法律的制度体系及其框架设计形成。

1.法律制度的形式条件

法律制度及其法律体系作为一种形式规范,是法治和法治文化的形式条件。任何一种法治和法治文化的生成,都离不开一定的法律制度这一形式条件作为自己的根据和基石,从而为自己的法治和法治文化建设提供规范性和确定性。

法律制度以其对人类利益需求及其实现的客观规律与规定性的揭示而具有代表人类社会公平正义的价值,因此能够作为人们的普遍行为根据并依靠国家强制力保障实施而具有现实的约束力。

新中国成立以来,我国一直重视法律制度建设。1954 年,通过了新中国第一部宪法。改革开放以来,特别是实行社会主义市场经济之后,根据社会经济发展的需要,我国制定了大量法律法规,具有中国特色社会主义法律体系已经初步形成。为了保证科学立法、民主立法,我国于 2000 年制定了《立法法》,2009 年全国人大常委会法制工作委员会制定了《立法技术规范》(试行)。根据现行《立法法》第 4 条规定,立法应当依照法定的权限和程序,从国家整体利益出发,维护社会主义法制的统一和尊严;第 5 条规定,立法应当体现人民的意志,发扬社会主义民主,坚持立法公开,保障人民通过多种途径参与立法活动。《立法法》与《立法技术规范》确立了立法的原则、程序与技术性规范,保障了立法的民主性、规范性与程序性。立法的民主化与科学化已经成为我国立法的基本要求,从而为建设社会主义法治文化提供了一个稳定、可靠、合理并具有可预见性和可操作性的形式规范体系。

十八大报告指出:“完善中国特色社会主义法律体系,加强重点领域立法,拓展人民有序参与立法途径。”十八届四中全会《决定》强调:“法律是治国之重器,良法是善治之前提。建设中国特色社会主义法治体系,必须坚持立法先行,发挥立法的引领和推动作用,抓住提高立法质量这个关键。要恪守以民为本、立法为民理念,贯彻社会主义核心价值观,使每一项立法都符合宪法精神、反映人民意志、得到人民拥护。要把公正、公平、公开原则贯穿立法全过程,完善立法体制机制,坚持立改废释并举,增强法律法规的及时性、系统性、针对性、有效性。”现代法治和法治文化的一个重要发展和进步,就是一切法律行为和社会秩序都建立在法律规定的基础之上,从而任法而不任人,以法律为准绳进行权利义务分配和实现社会公平正义。法治和法治文化的前提是依法而治,也就是以法律制度作为社会治理的根据,没有法或者法律制度这一形式条件,就没有法治和法治文化建设的基础。

2. 法律制度的形式功能

目前,学界在法律功能上关注较少,且未形成统一认识。有学者将法律功能的理论进行概括,认为主要有四种学说:“第一种观点为‘导向、趋向说’,认为法律功能是法律作用的导向、趋向”;“第二种观点为‘关系说’,认为法律功能是法律通过自己的活动,从而体现自己在社会中地位关系";"第三种观点为'法律功能与法律作用等同说',认为法律功能就是法律作用";"第四种观点为'法律功能与法律作用有区别说',认为法律功能与法律作用存在一定区别,但并不主张对两者刻意地区分。"[1]在理解法律功能问题上,离不开结合法律作用进行分析。在主张法律功能与法律作用相区别的观点中,对法律功能的认识也不相同。有学者认为,"法的功能是法所固有的内在属性,而法的作用是被赋予和设定的;法的功能是法所固有的稳定属性,而法的作用则需常有变动;法的功能是法所固有的应然属性,而法的作用则具有现实的指向。"[2]此种观点强调法的功能的固有性、内在性、稳定性以及应然性,认为法的功能更多地与法的特征相关联,而法的作用更多地与法的本质相关联。但是,该观点强调:"法的功能主要是描述性的,因而需要人们去发现,法律人需要把握法的功能的天然禀性,尊重法的规律来发现和表述法的功能。"[3]如此,法律功能在人的发现和描述中必然带有不确定性。有学者直接对法律功能进行定义:"法律功能是指法律作为一种社会关系的调整器所具有的能够对社会宏观系统发挥作用的能力。法律的功能不仅直接决定于法律的工具性特征,还取决于法律体系自身的一种系统结构。"[4]这一观点主要从系统论的角度解释法的功能,认为法的功能介于法的价值与法的作用之间。学者着重于法的价值与法的功能的区别角度,认为两者在含义、语义指向、主体、内容与对法制建设的意义上存在区别。[5]不过,该观点的重点是阐释法的价值,而未深入阐释法的功能,从对法的功能的简单描述上看,基本上将法的功能等同于法的作用。

上述各种观点虽然对法律功能有较为深入的分析,但均未指明或者明确法律的具体功能,不具有操作性。有学者从社会学角度在提出法律功能概念的基础上,对法律功能进行了分类,认为:"法律功能是指法律作为体系或部分,在一定的立法目的指引下,基于其内在结构属性而与社会单位所发生的,能够通过自己的活动(运行)造成一定客观后果,并有利于实现法律价值,从而体现自身在

[1] 郭剑平:《论法律功能的概念与类型》,载《韶关学院学报》2008年第8期。
[2] 周旺生:《法的功能和法的作用辨异》,载《政法论坛》2006年第5期。
[3] 周旺生:《法的功能和法的作用辨异》,载《政法论坛》2006年第5期。
[4] 郭剑平:《论法律功能的概念与类型》,载《韶关学院学报》2008年第8期。
[5] 陈宜:《法的价值与功能辨》,载《西南民族学院学报》2001年第4期。

社会中的实际特殊地位的关系。”[1]在法律功能的分类上，该观点认为有显性功能与隐性功能之分，也有正功能、负功能和非功能之分。拉兹将法律的功能划分为社会功能与规范功能。“社会功能可分为直接功能与间接功能，而直接功能又被划分为主要功能与次要功能。主要功能有四种：防止不利行为与保障有利行为、为个人间的私人安排提供便利、提供服务和福利分配以及解决无规定的争议。”[2]相对于法律功能来说，法的作用在我国法理学界的认识则相对统一，即法的规范作用与法的社会作用，也可视为法的规范功能与法的社会功能。法的规范功能是对人的行为的作用，具体而言是指法具有的指引、评价、预测、教育、强制功能；法的社会功能是法作为社会关系的调节器对社会所产生的影响，以法的规范功能为前提。因而，法的规范功能可以界定为法律制度的形式功能，法的社会功能是法律制度的实质功能。

不论从何种角度认识法律的功能，法律的功能都是体现在法律这一形式条件的基础之上的，是一种形式功能，这种形式功能只有通过人的行为才能够转化为实践的或者社会秩序构造的功能，而此时的法律功能就不仅仅是法律的功能，而是法律与人的结合，是人依法行事的行为功能。

3. 法律制度的形式秩序

所谓法律制度的形式秩序，就是通过法律的形式规范本身所设计和表现的静态秩序，是法律调整社会关系并为其拟定的规范秩序。法律或者法律制度作为形式规范，它所确立的秩序首先是法律上的形式秩序，即通过法律规范的权利义务配置关系所表现出来的秩序形态。法律制度的形式秩序是立法者根据自己的意志所制定的一种理想秩序，并希望以这一理想的秩序设计为根据而在规范和调整人们行为的基础上转化为一种现实的社会秩序。然而，法律作为一种制度的或者形式的秩序条件，其本身并不具有直接转化为社会秩序的功能或可能，法律制度的形式秩序只有通过具体的行为主体在一定意志的支配下转化为人的行为秩序才具有自身的现实性。

因此，法律制度的形式秩序不同于法律秩序。法律秩序既可以指法律制度上的形式秩序，也可以指依据法律形式所形成的当事人之间的社会秩序，即法律

---

[1] 付子堂：《社会学视野中的法律功能问题》，载《郑州大学学报》1999 年第 5 期。

[2] [英]约瑟夫·拉兹：《法律的权威》，朱峰译，法律出版社 2005 年版，第 143 ~156 页。（转引自罗文波：《预期的稳定化——卢曼的法律功能思想探析》，载《环球法律评论》2007 年第 4 期）

在调整人们的社会关系中所形成的行为秩序。在理解“法律秩序”一词上有多种观点。《牛津法律大辞典》对法律秩序的描述是：“从法律立场进行观察、从其法律职能予以考虑的，存在于某一特定社会的人、组织、关系、原则和规则的总体。法律秩序与社会、政治、经济、宗教和其他秩序相并存，它是一个被视作为依法组织的社会。……法律秩序这一术语被一些法学家在不同意义上加以使用，或作为组织的同义词，或作为法律制度的同义词，甚至还作为法律的同义词。”〔1〕这是将法律秩序与法律规则相联系的典型观点。法律社会学家韦伯认为：“法律秩序在法律社会学意义上的解释不能被理解为一套逻辑上正确的法规，而是一种经验证实了的决定人的行为的复杂体系。”〔2〕社会法学派代表人物庞德从社会控制的角度阐释法律秩序。“社会控制是需有权力的——它需要用其他人的压力来影响人们行为的那种权力。作为社会控制的一种高度专门形成的法律秩序，是建筑在政治组织社会的权力或强力之上的。但是法律绝不是权力，它只是把权力的行使加以组织和系统化，并使权力有效地维护和促进文明的一种东西。”〔3〕国内学界多从社会秩序、社会生活方式角度来看待法律秩序，认为法律秩序首先来自法律的调整，法律秩序的形成是法律调整的结果。“由法律调整社会关系而建立的有条不紊的社会秩序。它必须以实行法制为前提，离开了法律，没有严格依法办事的制度，就不可能有法律秩序。破坏法律秩序的行为就是违法行为。对维护统治阶级的统治极为重要。”〔4〕有学者认为：“法律秩序，就是法律在调整社会关系时在人们间产生的动态化、条理化、规范化、模式化和权威化的社会生活方式。”〔5〕有学者具体描述了法律秩序所表现出的特点：“法律秩序是由法所确立和维护的，以一定社会主体的权利和义务为基本内容的，表现出确定性、一致性、连续性的，具有特殊强制力的一种社会状态。法律秩序为社会主体提供安全保障，为社会关系提供依循的界限和规则，使社会可以据以稳定、繁盛和持续发展。”〔6〕也有学者在对中外关于法律秩序概念的理论进行

---

〔1〕《牛津法律大辞典》，李双元等译，法律出版社2003年版，第680页。

〔2〕［德］韦伯：《经济与社会》（下册），林荣远译，商务印书馆1998年版，第95页。

〔3〕［美］罗·庞德：《通过法律的社会控制——法律的任务》，沈宗灵、董世忠译，商务印书馆1984年版，第26页。

〔4〕《中国百科大辞典》，华夏出版社1990年版，第193页。

〔5〕谢晖：《论法律秩序》，载《山东大学学报》2001年第4期。

〔6〕周旺生：《论法律的秩序价值》，载《法学家》2003年第5期。

归纳与分析后，着重探讨了法律秩序概念的基本理念与外在特征，认为："法律调整、形式合理和进化理性三大理念，实际上与秩序的规范性、预见性和自发性一脉相承，是秩序的内在规定性在法律领域内的延伸。法律调整揭示了法律秩序的前提条件，即应以实在法作为现实基础；形式合理描述了法律秩序的结构要素，即须具有可预见性；进化理性展示的是法律秩序的现实状态，即不断进化的动态过程。"[1]并进一步认为："法律秩序并非一个整体和统一的存在，而是多元的、局部的、展现多种方式的存在；同样，法律秩序概念也必然具有多元化的外在特征。"[2]

总之，法律秩序是以法律制度为基础的社会秩序，一般具有法律制度的形式秩序与法律行为的现实秩序两个方面的理解和内涵。其中，法律秩序的规范化、行为化、自由化、价值化与生态化的文化与文明发展，就是法治秩序。虽然法律秩序因自身基于法律的性质与功能而与道德秩序相区别，但是从它的产生根据和实现方式上又与道德秩序具有不可分割的体系与生态联系。与法律秩序的范畴直接相关的法律制度的形式秩序，是最狭义的法律秩序。

法律秩序不同于法治秩序，尤其是法律制度的形式秩序更是有不同于法治秩序的条件和内涵。"毋庸置疑，法律秩序与法治秩序之间存在着一定的关联，如果说法律秩序是通过法律的运作而得以实现的一种社会秩序，那么法治秩序则是充分表征了法治的实现过程和价值评价的社会秩序。从发生学的意义上而言，法律秩序的存在必定先于法治秩序的存在，若将法律秩序视为初级阶段，则法治秩序可以作为法律秩序的高级形态。"[3]建设中国特色社会主义法治文化的重要目的之一就是要在法律制度的形式秩序的基础上走向民法精神与民本模式的法治秩序。

（二）法律制度与法律体系

"中国特色社会主义法治体系是中国特色社会主义制度的法律表现形式。"[4]法律体系是一个国家的不同法律制度所组成的统一整体。一个国家的法律制度划分为不同的法律部门并由不同的法律部门组成一个具有内在联系的统一法律体系。社会主义法治文化是在一定的法律体系的基础上形成的，由于

---

〔1〕 杨力：《法律秩序的概念分析》，载《南京社会科学》2003 年第 11 期。

〔2〕 杨力：《法律秩序的概念分析》，载《南京社会科学》2003 年第 11 期。

〔3〕 杨春福：《论法治秩序》，载《法学评论》2011 年第 6 期。

〔4〕 习近平：《加强党对全面依法治国的领导》，载《求是》2019 年第 4 期。

法律体系是由不同的法律制度构成的，所以法律制度对建设社会主义法治文化具有基础的规范价值与作用。

1. 法律制度的部门化

法律制度不是杂乱无章的，而是按照一定的对象、内容和标准部门化的。根据法理学通说，法律制度的部门化是指按照一定的标准和原则，将不同性质、运用不同的方法调整不同社会关系的法律划入某一具体法律部门。某一法律部门集合了同类的法律规范。法律制度的部门化是在对法律具有的不同性质、不同的法律在不同领域发挥的不同作用进行理性认识与科学划分的结果。法律部门的划分反映了国家与个人之间、个人与个人之间的法律关系在法律上的定位。法律部门的划分是动态发展的，或者说只具有相对的稳定性。“这样一种划分虽然是一种学理上的划分，但这种划分对于法律体系的建立以及法制实践是非常重要的，它直接影响着立法、执法、司法的实践进程，因此，法律部门这一概念是一种法律文化的产物。”〔1〕随着社会的发展，新的社会关系不断涌现，随之而来的是调整新的社会关系的法律规范，这些法律规范可以纳入原有的法律部门，也会出现无法划入原有法律部门的情形。“面对新的社会关系，在原有部门中首先出现一些不那么纯粹的规范，它们处在原有部门的边缘，于是就在这个部门中出现了不那么协调的现象。后来，这类条文变得越来越多，原有的法律部门再也不能容纳它们，最后逐渐形成一个或若干个调整同类关系的法律文件，经过法学家的理论化，新的部门产生了。”〔2〕法律规范与制度的不断制定与形成是社会主义法治文化发展的一种具体的形式表现，而新的法律部门的产生则必然是法律制度发展的结果，这些都是建设社会主义法治文化所不可缺少的制度条件。

2. 法律部门的体系化

一个国家的法律部门既是根据调整对象或者手段等不同而划分的，也是彼此之间具有内在联系和统一的体系，即法律部门之间构成一个相互协调的法律体系。法律部门的体系化就是通过不同法律部门之间的联系与协调而形成的一个法律共同体。有学者认为，这种法律体系理论仅是狭义上的，是有局限性的。

---

〔1〕 张文显主编：《法理学》，法律出版社 2007 年版，第 151 页。

〔2〕 朱景文：《中国特色社会主义法律体系：结构、特色和趋势》，载《中国社会科学》2011 年第 3 期。

“当下的法律体系理论的缺陷就在于内容的单一性,它只包括部门法体系一种形式,或者说只是从横向的、静态的、构成元素的具体内容的角度展示法律体系,而忽视了从纵向的、动态的、效力等级、外在表现形式等多维角度展示法律体系。”[1]从西方法律体系尤其是大陆法系的形成过程来看,法律体系是立法实践与法学理论发展相结合的产物,法典编纂运动将法律规范部门化,主要以法典形式表征的法律部门构成了国家的法律主体并自成体系。中国特色社会主义法律体系的形成则主要是随着社会主义民主法治的发展,根据改革开放和实行社会主义市场经济体制的时代背景,在建设“有法可依、有法必依、执法必严、违法必究”的社会主义法制的过程中,依靠党的领导和人民当家作主,通过各项和各级立法逐步建立和健全起来的。“我们也可以看到,立法的大政方针始终与总体的改革策略保持一致。只有与改革开放的总基调相契合,才能保证立法工作的‘政治正确’。这就决定了中国特色社会主义法律体系的建立是基于经验理性的探索试验,而不是工程思维主导下的理性建构。”[2]然而,在中国特色社会主义法律体系及其理论形成之后,基于法律体系的动态调整与发展,法律体系的进一步完善则更多是在理性构建的框架下进行和完成的。

二、从制度到精神的法治文化

国家的社会治理与秩序体系的形成与进步,具有从法律制度到法治文化的发展过程与特点。法律制度是经由法律文化向法治文化发展的基础。没有法律制度就不可能有法治文化,法治文化是法律制度的科学发展与行为实践所产生的社会规范与秩序结果。然而,从法律制度到法治文化,并不是直接的制度或者形式转换,而是从制度到精神的法治文化发展,即从制度文化到精神文化的转型与转变,其根本是人的行为意识与方式的转型与转变。

(一)从法律制度到法制文化

法制文化即法律制度文化,简称法制文化或者制度文化。制度文化是法律制度发展的直接结果。[3] 但是,法律制度并不等于制度文化,制度文化是法制制度体系化、科学化与价值化的发展形态。当然,法律制度的形成及其文化发

---

〔1〕 李拥军:《当代中国法律体系的反思与重构》,载《法制与社会发展》2009 年第 4 期。

〔2〕 钱大军:《当代中国法律体系构建模式之探究》,载《法商研究》2015 年第 2 期。

〔3〕 文化可以基于不同的对象和不同的角度进行不同的分类,在一般意义上,文化包括物质文化、制度文化与精神文化,制度文化是文化的子系统。

展,离不开人的主观意志的作用,所以又是一定精神或者精神文化的产物。[1]有学者从以下六个方面来解释制度文化与文化,制度文化与物质文化、精神文化之间的关系:“(1)制度文化是文化的一个组成部分、一个子系统、一个层面。(2)制度文化与精神文化、物质文化的有机结合,形成文化的复杂整体。(3)制度文化作为文化的一个组成部分,既是精神文化的产物,又是物质文化的工具。(4)制度文化作为精神文化的产物和物质文化的工具,构成了人类行为与活动的习惯、规则。(5)制度文化作为人类行为和活动的习惯、规则,也主导或制约了精神文化与物质文化。(6)制度文化作为主导或制约了精神文化与物质文化的文化层面,提供了观察和理解人类行为和活动的钥匙或模式。”[2]法律制度是人类社会调整行为秩序的重要手段,法律制度产生与法律制度运行均离不开特定的文化土壤。法律制度重在规则的确认、构建与体系化,而制度文化的基本核心是制度所反映的价值与观念。一般来说,一国法律在产生和发展过程中所形成的各种法律制度、法律部门及其法律体系都属于制度文化的范畴,但是它是法律制度发展到一定阶段的文明成果,而不是简单的法律制度。传统法律文化与传统法律制度相适应,是传统法律价值与观念的体现,而当代法律制度则是在市场经济的基础上对法律的价值体系的重塑,是建立一个全新的法律文化并走向法治文化。“相对于精神文明和社会行为方式的法治文化建设具有较强的渐进性而言,制度文明的法治文化建设在一定条件下则具有较强的构建性,可以通过革命、变法、改革或其他人为方式加快实现。”[3]我国的法律制度及其制度文化既是具有中国特色社会主义法律制度与法制文化,又是与时俱进的当代制度与文化,不仅是一种制度与制度体系的创新,而且是对传统法律文化的发展与更新。[4]

（二）从制度文化到法治文化

从制度文化到法治文化的发展,就是制度文化的精神化、行为化与生态化发

---

〔1〕“广义地讲,法治文化是一个国家中由法治价值、法治精神、法治理念、法治思想、法治理论、法治意识等精神文明成果,法律制度、法律规范、法治措施等制度文明成果,以及自觉执法守法用法等行为方式共同构成的一种文化现象和法治状态;狭义地讲,法治文化是关于法治精神文明成果和法治行为方式相统一的文化现象和法治状态。”(李林:《中国语境下的文化与法治文化概念》,载《新视野》2012 年第 3 期)

〔2〕曾小华:《文化、制度与制度文化》,载《中共浙江省委党校学报》2001 年第 2 期。

〔3〕李林:《中国语境下的文化与法治文化概念》,载《新视野》2012 年第 3 期。

〔4〕“从制度文化的视域看,作为旗帜、道路和理论体系的中国特色社会主义是传统社会主义观的模式突破,中国式现代化道路的制度设计,人类制度文明的重大创新。”(张西山:《中国特色社会主义的制度文化分析》,载《深圳大学学报》2009 年第 1 期)

展。制度文化是法治文化存在的基础,法治文化是制度文化的实践形式与秩序化。[1]“从制度文化功能不同层面来看,社会主义制度文化功能从制度保证层面规定当代中国现代化的根本道路、根本方向和根本价值选择;改革开放从具体体制层面创立当代中国现代化的具体道路、运作模式、具体价值目标;科学技术从生产力运行方式关键层面形成当代中国现代化的中枢区域、深层要害和动力所在。这三个层面相互依存,相互关联,共同促进当代中国现代化进程,从而揭示了制度文化功能在当代中国现代化进程中的积极作用。”[2]制度文化在法治文化建设中具有至关重要的功能和作用,没有制度文化就没有法治文化,制度文化既是法治文化的一部分,其存在条件又是法治文化的发展基础。

制度文化作为社会主义法治文化的规范形式与表达,需要以制度的目的与价值引导带动法治文化发展,增强社会主义法治文化的社会认同与共识,同时需要用不断发展的法治文化丰富制度与制度文化的内涵。为了解人们对法律制度与法治文化关系建设之间关系的理解,本项目组以“您认为法律制度(立法)对建设社会主义法治文化的影响程度是什么”为题进行了全国性调查问卷,在“很大”(A)、“较大”(B)、“一般”(C)和“不大”(D)四个备选答案中,选择占比分别为50%、31%、15%和4%。具体数据统计结果如图22-1所示:

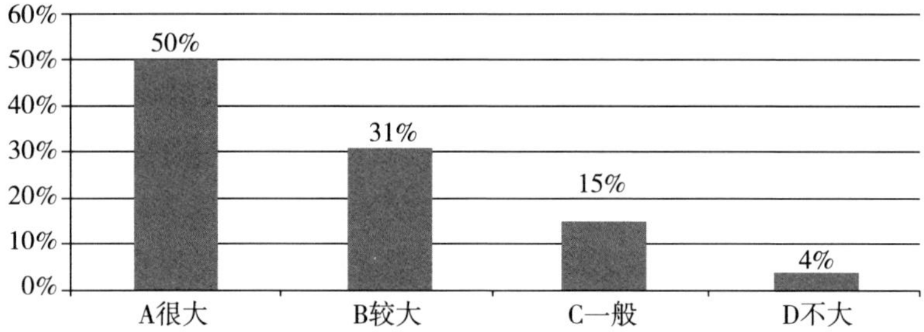

图22-1 “您认为法律制度(立法)对建设社会主义法治文化的影响程度是什么”一题调研数据统计

[1] “法治文化不仅关注法律、制度本身及与之相关的社会政治、经济、文化中的法律现象和法制问题,同时注重对法治意识、法治观念、法治精神、法治原则的阐发,注重对法的价值追求的体现以及对人的尊严和权利的维护。”(刘斌:《法治文化三题》,载《中国政法大学学报》2011年第3期)“法治文化则是一种蕴含人类正价值概念的文化类型,它不管从制度到观念,都必须是包含和反映了人类的基本价值,即应该是反映人类进步的、先进的、优秀的价值理念和制度构造。”(刘作翔:《法治文化的几个理论问题》,载《法学论坛》2012年第1期)

[2] 金勇兴:《制度文化功能在当代中国现代化中的作用》,载《社会主义研究》2001年第4期。

这一数据统计结果表明,多数受访对象认同法律制度与制度文化对于建设社会主义法治文化的影响及其重要意义,反映了人们对制度和制度文化与法治文化之间联系的一种直觉认识,甚至是把制度与制度文化等同于法治文化。同时说明,对建设社会主义法治文化人们更多地还依赖于立法,需要外在的法律规范的指引和强制。因此,在中国,建设社会主义法治文化,建立制度和制度文化的基础是非常重要的,这是传统文化的法治和法治精神缺失的客观需求与必然结果。

从制度文化到法治文化的发展,在本质上是从制度到精神的法治文化发展,而法治文化的行为化与生态化,就是从制度到精神的法治生成的转型过程。作为法治文化生成的法治精神,在市民社会关系的基础意义上,就是民法精神,因此,这一转型过程,就是从传统的法律意识向当代的民法精神转型的过程。法治文化在根本上是要从人的行为精神中生成,而不是从制度形式中生成,虽然制度形式是法治文化生成所不可缺少的条件,但是它不是法治文化生成的最终结果与要求。因此,从制度到精神的法治文化生成是社会主义法治文化发展的客观规律,建设社会主义法治文化的民本模式应当遵循这一规律,并从这一规律中找到社会主义法治文化的本质。

三、民法精神的法治生成转型

民法精神在建设中国特色社会主义法治文化中具有特殊的规范与精神作用,是法治和法治文化生成与转型的决定性因素。从制度到精神的法治和法治文化的生成转型,根本是在传统文化基础上的民法精神的生成与转型。

(一)民法精神的法治生成条件与实践

民法精神虽然不是法治和法治文化的全部,但是它建立在市场经济和市民社会的基础上,是法治和法治文化的生成核心。民法精神既是法治和法治文化生成的条件,也是法治和法治文化生成的实践。没有当代民法精神,就没有法治和法治文化的生成,也没有法治和法治文化的发展。

1. 民法精神的法治生成条件

任何一个民族的法治文化建设与生成,都是一个从精神到制度再从制度到精神的发展过程。我国改革开放初期的法治和法治文化建设,是以法律制度、法律体系以及法制文化的建设为重点的,也就是“有法可依,有法必依,执法必严,违法必究”的法制和法制文化建设。经过 40 多年的社会主义法治和法治文化发展，中国特色社会主义法律体系已经形成，社会主义法治和法治文化开始了从制度到精神的生成转型并走上了更高的发展阶段。十八届四中全会《决定》强调“科学立法、严格司法、公正司法、全民守法”这些具有精神价值的法治文化条件要求，特别突出了法治观念、法治意识与法治思维等精神方面对法治文化的价值与引领作用。“这不仅指明了全面推进依法治国的根本任务，同时也说明了法治精神的‘魂’的地位和作用，即法治精神是‘全面推进依法治国’这一战略目标必不可少的精神基石。”[1]从中国社会实践出发，建设社会主义法治文化固然不可缺少一定的制度条件，但是中国社会最缺少的法治文化因素是法治精神条件，特别是市民社会的民法精神条件。可以说，民法精神条件是法治文化生成的基础条件，没有民法精神及其法治生成转型，就没有民本模式的社会主义法治文化建设。

2. 民法精神的法治生成实践

民本模式的社会主义法治文化，不仅是一种制度与精神文化，更是一种行为与实践文化，作为一种社会生态秩序，根本是在行为与实践中生成的。这一实践作为一种民法精神的实践，体现为市场经济与市民社会的法律行为实践，即民法和民法精神调整的以人格平等与行为自由为条件的人身与财产关系的实践。市场经济和市民社会的民法精神实践，既是社会主义法治实践的主体形式，也是社会主义法治文化生成的主要实践方式和内容。

民法精神的法治生成实践，是一种个人的或者民事主体的行为实践，这一实践是对个人民法精神的条件要求，也是民法精神及其法治文化在个人精神中的生成与转型。因此，人们在民事活动中的行为意识与行为方式及其建立和维护法律关系的主观能动条件仍然是决定性的因素。建设社会主义法治文化的民本模式，必须培养人们的民法精神，实现民法精神的与时俱进发展，以民法精神构造民本模式的社会主义法治文化，只有这样，才能够完成社会主义法治文化从制度到精神的生成转型与超越发展。

（二）民法精神的法治生成转型的目的与要求

民法精神的法治生成转型，是社会主义法治文化的存在与发展模式的转型，是建设社会主义法治文化的民本模式的目的与要求。

---

〔1〕 张瑶：《法治精神：全面推进依法治国之魂》，载《扬州大学学报》2015年第2期。

1. 民法精神的法治生成转型的目的

从制度到精神的社会主义法治生成转型，就是社会主义法治文化从制度或者形式实现向秩序或者生态实现的转型，也就是从人的制度构建到人的行为构序的转型。因此，民法精神的法治生成转型的目的，作为建设社会主义法治文化的民本模式的目的，就是以民为本，使人成为法治文化的主体并通过人的民法精神实践构造民本模式的社会主义法治文化。[1] 民法精神的法治生成转型的目的，既以人为目的又把人置于法治文化生成的主体地位，通过调动人的自主构序的能力实现民本模式的社会主义法治生态文化。这是一种法治文化的生态形成与发展的目的，只有这一目的，才能够符合民本模式的社会主义法治文化的建设需要，从而确立以民为本的社会主义法治文化的价值原则与发展方向。民法精神内在一种秩序本质，即以人为主体并通过人的行为实现人的利益目的，所以这一民法精神的法治生成转型的目的，就是人或者人民的目的，既是人的利益目的，也是人作为主体的根本目的，是主体的能动条件与主体的利益目的的结合与统一。[2] 这一目的，与党的以人民为中心和坚持人民主体地位的政治与法治原则相一致，更好地体现了法治为了人民并以人民为主体和由人民自主推动与实现的法治精神。

民法精神的法治生成转型目的，作为从制度到精神的转型目的，就是精神即民法精神的目的，这一目的是一种以个人利益为主体的目的，即一种私人社会的私人利益目的，也就是市民社会的目的，即民法或者民法精神调整的人身与财产关系的目的。这一目的关系到每一个人的生存利益，是法治文化民本实现的根本目的。可以说，没有比这一目的更重要的社会目的，一切其他社会目的，包括政治社会的目的，都应当以这一目的为目的，并为了实现这一目的的需要。建设社会主义法治文化的民法精神的法治生成转型的目的，既是一个法治目的，也是一个政治目的，它决定了社会主义法治文化的真实本质与发展方向。

---

〔1〕“由于人在价值的主客体关系中始终处于主体地位，法治作为治理国家的基本方略，还是要由人来进行选择和推动，法治的主体从实质上来说是人，而不是法。法治主体的本质特性是：治者为人。”（孟庆垒：《论法治主体的二元性》，载《上海政法学院学报》2005 年第 5 期）

〔2〕“人民作为主体，既是一切社会活动的主导，又是社会发展的最终目的，因为只有真正的体现了人类存在的意义和价值的发展才能称为积极的发展。而法治是人类活动的一种模式，它离不开主体的推动，同时必须以主体为价值目标。”（仲婷：《社会主义法治文化中的人民主体地位初探》，载《中国集体经济》2016 年第 25 期）

法治生成转型的目的不仅应当体现法治自身发展与社会转型的需要,而且应当符合人的本质及其规定性,满足人的主体性需要。这是一种自然生态的法则,不能与人的生存相分离,并最终需要服从人的自然生态目的。

2. 民法精神的法治生成转型的要求

民法精神的法治生成转型的目的决定了它的原则与要求。

第一,民法和民法精神对市民社会关系调整的要求。市民社会关系作为个人或者私人社会关系,应当由市民社会自身的"法"即"市民法"或者"人法"来调整,而这一法上升为国家法的形式,就是民法及其内在的民法精神。在民法和民法精神调整的条件下,一方面民法和民法精神要反映市民社会关系的本质,符合市民社会关系的发展规律,另一方面市民社会应当自主接受民法和民法精神的调整,自觉维护市民社会关系的秩序。只有民法和民法精神对市民社会关系的调整,才能够代表市民社会自身的利益并符合市民社会的本质及其发展要求。然而,这一调整的一个重要条件,就是减少政治社会或者公权对市民社会关系的限制和干预,虽然这种限制和干预从来都是存在的,也是不可缺少的,但是应当尽量减少它的限制和干预的程度与范围,从而保持市场社会自身的发展活力,并以市民社会自主构序的主体秩序条件生成和维护市民社会自身的法治文化生态。

第二,民法和民法精神对市场经济调整的要求。民法和民法精神的存在,虽然是一种市民社会的存在,以市民社会的存在为根据,但是民法和民法精神的发展则以市民社会的市场经济关系为条件。没有市场经济就不可能有民法和民法精神的社会体系性调整。在自然经济的条件下,只能有民法和民法精神的低级和原始的形态,而不会有民法和民法精神高度发展并作为一种独立的法律文化形态的部门化、体系化和价值化的存在。民法和民法精神不仅属于市民社会,而且属于市场经济社会,市场经济的人格平等、契约自由和诚实信用等原则,塑造了民法和民法精神的灵魂与本质。因此,从制度到精神的社会主义法治生成转型,作为一种民法精神转型,必然提出市场经济及其民法和民法精神调整的要求。改革开放以来,我国社会主义法治文化建设之所以能够不断实现从制度到精神的法治生成转型,一个根本和基础的条件,就是社会主义市场经济体制与体系的建立。只要走社会主义市场经济的发展道路,就必然是民法和民法精神调整的社会关系与秩序,而这一关系与秩序又必然是从制度到精神的法治生成转型的秩序,即民法精神构造的生态秩序。

第三,私权对公权的制衡和私权优先保护的要求。不论是民法精神的法治生成转型的目的,还是民法和民法精神对市民社会与市场经济的调整要求,都需要正确处理私权与公权的关系,摆正私权与公权的位置。私权作为市民社会和个人权利,其相对于公权,既是根本的权利,又是弱势的权利,因此如何建构私权与公权的关系并实现私权对公权的制衡,就是民法精神的社会主义法治生成转型的一个关键问题。公权的绝对支配地位往往使私权不合理地屈从于公权甚至处于公权的压迫地位,以致私权的人性价值与正义诉求无法得到弘扬与伸张。因此,建设民本模式的社会主义法治文化,实现从制度到精神的法治生成转型,必须确立作为民法和民法精神调整对象的私权的根本地位,实现私权对公权的制衡。[1] 这一地位,就是人民主体地位;这一制衡就是公权以私权为目的并不能超越私权的条件和要求,这就是人民地位与利益优先原则。人民地位与利益优先反映在民法和民法精神调整上就是私权优先或者优位,即私权相对于公权或者其他权利,应当得到优先的保护。原《侵权责任法》第 4 条关于“侵权人因同一行为应当承担行政责任或者刑事责任的,不影响依法承担侵权责任。因同一行为应当承担侵权责任和行政责任、刑事责任,侵权人的财产不足以支付的,先承担侵权责任”的规定;《民法典》总则编第 187 条关于“民事主体因同一行为应当承担民事责任、行政责任和刑事责任的,承担行政责任或者刑事责任不影响承担民事责任;民事主体的财产不足以支付的,优先用于承担民事责任”的规定,都体现了私权优先保护及优位实现的要求和原则。

第四,正确解决个人利益与集体利益的要求。这是一项与私权和公权的关系相关的要求。但是我国社会主义法治条件下对个人权益的保护不能建立在西方式个人主义的基础之上。有学者认为:“‘个体主义基础上的整体主义’是处理好这一根本性问题的基本价值取向和进路。”[2] 并认为:“这一基本价值取向和进路自身蕴含着或内在地要求以人为本、和谐精神、公平正义与民生关怀。因此,在这一基本价值取向和进路引领下法治建设的基本任务是,建立个人与社会(国家)关系和谐共生、社会公平正义彰显、充满人文关怀、保障和改善民生的,

---

〔1〕 这在本质上又对政治民主提出了要求。在一个没有或者缺失政治民主的社会里,市民社会就很难在政治社会的强力支配下成长为一个能够与政治社会相制衡的独立力量。因此,也就只能听命于公权与政治社会,更不可能形成私权对公权制衡的社会秩序。

〔2〕 赵讯:《法治转型中“人”的定位探究——个体主义还是整体主义》,载《政治与法律》2012 年第 11 期。

集良善法治、人本法治、和谐法治、民生法治于一体的新型法治。”[1]从我国社会主义国家的性质与人的最终发展目的上看,法治以人为目的,法治国家、法治政府与法治社会的建设均要求坚持人民主体地位,顺应人民的意愿,满足人民的利益诉求,保护人民的合法权利,促进社会关系的和谐,推动人的全面发展。这同样需要在个人利益与集体利益协调发展的基础上实现个人利益优先承认与保护的要求。

第五,社会主义法治文化的生态文明要求。从制度到精神的法治和法治文化的生成转型,作为一种民法精神转型,必然涉及与生态文明的关系问题。“生态文明(Ecological Civilization)的概念,就是用来指代工业文明之后的一种新的文明形态,它所体现的是一种物质文明和精神文明上的进步状态。这种进步状态是以人与人,前人与后人,以及人与自然(或者生态系统)、人与社会经济之间的和谐共生、平衡发展为目标的,它追求经济有效、社会公正和生态良好的良性发展,并涉及世界观与价值观、生产方式与生活方式、发展模式与消费模式、社会制度和法律制度等诸多范畴。”[2]显然,当代社会对生态文明的理解,已经不限于自然生态文明的范畴,社会生态也是一种生态,也是一种生态文明的形态。建设社会主义法治文化的法治生成转型,根本就是一种法治文化的生态转型,也就是从制度形式到社会生态秩序的转型,包括人与人之间、人与自然之间的生态秩序转型,即实现各项社会秩序的生态构造化。“从发展趋势来看,人类文明与法律的发展必然走向生态文明与法治的生态化。”[3]法治和法治文化是人的生活方式,是人的自然生态与社会生态的统一秩序,自然生态的法治化与法治生态的自然化是当代法治和法治文化构造的根本趋势,也是从制度到精神的社会主义法治生成转型的必然要求。

四、法治文化的民本模式与法治生成转型

建设社会主义法治文化的民本模式,作为一种以市民社会秩序为基础的民法精神的生态模式,需要从制度到精神的法治生成转型。建设社会主义法治文化的法治生成转型,既是社会主义法治文化的发展条件,也是由社会主义法治文

---

〔1〕 赵讯:《法治转型中“人”的定位探究——个体主义还是整体主义》,载《政治与法律》2012 年第 11 期。

〔2〕 王灿发:《论生态文明建设法律保障体系的构建》,载《中国法学》2014 年第 3 期。

〔3〕 徐忠麟:《生态文明与法治文明的融合:前提、基础和范式》,载《法学评论》2013 年第 6 期。

化的建设模式决定的。

（一）法治生成转型与法治文化的民本发展目标

社会主义法治文化的发展目标是多样的而不是单一的，[1]但是基于对法治文化的价值判断，仍然在于民本模式的目标选择。建设社会主义法治文化，就是要发展民本模式的社会主义法治文化。社会主义法治文化的民本模式发展，就意味着社会主义法治文化的动态变化与生成调整。社会主义法治文化的民本模式发展，就是从制度到精神的社会主义法治文化的生成转型发展。没有社会主义法治文化的精神——民法精神的法治生成转型，就没有建设社会主义法治文化的民本模式及其法治文化发展的实现。

法治生成转型与社会主义法治文化民本模式及其发展目标具有内在的本质联系。社会主义法治文化的民本发展目标，就是法治文化的生态发展目标，也就是以民为本的发展目标。这一发展目标的实现，必须以社会主义法治文化的生态化发展为前提，而社会主义法治文化的生态化发展，就是社会主义法治文化在一定的生态条件与模式下的发展，这个发展的条件和模式，就是实现了从制度到精神的法治生成转型的民法精神的生态条件与民本模式。因此，建设社会主义法治文化，实现社会主义法治文化的民本发展目标，必须从制度到精神的社会主义法治文化的生成转型开始，需要以市民社会的民法精神的生态秩序构造促进和实现社会主义法治文化的民本发展目标。

十八届四中全会《决定》指出，“全面推进依法治国，总目标是建设中国特色社会主义法治体系，建设社会主义法治国家”。这就是要求，在中国共产党领导下，坚持中国特色社会主义制度，贯彻中国特色社会主义法治理论，形成完备的法律规范体系、高效的法治实施体系、严密的法治监督体系、有力的法治保障体系，形成完善的党内法规体系，坚持依法治国、依法执政、依法行政共同推进，坚持法治国家、法治政府、法治社会一体建设，实现科学立法、严格执法、公正司法、全民守法，促进国家治理体系和治理能力现代化。这个全面推进依法治国的总目标，就是建设社会主义法治文化的民本发展目标。这个目标包括了社会主义法治和法治文化建设的方方面面的条件和要求，然而，不论哪个方面，“人”都是其中的核心因素，这显然是一个民本和生态的发展目标。

---

〔1〕 实现“科学立法、严格执法、公正司法、全民守法”的十六字方针，可以说是法治文化建设的全方位视角和宏观发展目标。

社会主义法治文化的发展目标应当体现法治文化的民本条件与生态本质。基于法治文化的民本条件与生态本质，在法治文化的生成转型过程中应调动和发挥社会主体自身的文化传播与文化自觉的作用。法治文化传播与法治文化自觉构成法治文化发展的两个阶段。无论是树立法律权威，还是形成法律信仰，首先要做的是对法治原则和法治精神的传播，使广大人民群众对法治产生一定的理性认识，这是法治文化建设所不可缺少的条件和发展阶段。在法治文化的传播中，自上而下的宣传教育是法治宣传教育的国家战略阶段。[1] 通过这一阶段法律知识与法治精神的培养，最终是要实现法治宣传教育的生态化发展，即进入社会主体自主的法治文化传播的阶段，而一旦进入这一阶段，也就开启了法治文化的自觉阶段及其自觉的法治文化的生态转型与构造的法治文化生成的过程。

（二）法治生成转型与法治文化的民本发展基础

法治文化的民本发展基础，就是市民社会的基础，也就是市民社会主体的自主构序的法治文化的生成能力。建设社会主义法治文化必须要依靠人民主体根据法律条件的自主秩序构造，形成自主的行为与生态秩序。这一秩序构造是人民的法治精神与法治信仰的秩序构造，需要从制度到精神的社会主义法治文化生成模式的转型，即实现建设社会主义法治文化的民本模式。建设社会主义法治文化的民本模式必须在法律体系形成之后把法治生成转型到人民主体的法治精神培养与法治行为的引领上，并最终实现社会主义法治文化的生态建设与发展。

十八届四中全会《决定》强调指出，法律的权威源自人民的内心拥护和真诚信仰，必须弘扬社会主义法治精神，增强全社会厉行法治的积极性和主动性，形

---

〔1〕 改革开放以来，我国一向重视对社会的法治宣传教育，从 1986 年开始，每五年为一个周期进行全国普法，至 2021 年，已经完成“七五”普法规划，并开始了“八五”普法。经过近 40 年的普法教育，广大人民群众知法、懂法、用法的程度得到了较大幅度的提高。《中央宣传部、司法部关于开展法治宣传教育的第八个五年规划(2021—2025 年)》指出，“全民普法是全面依法治国的长期基础性工作”，并指出，“我国开启全面建设社会主义现代化国家新征程，进入新发展阶段，迫切要求进一步提升公民法治素养，推动全社会尊法学法守法用法”。“八五”普法规划确立的指导思想是：“坚持以马克思列宁主义、毛泽东思想、邓小平理论、“三个代表”重要思想、科学发展观、习近平新时代中国特色社会主义思想为指导，全面贯彻党的十九大和十九届二中、三中、四中、五中全会精神，深入贯彻习近平法治思想，增强“四个意识”、坚定“四个自信”、做到“两个维护”，坚定不移走中国特色社会主义法治道路，紧紧围绕服务“十四五”时期经济社会发展，以使法治成为社会共识和基本准则为目标，以持续提升公民法治素养为重点，以提高普法针对性和实效性为工作着力点，完善和落实“谁执法谁普法”等普法责任制，促进提高社会文明程度，为全面建设社会主义现代化国家营造良好法治环境”。

成守法光荣、违法可耻的社会氛围，使全体人民都成为社会主义法治的忠实崇尚者、自觉遵守者、坚定捍卫者。[1] 这在本质上就是要求实现从制度到精神的社会主义法治文化的民本模式的转型生成与发展。当然，这一社会主义法治文化的生成转型，是一个渐进的长期过程，需要奠定和夯实民本模式的各项基础。[2] 法治文化不是无源之水、无本之木，它是现实的社会生活关系的真实反映，是国家社会治理体系的具体状态，因此，不仅需要立足于民本社会，维护民本社会的根本利益，而且需要以民法精神为基础，实现法治文化的生态化转型与构造。

目前，由于我国的政治民主与市场经济尚处于社会主义初级阶段，民本社会也不可能得到充分与成熟的发展，所以在这种情况下，建设以民为本的社会主义法治文化，既提出了法治文化生成的转型要求，又面临着转型的选择与困境。从西方法治文化发展的历史考察，一方面是树立法律权威，另一方面是公权力受到法律约束，而这又得益于西方逐渐发展和完善的资本主义民主政治，自由主义的市场经济与社会自治的市民社会传统。中国特色社会主义法治文化建设需要适当借鉴西方社会法治建设经验，坚持人民主体地位，实现人民当家作主的社会主义民主政治；坚持公有制为主体的，以实现共同富裕为目标的社会主义市场经济；坚持构建和谐社会和社会自治的法治文化生态化，而这必然一个艰巨和漫长的历史过程。

---

〔1〕 有学者认为，应当将“全民守法”视为一个系统，包括：“理性主导的全民守法，主动认同的全民守法，人人平等的全民守法以及领导干部带头的全民守法。”（石伟：《法治文化的深层结构与基本判定》，载《求实》2016 年第 8 期）

〔2〕 “以自由、平等、法治为基本特征的市场经济的建立是法治文化形成与发展的经济基础，在现代市场经济确立与发展的基础上，形成了以自由、平等、权利为核心内容的法治文化；作为上层建筑重要内容与组成部分的民主政治的发展则是法治文化形成与发展的政治基础，伴随着我国民主政治的发展进程，公民的民主意识和法治意识也越来越强，公民愈发重视权利与自由，这就为法治文化的形成与发展夯实了政治基础；而伴随着现代市民社会的形成与发展，市民社会自治的进程将会要求对国家公权力加以限制，使国家最终回归中立的裁判者的角色与地位，为法治文化的形成与发展奠定坚实的社会基础。”（云书海、陈新亮：《当代中国法治文化形成的基础》，载《石家庄学院学报》2014 年第 1 期）

第二十三章

从形式到实质的法治品质转型

一、形式法治

形式法治是法治的基本类型之一,[1]与实质法治相对应。所谓形式法治论,是指那些认为法治仅是一个包含形式要求概念的理论思想。形式法治论并不关心法律的良善与否,而仅着眼于法律在形式上的要求,如法律的可预期性、法律不溯及既往、依法独立行使审判权、政府行为受法律规制等。只要一个国家的法律体系符合这些形式上的要求,就可以认定这一国家是法治国家。形式法治并没有统一的概念,一般只描述作为形式法治应具备或者符合的条件。对形式法治的理解与形式法治的理论,存在诸多的不同,由此引发有各种争论。[2]尤其在我国历史与现实的法治语境下,法治的内涵、目标与范畴等构成社会主义法治文化建设的理论前提,因此有必要对形式法治作进一步的厘清,并对形式法治与实质法治的关系形成正确的认识。

(一)形式法治与法律形式主义

根据美国法学家塔玛纳哈的概括总结,形式法治有三种形式或者说法治的

---

〔1〕 形式法治不同于法律制度或者法律形式主义,它是法律制度或者法律形式的发展所产生的一种关于法治的条件和要求,是一个超越法律制度和法律形式主义的法治范畴。[参见本成果第五编(第二十二章)“从制度到精神的法治生成转型”的相关部分]

〔2〕 参见黄文艺:《为形式法治理论辩护——兼评〈法治:理念与制度〉》,载《政法论坛》2008 年第 1 期。

形式版本包括三种渐进式的理论。“以法而治——法律是政府的工具；形式合法性——普遍，面向未来，明晰、确定；民主＋合法性——合意决定法律的内容。”[1]其中，以法而治理论认为，法律是政府治理社会的必要手段，政府须依法行事，但对于政府依法的法律没有提出要求，这被认为是一种弱式的形式法治论。形式合法性理论认为，法治所应关注的是那些能够使法律成为法律的标准，如法律颁布的方式、规范的清晰程度、颁布规范的时间等，典型代表是富勒提出的法治八原则，即法律的一般性、法律的公开性、法律非溯及既往、法律的明晰性、法律不相互矛盾、法律的可行性、法律的稳定性、官员行为与已宣布的规则相符合。[2] 民主与形式合法性理论奠基于形式合法性理论的基础之上，与形式合法性理论相比，民主与形式合法性理论主要增加了程序意义上的民主，当然，此种民主并不包含任何实质性的内涵。

形式法治与实质法治比较起来，具有形式性、工具性、程序性与外在性。与形式法治相联系的，是与法律现实主义相对的法律形式主义。“它主张：(1)法律是理性的、确定的；(2)判决的过程是机械的、演绎的过程，法律推理是自动的。”[3]形式法治与法律形式主义不是同一层面的问题，但是两者存在联系，无论是形式法治还是法律形式主义均凸显理性主义，突出法的形式理性，强调法律的自治等。

1. 法治的形式性

法治的形式性是形式法治的首要特征。“在此语境中，法律系统作为社会系统的一个功能性子系统，是一个在运作上自成一体的自主系统。”[4]法治的形式性具体体现为要求法律形式上的平等，法律的一般性和普遍性，法律的公开性、明确性、稳定性等。法律形式上的平等即法治的法律面前人人平等原则，这是近代以来西方法治发展中反对特权主义的重要胜利成果，是对人权的重要保障。法律的一般性和普遍性要求，“它的规则必须适用于一般性的阶层并且不

---

〔1〕 参见[美]布雷恩·Z. 塔玛纳哈：《论法治——历史、政治和理论》，李桂林译，武汉大学出版社 2010 年版，第 117 页。

〔2〕 参见高鸿钧：《现代西方法治的冲突与整合》，载高鸿钧主编《清华法治论衡》第 1 辑，清华大学出版社 2000 年版，第 5 ~6 页。

〔3〕 陈锐：《法理学中的法律形式主义》，载《西南政法大学学报》2004 年第 6 期。

〔4〕 陈林林：《法治的三度：形式、实质与程序》，载《法学研究》2012 年第 6 期。

能包含专门针对某些人的内容”。[1] 法的公开性、明确性、稳定性用以保障公民的实体权利不受任意立法的侵害。法治的形式性在西方法治发展中,在反专制特权、发展资本主义自由市场经济、维护公民的实体权利等方面发挥了重要作用。法治的形式性的政治哲学基础是形式正义,要求法律具有形式合理性。形式法治的形式性构成是其与实质法治的首要区别。

2. 法治的工具性

法治的首要之意是以法而治、规则之治,这是形式法治观中蕴含的法治工具性,是法治工具性的基础来源。[2] 法治的以法而治层次相对于人治而言,无疑是人类的重大进步。然而,将法治单纯地视为法律是主权者的命令或者政府行为,须得到法律授权,这仅仅是法治的基础或者初级层次。“按照工具性的理解,法治的价值仅仅在于保证规则的有效性。换言之,推行法治就是为了科学地制定并有效地实行规则。”[3]应当指出,法治的工具性不等同于法律工具主义或者法律工具论。法律工具主义理论在20世纪后期的西方法学理论中占据主导地位。“依据工具主义进路,法律是,而且应该是实现个人利益或者社会利益的一个工具。”[4]法律工具论是人治传统下将法作为专制统治的工具,通常是从我国传统法律中法的性质和目的出发进行的理论总结。法治的工具性是形式法治的特征之一,只是将法治的工具性绝对化,会使社会面临滑向“恶法之治”的风险,有必要对其重新认识乃至进行重构。应当注意的是,法治工具性理论的重构与发展仍不能将法治的工具性视为法治的唯一价值,法治的价值性在我国法治建设的理论与实践中具有突出的重要性。

3. 法治的程序性

美国大法官道格拉斯曾说:“权利法案的大多数规定都是程序性条款,这一

[1] [美]富勒:《法律的道德性》,郑戈译,商务印书馆2005年版,第56页。

[2] 事实上,不论是形式法治还是实质法治,都不可能否定作为手段的法律或者法治的工具性。关于法律或者法治的工具性,详见本书第五编(第二十一章)“从工具到目的的法治理念转型”的相关部分。

[3] 夏勇:《文明的治理:法治与中国政治文化变迁》,社会科学文献出版社2012年版,第31页。

[4] [美]布赖恩·Z.塔玛纳哈:《一般法理学:以法律与社会的关系为视角》,郑海平译,中国政法大学出版社2012年版,第65页。

事实决不是无意义的，正是程序决定了法治与恣意的人治之间的基本区别。”[1]形式法治的原则或要求具有程序性特征，其核心是强调形式公正与程序公正。拉兹、富勒、芬尼斯等法学家将形式法治具体化为几项原则，均是对法律制定、法律实施提出的具体要求。法治的程序性体现在要遵循立法程序、执法程序与司法程序，体现民主、科学立法，执法、司法中的程序公正。就立法而言，法律应是公开、明确、稳定的一般性规则，法律不应相互矛盾并且可被遵守。在执法上，要坚持依法行政，执法程序公开与可诉。在司法上，应坚持依法独立行使司法职权，严格依照司法程序，确保审判的公开、公正，保证法律的平等适用。有学者认为，除形式法治与实质法治外，法治的维度中还应该包括程序法治。“将程序维度整合入已有法治命题，就获得一个包容形式正义、实体正义和程序正义的三维法治命题：法治是尊重普遍价值观、经由公正程序落实的形式法治，它既和无政府状态对立，也和专制相对立。”[2]

4. 法治的外在性

形式法治具有外在性。形式法治的形式性、工具性和程序性是形式法治外在性的具体表现。形式法治的外在性是将法调整行为的属性发展到极致而形成的社会状态。西方法治的历史首先是外在性的形式法治的历史，以控权，保证公权力在法律范围内行使为基础基调。比如英国作为最早的近代法治国家，其宪制和法治的建立是在反对君主专制，不断重申“王在法下”传统，通过确立君主立宪的政体实现的。洛克在论及政治社会和政府的目的时指出：“谁握有国家的立法权或最高权力，谁就应该以既定的、向全国人民公布周知的、经常有效的法律，而不是以临时的命令来实行统治。”[3]德国以“法治国”即“依法行政”为基础建立起德国法治，并影响到日本等国。西方国家的形式法治所体现的法治的外在性，注重确保法律权威下的法律制度建构、权力制约机制和法律程序的正当性，体现了形式法治的显性特征。

（二）形式法治与法律实证主义

形式法治论和法律实证主义之间是相伴而生和密切联系在一起的。19 世

[1] Justice Willian O, *Douglas's Comment in Joint Anti-Fascist Refugee Comm. V. Mcgrath*, See United States Supreme Court Reports (95 Law. Ed. Oct. 1950 Tem), The Lawyers Cooperative Publishing Company, 1951, p. 858.（转引自季卫东：《法律程序的意义——对中国法制建设的另一种思考》，载《中国社会科学》1993 年第 1 期）

[2] 陈林林：《法治的三度：形式、实质与程序》，载《法学研究》2012 年第 6 期。

[3] [英]洛克：《政府论》（下篇），叶启芳、瞿菊农译，商务印书馆 1964 年版，第 80 页。

纪既是法律实证主义的产生时期，同时也是形式法治论诞生和发展的重要阶段。在这一时期，它们共同对自然法思想和实质法治论展开了猛烈的挑战和批判。自法律实证主义产生以来，虽然历经不同的思想家，但其核心命题较为固定和集中，即要严格区分法律和道德之间的关系，认为："法的存在是一个问题。法的优劣，则是另外一个问题。"[1]在将法律的应然和法律的价值问题排除的基础上，法律实证主义者重点关注法律的实然问题和形式问题，而这恰恰也是形式法治论关注的重点，由此两者自然而言地结合在一起。

1. 形式法治的法律实证主义根源

法治思想产生之初并无形式法治与实质法治之分，形式法治与实质法治理论是现代法治理论和实践发展的产物。尤其是"二战"后对法律实证主义的批判以及自由资本主义经济、政治、民主等的转变和发展，对建立在自由资本主义基础上的传统法治提出了新的挑战和要求，法治理论的内容与价值取向发生了变化，实质法治理论逐渐成为法治理论不可缺少的部分。但是，在西方法治的实践中，尤其在古典自然法学、历史法学衰落，实证法学兴起后，形式法治成为西方法治国家所采用的主要法治模式。尽管在西方法学界实质法治并没有取代形式法治，但在解决西方法治遇到的困境上发挥了重要作用。

法律实证主义是形式法治的根源，因而可以说，在"二战"后实质法治理论兴起之前，西方法治中形式法治理论占绝对的主导地位，而形式法治更是集中表达了法律实证主义的理论主张。如戴雪、奥斯丁、拉兹等人的法治理论都是形式法治的理念，而且他们的法治理论对西方的形式法治产生了重要的影响。也有观点认为，实质法治也有实证主义的根源。"这两种规范模式都是在欧洲发展起来的，都是在法律规范的实证性和有效性的状况下范式转换的结果。这两种模式是：(1)古典实证主义的法治国模式，与之同时出现的是近代国家和作为法律实在性标准的合法性原则；(2)新实证主义的宪制模式，这一模式在"二战"的清醒中产生，来源于整个欧洲两种机制的扩展——设定法律有效性确认标准的宪章和通过宪法法院对普通立法的审查。"[2]这是对传统法律实证主义的纠偏，又是新分析实证主义法学的发展，但是在总体上，实质法治与价值法学的关系更

---

〔1〕［英］约翰·奥斯丁：《法理学的范围》，刘星译，中国法制出版社2002年版，第208页。

〔2〕［意］路易吉·费那居里：《法治的过去与未来》，载［意］皮特罗·科斯塔、达尼洛·佐洛主编：《法律的规则：历史、理论及其批评》，田飞龙等译，上海三联书店2015年版，第279页。

为密切。

2. 形式法治的主要西方学术观点

德国法学家毛雷尔认为,“形式意义上的法治国家以法律为中心,凡对公民自由和财产的侵害必须具有议会法律的授权”。[1] 美国学者裴文睿试图区分出法治理论的两种范式:单向度的(thin)法治理论与多向度的(thick)法治理论,其中前者强调法治的形式或者工具性。[2] 西方关于法治的学说与理论自古希腊柏拉图、亚里士多德起,经过中世纪、近现代,绵延至今。但是系统的法治学说和理论一般认为是从19世纪后期英国法学家戴雪的法治三原则开始。此后法律实证主义成为法治尤其是形式法治的主流学派,以至于当提及形式法治理论时一度用法律实证主义与其等同。19世纪分析实证主义法学的代表人物奥斯丁将人定法即实在法作为法理学的真正对象,而20世纪拉兹则提出了著名的法治八项原则,[3]当然,对形式法治的讨论不限于实证主义法学家,如新自然法学派的代表人物美国法学家富勒提出的法治八项原则也属于形式法治。[4]

建设社会主义法治文化的民本模式,当然离不开形式法治,需要建立于形式法治的条件基础之上。没有“有法可依、有法必依、执法必严、违法必究”的形式法治,就没有社会主义法治和法治文化。然而,我国作为一个没有或者缺失法治文化传统的社会,在法律制度移植的基础上,建立相对完善的形式法治比较容易,而要解决作为法治文化根基的价值、理念与信仰等法治和法治文化的实质问

---

〔1〕［德］哈特穆特·毛雷尔:《行政法学总论》,法律出版社2000年版,第105页。(转引自刘平:《法治与法治思维》,上海人民出版社2013年版,第35页)

〔2〕See Randall Peerenboom, *China's Long March Toward Rule of Law*, Cambridge University Press, 2002, p. 3.(转引自付子堂:《实质法治:中国法治发展之进路》,载《学术交流》2015年第3期)

〔3〕“(1)法不应溯及既往,应公开和明确;(2)法律应相对稳定;(3)特别法的制定应公开、稳定、明确的一般规则指导;(4)保障司法独立行使职权;(5)遵守自然正义原则:公开审理、不得以偏见司法;(6)法院应对其他原则的执行握有审查权,即指审查议会和行政立法等;(7)法院应易于接近:省时节费;(8)预防犯罪的机构在行使裁量权中不得滥用法律。”(Raz J, *The Authority of Law: Essays on Law and Morality*, Clarendon Press, 1979, P. 214－219. 转引自高鸿钧:《现代西方法治的冲突与整合》,载高鸿钧主编:《清华法治论衡》第1辑,清华大学出版社2000年版,第4页)

〔4〕富勒法治八项原则是:(1)法律具有一般性;(2)法应公布;(3)法不溯及既往;(4)法律具有清晰性;(5)法不能自相矛盾;(6)法不要求不可能之事;(7)法应具有连续性;(8)官方行动与公布的规则之间的一致性。(参见［美］富勒:《法律的道德性》,郑戈译,商务印书馆2005年版,第55～107页)菲尼斯作为自然法学派的代表人物也提出法治八项原则,并与富勒的观点基本相同。此外,哈耶克的法治论述曾产生过较大的影响,他认为法治包含形式意义与实质意义,而其观点则倾向认为形式意义比实质意义重要。

题则非常困难。这是一个涉及重塑中国社会的法治和法治文化传统并实现其转型发展的根本问题,因此,在没有或者缺失法治文化传统的中国社会建设以民为本的社会主义法治文化,作为一种法治和法治文化的生根与再造,则必须实现从形式到实质的社会主义法治和法治文化的品质转型,从而使社会主义法治和法治文化成为一种民族的价值文化与思想体系。

二、实质法治

所谓实质法治论,是指那些认为法治应当是一个涵盖实体要求和形式要求双重指向概念的理论思想。实质法治论,除了关心法律的形式要求外,还重点指向法律的实体要求和价值要求,如法律应是保护民主、人权、自由等美好价值的良善之法,只有良法基础上的法律治理才能称之为法治,反之恶法之治就不能算是法治。法治的道德目的和实质内容,既是法治的组成部分,亦是法治的题中之义。与形式法治论相比,实质法治论的历史更加悠久。坚持实质法治论的学者首推亚里士多德,他关于实质法治的知名论断就是:“法治应包含两重意义,已成立的法律获得普遍的服从,而大家所服从的法律又应该是制订得良好的法律。”[1]亚里士多德认为,法治的首要之义在于良法,而这正是实质法治论的典型体现。古罗马的西塞罗也是实质法治论的坚持者,一方面,他认为任何人须遵守法律,另一方面,他又强调法律本身应当符合自然法的正义标准。至十七八世纪,实质法治论迎来发展的黄金时期,这一时期的思想家,基本都秉持实质法治论。具体表现在:这一时期的思想家主要担负思想启蒙和价值变革的重任,因此在他们的著作中多宣扬自由、民主、平等、法治、人权等价值观念,从而往往将法治与自由、民主、人权等观念相混合,进而夹裹在一起;这一时期的思想家着重于观念呼唤和初始的制度设计,因此没有细致的区分法治的形式和实质方面,尤其是对于法治的形式价值和程序价值重视不足。

随着19世纪形式法治论的兴起,实质法治论遭到了诸多学者的批判,从而渐趋衰弱。但是,此种衰弱随着“二战”后自然法思想的新生而重新焕发生机,尤其是1959年的《德里宣言》更是将实质法治论重新推向舞台。《德里宣言》提出,法治“不仅保障和促进个人的公民与政治权利,且应确保个人合法期望于尊

---

[1] [古希腊]亚里士多德:《政治学》,吴寿彭译,商务印书馆1965年版,第202页。

严得以实现的社会、经济、教育和文化条件”。[1] “二战”后,在秉持实质法治论的学者中,影响最大的是德沃金,他认为,法院在判决疑难案件时,应当根据最优的正义理论来决定法律问题。由此而言,政治理论问题对决定人们现在享有的权利极其重要。同时,德沃金还认为,公民拥有道德上的权利和义务,也拥有对抗国家整体的政治权利,需要在实定法中承认这些道德和政治权利。[2]

实质法治与形式法治最明显的区别是偏重法治中的价值判断,在法治中引入了个人权利、实质正义等,要求法律是符合某些价值要求的“良法”。“实质法治强调法治的正当性,属于法治的价值判断。”[3] 有观点认为,实质法治是在承认形式法治的基础上,赋予法治的价值属性。“那些支持实质法治观的人力图超出这一视界。他们承认,法治具有上述的形式属性。”[4] 在否定两种法治对立的同时,二者可以相辅相成,共同发挥作用,增益法治效果。

随着我国法治建设进程的加快与深入,关于形式法治与实质法治的讨论日渐增多。有观点认为,当下中国正处于全面建成小康社会、全面深化和全面推进依法治国的关键阶段,实质法治是中国法治进程的必由之路。[5] 有学者通过对形式法治、实质法治的分析,结合我国法治建设的历程,认为我国选择的是实质法治观。[6] 在形式法治与实质法治的关系上,有学者认为,形式法治与实质法治不是二选一的关系,应以形式法治为主,以实质法治为补充。有学者认为,形式法治与实质法治都存在新的问题。“如它在追求实质公平的同时却影响了效率;在对市场和市民社会进行干预的同时,却限制了自由;在对特殊情况给予特殊关照的同时,却破坏了法的一般性与普适性;在纠正法律形式主义后果的同时,却破坏了法律自治,增加了司法专断之险。”[7] 有学者提出“综合法治论”,即将形式法治与实质法治结合起来。“真正的法治,既不是形式法治,也不是实

---

〔1〕《1959 年新德里国际法学家大会第一委员会报告》第 1 条。

〔2〕参见[美]德沃金:《法律帝国》,李长青译,中国大百科全书出版社 1996 年版,第 1～15 页;[美]德沃金:《原则问题》,张国清译,江苏人民出版社 2008 年版,第 23～58 页。

〔3〕史海泉:《形式法治与实质法治——中国社会主义法治建设的类型取向》,载《石河子大学学报(哲学社会科学版)》2008 年第 4 期。

〔4〕Noel B. Reynolds, *Grounding the Rule of Law.* Ratio Juris, 2010, 2. 1. ([美]布雷恩·Z. 塔玛纳哈:《论法治——历史、政治和理论》,李桂林译,武汉大学出版社 2010 年版,第 118 页)

〔5〕参见付子堂:《实质法治:中国法治发展之进路》,载《学术交流》2015 年第 3 期。

〔6〕参见侯建:《实质法治、形式法治与中国的选择》,载《湖南社会科学》2002 年第 2 期。

〔7〕高鸿钧:《现代法治的困境及其出路》,载《法学研究》2003 年第 2 期。

质法治,而是两者的综合。”[1]

（一）实质法治与法的价值

实质法治是在西方国家为解决自由资本主义面临的种种问题,走向福利国家的过程中出现的。形式法治的理论与实践遭受诸多的批评与挑战,形式法治向实质法治转型,并非否定形式法治的价值与合理性,这一转型也不意味着形式法治的消失和为实质法治所取代,而是在形式法治的基础上强调法的价值追求,解决诸如“恶法”、形式平等等形式法治存在的缺陷。在诸多实质法治理论中或法治概念的现代发展中,主要体现的是对形式法治的修正,形式法治与实质法治的综合。实质法治观点认为,法律应受正义、公平、道德等外在标准的检验。法治兼有工具性与价值性,实质法治在强调法治价值性的同时,并不否认工具性价值。[2] 实质法治理论的发展扩充了法治理论的内涵,影响到法治认知和法治理论的改变,比如英国法学家艾伦认为:“‘法治’这一术语似乎主要意味着由基本原则与价值组成的体系,他们一起给予法律秩序以某种稳定性和连贯性。”[3]塔玛纳哈认为,这种艾伦的法治观点虽建立在英国法治的认识上,但是超出了英国的范围,在欧洲甚至西方社会已渐趋成为常识。“尽管形式合法性在法律理论家中是对法治的主导性理解,但是这种一揽子式地包括形式合法性、个人权利和民主的强实质性法治可能接近于西方社会的法治常识。（它假定存在着一种共同认识）”[4]

1. 实质法治与法的合理性

在西方法律思想发展中,不同的法学流派对法的合理性有不同的解释,抑或法的合理性经过了不同的发展阶段。具体说,主要体现在自然法学派、分析实证法学派与社会法学派等对法的合理性的不同解释。“自然法学派着重从理性的角度谈法的合理性……社会法学派将法与合理性的关系放到社会现象中去考

---

[1] 车传波:《综合法治论——兼评形式法治论与实质法治论》,载《社会科学战线》2010 年第 7 期。

[2] 参见周安平:《善治与法治关系的辨析——对当下认识误区的厘清》,载《法商研究》2015 年第 4 期。

[3] T. R. S. Allan, *Law, Liberty, and Justice: The Legal Foundations of British Constitutionalism*, Oxford University, 1994, p. 21 – 22. ([美]布雷恩・Z. 塔玛纳哈:《论法治——历史、政治和理论》,李桂林译,武汉大学出版社 2010 年版,第 142 页)

[4] [美]布雷恩・Z. 塔玛纳哈:《论法治——历史、政治和理论》,李桂林译,武汉大学出版社 2010 年版,第 143 页。

察,用社会学的理论和方法来解释法的合理性。分析主义法学派则否认法与道德的关系,排斥法的实质合理性,一味追求法的形式,强调法的形式合理性。"[1]古代自然法与古典自然法虽以自然法为核心,强调法的应然状态,但对实在法缺乏关注与研究。因而主流的实质法治理论是在对分析实证主义法学的批判中体现的。实质法治指的是法的实质合理性,关注的是法的实质价值,法的合道德性与正义性。

2. 实质法治与法的平等性

实质法治与形式法治的区别或者说实质法治论者批评形式法治的主要观点和理由之一就是形式法治在法的平等性问题上的局限性。马克思和恩格斯在肯定资本主义形式法治的历史作用的同时也一针见血地批评资本主义法律以形式上的平等掩盖事实上的不平等。戴雪法律平等的主张是其法治理论中的核心内容,也对西方法治产生了深远的影响,但更多地体现形式平等。西方其他主张克服形式法治缺陷,在法治中引入价值判断的法治理论中均含有实质平等的内容。艾伦认为:"法治理念也无可避免地与某些基本制度安排联系在一起。平等的基本观念最接近于我们的正义公平信念的核心。"[2]澳大利亚学者沃克认为:"法律面前平等也不能仅仅是形式的原则,而应该意指法律对待人们的关系在性质上是平等的。"[3]罗尔斯指出:"形式正义要求的力量或遵守制度的程度,有赖于制度的实质正义和改造它们的可能性。"[4]具体来说,实质平等是指结果平等。"实质平等要求阐述法院可依其决定是否对甲群体适用一种规则与对乙群体适用另一种规则兼容的那些原则。法律制度采用不同的标准来解决问题。"[5]昂格尔认为:"不管实质正义如何定义,它只能通过具体问题具体处理的

[1] 周世中:《西方法的合理性思想的演进》,载《安徽大学法律评论》2002 年第 2 期。

[2] T. R. S. Allan, *Law, Liberty, and Justice: The Legal Foundations of British Constitutionalism*, Oxford University, 1994, p. 21 –22. 转引自[美]布雷恩·Z. 塔玛纳哈:《论法治——历史、政治和理论》,李桂林译,武汉大学出版社 2010 年版,第 142 页。

[3] Walker G de Q, *The Rule of Law: Foundation of Constitutional Democracy*, Melbourne University Press, 1988, p. 6. 转引自高鸿钧:《现代西方法治的冲突与整合》,载高鸿钧主编:《清华法治论衡》第 1 辑,清华大学出版社 2000 年版,第 23 页。

[4] [美]罗尔斯:《正义论》,何怀宏等译,中国社会科学出版社 1988 年版,第 54 ~55 页。

[5] [英]保罗·克雷格:《形式法治与实质法治的分析框架》,王东楠译,载姜明安主编:《行政法论丛》(第 13 卷),法律出版社 2011 年版,第 649 页。

方法才能实现。”[1]德沃金则认为，实质平等并不违反平等原则。德沃金对形式法治提出了系统的挑战，在形式法治的平等问题上，他认为：“经济功利主义是不公正的，因为它把贫穷当做效益的手段而使之永存。”[2]“分配应使任何一个种族或人种集团并不比其他集团更差。”[3]德沃金认为，对弱势群体的“补偿行动”和“反向歧视”并不违反法律的平等保护原则。实质法治所追求的实质平等并非绝对平等或绝对平均主义，而是建立在认识到人与人之间的社会差别基础上，基于法治诸多价值的共同考量对社会中亟待解决的由形式法治的平等原则所引发的事实不平等问题而进行的一种利益平衡和再分配。

不论是实质法治，还是法的平等性，都是一个历史的发展过程，所谓“真正”的平等，也只能是符合社会普遍期待的一种具有实质法治意义的平等。

3. 实质法治与法的道德性

实质法治强调法律与道德之间的联系，主张法律的道德标准和法的价值性。有学者从人性角度出发，阐发法的道德性。“道德性是法律的人性基础或人性之维。”[4]法律必须以道德为根据和基础，不能脱离道德的价值与目的。德沃金主张整体性的法律，即法律的内在道德。“如果法律的命题包括或者来自于为共同体法律实践提供最好的建设性解释的正义、公平、正当程序原则，那么它们就是正确的。”[5]总体上，持实质法治论观点者在与形式法治观进行论战时都离不开强调法与道德的关系。“富勒等反对分离论者指出，不能把法与道德、对法的描述和对法的评价相互分离的理由在于：法不是中性词汇，法、法治、合法性、法律秩序等词汇本身包含着某种最低限度的道德意义。”[6]实质法治观的个人权利论，根本上就是指道德权利。

需要强调的是，实质法治与法的道德性问题与法治与德治并非同一层面的

---

〔1〕［美］R. M. 昂格尔：《现代社会中的法律》，吴玉章、周汉华译，译林出版社 2001 年版，第 191 页。

〔2〕［美］罗纳德·德沃金：《认真对待权利》，信春鹰、吴玉章译，中国大百科全书出版社 1998 年版，第 5 页。

〔3〕［美］罗纳德·德沃金：《认真对待权利》，信春鹰、吴玉章译，中国大百科全书出版社 1998 年版，第 127 页。

〔4〕严存生：《道德性：法律的人性之维——兼论法与道德的关系》，载《法律科学》2007 年第 1 期。

〔5〕［英］韦恩·莫里森：《法理学：从古希腊到后现代》，李桂林等译，武汉大学出版社 2003 年版，第 462 页。

〔6〕张文显：《二十世纪西方法哲学思潮研究》，法律出版社 2006 年版，第 345 页。

问题，实质法治的道德价值也不是简单地对法治与德治关系的还原。我国国家治理中强调依法治国与以德治国相结合与实质法治既不等同也不冲突。

4. 实质法治与法的公正性

什么是法的公正性？法通常与公平、公正、平等联系在一起，公平与公正、平等和正义之间存在联系和区别。亚里士多德认为，“人们可以清楚地看出公平究竟是什么——公平就是公正，却又高于某些种类的公正”。[1] 亚里士多德所讲的公平实质是矫正的正义。现代法律中，法的公平性包括立法公平与司法公平，公平正义也是社会主义法治的基本价值和追求目标。社会主义法治的公平正义价值对社会主义法律的公正性提出了更好的要求，不仅要实现法的形式公正与形式上的司法公正，也要追求和实现实质法治下的实质公正。

（二）实质法治与法治生态

法学界关于法与生态的关系主要存在三种观点或者解释模式。一是以法律保护自然生态、自然环境，协调人与自然的和谐，尤其是加强对环境的法律保护，实现“法律生态化”。二是法律自身的生态化，“法律自身生态化是指运用生态学基本原理，将法律制度从社会生态系统角度认识并加以完善，追求法律制度系统自身生态平衡的过程”。[2] 三是从社会生态的角度，强调法对社会关系生态化的作用，也称为“法律生态化”或“法治生态化”。法与生态关系上无论运用哪种解释模式，均是以生态学为基础的“生态化”。“‘法律生态化’的概念是由‘生态化’的概念衍生而来的，是生态化理念向法律领域延伸、渗透的产物。”[3]“法律生态化”是指运用生态学的原理，通过法律来解决社会问题的方式，其目的是达到人与自然之间、人与人之间关系的平衡与优化。

在环境、自然的法律保护上，确切的定位应该是“生态保护的法律化”，根据其达到的目的和标准，又有“生态保护的法制化”“生态保护的法治化”的不同层次。所谓法律自身的生态化实质是“法制的生态化”。在建设社会主义法治的前提下，“法治生态”是我国社会主义法治的应有之意。从法治、法治秩序、法治建设的角度，应当重视法治与生态的关系，突出法治生态的建设目标，即人的自然秩序的实现。可见，“法制的生态化”是形式法治的要求，法治生态则是实质

---

〔1〕［法］保罗·利科：《论公正》，程春明译，法律出版社2007年版，第1页。

〔2〕刘慧荣、刘玲：《法律生态化的重新界定》，载《中国海洋大学学报（社会科学版）》2013年第4期。

〔3〕王继恒：《法律生态化及其矛盾辨思》，载《甘肃政法学院学报》2010年第4期。

法治的目标。实质法治所对应的法治生态，是良性的、发展的社会生态，这个生态的本质，是人的基于自然生态基础的社会秩序生态，即人的社会生态秩序的自然生态性。

1. 实质法治的生态本质性

法治作为治国理政的基本方式，要求我国社会主义法治文化的民本模式在以民为本的基础上实现生态化发展。法治生态包括良好的法律制度、平稳的制度运行、与时俱进的法治理念、国家与社会层面的双向互动和形式法治与实质法治的同步发展。相对于形式法治来说，实质法治关注的是法律秩序价值，从而更符合法治的生态本质。无论是自然生态、政治生态还是社会生态，其核心是人与自然之间、人与人之间、群体之间的和谐共存与共同发展。实质法治的生态本质性，是人的自主实现社会秩序的品质。实质法治的目的和作用正是在人的自主秩序的基础上确保自然生态、政治生态与社会生态之间的相互和谐与可持续发展。实质法治的合目的性、价值性是法治生态的哲学基础与理念支撑，能够保障法治生态平衡与良法之治。实质法治的生态本质要求在建设社会主义法治文化过程中，从西方形式法治的历史中汲取建设法治的成功经验，同时从形式法治在解决社会问题时出现的灾难中吸取教训，并从现代西方实质法治的发展中，得出建设社会主义法治文化必须走民本模式的发展道路，必须坚持形式法治与实质法治结合并从形式法治走向实质法治的社会主义法治文化的发展方向。

2. 实质法治的生态条件性

实质法治作为一种法治生态，既是一定的生态条件的产物，又在一定的生态条件的作用下发展，并必将以实质法治实现法治和法治文化的生态化。实质法治的实现，既离不开一定的形式法治的基础，更依赖于一定的法治生态条件。实质法治的生态条件，根本是作为法治主体的人的自主秩序条件，也就是人或者通过人形成的法治环境条件，其中核心是人的与实质法治相关的精神条件与行为条件。法治生态与环境生态一样，都需要在一定条件下实现系统性的平衡与协调。不过，法治生态条件与法治环境有所区别，法治生态条件强调法治主体内在有序及其秩序平衡与发展的能力，而法治环境则强调的是法治建设的各种因素尤其是外在因素对法治的影响和作用。“法治环境有广义和狭义之分，从广义上看，法治环境是指存在于法治主体之外，直接或间接地作用和影响法治建设、法治过程与效果的各种因素的综合；从狭义上看，法治环境是指以法治文化为支撑，推动法治形成和发展的特定外部条件，主要包括法治风尚、法治习惯和法治氛围。营造良好法治环境对于推动法治发展具有重要的作用。”[1]法治环境是法治生态条件的一部分，一方面，不论是实质法治，还是法治生态化，都是在一定的法治环境的条件下存在和发展的；另一方面，随着实质法治和法治生态化建设的逐步推进，法治环境会朝着有利于实现实质法治与法治生态化的方向改变，从而成为促进实质法治和法治生态化发展的积极因素。

法治生态条件是一个国家和民族的法治土壤。一个国家和民族要建设法治和法治文化，必须生根于该国家和民族的法治土壤。改革开放以来，我国的法制建设不仅在形式法治的层面取得了历史性进步，中国特色社会主义法律体系已经初步完成并进入完善阶段，法治政府、法治社会建设步入正轨，司法改革取得重大进展。与此同时，作为实质法治的社会主义法治文化的生态条件也得到了培育和普遍发展，逐步形成具有中国特色社会主义法治文化的思想体系和价值体系，社会主义法治文化开始从传统的法的工具性向法的目的性即“以民为本”的方向转变，这是我国社会主义法治文化坚持社会主义核心价值观并以人民为中心、坚持人民主体地位的必然发展结果。

3. 实质法治的生态秩序性

实质法治在具有生态本质和反映生态条件的基础上，是一种法治生态秩序，具有法治生态秩序的属性。法治生态秩序是人与人之间、人与物之间自主和谐与稳定的社会秩序。法治生态秩序具有非常广泛的内涵，包括自然生态、政治生态、社会生态等法治秩序，其中核心是政治社会与市民社会的生态秩序。一般来说，政治社会的生态秩序处于法治生态秩序的前端。然而，作为以民为本的社会主义法治文化的民本模式的生态秩序，根本是市民社会的生态秩序，即民法和民法精神所调整的个人行为秩序。只有市民社会的生态秩序的形成与发展，才能够实现实质法治并最终形成社会主义法治文化的民本模式建设。

4. 实质法治的生态实现性

实质法治作为以形式秩序为基础的一种生态秩序，必然表现为生态秩序并通过生态秩序实现。生态法治是代表和实现实质法治的标志，一个社会的法治和法治文化只有形成和具备一定的生态性，才能够具有一定的实质性，即实质法治与法治的生态实现具有内在的统一性，只有生态实现的法治，才是实质法治或者是实质法治的根本形态。法治的生态实现既是推进实质法治的必然结果，又

[1] 公丕祥主编：《社会主义核心价值观研究丛书：法治篇》，江苏人民出版社 2016 年版，第 269 页。

是实质法治的表现形式。建设社会主义法治文化,实现民本模式的实质法治,在完善形式法治的基础上,必须从根本上着眼于法治的社会生态化。“从宏观上看,中国特色法治文化建设包括终极目标、核心价值、外观形式、根本症结、实质要义和法治形态等层面,是应然与实然、理想与现实、普适与特色等互动、互促、互融的社会文化。”[1]这种法治文化建设的各种要素的互动与融合,构成了我国社会主义法治文化民本模式的法治生态内涵。无论是“立法为民”的社会主义立法理念,还是“努力让人民群众在每一个司法案件中感受到公平正义”的司法目标,都充分反映我国社会主义法治文化的价值取向即“以民为本”,这是我国实质法治相对于形式法治的优越性和价值性的体现。只有围绕“以民为本”这一法治文化的生态条件与价值目标,才能够推动和促进作为实质法治的社会主义法治文化的实现与发展。

(三)实质法治与法治品质

实质法治作为体现社会主义法治文化价值的法治形态,代表了社会主义法治文化的法治品质,体现了民本模式的社会主义法治文化所追求的法治目的。

1. 实质法治的民本品质

实质法治具有民本品质。形式法治强调“法律的统治”“规则之治”,认为法治仅与法的形式有关;强调通过法律从外部约束政府权力,防止权力的滥用,从而达到保障公民的权力和自由的目的。实质法治不仅要求法治的形式性,还要求法律符合正义或道德原则。因此,实质法治不仅是对人的要求,而且在根本上追求人的目的和实现人的利益,具有以民为本的法治品质。“法治不仅意味着形式合法性,它假定在民主秩序的实现和实施中要有规则性和一致性;而且还意味着正义,它以最高的人类人格价值之确认与完全承认为基础,以为其最完整的表达提供框架的制度为保障。”[2]我国法治和法治文化建设是在以人民为中心和坚持人民主体地位的制度条件进行的,因此,我国社会主义法治文化本身就具有民本的法治品质。

---

〔1〕 梁平、陈焘:《语义与实践:中国特色法治文化及其建设进路探究》,载李林、冯军主编:《依法治国与法治文化建设》,社会科学文献出版社2013年版,第233页。

〔2〕 《1990年欧洲安全与合作会议宣言》,Document of the Copenhagen Meeting of the Conference on the Human Dimension of the CSFE,June5 –July 29,1990,nors.3 and 4.(转引自[美]布雷恩·Z.塔玛纳哈:《论法治——历史、政治和理论》,李桂林译,武汉大学出版社2010年版,第143页)

2. 实质法治的自由品质

实质法治具有自由品质。保护公民权利与自由是法治的基本内容,无论是形式法治还是实质法治都关注、保护个人的权利和自由。两者相比,形式法治保障的是公民的消极自由,实质法治则扩展到公民的积极自由。实质法治的自由品质体现了和谐社会与法治精神的要求,是实现人的自由全面发展的保障。"在建立人与自然、人与人以及人自身和谐的社会过程之中,应当以实现人的自由全面发展为最终目标,尽可能照顾到个人对于自由的合理需求,最基本的应当包括生存、平等、富裕和安全,并且保证全体社会成员都能平等地享有各项基本自由,……在执行过程中,应当注意形式自由与实质自由的同时实现,需要加强对弱势群体的权益保护。"[1] 自由、法治都是社会主义核心价值观的内容,两者在社会层面上同等重要,而两者在"以民为本"的社会主义法治文化中的统一,这不仅是法治的本质,而且是自由的发展。

3. 实质法治的伦理品质

法律与伦理、道德的关系是法学上的永恒话题。在伦理与道理上,存在不同的理解。伦理与道理最为常见的两种观点是伦理即道德和伦理非道德。有学者总结两者的关系有六种不同的认识,具体包括同义论、存异趋同论、联系论、相似论、包含论、异质论。[2] 在伦理与道德关系上,区别与联系的观点是主流,但是持区别论者,也有不同的认识。[3] 伦理学界对伦理与道德的深入研究有助于法学界全面理解和深入认识法律、法治与伦理、道德的关系。伦理的整体性、普遍性、价值性、双向性能够说明法治的伦理品质。

在伦理与法治的关系上,一方面,伦理在调解社会关系的整体性、普遍性与双向性上,指向建构社会的伦理秩序,与法律秩序均属于社会秩序;另一方面,伦理既包括"应然",也包括"实然",法治也是"应然"与"实然"的统一。我国建设社会主义法治文化,实现实质法治,必须要重视伦理秩序的作用。有学者提出,法治秩序与伦理秩序反映的是"法治"与"德治"的关系,[4] 并从法治与伦理的区别与联系角度阐述了两者对我国国家治理现代化的作用。从法治与伦理的内涵上,也能发现两者的共性。"伦理乃是具有社会效用的行为之事实如何的规

---

〔1〕 柯卫:《社会主义和谐社会与法治精神研究》,法律出版社 2012 年版,第 50 页。

〔2〕 参见王仕杰:《"伦理"与"道德"辨析》,载《伦理学研究》2007 年第 6 期。

〔3〕 参见韩升:《伦理与道德之辨证》,载《伦理学研究》2006 年第 1 期。

〔4〕 参见李兰芬:《国家治理现代化的伦理秩序建构》,载《哲学动态》2015 年第 1 期。

律及其应该如何的规范。”[1]道德探求人际关系的“应然状态”，而伦理则既关注“应然状态”又关注“实然状态”。[2]“应然”与“实然”是自然法学与实证主义法学的基本区别，法治从形式法治到实质法治的转型，并非简单地从“实然”到“应然”，而是“应然”与“实然”的统一。实质法治与伦理的此种关系，凸显了实质法治的伦理品质。

4. 实质法治的正义品质

实质法治要求法律或者法治是符合正义的，这是实质法治的正义品质，也是伦理品质。正义是防止恶法的价值标准。实质法治与正义的关系反映了法律规则、法律秩序与正义价值的联系，博登海默是综合法学的代表人物，他认为，“法律旨在创设一种正义的社会秩序”。[3]综合法学是对自然法学派、分析实证法学派、社会法学派的整合，主张法的价值、形式与事实的结合，是形式法治与实质法治的有机统一。德沃金的理论具有鲜明的实质法治色彩，比如他坚持在一些疑难案件中运用法律原则进行审判，法律原则蕴含着正义的品质，原则“作为一种标准被遵守的原因在于正义或公平或者道德的其他一些维度，而非因为它会促进或确保经济、政治或社会状况”。[4]

（四）形式法治论和实质法治论的争点

认真研究形式法治论和实质法治论的争论可以发现：形式法治论较为单一，它们对于法治的理解，主要局限于法治的形式和程序要求。无论是富勒、拉兹，还是菲尼斯和萨默斯，皆提出自己构想的法治的形式要求，即一个国家的法律体系只要符合这些形式方面的要求，就可以说这一国家是一个法治国家；相较而言，实质法治论较为综合，它们对于法治的理解，除了形式要求和程序要求外，还必须外加实体要求，尤其是政治价值方面的要求，如自由、民主、平等、人权和人的尊严等，从而实质法治论认为，法治必须立基于良法之上。两者的观点如此，其立论的根据又各有不同。

1. 形式法治论的立论根据

首先，形式法治论认为，法治与民主、平等、自由、人权等政治理念并非天然

---

〔1〕 王海明：《伦理学方法》，商务印书馆2003年版，第6页。

〔2〕 韩升：《伦理与道德之辨证》，载《伦理学研究》2006年第1期。

〔3〕 [美]E.博登海默：《法理学：法律哲学与法律方法》，邓正来译，中国政法大学出版社1999年版，第318页。

〔4〕 [英]雷蒙德·瓦克斯：《法哲学：价值与事实》，谭宇生译，译林出版社2013年版，第46页。

融合在一起,它们之间有着一定的界限,甚至相互间存在矛盾和冲突。由此,用一部法律体系将如此多的政治价值包容在一起,且让它们和谐共处,这更多地是一种理性上的狂妄。其次,形式法治论的推行有助于把自由、民主、平等、人权等政治价值从法治内涵中剥离出来,从而既可以更为清晰的界定法治,也能够消除法治和这些政治价值之间的混淆。再次,虽然形式法治论放逐了实质的政治价值,但并非与价值无涉,形式法治天然地具有约束权力和保卫自由的功能,对于实质政治价值的落实具有良好的铺垫和辅助作用。最后,由于形式法治论不涉及具体的法律价值标准,因此能够在更大范围内解释不同法治国家的情形,有着更大的理论适用范围。

若将法治放置于当代中国的语境和场域之中,有学者认为形式法治论的优点还有:形式法治论为当代中国所急需,其强调的形式性和程序性的制度安排,为法律所追求的那些实体价值目标的实现提供制度保障。在当代中国的政治和社会形式下,形式法治论更容易获得人们的认可和支持。[1]

2. 实质法治论的立论根据

首先,由于形式法治论认为的法治仅具有形式和程序要求,因此法治往往为专制政体或暴力国家所用,而这往往造成法治的崩溃,甚至在一定程度上折损了法治在民众心中的向往和愿景。“二战”中的纳粹德国是典型的事例,虽然纳粹德国也强调法治,在国内也实行法治,但彼时的法治却是漠视人权,践踏人性尊严的,因此不为实质法治论者所认可。其次,形式法治论仅强调规则之治,排除价值判断和实体要求,因此不可避免地具有局限性:一是容易导致政府权力的膨胀和人性的失落,从而造成所谓恶法亦法的局面;二是由于强调法律的形式要求,不可避免地带有抽象性、僵化性等。形式法治论的上述两种局限性都可以通过实质法治论得以纠正。最后,人类的历史发展表明,法治的实践发展正由形式法治论向实质法治论转变。尤其是“二战”中纳粹德国的惨痛历史,使得世界范围内的法学家皆认识到形式法治论的弊端,从而痛下决心转向实质法治论,从而使得战后形成了形式法治论到实质法治论的转型。

在中国的场域和语境下,实质法治论的优点在于:一是中国的文化传统和社会心理,使得民众更容易接受实质法治论。我国古代居主导地位的是儒家的礼

---

〔1〕 参见黄文艺:《为形式法治理论辩护——兼评〈法治:理念与制度〉》,载《政法论坛》2008 年第 1 期。

制秩序,即便是司法程序中,也是引儒入律,用儒家的经典解释法律,由此法律天然地与道德价值和政治价值不可分割。即便是在清末改制之后,实质正义的观念仍远大于形式正义的观念。宋教仁遇刺,黄兴等虽然建议法律解决,但孙中山先生仍"二次革命"武力讨袁;五四运动火烧赵家楼后,梁漱溟先生虽建议学生遵判服法,但被斥之为愚昧迂腐,由此而言,实质法治论更为符合中国的民众心理,也就更容易为民众所接受。

(五)实质法治论与自然法思想

实质法治论和自然法思想之间具有密切关系,既有相互一致,又有一定区别。但总体而言,两者间的一致要远大于区别。两者间的具体关系可以从它们的历史发展脉络中清晰看出。

1. 实质法治论与自然法思想的联系

首先,实质法治论和自然法思想之间是相伴而生,同呼吸、共命运的。实质法治论和自然法思想之间的联系起始于古希腊时期,当时随着亚里士多德对法治的界定,实质法治论已经产生,但囿于自身理论的制约没有发展壮大,而此时自然法思想为实质法治论提供了必要的理论支撑。按照亚里士多德的界定,法治即良法和善治的结合,且良法是必要的基础。古希腊城邦法律的良善与否,主要在于城邦法律是否对自然正当理念加以吸纳和实现,以便城邦公民过上一种合德性的生活,这就为实质法治论和自然法思想攀上亲缘关系奠定了坚实基础。同样,古罗马的西塞罗既是自然法思想家,又秉持实质法治论,他认为法律即实定法,应当符合自然法的正义标准,法律这一概念本身就包含有公正、正确地进行选择的意思,邪恶的、不公正的立法不能称之为法律。[1] 十七八世纪是古典自然法的鼎盛时期,同时也是实质法治论的黄金时期。这一时期的绝大多数启蒙思想家所提出的法治理论基本上都属于实质法治论。如洛克、孟德斯鸠、卢梭等,他们既是自然法思想家,同时也是实质法治论的秉持者。卢梭就认为,"法律是一种全体人民对全体人民做出的规定"。[2] 至19世纪,自然法思想受到法律实证主义的猛烈批判,随着自然法思想的衰弱,实证法治观也渐趋沉寂。

---

〔1〕 参见[古罗马]西塞罗:《论共和国·论法律》,王焕生译,中国政法大学出版社1997年版,第219页。

〔2〕 [法]卢梭:《社会契约论》,何兆武译,商务印书馆2003年版,第46页。

2. 实质法治论与自然法思想的区别

关于实质法治和形式法治的分歧，容易将我们带入自然法学派和实证法学派的争论中。若不加以细致地区分，我们可以说秉持实质法治论点的学者多数属于自然法学派，而坚持形式法治论点的学者则多数属于实证法学派。自斯多葛学派始，经古典自然法学，一直到“二战”之后的新自然法学。这些学者皆主张，在实证法之外，还有一种更高层次的法，或者为自然，或者是上帝之法。且法律与道德之间密不可分，法律本身应具有一定的道德性，内在道德和外在道德兼而有之。然而，自然法思想的学者并不必然秉持实质法治论，有可能坚持形式法治论。虽然自然法思想与实质法治论密切相关，但两者之间并非完全一致，如富勒，传统意义上属于新自然法学者，但秉持的却是形式法治论。富勒在《法律的道德性》一书中着重论述了法律的内在道德，他的八项原则构成了法律体系建构的合法性标准，典型属于形式法治论，且对后续的拉兹、菲尼斯、萨默斯等学者的形式法治论产生了重要影响。

三、实质法治与民法精神

民法精神构成实质法治的基础，民法精神反映实质法治的要求。民法精神指导民法规范，民法规范体现民法精神并规制民事行为，实质法治的价值要求通过彰显民法精神的民法规范与民事行为得以实现。实质法治是法治的理性认知，而这一认知作为市民社会关系条件，就是民法精神的认知结果，民法精神以其市民社会的生态规范与秩序本质而具有实质法治的价值。“民法精神摒弃对法律功能的完全实证主义地分析所得的认识，它对法律制度进行价值的批评和评判。”[1]民法精神构造的民本秩序与实质法治形成的法治秩序具有根本上的一致性。民法精神与实质法治相契合，构成实质法治的民本条件，体现实质法治的价值要求，推进实质法治的生态实现。

(一) 实质法治的民法精神条件

实质法治所追求的社会秩序品质立足于市民社会的目的与价值，具有民法精神的本质属性，并必然以民法精神为条件。脱离了民法精神的条件基础，实质法治既不能存在，也不能发展和实现。

---

〔1〕 章礼强:《民法精神论》，载《安徽教育学院学报(哲学社会科学版)》1996 年第 4 期。

1. 实质法治与民法精神的规范条件

实质法治要求法符合公平、正义、道德等多维度的价值,这在民法精神及其法律规范中得到了充分体现。民法精神反映人性的价值要求,是以宪法精神为根据的基础法治精神,贯彻和体现民法精神的法律规范追求法的价值实现,与我国实质法治的价值要求相契合。在我国,作为民法精神主要法律表现形式的《民法典》彰显了民法精神与实质法治相统一价值取向与内容。《民法典》总则编中设有民事权利专章,体现了民事权利优先的原则,“彰显了权利本位的现代法治精神”。[1] 普遍观点认为,《民法典》总则编关于民事主体的财产“优先用于承担民事责任”的规定,是对私权保护力度的加强。在这种国家利益与个人利益冲突的时候,《民法典》总则编突出保护私人利益,而不是优先实现国家利益,正是体现了私权神圣的原则。[2] 《民法典》总则编通过增加胎儿利益、个人信息、人格权等保护以及下调限制民事行为能力人的未成年人年龄等,“体现了以人为本的现代法治理念”。[3] 《民法典》总则编“把公序良俗作为民法基本原则体现了当代法治精神”。[4] 在推动市场经济法治化方面,《民法典》总则编通过将法人分为营利法人、非营利法人和特别法人来构建市场经济的主体制度与行为秩序。“民法总则推动市场经济法治化,是从中国的实际出发,致力于解决中国的问题。”[5]可以说,《民法典》总则编的制定,是在总结四十多年改革开放的历史经验教训的基础上对民法精神的一次全面总结与充分体现,为实质法治的社会主义法治和法治文化建设提供了民本模式的规范条件。

2. 实质法治与民法精神的理性条件

实质法治是我国法治从感性到理性转变的结果,是理性的法治认知。民法精神是对民法价值、民法原则的理性认识与抽象。实质法治与民法精神都属于理性认识,我国实质法治中“以民为本”的法治理念对民法精神的形成具有积极的影响,民法精神的认知与实践,则构成实质法治的民本模式。

民法精神理性不是空洞的哲学思辨,首先体现和贯彻在民法规范之中。

---

〔1〕 赖丽华:《民法总则:彰显当代法治精神》,载《江西日报》2017 年 4 月 24 日,第 B3 版。

〔2〕 参见杨立新:《民法总则:当代法治精神的鲜明体现》,载《北京日报》2017 年 3 月 20 日,第 13 版。

〔3〕 赖丽华:《民法总则:彰显当代法治精神》,载《江西日报》2017 年 4 月 24 日,第 B3 版。

〔4〕 杨立新:《民法总则:当代法治精神的鲜明体现》,载《北京日报》2017 年 3 月 20 日,第 13 版。

〔5〕 李万祥:《民法总则推动市场经济法治化》,载《经济日报》2017 年 4 月 24 日,第 5 版。

《民法典》的编纂、颁布与实施充分体现了对民法精神理性条件的认知，是时代理性精神的体现，“开启了我国法治建设的新篇章”。[1]《民法典》所体现的与时俱进的民法精神，确立了我国以民为本的社会主义法治和法治文化的基础，并必将以其民本模式促进从形式法治到实质法治的我国社会主义法治和法治文化的转型发展。

实质法治是一种理性的法治形态，离不开一定的理性条件，包括理性的精神条件与规范条件。民法精神作为市民社会的理性秩序，则以其理性精神与规范的条件与形态统一，构成了实质法治的理性秩序基础。一方面，民法精神是人的理性社会秩序精神，这一秩序精神是构成实质法治所不可缺少的生态要素；另一方面，民法精神既是民法形式表现的精神，就必然把自己的精神及其理性条件表现在民法秩序之中，从而使民法在民法精神和以民为本的基础上成为一种具有实质法治价值与目的的制度体系。

3. 实质法治与民法精神的行为条件

实质法治不仅体现在它的制度本质上，而且体现在它的行为条件上，即实质法治之实质，根本是指法治的现实性，即法治的行为秩序性，也就是法治的生态秩序性。实质法治最终的“实质”意义是人的行为之治，只有把具有实质价值的法律转化人的实质行为，才是实质法治的价值实现，也才是实质法治的实质实现。实质法治的行为，作为民本模式的法律行为，就是民法所调整的平等民事主体的人身与财产行为，即市民社会的民法精神行为。

民法精神行为是以民法精神约束的并体现民法精神目的的社会行为。广义上，民法精神行为不仅包括民事主体的民事法律行为，也泛指人的一般意志行为。民法精神行为作为市民社会的法律行为文化，对于实现从形式到实质的社会主义法治文化转型具有基础的文化意义。[2] 因为民法精神行为作为人们体现民法精神的民事活动，是人类社会最为频繁的社会活动，与人的生活联系最为密切，并构成一种普遍的社会生态秩序；它以人为目的，最能够体现人的主体性

〔1〕 郭锋：《〈民法总则〉的时代精神和特色》，载《财经法学》2017 年第 3 期。

〔2〕 “法律行为文化是指法律行为所具有的精神内涵、所秉持的价值取向、所体现的文化特征。法律行为文化最能反映一个社会的法治状态，它的研究对象是法律行为中所蕴含并体现的对行为主体产生影响的一切文化因素和内涵，具体包括心理状态、家庭环境、工作环境、社会环境、历史传统、相互关系、民族性格、思维方式等等。”（刘斌：《中国当代法治文化的研究范畴》，载《中国政法大学学报》2009 年第 6 期）

和价值性,而这一行为或者活动的秩序结果,也就最具有实质法治的本质。

4. 实质法治与民法精神的秩序条件

实质法治的民法精神行为,最终是通过行为所实现的民法精神秩序。民法精神秩序是民法精神构造的民本秩序和生态秩序,是民法精神行为的自然与应然的构造形态及其实现的价值结果。“根据法治的价值要求建立起来的符合法治的社会秩序,是最重要的法治成就。”[1]民法精神秩序作为民本秩序与实质法治的民本价值要求相一致,是实质法治的秩序与价值在民法精神中的统一,因此,实现从形式到实质的社会主义文化的品质转型,作为一种法治秩序的建立过程,就是民法精神秩序的构造过程,需要体现和发挥民法精神在社会秩序构造中的价值与作用。“民法精神的贯彻与弘扬,既是民法规范的要求,也是道德规范的要求。”[2]民法精神的道德基础与实质法治的道德价值相契合,而民法精神的秩序条件实现也就是实质法治的道德价值实现。民法精神秩序是由民法精神的内在品质与要求所构成的秩序,这一秩序包括以人为本、权利本位、权利平等、契约自由、意思自治、诚实信用等秩序条件与本质,由这一条件和秩序本质所构成的民法精神秩序就是一种实质法治的社会秩序。

(二)民法精神的实质法治要求

民法精神作为市民社会的法治生态秩序,其生态秩序的内涵与本质,这就是一种实质法治的条件和要求,并必然要求实质法治和以自身的法治生态秩序构造实质法治的法治文化形态。

1. 民法精神的实质法治目的要求

民法精神不仅契合实质法治的目的,而且必然提出实质法治的目的要求,追求以民法精神的价值与目的为基础的实质法治的实现,从而构建实质法治的社会秩序体系。民本模式的社会主义法治和法治文化,从其建设的根本目标或者目的上,不是形式法治,而是实质法治,即法治的社会精神化、秩序化和生态化。实质法治的精神秩序、行为秩序和生态秩序,主要是市民社会的自然秩序,即民法精神自律的道德秩序。所以,民法精神必然以其实质秩序而具有与实质法治相契合的秩序目的要求。

从西方的法治来看,实质法治的目的是在弥补形式法治的缺陷基础上发展

---

〔1〕 莫纪宏:《依法治国根本目标:建立法治秩序》,载《学习时报》2014 年 9 月 8 日,第 A5 版。

〔2〕 王歌雅:《民法的精神与道德的基础》,载《学术交流》2005 年第 7 期。

与完善的。正如前述,实质法治是“二战”后为解决资本主义国家形式法治的发展所带来的诸多问题和社会矛盾而提出来的,它以明确的法治目的及其价值取向缓解了由于形式法治的目的与价值缺失所带来的各种社会矛盾的激化。但是,西方福利国家所固有的个人权利与民主之间的矛盾关系不可能得到根本的解决。〔1〕 西方法治的经验和教训,为我国建设中国特色社会主义法治和法治文化提供了有益的参考和借鉴,尤其是在通过实质法治建立社会主义法治和法治文化的目的上,明确了我国社会主义法治和法治文化的发展方向与目标。十八届四中全会《决定》提出的实现全面推进依法治国总目标所必须坚持的人民主体地位的基本内涵,就是实质法治的发展目标;十九大报告提出的“以人民为中心的发展思想”,就是要求中国特色社会主义法治和法治文化建设必须追求以人民为中心和坚持人民主体地位的实质法治的目的,而这一目的显然不是形式法治所能够达到和实现的。不论是以人民为中心,还是坚持人民主体地位,都是民本模式的社会主义法治文化的本质要求,而体现在具体的法律和法治条件上,就是以民法和民法精神为基础的人民权利的保护。“法治建设的核心本质就是以人民为中心,实现人民群众美好幸福生活的需要。”〔2〕实质法治在与民法精神相契合的基础上,必然作为民法精神的目的存在,民法精神必然追求实质法治的目的,因为民法精神本身就是一种具有实质法治目的的社会精神。

2. 民法精神的实质法治条件要求

民法精神的法治条件,作为一种民本模式的社会规范与秩序条件,在根本上是一种实质法治的条件,民法精神本身的存在与秩序运行必然具有和提出实质法治的条件要求。尽管民法精神建立于一定的形式法治的基础并提供一定的形式法治的条件,但是它作为主体自主实现的一种公平正义精神,仍然是作为一种实质法治条件存在的,是一种实质法治的条件要求,并必然促进实质法治的发展和实现。民法精神反映和提出的实质法治条件,在根本上就是以民为本的社会规范与秩序条件。一方面,民法精神的实质法治条件,就是人民主体的权利地位条件,另一方面是人民的利益实现条件。具体地说,就是民法和民法精神调整的民事主体的人身与财产关系的平等与自由条件。实质法治必须接受和坚持“以民为本”的民法精神条件,保障和实现人民在人身与财产关系中的根本利益。

〔1〕 参见高鸿钧:《现代法治的困境及其出路》,载《法学研究》2003 年第 2 期。

〔2〕 王利明:《新时代中国法治建设的基本问题》,载《中国社会科学》2018 年第 1 期。

然而,作为民法精神的实质法治条件,保障和实现人民的人身与财产利益,就是要保障人民的人身与财产安全,而人民是否有人身与财产的社会安全感则是衡量这一问题根本标准。本项目组以"您认为您个人财产的社会安全程度是什么"为题进行了全国性调查问卷。在受访者对五个备选答案的回答中,获得的具体数据统计结果如图 23 – 1 所示:

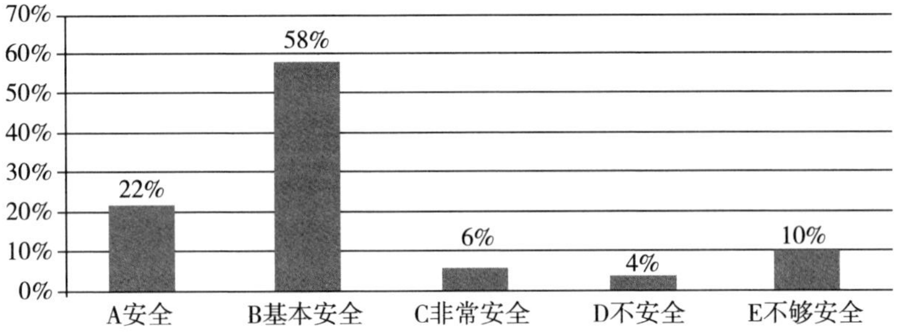

图 23 – 1 "您认为您个人财产的社会安全程度是什么"一题调研数据统计

这一数据统计结果显示,认为"基本安全"(B)的占比最高,达到了 58%,表明了社会对个人财产安全的总体认可程度;认为"不安全"(D)和"不够安全"(E)的占比较低,分别为 4% 和 10%。同时,认为"安全"(A)和"非常安全"(C)的占比亦不够高,分别为 22% 和 6%。这说明,目前我国社会还不能给人民群众提供充分的财产安全,人民群众还在很大程度上存在对财产安全的担心,这是我国社会主义法治建设需要面对和解决的问题。

构成实质法治条件的民法精神的民本条件,就是一种私权的确认和保护条件,这个条件需要不断完善和满足。可以说,《民法典》在立法上的根本进步,是民法精神的私权保护条件以民法总则形式的具体落实,这是一种实质法治的条件诉求。总之,民法和民法精神的社会规范与秩序体系,既代表了实质法治的条件,又提出了实质法治的条件要求,从而必然代表实质法治和促进以民为本的实质法治的法治与法治文化的建设与发展。

3. 民法精神的实质法治价值要求

民法精神是一种法治价值精神,具有与实质法治的价值统一,体现实质法治的价值,必然提出实质法治的价值要求。有学者认为,民法精神是一个具有人性价值、道德价值、正义价值以及权利价值的价值体系。"民法的精神是人性的精神,人性是民法精神构造的来源与根据";"民法的精神,是道德理想,民法的精神构造离不开道德基础”;“正义是民法精神的价值目标,民法的精神构造是一个正义的价值体系构造”;“权利是自由的条件和利益的手段,民法的精神构造以权利为内容,是为了自由与利益的构造”。〔1〕 民法精神的价值体系,代表一种实质法治的价值要求,而实质法治也唯有满足民法精神的价值要求,才具有实质法治的本质并构成真正的实质法治。在民法精神的价值之外没有实质法治。

价值要求是实质法治区别于形式法治的一个重要条件,也是民法精神的内在本质。全面推进依法治国,建设中国特色社会主义法治体系,建设社会主义法治国家,根本是建设中国特色社会主义实质法治,具有实质法治的价值要求。“实质意义上的法治国家不仅要求国家受法律的约束,而且要求法律本身具有社会的正当性。”〔2〕在西方国家的法治中,实质法治的价值,体现在人权与民主之中。不论是我国社会主义实质法治的价值本质,还是西方资本主义国家的实质法治的价值条件,都确立于市民社会与市场经济的民法精神的价值基础,是民法精神的价值要求的结果,因此也必然具有和反映民法精神的价值条件,这是由民法精神的民本价值的一般性与普遍性所决定的。

4. 民法精神的实质法治实现要求

民法精神在作为实质法治条件和具有实质法治的价值要求的基础上,必然要求和实现实质法治,是一种实质法治实现的社会规范与秩序形态,也就是一种社会生态的法治形态。不论是民法精神还是实质法治,都不是将自己停留在一定的法律规范的基础上,而是要求将法律规范条件转变为现实的社会生态秩序,从而以现实的社会生态秩序形态代表自己的本质与存在。

建设社会主义法治文化的民本模式,不仅要坚持正确的政治方向,而且应当选择科学的发展与实现路径,而作为民本模式的路径,就是反映人的客观利益需求及其实现的规定性的民法精神的社会秩序构造。实质法治的实现在难度上比形式法治更大。形式法治有确定的原则与标准,从世界范围上看,也有成熟的法治样本可以参考,就我国来说,也有几十年的发展经验。然而,实质法治在理论认识上则存在较大分歧,因为实质法治与人性价值和道德标准等具有密切联系,具有法律外的条件性,也就带有一定的不确定性,因此,既需要生态实现,又需要

---

〔1〕 王利民:《民法的精神构造:民法哲学的思考》,法律出版社 2010 年版,第 3、42、69、126 页。

〔2〕 [德]哈特穆特·毛雷尔:《行政法学总论》,高家伟译,法律出版社 2000 年版,第 105 页。(转引自刘平:《法治与法治思维》,上海人民出版社 2013 年版,第 37 页)

进行生态控制;既需要国家的治理体系,又需要个人的行为条件,所以是一个复杂的社会系统工程,如果没有科学的发展目标与正确的价值方向,并进行严格的实现控制,则可能会产生各种社会消极影响。在实质法治之下,“法律外的各种因素将成为冲击法律意义安全性的力量”。[1] 因此,实质法治的不确定性可能会危及到法治,而“形式法治能带领我们接近法治”。[2] 不过,实质法治的实现,根本是人的问题,而人的问题,又根本是人的法治精神问题,必须解决人自身的法治实践所具有的实现实质法治的品质。这个品质的核心,就是作为民本秩序的民法精神,建设以民为本的社会主义法治文化,只有具备民法精神及其实质法治的实现要求,才能够实现民本模式的社会主义实质法治。

因此,实质法治的法治实现,作为民本模式的社会主义法治文化建设,必须认知作为市民社会自然生态秩序的民法精神本身所具有的实质法治本质及其实现要求,从而通过民法精神的法治品质转型及其自然生态秩序,构造一种实质法治实现的民法精神的自主构序形态。

四、民法精神的法治品质转型

民法精神的法治品质转型,就是以民法精神为基础并与民法精神相统一的实质法治转型。无论是西方法治还是我国社会主义法治,法治的发展均与法治品质有关并追求法治品质的实现,法治发展意味着法治品质的提升与发展。20世纪以后西方实质法治就是通过丰富法治理论的内涵和弥补形式法治的缺陷而兴起的。我国社会主义法治文化建设同样注重法治品质在与时俱进中的提高,这既是建设社会主义法治文化的民本模式的需要,也是实现以民为本的社会主义法治文化的目的与价值的需要。

(一)当代中国法治建设的品质变迁

1. 中国传统法治观的现代转型

对法治观念的追求是世界范围内的共识。法治观念之所以如此受欢迎,端在于法治能够更好地实现国家治理,并保护人民的利益福祉。洛克认为,我们之所以摆脱自然状态,进入政治社会中,并建立国家和政府,是为了人类谋取幸福,而这一目标的有效实现有赖于法律的统治,即根据既定的和公布的法律而不是

---

〔1〕 陈金钊:《实质法治思维路径的风险及其矫正》,载《清华法学》2012年第4期。

〔2〕 陈金钊:《实质法治思维路径的风险及其矫正》,载《清华法学》2012年第4期。

专断的意志和任性进行统治。

中国的法治建设既奠基于中国悠久传统文化的基础上，同时又是当代中国改革开放四十多年实践经验的总结。可以说，只有法治才能助推我国治理体系和治理能力现代化。因此，我们的法治建设必须在中国传统社会的法律实际和实践的基础上进行，在进行形式法治建设的同时，更重视实质法治的实现。[1]对于当代中国的法治建设，只有将它放置于中国社会的特定历晚背景与社会条件下，才能够理解其形式与实质的正确含义，因为法治“必须回应特定时空背景下特定的社会、政治诉求”。[2]

2. 由形式法治向实质法治转型的决定

2014 年的十八届四中全会《决定》，提出了建设中国特色社会主义法治体系，建设社会主义法治国家的总目标。《决定》的通过，获得了国内外媒体和民众的广泛赞誉，甚至被国外媒体认为“是一个历史性的转折点，相当于当年的英国约翰王签署大宪章”。[3]《决定》内容被认为是我国全面深入实施依法治国的总纲领，同时也是我国由形式法治向实质法治转型的重要标志。此种转型反映在报告的方方面面之中，择其中重要表现有三：

一是我国法治建设的指导方针由“有法可依、有法必依、执法必严、违法必究”转变为“科学立法、严格执法、公正司法、全民守法”。1978 年十一届三中确立的我国法制建设的指导方针是“有法可依、有法必依、执法必严、违法必究”。根据这一指导方针，无论是“有法可依、有法必依”，还是“执法必严、违法必究”，所谈到的都是法治的形式要求，即要依法行事，属于典型的形式法治论。虽然 1997 年十五大报告将“法制”建设转变为“法治”建设，但其指导方针一直没有变化。直至十八届四中全会《决定》重新提出了“科学立法、严格执法、公正司法、全民守法”这一我国新时期法治建设的方针。无论是对于立法和执法，还是

---

〔1〕 作为明确的宪法规范，我国 1999 年宪法修正案提出的“法治国家”是属于实质意义上的法治国家，还是形式意义上的法治国家？或者兼而有之？在法治国家概念的演变过程中存在的形式和实质两个概念。由于历史和文化的不同，不同国家宪法文本中所表达的价值内涵也有不同。有学者认为，基于对中国宪法的历史、文本与国家发展目标的综合考虑，宪法修正案中的“法治国家”可解释为包括“形式和实质法治主义”的综合概念，但更注重形式，并通过形式的完善，逐步向实质法治的目标发展。（参见韩大元：《中国宪法文本中“法治国家”规范分析》，载《吉林大学社会科学学报》2014 年第 3 期）

〔2〕 付子堂、常安：《民生法治论》，载《中国法学》2009 年第 6 期。

〔3〕 李树忠：《迈向“实质法治”——历史进程中的十八届四中全会〈决定〉》，载《当代法学》2015 年第 1 期。

对于司法和守法,《决定》皆提出了相应的价值要求,由此而言,这十六字的指导方针是典型的实质法治论。

二是我国立法工作由单纯的立法转变为对于良法的追求。法治中国的建设追求“良法善治”,“良法”涉及立法环节,“善治”涉及执法、司法等环节。我们追求的是何种良法、谁之良法?《决定》首先强调了良法的重要性,即“良法是善治之前提”。为了实现对于良法的追求,《决定》直指完善立法体制并推进科学、民主立法。当然,良法至少要遵循某些富勒所谓法律的“内在道德”要求,否则亦并不符合我国科学立法的价值原则。

三是进一步强调了对于公民权利的保障。《决定》强调依法保障公民权利,完善体现公平的法律制度,增强人权意识,健全公民权利救济渠道与方式。

(二)与时俱进的法治品质

一个国家和社会的法治文化的建设与发展及其从形式法治到实质法治的实现,是一个法治品质的与时俱进过程。

1.实质法治的品质选择

法治和法治文化的建设过程,是一个法治品质进步的过程,法治品质的与时俱进,意味着法治在实质意义上的品质提升与发展深化。人的法治思想是不断进步和成熟的,因此在一定法治思想指导下法治和法治文化建设也是一个动态的发展过程,而其直接实现的法治品质的提升,则构成了从形式到实质的社会主义法治文化转型的客观要求与结果。

当代社会的法治品质,与实质法治的目的与价值具有内在的联系。形式法治与实质法治的差别,是一个法治品质的差别。“品质”一词是指以一定的客观标准去衡量事物和人的好坏,用在法治层面,是指所谓法治是否反映社会发展的客观要求,是否符合人们对法治的普遍期待,以及法治所实现的社会秩序形态及其所代表的目的与价值。迄今为止,法治是最好的国家、社会治理模式,所以不能简单对其进行“品质”评价。形式法治与实质法治在法治的侧重点上有所不同,但都普遍承认法治的基本内涵与要求。19 世纪以后,西方形式法治占据主流,对形成西方国家有效的权力分配与监督,保护公民的权利与自由发挥了非常重要的作用。然而,任何事物都是有缺陷的,一个国家在选择社会治理方式时受到多种因素的制约和影响,只能在权衡与考量后,选择一种作为主要的或者适合自己的治理模式。不论是形式法治还是实质法治,法治本身就体现了作为社会治理模式及其秩序体系的良好品质,不能因为肯定实质法治而否定形式法治及其所具有的品质内涵。不过,法治的内涵是随着理论与实践的发展尤其是根据解决重要社会问题的需要而发展变化的,因此又必然使人们在形式法治与实质法治之间进行一定的品质选择。“一切实质法治观都吸收了形式法治的要素,然后进一步补充进各种内容规定。”[1]实质法治对形式法治的吸收与补充是法治品质提升的根本途径,是法治和法治文化发展的必然要求与结果,代表了法治和法治文化的发展规律。实质法治代表了当代法治的品质条件与要求,是法治建设的发展方向。

我国以民为本的中国特色社会主义法治文化建设,决定了我国的社会主义法治文化在本质上是形式法治与实质法治的统一,具有最高的法治和法治文化品质。但是,这一品质不是现在就具有的或者是已经形成的,而是需要一个从形式法治到实质法治的转型实现的过程,是在不断实现中的品质,因此需要建设实质法治和实质法治的品质存在。十八届四中全会《决定》提出的全面推进依法治国总目标,全面和深入地体现了党和国家对社会主义法治和法治文化的内涵与品质的认知,实际就是提出了从形式法治到实质法治的社会主义法治文化的品质要求与发展战略。实质法治的品质,作为以民为本的社会主义法治文化的价值品质,根本是以民法精神为基础的市民社会的人文品质,只能在民本模式的社会主义法治文化建设中存在。因此,实质法治的社会主义法治品质的获得与实现,离不开市民社会的民法精神规范与秩序条件,需要民法精神的目的与价值及其弘扬与践行。

2. 实质法治的品质形成

十一届三中全会决定是我国“依法治国”的起点,我国对法治的探索和实践开始步入正轨和正常化。从十五大提出“依法治国,建设社会主义法治国家”到1999年将其写入宪法,完成了我国法治建设的重要飞跃。总结起来,我国法治认识分为三个主要阶段:结束法律虚无主义;从“法制”到“法治”;再从形式法治到实质法治。既坚定走中国特色社会主义法治发展道路,又积极吸收人类先进的法治文明并不断提升我国社会主义法治文化的内在品质。

虽然任何一个国家的法治形成都是一个不断实践的过程,并具有共同的内在发展规律,但是,不同的国家和民族必然有自己的法治形成与发展的道路。我

〔1〕［美］布雷恩·Z. 塔玛纳哈:《论法治——历史、政治和理论》,李桂林译,武汉大学出版社2010年版,第131页。

国法治道路的选择与确立,既与西方国家的法治形成路径有所不同,也与许多发展中国家的法治建设有所区别。在西方国家的法治历史中,中世纪有着共同的法治渊源,近代以后在走向民族国家、法治国家的过程中,则具有和表现为多元的发展路径。“法治传统以缓慢且非人为规划的方式在中世纪开始出现,没有单一的渊源或起点。”〔1〕但是,这并不否认基于欧洲中世纪共同的历史、文化与政治基础,日耳曼的习惯、教皇权力与世俗国王权力之争是西方法治共同的渊源。近代以后,英国、美国、德国、法国走上了法治道路,但在解决限制权力、保护公民权利和自由上具有不同的法治理论与实践。达尼洛·佐洛从主权的归属、宪法的功能、保护个体权利的手段对英国、美国、德国、法国的法治做了比较。“在英国的法治下,主权属于议会,议会与行政权相比几乎排他地行使着其规范上的至高性。英国宪法不仅是不成文的,而且也不是法案或法律习惯;而是在控制和限制行政权方面保持一致的一系列法律传统、规范性法律、社会惯例和实践。对个体权利的法律裁决及对个体权利的保护实际上被委托给了普通法院。”〔2〕美国虽然受到英国的影响,独立战争后美国法治的独立发展,使其不同于英国的法治。“法治的美国变体进一步限制、分配、区分了国家主权。主权的告终是由于主权象征性地符合于成文的、实质严格的宪法在规范上的最高性,宪法限制了包括立法权在内的所有国家权力。对个体权利的裁决和保护主要靠司法权去解释宪法原则。”〔3〕德国和法国的法治理论和实践不同于英美自由主义传统上的法治,两国历史与对法治理解的不同,德国和法国的法治模式区别也较大。“至于德国的法治,主权被归属于立法权,立法权有超越其他权力的规范上的最高性。宪法是成文的,也是灵活的,并没有被置于普通法律之上,也没有司法权的专门保护。对个体权利的保护被排他性地授予议会,议会是个体权利的来源和保证人。”〔4〕法国受卢梭人民主权论的影响,法国法治中的议会具有制宪

〔1〕 [美]布雷恩·Z.塔玛纳哈:《论法治——历史、政治和理论》,李桂林译,武汉大学出版社2010年版,第19页。

〔2〕 [意]达尼洛·佐洛:《法治:一个批判性的回顾》,载[意]皮特罗·科斯塔、达尼洛·佐洛主编:《法律的规则:历史、理论及其批评》,田飞龙等译,上海三联书店2015年版,第19页。

〔3〕 [意]达尼洛·佐洛:《法治:一个批判性的回顾》,载[意]皮特罗·科斯塔、达尼洛·佐洛主编:《法律的规则:历史、理论及其批评》,田飞龙等译,上海三联书店2015年版,第19页。

〔4〕 [意]达尼洛·佐洛:《法治:一个批判性的回顾》,载[意]皮特罗·科斯塔、达尼洛·佐洛主编:《法律的规则:历史、理论及其批评》,田飞龙等译,上海三联书店2015年版,第19页。

权和宪定权的双重身份，否定宪法的刚性及司法对普通法律的合宪性控制。[1] 对上述几个国家法治参数的比较，重在说明我国的社会主义法治和法治文化建设，应当坚定中国特色社会主义法治和法治文化的发展道路，明确以民为本的社会主义法治和法治文化的民本模式发展方向，在社会主义法律体系已经形成的条件下，应当开始以实质法治的价值与目的追求社会主义法治与法治文化的与时俱进发展。

实质法治的品质形成，是各种社会因素相互影响和作用的结果，其中民法精神的社会秩序构造是不可缺少的民本条件。民法精神作为市民社会的生态秩序条件，为实质法治的形成既提供了以民为本的价值根据，也提供了以个人自律为前提的伦理基础。

（三）从形式到实质的法治转型

社会主义法治品质的进步与形成，是一个从形式法治到实质法治的转型过程。这一从形式到实质的法治品质转型，并不是否定或者抛弃形式法治，以实质法治为单一维度，而是以完善的形式法治为基础的实质法治发展。从法治类型来看，形式法治与实质法治是法治的两种基本类型。

十八届四中全会《决定》提出了“全面推进依法治国”的总目标，不仅是我国法治建设的重要转折，也标志着我国社会主义法治品质从形式到实质的转型与提升。当法治完成从工具到目的、从制度到精神的转型，则必然要求实现从形式到实质的转型。形式法治具有形式性、工具性、程序性与外在性；实质法治则是法治的社会精神化、秩序化和生态化，从而实现法治的社会伦理本质与目标。从形式到实质的社会主义法治品质转型，是文化形态上由法律文化向法治文化的转型，这一转型，是建设以民为本的社会主义法治文化的现实目标和具体要求，凸显民本社会的民法精神在法治文化中的基础条件和作用，是社会主义法治文化的民法精神及其民本模式化的过程。民法精神是实质法治的基础，民法精神要求实质法治并必然走向实质法治的社会主义法治文化形态。

1. 从形式条件到实质目的

四十多年前的十一届三中全会提出的“有法可依、有法必依、执法必严、违法必究”依法治国“十六字方针”，作为社会主义法制的基本原则，仅仅是一种社

[1] ［意］达尼洛・佐洛：《法治：一个批判性的回顾》，载［意］皮特罗・科斯塔、达尼洛・佐洛主编：《法律的规则：历史、理论及其批评》，田飞龙等译，上海三联书店 2015 年版，第 18 页。

会主义法治的形式要求,而所谓的社会主义“法制”也只是一种形式法治。同时,中国特色社会主义法律体系的逐步形成也首先为我国法治建设提供了必要的形式条件。我国的法治建设同其他任何一个国家的法治建设一样,都是从形式法治开始的,是一个从形式条件到实质目的的转型实现过程。事实上,我国社会主义法治建设,从来都是一个形式和实质统一的发展过程,形式法治的形成和发展同时意味着实质法治的萌芽和进步,但是其中不同的,是注重形式条件还是强调实质目的的问题。前者为形式法治,后者为实质法治,但是从形式法治到实质法治的转型发展,从来都不是抛弃和脱离形式法治,而是在形式法治基础上的发展,是通过形式法治条件实现实质法治目的的发展。

十八届四中全会《决定》提出了全面推进依法治国的“新十六字方针”,即“科学立法、严格执法、公正司法、全民守法”,明确提出了法治的价值要求与运行机构,赋予了社会主义法治以实质法治的内涵与属性。实质法治从来都不是否定形式法治的存在和意义,而是在形式法治的基础上侧重强调法治的目的与价值,是社会主义法治和法治文化内在品质的优化发展。

我国法治从形式条件到实质目的的转型,既不是从形式法治到实质法治的过渡,也不是用实质法治代替形式实质,更不是否定形式法治在向实质法治转型后的存在和作用,而是在形式法治的基础上全面推进社会主义法治的目的与价值的生态秩序实现。从法治发展的西方视角来看,西方法治是随着资本主义国家的建立和资本主义民主的发展而产生和发展的,虽然形式法治长期占据主流,但是实质法治的思想和目的却从未停滞和消失。如古典自然法思想及其关于法的目的与价值的主张虽然在实证主义成为主流的背景下影响有所减退,但是其影响却一直存在。20世纪以后尤其是“二战”以后西方国家对法西斯战争导致人类遭受巨大浩劫的反思以及西方“福利国家”为解决各种社会矛盾寻找方案,不得不重视实质法治。

在我国,社会主义法治和法治文化的建设和形成,促进了我国法学理论的成熟和发展。我国社会主义法治理论与法治认知,一方面立足于法治和法治文化的民族传统,另一方面借鉴西方法治国家的有益经验,在不断地深化与创新中,开启了从形式法治的条件到实质法治的目的的转型发展过程。同时,经过四十多年的法治建设,我国的形式法治的条件已经形成,从而为实质法治的目的实现奠定了坚实的基础,因此,从形式法治的条件到实质法治的目的的法治品质转型,既是社会主义法治文化民本模式的自然选择,也是以民为本的社会主义法治发展的必然结果。

显然,实质法治的目的,作为以民为本的价值目的,就是市民社会及其民法精神的价值目的。因此,对实质法治的目的认识,离不开民法精神的目的基础,只有建立在以民为本的民法精神的目的基础之上的社会主义法治和法治文化的民本模式,才能够确立和形成实质法治的法治和法治文化目的。

2. 从形式完成到实质存在

法治建设的完成、法治目标的实现是将法治理论应用于法治实践并转化为法治现实的过程。“党的十八大强调,要更加注重发挥法治在国家治理和社会管理中的重要作用。”〔1〕从我国法治建设的现状来看,虽然中国特色社会主义法律体系的基本形成为我国法治建设提供了不可缺少的形式条件,但是法律的形式条件并非等于形式法治,形式法治仍然属于法治的范畴,是一种法治的社会状态,是一个“法治”的形式条件和要求而不是简单的“法律”条件和要求。因此,中国特色社会主义法律体系的形成既非是我国形式法治的最终形成,也不是我国形式法治的最后终结。当然,经过四十多年改革开放过程中的法制与法治建设,我国的形式法治已经在法律体系形成的基础上初步完成,从而为我国社会主义法治从形式完成到实质存在的转型奠定了坚实的基础。

目前,我国的社会主义法治建设从形式到实质各种建设齐头并进,有了明确的战备部署和发展目标。“到 2020 年,依法治国基本方略全面落实,法治政府基本建成,司法公信力不断提高,人权得到切实尊重和保障。”〔2〕“十四五”规划提出的法治建设目标是:“坚定不移走中国特色社会主义法治道路,坚持依法治国、依法执政、依法行政共同推进,一体建设法治国家、法治政府、法治社会,实施法治中国建设规划。健全保障宪法全面实施的体制机制,加强宪法实施和监督,落实宪法解释程序机制,推进合宪性审查。完善立法体制机制,加强重点领域、新兴领域、涉外领域立法,立改废释纂并举,完善以宪法为核心的中国特色社会主义法律体系。实施法治政府建设实施纲要,坚持和完善重大行政决策程序制度,深化行政执法体制改革,严格规范公正文明执法,规范执法自由裁量权,推进行政复议体制改革。深化司法体制综合配套改革,完善审判制度、检察制度、刑

〔1〕 习近平:《关于〈中共中央关于全面推进依法治国若干重大问题的决定〉的说明》,载《理论参考》2014 年第 12 期。

〔2〕 习近平:《关于〈中共中央关于全面推进依法治国若干重大问题的决定〉的说明》,载《理论参考》2014 年第 12 期。

罚执行制度、律师制度，全面落实司法责任制，加强对司法活动监督，深化执行体制改革，促进司法公正。实施法治社会建设实施纲要，加强社会主义法治文化建设，深入开展法治宣传教育，实施“八五”普法规划，完善公共法律服务体系、法律援助和国家司法救助制度。全面加强人权司法保护，促进人权事业全面发展。加强涉外法治体系建设，加强涉外法律人才培养。”十八届四中全会《决定》提出的建设社会主义法治体系和法治国家的全面推进依法治国总目标，就是一个实质法治的建设目标，需要从形式法治到实质法治的转型建设与发展。

应当指出，实质法治的存在，作为一种社会伦理条件与生态秩序的存在，核心是市民社会的民法精神的社会构造存在，即民法精神规定下的社会主义法治和法治文化的本质存在。

（四）目的与价值的法治品质转型需要

1. 目的的法治品质转型需要

法治品质是否需要转型和如何转型，首先取决于法治建设的目的是什么。法律建设的目的决定了法治发展的方向，如果我们的法治建设还不能完全适应既定的发展方向，则就必须通过转型来达到实现法治目的的需要。

法治是依照法律进行治理的人类所追求的良好的秩序状态，法治本身就是目的。法治的目的重点，在于如何通过法律规则或“法的统治”使社会秩序变得更好，它不是强权与权力滥用下的稳定，而是以人为目的的通过法律调整社会关系达致的理想社会秩序。因此，法治的目的本身是具有价值判断与衡量标准的，而要达到这样的目的，这就需要法治品质从形式向实质转型。

我国是一个非法治传统的国家，在新中国成立后的相当长一段时期内，又特别强调法律的工具和手段作用，所以，我国社会主义法治和法治文化建设长期缺少实质法治的内涵与本质。因此，十八大以来，随着我国以法治体系与法治中国建设为核心的全面推进依法治国总目标的提出，特别是十九大以人民为中心的社会发展理念的确立，实际上就是确立了建设社会主义法治和法治文化的民本模式及其以民为本的法治和法治文化目的，而这一目的的实现，则必须建立在从形式法治到实质法治的转型发展的基础之上。所以，建设社会主义法治和法治文化，必须明确全面推进依法治国总目标所提出的实质法治的需要。全面推进依法治国所要解决的已经不只是法律层面的问题，而且包括更为广泛的国家与社会治理问题。改革开放以后，伴随着社会转型和经济社会的快速发展，面临着许多国内与国际问题的挑战。因而，国家治理必须走向现代化，进行现代化的改革，单纯从维护社会秩序稳定的角度看待法律以及法治建设已经不能满足需要，必须将法治引向深入，强化国家治理的创新思维，完成从形式法治到实质法治的转型并从根本上实现法治国家、法治政府和法治社会的建设目的，并在根本上破除传统的"人治"思想及其束缚，使社会主义法治和法治文化建设真正朝着民本模式的以人民为中心并维护和增进人民利益的方向发展。

2. 价值的法治品质转型需要

法治的价值性意味着法治需要满足特定的价值要求，这是形式法治所不能达到和解决的，而必须通过法治的品质转型即实质法治来实现。当代法治不能没有价值需要，建设以民为本的社会主义法治文化，本身就有明确的以民法精神为基础的价值目标，因此也就不能没有从形式法治到实质法治的转型并以其价值实现来满足建设社会主义法治文化的需要。特别是社会主义核心价值观的形成和提出，实际就是确立了社会主义法治和法治文化的价值诉求，这对于一个传统上缺少法治价值认识的中国社会，是一个历史性的进步，因此也应当有适应这一法治价值诉求与实现需要的法治转型。

有学者将法治价值分为实体价值和形式价值，实体价值指法治所决定的法律目的和后果上应遵循的社会原则，形式价值是指向法律本身，是从法律的内部规定的具体原则和标准。[1] 这种观点本质上说的就是实质法治与形式法治，将两者统一于"法治价值"之中。以权利为核心的法治价值，就是民法精神的个人私权价值，是以个人权利的配置、分配和救济等权利秩序体系来实现的个人价值，具有实质法治的意义。

---

〔1〕 参见尹力：《法治价值论》，载《河北法学》2004 年第 4 期。

第二十四章

从静态到动态的法治运行转型

一、静态法治

十八届四中全会《决定》指出:"目前,中国特色社会主义法律体系已经形成","全面推进依法治国,总目标是建设中国特色社会主义法治体系,建设社会主义法治国家。"这一重要论断是中国法治理念一次质的飞跃,标志着我国社会主义法治和法治文化建设从静态到动态的法治运行转型,进入了动态法治的法治文化建设阶段。

(一)静态法治与法律静态

静态法治与法律静态是一枚硬币的两面,互为表里。在逻辑上,法律静态是静态法治的基础,静态法治是法律静态的镜像反映。法律静态是通过对法律的立、改、废所形成的若干典则和规范的集合,是以宪法为核心和民商法等法律部门为基础的多层次法律规范构成的以相对静态的形式与特性存在的法律体系。简言之,法律静态就是制定法的既存形态,是法律形式的事实状态。静态法治,是通过立法制度安排即法律静态形式表现出来的一种具有法治条件和要求的社会治理模式。这一由有权机关按照相应的立法程序加以制定的,成为权威性指引进而产生合法性和正当性的法治形态,能够以其静态的形式为人们对法治目的建立起持久和稳定的行为规范与制度预期。对于一个国家的法治和法治文化建设而言,法律静态与静态法治是必要的制度前提与价值基础,但与发展和变化的社会生态秩序相比，它们从存在和确立之日起就已经是一个被超越的形式和形态。

1. 法律稳定与法律静态的必要性

法律静态是法律稳定的形式和条件。法律稳定与法律静态的必要性可以从法律自身、法与人、法与社会和法与国家这四个角度来进行剖析。“法律作为社会中一种比较保守的力量，而不是一种变革的力量。[1]”这种力量的主要功能在于“建立和保持一种可以大致确定的预期，以便利人们的相互交往和行为”，[2]且力图促进社会的秩序价值，并指导国家运行。具体而言，法律的静态性和稳定性体现在以下四个方面：

第一，从法自身的角度来看，法律作为一种社会规范须以自身的静态和稳定为前提，否则就无法被遵循并产生预期的规范效果。无论是大陆法系还是英美法系，法律都在一定的时期保持静态性和稳定性。特别是大陆法或者成文法的国家和地区，法律规范是最具静态性、稳定性和可预见性的。早在罗马法时期，“在简单商品经济发达以后，面对复杂多变的实际情况，它既要保持稳定和严肃，不能朝令夕改，又要在某些方面自觉或不自觉地作较为概括的或比较原则的规定，以便根据实际情况变化作出灵活的解释，这是罗马法进步时期的现象。”[3]即便是奉行不成文法的英美法系，其判例法的形式也是相对静态的、稳定的。“通过颁布旨在指导未来行动的行为标准，法律缩小了就事论事的判决的范围。”[4]所以英美法系的判例法，也是要表现于文字形式后才能运用于审判的案件。

第二，从法与人的角度来看，人的生活关系需要稳定，就需要人与人之间稳定的法律。根据E. 霍贝尔的研究，即便是在人口数量很少且分散的爱斯基摩部落，当地人也有意识的尝试去制定一个富有逻辑和比较稳定的社会行为体系。[5] 目前，我国许多少数民族聚集的村寨，尽管居住人口较少，但还保留着许多当地的民族习惯法，如广西壮族自治区金秀瑶族自治县六巷乡六巷村下古陈

---

〔1〕 苏力：《法治及其本土资源》，中国政法大学出版社1996年版，第7页。

〔2〕 苏力：《法治及其本土资源》，中国政法大学出版社1996年版，第7页。

〔3〕 周枏：《罗马法原论》（上册），商务印书馆2001年版，第9页。

〔4〕 [美]E. 博登海默：《法理学：法律哲学与法律方法》，邓正来译，中国政法大学出版社2004年版，第371页。

〔5〕 参见[美]E. 霍贝尔：《原始人的法》，严存生译，贵州人民出版社1992年版，第61~63页。

屯奉行和遵守的“石碑法”、[1]贵州黔东南苗族侗族自治州锦屏县平略地芽寨为解决人畜饮水和灌溉而订立的《水坝禁约》、[2]云南省澜沧拉祜族自治县糯福乡南段老寨寨规。[3] 这些村规民约都以其自身相对的静态性与稳定性存在了比较长的时间,深入当地居民的人心,规范着当地人与人之间的生活,解决了相邻生活间的纠纷。可以说,它们都是以民间或者习惯形式存在的一种“静态”法。

第三,从法与社会的关系来看,秩序是构成社会的前提,因此社会的整体存在和运作需要统一的静态、稳定的法律加以调整和规制。社会秩序内在要求的模式化和稳定化使得作为型构社会秩序的法律也内在地需要具有稳定性的品质。“这种规则和秩序本身,对任何要摆脱单纯的偶然性或任意性而取得社会的固定性和独立性的生产方式来说,是一个必不可少的因素。”[4]通过法来实现社会秩序即法律秩序,是法存在的目的之一。坚持行为方式的规则化,给予了社会生活以很大程度的有序性和稳定性。当社会秩序达至一定的稳定状态时,法律的社会价值就从对社会秩序的型构偏重对社会秩序的保障。因此,作为促进社会秩序价值的法律须注重静态条件的连续性和稳定性。

第四,从法与国家的关系来看,国家是超稳定的社会结构,为了维护国家的存在和形态,无论何种政体的国家、无论在其国内还是国外都需要静态、稳定的法律。首先,国家因存在有静态的法律而享有国家之名,[5]世界上不存在无法律之国家;其次,国家的发展需要静态、稳定的法律以维护国家秩序与国家条件下的社会发展;[6]最后,国家间需要一定静态稳定的国际法律来处理和发展国与国之间、国家与地区之间各类政治、经济、文化和社会等关系。

2. 法律稳定与法律静态的落后性

从法律与发展的社会经济关系来看,静态、稳定的法律总是落后于处在变化发展中的经济社会。法律作为经济社会的产物,根植于制定时的经济社会土壤,

---

[1] 参见高其才:《乡土法杰与习惯法的当代传承》,载《清华法学》2015 年第 3 期。

[2] 参见徐晓光:《黔东南苗族侗族水资源利用习惯法规则研究》,载《政法论丛》2015 年第 1 期。

[3] 参见张晓辉、王启梁:《民间法的变迁与作用》,载《现代法学》2001 年第 5 期。

[4] 《马克思恩格斯全集》(第 25 卷),人民出版社 1974 年版,第 894 页。

[5] 马库斯:“如果一个国家缺少法律,那么它是否就不应享有国家之名呢?”昆图斯:“当然是的。”([古罗马]西塞罗:《论共和国》,李寅译,译林出版社 2013 年版,第 174 ~175 页)

[6] “法的总体作用就是为建设有中国特色社会主义服务。”(张文显、张建斌:《论法在建设有中国特色社会主义中的作用》,载《吉林大学社会科学学报》1994 年第 2 期)

当法律制定颁布之后，静态稳定的法律与高速发展的经济社会必然开始拉开距离，时间越长，便越是增加静态法律与动态的经济社会之间的隔阂。显然，变化发展中的市场主体，有不同的利益需求，因此必然作出不同的利益选择与利益行为，主体的现实行为与行为秩序是各不相同和千差万别的，其必然要突破静态稳定的法律形式，这些突破并不必然代表着“违法性”而往往是有价值的行为创新与发展，而相对于这些特定的具体的法律行为，静态和稳定的法律形式就呈现出一种相对落后的被超越状态，需要变革和更新。

特别是随着“互联网＋”、人工智能、大数据等高科技产业的兴起，立法者眼中当初臻于完善的法律可能很快就落后于这个时代的科技发展要求。对我国来说，“很多互联网相关的产业以及经济行为都正在或者曾经经历过‘野蛮生长’的时期，灰色地带和灰色交易事实上是存在的。[1]”在人工智能领域，“传统关于法律的某些观念或者看法，已经无法与人工智能匹配。”[2]“就民法而言，人格权制度、数据财产保护、知识产权保护、侵权责任认定和承担等，都需要随着人工智能技术的发展而作出必要的调整。”[3]在大数据的世界中，“面对飞速运转的数据流，法律显得手足无措，犹如一个人环绕着一个封闭的城堡，不得其门而入。”[4]没有了法律与社会现实相适应以及互动关联的品质，法律自然就会失去生命力与活力。因此，以法律静态的形式所表现的静态法治，既不能代表法治的全部形态，也不能代表法治的整个过程，静态法治必然需要在社会生态秩序中不断进行自我动态化调整并尽可能适应日益变化的社会关系的需求。

（二）静态法治与形式法治

形式法治是与实质法治相对，[5]并与静态法治相联系，是“以追求法的安定性和‘法律统治’为目标的法治，它是法律实证主义的反映”。[6] 形式法治关注的是法律的“恰当形式与渊源”，最大限度地信奉法律的权威和强调法律的作

---

〔1〕 吴志攀：《“互联网＋”的兴起与法律的滞后性》，载《国家行政学院学报》2015年第3期。

〔2〕 陈景辉：《人工智能的法律挑战：应该从哪里开始？》，载《比较法研究》2018年第5期。

〔3〕 王利明：《人工智能时代对民法学的新挑战》，载《东方法学》2018年第3期。

〔4〕 梅夏英：《数据的法律属性及其民法定位》，载《中国社会科学》2016年第9期。

〔5〕 关于形式法治与实质法治的理念与观点，详见本成果第五编（第二十三章）“从形式到实质的法治品质转型”部分。

〔6〕 王卫明：《东欧转型时期的形式法治与实质法治难题》，载《求索》2009年第1期。

用,它不仅反对个人权威而且不以道德教化与自律作为实现社会秩序的主臬。[1] 我们可以将这种经由形式法治所构建起来的法律秩序形态称之为静态法治,即形式法治与静态法治之间具有内在的联系:形式法治关注法治的形式实现,而静态法治就是以形式法治表现的一种稳定的法治结果。

1. 形式法治是静态法治的表现

形式法治关注的是法的形式和渊源。法律从本质上讲是形式的,形式的法律要求法律具备体系性和科学性,所谓体系性就是一个国家所有法律规范依照一定的原则和要求分类为不同法律部门而形成的有机联系的统一整体。科学性包含有法律词项之明晰性;法律命题之恰当性;法律体系之一致性、完备性和可判定性。[2] 从法的渊源上看,成文法系国家的法律是由有权机关通过相应的立法程序加以制定的,不成文法国家法的渊源还包括判例。因此,静态法治以形式法治加以表现出来,而形式法治在追求和调整"形式"的同时则必然以呈现法治的"静态"为主轴与方向。

2. 静态法治是形式法治的结果

萨默斯在总结以往形式法治理论的基础上,认为形式法治的核心制度要求包括:"比较完全、确定和适当普遍的规则,公认的、确定的鉴别有效的法律规则的标准,采取并始终如一地应用一整套总体解释方法,真实可信地解决事实争议的形式规则和程序,独立的、公正的、易进入的法院体系,法官修改先前规则的权力受到有效限制。"[3] 根据萨默斯的理论,这种制度安排,以稳定的法律文本的形式予以固定下来,为全体社会成员提供了行为地指引。显然,虽然形式法治并未在法律静态的条件下止步,但是它以法律静态为条件,把法治的希望寄托在一套公正和完整的立法与司法程序上,其结果就是一种静态法治。换言之,形式法治不仅是"形式"的,而且是"静态"的,而非行为条件的动态法治,即社会生态秩序的法治构造。

---

〔1〕 形式法治的主要代表人物是美国学者富勒,它的法治构成说认为,法治要有立法的程序规则、执法的程序性规则、法律的透明性和稳定性、普适性、预期性和清晰性等要素构成。英国思想家洛克的社会契约理论认为,政府要有一套明确的普遍性的法律规则,以确保政府服从于社会契约,以保障公民个人的生命、自由和财产的实现。形式法治使自然法或者自然权利转变为人们在实在法上的权利体系,具有了实现的可预期性,所以为人们所肯定。形式法治的理论不仅促进了法学的发展,而且为后世的英、美等国相继效仿和引用,并形成了以英美普通法系为代表的一个具有主导性的西方法治思想与法治传统。

〔2〕 参见熊明辉、杜文静:《科学立法的逻辑》,载《法学论坛》2017 年第 1 期。

〔3〕 黄文艺:《为形式法治理论辩护——兼评〈法治:理念与制度〉》,载《政法论坛》2008 年第 1 期。

二、动态法治

动态法治是一个系统的社会行为与生态秩序的法治概念。动态法治是由主体的法律行为及其形成的社会生态秩序所构造的一个系统和整体的法治运动体系。动态法治一方面强调人的主体性及其行为的生态秩序性,另一方面强调法治或者法律行为在法治形成与发展过程中的生态构造作用。虽然动态法治离不开一定的静态或者形式法治,需要静态或者形式法治的条件,但是动态法治强调法治的现实社会秩序性,是一个以自然或者生态秩序为基础的法治文化范畴。

(一)动态行为与动态法治

1. 动态行为与动态法治的形成条件

我国改革开放40多年的法治建设证明,法治不仅需要静态或者形式的法律或者法律秩序表现,而且更需要动态的行为秩序实现。动态法治是在静态或者形式法治基础上的超越发展,它不再是法律本身的问题,而是人的行为及其在法律和法治条件下的行为秩序问题,是人的行为意识与行为精神问题,也就是建设社会主义法治文化的民本模式问题。如果没有人们自觉的法律或者法治行为,即使有再好的静态法律和法治目的及其价值追求,也不会实现法治和法治文化的社会效果。建设社会主义法治文化的民本模式,实现社会主义法治和法治文化的动态化,必须在建立和完善社会主义法律体系的静态基础上,提高人们自觉遵守法律的能动性,使法律秩序最大限度地规范和转化为行为秩序,实现法律秩序的行为秩序化,也就是从行为条件到行为效果的转变。

一方面,动态行为以"行为—过程"的模式表现出来。"行为—过程"的模式"立足于考察法治的实际行为和实际过程,分析其经验,描述其语境,揭示其痒痛,探寻其规律。"[1]这一模式关注人们的行为意识、行为精神与行为结果问题。行为意识是从经验里得出的观念,潜移默化为人们的法治意识;行为精神则是一种以行为为目的的法治精神与信仰,是在精神诉求上信法、守法并自觉践行法治的精神;行为结果就是行为精神所达成的实然秩序形态,是一种自律构序的生态行为秩序。

另一方面,动态行为是动态法治建设的活力和源泉。"法治的真正精神不

---

〔1〕 喻中:《"行为—过程"范式下的社会主义法治理念》,载《法商研究》2012年第4期。

在于法治理念的普遍传播,而在于法治的行为规制作用成为一切社会主体的行为准则。"[1]动态法治在实质上是一种生活方式,此种生活方式关键在于作为法治主体的人民以动态行为的方式去促进和发展,最终通过法治主体的自主行为在法治社会和法治国家等形态上实现法治的动态发展。

2. 动态行为与动态法治的存在形态

动态法治是以动态行为所表现和存在的社会秩序形态。动态法治不仅是通过动态行为形成的,而且是通过动态行为存在的。一方面,动态法治是以主体的动态行为条件存在的;另一方面,动态法治是以主体动态行为的条件不断变化和发展的。动态法治是一个通过主体的动态行为维护与平衡的法治生态系统,是个人动态行为与社会秩序的统一。因此,动态法治,是一个不断运动和发展的法治过程,是法治运动与法治秩序的结合,这个结合的推动力就是主体的法治精神,基础为市民社会关系及其法律行为的民法精神。

动态法治以主体的动态行为即法治行为的实践状态所表现和存在的法治和法治文化形态,作为一种外在的行为秩序,体现在行为主体的日常与具体的行为实践之中。"当我们所践行的习俗越来越能与善良的道德诉求以及形式合理而且实质正义的法律形成默契时,法治就真的离我们不远了。"[2]主体的动态行为越是身体力行地去表现和践行社会规则,越是维护法律和法治权威,则一个社会越是呈现法治形态,其法治和法治文化的存在和发展也就越是在社会生态上更加成熟和完善。所以,作为法治主体的个人,肩负着动态法治形成和发展的历史责任,只有主体动态行为的法治化,才能实现民本模式的动态法治及其法治文化建设。

动态法治不仅是一个形式与静态的形成过程,而且更重要的是一个社会行为秩序不断累积的过程,即不同主体的动态行为秩序的生态成长与良性结合及其整体形态与品质的提升和进步。我国建设社会主义法治建设的要求与目标,在根本上就是一个动态法治的建设形态,是在国家和社会治理过程中通过各种不同的动态法治行为所表现和实现的社会主义法治和法治文化的存在和发展。只有存在人们的动态法治行为才能够存在动态的社会主义法治和法治文化,人们的动态行为及其存在和表现的法治条件与水平,最终决定了我国社会主义动

[1] 赵子尧:《观念、制度与行为:法治话语体系的逻辑建构》,载《人民论坛》2018 年第 34 期。

[2] 李显波:《论法治与习俗》,载《云南社会科学》2005 年第 1 期。

态法治的存在形态及其现实发展。

（二）动态法治与法治生态

动态法治是以人的行为与行为秩序为基础的法治形态，因此动态法治是以形式或者静态法治为规范条件并实现其价值诉求的一种法治生态或者生态法治。

1. 动态法治是法治的行为秩序

法治不能是形式或者静态之治，而应当是动态与行为之治。一个国家和社会的法治和法治文化最终不能靠静态或者形式的法律形成，而必须通过主体或者人的动态行为形成，是一种行为法治或者法治行为的社会秩序形态。法治不能停留在静态或者形式的条件上，虽然这一条件是基础的和必要的，它是法治的根本形态是一种主体的行为秩序形态，只有主体的行为秩序才能够代表一个国家和社会的法治的现实性与实然性。如果人们的现实行为脱离或者违背实在法的条件，实在法既无实在效用，也就没有真正的法治实现可言。因此，法治的行为秩序实现，根本是要解决主体或者主体行为与法律的关系问题，即人们的行为对实在法认可与遵循的水平与程度，亦即人们的行为是在多大水平和程度是依据实在法发生并且是符合实在法的问题。

行为秩序就是由人的意志支配的一种精神秩序，必须解决作为人的精神秩序的法治精神问题。这一精神在市民社会的基础上，就是民法精神，即在民法所调整的人身与财产关系中的一种相互关系的人格尊重与利益均衡精神，是一个行为精神问题，也就必须在人的行为精神上解决问题。只有一定的行为精神才能够产生一定的行为秩序并有动态法治之形成。当这样的一种以行为秩序为基础的生活方式为全体人民所恪守并常态化，就是人们作为法治建设主体将静态的法律形式通过自身的动态行为秩序上升为实然的法治形态，这样的法治形态以人的行为精神为根据并表现为人们的一种惯常的生活方式，所以是具有生命力的法治生态发展。

对于以市民社会的行为秩序为条件的法治生态，需要人们恪守以行为秩序为基础的生活方式，也就需要市民社会的生态秩序精神即民法精神。“透过对民法精神的深层揭示可以发现，民法在本质上属于一种促进和激励公民自律守法的理想制度资源与制度载体，这便构成了民法内在的品质属性。”〔1〕动态法治

〔1〕丁轶、史彦：《守法自律与民法品性》，载《学术论坛》2017年第2期。

作为一种行为秩序的法治形态，其构造以市民社会的民法精神为根据，离不开民法精神推动的社会行为秩序，是在民法精神的行为秩序基础上形成的一种民本模式的法治和法治文化的动态发展。

2. 动态法治是法治的生态秩序

动态法治的主体性与行为性决定了它的生态秩序性。主体与行为的生态秩序，不仅是一种精神秩序，而且是一种自然秩序或者以自然秩序为基础的社会秩序。人的行为秩序及支配人的行为秩序的精神条件，根本是人的客观利益需求的规定性，它的发生，不仅受人的社会条件影响，而且受人的自然条件规定与限制；人的行为秩序，不仅是法律或者法治的秩序，而且是一种主体性的生态秩序，是人的自然秩序与社会秩序的结合与统一。“法治不是法的秩序，而是人的生态秩序。法治生态以人的内在精神秩序为本体并构成法治的根本秩序。”[1]法治是一种社会的基本构造系统，这一社会构造本质上是一种社会“生态”——法治生态构造，即人类基于自然规律及其实然的社会行为条件而形成的社会生态秩序体系。

“从动态的角度看待法治生态，则法治生态的形成与维系过程就是一个各种法治环境系统相互作用的复杂过程。”[2]虽然动态法治的发生依赖于一定的法律或者法治的静态形式，但是它在根本上是一种主体性的行为秩序形态，而不能在单纯的静态法律或者法治形式的条件下完成或者止步。一方面，动态法治作为一种社会生态现象，是人的行为意识或者法治精神支配和作用于人的社会行为并构成行为秩序的过程，另一方面，人的行为意识与法治精神是人客观利益需求及其自然的条件反映，必然需要体现人的客观利益需求并适应其实现的社会环境而具有其内在的规律性与规定性。这一规律性与规定性也就是法治生态及其动态运行的规律性与规定性，并因此构成了建设社会主义法治文化的特定模式性，而这个模式的根本性就是民本性。在民本性上，可以回逆并发现法治生态及其动态发展的规律性与规定性。

法治主体的行为意识与法治精神是法治生态秩序的根本条件。法治生态秩序不仅是良法与善治有机结合的法治，[3]而且是以人的行为精神为根据并以人

---

〔1〕 王利民：《人的私法地位》，法律出版社 2013 年版，第 384 页。

〔2〕 贾东桥：《法治建设的生态学思考》，载《法学》2002 年第 2 期。

〔3〕 “法治是良法与善治的有机结合，法律是治国之重器，良法是善治之前提。”（王利明：《法治：良法与善治》，载《中国人民大学学报》2015 年第 2 期）

的行为秩序为基础的生态秩序，是生态上可持续发展的社会秩序。法治是对这一秩序的规范形式与价值条件要求，而生态则是这一秩序生成与存在的本体与本质。生态秩序反映人与自然的关系，与自然有关。[1] 然而，法治的生态秩序是人的社会行为秩序，是以人的行为秩序为根据的一种社会或者法治的秩序形态，属于社会生态文明的范畴，不同于以自然环境为主要对象的生态秩序与生态文明概念，而是与生态秩序与生态文明相统一的人类社会形态，不仅具有人的社会本质，而且具有人的生态本质，是人的自然与生态的规定性结果。

3. 动态法治是法治的实现形态

动态法治作为社会生态系统，是一个有机和整体的社会秩序及其运动的体系，它以人的行为精神与行为秩序为构造与运行的基础，同时需要与之相统一的完备的法律规范体系、高效的法治实施体系、严密的法治监督体系、有力的法治保障体系、完善的党内法规体系。动态法治作为一种规则治理与运行的现实秩序形态，就是从静态到动态的法治运行转型与法治生态实现的现实秩序形态，是全面推进依法治国，建设中国特色社会主义法治体系，建设社会主义法治国家这一总目标的根本要求。“中国特色社会主义法治是高级形态的法治，实现这种法治的过程，就是我国文化实力和制度实力不断增强的过程，就是把我国建设成为法治强国的过程。”[2]这在根本上就是要求，中国特色社会主义法治和法治文化不仅要在制度和形式上实现，而且要在动态和生态上实现，因此需要全社会法治思维的转变。[3] 法治思维的主体，不仅应当是公权力的享有和行使者，而且应当包括全体社会成员，应当从对公权力的享有和行使者的要求开始，逐步培养和形成全体社会成员的法治思维习惯。动态法治的法治实现形态，就是依法办事，使法治要求转化为人的法治行为。

---

〔1〕“生态秩序实质上就是自然与社会发展进程中，自然与人、自然与社会以及其间所映射的人与人之间不断活动中所形成的在某一时期内相对稳定、持续和一致的动态平衡状态。可以说，生态秩序是后工业时代经济与环境资源协调发展，追求人与自然和谐的应有之义。”（董正爱：《生态秩序“二元构造”的法治化模式研究》，载《重庆大学学报（社会科学版）》2013 年第 5 期）这一所谓“生态秩序”，还是一种人与自然和谐的“生态环境秩序”，这与本研究中的以人的行为精神与行为秩序为根据和本体的生态秩序概念，即一种社会和法治的生态秩序概念，在根本上是一个不同的范畴。

〔2〕徐显明：《增强法治文明》，载《人民日报》2017 年 12 月 27 日，第 7 版。

〔3〕“法治思维就是指人类符合法治的精神、原则、理念、逻辑和要求的思维习惯和程式。”（韩春晖：《论法治思维》，载《行政法学研究》2013 年第 3 期）

三、动态法治与民法精神

动态法治作为由人的行为精神所支配的行为之治，是在人的一定行为精神的条件与作用下形成的，而这一精神条件在基础的意义上，就是作为市民社会的规范与秩序条件的民法精神。所以，动态法治与民法精神具有内在的联系，民法精神是作为动态法治的条件与基础存在的。没有民法精神，就没有动态法治，或者起码没有符合市民社会秩序条件的法治与法治形态。

（一）动态法治的民法精神需求

基于民法精神对于动态法治的条件与基础意义，动态法治必然需求民法精神并以一定的民法精神构造存在和运行。动态法治是民法精神的行为结果，民法精神的秩序构造形态，就是动态法治的实现形态。

1. 动态法治对民法精神的目的需求

动态法治作为市民社会和以市民社会为基础的行为与生态之治，就是一种民法精神的自觉与自为之治。动态法治必然追求民法精神的规范与秩序目的，具有对民法精神的目的性需求并追求民法精神的目的性实现。民法精神的目的，根本是人或者人性的目的，[1]即追求人自身价值与目的的实现。人的目的，一方面，是人的利益目的，它要求个人利益的满足并追求个人利益的合理实现，一旦脱离了人的利益目的，就没有了人的目的；另一方面，是人的自由的目的，人作为生命的主体根本是自由的主体，没有自由既没有人的主体性，也没有人的利益性，因此，人必然以自由为目的，并以自由作为自身的本质与实现。由于人的目的具有人的客观利益需求及其实现的规定性，符合人的自然进化的发展规律，所以民法精神的目的本身就代表了动态法治的规定性，动态法治在民

---

〔1〕 人是法的对象，也是法的主体，更是法的目的。“法的命令是：成为一个人，并尊敬他人为人。”（［德］黑格尔：《法哲学原理》，范扬、张企泰译，商务印书馆 1961 年版，第 46 页）作为民法精神主体的人，不仅是一个民法上的人格概念，而且更是一个自然的人性主体。“一切科学总是或多或少地和人性有些联系，任何科学不论似乎与人性离得多远，它们总是会通过这样或那样的途径回到人性。”（［英］休谟：《人性论》（上册），关文运译，商务印书馆 2016 年版，第 2 页）“任何制度都是针对人设定的，都是建立在一定的人性假定基础上的。”（赵万一：《民法的伦理分析》，法律出版社 2003 年版，第 10 页）民法精神作为一种社会精神，是人的需要与产物，也就是人性的存在与条件，必然反映主体的需求。民法精神作为人的社会需求与条件是一种人性的精神，如果不构成一种人性精神就不符合人的真正需求而必然是背离人性的社会异化现象，就不能反映和满足人的目的，也就不能实现人性的本质。“人都具有实现其人格的潜力的强烈欲望，也都具有建设性地运用大自然赋予他们的能力的强烈欲望。”（［美］E. 博登海默：《法理学——法律哲学与法律方法》，邓正来译，中国政法大学出版社 2004 年版，第 301 页）

法精神的目的基础上，必然以民法精神的目的诉求为自己动态发展的条件与方向。

动态法治作为以人的行为秩序为根据的法治，必然是以人为目的的法治，这一目的在与民法精神的目的相契合的基础上，又进一步以民法精神的秩序形态促进动态法治的生态实现，并在这一实现中以人的主体价值与利益条件的满足而实现人的全面发展。在实现人的全面发展的条件上，人作为能动的主体必然以自身的理性生活创造和维护与法治相统一的动态社会秩序。人的本性法则及其生活安排在理性的基础上具有一种自然的动态法治的本质，而其中起核心作用的因素是人支配自身行为并有序安排生活的行为精神，即市民社会的规范与秩序精神，这就是民法精神的条件和作用。

2. 动态法治对民法精神的动力需求

民法精神是以人为主体的自主构序的社会行为精神，因此民法精神是动态法治形成与发展的生态动力。没有民法精神的生态动力，就没有动态法治的动态性秩序构造，因此动态法治必然以对民法精神的动力需求为条件。民法精神的动力性，是一种人和人格的动力性，人一旦被承认为人格并具有人格的主体地位，就成为自由而自序的主体，成为社会秩序构造的动力本源，甚至是核心的和唯一的动力条件。民法精神的动力性，是一种自由的行为动力性。民法精神的行为动力性，表现为人作为主体在私人社会关系领域可以基于意思自治的法治原则，根据自我的理性判断去创设、变更和终止个人社会的权利义务关系，管理个人的各项事务。民法精神的行为动力是在意思自治基础上产生的一种自由的法律行为条件。“私法自治是民法的灵魂与核心，法律行为制度是私法自治由以实现的工具。〔1〕”民法精神的行为动力是以行为自由为条件的，没有私法上的意思自治，就没有法律行为的自由及其秩序实现的民法精神动力。〔2〕

民法精神的动力是一种秩序性动力，这是民法精神的社会本质，也是民法精神构成动态法治的动力需求的根本条件。民法精神一旦失去了应用的秩序品质，就不再是民法精神，也不再构成一种法治和法治文化的动力因素。民法精神的行为动力是一种行为秩序的动力，是行为意志与行为秩序的统一，它是一种自

〔1〕 刘志刚：《基本权利对民事法律行为效力的影响及其限度》，载《中国法学》2017 年第 2 期。

〔2〕 “法律首先产生于习俗和人民的信仰，其次乃假手于法学——职是之故，法律完全是由沉潜于内、默无言声而孜孜矻矻的伟力，而非法律制定者的专断意志所孕就的。”（［德］萨维尼：《论立法与法学的当代使命》，中国法制出版社 2001 年版，第 11 页）

主与自为的生态秩序条件，是一个民族和社会内在与本体的自然秩序形态。动态法治的生态秩序，根本是以民法精神为动力的行为秩序，民法精神的行为动力，就是一种社会秩序构造的动力。

（二）民法精神的动态法治本质

动态法治之所以具有民法精神的需求，是因为民法精神本身具有动态法治的属性与价值，即民法精神在本质上是一种动态法治的社会生态秩序构造。

1. 民法精神的动态法治属性

民法精神作为一种社会生态与行为的精神，本身就具有动态法治的属性，即它在本质上就是一种动态的法治形态，既具有自主构序的行为特性，又是行为秩序的动态条件。民法精神作为法治形态的动态性，即主体行为的动态性，是主体意志的动态性，是主体在意思自治的条件下基于设权意思表示而在法律行为中所表现出来的动态秩序。民法精神作为一种动态行为精神，其实现的法治构造是一种动态的法治形态，并具有动态法治的本质属性。民法精神的这一动态法治属性的意义在于：第一，民法精神的法治构造是一种现实的社会秩序构造，代表了一个国家和社会的法治生态条件，是实在的和实现的法治形态；第二，民法精神的法治构造是在人的行为意志支配下不断发展变化的行为秩序，代表了一个国家和社会的法治条件及其发展趋势。

2. 民法精神的动态法治价值

民法精神的价值正如民法的价值，是多方面的。“价值判断作为民法问题的核心，在根本上是作为民法哲学的核心，民法哲学关心民法问题，核心是它的价值问题。”[1]民法精神作为动态法治的价值，核心在两个方面，一是自由的价值，二是秩序的价值，即民法精神提供了一种自由而有秩序的动态法治价值，是自由与秩序的生态结合，从而必然具有动态法治的本质。

民法精神作为一种动态法治的形态，其“动态”不是被动的，而且是自由的，民法精神作为法治条件的本质就是自由或者意思自治。“自发秩序之所以成为可能，其中一个先决条件是作为社会成员的个人享有自由。”[2]民法精神的自由价值，是一种行为自由的价值。行为自由是主体自主意志支配下的法律行为自

---

〔1〕 王利民：《“后法律体系时代”中国民法哲学的研究对象》，载王利民主编：《论民法的精神》，法律出版社 2015 年版，第 43 页。

〔2〕 陈弘毅：《法治、启蒙与现代法的精神》，中国政法大学出版社 1998 年版，第 7 页。

由,包括契约自由、财产自由、婚姻自由和遗嘱自由等与人身和财产相关的市民社会关系的自由。这一自由既是人的生命本质的实现,也是人的社会伦理的基础,构成民法精神的最高价值,也必然成为本体的、自然的动态法治的价值条件和要求。

民法精神作为一种法治精神,其对于动态法治的运行价值不仅在于自由,而且更在于秩序。民法精神的秩序价值,是自由价值的结果,即民法精神的自由并不是混乱、矛盾和冲突的自由,虽然其中可能存在一定的混乱、矛盾和冲突的因素,但它作为一种法治的精神,根本上是一种自由的秩序存在,即相互关系的人格尊重与利益均衡的合理社会分配形态,代表了一种社会正义的分配结果,[1]因此能够得到人们的普遍认识、认可与遵从。

四、民法精神的法治运行转型

十八届四中全会《决定》确定的全面推进依法治国,建设特色社会主义法治体系和社会主义法治国家的总目标,全面和系统地体现了社会主义法治和法治文化与时俱进的动态发展要求。民法精神作为动态法治的生态因素,与从静态到动态的社会主义法治文化的模式改变与运行转型具有最直接的内在联系。民法精神不仅是动态化的法治形态,而且是动态性的法治运行条件。

(一)法治运行主体与方式的转型

建设社会主义法治文化的民本模式,根本是一种法治运行的生态秩序模式。这种法治运行的模式,是以民为本的与时俱进模式,而民法精神则是引领这一运行模式及其与时俱进的主体性动力条件。

1. 法治运行主体的转型

法治运行的主体,就是法治体系的主体,也就是社会生态秩序的构造主体。就静态或者形式法治而言,法治运行的主体是作为社会少部分成员的立法者、司法者和执法者,集中在社会的统治者或者精英阶层,他们以公权主体或者公权代言人的身份出现,并按照法定的条件和程序自上而下地进行法治决策和组织法治实施行为。这一法治运行的主体作为公权主体或者少数的社会精英主体,其

---

〔1〕“民法精神构造作为社会秩序形态的精神本质与构造要素的动态整合,以其构造的从静态形式向动态运行、从制度强制向精神信仰、从法律条件向行为秩序、从公权主导向私权本位、从政治国家向市民社会的法治生态转型与优化发展,必然全面展示人格的本质并确立人的私法地位。”(王利民:《人的私法地位》,法律出版社 2013 年版,第 385 页)

进行或者参与的法治运行，具有内容和范围的局限性，不能构造社会普遍的法治生态秩序。因此，“后法律体系时代”建设社会主义法治文化与法治体系，必须是一个全面的法治运动，需要实现法治运行主体从政治社会向市民社会的转型，即普遍的市民社会主体即个人或者私法主体应当构成社会主义法治体系与法治文化运行的主体，即以普遍的市民社会主体作为法治运行主体及其自主的法律或者法治行为建设社会主义法治体系与法治文化。

法治运行主体从公权主体到市民社会主体的转型，是决定我国社会主义法治构造与发展的根本动力因素，不仅实现法治运行的生态化，而且使法治在生态化的基础上普遍化。市民社会主体作为动态法治的运行主体，不仅是义务与行为主体，而且是以自我为目的的利益主体。十八届四中全会《决定》指出，“必须使人民认识到法律既是保障自身权利的有力武器，也是必须遵守的行为规范，增强全社会学法尊法守法用法意识，使法律为人民所掌握、所遵守、所运用”。人民必须具有自觉掌握和运用法律并践行法治的能力，而其前提是人们对法律的认同并把法律变成自觉的行为条件。“推进人民对法律的认同无疑是法治建设的关键和当务之急。”〔1〕只有人们认同法律，才能形成以法律为基础的法治观念并支配自己的法治行为，〔2〕从而使动态的法治运行成为由市民社会的普遍主体的自觉行为所主导的生态秩序。

2. 法治运行方式的转型

基于法治运行主体从政治社会或者社会精英阶层向市民社会主体即普遍的个人或者民众的转型，法治运行的方式也必然从政府主导的强制力或者外力推动向普遍社会主体的自觉行为的转型，这一转型后的法治运行的方式，则是一种由个人行为精神及其行为秩序所自觉推动的运行方式。“全面推进依法治国，建成社会主义法治体系，首先需要人们转变意识形态，应该梳理依法执政的观念，保证宪法和法律的实施。”〔3〕在社会主义法律体系基础上的法治体系建设，主要不再是静态的或者形式的法治建设，而且是动态的实质的法治建设，由于这一法治建设的主体，不再是立法者及其法律体系设计，而是普遍的社会主体对法

〔1〕 王东：《人民认同与法治教育：中国法治建设的逻辑和进路》，载《社会科学研究》2017 年第 2 期。

〔2〕 “让法治观念在人们心中牢固树立起来，是新时代中国特色社会主义法治建设的一项重要内容。”（汪习根：《让法治观念更加深入人心》，载《人民日报》2018 年 11 月 23 日，第 7 版）

〔3〕 陈金钊、宋保振：《法治体系及其意义阐释》，载《山东社会科学》2015 年第 1 期。

律的遵守与执行,所以这一法治运行是一种法治生态秩序的生成。在全面推进依法治国的时代背景下,社会主义法治运行方式的与时俱进,就是要根本解决一般社会主体的法治行为与法治条件问题,即人们践行法治的法治精神问题,核心是作为市民社会秩序形态的民法精神问题。“后法律体系时代”的法治运行方式,不再是立法推进,而是人的行为与行为精神以法治形态的自主构序。这一自主构序,不仅是一般行为人的法律行为,而且包括司法者的司法行为与执法者的执法行为,前者构成市场经济条件下的基础社会秩序,后者则是对这一基础秩序的保障秩序,更具有法治行为及其秩序推进的主导性。所以,司法与执法人员的法治意识及其条件下的司法与执法行为的“公正”表现对于中国社会的法治运行和后果具有一定的决定性影响和作用。[1]

(二)法治运行的动态行为与实现

法治运行的主体与方式转型,就是一种从静态到动态的法治运行转型,这一转型根本是动态行为的法治运行与实现过程。

1. 从静态条件到动态行为

建设社会主义法治和法治文化,需要两个体系,或者说是两个体系形成与运行的过程,即法律体系的形成与法治体系的运行。法律体系是法治体系存在和运行的基础与根据,法治体系是法律体系的行为与秩序转换的结果。法律体系不同于法治体系,前者属于科学立法范畴,是一个静态的法律规范体系,后者属于严格执法、公正司法、全民守法的范畴,是一个动态的法治运行体系;一个是静态的形式条件,一个是动态的行为结果。法治体系是一个动态法治的体系,它以动态行为及其行为秩序为主体,除了必要的静态立法条件外,[2]根本是动态的

---

〔1〕“这种法治意识形态主要强调法治规则和程序的治理,因而,对宪法和法律的尊重、坚守奉行执法和司法克制主义必不可少。能动司法和执法只能是附条件适用。法治方式应该成为国家治理、社会控制、心理控制和社会动员的基本方式。”(陈金钊、宋保振:《法治体系及其意义阐释》,载《山东社会科学》2015年第1期)

〔2〕这一条件的形成需要坚持科学立法、民主立法,加快立法速度,提高立法质量,完善和发展中国特色社会主义法律制度体系。“在法治建设事业的推进中,制定出符合人民意志的良法,是构建法治国家的制度前提;吸纳人民参与具体的法律实践,是体现法治人民性的本质要求;将法治的功能与效果置于人民群众的评价之下,是寻求法律为人民支持的社会保障。”(胡玉鸿:《人民主体地位与法治国家建设》,载《学习论坛》2015年第1期)

严格执法、公正司法和全民守法,是一个动态行为的法治生态的实现过程。[1]

十八届四中全会《决定》提出了中国特色社会主义法治体系的五个组成部分,即完备的法律规范体系、高效的法治实施体系、严密的法治监督体系、有力的法治保障体系和完善的党内法规体系。这一体系中,除了静态的规范体系外,重要的是作为动态行为的法治实施、法治监督和法治保障体系,其核心是法治实施体系,这一体系除了行政、执政与司法的实施体系以外,是以市民社会的生态行为与市场经济的法律行为的结合为基础的法治运行体系,是民法精神与民本模式的社会主义法治文化建设从静态条件到动态行为转型的必然要求与结果。只有这一动态的法治运行体系,才能实现党的十九大描绘的 2035 年基本建成法治国家、法治政府、法治社会的宏伟蓝图。[2]

2. 从静态需求到动态实现

建设社会主义法治体系与法治文化,自然离不开一定的静态条件并必然产生一定的静态需求,这一需求就是具有中国特色社会主义法律体系需求。然而,这一需求只是条件而不是目的,法律体系的需求在于以这一体系为根据实现人们法治行为的动态运行,即以法律为规范基础的社会秩序的行为化与生态化。社会主义法治体系作为一种法治文化的体系,其动态实现可以描述为从建成社会主义法律体系到建设社会主义法治国家,把权力关进制度的笼子,实现国家治理体系的秩序化与现代化。从构成上来讲,动态运行与实现的法治体系是国家治理体系的核心体系,是一个由国家的组织与权力系统、市场经济的运行与行为系统和市民社会主体的思想文化系统构成的有机整体的法治生态秩序体系。社会治理体系的现代化核心是法治体系的现代化,而这一现代化就是法治运行的动态化与生态化,即从静态需求到动态实现的法治运行转型。

法治运行的动态实现,作为一种行为秩序实现,必须具有与建设社会主义法治文化相适应的法治理念,即行为的精神条件。法治的动态实现与其说是行为的动态实现,不如说是精神的动态实现。应当在"国家、社会与个人"的结构关系中明确个人的行为自由及其在实现社会多元治理的秩序体系中的根本作用,

---

〔1〕 这一动态法治的运行需要坚决维护宪法法律权威、保障宪法法律统一有效实施;大力推进依法行政、严格执法,加快建设法治政府;进一步深化司法体制改革,加快建设公正权威文明的社会主义司法制度;党和政府依法治理社会、社会依法自治,全民自觉守法,加快建设法治社会。

〔2〕《完善法治建设规划提高立法工作质量效率,为推进改革发展稳定工作营造良好法治环境》,载《人民日报》2019 年 2 月 26 日,第 1 版。

并在对静态法律需求与遵守的过程中认识到法律思维和法律方法的行动意义，从而形成科学的法律价值论与方法论以正确指导人们的行为实践。在这一过程中，必须处理好公权与私权的关系问题，特别是要实现对公权的合理控制，否则必然伤害私权并影响个人的行为秩序。[1] 我国的法治运行及其动态实现，既需要在权力制约的基础上党和政府依法治理社会，[2]也需要在行为自由的条件下社会依法自治，全体人民自觉守法。因此，建设社会主义法治体系与法治文化，实现法治的动态运行与实现，必须正确处理政府与社会、自治与他治、个人与自由，行为与秩序的关系，全面推进依法治理、行为自治、自主构序的社会生态秩序体系，形成全民守法、崇法尚善、循法而行的社会秩序形态。

五、法治文化的民本模式与法治运行转型

建设社会主义法治文化的民本模式，是确立人民主体地位，以人民主体的利益为目的，追求人民主体的价值实现的模式。这种模式，必然是人民主体自主推动的动态运行模式，需要完成从静态到动态的法治文化转型，实现法治文化的动态运行与发展。

（一）法治文化的民本目的与法治运行转型

建设社会主义法治文化的民本模式，就是社会主义法治文化的民本运行的模式，这一法治文化的运行目的，就是以民本为本，坚持人民的主体地位，追求人民主体的自由，实现人民主体的利益。显然，社会主义法治文化的民本目的，就是人民主体的利益目的，建设社会主义法治文化的民本目的及其秩序形态，根本是人民主体的利益实现形态，法治和法治文化的秩序意义就在于它以一定的秩序形态能够最有利于满足人民主体的需求，实现人民主体的利益。人民利益的最好实现方式，就是人民主体自主与自由的行为方式，也就是以意思自治为原则的市民社会关系条件，即民法调整的人身与财产关系条件。这种方式或者条件，是人民主体在静态法治的制度框架内可以自主追求和实现自身利益的动态行为

---

〔1〕“任何国家，法治的重心都是制约和控制行政权力，防止其滥用和异化。”（张文显：《建设中国特色社会主义法治体系》，载《法学研究》2014 年第 6 期）

〔2〕“提供公共服务、加强社会管理是当代政府的一项重要职责。政府掌握重要的公共权力和充裕的公共资源，因而在社会治理中具有主导作用。同时，由过去政府包揽所有社会事务的传统管理方式转变为社会协同共治这一新的社会治理模式后，政府还负有吸收全社会力量参与社会治理的组织和引导职责。”（方世荣：《论我国法治社会建设的整体布局及战略举措》，载《法商研究》2017 年第 2 期）

秩序的法治文化形态,因此从静态到动态的法治运行转型,是实现人民主体利益的必然要求。人民主体的利益一旦失去了人民主体的自主行为,就失去了人民主体利益实现的以人格和自由为基础的普遍条件。

人民主体的目的,作为一种民本目的,就是人民主体在市民社会关系中的利益目的,即一定的人身与财产安全目的,需要对人民主体即私人主体的人身与财产安全提供必要的法治保障,否则人民主体就不会有建设社会主义法治文化民本模式所要求的积极与主动的法治行为,从而必然影响法治运行的生态转型。为了了解我国法治运行中的人身安全情况,本项目组以“您认为您个人在社会中的人身安全程度是什么”为题进行了全国性调查问卷。在设定的五个备选答案中,选择“安全”(占比 23%)、“基本安全”(占比 57%)和“非常安全”(占比 5%)的占比之和为 85%。具体数据统计结果如图 24-1 所示:

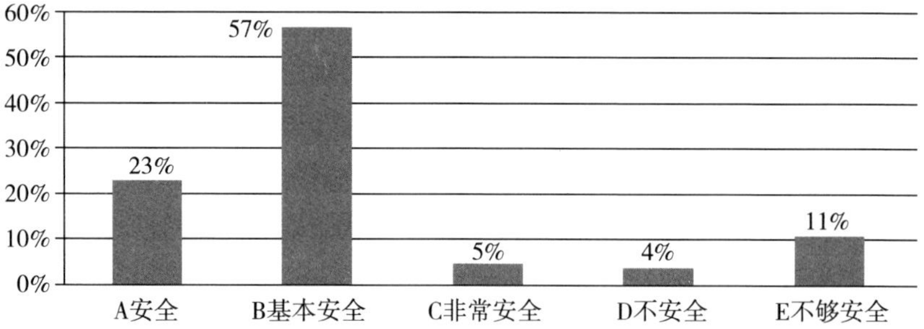

图 24-1 “您认为您个人在社会中的人身安全程度是什么”一题调研数据统计

这一数据统计结果显示,在我国,人民主体的人身安全指数较高,反映了人民主体对人身安全的社会满意程度。不过,其中选择“不安全”(占比 4%)和“不够安全”(占比 11%)仍有合计达 15% 的占比,这与在对安全的肯定回答中主要是对安全带有一定保留意见的“基本安全”的回答相一致。也就是说,在人民主体对我国社会的人身安全的感知中,还有相当程度的不安全成分与因素的存在,这是我们在建设社会主义法治文化中需要不断克服和努力解决的民本条件问题。

法治文化的民本目的,作为人民主体的人身与财产安全目的,必须通过对人民主体的利益承认与保护来实现。十八届四中全会《决定》指出:“法治建设为了人民、依靠人民、造福人民、保护人民,以保障人民根本权益为出发点和落脚点。”这就是我国法治建设的人民目的,而人民目的就是中国特色社会主义法治文化的民本目的。人民与民本目的的法治建设与法治文化，自然离不开人民主体作为普遍行为主体的广泛参与及其形成的动态行为秩序，所以需要以人民为中心和坚持人民主体地位，“把坚持人民主体地位作为依法治国必须牢牢把握的一条根本原则”。[1] 确立人民主体地位并实现人民主体的动态法治行为，这是建设社会主义法治文化的民本模式及其法治运行转型的根本条件和要求。人民的主体地位，不仅是一种法律地位，而且是一种法治行为地位。一方面法治文化的民本目的需要和调动人民的法治行为，另一方面人民的法治行为及其行为能力是决定和制约法治文化及其运行转型的生态因素。[2] 建设社会主义法治文化的民本模式及其实现的以民为本的法治运行转型，应当重在解决人民主体自身的以民法精神为基础的法治精神及其法治能力问题。

法治文化的民本目的性，决定了这一法治文化运行条件的动态性及其人民自觉性。这种自觉，反映了人民主体的秩序信仰，是一种人民主体的法治文化自觉。“文化自觉实质上是人们对现代化运动的普遍反思与自主筹划。”[3]没有人民主体以自身为目的的法治文化的自觉，就没有人民主体自主构序的法治行为及其法治文化形态，更没有法治文化的动态运行与民本模式构造。人民主体的法治文化自觉，[4]就是作为人民主体行为意志的民法精神的生成及其对个人行为的规范与秩序作用。

（二）法治文化的民本价值与法治运行转型

法治文化的民本价值，根本是人民主体地位和人民利益为基础的社会秩序价值。这一价值集中体现在民法所调整的市民社会关系的基本原则上。市民社会关系的基本原则，是当代法治和法治文化的价值基础，是构建社会主义法治体系并实现其秩序发展的前提。法治文化的民本价值，就是市民社会的秩序价值，既需要体现于市民社会关系之中，又必然选择市民社会自身的动态运行体系来

---

〔1〕 金民卿：《全面推进依法治国与坚持人民主体地位》，载《江西社会科学》2015 年第 1 期。

〔2〕 “在强调人民主体地位的同时，必须注意将尊重人民群众的集体智慧与发挥专家的专业特长相结合；吸纳人民群众参与法治事业，必须实际考量普通民众的法律能力；要引导人民群体跳出自我利益的窠臼，理性地表达自己的正当诉求。”（胡玉鸿：《人民主体地位与法治国家建设》，载《学习论坛》2015 年第 1 期）

〔3〕 王文兵：《现代化运动的反思与筹划》，载《思想战线》2011 年第 2 期。

〔4〕 “法治文化自觉的树立和培养，就是要让相关主体在法治文化建设中形成一种自主自觉意识，使他们自主自觉地、有意识地开展、推进和完善法治文化建设。”（李军：《法律文化与法治秩序》，载《湖北社会科学》2013 年第 4 期）

维护和实现,这就需要社会主义法治文化从静态到动态的运行转型,而从静态到动态的法治运行转型,正是契合了这一法治文化价值的实现需求,成为追求和实现这一价值的根本条件。

法治文化的民本价值实现应当基于“情感认同—价值认同—行为认同的路径而递进式展开,它是一个从感性到理性,从理念到实践逐步发展的过程”。〔1〕在这一过程中,既要重视静态法治的价值塑造,更要关注静态价值形式向动态价值目标的秩序转型与运动实现。在法治运行转型时期,社会主义法治文化的价值实现形态表现为以下几个方面:法律至上的法治信仰、〔2〕全民守法的法治意识、权利保护的法治目的和公平正义的法治追求。就全民守法的法治信仰和法治意识而言,〔3〕就是要确立人们自觉守法的民法精神,实现权利秩序的自觉维护与运行,它需要一种全社会的法治文化认同,而这一认同又是法治文化的民本价值的基础,因为法治文化的民本价值,一定是在民本基础之上的一种文化认同价值。这既是一个理论问题,也是一个实践问题,因为法治文化“是一种具有实践性和实用性的社会文化”。〔4〕当下中国社会的法治运行转型,需要在全社会形成法治文化认同的基础上形成法治运行与推动的合力及其相向而行的行为秩序,从而以全民自身的守法意识与民法精神,自主实现法治文化的民本价值。

人们的法治信仰并不是凭空产生的,它根源于人们基于这一信仰而对自身价值的实现。必须根据民法的价值原则保护人们的各项权利,使人们的权利可以在民法的价值基础上实现。民法上的权利保护,尤其是对财产权利的保护,就是保护人们信守法律与法治的信心与信仰。有研究认为:“地区财产权利保护程度越高,该地区民众群体性事件参与可能性越低。”〔5〕相反,人们自觉维护法治价值并参与法治运行的动态水平就越高。“社会公平正义是人民美好生活的

---

〔1〕 龚廷泰:《法治文化的认同:概念、意义、机理与路径》,载《法制与社会发展》2014 年第 1 期。

〔2〕 “在我国只有把法律至上当成政治意识形态的组成部分才有可能在一定程度上推进法治。”(陈金钊:《多元规范的思维统合》,载《清华法学》2016 年第 5 期)

〔3〕 “‘全民守法’业已作为依法治国的根本目标与基础工程,在法治建设事业的推进中扮演着重要的角色。”(胡玉鸿:《全民守法何以可能?》,载《苏州大学学报(哲学社会科学版)》2015 年第 1 期)“全民守法是全面依法治国、建设法治社会的基础工程。”(李林:《建设法治社会应推进全民守法》,载《法学杂志》2017 年第 8 期)“法律只有进入人的内心世界,被人们所信仰所信赖,法治才能有力量,法律才能有权威。”(胡云腾:《法治精神之我见》,载《法制日报》2007 年 8 月 17 日,第 3 版)

〔4〕 刘作翔:《法律文化理论》,商务印书馆 1999 年版,第 312 页。

〔5〕 徐广路、沈惠璋:《财产权利保护程度对社会稳定的影响分析》,载《东北大学学报(社会科学版)》2017 年第 1 期。

基本需要，决定着人民生活的获得感、幸福感、安全感。”[1]法治文化的民本价值，根本就是在自身人身与财产权益保护与实现中的公平正义价值，即市民社会的人身与财产利益的安全价值，这一价值决定了人们的幸福与生活，并只能在动态的法治运行或者动态法治中实现。如果不能把静态和形式的法治价值转型为动态的法治生态秩序，法治文化的民本价值只能是一种观念的价值，而不能是实践的价值。

---

〔1〕 胡玉鸿：《新时代推进社会公平正义的法治要义》，载《法学研究》2018 年第 4 期。

第二十五章

从他律到自律的法治行为转型

一、他律的法治行为

他律是法治行为实现的普遍规则之一,实现法治的最终保障机制需要他律性的法治行为予以平衡与稳固。他律对公权力抑或私权利具有秩序性的约束与界析功能。然而,他律所具有的强制性与被动性,使其若不被公众所普遍接受与认可,必然导致社会秩序的混乱与工具价值的常态。如何实现他律行为的法治化是建设社会主义法治文化的根本途径,因此在从他律到自律的社会主义法治行为的转型过程中,实现以民为本的社会主义法治文化的自律生态化,并以此弱化他律在法治行为中的强制性作用,是民法精神转型的根本形态。

(一)他律行为的强制性

法律或者法治必有他律。[1] 所谓他律,就是通过物理性的强制手段强加于人的规制方式。"哪里没有强制力,哪里就没有法律。"[2]不受外在强制性规范制约的社会将处于危机与瘫痪的秩序状态之中。他律性的强制力不仅对维护与

---

〔1〕 事实上,所有的社会规范都需要和具有一定的他律,不论是法律还是道德或者其他规范形式,都离不开他律的强制作用,只是他律的手段和条件不同而已。当然,法律是靠国家强制力保障实施的,这是任何其他一种规范形式所不具有的强制性特征。

〔2〕 T. O. Maritin, *Philosophy of Law*, Washington Publications, 1953, p. 305.

实现社会主义法治文化的秩序形态具有外在的调整与均衡作用，更有利于实现以民为本和科学发展的民法精神及其法治行为的自律性转型。

1. 他律行为的外力强制性

法律的作用在于约束与限制权力的扩张、维护和稳定权利的享有，而这一作用的发挥必须依靠外在的强制力量。[1] 在人们的具体法律或者法治行为上，有的行为是自律实施的，不需要外在强制力的作用，也有的行为则依靠他律或者离不开他律的外在强制条件。[2] 这种依靠他律或者离不开他律条件的法律或者法治行为，就是他律行为。他律行为是一种外力强制的结果。一个主体的行为，不论是国家或者政府的公权力行为，还是个人的法律行为，只要是在接受法律的外力强制下形成的，就是一种他律行为。在他律条件下实施的行为可能是合法的，是一种法治行为，亦可能是非法的，是应当受到法律制裁的行为。不过，一般而言，他律行为虽然是被动或被强制的，但是它在接受统一的强制条件的情况下可能是规范和有序的。当然，他律行为如果接受的不是统一的法律强制条件，也可能构成某种强制条件下的被动违法行为。因此，他律条件下的行为要实现法治的统一需要以国家机器的大量存在和有效运转为代价。

一个人的行为之所以需要外力的强制，因为任何人的行为都是在自己的主观意志支配下实施的，会优先受控于行为主体的自主意志，而行为人如果不能以自主意志合理控制自己的行为，即实现行为自律，就会出现个人行为的恣意和任性，导致社会秩序的混乱。一方面，他律通常代表了国家或者社会的条件和要求，其中国家的条件和要求受控于一定的权力意志，因此，他律首先应当是对公权力的合理限制，如果不对国家或者政府的公权行为进行他律性的强制与限制，就会出现权力的滥用和自由裁量的肆意行使，其结果必然导致腐败。另一方面，作为市民社会主体的个人，在实施法律行为的过程中也须接受他律的强制约束，否则就会出现个人行为与社会整体要求的矛盾并造成混乱与无序，并最终影响和损害自身利益的正常实现。因此，不同主体对稳定与秩序的社会诉求需要他律和他律行为的共同作用。

---

〔1〕“法律规定具有强制力乃是法律作为社会和平与正义的捍卫者的实质之所在。”（［美］E. 博登海默：《法理学——法律哲学与法律方法》，邓正来译，中国政法大学出版社 2017 年版，第 349 页）

〔2〕“随着社会进步、人口愈趋稠密、生活方式愈趋多样、问题愈趋复杂，规范性社会控制程度愈趋提高。”（［美］E. 博登海默：《法理学——法律哲学与法律方法》，邓正来译，中国政法大学出版社 2017 年版，第 239 页）

他律作为一种外在强制的秩序行为结果,对社会权力的行使与权利的享有具有特定意义,是一种追求社会秩序实现的基础手段。“任何可被用来维护法律权利的强制执行制度都是无力适用于纯粹道德要求的。”[1]无论人们是否意识到这一点,权利的保障、秩序的维护、权力的实施等事实上都需要通过他律的强制性条件来实现调节与保护的功能。也不论人们是否能够自律实施法律或者法治行为,符合法律或者法治秩序的他律都是不可缺少的条件。法治社会的秩序形成离不开法律规则,而法律规则的真正使命是确认和捍卫人的权利与自由,这种非道德性的法律自由与权利需要他律性的国家强制力的维护和保障,否则,社会主义法治和法治文化建设必将失去秩序的基础支撑。

他律行为是无奈的,他律的强制是被动的,但是他律与他律行为对于社会秩序的建立是必然和必要的。如何确立强制性的他律规则以维护行为秩序的实现,根本源自立法。立法不仅是一种强制性规则——在法律允许的意思自治之外,而且是依靠国家强制力保证实施的他律性规范手段。通过科学立法确立的行为规则在法治社会的秩序构造中占据重要地位,如大陆法系的民法,其“强制性”规则来源于国家创制的成文法,而这一创制规则是人们对社会秩序的预期性安排,承载着人们对社会秩序的美好理想。在创制民法规则的过程中,公众的经验性预期与法学家的理论性预期经过起草、论证、审议、通过、公布等一系列法定程序的整合之后,成为具有强制性的民法规则。因此,法律规则的一般期盼是:即使一个人不能自律性的守法,也需要接受法律的强制作用并实施相应的行为,这便是法律秩序的最低要求。

道德的自由具有纯粹的自律属性,无须外在强制力的作用;而以私法为主的民法作为自由的权利规则,虽然坚持意思自治原则并鼓励个人的行为自由,但在根本上还需外力强制来调整当事人的行为关系。他律行为作为一种被法律强制的行为结果,虽然并不排除行为人的自律意志,但它主要来自以国家强制力为后盾的他律性约束。他律是社会秩序不可缺少的规则性条件,虽然需要接受一定的社会规范约束,但由于其本身的被动性属性,他律本不应当成为以民为本的社

---

[1] [美]E.博登海默:《法理学——法律哲学与法律方法》,邓正来译,中国政法大学出版社2017年版,第394页。

会主义法治文化的主要秩序形态。[1]

2. 他律行为的外在秩序性

一个人的行为,可能是他律的,也可能是自律的,这取决于主体实施法律或者法治行为时的主观心理状态。对于他律行为而言,其不是基于行为人的内在秩序,也不是行为主体的主观秩序的外在表现和结果,而是被动地、不自觉地在法律强制所形成的外在秩序的驱使下而作出的行为。[2] 外在秩序不是主观秩序,不是行为人自觉自为的行为状态,没有主观上的明确秩序目的。这种外部秩序往往不能与人的主观秩序相统一,缺乏一定的稳定性,所以不具有社会生态秩序的本质,也无法为建设社会主义法治文化提供生态性的社会秩序条件。

秩序是法治社会的根本形态与要求,法治秩序的形成虽然离不开他律和他律行为,但他律需要付出国家或者社会的强制性成本,所以不是法治和法治文化形态的根本条件。康德认为:“法权秩序显然不能给人类的道德状况带来根本改观。”[3] 建设以民为本的社会主义法治文化的根本期待不是行为的他律而是行为的自律。[4] 作为强制力的国家机器不能废止,但是一个国家的人们如果仅靠他律而被迫实施自己的行为、接受某种社会外部秩序,那么这个国家的法治终将难以保持稳定和维系长久。

当然,他律和他律行为的存在是重要和必要的,尽管这种行为的效果和缘由是被动的,且形成的秩序形态起点也不高,但它毕竟构成社会秩序的基本样态。在这个意义上,他律的法治行为作为国家调控和支配的社会秩序,仍然是社会和谐稳定的有力杠杆。既然他律是社会秩序形成所不可缺少的外在条件,社会主义法治文化的秩序构造就必须依靠他律作为强制性保障手段,否则法律就会成为毫无价值实效的外壳。“一种社会秩序的典型情形,表现为权力与法律的某

---

〔1〕 “法制的建立,尽管需要强制,但最主要是要获得人民的自觉遵从。”(苏力:《法治及其本土资源》,北京大学出版社 2014 年版,第 49 页)

〔2〕 “如果一个老百姓服从城邦的法律,而法律又是统治者制定的,这显然就是服务于强者的利益。”(余纪元:《〈理想国〉讲演录》,中国人民大学出版社 2009 年版,第 42 页)

〔3〕 张东辉:《德国古典哲学中的道德与法权》,中国人民大学出版社 2017 年版,第 55 页。

〔4〕 “一个法律制度之实效的首要保障必须是它能为社会所接受,而强制性的制裁只能作为次要的和辅助性的保障。”([美]E. 博登海默:《法理学——法律哲学与法律方法》,邓正来译,中国政法大学出版社 2017 年版,第 366 页)

种相互渗透。"[1]建设社会主义法治文化的民法和民法精神,虽然是一个自由的规范和秩序体系,但它在维护公民合法权益和实现社会生活秩序的过程中,仍然是以他律性的行为秩序为基础的。[2] 所以,对于以民为本的社会主义法治文化的生态秩序实现的期待,离不开他律作为维护社会秩序的最后手段。

(二)他律行为的被动性

他律行为是个人行为被强制或者不得不接受强制条件下实施的行为,在主观上是一种被动行为。也就是说,他律行为是在法律或者社会秩序背景下被外在规范强制的结果,与主体自由支配的自律行为具有不同的动因并可能产生不同的效果。他律的实施要求立法者、执法者、司法者和法律行为者即使在不情愿的情形下也要接受和根据已有的规则行事,排斥因个人主观态度而可能发生的恣意行为。由于他律行为是被动实施的,不是自主和自愿地认识和把握的,所以,他律行为的实施目的和结果与社会规范相悖的可能性更大。法律规范的遵守要求个人在被设定的有限范围内实施法律行为,如果违反他律规范就可能产生违法责任,也就必须被动地接受他律的制裁,这就是所谓他律行为被动性的全部内涵。[3] 因此,他律行为虽然是客观的和必要的,但并非一种理想的社会秩序形式。

1. 他律行为的非本意性

他律行为是在他律作用下实施的被动行为,具有非本意性,而在他律条件的作用下实施的行为也是一种非本意的结果。他律行为的非本意性不仅源于内在对抗或社会变革从而发生超出主体预期的事项,还会因外在的被动性原因出现

---

[1] [美]E.博登海默:《法理学——法律哲学与法律方法》,邓正来译,中国政法大学出版社2017年版,第374页。

[2] "需要通过制定民法典,完善民商事领域的基本规则,引领经济社会发展,更好地平衡社会利益、调节社会关系、规范社会行为,维护社会经济秩序。"(李建国:《关于〈中华人民共和国民法总则(草案)〉的说明》)要使市场在资源配置中其决定性作用,必须以保护产权、维护契约、统一市场、平等交换、公平竞争等为基本导向,因此推动和维护市场经济的社会秩序,就必须发挥保护产权和维护契约的法律作用,即一种他律的秩序形式。

[3] "发达的法律制度所持有的制裁形式,不仅只限于给人们施加心理压力的范围,而且还执行一些剥夺权利的强制性法令。"([美]E.博登海默:《法理学——法律哲学与法律方法》,邓正来译,中国政法大学出版社2017年版,第362页)

与本意相反的不可预测性的结果。[1] 正如国家或政府的体制并非经验性的决策,而是依据严谨的理论基础、严格的立项程序,依靠科学的技术手段而制定出的一样。从哲学角度上讲,非本意结果的产生也具有如下两个方面的原因:从决策主体及主观方面来看,因主体认识上的有限性及其决策过程和方法的不足导致了错误的产生;从决策客体看,当面对复杂而深层的社会事件时,客体世界的复杂性、物质经济的无限发展是意外发生的主要原因。世间事物是相互联系、变化和发展的,一切事物及其发展过程都会存在矛盾。因此,在事物的相互联系和各种主客观因素相互交融中,他律行为在性质、范围、程度上也会产生一系列新的深层次的根本性变化和非本意性秩序结果。[2]

他律行为的普遍性及其形式结构的保守性是非本意性出现的根本原因,也是促进他律调整的非偶然性的价值选择。人类习惯遵循业已确定的规则、规律,期望在可预见的他律框架之内维护个人与社会的秩序。然而,社会始终是持续发展的,人的诉求也不断增多,这种前后顺序的变化仅仅依靠他律手段来维护秩序稳定,已不能满足于社会交错的变化需求。非本意性的突发促使社会必须根据现状采取相应的调整手段和方式,从而适应法律和秩序的需求。从另一个角度讲,非本意性的产生是根植并游走于社会的不断变化和他律的相对稳定之间,但不可否认的是这种非本意性的产生对于社会的进步、法律的发展具有必然迫切的变革作用。

如何适应并应对他律行为的非本意性意识形态的发生,以保证社会秩序的稳定,毫无疑问需要通过立法、修法的方式。首先,摒弃无法适应社会现状的旧的法律,重新制定新的法律规范;其次在原有法律的基础上进行修改,以适应发

---

〔1〕 非本意结果不是指个人或少数人行为所引致,而是指一个地区或国家甚至全人类的集体行为所引致的结果问题。(郭和平:《论非本意结果》,载《云南师范大学学报》2008 年第 4 期)"人离开狭义的动物越远,就越是有意识地自己创造自己的历史,未能预见的作用、未能控制的力量对这一历史的影响就越小,历史的结果和预定的目的就越加符合。但是,如果用这个尺度来衡量人类的历史,甚至衡量现代最发达的民族的历史,我们就会发现:在这里,预定的目的和达到的结果之间还总是存在着极大的出入。未能预见的作用占据优势,未能控制的力量比有计划运用的力量强大得多。"(《马克思恩格斯选集》(第 4 卷),人民出版社 1972 年版,第 274 页)

〔2〕 非本意原因有以下几点分析:"首先,这些根本性变化没有引起决策主体的注意。其次,这些根本性变化虽然引起了决策主体的注意,但是决策主体并未意识到经过事物矛盾量变的积累,会导致如此严重的非本意结果的产生。再次,这些变化虽然引起了决策主体的注意,并且也采取了一定措施,但是措施的力度、针对性不够,故不能有效地控制事态的发展,而导致非本意结果的产生。"(张丹青:《当代决策新难题:非本意结果问题及其哲学思考》,载《贵州社会科学》2008 年第 11 期,第 38 页)

展中的社会变化,节约司法资源。他律行为的非本意性的出现,不仅可以发现与社会现状不符的滞后法律,进而对其修改,也是调整他律手段和方式的价值行为。如此,在追求社会和谐、自由的原则下,当非本意性的他律行为发生与我国法律相冲突的情况时,通过立法、修法等方式,使其成为社会主义法治文化从他律到自律发展过程中实现法律完善的有效途径。

2. 他律行为的非自主性

法律是维护人类和平、建构社会秩序的制度性保障手段,其潜在于社会生活的方方面面,是替代暴力性侵略行为的文明武器,没有法律这种社会治理的调整手段,就无从谈及民法精神。人的本性是利益的趋同体,相应的制度规范是调整与约束利益主体间冲突和碰撞的必然性条件,因此非自主性是他律行为的基本特征之一。"法律的主要作用之一就是调整及调和上述种种冲突的利益,无论是个人的利益还是社会的利益。这在某种程度上必须通过颁布一些评价各种利益的重要性和提供调整这种种利益冲突标准的一般性规则方能实现。"[1]他律是维护和调整人与人、人与社会之间利益关系的有效途径,也是构建和谐有序法治文化的关键性手段。他律行为的非自主性必然是在他律作用下出现的社会效果及秩序要求,是非主体自主意志作用下的一种自然的社会行为状态。[2]

然而,他律规范的非自主性也会存在一定的限制性弊端,正如政府内部的权力分配系统是由上下层级之间的命令与服从关系而形成的行为规则一样,他律行为如同在政府层级制的法律规范体系下所形成的非自主性的秩序行为结果,这种规范体系包括了以命令形式出现的自主性行为和以服从的形式体现出现的非自主行为两种行为类型。"如果所制定的法律对一切符合规定的情况或所有的人都严峻不苟地加以执行,也不可能不造成损害。"[3]洛克的观点不是反对法治,而为了缓解和协调法律治理的僵滞性。当法律的强制性行为明显违反了立法目的或社会意图,就自然不利于保障人民的利益和权利。

目前,社会更关注的是,如何使他律手段调整得符合民法精神的目的,从而改善法律自身所固有的他律行为的非自主性本质。首先,从立法角度看,立法过

〔1〕[美]E. 博登海默:《法理学——法律哲学与法律方法》,邓正来译,中国政法大学出版社 2017 年版,第 414 页。

〔2〕"自由是人类意志的一种特殊的因果性,但自然的因果性是他律的,而意志的因果性是自律的。"(张东辉:《德国古典哲学中的道德与法权》,中国人民大学出版社 2017 年版,第 55 页)

〔3〕[英]洛克:《政府论》(下卷),叶启芳、瞿农菊译,商务印书馆 1964 年版,第 99 页。

程本身是趋向稳定性与现实性的，而这种固守成规的特性正是导致其滞后于进步和突发的社会现状的原因之一。因此，完善这种特性需要立法者具有快速反应的前瞻性与及时性，积极地对法律进行修改与更新，避免造成社会资源的大量流失与浪费。其次，司法的非自主性特性使当事人在法律规范所设定的框架内具有被动性的地位，诉讼本身是调和当事人之间的利益冲突、解决纠纷的手段，法官应在案件中更主动地采取调解为主的处理方式，给当事人以更大的空间在法律所允许的范围内自主地处理利益关系。最后，公民守法的非自主性也是需要关注的问题之一，很多公民直到触犯法规才意识到自己对法律知识的欠缺。因此，弘扬社会主义法治文化的民法精神首要任务就是让更多地公民了解自己的权利与义务，只有在此基础之上才能有效地维护社会秩序的稳定，实现从他律到自律的社会主义法治行为的制度化转型。

二、自律的法治行为

所谓自律，简言之，就是自我行为的合理控制，是一种自主构序的法治行为，是自由秩序的社会生态体系。自律是建立在自由基础上的道德原则，是法治行为的道德实现。因此，自律作为一种道德精神是法治文化建设的内在秩序条件。社会秩序的形成需要自律意识的存在，而法治的根本目的在于限制权力和分配权利，限制权力是对于公权的约束，分配权利是给予私权的自由。不论公权的约束还是私权的自由，都需要自律的主体意志及其行为秩序的保障。因此，建设以民法精神为基础的社会主义法治文化，必须实现从他律到自律过程的法治行为转型，不断扩大和加强自律行为对法治和法治文化的影响程度与作用水平。

（一）自律行为的自主性

自律的法治行为，一方面是自律，另一方面是自主。自律行为在自律前提下的根据是自主，即主体自主意志的行为，是行为主体自主意识的价值选择，是以道德为基准的民法精神的内在秩序形态。道德的最高原则是意志的自律。康德指出："一个人越能做到自我强制，就越是自由。"[1]这种自我强制的意志状态就

〔1〕［美］伍德：《黑格尔的伦理思想》，黄涛、吴彦主编，知识产权出版社 2016 年版，第 63 页。

是道德意识的主动性选择。[1] 自律强调的是内在意志的价值选择，而不是外在行为的被动属性。“自律是行动者的一种纯粹内在的状态，它是意志根据道德法则实现自身的一种能力。”[2] 自律具有一种内在意识的自主性。道德的自律性在于人是有理性和善良意志的主体、是道德法则的制定者，是行为主体服从道德法则的崇高价值体现。[3] 如何培养作为市民社会自律意识的民法精神，形成主体以民法精神为基础的自律与自主的法治行为，是实现社会主义法治文化的法治行为转型的基本条件。

1. 自律行为与自主的自由目的

自律行为作为主体的法治行为，是主体的个人目的行为。自律行为的主体目的，是一种自主目的，即主体的自主决定和自主支配的目的。自律的自主目的是多方面的，但在根本上是一种主体的自由目的。自律行为的主体目的，不是自我限制，而是自我自由，是以自我限制为条件的自由目的。自律行为是主体有目的的行为，是主体实现自我价值的自主行为，也是一种自觉遵循法律或者其他社会规范条件的自由行为。[4] 自主介于自律与自由之间的意识形态，是以自律实现自由的基本行为方式。[5] 人区别于其他一切物的根本特性在于人具有自律的能动性或者自主性，能够在各自的实践对象范围内通过自律行为获得需要的利益满足，因此自律行为是主体有目的的实践行为，是自由目的实现的自主行为条件。

---

〔1〕“意志自律性，是意志之成为自身规律的属性，而不管意志对象的属性是什么。所以自律原则就是：在同一意愿中，除非所选择的准则同时也被理解为普遍规律，就不要作出选择。这一实践规则是个命令式，也就是说，任何有理性的东西的意志，都必然地受到它的约束。”（［德］康德：《道德形而上学原理》，苗力田译，上海人民出版社2002年版，第60页）

〔2〕张东辉：《德国古典哲学中的道德与法权》，中国人民大学出版社2017年版，第55页。

〔3〕“他之所以崇高，并不由于他服从道德规律，而是由于他是这规律的立法者，并且正因为这样，他才服从这一规律。”康德此处所谓的“法”绝不是通俗或者一般意义上的法或法律，而是道德法则或伦理法则。康德把伦理的立法和法律的立法区别开来，伦理的立法出自义务本身，义务和动机具有同一性，而法律的立法并非出自义务本身。（［德］康德：《道德形而上学原理》，苗力田译，上海人民出版社2002年版，第59页）

〔4〕“所谓自律，是指人们对自己的行为进行自我约束，亦即人们自动地遵守非正式规则与正式规则。最理想的社会是人人自律的社会，人人自律的社会必是一个人人守范、秩序井然的社会。在这样的社会中，既不需要民间力量，也不需要司法机构等公共权力机构纠正人们的行为，经济资源因而可以得到最有效率的利用。”（曾国安：《关于自律与强制的经济学思考》，载《经济评论》1999年第1期，第34页）

〔5〕“人人有自由之便利，仍人人不得稍越法律之范围。”（沈家本：《法学名著序》，中华书局1985年版，第2240页）

自主建立了自律与自由的联系。自律不仅在于自限，而且在于自由，自律的自主性正是自律的自由性一面的体现。“自由是一切存在的价值根据”，[1]没有自由的社会或环境不符合人类生存目的的，与建设社会主义法治文化的民本模式也背道而驰。主体的自由目的，只能通过自律的自主行为实践来实现。恩格斯就人类活动的特点指出：“在社会领域中进行活动的，全是具有意识的，经过思虑或凭激情行动的，追求某种目的的人。”[2]人类能动活动的特点之一，就是意识和目的。自律行为作为主体的自主目的行为，实质是主体的自由行为，既是行为自由的本质，也是行为自由的条件，而自由目的实现的本质要求，是个人自律的行为自主。可以说，自律性的自由行为是主体终极的自由目的，是建设社会主义法治文化的根本目标，因此自律行为是以自由为目的的行为，而不是放弃自由的行为。欲通过自律行为实现和满足主体的行为自由，离不开主体的自主构序的行为精神，这种行为精神即作为市民社会生态秩序条件的民法精神，或者说，只有民法精神才能够在法律与行为统一的基础上具有自律、自主与自由的全部本质。建设社会主义法治文化的民本模式，就是要培养人们自律的民法精神，从而实现自律的自主与自律的自由。

2. 自律行为与自主的自由自决

自律行为作为一种法治行为，不仅具有主体的自主目的性，而且具有主体的自主决定性。主体的自主决定，也可称为自决权。[3] 自决权概念的提出多在国际法领域。[4] 作为个人的一项权利，自决权则属于自律的道德——法治主体的自主决定的自由范畴。自决构成自由发生的最后根据。在自律的自决中，主体一方面能够保有自己的自由，另一方面不得侵犯他人的自由。[5] 这样的主体自律，才能够在遵循他人自由利益的基础上实现自己的主体自决权。

自律、自主与自决，作为自由实现的条件与本质，是人类最高的社会理想，代

---

〔1〕 高兆明：《黑格尔〈法哲学原理〉导读》，商务印书馆 2014 年版，第 36 页。

〔2〕 《马克思恩格斯选集》（第 4 卷），人民出版社 1995 年版，第 243 页。

〔3〕 “虽然人民自决权是集体权利，但它不是以国家这个集合体为权利主体的权利，不是国家的权利，而是一项人权，两者是不能混淆的。”（王英津：《自决权主体研究中的模糊问题刍议》，载《广东社会科学》2009 年第 5 期）

〔4〕 《联合国人权公约》规定：“所有人民都有自决权。他们凭这种权利自由决定他们的政治地位，并自由谋求他们的经济、社会和文化的发展。”在国际法领域，自决权的主体是“民族”或“人民”。

〔5〕 “自由，是在人和人的当中发生的，我不应侵犯人的自由，人亦不应侵犯我的自由。”（章太炎：《国学概论》，上海古籍出版社 1997 年版，第 34 页）

表着人类社会根本的秩序价值与诉求。没有主体的自律与自主条件的自决，就没有主体的自由。人或者主体的自律与自决，意味着人的充分自我实现。“自由不仅包括我靠什么生存，而且也包括我怎样生存，不仅包括我实现着自由，而且也包括我在自由地实现自由。”[1]这一自由不仅是主体的自主与自决，而且是主体的自律结果，体现了主体自律与自决的意识形态及其自由实现的条件，这既是一种主体的自我实现，也是主体的自我价值判断与选择。“内在自由对行动者要求两件事：控制自己亦即收敛自己的情绪，和主宰自己亦即掌控自己的纠结。”[2]所谓内在自由，是自由与自由限制的统一，它一方面需要自律的自主行为主导，另一方面则是主体的行为自主与自决。最终决定主体的行为条件与行为价值的，不是主体的自由，而是主体在自律基础上的行为自主与自决。因此，自律行为及其自主基础上的自决意识是主体实现自由的基本条件，也是以自律行为的民法精神构造民本模式的法治文化的根本要求。

在我国社会转型期，社会主义法治文化的建设不仅需要他律性的规范制约，更需要行为主体自律与自主的行为自由。在以民为本的市民社会关系条件下，主体自决意识的存在是自律性行为的主观要件。如何使主体在自律条件下满足自主与自决的行为要求，在根本上是一个社会秩序体系问题。首先，自律是公民对社会制度及普遍性的道德认同，在此基础上必然需要自主与自决地践行法治行为；[3]其次，自律行为的自主秩序构造以人和人格的发展为基础，[4]需要相互之间的人格承认与尊重，并最终实现利益均衡；[5]最后，自律行为作为一种主体自主与自决的法治行为，根本是市民社会关系条件下的民法精神行为，需要民法精神的体现与引导。因此，以道德自律为基础的主体自主与自决的行为，是主体调整自身行为并实现合理构序的自由秩序行为，需要在以民为本的社会主义法治文化的社会生态秩序构造中不断优化与践行。

---

〔1〕《马克思恩格斯全集》（第1卷），人民出版社1956年版，第77页。

〔2〕Kant, *The Doctrine of Virtue*, University of Penyslivania Press, 1964, p. 69.

〔3〕“道德认同是指公民对社会某种道德法则及其价值精神善的肯定，从及基于这种肯定基础之上的自觉践履取向。”（高兆明：《道德失范研究》，商务印书馆2016年版，第272页）

〔4〕“普遍的自我意识的最直接的运用是在人格的抽象法权中。”（［美］伍德：《黑格尔的伦理思想》，知识产权出版社2016年第3版，第148页）

〔5〕“那种不以独立平等人格出现的转让属于形式契约，那种以独立平等人格出现的转让属于真是契约。”（高兆明：《黑格尔〈法哲学原理〉导读》，商务印书馆2010年版，第142页）

（二）自律行为的自然性

自律行为是人的自我行为控制，具有自主构序的自然生态属性。自律行为虽然是人的自主自为的行为，具有人的意志性与自由性，但是在它的内在秩序品质中却蕴含着自然的规律与规定性。[1]

自律行为虽然是主体自我控制的行为并体现主体的意志性，但这种控制遵循着人类某种内在的规定性，使自律行为的行为结果自觉或者不自觉地符合人类某种统一的秩序，这一秩序就是人类的自然秩序。[2] 自然秩序具有人类自然与必然的规定性，所以就自律行为而言，是一种自律而自然的行为秩序。自律行为并不是简单的主观意志行为，而是主观意志所必然反映的某种自然的规定性，所以它是以个人意志行为所表现的人类普遍的自然本质，体现自然的社会秩序属性。[3]

自然秩序是保持人类稳定的社会生活并实现社会可持续发展的秩序形态，这种秩序虽然是自发形成的，但却不是杂乱无章和没有规律的，它是在遵循人类客观利益需求及其实现的规律性与规定性的基础上形成的普遍秩序，是以人类自然法则为根据的社会生态秩序模式。正如人体的新陈代谢一样，这是一个自然的生态系统，构成主体的自然生态秩序，是在自然进化与选择的过程中形成的社会秩序形态。自然秩序是一个独立于人类意志之外的秩序系统，是自然界物质运动、变化和发展规律的直接体现，人类只有接受这一秩序，在承认和尊重自然秩序的基础上才能够发现和形成更美好的生活秩序，才能够实现人类社会的持续和稳定发展。自然秩序是人类生存和发展的规律性与规定性的体现，反映人类生存秩序的本质。人类有自己的社会秩序本质，而人类的秩序本质又是通过一定的秩序形态表现出来的，这就是所谓的自然秩序。在自然界中，物体在空

---

〔1〕“至少在那些对这颗行星上的生命体的日常生活起着决定性影响的外部自然界的现象中，秩序似乎压倒了无序，常规性压倒了脱轨现象，规则压倒了例外。”（［美］E. 博登海默：《法理学——法律哲学与法律方法》，邓正来译，中国政法大学出版社 2017 年版，第 234 页）

〔2〕“自然进程所具有的占支配地位的规则性，对于人类生活大有益处。如果没有这种规则性，我们就会生活在一个疯狂混乱的世界之中”，或者说，人类是从自然界中演化出来的，本身就是自然结构及其秩序的一部分，人类对秩序的需求深深地根植于有规可循的大自然中。（参见［美］E. 博登海默：《法理学——法律哲学与法律方法》，邓正来译，中国政法大学出版社 2017 年版，第 236 页）

〔3〕“自从有了人以后，一切存在现象均可能受人的活动影响，其存在、演进规律也可能为人类所改变。正是在此意义上，规律又以人的意志为转移。”（高兆明：《黑格尔〈法哲学原理〉导读》，商务印书馆 2014 年版，第 17 页）“法律或以法律为标识的人类社会活动规律，却不是自然的——即不是人类身外的规律——它是人的自由意志活动产物，它‘只有在精神的基地上才会出现’。”（同上，第 18 页）

间位置上的相对固定性、在一定时间内的相对连续性;物体运动的有规律的重复性、一事物变化导致另一事物变化的因果性等,共同构成了自然界的有序性,这种有序性即为自然秩序本身。人类作为社会自然秩序的一部分,就是参与到自然秩序之中并通过自律行为表现这一秩序的行为主体。

自然秩序是能被人感知、认同并遵守的社会规律,是实施自律性法治行为的根据,又因为人类是社会性的存在物,对秩序的需求源于人类的本体,因此社会规范需要服从来源于人类本体的自然秩序而实现其调整社会的目的。"人不仅是一种追求目的的动物,而且在很大程度上也是一种遵循规则的动物。"[1]人类的社会秩序在本体上来源于人类自然生态中的有序模式及其普遍条件,而这一模式和条件就是自然秩序,是构成法治文化的基础条件和因素。自然秩序是自然界的基本规律,当人类根据自身的规定性形成某种行为模式时,就会自觉自发的遵守并按照这种模式行事,并形成自然生态秩序的社会形态。

自然秩序是一种内生秩序。法律秩序作为内部秩序的外显,在未阐明的内部规则的支撑下,实现着规制社会、形成秩序、保障人类自由本性的目的。而内生秩序是人类在长期的进化过程中自发形成的生态秩序,是社会自然孕育的秩序规则,无论对这一秩序规则是否有明确的认识和理解,人们总是根据这一秩序规则约束和调整自身的行为,从而避免个人与个人、个人与群体和群体与群体之间的冲突,并最终使自己生存于可以存在下去的社会生态之中。

社会秩序的维护需要法律的外在形式保障,仅靠人的自发行为必会出现濒临崩溃的无序现象。因此,这种社会秩序形态需要制定符合社会自然发展规律与人的内在价值诉求的法律规范,以保持他的连续性和稳定性。然而,法律规范又是一种他律的法治行为状态,需要具备个人自律的法治行为与自然生态秩序统一的行为条件,这一条件在市民社会关系的基础上就是民法精神。民法精神是一种既以法律为根据,又体现人的行为自律并遵循人的自律生态精神,所以构成民本模式的社会主义法治文化的自然秩序。

三、自律行为与民法精神的法治行为转型

自律行为作为一种自主构序的行为,是市民社会关系的基本条件,实质就是

---

〔1〕[英]弗里德利希·冯·哈耶克:《法律、立法与自由》(第1卷),邓正来等译,中国大百科全书出版社2000年版,第7页。

一种民法精神;而民法精神作为市民社会的规范与秩序精神,也是一种自律行为的精神。

(一)自律行为与民法精神

自律行为作为个人自主自为的道德行为,是民法精神的自主构序行为,具有民法精神的内涵与本质。民法精神以自律行为的道德形式表现和实现自己的条件和要求,必然反映为具有法治行为属性的自律行为,因此自律行为与民法精神具有本质的统一性。民法精神根植于人们的情理结构之中,它的实现依赖于主体的道德意识,是一种自觉维护社会秩序的自律精神。民法精神不仅是自由精神,而且根本是种自律精神,自由而自律是民法精神的价值与本质。作为建设社会主义法治文化条件的主体自律行为,必然在规范与秩序条件上具有民法精神的内在品质并保持与民法精神的统一和秩序同构。

自律行为与民法精神的统一,是民法精神的法治行为与道德的内在品质的统一。一方面,民法精神源于市民社会的道德,并需要进一步转化为市民社会的道德自律;另一方面,市民社会的道德作为民法精神的本源能够接受民法精神的调整并表现为民法精神的自律行为。在这个意义上,民法或者民法精神作为国家的制定法或者制定法的精神,并不是人类的第一性社会规范,而是人类的第二性社会规范,它是人类第一性社会规范的反映与表现形式。只有道德和作为道德的习惯才是人类的第一性社会规范,属于人类精神内在的本体性规范,是规范之母和民法之源,民法不仅以道德为规范,而且以道德为自律的精神条件,道德精神是民法的规范精神。当道德一旦上升为民法和民法精神,就不只是一个道德条件而且还是一个自律的法治行为条件,需要接受法律或者民法及其精神形态的调整。

虽然主体对民法和民法精神的接受和遵守是自律的表现,但是它以符合民法和民法精神的条件为根据,也是一种法治行为的道德自律化。

自律行为作为一种法治行为,不仅具有道德的行为本质,而且具有民法精神的法治属性。对于自律的法治行为,道德是以民法精神的形式发挥作用的,而民法精神也正是以道德自律的行为秩序实现着自己的调整目的。显然,作为一种法治行为,自律行为既不是单纯的道德,也不是单纯的民法精神,而是通过道德自律实现民法精神调整的行为,而此时的道德自律在根本上就是一种民法精神的行为自律。因此,没有民法精神的调整,就没有自律行为的统一规范基础,更没有自律行为所追求的法治行为的秩序目的和价值。在这个意义上,自律行为既是自律的,也是他律的,所谓“他律”就是行为人自律接受民法精神的行为调整,是对民法精神这一他律手段的自律性遵守。

(二)法治行为的与时俱进

法治行为作为人们践行法治的社会规范与秩序行为,具有鲜明的时代性,是与时俱进的社会秩序行为,即人们的法治行为应当适应法治和法治文化建设的时代需要,体现时代的法治行为条件和要求。在民法精神与民本模式的法治文化建设中,法治行为与时俱进的条件和要求,就是实现从他律到自律的法治行为转型,作为建设社会主义法治文化的民法精神转型的一种形态,法治行为体现了从法律强制到道德自觉的文化与文明进步。

法治行为的与时俱进,是主体行为的自主调整与进步,体现主体的意志,具有主体的自觉性。法治行为“因其自身的活动性,使它成为连接法治之法与法治主体、表现法治观念与法治监督的关键所在”。[1] 如果人们的法治行为与法治之法不能契合,那么设置法治的其他要素则为徒然,或者说,法治之法最终是要通过主体的法治行为转变为现实的秩序。主体行为与法治条件和要求的契合,是为了在法治之法到法治形态的过渡中起到推动作用,它需要主体对法治行为有与时俱进的自主调整并适时转型的自觉性。所以,法治行为的与时俱进,首先是一个法治观念问题,是法治观念的与时俱进,然后才有法治行为与法治文化的进步。“历史进步存在于人们追求自由的现实活动中。在这个过程中,可能变为现实。只要人们追求自由的活动不停息,历史就必将一步步前行。”[2]法治和法治文化的历史进步,是主体自觉追求法治目的的结果,正是这种自觉性才奠定了法治行为的自律性,并构成社会主义法治文化的民本条件。

黑格尔认为:古代中国人既没有西方的那种法律,也没有西方的那种个人道德,没有作为内心自由的道德,有的只是一种国家的道德,只是作为实践形式的义务。[3] 或许黑格尔的观点并非完全客观,但至少对我们是一种启示。随着改革开放以来中国社会的发展与进步,中国已经步入建设以民为本的社会主义法治和法治文化的历史阶段,以民为本的社会主义法治和法治文化是一种生态秩序文化,离不开主体的法治行为,更需要法治行为的与时俱进,而这一与时俱进

---

〔1〕 徐显明、谢晖:《法治之法与法治之制》,载《法学》1998 年第 10 期。

〔2〕 高兆明:《道德失范研究》,商务印书馆 2016 年版,第 78 页。

〔3〕 参见[德]黑格尔:《哲学史讲演录》(第 1 卷),贺麟、王太庆译,商务印书馆 1981 年版,第 148 页。

必然需要主体的自觉性，是自觉的法治行为转型与法治生态形成的结合过程。主体自觉践行法治的精神，就是一种从他律到自觉的法治行为精神，是建设以民为本的社会主义法治文化所需要的根本精神。主体自觉的与时俱进是实现法治行为转型的关键，是一种稳定和可持续发展的法治文化形态，是自律行为的法治生态化发展

（三）从他律到自律的法治行为

法治行为与时俱进的目的，是实现从他律到自律的法治行为转型，满足民本模式的法治文化建设与发展的时代诉求。从他律到自律的法治行为，不仅是法治行为的转型，而且根本是法治文化的民法精神转型。虽然他律或者国家强制力具有制约权力和保障权利并实现预期秩序效果的作用，但要从根本上维护社会秩序的内在稳定与生态发展，则不能只依靠他律效果，必须实现从他律到自律的法治行为转型。法治行为的转型，实质就是法治和法治文化的发展过程，这个过程不论是渐进的还是聚变的，不论是隐性的还是显性的，作为一种社会运动，都是客观存在的，是自然和必然发生的。然而，法治行为转型的动力则不完全相同，有的是外在动力的强制转型，有的是内在自主与自觉的转型。法治行为的自律转型作为一种民法精神的行为转型，其转型是从外到内、从被动到主动的自主动力性转型，即依靠主体自身的行为内化从而实现法治行为从他律到自律的转型过程，是一种民法精神的意思自治形态的转型。

法治行为转型意味着行为主体对传统意识与行为习惯的突破。然而，行为意识与习惯作为一种社会文化形态，具有传统性与传承性，是不容易被改变和突破的。人依赖于过去的经验，往往因循守旧地重复着过去的规则并对之有一定的惰性。[1] 社会规则与行为方式在刚形成时往往体现了当时人们的认识水平，由社会规则与行为方式而形成的社会秩序也往往符合人们所追求的理想社会生活模式，并存在于自由与秩序的相对和谐之中。可是，随着人们对社会和自身认识的进一步深化，需要追求一种更能满足自身需要，也更符合人性的社会调整与秩序形态。这时，现有的社会规则和秩序结果就成为人们追求更高理想社会生

---

〔1〕“大规模或突然地更改法律，也会扰乱人们的预期，因为人们在进行工作或安排个人事务时总是忠实于现状的。”（［美］E. 博登海默：《法理学——法律哲学与法律方法》，邓正来译，中国政法大学出版社 2017 年版，第 241 页）

活秩序的桎梏,从而使自由与秩序处于相互对立之中。[1] 人们突破传统的社会规则与行为方式,就意味着自身行为规则亦即行为本身的转型,也就是法治社会条件下的法治行为转型。法治行为转型,有的是由于制度变革而强加给主体的,也有的是基于文化发展与时代变迁导致的主体自身的内在行为诉求,然而只有因主体内在条件推动而产生的法治行为转型,才是法治精神的转型。[2] 因此,以民为本的法治文化转型,应当是一种从外在到内在的法治行为转型,这种转型,使法治行为不再是被动的行为,而是一种自律与自主的自觉与自为的行为,是以民法精神及其道德秩序表现出来的社会主义法治文化的生态实现。

法治行为作为一种人类生活方式,实际上是人类在自由与秩序的需求中寻找的一种动态平衡法则。事实上,无论是从某种特定的社会强制,还是从某种特定的个人自由出发,都无法真正解决"自由与秩序"这一规则与行为的两难困境。因为,自由与秩序作为社会规则与行为内部的两种对立因素,是对现有秩序的否定,而现有秩序则始终是对自由的束缚。因此,在这种情形下,个人行为如何认识和接受外在规则,并以自身的内在动力寻求实现个人行为与外在规则的统一,同时保持和实现个人行为在与时俱进的社会条件下的生态转型,就成为社会主义法治文化建设的关键要素。

建设社会主义法治文化的民法精神转型,包括从他律到自律的法治行为转型,就是要改变人们的行为方式与习惯,实现人们践行法治行为的自律意识。这在一个没有法治文化传统的中国社会里,是非常必要的。法治行为作为主体的个人行为,是自主自为的行为,应当具有自律的行为本质。然而,几千年的专制统治和身份等级制度使中国社会建立和形成在一种以强制秩序为主的行为与秩序文化之中。人们的行为所接受的是一种强制性规则,在社会关系与秩序维护

---

〔1〕 必然承认,社会规则原本是人类自由交往的结果,是人类自由本性的对象化,但社会规则被制度性外化以后,特别是作为法律被制定出来,对于个体而言,就具有了一种异己的外在性和强制性。也就是说,无论是在社会主体互动中产生的法,还是组织建构的法律,被人对象化后,特别是被文明阐明后,对社会个体而言,都可能变为异己的外在强制规则。有的外在和强制的法律所确立的社会秩序往往以牺牲一部分人的自由为代价来确保另一部分人的自由。因此,人类社会在通过一定的社会规则形成某种社会秩序时,总是不同程度地失去了某种自由。

〔2〕 "一种文明的理想、一种把人类力量扩展到尽可能最高程度的思想,一种为了人类的目的对外在自然界和内在本性进行最大限度控制的理想,必须承认两个因素来达到那种控制:一方面是自由的个人主动精神、个人的自发的自我主张;另一方面是合作的、有秩序的、组织起来的活动。如果我们想要保持对自然和本性的控制,使之前进,并流传下去,那么对这二者就都不应该加以忽视。"([美]庞德:《通过法律的社会控制》,沈宗灵译,商务印书馆 2010 年版,第 78 ~79 页)

上既不是平等的人格主体，也不是自律的行为主体，这种他律性的强制秩序的文化传统不能适应建设以民为本的社会主义法治文化的需要。因此，以人民为中心，坚持人民主体地位，就是要实现人民的法治行为的自律实现，这不仅符合人和人的行为本质，也是实现社会主义法治文化生态化发展的需要。

中国特色社会主义法治文化的建设与发展，以社会主义市场经济为基础，应当适应市场经济的规则与秩序需要，而市场经济作为一种自由经济就是一种行为自律经济，具有自律的行为本质，离不开市场主体即民事主体自律性的自我行为调整与实现。新中国成立后，我国曾长期实行计划经济，改革开放以来，我国开始从计划经济向市场经济转型，这种经济体制转型所伴随的是一种法治文化形态的变化，即从他律到自律的法治行为转型的变化。“民法的顺利实现，不仅需要他律，更依赖于民事主体良好的道德自律。”[1]市场经济的社会变革，伴随的是社会规则与秩序基础的改变，同样需要人们能够自觉接受外部的法律规则而实现法治文化的自律性转型。

基于深刻的中国特色的社会经济的变化背景，人们更容易从经济基础的变化中感受和接纳社会秩序规则的转型并认识到自律守法对于个人维护生存条件的必要性与重要性，并实现个人行为从他律到自律转型以适应法治文化发展的内在动力与需求。“一个只靠国家强制力才能贯彻下去的法律，即使理论上其再公正，也肯定会失败。”[2]在当代法治和法治文化发展中，虽然强制是不可缺少的法律手段，但强制性的法律手段需要被自律性的法治行为所逐步替代，形成以自律为主的法治文化，这是社会生态发展的必然结果。当然，这种替代的方式应当立足于特定社会的历史背景及其传统文化的客观基础与现实条件之上，从而实现一个循序渐进的民法精神与法治行为转型的社会进程状态。

四、法治文化的行为模式与法治行为转型

从他律到自律的法治行为转型，是一种法治行为的行为模式转型。建设社会主义法治文化的民本模式，根本是一种自律的行为模式，需要实现从他律到自律的法治行为转型。

(一)法治文化的行为条件与法治行为转型

建设社会主义法治文化的民本模式，作为社会主体的行为自律模式，具有行

---

〔1〕 张振国、刘雪梅：《道德自律与民法实现》，载《道德与文明》2007年第2期。

〔2〕 苏力：《法治及其本土资源》，北京大学出版社2014年版，第11页。

为秩序的属性,需要通过主体自主的行为条件来形成。然而,由于受传统文化的影响,中国社会缺乏市民社会及其市场经济条件下的诚信与自律的行为意识,表现为自主与自为的行为失序。所以,建设社会主义法治文化的民本模式,必须形成维系和推动以市民社会为基础的市场经济运行的自律性法治行为,实现从他律到自律的法治行为转型,这一转型作为一种民法精神转型,是从传统的国家强制秩序到私法自治的转型,即从公法文化到私法文化的转型。

1. 从他律到自律的法治文化的行为条件要求

建设以民为本的社会主义法治文化,实现社会主义法治文化长期、稳定的发展,就要使之成为一种主体自主生成的文化形态,并对主体的行为条件提出一定的要求,即行为自律要求。[1] 自律就是需要主体的行为条件与法治文化相结合,是人类达到道德精神最高境界的一种意志行为,如何将外在的他律行为转型为内在的自律行为,从而实现社会秩序的文明化与生态化发展,是建设社会主义法治文化所必须解决和超越的一个根本问题。

如何实现从他律到自律的法治行为转型,不仅需要国家通过不同的方式与途径提高公民的法治意识与素养,也需要公民自身对法治文化认识的提高与能动性的维护。本项目组以"您关心国家法治和法治文化建设问题吗"为题进行了全国性调查问卷。根据对四个备选答案(A."关心";B."比较关心";C."不大关心";D."不关心")回答,获得的数据统计结果如图25－1所示:

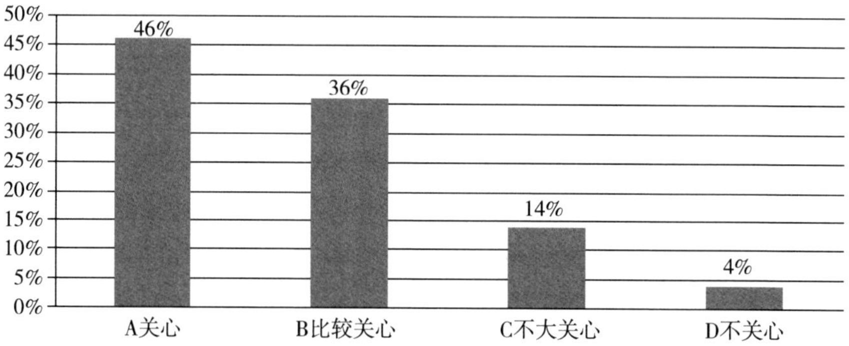

图25－1 "您关心国家法治和法治文化建设问题吗"一题调研数据统计

〔1〕 社会结构本身是一种主体间的关系,是主体间内在秩序的整体性的存在。因此,我们不能忽视社会主体在法治文化发展中的行为作用,也就是我们所提到的法治行为转型中的自律性的主体行为。(参见高兆明:《道德失范研究》,商务印书馆2016年版,第24~25页)

以上数据统计结果显示，选择“关心”（A）的占比最高，为46%，其次为“比较关心”（B），占比为36%，两项合计占比为82%，绝大多数公民对于国家法治和法治文化建设持积极态度，认识到法治文化对社会秩序的维护、经济发展的推动发挥着重要的作用。然而，值得注意的是，受访者中仍存在一部分人选择“不大关心”（C）和“不关心”（D），合计占比为18%。这说明，在我国培育和形成人们关心社会主义法治和法治文化建设的观念过程中，实现人们自觉与自律的法治和法治文化建设，仍有很长的一段路要走。

在现今多元化发展及其利益诉求旺盛的社会关系中，要维护社会秩序的稳定，固然需要一定的他律作用，但他律只是社会秩序框架下的基础手段和低级方式，要实现以民为本的社会主义法治文化构造，自律性的法治行为才是实现民法精神要求的基本条件，并需要逐步完成从他律到自律的转型。从他律到自律的社会主义法治文化的行为条件要求，是由社会主义法治文化的发展规律决定的，需要行为主体在尊重发展规律的基础上将社会规范下的秩序需求自觉地内化于心并外化于行，完成社会主义法治文化的民本模式与行为实现。因此，社会主义法治文化的民本化与行为化发展，必然要对社会主体提出更高的行为自律要求。

调适人们的自律行为与法治文化的关系，并使之符合社会规范的基本要求，需要人们对法律以及道德等社会规范达成基本的认知。这不仅要求行为主体能够自主了解法律和道德等社会规范的秩序条件，而且要求行为主体在具备一定的法治意识基础上自觉遵守、践行法律和道德，并以此约束自己的行为，这就是所谓社会规范与主体行为的统一。[1] 自律作为守法的行为条件，离不开主体的意识基础，需要在自律的前提下达成共同的秩序认知，要求每一个市民社会的主体都应当在社会发展的现实条件与要求面前成为一个具有法律与法治信仰的主体。当这种自律意识成为人们的习惯性或者第二天性时，法治文化的自律形态就会根植于人们的内心，形成稳固的社会群体性的意志结构。因此，自律行为的正当性、合法性的行为实践，就自然成为社会生态性秩序体系的一部分，从而实现从他律到自律的行为转型与法治文化发展成果。

从社会制度的角度来看，将外在的规范要求转化为内在的主体诉求，要求法律或者其他社会规范具有正当性的秩序价值并达到被人们所普遍接受和自律履

〔1〕《周礼注疏》。“德行即道德的行为，主要指客观活动、行为结果等现象符合社会伦理规范要求的行为。”（高兆明：《道德失范研究》，商务印书馆2016年版，第147～148页）

行的程度,应当基于历史的自然规律和现实利益来合理选择并制定符合社会发展规律的规范,只有这样的法律或者社会规范,才是符合自律行为要求并能够通过自律行为条件来实现的行为规范。公平公正的法律制度,是人们践履自律行为的社会基础。"一个基本公平公正的现代社会制度,直接关注的是人们的行为,而不是人们的思想,是人们行为的合法性与正当性,而不是思想本身的善。"[1]一个社会的制度变迁,是触动人们内心对于行为标准评判的社会因素,当社会环境和社会结构是公平与公正的,人们自然会权衡利弊并做出相应的行为选择。

2. 从他律到自律的法治文化的行为条件进步

从他律到自律的社会主义法治文化的行为转型,不仅是社会主义法治文化的行为条件要求,而且代表着社会主义法治文化的行为条件进步,是社会主义法治文化从制度形式与国家强制走向生态秩序与主体自律的表现。这不仅是法治文化实现的象征,也是整个社会文明进步的体现,是步入人类更高发展阶段的条件。自律的法治行为及其法治运行模式代表了法治文化及其行为条件的不断进步,是建设民本模式社会主义法治文化的行为目标与要求,所以要实现社会主义法治文化的根本发展与进步,就必须在传统社会文化的基础上解决法治的运行条件与方式,从而实现从他律到自律的法治行为转型。

本项目组以"您对交通规则的遵守原则是什么"为题进行的全国性调查问卷数据统计结果显示,[2]选择"坚持走斑马线和绿灯通行"(A)的受访者占85%,这说明绝大多数的人能够认识到在这一涉及个人安全的问题上自律遵守规律对于维护社会秩序的重要性,并以此表现出对国家法治和法治文化建设的积极态度。不过,值得注意的是,在受访者中"因为着急可以横穿马路和闯红灯"(B)和"为了方便可以横穿马路和闯红灯"(C)的合计占比仍有15%,这反映了人们在功利与秩序选择上的一种态度。一个社会或者一个人的行为,如果功利主导或者功利优先,则必然影响人们的行为自律并最终破坏社会秩序,也不符合以民本为的法治和法治文化对人们的行为实现的要求。

一个民族和社会的法治行为之所以需要并能够实现转型发展,是因为法治最终是人的或者民族的精神与信仰。只有生根于民族精神与信仰的自律行为及

---

[1] 高兆明:《道德失范研究》,商务印书馆2016年版,第147页。

[2] 本题数据统计结果详见本成果第四编(第十七章)"民法精神的个人自律构造"部分。

法治生态秩序，才是这个社会和民族的法治文化进步的根本条件。从社会法学派的维度来看，法律是民族精神和文化传统的体现，而自律意识存在于被人民所认可和接受的法律规范的环境下，只有被社会所普遍接受的法律才是民族和人民的法律，也才能实现从他律到自律的法律运行与法治生态转型，同时才能实现社会行为条件与秩序形态的根本进步。“法律随着民族的成长而成长，随着民族的强大而强大，最后随着民族个性的消亡而消亡”，〔1〕因此，从他律到自律的法治行为进步，必须要考虑什么样的法律才是能够被人们自律遵守的这一主体与法律的基本问题。

法律只有被人们所接受才能够被遵守，而人们接受的法律产生于人们对方方面面的生活经验总结，这无不体现法律作为一种自律行为条件对社会发展进步的促进作用。正如法律“深深地根植于一个民族的历史之中，而且其真正的源泉乃是普遍的信念、习惯和‘民族的共同意识’。就像一个民族的语言、构成和举止一样，法律也首先是由一个民族的特性，亦即‘民族精神’决定的”，〔2〕自律需要存在于一种有效的社会条件与法律环境之中，而在这一条件和环境中被人们普遍接受的法律才是进步的法律，才能够作为进步的行为条件而产生进步的行为秩序并构造符合民本模式的法治文化形态。

当今世界正处于市场经济发达、法治文化卓越的发展阶段，这不仅需要法律的契约性秩序规范的调整，更需要人们自觉自律的维护和遵守才能实现。在实行法治的国家里，自发的维护社会秩序的观念是促进社会经济发展与法治文化提高的最有效途径。一个越是具有自律行为条件的社会，也越是具有法治文明高度的社会，并必然是一个自由与正义同时进步的社会或国家。从这个角度来看，政府的唯一功能就是维护法治，也就是维护那个抽象的、超越私人偏好的、高度透明的社会秩序规范，进而法律也会受到社会广泛的遵守与维护。市场经济的发展需要法治，随着人类普遍联系条件下的不同文化冲突与融合，人类文化与文明的重要组成部分——法律或者法治，也将随之发生各种变化、更新和进步，

---

〔1〕 A. Hayward, *Of the Vocation of Our Age for Legislation and Jurisprudence*, London Publications, 1831, p. 27.

〔2〕 [美]E. 博登海默：《法理学——法律哲学与法律方法》，邓正来译，中国政法大学出版社 2017 年版，第 97 ~98 页。“立法者应该尊重所有符合政体原则的民族精神。因为我们要在处理事务时做到最好，就必须完全自由地遵从自己的天性。若硬要一个天性活跃的民族接受迂腐的精神，必然会导致国家在国内外都毫无收获。”（[法]孟德斯鸠：《论法的精神》，欧启明译，译林出版社 2016 年版，第 256 页）

这一切的进步最终都是由人的行为条件与进步所决定的。从整个人类的法治文化发展的历史进程来看,这不仅是中国社会,甚至整个人类社会目前都处在一个从他律到自律的法治行为转型的历史进步之中。

我国是一个从计划经济转型发展为市场经济的国家,社会物质生产方式的变化不仅使社会治理模式从传统的人治走向当代的法治,而且开启了法治和法治文化从他律到自律的行为转型与进步,这一进步,不仅超越文化与历史,使中国法治文化走向世界,而且体现了人类法治文化的一般发展。

(二)法治文化的行为实现与法治行为转型

建设社会主义法治文化的民本模式,就是追求和实现社会主义法治文化的行为实践与法治行为的自律性转型。

任何一个社会的法治文化的建设与形成,都是从他律开始而不断向自律转型的过程。在法治文化建设与形成的初期,由于人们对法律和社会秩序的认识和习惯是一个逐渐从被动到主动的转换过程,他律性的条件和形式及其作用也处于一种主导的地位,即法律和法治都是从国家强制开始的,并且这种强制手段是永远保留的,否则作为一种外在的规范与秩序很难在一开始就被人们普遍地理解和接受并形成统一的社会秩序,也无法建设法治和法治文化。“通常的观点普遍认为,道德风尚需要外在法权秩序作为保障,而且人人遵纪守法,信守契约,必然敦化民风,促进道德水平的提高。”[1]然而,法治和法治文化的行为强制,只能是一种手段而不是目的,法治文化的最好秩序形态,当然是人们自律实现的生态秩序,如果一个国家和社会制定的以法治和法治文化实现为目的的法律是正当合理的,就能够在人们逐步理解和认识的基础上成为一种自律实现的社会规范。所以,从他律到自律的法治行为转型,不仅符合法治文化的行为实现规律,也是遵循法治文化发展的必然结果。一个国家和社会的法治和法治文化越发达和进步,它的自律意识实现的行为水平就越高,这个国家和社会的法治秩序也就越稳定和越文明。因此,建设以民为本的社会主义法治文化,必须充分认识从他律到自律的社会主义法治文化的实现规律,并着力培养和形成全社会和全民族的自律意识与自律行为,从而践行和实现社会主义法治文化建设的民本

---

〔1〕 张东辉:《德国古典哲学中的道德与法权》,中国人民大学出版社2017年版,第54页。“因此,康德并不是根据法权秩序作为道德自律的前提条件来论证道德与法权的关系的,而是将法权秩序规定为促进人类自然禀赋和理性能力,从而推动道德进步的必要条件来加以论证的。”(第58页)

目标。

为了解人们关于“法治行为”及其相关问题的认识，本项目组以“您认为下列因素中直接决定法治社会的因素是什么”为题进行了全国性调查问卷。通过对六个备选答案（A. 法律制度；B. 法律治理；C. 法律理念；D. 行为自律；E. 行为伦理；F. 行为习惯）的回答，获取了如图 25－2 所示的数据统计结果：

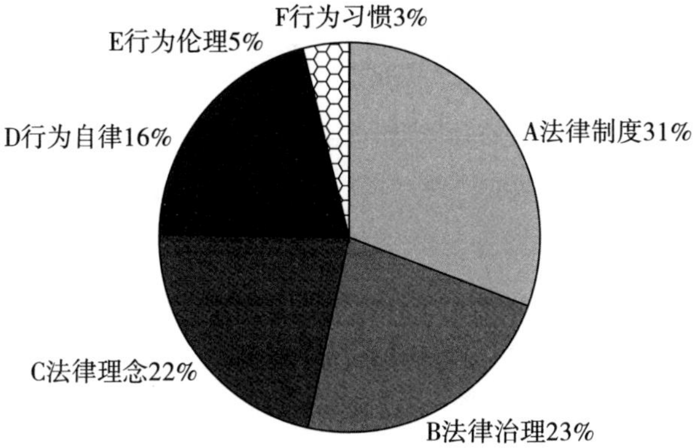

图 25－2　“您认为下列因素中直接决定法治社会的因素是什么”一题调研数据统计

上述数据统计结果显示，在直接决定法治社会的因素中“法律制度”（A）的占比最高，为 31%，其次为“法律治理”（B），占比为 23%，这一结果显然说明，在我国，人们对法治社会的理解，还停留在具有外在他律因素的法律及其治理层面上。虽然选择“法律理念”（B）的占比仍有 22%，但是选择“行为自律”（C）、“行为伦理”（D）和“行为习惯”（E）的合计占比却仅有 24%，亦即人们对法治社会或者法治文化的条件更多看到或者强调的还是他律和被动的外在因素，而不是自律和积极的内在要求，这无疑构成了建设和实现以民为本的社会主义法治文化的最大生态障碍。因此，如何遵循和发现从他律到自律的社会主义法治文化的行为实现规律，培养和形成人们的民法精神，不断增强人们自律践行社会主义法治文化的自觉性与主动性，就成为从他律到自律的法治文化转型并实现社会主义法治文化的民本模式即行为模式构造的关键条件。

唯有获得道德自律支撑的法治文化的行为实现，才是一种人的自由与秩序自主平衡的法治文化。基于从他律到自律的行为实现规律，一个社会的法治文化的实现程度如何，应当观察这个社会的自律行为的实现状态，这个状态可以从市场经济关系条件下的履约行为与合同纠纷，以及人们对一般社会行为规范的遵守、相互关系的尊重,家庭关系的稳定、邻里关系的维护等各项行为指标及相关数据分析中得到某种可以印证的实证答案。[1] 既然民本模式的法治文化是实现从他律到自律的法治文化,那么一个从他律到自律的行为转变与运动的过程就不过缺少,尤其是对于没有法治传统的中国社会更是如此。因此,建设以民为本的社会主义法治文化并实现民本模式的法治文化发展,必须提高法治行为的自律实现水平与程度,不断促进和推动法治行为从他律到自律的转型,从而保持社会主义法治文化实现的行为活力与动力。

〔1〕 最高人民法院的司法大数据显示:2016—2017 年全国新收网络购物合同纠纷一审案件 2.25 万件,2017 年新收一审案件数量同比增长 41.51%,同年全国新收各类案件数量同比增长 13%,其中 99%以上的原告为自然人。

第二十六章

从政府到社会的法治本位转型

一、政府本位

建设社会主义法治，离不开政府与社会的双向互动，既要发挥政府的社会治理职能，又要调动社会的自治作用。随着社会发展和社会结构的多元化，现代治理体系包括一定的法治与法治文化，是社会结构与治理体系的政府外部管理与社会内部自律的统一体系。现代法治和法治文化发展在国家治理上的一个基本趋势，是小政府和大社会，即从传统的政府本位逐步让位于现代的社会本位。因此，从政府到社会，不仅是一个国家和社会治理的本位问题，而且是一个法治和法治文化建设的本位问题。

（一）政府本位与官僚体制

法治或者法治文化是一种社会治理文化，不论是法治或者法治文化的形成，还是法治或者法治文化的运行与实现，都离不开政府。政府是法治和法治文化建设所不可缺少一种社会结构条件，而政府本位也是法治和法治文化形成的一种社会体制因素。

1. 政府本位是官僚体制的结果

在我国，政府是“国家权力机关的执行机关，即国家行政机关”。[1] 在西方，

〔1〕《现代汉语词典》，商务印书馆2005年版，第1741页。

政府被认为是"治理国家或社区的政治机构体系"。[1] 政府是国家治理的一种统一和集权形式。因此,所谓政府本位,就是以政府为中心并以政府的管理职能和作用发挥为主体并主导的一种社会治理体系。在政府本位理念下,社会公共管理就是政府实施管理,只有政府才是公共管理的主体,只有政府才有效履行公共管理的功能。

从传统社会到现代社会,政府的社会管理实现了从家长制或世袭制到官僚制的转变。在官僚体制中,政府与社会作为管理者与被管理者的角色泾渭分明,政府的管理者地位显著突出使得政府本位必然成为官僚体制的结果。官僚体制与政府本位的管理模式虽然提高了政府的理性与效率,但是更多地导致了社会管理权力过于集中的现象与问题,尤其是我国计划经济时代那种集权式的社会治理体系运行往往由于权力的绝对支配而偏离法治的社会治理条件与目标。所以,在改革开放和实行社会主义市场经济体制的条件下,我国从过去计划经济体制遗传下来的政府集权的传统管理体制,已经不能完全适应建设社会主义法治和法治文化的需要。

2. 官僚体制必然导致政府本位

官僚体制必然走向政府本位并使政府处于社会治理的全能地位而形成以集权和强制为主导的社会秩序构造模式。官僚体制下的政府本位,是以"管理行政"为主的国家权力运行。在管理行政中,集权是不言而喻的。虽然政府本位并非一无是处,也不是没有存在的合理性,但是它显然是以牺牲社会自由与自治为代价的一种社会治理模式,并且政府权力的高度集中和作用的过度发挥则可能导致与法治国家、法治政府与法治社会的社会主义法治和法治文化建设的目标和要求相矛盾。

因此,尽管官僚体制下的政府本位在一定条件下具有社会秩序构造的低成本与高效率的一面,但是它也有自身无法克服的弊端。官僚体制与政府本位并不是万能的,它不可能解决所有的社会管理与秩序问题。"行政管理的盲目性,使其永远也不可能对其无法看到的诸种需要做出严肃认真的回应。"[2] 显然,虽然社会离不开政府和政府治理,但是政府本身的存在也构成了一定的社会负担。

---

〔1〕《不列颠百科全书》,中国大百科全书出版社2007年版,第231页。

〔2〕[法]米歇尔·克罗齐耶:《法令不能改变社会》,张月译,格致出版社、上海人民出版社2008年版,第231~232页。

官僚体制与政府集权可能引发社会危机并成为阻碍社会进步的因素，甚至与当代社会的法治与法治文化的发展条件与要求相背离。因此，建设社会主义法治文化，必须克服和解决我国社会体制内部存在的与社会主义法治原则相抵触的那些官僚体制与政府本位问题。

（二）政府本位与公权本位

政府本位，是一种公权的社会统治，也就是一种公权本位或者权力本位。"政府本位可以归结为两种形态，即权力本位和制度本位。"[1]政府本位建立在公权绝对支配地位的基础上，容易产生一种以公权为目的的强权甚至威权，这既不符合法治的原则，也不符合法治文化的价值。

1. 政府本位的公权目的性

政府本位作为一种官本位，无论如何立足于民本基础，都必然具有直接的公权目的性，这是由当权者的统治利益决定的。在政府本位下，政府成为公共利益的合法代表，而政府的权力行使也就获得了公权目的的正当性。当政府被"公共化"了，也就是公权被"公共化"了，因此政府权力的行使，必然把公权目的化身为公共目的，并以此赋予自身公权行使的正当性与合法性，从而在官僚体制和政府本位或者官本位的过度作用下，就可能以直接的公权目的代替公共目的，而此时的公权目的所代表的则可能只是政府或者当权者自己的目的而不是民本的公共目的。

显然，政府是以公共管理者的身份出现的，但是政府的公共管理并不一定都具有公共性并代表公共目的。基本的公共管理和服务应当"是以实现社会公平和正义为目标、以满足社会公共需求为出发点和落脚点、覆盖全社会的为社会公众所共同享有的服务"，[2]是一种公共性服务并以公共利益为目的，"公共利益是判断公共服务的内在依据"。[3] 然而，事实并非完全如此，政府很可能在直接的公权目的所代表的自身利益的作用下走向公共性或者公共利益的反面。换言之，政府又是潜在地实现公共性和公共利益的障碍和威胁，以代表和维护公共利益为名而违反和损害公共性和公共利益。像福克斯和米勒所说的那样："在公

---

〔1〕 张康之：《论主体多元化条件下的社会治理》，载《中国人民大学学报》2014 年第 2 期。

〔2〕 杨弘、胡永保：《实现基本公共服务均等化的民主维度——以政府角色和地位为视角》，载《吉林大学社会科学学报》2012 年第 4 期。

〔3〕 柏良泽：《公共服务研究的逻辑和视角》，载《中国人才》2007 年第 5 期。

共行政领域,实际的结果是政府无力按照公共意愿办事。"[1]这就意味着,政府的社会治理并不都代表法治和公共秩序,在政府本位下,直接的公权目的性可能背离以民为本的法治和法治文化,也就是不符合社会主义法治文化所要求的民本性,甚至可能直接构成对民本社会的生态条件与自由秩序的强制与破坏。

2. 政府本位的公法根据性

政府本位作为一种权力本位,是以公法为根据的,是来源于公法并由其赋予和确立的一种社会治理模式。公法是与私法(主要是民商法)相对的一个法律部门。[2] 公法与私法的划分,是由政府社会与市民社会及其代表的公共利益与私人利益的对立决定的,[3]在根本上是一种社会和社会利益的二元化结果。

在一个社会的秩序构造中,特别是在一个缺乏民主与自由的自然生态秩序的社会条件下,公法往往处于特殊的优势地位,即强调公法相对于私法的优位,是在一个国家法律体系中处于支配地位并起决定性作用的法律。公法优位的结果,是私法应当服从公法,私法的制定规范应当建立在公法所确立的制度原则的基础之上并接受公法的条件,即公法是制定私法的根据,私法应当体现公法的价值。"过多的强制性规范引入到私法中,就会形成过度强制,不仅无法真正实现其既定的目标,而且会破坏私法固有的逻辑体系以及已经形成的私法秩序。"[4]

公法的优位,就是公权对于私权的优位,也就是政府对于社会或者个人的优

---

〔1〕[美]福克斯、米勒:《后现代公共行政——话语指向》,楚艳红等译,中国人民大学出版社 2002 年版,第 120 页。

〔2〕从罗马法开始,大陆法系国家一般把一个国家的法律体系分为公法与私法两个部门。划分公法与私法的标准大致有三种学说:一是利益说。最早提出公私法划分的古罗马法学家乌尔比安开创了此说:"公法是有关罗马国家稳定的法,私法是涉及个人利益的法。"([意]桑德罗·斯奇巴尼选编:《民法大全选译·正义和法》,黄风译,中国政法大学出版社 1992 年版,第 35 页)二是主体说。"法律调整的一方或双方为国家或公法人者为公法,双方均为私人或私法人者为私法。"(周永坤:《法理学——全球视野》,法律出版社 2016 年版,第 69 页)三是意志说:"调整权力服从关系的为公法,调整平等关系的为私法。"(同前注,周永坤书,第 69 页)

〔3〕"私法与公法的区别与划分,作为一种法律观和法律价值体系,并不是简单的思想意识活动,而是根源于一定的社会基础,是社会二元结构即市场社会与政治社会区分的结果。"(王利民:《民法的精神构造:民法哲学的思考》,法律出版社 2010 年版,第 194 页)

〔4〕钟瑞栋:《民法中的强制性规范——公法与私法"接轨"的规范配置问题》,法律出版社 2009 年版,第 5 页。

位，这显然违背了政府或者公法与公权存在的目的与价值，因为它们的存在应当以民本为目的，并没有也不应当有独立于民本的价值。一个民主和法治的社会，或者说一个以民为本的社会，应当是市民社会或者私人社会优位，是市民社会的私法或者私权优位，是私权所代表的私人利益即人民利益的优位，而不能是相反的公法或者公权的优位。“因此，在价值多元的前提下，自由和自治作为民法的核心和灵魂，无论何时都不能放弃。”〔1〕

作为政府本位所依据的公法如何确立政府的地位并实现政府与社会、公权与私权、官本与民本的统一就成为一个关键的社会构造条件。公法确立政府的地位与权威，但是不能赋予政府超越社会的权力，政府的公权及其行使应当受到私权的限制，并以实现私权的利益目的即人民的根本利益为目的。在这个意义上，应当以宪法原则和根据宪法制定的私法即民法作为制定公法和确定公权的根据，从而实现公法或者公权行使的以民为本的目的。

（三）政府本位与行政分配

政府本位的行政分配，是一种职务或者官位的分配，也就是不同等级的权力与地位的分配，而在根本上是一种特权利益的分配。

政府的权力地位，是一种行政分配地位。政府本位的行政分配在权力的分配上是一种身份等级的分配，它是由不同层次与群体构成的有机系统的基础上，进一步以公权的合法形式强化和固定社会的等级身份。通过行政分配实现的行政权力结构在本质上是一种特殊的社会关系，即由不同权力地位的人所组成的一个从上到下的纵向权力结构及其支配与服从的政治社会系统。在这一系统中，人总是不断期望和追逐更大的权力，这就将不可避免地为行政权力的异化埋下腐败的隐患。因此，任何一个社会的行政分配体系都需要不断地进行改革或者变革来缓解行政分配与运行过程中可能产生的各种腐败与问题。

在政府本位模式下，政府的行政分配地位体现在对资源的分配上，政府居于社会资源支配与分配的主导地位，社会自身对资源的分配与支配地位往往完全让位于政府，从而在政府与社会的分配关系上表现为“强政府，弱社会”的状态。在这种分配中，政府用计划或者许可取代市场，使得政府权力成为社会资源调配的唯一手段。政府或者当权者在运用公共权力进行社会资源分配时可以从中获

---

〔1〕 钟瑞栋：《“私法公法化”的反思与超越——兼论公法与私法接轨的规范配置》，载《法商研究》2013 年第 4 期。

得自身的利益满足,这不仅使人们追逐权力,而且也会在权力的追逐中形成权力的优越感并以权力的强势地位否定和破坏民本的社会权利秩序。因此,这种政府或者行政主导的权力型资源分体制,必然在整个政府分配过程中进一步强化"政府本位"并作为价值取向,不仅可能形成社会资源的不合理分配,而且可能导致社会资源的严重浪费,使整个社会资源的分配呈现一种低效状态。因此,在市场经济体制下,虽然政府仍然需要参与社会资源分配,但是市场的竞争机制应当逐步成为社会资源分配的主导形式,从而在社会资源分配上形成以市场为导向的自由秩序。

由于掌握着各种各样的社会资源,政府几乎能够实现对所有社会资源的支配甚至对社会的塑造。虽然以政府为本位的社会分配关系,可能在一定的社会条件下表现为一定的分配效率,但是这种分配结果不可能保持长期稳定,必然产生弊端并具有不合理性。在政府本位的分配体制中,"行政官员的职能世界错综复杂,而又层级繁复,在所有的领域之中,始终不遗余力地在维系一种同样的集权化模式与层级化模式,并且将其诸种结果强加给了整个社会——社会不得不按照行政管理部门的模式来塑造自己,而不是采取相反的做法"。[1] 可见,政府主导的行政分配体制,在根本上是一种"人治"的分配方式,而不是一种法治的社会秩序,它不符合法治的条件与原则,是与建设社会主义法治文化的民本模式根本对立的。

(四)政府本位与强制秩序

政府本位作为以政府权力为中心的一种社会秩序体制,是一种强制秩序的社会构造,政府的外在强制构成了社会秩序形成的主体条件。

1.政府本位的强制秩序要求

哈耶克认为,秩序分为两种类型:人为建构的秩序和自生自发的秩序。[2] 前者是人为创造出来的秩序,它源自人类的意愿和意图,属于建构论理性主义范畴;后者是自发形成的秩序,而非人类刻意创造出来的秩序,会给每一个人带来益处。市场秩序就是这种自生自发的秩序的典型,并且更具有社会生态秩序的自由本质。

---

〔1〕 [法]米歇尔·克罗齐耶:《法令不能改变社会》,张月译,格致出版社、上海人民出版社 2008 年版,第 58 页。

〔2〕 参见[英]哈耶克:《法律、立法与自由》(第 1 卷),邓正来译,中国大百科全书出版社 2000 年版,第 55 页。

在政府本位条件下，公共权力构成了社会运行与秩序构造的核心，而市民社会的自由秩序在公共权力的强制与强势下被严重挤压和大幅退缩，不得不让位于公共权力的支配地位。当然，政府本位的强制秩序也并非一定与私人利益及其秩序相背，公共权力来源于人民，它的存在目的在于维护公共秩序、增进公共利益服务，而这一目的的实现与私人利益秩序具有一定的统一性。然而，由于公共权力的工具属性，决定了它所具有的强制性、扩张性和两面性特征。“在社会中，秩序必须以一种命令与服从的关系为基础，位优者的意志，从而最终是某个最高权力机构的意志，决定着每个个人所必须做的事情。”〔1〕

政府的公共权力作为行政权力，具有强制性的本质，如果没有公共权力的强制性及其强制秩序的维持，也就没有国家和作为私人秩序实现基础的社会公共秩序。因此，公共行政权力具有强制性，这是一个事实描述，并且具有存在的必要性与合理性。

我们知道，自从人类社会被组织起来后，就有了“官”并逐步发展到政府和国家的组织形态。由于政府权力掌握国家强制工具，因此能够实现对整个社会的支配和对社会秩序形态的构造。这种政府本位的强制秩序，不能反映和体现人格平等与尊重的民本社会的自由秩序的价值与目标。因此，需要在一个社会的法治和法治文化的建设与条件中进行必要的限制，以使其与法治和法治文化的民本社会秩序构造相统一。

2. 政府本位的强制秩序手段

政府本位的强制秩序，是通过强制手段实现的。这一手段，一方面体现为国家暴力手段，即通过军队、警察、法庭、监狱等国家机器对社会秩序的一种强制组织与推行的一种外在强力手段；另一方面体现为行政手段，即通过政府计划、批准、许可、处罚等体现国家或者政府统一意志的行政管理行为而实现社会秩序的一种社会控制手段。强制秩序的实现手段虽然能够提供一种统一和普遍的社会秩序，但是这种秩序的形成是以否定不同社会主体的人格地位及其自主的行为意志与行为自由为代价的。因此，这一秩序手段及其所实现的秩序，不符合以民为本的社会主义法治和法治文化的秩序条件与秩序要求。

社会发展与活力根本上需要来自社会自身的秩序力量与秩序维持。“最为

---

〔1〕［英］哈耶克：《法律、立法与自由》（第 1 卷），邓正来译，中国大百科全书出版社 2000 年版，第 54 ~55 页。

发达的社会,通常是富于创新性的社会。[1]”因而越是发达、创新的社会,越不需要政府控制。可是,当政府拥有一种行政傲慢的时候,它又不可能不对社会实施严厉的控制并以一定的强制手段维持社会秩序,而这种控制及其强制手段的加强与过度作用,必然会使社会丧失自身的活力与创造性,并最终无法形成符合社会发展需要的稳定的社会生态秩序。

显然,政府的社会控制与强制手段能够为一个社会带来秩序,但是,却不能实现社会秩序的生态化与长期稳定。当然,任何一个社会都以一定的秩序为自身存在的条件,而为此条件实现的强制秩序手段的运用都可能是必要的。但是这种手段的运用应当是有条件和被限制的,它不应当以牺牲社会的自由秩序为代价。纵观人类的发展史,包括法律在内的国家强制手段只是人类发展到一定阶段的产物,并且只有人类社会处于文明的低级阶段时,才倾向于通过社会控制的方式谋求秩序,而在人类社会走向文明的高级阶段即在现代社会文明的条件下,人类越来越发现有各种比政府本位与强制秩序手段更为优越的社会秩序实现的途径和方式,这就是当代文明的法治和法治文化构造。在实现从政府到社会的法治本位转型的社会中,政府的控制与强制秩序手段被视为一种简单和粗暴的方式,是一种低级的社会秩序形态。

二、社会本位

本书所谓的社会本位,是与国家或者政府本位相对的一种以普遍和普通的社会主体为本位的一种观点。社会本位是回归人类社会的本质及其本有的目的与价值的本位,是把市民社会即个人或者私人社会作为唯一和真正的社会,并在强调市民社会的个人或者私人主体地位条件下的一种以民为本的民本位或者个人本位,而不是通常所谓的以维护社会公共利益为中心或者出发点并与个人本位相对的“社会本位”,即团体或者集体本位。[2] 换言之,所谓社会本位的“社会”是指由个人或者私人构成的市民社会即私人社会,而不是政治或者国家社会,而社会本位也就是市民社会或者私人社会的以民为本的个人本位或者民本

---

〔1〕 [法]米歇尔·克罗齐耶、埃哈尔·费埃德伯格:《行动者与系统——集体行动的政治学》,张月等译,上海人民出版社2007年版,第386页。

〔2〕 通常所谓社会本位,与个人本位或者民本位相对,是以维护社会公共利益为出发点的集体主义的一种本位思想。这种本位思想,一般强调国家宏观控制在社会利益分配与秩序形成中的核心地位,实际上是一种团体本位或者集体本位,也就是事实上的一种政府或者国家本位。

位。对社会本位的理解,关键在于如何理解社会或者什么社会是真正的社会,如果我们把市民社会或者私人社会也就是人类自然生态的社会作为人类本体的社会形态,那么社会本位也就回归了作为社会主体构成的个人本位或者民本位。[1] 总之,社会是由人构成的,人作为社会的主体,也就是社会的本位。所以,社会本位的真正含义应当是社会"主体本位",而不是社会"集体本位"。

美国第四任总统麦迪逊曾言:"一个人民的政府,如果没有提供普及人民的信息,或者没有取得该信息的方法,不过是一场闹剧或者悲剧的序幕。[2]"政府应当是为人民服务的,并应当让自己的服务惠及全体人民。所以,从最低的意义上,政府信息应当开放,人民有权了解政府及其运作的信息。政府存在的目的,不应当是实现自己的统治,而是实现人民做自己的统治者。因此,从官僚体制的政府本位到以民为本的社会本位,是国家与社会关系及其治理模式的根本变化。社会本位坚持社会治理与秩序形成的社会主体性,即以普遍的社会主体作为社会秩序的构造者并以其自主的秩序构造实现社会治理的秩序化与法治化。因此,社会本位下强调国家和政府与社会的协商与合作,主张政府提供公共服务的为民理念,尊重与维护市民社会的权利秩序意识。可见,社会本位是以社会的普遍社会主体即个人的主体地位与根本利益为本位,是一种民本模式的社会治理方式。

社会本位理念以人本主义为核心价值,需要在从政府到社会的本位转型过程中实现个人与社会之间的权利和义务关系的重新再分配,并实现个人权利与政府权力之间的相互平衡与制约。社会本位并不是政府或者集体本位,而是个人本位或者权利本位的社会延伸与自然结果。"法律文化的权利本位模式萌发于文艺复兴,在资产阶级革命后成为主导的法律文化。[3]"近代以来的人类法律和法治文化的发展,就是一种人本主义的权利本位的发展,正是这一发展,实现

---

〔1〕 在中国传统的认识中,社会是被作为与个人相对的"整体"或者"集体"而言的,因此,这样的社会观,不再强调构成社会主体的个人主体地位,而是主张一种超越个人主体地位的社会整体或者集体主义的意识形态。这样的社会本位,最终必然走向国家或者政府本位。然而,社会本位应当是回归人类自然社会生态本身,而以构成这一社会的主体价值即个人价值为核心的一种本位观。换言之,社会本位应当是以构成社会的主体即个人或者私人为本位并以这一本位反映社会结构和还原社会本质的一种社会思想。

〔2〕 David M. O'Brien, *The Public's Right to Know*, Prager, 1980, p. 28.

〔3〕 张文显主编:《马克思主义法理学——理论、方法和前沿》,高等教育出版社 2003 年版,第 263 页。

了社会本位与个人本位的统一,个人和个人权利构成了社会的价值与核心。

(一)社会本位与民本社会

社会本位作为相对于政府本位的一种市民社会或者私人社会的本位,是建立在民本社会即以民为本的社会基础上的一种社会本位。社会本位与民本社会具有内在的联系,只有实行以民为本的社会体制结构,才可能有真正的社会本位——社会主体本位。

庞德认为,19 世纪的法律思想近乎将所有理论都建立在个体自由以及个体权利的基础之上,然而,"那种认为在个人利益的压力下产生了国家、法律和塑造了法律制度的观念是没有历史根据的"。[1] 关于个人利益与公共利益的调控标准,庞德提出了一种"比例原则"。"这项原则应当是:尽可能保护所有利益而尽可能少地损害利益全体,或者说尽可能少地损害整个利益体系的完整。"[2]庞德强调与个人利益相对的社会利益的优先性,他所谓的社会本位,是一种超越民本的社会本位,即团体或者集体本位,所以,在他看来,法律的首要利益就是对社会团体的保护。可是,问题在于,这种个人利益与社会利益的选择是作为利益冲突条件的选择还是作为一般社会秩序条件的选择,在个人利益与社会利益冲突条件下的超越个人利益的社会利益选择并不违背一般社会秩序条件下的个人利益本位,即以民为本的社会本位。

1. 社会本位与民本社会目的

社会作为由人或者人民构成的统一体,应当以实现人或者人民的利益为目的,是以民为本的社会,而一切脱离了人或者人民的社会构造,都不可能得到维持或者维持长久。"民惟邦本,本固邦宁",[3]代表了中国古代社会的民本观念和对民本社会目的的认识。即使是在封建专制社会,社会治理思想的要义仍然在"民"。当然,在中国古代社会的政治思想中,虽然认识到了"民"在实现社会统治中的意义,但是却不可能是真正的以民为本和确立"民"的社会主体地位。"常有论者断言,中国古代哲学里,民学也好,民本思想也好,归根到底,不过是为统治者如何治理好民众想办法、出主意,实质乃用民之道、御民之学。"[4]因此,也就不可能产生以民为本的社会文化与文明,包括以此为基础和条件的法治

〔1〕 [美]罗斯科·庞德:《法理学》(第 3 卷),廖德宇译,法律出版社 2007 年版,第 210 ~211 页。
〔2〕 [美]罗斯科·庞德:《法理学》(第 3 卷),廖德宇译,法律出版社 2007 年版,第 251 页。
〔3〕 《尚书·五子之歌》。
〔4〕 夏勇:《民本与民权——中国权利话语的历史基础》,载《中国社会科学》2004 年第 5 期。

和法治文化与文明。

民本或者人本精神是社会本位的灵魂。归根到底,社会的集体或者整体是由个人构成的,是为个人的目的存在的。所以,社会主体的落脚点是人,只有在充分尊重人,以人为目的,并满足人的利益需求的前提下,才能够激发人的积极性,积极参与社会活动并维护社会秩序。由于在社会治理的实践过程中,充斥着各种各样的价值张力和利益冲突,极有可能在价值目标上偏离民本社会的目的而实现某种利益分配和秩序调整,并可能对公民或者个人的生命、自由、财产等各种合法权益造成损害。所以,只有坚持人本精神和民本社会的目的,才能够体现社会治理与秩序维护的人文关怀,从根本上避免政府管理与服务可能出现的本末倒置,从而实现社会本位的民本目的与价值。

从世界范围看,由于社会治理结构与秩序格局的变迁和多元化,人们开始思考深层次问题:一个走向文明的政府如何处理与日益勃兴的同类竞争者的关系,即政府与民本社会的关系。托克维尔对此提出:“在统治人类社会的法则中,有一条最明确清晰的法则:如果人们想保持其文明或希望变得文明的话,那么,他们必须提高并改善处理相互关系的艺术,而这种提高和改善的速度必须和提高地位平等的速度相同。”[1]显然,要达到这样的目的,不仅需要民本社会自身的相互关系协调,而且需要政府或者政府社会提供一定的外在服务条件,而这一条件应当符合以民为本的目的要求。

2. 社会本位与民本社会条件

社会本位不仅应当以民本社会为目的,而且需要民本社会条件,只有具备民本社会的条件,才能够实现以民为本的社会本位。民本社会条件及其对维护社会秩序的重要性,可以从民本观念的历史发展中探知。春秋战国时期是中国古代政治思想最为活跃的时期。“那个时期崛起的诸子百家,有许多观点都发生着激烈冲撞,唯独在‘民本’的问题上却有着惊人一致的观念。‘民贵君轻’、‘以民为本’等一系列人道的声音,被儒家、道家、墨家、法家、杂家等,从不同角度予以诠释和放大,汇成了一股激昂奔腾的民本思想大潮。”[2]显然,在统治与被统治的关系中,民本社会的秩序条件,都是一种统治的实现条件,如果丧失了民本

〔1〕［美］亨廷顿:《变化社会中的政治秩序》,王冠华等译,生活·读书·新知三联书店 1989 年版,第 4 页。

〔2〕高尚全、傅治平:《人民本位论》,人民出版社 2012 年版,第 68 页。

社会的条件,也就不可能有统治秩序的维持和存在。因此,古代社会的统治者不论以什么为目的,都在一定程度上认识到民本社会条件对于维护自身统治的意义。[1] 统治者既统治人民,也通过人民实现自己的统治,这就决定了民本社会条件在与政治社会关系中的地位与本位。

民本社会的条件,是市民社会或者私人社会的个人利益条件,即一定的人身与财产条件,亦即民法调整的社会关系条件。没有这一自然生态的社会关系条件的调整、维续与稳定,即丧失了个人社会关系的秩序状态,或者个人利益条件不能在自身的社会关系条件下得到合理的实现,社会也就丧失了自身的存在和存在的合理性,又何谈民本目的的社会本位。因此,社会本位作为与政府本位相对应的社会观,其民本的社会条件,不仅需要民本社会自身的调整、构造和实现,而且需要政治社会的承认、尊重和维护。政治社会应当确立社会本位,以民本的社会条件实现社会秩序体系的基本构造,从而在政府与社会的关系中坚持以民为本的社会本位并以此为自己正确定位。

3. 社会本位与民本社会价值

以民为本的社会本位,必然确认和追求民本社会的价值。《尚书》所谓"民惟邦本",其强调的就不仅是民本的根基性,而且也包含民本的价值性。有学者认为:"'民惟邦本',是一个关于价值法则和政治法则的判断,是一个关于人民的主体资格的判断,还是一个关于政治合法性的判断。"[2] 民本社会的价值本来是唯一的社会价值,只是在政治社会产生并作用于市民社会关系的条件下,反成为政治社会所代表的价值问题,是在与政治社会的关系中所体现出来的价值,是政治社会对民本社会的价值承认与判断并建立的一个社会价值体系。

由于政治社会的公共管理不可能完全是一种服务行为,而管制在政府的公共管理活动中必然占有重要地位。所以,如何摆正服务与管制的关系并尊重以民为本的社会价值,就成为衡量和检验政治社会或者政府施政的一个根本问题。在社会本位的条件下,政治社会和政府的行政精神与理念,应当强调自身公共权

---

〔1〕 孟子将君与民放在政治天平上权衡,将邦国与民众的关系延伸到君王与民众的关系方面,得出"民为贵,社稷次之,君为轻"的超越政治的结论。孟子深入阐发了"忧民之忧"及"与民同乐"的思想,认为"民乐之乐者,民亦乐其乐;忧民之忧者,民亦忧其忧。乐以天下,忧以天下,然而不王者,未之有也"(《孟子·梁惠王下》)。在人性论上与孟子相反的荀子在民本思想上却与孟子保持统一,主张"天之生民,非为君也;天之立君,以为民也"(《荀子·大略》),同样强调了"君轻民重"的本位观。

〔2〕 夏勇:《民本与民权—中国权利话语的历史基础》,载《中国社会科学》2004年第5期。

力本源于社会并应当维护社会的价值，这是公共权力正当性与合法性的根据。“合法性即是对统治权力的承认，同时证明政治权利与服从性。”〔1〕所以，民众的满意度是评判政府施政效果与价值的最终标准，而这个标准应当满足符合分配正义的两个核心条件：一是让所有的个人或者社会主体都能够充分享受作为生存与发展所需要的客观利益条件并不断提高这一条件的水平；二是对社会弱势群体能够给予特殊的利益保障并使他们不至于因为处于弱势而丧失自身生存与发展的基本条件。

社会本位的民本价值，就是人的价值，即人性和人格的价值。这些价值在民本社会中的具体体现，就是平等与自由的价值，就是相互关系的人格尊重与利益均衡价值，就是人的自然生态秩序价值；这些价值反映在法律上，就是民法调整的市民社会关系即平等民事主体的人身与财产关系的价值，也就是权利或者权利本位的价值。换言之，社会本位作为一种法治和法治文化价值，是一种民法精神的民法文化价值，也就是民法调整的以个人为主体的权利秩序价值。没有民法和民法调整的以民为本的社会价值体系，也就不存在社会本位，更不可能建设民本的社会主义法治和法治文化。个人主义的社会结构确定了民法的基本精神与原则。“个人主义的顶点是这样的原则：每一个人对于自己来说都是目的，他不屈服于任何力量而为他所用；具体包括：不受使自己受控于他人意志的支配，也不受使自己受控于一个联合体——其中他不为自己工作，只为联合体效劳——之意志的支配。”〔2〕

4. 社会本位与民本社会秩序

社会本位建立的是民本的社会秩序，是以民本的社会秩序为条件的一种社会构造形态。社会本位的社会秩序基础，是市民社会即私人或者个人社会的秩序。这一秩序是一种自由与自律的秩序，是一种自主自为的秩序，是一种社会精神与行为的秩序，也就是自然生态的社会秩序。这一秩序的形成与维系，需坚持以民为本，确立人民的主体地位，人民是社会秩序的践行者与秩序利益的享有者。在社会本位条件下，强调人或者人民在社会秩序构造中的根本作用，突出市民社会秩序在整个社会秩序体系中的基础与核心地位。只有个人被作为独立的

---

〔1〕［法］马克·夸克：《合法性与政治》，佟心平、王远飞译，中央编译出版社2002年版，第12页。

〔2〕［美］尤根·埃利希：《法律社会学基本原理》（2），叶名怡、袁震译，九州出版社2007年版，第513页。

人格对待并成为社会的根本目的与价值,才能产生以个人平等为基础的社会自由秩序,而调整这一秩序的法律形式就是民法。卢梭指出:“确切说来,法律只不过是社会结合的条件。服从法律的人民就应当是法律的创作者;规定社会条件的,只能是那些组成社会的人们。”〔1〕

社会本位的主体秩序机制,不是外在的强制,而是社会主体即个人的秩序意志,即一种自主构序的社会行为精神。以社会主义法治和法治文化为基础的社会本位及其民本的社会秩序,应当以市民社会的行为秩序与精神秩序为主体,通过从政府到社会的法治本位转型并以市民社会的法治精神即民法精神实现其秩序构造。建设以民法精神为基础的民本模式的社会主义法治和法治文化,需要实现社会秩序的本位转型,即政府本位的强制秩序必须让位于社会本位的自由秩序,官本位的权力秩序必须让位于民本位的权利秩序,集体本位的统一秩序必须让位于个人本位的人格秩序。“在相同的根据和目的的条件下,民法构建的是一种具有最大相同性的社会秩序。”〔2〕

迄今人类的历史,是一个从强制秩序到自由秩序、从团体秩序到个人秩序的发展历史。“和自然法则一样,法律法则也不是人类的发明,而只是发现;不是规定,而只是确定。和自然法则一样,法律法则在所有时代、所有民族中都是一样,且和自然法则的效用一样。”〔3〕当代社会正处在一种极为紧迫的转型之中。“当资本主义的旧秩序在分崩离析中失去了复兴和进一步发展的可能时,世界上却并没有兴起任何新的秩序。”〔4〕然而,新旧秩序的转型与重构,是一个复杂的社会过程,而新秩序的重构结果在根本上依赖于人们在复杂的社会关系条件下对社会生态秩序的本质认识。“在不断提高的社会复杂性的条件下,人们能够而且也必须发展出比较有效的简化复杂性的方式。”〔5〕社会复杂性的简化,在根本上就是回归人类的自然生态秩序,因为只有这一社会本位的秩序形态,才是最简单与简化的社会秩序,也是最现实和有效的社会秩序。

(二)社会本位与私权本位

社会本位作为以民为本的市民社会的本位,就是以个人或者民事主体的人

〔1〕 [法]卢梭:《社会契约论》,何兆武译,商务印书馆2003年版,第48页。

〔2〕 王利民:《民法的精神构造:民法哲学的思考》,法律出版社2010年版,第273页。

〔3〕 [德]拉德布鲁赫:《法学导论》,米健、朱林译,中国大百科全书出版社1997年版,第19页。

〔4〕 [美]彼得·德鲁克:《社会的管理》,石晓军译,上海财经大学出版社2003年版,第27页。

〔5〕 [德]尼可拉斯·卢曼:《信任:一个社会复杂性的简化机制》,瞿铁鹏译,上海世纪出版集团2005年版,第10页。

身与财产利益为本位，也就是民法调整的权利或者私权本位，即社会本位与民法的权利本位或者私权本位具有统一性。

1. 社会本位与私法调整

以民为本的社会本位，是民法即私法的社会本位，也就是民法或者私法调整的社会关系本位。[1] 既然社会本位是以市民社会关系的个人权利为本位，是市民社会关系的秩序形态与构造，那么必然是以民法即私法对市民社会关系的调整为条件的一种社会秩序形态。没有民法或者私法的秩序构造与调整，没有以民法或者私法为主体的社会规范与秩序体系，就没有市民社会即民本社会的秩序构造，也就没有以民为本的社会本位。社会本位突出了民法在社会秩序构造中的地位和作用，民法是调整市民社会关系并构造社会秩序的基本法，而民法所具有的规范与秩序的核心条件是民法精神，只有在民法精神的条件下，才能够实现社会本位的生态秩序构造。

社会本位不仅重视公共社会秩序，而且重视个人或者私人社会的利益保护与实现，并维护公共秩序与私人秩序的统一，这就是民法调整的社会秩序与利益关系的平衡。当然，民法对权利秩序的规范和保护，必须要克服社会本位中的个人主义的消极成分，维持个人或者私人社会利益以自由而有序的条件存在和发展。社会本位的私法调整的目的与条件，既不是否定公共秩序，也不是限制个人权利，而是公共秩序不能有超越个人权利的扩大化，同时个人权利也不能有违背公共秩序的绝对化。民法调整的社会本位中的公共利益与秩序的私法性本身证明了社会本位的基点仍然是权利本位，它不能脱离权利本位的范畴，而必须与权利本位相契合，并维护个人权利的根本地位。

在社会本位的条件下，民法对社会秩序的调整决定了社会治理主体的多元化，政府不能再作为单一的甚至是唯一的社会秩序的构造机制存在。民法或者私法对市民社会关系即市场经济秩序的调整与政府的公共社会治理的秩序协调和统一，优化了社会秩序形成的机制，并实现了社会治理与秩序形态的民本化与法治化发展。

---

〔1〕 这一社会本位，不是公法或者行政法的社会本位。公法或者行政法的社会秩序调整也是以某种“社会本位”的主张为基础的，但是这种本位是否是以民为本的民法或者私法本位，则具有一定的不确定性。换言之，公法或者行政法的调整，也应当在正确认识社会本质的基础上而承认和尊重以民法或者私法调整的民本社会秩序为本位，但是政治社会或者公权的强势与强力地位及其作用的过度发挥，则往往可能使确认其权力与地位的公法或者行政法形式偏离这一本位。

2. 社会本位与私益目的

社会本位作为一种以民法即私法调整的市民社会关系及其确立的权利为本位的社会价值观,以市民社会关系主体的利益即私益为社会的根本利益,并追求个人私益目的的社会实现与最大化。可见,所谓本位问题,表面上是政府或者社会、权力或者权利、官或者民的定位问题,实质上是一个不同社会主体的利益和利益分配问题。没有离开利益的本位,而任何一种利益的本位都会有利于推进这一利益目的的实现与发展。在以民为本的社会本位这一正确的利益定位的基础上,也就划分了私益与公益、个人与社会之间的关系,而私益或者个人利益则是作为国家或者社会的基础利益与根本利益存在的。一个国家和社会或者代表这个国家和社会的政府或者相关机构,应当以人或者个人的利益目的即私益目的为根本的利益目的并应当以有效的社会组织和管理保证和促进这一利益目的的实现,而不能有超越个人利益目的的所谓公共利益,因为这样的公共利益往往是以公共利益名义出现并借助公共权力实现个别人的利益,这是与社会本位的利益目的根本对立的。

在我国,人的利益就是人民的利益,是以人民的利益为代表的利益,而人民利益目的的实现正是我们党和政府奋斗的目标。这就是一种以人民利益为本位并追求人民利益实现的政治社会理想。可以说,正确认识人或者私人利益目的在整个社会秩序结构中的地位与价值,是衡量一个国家或者政府及其政策的先进性与合理性的根本标准。

我国社会对私人利益目的在整个社会秩序结构中的地位与价值的认识是在改革开放过程中不断形成和成熟的。随着我国对传统经济体制的改革和私有经济的发展,以商品或者市场经济的规范与秩序体系为基础的我国市民社会关系开始逐步发育和形成,并不断提出了自己的独立价值与诉求。与此相伴随的,就是我国以民法或者私法对市场经济关系的确立和调整,并加强了以民法为主体和基础的社会规范与秩序体系的建立,从而实现了整个社会治理体系从政府本位向以民为本的社会本位即私人利益目的的转型发展。在民法的社会本位中,社会公共利益是指具有私法性质的权利主体的利益,而不是政治国家的利益。这也说明民法调整的社会本位意在关注私权利和个人的利益目的,而不是把政治社会的利益或者公共利益摆在个人的利益目的之上。因此,民法或者私法调整的社会本位彰显的是私权与私益目的,其逻辑基点是个人作为市民社会主体即真正社会主体的根本地位。“一如我们所知,努力使人们经由追求自己的利益而对其他人的需要做出尽可能多的贡献，不仅产生了‘私有财产权’这项一般性原则，而且还帮助我们确定了不同种类的财产权所应当加以适用的具体规则。”〔1〕

20世纪以来，随着人本主义和个人权利思想的发展，以个人利益为目的的社会本位改变了政府在社会秩序形成中的传统主导地位，政府治理被认为是对传统公共行政以及新公共管理的反思与超越。“公共治理促使政府的行为方式从科层制〔2〕的垂直控制转向多个利益主体间的讨价还价。”〔3〕事实上，政府在公共治理的过程中必须重视不同主体的利益地位并尊重他们之间的不同利益选择，而如何构建一种以市民社会为基础的多元主体的利益关系与秩序格局就成为政府及其公共治理的首要任务。“现代国家治理，核心的指向是政府与社会相互尊重的治理互动，关键的问题是处理好公共部门与私营部门之间的平衡关系。”〔4〕政治社会不能在国家治理中过度彰显自己的权力或者行政意志，而是要实现政府与社会的平衡。“国家与社会的治理互动、公共部门与私营部门的动态平衡，最有利于一个国家实现良政善治的目标。”〔5〕当然，这种平衡与良善目标的实现，如何确立社会本位并正确对待私人社会的利益目的，则反映一个国家的政治社会对自身社会治理的定位问题。

3. 社会本位与私权价值

国家治理从政府到社会的本位转型，也就是从公法到私法的调整转型。社会本位由私法调整并以私益为目的，这本身充分体现了以民为本的私权价值。社会本位在人本主义和以民为本的基础上，是对个人私权价值的张扬与强调。民法社会本位强调个体权利的秩序条件与外在边界，并从权利的人格性与自由性上确认权利的价值。权利目的即权利主体自身的价值，包括权利主体的人格

---

〔1〕［英］哈耶克：《个人主义与经济秩序》，邓正来译，生活·读书·新知三联书店2003年版，第28页。

〔2〕马克斯·韦伯提出的“bureaucracy”一词，国内学者翻译为“官僚制”，但“官僚制”在汉语中多有贬义，指不负责任、机构繁杂、人浮于事的政府体制；而韦伯所提出的bureaucracy的内在含义应是“组织、机构”，并非含有贬义的“官僚”，故又有国内学者将bureaucracy译作“科层制”。（张政、向成：《Bureaucracy——官僚制、科层制还是层级制?》，载《中国翻译》2011年第6期）

〔3〕Bogason, P. and T. A. J. Toonen. *Networks in Public Administration*, Public Admininstration, 1998, p. 76.

〔4〕Jan Kooiman. *Modern Governance New Government-Society Interactions*, Sage Publications, 1993, p. 1.

〔5〕任剑涛：《现代化国家治理体系的建构：基于近期顶层设计的评述》，载《中国人民大学学报》2015年第2期。

价值、平等价值与自由价值以及权利主体之间相互关系的人格尊重与利益均衡价值等,这些价值在根本上是一种自然生态秩序的民本价值。私权价值作为一种私人利益价值,反映的就是人的客观利益需求及其实现的规定性,是决定人的生存与发展的社会秩序价值。社会本位的私权价值,是人文社会的根本价值。“在传统上,西方社会一直强调对个人价值的承认。在基督教和人道主义这两大有关人与社会的欧洲思想体系中,个人价值都占有中心地位。”[1]以个人价值为本位,就是以个人或者个人私权为社会本位,尊重个人的利益与主体地位,这是公平正义的法治和法治文化乃至整个社会构造的基础。“个人主义的正义理想就是个人及其财产、个人对其财产享有不受妨碍的处分权,他不承认除了国家之外的任何其他的上级,并且,除了他自己自由缔结的契约外,他不受任何其他约束。”[2]

社会本位的私权价值是市场经济发展的产物,是市场经济的规范与秩序价值,反映了市场经济的法治条件和要求。在市场经济和商品交换的社会秩序结构中,必然产生平等和自由等反映市场经济的一般秩序条件的私权价值原则,并必然在这一秩序构造中回归以私权价值为主体的社会本位。“只有在实现普遍利益或公益所必需的时候,才能允许对个人施以强制;此乃自由传统的一项基本原则。”[3]

社会本位的私权价值,改变了政府存在的目的与运行模式,并对自己的价值正确定位。“政府存在的唯一正当的理由在于保障和提升公民之人性尊严。”[4]政府或者政治社会没有自己的独立目的与价值,它的目的与价值应当是社会本位的私权目的与价值并促进这一目的与价值的实现。以民为本的私权目的与价值,构成了一个社会的根本目的与核心价值,需要政府和公权的绝对尊重与服从。

(三)社会本位与自主分配

社会本位作为一种市民社会和市场经济条件的个人利益与权利本位,实际是一种个人或者社会利益的自主分配的秩序形态。社会本位的利益分配主体,不是政府而是作为社会主体的个人或者个人的组织形式,其分配方式是个人的

---

〔1〕 [英]彼得·斯坦、约翰·香德:《西方社会的法律价值》,王献平译,中国法制出版社 2004 年版,第 162 页。

〔2〕 [英]尤根·埃利希:《法律社会学基本原理》(2),叶名怡、袁震译,九州出版社 2007 年版,第 513 页。

〔3〕 [英]哈耶克:《法律、立法与自由》(第 2、3 卷),邓正来、张守东、李静冰译,中国大百科全书出版社 2000 年版,第 2 页。

〔4〕 张成福:《开放政府论》,载《中国人民大学学报》2014 年第 2 期。

意思自治与行为自由。社会本位的自主分配，是以民法或者民法精神的规范与秩序条件为主体的社会利益分配体系。

1. 社会本位的主体人格性

社会分配的主体应当是构成社会的全部主体，即每一个作为独立主体的个人或者代表个人利益的组织，而每一个社会主体都具有自己的人格性。基于社会本位，应当承认个人和个人的社会组织的人格性，并赋予其独立的主体地位，能够参与社会分配关系并实现分配利益，从而成为社会行为与分配秩序的自主构造者。构成社会的个人和个人组织是多元的，这些个人或者组织作为利益主体都需要具有自身的人格性并参与多元化的社会分配过程，从而实现社会分配关系的多元化发展。改革开放前的中国社会，是一个总体性社会，国家与社会同构，资源与权力高度集中，这是一种一元化的社会管理与分配模式，社会分配是通过政府计划与权力运行的方式进行的，普遍的个人和个人的社会组织既不具有自身的主体人格性，也没有自主参与社会分配的地位，社会分配的唯一主体是国家或者政府及其权力机构。改革开放后，社会主义市场经济的民法调整与自由秩序使社会资源流动的空间逐渐增大，个人和市场经济组织作为具有独立人格的社会主体从政治国家主导的社会秩序体系中分离出来，开始自主参与社会分配关系并成为市场经济及其自由秩序的主要人格主体，个人或者市民社会的自主性与自律性不断增强，主体多元化的社会分配与秩序格局开始形成，并日益发挥个人和社会组织在社会秩序构造中的作用。

显然，最好的政府不是人民需求什么就给予满足的政府，而是能够根据人民的需要提供给人民足够的满足个人需要的条件和机会，并让人民能够自己解决自己需要的政府。这样的政府，就是要承认和尊重人民的社会主体性，提高人民在社会分配中的人格地位，实现人民自主与社会自治的分配秩序。人民自主与社会自治的实质，就是以人民的主体人格性实现的人民自身的自主秩序构造，它不再将属于私人领域的市民社会关系委托给政府机构，而是以人民为主体并实现人民自主的社会分配秩序。

2. 社会本位的主体意志性

任何一种社会管理与秩序形态，都离不开一定的主体意志条件，是在一定的主体意志条件下形成的。社会本位的主体意志性，就是社会秩序意志的个人主体性，即个人意志性。个人主体意志，是一种个人的自由意志，是自由而自序的个人意志属性。以民为本的社会本位，应当承认个人的主体意志所具有的秩序价值及其在社会秩序构造中的意义。

社会秩序构造是一个从个人到社会又从社会到个人的过程,也就是从分权到集权再由集权到分权的秩序构造模式。人类从单纯的个人或者自然社会发展到高度集中与集权的专制社会,再从专制社会转型为人本主义的当代民主与法治社会,这是人类社会文明的一种进化规律。改革开放前,我国实行一元化的社会管理与国家权力高度集权的社会体制,国家意志成为控制社会各个领域的主导意志和统一意志。改革开放后,个人和社会组织逐渐成为社会治理的重要力量与形式,[1]他们的主体意志开始被尊重并日益发挥自主的自由秩序的作用,这标志着中国社会的一种民主化与法治化的进程,为建设中国特色社会主义法治和法治文化奠定了主体与意志多元化的社会条件。

社会本位的主体意志性,是由一定的社会发展条件决定的,特别是一定的社会政治与经济体制必然直接作用于该社会的主体结构与意志条件。马克思认为:“社会结构和国家总是从一定的个人的生活过程中产生的。”[2]一切社会结构都不能脱离个人和个人的主体意志,个人的主体与意志条件必然反作用于一定的社会体制结构,并成为影响社会秩序构造及其价值取向的主要因素,因为人的主体意志不仅决定个人的行为秩序,而且改变社会的普遍秩序。

社会本位的主体意志作为个人的意志,不是个人的任意性,而是个人的自律性。个人不仅追求个人意志的社会秩序价值,而且接受公共社会的秩序条件,是具有社会秩序精神的个人意志,是一种开放的代表现代文明的民主与法治的意识形态。“小农的政治影响表现为行政权支配社会。[3]”正是由于小农的狭隘意识及其对国家力量与权威的崇拜而导致了自身主体意志的弱化并产生了政治上的专制秩序。因此,社会本位的个人主体秩序需要个人的主体意志并发挥主导的秩序构造作用。个人主体的意志性根本意义就在于使个人不仅是作为主体存在,而且以自主的意志性存在,个人认识到了自己作为社会主体的存在并成为社会秩序的自主意志的维护者,他不仅重视个人的主体意志,而且尊重群体或者他人的主体意志,并能够在相互关系的条件下形成共同的秩序认知与共识,从而共同推动社会秩序文明的发展与进步。

---

[1] “社会管理的主体不仅局限于政府部门,而且还包括许多非政府部门的参与。”(邓伟志编:《创新社会管理体制》,上海社会科学院出版社2008年版,第4~5页)

[2] 《马克思恩格斯选集》(第1卷),人民出版社1995年版,第71页。

[3] 《马克思恩格斯选集》(第1卷),人民出版社1995年版,第678页。

3. 社会本位的主体行为性

社会本位的自主分配关系，是通过主体行为实现的分配秩序，是以主体自身的行为条件确立的，并以主体利益为目的的一种现实的社会秩序体系。治理理论不仅追问公共管理中的管理性问题，还追问特定政治和社会背景下的利益分配问题。在社会本位的社会关系中，主体的个人行为是设定个人利益关系并实现个人利益分配的根据，主体行为对自身社会关系的产生与变动具有决定的意义。社会本位与私人社会的分配秩序，不是或者主要不是根据国家或者政府的行政命令或者计划许可形成的，而是以主体的个人行为作为主要的事实和条件。这一决定社会分配秩序的主体行为，就是以普遍的个人主体的人格与意志为条件的自主行为，它是市民社会与市场经济条件下的个人利益的主要分配形式。

社会本位的主体行为，作为一种法律秩序，反映为民法所调整的平等民事主体之间的人身与财产关系，是民事主体基于意思表示的设权意思表示行为，是民事权利和义务产生的主要法律事实。民法反映市民社会关系作为私人利益关系的意思自治的本质，允许个人通过自己的行为设定个人的权利义务关系，而个人通过自身行为对权利义务关系的设定可以变通法律并具有相当于法律的效力，这就是民法及其调整的法律关系的任意性。因此，这一行为作为主体自主的法律行为，就是民法精神的行为，其行为实施与秩序形成离不开一定的民法精神，是一定的民法精神条件支配的主体行为。

主体可以通过自己的行为设定权利义务关系，是市民社会或者市场经济关系的民主化，是社会民主秩序在市民社会和市场经济关系中的体现与延伸。在民法调整的社会关系及其本位的条件下，个人或者民事主体，不仅是社会利益的享有者，而且是个人利益的决定者，有权以主体的自主行为直接形成一种相互交往与平等合作的利益分配关系。以主体的自主行为形成相互的社会关系是人类本有的自然生态秩序，而在人类进入文明社会的条件下则成为以民法为主调整的一种平等主体之间的人身与财产关系，即民法的社会秩序形态。

4. 社会本位的主体实现性

社会本位作为以民为本的个人利益本位，在通过主体的个人行为设定个人利益关系的同时，也就具有了主体自身的实现性。通过主体自身的实现，就是通过主体享有的权利形式实现。当社会回归个人利益本位，在个人利益的实现上，应当以民法调整的权利形式作为实现的主要方式，从而排除国家或者政府权力在该分配领域的支配地位与作用，从而避免权力对个人利益关系的强制分配及其对个人的主体人格与行为自由的不合理剥夺与限制。

中国是一个传统的专制社会，长期以来存在权力高度集中的社会分配制度，包括新中国成立后曾经实行的计划经济体制，因此人们对权力有着直觉和敏感的认识，而对权利或者法律在实现社会利益分配中的地位和作用则缺乏理性的认知与了解，存在着对权力和权利关系认识的错位。“社会治理的局限性让我们意识到在迈向社会本位的社会管理体制过程中，各个社会管理主体之间的关系是复杂的。[1]”然而，经过改革开放四十多年的社会主义法治和法治文化建设，法律或者权利的形式已经逐步成为人们社会利益分配与实现的主要形式，而人们对法律或者权利的地位与作用的认识也得到了不断加强和深化。

本书项目组以“您认为法律与政府权力的关系是什么”为题进行的全国性调查问卷的数据统计结果显示，[2]对于法律与政府权力关系的认识，虽然由于受访者学历与学位层次的差异而略有不同，但是认为法律“比权力有用”和“作用不同”的还是占了较大比例，这反映民众在总体上还是能够认识到法律与权力相比所具有的更为重要的作用以及两者作用的划分与不同。可见，随着我国社会主义法治和法治文化的建设和全面依法治国战略的推进，已经开始实现民众的法律和法治观念从传统向现代的转变，民众也必然更多地运用法律或者权利自主实现和维护自己的利益，提高法律和权利在自主利益实现中的地位和作用。

（四）社会本位与自由秩序

社会本位作为一种回归市民社会的个人权利本位，是一种个人自由本位，它以社会主体的个人自由为核心价值，是一个自由秩序的社会秩序体系。

1. 社会本位的自由秩序条件

由于社会本位的个人主体性及其人格意志性，社会本位是以实现个人自由为目的和价值的一种本位，这种本位构造的是一种自由秩序，并以自由秩序为自身构造和存在的条件。换言之，社会本位是一种社会自由秩序的本位，如果不承认以市场经济为主体的市民社会的自由秩序，也就没有以民为本的社会本位，或者就不可能有正确的社会本位并实现社会秩序的自然生态化。

自由秩序作为市民社会的自然生态秩序，是由民法调整的以意思自治为原

---

〔1〕 童志锋、郁建兴：《从政府本位到社会本位：社会管理体制改革的新分析框架》，载《中共浙江省委党校学报》2011年第1期。

〔2〕 本题数据统计结果详见本书第六编（第二十八章）“不同区域的民法精神实践”部分。

则的人身与财产关系秩序。民法对市民社会关系的调整，确立了以人格平等、契约自由、所有权绝对和过错责任等为原则的权利体系与自由秩序。这一由民法调整的社会自由秩序，作为早期的自由资本主义秩序，是一种解放人与发展人的秩序，极大地促进了资本主义生产关系的发展，为人类社会的进步与发展做出了巨大贡献，并成为了现代社会的秩序基石，代表了人类社会秩序的普遍与一般的秩序形态。然而，极端个人主义的社会本位也加重了资本主义社会内部的不同利益的对抗和冲突，并产生了一系列严重的社会问题。因此，十八世纪末期的资本主义社会开始对绝对自由的资本主义秩序进行一定的"社会化"调整，也就是实行垄断资本主义的政策，从而强调本位的"社会化"即通常所谓的限制个人自由或者与个人自由相反的"社会本位"。〔1〕表现在自由秩序的立法上，就是所谓的民法"社会化"或者民法"公法化"，是从任意规范到强制规范和从自由秩序到强制秩序的转化。〔2〕然而，这只是一种表面认识，并不能代表和反映现实社会

〔1〕本书并不赞同所谓本位的"社会化"或者"社会本位"是一种与个人自由相对的本位观点。社会应当是相对于政府或者政治社会而言的个人或者市民社会，而本位的社会化是社会秩序价值的个人社会或者市民社会化，是回归真正社会的本质，它应当是以个人为主体的自由秩序体系，而不是对自由秩序的放弃或者是与自由秩序相对立的一种以限制或者否定自由秩序为目的的秩序体制。

〔2〕有观点认为："个人主义发达的结果，于不知不觉中酿成种种之流弊，于是学者主张，法律最终之目的不在于权利之保护，而在于社会生活之安全与健全，法律之中心观念亦随之而变，此即所谓社会本位者是也。"（胡长清：《中国民法总论》，中国政法大学出版社 1997 年版，第 43 页）然而，考察民法制度的现实与本质，上述实际上是一种似是而非的观点，其实并没有任何人进行过实证或者证明。本研究认为，这一观点并不符合民法和民法调整的市民社会关系的本质。就个人或者市民社会关系而言，人类只能在自己的社会发展和创造中获得越来越多的自由，而绝对不可能在自己的社会发展和创造中更多地失去自由。事实上，随着现代科学技术的发展和思想观念的解放，不论是物质条件还是精神条件，都为人类自由的实现提供了更为宽广的空间与可能，从而人类的自由是被极大地发展了，人类获得了历史上从来没有过的自由。立法上，以中国的民事立法为例，从 1981 年制定的《经济合同法》和 1986 年制定的《民法通则》到 1993 年修正的《经济合同法》，再经 1999 年制定的《合同法》到 2017 年制定的《民法总则》2020 年通过的《民法典》，仅就其自愿或者意思自治原则的体现和与之相对的无效行为条款及其无效的条件，都充分体现了当事人行为自由的不断扩大和与之对应的作为自由控制条件的无效适用范围的进一步明确和缩限。显然，我们的民法自由不是被不断限制了，而是被逐步扩大了，在自由和自由的限制上更加充分体现了民法的自由价值。因此，民法对自由的限制，不过是自由扩大的结果，是对自由秩序进行合理限制的条件和要求，而不是民法调整的自由秩序的缩限和减少，更不是所谓的民法社会化或者公法化。任何法律包括民法都是国家的社会化的法律，而民法的权利也是一种社会化的权利，都具有一定的社会性并基于一定的社会本位，但是它们在根本上不可能背离民法的私法本位与价值，而民法或者权利也就不可能有所谓的公法化。换言之，民法或者权利不仅是私人关系社会化的国家产物，而且从来都与一定的公共秩序或者公法条件相统一，但是这并不能改变它们的私法或者私权本位的自由价值，否则就不再有民法的私法与权利法的本质，也不再是民法或者权利法。也就是说，它们只能是在自己的社会化及其与公法的统一关系与秩序体系中日益表现和彰显自己的独立本位与价值，而不是也不可能是自身本位与价值的弱化、退化与丧失，因此，所谓的民法社会化或者公法化，不过是一个伪命题。

秩序的真实与本质。“法律所具有的确切性特点最适合于其成员被看作单个的个人而不是集团的社会。”[1]事实上,人类在自己的社会发展中不断扩大自己的自由秩序,而所谓脱离个人本位与自由秩序的社会本位是根本不存在的。

应当说,西方社会在19世纪末20世纪初出现所谓“权利社会化”的法律现象与学术思潮在本质上是一种权利自由化的结果,其前提是民法或者权利的自由化,是民法及其权利的自由水平与程度在现代社会发展与条件下极大提高的必然要求。因此,如果说这种现象是存在的,并且是一种必然的和适合时代发展的现象,那么同时表现为现代民法或者权利所代表的另一面即通过它们的形式而在更广泛的社会领域内不断扩大和实现的自由秩序。所以,在成熟的商品经济的民法调整的领域,对权利和自由秩序的限制是一种应然的社会秩序形态,它代表了在全新社会条件下的自由与自由限制的平衡。在民法调整的商品交换关系即平等民事主体的人身与财产关系领域,任何主体都只有充分尊重他人利益才能获得自身利益并实现自己的自由,同时任何个人利益与自由的实现,又都需要尊重由包括自身在内的个人构成的社会整体利益即公共社会秩序。这样,西方社会对在自由经济体制时期盛行的“权利绝对”“权利本位”原则进行必要的修正,使私人权利受到一定限制,实为商品经济领域的内在法权关系,是资本主义社会自身内部的自由秩序调整问题,[2]而对于中国这样一个非自由传统的国家,在接受民法调整的自由秩序之后,则在根本上是一个需要发现与发展民法自由的问题。

2. 社会本位的自由秩序实现

以民为本的社会本位,不仅以自由秩序为条件,而且需要自由秩序的实现。若失去了自由秩序,既没有社会本位的秩序本质,也没有社会本位的秩序实现,

---

〔1〕［英］彼得·斯坦、约翰·香德:《西方社会的法律价值》,王献平译,中国法制出版社2004年版,第164页。

〔2〕所谓“权利社会化”是西方对“权利绝对”原则所进行的自我修正,符合其社会与历史发展的内在逻辑。19世纪末,西方社会商品经济已经历了数百年的生产与发展历程,私权至上、契约自由的思想已经根深蒂固。早在前资本主义社会,在西方的社会文化传统中,就因为有以商品生产交换为主旨的罗马城邦的存在与繁荣,使得权利、自由、平等、秩序等民法精神早已渗透人心。古罗马繁荣的商业活动、利益集团和国家对商品生产交换体制的维持和尊重私权的法律构造,造就了被后世资本主义世界奉为精神支柱的“权利神圣”等观念,并为“权利中心”思想的形成和具有权利理性精神的法律规则的产生奠定了基础。“社会交往中的利益集团的形成,是民主秩序和法治体制的基础。”(［美］昂格尔:《现代社会中的法律》,吴玉章、周汉华译,译林出版社2001年版,第117页)在社会利益不断分化和相互冲突的条件下,民法的社会调整与自由秩序的维护,就是要实行一种自由与自由限制的统一平衡的社会秩序体系。

更不会存在社会本位的秩序形态。因此,社会本位的实现作为市民或者个人社会的利益和目的的实现必须以社会的自由秩序为前提,这一秩序就是市民社会和市场经济的秩序,也就是由民法调整的以自由为基础的人身关系与财产关系秩序。“每人对他自己的人身享有一种所有权,除他以外任何人都没有这种权利。”〔1〕当一个社会以民法调整的市场经济秩序为基本的社会秩序体制,这个社会也就必然回归以民为本的社会本位并实现这一本位的价值与目的。

一个社会的自由秩序的水平,在本质上反映和体现了社会本位及其实现的水平,而一个社会要充分实现社会本位的目的与价值,就必须创造和提高自由秩序的社会深度与广度,使社会本位有更大的存在与实现空间。显然,社会本位的自由秩序的实现,是要承认个人作为权利或者人格主体在社会秩序构造中的自由地位,也就是尊重个人自由意志或者意思表示在社会秩序构造中的决定作用。只有个人被作为自由的主体并享有自由的权利才能够实现以个人利益为目的的自由秩序的社会本位。社会本位的自由秩序的实现,不是制度或者形式上的实现,即不是民法或者其他法律形式的自由秩序的建立,而是在民法或者民法精神调整下的自由秩序的行为实现,也就是社会生态秩序实现。它是自由秩序的社会客观性与现实性,而不是自由秩序的法律制度性与形式性,是一个动态的个人社会秩序的运行系统。

三、社会本位与以民为本

建设社会主义法治文化的民法精神模式即民本模式,就是以市民社会为本位的模式。社会本位与以民为本具有内在的联系,坚持社会本位,就是坚持市民社会主体即民事主体或者人民主体的地位,就是坚持以他们的利益为目的,就是坚持他们利益目的的实现的自主与自由,也就是坚持以民为本。

(一)社会本位的以民为本属性

社会本位作为一种市民社会或者私人社会本位,就是以人或者人民的利益为本位,因此社会本位具有以民为本的价值与本质属性。由于历史和现实的原因,在我国建设民法精神或者民本模式的社会主义法治文化,只有实现从政府到社会的法治本位转型,才能够在社会本位的基础上保证社会主义法治文化的民本性质,才是以民为本的法治文化发展。

---

〔1〕［英］洛克:《政府论》(下篇),叶启芳、瞿菊农译,商务印书馆1996年版,第19页。

1. 社会本位与人的目的

法治文化的认识与建设，离不开一定的本位。本位是指“某种理论观点或做法的出发点”。[1] “法律本位云者，法律之中心观念或法律之立足点也。”[2] 法律或者法治和法治文化本位，是法律或者法治存在的基础，是法律或者法治价值与本质的落脚点。法治和法治文化作为人的社会规范与秩序现象，必然是基于人的社会，也就是人的本体社会，即市民社会或者个人社会，并以这一社会为根本社会，从这一社会的目的和需要出发，服务于这一社会的目的与利益实现。显然，市民社会或者个人社会是以人为主体的社会，而这个社会的目的就是人的目的，人构成了这个社会的本质与价值，这个社会本位就是以人为目的的本位，即人和人的目的构成了社会本位的核心。

正如前述，学界一直有所谓近代以来法律从个人本位向社会本位过渡的观点。[3] 然而，本书认为，所谓从个人本位到社会本位不过是一个伪命题。人类自近代以来结束了中世纪和封建社会的专制统治，开始了社会从政治社会向市民社会即个人社会的回归，而法律也就开启了从传统团体或者集权本位向个人或者自由本位的当代法治与法治文化的转型发展过程。因此，社会本位，作为与个人或者市民社会的本质相统一的概念，并不应当是与个人本位或者个人自由相对立的代名词，而应当是反映个人的社会本质并以个人的社会本质代表和揭示个人本位的一个范畴。换言之，社会本位应当就是个人社会本位，是人的目的本位，是在市民社会或者个人社会关系的条件下个人目的与社会秩序的统一。法治本位回归社会是回归个人和个人社会，也就是回归个人或者人的目的，是一种真正的社会回归，而不应当以所谓的集体或者集团本位定义社会本位，并将社会本位视为一种与个人本位和人的目的相对立的本位。事实上，这种与个人本位或者人的目的相对立的“社会”本位，它的真实本质应

---

[1] 《现代汉语词典》，商务印书馆 2005 年版，第 65 页。

[2] 刁华荣主编：《中西法律思想论集》，汉林出版社 1984 年版，第 16 页。

[3] 即所谓的“法律社会化运动”。一种普遍的观点是：“自 19 世纪中后期以来，由于早期资本主义制度的血腥与残酷，导致社会贫富悬殊，阶级矛盾尖锐，同时，周期性的经济危机，也往往使社会处于极度的动荡之中。”（胡玉鸿：《社会本位法律观之批判》，载《法律科学》2013 年第 5 期）基于这一观点，法学上出现了注重社会公正、保护弱者权益的呼声，这就是所谓法律进入“社会化”时代。“所谓法律社会化，即法律由保护个人利益，转而注重社会公益，由以个人利益为中心，转而以社会公共利益为中心之谓。”简言之，法律不在完全注重于个人的权利和自由，不再以“完全理性人”来设定法律上的主体，而是强调社会公平，通过利益的再分配来确保社会的安全与稳定，即从个人本位转向社会本位。

当是政治社会本位，也就是政府本位或者官本位，而它们都不能成为个人社会即真正社会的代名词。

当然，作为社会本位的个人，并不是超越社会的个人，也没有超越社会的个人目的，而是在一定的社会关系条件下的个人，并被法律塑造为人格，个人目的需要符合统一的社会秩序。“人类社会的概念构成了任何社会科学考察之不言自明的出发点。社会乃彼此存在联系的人类团体的总体。”[1]显然，人作为社会主体必须与社会相统一。“生活本身不熟悉与整体分离的孤往独行的个人，法对这样的人也是陌生的。对法而言，个人总是仅仅作为无数团体中某一团体的成员而存在，个人通过生活而加入到团体之中。”[2]不过，个人的团体性即社会性并不否定个人的主体性和个人的目的性，社会或者团体同样不能是超越个人或者个人目的的存在；相反，社会或者团体应当代表个人并以个人为目的，这才是真正的社会本质与价值。

2. 社会本位与人的价值

社会本位作为以人为目的的本位，就是承认、尊重和实现人的价值的社会秩序形态。“人应当是什么？人生活在社会，就自然应该进行社会化，而社会化过程，人应当得到‘提升、发展’；人是有意识的，因而社会化过程，不应该使人体验到失去人性自由、幸福、权利的痛苦，人应该是有‘个性自由存在’‘个体价值存在’。”[3]作为自然生命主体的个人，在社会化或者社会构造的生存或者生态体系中，必然基于社会公共秩序的需要而让渡或者失去一定的个人自由，并需要个人价值服从社会价值。然而，在根本的意义上，社会并没有独立的公共秩序或者价值，一切社会秩序或者价值，都是为了人的秩序和价值，都以人为目的并以人的价值为价值。因此，人的社会化或者人的社会本位，仍然是以人的价值为目的并实现人的价值的本位。[4]

因此，所谓社会本位就是个人社会本位或者个人价值本位。不承认人的价

---

〔1〕［奥］欧根·埃里希：《法社会学原理》，舒国滢译，中国大百科全书出版社 2009 年版，第 28 页。

〔2〕［奥］欧根·埃里希：《法社会学原理》，舒国滢译，中国大百科全书出版社 2009 年版，第 46 页。

〔3〕吴发科：《人本教育观的剖析思考》，载《现代教育论丛》2008 年第 7 期。

〔4〕也就是说，当代法学所谓的社会本位，与传统上仅把人的整体即团体或者集体视作“社会”并强调团体或者集体本位的法律本位观并不具有相同的意义。传统的社会本位观关注的主要是社会整体而不是个人的价值和地位，人或者个人的价值被忽视。当代的社会本位，则是一种个人的社会本位，是个人与社会统一的本位观，是以个人价值为核心的社会秩序认识，它在关注社会公共秩序的同时，强调的仍然是个人的利益、权利、自由和价值。

值或者不以人的价值为目的,就不是真正的社会本位,而以人的价值为目的的社会本位,则必然是促进人的价值实现的本位。社会本位是人的价值本位,没有人的价值,就没有社会本位或者起码不是真正的社会本位,而没有社会本位,就没有人的价值实现或者起码人的价值不能很好地实现。今日所说的法律社会本位,在本质上依然是个人价值本位,其中的"社会性"也只是一种对个人滥用自由、权利的限制或者禁止条件。"所谓社会本位的法律,不过是权利本位法律的调整。他的基础还是权利,仅是有目的的予以限制而已。[1]"个人主义仍然是支撑现代法律的思想基础,个人价值必然是当代法治和法治文化的核心价值,是法治和法治文化建设的根本条件和要求。

本书项目组以"您认为下列利益中属于根本利益的是什么"为题进行的全国性调查问卷结果显示,[2]在不同的利益出现冲突时,选择"国家利益"的占30%,选择"社会利益"的占20%,即把国家利益和社会利益视为根本利益的占了受调查者的绝大多数。这反映,在社会主义公有制条件下,人们长期接受国家或者集体主义的教育,对国家或者社会利益有着较为深刻的认识,而过去这一教育和认识的长期结果就是把国家和社会置于个人之上。不过,经过四十多年改革开放的历史进程,在我国社会,人本主义的价值观也得到了极大的提升和加强,所以选择个人利益的也有19%的较大占比。但是,总体上选择国家利益和社会利益的仍然占居绝大多数。[3] 这一数据结果说明,虽然我国以个人价值为目的的社会本位观有了较大的发展,但是它仍然处于发展和形成的过程中。同时,这一数据结果也在一定侧面和程度上反映和表明了人们对个人价值与国家和社会价值的统一认识,即个人利益与国家或者社会利益的并重与统一应当符合人们对社会本位的一般价值理解和判断。

(二)以民为本的社会本位要求

以民为本,是以个人或者个人社会为本,就是以一种个人社会为本位的价值观。建设社会主义法治文化的民本模式,是对以民为本的社会主义法治文化的目的与价值定位,是社会主义法治文化的社会本位问题。以民为本的社会主义法治文化,就是民本位或者个人本位即个人社会本位的法治文化选择。

---

〔1〕 王伯琦:《王伯琦法学论著集》,台北,三民书局1999年版,第117页。

〔2〕 本题数据统计结果详见本书第三编(第十二章)"利益均衡的正义诉求"部分。

〔3〕 值得注意的是,在这一调查结果中,军人对"个人利益"的关注程度远超过知识分子和农民,这是需要我们思考的社会现象。

1. 以民为本定位于社会本位

社会是以人民为主体的社会，人民是社会存在的根本与目的，以民为本必然定位于社会本位。社会应当以民为本，并以此构成社会的本位或者本质属性。以民为本，一方面是回归社会的本体与本质，社会本身就是民本的社会，民本是社会自然和应然的生态存在；另一方面，以民为本是对政治社会提出的要求并摆正政治社会与个人社会的关系，政治社会并不是独立的、真正的社会，它是以个人或者市民社会为目的并由个人或者市民社会所创造的社会，是社会的上层建筑而不是社会本身，应当服从和服务于社会即人或者个人的目的。

以民为本，是以社会本位的个人目的与利益为本，是坚持社会本位的个人主义价值。如果抛开了以个人利益为目的社会本位，如同偏离了社会本位的个人价值取向；如果不坚持和确立以个人秩序为主体的社会本位的法律和法治文化体系，就不是以民为本。虽然我们并不否定以民为本的社会本位的国家或者社会公共利益及其重要地位，但是它们相对于作为社会主体的个人和个人利益目的而言，则不构成社会本位的本体与本质。

对于当代中国社会，提倡以民为本的社会本位具有特别重要的现实意义。"中国历来就没有个人主义的传统，在制度、政策及法律上向来是重集体、轻个人，因而必须对此加以矫正，倡导人本的政治与人本的法律。"〔1〕虽然任何一个社会都是以"民本"为基础的，但是并不是任何一个社会都有以民为本的社会本位。中国传统社会就是一个有"民本"观但并不以民为本的社会。社会本位的定位不同构成了中西方社会文化的一种差别。中国传统社会并不是以民为本的个人社会本位，而人本主义则构成了西方社会的文化特征，西方社会也并没有因近代以来所谓的由个人向"社会"的本位转移而改变个人主义的社会传统。〔2〕然而，中国社会则不同，以民为本或者人本主义是我们传统文化的一种精神和制度缺失，为了弥补这一缺失，需要在建设社会主义法治文化中实现从政府（国家）到社会（个人）的文化转型，并定位于个人的社会本位。

基于以民为本的社会本位属性，以民为本的社会思想价值必须通过社会本位的法律或者法治文化形态来实现，这一法律或者法治文化就是以民法或者私

---

〔1〕 胡玉鸿：《社会本位法律观之批判》，载《法律科学》2013 年第 5 期。

〔2〕 换言之，西方社会所谓的法律"社会本位"化，不过是对以民为本的个人本位所进行的一种合理的社会调整，即西方社会出现的"社会本位"本身仍然是一种个人的社会本位，而并非对个人本位的否定，个人本位是一定社会基础之上的个人本位，是真正的社会本位。

法文化为基础的一种法律或者法治文化构造。当然,这并不是排斥公法或者公法文化在实现以民为本的社会主义法治文化建设中的地位和作用。“由于对‘社会发展’的追求,私法与公法、民法与行政法、契约与法律之间的僵死划分已越来越趋于动摇,这两类法律逐渐不可分地渗透融合,从而产生了一个全新的法律领域。”〔1〕然而,不可改变的是,只有民法或者私法作为个人或者市民社会的法,才是真正的社会本位的法,也才是真正的以民为本的法,是建设以民为本的社会主义法治文化不能离开的基础。

2. 以民为本立足于社会本位

以民为本不仅定位于社会本位,而且立足于社会本位,离不开社会本位的基础。自启蒙时代以来,个人作为社会主体的理念即得以确立,西方近代社会及其法律发展也是以人为本的路径来建设和实现的。〔2〕 有学者从个人本位思想具有进步性、合理性和可行性三方面论证了法律必须以人为本的理论依据。〔3〕 实际上,社会只是一个抽象物,构成它的个人才是实体和根本。“社会的内在价值是由各成员的内在价值来的。”〔4〕社会的生命只能来自作为其主体的个人的行为与秩序,不承认个人的社会主体地位,也就没有了社会的价值。正因如此,“社会总体仅仅被看作个人作出选择和采取行动的结果。”〔5〕所以,以民为本应当是以个人社会本位为基础的一种社会分配与秩序形态,而我们对社会本位的分析,必须是以真实和现实的个人和个人社会作为基点,只有建立在这一基点上,才能够真正实现以民为本的社会秩序及其运动过程。

市民社会发展的基础是市民社会的利益形态的发展。市民社会作为个人或者私人社会,其利益形态是一种私有的形态,需要对私有权的承认和保护。“以民为本思想的主旨是一切以人民的利益为根本出发点,民众的利益是国家和社会的价值主体。”〔6〕我国是社会主义国家,实行以公有制为主体的社会主义经济制度,但是我国的社会主义公有制既不否定私人利益,也不否定代表私人利益的

---

〔1〕 [德]拉德布鲁赫:《法学导论》,米健、朱林译,中国大百科全书出版社 1997 年版,第 77 页。

〔2〕 参见[加]帕特里克·格伦:《世界法律传统》,李立红等译,北京大学出版社 2009 年版,第 142 页。

〔3〕 参见武树臣:《移植与枯萎:个人本位法律观在中国的命运》,载《学习与探索》1989 年第 5 期。

〔4〕 [英]罗素:《西方哲学史》(下卷),马元德译,商务印书馆 1976 年版,第 292 页。

〔5〕 刘军宁主编:《市场社会与公共秩序》,生活·读书·新知三联书店 1996 年版,第 338 ~339 页。

〔6〕 贾丹:《民本思想与以民为本》,载《天中学刊》2005 年第 1 期。

私人所有制和私人财产所有权，而是公有权与私有权的一体承认与平等保护。事实证明，改革开放以来，我国的社会发展除了公有制的改革以外，就是私有制或者私有权的发展，如果没有以民营或者私营经济为主体的私人或者个人财产所有权的发展，我国也不会有今天的社会发展成果。正是由于私人社会和私有财产权的发展及其逐步发育成熟的私有观念，使私人社会即市民社会成为了独立社会并以个人的独立诉求构成了以个人为主体的社会构造，而个人成为了社会的目的，这就是以民为本的社会本位和立足于社会本位的以民为本。

在市民社会发展并以民为本的基础上，就必须尊重个人社会的目的与价值并弘扬个人社会的精神。只有以人或者个人为目的，尊重人或者个人社会的价值，并把个人社会的秩序精神作为根本的社会秩序构造从而形成一种自然生态的社会秩序体系，才能够成为真正以民为本的社会。个人或者个人社会的目的与价值，在根本上是建立在市场经济基础上的一种平等和自由的目的与价值，也就是民法调整的市民社会关系的目的与价值。因此，以民为本的社会本位基础，就是以民法调整的人身与财产关系为主体的社会秩序形态，这一秩序形态的根本是民法精神的生态秩序构造。"由市民社会的生存状态决定的市民主体必然进入并产生的人身和财产两个方面的社会关系是一种以私人利益为目的的社会关系。[1]"市民社会关系具有自然秩序的本质，必然反映自然秩序的个人社会状态，[2]因此只有立足于个人社会本位，才能够实现以民为本的市民社会关系的秩序调整。

四、社会本位与民法精神

社会本位作为以民为本的个人本位，反映在法律上或者体现为法律范畴，就是民法本位或者权利本位。这一社会本位的确立，既需要民法的规范形式，又需要民法精神的生态秩序，在根本上是一种民法精神本位。

（一）社会本位的民法精神构造

以民为本的社会本位，就是以市民社会关系为主体的社会规范与秩序体系

〔1〕 王利民：《民法的精神构造：民法哲学的思考》，法律出版社2010年版，第156页。

〔2〕 "这也是一种平等的状态，在这种状态中，一切权力的管辖权都是相互的，没有一个人享有多于别人的权力。极为明显，同种和同等的人们既然毫无差别地生来就享有自然的一切同样的有利条件，能够运用相同的身心能力，就应该人人平等，不存在从属或受制关系。"[[英]洛克：《政府论》（下篇），叶启芳、瞿菊农译，商务印书馆1964年版，第5页]

构造,这一构造的根本要素是民法精神。民法精神的价值与条件构成了社会本位的实质,没有民法精神,既没有以民为本的价值体系,也没有以民为本的社会本位。

1. 社会本位的民法精神价值

作为一种个人本位,社会本位是市民社会关系的权利本位,这一本位的核心价值是以民法精神为主体的平等与自由的价值。民法精神的价值构成了社会本位的本质与实质,社会本位是以民法精神的价值形式表现出来的一种价值本位。民法精神对于社会本位的价值地位,是由民法精神及其表现形式的民法在一个国家的社会秩序体系中的基础地位决定的。

首先,民法或者民法精神确认的权利秩序构成了社会的根本秩序。个人以自然人的形式构成了民法或者民法精神所调整的市民社会关系的基础人格与普遍主体,自然人的人身与财产权利综合体现了人的客观利益需求及其实现的规律性与规定性,代表了生命、自由和尊严等根本价值与状态。以民法和民法精神形式表现的民事权利与社会主体的生存直接相关,属于人的自然权利与生态秩序需求,而民法作为人法也就成为了人的生活关系法。“如果要生活,就要遵守这些法律,没有这些法律,人就不会生活。”[1]民法作为人法和人的本体法,是人类社会所不可或缺的法,只要人类和人类生活存在,民法或者“人法”的形式就必然存在并发挥调整人类社会生活的基础规范作用。

其次,民法或者民法精神是市民社会关系的基本规范形式。如果说政治国家离不开宪法,那么市民社会则不能没有民法。民法和民法精神是市民社会关系的基本规范并确立了市民社会关系的价值与秩序形态。特别是在国家权力不断向社会生活的渗透中,民法作为市民社会的基本法可以坚守和维护个人权利的基本价值,从而使民法为市民社会提供一个以权利形式表达个人自由的行为空间。中国社会没有民法和法治的文化传统,也没有形成典型意义的市民社会。因此,市民社会关系的繁育和民法的规范调整对于中国社会在市场经济基础上的以民为本的价值本位的确立,具有十分重要的现实意义。显然,如果建设一个以市民社会为根本的市场经济秩序,就必须发挥民法和民法精神的规范与调整作用,并合理排斥公权力对市民社会关系的介入,以维护市民社会关系的基本价值。

---

〔1〕《柏拉图全集》(第3卷),王晓朝译,人民出版社2003年版,第636页。

最后,民法或者民法精神是其他基本法的价值基础与根据。在以宪法为根本法确立的我国社会主义法律体系中,虽然民法只是各种基本法中的一种,但是民法作为以民为本和个人本位的法,是个人权利法,其确立的社会秩序原则是制定和实施其他各种基本法的价值基础与根据,其他各种基本法应当以实现民法调整的以民为本的个人社会本位为目的,承认和尊重个人权利优位,从而共同维护以民法形式确认的市民社会的权利秩序,全面实现以民为本的社会本位。

2. 社会本位的民法精神条件

社会本位作为一种人本主义的价值观,在根本上是以民法精神为条件的一种社会秩序形态,离开了一定的民法精神条件,就没有社会本位,社会本位必须建立在一定的民法精神条件的基础之上。“人本精神是社会本位理念的灵魂。”[1]社会本位是个人社会本位,社会不是脱离个人的抽象社会,而是以个人为主体的真实社会。

社会本位的民法精神条件包括民法的制度或者形式条件和个人的规范意志即行为秩序条件。以民为本的社会本位的建立,必须以民法调整的社会制度条件为前提,只有形成民法调整的市民社会关系的规范条件,才能够建立社会本位即个人社会或者市民社会的利益本位。然而,民法的制度或者形式条件仅仅是社会本位的规范基础,而不意味着社会本位的生态秩序实现。社会本位的生态秩序实现,作为一种现实的以民为本的社会秩序形态,是一种行为秩序的实现,它决定个人的普遍行为秩序条件,即作为个人秩序品性与品行的民法精神条件。作为个人行为意志的民法精神条件,是社会本位实现的根本条件。

民法精神的行为条件,是一种自由与自愿的条件,表现在民法上就是任意性规范和意思自治原则。没有自由与自愿,就没有民法和民法精神,一切民法或者权利法的形式,都必须承认民事主体有实施法律行为的能力,并保护民事主体依法自主实施的法律行为的有效性。“民法是个人权利法,也是社会安全法,而且以构造个人利益目的与权利价值的形式成为最根本的社会安全法。[2]”在民法调整的社会关系中,个人主张权利和自由不仅是为了实现个人利益,而且是维护社会正义,是确立个人社会本位的合理秩序条件。

民法精神条件作为一种以个人权利为本位的自由秩序,反对和排斥国家或

---

〔1〕 陈庆云:《公共管理理念的跨越:从政府本位到社会本位》,载《中国行政管理》2005 年第 4 期。

〔2〕 王利民:《民法的精神构造:民法哲学的思考》,法律出版社 2010 年版,第 162 页。

者政府对个人行为自由的不合理强制、限制和干预。国家或者政府主导的社会秩序条件,是一种公法的强制秩序条件,虽然它的合理存在并非与民法精神条件相矛盾,但是它的存在应当以承认和尊重民法精神条件及其优位为前提,需要以实现民法精神的社会本位为目的,保持与民法精神条件的协调和统一。否则,一旦政府或者政治社会在整个国家秩序结构中过于强势,那么公法的强制秩序条件就会过度存在和发挥作用,就可能构成对民法精神条件及其代表的市民社会的自由秩序的不当限制甚至是否定,从而其秩序构造就不是社会本位而是政府本位。这样的结果,往往不是保民,而是伤民。

梅因指出:“判断一个国家文明程度的高低,只要观察其民法和刑法在该国法律文化中的地位即可获知答案。”〔1〕这一论断对于当代社会的法治和法治文化建设仍有思考价值。民法作为人法是人的“自然法”,而民法精神则是人的自主构序的生态秩序精神。“民法典不管是在哪里,都往往被当作整个法律制度的核心。”〔2〕民法的规范与秩序不仅能够为一个国家和社会提供基本的存在与发展条件,而且民法的发展水平也是衡量一个国家和社会的秩序条件及其文明程度的根本标准。

正是由于民法精神构成了社会本位的条件,所以社会本位应当通过民法精神来推动。民法的权利规范构成社会的基础规范,一切社会秩序的构造和运行应当尊重民法规范的个人主体地位,以个人利益为目的,从个人权利出发,维护个人的权利实现。社会本位的民法精神条件决定了个人权利的运动构成了社会秩序与正义实现的过程,它必须被代表公权力的政府所承认和尊重。“因为在这样的社会里,每个人都主张自己的权利,个人保护个人的权利即正义,只有每个人都维护自己的权利,社会正义才能够实现。”〔3〕因此,政府或者政治社会只能代表个人权利并成为个人权利的维护者。

(2)民法精神的社会本位根据

1. 民法精神存在的社会本位根据

建设社会主义法治文化的民本模式是一种以民法精神的生态秩序为基础的法治文化形态。民法精神作为市民社会的规范与秩序精神,是以市民社会为本

---

〔1〕 [英]梅因:《古代法》,沈景一译,商务印书馆1959年版,第124页。

〔2〕 [美]艾伦·沃森:《民法法系的演变及形成》,李静冰、姚新华译,中国政法大学出版社1992年版,第172页。

〔3〕 王利民:《民法的精神构造:民法哲学的思考》,法律出版社2010年版,第547页。

位的精神。市民社会是本体的和真正的社会,市民社会本位就是社会本位,而市民社会的民法精神,也就是社会本位的精神。因此,社会本位构成了民法精神存在的根据,并且是建设社会主义法治文化不可缺少的社会基础条件。

社会本位作为民法精神存在的根据,一方面,确立民法调整的市民社会关系体系,就是以权利法的形式承认个人的主体地位,并使权利成为人们生活的基本秩序规则。“民法调整市民生活的基本方法,就是肯认他们的正当利益,并且使之权利化,法律化,神圣其事地加以保护。”〔1〕权利是个人利益实现的一种自主与自由的行为方式,充分体现了个人在整个社会秩序体系中的主体地位。“假使从民法中把权利概念抽掉,整个体系难免顷刻坍塌。”〔2〕民法作为社会本位的法,它对社会秩序的调整,既确立了社会本位,也使社会本位的规范与秩序精神成为自身的条件,这就是市民社会精神的民法化和民法精神化,从而产生了民法精神的社会存在。

另一方面,坚持人的主体地位和人的主体地位平等。十八届四中全会《决定》将坚持人民主体地位和法律面前人人平等作为全面推进依法治国的基本原则,就是坚持以人的目的与价值为核心的社会本位,而这一社会本位的条件,构成了民法精神的实质内涵。人的社会即市民社会,必须以人为主体,而人的主体地位具有应然的平等性。“任何一个人都不会比其他人强大到这样的程度,以致没有合作还能较长时期地统治别人或者使后者服从。”〔3〕这是法律的一种最低限度——人在自然生理或者身体条件上可以有初始的差别,但是人的社会主体人格并不能因此而有不平等,这就是以人为主体的社会本位所必须提供的社会秩序条件,而这一秩序条件正是民法调整的社会秩序条件,是民法精神的社会秩序构造。

以人为主体并尊重人的平等地位的社会本位,是一种“伙伴型”社会形态。“在伙伴类型的社会关系当中,个人作为人的价值靠社会成员之间的相互尊重和博爱来保障。”〔4〕所谓伙伴型社会也就是以民法精神为条件的契约社会,即以市场经济为基础的市民社会,这一社会的正义性是相互关系的人格尊重与利益

---

〔1〕 张俊浩:《民法学原理》,中国政法大学出版社 1991 年版,第 30 页。

〔2〕 张俊浩:《民法学原理》,中国政法大学出版社 1991 年版,第 30 页。

〔3〕 [英]哈特:《法律的概念》,张文显等译,中国大百科全书出版社 1996 年版,第 190 页。

〔4〕 [英]彼得・斯坦、约翰・香德:《西方社会的法律价值》,王献平译,中国法制出版社 2004 年版,第 162 ~163 页。

均衡，是以民法和民法精神的价值原则为基础的社会秩序体系，也就是社会本位的秩序形态。

2. 民法精神实现的社会本位根据

以权利本位的民法精神条件构成的社会本位，其规范与秩序根源于个人社会的利益需求及其实现的规律与规定性，反映为以实现个人利益为目的的权利秩序形式。这一秩序，就是以个人为主体的市场经济秩序。“没有权利的自主享有、行使和保护，便没有市场经济。”〔1〕个人利益目的的实现，在个人地位平等的基础上，是一种市场经济秩序的实现，也就是以个人为主体的民法或者民法精神的自由秩序实现。建立在社会本位的基础上，这一秩序的构建与实现，必然以个人价值的社会本位为根据。民法精神的社会秩序实现，不仅要回归以个人为主体的真正社会本位，而且需要以实现个人利益为目的的权利与自由，并以此建立一套体现个人主体地位与利益价值的市场经济的社会秩序体系，而这一体系的运行需要建立于以个人为主体的社会本位的基础之上。

民法精神的实现，作为个人利益目的的实现，就是个人的人身与财产利益目的及其社会秩序的实现。“拥有财产是为了灵魂和身体的存在，没有身体的训练和自由的教育，财产也就没有任何意义。我们曾不止一次地说过，在我们所推崇的事物序列中，财产所据的地位应当最低，因为人的普遍利益以三样东西为目标：正当地追求和获得财产是第三位的，最低的；身体的利益居第二位；灵魂的利益居第一位。”〔2〕如果人格平等与灵魂自由是一种社会生态秩序，具有人的生命与自然的规定性，那么就必须承认这样一个事实：“自由人群体不从属于任何最终的权威，因此可以自己管理自己。”〔3〕这一社会秩序实现的本质条件，就是作为私法或者民法价值原则的意思自治，而这一条件的存在和运行必然立足于以个人利益为目的的社会本位。“毕竟我只是与我的自由相关，而我的意志仅以我知道自己所作的事为限，才对所为负责。”〔4〕以个人利益为目的的社会关系，即“私”的社会关系，需要以个人为主体的“私”的社会秩序精神即民法精神条件的实现，也就是个人利益目的由个人意志决定，不论是国家、政府或者其他任何人都

---

〔1〕 江平：《国家与社会关系的转变》，载《新华文摘》1996 年第 9 期。

〔2〕 《柏拉图全集》（第 3 卷），王晓朝译，人民出版社 2003 年版，第 502 页。

〔3〕 [英]彼得·斯坦、约翰·香德：《西方社会的法律价值》，王献平译，中国法制出版社 2004 年版，第 202 页。

〔4〕 [德]黑格尔：《法哲学原理》，范扬、张企泰译，商务印书馆 1961 年版，第 119 页。

不得非法干预——唯有个人和个人自由才是个人利益的权威和最佳实现方式。

然而,在人类的社会结构中,人不仅是服从自己的自由意志,而且需要接受某种外在的秩序安排,而这种安排往往构成对个人自由的不合理限制。我国是一个民法文化和私法理念缺失的社会,以个人利益为目的民法精神即真正的社会本位精神并没有构成社会自主的秩序精神,也就必然影响和制约个人利益目的及其民法精神秩序的实现。随着改革开放的逐步深入及市场经济的建立与完善,虽然我国已经回归以个人即人民利益为核心的社会本位,并且私权理念和民法精神得到了发展和弘扬,但是在总体上,我国的政府或政治社会的权力还比较强势与强大,仍然存在一定程度的政府与社会的本位错位,而整个社会的私权理念和民法精神还处于相对薄弱的较低水平的运行状态。因此,我国社会必须大力回归个人社会本位并加强社会本位建设,以社会本位的个人利益目的作为社会秩序的本体与核心,从而选择代表这一秩序的民法和民法精神作为这一秩序实现的基本形式。

五、民法精神的法治本位转型

建设社会主义法治文化的民法精神转型,包括从政府到社会的社会主义法治本位转型,这是社会主义法治文化在民本模式基础上与时俱进的条件和要求。[1] 建设民法精神和民本模式的社会主义法治文化,必须坚持与时俱进的思想原则,弘扬时代法治精神,保证社会主义法治文化的时代性与先进性,从而形成既与我国社会实际相结合又与人类法治文明相接轨的社会主义法治生态秩序文化。

(一)法治本位的社会性与时代性

有什么样的法治本位,就有什么样的法治文化,建设社会主义法治文化必须首先确定和解决法治本位问题。社会主义法治文化的本位应当根据社会和时代的发展需要与时俱进,从而能够始终保证正确的法治本位。“法治中国建设目

---

〔1〕 十五大报告指出:“坚持党的思想路线,解放思想、实事求是、与时俱进,是我们党坚持先进性和增强创造力的决定性因素。与时俱进,就是党的全部理论和工作要体现时代性,把握规律性,富于创造性。”把与时俱进确立为党的思想路线的内容,使党的思想路线呈现鲜明的时代性。它昭示全党,把中国特色社会主义事业全面推向前进,必须把握时代变化,紧跟时代步伐,始终站在时代前列。与时俱进与坚持党的思想路线和解放思想、实事求是具有内在的统一性,本质就是要以创新的精神和科学的态度去认识、把握和遵循事物发展的客观规律。

标的实现需要社会主体的广泛认同,而法治认同的本质是一种文化认同。"[1]"我们只有法治制度文化的认同,没有对法治精神文化的认同,国家的法律制度不可能真正得到有效的实施。"[2]法治的文化认同,首先是法治本位的认同,是对法治本位的社会性与时代性的认同,是一种法治精神的文化认同。

1. 法治本位的社会性

法治本位的进步和与时俱进,必须立足于一定的社会基础,不能脱离特定的社会条件与需求。法治本位作为一种社会秩序形态,与社会结构具有内在的联系,具有明显的社会性特征。不同的社会,既有不同的社会规范与秩序认知,也有不同的社会规范和秩序价值。因此,必然存在不同的法治本位或者表现为一定的法治本位的差异,从而必然产生不同的法治和法治文化形态。

法治本位的社会性,首先是法治本位的民族性。不同的民族有不同的社会伦理、社会秩序习惯和文化传统,也就有不同的法治本位或者具有法治本位的特殊社会性。一个国家和社会的法治本位,只有是民族的,才是社会生态的特定秩序条件与需求,是生根于这个国家和社会的规范精神与秩序信仰,是最适合这个民族生存与发展的社会秩序构造。"文化自觉实质上就是人们对民族文化发展道路以及人类文化命运的探索和筹划。"[3]因此,建设法治文化必然尊重不同民族的法治文化选择及其本位的差别性与多样性。"既要对西方法治文化有深刻的反思与体认,又要对中国本土文化土壤特别是传统法律文化有深刻的批判、过滤、传承与创新。"[4]法治本位的社会性与民族性,并不能否定它的普遍性与一般性,也就是人类法治和法治文化的共同性条件和要求,这是由于人类具有自然的共同利益需求及其实现的规定性所决定的。任何一个民族和社会的法治和法治文化建设,都必须承认人类法治和法治文化发展的普遍规律并发现和认知这一规律的客观性,从而在全面吸收和广泛借鉴不同民族和社会的法治和法治文化的优秀品质并融入人类法治和法治文化的一般发展的基础上为本民族和本社会的法治和法治文化的本位进行正确定位。

2. 法治本位的时代性

法治本位的社会进步,强化了法治和法治文化的创新内涵,反映了法治和法

---

〔1〕 龚廷泰:《法治文化的认同:概念、意义、机理与路径》,载《法制与社会发展》2014 年第 4 期。
〔2〕 龚廷泰:《法治文化的认同:概念、意义、机理与路径》,载《法制与社会发展》2014 年第 4 期。
〔3〕 王文兵:《文化自觉与社会秩序变革》,中央文献出版社 2007 年版,第 3 页。
〔4〕 龚廷泰:《法治文化的认同:概念、意义、机理与路径》,载《法制与社会发展》2014 年第 4 期。

治文化的时代发展变化，从而为建设法治文化提出了创新性要求，这就是社会主义法治文化在本位上的时代性与先进性。只有具有时代性与先进性的法治本位，才是与时俱进并能够保持法治与法治文化发展的正确方向的本位；只有开放包容的法治本位，才能海纳百川，成为代表时代进步的法治本位。

不同的时代有不同的社会条件与环境，也就有不同的利益需求与实现方式，因此就必然需要和产生不同的法治和法治文化本位以构建符合自身社会需要的利益分配秩序。当然，法治本位的时代性并不意味着法治本位的超越传统与标新立异，而是法治本位根据时代条件和现实需求进行合理调整并与社会发展相协调的与时俱进性。根据法治本位的时代性，一个国家和社会的法治文化建设，应当走在时代的前列，反映时代的需求，承担时代的责任，体现时代的价值，追求时代的正义，实现时代的目的。“当铭刻在人们心中的法治文化渐渐成为某种文化传统时，法治就有了灵魂。”[1]法治本位的时代性，既要保持本位观念的与时俱进，又要实现本位形态的适时转型，要不断改变和调整那些传统或者现实法治本位中的各种不合理现象和因素，从而使法治本位能够紧跟时代脉搏，永葆自己的先进性与正义价值。

（二）从政府到社会的法治本位

法治本位问题，无不涉及政治和社会即个人关系，是以何者为本位的问题。我国是一个传统的政府本位社会，政府主导了主要社会秩序，包括市民社会关系秩序。从计划经济时期遗留下来的集权体制与政府管制权威，即使到了改革开放四十年后的今天仍然发挥着巨大影响和作用。[2] 因此，实现市场经济体制，建设以民为本的社会主义法治文化，坚持人民主体地位和维护人民利益，[3]必须实现从政府到社会的法治本位转型。

1. 从公共秩序到个人目的

一个国家和政府不可能不维护公共秩序，国家和政府就是维护公共秩序需

---

〔1〕 周世中：《“文化立国”与法治文化建设》，载徐显明主编：《科技、文化与法律——中国法理学研究会 2012 年学术年会论文集》，中国法制出版社 2013 年版，第 51 页。

〔2〕 “在我国计划经济时期，政府是一个全权、全能政府，负责所有经济、政治和社会事务的管理，资源配置呈单极化，行政权力呈单向性。”（李慧凤：《公共治理视域下的社会管理行为优化》，载《中国人民大学学报》2014 年第 2 期）

〔3〕 十九大报告指出：“带领人民创造美好生活，是我们党始终不渝的奋斗目标。必须始终把人民利益摆在至高无上的地位，让改革发展成果更多更公平惠及全体人民，朝着实现全体人民共同富裕不断迈进。”

要的产物。因此,国家和政府代表了公共秩序并维护公共秩序的有效运行。公共秩序是个人秩序的社会选择,当个人利益与公共秩序发生矛盾时,个人利益应当让位于公共秩序并维护公共秩序的权威。然而,公共秩序作为个人秩序的社会选择,没有独立的秩序目的,而应当是以实现个人社会的目的为目的。因此,建设以民为本的社会主义法治文化,必须实现政府从代表公共秩序向维护个人利益目的的法治本位转型。“共产党人的一切言论行动,必须以合乎最广大人民群众的根本利益,为最广大人民群众所拥护为最高标准。”[1]这就是人民主体地位与人民利益原则,即个人目的本位。

社会主义法治应当以维护和实现人民利益为最高目的。基于这一法治本位,政府应当从公共秩序的维护者转变为个人利益目的的代表者,实现公共秩序与人民利益目的的统一。没有超越人民利益的公共秩序,只有实现人民利益所需要的秩序,才是正当合理的公共秩序。一个“善治”的政府,其社会治理的目的应当是通过公共秩序的维护实现人民利益的最大化,而不是追求公共秩序的最大化。[2] 否则,政府的社会治理可能成为一种以维护公共秩序名义出现损害人民利益的行为,这在根本上背离了以民为本的社会主义法治文化的本位与目标。

2. 从政府主导到社会自治

建设社会主义法治文化,就是要实现以民为本的社会秩序体系。这一社会秩序体系是以人民为主体的自治体系,是一种社会自主和谐的体系。社会主义和谐社会应当是以社会自治为主要治理模式,实现人与人、人与自然和睦相处的、稳定有序的法治社会。所谓社会自治,就是社会即市民社会除了接受国家或者政府的管理之外,对自己的事务有资格和能力进行自我管理并实现自我秩序的一种社会治理模式与秩序形态。社会自治以公民权利为核心。“只有尊重公民权利,才可能真正实现社会本位的管理。尊重公民权利,公民社会管理的自发性、创造性和能动性才能更好地被激发出来。”[3]

社会自治是国家或者政府治理之外的一种社会治理模式,是一种社会自主

---

〔1〕《毛泽东选集》(第3卷),人民出版社1991年版,第1096页。

〔2〕有观点认为:“善治是使公共利益最大化的社会管理过程。”(俞可平:《治理与善治引论》,载《马克思主义与现实》1999年第5期)

〔3〕童志锋、郁建兴:《从政府本位到社会本位:社会管理体制变革的新分析框架》,载《中共浙江省委党校学报》2011年第1期。

与自由的社会秩序体系。它回归真正的社会即个人或者市民社会的本质，因为社会本来就是也应当是自治的社会，只是由于社会的自治不能自足才产生了政治社会和政府的外部秩序控制与强制管理。“改革开放前，社会管理的一元化和高度集权，形成了只有政府对于公民政治社会行为约束的管制型政府。改革开放以来，单一的政府管制社会已经不能适应政治社会生活的发展。”〔1〕随着社会的发展和自我秩序构造能力的提高，当社会在某个领域或者某个方面已经能够实现自治的条件下，国家或者政府就应当在对该领域或者该方面的强制管理中让位或者还权给社会以实现社会内部的自治秩序，而社会自治代表了以民为本的社会主义法治和法治文化的本位与发展方向。建设社会主义法治文化的民本模式，就是要形成社会自治的社会秩序体系，改变传统的政府本位及由政府主导的强制秩序。因此，必须不断完善政府与社会的关系，实现由政府主导到社会自治的社会秩序转变与法治本位转型，也就是要改变政府管理和支配社会，社会完全处于被动地位而缺乏自主权力，只能任由政府摆布的社会秩序格局。这就要求建设服务型政府，实现政府向社会放权，且政府自身成为社会公共服务的提供者，从而真正确立人民的社会主体地位。

社会自治的社会秩序结构，一方面是作为社会主体的个人自治，另一方面是社会自治组织的集体自治。个人自治就是个人的行为自治，主要是民法调整的以法律行为的形式表现的个人意思自治的自由秩序，这是社会自治最普遍的社会生态秩序形态。社会自治组织的集体自治，就是一般所谓的社会自治，是社会自治民主化的一种表现形式，是社会自治体系多元化的必然结果。我国的社会自治是伴随着改革开放和不断扩大社会自由的过程而逐步发展起来的。“治理主体的单一化，即所有权力集中于唯一的权力机构，是改革开放前中国政治的主要特征之一。”〔2〕纵观四十多年中国社会治理变革的轨迹，我们可以看到一条清晰的路线，即从管制政府到服务政府、从一元治理到多元治理的发展，也就是从政府到社会的本位转型。经过改革开放四十多年的从政府到社会的法治本位转型，我国的社会自治已经实现了历史性的发展。随着我国改革开放的进一步深化与完善，社会自治的范围和空间将不断地扩大，而社会自治秩序作为社会主体

---

〔1〕 童志锋、郁建兴：《从政府本位到社会本位：社会管理体制变革的新分析框架》，载《中共浙江省委党校学报》2011 年第 1 期。

〔2〕 俞可平：《论国家治理现代化》，社会科学文献出版社 2014 年版，第 80 页。

秩序的社会主义法治和法治文化的发展目标也必将逐步实现。

六、法治文化发展与法治本位转型

建设民法精神和以民为本的社会主义法治文化，实现社会主义法治文化的与时俱进发展，就是要实现社会主义法治和法治文化的社会本位化，也就是社会秩序的主体自序化与法治生态化，因此必然要求改变传统的政府本位的社会秩序体系，实现从政府本位到社会本位的法治本位转型。

(一)法治文化的建设目的与法治本位转型

社会主义法治文化的建设目的是以民为本和实现人民的主体地位与根本利益，它的实现必须建立在体现人民主体地位与根本利益的社会本位，而这一本位的法治文化与传统的政府或者政治本位相矛盾，需要通过从政府到社会的法治本位转型来满足建设社会主义法治文化的需要。

1. 法治本位转型与社会主义法治文化的目的要求

人类社会的文化不是事实上给定的或逻辑建构的，而是通过复杂的社会过程建立和培育起来的。文化形成的社会过程是人类有目的的实践过程，而这一目的就是人类自身的目的，也就是人类以一定文化的形式实现自身生存与发展的目的。法治文化是文化的一种类型，当然遵循着文化的共性和文化的目的性。法治文化作为人的社会秩序文化，是直接以一定的规范与秩序形态体现人类的生存目的与条件需求的文化，而这一目的是通过法治文化的价值形式表现出来的。“法治文化是指包含民主、人权、平等、自由、正义、公平等价值在内的人类优秀法律文化类型。”〔1〕法治文化是一种社会制度文化，“社会制度为文化的真正要素”，〔2〕而构成这一要素的真正条件是人的价值与目的，这一价值与目的的实现需要以个人社会为本位的社会主义法治文化形态。

社会主义法治文化的以民为本的目的要求，不能立足于政府本位的秩序条件，而只能建立在社会本位的秩序体系的基础之上。〔3〕 政府本位的法治观是与以民为本的社会主义法治文化的目的要求相矛盾，而以民为本的社会主义法治

---

〔1〕 刘作翔：《法治文化的几个理论问题》，载《法学论坛》2012年第1期。

〔2〕 [英]马林诺夫斯基：《文化论》，费孝通等译，中国民间文艺出版社1987年版，第18页。

〔3〕 “以人为本、内在要求解放人和开发人。其结果必然唤醒和增强民众的主体意识，民众主体意识的增强则意味着，他具有自主性。”（韩庆祥：《论以人为本的双重意义》，载《学习与探索》2007年第1期）

文化目的必然提出和确立社会本位即以这一目的的个人主体为本位的法治观并要求法治本位实现从政府本位到社会本位的转型，以满足建设社会主义法治文化的目的需要。

2. 法治本位转型与社会主义法治文化的目的实现

社会主义法治文化的目的，作为人的利益目的，最好是通过人自身的行为以自主构序的方式来实现。这一实现方式，就是要承认人的主体地位和人自身的行为秩序在社会秩序构造中的根本作用，而这一以个人社会秩序为主体的社会秩序形态就是法治和法治文化的个人社会本位。虽然政府本位既不排除个人利益目的，也维护和实现个人利益目的，但是作为一种来自个人社会外部的强制秩序，政府本位并不是个人利益目的实现的最佳方式，甚至在权力与权威的作用下可能走向个人利益目的的反面。所以，以民为本的社会主义法治文化的个人或者人民利益目的的实现，必然要求从政府到社会的法治本位转型，从而以个人社会的自主自为的秩序构造作为实现个人利益目的的主要社会形式。

政府无论如何都不能成为法治文化目的实现的核心，建设以民为本的社会主义法治文化的结果，就是政府必须让位给社会并确立社会本位。"在社会管理体制转型过程中，我们要更加注重政府、社会组织、公众之间的合作治理，更加注重社会管理的服务型、自主性与规范性，从而迈向社会本位的社会管理。"〔1〕从政府到社会的法治本位转型，并不是不要政府，也不是无政府主义，而是要政府在与社会的关系中为自己正确定位，如果政府不能适应与社会的关系，就必须及时调整与合理转型。政府不能代替社会，也不能统管社会，社会有自身的治理模式与秩序形态，代表了社会目的实现的最好方式。

社会主义法治文化目的的实现方式主要是一种社会自治的实现方式，即以个人行为秩序为主体的自由实现的方式，其核心要素是个人的秩序精神，也就是代表个人规范与秩序价值的民法精神。对于一个国家的法治文化体系，虽然形式规则并不是可有可无，但是它既不是法治文化的灵魂，也不是法治文化目的实现的主要条件。这个主要条件，是社会自身的条件，也就是人的主体条件，即一定的精神条件。法治文化及其目的的实现离不开个人自主构序的精神条件，即民法精神的生态秩序。"在法治文化中，'精神'相对于'制度'一直更是法治发

---

〔1〕童志锋、郁建兴：《从政府本位到社会本位：社会管理体制变革的新分析框架》，载《中共浙江省委党校学报》2011年第1期。

展关注的重心。”[1]密尔指出：“制度的精神所产生的效果比制度的任何直接规定要大，因为正是由它形成国民性格的。”[2]萨维尼认为：“法的精神能够确保和维持一种统一的共识性价值观念、思维模式和行为准则。”[3]不论是精神构成一种国民性格或者秩序信仰，还是精神能够维持一种统一的行为规则，这些都是一个国家的制度形式所不可代替的社会秩序目的实现的重要条件。[4] 事实证明，深入到法治文化的精神层面推动法治文化建设及其目的的实现，意义重大。然而，如果不能实现从政府到社会的法治本位转型，就不能充分发挥代表个人社会秩序的民法精神在以民为本的社会主义法治文化目的实现中的根本作用。可以说，没有一定的社会精神，就没有一定的社会行为，没有一定的社会行为，就没有一定的社会目的实现，这一切都必须通过民法精神的转型而回归法治的社会本位。

本项目组以“您认为法治精神对建设社会主义法治文化的影响程度是什么”为题进行了全国性调查问卷。在对四个备选答案（A. 很大；B. 较大；C. 一般；D. 不大）的回答中，获取的数据统计结果如图 26－1 所示：

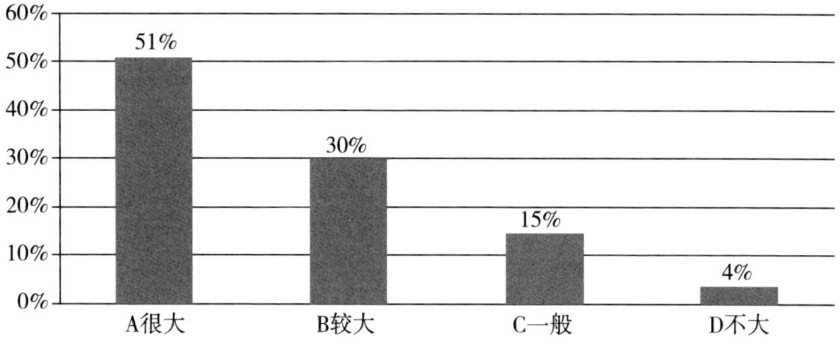

图 26－1 “您认为法治精神对建设社会主义法治文化的影响程度是什么”一题调研数据统计

---

[1] 魏建国：《法治文化：特质、功能及培育机理分析》，载《社会科学战线》2012 年第 6 期。

[2] [英]密尔：《代议制政府》，汪瑄译，商务印书馆 2008 年版，第 139 页。

[3] [德]萨维尼：《论立法与法学的当代使命》，中国法制出版社 2001 年版，第 25 页。

[4] 托克维尔指出：“把人们的伟大强盛一概归因于法律机制，这种观点是再肤浅不过的了；因为在这方面，不是工具的完善而是发动机的力量在制造产品。请看英国：那里的行政法和我们的相比，至今仍显得更复杂，更五花八门，更不规则！但是在欧洲哪一个国家比英国有更多的公共财产，范围更广、更可靠、更多样化的私人财产，社会更牢固，更富庶？原因不在于这套法律的优良，而在于推动整个英国立法的精神。某些器官不完善无关宏旨，因为生命是强大有力的。”（[法]亚历西斯・德・托克维尔：《旧制度与大革命》，冯棠译，商务印书馆 1992 年版，第 209 页）当然，社会进步还是需要优良的法律，只是实现社会进步的真正因素是精神而不是制度，即使有再好的法律，如果没有人们的法治精神，也无法实现法治的社会目的。

该数据统计结果显示，在受访者中，认为法治精神对建设社会主义法治文化的影响程度“很大”和“较大”的合计占比达到了81%。这说明，经过改革开放以来四十多年的社会主义法治和法治文化建设，人们对法治精神在建设社会主义法治文化中的意义与地位的认识得到了全面深化与提高，人们越来越多地认识到了法治精神在社会秩序体系形成中的重要性，这是我国社会主义法治文化在民本模式发展条件下的一种可喜的社会现象，也是从政府到社会的法治本位转型的必然结果。不过，仍有近20%的人认为法治精神对建设社会主义法治文化的影响程度“一般”或者“不大”，这种不认同是一个值得特别注意的问题。

（二）法治文化的建设条件与法治本位转型

社会主义法治文化的建设条件，在根本上既不是政府的条件，也不是制度的条件，而是人的条件，是人的自主构序的条件，也就是自由秩序的条件。这一秩序条件以社会本位为基础，需要通过从政府到社会的法治本位转型来提供和确立这一彰显个人主体地位价值的法治文化条件。

法治本位从政府到社会的转型，确立了个人的社会主体地位，突出了个人在社会秩序构造中的作用。个人不仅是社会的价值和目的，而且是自身社会秩序的构造者和维护者，从而为建设社会主义法治文化提供以市民社会的自由秩序为基础的社会生态秩序条件。通过法治本位的社会化转型提供的法治文化条件，作为一种社会生态秩序条件，是一种普遍的社会秩序条件，而实现这一普遍条件的核心因素是人们以精神形态存在的社会秩序共识。“培育和建设社会主义法治文化，并使之在全社会形成共识，是建设社会主义法治国家的思想观念基础。”〔1〕法治文化必须以文化的形态实现，而文化形态的根本是一定的社会思想与精神条件，这一条件本源于市民社会，是市民社会的生态秩序条件。

从政治到社会的法治本位转型，不仅承认了个人或者个人社会的更大自由与自主的行为空间，还确定了个人自由的行为秩序条件，从而使个人可以在更广泛的社会范围内成为自主秩序的行为主体，既实现个人利益目的，又实现社会秩序，满足建设社会主义法治文化的民本模式条件。“共同的利益使社会组合在一起，而个人则是社会的破坏因素，因此，公共的幸福生活应当优先于私人的幸福生活加以考虑，这样想既有益于共同体又有益于个人。”〔2〕个人的社会破坏性

〔1〕　龚廷泰：《法治文化的认同：概念、意义、机理及路径》，载《法制与社会发展》2014年第4期。
〔2〕　《柏拉图全集》（第3卷），王晓朝译，人民出版社2003年版，第637页。

需要个人的社会控制，但是作为个人控制的政府形式不能代替个人作为社会秩序实现的根本条件地位。

本项目组以“您认为建设社会主义法治文化与您个人规范自身行为有直接关系吗”为题进行了全国性调查问卷。通过对四个备选答案（A. 有；B. 没有；C. 关系较大；D. 关系不大）的回答，获得的具体数据统计结果如图 26－2 如示：

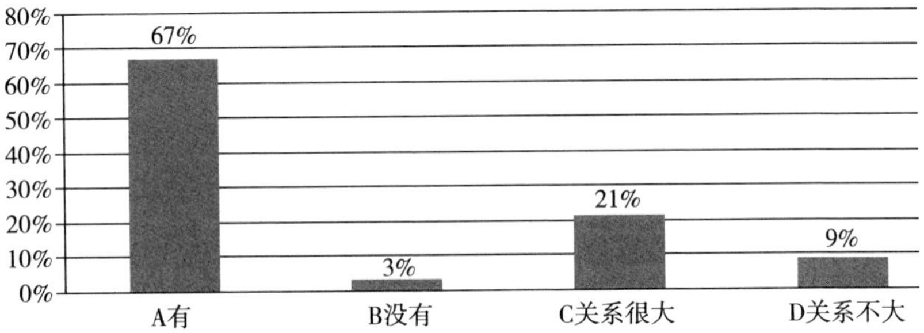

图 26－2　“您认为建设社会主义法治文化与您个人规范自身行为有直接关系吗”一题调研数据统计

以上数据统计结果显示，不论受访者的受教育程度如何，有高达 88% 的受访者认为建设社会主义法治文化与个人规范自身行为“有直接关系”或者“关系很大”。这证明，改革开放四十多年的法治实践与法治宣传教育、培养和提高了个人对自身行为与法治文化关系的认知水平，形成了以个人规范行为作为建设社会主义法治文化条件的普遍认识。不论这种认识是感性的还是理性的，都代表了我国法治文化条件的生态进步。

如果法治本位还主要是一种法治观念转型的话，那么在法治本位转型基础上实现的法治实践转型，则实现了从政府推动到社会自治的法治运行模式的转。作为以民为本并以人民为主体的社会规范与秩序体系，法治离不开社会本位的民本条件，即市民社会的自主自为的秩序构造条件，从而使社会主义法治实践以人民的自主行为秩序为基础，实现社会主义法治和法治文化的生态秩序发展。

社会本位的法治实践模式，就是一种民本条件的社会主义法治文化，坚持人的社会主体性，强调人的价值和目的，尊重和保护人的利益、自由意志，激发和调动人的自主秩序的创造力，从而形成以个人自由秩序为主体的法治文化。这一法治实践模式必然强调作为个人秩序条件的民法精神在法治实践中的规范与秩序作用。民法精神是以民为本和权利本位的社会行为精神，是一种人文主义的理性精神和价值原则。以民为本的民法精神的伦理基础是“人的互相尊重”，即每个人得要求他人尊重其存在及尊严，而此更须以尊重他人为前提。[1] 在人的相互尊重的利益基础上，必然实现社会秩序在法治文化条件下的合理运行。“人们为之奋斗的一切，都同他们的利益有关。”[2]社会本位的法治实践模式是一种个人利益实践的秩序形态，只有依靠个人行为秩序才能够产生符合个人利益目的的法治实践结果。在相互利益矛盾与冲突的社会结构中，社会本位的法治价值就在于“在最少的阻碍和浪费的情况下给予整个利益方案以最大的效果”。[3] 但是，这一结果不是政府的强力安排，而是通过市民社会的自主秩序实现的，它以社会本位的法治文化的民本条件为基础，并需要从政府到社会的法治本位转型中获得社会自身的内在运行动力。

---

〔1〕 王泽鉴：《民法总则》，中国政法大学出版社 2001 年版，第 35 页。

〔2〕《马克思恩格斯全集》（第 1 卷），人民出版社 1995 年版，第 187 页。

〔3〕［美］罗斯科·庞德：《通过法律的社会控制：法律的任务》，沈宗灵、董世忠译，商务印书馆 1984 年版，第 71 页。

第六编

良法善治：法治文化的民法精神实践

第二十七章

良法善治的民法精神实践

一、良法的民法精神实践

良法是善治的根据。“立善法于天下，则天下治；立善法于一国，则一国治。”[1]没有良法，难有善治。“法治就是良法和善治的有机结合。”[2]良法构成我国社会主义法治和法治文化实践的制度基础，是建设社会主义法治文化的民法精神实践——善治的必要前提。一方面，民法精神是良法的本质；另一方面体现民法精神的良法又必然作用于民法精神实践。良法是实行和达成善治的规范条件，善治则是良法被合理运用的必然结果。建设以民为本的社会主义法治文化及其民法精神实践，既需要良法，又需要善治，是良法的制度建设与善治的行为实践的统一。

（一）良法的历史追寻

法律的良善与否，是法治建设的制度品质问题，只有良法才能够成为法治与法治实践的制度根据。建设社会主义法治文化的民本模式及其民法精神实践，必然追寻良法的制度品质，从而保证社会主义法治文化建设的正确方向。

---

〔1〕 王安石：《临川先生文集·周公》，中华书局 1959 年版，第 678 页。

〔2〕 王利明：《法治：良法与善治》，载《中国人民大学学报》2015 年第 2 期。

1. 良法的概念与自然法理论

自亚里士多德在《政治学》中提出了法治的概念,对于良法的追寻就一直贯穿于人类的法律与法治实践。虽然在学术史上并不是所有的学者都明确提出了良法的概念,或者不同的学者对良法的内涵有不同的界定,但是这都没有影响和阻止人们追寻良法的脚步。通过对于良法学术史的梳理,我们既可以看到良法概念在不同历史时期的流变,同时也可以看到良法概念中那些经久不变的要素,从而为建设社会主义法治文化的良法确认必要的基础与标准。

虽然亚里士多德没有明确定义良法,但是通过他在《政治学》一书中的论述可知,良法不能是部分人利益的代表,而应当是全城邦人民利益的代表,从而良法是"促成全邦人民都进行正义和善德的法律"。[1] 自斯多葛学派创建自然法理论以后,良法即与自然法结下了不解之缘。无论是古罗马的西塞罗,还是中世纪的教会法学,乃至十七八世纪的经典思想家,他们所界定的良法概念,皆由自然法观念引申而来。虽然他们对于自然法的认识也有一个渐趋变化的过程,但基本都把自然法视为高于实在法的一种更为高级、更具效力的法。[2] 自然法的核心是理性,自然法是理性的法,理性构成了自然法的基础。自然法既是实在法制定的指导和依据,同时也是评价实在法合理与正当与否的标准和尺度。西塞罗对于良法的界定,主要基于其对自然法认识的基础。他认为,自然法适用于所有的民族和时代,不论是以元老院还是人民的名义,都不能取消自然法。法律应当符合自然法的正义标准,邪恶的、不公正的立法不能称之为法律。[3] "真正的法律是与自然相一致的正确理性,它普适、恒常、永续……去改变这种法律是一种罪过,也不允许试图限制它的任何部分,而完全废除它则是不可能的。"[4] 中世纪时,基督教和教会法学说取得了全面的正当性,占据着支配地位。良法被认

〔1〕 [古希腊]亚里士多德:《政治学》,吴寿鹏译,商务印书馆 1981 年版,第 138 页。

〔2〕 自然法学派是当今世界范围内居主流地位的法学学派。代表人物有格劳秀斯、洛克、孟德斯鸠、卢梭、潘恩、杰斐逊等。自然法学派特别重视法律存在的客观基础和价值目标,即人性、理性、正义、自由、平等、秩序,重视对法律的终极价值目标和客观基础的探索。自然法学派强调自然法的价值和作用。自然法是指宇宙秩序本身中作为一切制定法之基础的关于正义的基本和终极原则的集合。自然法学派以昭示宇宙和谐秩序的自然法为正义的标准,坚持正义的绝对性,相信真正体现正义的是在人类制订的协议、国家制订的法律之外的、存在于人的内心中的自然法。自然法学派分为古典自然法学派和新自然法学派。西方法律的基本价值和原则,如私有财产不可侵犯、法无明文不为罪、人身自由不可侵犯、人民主权、权力分立等思想,都发端于自然法学的理念,可谓主导了西方社会法律发展的大方向。

〔3〕 [古罗马]西塞罗:《论共和国·论法律》,王焕生译,中国政法大学出版社 1997 年版,第 120 页。

〔4〕 [美]雷蒙德·瓦克斯:《法哲学》,凤凰出版传媒集团 2008 年版,第 3 页。

为是对于上帝法和自然法的描绘，其中贯穿着基督教的神圣教义。十七八世纪的经典思想家们也推崇自然法，他们认为，自然法就是一套确认和保护人的自然权利的体系，是不证自明且自然有效的，即便是上帝也不能予以改变；对于自然权利，它是每个人生而有之、不可或缺，且不可被剥夺的，包括生命权、自由权、平等权和财产权等。[1] 霍布斯认为，自然权利包括平等原则和自由原则，前者是目的权利，后者是手段权利，没有目的就无所谓手段，没有手段就满足不了目的。[2] 洛克认为，社会契约保全了民众的生命、自由、财产等天赋权利，这种天赋权利源于自然法，是任何法律都不能限制和剥夺的。[3] 卢梭认为，制定法律的最终目标是实现人民的最大幸福，他认为"如果我们努力探索全体人民的最大幸福——这是一切立法体系的最终目的——究竟是什么，那么，我们将发现他可以归结为两大主要目标：自由与平等"。[4] 可见，自然法及其价值的"良法"性，在于它与人的本质与需求的内在关系，作为对人的本质及其客观需求的揭示，显然是最具有"良法"条件的法律。

2. 法律实证主义与自然法理论的不同良法观

19 世纪，随着主要资本主义国家陆续建立政权制度，并完善法律体系，被作为思想启蒙和价值呼唤的自然法思想逐渐衰弱，而研究法律内部结构的法律实证主义异军突起。[5] 从边沁和奥斯丁，到凯尔森和哈特，再到拉兹、麦考密克和魏因贝格尔等，法律实证主义对于法律的认知基本上是统一的，即"法律是什么是一回事，法律的好坏是另一回事"；[6] 法与道德不存在必然的联系，在确定法律的内容和性质时，不能引入道德因素。[7] 与自然法学派不同，法律实证主义

---

〔1〕 参见李龙、汪进元：《良法标准初探》，载《浙江大学学报》2001 年第 3 期。

〔2〕 参见［英］霍布斯：《利维坦》，黎思复、黎廷弼译，商务印书馆 1995 年版，第 104、261 页。

〔3〕 参见［英］洛克：《政府论》（下篇），瞿菊农、叶启芳译，商务印书馆 2009 年版，第 52 ~53 页。

〔4〕 ［法］卢梭：《社会契约论》，何兆武译，商务印书馆 1980 年版，第 57 页。

〔5〕 法律实证主义（Legal Positivism），又称法律实证论、实证法学，是当代的一种法理学和法哲学流派，是以 19 世纪孔德的实证主义为思想基础的法学的泛称。狭义上，实证主义法学是指各种分析法学派，因此又称分析实证主义法学。这一学派认为，各种自然法学派都是形而上学的，只有它才是以实证材料为根据的法律科学，它强调的实在法，即国家制定的法。该学派主张区别"实际上是这样的法"和"应当是这样的法"，即区别实在法与正义法或理想法；申明只研究实在法，着重分析实在法的结构和概念；根据逻辑推理来确定可适用的法；认为法是人定规则，与道德无关或至少二者没有必然的联系。

〔6〕 J. Austin, *The Province of Jurisprudence Determined*, Weidenfeld & Nicholson, 1954, p. 13.

〔7〕 H. L. A. Hart, *Positivism and separation of law and Morals*, Harvard law Review (1957 – 1958), p. 601.

不再承认法律的道德性，而重点关注法律的权威性；法律的功能和意义不在于它符合某种道德价值，即具有“良法”性，而在于它是由国家权威机关制定或认可，在于它们符合某类形式性原则和程序。换言之，他们认知中的“良法”是体系完备、逻辑统一、语意清晰、不溯及既往等符合诸多形式要求的法律。

“二战”以后，基于对纳粹德国惨痛历史的反思，自然法思想重新获得了思想家们的青睐，新自然法学派呼之欲出。[1] 由此，在对法律实证主义批判的基础上，新自然法学家重拾法律的道德性，在界定良法时多侧重强调良法的正当价值基础，即良法应当奠基于公平、正义、自由、人权和人的尊严的基础之上。在哈特的带领下，法律实证主义法学对于新自然法学的诸多方面进行了论辩，在真理越辩越明的结果下，两派虽然仍旧恪守自己的核心命题，但已经有限度的相互吸收对方的成果。如哈特就承认了最低限度的道德，[2] 而新自然法学家菲尼斯所界定的良法则针对法律的形式要求和程序标准，就形式要求而言，“法律规则是关于未来的，是可能服从的、公开的、清晰的，与其他规则是一致的、充分稳定的”。由此看，法律的形式要求与实质价值并无关联性，而就程序标准而言，“裁决和命令的制作是由其公布的、清晰的、稳定的和相对一般的规则指导的；制定、执行和适用规则者有责任遵守与其活动相关的规则，并且实际上是前后一致的依法执法的”。[3] 伯尔曼提出了法律的“形式合理”与“实质合理”的标准与要求，前者“表示通过逻辑概括和解释的过程，对抽象规则的系统阐述和适用”；而后者“突出的方面不是符合逻辑的一致性，而是符合道德考虑、功效、便利和公

---

〔1〕 新自然法学派又称“复兴自然法学派”，出现于19世纪末和20世纪初，是以主张自然法为特征的西方法学流派。西方法学对新自然法学派有广义和狭义两种理解，广义指从19世纪末起所有关于自然法或类似自然法的学说流派，包括天主教神学的新托马斯主义法学流派和非神学的世俗的自然法学说流派。狭义指19世纪以来特别是第二次世界大战以后兴起的非神学的自然法学说流派。与十七八世纪的古典自然法学派不同，新自然法学派不主张探索永恒的自然正义，认为应当寻求可以适应现实环境的理想标准，即主张内容可变的自然法，倡导阶级调和。如，法国法学家夏蒙主张复兴自然法，要求个人权利与社会权利在理性和正义的制度下相互结合；又如，德国法学家施塔姆勒提出了内容可变的自然法学说。第二次世界大战以后，随着法西斯政权的崩溃，否认公平、正义等价值准则的实证主义法学开始衰落，主张实在法应当从属于公平、正义等价值准则的自然法学说进一步兴起。主要代表人物有美国法学家富勒、罗尔斯和德沃金等。他们主张实在法的价值准则，强调法与道德的不可分性。在西方现代法哲学中，新自然法学派是与实证主义法学派相抗衡的重要法学流派。

〔2〕 参见沈宗灵主编：《现代西方法理学》，北京大学出版社1992年版，第32页。

〔3〕 J. Finnis, *Naturaland natural rights*. Oxford University Press, 1980, p. 270.

共政策”。[1]

上述对于良法追寻历史的梳理集中于西方,西方理论界对于良法的认识和研究更早、更广泛、更深入。尽管如此,我们还是要将目光转向中国,界定符合我国国情的良法标准,从而使其正确服务于中国特色社会主义法治和法治文化的建设。

(二)良法的一般标准

显然,法有良与恶的划分与标准。受西方对良法的界定进路影响,我国理论界对良法的标准的研究同样与形式法治论、实质法治论的分歧相联系。国内学者对于形式法治论的研究主要承续国外研究,尤其是受到拉兹、富勒、菲尼斯等学者的影响。有人专文“为形式法治理念辩护”,认为“法治是法律所特有或固有的美德”,“法治是一套形式化或程序化的法律原则”,“法治是一系列以上述原则为核心的制度”,“法治是一种以上述原则和制度为基础的社会治理模式”。[2] 不过,我国大多数学者还是受传统文化和政法思想的影响,秉持实质法治论。如学者认为,实质法治是中国法治发展的进路,“以法治凝聚改革共识、规范发展行为、促进矛盾化解、保障社会和谐,必然要求所追求的法治是一种实质法治”。[3] 也有学者认为,法治要素既包括程序的内容,也包括法律形式上的要求,以及一些基本的法律价值。[4] 还有学者认为:“实质法治在实质正义之外还应当容纳形式正义的理性因子,但我们绝不是要否定和抛弃实质正义,而是要走一条‘经由形式正义的实质法治’之路,形式正义的加入只会让实质法治发展得更好更快而不是更糟。”[5]中国特色社会主义法治建设必须在中国传统社会的实际与实践的基础上进行,只有将当代中国的法治建设置于中国语境中方能有正确解释和理解。“法治,并不仅仅是一种形而上的价值追求,或者程序化的规则训诫,……它也必须回应特定时空背景下特定的社会、政治诉求。”[6]从十八届四中全会《决定》看,我国法治实践的类型不仅趋向综合而且更接近实质法

[1] [美]哈罗德·J.伯尔曼:《法律与革命——西方法律传统的形成》,高鸿钧等译,中国大百科全书出版社1993年版,第654页。

[2] 黄文艺:《为形式法治理论辩护——兼评〈法治:理念与制度〉》,载《政法论坛》2008年第1期。

[3] 付子堂:《实质法治:中国法治发展之进路》,载《学术交流》2015年第3期。

[4] 参见张文显:《法治与法治国家》,法律出版社2011年版,第5~28页。

[5] 江必新:《严格依法办事:经由形式正义的实质法治观》,载《法学研究》2013年第6期。

[6] 付子堂、常安:《民生法治论》,载《中国法学》2009年第6期。

治，系经由形式法治而进入实质法治。[1] 一方面，《决定》提出的我国新时期法治建设的方针，即“科学立法、严格执法、公正司法、全民守法”，属于典型的实质法治的条件和要求；另一方面，《决定》进一步强调了对于公民权利的保障，“依法保障公民权利，……增强全社会尊重和保障人权意识，健全公民权利救济渠道和方式”，这一法治建设的目的与目标，显然反映了一种实质法治的内涵。

对于良法的标准，我国主流观点坚持了“实质法治观”，主张通过形式法治的完善，逐步走向实质法治的发展目标。“广义的良法就是‘真、善、美’的法。‘真’是指法的内容的合规律性，即符合事物性质，反映时代精神，适应客观条件。‘善’是指法的价值的合目的性，即体现人类正义，实现人民利益，促进社会进步。‘美’是指法的形式的合科学性，即结构严谨合理，体系和谐协调、语言规范统一。”[2]有学者从法美学角度系统地揭示法的真善美，认为法存在真善美的三维构造。“法之真的真主要是在‘法之合规律性、合目的性’这一层面上理解的。”[3]“法之善所表现的，是客观的、外部的、实证的法即真的意义上的法，向着人的主观的、内部的、形而上的法转化；合乎规律的法向着合乎目的和理想的法转化；自在的法向着自为的法转化；进而直接地起到启发人的主观能动性和对人的行为的规范作用。”[4]“美是真与善的统一，也就是合规律性与合目的性的统一”；“要实现主体自由，实现主客体之间全面现实的统一，社会主义法就必须扬弃真和善各自的片面性而在更高层次上实现新的综合，这就是使社会主义法臻至美的境地。只有在美里，主体与客体之间的对立才能真正消解，主体与客体才能真正打成一片。社会主义法求美之维是对其求真与求善之维的扬弃和超越，美以真为现实前提又包含了真，美也以善为良知的基础又涵容了善。”[5]在当代中国的语境中认识良法，根据十八届四中全会《决定》的要求，良法“要恪守以民为本、立法为民理念，贯彻社会主义核心价值观”；要“符合宪法精神、反映人民意志、得到人民拥护”。综上，我们认为，良法的主旨是科学，在科学的主旨下，

---

〔1〕 李树忠：《迈向“实质法治”——历史进程中的十八届四中全会〈决定〉》，载《当代法学》2015年第1期。

〔2〕 李步云、赵迅：《什么是良法》，载《法学研究》2005年第6期。

〔3〕 吕世伦主编：《法的真善美：法美学初探》，法律出版社2004年版，第29页。

〔4〕 吕世伦主编：《法的真善美：法美学初探》，法律出版社2004年版，第268页。

〔5〕 吕世伦主编：《法的真善美：法美学初探》，法律出版社2004年版，第414、415～416页。

体现良法的实体标准、价值标准、规范标准和程序标准。分别论述如下。

1. 良法的实体标准

所谓良法的实体标准，是指良法在实体和内容方面所要符合的诸多标准和要求，这些标准和要求重点着落于法律的内容上。这包括良法要反映人民群众的意志和利益，良法要以中国的国情为根植基础，良法要反映自然运行、社会发展和人类交往的客观规律，良法既要表现出它的自足性，同时也要表现出它的谦抑性。

第一，良法要真切反映人民群众的意志和利益。“找到全社会意愿和要求的最大公约数，是人民民主的真谛。”〔1〕在坚持人民主体地位和以人民为中心的社会主义法治原则下，人民群众的意志和利益是良法制定的核心与根本点。一切的法律制定都要围绕着人民群众的意志和利益展开，尤其是在我国社会转型的关键时期。目前，虽然我国在经济和民生领域取得了重大成就，但是暴露出来的贫富差距、社会冲突、环境恶化等问题也较为严重。由此，在制定和修改法律时，一方面要适应社会的发展形势，着重处理好那些关切民众利益的根本问题；另一方面，要真切倾听民众的呼声，切实将民众的意志和利益反映在立法之中，提高社会主义法律的良法属性。

第二，良法要以中国的国情为根植基础。“从最广泛的意义来说，法是由事物的性质产生出来的必然关系。在这个意义上，一切存在物都有他们的法。”〔2〕“认识和把握我国社会发展的阶段性特征，要坚持辩证唯物主义和历史唯物主义的方法论，从历史和现实、理论和实践、国内和国际等的结合上进行思考，从我国社会发展的历史方位上来思考，从党和国家事业发展大局出发进行思考，得出正确结论。”〔3〕中国的立法，必须立足于中国国情，把握和反映中国社会的法治发展规律。社会主义初级阶段，是我们党从社会性质和发展阶段上对中国国情所做的全局性、总体性判断。中国的良法制定，需要从中国社会的实际出发，总结历史经验，解决中国社会法治建设的实际问题。

我国的法治和良法具有政治制度的决定性特点。我国的历史和现今国情决定了法治建设必须建立在现有的政治基础之上，不能脱离中国的政治基础而简

---

〔1〕 习近平：《在庆祝中国人民政治协商会议成立65周年大会上的讲话》（2014年9月21日）。

〔2〕 [法]孟德斯鸠：《论法的精神》（上册），张雁深译，商务印书馆1959年版，第1页。

〔3〕 习近平：《在省部级主要领导干部“学习习近平总书记重要讲话，迎接党的十九大”专题研讨班开班式上的讲话》（2017年7月26日）。

单照抄照搬西方的法治经验。我国最大的政治基础是坚持中国共产党领导,中国共产党是我国国家和社会的领导核心,这是中国政治制度的基本特点。中国法治发展不仅离不开政治制度的决定性,而且政治制度也是中国法治发展的前提。“在依法治国的整个过程和各个主要环节上,都必须强调坚持党的领导,防止淡化党的领导讲法治,脱离党的领导搞法治。”[1]党的领导是制定良法的重要保证,党团结带领全体人民,充分发扬民主、凝聚民意,深入推进科学立法,才能真正保证良法的品质。坚持中国共产党的领导是我国制定科学合理的良法以及走法治之路的前提,中国共产党的正确领导同时也为良法的顺利运行提供了保障。

第三,良法要反映自然运行、社会发展和人类交往的客观规律。十八届四中全会《决定》指出,要科学立法,科学的第一要义在于立法要反映客观规律,要准确把握自然和社会发展的规律性与规定性,并对未来的发展作出一定前瞻性的预见,引导自然和社会朝着正确的方向发展。这里的规律既有自然运行的规律、社会发展的规律,也有人类交往的规律。事实上,法律本身就是人类自然进化与发展的社会产物,也必然遵循人类自然进化与发展的规律。“立法者应该把自己看作一个自然科学家。他不是在创造法律,不是在发明法律,而仅仅是在表述法律,他用有意识的实在法精神把精神关系的内在规律表现出来。如果一个立法者用自己的臆想来代替事物的本质,那么人们就应该责备他极端任性。”[2]

第四,良法应当表现出自足性和谦抑性。良法的自足性,是指良法要覆盖社会生活的基本方面,将国家治理、经济运行、民众生活等诸多方面纳入法治的轨道;良法也要表现出它的谦抑性,即良法不能调控所有的社会关系,有些法律不适宜调控的地方要留给技术、道德、习俗、礼仪、社团纪律等,从而法律要衔接、协调好与道德、习俗等的关系,进一步构造良好的社会秩序体系。

2. 良法的规范标准

所谓良法的规范标准,是指良法在形式方面所要符合的诸多标准和要求。良法的规范标准主要包括良法的确定性、统一性和语意清晰性。

第一,良法的确定性。人们之所以关注法律的确定性,是因为它体现了人们对于法律可预测性的期望。“确定性可能意味着存在对于法律问题的唯一正确

---

〔1〕 张文显:《走向和谐法治》,载《张文显法学文选》卷六,法律出版社2011年版,第353页。
〔2〕 《马克思恩格斯全集》(第1卷),人民出版社1995年版,第347页。

的答案，这个答案应该是可以复现的。换句话说，对于同样的法律问题，所有受过法律训练的人，借助于正常的推理程序，最终都能够得出同样的答案。"[1]正是在这个意义上，学者们将法律的确定性视为法律正确发挥社会功能的前提。"如果法律不能提供稳定性和一定程度的确定性，那么结果必将导致混乱。这便是以其正义意识和对社会功利的关注而著名的法官布兰兑斯说以下话的原因：'法律规则的确定常常比正确地确定来得更为重要'。"[2]

第二，良法的统一性。法治即规则之治是为克服人治的任意性而创设的，它必须追求法律的确定性、可预见性与统一性。"编撰法典有很多原因，但是最主要的还是人们怀有使法律明确和使全国的法律保持统一的愿望。"[3]所谓统一性是指良法体系内部应当协调一致，即法律体系内部法律之间、法律与法规之间、法律与规章之间、法规与规章之间应当相互协调、具有内在的逻辑统一性。具体表现在：一是良法体系的各部分要以宪法为根据，统一于宪法；二是良法体系内部的不同法律规范之间要相互统一，不能相互冲突；三是良法体系要具有整体的完备性，构成一个完整的社会规范体系。

第三，良法的语意清晰性。霍布斯说："良法就是为人民的利益所需要而又清晰明确的法律。"[4]富勒则认为："清晰性要求是合法性的一项最基本的要素。"[5]立法者要有概念明确即确定概念内涵与外延的逻辑意识。自然语言是开放的，意义具有不确定性，许多语词具有多义性和模糊性；法律语言是不自足的，并且大多数法律语词不为法律所独有，它建立在自然语言的基础之上，以自然语言为载体，依赖于自然语言，离不开自然语言。为了达到法律的明确性或确定性，就需要考虑根据法律表达的需要和语境的变化选择恰当的语词，并对语词指涉的对象或应用范围及意义仔细斟酌，并加以必要的确定和限定。如果在法律语境中对这些语词不加以必要解释和界定，自然语言的不确定性就会传递到法律语言之中，法律概念就可能是含混不定和模糊不清的。"倘若立法者忽略

---

〔1〕梁治平：《解释学法学与法律解释的方法论——当代中国法治图景中的法解释学》，载梁治平编：《法律解释问题》，法律出版社 1998 年版，第 97 页。

〔2〕［美］埃尔曼：《比较法律文化》，高鸿钧等译，生活·读书·新知三联书店 1990 年版，第 67 页。

〔3〕［美］勒内·达维：《英国法与法国法：一种实质性比较》，潘华仿等译，清华大学出版社 2002 年版，第 26 页。

〔4〕［英］霍布斯：《利维坦》，黎思复、黎廷弼译，商务印书馆 1985 年版，第 113 页。

〔5〕［美］富勒：《法律的道德性》，郑戈译，商务印书馆 2009 年版，第 46 ~47 页。

这一点，就可能导致法律的不明确或不确定。就可能导致法律适用的混乱或困难，法律的权威就会受到极大的损害。”[1]

3. 良法的价值标准

所谓良法的价值标准，是指良法在价值方面所要符合的基本要求，即在制定法律时，法律所欲追求的那些价值目标，包括正义、秩序、自由、平等、安全和利益等。良法的价值标准众多，但这些价值并非出于同一位阶之中。一般而言，良法的核心价值是秩序和正义，其他价值如自由、平等、安全和利益等是正义和秩序价值的表征，是正义和秩序价值的下位概念。由此，本研究对于良法的价值分析主要集中于秩序和正义。

第一，秩序。“秩序是法的基本的价值之一，秩序的存在是人类一切活动的必要前提，秩序乃是构成人类理想的要素。”[2]良法所追求的秩序应当是“包容性秩序”，首先肯认它在社会主义核心价值观引领下，其次肯认它百花齐放、百家争鸣、尊重差异、包容多样、和而不同，从而充满活力。[3] 在秩序中，自由而平等的竞争和人道主义的生活成为可能，各种社会分歧、矛盾和冲突能够在道德精神和法律理性的技术上得以和平解决或缓和，从而实现社会组织健全、社会治理完善、社会安定团结、人民群众安居乐业的秩序形态。

第二，正义。习近平总书记指出：“不论处在什么发展水平上，制度都是社会公平正义的重要保证。要把促进社会公平正义、增进人民福祉作为一面镜子。对由于制度安排不健全造成的有违公平正义的问题要抓紧解决，使我们的制度安排更好体现社会公平正义原则，更加有利于实现好、维护好、发展好最广大人民根本利益。”[4]公平正义是社会主义法治建设的本质所在，社会不公正，发展便失去基本价值和方向。从一定意义上说，公平正义是社会的最大公约数，也是改革的最大共识度。

4. 良法的程序标准

所谓良法的程序标准，是指良法制定过程中所要遵循的诸多程序性要求，即立法程序。立法程序即法的创制程序，是指有法的创制权的国家机关在制定、修

[1] 王洪：《制定法推理与判例法推理》，中国政法大学出版社 2013 年版，第 19 页。

[2] 张文显主编：《法理学》，法律出版社 2004 年版，第 234 页。

[3] 张文显：《法治与国家治理现代化》，载《中国法学》2014 年第 4 期。

[4] 习近平：《切实把思想统一到党的十八届三中全会精神上来》，载《习近平谈治国理政》(第一卷)，外文出版社 2014 年版，第 97 页。

改、补充和废止等法的创制活动过程中所应当遵守的法定步骤和方法。[1] 现在世界各国由于国情不同,法的传统及法的创制体制亦不同,因而在立法程序方面既有相同之处,也有不同之点。世界各国的立法程序,一般由专门的《立法法》和立法程序法来做出规定,并且对于不同层级的法的创制有不同的立法程序。在我国,按照法的创制种类,有两种类型的立法程序,即权力机关的立法程序和行政机关的立法程序。我国《立法法》对最高立法机关和地方立法机关的立法权限和程序作出了规定,涉及法律、地方性法规、自治条例和单行条例的制定、修改和废止,又对最高行政机关的立法权限和程序均作出了规定,涉及国务院行政法规、国务院部门规章和地方政府规章的制定、修改和废止。按照《立法法》的规定,我国的立法程序包括法律议案的提出、法律草案的审议、法律草案的通过和法律的公布等四个阶段,严格的程序对于规范立法活动,健全国家立法制度,提高立法质量并保证"良法"的出台具有重要作用。

(三)良法的审查机制

宪法与法律的效力及其审查机制是一个重要的问题,这个问题不解决,法律体系的统一性和确定性就只是空中楼阁,"良法"也难以得到保证。再精美的制度设计,再华丽的"权利"和"自由",如果没有宪法和法律审查机制的保障也就只能成为空幻。

1. 宪法优位与合宪性审查

在宪法体系中,法的最高性一般分为宪法优位与法律优位两种形式。就宪法优位,我国宪法明确规定其"具有最高的法律效力";"一切法律、法规不得与宪法相抵触"。《立法法》也对宪法具有最高法律效力,其他法不得与之相抵触做出明确规定。为了确保宪法优位,各国纷纷建立自己的合宪性审查制度。合宪审查机制系实现稳定的宪法秩序与社会秩序的重要保障。

2. 法律优位与规范选择适用权

我国《立法法》规定了应当由法律加以规定的"法律保留"事项,国务院的行政法规制定权与"法律保留"原则相联系。所谓"法律保留"是基于权力分工的角度设立的,行政权受到立法权的限制,特定领域的行政行为非有法律依据不得为之,使行政权对法律保留范围内的事务,在未经立法者事先"许可"前,不得主

[1] 张文显主编:《法理学》,法律出版社2004年版,第348页。

动、积极作为。[1] 而对于法律、行政法规、地方性法规、规章的效力,依据《立法法》的规定,前者的效力均高于后者,发生效力冲突时应当由“有权机关”裁决,而非由法院进行附带性审查,但此举可能有脱离实际的问题,尤其是法官在司法裁判过程中究竟如何处理此种违反上位法的下位法,是一个值得深入思考的问题。

我们认为,尽管《立法法》对改变或者撤销法律、行政法规、地方性法规、自治条例和单行条例、规章的权限作出规定,但并不意味着司法必须等待有权机关对该广义法律的处理,司法裁判中依据法律适用规则的处理本身构成裁判权的一部分,应予尊重。原因在于:

首先,规范选择适用权是司法权的应有之义,如果法官连选择适用法律的权力都没有,也就无司法权可言。在任何法治国家,法官都应享有法律解释权。广义的法律解释权中不仅包括法律解释、漏洞补充和价值补充,还包括面临法律冲突时的选择适用权,因为对规范冲突时的选择权应归属于法律适用权,为司法权的应有之意。

其次,司法机关的规范选择适用权符合《立法法》的基本精神。《立法法》第五章所规定的“适用与备案”,包括适用规则、裁决机制与备案审查三个方面:适用规则、裁决机制属于法律规范的具体适用规则(个案中的选择适用),备案审查则与特定情形下的具体适用规则并行不悖,它会釜底抽薪式地彻底解决法律冲突。[2] 对于适用规则和裁决机制,“执行机关不能根据效力高低确定如何适用”[3]是送请有权机关裁决的前提条件,如果能够确定如何适用,就无需送请有权机关裁决或者解释,适用规则与裁决机制存在选择关系。

最后,规范选择适用权与“宪法司法化”“违宪审查权”并不相同。司法机关的规范选择适用权虽然也属于司法审查,但并非违宪审查意义上的司法审查,而仍然属于个案法律选择或法律适用范畴。目前我国宪法体系中,法院并无审查权,法院无权对法律是否合于宪法规定做出审查判断,但对于狭义(全国人民代表大会及其常务委员会制定)法律之外的其他规范性文件,法官在审判案件时可以按照其效力等级决定其直接适用问题,即行使选择适用权。

---

〔1〕 参见许宗力:《法与国家权力》,台北:月旦出版公司1993年版,第118页。

〔2〕 孔祥俊:《论法官在法律规范冲突中的选择适用权》,载《法律适用》2004年第4期。

〔3〕 顾昂然:《关于〈中华人民共和国立法法(草案)〉的说明》,载《全国人大常委会公报》2000年第4期。

关于规范选择适用权的意义，根据学者概括："肯定法院在审理案件中的法律规范选择适用权，除直接维护法治统一外，还可以对下位法的制定机关形成一种预先的外在约束和压力，减少越权立法的现象。"〔1〕

二、善治的民法精神实践

建设社会主义法治文化的民法精神实践，根本是以良法为基础的善治。良法是立法问题，属于法律形式或者形式法治范畴，而善治则属于法治实践或者实质法治的范畴。善治除了作为普遍社会主体的个人之治，即自律的个人行为的社会生态秩序构造之外，还包括国家以公权力形式存在的社会治理，〔2〕，其中主要形式是行政与司法，特别是具有普遍意义的行政权的行使与作用，对于善治的影响重大。善治是就国家治理体系和治理能力的现代化而言的，关键看治理的目的、机制、方式和方法。〔3〕 自20世纪以来，随着善治研究的热度持续增长，善治的界定问题也获得了学者的重点和持续关注。"善治"的英文表述是good governance，法国学者玛丽－克劳斯·斯莫茨对它的界定颇具代表性。她认为善治包括四大要素：其一，法治状态的存在，公民安全得到保障，法律得到尊重；其二，行政管理的有效性，公共机构正确而公正地管理公共开支；其三，领导责任制，其责任与权力相称；其四，政治具有透明性，信息畅通，公众的知情权得到保障。〔4〕 在我国，尽管学者们对于善治的界定众多，但大家引用最多的还是俞可平先生的观点："善治的本质特征，就在于它是政府与个人对公共生活的合作管理，是政治国家与市民社会的一种新型关系，是两者的最佳状态。"〔5〕其他有关善治的界定，可以视为是在这一概念基础上的转换和衍生。〔6〕 对于善治的理解，按照张文显先生的界定，其基本特质，一是以人为本，二是依法治理，三是公

---

〔1〕 孔祥俊：《论法官在法律规范冲突中的选择适用权》，载《法律适用》2004年4期。

〔2〕 本书所谓的"善治"包括多元社会治理主体的"善治"，其中重点是国家治理的"善政"，即国家以公权力形式实施的各种社会治理行为。

〔3〕 张文显：《法治与国家治理现代化》，载《中国法学》2014年第4期。

〔4〕 ［法］玛丽－克劳斯·斯莫茨：《治理在国际关系中的正确运用》，肖孝毛译，载《国际社会科学杂志》（中文版）1999年第1期。

〔5〕 俞可平：《论国家治理的现代化》，社会科学文献出版社2014年版，第59页。

〔6〕 如："'善治'指使公共利益最大化的社会管理过程，其本质特征在于是政府与公民对公共生活的合作管理，是政治国家与市民社会的一种新颖关系，是两者的最佳状态。"（沈晓宇：《从良政到善治：国家治理的发展阶梯》，载《党政论坛》2013年第4期）

共治理。[1] 由于以人为本的价值主要体现在"良法"中,对于"善治"我们可以从三个方面切入,一是善治的主体,二是善治的状态;三是善治的途径。

(一)善治的主体

根据有关研究,现代化语境中的"治理"概念包含四个方面的意义:一是从"治理实体"来说,强调治理主体的多元化,政府、社会、市场乃至个体的"多元共治"是其根本特征;二是从"治理价值"来说,强调治理主体的"权利与义务"及责任平等;三是从"治理本质"来说,强调"淡化权力,注重权利",治理要从"强制"走向"协商";四是从"治理过程"来说,强调公民"参与式"治理,而不是单纯的政府"主导式"治理。[2] 善治中治理的主体不仅包括公权力的管理,更应当让公众以主体身份参与到治理中,形成公共治理。

1.政府作为善政主体

根据善治研究者的观点,治理的概念是相对于统治而言的,两者的区别之一是权威主体不同,统治的主体只是政府或其他国家公共权力机构,而治理的主体除政府外还包括其他组织。[3] 国家治理被视为系对旧式"统治"风格的一种根本性重构。[4] 作为国家治理的主体,厘定政府与市场的边界,合理划定政府职能,决定着国家治理的质量。

善政是通向善治的关键,欲达到善治,首先必须实现善政。政府的"良好的统治"被称为"善政",其与善治的区别首先表现在主体上,善政是对政府治理的要求,善治则是对整个社会的要求;善政只是政府单一的治理,而善治则是官民共同的治理。[5] 联合国亚太经济社会委员会提出了善治的八项标准,分别为共同参与、厉行法治、决策透明、及时回应、达成共识、平等和包容、实效和效率、问责。[6] 在我们看来,以上标准更多包含的是对善政的要求,核心是国家权力应受到制约,公权力主体应遵循责任原则,政府职权遵循法定原则,市场在配置资

---

〔1〕 参见张文显:《法治与国家治理现代化》,载《中国法学》2014 年第 4 期。

〔2〕 竹立家:《社会公正与国家治理现代化——以"公正"为核心重构改革话语》,载俞可平主编:《国家底线:公平正义与依法治国》,中国编译出版社 2014 年版,第 210 页。

〔3〕 参见俞可平:《论国家治理的现代化》,社会科学文献出版社 2014 年版,第 2 页。

〔4〕 参见[法]让-皮埃尔·戈丹:《何谓治理》,钟震宇译,社会科学文献出版社 2010 年版,引言第 3 页。

〔5〕 参见俞可平:《论国家治理的现代化》,社会科学文献出版社 2014 年版,第 3 页。

〔6〕 United Nations Economic and Social Commission for Asia and the Pacific,"*What is Good Governance*?",http://www.unescap.org/resources/what good-governance.

源上起决定性作用。如果政府的手伸得太长，不合理干预市场活动，将会使市场机制与市场功能遭到破坏，市场本身也是“聪明”的，每一次不合理的干预都会遭到市场的报复，使政府出于出力不讨好的尴尬境地。政府太“灵”意味着市场的功能被架空，市场竞争体系和市场自由被侵害，加大了国家治理的难度。政府权力体系的现代化，“需要通过政府的有效限权、放权和分权实现，核心依然是建立有限政府而非全能政府”。[1]

合理界定的政府权力体系是国家治理的“权威主体”，是构建边界清晰的政府、市场、社会“共治”的关键环节。“四个全面”[2]战略布局是以习近平同志为核心的党中央治国理政战略思想的重要内容。“全面依法治国，本身就是全面建成小康社会的重要内容，同时又为全面建成小康社会提供法治保障，无论全面深化改革、还是全面从严治党，都需要在法治的轨道上、框架下来进行”。[3] 善政的实现需要通过法治加以实现，十八届四中全会《决定》进一步明确了法治国家、法治政府和法治社会的建设总目标，提出“科学立法、严格执法、公正司法、全民守法”的新方针，将各级人大、政府、政协、监察机关、审判机关、检察机关和公民等各个主体全部纳入法治体系，对各个主体都提出了具体要求，要坚持依法治国、依法执政、依法行政共同推进，坚持法治国家、法治政府、法治社会一体建设；在依法治国与执政党的领导、法治和权力的关系上强调党应依法办事，不能权大于法、违法用权，更不能“以言代法、以权压法、徇私枉法”。[4] 以上论述说明，在“四个全面”战略布局的实现上，我们党和国家基本思路是明确的，即只有通过法律对公权力进行规范和约束，为公权力套上“紧箍咒”、将公权力关进“制度的笼子里”，依法执政才能实现善政。

2. 多元主体共治

现代治理的核心特质在于治理主体的多元化，构建以多元主体共同参与、平等协商为基础的公共治理模式，由“政府”、“企业”、“社会组织”和“公民”对“公

〔1〕 竹立家：《社会公正与国家治理现代化——以“公正”为核心重构改革话语》，载俞可平主编：《国家底线：公平正义与依法治国》，中国编译出版社2014年版，第212页。

〔2〕 “四个全面”即全面建成小康社会、全面深化改革、全面依法治国，还是全面从严治党。“四个全面”战略布局的提出，更完整地展现出治国理政总体框架。

〔3〕 黄坤明：《深刻理解“四个全面”的重要意义》，载《求是》2015年第13期。

〔4〕 辜胜阻、方浪：《四中全会法治中国蓝图的六大亮点》，载《光明日报》2014年12月10日。

共事务”共同治理。[1] 社会主义的根本制度形态是人民民主制度。公共权力的运行必须始终是一个不断实现人民群众权利的过程，受到人民群众的监督和制约。作为社会主义法治文化条件的民法精神实践与国家治理能力，最根本的体现就在于人民是国家的主人与实践的主体，人民的参与和满意是国家治理的根本体现和要求。国家治理的现代化，主要表现为政治上的民主化、经济上的市场化和文化上的多元化。[2] 政治上的民主化是为了保持“人民性”，“坚持人民主体地位”，坚持“民主选举，民主决策，民主管理，民主监督”和人民群众的“参与权、知情权、表达权、监督权”，坚持构建“程序合理、环节完整的协商民主体系，拓宽国家政权机关、政协机关、党派团体、基层组织、社会组织的协商渠道”。[3] 经济上的市场化旨在阻却“垄断性”，保护和激发市场主体活力；文化上的“多元化”旨在解决人类文化的“融合性”，让我们古为今用、洋为中用，再造人类文明的新成果。

通过多元共治实现“善治”，真正实现“政府的归政府，市场的归市场，社会的归社会”，形成职能边界清晰的政府、市场、社会“共治”的现代国家治理体系。“善治”作为治理体系的优势在于，一是“可以将民主理念和民主机理融入国家治理中，体现人民当家做主”；二是“可以让不同利益主体自由表达利益诉求、最大限度凝聚共识，消解和缩小分歧，达到和谐相处”；三是多元主体合作共治，让“政府治理”和“社会治理”共同协力，在党的领导下充分发挥作用；四是为社会自治开辟广阔空间，把不应当或不适宜由执政党或国家机构管理的事务交给社会自我管理。[4] 当下中国有多种民主形式，其中人民政治协商制度和党的群众路线在国家治理领域中发挥了独特优势，十八届三中全会决定指出，“要推进协商民主广泛多层制度化发展，深入开展立法协商，行政协商，民主协商，参政协商，社会协商”，以上有关人民政治协商的方式均是“善治”的制度保障。

本项目组以“您认为决定法治实现的主导因素是什么”为题进行了全国性

---

[1] 吴汉东：《国家治理现代化的三个维度：共治、善治与法治》，载《法制与社会发展》2014 年第 5 期。

[2] 胡建淼：《国家治理现代化的关键在于法治化》，载俞可平主编：《国家底线：公平正义与依法治国》，中国编译出版社 2014 年版，第 183 页。

[3] 参见《中共中央关于全面深化改革若干重大问题的决定》。

[4] 张文显：《法治与国家治理现代化》，载《中国法学》2014 年第 4 期。

调查问卷。在设定的决定法治实现的主导因素中，受访者选择最多的依次是“政府”（A）、“社会”（B）、“政党”（C）、“个人”（D）和“团体”（E），占比分别为32、28%、21%、15%和4%。具体数据统计结果如图27－1所示：

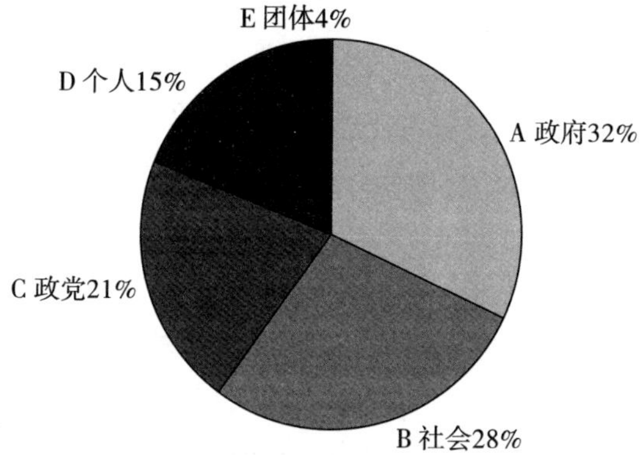

图27－1　“您认为决定法治实现的主导因素是什么”一题调研数据统计

上述数据统计结果显示，人们认为决定法治实现的主体即善治主体，主要是作为政党和政府的公权主体以及具有整体形态和功能的社会，而作为私权主体的个人和团体的因素则普遍不被重视。这说明，我国传统上是一个公权主体即政党和政府主导的社会，社会治理的责任也主要在政府和政党，政党和政府控制整个国家治理体系，决定整个国家治理结构，个人或者团体往往都是被动的社会主体，这在老百姓心中已经形成了固有的认知和模式，致使私人社会主体对自身作为法治与善治主体的认识不强，也缺乏参与社会生活的积极性与自主性。因此，随着我国社会主义法治和法治文化的发展，应当不断赋予个人和社会团体以更多的自治权利，从而在提高他们的主体意识的同时，增强他们自主参与社会治理并承担社会治理责任的积极性与自觉性，使他们不但作为生态的行为主体，而且成为善治的社会主体。

（二）善治的法治状态

1. 法治是最大的善治

有学者指出对“善治优于法治”论的隐忧，认为善治之“善”可从两种意义上予以理解，一是“善于”治理，二是“良好”的治理，前者是对于治理手段的运用，后者强调的是治理目的和治理结果。善治因为评价主体的不同而经常在什么是“具体的善”的问题上与法治发生对立；作为国家治理的方式，正确的且安全的提法不是“善治优于法治”，而是法治才是最大的善治。[1] 我们认同以上观点，在“良法”与“善治”的关系上，由于对实质法治观的倚重，在我国对良法的界定中本身已包含了价值追求，“善治”之善并无必要再重复加入价值限定，善治中“抽象的善”最终还得借助于法治中“具体的善”来落实。因此，“善治”之“善”，应当是把“良”法之“良”通过法治途径加以实现，”而“良”必然导向“善”。“依法治国是当代中国国家治理的根本特征和基本方向，其要求以‘良法’汇聚社会共识，以‘善治’推行良法”，[2]“良法”与“善治”的有机结合，构成了现代法治，法治就是最大的善治。

善治所追求的状态应当是法治。中国的法治需要在对人治传统的否定之否定基础上建立起来。西方学者均认为古代中国有法律而无法治。如韦伯认为，中国的法律是一种“家产制的法律结构”，而“以伦理为取向的家产制所寻求的总是实质公道，而不是形式法律”。[3] 昂格尔也认为，中国古代社会缺乏“集团多元主义、自然法理论和宗教基础”[4]等形成现代法治的历史条件。步入近代社会以来，中国法治的发展道路是一个与传统逐渐背离的过程，是一个引进西方话语来改造、建设传统中国社会的过程，这是中国法治建设的难点与特殊性所在。人治传统既是中国法治的本土资源，也是中国法治的包袱。一方面，没有传统的支撑，极易产生正式制度与非正式制度的对立，建构制度与已有观念间的脱节，会损害法律的实效，从而降低公民对法律及司法的信赖。另一方面，固守人治传统又会成为法治发展道路的桎梏。因此，社会传统的转型及其与当代制度的生态整合是一个必然的法治和法治文化实践与实现过程。

2. 法治中国与善治中国

基于法治与善治的内在联系，法治中国在本质上就应当是善治中国。2013年，十八届三中全会提出了“法治中国”的命题。“建设法治中国，必须坚持依法治国、依法执政、依法行政共同推进，坚持法治国家、法治政府、法治社会一体建

---

〔1〕 周安平：《善治与法治关系的辨析——对当下认识误区的厘清》，载《法商研究》2015年第4期。

〔2〕 欧阳康：《“良法”与“善治”》，载《光明日报》2014年12月10日。

〔3〕 [德]马克斯·韦伯：《中国的宗教——儒教与道教》，康乐、简惠美译，广西师范大学出版社2004年版，第157页。

〔4〕 [美]R. M. 昂格尔：《现代社会中的法律》，吴玉章、周汉华译，译林出版社2001年版，第63页。

设。"[1]对于法治的概念和内涵,人们有着不同的认识。如哈耶克认为:"法治意指政府在其所有行动中都受事先确定并宣布的规则约束。"[2]也有西方观点认为,法治意味着:"政府本身要服从法律制度,而不能不顾法律或重新制定适应本身利益的法律。"[3]我国有学者认为,法治"即法在国家与社会生活中是统治权威和行为基准,居于支配一切的地位"。[4]

法治的实体内容主要是指,用法治的方式和手段调节社会关系,规范社会管理,实现所有社会关系和社会管理的法治化。具体包括经济运行的法治化、政治运作的法治化和社会运行的法治化:(1)经济运行的法治化是指市场经济就是法治经济,市场是资源配置的根本手段,通过法律明晰产权,定分止争,市场主体平等自由,保护和激发市场主体的活力,用法律规范生产、分配、交换、消费等各个环节;对经济运行的宏观调控应当依法,社会保障作为给付行政也应依法。(2)政治运作的法治化主要是指用法律规范和调节社会的政治关系、政治行为和政治责任。在政治权力配置上,无论是权力的结构和平行关系都应依法,立法、行政、监察等权力依法行使;党的权力法治化,全面从严治党;司法权独立行使,不受任何组织和个人的非法干涉;行政权法定,裁量行政依法行使;基层民主、权力监督、人民监督都要依法行使,纳入法治的视野中。(3)社会运行的法治化主要是指用法治的精神统领社会运行全局,用法治的手段破解社会运行的难题,从而将社会运行纳入法治轨道,将法治贯穿于社会运行的全过程和各个方面。。

法治之所以是善治,在于法治优于人治,这既有对我国历史经验教训的深度总结,也有对当下社会利益关系的科学判断。首先,是对我国历史经验教训的深度总结。新中国成立初期曾经囿于苏联模式的影响,我国对法治国家治理方式较为排斥。毛泽东同志认为:"要人治不要法治,《人民日报》一篇社论,全国执行,何必要什么法律。"[5]"文化大革命"后,基于对"文化大革命"的反思,国家领导人和专家学者逐渐认识到人治的治理方式已经不适应社会形势的发展,国家治理体系和治理能力必须创新,实行法治已成为历史发展的迫切要求。邓小平

---

〔1〕《中共中央关于全面深化改革若干重大问题的决定》,人民出版社 2013 年版,第 31 ~32 页。

〔2〕[英]哈耶克:《通往奴役之路》,王明毅等译,中国社会科学出版社 1997 年版,第 73 页。

〔3〕《牛津法律大辞典》,邓正来等译,光明日报出版社 1988 年版,第 709 页。

〔4〕郭道晖:《法理学精义》,湖南人民出版社 2005 年版,第 340 页。

〔5〕转引自王碧蓉整理:《专题座谈、健全法制、厉行法治》,载《群言》1988 年第 5 期。

同志指出："为了保障人民民主必须加强法制，必须使民主制度化、法律化，使这种制度和法律不因领导人的改变而改变，不因领导人的看法和注意力的改变而改变。"[1]江泽民同志指出："依法治国是社会进步，社会文明的重要标志，是我们建设社会主义现代化国家的必然要求。"[2]十五大确立了"依法治国，建设社会主义法治国家"的治国方略和宏伟目标。[3] 十八届四中全会更是专研依法治国问题，通过了史无前例的《中共中央关于全面推进依法治国若干重大问题的决定》。其次，是对当下社会利益关系的科学判断。进入21世纪以来，国家治理的社会历史条件和国际国内经纬都发生了重大变化，我国社会的利益格局发生深刻变动，形成了不同的利益阶层和群体，再按照改革开放之前主要依靠革命家的个人权威和魅力治理中国这样一个有14亿人口的大国及其利益日益多元化、复杂化的社会的可能性已经不复存在。鉴于此，邓小平同志曾反复告诫党和人民，人治"危险得很"，人治"靠不住"，[4]只有依靠法治，作为社会共识最大公约数的法律才能在国家治理中扮演主导角色；也只有依靠宪法和法律制度体系才能在多元化中凝聚共识和力量，才能"构建系统完备、科学规范、运行有效的制度体系"，[5]不断推进国家治理体系和治理能力现代化，保证中国社会可持续的发展与稳定。

本书项目组以"您认为对于国家和社会最有用的法律是什么"为题进行了全国性调查问卷，在给定的"宪法"、"民法"、"刑法"和"行政法"四个备选答案中，选择占比分别为47%、30%、12%和11%。具体数据统计结果如图27-2所示：

[1] 《邓小平文选》（第2卷），人民出版社1994年第2版，第189页。

[2] 全国普法办公室编：《中共中央法制讲座汇编》，法律出版社1998年版，第113页。

[3] 江泽民：《高举邓小平理论伟大旗帜，把建设有中国特色社会主义事业全面推向二十一世纪》（1997年9月12日）。

[4] 《邓小平文选》（第3卷），人民出版社1993年版，第311页。

[5] 习近平：《决胜全面建成小康社会夺取新时代中国特色社会主义伟大胜利》（2017年10月18日）。

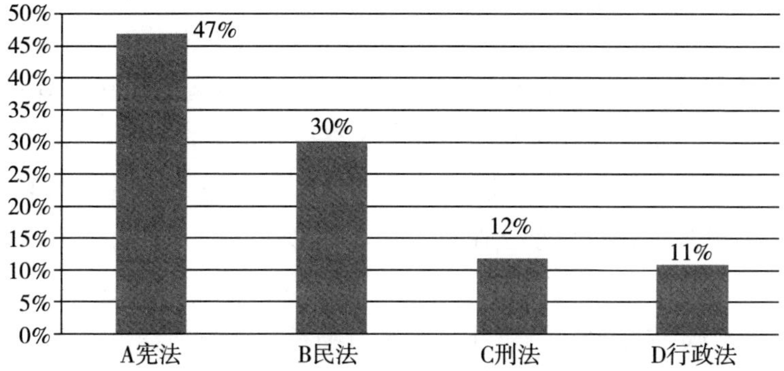

图 27－2　“您认为对于国家和社会最有用的法律是什么”一题调研数据统计

这一数据统计结果显示，在我国社会，人们对作为国家根本大法的宪法的作用有比较敏锐的认识，因此，认为其最有用的占比远远高于其他法律，这应当与我国长期重视宪法地位和进行宪法宣传有关；除了公民参与社会政治生活，对个人最有用的法律当然是作为市民社会关系基本法的民法，不过，虽然人们对民法作用的认识高于作为公法的刑法和行政法，但是相较于人们对宪法重要作用的认识则仍然处于一种偏低状态。因此，如何提高人们对民法在整个国家法律体系中的基础地位认识，培养人们的民法精神，建设以民法精神为基础的社会主义法治文化民本模式，充分发挥民法和民法精神在实现国家法治与善治中的规范与调整作用，仍然是我们推进社会主义法治文化及其良法善治所需要解决的重要问题。

(三)善治的自治与他治

善治既是法治，也是公共治理，让民众以主体身份参与到国家治理中，既管理国家事务、经济社会文化事务，又对自己的事务实行高度自治。[1] 善治包括两大途径，即自治与他治。

1. 自治

良法善治中的“自治”建立在个体意思自治形成的合意之上。“意思自治是经济发展、社会繁荣的原动力之所在，它意味着社会成员如果不违背正义的法律，就允许按照自己的方式追求利益、幸福、福利，以及他自己所喜欢的社会生活。”[2] 在市场经济的社会生活中，人们联系、结合、交易的主要纽带是契约，契

〔1〕 张文显：《法治与国家治理现代化》，载《中国法学》2014 年第 4 期。

〔2〕 汤唯等：《当代中国法律文化本土资源的法理透视》，人民出版社 2010 年版，第 147 页。

约使彼此之间形成了规范的权利义务关系。“契约的形式表达的是一种合意。这种合意系发生在个人与个人之间,也发生在个人与团体、个人与国家、集团与集团、集团与国家之间,只要涉及人类关系范畴的事物和行为,都存在的一个通过契约达到合意的问题。”[1]《民法典》第5条所规定的自愿原则,也可以被用于婚姻、收养协议、遗嘱等其他民法法律行为之中。欲实现国家治理体系和治理能力的现代化,我国必须以民事法律行为为工具形成一系列有关个体自愿和自我约束的法律机制。

在市场领域,基于契约的主体自治是市场经济体制的基本要求。随着现代民商立法的完善,契约性立法已在法治建设中处于非常重要的地位,契约制度更成为中国经济腾飞的推动器。个体的民事行为自由是建立在产权平等保护基础之上的契约自由,构成现代市场经济体制之基础。在市场领域,以价值规律和“在商言商”为原则,实行双方合意基础之上的等价交换。市场经济体制的要义只有一个:市场在资源配置中起决定性作用。始于十一届三中全会的经济体制改革针对的是之前高度集中的计划经济体制,从1992年十四大提出“要使市场在社会主义国家宏观调控下对资源配置起基础性作用”,[2]明确市场作用的定位之后,历经十六大、[3]十七大、[4]十八大[5]对市场机制适应改革和发展客观实际变化要求的准确定位所进行的持续探索,市场基础性作用之前所加的关键词都集中在强调改革取向是增强市场作用,我们终究要建立一个更加全方位深层次的市场经济体制,十八届三中全会决定使市场在资源配置中起“基础性作用”修改为“决定性作用”,[6]这个新表述“有利于进一步在全党全社会树立关于政府和市场关系的正确观念,有利于进一步解放和发展生产力,进一步解放和

---

〔1〕 刘作翔:《迈向民主与法治的国度》,山东人民出版社1999年版,第79~80页。

〔2〕 江泽民:《加快改革开放和现代化建设步伐,夺取有中国特色社会主义事业的更大胜利》(1992年10月12日)。

〔3〕 江泽民同志在《全面建设小康社会,开创中国特色社会主义事业新局面》的报告(2002年11月8日)中提出“在更大程度上发挥市场在资源配置中的基础性作用”,删去了“在国家宏观调控下”的定语。

〔4〕 胡锦涛同志在《高举中国特色社会主义伟大旗帜为夺取全面建设小康社会新胜利而奋斗》的报告(2007年10月15日)中强调“从制度上更好发挥市场在资源配置中的基础性作用”。

〔5〕 胡锦涛同志在《坚定不移沿着中国特色社会主义道路前进为全面建成小康社会而奋斗》的报告(2012年11月8日)中要求“更大程度更广范围发挥市场在资源配置中的基础性作用”。

〔6〕 《中共中央关于全面深化改革若干重大问题的决定》明确提出:“紧紧围绕使市场在资源配置中起决定性作用深化经济体制改革。”

增强社会活力”。[1] 十八届三中全会决定明确指出，要“着力解决市场体系不完善、政府干预过多和监管不到位问题”，“必须积极稳妥从广度和深度上推进市场化改革，大幅度减少政府对资源的直接配置，推动资源配置依据市场规则、市场价格、市场竞争实现效益最大化和效率最优化”。从本质上说，市场的决定性作用，就是维护无数个市场个体的选择自由，也即民事主体的选择自由，契约性法律凝聚着人与人之间的协商、对话和合作，一种建立在契约基础上的自治形式是一种个体性社会自治，内蕴着深刻的个体伦理精神。产权保护和契约规则作为市场机制的两翼，有利于最大限度激发各类市场主体创业、创新活力；有利于加快我国经济转型升级；有利于建设高效廉洁的服务型政府；有利于构建开放型经济新体制。

在社会领域，个体也要遵循团体意志基础上的自治与合作。“具有中国特色社会主义建设的过程，社会主体结构由简单到复杂，从传统的工人、农民和知识分子的简单分层，到包括个体劳动者、私营企业主和各类职业工作者以及其他新兴阶层等各类社会主体成分的出现，多元化多层次的社会主体结构已经初步形成。”[2] 主体的多元决定了利益的多元，利益的多元又反过来推动了主体多元的进一步分化与分层，利益多元是主体及其行为多元的最终根据。由于市民社会以人为本，崇尚理性，实践多元，因此与自治规则具有契合性。[3] 改革开放以来，中国社会结构发生了重大变迁，社会主义市场经济的纵深发展，以及政治体制的民主化改革和思想观念的巨大解放更新，引发了社会结构的变迁和利益关系的分化组合，进而催生了中国市民社会并推动了它的形成与发展。

对于团体意志的作用，十八届四中全会《决定》指出：“深入开展多层次多形式法治创建活动，深化基层组织和部门、行业依法治理，支持各类社会主体自我约束、自我管理。发挥市民公约、乡规民约、行业规章、团体章程等社会规范在社会治理中的积极作用”；“发挥社会组织对其成员的行为导引、规则约束、权益维护作用。”团体自治的效力来源于团体意志，而团体意志的形成主要通过决议行为。《民法典》第 134 条第 2 款规定：“法人、非法人组织依照法律或者章程规定的议事方式和表决程序作出决议的，该决议行为成立。”决议行为虽然属于多方

---

〔1〕 林兆木：《使市场在资源配置中起决定性作用》，载《人民日报》2013 年 12 月 04 日，第 6 版。
〔2〕 王利民、郭明龙：《论“和谐社会”的私法构建》，载《河北法学》2006 年第 2 期。
〔3〕 参见何增科：《市民社会概念的历史演变》，载《中国社会科学》1994 年第 5 期。

意思表示一致,而且各方意思表示的内容是与前者相同的,但决议行为与共同行为不同,“决议的意思表示是相对一致,即大多数意见一致,而且这种最终决议对于未表示同意的当事人也有约束力”。其次,应当发挥习惯规范的作用。按照罗马法传统,习惯而成为法,须具备三项要件:“其一,长期稳定的习惯;其二,普遍的确信;其三,观念上以其为具有法律拘束力之规范。”〔1〕习惯规范要发挥自治作用,须具备三个条件:其一,交往的重复性和长期性;其二,能够及时识别出机会主义行为;其三,受害人有对机会主义者进行惩戒的能力。〔2〕习惯规范促成特定群体的自治,既有建立在利害衡量和心理意识之上的个体义务感和道德感,又有重复博弈而生的声誉机制的保障。

2. 他治

所谓他治,主要是指第三方的治理,是由当事人之外的权威第三方以强制力为后盾对法律的执行进行监督,从而有助于法律执行的一种机制形式。他治包括严格执法和公正司法。

严格执法的理由在于,政府是国家公权力的执行者,公权力的行使系为了公益,但是过度或不当行使又会侵犯私主体正当的私权利。良法善治,依法治理国家需要政府与私主体之间的相互合作,协调处理好私权利与公权力的关系问题,公权力干涉过多会侵犯私权利,干涉过少又不能起到管理社会的责任,这个执法的程度就是严格执法。“只有让人民来监督政府,政府才不敢松懈;只有人人起来负责,才不会人亡政息。”〔3〕严格执法关乎国家的发展与社会的稳定。“然欲能达于法治,个人固须守法,从政人员更须守法。因个人违法,固足以侵害他人之权利,其影响尚小。从政人员违法,更足以侵害他人之权利,其影响尤大。于是法律之任务,小之固为规范人类之生活,大之则为规律政治之措施。”〔4〕法治作为善治,公民守法是前提,作为公职人员更应该依法行政,因为他们一旦突破法律,一方面侵害别人的正当利益,另一方面会影响法律的权威力和政府的公信力,政府一旦失信,想要再树立起公信力是很难的。“在走向法治的道路上,我

〔1〕 Heinrich Honsell, in: Standinger/Eckpfeiler(2005), S. 35. 转引自朱庆育:《民法总论》,北京大学出版社2016年版,第40页。

〔2〕 参见张维迎:《信息、信任与法律》,生活·读书·新知三联书店2003年版,第9~10页。

〔3〕 中共中央文献研究室编:《十六大以来重要文献选编》(上册),中央文献出版社2005年版,第144页。

〔4〕 李肇伟:《法理学》,1979年11月自印本,第12页。

们的最大障碍始终是法律的权威难以建立。中国传统一向人治色彩浓厚,习惯将政策和命令放在高于法律的位置上,法律基础十分漂浮。"[1]正因为中国的非法治传统,所以严格执法在社会主义法治中显得更为突出,需要确立新的执法规则,保障公民的合法权利,同时政府也能更好地履行管理社会的职责。

公正司法是社会主义法治的重要组成部分。司法公正的内涵在于:"公正司法是依法治国的关键,不但要违法必究,而且要求公开、公平、公正司法,追求司法文明和司法正义,奠基依法治国的底线。"[2]司法公正对社会主义法治建设具有最后一道防线的作用,同时承担着维护司法公信力的职责。"司法公正和公信力,集中反映了人民群众对司法的期望,集中反映了司法建设的目的和规律,也是衡量一个国家或地区法治化水平的基本标志。"[3]特别是随着现代网络和社会经济的发展,公众对案件的关注度高,对司法公信力的影响更大。有学者指出:"随着社会经济文化发展,公民的法律意识、权利意识、监督意识不断增强,参与社会公共事务的热情持续高涨,对事关社会公平正义的司法格外关注。现代网络媒体特别是自媒体的兴起,进一步提高了司法的社会曝光率,司法个案极易演变为公共事件。社会对司法的关注点,通常不在案件本身,而在于司法的公正性及其公信力。"公正的司法审判可以维护公信力,而不公正的审判就会带来恶果。英国哲学家培根指出:"一次不公正的裁判,其恶果甚至超过十次犯罪,因为犯罪虽是冒犯了法律—好比污染了水流,而不公正的裁判则毁坏了法律——好比污染了水源。"[4]被科学合理制定出来的良法最重要的一项作用和机能便是为审理案件提供可选择的依据,如果在审理案件的过程中,法律不被尊重,良法的价值就不能体现,更谈不上良法善治。因此,司法公正既是对良法的尊重,也是对善治的遵守。公正司法另一重要的表现,就是法官审理案件不受其他行政部门及个人的干涉。我国《宪法》第 131 条规定:"人民法院依照法律规定独立行使审判权,不受行政机关、社会团体和个人的干涉。"但是在审理案件的实践中,法官是社会群体的一员,可能会受到强权的压迫。因此,有学者指出:"司法公正内在地要求赋予司法强大排除力,即要赋予司法机关排除外部权力

---

〔1〕 杨春福:《全民守法的法理阐释》,载《法制与社会发展》2015 年第 5 期。

〔2〕 蔡文成:《良法和善治:法治视域中的国家治理现代化》,载《理论探讨》2015 年第 4 期。

〔3〕 龙宗智:《影响司法公正及司法公信力的现实因素及其对策》,载《当代法学》2015 年第 3 期。

〔4〕 [英]弗兰西斯·培根:《培根论人生》,何新译,中国友谊出版社 2001 年版,第 103 页。

肆意侵蚀与介入,为法官独立审判、严格司法提供制度性依托的力量。"[1]十九大报告指出:"努力让人民群众在每一个司法案件中感受到公平正义";"任何组织和个人都不得有超越宪法法律的特权,绝不允许以言代法、以权压法、逐利违法、徇私枉法";要构建"善治"必须"深化司法体制综合配套改革,全面落实司法责任制",构建裁判者权责利相一致的良法制度。

根据党的十九大报告的要求,他治成为善治,必须坚持人民主体地位,"健全民主制度,丰富民主形式,拓宽民主渠道,保证人民当家作主落实到国家政治生活和社会生活之中"。显然,基于人民主体地位,广泛人民群众对于国家治理的参与对于实现善治至关重要。应当采取的措施,"扩大人民有序政治参与,保证人民依法实行民主选举、民主协商、民主决策、民主管理、民主监督","巩固基层政权,完善基层民主制度,保障人民知情权、参与权、表达权、监督权","加强协商民主制度建设,形成完整的制度程序和参与实践,保证人民在日常政治生活中有广泛持续深入参与的权利","发挥社会组织作用,实现政府治理和社会调节、居民自治良性互动"。以上措施将民主纳入了法治化轨道,其着力打造的共建共治共享的社会治理格局实现了人民当家作主和依法治国的有机统一,其结果必然是使法治成为善治。

三、小结

建设社会主义法治文化需要良法的制度建设与善治的行为实践相统一。受西方对良法的界定进路影响,我国理论界对良法的标准的研究同样与形式法治论、实质法治论的分歧相联系,当代中国法治实践的类型趋向综合但更接近于实质法治,系经由形式法治而进入实质法治。良法制度建设需要以宪法与法律的效力及其审查机制作为保障。在良法的审查机制中,合宪性审查机制与宪法优位相联系,宪法适用应遵循宪法本身规定的路径,宪法实施和依宪治国是现代政治的果实,要立足本国土壤去培育,我们所要求的宪法实施,必须是符合本国国情的社会主义宪法实施和监督。在良法的审查机制中,规范选择适用权与法律优位相联系,规范选择适用权与"宪法司法化""违宪审查权"并不相同,法官在审判案件时可以按照其效力等级决定其直接适用问题,即行使选择适用权,不必一律报请立法机关裁决。

---

〔1〕丁萍:《推进严格执法,保证司法公正》,载《中共桂林市委党校学报》2014年第4期。

善治的本质特征,就在于它是政府与公民对公共生活的合作管理,是政治国家与市民社会的一种新型关系,是两者的最佳状态。善治涉及三个问题:其一,善治的主体。国家治理被视为系对旧式“统治”风格的一种根本性重构,政府、社会、市场乃至个体的“多元共治”是善治的根本特征,政府作为国家治理的“最权威主体”,其做到善政是通向善治的关键。善政的核心是国家权力应受到制约,公权力主体应遵循责任原则,吸收多元共治实现“善治”,真正实现“政府的归政府,市场的归市场,社会的归社会”,形成职能边界清晰的政府、市场、社会“共治”的现代国家治理体系。其二,善治的状态。善治所追求的状态应当是法治,法治就是最大的善治,并不存在“善治优于法治”。法治中国应坚持依法治理,依法治理之所以是善治,在于法治优于人治。其三,善治的途径。善治包括两大途径,即自治与他治。自治建立在个体意思自治形成的合意之上,在市场领域,基于契约的主体自治是市场经济体制的基本要求,市场在资源配置中起决定性作用;在社会领域,个体也要遵循团体意志基础上的自治与合作,需要进一步积极培育成熟的市民社会,发挥团体意志和习惯规范的积极作用。他治则包括严格执法和公正司法。

建设以民为本的社会主义法治文化,既需要良法,也需要善治。对善治发展状况进行考察,这既可以反映良法的实施情况,又可以反映社会主义法治文化的发育程度和特点。良法善治,就是人民满意的法治。本项目组以“您对我国社会主义法治现状的满意程度是什么”为题进行了全国性调查问卷,在给定的“满意”、“基本满意”、“非常满意”、“不满意”和“不够满意”五个备选答案中,选择占比分别为 19%、51%、5%、8% 和 17%。具体数据结果如图 27 – 3 所示:

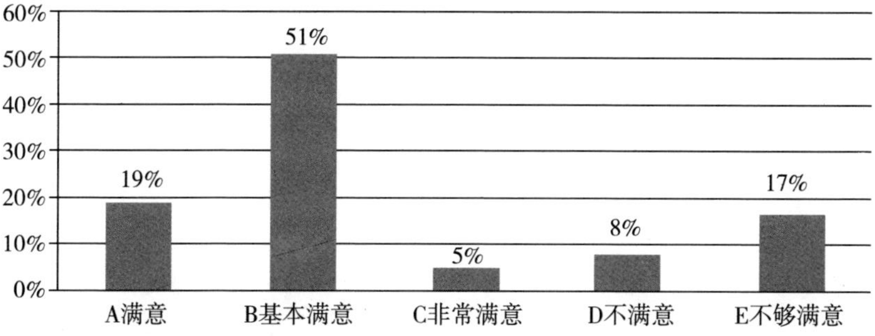

图 27 – 3　“您对我国社会主义法治现状的满意程度是什么”一题调研数据统计

这一数据统计结果显示,人们对于我国社会主义法治现状的“基本满意”和

“满意”程度最高,而“非常满意”占比最低,同时“不够满意”也有较高的占比。这一数据统计结果说明,人们在对我国法治现状“基本满意”的同时还有各种不满意,我国社会主义法治和法治文化在实现良法善治的道路上还有漫长的路的要走,还需要得到很大的提高。

第二十八章

不同区域的民法精神实践

一、民法精神实践的区域性

建设社会主义法治文化的民法精神实践，虽然是统一的社会实践，但是基于民法精神实践的社会生态性，自然表现出不同区域行为的差别性。对民法精神实践的认识，不仅在于它的统一性，而且在于它的差别性，对差别性的认识在于实现统一性的目的。

（一）民法精神实践区域划分的意义

民法精神实践作为一种法治和法治文化实践，虽然有统一的实践根据，但是却是由不同的人在不同的区域发生的，而不同区域的人不同民法精神实践，作为一种生态性的实践，是受区域环境和条件影响的，从而形成了不同区域的民法精神实践的特征——一种特定的市民社会秩序的差别形态。

1. 民法精神实践的区域性不是“地理环境决定论”

“一方水土养一方人”，区域的习惯规范[1]会塑造人的精神，而精神会决定人的行为。生活在一个地区的人，其比较典型的群体行为必然代表和折射该地区人们的精神。在启蒙思想家中，孟德斯鸠对气候、地理和土壤于法律实现的影

---

〔1〕 习惯规范在法社会学和规范法学中界定不同，体现了法律一元论和多元论的对立。本研究采法社会学立场，认为习惯规范属于社会规范范畴，从而具有社会规范的属性。对于法律和社会规范之间的关系，可以参见朱景文、[美]斯图尔特·马考利：《关于比较法社会学的对话》，载《比较法研究》1998 年第 1 期。

响极为看重,他认为:“不同气候的不同需要产生了不同的生活方式,不同的生活方式产生不同类的法律。”[1]他同时认为:“地理位置会影响到政治制度,土壤是否肥沃会影响自由和民主的精神,一个民族的气候、宗教、法律、施政准则、先例和风俗习惯,形成民族的一般精神。”[2]尽管他的地理环境决定论具有片面性,但对于我们揭示地理区域与民法精神实践之间的关系却有一定参考价值。民法精神作为市民社会的行为精神,即市民社会主体的个人实践精神,[3]必然受到个人生活区域或者地域的影响而具有一定的区域差别性特征。

2. 民法精神实践的区域性反映主体与空间相互作用的“场”

美国法学家昂格尔把法看作是解读其所在社会人与人之间结合方式的深层奥秘的暗码体系。在他看来,霍布斯的自由主义世界观塑造了西欧社会17世纪的深层结构,霍布斯的世界观包含着深刻的矛盾和悖论,如心理学层面上的欲望与理性之纠葛,认识论层面上理论与事实的二律背反,政治实践层面上规则与价值的区别与紧张。[4] 同样,民法精神作为上升为民法的市民社会的规范精神,只能通过特定的民法制度得以表现和实现,但是民法精神的制度实践与民法精神的社会存在并不都是统一的,这一点在法律移植国家表现尤甚。只有民法制度实现与民法精神的社会实践统一,才是真正属于这个社会的有效制度和实在精神。显然,对于法律移植特色明显的国家而言,民法精神实践中的制度及其运行与民法精神本身之间是否统一,其制度构造如何表现民法精神和民法精神如何践行民法制度并实现社会秩序的生态转型与构造,就成为一个根本问题。

---

〔1〕 [法]孟德斯鸠:《孟德斯鸠法意》(上册),严复译,商务印书馆1981年版,第310页。

〔2〕 [法]孟德斯鸠:《论法的精神》(上册),张雁深译,商务印书馆1959年版,第311页。

〔3〕 在市民社会中,民法精神实践的内生动力在于自治,即承认和尊重市民社会的实践及其行为自由,包括保留和遵循不同区域的市民社会在行为习惯与方式的权利,这符合善治系政府与公民对社会生活的合作管理、他治与自治相结合的基本定位。国家治理的现代化应当实现法治转型,合作共赢的治理局面必然以对成熟市民社会的培育为前提。从这一意义而言,善治应当是市民社会与政治国家合作追求的目标。市民社会相对于政治社会来说,自立而不自足,政治社会构成市民社会的外部因素,可以弥补市民社会在实现正义、法治与和谐等方面的力量缺陷。有学者认为,当代中国市民社会的培育,应注意防止法律工具主义思想、后发现代化努力导致的工具理性扩张和传统“青天”意识残余三种倾向的影响,强化多元互动,增进自生自发秩序。(参见马长山:《法律的“人本精神”与依法治理》,载《法制与社会发展》2004年第4期)市民社会以人为本,崇尚理性,实践多元,追求自治,对民法精神实践的区域性考察实际上是对市民社会自身的生态秩序及其发育能力的考察。

〔4〕 [美]R.M.昂格尔:《现代社会中的法律》,吴玉章、周汉华译,译林出版社2001年版,第288页。

法国社会学家布迪厄用“场域”来代替结构主义的宏观社会结构,用“惯习”来代替个体心理主义的主观意志。场域是一个具有相对独立性的社会空间,是一个由众多客观关系构成的系统;场域不是“冷冰冰”的物质小世界,而是一个充满价值和意义的世界,场域中的此种意义和价值所指涉的就是惯习。场域需要以一定地理空间为基础,“场域是具有惯习的场域,没有惯习的场域是不存在的;惯习是场域的惯习,脱离场域的惯习也是不存在的”。〔1〕一定地理空间内的个体的民法精神实践,连接着场域和惯习,因为场域是社会实践的空间,主要回答的是行动者在哪里实践的问题;惯习是社会实践的逻辑,主要回答的是行动者如何实践的问题。一定的地理空间构成了场域与惯习相互作用的主客观相统一的“场”。因此,实证研究和深度认知我国社会转型期的民法精神实践的不同区域性表现和特征,对于标志和衡量我国法治文化的生态发展水平及其在不同区域的成熟条件,并运用于我国法治文化建设的科学决策,具有重要的现实意义。

(二)民法精神实践区域划分的标准

就区域的概念界定,美国地理学家惠特尔西(D. S. Whittlesey)认为,就是“相异于周边地区特征的一片同质性地域,此种差异性或源自自然或是人为而成,间或是自然与人为二者兼备而成的特征”。〔2〕根据以上界定,美国学者施坚雅曾在对中国宏观区域进行研究时,将中国内部区域区分标准确立为四个,即分水岭标准、人口密度标准、经济腹地标准、城市体系标准。施坚雅以第一个标准为主,其余为辅,把中国划分为九大区域,分别是华北区域、长江上游区域、长江中游区域、长江下游区域、东南沿海区域、岭南区域、西北区域、云贵区域、满洲区域。〔3〕我们认为,在西方学者对区域的界定和划分标准的讨论中最核心的要素是“同质性”,关于同质性的判断需要综合政治、经济、文化等因素,而长期形成的地理划分恰与以上因素的划分具有相当程度的吻合性,因此,在具体的研究应用中,可以借鉴西方学者的观点,并根据各种因素进行综合判定和划分。

---

〔1〕参见[法]皮埃尔·布迪厄、[美]华康德:《实践与反思——反思社会学导论》,李猛、李康译,中央编译出版社1998年版,第132~142页。

〔2〕D. S. Whittlesey, *The Regional Concept and the Regional Method in American Geography: Inventory and Prospect*, New York: Syracuse University Press, 1954, p. 278.

〔3〕[美]施坚雅:《中华帝国晚期的城市》,叶光庭等译,中华书局2000年版,第11~14页。

1. 民法精神实践的区域划分不同于地理区划

地理的区域划分是区域研究的一项重要内容和方法,它立足于地域分异规律的客观基础之上,根据一定的目的、按相应的原则和方法进行地理系统分区。[1] 行政区划、自然区划、农业区划、经济区划、综合发展区划等,都属于区域分划,也都与我国政治、经济、社会发展密切相关。我国地理区划有所谓四大地理区划(北方地区、南方地区、西北地区和青藏地区)、六大地理区划(华北、东北、西北、华东、中南、西南)、七大地理区划(华东、华北、华中、华南、西南、西北、东北)和四大经济分区(东北地区、东部地区、中部地区、西部地区)的基本划法。[2] 我们认为,地理区划的标准大致是考虑温度条件和水分条件组合大致相同,区域气候的成因基本相似,以及土壤、植被、土地利用等方面的共性而划分的。然而,人们的民法精神实践不仅与自然地理因素相关,而且还与交通条件、经济发展水平、民族分布因素、城镇化水平、教育发展水平、传统上的行为习惯等息息相关,所以相关标准不可能非常精准。

2. 民法精神实践的区域划分与地理区划基础

在地理区划上,研究者有所谓四大地理区划和四大经济分区。四大地理区划,即根据各地的地理位置、自然和人文地理特点的不同,把我国划分为四大地理区域,即北方地区(黑龙江省、吉林省、辽宁省、北京市、天津市、河北省、河南省、山东省、山西省)、南方地区(湖北省、湖南省、江西省、福建省、安徽省、江苏省、浙江省、上海市、贵州省、云南省、四川省、重庆市、广东省、广西壮族自治区、台湾省、香港特别行政区、澳门特别行政区)、西北地区(新疆维吾尔自治区、内蒙古自治区、甘肃省、宁夏回族自治区、陕西省)和青藏地区(青海省、西藏自治区)。四大经济分区则根据我国经济社会加速发展的新形势,将全国分为东部地区(北京市、天津市、河北省、山东省、江苏省、上海市、浙江省、福建省、广东省、海南省、台湾省、香港特别行政区、澳门特别行政区)、东北地区(黑龙江省、吉林省、辽宁省以及内蒙古自治区东部的呼伦贝尔市、兴安盟、通辽市、赤峰市、锡林郭勒盟)、中部地区(山西省、河南省、湖北省、湖南省、江西省、安徽省)和西部地区(重庆市、四川省、广西壮族自治区、贵州省、云南省、陕西省、甘肃省以及宁夏回族自治区、新疆维吾尔自治区、青海省、西藏自治区以及内蒙古自治区西

---

〔1〕 韩渊丰:《中国区域地理》,广东高等教育出版社 2000 年版,第 113 页。

〔2〕 参见王静爱主编:《中国地理教程》,高等教育出版社 2006 年版,第 216 ~274 页。

部),并提出西部开发、东北振兴、中部崛起、东部率先发展的目标。本书调研涉及甘肃、青海、宁夏、内蒙古、天津、山东、河南、山西、贵州、云南、浙江、江苏和四川等十三个省(市、自治区),颇具代表性,本书综合四大地理区划和四大经济分区标准,分别按照北方地区(甘肃、青海、宁夏、内蒙古、天津、山东、河南、山西等)和南方地区(贵州、云南、浙江、江苏、四川等)、东部地区(浙江、江苏、天津、山东等)和西部地区(甘肃、青海、贵州、云南、宁夏、内蒙古、河南、山西、四川等)进行研究,其中北方地区与南方地区相对应、东部地区与西部地区相对应。北方地区和南方地区的划分及其样本的采用与数据对比更多考虑对权与法关系的认识、对习惯和市场规范的态度;东部地区和西部地区的划分及其样本的采用与数据对比更多考虑到经济发展与法治意识的关系、民族习惯与理性环境因素对民法精神实践的影响等。

二、南北方区域的民法精神实践

我国南方和北方不仅存在气候和地理环境等自然条件的差别,且在社会习惯与人文基础方面也有一定的不同,这也必然在一定程度上影响人们的社会行为及其民法精神实践。

(一)制定法在社会生活中的地位

1. 昂格尔的"法"概念及其在我国当代的投射

昂格尔建立了分析法与社会关系的类型论的概念框架,即"习惯的或相互作用的法"、"官僚的或管理的法"以及"法秩序或法体系"。第一种法律概念是"习惯的或相互作用的法"。按照这一概念,法律仅仅是反复出现的、个人或群体之间相互作用的模式。对于习惯法来说,存在着这样的临界点,此时对规则的背离反而重新制定了规则。所以,选择规则和依据规则作出决定之间的区别,就像习惯与义务的差异一样,在习惯法的世界中是颇为模糊的。[1] 第二种法律概念是"官僚法或管理的法"。这种法律是由政府蓄意强加的,而不是社会自发形成的,不过官僚规则总伴随着严格限制其范围的其他类型的法律,一方面是习惯,它继续支配着日常生活的诸多领域,另一方面是神法,它通常掌握在独立的僧侣阶层手中。第三种是"法秩序或法体系",它仅仅在非常特殊的环境中才能产生或生存,不仅具备公共性和实在性,而且具备普遍性和自治性。

---

〔1〕［美］R. M. 昂格尔:《现代社会中的法律》,吴玉章、周汉华译,译林出版社 2001 年版,第 46 页。

按照以上界定的理论框架,昂格尔从一种比较分析的观点对中国问题展开评述。他首先将早期中国分为两个阶段:第一阶段是春秋之前,大致截止于公元前6世纪中叶左右;第二阶段始于春秋中叶,经战国直到秦始皇统一中国。前一阶段,“礼”的概念充分体现了中国封建社会中法的含义,它不是实在的,也不属于公共规则,严格说都不属于法;后一阶段,中国的社会和文化进入改革时期,“法”成为具有实在性和公共性的官僚法。[1] 为什么中国传统社会存在“法”但未能产生出法治精神呢?昂格尔认为,主要原因在于缺乏形成现代型法秩序的历史条件——集团的多元主义、自然法理论及其超越性宗教的基础,领导权的归属带有概率性,存在着具有至上性的正义观念,社会犹如不同利益的竞技场,为了公平地分配权力、调整各种利益关系,以上帝之名必须制订一套中立的、具有普遍性和自治性的法律规范。[2]

虽然昂格尔对“法”的概念及其有关中国“法”现象的分析是历史性的,并且是基于西方人的法律观点,以西方的概念框架套用于社会主义法治,结论未必正确。就集团的多元主义条件而言,背后反映的是利益的多元性,对私的利益之承认、自治秩序之秉持都可以造就多元主义,当代中国虽然坚持公有制为主体,但承认私人利益,所有制差异并不影响平等保护,各种利益群体具有比较完善的利益代表和表达机制,法治社会奠基于市民社会基础之上,“权为民所用”“将权力关进制度的笼子”已在国家和社会层面具有广泛共识,立法已经成为各种利益关系经过充分博弈后的成果。在自然法和超越性宗教条件上,我国并不具有这种历史传统,但并不能据此断言我国不能形成“法治”,法治并非只有宗教法和自然法唯一模式,当代中国“科学立法、严格执法、公正司法和全民守法”的法治实践正在推进中,法治国家、法治政府和法治社会一体建设,融合了形式法治与实质法治的“新法治观”正在我国生根发芽。昂格尔“法”概念框架对于中国法之研究,由于理论工具选取有误而结论并不正确。但必须承认,昂格尔“法”概念框架与法治条件的分析也有其合理成分,比如对中立的、具有普遍性和自治性法律规范的追求,对形式正义的坚持等都是法治的应有之义,最值得注意的是“官僚法”之标签,在一个人治传统浓厚的国度中建设法治,这并非全是偏见,这个标签提示我们必须

---

〔1〕[美]R. M. 昂格尔:《现代社会中的法律》,吴玉章、周汉华译,译林出版社2001年版,第89~99页。

〔2〕[美]R. M. 昂格尔:《现代社会中的法律》,吴玉章、周汉华译,译林出版社2001年版,第284~285页。

时刻注意“权与法”关系问题，因为“权大还是法大是一个真命题”，[1]是建设社会主义法治必须解决的问题。昂格尔“法”的概念对于我们认识中国社会自身的“法”和法治问题，仍然具有一定的启示意义，尤其是对于深受中国传统“法”现象影响的南、北方地区的法实践分析，更具有一定的参考价值。

2. 权与法关系的当代实践

官僚的法存在的社会背景虽然已经成为过去，但作为一种思想，其对我国民众的行为模式仍有深刻影响，它集中反映在对权力的认识、权力与法的关系的认识上。本书项目组以“您认为法律与政府权力的关系是什么”为题进行了全国性调查问卷，在对设定的四个备选答案（A. 比权力有用；B. 没权力有用；C. 作用差不多；D. 作用不同）的回答中，涉及对权力（相当于“官僚的法”）和法律（类似于具有自治性的“法律秩序或者法律制度”）功能的比较。对此，获取的调研数据结果如图 28－1 所示：

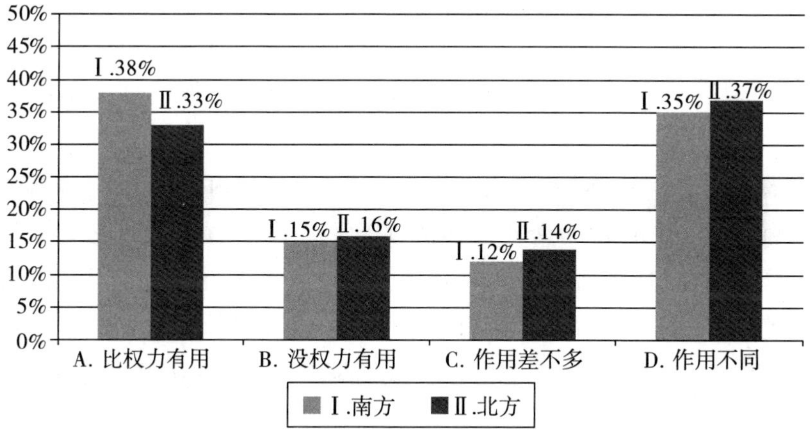

图 28－1　“您认为法律与政府权力的关系是什么”一题调研数据统计

上述数据统计结果显示，在法律与权力关系的四个选项中，认为二者“作用差不多”“作用不同”的观点实际是模棱两可的，北方地区（14% 和 37%）和南部地区（12% 和 35%）差距不大，但认为法律“比权力有用”与“没权力有用”的观点则呈现出较大差异。在北方地区，认为法律“比权力有用”的受访者占比

〔1〕 习近平：《在省部级主要领导干部学习贯彻党的十八届四中全会精神全面推进依法治国专题研讨班上的讲话》，载中共中央文献研究室编：《习近平关于依法治国论述摘编》，中央文献出版社 2015 年版，第 37～38 页。

33%，认为“没权力有用”的受访者占比16%，有更多的受访者认为法律比权力有用；在南方地区，认为法律“比权力有用”的受访者占比38%，认为“没权力有用”的受访者占比15%，也同样有更多的受访者认为法律比权力有用。但是，如果比较认为法律“比权力有用”的受访者在北方地区和南方地区的数据，我们还是能够发现其中存在的较大差距：北方地区比南方地区低5%，相应认为“没权力有用”的受访者，北方地区比南方地区高1%。这说明，在北方地区人们的民法精神实践中，认同权力的意识或潜意识要比南方地区更高一些。因此，我们可以大致推断：在北方地区，受访者对于权力功能的认识相比南方地区更多被视为一种恣意，命令可能凌驾于法律之上，行政可能凌驾于司法之上。具体分析其可能的原因是：

首先，商品经济发育程度及商事惯例对权力观的影响。中国最早的资本主义萌芽出现在明朝中叶的东南沿海。新中国成立以来，特别是1978年改革开放后，我国东南沿海也是市场经济发育程度最高、经济关系最活跃的地区。“商的世界”原则上是自治的世界，以独立人格和自由意志为前提，市场经济对于平等观念与原则的形成具有积极作用。马克思指出：“商品是天生的平等派和昔尼克派，它随时准备不仅用自己的灵魂而且用自己的肉体去同任何别的商品交换，哪怕这个商品生得比马立托奈斯还丑。”[1]在市场关系中产生的交易规则，基于交易者的地位平等，必然是符合正义的条件。“市场的内生性正义，包括生产正义、交换正义、收益正义、分配正义和消费正义”，而“市场溢出性正义主要表现为市场能够构建和培育平等、开放、竞争、创新、信任、法治等社会秩序以及人的行为规范和思想意识”。[2] 显然，市场经济条件下的正义观念必然影响到人们的“权力”与“权利”观，并进一步影响到人们对法和法治的认识及其对社会秩序的诉求。

其次，与权力中心之间的距离对权力观的影响。中国历史上形成的单一制国家的传统，导致政治中心、经济中心和文化中心等大概率叠加，权力中心位于北方居多，新中国选择了定都北京。长期实行的计划经济体制实际以行政权力作为资源配置的基本手段，时空距离会影响权力下沉的广度和深度，导致中国传统的权力秩序对北方民众的影响较南方更深。与此不同，南方由于和权力中心的距离相对较远，在利用权力配置资源的夹缝中，市场更容易得到发育，相较于

〔1〕 马克思：《资本论》（第1卷），人民出版社1975年版，第103页。

〔2〕 胡敏中：《论市场的内生性和溢出性正义》，载《当代中国价值观研究》2018年第2期。

北方地区人们对权力的“唯一”性认识，南方地区的民众对集中权力所推动、他人安排的“政治参与”的认识则比较淡漠，而个人更多地被市场唤醒了权利意识。这种权利意识的觉醒，“是对我的感觉和价值的追求，人们似乎既不理解政治，也对政治或权力没有过多的兴趣”。[1]

“法律必须被信仰，否则它将形同虚设。”[2]如何唤起民众对法律的信仰及对法的理性遵从，是中国走向法治的关键。在本项目的调研中，受访者普遍表现出对权力运行状况的不满意，这是我国社会存在的权力失范、权力行使不公开透明等问题的必然结果。[3] 显然，任由权力无限施加社会影响，其后果是非常严重的。因此，在建设社会主义法治和法治文化的过程中，民众追逐权力、迷信权力、崇拜权力的传统观念必须得到改变。法治的目的是防止权力行使的恣意性，法一旦成为某种权力恣意的产物，良法所应具备的公平和正义即被抽空，善治也就无从谈起。与上述结论相一致，本项目组以“您认为法律在现实社会生活中的作用是什么”为题进行了全国性调查问卷，在四个备选答案（A. 很大；B. 不大；C. 偶尔有用；D. 根本没用）的回答中，取得了南方和北方地区的不同数据样本。具体数据统计结果如图 28－2 所示：

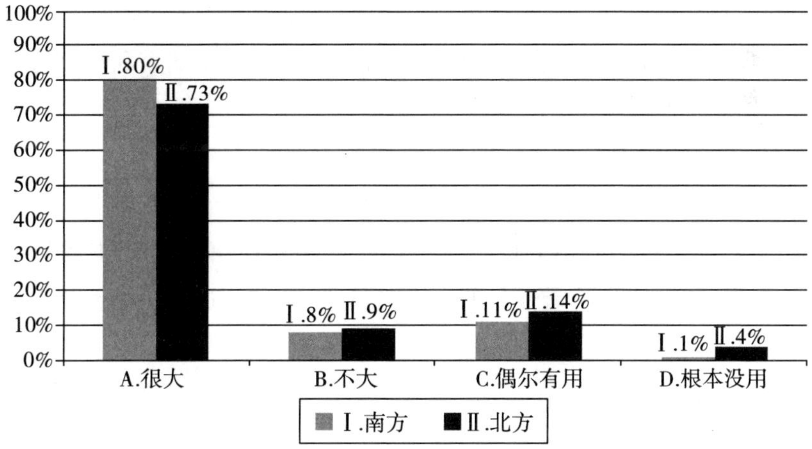

图 28－2　“您认为法律在现实社会生活中的作用是什么”一题调研数据统计

---

〔1〕 晏辉：《政治哲学视阈中的中国问题与中国道路》，载《齐鲁学刊》2018 年第 2 期。

〔2〕 [美]伯尔曼：《法律与宗教》，梁治平译，生活·读书·新知三联书店 1991 年版，第 28 页。

〔3〕 在本书项目组对十三个省、自治区、直辖市的调研专访中，受访者多反映我国社会存在的执法与司法不透明、不公正的现象，特别是在基层部门处理一些法律问题时，存在严重的“人情”问题，而这一权力行使与“人情”问题牵扯到一起的现象在农村地区最为普遍。

上述数据统计结果显示，南方地区选择作用“很大”的占比为80%，选择“根本没用”的占比为1%，而北方地区选择作用“很大”的占比为73%，选择“根本没用”的占比为4%。也就是说，两者比较，南方地区样本中认同法律在现实社会生活中“作用更大”的观点比北方地区高出7个百分点，而认为“根本没用”的观点南方地区则比北方地区低了3个百分点。可见，南方地区无论是在对权力与法的认识，还是对法律作用的观点，都更接近民法精神及其法治实践的要求，而与南方相比，北方地区的回答结果则更多认同“权力”的地位与作用。

“官僚的或管理的法”作为一种权力的法，是我国清末变法之前中华法系的传统与特点，它深刻影响着中国社会的法律观念与行为实践。昂格尔认为，与“法秩序或法体系”相比，尽管它也是实在的(制定的规则)、公共的(国家规范与社会规则的区别)和具有普遍性，但其普遍性总是一种权宜之计，用于“确保统治者对大众的控制，约束自己的代理人，剥夺政府之外的任何社会团体的能够使他们抵制国家政策的种种特权”，[1]可以说，“依赖法并不代表人们相信除了有时作为权力组织计策之外的法律普遍性”。[2] 官僚的法或者权力缺乏命令和法律、行政和司法的划分，缺乏实质的、体制的、方法的和职业的自治。因此，从依法治国和法治文化建设的角度及其要求来说，官僚的法或者权力在社会生活中的作用越大，越表明既无良法也无善治，会阻碍和影响一个国家和社会的法治和法治文化的真正形成。

全面依法治国是“四个全面”战略布局的重要组成部分。党的十八届四中全会专题研究依法治国问题，并作出我们党历史上第一个关于加强法治建设的专门决定，开启了中国法治新时代。习近平总书记指出：“权大还是法大的问题，这是一个真命题”；“没有监督的权力必然导致腐败，这是一条铁律”。[3] 依法治国要以规范和约束公权力为重点，把权力关到笼子里，努力形成科学有效的权力运行制约和监督体系。“良法”尚须“善治”，只有以良法实施善治，依法治国方能实现。

---

〔1〕 [美]R. M. 昂格尔：《现代社会中的法律》，吴玉章、周汉华译，译林出版社2001年版，第98页。

〔2〕 [美]R. M. 昂格尔：《现代社会中的法律》，吴玉章、周汉华译，译林出版社2001年版，第97页。

〔3〕 习近平：《在省部级主要领导干部学习贯彻党的十八届四中全会精神全面推进依法治国专题研讨班上的讲话》，载中共中央文献研究室编：《习近平关于依法治国论述摘编》，中央文献出版社2015年版，第37~38页；习近平：《着力培养选拔党和人民需要的好干部》，载《习近平谈治国理政》(第一卷)，外文出版社2014年版，第418页。

(二)调整人们行为的规范体系

调整人们行为的规范,是一个规范的社会行为体系,它不单纯是一个法律体系,而是一个包括习惯和道德在内的社会生态秩序体系。

1. 民法精神实践的习惯法作用

在古代中国,国家把法律智慧和规范技能大多倾注在预防和惩治突破秩序底线的行为方面,国家法范畴的律、令、例等规范形式采取强制义务性规定,属于昂格尔所谓的典型"官僚的或管制的法"。但是,对于私人之间并非犯义的问题,则交由存在于自治领域的礼制、家法族规、风俗、民约等习惯规范调整。[1]在我国,神权从未取得凌驾于皇权之上的地位,独立宗教控制的神法在我国未能取得独立统治地位,而是和皇权"官僚的或管理的法"媾和,共同实现统治。在这一体系中,习惯继续支配着日常生活的诸多领域。"中国人解决争端首先必须考虑'情',其次是'礼',最后是'理',只有最后才诉诸'法'。"[2]韦伯也认为,中国传统法律是一种"实质的伦理法",在这种体制之下,法律与宗教、伦理规范和风俗习惯等含混不清,道德劝诫和法律命令没有被形式化地界定清楚。[3] 在伦礼法的秩序体系中,礼制是最为接近国家政统和法统的规范,它在现实生活中以习惯或者风俗的规范形式表现出来,并反映为一定形式的家法族规和地域性的乡规民约,这是一种最能体现中国传统的"私人自治"的规范与秩序形态。[4]

同样,从传统社会走来的中国当代社会,如何看待习惯法或民间法在社会治理中的作用以及它们到底发挥或者应当发挥何种作用,仍然是考察中国社会法治实践的一个根本命题。虽然历经政治、经济等诸多洗礼的乡村社会对社会秩序的维持已经从费孝通先生所归纳的乡土社会中的"礼制秩序"、"长老统治"、"无为政治"[5]等形态中发生了殊多变幻,但是在社会治理和对公共秩序的维护中,人们对法律和习惯法的角色分别做如何认识,则必然构成对人们现实的实践

---

〔1〕 张生:《从社会秩序的角度解读中国"古代民法"》,载王利民主编:《论中国传统民法文化与中国民法典》,法律出版社2015年版。

〔2〕 [法]勒内·达维德:《当代主要法律体系》,漆竹生译,上海译文出版社1984年版,第486页。

〔3〕 参见[德]马克斯·韦伯:《儒教与道教》,洪天富译,江苏人民出版社1995年版,第110页。

〔4〕 有学者认为,中国古代的民约在社会消费和交易的意义上,体现了很大的社会自由度和相当程度的私人关系的自治。(参见[日]岸本美绪:《"市民社会论"与中国》,载[日]滋贺秀三等:《明清时期的民事审判与民间契约》,法律出版社1998年版)

〔5〕 参见费孝通:《乡土中国》,生活·读书·新知三联书店1985年版,第48、60、65页。

与生态的法治观念的反映。本项目组以“在下列选项中您认为对您最具有现实约束力的是什么”为题进行了全国性调查问卷,在对给定的七个备选答案(A. 国家法律;B. 民族习惯;C. 乡规民约;D. 道德伦理;E. 宗教信仰;F. 个人意志;G. 领导意志)的回答中取得了北方和南方地区的不同数据样本。具体数据统计结果如图 28 –3 如示:

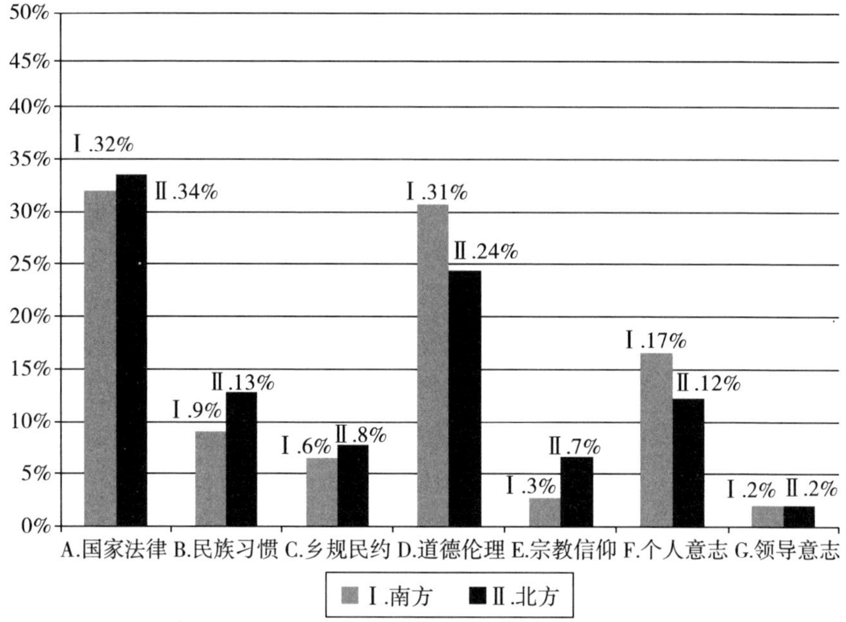

图 28 –3 “在下列选项中您认为对您最具有现实约束力的是什么”一题调研数据统计

上述数据统计结果显示,无论是北方地区还是南方地区,认同“国家法律”最具现实约束力的比例最高,分别为 34% 和 32% ,而对自治领域的“民族习惯”“乡规民约”“道德伦理”“宗教信仰”等习惯规范的认识与选择均不能与之相比。这说明,一方面,中国社会作为一个传统的权力社会的现实并没有得到根本的改变;另一方面,在我国社会,国家权力向基层社会的渗透和深入效果显著,传统上交由习惯规范调整的领域在新中国成立后“破旧立新”的社会变革中已经转由国家制定法调整,作为对这一结果与现实的反映,人们对法律作用的直觉认识明显。在中国社会的转型过程中,“最具支配力的一个因素可能是中国的现代化”,而追求这一目标的历史语境中,“作为传统之延续的‘习惯’很自然会在某种程度上——或者在直觉上让人们感到——是不利于社会的全面现代化的”,[1]也就成为社会和政治变革强力扫除的首要对象。可以说,近代以来我国的法律移植,特别是改革开放以来的我国法律体系建设步伐的加快和依法治国方略的确立等均对人们的法治观念与法治实践产生了很大影响,其特有的外在强力对社会自治的习惯法规范造成了持续“挤出”效应。因此,在市场经济的条件下,如何认识和运用习惯对自身行为的调整作用,是市民社会及其生态秩序发育的一个重要问题。

另外,在该问卷调查中,认同“民族习惯”和“乡规民约”的合计占比在北方和南方分别为21%和15%,明显低于对“国家法律”的认同,这一结果与新中国成立后特别是改革开放以来长期将制定法作为唯一法源并强调其统一的规范作用的情况与做法相一致。[2] 同时,对于这种传统的经验性的规范形态的认同,南方占比明显低于北方,这可能与改革开放以来南方的市场经济相对于北方有更高程度的发展并因此相信更具有稳定性和可预见性的法律有关。这类经验性规范作为社会实践的产物,其调整的作用,是一种哈耶克所言的“自生自发秩序扩展的过程”。[3] 根据布莱克的法律变量原理,“当一个社会的关系距离缩短时,法律的量就会减少”。法律与其他社会控制是成反比的,其他社会控制增加了,法律的量必定减少。[4] 随着熟人社会向陌生人社会、计划经济社会向市场经济社会、封闭社会向开放社会的社会转型,自治领域的礼制、家法族规、风俗、民约等习惯和传统的规范形式的作用逐步下降,国家制定法以外部性的力量介入传统社会治理的不断加强,必然使老百姓感到国家法律所具有的现实约束力。然而,由于知识结构的限制,人们对于国家法的认知限于他们所亲身感受到的经验,这种经验根深蒂固:国家法律和国家权力是某种意义上的同义语,乡政府、派出所、法庭和村干部等就是国家法律的代表者。

民众对权力或者法的相信,是由它们在社会生活中的作用决定的。由于中国社会的“权力结构”性,民众相信权力而不是法,因此“对权力机构及权力机构拥有者加诸他们身上的不公,他们所采取的救济途径更多是以权力来制约权力,

---

[1] 苏力:《当代中国法律中的习惯——一个制定法的透视》,载《法学评论》2001年第3期。

[2] 随着《民法典》总则编第10条将“习惯”作为“法”的渊源,这种情况可能会逐步得到一定程度的改变。

[3] F. A. Hayek, *The Constitution of Liberty*, University of Chicago Press, 1960. p. 159 ~ 160.

[4] 参见[美]布莱克:《法律的运作行为》,唐越、苏力译,中国政法大学出版社1994年版,第47页。

通过上访由更高的权力来纠正，而不是通过法律渠道来纠正权力的不当行为”。[1] 在基层的社会治理之上，虽然习惯规范随着外在的国家法律介入而被挤出，但正如有研究指出，中国的乡村社会不相信终极的彼岸的价值关切，只服从现世的可以触摸的利益选择，国家法律介入时是作为习惯规范的对立面出现的，但是在实际运作上，为了减少阻力，便不得不利用乡村社会中的日常权力技术，“法律强制的一面与乡村社会的温情脉脉的一面结合在了一起”。[2] 在这方面，本书项目组的调研体会印证了这种判断：对普通百姓来说，我们的学术话语和官方话语根本就是外语，老百姓听不懂也不相信，看到他们思考“法律与权力关系”的瞬间表情，你会发现他们的生存和生活智慧是无法被轻视的，在狡黠的应对策略和残酷的斗争生活之间，他们比任何试图侵入他们领地的人都聪明！[3]

在该问卷调查中，人们对“道德伦理”和“个人意志”的认同虽然不及“国家法律”，但是不论是在北方还是南方均有较高的占比。然而，与对“民族习惯”和“乡规民约”的认同占比“北高南低”相反，对“道德伦理”和“个人意志”的认同占比，则是“南高北低”，两项合计的占比分别为48%和36%。显然，随着市场经济的发展与成熟，人们越来越看到了“道德伦理”和“个人意志”作为自律性规范在调整市场经济关系和构造市民社会秩序中所具有的国家法律所不可替代的作用，这一点，尤其在市场经济相对发达的南方地区，反映出人们有更高的觉醒与认识水平。相信，随着我国以民为本的法治和法治文化建设的不断深入，以个人行为自律为基础的社会生态规范必将在更大范围和更广深度上影响和支配人们的现实行为并成为民本社会秩序构造的决定性因素。

2. 民法精神实践的道德作用

实践中，自治领域的礼制、家法族规、风俗、民约等传统习惯规范往往与道德交织在一起，共同成为人们的现实行为规范条件。虽然道德与法律在形成原因、存在条件、表现形式、调整范围和实现方式等方面存在一定的不同，但是道德与法律一样，都属于社会现象和意识形态范畴，是一定社会关系的反映，具有规范

---

[1] 张立伟：《乡村社会的秩序与纠纷处理》，载谢晖、陈金钊主编：《民间法》（第1卷），山东人民出版社2002年版。

[2] 强世功：《一项法律实践事件的评论》，载王铭铭、王斯福编：《乡村社会的秩序、公正与权威》，中国政法大学出版社1997年版。

[3] 本书项目组调研日记：《在城乡基层重新“结识”法律》。

性和价值性，与法律特别是民法具有本质上的统一性，它们共同构成了一个人类统一的行为规范的价值体系。[1] 为考察不同地区的人们对自治领域的礼制、家法族规、风俗、民约等习惯规范与道德关系的认识能力，并获得其对这些规范作用的更多认识，本书项目组以"您认为法律与道德的关系是什么"为题进行了全国性调查问卷，在四个备选答案（A. 比道德有用；B. 没道德有用；C. 作用差不多；D. 作用不同）中，南、北方地区受访者的回答仍然表现出一定的差异。具体数据统计结果如图 28－4 所示：

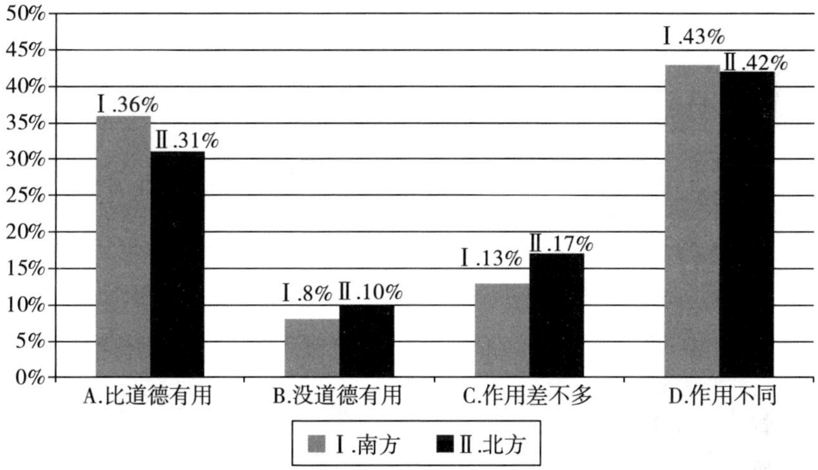

图 28－4　"您认为法律与道德的关系是什么"一题调研数据统计

在将道德或习惯规范作为社会调整工具的认识上，强调国家法律的治理还是礼法结合，既是一个法治理念也是一个行为实践的根据问题。显然，在对当代中国法律与道德的关系的认识上，认为"作用差不多"和"作用不同"的观点，实际上是较多认可在制定法之外的自治领域中，礼制、家法族规、风俗、民约等传统习惯规范的作用，而"比道德有用"的观点则更倾向于制定法对社会关系的一元化调整。上述数据统计结果显示，在受访者中，北方地区认为"作用差不多"和"作用不同"的样本，合计占比为 59%，与"比道德有用"的观点（占比 31%）相比高出 28%；而在南方地区，认为"作用差不多"和"作用不同"的样本合计占比 56%，与"比道德有用"的观点（36%）相比高出 20%。可见，从绝对值上观察，北方地区主张"比道德有用"的观点比南方地区低 5 个百分点。我们可以得出这

〔1〕 王利民：《民法的精神构造：民法哲学的思考》，法律出版社 2010 年版，第 43 页。

样一个初步结论：在北方地区的人际关系调整中，自治领域的礼制、家法族规、风俗、民约等习惯规范占有更重要的地位并在实际发挥更大的作用。

3. 民法精神实践的纠纷解决方式

中国传统法律之适用，除了以国家治乱为标准设计的诉讼程序外，对大多数民间纠纷一般带有调处的形式特征、具有教化的功能，而非以维护社会个体权利为中心而展开的专门诉讼。[1] 在中国传统法制思想中，中和、中庸的理念一直是最基本的秩序理念，世事不必一定按照法律礼教的是非曲直去安排，也不特别强调对权利损害与归属的救济，而是尽量按照息事宁人、抚平裂痕、回复和谐的眼下需要去考虑，民众有"厌讼"之风。[2] 为了考察中国当代社会人们在面临纠纷时的态度，本书项目组以"当您与他人发生法律纠纷时，您认为下列解决方式哪一项最有效"为题进行了全国性调查问卷，在对五个备选答案（A. 法律；B. 权力；C. 武力；D. 和解；E. 忍让）的回答中，获取的数据统计结果如图 28－5 所示：

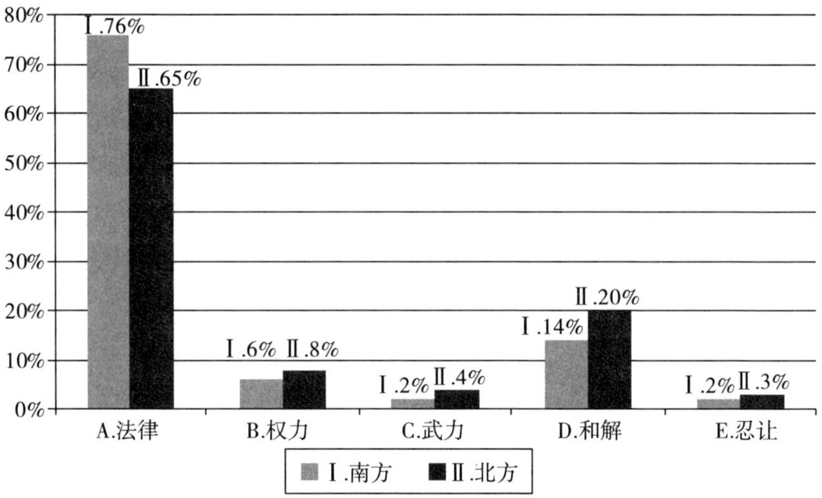

图 28－5 "当您与他人发生法律纠纷时，您认为下列解决方式哪一项最有效"一题调研数据统计

这一问题的数据统计结果显示，除个别省份的极少数据（如宁夏回族自治

〔1〕 张生：《从社会秩序的角度解读中国"古代民法"》，载王利民主编：《论中国传统民法文化与中国民法典》，法律出版社 2015 年版。

〔2〕 范忠信、黄东海：《传统民事习惯及理念与移植民法的本土化改良》，载王利民主编：《论中国传统民法文化与中国民法典》，法律出版社 2015 年版。

区的 A 和 B 选项)出现异常而可能是受到某种“数据污染”外,北方地区和南方地区各省市自治区在该问题上的数据差别不大。在发生纠纷时,民众认可的有效纠纷解决方式首先是法律(主要是司法途径),南、北方的占比分别为 76% 和 65%,其次是和解(包括和解以及各种形式的调解等),南、北方占比分别为 14% 和 20%,其他占比南、北方都极度偏低。显然,“法律”的解决方式相对于“和解”等其他方式都占明显优势,这是我国法治和法治文化建设与发展的必然结果。不过,这一数据统计结果还是表现出南、北方之间存在的较为明显的差别:一方面,南方对纠纷解决方式的“法律”选择比北方高出 11 个百分点,说明南方的市场经济发展使其更重视纠纷的法律解决;另一方面,北方对纠纷解决方式的“和解”选择反比南方占比高出 6 个百分点,说明人们对纠纷问题的解决更多受“以和为贵”的传统观点影响而更加趋于传统。

中国法律近现代化的历史,是一部域外法制移植中国的历史,经过一百多年的法制移植努力,的确取得了相当的成就,面临法律纠纷,民众首先想到的是以诉讼为主要形式的法律解决方式。但是,也有学者认为,忽视中国传统法律文化和心理的法律移植的结果必然使这种移植产生较强的“排异反应”,现实中国的法律闲置、权利无着、权力任性、司法失威等法治乱象正是这种“排异反应”的典型症状。[1] 从纠纷解决的层面来说,传统民间纠纷具有调处特征和教化功能,并非仅为维护个体权利,这一特点随着法治化进程加快,正在经历深刻反思。民事纠纷的调解曾被视为“东方经验”而被我国民事审判所推崇,历史上曾经形成过“马锡五审判方式”,到 20 世纪 90 年代又因其非程序、非正式和模糊权利诉求而备受批判,而进入 21 世纪以来随着民事案件数量的急剧膨胀,多元化纠纷解决机制又经历否定之否定,重新受到重视并被寄予厚望。十八届四中全会《决定》提出:“健全社会矛盾纠纷预防化解机制,完善调解、仲裁、行政裁决、行政复议、诉讼等有机衔接、相互协调的多元化纠纷解决机制。”2015 年 10 月中央全面深化改革领导小组第十七次会议审议通过《关于完善矛盾纠纷多元化解机制的意见》,进一步明确了完善矛盾纠纷多元化解机制的指导思想和基本原则,提出了健全工作格局、推进制度建设、搭建化解平台、促进各类非诉讼矛盾纠纷解决方式健康发展等工作任务。矛盾纠纷多元化解机制的复苏是多种社会需求合力

〔1〕 范忠信、黄东海:《传统民事习惯及理念与移植民法的本土化改良》,载王利民主编:《论中国传统民法文化与中国民法典》,法律出版社 2015 年版。

催生的结果,承载了推进纠纷化解、减轻司法压力、强化司法监督、提高司法公信力等多重期盼。

有数据显示,1979 年以来我国法院一审的各类民事、刑事、行政诉讼案件,在总量上有了迅速增长。[1] 从中可以看出,一方面中国正在由一个"厌讼"的国家转向一个把诉讼视为重要的纠纷解决方式的国家。[2] 而这种诉讼数量的变化反馈了诉讼文化观的变化,使我们不得不重新审视国家的司法效能。另一方面,非诉讼方式作为一种"本土资源"在中国的土壤上继续扎根成长,发育成熟。[3] 调整人们行为的规范系统与影响纠纷解决的方式选择的特殊因素有很多,包括争端者之间的关系、争端的性质和规模、解决争端所需要的人力物力消耗以及文化传统等,[4]都可能决定人们对纠纷解决方式的选择

首先,调整人们行为的规范体系及纠纷解决方式取决于人们之间的关系类别和距离。美国法学家布莱克用"关系距离"概念表示社会控制形式的选择,[5]复杂的、距离近的关系因担心关系破裂后的结果,要求较多的社会控制方法,而简单关系或距离远的关系,因权利义务明确,不需要各种方法补救,通过司法解决更为常见;社会关系距离对纠纷双方的重要程度也会影响到解决方式及其规范适用;处于核心地位的争端不可放弃,往往以诉讼解决,而处于边缘地位的争端利益当事人可以放弃,更多可以通过非诉讼方式解决。其次,社会发展程度是影响行为规范类型及纠纷解决方式选择的重要因素。传统社会属于熟人社会,各种关系相互缠绕,适合利用家长、族长、中间人的权威进行调解;现代社会人员流动性大,在陌生人社会中发生的纠纷更适宜通过诉讼方式解决。再次,社会文化影响行为规范类型及纠纷解决方式的选择。东方文化把人际关系的和谐看得非常重要,并形成了"厌讼"传统,而西方文化力求分辨是非曲直,强调以个人利益为核心的权利实现,因此更加看重代表公平的法律、惯于以诉讼解决纠纷和实

---

[1] 全国法院司法统计公报显示,1979 年全国法院各类一审案件数为 513,789 件,2016 年为 12,088,800 件,年平均增长率为 10.2%。(相关数据参见最高人民法院公报司法统计)

[2] 相关数据解读参见朱景文主编:《中国法律发展报告》,中国人民大学出版社 2007 年版,第 1～29 页。

[3] 范愉:《非诉讼纠纷解决机制研究》,中国人民大学出版社 2000 年版,第 10 页。

[4] 参见朱景文:《解决争端方式的选择——一个比较法社会学的分析》,载《吉林大学社会科学学报》2003 年第 5 期。

[5] [美]布莱克:《社会学视野中的司法》,郭星华等译,法律出版社 2002 年版,第 23 页。

现个人权利。[1] 虽然我国社会处于转型过程中，但是在经济、社会、文化等各个方面的传统文化影响仍不可低估。最后，社会利益计算影响行为规范类型及纠纷解决方式选择。一般而言，在大量的民事和经济案件中，当事人都要综合进行利益计算以“趋利避害”，不仅要考虑自己所能获得的回报，还要综合考虑得到这种回报所要付出的代价，哪种方式能给自己带来的经济和社会效益更大而代价最小，人们就会选择哪种方式。总之，纠纷方式的选择，是一种利益选择，取决于一定的利益条件和人们对特定利益的实现态度。

在我国，调整人们之间行为的规范类型及纠纷解决方式正在经历转型，这构成了人们生存与生活的特定“场域”。法国社会学家布迪厄提出了场域与惯习的概念，并认为人类的行为并非皆经过精心设计，其中大量的人类行为是潜意识自发的，但是这些看似没有经过思考的行为却常常是恰到好处，所以个体对自己的行为既有理性考虑的一面，又有非理性、凭直觉的一面。人类的行为是由社会环境或社会结构，与个体的心理或愿望共同决定的。“惯习是社会性地体现在身体中的，在它所居留的那个场域里，它感到轻松自在，‘就像在自己家一样’，直接能体会到场域里充满意义和利益。”[2] 习惯规范作为外在性与内在性并存的一个概念，既应和场域的结构，同时也输出惯习的意义。有学者指出，法治中国的建设，目前面临两个基本矛盾，一是粗野的公权力得不到有效的拘束，公民权利在公权力面前没有足够防护；二是不尊重传统，老百姓不能按习惯的生活方式去舒适生活。[3] 前者是公权力当受监督制约的问题，后者是私权利当强化自治的问题。针对以上矛盾，我国南方和北方地区的民法精神实践的确存在一定区别，北方地区相比于南方地区，依法行政、依法用权和依法控权的任务更重，需要通过将“权力关进制度的笼子里”，逐步消除“官僚的或管理的法”在社会生活中的过度作用；在人际关系调整上，北方地区自治领域的礼制、家法族规、风俗、民约等习惯规范占有更重要的地位，这可能恰恰是法治的本土资源。[4] 十八届四中全会《决定》要求必须弘扬社会主义法治精神，建设社会主义法治文化，既

---

〔1〕 汤唯等：《当代中国法律文化：本土资源的法理透视》，人民出版社 2010 年版，第 172 页。

〔2〕 [法]皮埃尔·布迪厄、[美]华康德：《实践与反思——反思社会学导论》，李猛、李康译，中央编译出版社 1998 年版，第 184、173 页。

〔3〕 俞江：《既有权益与民法典编纂》，载王利民主编：《论中国传统民法文化与中国民法典》，法律出版社 2015 年版。

〔4〕 参见苏力：《法治及其本土资源》，中国政法大学出版社 1996 年版，第 9～10 页。

要“支持各类社会主体自我约束、自我管理”,又要“加强公民道德建设,弘扬中华优秀传统文化,增强法治的道德底蕴,强化规则意识,倡导契约精神,弘扬公序良俗”。在以民为本的社会主义法治精神和法治文化建设中,本土资源也需要进行现代性改造,要善于利用并从中华优秀传统文化和法治本土资源中汲取思想精华和道德精髓。“我们可将具有现代适应性的文化价值作为法律价值的‘底盘’,然后构建中国的现代法律文化,并通过法律文化的中介,把中国文化与现代法律制度联结起来。这样,传统的文化价值会获得新的生命力。”[1]

三、东西部区域的民法精神实践

(一)理性人假设与理性能力实现

1. 理性人假设

在私法上,私法自治被普遍、经典地理解为“个人通过其意思自主形成法律关系的原则”。[2] 私法自治是民法的精神原则与思想体系,民法的精神根本上是私法自治。私法自治建立在方法论个人主义的基础之上。方法论个人主义(methodological individualism)分析研究对象的基本单元是有理性的个人,并由此假定集体行为是其中个人选择的结果。[3] 其中的理性行为可定义为,“用有效率的手段追逐一贯的目的”。[4] 换言之,理性其实指的是人能思索、会思索,而自利则是指人总是会设法追求自己的福利,当然,在经验上人们有最低限度的共识。私法自治所奠基的“人的理性全面发展”只是对现实人的高度抽象简化,在现实生活中并不存在。据此,在法学界有学者以西方行为经济学所坚持的人的有限理性、有限意志力和有限自利(“三有限”)为理论工具,质疑建构在“经济人”完全理性、完全意志力和完全自利(“三完全”)假设上的民法的私法定性和作为传统民法理论之基础的自由主义政治思想,主张以“法律家长制”取代私法自治或意思自治。[5]

---

〔1〕 高鸿钧:《法律文化的语义、语境及其中国问题》,载《中国法学》2007 年第 4 期。

〔2〕 [德]迪特尔·梅迪库斯:《德国民法总论》,法律出版社 2001 年版,第 142 页。

〔3〕 [美]理查德·A. 波斯纳:《法律的经济分析》(上),中国大百科全书出版社 1996 年版,译者序言第 13 页。

〔4〕 [美]罗伯特·考特、托马斯·尤伦:《法和经济学》,史晋川、董雪兵等译,格致出版社、上海三联书店、上海人民出版社 2012 年版,第 13 页。

〔5〕 参见徐国栋:《民法私法说还能维持多久——行为经济学对时下民法学的潜在影响》,载《法学》2006 年第 5 期。

对此，学者对“经济人”或“理性人”人性假设的辩解是，尽管人的理性具有有限性，但是经济分析的逻辑起点必须具有抽象单纯性的特点，“经济人”是决定人们经济行为和经济现象最重要的共同不变要素，若没有“经济人”假设，就没有现代经济理论。[1] 理性选择经济分析学派对行为法经济学进行了反批评，如波斯纳认为，最大化原则（maximization principle）的功利和利益最大化，并不认为所有的个人都是理性人，法律经济学家笔下理性行为者模型只是一种虚构，功利最大化假定并不关注人类心理学或其实际决策过程，也不认为每个人都在有意识地计算他每一行为的成本—收益。[2]

2. 理性能力实现

我国法学界主流观点认为，行为人的理性、自利和意志力是影响行为人实现私法自治的条件，但并不是根本的问题，因为在自由行为能力的前提下，人的理性、自利和意志力被推定为相同，或者说，参加法律关系的行为人具有在同等条件下实现意思自治的可能性，所以这不是一个理性、自利与意志力的假设问题，而是一个生活事实问题，是人的法律拟制地位与生活事实地位的差别和错位问题。[3] 理性，反映了人在行为上的自主性，也隐含了人对于自己的行为有思索的能力。在这种意义上，首先，理性应当是一种主观的概念，不能以自己的取舍论断别人的取舍；其次，理性只是指人能思索而且会思索，并不表示一定能够取得积极效果；最后，理性也有精细和粗糙的分别，每个主体的理性发展程度并不一致。[4] 对于人的理性与生活事实地位的差别和错位，民法“社会化”运用已有回应，如消费者保护运动、劳动基准法确立、对格式条款的控制等，但此尚不足以否定民法的“私法性”。

理性人假设虽然认为理性发展水平相同，但生活事实中的个体的理性发展水平受到多方面因素制约，呈现出差异。个体能否在市场、社会和国家三个子场域中“用有效率的手段追逐一贯的目的”体现其理性发展水平。一般而言，“市场场域所通行的是‘在商言商’规则，在其内部所流通的媒介主要是利益和货币；而在社会场域中所通行的则是互帮互助的规则，其流通的媒介主要是道义和

---

〔1〕 参见陈美衍：《“经济人”假设与人的有限理性》，载《经济评论》2006 年第 5 期。

〔2〕 ［美］理查德·A. 波斯纳：《法律的经济分析》（上），蒋兆康译，中国大百科全书出版社 1996 年版，“中文版译者序言”第 13 页。

〔3〕 王利民：《民法的精神构造：民法哲学的思考》，法律出版社 2010 年版，第 377 ~378 页。

〔4〕 熊秉元：《正义的成本》，东方出版社 2014 年版，第 50 页。

人情;相应的,在国家场域中所通行的主要是控制与被控制的规则,其中所流通的媒介主要是命令和反抗"。[1] 不同的场域,适用不同的目的与规则,也会有不同的理性产生和作用。

我国东、西部市场发育程度、经济发展水平、人员流动速度、权力控制水平等的差异,导致了民法精神实践上的差异。本部分引入理性行为选择为理论模型,通过考察在特定场域中个体的惯习或行为,对东西部民法精神实践水平和特点作出分析。

(二)东西部区域的理性选择

按照波斯纳的观点,理性指"选择者选择最好的手段实现其目的"的能力。[2] 他指出:"经济人并非如同一般所设想的那样是纯粹为金钱动因所驱使的人,而是一个行为完全由各种动因决定的人。"[3] 加里·贝克尔(Gary S. Becker)将经济分析方法用于"非经济行为",认为个体决策在更多的情况下受到社会规范、道德规范等影响,他们虽然并不完全追求自我利益,还追求非自我利益的东西,如"公平""社会认可"等,但仍可用经济人或者理性加以解释。[4] 经济分析由经济人(理性人)、市场均衡和偏好稳定三种假定有机组成,经济人追求最大效用,效用的来源可以是市场上的商品或劳务,也可以是声望、尊严等其他一些非货币因素。基于利益与实践的一般条件,在特定场域中的个体"惯习"能够歪打正着地保持与理性的一致,从而使经济人或者理性人的假设成立。

1. 陌生人之间的交易行为与理性因素

在交易行为达成时,理性人应当考虑的因素有哪些?本书项目组以"您会与巧遇的陌生人达成某种交易吗"为题进行了全国性调查问卷,在对五个备选答案(A. 了解对方真实身份后会;B. 达成书面协议会;C. 大家都会我也会;D. 如果利益重大会;E. 有急需时会)的回答中,本书项目组获取的数据统计结果如图28-6所示:

---

[1] 尚海涛:《民国时期华北地区农业雇佣习惯规范研究》,中国政法大学出版社2012年版,第33页。

[2] See Richard A. Posner, *Rational Choice, Behavioral Economics, and the Law*, 50 Stanford Law Review 1551(1998).

[3] [美]波斯纳:《法理学问题》,苏力译,中国政法大学出版社1994年版,第479页。

[4] 参见[美]加里·S. 贝克尔:《人类行为的经济分析》,王业宇、陈琪译,上海三联书店、上海人民出版社1995年版,第348~349页。

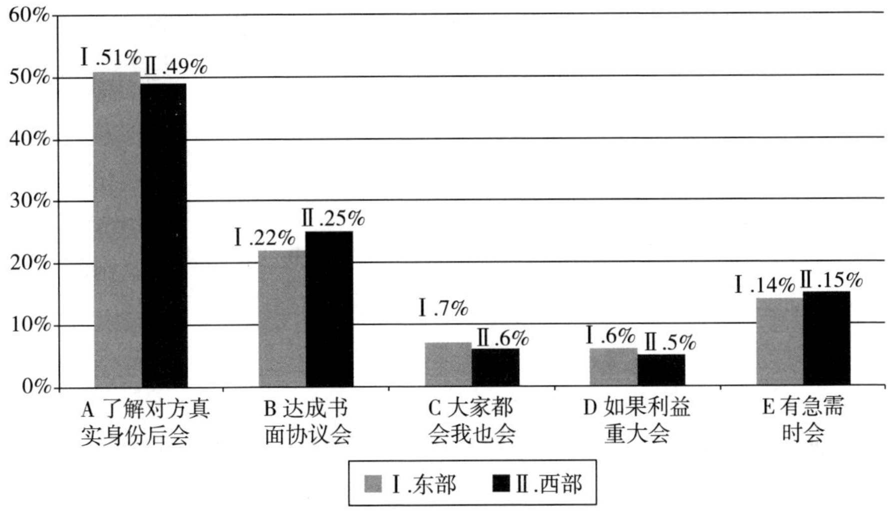

图 28－6　“您会与巧遇的陌生人达成某种交易吗”一题调研数据统计

交易达成与履行会花费交易成本，一宗交易的实现有三个阶段：第一，必须找到交易对象，这需要支出搜寻或者选择成本；第二，谈判必须在交易双方之间进行，会因谈判缔约花费谈判成本；第三，当合作达成后，它必须得到执行，执行包括监督赏罚的行为和对违背协议行为的惩罚，要花费执行成本。[1] 理性的交易人应当通过信息搜寻获得有关交易相关信息，这些信息包括了交易人身份和履约能力信息，与交易标的相关的信息，与契约履行相关的信息等等，在这当中，交易相对人的身份和履约能力信息对于缔约者的风险控制至关重要。从熟人社会向陌生人社会转变的过程中，交易的特点也有较多变化，在熟人社会中，交易对象身份和履约能力信息获取成本较小，履约保障除了国家强制力后盾外尚有“长期关系”的制约。“在长期关系中，为了稳固关系，合同当事人通常依赖非正式手段，而不是强制执行的法律。”[2] 长期关系源于重复博弈形成的约束机制，从而确保即使在没有法律保护下也能促进经济合作；传统的约束机制包括友谊、亲属关系、种族划分和宗教信仰等。但是，在陌生人社会，当事人之间缺乏了解和信任基础，又无“长期关系”的制约，因此彼此在做成交易之前更为谨慎，当事

〔1〕 参见［美］罗伯特·考特、托马斯·尤伦：《法和经济学》，史晋川、董雪兵等译，格致出版社、上海三联书店、上海人民出版社 2012 年版，第 80 页。

〔2〕 ［美］罗伯特·考特、托马斯·尤伦：《法和经济学》，史晋川、董雪兵等译，格致出版社、上海三联书店、上海人民出版社 2012 年版，第 289 页。

人会花费更多的信息成本来搜寻保证契约强制性和执行性的信息,在决定合作时双方不仅就所有相关风险都进行讨价还价,同时他们还把解决这些风险的条款写进书面合同中,以降低风险。[1]

在经验上,长期关系在标的物价值较小的重复交易中,是非常有效率的,但在标的物价值较大的一次性交易中却往往无效率,当交易发生于陌生人之间时尤甚。本书项目组的问卷数据统计结果印证了上述的一般判断。

首先,无论是东部地区还是西部地区,在陌生人之间达成交易的过程中,受试者更关注对交易相对人身份的了解(预防欺诈),更强调书面协议的达成(预防背信)。不过,对"了解对方真实身份"的选择中,东部地区的占比为51%,比西部地区49%的占比高出2个百分点。可见,相对于西部地区,东部地区更强调"了解对方真实身份"并把其作为达成交易的条件。对此,一个可能的解释是,在市场经济发展的过程中,东部地区的市场交易关系对人们生产和生活的影响更为突出。由于经济较为发达、市场交易频繁、人员流动性强,东部地区的人们越来越走出"熟人社会"所形成的场域而选择与陌生人合作并达成交易的机会更多,这也意味着"吃亏上当"的概率也会较高。由于"吃一堑,长一智",更注重交易安全,看重对交易相对人信息的搜寻和身份的确定,也更有"在商言商"与稳妥建立商品交易关系和保证交易安全的观念,在市场、社会和国家三个子场域中,市场场域更受到人们的重视,而对交易行为的选择也更加趋于理性。与东部地区有所不同,在传统社会特征和交易习惯保留较多的西部地区,"长期关系"和习惯规范滋养下的人们更可能依照行为习惯与人达成交易,因此"了解对方真实身份"的交易意识也就会相对较低。

其次,在对"达成书面协议"的选择中,西部地区受访者的占比为25%,比东部地区22%的占比高出3个百分点。这一选择结果似乎与对"了解对方真实身份"的选择结果存在一定背反,这是否意味着在这一问题上反映的西部地区的理性水平更高?对此,我们认为不然。一方面,交易关系的书面协议化具有增强允诺正式性、提高履约自行履行压力等优势,由于合同法通过强制履行的书面承诺能使人们做出可信的彼此合作的承诺,所以,在市场经济大潮的荡涤之下,西部地区实际同样表现出对达成一个具有强制执行效力的协议的重视;但是,另一方面,书面协议

---

[1] See David Charny & Hypothetical Bargains, *The Normative Structure of Contract Interpretation*,89 MICT Law Review 1815(1991).

与市场化程度并不存在正相关,采取书面协议并不意味着市场化程度就一定更高。商品经济发展的水平与成熟,要求提高商品交易的速度与效率,而口头形式是加速商品交易速度并提高交易效率所必须借助的形式,也是应当学会借助的形式。在一定条件下,并非书面形式才安全,而是即时清结的口头形式才安全,而真正发生纠纷的交易关系,往往都是采取书面形式缔结的,换言之,商品交易关系越是成熟,市场化程度越高,就越重视市场交易行为的便捷与快速以提高交易的效率,在了解交易对象和保证交易安全的前提下,就没有必要囿于一定的契约形式,以增加交易行为的灵活性。因此,虽然交易关系的书面形式是重要的,但是并非最重要的。西部地区对书面协议的重视,也在一定意义上说明,现代社会稳定的市场化的"长期关系"在西部地区的发育水平较低,反映商品经济关系发展和发育的条件与水平较低,因此人们简单地受"协议"形式影响的交易观念也就较深。

2. 熟人之间的交易行为与理性因素

交易关系发生于熟人之间时,人们更多考虑的合同利益要素是面子还是其他关系条件呢?这一问题与上述陌生人之间交易的影响因素相对,我们可以就此进一步分析"长期关系"中不同约束机制的功能。本书项目组以"可能影响您与熟人之间交易关系的主要因素是什么"为题,进行了全国性调查问卷,在对五个备选答案(A. 面子;B. 个人感情;C. 个人利益;D. 各种关系;E. 交易内容)的回答中,项目组获取的数据统计结果如图 28－7 所示:

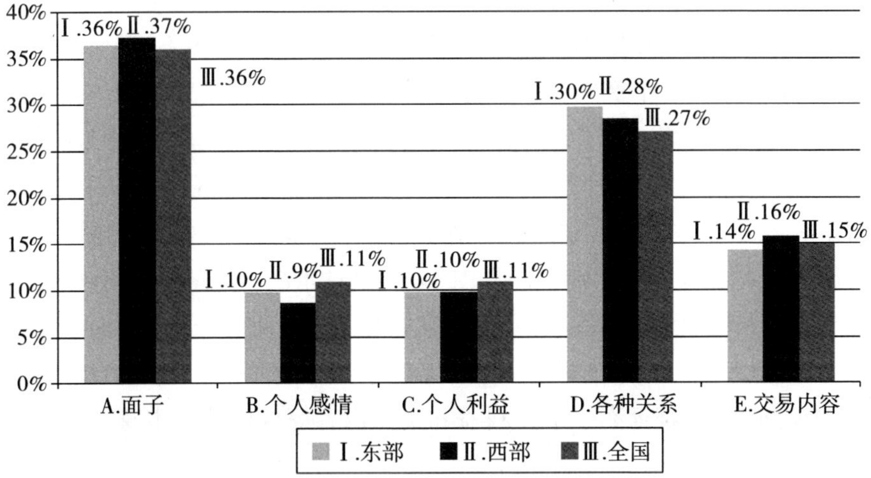

图 28－7　"可能影响您与熟人之间交易关系的主要因素是什么"一题调研数据统计

在问卷答案的设计上,“面子”、“个人感情”和“各种关系”可归于传统的约束机制,而“个人利益”和“交易内容”则属于合同利益本身的要素。在熟人社会中,作为民间传统的礼制、家法族规、风俗、民约等习惯规范在制定法调整之外的自治领域发挥更多作用。当事人之间的契约关系,越是缺乏法律或者公权力的保护,传统的约束机制,包括友谊、亲属关系、种族划分和宗教信仰等条件就越是处于支配地位。相反,在国家制定法和公权力为交易关系提供较强约束力的情形下,传统约束机制的调整作用也就相对较弱。按照费孝通先生的见解,“中国传统社会的基层是乡土性的”,私人和公共关系具有差序格局、礼制秩序和长老统治等特征。[1] 基于“长期关系”产生的传统约束机制具有排除国家制定法的倾向和作用,即使经历新中国成立以来大大加速的国家权力向基层乡村社会的渗透和深入,习惯规范仍然存在于市民社会之中并发挥一定的调整作用。

在上述数据统计结果中,“面子”因素对人们与熟人之间交易关系的影响,东部地区(占比36%)比西部地区(占比37%)低1个百分点。一方面,这一个百分点可以忽略不计,另一方面如果这1个百分点作为一个绝对值,那么则反映了我国东西部地区对“面子”在交易关系中影响的不同认识及其反映和代表的不同理性水平。然而,以此作为推理和逻辑起点,西部地区对“面子”的重视并不必然带来“个人感情”因素对熟人之间交易关系影响水平的提高,因为感情因素在交易关系中的地位和影响,在根本上是由影响人们感情因素发挥作用的经济条件与地位决定的,因此在经济发展相对落后和人们生活水平相对较低的西部地区,“个人感情”因素对熟人之间交易关系的影响占比(9%)反而低于东部地区的占比(10%)1个百分点。当然,如果上述数据统计结果之间的差别不是作为一个绝对值考虑,我们可以看到,我国东西部地区对“面子”、“个人感情”和“各种关系”等传统约束机制,对“个人利益”和“交易内容”等合同利益本身要素对与熟人之间交易关系影响的认识,则差别不大。数据统计结果反映了我国社会对影响熟人之间交易关系因素认识的总体理性情况。改革开放以来,尽管我国经济发展和城镇化水平在提高,但是在面对熟人之间的交易关系时,面子、个人感情和各种关系等传统约束机制的影响占比(东部和西部地区的合计占比分别为76%和74%)都远高于个人利益和交易内容等合同利益本身因素的占比

〔1〕 参见费孝通:《乡土中国》,生活·读书·新知三联书店1985年版,第1、21、48、65页。

（东部和西部的合计占比分别为24%和26%）。〔1〕 可能的解释是：我国依然是传统的“礼法”并行调整的社会，在熟人社会缔结合同关系的影响因素中，占优势的仍然是非合同利益本身的传统因素。

任何交易的达成与顺利履行都要预防及制裁机会主义行为。交易成本经济学认为，机会主义行为主要是指：“欺骗性地追求自利，这包括——但不仅局限于——比较明显的形式，如说谎、偷盗、欺骗。”〔2〕以诱发的原因为标准，机会主义行为可以划分为基于信息不对称的“道德风险”和“逆向选择”行为、基于集体行动的“搭便车”行为、基于资产专用性投资的“敲竹杠”行为和基于博弈次数的短期化行为。〔3〕 对于合同的达成与履行，信息不对称的“道德风险”与基于博弈次数的短期化行为尤其需要克服，在熟人之间传统约束机制仍能发挥重要作用，社会场域中的道义和人情进入到市场场域，使合同当事人或交易对象觉得基于义务感和道德感自己有必要执行或遵守习惯规范。“这种道德判断既不是来自抽象的超自然的公理，也不是被外在的权威所强加，而是可能从习俗中演化出来的。”〔4〕熟人社会的契约除了诉诸自身道德感和义务感之外，尚有互治模式，既可基于重复博弈的双边声誉机制，制约短期化行为，又可通过把双方交易嵌入社会生活领域，增加失信行为的社会成本，威慑机会主义倾向。〔5〕

对于在熟人之间的交易关系中，东部地区传统约束机制的占比高于西部地区的一个解释是，东部地区个体所看重的，也许并非数据统计所直接反映的传统社会场域的约束机制，而其中渗透的商品经济条件下的信用问题。信用能够发挥作用的主要原因是其“给出了一种明确的指示个体行为倾向信号，这种信号使社会其他成员相信其是值得信赖的。声誉作用方式是通过个体的长期的一致性行为，形成有价值的无形资产，它可以降低由于信息不对称和不确定性等因素

---

〔1〕 如果同样把这一数据统计结果的东西部差别作为一个绝对值分析，那么在经济发展相对落后和人们生活水平相对较低的西部地区，人们在与熟人之间的交易关系上，更多考虑的是现实的“实际利益”因素而并非体现一定个人情操的其他因素。

〔2〕 ［德］艾瑞克·G. 菲吕博顿、鲁道夫·瑞切特：《新制度经济学》，孙经纬译，上海财经大学出版社1998年版，第71页。

〔3〕 参见张维迎：《博弈论与信息经济学》，上海三联书店、上海人民出版社2004年版，第123、172、214、323页。

〔4〕 ［日］青木昌彦：《比较制度分析》，周黎安译，上海远东出版社2001年版，第80页。

〔5〕 参见张维迎：《信息、信任与法律》，生活·读书·新知三联书店2003年版，第9～10页。

造成的昂贵的交易费用”。[1] 我国曾有学者以白酒行业中的合同为例对法律以外的约束机制进行了分析并得出结论:(1)当某种交易频繁地出现,并且交易双方又相对固定时,合同法的作用范围就小,相反长期以来形成的惯例、商业信任、商业道德的作用就大;(2)当交易目的以一次性交易为主时,双方当事人就特别注意合同法的适用,合同所起的作用就大。[2] 在经济相对落后的西部地区,更多面对的是残酷的资源不足现实,人们在面对基于血缘、亲缘或准亲缘的关系时,表现出来的不仅是质朴而且是现实,而在面对陌生人时却往往缺乏现代市场经济所要求的信用意识。近年来,频发的“哄抢”现象屡见不鲜,如 2014 年 1 月 4 日兰州高速上哄抢桔子、2015 年 8 月 25 日山东荣乌高速滨州段哄抢鸡仔等,[3]被抢的对象均是陌生人。另外,某些地方存在的假冒伪劣、食品安全、环境污染、电信诈骗问题中,伪劣商品不会给周围的熟人用,不安全的食品不仅自己不会吃也告诉亲朋不要吃,污染的水源不仅自己不会取用也让亲朋不要取用,诈骗的对象也是其他地区民众,但实际结果是此案件中的受害者可能成为彼案件中的施害者,最终无人可以幸免。因为在“杀生者”心中陌生人与其不具有亲缘或地缘关系,当然在彼此心目中自己不会害亲朋和周围的人,至于陌生人就无所谓了。并不在其“道义和道德”范畴之内,加上个体“法不责众”而在集体行动中的迷失和放纵,曾经仁义的民众成为了加害者。

其实,在我国社会的转型过程中,传统熟人社会的约束机制本身也面临挑战,极端利益观念的驱使,不法者不仅会“杀生”,有时也会“杀熟”。传统乡土社会的双方陌生人之间若要建立联系,往往会通过一个或者多个与自己有着联系的中间点,通过人际性的信用的制约作用发生联系。不过,这种人际性的信用属于信用的低级阶段,面临人员流动加大、短期化行为,往往经不起考验。例如,在当前民间借贷领域的乱象中,一方面民间借贷作为搞活正规金融的合理补充,因其手续简便、放款速度快而日趋活跃,成为广大市场主体获得生产和生活资金来源,投资谋取利益的重要渠道;但是,另一方面,民间借贷盲目、无序、隐蔽的缺陷

---

〔1〕 王雷:《合作的演化机制研究》,2004 年浙江大学博士学位论文,第 68 ~69 页。

〔2〕 朱景文主编:《法社会学》,中国人民大学出版社 2008 年版,第 108 页。

〔3〕 白岩松主持:《媒体追问哄抢行为:中国人没那么穷了为何依然抢》,中央电视台“新闻 1 +1”栏目 2015 年 8 月 27 日完成台本,https://news.qq.com/a/20150828/007333.html。

日积月累,风险渐增容易引发非法集资、诈骗和对金融秩序的破坏等负面后果。[1] 实践中,通过民间借贷形式发生的非法集资和诈骗等犯罪行为,多以高利相诱惑,利用亲戚、朋友、同事、同学等亲缘关系、准亲缘关系为媒介的笼络机制产生“滚雪球”效应。屡打不绝的传销往往以“一夜暴富”的神话为幌子进行精神控制,通过亲缘、地缘等各种传统社会关系拉人头扩大规模,通过缴纳人头费等骗取钱财。“在情感本体的传统中国社会里,连接和维系人们之间相互关系和社会制度的基本准则,乃是情感。”[2]然而,熟人社会及其感情关系是把“双刃剑”,要小心为其所伤。长期关系虽然同样基于长期合作或多次博弈,但是以亲缘为基础所建立的熟人社会“长期关系”只是初级阶段,现代市场经济发展所依赖的陌生人“契约”中的信用才是“长期关系”的高级阶段。

当然,不能简单以面子和关系的约束机制来论证中国人在民法精神实践上的理性缺失。如前所述,友谊、亲属关系、种族划分和宗教信仰等传统约束机制占有重要地位恰恰符合“长期关系”的理性要求。随着乡村社会的城镇化,农业社会向工业社会的转型、熟人社会向陌生人社会的转型,我们最终不得不打破血缘和地缘纽带重构新型社会关系。从交易成本角度而言,国家制定法因其对缔约费用等交易成本的节约、较强的实质约束力,会最终取代传统约束机制的支配地位,我们应当建立的是以信用为基础的契约关系。毕竟根据国家制定法与传统约束机制的反变关系,使国家制定法对交易关系的调整作用日益加强,而传统的约束机制也会越来越多地在趋于理性的条件下产生影响。

四、小结

民法精神实践的内生动力在于自治,善治应当是市民社会与政治国家合作追求的目标。民法精神实践的不同区域性考察,实际上是对市民社会发育水平与程度的考察。区域的习惯规范由共同生活在该区域的群体共同塑造,反过来,习惯规范的存在和作用会塑造人的精神,而精神会又决定人的行为及其对习惯的选择与遵循,三者之间的关系,既是相互联系的区别,又是相互贯通的促进。民法精神实践的区域性特征,反映了主体与特定空间相互作用的“场”,对于转

---

〔1〕 杜万华:《〈最高人民法院关于审理民间借贷案件适用法律若干问题的规定〉新闻发布稿》,载杜万华主编:《最高人民法院民间借贷司法解释理解与适用》,人民法院出版社 2015 年版。

〔2〕 徐忠明:《情感、循吏与明清时期司法实践》,上海三联书店 2009 年版,第 5 页。

型期的我国社会的民法精神实践在不同区域所具有的特点进行实证研究，这对于标志和衡量我国法治文化的发展水平及其成熟程度具有重要的现实意义。本研究将北方地区与南方地区相对应、东部地区与西部地区相比较，目的是对我国现实的权法关系及其法治文化作出更全面、更准确的社会生态认识，从而为揭示我国社会主义法治和法治文化建设的规律提供线索和方案。

美国法学家昂格尔建立了分析法与社会关系的类型论的概念框架，即“习惯的或相互作用的法”、“官僚的或管理的法”以及“法秩序或法体系”。官僚的法存在的社会背景虽然已经成为过去，但是其作为一种思想对我国民众的行为模式仍有深刻影响，并集中反映于人们对权力及其与法的关系的认识。在北方地区的民法精神实践中，人们认同权力的意识或潜意识要更重一些，这可能既有商品经济发育程度及商事惯例对权力观的影响和塑造，也有与权力中心之间的距离对权力观的影响。从传统社会走来的中国当代社会，如何看待习惯法或民间法在社会治理中的作用以及它们到底发挥或者应当发挥何种作用，则仍然是考察中国社会法治实践的一个根本命题。无论是北方地区还是南方地区，认同国家法律最具现实约束力的比例最高，然而习惯规范仍深刻影响和支配着人们的现实生活。在北方地区的人际关系调整中，自治领域的礼制、家法族规、风俗、民约等习惯规范占有更重要的地位并发挥更大的作用，这是一种现实的社会生态规范与秩序条件的客观反映。在纠纷解决方式上，调整人们之间行为规范的类型及纠纷解决方式正在经历转型，随着我国经济与社会的发展，产生和影响纠纷的各种因素及其作用与影响程度也在发生变化，也必将改变人们处理纠纷的观念，我国纠纷解决机制也将逐步实现现代化。

在民法精神实践上，我国东部和西部地区均呈现出从传统乡土社会向现代社会过渡的特点。以交易关系为例，对陌生人之间的交易关系，无论是在东部地区还是在西部地区，人们都更加关注交易相对人的身份并重视相对可靠的书面合同。然而，发生于陌生人之间的行为失范、坑蒙拐骗，近些年在各个领域令人触目惊心，如何强化国家制定法的约束力，同时发挥传统约束机制的作用，共同规范陌生人社会中人的行为，是我国当前法治建设中的重大课题。传统熟人社会的约束机制本身同样面临挑战，民众不仅会“杀生”，有时也会“杀熟”，反映了我国社会秩序的一种生态缺失。长期关系虽然同样基于长期合作或多次博弈，但是以亲缘为基础所建立的熟人社会的“长期关系”只是初级阶段，现代市场经济发展所依赖的陌生人“契约”中的信用才是“长期关系”的高级阶段。

在社会主义法治精神和法治文化构建中,首先需要处理好权与法的关系把权力关到笼子里。我们的依法治国要以规范和约束公权力为重点,努力形成科学有效的权力运行制约和监督体系,才能够在“良法”与“善治”的基础上实现国家治理方式与能力的现代化;应当充分利用法治的本土资源,从中国优秀传统文化中汲取法治文化的思想精华,实现本土法治资源在法治现代性建设中的转型与升华,成为与时俱进的法治文化遗产。

第二十九章

城乡差别的民法精神实践

一、城乡二元结构及其民法精神实践

我国传统上是一个城乡二元结构社会，而且这种城乡二元结构是体制性的。城乡二元结构不仅影响着我国社会的现代化进程，而且也必然影响到我国民本模式的法治文化建设及其民法精神实践。

（一）城乡二元结构

民法精神实践是一种社会实践，应当是具体的和历史的，必然在特定历史阶段的特定经济基础之上或一定社会结构之下进行。既然要在一定的社会结构下完成，则必然会受到社会结构条件的影响。中国社会是一个城乡二元结构的社会，尽管这一结构在改革开放与城乡现代化发展过程中被不断打破，但是这一城乡二元结构的社会秩序体系目前仍在延续而不容易在根本上被打破，因为我国的城乡二元结构是社会体制性的，它需要一个全面和深刻的社会体制变革过程，而这一过程需要中国社会城乡一体化的长期发展与变革，而不可能在短时期内完成。

1. 乡村与城市的范畴

在我国，乡村是指“主要从事农业、人口分布较城镇分散的地方”；农村是指“以从事农业生产为主的人聚居的地方”；城市是指“人口集中、工商业发达、居

民以非农业人口为主的地区,通常是周围地区的政治、经济、文化中心"。[1] 从内涵上看,乡村与农村的内涵基本相同,乡村是一个地理概念,是人类社会最古老最主要的生活地域,是农业文明发展的产物,而农村侧重于职业和生产活动的描述。在社会发展史上,城市与乡村的分离是随着人类社会的分工和交换而形成和发展起来的,城市孕育生成于乡村。在原始社会早期,囿于生产力水平,人类的生产活动限于狩猎、捕鱼、采撷等游牧形式,氏族虽然聚居但规模较小;及至种植业成为主要的农业生产方式,人们开始在固定地域从事农业生产之时,最早的乡村便开始形成。原始社会末期,随着剩余劳动产品的增多,交换活动也变得频繁,在一些交通方便、人群集中聚居的区域形成了暂时性的集市,及至奴隶制社会,集市逐步发展演变成为一定地区的政治、经济与文化中心,最终形成城镇或者城市。城镇包括"城市和集镇",集镇是指"以非农业人口为主的比城市小的居住区"。[2] 以上发展演变过程表明,随着生产力水平的提高,人类经历了从乡村经由集镇向城市发展的过程,而在城市形成后开始了与乡村和集镇并存的发展格局。

乡村和城市的范畴可以一般性总结为以下四个方面:首先,从人口密度上看,乡村人口密度较低,这是因为它仅是村民生活处所和生产活动基地,所提供的公共服务水平较低;而城市相对于乡村所提供的公共服务集中、产业聚集,人口密度当然较高。其次,从产业构成上看,乡村的生产活动主要是农业和种植业;城市则主要从事非农业产业活动,工业和制造业、建筑业发达,第三产业在国民经济中占有重要地位。再次,从建筑形态与分布上看,乡村居住和生产场地分散,附属的教科文卫体育设施不仅简陋而且分散,建筑形态与材料与所在的地形地貌气候依存度高;城市公共服务集中,教科文卫体育设施数量多、质量好,建筑立体化和集约化程度高,对地形地貌气候的依存度低。最后,从政治地位或功能上看,乡村在政治上受城市引导,而城市一般政治上领导乡村,成为一定区域政治、经济和文化中心。[3]

2. 城乡二元结构的形成

城市在乡村中逐渐孕育形成后,开始与乡村相分离,进而产生了城乡二元结

---

〔1〕《现代汉语词典》,商务印书馆 2002 年版,第 1370、934、162 页。

〔2〕《现代汉语词典》,商务印书馆 2002 年版,第 593 页。

〔3〕综合《现代经济词典》《马克思主义百科要览·下卷》《财经大辞典·上卷》《现代农村经济辞典》《中国百科大辞典》《现代地理科学词典》等相关解释。

构。对城乡二元结构的理论阐释,自英国经济学家刘易斯1954年提出城乡二元结构理论以来,[1]国内外学术界形成了古典主义、新古典主义、城市经济学和新经济地理学、新兴古典经济学等四条研究城乡二元经济结构的思路。[2] 按照刘易斯的观点,“经济发展的中心事实是快速的资本积累”,[3]快速的资本积累过程发生在现代部门与传统部门之间,而现代部门既需要已有的资本积累为其扩大投资提供源泉,又是进一步积累更多资本的手段,正是经济发展中自然而然所形成的现代工业部门与传统农业部门的差距,造就了城乡二元结构。

新中国城乡二元结构的形成和发展,一方面遵从以上普适性解释的原因,另一方面也不可避免地表现出特殊性。如有观点认为,我国城乡二元结构生成的特殊性表现在新中国成立初期国家的“重工业优先发展战略”,“重工业资金密集型产业的特点,本身不会产生众多就业机会,无法吸收乡村劳动力到城市就业,倒逼国家采取干预政策,导致城乡二元结构的固化”。[4] 也有观点认为,行政型的城乡二元结构与市场型的城乡二元结构共同导致了我国城乡二元结构生成。[5] 在我国,“农村”既是个地域概念,又是个政治概念;“农民”既是职业身份,又是政策身份,从具体的、历史的角度,有学者指出,我国城乡二元结构的形成可以归结为四个特有影响因素:首先是1840~1949年国外工业文明与市场经济的冲击导致中国城乡分离加速;其次是1949~1978年计划经济体制固化了中国城乡差距;三是1978~2003年科学发展观提出前的“级差式”发展方式和“分离化”改革措施加速了中国城乡分离与对立;四是2003年后城乡关系既统筹又分离的趋势,[6]继续维持了城乡二元结构的分化格局。以2003年科学发展观提出统筹城乡发展为标志,总体上城乡二元结构的对立问题受到重视,城乡二元结构的矛盾已经或正在缓解,但是城乡二元结构的差异性景观依然

---

[1] 参见刘美平:《论中国特色城乡协同发展理论——兼评刘易斯二元结构理论》,载《马克思主义研究》2008年第12期。

[2] 白永秀:《城乡二元结构的中国视角:形成、拓展、路径》,载《学术月刊》2012年第5期。

[3] [美]阿瑟·刘易斯编:《二元经济论》,施炜等译,北京经济学院出版社1989年版,第15页。

[4] 林毅夫:《中国的城市发展与农村现代化》,载《北京大学学报》2002年第4期。

[5] 孙立平:《转型与断裂:改革以来中国社会结构》,清华大学出版社2007年年版,第114~115页。

[6] 白永秀:《城乡二元结构的中国视角:形成、拓展、路径》,载《学术月刊》2012年第5期。

存在。[1]

我国城乡二元结构始于重工业优先发展的战略,所形成的城乡二元结构由户籍、交换、教育和各种资源配置制度进一步固化。不过,在市场机制发挥作用的初期,快速工业化正好赶上了刘易斯所谓的"快速的资本积累",进一步强化了市场化城乡二元结构,乡村劳动力、人才、资源等发生的大范围转移,使城市如同抽水机一样,逐步抽空了传统农业部门的经济剩余和人口剩余。改革开放40年,我国从阻碍城镇化到接受城镇化,再到积极促进城镇化,农村劳动力转移也从富余劳动力到基本劳动力转移,催生了世界上规模最大、速度最快的城镇化进程,取得了举世瞩目的成就,但是也带来了"城市病"等社会问题,为此改革开放以来党的首次中央城市工作会议2015年12月20日在北京召开,旨在布局城市发展顶层设计,解决城乡二元和城镇化过程中的重大问题。

(二)熟人与陌生人社会的民法精神实践

1. 熟人社会与陌生人社会

城乡分离及其二元结构对于民法精神实践的影响和意义是多方面的,其中之一,就是传统乡村是熟人社会,而现代城市是陌生人社会,两种不同的人际关系形态决定了民法精神实践的不同样貌。著名社会学家费孝通先生认为,传统上中国农民每家所耕的土地面积小,相互毗邻,小农需要聚居经营既便于水利合作,又便于安全保卫;而在传统土地平等继承的原则下,"以多继少"兄弟分别继承祖上的遗业,使人口在一地方一代一代地增长起来,成为相当大的村落。[2]这种生产方式造就的人际关系是熟人社会,熟人社会的人是在熟人范围里长大的。"直接靠农业来谋生的人是粘着在土地上的","以农为生的人,世代定居是常态,迁移是变态",[3]生活上互相合作的人都是天天见面的,形成"面对面的社群(face to face group)"。[4] 与熟人不同,陌生人社会的人际关系则具有匿名性和隐私性,即使邻居、同事甚至朋友之间的了解也比较少,这必然对人们之间的行为关系产生影响。

关于熟人社会与陌生人社会的区分,制度经济学的视角指向其背后的利益

[1] 参见乔耀章、巩建青:《我国城乡二元结构的生成、固化与缓解——以城市、乡村、市场与政府互动为视角》,载《上海行政学院学报》2014年第4期。

[2] 费孝通:《乡土中国》,生活·读书·新知三联书店1985年版,第4页。

[3] 费孝通:《乡土中国》,生活·读书·新知三联书店1985年版,第2、3页。

[4] 费孝通:《乡土中国》,生活·读书·新知三联书店1985年版,第10页。

关系、信息成本。首先,以最“熟”、最亲密的社会关系——家庭为例来看利益关系和信息成本。有学者认为,家庭同样有人际交往,就像是一个小规模的社会,其实血缘因素对家庭人际关系形成并不是关键,如果家庭中一家大小分居四方,也不会形成最“熟”的关系,实际的影响因素是,人员规模不大,环境范围有限,重复交往较多。[1] 这三项条件隐含的因素是,要维持家庭关系既有利益的因素(重复交往),又有信息成本的考虑(规模不大、居住集中,方便交往和动员)。其次,将以上模型运用于家族的分析。有学者对家族的形成进行了研究,认为要形成家族必须要形成社区,“经常的、细密的、贴近的互惠交往”“一定数量的集体行动”都必不可少[2]从经济学的视角,家族是一种制度,建立和利用制度都需要成本,如果成本在边际上大于其收益,那么这个制度就不会发生或存活。[3] 最后,关于熟人社会与陌生人社会的划分,关键因素同样是群体规模大小、聚居程度、交往是否频繁。较为封闭的乡村容易有淳朴的民风,彼此互通有无、守望相助,就是因为符合了以上三个条件;在大城市里人人形同陌路,其实城市里小的社区或群体也同样符合成员规模小且相对固定、环境不大、居住集中的特点,但是因为缺乏交往的重复性所以不会发展出“人情味”,只能停留在陌生人社区阶段。

尽管一般来说,乡村是熟人社会,城市是陌生人社会,但将乡村与城市分别对应熟人社会和陌生人社会并不精确。因为,尽管熟人社会和陌生人社会基本上与农业社会和现代工商社会分别关联,但不应从两者分享的时间和空间来理解,而应当从社会组织结构的角度来理解两者关系。农业社会并不必然是熟人社会,而工商社会也并非一切方面都是陌生人社会,关键仍是“特定的社会环境是否促使人们之间需要并能够交往密切,至少在某个层面或维度上构成一个利益攸关的共同体”。[4] 民法精神实践是在一定的社会结构下完成的,城乡二元机构及熟人社会、陌生人社会的区分与一定阶段的生产力发展水平和生产关系相适应,这些条件构成了民法精神实践的物质基础,而基于一定物质视角的民法精神实践分析,是正确认知和了解城乡差别的民法精神实践的重要方面。

---

〔1〕 熊秉元:《解释的工具》,东方出版社 2014 年版,第 112 页。

〔2〕 苏力:《家族的地理构成》,载苏力:《制度是如何形成的》,北京大学出版社 2007 年版,第 86 页。

〔3〕 [美]罗纳德·哈里·科斯:《企业、市场与法律》,盛洪、陈郁译校,上海三联书店 1990 年版,第 124 页。

〔4〕 苏力:《家族的地理构成》,载苏力:《制度是如何形成的》,北京大学出版社 2007 年版,第 89 页。

2. 身份法向契约法的转型

英国法律史学家梅因的一个著名论断是，所有进步社会运动到此为止是一个“从身份到契约”的运动。[1] 这一论断是一个具有规律性的认识，对于指导我国的法治建设及其民法精神实践，同样具有重要意义。在社会学上，按照是否有具体目的，可以把社会区分为两类，一种是“有机的团结”（没有具体目的，只是因为在一起生长而发生，如乡村熟人社会），一种是“机械的团结”（为了要完成一件任务而结合，如城市陌生人社会）。两种“团结”还可以分别对应社会关系调整上的礼俗社会和法理社会。[2] 熟人社会从熟悉到信任，其信用并不是对契约的重视，而是发生于对一种行为的规矩熟悉到不假思索时的可靠性，礼俗社会人们相互之间的关系往往依靠“差序格局”确定亲疏远近。在礼俗社会中，必然有某种“礼”的特定规范。不过，虽然熟人社会往往依血缘、地缘而划定，可以看作小的社区或者社会团体，但是其反映的仍然是利益关系。“有一种真正的规章制度，尽管并不总是具备法律的形式”，但对个体来说，它们是一种压力或集体权威，规定着个体情欲的目标和极限。[3] 这种办法在一个陌生人面前是无法维系的，因为对于一个变迁很快的社会，传统的或者情感的效力根本无法保证。所以，在我国，随着熟人社会向陌生人社会的转型，法治发展也必然经历梅因所谓“从身份到契约”的运动，契约将成为确定社会关系的基础规范。显然，一个社会的民法精神实践所赖以存在的自律和他律规范并非凭空产生，无论是熟人社会还是陌生人社会的秩序，往往是经过很多次博弈而形成的。自律规范作为一定社会利益关系的实现条件要求，以特定社会伦理秩序为基础。然而，在社会变迁的时代背景下，与传统熟人社会相适应、建立在身份基础之上的自律规范在陌生人社会往往遭遇失灵，因为陌生人社会缺乏熟人社会的信用基础，所以需要更多的他律或者契约的规范条件。

近代中国，传统乡村进入了空前的解体、动荡和组织重构的时期。但是，直到新中国成立前，乡村社会的状况总体上仍处于费孝通先生所谓的“蜕变过程中”，呈现国家“法治秩序”与“礼治秩序”“德治秩序”“人治秩序”“宗法秩序”等交错并存的“多元混合秩序”格局。[4] 尽管新中国成立后，“国家权力更垂直地

---

〔1〕［英］梅因：《古代法》，沈景一译，商务印书馆 1959 年版，第 97 页。

〔2〕费孝通：《乡土中国》，生活・读书・新知三联书店 1985 年版，第 5 页。

〔3〕［法］埃米尔・迪尔凯姆：《自杀论》，冯韵文译，商务印书馆 1996 年版，第 230 页。

〔4〕费孝通：《乡土中国》，生活・读书・新知三联书店 1985 年版，第 48 页以下。

深入社会基层,不管是通过党支部还是生产队长,每个农民都直接感受到了国家权力”,[1]但是在行政城乡二元社会体制的条件下,沿袭几千年、以农为主,一辈子生于斯、长于斯、并葬于斯的封闭式循环的社会结构被进一步固化。直到20世纪70年代末开始的改革开放,这种超稳定的社会结构才开始被逐步打破,不过,这一打破涉及的不仅是自然的社会结构,而且是国家的社会体制,所以必然是困难的,是一个长期的过程。现代乡村社会虽然人际关系仍主要以血缘、地缘为基础的熟人社会,但随着城镇化进程加快、劳动力从农村向城市转移,血缘、地缘所产生的交往重复性、博弈反复性正在变少,使得血缘地缘不再构成自然社会基础。“从身份到契约”,以契约形式为依据的社会关系正逐步形成,血缘、地缘所建立起来的互惠交往与集体行动,逐渐为信用、契约所构建的新型关系所替代、阶级、血缘所确定的身份体系被经济地位、资源控制能力所重新洗牌,从而实现新的社会秩序改变与调整。。

从建设社会主义法治文化的条件和要求上,不论是城市还是乡村,其作为社会主义法治文化民本模式基础的民法精神实践应当是统一的。然而,在城乡二元结构的条件下,由于熟人社会与陌生人社会的差别性所导致的个人行为与习惯的不同,作为一种民法精神实践的生态性差别,必然会影响到城市与乡村社会的法律秩序与法治文化的差别,从而也就必将影响到社会主义法治文化的统一性。这既是我国建设社会主义法治文化的民法精神实践的现实,也是它所必须从自身解决的根本社会问题。

二、权利观差别的民法精神实践

民法精神实践是一种以权利实现为目的的实践,因此不同的权利观念必然直接影响人们的民法精神实践及其实践的结果。

(一)传统与现代错位的权利观

中国社会的权利观,一方面是传统的,另一方面是现代的。传统的“权利观”在本质上是一种非权利观,即一种非法治传统的“礼法”观;现代的权利观是法律移植与法治文化变迁的产物。这是一种传统与现代错位的权利观。

---

〔1〕 黄宗智:《长江三角洲小农家庭与乡村发展》,中华书局1992年版。转引自陈吉元、胡必亮主编:《当代中国的村庄经济与村落文化》,山西经济出版社1996年版,第212页。

1. 礼制的“差序格局”与个人主义的权利观

社会学上，外在的社会控制可以通过两种基本形式：一是国家对社会或公民的控制，如国家通过刑事司法、精神治疗、社会福利等对公民实施的控制；二是社会的自我管制，如家族、宗教团体、自治民族、行业协会等对其成员的控制。两种控制形式尽管在某些方面都可能增进个体权利，但是在多数情况下它们不以个体权利为唯一乃至主要的价值取向，而是更注重个体权利之外的其他一些整体目标，如社会秩序、组织文化以及组织生活。[1] 国家对社会或公民的控制可以看作国家法的管制范畴，而社会的自我管制则是市民社会的自治领域。传统乡村中国的社会成员在自治方面的群己、人我的关系划分上，无论是基于血缘还是地缘，都呈现出较强的“差序格局”。西方社会运用的利益调整工具是权利，而我国传统乡村社会则是攀关系、讲交情。权利观念建立在个人主义观念之上，强调主体的独立性、平等性和自我理性价值；“差序格局”的礼制体系不是个人主义而是自我主义，它的一切价值是以“己”作为中心的扩展。“从己向外推以构成的社会范围是一根根私人联系。”[2] 在“差序格局”的礼制秩序中，人以自己为中心，根据与自己关系的亲疏远近确定对待其人的行为，在由内向外推的各种路线中，最基本的是基于婚姻和血缘关系产生的带有强烈的单边父系色彩亲的属关系，而基于地缘形成的“邻居”，也是依照中心的财力势力厚薄形成圈子。无论是基于亲属还是地缘，人们相互之间的关系像水的波纹一般，一圈圈推出去，愈推愈远，也愈推愈薄。不过对于伦常关系，经济分析方法有种看似极端却很深刻的立场：伦常关系是一种工具性的安排（tool-like arrangement），具有功能性（functional purposes）的内涵。[3] 同心圆的社会结构与秩序形态表明，对于一个人而言，由内向外有亲疏远近，而距离不同的背后是利害关系的差异。

“亲密的血缘关系限制着若干社会活动，最主要的是冲突和竞争”；“亲密社群的团结性倚赖于各分子间都相互的拖欠着未了的人情”；“在亲密的血缘社会中商业是不能存在的，交易是以人情来维持的，是相互馈赠的方式”。[4] 只有对于圈子之外的陌生人才存在契约关系，双方才可以进行精细的算计，甚至还可能存在违背基本商业道德的欺诈。孟德斯鸠认为，中国人存在礼俗并不意味着值

〔1〕 胡水君：《法律的政治分析》，中国社会科学出版社 2015 年版，第 108～109 页。

〔2〕 费孝通：《乡土中国》，生活·读书·新知三联书店 1985 年版，第 32 页。

〔3〕 熊秉元：《优雅的理性》，东方出版社 2014 年版，第 36 页。

〔4〕 费孝通：《乡土中国》，生活·读书·新知三联书店 1985 年版，第 75～76 页。

得信赖,中国人“是地球上最会骗人的民族”,并以贸易实践举例称,“每个商人有三种秤,一种是买进用的重秤,一种是卖出用的轻秤,一种是准确的秤,这是和那些对他有戒备的人们交易时用的”。[1] 孟德斯鸠所谓中国人善意欺骗的论断,当然并不全面,是一种偏颇观点,甚至是一种偏见,但是它也确实击中了中国人和中国传统社会在民法精神实践上的生态缺失,所以严复认为,“真可谓中吾要害者矣”。[2]

当前,中国社会转型正从以小农经济为基础的乡村熟人社会向以工商经济为主体的城市陌生人社会过渡。一方面,由于事实上存在亲疏关系,高度流动(乡村向城市流动,城市之间相互流动)中的人往往更容易也更需要在陌生地区和对陌生人做出在熟人之间或熟人社会之间不会做的事情;另一方面,“由于社会转型,那些乡村熟人社会中曾经有效的非正式社会约束机制(礼或者如声誉、疏远、流言蜚语、以牙还牙的报复等),也由于陌生人社会中交往对象的不特定、交易机遇和对象的众多、互惠交换体系的瓦解而不再像以前那样奏效。城市社会关系的萍水相逢化,更容易逃脱社会制裁,包括社会舆论的和正式的制裁”,[3] 所以社会交易的成果和道德风险上升。传统中国社会的秩序维系,以熟人社会为模型,因为熟人社会的传统或礼制可以有效预防或化解纠纷。然而,在陌生人的城市社会中,既有的社会秩序传统面临社会变迁而难以有效建立起人们之间的行为预期,而基于国家共同体的意志制定的规则——法律开始发挥调整社会关系和构造社会秩序的作用,这样,便开始形成了以国家法律为根据、以个人的民法精神实践为行为基础的社会构造与法治文化形态。

现代社会主张个人权利,权利是不能侵犯的,国家保护个人权利,所以定下了许多法律,其中主要就是作为个人权利法的民法或者私法。权利虽然是法学乃至整个社会科学的基本范畴,但是其界定非常之难,原因就在于权利现象及其问题的复杂性。庞德曾言:“法学之难者,莫过于权利也。”[4] 在中外法学论著中,产生有各种权利界定的学说,包括资格说、主张说、自由说、权益说、法力说、

[1] [法]孟德斯鸠:《论法的精神》(上册),张雁深译,商务印书馆 1959 年版,第 378 页。

[2] [法]孟德斯鸠:《孟德斯鸠法意》(上册),严复译,商务印书馆 1981 年版,第 417 页。

[3] 苏力:《把道德放在社会的合适位置》,载苏力:《制度是如何形成的》,北京大学出版社 2007 年版,第 59 页。

[4] 程燎原、王人博:《赢得神圣——权利及其救济通论》,山东人民出版社 1998 年版,“序”第 2 页。

可能说、规范说、选择说等。[1] 毋庸置疑，权利观念应当建立在方法论个人主义（Methodological Individualism）之上，必须基于对个人意志与行为的理性认识，因为权利的主体或者基本单元是理性的个人，并由此假定集体行为是其中个人选择的结果。[2] 即使是为了某种利益所进行的公共选择，也应当以个人主义为起始点，个人被看作是决策的基本单位和集体行动决策的唯一最终决策者。"在某种意义上说，公共选择或政治活动的经济理论的首要内容可以归纳为在所有行为环境中人们都应被看作是理性效用最大化者这个命题的'发现'或'再发现'。"[3]权利的主体是个人，而个人作为权利主体是被作为理性的人来看待的，理性不仅是个人的本质，而且是对个人的假设。

2. 民法精神实践的不同权利观

建设社会主义法治文化的民本模式，强调社会生态秩序构造的民法精神实践，这一实践是一种权利实践。有学者强调，要"理解中国"，重视"本土资源"，发现现实生活中的合理之处，即"法治"要在中国落地生根必须考虑"中国土壤"。[4] 中国的法治建设应当充分发挥传统文化中的"本土资源"与积极因素，这一点并不存在疑问，但是，中国的法治建设同样应当在坚持"权利本位"的路向上不应有所偏离。"法治是一种权利本位的组织结构形式。法律以承认或尊重个体权利为其存在的基础和来源。权利本位意味着权利义务在主体范围内的同一，在对象内容中的相互关联和对应；意味着消除特权，把权利关系明确地、平等地赋予全部社会成员。"[5]有域外学者并不认同中国的法治道路的"权利本位"路向，并从道德、权利与实用三个维度出发，认为道德与实用的结合，加上近百年来从西方引进的权利法律，同时塑造着中国的法律体系。"中国未来的法律不一定要像西方现代法律那样，从个人权利前提出发，而是可以同时适当采用中国自己古代的和现代革命的传统，从人际关系而不是个人本位出发，依赖道德准则而不仅是权利观念来指导法律。同时，沿用中国法律传统中由来已久的实

---

〔1〕 参见张文显：《法哲学范畴研究》，中国政法大学出版社 2001 年版，第 300 页。

〔2〕 G. S. Beck, *The Economic Approach to Human Behavior*, University of Chicago Press, 1976, p. 5.

〔3〕 J. M. Buchanan, "*From, Private Preference to Public Philosophy: Notes on the Development of Public Choice*", in the Economics of Politics, Institute of Economic Affair, London, 1978, p. 17.

〔4〕 代表性著作有苏力：《法治及其本土资源》，北京大学出版社 2015 年版；邓正来：《中国法学向何处去——建构"中国法律理想图景"时代的论纲》，商务印书馆 2006 年版。

〔5〕 王人博、程燎原：《法治论》，山东人民出版社 1989 年版，第 136 页。

用倾向。”[1]本书并不认同这一观点，因为在该观点中我们分别看到了两千多年封建社会中儒学入法后所带来的道德、法律不分的传统礼法之影子，而这条路已经被证明与国家经济腾飞和治理现代化的要求不相适应。只有坚持方法论个人主义基础之上的权利本位，才能为现代法治完成转型，为民法精神实践注入灵魂，为法治文化的民本模式奠定基础。

民法精神实践中的权利观或者权利意识，包含了对权利与自由的重要性认识。本书项目组以“您认为权利、自由对于您个人是否很重要”为题进行了全国性调查问卷，从六个备选答案(A. 重要；B. 比较重要；C. 不重要；D. 无所谓；E. 不想这个问题；F. 自己决定不了)的调查数据统计结果来看，不同的居住区域(农村、城镇、城市)[2]人们在权利和自由观上，存在现实的生态差异。(见图 29－1)

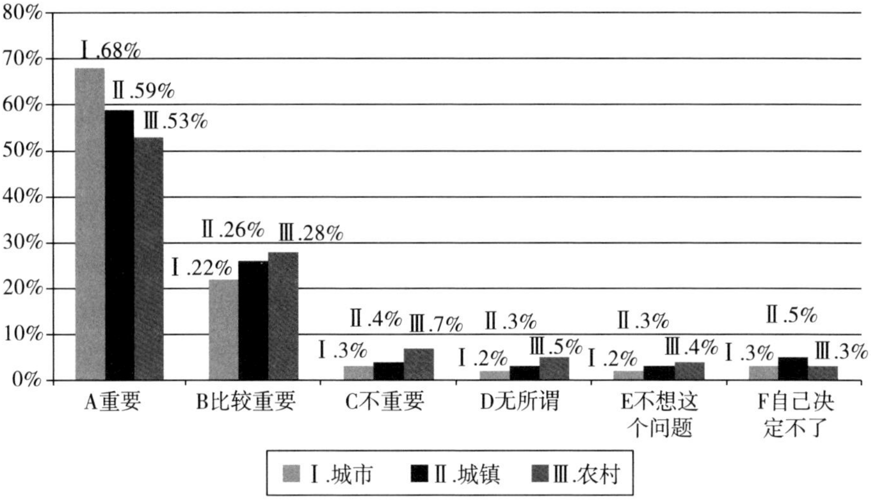

图 29－1 “您认为权利、自由对于您个人是否很重要”一题调研数据统计

图 29－1 的数据统计结果显示，认为权利、自由对个人“重要”(A)的占比相对于其他选择都占有绝对优势。但是，在对这一答案的选择上，还是存在一定的城乡差距。其中，农村受访者选择的占比为 53%，占比最低；城市受访者选择占

[1] 黄宗智：《中西法律如何融合？道德、权利与实用》，载《中外法学》2010 年第 5 期。

[2] 在调查问卷设计中，我们将居住区域划分为“农村”、“城市”和“城镇”，实际按照《现代汉语词典》，城镇应当包括城市和集镇，准确来讲我们问卷中所谓“城镇”仅指集镇，只有这样才保证三种类别之间按照逻辑划分保持不相容性。后续讨论中，“城镇”应被理解为“集镇”，特此说明。

比为68%，占比最高；城镇受访者选择的占比为59%，介于前两者之间。将认为权利、自由对个人“比较重要”（B）的占比，与认为“重要”的占比合并统计的结果，农村占比为81%，城市占比为90%，而城镇占比仍介于前两者之间，占比为85%。虽然与认为“重要”的占比相比，将“重要”与“比较重要”的占比合并统计后的结果，差距不再突出，但是三者之间的排序仍然是同样确定的。相比农村居民，城市居民表达对个人权利和自由的态度更为明确、直接和积极，受访者中认为权利和自由“无所谓”（D）、“不想这个问题”（E）和“自己决定不了”（F）占比合计为7%，而农村受访者的合计占比为12%，城镇为11%，正好与前面两项选择的结果形成了城乡之间占比的反向差别。以上数据统计结果，一方面说明了不论是在城市和城镇还是在农村人口中，人们对权利和自由的重要性认识是一致的，而且肯定性认识的总体水平较高；另一方面统计数据结果的城乡差别也反映了在我国城乡不同社会人们对待权利和自由的不同态度及其折射出的城乡社会的不同社会生态和在这一生态中权利与自由的不同影响和作用。我们得出以下结论：

其一，总体上，中国社会不论是城市还是乡村，在建设法治国家和法治文化的过程中，权利意识都在觉醒之中。当然，相比农村居民，城市居民对以民法精神为基础的权利具有更为直觉的认识，也具有较强的权利意识，所以更为珍视个人的权利和自由。相反，农村居民受中国传统文化的影响较深，而权利对他们的生产和生活的影响也较小，所以权利认识与意识也就相对比较薄弱和淡漠。城镇居于农村包围之下又以非农业人口为主，在规模上比城市小，正是农村走向城市的过渡社会形态，其受访者对个人权利和自由的珍视程度恰恰也介于二者之间。因此，在建设社会主义法治文化的民法精神实践中，重要和重点的问题，仍然在于农村，必须首先和根本上解决占社会人口多数的农村和城镇居民的民法精神与实践问题，只有这样，才能够为建设社会主义法治文化奠定坚实的民本基础。

其二，调查数据显示，农村居民的法律意识与权利观念相对城市居民比较薄弱。然而，这只是一个在文化与教育条件的城乡差别所反映的不同状态与程度的法治或者民法精神的思想觉悟与觉醒问题，并不一定代表农村居民在“利益”观念上与城市居民有实质的不同，而只是表现出城乡受访者在表达和实现自己的利益方式上存在的有限差别。考虑到熟人社会和“差序格局”，农村居民在个人权利和自由的重视程度上略弱于城市，这并不一定意味着他们不重视和追求个人利益，而是在重视和追求的实现方式上偏于“人情”或者“关系”，而不是基于方法论个人主义基础之上的现代“权利”与“自由”，是一种在利益观念与利益追求与实现方式上的民法精神实践的差别与缺失。

其三，城市居民对个人权利和自由的态度表达更为明确，农村居民的权利观和自由观则略显暧昧，同样可以归于熟人社会与陌生人社会的差别。传统社会是熟人社会，形成所谓“差序格局”，是一个以“己”为中心所形成的网络，推崇“君子重义不言利”并诉诸“关系”和“感情”，而陌生人社会则以商品经济关系为基础，商品交换是天生的自由派，自由与公平是商品经济关系的必然基础与条件要求。商品经济孕育了平等与自由，产生了早期契约和交易行为，形成了契约精神和权利观念。在商品经济关系中，君子不仅不再耻于言利，而是主动逐利，以利益实现为目的。所以，历经简单商品经济和现代市场经济，以个人主义为基础的权利荡涤或者正在荡涤以身份为基础的熟人社会，而权利和自由也将因此逐步深入人心。

其四，当代社会条件下权利自由观与现代法治意识的普遍发展。在建设社会主义法治文化的过程中，熟人社会向陌生人社会的转型是我国社会及其法治形态的重要变化，因此，不论是在城市社会还是在乡村社会中，在社会关系调整方式与民众权利观、自由观上必然会反映这一社会转型给人们带来的进步与影响。虽然在农村、城镇和城市存在着对权利和自由的重视程度差异，但是都有占半数以上的人有自觉的权利与自由意识，客观地反映了我国社会主义法治文化转型期的人们法治观念与民法精神实践的生态现实与进步。现代法治和法治文化的形成需要有法治精神特别是民法精神的觉醒，这是一个需要权利观和自由观的转型与转变的实践过程。

（二）权益冲突的不同解决方式

城乡社会的法律行为及其民法精神实践的差别，是一种熟人社会与陌生人社会的法治观念与行为方式的差别，而这种差别不仅体现为人们对实体权利与利益的不同实现态度，而且反映为人们面对矛盾与冲突的不同解决方式选择。一般来说，调解机制在熟人社会个人利益实现和矛盾纠纷解决中更能够发挥作用。

1. 调解方式的不同适用

一方面，无论是民间私人调解还是机构调解，调解在乡村社会中依然是纠纷解决的主要方式，即使熟人之间因调解失灵而导致纠纷被提交司法，调解仍具有重要地位，而调解的方式不仅可以解决纠纷，而且可以彻底化解矛盾，因此通过调解方式解决矛盾纠纷的社会效果最好。有学者以曾获2005年“全国人民法庭优秀法官”的金桂兰〔1〕为例对中国农村的司法需求进行过分析，认为调解在乡村社会治理和矛盾纠纷化解中成为主要方式，乃是源于当代中国乡村仍基本属于熟人社会，具有人际关系紧密、血缘地缘因素突出、彼此为了面子有缓和人际关系余地等特点。〔2〕 显然，在社会同质化比较高的乡村，社会舆论构成了司法执行之外的一个比较强有力的社会制裁机构。〔3〕 因为，触犯熟人社会中的习俗、道德和礼仪，随之而来的不是肉体的惩罚，而更多是对“面子的惩罚”，与国家法将一个触犯者用“公开的暴力”使之“孤立于社会”不同，“面子的惩罚”适用“一致性的道德谴责”或“集体暴力”将之“放逐于社会”。〔4〕

另一方面，现代商业社会中也会形成有各种小的熟人社群，在纠纷预防和解决上可以适用熟人社会的纠纷解决方式，替代性纠纷解决机制（Alternative Dispute Resolution，ADR）在商业社会中仍有功能发挥的空间。〔5〕 以特定商人群体中缔结的契约为例，在理想状态下，契约作为工商业社会中的主要交易工具肯定是越完备越好，它提前分配双方权利义务和各种风险，使当事人对契约的履行有完全的预期。〔6〕 不过有法社会学的研究结果表明，完全的古典契约假设建

---

〔1〕 时任黑龙江省宁安县人民法院东京城人民法庭法官。

〔2〕 然而，对于生活在陌生人社会的城市居民而言，当两个并没有固定交往关系的个人之间发生纠纷和矛盾时，纠纷解决机制的功能与作用，主要在于以权利义务均衡的法律原则了断他们之间的纠纷而不是需要考虑他们之间的纠纷解决后的未来关系维系。简言之，在对待社会关系上，一个是既需要处理过去的，又需要维护未来的，另一个则只需处理过去，而无须维护未来。

〔3〕 苏力：《透视中国农村的司法需求》，载苏力：《制度是如何形成的》，北京大学出版社2007年版，第114页。

〔4〕 马存利、李晨：《民间法初探》，载谢晖、陈金钊主编：《民间法》（第1卷），山东人民出版社2002年版，第45页。

〔5〕 参见范愉：《非诉讼纠纷解决机制研究》，中国人民大学出版社2000年6月版。

〔6〕 美国法学家伊恩·麦克内尔（Lan R. Macneil）教授将契约关系分为三种：第一，理想化的古典契约，契约条件在缔约时就得到明确的、详细的界定，交易往往是一次性的，交易完成后各方“形同路人”，不考虑第三方参与，强调法规、正式文件及交易自行清算；第二，筹划时就留有余地具有灵活性的新古典长期契约，如果发生纠纷，当事人首先谋求内部协商解决，如果解决不了再诉诸法律，因而它强调建立一种包括第三方裁决在内的规制结构；其三，强调专业化合作和长期契约关系维持的关系性契约，与新古典契约关系的区别是，尽管二者都强调契约关系的长期维持和适应性调整，但新古典契约的调整始终以初始契约条件为参照物，关系性契约的调整可能参照也可能不参照初始协议，即使参照也不一定非坚持不可，而是根据现实需要作适应性调整，及关系性缔约活动将适应性贯穿到契约的始终，并且关系性契约一般不需要第三方加入。（参见［美］麦克内尔：《新社会契约论》，雷喜宁、潘勤译，中国政法大学出版社2004年版，第10～32页）

构在人的完全理性和完全信息基础之上,现实中并不存在,麦考莱(Stewart Macaulay)在其《商业中的非契约关系》一文中宣告了完全古典契约的死亡,[1]理由有三:其一,人的有限理性决定了契约不可能详尽无遗;其二,交易成本的存在决定了契约无须完备无遗;其三,对于基于风险事件、不确定性事件及信息不对称所导致的机会主义,尽管契约不能发挥作用,但法律、习俗、交易惯例可以进行调整。[2] 麦考莱发现,契约的功能为其他工具所代替,从事交易的商人们都了解商业习惯,正是这些商业习惯填补了双方协议中的空白,当发生违约时,商人们不乐意运用契约包含的法律制裁机制,而是运用非法律的制裁机制,这些机制包括:第一,商人之间的允诺在所有情况下都受到尊重;第二,在商人的观念中,具有生产优良产品,使自己的产品有信誉、站得住的思想;第三,商品生产内部机制可以促使商人们正常履行契约,比如当卖方不履行或有缺陷履行契约时,将会引起客户的气愤,从而迫使卖方对生产者施加压力,改进生产,否则生产者将被解雇;第四,商人之间往往存在长期的业务关系,可以互通信息、相互持股,处于共荣共生关系,保持双方长期合作比一场官司的胜负更为重要;第五,商业圈内部的惩罚机制,商业信誉惩戒,是重视商业信誉条件下的最严重处罚。[3] 以上分析再次印证以下结论:尽管熟人社会和陌生人社会基本上与农业社会和现代商业社会相关联,但需要从社会组织结构的角度来理解两者的关系,商业社会并非一切方面都是陌生人社会,适用于熟人社会的非法律约束机制在商业社会的一定范围内仍旧发挥作用。有学者曾以我国白酒行业行为中的合同履行和违约责任承担为例进行研究,也得出类似结论。[4]

2. "司法"供给的城乡差别

在以熟人"差序格局"为基础的乡村社会中,很多时候家庭或者家族本身就是小的司法单位。"家族是一种准公共权力,是国家制度供给不足时的一种制度替代。"[5]因正式司法的长臂有限,家庭或家族会发挥奖赏惩戒的功能。但

---

〔1〕 参见 Stewart Macaulay, *Non-Contractual Relations in Business: A Preliminary Study*, 28 American Sociological Review, 1963, pp. 55 -67.

〔2〕 程恩富、胡乐明:《新制度经济学》,经济日报出版社 2005 年版,第 89 页。

〔3〕 参见 Stewart Macaulay, *Non-Contractual Relations in Business: A Preliminary Study*, 28 American Sociological Review, 1963, pp. 55 -67.

〔4〕 朱景文主编:《法社会学》,中国人民大学出版社 2008 年版,第 108 页。

〔5〕 苏力:《家族的地理构成》,载苏力:《制度是如何形成的》,北京大学出版社 2007 年版,第 88 页。

是，随着经济形态的转变和城镇化发展，家族宗党的组织化加剧人们的冲突和矛盾、强化家族之间或对外的冲突的弊端显露，所以操作奖惩的责任逐渐由家庭（特别是家族宗党）转移给专业化的司法体系，是一个必然。因此，建设社会主义法治文化，实现法治社会，家族宗党及其作用在一定意义上或者在总体上来说是一个需要合理限制的因素。那么，问题的解决，最重要的就不可能是教育和启蒙的问题，也不单单是发展经济的问题，因为乡民作为理性人的一面会让其对借助某种制度的收益和成本做出计算，并最后决定自己的纠纷解决方式选择。对于法治国家、法治社会中的乡村，有学者提出的建议是“送法下乡”，为乡村的纠纷解决或其他事项处理提供一种比家族宗党所能提供的更为公正和更有效率的方式。[1] 不过，我们认为，“送法下乡”仅仅是为村民提供了一种条件或者可能的选择，其是否会选择司法还要看其对制度成本与收益等各种因素的综合权衡。

随着改革开放的深入，市场经济的极大发展，人员流动的加剧、社会分工的进一步细化，价值和道德更为多元，村庄、单位以及类似“熟人社会”中种种先前未充分意识和理解的社会功能进一步弱化，如果新的有效的约束机制尚未完成功能上的替代，各种败德行为、不法行为就会增多。[2] 当前社会转型中的诸多乱象和行为失范，从老百姓深感无奈的以食品安全为代表的市场秩序失范问题，到以环境污染为代表的生存环境恶化问题，再到以电信诈骗为代表的侵财犯罪问题、货车倾覆后的“聚众哄抢”问题，这些问题的解决，仅以道德滑坡进行解释、道德教育作为“医方”，恐怕都缺乏说服力。从熟人社会与陌生人社会权利观和规范方式出发，诸多乱象和行为失范其实都是法治尚未成熟、规范功能尚未完成转型的显著表现，因为绝大多数人都是不带贬义的机会主义和自利者，道德仅具自律性，当他们在某些社会环境中的行为可以轻易逃避处罚或制裁时，原有熟人社会能够发挥作用的约束机制在陌生人社会中失效后，法治未能及时补位，令人悲哀的反社会行为便会发生。

三、性与家庭中的民法精神实践

民法精神实践，并非都是具有财产内容的交易行为实践，在民法所调整的人

---

〔1〕 苏力：《家族的地理构成》，载苏力：《制度是如何形成的》，北京大学出版社 2007 年版，第 90 页。

〔2〕 苏力：《把道德放在社会的合适位置》，载苏力：《制度是如何形成的》，北京大学出版社 2007 年版，第 60 页。

身非财产关系中,有大量的非交易行为的民法精神实践,而这一实践主要集中在传统的家庭关系领域。

(一)婚前性行为的相对开放

1. 传统与现代的性观念

性在中国传统文化中是隐秘的,有关性的话题也属禁忌。传统的性观念又是分裂的:尽管赞美性的生育功能,肯定性的正当合理,承认性给人快乐,但是男女之间性的关系并不平等,性自由和性禁锢同在,性放纵和性压抑共存。由于道德和礼制的约束和限制、经济条件的制约,中国的性风气却又节制而不放荡,基本上实现了性与婚姻的结合。[1] 性关乎人类本能的释放和种群的繁衍,精神分析学家弗洛伊德将之称为“力比多”,甚至视其为人(本我)一切活动的动力,人在追求性的过程中改造了自身。[2] 性与社会分工、婚姻家庭、差序格局、道德伦理以及法律相联系,对公共与统治秩序有着基础意义。因为性的关系威胁着社会结构的完整,性可以扰乱社会结构、破坏社会身份、解散社会团体。“婚姻是社会为性筑下的防疫圈。”[3]在传统的权力本位社会中,统治秩序的构建必然先把婚姻之外的性关系纳入既定规范调整的渠道,通奸、强奸、乱伦、异常性行为等在传统社会中一直受到道德的挞伐和法律的严惩。在我国改革开放之后,追求性的权利和幸福的观念逐步为社会成员所接受,性也被法律确认为一种权利和自由,法对性自由的拓展、对性权利的确认和保护通过两个途径:对不妨碍他人的性行为日益宽容,对侵犯他人的性行为日益严厉(不容)。[4]

为了解现代社会成员对性失范行为的态度,本书项目组以反社会性较轻的性失范行为——婚前性行为为例设计了“您对婚前性行为的态度是什么”一题并进行了全国性调查问卷,给定有五个备选答案:A. 可以接受;B. 不能接受;C. 接受有困难;D. 不能接受配偶与他人性行为;E. 如果相爱可以接受一切。该问题的设计初衷是,传统社会将性(特别是女性之“性”)限定在婚姻的范围内,婚前和婚外性行为被视为失范行为而受到道德和法律的否定性评价,因为在传

---

〔1〕 参见陈筱芳:《中国传统性文化的特点》,载《西南民族大学学报》2005 年第 7 期。

〔2〕 [奥]西格蒙德·弗洛伊德:《精神分析引论新讲》,滕守尧译,安徽文艺出版社 1987 年版,第 86 页。

〔3〕 费孝通:《生育制度》,商务印书馆 1999 年版,第 88 页。

〔4〕 李拥军:《宽容与不容:现代社会法对性调整的特点与趋势——以性权利为视角的考察》,载《法制与社会发展》2006 年第 6 期。

统男权社会中,这些行为“侵犯了未婚女子父亲的待价而沽的财产权和已婚女子丈夫的性工具的专有使用权”,[1]可能危及家庭稳定,而可能导致的血缘不纯也会搞乱基本的财产继承关系,统治阶级也视婚外性行为系对定分止争的性分配秩序的破坏。但是,在现代社会中,性价值取向日趋多元,性观念日趋开放,婚前性行为和婚前同居也被视为司空见惯,既有的研究成果已经反复说明了这一点。[2] 本书试图揭示农业社会、工业社会和后工业社会三种不同的文明类型转换交织过程中,对待传统的性失范行为的接受程度如何。通过本次调查问卷,我们依城市、城镇和农村获取的具体数据统计结果如图 29－2 所示:

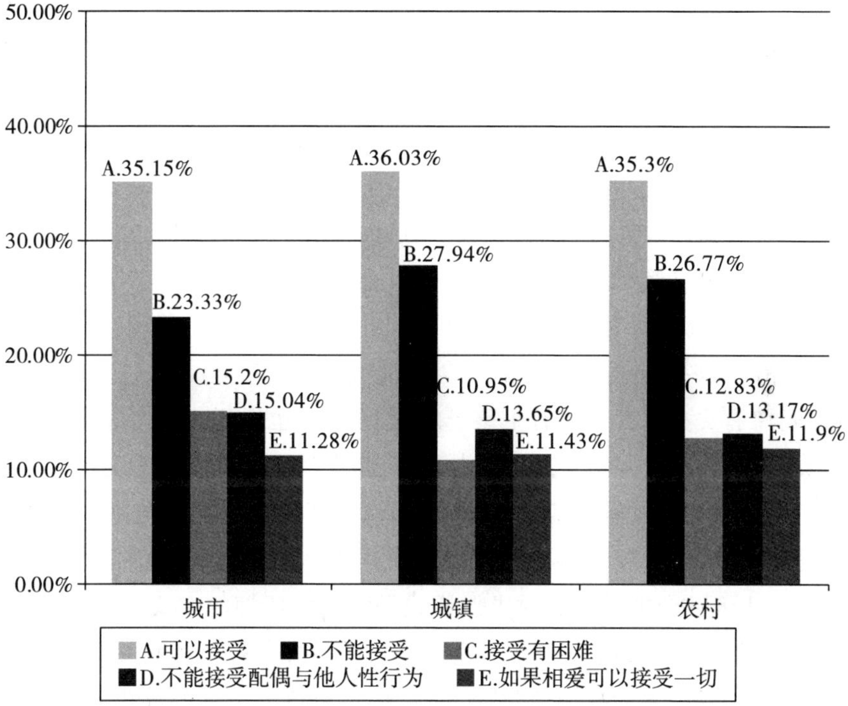

图 29－2　“您对婚前性行为的态度是什么”一题调研数据统计

数据统计结果显示,对于婚前性行为的接受程度,不管是受访者居住区域是城市、城镇还是农村,各项单项数据其实差距不大。同时,我们可以把“如果相

[1] 李拥军:《宽容与不容:现代社会法对性调整的特点与趋势——以性权利为视角的考察》,载《法制与社会发展》2006 年第 6 期。

[2] 付红梅:《当代中国女性性道德失范的性别文化归因与伦理重建》,载《伦理学研究》2014 年第 2 期。

爱可以接受一切”(E答案)视为完全无条件地接受,与“可以接受”(A答案)合并,统一归为“接受”,则城市、城镇和农村的占比均约为46%;如果把“不能接受”(B答案)与“接受有困难”(C答案)合并,统一归为“不接受”,那么城市、城镇和农村的占比亦均约为38%。这说明,在对待婚前性行为上,不论受访者居住于城市、城镇还是农村,这一居住区域的差别因素,在数据表现上并不敏感,表现出对人们的性观念的影响并不大。

传统上,我们认为性与婚姻的结合才合乎道德和法律,婚姻之外的性不仅受到道德的挞伐,也受到法律的否定性评价(可能承担法律责任)。婚前性行为尽管在性失范类型中属于反社会性较低的一种,但同样受到道德和法律的否定性评价(如或被称为“非法同居”)。然而,在社会加速转型之际,受访者对婚前性行为的接受度大大提高,论据也往往从性行为的目的上找,认为性不仅具有生殖性,也具有使人快乐、增进爱情等娱乐性,只要坚持双方自主、自由、互不伤害的原则,即可接受。[1]

在对待婚前性行为的宽容度上,城乡居民生活环境与条件差别较大,但是在观念上并未显示出差别,这说明随着城乡社会流动性增强,城乡差距正在逐步消弭,人们对待婚前性行为已不再有城乡之间的不同。首先,婚前和婚外的两性关系,即使在贞操观念看得特别重的社会里,也难以绝迹。但是,人类社会的一个普遍原则,“有丈夫的女子才有生孩子的权利”,[2]也得到普遍遵守。由于婚前性关系不至于威胁社会的完整和伦常秩序,原本就比婚外性行为的社会失范性要轻。其次,在社会加速转型之际,乡村劳动力向城镇转移,大量适龄劳动力(同时也是性冲动最活跃的人群)进入城市,被纳入工业化和信息化社会的生产线中,在陌生人社会中传统乡村求偶模式及解决性压抑的方式也进入了“快餐化”时代。最后,对于婚前性行为和婚前同居的另外一种合理性解释认为,由于现代社会人均预期寿命提高、离婚比较困难,求偶者对伴侣的寻找愈加慎重、仔细,寻找的方法包括恋爱、交往、试婚、同居等多种形式;[3]现代社会婚期推迟导致的性等待期延长,未婚男女双方自愿、互不伤害地在婚姻外获得性满足的需求既客观存在,也具有合理性。

---

〔1〕 龚颖:《当代中国性伦理面临的挑战》,载《哲学动态》2005年第1期。

〔2〕 费孝通:《生育制度》,商务印书馆1999年版,第72页。

〔3〕 [美]加里·S.贝克尔:《人类行为的经济分析》,王业宇、陈琪译,上海三联书店、上海人民出版社1995年版,第292页。

2. 婚外性行为处理的宽严相济

对于婚前性行为的接受度提高，不仅体现在相关当事人观念的变化，而且也体现在社会道德评价和社会规范处理上的“宽严相济”。这源于性所产生的“外部性”发生了改变。所谓外部性，是指由于主体的活动而给无辜的第三方造成的成本。外部性可以分为外部经济与外部不经济两种，前者是指给社会上其他成员带来好处，但行为者却不能由此得到补偿；后者是指给社会上其他人带来损害，但行为者却不必为这种损害进行补偿。〔1〕 我们研究的外部性，主要是外部不经济或者负外部性。负面的、大的外部性，应当由法律（有时甚至是刑法）加以惩戒，以实现外部性的内部化。不过，外部性总是处于变化之中。例如，作为反社会程度较为严重的性失范行为，婚外情曾被以刑法规范（定罪量刑），而现在则由民法（第三人侵害配偶权）甚至道德来处理。原因是传统农业社会，人口流动性低，人际网络紧密且封闭，婚外情会对当事人双方的家庭亲友带来很大的冲击，负的外部性很严重，有必要用刑法处理。“性的关系带着极强烈的亲密感情，甚至可以说是不顾一切的冲动”“若让性爱自由地闯入已有的重要社会关系中，它不但可以破坏相结合的男女两人间原有的关系，而且还可以紊乱整个相关的社会结构”“不论人是怎样多元性感，还是要设尽方法把性关入夫妇之间；更立了种种禁律，限制可婚的范围；生活上密切合作的已有结构绝不容性的闯入，于是发生了乱伦禁律和外婚的规定”。〔2〕 然而，在现代都市里，“传统人际网络消失，人口流动性大，被发现的可能性降低，非婚性成本也下降了，婚外情带来的冲击变小，用民法甚至道德处理即可”。〔3〕 对于婚前性行为而言，“也可能会因抛弃孩子或不关心孩子而产生社会成本，而两个其关系开始时是童男和处女的人之间的任何形式的非固定一对一性交都可能产生传播性病或艾滋病的危险”，〔4〕不过，这种外部性可以随着避孕技术的发展、安全性行为措施的运用而降低，所以其对于他人的负“外部性”降低。在新的社会条件下，性权利成为个人基本的人格权利，不再存在对“未婚女子父亲的待价而沽的财产权”的保护，

〔1〕 ［美］罗伯特・考特、托马斯・尤伦：《法和经济学》，史晋川、董雪兵译，格致出版社、上海三联书店、上海人民出版社 2012 年版，第 155 页。

〔2〕 费孝通：《生育制度》，商务印书馆 1999 年版，第 89、90、91 页。

〔3〕 熊秉元：《解释的工具》，东方出版社 2014 年版，第 218 页。

〔4〕 ［美］理查德・A. 波斯纳：《法律的经济分析》（上），蒋兆康译，中国大百科全书出版社 1996 年版，第 202 页。

未来配偶如果非常在意也可通过加大信息成本进行逆向选择。这样,随着社会的进展和人际关系的蜕变,性千百年的意义已经或者正在发生嬗变,成年人的婚前性行为只要遵守“自主性”和“不伤害”两大原则,“就可以基本解决婚外性行为的伦理评价和道德介入的基本问题”。[1] 对于婚前性行为无须诉诸法律审判,社会容忍度转变的原因,一方面因为性的出轨只是社会中的少数,“开放稳定的多元社会,足以负荷各种小众文化”;[2] 另一方面,婚前性行为反社会性或者外部性较低,交给当事人自主、自由处理,并无太大问题。[3]

对待婚前性行为的态度变化,一方面说明我国的城乡结构正在改变,原有的凝滞型的社会结构正在被横向和纵向的流动性所替代,工业化、信息化的大潮荡涤着每个人的观念和行为,仅仅用道德进行标签化处理缺乏说服力,而民法精神实践的个人权利立场深刻揭示了这种变化;另一方面,传统社会向现代社会的转型加剧了人口流动,整体上走向了陌生人社会,传统上依赖各种血缘地缘关系网络所建立的求偶模式也在经历变化,呈现出婚前同居、试婚等多种方式,而社会观念也逐渐接受了快节奏社会中脱离血缘地缘的信息获取方式,表现更加“宽容”。因此,对于婚前性行为,更需要行为主体或者个人的民法精神的自律性调整,需要自主识别其行为可能给他人或者社会造成的伤害,并能够自主弥平这种行为造成的或者可能造成的外部性后果,从而既能够婚前满足性需求,又能够维护合理的性行为秩序。

(二)夫妻财产制的相对保守

1. 婚姻家庭功能与夫妻法定财产制

传统家庭不仅是社会的基本消费单位,而且还是一个生产单位。家庭制度的核心是婚姻及其所确定夫妻关系。家庭之所以作为一种社会机构保持下来,是因为其具有促进劳动分工、增加专业化收益的经济化效能(economizing properties)。[4] 传统社会中,家庭成员存在分工,“女正位乎内,男正位乎外”,

---

〔1〕 李宁:《婚外性行为的现状及其伦理分析》,载《中国应用伦理学 2003 ~2004》,第 407 页。

〔2〕 熊秉元:《优雅的理性》,东方出版社 2014 年版,第 124 页。

〔3〕 有法律经济分析的观点甚至认为,即使“外部性”较高的性的商品化问题也不应一律禁止,因为卖淫可能是婚姻性行为的替代和补充,而黄色作品可能是强奸的替代和补充,并且控制私下进行的无受害人(在双方自愿的意义上)犯罪的成本是巨大的。(参见〔美〕理查德·A. 波斯纳:《法律的经济分析》上,蒋兆康译,中国大百科全书出版社 1996 年版,第 203 页)

〔4〕 〔美〕理查德·A. 波斯纳:《法律的经济分析》(上),蒋兆康译,中国大百科全书出版社 1996 年版,第 181 页。

“男不言内，女不言外”，[1]男方分工是将家庭赖以生存的物质资料最大化，而女方分工则将获得的物质资料（如粮食、蔬菜、棉花）加工成家庭产品（如食品、衣服）和抚育最重要的产品“孩子”。这种劳动分工不仅实现了家庭全部实际收入的最大化，而且还实现了人口的再生产。家庭组织形式之所以采取婚姻而非商业合伙，在于婚姻所生产的主要“商品”是孩子，“种族需要绵续”是生育制度的基础，正是因为多数夫妻仍选择生育，才使婚姻保持了作为普遍制度的意义。[2]基于社会分工，女方在家中从事“专业”工作以“换得”丈夫在家务劳动之外从事生产所赚取的生活资料，男方“购买”女方劳动以对他们共同孩子进行生育和照顾、家庭生息维持。尽管西方有观点认为婚姻关系在本质上属于一种契约，但家庭组织和普通商业合伙还是存在较大区别，婚姻收入的分割不能像商业合伙那样依配偶贡献的相对价值而定，婚姻中的“利他主义”成为商业合伙内控制机制的替代品，利他主义促进了合作，“是对正式缔约的一种便宜而又有效的替代方式”。[3]

家庭中的特定工作和分工，既不是等级条件，也不是或者不完全是契约的方式和结果，双方合作的全面性决定了利他主义控制机制的适用，这是理解现代夫妻财产关系何以多为婚后法定（常态）财产制的关键。不过法经济学对这种“利他主义”的解释仍诉诸理性和自利，认为需要考虑婚姻中男性与女性的一种或者一组特征方面呈现差异的最优组合，这些特征包括诸如智力、种族、宗教、教育程度、工资率、身高、进取心、美食倾向和年龄等。当相近特征或相异特征能使所有婚姻的家庭产品总产出达到最大时，便会产生这种配对，而不管特征是金钱、财产还是心理方面的。[4] 从这一角度出发，我国传统社会所追求的“门当户对”颇具合理性。另外，从理性和自利假设出发，尽管夫妻约定财产制登场后，婚姻双方事前自愿的财产享有和分配方案应当就是公平的，如双方依据意思自治原则对双方婚后的财产关系作出约定，法律原则上不予干涉并优先适用其约定。然而，既然双方选择了配对与合作，虽然夫妻共同财产规则规定在解除婚姻时应

---

〔1〕《周易·家人》、《礼记·内则》。

〔2〕费孝通：《生育制度》，商务印书馆1999年版，第46页。

〔3〕[美]理查德·A.波斯纳：《法律的经济分析》（上），蒋兆康译，中国大百科全书出版社1996年版，第183页。

〔4〕[美]加里·S.贝克尔：《人类行为的经济分析》，王业宇、陈琪译，上海三联书店、上海人民出版社1995年版，第258页。

将婚姻存续期间积聚财产的一半归于另外一方(特别是女方)具有一定武断性,但是考虑到家庭分工情况,如果将配偶对家庭财产所作出的相对贡献所需要的成本和将他们的经济收入比率作为其相对贡献计算,依据明显更不合理,所以,这一法定(常态)规则很难有更好的替代方案,也就成为多数夫妻的默示选择与结果,这样,法律将其规定为无须选择的“法定”财产制就具有合理性。

2. 夫妻财产约定的知与行的实证考察

为了实证和了解当代中国社会中人们的夫妻财产观念及其对夫妻财产制——特别是约定财产制的认识,本书项目组设定两个问题进行了全国性调查问卷。其中,就婚前财产约定,本书项目组以“您如果现在结婚,会考虑在婚前对夫妻之间的财产关系作出书面约定吗”为题进行了全国性调查问卷,通过对六个备选答案(A. 会;B. 不会;C. 一般不会;D. 两人相爱不会;E. 财产数额较大会;F. 财产差别较大会)的回答,我们在城市、城镇和农村不同区域获取的数据统计结果,如图 29－3 所示:

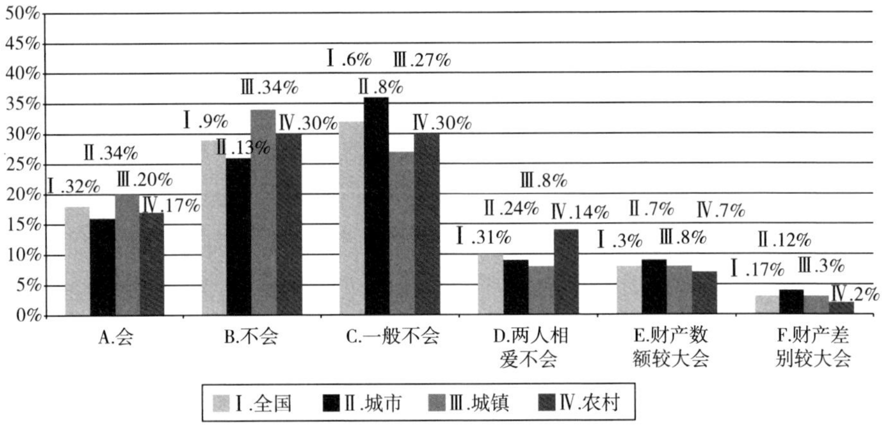

图 29－3 “您如果现在结婚,会考虑在婚前对夫妻之间的财产关系作出书面约定吗”一题调研数据统计

从柱状图直观来看,对待婚前财产约定的态度选择“不会”(B)和“一般不会”(C)的比例相对较高。我们可以将“会”(A)与“不会”(B)作为两极,在两者中间,“有条件的会”(E 答案“财产数额较大会”和 F 答案“财产差别较大会”)与“有条件的不会”(C 答案“一般不会”和 D 答案“两人相爱不会”)作为一种过渡的趋向性答案。这样,分别将“会”与“有条件的会”合并,城市、城镇和农村三个区域的占比合计分别为 29%、31%、26%;将“不会”和“有条件的不会”合并,城市、城镇和农村三个区域的比例合计分别为71%、69%、74%。以上数据统计结果显示:(1)无论居住区域是城市、城镇还是农村,选择“不会”和“有条件的不会”占比有绝对优势,即在受访对象中多数倾向于通常的法定财产制,亦即传统的婚后财产共同共有,结果相对传统和保守;(2)三个居住区域中,农村对婚前财产约定倾向于“不会”和“有条件的不会”的比例最高,这种保守性也反映了农村社会夫妻财产制的实际情况。显然,这一数据统计结果说明,对于体现和反映当代民法精神实践的夫妻约定财产制,即使是在城市或者城镇,亦缺乏普遍实践的社会条件与基础,并可以预见在未来一段相当长的历史时期内都很难在中国社会被普遍认同和践行。也就是说,夫妻法定财产制因其在夫妻财产利益的分配结合上相对均衡,更有利于维护夫妻关系的和谐与稳定,所以为婚姻当事人的“不选之选”。

对于不分城市、城镇和农村人们普遍接受的仍然是传统的夫妻法定财产制的这一结论,在本书项目组以“您和配偶之间是否有明确的个人财产与共同财产划分”为题进行的调查问卷结果中同样得到了印证。在对该题的六个备选答案(有;没有;主要财产有;根据协议有;事实上有;没法划分)的回答中,根据居住区域不同,获得的数据统计结果如图29－4所示:

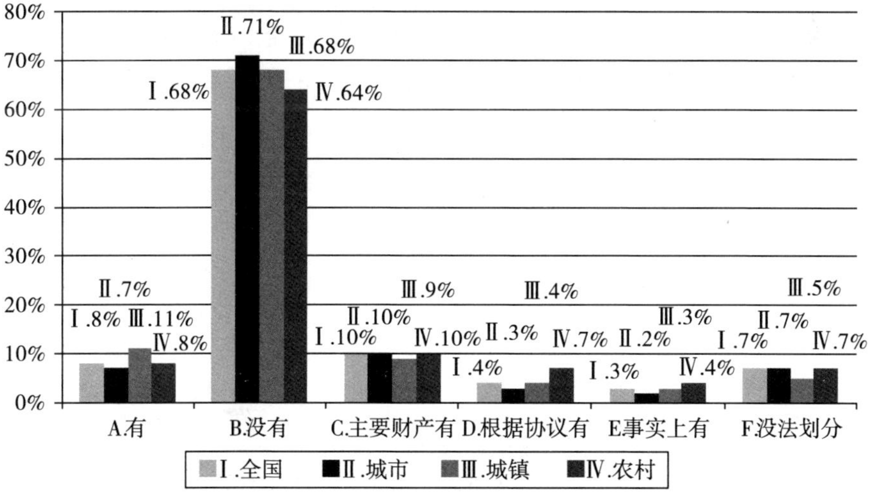

图29－4　“您和配偶之间是否有明确的个人财产与共同财产划分”一题调研数据统计

如果说对上一个问题即“是否会考虑作出书面约定”的回答是“知”的话,那么对这一问题的回答则是“行”的问题,而回答的结果则显示出了“知行合一”的客观事实。数据统计结果显示，无论是城市、城镇还是农村，受访者中承认无明确个人财产与共同财产划分的占有绝对优势，其占比分别是69%、65%和62%；同时显示，没有明确的个人财产与共同财产划分的占比，依城市、城镇和农村顺序逐步走低，又反映出在城市、城镇和农村之间所具有的差别性。在农村，夫妻之间更注重个人财产与共同财产的划分，这可能与男娶女嫁的中国传统婚姻财产模式有关，男方一般享有家庭财产所有权而嫁妆即陪嫁则属于妻子一方的个人私人财产。[1] 也就是说，对于夫妻财产划分的相对重视，并不意味着中国农村的婚姻观念具有更多的从传统到现代的变化，而恰恰是传统婚姻观念与习惯的保留与延续的结果，从而也反映了在我国农村社会的夫妻关系维系中，爱情或者情感因素作用的相对缺失、弱化与淡薄，即使到了当代社会也没有得到根本的改变，而这一改变应当是一个漫长的社会进步过程，需要经历一个艰难的法治文化与民法精神实践的社会转型。

对夫妻财产关系的考察仍需回到婚姻和家庭的传统功能。婚姻家庭的主要功能包括了物质资料的再生产和人口的再生产，并且主要是人口的再生产。尽管生产功能的弱化、婚育率的下降和离婚率的上升表明传统家庭正在衰退，但是婚姻和家庭作为生与育的基本单位仍决定了它是人类生活不能脱离和必然选择的基本形式。人类的子体抚育必须完成由单系的生理给养向双系的社会教养进行转变。“通过婚姻，夫妇不只是男女间的两性关系，而且是共同向儿女负责的合作关系。”[2]在婚姻和家庭中存在劳动分工，夫妻通过互补活动的专业化促进了家庭福利的最大化，婚姻的存在可以保证双方合作的长期性和有效性，在家庭内减少摩擦，从而降低生活成本，而夫妻在家庭关系的维系上如果斤斤计较则无法保持这种合作。有学者指出家庭关系和一般社会关系的不同：家庭看重成员之间的亲密关系，一切可能破坏亲密性的手段均须收敛，经济账算得越清楚，心理落差越大，亲密性也越差，而社会成员之间，则注重独立人格和个体权益；调整

---

〔1〕 在中国传统的婚姻关系中，女方父母有可能将男方给女方家人的彩礼、聘礼加上自己的积蓄作为嫁妆给女儿。嫁妆是给新娘子的，属于女方即妻子的个人私有财产，男方和男方家庭（婆家）无权动用和干涉，如果要动用妻子的嫁妆，必须得到妻子的同意，而妻子不同意动用也是正当的。传统中，侵占妻子的嫁妆是一种有损自己名声的恶劣行为。妻子去世后，其嫁妆一般只能由亲生子女继承，没有子女的，则由娘家后人继承，即嫁妆返还娘家，男方及其家庭不得占用，这是妻子及其娘家一方所享有的一种特殊的财产权和财产继承权。根据古代传统，如果妻子被休或者离开夫家，嫁妆自己带走，没有分割问题。显然，妻子嫁妆的多少，是个人在家庭中地位的体现。

〔2〕 费孝通：《生育制度》，商务印书馆1999年版，第107页。

家庭关系以容忍为原则，而社会则以权责明晰为要，利己为常态，利他为美德。[1] 近些年，围绕解决夫妻财产关系的司法规则争议较多，由于既涉及家族关系的和谐稳定，又涉及对第三人利益的保护，所以引起了全社会的高度关注。其中遭到诟病较多的，是《最高人民法院关于适用〈中华人民共和国婚姻法〉若干婚姻法司法解释（三）》（现已失效，2020 年 12 月 29 日出台《最高人民法院关于适用〈中华人民共和国民法典〉婚姻家庭编的解释（一）》）中的夫妻财产分割的“努力分清楚”的条款设计，使得婚姻法被网友戏称为“离婚法”。[2] 生活中，法律专业人士往往也告诫民众，婚姻财产一定要分清，最好做出财产约定并加以公证。该意见之所以在实践中往往不受欢迎，是因为分得越清就越说明缺少合作的信心，分得越清就越不能保证合作的长期性和亲密性。显然，以上对婚姻关系的分析与结论，在城市中更具有典型性与代表性。

（三）结婚行为的社会性认同

1. 结婚行为的性质认识

在性、婚姻和家庭关系的认识上，我们认同性是私人之间的事，但是因性所具有的“外部性”和社会性，当涉及婚姻和家庭时对性又需要管制。也就是说，因为性的“外部性”存在，结婚行为不仅属于私事，而且具有社会意义。事实上，结婚行为作为市民社会关系中的一项重要民事法律行为，对其性质与意义的认识，同样反映人们在民法精神及其实践上的基本层面问题。为了对这一问题得出实证结论，本书项目组以“您认为结婚行为是什么”为题进行了全国性调查问卷，通过受访者对四个备选答案（个人行为；家庭行为；社会行为；自然行为）的回答，我们获得了以下不同区域的相关数据统计结果（如图 29－5 如示）。

---

〔1〕 俞江：《中国亟宜确立新型的家制和家产制——〈婚姻法〉司法解释（三）评议》，载高鸿钧主编：《清华法治论衡》（第 14 辑），清华大学出版社年版 2011 年版。

〔2〕 俞江：《既有权益与民法典编纂》，载王利民主编：《论传统民法文化与中国民法典》，法律出版社 2015 年版，第 216 页。

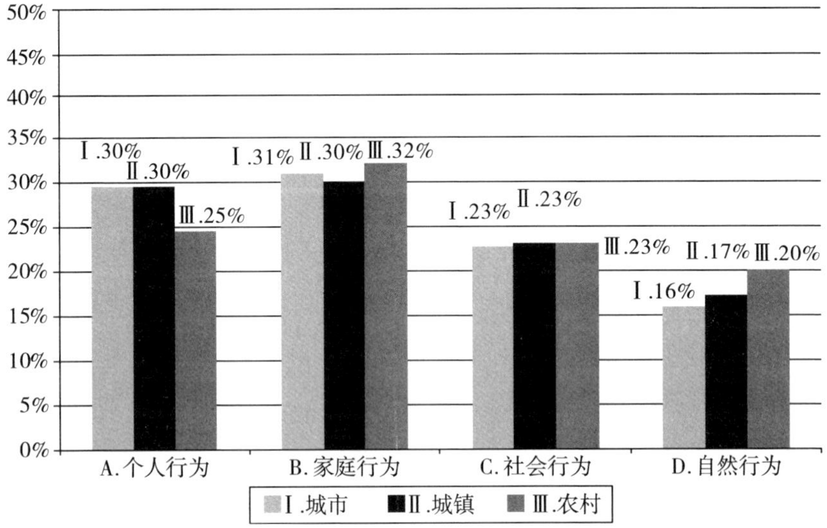

图 29－5 “您认为结婚行为是什么”一题调研数据统计

数据统计结果显示，一方面，在给定的四个备选答案中，受访者认为婚姻行为是“个人行为”的占比依次是，城市 30%，城镇 30%，农村 25%。这说明，我国城镇受婚姻自由的影响程度最深，更多地把婚姻行为视为婚姻当事人的私事，这是一种对婚姻自由与个人价值的认识；相反，农村受访者对婚姻行为作为个人行为的认识则较低，下降 5 个百分点，差别幅度比较明显。可以说，这一数据统计结果反映了我国城乡对婚姻行为认识的实际情况。与此上述数据结果相反，在受访者对婚姻行为是“家庭行为”的回答中，农村受访者的回答占比最高，为 32%，同样反映了农村居民在对婚姻行为认识上的传统家庭观念。同时，受访者对婚姻行为是“社会行为”的选择，城市、城镇和农村的占比均为 23%，反映出认识上的一致性。对婚姻行为是“自然行为”的选择，城市、城镇和农村和占比分别为 16%、17% 和 20%，农村选择的占比明显高于城市和城镇，而城市和城镇的选择并没有明显的差别，这可能反映了文明程度较低的农村社会人们对婚姻行为的一种直觉与自然的认识。

另一方面，这一数据统计结果也表明，虽然城市、城镇和农村的受访者对这一问卷的回答占比有一定差异，特别是其中农村与城市的差异相对明显，但是在总体数据结果的差距上并不大，即城乡不同区域的受访者对于婚姻行为的认识大体上保持了一致。事实上，婚姻行为同时具有上述备选答案的各种属性，只是一个人基于什么精神和从什么角度去认识而什么样的精神与认识能够代表当代社会人们对婚姻行为认识的基本价值与取向，这才是问题的根本与关键。从调查数据中可以发现，虽然经过当代法治和法治文化的洗礼，中国社会人们对婚姻行为的认识有了明显的进步，但是在总体上仍然保持着传统与保守的一面。

婚姻中涉及性的关系，当然具有个人性和自然性。婚姻不仅是确定两性关系和个人开始性生活的仪式，其更重要的意义是在确立生育子女的双系抚育，[1]因此成为社会和家庭行为。婚姻是用社会力量造就的，人类社会无论哪种社会形态、无论哪个国家都不会仅把婚姻视为个人之间的私事。婚姻关系的确立，仪式都不可或缺，它是最为正式的程序，中间参与人包括亲戚朋友等一众人群，实际均是通过众多人的参与将之从一件"私事"做成一件"公事"。在我国某些农村地区，婚嫁仍被称为"办公事"。对婚姻关系加上法律的和宗教的限制与制裁，其用意无非是在维持结婚的双方长期的夫妻关系，因为长期的夫妇关系是抚育子女所必需的条件。另外，婚姻并不只是配偶间的社会关系，而是得调适于两人原有的许多社会关系，婚姻具有家庭性和社会性便更理所当然了。

2. 结婚行为的仪式性固守

在社会伦理秩序上，社会管理者需要对性的关系进行管制，既避免性冲动泛滥所导致的对既有婚姻家庭的破坏，又避免对双系抚育家庭形态带来冲击，确保不出现所生子女无人抚育的结果。由此，男女个人之间的婚姻关系便需要成为与众多他人相关的公共事务。婚姻关系的公事化，其用意无非是为两个人营造长期的夫妻关系，宣告性关系的专属性和婚姻关系的稳定性，即使出现夫妻之间一时的感情失和，也会因牵涉太多而不至于离异。结婚行为作为其中的重大"公事"，当然需要强调公共的仪式性，这些仪式象征的意义无非是"把确立个人关系的婚姻弄成了一件热热闹闹的社会举动，更把这和生物基础十分接近的俗事，转变成了好像和天国相通的神迹"。[2]

公示具有确权和宣示功能，婚姻登记、婚礼如同物权登记、交付一样，都属于公示方法，一样具有以上功能。同样，在婚姻法上，婚姻关系的缔结作为一种确权和权利归属也需要公示。通过婚礼这种婚姻缔结的公示仪式，可以在熟人中公示"性关系"的专属权，而对于陌生人社会，登记的公示结果则具有确认性专

---

〔1〕 费孝通：《生育制度》，商务印书馆1999年版，第75页。

〔2〕 费孝通：《生育制度》，商务印书馆1999年版，第79页。

属权的社会意义。除了性专属性的确权功能以外,更重要的是,结婚仪式在社会学上还有对抚育后代所具有的重要意义和价值,为了实现双系抚育,各种人类文明创造了各自的婚姻文化,都有对双系抚育认可的意涵。在西方,婚姻仪式须在教堂里由牧师主持,把婚姻做成向上帝负责的契约,而在我国传统文化中,婚姻仪式通过各种"礼"的程序步步深入,既有月下老人暗中牵线,又有祖宗和天地鬼神监视,使婚姻真正成为"一件热热闹闹的社会举动"。[1]

新中国成立以来,很多事情上都标榜"反封建",推崇"移风易俗"。早在新中国成立伊始,我国就通过对旧法统的废除否定了"彩礼"、"婚约"和"婚礼仪式"的正当性与合法性,但是在市民社会的婚姻关系中,婚礼仍然是最重要的仪式之一,并仍然保留着"彩礼"[2]"婚约"等婚姻习俗。"订婚礼"算是"正式"确立了双方的婚姻关系,男女两家也借"订婚"之机公开了双方的"准姻亲关系",而"婚礼"则是宣告双方成为夫妻的最后形式。[3] 尽管我国早就以结婚登记作为婚姻的法定公示方法,但是"订婚"和"婚礼"在民间仍然具有重要的公示意义与公示效力。即使是登记结婚,夫妻双方仍需要回到自己出身的熟人社会中沿袭"婚礼"仪式,宣告"礼成",这不仅是为了收回尊亲属多年来散发出去的"份子钱",更是为了向熟人宣示婚姻缔结后的已婚身份,所以在很多人的观念中,仅仅领取了结婚证书而未举办婚礼的,尚不算结婚。虽然"彩礼"、"婚约"和"婚礼"等仪式已不见于制定法,但是这些习惯的客观存在构成了法律秩序的根基。因此,民事立法应当充分吸收容纳习惯,不能因脱离习惯而离社会太远。"现在我们正在感受着,尽弃'古代民法'所造成的秩序断裂,没有传统滋养和支撑的现代民法形成法律秩序是如何的艰辛。"[4] 习惯作为法律渊源,应当对司法建构的法律秩序产生规范意义。[5]

---

〔1〕 费孝通:《生育制度》,商务印书馆1999年版,第79页。

〔2〕 2019年2月《中共中央国务院关于坚持农业农村优先发展做好"三农"工作的若干意见》指出:"对婚丧陋习、天价彩礼、孝道式微、老无所养等不良社会风气进行治理。""天价彩礼"背后反映的是人口性别比严重失调。农村婚姻市场中男多女少,是彩礼坐地起价的重要原因,法律管制只能催生彩礼转入地下"黑市",如何治本才是问题解决的关键。

〔3〕 吕廷君:《订婚制度的演变及其法理透视》,载谢晖、陈金钊主编:《民间法》(第1卷),山东人民出版社2001年版,第197页。

〔4〕 张生:《从社会秩序的角度解读中国"古代民法"》,载王利民主编:《论传统民法文化与中国民法典》,法律出版社2015年版,第161页。

〔5〕《民法典》第10条:"处理民事纠纷,应当依照法律;法律没有规定的,可以适用习惯,但是不得违背公序良俗。"

3. 家庭和夫妻关系的满意度与离婚率

现代家庭功能的弱化趋势不可避免。“自古以来的家庭史都只是一种永不停歇的分化运动，各种各样的功能最初是错综复杂、混沌不分的，后来它们逐渐分离开来，自成一体，各个成员根据不同的性别、年龄和依赖关系分散在家庭社会的各个领域，来行使自己的专门职能。这种家庭内部的劳动分工，绝对不是附带的和次要的现象，相反，它决定了家庭发展的全部。”[1]在我国改革开放的过程中，新思想与新的生活方式和条件，不仅改变着人们的性观念，而且也改变和冲击着人们的家庭观念。个人家庭生活和夫妻关系因其合作的全面性和深度处于核心位置，此外的近亲属关系也是重要内容。对于近亲属的外延范围，虽然我国的现行解释并不完全一致，[2]但是根据婚姻法和最新的民法典婚姻家庭编的规定，除了夫妻之外，应当包括父母、子女、兄弟姐妹、祖父母、外祖父母、孙子女、外孙子女，这些人之间具有法律上的扶养和赡养关系是其共同实质特征。夫妻关系与近亲属之间的关系相互影响，共同决定了家庭的稳定性。在市场经济关系与当代家庭伦理意识的影响下，传统的以家长为核心的稳定家庭模式被逐步打破，特别是在计划生育和少子化的条件下，那种以亲情伦理为纽带的紧密联系型的家庭或者亲属关系不见或者少见了，除亲子关系外，人们对家庭或者其他亲属关系的情感依赖有淡漠趋向，与此同时，伴随家庭成员的个人独立，人们对家庭关系的需求与满意度，可能会有所下降。

为了解我国社会对家庭关系的满意度，本书项目组以“您对家庭关系（近亲属之间）的满意程度是什么”为题进行了全国性调查问卷。以城市、城镇和农村划分的受访者，对5个备选答案（A. 满意；B. 基本满意；C. 非常满意；D. 不满意；E. 不够满意）选择的数据统计结果如图29－6所示：

---

〔1〕［美］埃米尔·涂尔干：《社会分工论》，渠东译，生活·读书·新知三联书店2000年版，第84页。

〔2〕我国《刑事诉讼法》（2018年10月修订）第108条第1款第6项规定，刑事诉讼中的近亲属包括夫、妻、父、母、子、女、同胞兄弟姊妹；《最高人民法院关于适用〈中华人民共和国行政诉讼法〉的解释》（2018年）规定，行政诉讼中的近亲属包括配偶、父母、子女、兄弟姐妹、祖父母、外祖父母、孙子女、外孙子女和其他具有扶养、赡养关系的亲属。

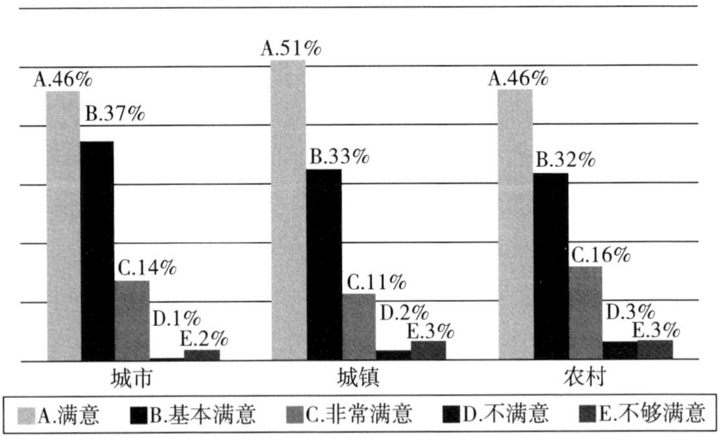

图 29－6 “您对家庭关系(近亲属之间)的满意程度是什么”一题调研数据统计

上述数据统计结果显示,城市、城镇和农村选择“满意”的占比依次为 46%、51% 和 46%;选择“基本满意”的占比依次为 37%、33% 和 32%;选择“非常满意”的占比依次为 14%、11% 和 16%;选择“不满意”和“不够满意”的占比都非常低,只在 1% ~3%。累加“满意”“基本满意”和“非常满意”三项指标,城市达到 97%,城镇达到 95%,农村也有 94%。根据这一问卷的数据统计结果,目前我国社会对家庭关系和夫妻关系的满意度较高,这也意味着我国家庭关系的相对稳定。同时,数据反映的家庭关系满意程度在城市、城镇和农村有依次递减的现象与问题。分析其原因,一方面,可能与经济状况和家庭扶养保障功能相关。虽然“家庭扶养、家庭保障曾经是个体能够获得的唯一现实的、有效的支持系统”,[1]但是在城市工商社会中个体间的经济依赖降低,经济需求可以通过自力更生或社会保障获得满足,亲属间的亲密感情联络、情感需求成为家庭的主要功能;而在农村,由于经济发展水平落后,家庭中个体之间经济依赖更强,更多需要从家庭获得有效的物质支持,家庭功能多元往往导致满意度不足;城镇处于农村向城市的过渡地带,数据结果也反映了这种过渡性。另一方面,与家庭结构有关。在从不发达的农业社会向发达工商社会的转型过程中,我国家庭经历了从传统的、规模较大的父系父权家庭转向家庭结构趋减、家庭规模变小的演变。“伴着家长制的削弱与瓦解,联合家庭已失去了存在的现实基础而逐渐趋于消

〔1〕 蒋月:《20 世纪婚姻家庭法:从传统到现代化》,中国社会科学出版社 2015 年版,第 511 页。

亡,主干家庭则保持着相对稳定。"[1]越来越多的人口脱离农业、农村进入城市居住、工作和生活,家庭共居的人口减少,不仅旁系亲属关系逐渐淡化,而且直系亲属关系也因利益依赖关系的松散,彼此的密切程度、情谊关系越来越生疏。"渐渐徒有虚名,仅仅成为观念上的存在。"[2]规模变小、简化的家庭关系往往意味着矛盾纠纷发生的机会减少,这也会影响个体对其家庭关系的满意度体验。

夫妻关系是因结婚而产生的身份关系,是最基本的亲属关系,其他家庭关系由夫妻关系产生。家庭以婚姻关系为核心,家庭的结构性变化首先反映在婚姻关系上,影响婚姻关系的稳定。为了解当事人对夫妻关系的满意度,本项目组以"您对夫妻关系的满意程度是什么"为题进行了全国性调查问卷,在以城市、城镇和农村划分的受访者中,对5个备选答案(A满意、B基本满意、C非常满意、D不满意、E不够满意)的选择结果是:选择"满意"的占比依次为46%、47%和46%;选择"基本满意"的占比依次为37%、32%和30%;选择"非常满意"的占比依次为14%、14%和16%;选择"不满意"和"不够满意"也都占比非常低,只在1~5%之间。累加"满意""基本满意"和"非常满意"三项指标,结果是城市占比97%、城镇占比93%,农村占比92%(如图29-7所示)。以上数据分布与对家庭关系满意度调查结果分布完全一致,原因解读也大致相同。

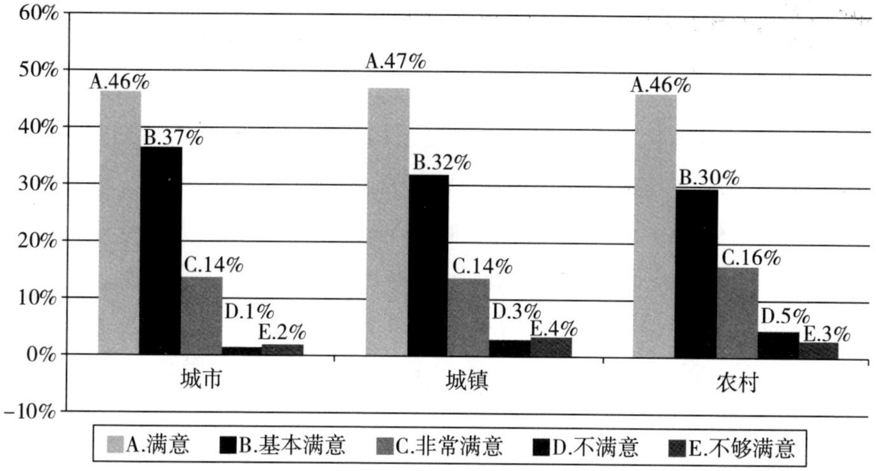

图29-7　"您对夫妻关系的满意程度是什么"一题调研数据统计

---

〔1〕邓伟志、徐新:《当代中国家庭的变动轨迹》,载《社会科学》2000年第10期。

〔2〕蒋月:《20世纪婚姻家庭法:从传统到现代化》,中国社会科学出版社2015年版,第127页。

然而，与对家庭关系和婚姻关系的高满意度相比，我国的离婚率却反而持续攀升。近年来，民政部门和人民法院处理结婚、离婚的实际数据显示：离婚率持续升高、离婚案件逐年递增，而结婚率却在下降。据民政部网站“民政数据”显示，2017 年各级民政部门和婚姻登记机构共依法办理结婚登记 1063.1 万对，比上年下降 7.0%；依法办理离婚手续的共有 437.3 万对，比上年增长 5.2%。其中民政部门登记离婚 370.4 万对，法院判决、调解离婚 66.9 万对，离婚率为 32%，比上年增加 2 个百分点。〔1〕 从 2010 ~ 2017 年全国结婚率和离婚率数据（见表 29 - 1）可以看出，2013 年开始结婚率呈下降趋势，而 2010 年之后的离婚率却逐年上升。

表 29 - 1　2010 ~ 2017 年全国结婚率和离婚率数据

单位：%

指标	2010 年	2011 年	2012 年	2013 年	2014 年	2015 年	2016 年	2017 年
结婚率	9.3	9.7	9.8	9.9	9.6	9.0	8.3	7.7
离婚率	2.0	2.1	2.3	2.6	2.7	2.8	3.0	3.2

来源：《2017 年社会服务发展统计公报》。

笔者并未获得结婚率和离婚率的城乡差距数据，但有学者曾于 2013 年 7 月至 9 月在吉林省经济发达地区（长春市某区）、经济较发达地区（松原市某区）、经济欠发达地区（白山市地区）进行基层人民法院和民政部门的抽样调查，认为经济发展水平、城市化水平与离婚率呈现正相关。〔2〕 更有学者对全国 284 个地级市的 2005 ~ 2013 年离婚率攀升的原因进行数据实证分析，得出“地区经济水平、城市化水平、网络普及程度、手机拥有情况以及失业率这几个影响因素对于离婚率的上升有着显著的正向影响，而新生儿的出生率、性别比例、人口密度对于离婚率的上升影响并不显著”的结论。〔3〕 经济发展水平、城市化程度等对于离婚率产生正向影响，“主要是高经济水平往往伴随着更多样化的经济、消费活动，伴随着更加复杂多样的社会关系”，〔4〕这种经济发展因素及其后果给人们带

〔1〕 参见民政部《2017 年社会服务发展统计公报》。

〔2〕 参见李洪祥：《我国离婚率上升的特点及其法律对策》，载《社会科学战线》2015 年第 6 期。

〔3〕 程忠：《中国离婚率攀升的影响因素研究——基于中国 284 个地级市离婚率数据的空间计量实证分析》，载《制度经济学研究》2018 年第 2 期。

〔4〕 参见高成骅：《东北地区离婚率影响因素研究》，吉林大学 2015 年硕士学位论文。

来的思想上与经济上的开放，从而必然产生对婚姻关系稳定性的不利影响。离婚率的攀升及其导致的众多家庭破裂，对社会的稳定和整个社会经济的和谐健康发展的作用都是负面的，所以如何保持和维护婚姻家庭的稳定一直是政府和社会关注的大事。实践中，有些婚姻登记机构实现工作方法“创新”，通过“离婚限号”或以电脑系统出问题等客观理由欺骗离婚申请者以少办甚至不办离婚登记，[1]此举显然既没有法律依据，又与婚姻自由原则的相违背，从社会效果看破坏政府的诚信和权威，其客观上是否会让更多人不愿选择结婚也值得忧虑。《民法典》在婚姻家庭编引入“离婚冷静期”制度，30天的等候期是选择登记离婚当事人必须付出的时间成本，其效果有待观察。“离婚困难会导致求偶者对伴侣的寻找愈加慎重、仔细，寻找的方法包括恋爱、交往、试婚、同居等。”[2]准婚姻形式的大量选择必然构成对正式婚姻的现实替代。

总之，我国城乡居民对夫妻关系和家庭关系是否满意的态度与实现是矛盾的，反映了在现代社会关系与生活方式条件下人们对家庭关系的复杂心态。

（四）生育行为折射城乡差别

在我国，“计划生育”被确定为基本国策并写入《宪法》。[3] 在制定法中，我国2001年专门制定了《人口与计划生育法》，以贯彻提倡晚婚、晚育，少生、优生，从而有计划地控制人口的方针。从2012年开始，我国的人口形势发生转折性变化，人口总量增长的势头减弱，人口结构性问题突出，劳动年龄人口开始减少，老龄化程度加深，出生人口性别比居高难下，人口均衡发展的压力增大，继2013年放开“单独二孩”之后，2015年决定实施“全面二孩”政策。2021年8月，《人口与计划生育法》修改，规定一对夫妻可以生育三个子女。改革开放40余年生育政策经历了从“独生子女”“单独二孩”“全面二孩”到“全面三孩”的变迁，标志着生育政策“从国家调整理念向个体调整理念的转变”。[4] 曾经的人口红利大国面临“红利”逐渐消失，放开生育政策是正确的。然而，在“全面二孩”

---

〔1〕 胡适真：《婚登员谎称打印机坏了不办离婚9年挽救500对婚姻》，载环球网2016年3月2日，http://news.sohu.com/20160302/n439115918.shtml。

〔2〕 [美]加里·S.贝克尔：《人类行为的经济分析》，王业宇、陈琪译，上海三联书店、上海人民出版社1995年版，第292页。

〔3〕 《宪法》第25条规定：“国家推行计划生育，使人口的增长同经济和社会发展计划相适应。”第49条第2款规定：“夫妻双方有实行计划生育的义务。”

〔4〕 参见王宏亮：《改革开放40年生育政策的理解、问题和转变》，载《人口与计划生育》2018年第7期。

政策实施之初,国家卫计委预测出生高峰将出现在2018年,对2017年出生人口的最低预测为2023.2万,但2017年实际全国出生人数为1723万人,比2016年的1786万人减少了63万,人口出生率也随之下降0.52‰,目前来看出生人口状况仍然没有得到根本改善。[1] “全面二孩”政策实施后,这一数据的人口出生率不升反降现象,折射出的是民法精神实践中的生育观念的深刻变化,背后更深层次是生产力发展水平对人口再产生的影响。2021年,尽管全面三孩政策已实施,但生育率下降这一现象也并未得到改善。只有将生育行为放在特定的历史进程中,结合当时的经济社会发展水平,才能对之做出深刻解读。

1.经济分析方法在婚育领域的引入

费孝通认为,“生育是一种损己利人的行为”,生育之所以发生,在社会学上被解释为和个人生活攸关的社会结构之完整性需要借助于生育完成新陈代谢。[2] 然而,对于生育行为,法经济学进入传统经济分析不入之领域——婚姻家庭而有不同解释。波斯纳把家庭看作一个小的经济组织,然后探讨这个经济组织之内的生产、分工和消费。他认为,这个经济组织的变动,会明显受到市场经济的影响:一方面,当妇女可以外出工作以赚取收入时,养育孩子的机会成本提高,所(愿意)生育的子女愈来愈少。如果子女就是父母天经地义的宝贝,子女应该和以前一样多才是。另一方面,都市化的发达,使许多家庭由乡村迁往城市或者变为城市人口,人口集中后居住空间缩小,城市房价上升,因此和住在农村或者郊区的家庭相比,都市里的生活成本上涨,所以家庭子女生育数量比较少。[3] 在法经济学视角下,生儿育女也是一种经济行为,可以用成本收益分析,将儿女看作耐用消费品,购买的成本包括物质资料和时间投入,既会产生机会成本,也会压缩气体家庭投资或支出,而生育意愿表明子女效用足以补偿那些支出,但随着生育成本特别是机会成本的提高,人们的生育意愿会降低。[4] 这种分析将生育行为与生产力发展水平和生产方式相联系,揭示了生育并不仅仅由

---

〔1〕 咖喱咖喱(网名):《全面二孩政策满两年,数据打脸专家,网友:真不能生了》,载网易新闻网2018年1月29日,https://c.m.163.com/news/a/D9BGG11N0526OBDV.html。

〔2〕 费孝通:《生育制度》,商务印书馆1999年版,第55、60页。

〔3〕 [美]理查德·A.波斯纳:《法律的经济分析》(上),蒋兆康译,中国大百科全书出版社1996年版,第183页。

〔4〕 [美]加里·S.贝克尔:《人类行为的经济分析》,王业宇、陈琪译,上海三联书店、上海人民出版社1995年版,第210~216页。

“观念”决定,这一认识对于人口政策的制定者有警示意义。

生育行为属于理性行为,也是一种具有可替代性的工具性安排。可替代性是指该种效用不仅可以通过生育行为获得,也可通过其他途径获得,而工具性则是指该种效用结果是作为一种工具或者手段去为更深层次的效用服务的。那么如何解释生育过程中的“爱”和“利他主义”呢?古今中外大量文艺作品中不乏讴歌父爱母爱者,父爱母爱均是利他主义的表现,甚至被称为人类的“本能”。它虽然在市场上罕见,但在家庭中却比较普遍,这是因为它可以提高家庭成员抵御灾变和其他不测事件的能力,分散风险和损失。〔1〕不过,利他行为其实并非“本能”,按生物进化论的观点,由于效用的相关性,我可能通过增加你的福利间接地增加我自己的福利,所以“利他主义”也可被解释为利己行为。〔2〕

2. 城乡生育行为的差异性

新中国成立以来,人的生育意愿发生了重大转变。在“文化大革命”前后和改革开放初期,人口出生率居高不下,这既有中国传统文化影响,“不孝有三无后为大”,生育和传宗接代是中国人婚姻家庭制度的核心目标,单凭个体自愿来调整生育计划几乎是不可能的事情。因此,面对严峻的经济形势和民生需求,对人口加以控制并使其与经济、资源相适应确有必要,实际上强制性的一孩政策为经济和社会发展争取了时间。“尽管有研究表明随着经济社会发展人们的生育观念会随之调整,人们在考虑生育成本和个体生活品质的基础上做出生育决定,但如果我们不先控制人口,又怎么会有经济社会发展,人们主动降低生育率的行动也就无从实现。”〔3〕

全面二孩政策实施后,农村和城镇在生育意愿和生育率上表现出较大差异,在城市,再生意愿并不强烈,而在农村地区,早在“一孩政策”时就有不少人选择生“二孩”甚至“三孩”,这一点在历来的各项生育意愿调查结果中都得到了一致的证明。〔4〕对此,依然可以用经济学的成本效益理论加以分析解释,“当养育孩

〔1〕[美]加里·S. 贝克尔:《人类行为的经济分析》,王业宇、陈琪译,上海三联书店、上海人民出版社 1995 年版,第 349 页。

〔2〕参见 Richard A. Posner, *Rational Choice, Behavioral Economics, and the Law*, 50 Stanford Law Review, 1998, pp. 1551ss.

〔3〕王宏亮:《改革开放 40 年生育政策的理解、问题和转变》,载《人口与计划生育》2018 年第 7 期。

〔4〕白鸽等:《全面二孩政策下上海市居民生育意愿调查》,载《医学与社会》2018 年第 11 期。

子的成本小于日后带来的收益时,他们将选择多养育”。[1] 养育孩子的成本包含显性成本和机会成本,前者如生活成本、教育成本和医疗成本;后者是机会成本,即为了生育子女而丧失的各种收入以及晋升机会,造成的消费水平下降、自主时间丧失等。就生育的显性成本而言,城市高于农村,但并不显著,差别较大的反而是机会成本。对城市中的职业女性而言,多要一个孩子就意味着损失更多机会,成本更高。面对“全面三孩”政策带来的女性职业中断、人力资本贬损、工作与家庭平衡压力,[2] 大量研究表明,面临崭新就业环境,隐性就业歧视频频涌现,歧视程度有渐深迹象,雇主不愿雇用育龄期内仍有生育意愿的女性。[3] 也有研究表明,对于在职女性,生育子女对城镇体制内女职工工资收入存在显著的负向影响,每多生育一个孩子,女职工工资率将显著下降18.4%,月工资亦显著下降15.9%。[4] 在理论上,生育行为给女性劳动者工资收入带来的负面影响被称为“生育工资惩罚”(the motherhood wage penalty)。[5] 然而,在农村地区,妇女并无固定职业,她们的流动性较大,自由性强,所以在生育过程中对工作造成的影响微乎其微,机会成本显然比城市中的少。机会成本考虑超过了对直接成本的担忧,“全面三孩”政策在城市的实施效果不佳,应当与经济发展到一定水平后的机会成本进一步增加有很大关系。

生育行为也要遵循成本收益理论,其收益何在呢?生育行为的收益有多种形式,可分为直接效用和间接效用。前者是指生育主体在其生育行为中可直接感受到的效用,是短期内可实现收益的,如怀孕的女子为成为母亲而感到的幸福、夫妻为养育爱的结晶而获得的满足感、成就感等;后者表现为养老和社会保障,在一定程度上可以说养老是养育孩子间接收益最大的部分,不过该收益可以通过购买养老保险、储蓄投资等方式实现,体现了生育行为的可替代性和工具性,不过人们在和其他工具进行比较后还是选择了投资养育子女。尽管根据经

[1] 杨继芳:《全面二孩政策下农村生育状况的经济学分析》,载《中国管理信息化》2018年第14期。

[2] 盛亦男、童玉芬:《生育政策调整对女性劳动力供需的影响研究》,载《北京社会科学》2018年第12期。

[3] 张樨樨等:《全面二孩政策引发的职业女性就业歧视新思考》,载《山西大学学报》2018年第5期。

[4] 刘娜、卢玲花:《生育对城镇体制内女性工资收入的影响》,载《人口与经济》2018年第5期。

[5] 参见 Anderson J, Binder M & Krause K, *The Motherhood Wage Penalty: Which Mothers Pay It and Why?*, American Economic Review, 2002. 92(2), pp. 354-358.

济学的认识,孩子不仅是一种最终消费品,还可以是一种对其他商品(效用)的投入,但是随着城乡养老保险制度的逐步确立,养育子女作为产生养老受益的投资意义已被弱化。当然,在当代农村,由于城乡二元结构下的实质不平等依然存在,在养老方面,我国基础养老金制度尚难以覆盖老年人的养老需求,而年轻一代的打工收入却能起到补充的效果,所以养育子女在农村仍大致延续投资少、收益尚可的状态,农村的生育意愿会更高一些。不过,随着城乡二元结构变为城乡统筹发展,农村中的年轻一代通过劳动力转移进入城镇,从成本上看,一方面生育的机会成本会进一步提高,另一方面养育成本(生活教育成本和住房成本,住房面积集约化)也会进一步提高;从收益上看,城乡一体的职工养老保险制度实现养老无忧,使得生育行为的受益就仅剩下“幸福感”了。显然,看重孩子对于家庭幸福和夫妇人生圆满的价值,是成为当前城市最为主要且最为明确的生育动机;而传统的生育动机,比如养儿防老、传宗接代等,则已经退到并不很重要的位置。随着现代避孕方式的普及,社会养老对家庭养老的替代,作为向父母提供幸福感的一种来源,孩子存在的意义和效用更多地在于其可以通过“消费”他们向我们提供的无形“服务”而为家庭提供的快乐。

四、小结

中国社会是一个城乡二元结构的社会,其形成路径,既具有一般性,也有特殊性。从一般性而言,经济发展中自然而然所形成的现代工业部门与传统农业部门的差距,造就了城乡二元结构;从特殊性而言,行政型的城乡二元结构与市场型的城乡二元结构共同导致了我国城乡二元结构生成并固化。城乡分离及其二元结构对于民法精神实践的影响和意义是多方面的,其中之一,就是传统乡村是熟人社会,而现代城市则是陌生人社会,两种不同的人际关系形态决定了民法精神实践的不同样貌。民法精神实践在一定的社会结构下完成,城乡二元机构及熟人社会、陌生人社会的区分与一定阶段的生产力发展水平和生产关系相适应,这些物质条件构成民法精神实践的物质基础。民法精神实践所赖以存在的自律和他律规范并非凭空产生,无论是熟人社会还是陌生人社会的秩序往往是经过很多次博弈而形成,自律规范反映了利益关系,以时代所铸就的一定社会经济条件为基础,在社会变迁的背景下,与传统熟人社会相适应,建立在身份基础之上的自律和他律规范,在陌生人社会中往往遭遇失灵。

在城乡二元结构中,由于熟人社会与陌生人社会的差别性所导致的个人行为与行为习惯的不同,作为一种民法精神实践的生态性差别,必然影响到城市与乡村社会的法律秩序与法治文化形态,从而也就必将影响到社会主义法治文化的统一性。首先,从权利观看,西方社会运用的利益调整工具是个人方法论基础之上的权利,而我国传统乡村社会则是攀关系、讲交情。传统中国社会的秩序维系,以熟人社会为模型,因为熟人社会的传统或礼制可以有效预防或解决纠纷,但在陌生人的城市社会中,既有的社会秩序传统面临社会变迁而难以有效建立起人们之间的行为预期,而基于国家共同体的意志制定的规则——法律开始发挥调整社会关系和构造社会秩序的作用,这样便开始形成了以国家法律为制度根据、以个人的民法精神实践为行为基础的法治和法治文化形态。建设社会主义法治文化民本模式的民法精神实践,是一种权利实践,必然反映实践的权利观念并由一定的权利观念所决定。城市居民对以民法精神为基础的权利具有更为自觉的认识,也具有较强的权利意识,他们更为珍视个人的权利和自由。虽然农村居民的法律意识与权利观念相对城市居民比较薄弱,但是这只是一个在文化与教育条件下的法治或者民法精神的思想觉悟与觉醒问题,并不一定代表农村居民利益观念的淡漠,而只是一种表示和实现自己利益的诉求与方式有所不同。其次,从纠纷解决的角度看,调解机制在熟人社会个人利益实现和矛盾纠纷解决中更能够发挥作用,所以在熟人的乡村社会中依然是解决纠纷的主要方式,而在现代工商社会中形成的范围较小的熟人社群,解决的纠纷预防和解决方式同样适用。随着改革开放的深入和市场经济的发展,人员流动的加剧和社会分工的进一步细化,人们的价值和道德更加多元,村庄、单位以及类似“熟人社会”中种种先前未充分意识和理解的社会功能进一步弱化,非正式司法制度必然被正式有效的约束机制替代,形成以正式司法制度为统帅的多元纠纷解决机制。

对于城乡中非交易行为的民法精神实践,本书以性与家庭为对象,探讨了性观念、夫妻财产关系、结婚行为与生育行为在城乡的差别。追求性的权利和幸福的观念上逐步在城乡社会的成员中被普遍接受,性也被法律确认为一种权利和自由。法对性自由的拓展、对性权利的确认和保护通过两个途径,一是对不妨碍他人的性行为日益宽容,对侵犯他人的性行为日益严厉(不容)。数据统计结果显示,对于婚前性行为的接受程度,不管受访者是城市、城镇还是农村居民,各项单项数据其实差距不大,说明随着社会流动性增强和社会文化的城乡一体化发展,认为可能严重存在的城乡之间的性观念差距正在逐步消弭。对待婚前性行为的态度变化,一方面,说明我国的城乡结构正在改变,原有的凝滞型的社会结构正在被横向和纵向的流动性所替代；另一方面，传统社会向现代社会转型加剧了人口流动，整体上走向了陌生人社会，传统上依赖各种血缘地缘关系网络所建立的求偶模式也在经历变化。

在婚姻财产关系上，婚姻双方合作的全面性决定了利他主义控制机制的适用，这成为理解现代夫妻财产关系何以多为婚后共有法定（常态）财产制的关键。无论在城市还是乡村，财产约定并不普遍受到欢迎，也许正是因为分得越清就越说明缺少合作的信心，分得越清就越不能保证合作的长期性和亲密性，这一点说明了人们在婚姻财产观上所具有的保守性恰恰有利于保证婚姻关系的稳定。

在对结婚行为社会性的认同度上，无论乡村还是城镇，对于结婚行为的社会性认识差别不大，婚姻中涉及性的关系，当然具有人性和自然性，但是婚姻不仅是确定两性关系和个人开始性生活的仪式，而且更重要的意义是在确立生育子女的双系抚育，具有更强的社会性。人们在很多事情上推崇“移风易俗”，但是传统的“婚礼”与“婚俗”仍是市民社会中最重要的仪式之一，尽管法律上早就以结婚登记为婚姻的公示方法，但是熟人社会中依旧沿袭“婚礼”仪式的公示效力与影响，所以在人们的观念中，即使领取了结婚证也要以举办婚礼作为结婚的正式条件。

在对生育行为的差别性认识上，从一孩政策到“单独二孩”“全面二孩”再到“全面三孩”，人口出生率不升反降，人口形势发生转折性变化，反映的是一种民法精神实践的生育观念与行为的深刻转换，背后揭示了生产力发展水平对人口再产生的影响。在法经济学视角下，生育行为属于理性行为，也是一种具有可替代性的工具性安排，生儿育女如同购买某种消费品，也要遵循成本收益分析。“全面三孩”政策实施后，农村和城镇在生育意愿和生育率上表现出较大差异，在城市，再生育的意愿并不强烈，而在农村地区，不少人选择生“二孩”甚至“三孩”，究其原因，虽然生育的显性成本城市高于农村，但是并不显著，差别较大的反而是机会成本。对城市中的职业女性而言，多要一个孩子就意味着损失更多机会，成本更高。然而，在农村地区，机会成本显然比城市要小。从收益看，注重孩子对于家庭幸福和夫妇人生圆满的生活与生命价值，是当前城市最为主要且最为明确的生育动机，而传统的比如养儿防老、传宗接代等生育动机则已经退到并不是非常重要的位置上。未来的乡村，也会经历今天城市社会一样的变化，我们担心，当生育功能褪去，婚姻和家庭将会如何？

民法精神实践是一种社会实践，既然要在一定的社会结构下完成，城乡结构对民法精神实践的影响深刻而久远，转型在继续，一切变化仍在发生。

第三十章

司法裁判的民法精神实践

一、司法裁判的行为自由维护

民法不仅是行为法,而且是裁判法;民法精神不仅是当事人的行为精神,而且是司法者的裁判精神。因此,民法精神实践,既是当事人的行为实践,也是法官和其他司法裁判者的司法实践。没有司法裁判的民法精神实践,或者说,如果司法裁判不遵循民法精神及其行为自由的价值,就不可能建立以民法精神的自由价值为基础的社会主义法治和法治文化。

(一)司法裁判中契约地位彰显

民法精神实践中的自由,主要是通过一定的行为或者契约形式表现与实现的,因此自由的民法精神实践必然彰显契约在实现自由中的地位,而这一地位也必须得到司法裁判的承认和尊重。

1. 自由与契约

民法精神实践的司法裁判行为,是社会主义法治文化中"善治"的核心。司法权是重要的公权力,直接面对和作用于私权,所以司法裁判行为的民法精神实践至关重要。换言之,司法裁判之"善",需要以对民法精神的遵循及其价值的弘扬为基础。善治作为"政府与公民对公共生活的合作管理",[1]虽然应当强调

〔1〕 俞可平:《论国家治理的现代化》,社会科学文献出版社2014年版,第59页。

公众对自身事务的自治,但是来自公权力的他治仍是主要方面。他治作为外在力量介入到市民社会生活中,必须防止权力的自我增殖,要以权力的分散性限定权力的无度性。中国不照搬西方的“三权分立”模式,但是一定意义上的分权是必要的。司法权作为社会正义的最后一道防线,应当保持权威和一定的独立性;司法作为最重要的他治力量,对民法精神实践既有守护,又有引领和塑造。

对于自由的本质,英国自由主义思想家哈耶克认为:“个人是否自由并不取决于他可选择的范围大小,而取决于他能否期望按其现有的意图形成自己的行动途径,或者取决于他人是否有权力操纵某种条件以使他按照他人的意志而非行动者本人的意志行事。”〔1〕有学者从民法价值判断的实体性论证规则角度切入论及民法精神,认为应将“强式意义上的平等”和“强式意义上的自由”作为在特定法治背景中所能寻找到的最低限度的价值共识,强式意义主要是指摒弃了身份、经济地位等因素来贯彻平等和自由,使之具有形式性和绝对性,主张对平等和自由进行限制的一方应当承担举证和论证责任,否则就只能贯彻形式上的绝对平等和自由。〔2〕当然,自由也应受到限制,得以限制民事主体自由的足够充分且正当的理由指向国家利益和社会公共利益,只有在严格程序限定下,国家利益和社会公共利益才能成为限制平等、自由的充分正当理由。对平等和自由的私法精神作出限制的“足够充分且正当理由”在各个国家和地区普遍被上升为法律要求,体现了对立法权和司法权的限制。

“个人具有某种确获保障的私域”是自由与否的本质性衡量标准,个人的私域具有绝对性、排他性,首先私域对其他私主体产生对抗效力,其他私主体对该私域应予以尊重,不干涉不妨碍;其次,私域对公域也产生对抗效力,“风可进,雨可进,国王不能进”,除非公权力基于公共利益名义且经过正当程序才有介入或剥夺之可能。

按照意思自治的理论,主体得依其意思创设相互之间的权利和义务关系,当事人的意志不仅是权利义务的渊源,而且是其发生的根据。作为实现自由最重要的工具,契约是权利产生的普遍形式。契约建立了一道权力屏障,防范他人或

---

〔1〕［英］哈耶克:《自由秩序原理》(上),邓正来译,生活·读书·新知三联书店1997年版,第5～6页。

〔2〕王轶:《民法价值判断问题的实体性论证规则——以中国民法学的学术实践为背景》,载《中国社会科学》2004年第6期。

组织对双方当事人自由选择的不当干预。然而,契约纠纷一旦发生并诉诸司法,基于"司法者不得拒绝裁判"的法理,司法必须做出判断,因此,司法裁判如何彰显契约自由的民法精神,就显得非常重要。

2. 契约的"法源性"

契约行为的法源或者准法源性,是契约行为的法律效力性,即依法成立的契约是当事人之间的"法",对当事人具有相当于法律的约束力,受国家强制力的承认和保护。契约行为即法律行为的效力,不仅由于效果自治而约束当事人,而且也约束裁判者,裁判者应尊重当事人意志,并以之为据作出裁判。据此,有学者肯定"契约或协约"的法源地位,认为"契约或协约对于参与意思表示者有规范上的拘束力,因此,契约或协约也是一种法源"。[1] 有学者指出:"由于民事制定法中的任意规范得为当事人意志排除,因而对于法官来说,法律行为的效力等级犹在任意规范之上。"[2]法律行为(契约)当属民法法源无疑。

"私法自治——在其合法的范围内——保障个人具有根据自己的意志,通过法律行为构筑其法律关系的可能性。"[3]法律行为包括行为自由与效果自主,但理论界对法律行为效力基础即效果自主的解说并不相同。在德国法学家看来,法律行为成为私法自治的工具,在于制定法赋予其法律效果时须尊重行为人的意志,因为私法"只是以私人当事人意志的服务者之面目出现","从来没有将法律行为的效力,而总是将法律行为的无效作为规范的对象"。[4] 我国民法学界认为,法律行为之所以能够根据行为人的意志发生效力,是因为"行为人在意思表示中的意思(意愿)是合法的,符合法律的规定,是法律所允许的",[5]"合同的法律拘束力或合同的效力,并非来源于当事人的意志,而是来源于法律的赋予"。[6] 对于法律行为或者合同而言,只有当事人的意志符合了国家意志才会有效。契约神圣是契约自由的一个方面,如果契约是根据当事人的自由意志而订立的,由此产生的权利义务应当是神圣的,不仅当事人不得违反,"法院也不

---

〔1〕 黄茂荣:《法学方法与现代民法》,台湾大学法学业书 2006 年版,第 17 页。

〔2〕 朱庆育:《民法总论》,北京大学出版社 2016 年版,第 124 页。

〔3〕 [德]迪特尔·梅迪库斯:《德国民法总论》,邵建东译,法律出版社 2001 年版,第 8 页。

〔4〕 [德]莱奥·罗森贝克:《证明责任论——以德国民法典和民事诉讼法典为基础撰写》,庄敏华译,中国法制出版社 2002 年版,第 268 页。

〔5〕 谢怀栻:《民法总则讲要》,北京大学出版社 2007 年版,第 129 页。

〔6〕 王利明:《合同法研究》,中国人民大学出版社 2011 年版,第 534 页。

得直接或间接地改变当事人订立的契约”。[1] 虽然为获得公权力保护，法律行为必须能够为实证的法律所承认，但是这种“承认”与其说是国家的“权力”，不如说是基于对权利与自由的保障者地位而产生的义务和责任。因此，对于违反道德义务不履行或不适当履行的行为，公权力应当发挥法律强制功能维持正常市场交易秩序，通过强制违约者继续履行并负担违约成本将违约者所造成的“外部性”予以内部化。美国大法官霍姆斯说：“触犯合同（commit contract）与侵权行为（commit a tort）是相同的，换言之，只有当事人不履行合同，法律机制才开始发动。”[2] 由此可见，合同的订立与履行是当事人行为自由的范畴，若非发生问题而需要法律救济，国家不予干预，且即使国家介入干预也应遵循法律行为的效果自主。

法律行为之法源地位的承认最初由奥地利法学家凯尔森的规范法学提出。凯尔森以实在法为研究对象，不仅提出了规范等级体系，还将这些规范分为一般规范（如立法和习惯法）和个别规范（即法院和行政机关对规范的适用，如判决）。凯尔森并未遵从传统法学理论中法律只能是一般，即普遍、反复适用的规范的观点，而是认为“一个非个人的、无名的命令，就是规范”，[3] 法官的判决不仅属于法律适用，也属于法律创立，应列为个别规范。[4] “一项法律行为既是创立法律规范的行为，又是适用法律规范的行为”，“私人之间订立契约的行为也属于创立和适用法律规范的行为”，[5] 法官发挥“立法者的作用”以当事人的契约作为裁判依据，应属于个别规范。凯尔森认为，个别规范同作为创制这些个别规范之基础的一般性规范一样都是“法律”。传统理论中强调法律规定的一般性，法律规范必为一般规范。面对规范之界定上的异见，博登海默提出批评：“不以一般性规则或一般性标准为基础的特定的审判制度，就不是一个法律制度。”[6] 从语用学来看，“概念的价值在于特定价值之承认、共识、储藏”，“当法律概念负载了价值，便可应用法律概念来传递消息，并利用逻辑的运作来减轻思

---

〔1〕 李永军：《合同法》，法律出版社 2005 年版，第 46～47 页。

〔2〕 沈达明：《英美合同法引论》，对外贸易教育出版社 1993 年版，第 17 页。

〔3〕 Hans Kelsen, *General TheoryofLaw and State*, Harvard University Press, 1949, p. 45.

〔4〕 参见沈宗灵：《现代西方法理学》，北京大学出版社 1992 年版，第 170～171 页。

〔5〕 Hans Kelsen, *General TheoryofLaw and State*, Harvard University Press, 1949, p. 145.

〔6〕 ［美］E. 博登海默：《法理学：法律哲学与法律方法》，邓正来译，中国政法大学出版社 2004 年版，第 135 页。

维的负担”,[1]因此概念应当保持逻辑同一性。我们认同传统法学理论将规范限于一般规范的观点,但是必须承认,凯尔森个别规范的观点颇具启发性。法律行为或契约的规范效力犹在任意性规范之上,当事人可以通过法律行为排除或改变任意性规范的适用,若将法律行为排除在规范之外,只会导致法官在一般规范中找法失败时,“跳过契约去造法,而做成对当事人完全不公平的决定”,“法院不但不能止争,反而成为乱源”。[2] 其实,我国早已存在“民有私约如律令”的传统,古代民间契约“当神灵和私家之力难以强制缔约人履行契约义务时,国家公权力即作为最后一道屏障登上历史舞台,以确保无过失方合法利益的实现,并最终实现契约正义”,[3]这可以看作我国法治的“本土资源”。由此,认定法律行为或者契约具有规范色彩、享有准“法源地位”并不为过,特别是法律行为中的多数人决议、章程、劳动者集体合同或管理规约等,不仅其通过未必全体一致,而且还可以适用于未参与创制者,并因被反复适用而带有一定程度的一般性,比契约的“一般性”要强,“介乎个别规范与立法者制定的一般规范之间”,[4]更接近于法律规范。

法律行为本身可以直接成为请求权的基础,兼具行为规范与裁判规范之效力,只要不违背法律规范中的强制性规范,法院当依此为据对纠纷作出裁判。法律行为之所以具有裁判规范效力,是因为“国家基于公共秩序维护者的地位,承诺为有效的法律行为提供强制力支持,以及排除某些有害他人的行为之效力。”[5]法律行为的效力并非实定法所“赋予”,而是来自行为人意志。“有约必守的原则,并不是具体法律制度才提出的要求,而是渊源于道德,因为约定作为人类的一项道德行为是具有约束力的。”[6]“契约使当事人成为自我目的的立法者,在契约关系中被授予权能,使自由的承诺具有了法律约束力。”[7]因此,不仅法律行为产生何种法律效果,取决于当事人的意思表示,而且法官对该种效果应

---

〔1〕 黄茂荣:《法学方法与现代民法》,台北自版2011年9月,第84~85页、第86页。

〔2〕 苏永钦:《“民法”第一条的规范意义——从比较法、立法史与方法论角度解析》,载苏力:《私法自治中的经济理性》,中国人民大学出版社2004年版,第14页。

〔3〕 刘云生、吴昭军:《民有私约如律令:契约之效力——以中国传统契约法为视角》,载王利民主编:《论当代民法精神与中国民法典》,中国法制出版社2018年版,第127页、第133页。

〔4〕 朱庆育:《民法总论》,北京大学出版社2016年版,第66页。

〔5〕 朱庆育:《民法总论》,北京大学出版社2016年版,第124页。

〔6〕 [德]卡尔·拉伦茨:《德国民法通论》(上册),王晓晔等译,法律出版社2003年版,第55页。

〔7〕 王利民:《民法精神的构造——民法哲学的思考》,法律出版社2010年版,第142页。

予尊重,并依契约内容实现当事人意志。

我国1999年《合同法》的生效,标志着我国的合同效力制度发生了明显的变化,契约自由得到空前彰显。[1] 但是,在司法适用中,司法者往往囿于"禁止得利"思路而对当事人的意志或者契约的效果自主尊重不够。如我国《合同法》和其后的《民法典》规定的违约金"过高"的酌减调整规则常常被法院滥用。违约金"过分高于"造成的损失时的法院调整,"这一违约金限制规则极为特殊,本质上赋予了法官干预当事人约定自由的权力,属于私法自治的例外,在民法规则中极为少见"。[2] 该规则正当性在于,"若允许自由约定违约金不受限制,则每个交易主体均可能遭受毫无限制的惩罚","适当减少规则是诚实信用原则的体现,是合同正义的体现,是对债务人的保护"。[3] 然而,在实践中,违约金"过分高于"的调整规则存在被滥用的现象。有学者在北大法宝"司法案例"数据库中专门以"违约金过高"为关键词检索到各地各级人民法院自1998年起至2015年12月2日止的相关裁判文书46501份,债务人请求酌减违约金被驳回的仅占27.5%,得到支持的高达72.5%;而且这一比率在《最高人民法院关于适用〈中华人民共和国合同法〉若干问题的解释(二)》颁布后呈明显上升趋势,特别是2013年、2014年和2015年三年分别高达78.4%、72.9%和78.6%,这既影响司法权威又损及违约金制度的功能,[4]更不利于合同信用与公平与公正的实现。究其原因:

其一,立法对违约金功能的错位。违约金具有履行担保和损害赔偿预定双重功能,在违约金效力发生前具有履行担保功能,给债务人履约的外部压力,使其自动履约;在违约金效力发生之后,具有损害赔偿额预定功能,免除债务人对损害的证明责任。我国合同法规定的违约金被解释为"补偿性为主,惩罚性为辅",实际上系对违约金功能的错误解读所导致的一种错误定位。"违约金固有的担保功能丧失殆尽,而赔偿性违约金之简化损害赔偿的功能也没能充分发

---

〔1〕 参见崔建远:《我国合同效力制度的演变》,载《河南省政法管理干部学院学报》2007年第2期。

〔2〕 王洪亮:《违约金酌减规则论》,载《法学家》2015年第3期。

〔3〕 参见王洪亮:《债法总论》,北京大学出版社2016年版,第442页。

〔4〕 罗昆:《我国违约金司法酌减的限制与排除》,载《法律科学》2016年第2期。

挥”;[1]“赔偿性违约金观念下,违约金制度被弱化为损害赔偿总额预定,违约金的惩罚性很弱,甚至等于零。”[2]

其二,司法上裁判尺度不一,影响司法权威。就金钱债务迟延履行案件来看,存在四种迥异的裁判尺度:或以未付金额本身而非利息损失作为实际损失;[3]或以中国人民银行同期同类贷款利率四倍计算;[4]或以中国人民银行同期贷款基准利率的 1.3 倍计算;[5]或以纯粹的“自由裁量”酌减。[6] 不论其中哪种做法,都存在对当事人契约自由与意思自治的尊重不够。

基于契约自由原则,当事人约定的违约金原则上应该得到尊重和执行,违约金的司法审查和酌减应当成为例外,其正当理由应当是“公序良俗原则”。大概率地酌减违约金与我国法律精神并不契合,对我国的违约金条款进行体系解释,当事人“可以约定”和“也可以约定”中的“可以”二字应当理解为“原则上当事人约定的违约金或违约损失赔偿额的计算方法有效”;约定的违约金“低于”或者“过分高于”造成的损失,可以请求予以增加或者适当减少,但并不一定给予增加或者减少。在性质上,法院减少违约金的权力是对有效合同的形成性干预的权力,法院不得依职权启动,而应根据当事人申请而审查。[7] 尊重当事人的约定就是坚持契约自由中的“效果自主”,人民法院应当秉持“不酌减为原则、酌减为例外”的基本原则。有学者建议,尤其需要遵循民商有别,比如不支持格式条款的提供方提出违约金酌减请求,针对商人的违约金原则上不得减少,债务人故意“效率违约”触发的违约金不得减少等。[8] 以上意见颇具合理性,应当成为司法裁判的民法精神实践的原则。

法官不仅在违约金的调整上对当事人契约的效果自主尊重不够,在损害赔偿的计算方法上也存在类似问题。曾有这样的合同纠纷案件裁判:尽管合同当

---

〔1〕 参见韩强:《违约金担保功能的异化与回归——以对违约金类型的考察为中心》,载《法学研究》2015 年第 3 期。

〔2〕 王洪亮:《违约金功能定位的反思》,载《法律科学》2014 年第 2 期。

〔3〕 参见最高人民法院民事裁定书,(2011)民再申字第 84 号。

〔4〕 参见浙江省金华市金东区人民法院民事判决书,(2014)金东孝商初字第 362 号。

〔5〕 参见最高人民法院民事判决书,(2014)民二终字第 33 号。

〔6〕 参见上海市第二中级人民法院民事判决书,(2014)沪二中民二(民)终字第 2271 号。

〔7〕 山西嘉和泰房地产开发有限公司与太原重型机械(集团)有限公司土地使用权转让合同纠纷案,载《最高人民法院公报》2008 年第 3 期。

〔8〕 罗昆:《我国违约金司法酌减的限制与排除》,载《法律科学》2016 年第 2 期。

事人约定了损害赔偿的计算方法,但法院在认可合同效力的前提下将该方法置之不理而要求原告对其损害大小进行举证,在原告举证不能或不足时径自以自由裁量确定损害数额,多年来原告方认为法院排除合同中的损害赔偿计算方法依据不足,因此不断申诉、上访。[1] 既然当事人对损害赔偿计算方法约定明确且没有无效情形,根据《合同法》有关规定应当以此作为裁判依据,但是法官对合同约定的损害赔偿计算方法完全避而不谈,认为有关赔偿的问题属于法官自由裁量权的范围,于是以自己的意志代替了当事人的意志,即使法官并无私心,由此作出的裁判也难有公正性。一个法治社会应当是对法律行为的效果自主存在一定预期的社会,效果自主不仅约束当事人,也应当约束法官。法院既然已经确认合同有效却又拒绝承认损害赔偿计算方法的效力,使得一方违约时仅付出极小成本和代价,就给社会成员发出了合同不必严守的消极信号,不仅破坏了行为的可预期性、裁判的可预期性,还会影响法院权威性。这样的司法裁判行为,支持的往往不是守约者,而是违约一方。因此,重申契约的法源性,在当下的民事审判具有极强现实的意义。

3. 公序良俗原则的合同效力裁判

市场经济条件下,合同自由应得到维护。但是,当合同背离法律和公共政策的时候,法院可以认定合同无效,拒绝判决强制履行,并通过拒绝强制履行当事人双方之间的合同来保护第三人的利益。不过,公权力介入私域必须保持谦抑性,“政府的这一特殊功能有点像工厂维修队的功能”。[2] 关于无效的原因,法律经济学用“外部性”(externality)加以说明。外部性,作为法律经济学术语,简单说就是一个人的行为给他人造成的影响。外部性有正有负,而且无处不在。法律所处理的问题,就是外部性为负且后果较严重的情况。对于因双方当事人达成的合意而给不特定的第三人或国家利益造成妨害,所造成的外部性需要内部化为当事人的成本,责任应当由知道或有理由知道该合同的履行是不合法或与公共政策相违背的那方合同当事人承担。[3] 随着我国从计划经济体制向市场经济秩序的转轨,对合同效力制度的认识与规制发生了明显的变化。“意思

〔1〕 参见王利明:《人民的福祉是最高的法律》,北京大学出版社 2013 年版,第 295 页。

〔2〕 [英]弗里德里希·冯·哈耶克:《法律、立法与自由》(第 1 卷),邓正来等译,中国大百科全书出版社 2000 年版,第 70 页。

〔3〕 参见[美]罗伯特·考特、托马斯·尤伦:《法和经济学》,史晋川、董雪兵等译,格致出版社、上海三联书店、上海人民出版社 2012 年版,第 286 ~287 页。

自治原则越来越发挥出实际效能,公序良俗原则越来越定位合理,鼓励交易原则越来越落到实处,无效的范围逐渐缩小,效力形式越来越多样化、富有弹性,有效、无效、可撤销、效力待定、未生效并存的模式渐趋完善。"[1]我国合同立法曾对合同效力采取二分法,即要么有效要么无效,及至我国采取对内搞活,对外开放的政策以后,民事立法缩小了合同无效制度的适用范围,这一点体现在1999年《合同法》和《最高人民法院关于适用〈中华人民共和国合同法〉若干问题的解释(一)》以及2020年《民法典》的相关规定之中,强调以法律和行政法规中的效力性强制规定作为判定合同效力的依据。一方面,从法律类别看,只有全国人大及其常务委员会制定的法律和国务院制定的行政法规才能作为判定合同无效的依据,不得任意扩大范围;另一方面,在法律和行政法规中仅有强制性规定可以判定合同效力,不包括任意性规定,这就极大地扩大了当事人的契约自由。

对契约自由的限制,除了法律,还有公序良俗。1999年《合同法》规定,"损害社会公共利益"的合同无效。有观点认为,"社会公共利益"就是公序良俗,[2]合同法将不违反社会公共利益作为合同的有效要件,一方面可以弥补社会发展使法律调整出现漏洞和脱节的不足;另一方面也有利于纯化社会道德伦理和整肃社会风气。《民法典》总则编引入"公序良俗"概念,规定民事主体从事民事活动,"不得违背公序良俗",并把"不违背公序良俗"作为民事法律行为有效的条件之一,并将之与"违反法律、行政法规的强制性规定"的行为相并列。对于这一并列表现的两者关系,学界认识并不一致。

有观点认为,违反法律、行政法规强制性规定是违背公序良俗规定的特别法。首先,它们都具有强行法的特征,都属于一般条款,都具有排斥当事人以特别约定来变更强制性规范的规定内容和公序良俗的内容;其次,违反法律、行政法规的强制性规定具有对具体的强制性规定的指引作用和公法强制性规定的引入功能,违背公序良俗的强制性规定具有法律适用上的价值补充功能和法律漏洞的填补功能;最后,法律适用上,违反法律、行政法规的强制性规定是违背公序良俗的规定之特别法,二者之间不存在互生关系,即在适用时应当对违背公序良

---

〔1〕 崔建远:《合同法总论》(上卷),中国人民大学出版社2011年版,第271页。

〔2〕 参见胡康生主编:《中华人民共和国合同法释义》,法律出版社1999年版,第92页;梁慧星:《民法总论》,法律出版社2007年版,第49页;周林彬主编:《比较合同法》,兰州大学出版社1989年版,第418页。

俗予以目的性限缩,以充分发挥违反法律、行政法规的强制性规定这个特别法的作用,倘若把两项规定置于同等地位看待,会导致规范上的矛盾和特别法在客观上被搁置的结果,违反法律体系上的逻辑性。[1]

也有观点认为,其他项规定是违背公序良俗的规定之具体化,但并非特别法与一般法的关系。违背公序良俗的规定凌驾于其他各项规定之上,处于最上位的地位,是合同无效规范上的真正的"帝王条款",《合同法》和《民法典》规定的其他各项无效行为均系对违背公序良俗规定的具体化。[2] 具体理由包括,"法律行为无效的唯一理由就在于该行为损害了社会公共利益","现有学说和《合同法》第52条第5项及其解释虽然对于契约自由观念的维护具有一定意义,但于司法实践并未提供任何可行的判定路径","所以万法归一,无效合同判定的关键应当系于重大社会利益的发现和权衡之上"。[3] "违反法律、行政法规强制性规定与违背公序良俗的内容互异,难以认定二者在构成要件上存在包容与被包容关系,似难构成特别法与一般法的关系。"[4]

我们认为,以上两种观点对于"违背公序良俗"与"违反法律、行政法规强制性规定"的关系认识,其实差别不大。"违反法律、行政法规强制性规定"与"违背公序良俗",肯定前者属于后者的特殊情形或者具体化,分歧仅仅在于一般法与特别法的范畴界定。尽管有学者认为二者在"一般法规定的构成要件之外附加上其他特别要件,二者存在包容与被包容关系,特别法是包容者,一般法是被包容者",[5]但是传统理论并不强调"一般法规定的构成要件之外附加上其他特别要件",[6]而仅强调包容关系,由此认为"违反法律、行政法规强制性规定"系"违背公序良俗"规定的特别规则,在适用上贯彻"特别法优于一般法",完全可以成立。

司法实践中,法律、行政法规之外的"法"能否作为判定合同效力的依据,争议较大。以规章为例,规章主要是行政机关为执行法律、国务院的行政法规或者

---

〔1〕 参见耿林:《强制规范与合同效力——以合同法第52条第5项为中心》,中国民主法制出版社2009年版,第114页。

〔2〕 参见黄忠:《违法合同效力论》,法律出版社2010年版,第127页。

〔3〕 参见黄忠:《违法合同效力论》,法律出版社2010年版,第126页、第128页、第129~130页。

〔4〕 韩世远:《合同法总论》,法律出版社2018年版,第239页。

〔5〕 杨登峰:《选择适用一般法与特别法的几个问题》,载《宁夏社会科学》2008年第3期。

〔6〕 参见刘志刚:《法律规范冲突解决规则间的冲突及解决》,载《政法论丛》2015年第4期。

决定和命令、地方性法规而制定的规范性文件,包括国务院有关部门制定的部门规章和地方政府制定的规章。在立法法意义上,规章属于执行性的“附带立法”,[1]法院在审理案件时可以参照适用,仅为“裁判说理依据”,并不属于民法的法源。最高人民法院在起草《关于适用〈中华人民共和国担保法〉若干问题的解释》时,曾在对外担保合同效力认定问题上产生分歧。中国人民银行于1996年发布的《境内机构对外担保管理办法》属于部门规章,[2]除其规定的对外担保合同无效,除此并未有上位法涉及对外担保合同效力问题。否认说认为,该部门规章不符合《合同法》及其司法解释的相关规定,违反了《立法法》关于部门规章无权规定合同有效与否的精神,不能将其作为法院认定合同无效的依据;肯定说认为,国内企业为外商投资的股本贷款或者为合营企业对外贷款提供担保,从而将外在风险转移给国内金融机构和企业,损害了国家利益。对外担保关涉国家利益,应当予以一定的限制,担保法司法解释应承认外汇管理局关于涉外担保的规定,即未经批准的对外担保合同无效。[3] 有学者认为,《最高人民法院关于适用〈中华人民共和国担保法〉若干问题的解释》依据“社会公共利益”或“公序良俗”确定对外担保合同无效,既贯彻了《民法通则》和《合同法》规定的基本原则,体现出民法的基本原则也可以作为裁判合同无效的依据这种司法理念,又符合《合同法》关于合同无效的相关规定,值得赞同。[4]

尽管《合同法》规定只有合同违反法律,行政法规的强制性规定才是无效的,且这是为了消除部门规章、地方性法规和地方政府规章规定合同无效所带来的不良后果而特意的规定,[5]按照法治原则,这些规章或者法规无权直接规定合同效力,人民法院司法审判中也不能以法律、行政法规之外的“法”作为认定合同无效的依据,但是司法解释绕开《合同法》的规定而直接适用“违反社会公共利益”或“违背公序良俗”的规定,其论证思路是,其一,认可规章关于合同效力规定的合理性及必要性;其二,认定违反规章形同违反法律行政法规;其三,认

---

〔1〕 参见郑淑娜主编:《中华人民共和国立法法释义》,中国民主法制出版社2015年版,第208页。

〔2〕 该规章已经被《中国人民银行公告(2014)第13号—关于废止有关规章和规范性文件的公告》(2014年6月8日发布;2014年6月8日实施)废止。

〔3〕 参见王闯:《关于适用〈中华人民共和国担保法〉若干问题的解释》,载《解读最高人民法院司法解释·民商法卷》,人民法院出版社2006年版,第247~248页。

〔4〕 参见崔建远:《合同法总论》(上卷),中国人民大学出版社2011年版,第336~337页。

〔5〕 胡康生主编:《中华人民共和国合同法释义》,法律出版社1999年版,第93页。

定合同因损害社会公共利益而无效。这种论证思路在最高人民法院审理的案件中也得以体现,有时以"公共利益"或"公序良俗"之名,行适用部委规章和地方性法规之实,这种做法还被视为"富有中国特色"。[1] 在(2017)最高法民提字第61号一案中,最高人民法院认为:"在法律、行政法规没有规定,而相关行政主管部门制定的行政规章涉及社会公共利益保护的情形下,可以参照适用其规定,若违反其效力性禁止性规定,可以以违反《中华人民共和国合同法》第五十二条第四项的规定,以损害社会公共利益为由确认合同无效。"[2] 同样,在(2017)最高法民终529号案中,亦依据部门规章作出了合同无效的认定。[3]

以上判决与此前最高人民法院的判决比较,存在司法立场的转变,显然采取了"两分法"。[4] (2017)最高法民终第529号二审判决书表明最高人民法院认可在金融、外汇等特殊行业,违反部门规章的损害社会利益或者影响国家安全的,可以以"损害社会公共利益"为由认定合同无效。如此产生的疑问是,会否扩大适用范围形成这样一种论证思路:规章合法有效——违反规章属于违反社会公共利益——构成违反合同法的规定而无效,最终得出违反规章(只要规章合法有效)即合同无效的结论。毕竟不独金融、外汇行业,哪一种行政监管不是维护社会公共利

〔1〕 韩世远:《合同法总论》,法律出版社2018年版,第230页。

〔2〕 安徽省福利彩票发行中心诉北京德法利科技发展有限责任公司营销协议纠纷案,最高人民法院民事判决书,(2017)民提字第61号。

〔3〕 该案法院经审理认为,无论天策公司、伟杰公司之间是否存在讼争保险公司股份的委托持有关系,由于双方签订的《信托持股协议》明显违反了中国保险监督管理委员会《保险公司股权管理办法》第八条关于"任何单位或者个人不得委托他人或者接受他人委托持有保险公司的股权"的规定,在一定程度上具有与直接违反《中华人民共和国保险法》等法律、行政法规一样的法律后果,同时还将出现破坏国家金融管理秩序、损害包括众多保险法律关系主体在内的社会公共利益的危害后果,故依照《中华人民共和国合同法》第52条第4项等规定,应认定为无效。(最高人民法院民事判决书,(2017)民终529号)

〔4〕 在"博智资本基金公司与鸿元控股集团有限公司其他合同纠纷二审民事判决书"中,代持股行为违反2004年施行的保险业监督委员会《保险公司管理规定》第45条所规定的对于外资股东持股比例作的限制性规定。对此,最高人民法院认为:"股权归属关系与委托投资关系是两个层面的法律关系,前者因合法的投资行为形成,后者因当事人之间的合同行为形成,保监会的规章仅仅是对外资股东持股比例所作限制,而非对当事人之间的委托合同关系进行限制。因此,实际出资人不能以存在合法的委托投资关系主张股东地位,受托人也不能以存在持股比例限制为由否定委托投资协议效力。"以所谓的股权代持协议有效,但是股权应当以批准或者许可确定为由,认定代持协议有效。(最高人民法院民事判决书,(2013)民四终字第20号)博智公司申请再审,最高人民法院以同样的理由,驳回了再审申请。(最高人民法院民事裁定书,(2015)民申字第136号)

益呢？此举会否成为国家政策的法源地位[1]重新确立的大通道，也值得观察。

我国"违反法律、行政法规的强制性规定"与比较法上的做法存在较大差异。比较法上所有位阶的法都可能表现为需要遵守的强制性规定。如《德国民法典》第134条："除基于法律发生其他效果外，违反法律禁止规定的法律行为无效。"其中的"法律"，就是广义上的法。再如，我国台湾地区"民法"第71条："法律行为，违反强制或禁止之规定者，无效。但其规定并不以之为无效者，不在此限。"这一规定，也未限定强制或禁止规定的法之位阶。"公法中的强制性规定"作为引致条款，成为公法进入司法领域的桥梁，一些公法规范进入合同领域从而影响合同的效力。究竟哪些公法规范可以进入司法，这是一个必须严格限制的问题，如果不加限制就会损害私法的完整性、损害私法自治和合同自由。[2] 比较法上，并未以法律位阶为准作为裁判合同无效的依据，而是根据具体规定的规范目的加以确定。然而，我国立法背景与此不同，《合同法》立法时，立法者对合同动辄被宣告无效的状况十分不安，基于历史教训而设置"违反法律、行政法规的强制性规定"所要解决的问题之一，就是通过法律位阶的限制来使强制性规定的范围缩小，从而避免让太多的有立法授权的部门制定的强制性规定都可以对合同效力实施干预，从而影响市场经济秩序的形成。[3] 但是，机械地以法的位阶为准作为裁判合同无效的依据，有时并不恰当，因为法律位阶排除法不是确定强制性规定对合同效力影响的合理方法。当面临某些仅有部门规章涉及外贸、金融管制等相关的合同纠纷时，适用"违反法律、行政法规的强制性规定"会出现极不适当的结果，若不认定合同无效可能严重损害国家利益和社会秩序，此时只能将以上规定暂时放置一边，适用"违背公序良俗"之规定，甚至适用其他基本原则来判决合同无效。司法技术主要涉及解释选择，我国"违反法律、行政法规的强制性规定"虽然限缩了"法律"位阶，将本来可以通过该渠道进行衡量的位阶较低的公法排除在外，但"违反法律、行政法规的强制性规

[1] 《民法典》总则编第10条以"习惯"取代了《民法通则》第6条的"国家政策"。有学者早就指出，政策不具有稳定性、公示性差、规范性弱，作为法源不符合法治原则，但删除"国家政策"并不意味着国家政策在调整民事法律关系和民事司法裁判中不发挥作用，其可以通过引致条款发挥作用。(参见徐国栋:《论民法的渊源》，载《法商研究》1994年第6期)

[2] 参见许中缘:《民法强行性规范研究》，法律出版社2010年版，第225页。

[3] 参见梁慧星:《〈论经济合同法〉的修改》，载《民法学说判例与立法研究》，中国政法大学出版社1993年版，第83~85页;王利明:《统一合同法制定中等若干疑难问题探讨(上)》，载《政法论坛》1996年第4期。

定”作为“违背公序良俗”规定的特别法，位阶较低的法中的强制性规定以是否“违背公序良俗”作为判断依据也是应有之义。

以“违背公序良俗”判定违反部门规章之强制性规定的合同无效，会否如学者所担心，成为国家政策的法源地位借尸还魂的大通道，以致戕害个体自由呢？我们认为应当不会。首先，目前最高人民法院仅对于金融、外汇等特殊行业，违反部门规章而损害社会利益或者公序良俗的合同进行较为严格限制，以“违背公序良俗”而认定合同无效；对于其他未予特别列明的行业，仍然以“违反法律、行政法规的强制性规定”作为判定合同无效的依据。其次，不同级别法院的法律解释任务和权力存在差异，其他各级法院目前多纠结于区分法律、行政法规强制性规定之“效力性”或“管理性”，[1]而最高人民法院通过司法解释或终审、二审的典型案例将极少数违反位阶较低的法之强制性规定的特定行业案例借助于“违背公序良俗”而认定无效，地方各级法院却较少将违反部门规章强制性规定的合同通过“违反社会公共利益”或“违背公序良俗”而认定无效。换言之“违反法律、行政法规的强制性规定”属于特别规定，各级法院主要适用该规定认定合同效力，而“违背公序良俗”属于一般规定，涉及对“社会公共利益”和“公序良俗”不确定概念的利益衡量，开“口子”的权力基本在高级人民法院和最高人民法院手里，不可能成为认定合同无效的“大通道”。[2] 最后，对自由的限制并非戕害个体自由。自由并非无边界，因为契约可能给国家、社会或他人带来“外部性”，契约自由的界限就在于双方合意给社会公共利益和他人所造成的负外部性的大小，当外部性较小时，就交给私法，通过“违反法律、行政法规的强制性规定”或“违背公序良俗”而认定无效，依照法律规定承担民事责任将“外部性”内部化。当外部性较大时，就由行政机关追究其行政责任；当外部性更大时，则上升依据刑法规定追究其刑事责任。其中的根本问题是，对自由的限制要合理。

十八届四中全会《决定》指出：“加强公民道德建设，弘扬中华优秀传统文化，增强法治的道德底蕴，强化规则意识，倡导契约精神，弘扬公序良俗。”社会

〔1〕 关于强制性规定之“效力性”或“管理性（取缔性）”的区分标准，是目前合同法理论与实务上的难题。参见王利明：《合同法研究》（第1卷），中国人民大学出版社2011年版，第638～639页；崔建远：《合同法总论》（上卷），中国人民大学出版社2011年版，第330～333页；韩世远：《合同法总论》，法律出版社2018年版，第233～236页。

〔2〕 较为抽象的“社会公共利益”概念或者一般条款需要法官作更多价值补充，不确定性因素更多，因此法院不乐意适用。（参见韩世远：《合同法总论》，法律出版社2018年版，第228～229页）

主义民法精神应以规则意识、契约精神为重点,契约精神作为自律与他律的结合,在本体上体现四种内涵:“契约自由、契约平等、契约信守、契约救济”,[1]而规则意识属于自愿与自觉性的结合,规则意识和契约精神具有契合性,二者既是法治的价值追求,也是法治实践的助力器。契约精神的培育过程,既需要注入以道德、诚信为底色的自治精神,更需要司法对契约效果自主的充分尊重和呵护。只有经由他律到自律,再到自觉的理性不断提升,规则才会从被动到主动发生转变,社会主义民法精神及其实践才能真正养成。

(二)司法裁判的侵权责任边界

如何认定侵权责任,是司法裁判的民法精神实践的重要内容,它既涉及侵权责任的构成即边界问题,也涉及平衡行为自由与权益保护的关系问题。因此,在侵权责任的司法裁判中,如何认定和适用侵权责任,不仅具有民法精神实践的价值原则与根本要求,而且反映社会主义法治文化的发展水平与本质条件。

在以私法自治为基本原则建构的现代社会,侵权责任和契约制度一样,都承担着维护自由意志和社会制度的功能。“侵权责任法所要解决的基本矛盾是受害人(或者将来的受害人)权益保护与加害人(或者可能的加害人)行为自由维护之间的冲突。”[2]一方面,作为权利救济法的侵权责任法,应当能够有效地保护民事主体的合法权益;另一方面,作为自由保障法的侵权责任法,要避免对人们行为自由的不正当限制。“权益保护”与“行为自由”之间存在紧张关系,因为侵权责任法的全部规则建立在“双边性”的基础之上,对受害人的权益维护必然以对加害人或者潜在加害人的限制来实现,因此侵权责任法必须在二者之间进行利益衡量,对自由和安全进行均衡的、恰当的保护。[3]“整个侵权行为法的历史就在于如何平衡‘行动自由’和‘权益保护’”,“侵权行为法的主要任务即在于合理界限个人得发展其自由,追求其利益的范畴”。[4]在利益平衡机制中,“过错责任原则在最大程度上协调了自由与安全的紧张关系,使人们既享有合理的行为自由,其民事权益又能得到充分的保护”。[5]除了归责原则之外,侵权责任构成要件、抗辩

[1] 丛斌:《规则意识、契约精神与法治实践》,载《中国人大研究》2016 年第 15 期。

[2] 张新宝:《侵权责任法立法的利益衡量》,载《中国法学》2009 年第 4 期。

[3] 张新宝:《侵权责任法立法:功能定位、利益平衡与制度构建》,载《中国人民大学学报》2009 年第 3 期。

[4] 王泽鉴:《侵权行为》,北京大学出版社 2016 年版,第 88 页。

[5] 程啸:《侵权责任法》,法律出版社 2015 年版,第 21 页。

事由、责任限额、惩罚性赔偿等制度,也同样属于利益平衡的重要技术工具。

1. 防止司法裁判的责任构成要件软化

"侵权法既是一部有关责任的法律,也是有关无责任的法律。"〔1〕过分严苛的责任会窒息自由的空间。"侵权行为法只有当它避免了过分苛严的责任时,才能作为有效的、有意义的和公正的赔偿体系运行。"〔2〕法律的制定和适用都面临对利益的衡量,现代法律虽然通过不确定概念、一般条款等授予司法者一定的裁量权,但是不可否认对主要利益的衡量仍须通过立法来完成。"在最广泛的意义上讲,法律仅仅是反复出现的、个人和群体之间相互作用的模式,同时,这些个人和全体或多或少地明确承认这种模式产生了应当得到满足的相互的行为期待。"〔3〕一旦凝固于具体法律制度之中,定型化的利益也就成为该法律制度一个不可分割的属性。侵权责任立法中的规范配置及价值判断应当始终以受害人权益维护与人们行为自由保护这对基本矛盾为中心。立法是最为稳定的一种利益平衡机制,侵权责任立法的重点是在无数造成损害的行为中筛选出适合由受害人承担责任,能够达到特殊预防和一般预防效果,又不至于对自由意志和社会秩序造成不当影响的类型。当立法作出价值判断后,也就是当立法的民法精神一旦形成,司法就不能以所谓的"法律效果与社会效果相统一""法与情的冲突"为借口在法外进行利益衡量,从而破坏立法所体现的民法精神。

但是,在司法实践中,法官往往以"有损害必有救济"进行司法上的价值判断,逾越侵权责任构成要件,过分偏重权益维护而忽视自由保护。河北省某基层人民法院曾审理一起"棺材里避雨惹祸"案件,〔4〕该案从侵权责任构成要件来

---

〔1〕 W. V. H. Rogers, *Winfield and Jolowicz on Tort*, 14thed., Sweet & Maxwell, 1994, p. 3.

〔2〕 [德]雷斯蒂安·冯·巴尔:《欧洲比较侵权行为法》(下卷),焦美华译,法律出版社2004年版,第1页。

〔3〕 [美]R. M. 昂格尔:《现代社会中的法律》,吴玉章、周汉华译,译林出版社2001年版,第46页。

〔4〕 2006年9月29日上午9时许,一个搭车青年人钻进拖拉机运载的棺材里避雨,过一阵后,探出头来想看看雨还下不下,谁知同在车上避雨的一名村妇受惊吓而跳车摔死,引发了一场因违反道路交通管理法的有关规定而造成人身伤亡的赔偿官司。法院审理认为,拖拉机司机杨奔存在明显过错:驾驶室超员,拖车上人货混载,严重违犯了道路交通管理规定,且造成伤亡事故,应承担事故主要责任;男青年已经看到车上放有棺材还硬要乘坐,违犯了交通管理有关规定,他钻进棺材,确实不知道拖车又上了人,虽然无过错,但其行为造成了一定后果,也应承担适当的补偿责任;死者该村妇乘坐人货混载的车,同样违犯了交通法规,也有过错。经计算,死者应得到各种赔偿共计67645元,法院依法判决被告杨奔承担70%、死者承担20%、被告青年自愿承担10%。宣判后,原、被告都表示服判。(王东明:《棺材里避雨惹祸责任在谁》,载中国法院网2007年5月11日,https://www.chinacourt.org/article/detail/2007/05/id/246837.html)

看，损害虽然存在，但是司机杨奔人货混装与损害结果之间并不具有“相当”因果关系，村妇的死亡由受到惊吓后的跳车行为造成，依照构成要件，司机杨奔并不应当承担侵权损害赔偿责任；男青年的行为与损害之间虽有相当因果联系，但是其并无过错，也不应承担侵权责任。尽管对于类似判决结果，有比较法学者持肯定态度。“它更反映了深层的文化和思维方式：从中国人长期以来以人际关系，而不是以个人本位为主要关注点的道德思维来看，社会责任可以完全不涉及个人权利和其逻辑链所产生的过错概念。从这样的道德思维角度来考虑，协助被损害方完全可以认作是（无过错）当事人的一种为维持人际和谐关系的社会责任。”〔1〕然而，这种实用主义的论证路径显然并未提高到受害人权益维护与人们行为自由保护这对基本矛盾上进行理解。本案中，开拖拉机的农民本来是顺路搭载做好事，发生搭车人之一被吓到跳车的情形实非所愿，也非其所能预见，如果判决其承担责任，则意味着“做好事未必有好报”，这种“公平责任”的适用，可能阻遏的是乡邻善举，是否符合民法精神实践的要求，值得探讨。

这种“公平责任”的思路，面临如下批评：其一，公平作为民法的基本原则，只是确定归责原则的根据和归责原则所追求的价值目标，而“公平责任原则”恰恰背离了这一价值目标。〔2〕这种“公平责任”式的互济互助是建立在非理性和非法律原则基础上的，是以强行损害他人利益为前提的，不仅不能缓解当事人之间关系的紧张，相反却可能滋生当事人对法律和司法的不满。其二，“公平责任完全是以财产有无、多寡作为责任分担的依据，是道德规范的法律化，实践的是分配正义而非矫正正义”，〔3〕有资力的一方当事人实际承担了社会保障制度的任务；其三，该责任并非协调权益维护与行为自由的关系，而是“通过模糊处理消除当事人之间的权利边界，起到维护社会稳定的作用”。〔4〕有学者对我国司法实践中适用所谓“公平责任”的案件进行了研究，分析了这种责任对侵权法体系的消解和社会成员行为自由的戕害。〔5〕法院宣称的“原、被告都表示服判”并不意味着“法律效果与社会效果相统一”，而可能仅是被告出于“维持人际和谐

---

〔1〕黄宗智：《中西法律如何融合？道德、权利与实用》，载《中外法学》2010 年第 5 期。

〔2〕王利民、郭明龙：《民事责任归责原则新论——过错推定规则的演进：现代归责原则的发展》，载《法学论坛》2006 年第 6 期。

〔3〕王泽鉴：《侵权行为》，北京大学出版社 2016 年版，第 478 页。

〔4〕程啸：《侵权责任法》，法律出版社 2015 年版，第 106 页。

〔5〕程啸：《侵权责任法》，法律出版社 2015 年版，第 107 页。

关系”顾虑而勉强接受，在周围群众中也未见得社会效果很好。司法的功能就在消除社会的纷争，但息讼不等于“畏讼”，也不能“和稀泥”，在司法上，仅是出于方便、人情或其他因素的考虑就向公平责任之类的归责逃逸，“最终将导致过错责任和无过错责任无法发挥应有的预防损害之规范功能，软化侵权法归责原则的体系构成”。[1]

实践中侵权责任构成要件被软化，导致所谓公平责任原则被滥用，此需要立法和司法共同协力加以矫治。在立法上，立法者在《民法典》第1186条将公平分担损失的适用先定位“依照法律的规定”，将原2009年《侵权责任法》第24条中对法官“根据实际情况”所进行的裁量授权予以收回；在司法上，也要通过指导性案例统一裁判思路，人民法院在侵权责任案件的审理中，必须始终秉持权益维护与行为自由两种价值的平衡，不可偏废，如果曲解“法律效果与社会效果相统一”，僭越立法，突破法定构成要件，就会对民法精神的自由价值造成极大破坏和伤害。

2. 限定司法裁判的连带责任适用

近现代法律以自己责任和过错责任为原则，任何人应当对自己的过错行为负责，也只对自己的过错行为负责，无过错就无责任，限制对他人造成的损害承担责任，限制连带责任的适用。[2] 有观点认为，多数人侵权和连带责任制度不是为了使受害人的赔偿有保障，而是为了消除受害人因缺乏证明因果关系的证据而面临的困境。[3] 我们认为，此论不确，从程序法意义上看，连带责任确实可以消除受害人因缺乏证明因果关系的证据而面临的困境，但是在实体法上，多数人需要对同一损害后果承担责任之形情形，通过连带责任“为他人行为承担责任”从而增加受害人获得赔偿的机会，属于自己责任的例外情形。在法律理念上，连带责任只能作为“自己责任”的例外而存在。“这是近现代法律反对封建法律株连责任、弘扬人格平等、自由与独立的必然产物。”[4] 在侵权责任法领域，多数人侵权、连带责任的构成要件成为平衡人们的行为自由与受害人权益的重要技术工具，当连带责任的要件放松，则加害人需要对他人侵权行为承担责任机会加大及份额增多，虽然受害人获得赔偿的概率增大，但加害人及潜在加害人行

〔1〕 王泽鉴：《民法学说与判例研究》，北京大学出版社2015年版，第182页。

〔2〕 谢怀栻：《外国民商法精要》，法律出版社2006年版，第11～12页。

〔3〕 程啸：《侵权责任法》，法律出版社2015年版，第338页

〔4〕 张新宝：《侵权责任法立法的利益衡量》，载《中国法学》2009年第4期。

为自由受到更多限制。私法领域中"应当坚持强式意义上的自由,在没有足够充分且正当理由的情况下,不得主张限制民事主体的自由",[1]对他人承担赔偿责任和连带责任,特别是突破"自己责任"的情形下,需要正当理由,因此主张对自由加以限制而适用连带责任者需要"承担论证自身价值取向正当性的责任"。[2] 比较法上,主观共同过错、客观共同因果成为连带责任正当性的主要论证理由。

实践中曾经多次发生过高空抛物砸伤行人但找不到加害人的案件,诸如重庆"烟灰缸"案、[3]山东济南的"菜板"伤人案、[4]深圳"建筑材料"伤人案[5]等,对其处理无论在立法论还是解释论上都存在分歧。在立法论上有观点认为,如果法律对这样的受害人不能提供任何救济,无辜受害人的损失不能得到补偿,这对受害人极不公平,所以《侵权责任法》第87条规定强化了对弱势地位受害人的保护,体现了民法的人文关怀精神。[6] 不过,也有观点认为,高空抛物致人损害加害人不明情况下的共同侵权责任之规定,显得缺乏法理依据。[7] 在解释论上,法院对该类案件受理后的处理依据存在认识分歧,有主张按照非典型共同危险行为者,[8]有主张按照过错推定者,[9]有主张按照公平责任者。关于共同危险行为承担连带责任的正当性,有观点指出:"此项连带责任,对可能未为加害之人,难免过苛,但使确实受有损害之人求偿无门,绝非合理;权衡当事人利益,令参与危险行为者负连带责任,与正义原则尚无违背;再者,就法律技术而

[1] 王轶:《民法价值判断问题的实体性论证规则——以中国民法学的学术实践为背景》,载《中国社会科学》2004年第6期。

[2] "针对特定价值判断问题,主张限制民事主体自由的讨论者,应承担论证自身价值取向正当性的责任"。(王轶:《民法原理与民法学方法》,法律出版社2009年版,第53页)

[3] 参见《"高空坠物第一案"宣判17年 原告赔偿款只收到一半》,载荔枝网2018年1月17日,http://news.jstv.com/a/20180117/1516187902524.shtml。

[4] 参见刘士国:《楼上落下物致人损害加害人不明的法律救济》,载《烟台大学学报》2006年第3期。

[5] 参见《终审判决74户业主各补偿4000元》,载《深圳特区报》2010年6月11日。

[6] 王利明:《人民的福祉是最高的法律》,北京大学出版社2013年版,第262页。

[7] 张新宝:《侵权责任法立法研究》,中国人民大学出版社2009年版,第12页。

[8] 参见谭红:《关于李义栋等五人与柳宗和等十五人人身损害赔偿纠纷案的请示与答复——高空抛物致人损害的责任承担》,载《审判监督指导》(2004年第4辑),人民法院出版社2005年版,第57页以下。

[9] 浙江省温州市中级人民法院民事判决书,(1995)温民终字第187号;河南省漯河市中级人民法院民事判决书,(2010)漯民四终字第212号。

言,其所规范者,乃在推定各危险行为的因果性,参与人得举证推翻之,而免于侵权责任。"[1]共同危险行为与连带责任相挂钩,乃在于所实施的"危险行为"造成了实际损害,数个侵权人虽系分别过错、行为具有"同质性",但是因果关系不明,其可罚性即在于各自"同质性"行为所具有的"危险性"。[2] 然而,《侵权责任法》第 87 条规定并不属于"共同危险行为"或"非典型共同危险行为",因为只存在一个危及他人人身财产安全的行为发生且导致了一个损害后果,而非数个具有同质性的"危险行为"造成一个损害后果,不宜将居住在高层建筑本身视为危险行为,所以司法实践中,对于高空坠物无法确定加害人的案件的不特定高层住户配置责任且令其相互连带缺乏正当理由,也与民法精神相悖。《民法典》第 1254 条虽然对《侵权责任法》第 87 条加以改进,贯彻了综合治理的思路,但基本价值取向并未改变,因此也可能面临类似的诘难。

连带责任的适用作为自己责任的例外,只有受到严格限制,才能彰显其符合民法精神的正当性。反观我国司法实践中,"充分救济受害人并使其能够获得完全赔偿这一考虑已经成为司法界在处理多数人侵权时一个无法解开的心结"。[3] 这既有客观原因,也有主观原因。就客观原因而言,受害人为了获得充分赔偿,往往将案件涉及的所有人员列为被告,他不去判断诉讼风险,认为只要进了法院,不管怎样总得拿点利益回来,法院总得为其找若干人承担责任;另外,我国的社会综合救助体系还比较薄弱,社会保障还存在不足、责任保险少,商业保险也不发达,使得具有损害填补功能的侵权责任法承担了部分社会保障功能。就主观原因而言,基于案结事了,部分法院和法官更愿意采取实用主义态度,让数个侵权行为人向受害人承担侵权责任,甚至突破要件承担连带责任。法律适用的表象是化解本案纠纷,即反映法律效果,但本质是塑造理想中的社会秩序,即突出社会效果。塑造功能的成功与否就在于能否引领人们对自己的行为和选择而负责,只有公正的司法才会真有效率,因为"始终如一地依法公正裁判会减少机会型诉讼"。[4]

责任构成与承担要受到逻辑体系的约束,就不能以"保护受害人"为由而只保护受害人、无视其他利益主体,毕竟利益平衡才是侵权责任法基本的体系要

---

〔1〕 王泽鉴:《侵权行为》,北京大学出版社 2016 年版,第 446 页。

〔2〕 杨会:《数人侵权责任研究》,北京大学出版社 2014 年版,第 163 ~173 页。

〔3〕 张铁薇:《共同侵权制度研究》,法律出版社 2007 年版,导言第 4 页。

〔4〕 苏力:《"海瑞定理"的经济学解读》,载《中国社会科学》2006 年第 6 期。

件,也是司法裁判践行民法精神的应有本分。

(三)司法裁判的民刑责任区隔

罪刑法定原则的思想基础之一是尊重保障人权。罪刑法定的目的是使国民对自己行为的性质和后果具有预测可能性,通过限制司法机关的入罪权、施刑权来保护自由,实质是通过限制(犯罪人)自由的手段来保护(受害人与其他国民)自由,二者之间始终存在一个平衡的问题,故刑法的处罚范围必须合理,否则便与刑法的宗旨相矛盾。刑法保护的法益范围具有广泛性,对于严重侵害一般部门法所保护的法益或侵害重大法益行为才被刑法规定为犯罪;刑法也具有补充性,只有在其他调整手段失灵不足以抑止某种危害行为时才能诉诸刑法,刑罚是其他法律手段的保障和后盾。司法机关对刑罚权的发动应保持谦抑性,刑罚适用既有积极作用也有消极作用。正如耶林所言:"刑罚如两刃之剑,用之不得其当,则国家与个人两受其害。"[1]能够不使用刑罚,而以其他手段也能达到保护法益的目的时,应务必放弃刑罚手段。换言之,司法裁判的民法精神实践,不仅要求民事司法裁判中贯彻自由保护,而且要求刑事司法裁判严守"罪"与"非罪"界限,刑事司法的启动同样应当遵循和践行民法精神。

1.刑罚权发动的谦抑性

刑罚作为国家对犯罪行为的否定评价与对犯罪人谴责的一种最严厉的形式,当然地对犯罪人具有身体的、精神的、财产的剥夺性、限制性痛苦,相对于其他强制措施而言,是最强烈的惩罚,因此应当保持刑法和刑罚权发动的谦抑性。"由于刑法的制裁措施最为严厉,其他法律的实施都需要刑法的保障,刑法便在法律体系中处于保障法的地位。只有当其他法律不足以抑止违法行为时,才能适用刑法,故而必须适当控制刑法的处罚范围。"[2]法经济学从成本角度论证刑罚的谦抑性,认为:"在侵权救济具有足够威慑力的情况下,由于包括任何惩罚性损害赔偿在内的最佳侵权损害赔偿是在潜在被告人的支付能力范围之内,所以就没有必要求助于即使在仅仅处以罚金的情况下仍比民事罚款更费成本的刑事处罚了。"[3]有刑法学者认为,刑法的谦抑性也称为刑法的经济性或者节俭性,是指立法者应当力求以最小的支出——少用甚至不用刑罚(而用其他刑罚

---

〔1〕 林山田:《刑罚学》,台北,商务印书馆1985年版,第127页。

〔2〕 张明楷:《刑法的基础理念》,中国检察出版社1998年版,第144页。

〔3〕 [美]理查德·A.波斯纳:《法律的经济分析》(上),蒋兆康译,中国大百科全书出版社1997年版,第291页。

替代措施)，获取最大的收益——有效地预防和控制犯罪。[1] 预防犯罪作为刑罚的正当目的，同时也是谦抑性的正当化根据所在。“根本不可能存在这样的情况，即立法者将特定行为规定为犯罪，却并未因而表现出预防此类[犯罪]行为的意愿与目的。因此，预防似乎成为首要且唯一普遍的惩罚目的。”[2]在司法上，除了严格遵循罪刑法定原则和罪责刑相适应原则之外，还应强调采用其他法律或通过其他途径可以解决的，尽量不要通过动用刑法来解决，可以用非刑措施代替刑罚的，尽量采用非刑措施。

我国刑罚预防犯罪的目的，包括特殊预防与一般预防。特殊预防是指预防犯罪人再犯罪。一般预防分为消极的一般预防和积极的一般预防，前者作为传统的一般预防论也称为威慑预防论，其内容是谁实施犯罪行为谁就受到刑罚处罚，从而威慑一般人使其不敢犯罪；后者也称为规范预防论，其内容是通过对犯罪人的适当处罚，以事实证明刑法规范的妥当性，从而使国民的法意识安定化，实现一般预防。[3] 尽管特殊预防与一般预防应当实现统一，并不排除在某种情况下对某一方面有所侧重，但无论侧重哪一方面的需要，适用刑罚的轻重程度都必须以法定刑为标准，而且不能超出责任的程序。实践中，曾经发生的“许霆案”却违背了这一共识。[4] 本案一审判决作出后，受到民众一边倒地质疑，如作为一种民事法律关系，银行为什么可以动用警力，动用公权力，来快速追回损失甚至还可以追究当事人刑事责任？银行通过公权来救济自身过错共同导致的损害，难道银行在事件中没有一点责任？尽管二审改判为5年，且许霆现已假释出狱，但围绕罪与非罪的争议却未平息和解决。我们认为，从特殊预防的刑罚目的上，虽然许霆利用ATM机程序故障恶意取款获取不法利益，但是这种行为的再犯可能性并不高，从一般预防的刑罚目的上，威慑预防其他公众恶意取款的可能

---

〔1〕 参见陈兴良：《刑法的价值构造》，中国人民大学出版社2006年版，第353～380页。

〔2〕 [美]霍姆斯：《法律的生命在于经验——霍姆斯法学文集》，明辉译，清华大学出版社2007年版，第122页。

〔3〕 参见张明楷：《刑法学》(上)，法律出版社2016年版，第510～517页。

〔4〕 本案案情是：2006年4月21日晚10时，被告人许霆来到天河区黄埔大道某银行的ATM取款机取款。结果取出1000元后，发现银行卡账户里只被扣了1元，狂喜之下，许霆连续取款5.4万元。当晚，许霆回到住处，将此事告诉了同伴郭安山，两人随即再次前往提款，反复操作多次。经警方查实，许霆先后取款171笔，合计17.5万元；郭安山取款1.8万元。事后，二人各携赃款潜逃。广州市中院以盗窃罪判处其无期徒刑，经上诉后广东省高院发回重审，广州市中院改判为有期徒刑五年，被告人许霆再次上诉后维持原判。(“许霆昨日假释出狱，父亲至今坚持儿子没犯罪”，载搜狐网2010年7月31日，http://news.sohu.com/20100731/n273895616.shtml)

性亦并不大，从规范预防上，对许霆处以重刑并不能达到使民众认同法律妥当性、平息事态之目的。因此，该案如果适用《刑法》第13条犯罪定义中“情节显著轻微危害不大的，不认为是犯罪”的规定处理效果会更好。尽管犯罪概念并非认定犯罪的具体标准，“但书”也不是宣告无罪的具体标准，但其要求司法机关对具体犯罪的构成条件进行实质解释，即尽管形式上符合《刑法》第264条盗窃罪构成要件，如果通过实质解释，认为从社会相当性理论来看，许霆利用ATM机故障而恶意取款的行为，在普通大众的法治观念里，其应受非难谴责的程度比较低，因此以不当得利作为民事案件处理是否效果更好？显然，刑事审判中如果没有民法精神并不受民法精神指导，同样不能正确定罪量刑。

立法上，我国通过修正刑法实现了“醉驾入刑”，以“危险驾驶罪”追究其刑事责任。[1] 根据最高人民法院、最高人民检察院、公安部《关于办理醉酒驾驶机动车刑事案件适用法律若干问题的意见》规定，血液酒精含量达到80毫克/100毫升以上的，以危险驾驶罪定罪处罚。这一司法解释还规定，“血液酒精含量检验鉴定意见是认定犯罪嫌疑人是否醉酒的依据”。我国交通事故多发，因饮酒、醉酒引发的重特大交通事故后果严重，所以基于一般预防而增设“危险驾驶罪”确有现实性，但《刑法修正案（八）》生效后应如何适用，观点并不一致。一种意见认为，尽管达到以上数据标准，但根据《刑法》第13条规定的原则，危害社会行为情节显著轻微危害不大的，不认为是犯罪，防止可依据《道路交通安全法》处罚的行为直接诉至法院追究刑事责任。[2] 不过，学界也有不同观点，认为如果不做到“一刀切”处理，容易滋生腐败，醉驾入刑的公正性将大打折扣。[3] 从2011年4月对《道路交通安全法》第91条“醉驾”行为的法律责任修正来看，其罚款和拘留的行政责任已被删除，而改为一律追究刑事责任，显然在行政处罚和刑事处罚之间无须再实现所谓“衔接”，醉酒驾驶一律追究刑事责任应当是立法本义。[4] 由此，“醉驾”认定标准就成为“罪”与“非罪”的关键，由于个体的体质

---

[1] 《刑法修正案（八）》在《刑法》第133条后增加一条，作为第133条之一：“在道路上驾驶机动车追逐竞驶，情节恶劣的，或者在道路上醉酒驾驶机动车的，处拘役，并处罚金。有前款行为，同时构成其他犯罪的，依照处罚较重的规定定罪处罚。”《刑法修正案（九）》第8条对《刑法》第133条进行了再次修改，增加了危险驾驶应当追究刑责的情形和对负有直接责任的机动车所有人、管理人追加刑责的情形。

[2] 张伟刚、谢晓曦：《正确把握危险驾驶罪构成条件》，载《人民法院报》2011年5月11日。

[3] 南辰：《“醉驾入刑”引发全国大讨论解释权到底归谁》，载中国警察网2011年5月18日，http://www.cpd.com.cn/n336929/n1842014/n1842018/c1844308/content_1.html。

[4] 参见王志祥、敦宁：《危险驾驶罪探析》，载《中国刑事法杂志》2011年第7期。

差异导致每个人对酒精的耐受能力不同,所以当前在“醉酒”的判断标准上主要面临的是应遵从主观标准还是客观标准的问题,相关司法解释明显采取了客观标准。由于我国并无“违警罪”这种行政刑法的传统,犯罪记录与诸多行为(如担任公务员、从事法律类工作等)的禁入绑定在一起,“一刀切”的标准对个体并不公平,也不符合罪责刑相适应原则。

尽管醉驾认定的客观标准有利于执行,但却忽视了犯罪构成的“实质解释”要求。在刑事立法上,侧重一般预防,在量刑与刑罚执行上侧重特殊预防,贯彻罪责刑相适应原则,虽然因社会形势不同,对一定时期、一段时间内危害重大的犯罪,适用刑罚也可以考虑一般预防的需要,但是适用刑罚不能突破犯罪构成的实质解释要求。关于醉驾的上述司法解释具有典型的行政执法的成本节约和效率色彩,却不符合刑法的谦抑原则。行政强制和行政处罚具有效率价值追求,在执法中甚至发展出行政应急性原则,但刑法的制裁措施最为严厉,刑罚权的发动特别强调谦抑性,刑法便在法律体系中处于保障法的地位,在定罪量刑的投入上,更加侧重对实质正义的追求,尽管已经实现“罪刑法定”,但是在刑法适用中仍需要强调实质解释。对于因醉驾引起的危险驾驶行为,应当需要考虑个体醉酒与失去行为控制能力之间的差异性,而“一刀切”地把血液酒精含量达到某种标准作为醉驾入罪的唯一根据,容易偏离实质正义和刑罚的谦抑性,不符合民法精神实践的原则和要求。

2. 司法裁判的民事纠纷与刑事犯罪区分

2018 年 11 月,习近平总书记在民营企业座谈会上的讲话,充分肯定我国民营经济的重要地位和作用,明确从减轻企业税费负担、解决民营企业融资难融资贵问题、营造公平竞争环境、完善政策执行方式、构建亲清新型政商关系、保护企业家人身和财产安全等六个方面提出了大力支持民营企业发展壮大的政策举措,让民营企业和民营企业家吃下定心丸,为民营经济实现更大发展注入了强大动力。[1] 讲话特别强调了“保护企业家人身和财产安全”,防止将民商事纠纷当作犯罪处理,这对于正确指导司法实践具有重要现实意义。[2]

人民法院在保护产权和非公有制经济发展方面具有重要的地位和作用。

〔1〕 参见习近平:《在民营企业座谈会上的讲话》,载《人民日报》2018 年 11 月 1 日,第 1 版。

〔2〕 我国各地都存在借助民粹主义侵害民营经济及企业家权益的情形,甚至有以刑法手段介入民商纠纷,借助“打黑”等刑法手段而攫取他人合法财产权益的案件大量发生。

2016年8月中央出台《关于完善产权保护制度依法保护产权的意见》后，最高人民法院先后出台《关于依法平等保护非公有制经济促进非公有制经济健康发展的意见》《关于充分发挥审判职能作用切实加强产权司法保护的意见》《关于充分发挥审判职能作用为企业家创新创业营造良好法治环境的通知》等文件，“加大产权司法保护力度，妥善审理各类涉民营企业案件，依法甄别纠正一批涉产权冤错案件，促进增强企业家人身、财产安全感和干事创业信心”。[1]

必须看到，人民法院在区分民商纠纷与刑事犯罪，防止把民商纠纷当作犯罪处理存在尺度把握的不足。“刑法的适用过程就是在法益保护机能与人权保障机能之间进行调和的过程。”[2]但这种调和没有明确的标准，只能根据适用刑法时的客观背景与具体情况，在罪刑法定限度内根据形势政策充分权衡利弊，使两个机能得到充分发挥。全面依法治国目标的提出，是治国理政理念的一次大飞跃，是国家治理体系、治理能力现代化的巨大进步，其意义重大。目前，在民间借贷与非法集资、诈骗犯罪界限等方面，存在司法尺度不准的问题。在社会影响较大的“东阳富姐”吴英集资诈骗案中，[3]吴英的行为是否构成犯罪、构成何罪以及如何处刑成为该案法庭辩论以及社会争议的焦点问题，另外，“该案更加令人警醒的是，在社会主义市场经济的浪潮下，民间资本、民间融资的未来之路究竟在何方”。[4] 转型中的中国社会，经济发展迅速，民间融资已经成为中小企业融资的重要方式，也是中小企业发展的力量之源，应当反思制度体系本身的问题，引导民间金融的法治化。

司法裁判对民事纠纷与刑事犯罪的区分，需要坚持具体和历史的观点。例如，如何看待民营企业经营的不规范，是企业的沉重心结，影响企业的安全感和信心。民营企业经营不规范，既有商人逐利本性，也有最初制度安排上的困境和悖论造成的源发性困境。理论上认为，对企业非法经营问题，刑法应当采取谦抑的法益保护原则，[5]在司法中，只有当侵犯法益的行为符合具体罪名的构成要件、且经过实

---

〔1〕《最高人民法院党组召开会议学习贯彻习近平总书记重要讲话，强调充分运用司法手段为民营经济发展提供有力司法服务和保障》，载《人民法院报》2018年11月6日，第1版。

〔2〕张明楷：《刑法学》(上)，法律出版社2016年版，第22页。

〔3〕吴英集资诈骗案，浙江省金华市中院刑事判决书，(2009)浙金刑二初字第1号；吴英集资诈骗案，浙江省高级人民法院刑事判决书，(2012)浙刑二重字第1号。

〔4〕《2012年度人民法院十大典型案件》，载《人民法院报》2013年1月6日，第2版。

〔5〕参见张明楷：《刑法学》(上)，法律出版社2016年版，第66页。

质解释达到科处刑罚的程度时才能追究。当前对于刑法中“口袋罪”的适用要严格把握。[1] 依据最高人民法院《关于充分发挥审判职能作用为企业家创新创业营造良好法治环境的通知》,应当严格罪刑法定原则及其实质解释,企业在生产、经营、融资活动中的创新创业行为,只要不违反刑事法律的规定,不得以犯罪论处;对虽属违法违规、但不构成犯罪,或者罪与非罪不清的,应当宣告无罪。此举有利于为民营企业创新创业营造良好法治环境,对于增强企业家人身及财产财富安全感,稳定社会预期,使企业家安心经营、放心投资、专心创业有着重要意义。

创新的本质是自由,在一个不能够容忍自由、没有法治、产权不明、产权不受基本保护、创新成果没有确定回报的社会,人们就不会真正去创新。2021 年政府工作报告强调,“建设高标准市场体系,全面完善产权制度,推进要素市场化配置改革,强化竞争政策基础地位,完善竞争政策框架”,因此需要平等保护产权和契约自由等制度,为社会创新与发展提供法治保障。其中,司法作为“社会正义的最后一道防线”,平衡好权益救济与自由保护之间的关系,对于社会主义民法精神的树立和培育意义重大。

二、司法裁判的公正价值秉持

公平正义价值是法治的灵魂,[2] 也是民法精神与社会主义法治文化的实践目标。公平正义的价值概念本属于伦理道德范畴,引入司法领域以后,成为司法的活动原则和对司法的评判标准。公正是法治的生命线,司法公正在社会正义实现中被赋予“最后一道防线”的地位。“价值观念和事实的冲突,必须有某个

---

〔1〕 对非法经营罪,《刑法》第 225 条在例举三种行为后以“其他严重扰乱市场秩序的非法经营行为”兜底,自 1998 年至 2015 年,最高人民法院通过司法解释又明确了十九种行为属于非法经营行为,如果不加限制该罪名又会成为典型“口袋罪”,违反罪刑法定原则。[参见张明楷:《刑法学》(下),法律出版社 2016 年版,第 839 ~841 页]最高人民法院 2011 年 4 月发布《关于准确理解和适用刑法中“国家规定”的有关问题的通知》明确了对待非法经营行为的认定问题,“有关司法解释未作明确规定的,应当作为法律适用问题,逐级向最高人民法院请示”。最高人民检察院又在 2018 年 11 月《最高检明确规范办理涉民营企业案件执法司法标准》中针对关于如何严格适用非法经营罪,防止刑事打击扩大化,要求慎用刑法第 225 条第 4 项“其他严重扰乱市场秩序的非法经营行为”的兜底条款,对于法律和司法解释没有明确规定,办案中对是否认定为非法经营行为存在分歧的,应当作为法律适用问题向最高人民检察院请示。(参见王治国、徐日丹:《最高检明确规范办理涉民营企业案件执法司法标准》,载《检察日报》2018 年 11 月 15 日,第 1 版)

〔2〕 参见李林:《通过法治实现公平正义》,载俞可平主编:《国家底线:公平正义与依法治国》,中国编译出版社 2014 年版,第 61 页。

第三方来解决……法官以明确、全胜或全败的方式对案件作出判决，一方胜，一方输……所以第三者必须求助于事实、准则或标准。要约束双方当事人，它必须显得独立、公正并强大。”[1]司法公正对社会公正具有重要引领作用，而司法不公则对社会公正具有致命的破坏影响。

本书项目组以“您认为下列哪项对实现社会公平正义最重要”为题进行了全国性问卷调查，对该问题的回答涉及对社会公平正义因素的看法和理解。在六个备选答案（A. 科学立法；B. 公正司法；C. 依法行政；D. 依法执政；E. 全民守法；F. 道德自律）的单项选择中，项目组获取的数据统计结果如图 30 – 1 所示：

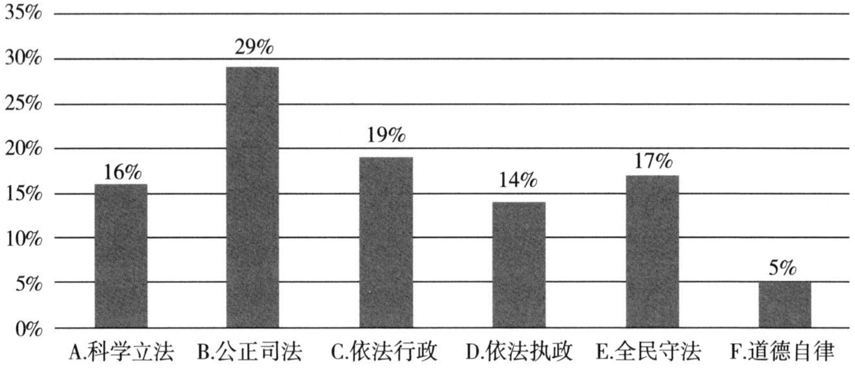

图 30 – 1 “您认为下列哪项对实现社会公平正义最重要”一题调研数据统计

上述数据统计结果显示，在对实现社会公平正义可能具有重要影响的六个选项中，认为“公正司法”（B）最重要的占比最高，达到 29%，其次是“依法行政”（C），占比为 19%。可见，在公平正义的实现上，人们更多地寄希望于公权力的行使，这与我国公权力的社会支配地位及其运行现状相符，也与法治国家对公权力提出的目标要求相契合。民众对公权力的行使提出了更高要求，公权力既是实现社会公平正义的最强有力的后盾保障，也是最大的“敌人”和障碍，因为公权力具有天然自我赋权性，用权者容易滋生自肥腐败行为。显然，在人民群众的眼里，公权力的行使在距离公平正义的目标上还不如人们的期待，人民群众还对此存在很大程度的不满和失望。人民群众在每一个司法与行政案件中所感受到的公平正义最为直观，所以他们对司法与行政提出的实现社会公平正义的期望，也是他们对司法与行政现状不满的一个反映。

---

[1] ［美］弗里德曼：《法律制度》，李琼英、林欣译，中国政法大学出版社 1994 年版，第 264 ~265 页。

不过,基于司法的消极被动性特点,“人们要求法院所做的,并不是实施正义,而是提供某种程度的保护以阻止重大的不正义”。对此,本书以夫妻共同债务认定和证据规则为例,从实体和程序公正两个角度对司法裁判在民法精神守护中的地位和作用进行分析,以找出问题和不足,明确努力方向。

(一)夫妻共同债务认定中利益衡量的实体公正

司法以实现公平正义为己任,自然离不开利益衡量。就司法中的利益衡量方法,有学者认为:“是指法官审理案件,在案情事实查清后不急于去翻法规大全和审判工作手册寻找本案应适用的法律规则,而是综合把握本案的实质,结合社会环境、经济状况、价值观念等,对双方当事人的利害关系作比较衡量,作出本案当事人哪一方应当受保护的判断,在实质判断基础上,再寻找法律上的根据。”[1]我们并不认同这一观点。就利益衡量的工具而言,立法应当是最为稳定的一种平衡机制,立法通过进行利益衡量“明确的利益关系,立法直接给出边界,通过法律规范来完成;概括模糊的利益关系,立法虽然不能划定明晰的界线,但给予了司法者方向和方法的指引,通过法律原则、不确定概念或者一般条款等来完成”。[2] 如果仅仅强调司法利益衡量,则可能导致利益衡量被滥用。对裁判结果实体公正的追求并不是“抛开法律规范求公正”,而是“依照法律规范实现公正”。公正首先是一个立法衡量,然后才是一个司法根据立法的衡量。

以社会普遍关心的夫妻共同债务认定为例,会发现规则或者立法的利益衡量结果对于司法公正的实现是至关重要的。夫妻共同债务的认定问题,关系各方财产利益及市场交易安全,实践中呈现出债务性质认定难、虚假债务发现难、证据材料举证难的“三难”现象,成为民事审判热点问题。多年来,最高人民法院通过制定司法解释(这带有立法色彩)对有关利益进行平衡,地方各级法院通过裁判“运输”正义,但最终的结果却并不理想。

1.“同心同德”的夫妻与债权人利益保护

夫妻共同债务法律关系中既涉及与债权人的关系,又涉及夫妻之间的关系,需要平衡各方利益,实现对各方当事人合法权益的平等保护。2001 年修改的《婚姻法》第 41 条规定:“离婚时,原为夫妻共同生活所负的债务,应当共同偿

〔1〕 梁慧星:《裁判的方法》,法律出版社 2003 年版,第 186 页。
〔2〕 张新宝:《侵权责任法立法的利益衡量》,载《中国法学》2009 年第 4 期。

还。”当时有关夫妻共同债务的主要矛盾是“假离婚、真逃债”。[1] 由此，2003年12月通过的《最高人民法院关于适用〈中华人民共和国婚姻法〉若干问题的解释(二)》第24条规定了“婚姻关系存续期间夫妻一方以个人名义所负债务，应当按夫妻共同债务处理”的原则。这一解释确立的夫妻共同债务推定规则与我国当时经济发展水平和夫妻关系的状况相适应。首先，改革开放后我国经济得到长足发展，但大多数家庭的资产仍以生活资料为主，特别是涉及经济转型和国企改制中所形成的大量下岗职工，他们的收入微薄，在进行投资或购买住房时，往往除了自己出资外，还向亲朋好友借款，甚至贷款，家庭的其他成员也往往出资帮助。“尽管夫妻事先或事后均没有共同举债的合意，但该债务发生后，夫妻双方共同分享了该债务所带来的利益，应视其为共同债务。”[2] 其次，从夫妻关系的状况看，日常家事代理的法理基本上可以解决共同债务推定问题。新中国成立以来的婚姻法之所以没有在法律条文中正面规定家事代理制度，“主要是因为即使没有家事代理权的规定，法定财产制足以调整家事代理的问题，婚姻关系存续期间发生的对外财产责任原则上均由夫妻双方共同承担”。[3] 鉴于家事代理制度对于维护家庭生活的稳定和民事交易的安定都具有十分重要的意义，所以这一解释仍以此为理论基础对夫妻单方负债作出规定，在家庭资产不多的情况下，基本上可以覆盖一方在夫妻关系存续期间的负债被推定为共同债务的问题。

在总结过去立法与司法经验的基础上，《民法典》在原《婚姻法》第41条意旨的基础上，对《最高人民法院关于适用〈中华人民共和国婚姻法〉若干问题的解释(二)》第24条的规定进行调整完善，新增第1064条规定，即“夫妻双方共同签名或者夫妻一方事后追认等共同意思表示所负的债务，以及夫妻一方在婚姻关系存续期间以个人名义为家庭日常生活需要所负的债务，属于夫妻共同债务。夫妻一方在婚姻关系存续期间以个人名义超出家庭日常生活需要所负的债务，不属于夫妻共同债务；但是，债权人能够证明该债务用于夫妻共同生活、共同生产经营或者基于夫妻双方共同意思表示的除外”。《民法典》第1089条夫妻离婚时债务清偿的规定，以1064条夫妻财产制为依据，将原《婚姻法》第41条中

[1] 最高人民法院民事审判第一庭编著：《最高人民法院婚姻法司法解释(二)的理解与适用》，人民法院出版社2004年版，第219～220页。

[2] 蒋月：《夫妻的权利与义务》，法律出版社2001年版，第206页。

[3] 蒋月：《夫妻的权利与义务》，法律出版社2001年版，第63～65页。

"原为夫妻共同生活所负的债务"修改为"夫妻共同债务",从而回应和紧扣第1064条的规定,确认了"离婚时,夫妻共同债务应当共同偿还"的制度原则。《最高人民法院关于适用〈中华人民共和国民法典〉婚姻家庭编的解释(一)》在《民法典》规定的基础上,对夫妻共同债务认定与承担的司法规则进一步作出了具体规定,其中主要包括第33条关于"婚前所负个人债务",除"债权人能够证明所负债务用于婚后家庭共同生活的",债权人不得对婚后配偶向人民法院主张权利的规定;第34条关于"夫妻一方与第三人串通,虚构债务"和"夫妻一方在从事赌博、吸毒等违法犯罪活动中所负债务",第三人主张该债务为夫妻共同债务的,人民法院不予支持的规定,这些内容与《民法典》相衔接,使我国夫妻共同债务认定与承担的制度规则更加合理与完善。

2."同床异梦"的夫妻与共同债务的承担

进入21世纪以来,我国社会环境发生很大变化。一方面,随着商品经济繁荣,婚姻存续期间夫或妻一方与第三人发生债权债务关系的情形日益普遍,民事主体的举债目的及举债方式随着社会生活的深刻变化,也发生相应转变。在以家庭生活需要为主而发生在熟人之间的小额度举债模式之外,早已在市场经济条件下发生大量的以资本运作为主和陌生人之间的大额度举债模式,传统的民事行为已经开始转向现代的商事行为。另一方面,司法实践中出现大量夫或妻一方与第三人恶意串通,虚构债务损害另一方利益的案例,引发社会和舆论关注。在民法典颁布实施之前,"不少基层法官依据第24条的规定,将一方所欠的所有债务统统认定为夫妻共同债务……对第24条的简单适用往往致使另一方当事人不仅拿不到一分钱夫妻共同财产,还要背上一身巨额债务,损害家庭成员的合法权益"。[1] 这样,"过去更多的是夫妻双方串通以损害债权人利益,而现如今更多的是'债务人'与'债权人'串通损害配偶的利益"。[2] 生产力决定生产关系,在这种现实下,如果依然扩大夫妻日常家事代理权的适用范围,将夫妻一方负债都认定为"家事"范围内,继续将举证责任加于未直接举债配偶一方,不仅缺少法律依据,而且也与实际生活相脱离。因此,《民法典》及《最高人民法院关于适用〈中华人民共和国民法典〉婚姻家庭编的解释(一)》的新规定,对于

---

〔1〕 王春霞:《崔郁委员建议修改〈婚姻法司法解释(二)〉第24条认同"夫债妻还"导致一系列不公正判决》,载《中国妇女报》2015年3月7日。

〔2〕 夏正芳:《夫妻共同债务的认定与清偿》,载《民事审判指导与参考》(第39辑),法律出版社2010年版,第89页。

司法实践中合理认定和分配夫妻共同债务,均衡夫妻之间的债务关系,具有重要的规范意义。

随着市场经济的发展和人民财富的增加,商品经济关系也在侵蚀着家庭的利他性和感情基础,家庭和家庭财产成为中国法中最复杂的利益关系。在商品经济大潮中,夫妻所应具有的利他性,正在经历冲击。男女彼此结合的原因显然可以解释为生儿育女的意愿及两性之间肉体与情感方面的相互吸引,另外"共有家庭可以获得规模经济",[1]但是婚育率的下降和离婚率的上升表示传统家庭正在衰退,养老育幼、组织生产、组织消费、组织个体生活等家庭功能均有弱化,繁衍人口功能也随着对孩子需求的下降而影响到对婚姻的需求,男女之间相亲相爱的"感情"因素突出了。"非婚同居等个性化生活方式在一定范围内存在,已形成与婚姻并行的另一种性结合方式。"[2]西方发达国家如此,我国也是如此。[3] 亲属关系,必然与其财产利益及其交换相联系。"由亲属关系所派生的财产关系不体现直接的经济目的,它所反映的主要是亲属共同生活和家庭职能的要求,带有某种社会保障和社会福利的色彩。"[4]随着夫妻关系的纽带联系变弱,"同床异梦"的夫妻关系反映在财产关系上,"利他性"自然会被"自利性"所替代。这一时代背景下产生的《最高人民法院关于适用〈中华人民共和国婚姻法〉若干问题的解释(二)》第 24 条,后来饱受争议,民间有所谓"24 条维权团",2016 年以来,全国人大常委会法制工作委员会收到公民提出的针对《最高人民法院关于适用〈中华人民共和国婚姻法〉若干问题的解释(二)》第 24 条的审查建议有近千件,这一数量是十二届全国人大收到公民、组织提出的各类审查建议的 2/3。[5] 为有效解决这一司法实践问题,最高人民法院不得陆续出台一

---

[1] [美]加里·S. 贝克尔:《人类行为的经济分析》,王业宇、陈琪译,上海三联书店、上海人民出版社 1995 年版,第 249 ~250 页。

[2] 蒋月:《20 世纪婚姻家庭法:从传统到现代化》,中国社会科学出版社 2015 年版,第 495 页。

[3] 有观点认为:个人自由、独立价值的不断提升,导致追逐自我满足需求的发展,使个体越来越不愿意束缚于传统制度内;社会快速变迁,工商业化、城市化发展,传统道德被冲刷得越来越薄;家庭角色与社会角色之间日益增多的冲突下,传统婚姻观、家庭观逐渐被离弃,婚姻稳定性下降,男女角色分工被打破,技术革命使得人际交流轻而易举,可选择性越来越大;社会保障制度部分替代了传统婚姻家庭的功能,个体对婚姻家庭的依赖度渐行渐弱,等等。(参见蒋月:《婚姻家庭法前沿导论》,科学出版社 2007 年版,第 281 ~287 页)

[4] 马忆南:《婚姻家庭法的弱者保护功能》,载《法商研究》1999 年第 4 期。

[5] 《万人签名信寄往人大后婚姻法 24 条存废有了新说法》,载《南方都市报》2017 年 12 月 26 日。

系列司法解释、司法政策及规范性文件，多角度加强对各级法院的业务指导。[1]然而，夫妻关系的债务产生与负担，涉及较为复杂的个人行为条件与社会伦理，并不是简单的制度缺失而通过制度完善就能够解决的问题，即使在民法典时代，也不可能为其解决提供完美的制度方案。

妥善处理夫妻共同债务问题，单凭司法“独善其身”难以行得通，司法所进行的利益衡量必须与当时经济发展水平和人们婚姻关系现状相适应。对夫妻存续期间共同债务的处理，应当在夫妻双方与债权人之间进行利益衡量。夫妻关系存续期间一方负债案件中主要存在两种虚假诉讼的可能性：一是夫妻之间恶意离婚转移财产，规避执行措施；二是夫妻一方与第三人串通，伪造债务，以实现多分得共同财产的目的。债权人的利益代表了交易秩序和交易安全，将夫妻在婚姻关系存续期间以一方名义所负的债务推定为共同债务，对于保护交易安全和促进财产流转具有十分重要的意义。最高人民法院不断制定司法解释，旨在“通过举证证明责任的合理分配等方式，取得二者之间的‘最大公约数’，平衡保护各方当事人利益”。[2] 特别是根据2018年《最高人民法院关于审理涉及夫妻债务纠纷案件适用法律有关问题的解释》第3条的规定，对于超出日常家事所需范围的债务，债权人除了证明夫妻双方共同同意之外，如有证据证明被用于夫妻共同生活或共同生产经营，也认定为共同债务由夫妻共同偿还。这一解释，可以引导相关主体自觉规范交易行为，加强风险防范，从债务形成源头尽可能杜绝夫或妻一方“被负债”现象发生，起到风险防控，保障交易安全的作用，具有积极意义。因此，这一解释所确立的规范与原则，被《民法典》及《最高人民法院关于适用〈中华人民共和国民法典〉婚姻家庭编的解释（一）》所继受和完善。

虽然夫妻共同债务问题表面看属于财产关系，但是深层上则反映一定的民

---

〔1〕 2014年《最高人民法院民一庭关于婚姻关系存续期间夫妻一方以个人名义所负债务性质如何认定的答复》明确：“如果举债人的配偶举证证明所借债务并非用于夫妻共同生活，则其不承担偿还责任。”2015年《最高人民法院民一庭关于夫妻一方对外担保之债能否认定为夫妻共同债务的复函》明确：“夫妻一方对外担保之债不适用婚姻法司法解释（二）第二十四条的规定。”2017年《最高人民法院关于适用〈中华人民共和国婚姻法〉若干问题的解释（二）的补充规定》和《最高人民法院关于依法妥善审理涉及夫妻债务案件有关问题的通知》，明确夫妻一方虚构债务和违法犯罪所负债务不应认定为共同债务。2018年的《关于审理涉及夫妻债务纠纷案件适用法律有关问题的解释》坚持问题导向，在现有法律框架内，明确了夫妻合意共债制度，修订、完善了共债推定原则，实行家事领域的表见代理制度，完善了举证责任分配制度。

〔2〕 程新文等：《关于审理涉及夫妻债务纠纷案件适用法律有关问题的解释》的理解与适用，载《人民司法（应用）》2018年第4期。

法精神实践问题。夫妻本为家庭关系的核心,以夫妻关系为基础形成的家庭是具有一定血缘关系的成员之间的生活共同体。“夫妇不只是男女间的两性关系,而且还是共同向儿女负责的合作关系。”〔1〕按照法经济学的观点,家庭中的特定工作既不是以等级和官僚方式,也不是以契约方式来指导和监督的,经济学家虽然不将这一因素称为“爱”,但将其说成是利他主义的一种形式。“利他主义促进了合作,是对(正式)缔约的一种便宜而有效的替代方式。”〔2〕这种最为亲密核心的社会关系遭遇背叛时,不仅影响家庭的稳定,更会影响社会的稳定。显然,这种利他主义在我国正在转型,面临挑战和风险。

本书项目组以“您如果现在结婚,会考虑在婚前对夫妻之间的财产关系作出书面约定吗”和“您和配偶之间是否有明确的个人财产与共同财产划分”为题进行的全国性调查问卷结果,虽然选择“会”和“有”的比例分别仅为 18% 和 11%,〔3〕但是这一较低的数据统计结果所表明的,可能仅仅是人们的习惯认知与结果,并不表明当前婚姻关系的仍然足够稳定。黑格尔认为,“婚姻是具有法的意义的伦理性的爱。”〔4〕婚姻制度既然立足于性的自然欲望之中,自然也会受到性的冲击,这种自然欲望的冲击必然会影响到精神层面上的“爱”的消减,甚至达致感情破裂的程度。婚姻中以“爱”的名义所建立的信任和利他性在遭遇背叛时,夫妻关系的忠实互助就会遭遇破坏,“至亲”变“至仇”往往只在转瞬间,自然会出现夫妻一方与债权人串通损害夫妻另一方利益的极端现象。

(二)证据规则合理配置的程序公正

司法裁判的民法精神实践,追求私法秩序的社会正义目标,是事实判断与价值判断相结合的实践过程,实质是一个证据规则及其理解与运用问题。民事裁判需要以事实作为小前提,以法律规定作为大前提完成逻辑三段论推理,证据、直接言辞、回避、审判公开、二审终审等制度设计的目标均在通过公正的程序追求实体的公正。民事诉讼证据问题涉及事实发现,构成民事诉讼的核心。制约事实发现的因素,除了人的认识能力局限之外,还有两个重要的因素。“从经济学的视角而言,其中最重要的核心,便是准确性(因为准确性常常提高威慑力,

---

〔1〕 费孝通:《乡土中国—生育制度》,北京大学出版社 1998 年版,第 159 页。

〔2〕 [美]理查德·A. 波斯纳:《法律的经济分析》(上),蒋兆康译,中国大百科全书出版社 1997 年版,第 183 页。

〔3〕 参见本书第六编(第二十九章)“城乡差别的民法精神实践”部分的数据统计与分析。

〔4〕 [德]黑格尔:《法哲学原理》,范扬、张企泰译,商务印书馆 1961 年版,第 177 页。

尽管并非总是如此）和成本。”〔1〕在法经济学的分析上，诉讼制度的目的就是要使错误的司法判决和成本与诉讼制度的运行成本这两类成本之和最小化。〔2〕我国民事诉讼的证据规则一直在实质正义与形式正义的纠结中前行，前者与不计成本的客观事实观、纠问式诉讼模式相联系，而后者与有限成本的法律事实观、对抗式诉讼模式相联系。司法裁判中证据制度的设计与实施，既有对程序正义的实践，又有对实体正义的追求，需要考虑成本与效率价值的平衡。

1. 追求实质正义的纠问式诉讼

新中国成立以来很长时期内，我国的民事诉讼体制都是职权主义或超职权主义的，法院不仅可以自行决定审理对象，而且在证据收集认定方面可以排除当事人的行为及意志，这既有我国历史上国家主义法律文化的影响，也有苏联外来法律文化和高度计划经济体制的影响。〔3〕 1982 年《民事诉讼法（试行）》规定，法院依职权全面调查收集证据。实践中，法院的职权几乎不受限制，“甚至越俎代庖直接充当当事人的代言人”。〔4〕

证据的收集、筛选、整理、提出以及选定都属于证据搜集，而这一过程应当遵循成本收益分析。〔5〕 证据的搜寻应该进行到边际成本与边际收益相等的那一点上。波斯纳对纠问式和对抗制诉讼模式进行了比较，结论是：纠问式“看起来很美”，纠问式的效率只不过是一种虚幻，美丽的外表只是因为它运作时公众可见度偏低，内在缺陷能更好地掩盖而已。对抗式诉讼体制产生了一种放大的主观印象，这一放大的印象尤其在陪审团审判中表现明显。在纠问式体制中，法官可能在某一案件中作出“迎合大众”或“迎合司法职业控制者”的裁判，而不顾忌司法公正。〔6〕

依照 1982 年《民事诉讼法（试行）》，受职权主义诉讼模式和纠问体制之影

---

〔1〕 ［美］理查德・A. 波斯纳：《证据法的经济分析》，徐昕、徐昀译，中国法制出版社 2001 年版，第 9 页。

〔2〕 ［美］理查德・A. 波斯纳：《法律的经济分析》（下），蒋兆康译，中国大百科全书出版社 1997 年版，第 717 页。

〔3〕 参见常怡主编：《比较民事诉讼法》，中国政法大学出版社 2002 年版，第 89 ~90 页。

〔4〕 刘荣军：《程序保障的理论视角》，法律出版社 1999 年版，第 185 页。

〔5〕 ［美］理查德・A. 波斯纳：《证据法的经济分析》，徐昕、徐昀译，中国法制出版社 2001 年版，第 38 页。

〔6〕 ［美］理查德・A. 波斯纳：《证据法的经济分析》，徐昕、徐昀译，中国法制出版社 2001 年版，第 53 页。

响,法院在诉讼程序的发动上具有主动性和决定性,本着“实事求是、有错必纠”的原则,人民法院对认为有错误生效裁判还可以依职权启动再审,而当事人却不享有再审申请权;在诉讼请求层次上,法院可以不受当事人请求范围的约束,依职权广泛进行调查;在事实和证据主张方面,法院有权“全面地、客观地收集和调查证据”,[1]并以此为据作出裁判。以上诉讼模式界定为职权主义并无疑问,其原因可以归结为,经济因素上计划经济体制不允许经济主体自由处分自己的权利,传统因素上新中国成立前解放区的纠纷解决传统影响和政治意识上对群众路线和实事求是的片面理解。[2] 职权主义诉讼模式和纠问式诉讼所带来的案件处理成本是巨大的,但其对公正的产出并未尽如人意。“在法院职权主义的框架下,法官却拥有调查客观事实之职责,而既然法官也是凡人,法院的审判并不是上帝的审判,因而法官的‘父爱’情结对发现事实、接近正义也是作为障碍而存在。”[3]基于此,当事人往往将自己败诉的原因归结为法官未能尽力调查、一叶障目而形成对事实的偏见,而对法官“错案”的判定往往与客观真实相联系,搞得法官进退失据。

2. 吸收形式正义的民事审判方式改革

随着经济体制改革的深入,法院面临案多人少的空前压力,以职权主义或纠问式为特征的民事诉讼制度的弊端在实践中日益显现。我国从1988年下半年开始进行民事审判方式改革,从职权主义诉讼模式逐步向当事人主义诉讼模式转换,改革成果表现为1991年的《民事诉讼法》、1998年最高人民法院《关于民事经济审判方式改革问题的若干规定》和2001年最高人民法院《关于民事诉讼证据的若干规定》等。特别是在2002年4月生效的最高人民法院《关于民事诉讼证据的若干规定》中,当事人主义诉讼模式的主要内容已经得到确立:事实由当事人主张,当事人不争的事实原则上对法院的认定产生拘束力,当事人承担举证责任,除另有规定外法院不得依职权主动收集调查证据。[4] 以上改革表明,中国民事诉讼模式已经悄然向当事人主义诉讼模式转变或者已经完成转变。

民事审判方式改革吸收形式正义,坚持程序公正,将案件的败诉风险配置给

---

〔1〕 参见1982年《中华人民共和国民事诉讼法(试行)》第56条第2款。

〔2〕 参见常怡主编:《比较民事诉讼法》,中国政法大学出版社2002年版,第90页。

〔3〕 徐昕:《英国民事诉讼与民事司法改革》,中国政法大学出版社2002年版,第203页。

〔4〕 参见最高人民法院民事审判第一庭:《民事诉讼证据司法解释的理解与适用》,中国法制出版社2002年版,第404~407页。

当事人,实际受到背后的经济因素影响。自由主义经济学家马克斯·韦伯指出:"法的保障最广泛地直接服务于经济的利益就属于影响法的形成的最有力的因素,因为任何保障法的制度的权力,都在某种程序上由所属社会群体在其生存中默契行为所支撑,而社会群体的形成在很大程度上受到物质利益的情况所一致制约。"[1]对当事人主义诉讼模式形成影响最大的是市场经济体制。在市场经济体制中,意思自治作为调控市场经济关系的基本准则,国家并不干预微观经济活动,这一规则与观念,反映在民法精神实践上,就是平等、自由价值观与民商事主体的行为自由与效果的自主联系;反映在民事诉讼领域,就是要求法院在审判活动中应当居于"中立""消极"的裁判地位。我国的民事司法改革有其深厚的社会基础,"从根本上讲,它来自社会主义市场经济和民主政治的内在要求"。[2]市场经济强调当事人的意思自治,尊重当事人的主体地位,表现在民事司法上就是要求提升当事人的程序主体地位,尊重当事人的基本程序权利;民主政治要求司法民主化,要求司法公正,要求司法接受监督,达到"努力让人民群众在每一个司法案件中都感受到公平正义"。

3. 纠结的证据失权与证明标准

最高人民法院《关于民事诉讼证据的若干规定》创设了举证时限制度,纠正了之前的"证据随时提出主义"。受我国传统实体正义观和客观真实的证据观影响,我国1991年《民事诉讼法》并未对举证时限作出规定,而是采取了"证据随时提出主义",这种立法虽然更有利于发现"客观真实",但是对于当事人提供证据不作任何期限的限制,给民事诉讼带来一系列的消极影响,如证据突袭、诉讼拖延、浪费对方当事人诉讼成本和人民法院诉讼资源,也与诚实信用原则不符。[3] "在讨论审判应有的作用时不能无视成本问题。因为,无论审判能够怎样完美地实现正义,如果付出的代价过于昂贵,则人们往往只能放弃通过审判来实现正义的希望。"[4]为改变"证据随时提出主义"带来的弊端,促进民事诉讼的公正与效率,最高人民法院借鉴比较法经验,通过对《民事诉讼法》"期间"和

---

〔1〕［德］马克斯·韦伯:《经济与社会》(上卷),林荣远译,商务印书馆1997年版,第371页。

〔2〕刘敏:《当代中国的民事司法改革》,中国法制出版社2001年版,第18页。

〔3〕参见最高人民法院民事审判第一庭:《民事诉讼证据司法解释的理解与适用》,中国法制出版社2002年版,第177~180页。

〔4〕［日］棚濑孝雄:《纠纷的解决与审判制度》,王亚新译,中国政法大学出版社2004年版,第267页。

“新证据”的解释,规定了“举证时限”制度。[1] 举证时限与证据失权相联系,当事人未在举证期限内提供证据的,一律发生失权效果,丧失举证的权利。[2] 以证据失权作为制度配套的举证时限制度无疑更符合民事诉讼的规律,对于公平保护当事人的诉讼权利,防止证据突袭,防止当事人滥用诉讼权利损害对方当事人的利益,有利于提高诉讼效率,节省诉讼成本。但是,该制度在运行过程中被认为“对于民事诉讼中可能存在的复杂情况考虑得不够充分”,[3] 为此不得不对举证规则作出一定调整,产生了证据失权效果的分层设置。[4] 缺乏刚性及其合理运用的证据失权,使我国民事诉讼举证时限制度在审判实践中往往形同虚设,在具体案件中,只要当事人提出的证据就是“新的证据”,这就使当事人举证的法律事实处于不确定的状态,导致案件因举证期限的随意性而可能久拖不决,不仅加大当事人和法院的诉讼成本,也会严重影响法院裁判的权威性,甚至会滑向波斯纳所谓的纠问式诉讼,只是“看起来很美”,未必真能带来客观公正。可以设想,法官在庭审中面临“该证据与案件基本事实有关”的判定时,必然又会受到之前客观真实证据观的影响,为了减轻其所承受的论证和说服责任而统统认定“该证据与案件基本事实有关”,再次重蹈“证据随时提出主义”的覆辙。

在证据的证明标准问题上,受结果本位主义司法公正观的影响,我国很长时间拒绝承认自由心证,而代之以“以事实为依据,以法律为准绳”的政治口号。

---

〔1〕 曹建明:《在公布〈最高人民法院关于民事诉讼证据的若干规定〉新闻发布会上的讲话》,载《人民法院报》2001 年 12 月 30 日。

〔2〕 参见《最高人民法院关于民事诉讼证据的若干规定》第 34 条。

〔3〕 最高人民法院民事诉讼法修改研究小组编著:《〈中华人民共和国民事诉讼法〉修改条文理解与适用》,人民法院出版社 2012 年版,第 140 页。

〔4〕 2008 年最高人民法院下发《关于适用〈最高人民法院关于民事诉讼证据的若干规定〉中有关举证时限规定的通知》,试图缓和失权效果过于严厉所带来的弊端,使司法解释更好地满足审判实践的需要。但是,立法机关仍认为举证时限与证据失权过于严厉,2012 年修正的《民事诉讼法》正式确立了举证时限,分层设置了逾期举证的后果,将训诫、罚款和证据失权三种后果与当事人的主观状态相联系,该规定在 2017 年修正《民事诉讼法》时仍予以保留。(参见 2012 年《民事诉讼法》第 65 条)最高人民法院的有关解读是,“对于逾期举证的后果,当事人由于故意或者重大过失造成的,发生证据失权的后果,无再使用训诫、罚款这些制裁措施的必要”。(最高人民法院民事诉讼法修改研究小组编著:《〈中华人民共和国民事诉讼法〉修改条文理解与适用》,人民法院出版社 2012 年版,第 143 页)虽然相对于最高人民法院《关于民事诉讼证据的若干规定》,证据失权的效果分层设置意味着惩罚措施的软化,具有合理性,但是在 2015 年最高人民法院《关于适用〈中华人民共和国民事诉讼法〉的解释》第 102 条中又规定“当事人因故意或者重大过失逾期提供的证据,人民法院不予采纳。但该证据与案件基本事实有关的,人民法院应当采纳”。最高人民法院《关于民事诉讼证据的若干规定》2019 年 10 月 14 日修正,2020 年 5 月 1 日实施,相比而言,证据失权的法律后果被进一步软化。

我国素有“重实体轻程序”的传统，不仅古代司法片面强调和追求所谓的实质公正，而且在今天的司法实践中，“重实体轻程序”的现象仍然十分严重。结果本位主义的司法公正观仅仅将司法程序当成达到实体公正之工具，完全枉顾司法程序中效率和成本的平衡。应当说，1988 年起步的民事审判方式改革旨在破除单一结果本位主义司法观，而《关于民事诉讼证据的若干规定》的出台就是这种努力的结果与典型代表，该司法解释规定了自由心证原则。程序公正，一方面可以限制司法权的恣意，防止法官滥用权力，另一方面司法权作为判断权，法官依照法定规则作出的实体判定应当得到尊重，程序吸收当事人不满的价值不应被忽视。〔1〕 司法权应当受到监督，但这种监督应当遵从司法本身的规律，即法院在裁判中认定的事实，是法官依据证据对当事人主张的事实作出的判断，未必与所谓的客观真实完全一致，至多只能接近案件的真相，这种真实是主观真实而非客观真实。美国著名人类学家克利福德·吉尔兹在《地方性知识：事实与法律的比较透视》一文中说：“我敢说，当然是更为严肃地说，为数越来越多的原告和被告突然发现，不论法律依据的是什么，它都不是全部真相。法律事实并不是自然生成的，而是人为造成的，一如人类学家所言，它们是工具证据法则、法庭规则、判例汇编传统、辩论技巧、法官雄辩能力以及法律教育成规等诸如此类的事物而构设出来的，总之是社会的产物。”〔2〕对司法的监督，必须尊重其“通过程序实现实体正义”的特点，不能以所谓“客观真实”来反推司法者渎职或滥用职权，甚至认定构成“错案”。1998 年，最高人民法院发布了《人民法院审判人员违法审判责任追究办法（试行）》和《人民法院审判纪律处分办法（试行）》，各地也制定了追究错案责任的相关规定。然而，以上所谓“错案”追究机制在运作上往往以“二审重大改判”和“二审发回”认定，即违背了以上司法判断规律，也给当事人的“上访”“缠诉缠访”提供了口实。司法责任制的建立只有与程序正义观相关照，才能保证法官群体依法独立行使权力，确保人民群众在每一个个案中感受到公平正义，也才能够在司法裁判行为中充分体现和实现民法精神的公平正义价值。

---

〔1〕［日］谷口安平：《程序的正义与诉讼》，王亚新译，中国政法大学出版社 1996 年版，第 11 页。

〔2〕梁治平：《法律的文化解释》，生活·读书·新知三联书店 1994 年版，第 80 页。

三、司法裁判的习惯法源发掘

司法裁判的民法精神实践,在制定法之外,离不开对习惯的条件及其价值的认可,而此时习惯往往是最能够代表和体现民法精神实践的现实行为条件,因此也就具有超越形式本身的社会规范与秩序价值。习惯中隐藏着民族生活方式的精神密码,不仅立法上应当对具有广泛群众基础且与公序良俗原则不相违背的习惯作为法源加以认可,而且司法裁判也应当依法深入挖掘习惯法源,从而使司法裁判更符合民法精神实践的公正要求。

(一)司法裁判的习惯法源地位认可

法律源于习惯,是习惯发展的结果。个人的法律行为既离不开习惯,也必然受习惯的约束和影响,特别是对于法律无明文规定之行为,往往是习惯的直接结果,故司法裁判中对习惯之法源地位的认可,非常必要与重要。

1. 从习惯、习惯法到制定法

司法裁判既可依据制定法,又可依据习惯法。从制定方式上看,法既可以通过立法机构制定,也可以通过对习惯的认可。一般来说,民事行为是古老文化的传统领域,比起公法范畴的时代聚变而言、民事具有传统的民族、民间、习惯、伦理、地方、自治等浓郁色彩,乡约、惯例、风俗、礼仪、戒条等构成了民事的基础性源泉,它们也作为特殊规则在社会生活中发挥调整性功能作用。"相形于公法领域的成文化因素,民商私法活动的复杂性和变化性决定了其法律调整难以划一而论,需要根据习俗惯例、道德标尺、社会经验、衡平理念作为判定准则。"[1]有学者指出:"一个社会是否有序并不必定需要以文字体现,而要看社会生活是否体现出规则。只要有一定的社会制度存在,就意味着法律本身的存在";"社会中的习惯、道德、惯例、风俗等社会规范,从来都是社会的秩序和制度的一个部分,因此也是其法治的构成性部分,并且是不可缺少的部分"。[2] 因此,人们常把各类习惯规则解释为一种"本土化知识",将其称为"习惯法"。[3] 所谓习惯法,是指非由立法者制定,而是通过某一区域或特定群体成员的长期实践,并且

---

〔1〕 汤唯等:《当代中国法律文化本土资源的法理透视》,人民出版社 2010 年版,第 145 页。

〔2〕 苏力:《道路通向城市:转型中国的法治》,法律出版社 2004 年版,第 26 页。

〔3〕 习惯法的范畴界定及其与民间法的关系,学界认识并不一致。参见梁治平:《民间法、习惯和习惯法》、《习惯法与国家法》,载《清代习惯法:社会和国家》,中国政法大学出版社 1996 年版。本研究基本在同一意义上使用习惯法和民间法两个概念。

对其已形成法律效力之信念的行为规范，其被视为一种“土生土长”的法律文化资源。习惯法作为法源发挥规范功能，在于统治者的认可与尊重。在我国司法裁判的民法精神实践中，应当更加珍惜出自本土的原生性、自发性、习惯性的法律资源，它更能代表我国的民法精神及其实践的条件与要求。

卢梭指出：“法律既不是铭刻在大理石上，也不是铭刻在铜表上，而是铭刻在公民们的内心里；它形成了国家的真正宪法；它每天都在获得新的力量；当其他的法律衰老和消亡的时候，它可以复活那些法律或替代那些法律；它可以保持一个民族的创制精神，而且可以不知不觉地以习惯的力量代替权威的力量。”〔1〕习惯不仅可以成为制定法的法律源泉，而且习惯还可以转化为制定法。“经过一段时间的积累，某种行为持续的存在，在行为者的头脑里就会浮现一个观念，即他们所面临的不再是习惯和惯例，而是要求实施的法律义务，法律义务经过多次重复实施的强化，习惯就演变为制定法了。”〔2〕

2. 习惯法源参与的民法精神实践

我国近代曾经非常重视习惯这一可供继承的“本土文化资源”。如清末所进行的大清民律草案编纂，对民商事习惯调查展开调查，虽然囿于当时的条件本国民事习惯进入成文法只能“避实就虚”，〔3〕但是当时的民法典编纂产生了积极影响。〔4〕新中国成立后，对于民事习惯往往倾向于负面评价，认为其与伪法统、封建压迫相联系，属于革命的对象。“为了做到规则的统一和国家强力的垄断，地方性规则在这一过程中逐渐丧失其正统性和分散性，国家要以一套建构的理想化标准把民众的生活拉入到国家建设的整体进程中。”〔5〕这样，习惯在我国的“法源”地位大幅度滑落。

为了解习惯或者民间法在对社会关系调整中的规则地位，本项目组以“在

---

〔1〕［法］卢梭：《社会契约论》，何兆武译，商务印书馆1980年版，第73页。

〔2〕［德］马克斯·韦伯：《论经济与社会中的法律》，张乃根译，中国大百科全书出版社1998年版，第23页。

〔3〕张生：《清末民事习惯调查与〈大清民律草案〉的编纂》，载《法学研究》2007年第1期。

〔4〕主要体现在：其一，以清末民商事习惯调查为基础，在民国时期延续该项工作，由前南京国民政府司法行政部编辑出版《民事习惯调查报告录》；（参见前南京国民政府司法行政部编：《民事习惯调查报告录》（上、下册），中国政法大学出版社2000年版）其二，1929年5月23日前南京国民政府制定公布的《民法典》总则编肯定了习惯的法源地位，其第1条规定，“民事，法律所未规定者，依习惯；无习惯者，依法理”。

〔5〕田成有：《乡土社会中的国家法与民间法》，载谢晖、陈金钊主编：《民间法》（第1卷），山东人民出版社2002年版，第2页。

下列选项中您认为对您最具有现实约束力的是什么”为题进行了全国性调查问卷,对该问题的回答涉及对法律多元主义和习惯等问题的看法。在七个备选答案(A. 国家法律;B. 民族习惯;C. 乡规民约;D. 道德伦理;E. 宗教信仰;F. 个人意志;G. 领导意志)的单项选择中,获得的调查数据统计结果如图 30 -2 所示:

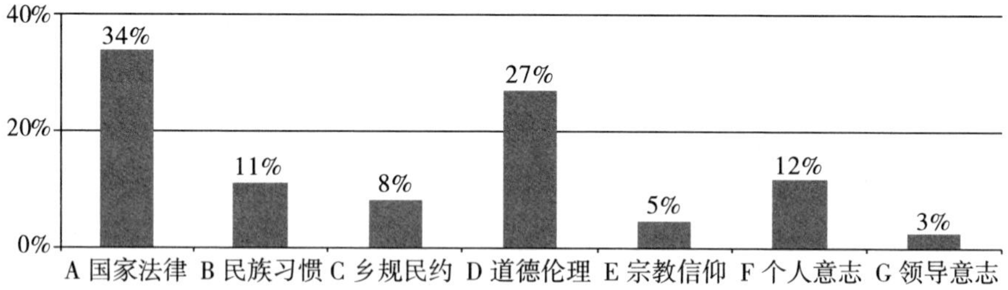

图 30 -2 “在下列选项中您认为对您最具现实约束力的是什么”一题调研数据统计

上述数据统计结果显示,在具有现实约束力的七种规则选项中,认为“国家法律”(A)最具有现实拘束力的占比最高,为 34%;选择“道德伦理”(D)的占比为 27%,而选择“民族习惯”(B)和“乡规民约”(C)的占比分别 11% 和 8%,远低于对“国家法律”和“道德伦理”的选择。这一选择结果起码在表面上反映出,人们对法律最具现实约束力的认可,说明以国家强制为后盾的法律已经走进了社会治理的“毛细血管”,在与其他规范的作用对比中展现出绝对优势。然而,中国传统法律是一种“实质的伦理法”,[1]“中国人解决争端首先必须考虑‘情’,其次是‘礼’,最后是‘理’,只有最后才诉诸‘法’”。[2] 尽管政治、经济、文化、社会的全面转型已经发生,费孝通先生所描绘的“乡村中国”渐成背景,但是以“道德伦理”、“民族习惯”和“乡规民约”为主要表现形式的“民间法”在人们的现实社会行为体系中仍然发挥着重要的调整作用,这从对三者认同的合计占比达到 46% 的数据结果可以得到足够的实证。因此,可以得出尝试性结论:一方面,我国社会的全面转型尚未完成,“多元的法”体现出民族传统性与现代性交织;另一方面,不能忽视我国的“实质伦理法”这一传统本土资源在法治转型及其国家治理现代化过程中的地位和意义。“它们在现实社会中是有用的(或者是利益的,或者是信仰的),而它们之所以是有用的,又主要是因为它们创

[1] 参见[德]马克斯·韦伯:《儒教与道教》,洪天富译,江苏人民出版社 1995 年版,第 110 页。
[2] [法]勒内·达维德:《当代主要法律体系》,漆竹生译,上海译文出版社 1984 年版,第 486 页。

造出一种使它们变得有用的社会力量。"[1]包括习惯在内的我国传统的实质的法,代表了我国民法精神实践的实在秩序条件。

在当今中国,重新认知习惯不无意义。习惯在我国的地位大幅度滑落带来的后果是,外国法的移植产生了人们对非传统文化的制定法体系的较强"排异反应"。因此,实在的法律被"实在"地闲置,权利无着、权力任性、司法失威等法治乱象严重而普遍是这一"排异反应"的典型症状。[2] 而今,对习惯之法源地位研究的博兴,目的也正是为抬高习惯作为法源的生态规范地位。因此,《民法典》总则编将"习惯"作为法源进行了专门规定,摒弃了《民法通则》将"国家政策"作为法源的立法例。[3] 习惯是指在一定地域、行业范围内长期为一般人确信并普遍遵守的民间习惯或者商业惯例。[4] 习惯包括民间习惯与商事惯例。韦伯认为:"习惯是最基本的社会知识,它存在于人们的生活方式之中,散布在社会关系网络的每一个关节点上。惯例则是相对集中和相对形式化的知识,可以用语言来加以表达,也可以由社会上的'绅士'来加以解释。"[5]习惯作为法源首次入法以替换"国家政策",一消一涨,意味着国家意志力退位,人民意志得到尊重,这是自由与民法精神价值的重大胜利。相较于《民法通则》第6条以"法律"与"国家政策"作为法律渊源,《民法典》总则编以经公序良俗原则检验的"习惯"替代"与法制的健全程度呈负相关关系"的"国家政策"作为第二位阶法律渊源,显属立法的进步。[6]

(二)商事司法的习惯法源地位提升

在司法裁判适用的习惯中,以商事习惯最为重要。这些习惯往往具有一定的普遍性和稳定性并被长期和反复地适用于一定的商事行为中,因此这些习惯在市场经济条件下的法源地位必然得到现实提升。

1. 习惯作为民法第二位阶法源

作为法源,习惯与制定法之间的关系仍有讨论余地。就二者的效力比较,民

---

〔1〕 梁治平:《法辨——中国法的过去、现在与未来》,贵州人民出版社1992年版,第149页。

〔2〕 参见范忠信、黄东海:《传统民事习惯及理念与移植民法的本土化改良》,载王利民主编:《论中国传统民法文化与中国民法典》,法律出版社2015年版,第162页。

〔3〕 《民法典》第10条:"处理民事纠纷,应当依照法律;法律没有规定的,可以适用习惯,但是不得违背公序良俗。"《民法通则》第6条规定:"民事活动必须遵守法律,法律没有规定的,应当遵守国家政策"。

〔4〕 李适时主编:《中华人民共和国民法总则释义》,法律出版社2017年版,第35页。

〔5〕 郑戈:《法律与现代人的命运:马克斯·韦伯法律思想研究导论》,法律出版社2006年版,第91页。

〔6〕 参见朱庆育:《民法总论》,北京大学出版社2016年版,第42页。

国时期著名法学家吴经熊把习惯的地位提升于制定法之上,认为制定法可以由习惯而改变,当一项法律条文失其功效而有一习惯形成,就可以与之对抗;习惯法与制定法于立法者的意志之上时,具有同等效力;制定法亦得由习惯所解释,甚至得因两者的相悖而丧失效用。[1] 不过,在制定法的环境中,习惯的功能往往被定位为填补制定法的漏洞,对制定法进行法律续造。可是,相反观点却认为:“民事制定法与习惯法的区别仅仅在于,是否为立法机关以文字的方式所明确表述,而制定法之所以在法律适用先于习惯法得到考虑,并非因为前者效力高于后者,而是因为前者的确定性高于后者,更符合法律安全的需求。换言之,若对法律安全无所妨碍,习惯法亦可能得到适用。”[2] 当今社会,对中国的法源认识,习惯相对于制定法的影响力将得到逐步承认和提升,习惯作为法源在社会治理中的地位不可低估,因此承认习惯的法源地位具有重要的现实意义。“多元法律论”代表着当代法律文化资源变化的趋向,然而在国家治理的规范体系中,对以制定法或者良法为主体的认识,已经形成一种共识。根据《民法典》总则编规定,习惯得以适用的前提是“法律没有规定”,习惯属于制定法之后的民法第二位阶法源。

2. 商事惯例优于民法的法源地位

关于商业惯例的价值,孟德斯鸠指出:“哪里有温和得体的风俗,哪里就有商业,哪里有商业,哪里就有温和得体的风俗,这几乎是一条普遍规律。”[3] 商法,原本是商人的习惯得到国家承认的结果,商事惯例乃为商法之本源。尊重商事习惯,就是对商人自治也即营业自由的最大支持。就商事惯例与民法规范之位阶,《日本商法典》规定:“关于商事活动,本法中无规定的事项,从商习惯;无商习惯的,从民法之规定。”该规定既承认商法是民法的特别法、也承认商事习惯的法源地位,且强调商事习惯优先于民法制定法的位阶地位。我国《民法典》规定:“其他法律对民事关系有特别规定的,依照其规定。”在法律适用或法源选择上,应当坚持:(1)在私法体系中,民法为一般法,商法为特别法;(2)《民法典》总则编为民商事的共同的总则,恪守民商合一,是民法、商法的共同总则,但商事单行法的规定优先适用;(3)商法相对于民法,在意思自治上呈现特殊性,商行为受到的国家强制力干预更少,商业惯例是商人营业自由的一次大解放;(4)商

---

〔1〕 参见吴经熊:《法律的三度论》,载刁荣华主编:《中国法学论著选集》,第3页。[上海图书馆编《民国时期总目录》(1911~1949)]

〔2〕 朱庆育:《民法总论》,北京大学出版社2016年版,第41页。

〔3〕 [法]孟德斯鸠:《论法的精神》(下册),张雁深译,商务印书馆1963年版,第2页。

事纠纷的应然法源位阶顺序为：商事单行法—商法通则—商事惯例—民法。因此，商事惯例作为习惯的形式，不仅更能体现当代商业社会的民法精神实践的条件与要求，而且也必将在司法裁判中发挥更大的规范作用，司法裁判应进一步承认、尊重与遵循意思自治和商事惯例。

司法裁判对民法精神的遵循与发掘，应当把习惯（民事习惯与商事惯例）作为重要的内容和对象。“习惯不仅具有创制法律的功能，而且制约着法律的运行，特别是对于制定法的功能的实现，其制约性尤为显明。”“如果对习惯略加延伸，就会将习惯与习惯性道德、流行的关于正确行为的标准、时代风气等同起来。这就是传统的方法与社会学方法的接触点。”〔1〕对于商事惯例而言，“商的世界”原则上是自治的世界，在多数情况下，按照商事习惯进行的交易并不违法，尊重既有的和今后产生的商事习惯，对商法典来说不可或缺；按照任意性规范或者缺省规则（default rule），当事人具有明确的与法律规定不一致的意思时，只要这种意思不违反公序良俗，原则上就应给予尊重。“我们寻求习惯，至少很多时候不是为了创造新规则，而是为了找到一些检验标准，以便确定应如何适用某些既定的规则。”〔2〕

四、司法裁判的契合效果追求

所谓司法裁判的契合效果，就是契合民法精神的社会效果，也就是一种对契合民法精神的法律效果与社会效果的统一。对于“法律效果与社会效果的统一”的理解有两种极端：一是僵化刻板地理解适用法律，认为追求社会效果会阻碍法律适用，这种极端最终会走向机械司法；二是无视法律的具体规范及其射程内的文义，以社会效果为由使法律随心所欲地服从即时的或者特定人的需要，这种极端最终会走向“法律虚无主义”。“法律效果与社会效果的统一”的提法，源于为法律解释与适用注入更多的社会需求、社会意义和社会后果，“它已经成为我国法院的一项基本司法政策”。〔3〕 通过司法裁判践行的民法精神，根本目标是要产生和实现符合民法精神的社会效果。任何一个司法裁判都会产生一定的社会效果，但是有的效果是社会正面的，有的效果是社会负面的，而民法精神实

〔1〕 彭诚信：《论〈民法总则〉中习惯的司法适用》，载《法学论坛》2017 年 4 期。

〔2〕 ［美］本杰明·卡多佐：《司法过程的性质》，苏力译，商务印书馆 2000 年版，第 36 页。

〔3〕 孔祥俊：《司法理念与裁判方法》，法律出版社 2005 年版，第 195 页。

践指导下的司法裁判,所追求的应是契合民法精神的正面社会效果,也就是符合社会主义法治原则及其权利保护与权利实现要求的正义效果。

(一)司法裁判的社会效果匡扶

1. 司法裁判不能因社会效果“和稀泥”

实践中,“和稀泥”式的判决追求所谓的社会效果却带来了对道德源泉的极大破坏,因为它会对社会行为进行反向激励。有学者对我国明代官员海瑞的决狱定案经验进行研究后总结为“海瑞定理”,其中的海瑞定理Ⅰ认为,“始终如一地依法公正裁判会减少机会型诉讼”。〔1〕按照海瑞定理Ⅰ,真正有效的“息讼”就是要在全力听讼的基础上依照案情是非曲直严格执法,因为“和稀泥”注定引发好事者的不当利益追求——健讼,而只有持续不断地公正司法才能达到息讼的法律效果,才能实现维护良好社会秩序的社会效果。从经济学角度看,海瑞定理的目标就是司法通过释放明确、稳定的信号来构建社会秩序,打消机会主义的念头,最终在整体上降低社会关系本身所要消耗的社会成本。可见,“和稀泥”与海瑞定理指引的光辉目标背道而驰。“树太好爬索赔60万元”的新闻引发网友热议,点看新闻让人惊奇。〔2〕从社会效果看,必须杜绝司法结果“和稀泥”,守好法治的底线,再不整治,会让社会道德出现倒退。与广州“摘杨梅”案不同,实践中也发生过因“追不追”“劝不劝”引发的案件,法院顶住压力作出了裁判匡扶道德导向,赢得较好的社会效果。〔3〕2018年《最高人民法院工作报告》在关于

〔1〕苏力:《“海瑞定理”的经济学解读》,载《中国社会科学》2006年第6期。

〔2〕广州六旬老人吴某在景区游玩上树摘杨梅时,由于树枝枯烂断裂,致吴某从树上跌落,经送医院抢救无效身亡。事后,吴某亲属认为景区未采取安全疏导或管理等安全风险防范措施,向景区索赔60多万元。广州市花都区法院2018年5月29日作出一审判决,认为吴某作为成年人,未经同意私自上树采摘杨梅,应当料到危险性,应当对自身损害承担主要责任;被告景区作为杨梅树的所有人及景区的管理者,应当意识到这种行为存在可能危及人身财产安全的情况,但其没有对这一行为的危险性作出一定的警示告知,存在一定的过错。花都法院酌情认定被告承担5%的责任,某山村村委会向吴某的亲属赔偿45096.17元。(《“树太好爬索赔60万”就因为“我死我有理”》,载搜狐网2018年6月25日,https://www.sohu.com/a/237704087_679669)

〔3〕“追不追”的案件发生于2017年1月9日,唐山小伙朱某彪追赶“交通肇事逃逸”的张某焕,追出20多公里后,被追赶的张某焕跑上了旁边的铁路,被迎面而来的火车撞击身亡,张某焕的父亲张某福、儿子张某凯将朱某彪告上法庭。张家认为,朱某彪的追及行为导致了张某焕的死亡,向其索赔60.98万元人民币。2018年2月12日,唐山市滦南县人民法院对该案作出一审判决认为,肇事者的肇事逃逸行为构成违法,朱某彪作为普通公民挺身而出,制止正在发生的违法行为,属于见义勇为,应予以支持和鼓励,驳回死者家属的诉讼请求。(《唐山“追逃逸者致死案”朱振彪行为不构成侵权》,载中国法院网2018年2月12日,https://www.chinacourt.org/article/detail/2018/02/id/3207386.shtml)

大力弘扬社会主义核心价值观部分,重点点评“追不追”案件时说:“朱某彪追赶交通肇事逃逸者案,让维护法律和公共利益的行为受到鼓励,让见义勇为者敢为,以公正裁判树立行为规则,引领社会风尚。”同样,“劝不劝”的案件及其判决结果也产生了一定社会影响。[1] “我们对吸烟的老人家不幸去世感到悲伤,这是个不幸的事件,但是这个医生劝阻吸烟是正确合法的行为,他不能承担责任,郑州中院这个案件判得很好,大大推动了社会风气,让见义勇为者敢为,让符合法律的行为受到鼓励。”[2]

对比法院的判决,有的法官纠结于“有损害必有救济”“人死为大”等所谓社会效果而做出“和稀泥”的裁判,反而无意助长了“会哭的孩子有糖吃”这股社会歪风。如果身边发生不文明、不道德、不合法行为,理直气壮的指出或者见义勇为制止,反而会面临巨大的风险,这就势必会产生一种不良的社会导向,人们的观念慢慢也会随之改变,看见需要扶一下、帮一把、劝一嘴的事,只能是事不关己高高挂起。这种利己主义是我们所不愿意看到的。所以,民法精神实践除了靠规范加以约束外,依然要有“管闲事”的勇气,让维护法律和公共利益的行为受到鼓励,让见义勇为者敢为。因此,以公正的司法裁判树立正确的社会行为规则,对于引领社会风尚的形成与发展,具有重要现实意义。

2. 司法裁判的社会效果与坚持“先见之明”

法律效果与社会效果的统一既要通过立法,也需要通过司法和执法。法律的制定就是追求法律效果与社会效果相统一的过程。“如果没有某些具有规范性质的一般性标准,那么有组织的社会就会在作下述决定时因把握不住标准而出差错,比如说:什么样的利益应当被视为是值得保护的利益,对利益予以保障的范围和限度应当是什么以及对于各种主张和要求又应当赋予何种相应的等级

---

〔1〕 “劝不劝”的案件发生于 2017 年 5 月,死者段某与杨先生先后进入小区电梯内,因段某在电梯内吸烟,两人发生言语争执,段某与杨先生走出电梯后,仍有言语争执,双方被该小区物业公司的工作人员劝阻后,杨先生离开,段某同物业公司工作人员一同进入物业公司办公室。段某因突发心脏病,经积极抢救后无效,宣布死亡。段某近亲属田女士将杨先生以侵权告上法院,一审法院认定受害人与行为人对损害的发生都没有过错,但根据实际情况,由双方分担损失,酌定杨先生向田女士补偿 1.5 万元。田女士不服提起上诉,2018 年 1 月 12 日,河南省郑州市中级人民法院宣判,撤销一审法院河南省郑州市金水区人民法院的一审判决,驳回田女士的全部诉讼请求。(《劝人别吸烟,这人气死了！你赔不赔?》,载搜狐网 2018 年 1 月 24 日,https://www.sohu.com/a/218709980_99962378)

〔2〕《周强高度评价“郑州电梯吸烟案”审判:让见义勇为者敢为》,载大河网 2018 年 3 月 10 日,https://news.dahe.cn/2018/03-10/280324.html。

和位序。”〔1〕法律的制定需要实现利益衡量,通过一定的立法技术将价值判断固定在规范之中,一旦凝固于具体的法律制度,定型化的利益也就具有了定分止争的效果,成为裁判者确定立意归属和实现顺位的依据。立法过程中的所谓社会效果就是有效地协调了各种利益关系。在立法过程中我们强调民主立法、科学立法,很重要的原因就是要保证法律最大限度地体现和反映社会生活的需要。所以,法律效果与社会效果的统一,在很大程度上需要强调在立法过程中保持两种效果的统一。

司法追求法律效果与社会效果统一,需要进行利益衡量,一种是法律允许法官特定情形所享有的一定自由裁量权,另一种是法律漏洞补充和价值补充。“利益衡量论”在日本被作为民法解释学的重要方法,是指“法官在阐释法律时……发现立法者对各种问题或利害冲突,表现在法律秩序内,由法律秩序可观察而得之立法者的价值判断”。〔2〕尽管立法者可以通过基本原则、一般条款或者不确定概念对司法者进行预授权,但不可否认对主要利益的衡量仍须通过立法来完成。如果仅强调司法利益衡量而不从价值上加以导引或者规范上加以限制,则可能导致利益衡量被滥用,例如法律已有明确依据,司法者却认为其欠缺实质妥当性而另起炉灶,脱离现行法进行价值衡量,此经常被称为“情与法”的冲突。〔3〕社会效果的存在,需孕育于法律效果之中,必须坚持“依法裁判”的精神,既实现法律中的价值选择,也实现裁判中的社会效果。不能以社会效果为名,逾越法律界限而追求所谓的社会效果。

对社会效果的追求,正确做法是对“事前分析”(先见之明)观点的坚持。“事前分析”和“事后分析”(后见之明)的观点是芝加哥大学讲座教授伊斯特布鲁克(F. Easterbrook)在1984年分析克林顿弹劾案时提出的理论工具。事前分析是一般性的通则,而“事后分析”则往往是针对个案和特例来考虑。尽管二者区分具有相对性,但伊氏认为,如果只适用于眼前或手上的个案,那么通常是特例,也就是后见之明;相反地,如果适用于所有类似的情形,通常就是先见之明。长远来看,以事前分析作为社会效果的考虑作出判决比较好。〔4〕判决中对于社

---

〔1〕[美]E.博登海默:《法理学:法律哲学与法律方法》,邓正来译,中国政法大学出版社2004年版,第413~414页。

〔2〕杨仁寿:《法学方法论》,中国政法大学出版社1999年版,第175页。

〔3〕参见张新宝:《侵权责任法立法的利益衡量》,载《中国法学》2009年第4期。

〔4〕参见熊秉元:《解释的工具——生活中的经济学原理》,东方出版社2014年版,第223页。

会效果的考虑既不能避免,也难以回避,当法官根据法律法规得出的裁判结果具有复数性时,对于只考虑个案当事人的要求和利益的做法仍不应允许,最终结论的得出还必须以服务于全体利益的方式解决表面的纯私人争端。因为法院判决不仅仅解决原告和被告之间的私人纷争,它还对法律共同体的将来行为、对民众的行为产生影响。"法官造法"不能局限于纷争中的私人利益,它必须考虑到整个社会的利益——比如那些能够获得高度认同的公正和社会福利观念。[1]

2016 年 12 月中共中央办公厅、国务院印发的《关于进一步把社会主义核心价值观融入法治建设的指导意见》要求,固本培元,将社会主义核心价值观融入法治建设,不仅靠立法也要靠司法,司法所追求的法律效果与社会效果的统一,要求在个案裁判中融入核心价值观,真正实现对全社会民法精神实践的价值导引。

(二)司法裁判的社会效果与信访维稳

1. 信访维稳中的司法社会效果扭曲

为了掌握我国社会民众对司法不公的看法,本书项目组以"您认为目前存在司法不公的最主要原因是哪项"为题进行了全国性调查问卷,对该问题的回答涉及对司法不公成因的看法。在五个备选答案(A. 法官业务水平低;B. 法官公平意识差;C. 司法体制缺陷;D. 社会环境影响;E. 没有法治传统)的单项选择中,获得的数据统计结果如图 30 - 3 所示:

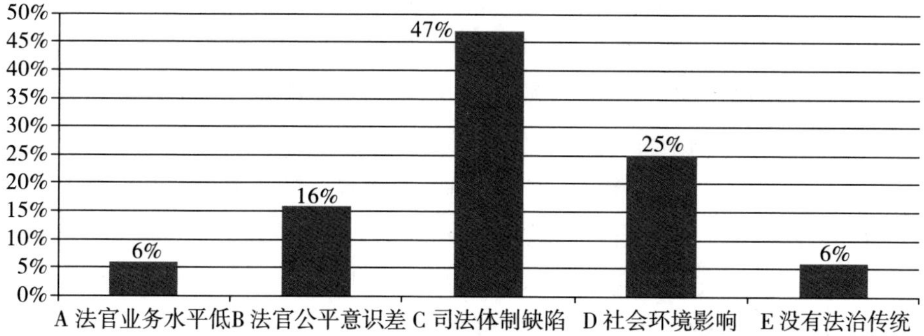

图 30 - 3 "您认为目前存在司法不公的最主要原因是哪项"一题调研数据统计

---

〔1〕 [德]汉斯 - 贝恩德·舍费尔、克劳斯·奥特:《民法的经济分析》,江清云、杜涛译,法律出版社 2009 年版,第 14 页。

数据统计结果显示,在可能影响司法不公的五个原因选项中,选择"司法体制缺陷"(C)的占比最高,为47%;选择"社会环境影响"(D)的占比次之,为25%;其他依次是"法官公平意识差"(B),占比16%,"法官业务水平低"(A)和"没有法治传统"(E)的占比均为6%。民众的感受与理论界的分析基本一致,司法不公的原因在根本上是一个司法体制缺陷问题。"一方面,是外部的各种权力、关系、金钱、人情等对司法案件的影响和干预,表现为个别地方党委审批案件、党委政法委决定案件、地方主要领导批示案件、人大代表过问个案、亲戚朋友同学情说案件等各种形式";"另一方面,是司法机关内部体制机制不完善,相关制度不健全,滥用司法权"。十八届四中全会《决定》为了实现"公正司法,提高司法公信力"的目标,提出"完善确保依法独立公正行使审判权和检察权的制度""优化司法职权配置""推进严格司法""保障人民群众参与司法""加强人权司法保障""加强对司法活动的监督"等措施。多年来,很多学者呼吁解决司法权行政化问题,并认为行政化是司法权难以独立行使最大的症结。《决定》提出的上述措施剑指司法行政化问题,要真正改变"审者不判""判者不审"的现状,保证司法权的依法独立行使,因为只有让司法者真正独立行使权力,才能实现真正的司法责任制。

信访是我国司法体制自身不足的产物,曾经是我国解决社会现实纷争的重要形式之一。它曾经是有权接受信访的单位收集人民群众、组织以来信来访形式反映的建议、意见或者投诉请求,依法由有关机关予以处理的活动。[1] 根据历史资料,我国信访制度在一定程度上体现出传统文化的连续性。在功能上,信访组织的设立初衷在于"统合",在国家政权建设过程中新政权发明了这套包括组织管理、技术民主动员技术、化解矛盾技术在内的网络系统,"并在这种技术组合中形成的自己的新传统"。[2] 信访制度存在一定的合理性,如群众路线的宗旨、为民做主的目的、信赖"青天"的心理、威慑贪腐的需要等。现实生活中的"上访"事件,实际上多是当事人要求借助"权力"手段管住另外一个"权力",从而解决自己"权利"诉求的手段,是对司法机制及其结果无奈的一种选择。

信访之所以能够扭曲司法权威,根源于对绝对"维稳"的追求。"稳定压倒一切"是邓小平理论中的一个基本观点。我国的改革开放和现代化建设离不开

---

〔1〕 汤唯等:《当代中国法律文化本土资源的法理透视》,人民出版社2010年版,第175页。

〔2〕 参见强世功:《法制与治理》,中国政法大学出版社2002年版,第101页以下。

稳定的政治局面。“稳定并非是说社会矛盾不复存在,或者社会矛盾被完全压制,而指和谐社会实现了对社会矛盾的有效预防和公正排解。对于和谐社会,主体的不同利益得到协调平衡与满足,实现了对矛盾与冲突发生的尽力避免,部分矛盾纠纷发生时得到及时有效地化解,防止了势态扩大到威胁社会和谐的程度。”[1]因此,争议和纠纷既要靠预防,又要靠解决,不能片面地追求违反制度而又缺乏实际效果的所谓稳定。预防纠纷要靠制度,理想社会结构中,必须有健全的利益表达渠道而不是压制利益诉求,这种利益表达渠道是制度性的而不是偶发的,是和平理性的而不是对抗冲突的。解决纠纷必须健全社会利益纠纷与冲突的有效疏导机制,最根本的就是公正独立的审判制度。“现代法治文明的一个重要标志就是权利受损失衡时,由私力救济向公力救济的转换,公力救济在很多领域都取代了私力救济。”[2]司法成为维护社会正义的最后一道防线和社会矛盾的缓冲与平衡系统,意味着纠纷的和平、理性解决。“法律的最主要的任务之一是保持和保证法律的和平,当某人的权利受到侵害或受到威胁时,他不应该通过自己的强力去实现自己的(实际上的或可能的)权利,而应该寻求司法机关的帮助。”[3]纠纷解决中的维稳思路要求应当尽量减少矛盾的转化和纠纷升级为暴力,而无论是立法和司法都包含着对当事人暴力的反对,所以应当通过制度设计使得纠纷双方诉诸暴力的机会最少。比如,引发舆论热议的“昆山反杀案”,就是一个值得反思的典型案例。[4] 其实,如果没有强制性的规则(约束条件),按照博弈论,双方就会形成背叛的纳什均衡,双方的暴力升级就不可避免(都会担心对手暴力升级而先发制人)。规则的目标就是通过介入一种强力,让焦灼的双方适时放手,形成妥协的均衡、合作的均衡。按照科斯第三定理,不同的产权界定将会产生不同的效率与效果,以《水浒传》举例来说,如果规则有利

---

〔1〕 王利民、郭明龙:《论“和谐社会”的私法构建》,载《河北法学》2006 年第 2 期。

〔2〕 孙鹏、肖厚国:《担保法律制度研究》,法律出版社 1998 年版,第 269 ~270 页。

〔3〕 [德]卡尔·拉伦茨:《德国民法通论》(上册),王晓晔、邵建东等译,法律出版社 2003 年版,第 358 页。

〔4〕 2018 年 8 月 27 日晚,江苏省昆山市震川路街头一辆宝马车与一辆自行车因抢道发生争执,驾驶宝马的刘某龙在冲突发生后,从车里拿出一把砍刀连续击打自行车车主于某明,途中砍刀掉落,反被于某明抢到砍刀并将其砍伤,最终致使刘某龙死亡。刘某龙醉酒驾车,违规变道,主动滋事,挑起事端;从事态发展看,刘某龙先是推搡,继而拳打脚踢,最后持刀击打,不法侵害步步升级,于某明正面临严重现实危险。“昆山反杀案”引发舆论热议,于某明的行为属于故意伤害还是正当防卫,成为社会各界关注的焦点,最终公安机关认定属于正当防卫。(《“昆山反杀案”于海明属正当防卫》,载《北京青年报》2018 年 9 月 2 日)

于蒋门神,欺凌行为就会毫无顾忌,如果规则倾向于武松,就会激励出现更多的大英雄。无论是恶霸还是英雄,本质都是诉诸暴力,在和平年代都不利于社会的稳定,都是一种多余的存在。因此,关于防卫的裁判需要找到均衡点,让恶霸和英雄的数量之和最小。尽管已有正当防卫和紧急避险等自卫行为,但我国立法曾囿于对公力救济的过于迷信而没有规定自助行为,这是一个重大的立法缺陷。2020 年我国《民法典》侵权责任编终于把自助行为纳入侵权免责事由,面对来自他人的侵害行为,虽未达到正当防卫和紧急避险中不法行为的严重性和即时性,但在来不及请求公权力保护时法律应当引导鼓励公民勇于自我救济,坚持同不法侵害作斗争。

2. 信访制度的法治化改造

绝对维稳思想和信访制度相互影响,对司法机关裁判案件和民事主体自治行为的扭曲不容忽视。信访机制的存在,其目的在于维护社会和谐,但其存在本身,又表明着一种社会不和谐,是司法低效不公或者司法机制不能有效满足排解各类社会纠纷与矛盾的需要的反映,反而进一步加强了司法行政化。在涉法涉诉上访中,当事人无不希望获得有关机构和领导的重视而进行个案批示以纠正自己的“冤案”。从表面看,个案过问批示一定程度上可以纠正一些执法不严、司法不公的案件,实现“有错必纠”,但是实际上每一起这样的涉法涉诉信访案件的解决,都是对司法机关依法独立行使司法职权的破坏,对于原来认同纠纷解决方式和结果的其他人甚至会造成反示范效应,它会催生大量的机会主义,不断强化当事人对“包青天”的期盼,形成法官之上“法官”这种行政性的司法,从而形成一种偏离法治的循环:由于不信任法院和法官,到司法外寻求权力救济,导致司法权威弱化,而司法权威的弱化又进一步加重了当事人的机会主义倾向,选择到法院之外的部门去上访,信“访”而不信“法”。善治目标的达成意味着要建立一种顺畅的、能够有效化解社会矛盾的机制,从这个意义上,信访制度的设置与善治的目标追求似乎并不重复。然而,实际情况却是,愈演愈烈的群体上访、越级上访和重复上访造成了“信访洪峰”,不仅破坏社会稳定,大量的涉法信访存在也是对司法独立性和权威性的破坏。司法裁判的终极效力必然要求当事人尊重法院的生效裁判,限制再审程序运用,杜绝反复再审,杜绝就生效裁判向社会组织、行政机关寻求法外救济——当然,实现司法的公平与公正是一个重要的基本事实与前提。

我国的信访制度既面临困境,又与国家治理现代化的目标存在巨大差距。

因此，有学者建议，应当从“行政性权利救济”向“司法性权利救济”转型。[1] 虽然当前直接取消信访的条件可能并不成熟，但是信访的确不应成为通过政府解决社会矛盾的主要渠道，这个问题不解决，对社会矛盾的处理就不能从根本上纳入法治建设的轨道，实现善治并彰显民法精神。信访作为一项制度安排，从长远或者根本上来讲，并不符合社会主义法治原则及其民法精神实践的要求，它的存在与效用的发挥，往往不仅与司法裁判及其民法精神相矛盾，而且其存在本身就代表着中国司法裁判在解决案件纠纷上的功能缺失与效能不足，也就代表着一种非法治条件的社会秩序形态及其制度性的维护与认可。

十八届四中全会《决定》指出：“把信访纳入法治化轨道，保障合理合法诉求依照法律规定和程序就能得到合理合法的结果。”信访和司法作为解决社会纠纷的不同方式，前者注重纠纷个体的差异性和结果的针对性，后者强调程序的安全性和结果的可预期性。从长远来看，应贯彻“司法最终解决”原则，不能用涉法涉诉信访替代诉讼程序解决纠纷，更不能将涉法涉诉信访凌驾诉讼程序之上。“司法最终原则和涉法涉诉信访问题法治化解决的内在逻辑是社会矛盾纠纷的解决必须符合司法规律和国家治理现代化的要求，必须按照法治思维和法治方式而非人治思维和人治方式解决社会矛盾纠纷。”[2] 信访制度的法治化，一方面，要通过司法改革保障纠纷能够顺利进入司法，既程序设计顺畅和成本可及，又能够充分发挥司法解决纠纷的功能；另一方面，要依法治“访”，尽早划定信访制度的权力边界，“访”“法”分离，并建立涉法涉诉信访依法终结制度，终结事项依法有序退出法律处理程序，不能又回流进信访渠道。总之，信访制度最终需要法治化的化解与取消。

五、小结

司法裁判之“善”，需要以对民法精神的遵循及其价值的弘扬为基础。民法精神的实践，不仅通过当事人的民事行为，而且通过司法的裁判行为体现。司法权作为社会正义的最后一道防线，应当保持独立、权威；司法作为最重要的他治力量，对民法精神实践既有守护又有引领和塑造。

---

〔1〕 于建嵘：《中国信访制度批判》，载《中国改革》2005 年第 2 期。

〔2〕 程琥：《司法最终原则与涉法涉诉信访问题法治化解决》，载《人民司法(应用)》2015 年第 5 期。

就司法裁判对民法精神中自由精神之维护方面,通过强调契约行为的“法源性”和审慎适用公序良俗原则作为合同无效理由,实现司法裁判对契约自由的彰显;通过防止司法裁判对责任构成要件的软化、限定司法裁判对连带责任的适用厘定司法裁判的侵权责任边界;通过刑罚权发动的谦抑性、民事纠纷与经济犯罪的区分实现司法裁判的民刑责任区隔。在司法裁判对民法精神的公正价值的秉持方面,夫妻共同债务认定中的利益平衡体现了实体公正;民事诉讼证据规则对正义的纠结反映了民法精神实践上的程序公正不足。司法裁判的民法精神实践方面,在制定法之外,离不开对习惯的条件及其价值的认可。通过司法裁判行为践行的民法精神,根本目标是要产生和实现符合民法精神的社会效果,实现“法律效果与社会效果的统一”,不能因追求社会效果,司法裁判“和稀泥”。目前,信访维稳对司法社会效果的追求,造成一种社会秩序机制的扭曲。我国的信访制度正面临困境,需要通过推进国家治理现代化的方式而把信访纳入法治化的轨道,保障合理合法诉求依照法律规定和程序的解决并取得合理合法的结果。

司法是法治国家保持社会稳定和实现社会正义的最后的也是最有力的救济手段,民法精神实践一方面受到司法的价值引导,另一方面民法精神实践也影响司法裁判的作出和评判。当下,司法裁判的民法精神实践的根本问题是要强调私权的平等与自由价值并实现其保护,因此,民事法律行为应当取得实质上的法源地位,而司法通过对民众生活和生产方式的自由与自决的认可,可以形成以人为本的多元、理性、正义、法治、平衡和稳定的社会秩序并实现社会秩序的法治化与生态化,即民法精神实践的法治文化发展。

第三十一章

行政行为的民法精神实践

一、私权自由与行政权限制的统一

民法精神实践一种私权自由但却不无在行政权的限制之中，因此，如何实现自由与自由限制的平衡统一，就成为民法精神实践的一个根本问题，而矛盾的主要方面是作为公权力行使的行政行为因素。

（一）民法精神本位的行政行为

建设社会主义法治文化的民本模式及其民法精神实践，既不只是民事主体的实践，也不只是民事行为的实践，而是与作为社会主体的个人地位和权利实现相关的整体性或体系性的社会实践。民法精神实践及社会实践的所有方面，都涉及私权与公权关系——行政权如何承认、尊重和保护个人的地位与权利。

1. 行政行为

行政是国家权力分工体制的产物，是为实现国家目的，执行国家法律及立法机关意志的活动。没有立法、行政与司法的分工，就不会存在执行法律和立法机关意志的行政。

行政行为是指行政主体及其工作人员或者行政主体委托的组织或个人实施

的产生行政法律效果的行为。[1] 行政行为相对于民事行为和其他国家机关行为,具有公务性、从属法律性、裁量性和权力性。公务性是指行政行为是公务行为,是为社会提供“公共物品”,公务性决定了其无偿性;从属法律性是指行政行为是执行法律的行为,必须依据法律,从属于法律;裁量性是指依法而行时,行政权应有一定自行选择、裁量的余地;权力性又称“高权性”,是指行政行为是行政主体代表国家,以国家名义实施的执法行为,表现出一定强制性。[2] 行政的目的具有公益性,行政行为应当以追求公共利益或公共福祉为目的,这种公益性除了表现为行政的事务乃公共事务而非私事以外,更主要的是其目的在于实现国家或社会的职能,这种职能至少包括建设、保卫、服务等职能,行政权的最终目的是“为人民服务”。行政权具有保护公益实现和保障私益的作用,在权力行使过程中,必须正确处理公益和私益、权力和权利的关系问题。一方面,民事主体的私益受到法律的保障,民事主体享有权利;另一方面,社会公共利益应当得到保护,行政权的行使针对的就是公益,行政主体有权禁止各种妨害公益及私益的行为,行政相对人必须服从。这两种利益实现的保障,不能简单地归结为公益优先于私益或私益优先于公益,而应当是两者兼顾,“在无法兼顾时,也应尊重私益,尽可能减少对私益的侵害,一旦造成侵害,应相应地对私益给予赔偿、补偿或救济。”[3] 即在根本的意义上,私益或者私权应当优先于公益或者公权,因为这是人类最根本的利益和权利。

行政权的行使应当受到监督和制约,否则必然被滥用并侵害私权和破坏法治。十八届四中全会《决定》要求:“必须以规范和约束公权力为重点,加大监督力度,做到有权必有责、用权受监督、违法必追究,坚决纠正有法不依、执法不严、违法不究行为。”就行政权而言,必须明确权力的“公共物品”属性,做到以人为本,“权为民所用”,“利为民所谋”;“必须规范权力运行,将公权力有效关进法律编制的制度笼子里,形成以权力制约权力、以制度保障权力的良法善治格局。”[4] 行政权必须是有限权力,而不能是无限权力,行政权的限制是社会主义法治的重要部分,应当以法治的形式确立行政权的范围和其行使的边界,必须保

---

〔1〕 对“行政行为”有多种不同界定。(参见应松年主编:《行政法与行政诉讼法》,高等教育出版社2017年版,第103页)本书采取广义界定,既包括具体行政行为,又包括抽象行政行为。

〔2〕 参见应松年:《行政法与行政诉讼法》,高等教育出版社2017年版,第105、106页。

〔3〕 应松年:《行政法与行政诉讼法》,高等教育出版社2017年版,第15页。

〔4〕 李林:《建设法治中国要破解权大于法难题》,载《求是》2014年第5期。

持其对私权利的谦抑和尊重，克服其对私权利的“侵权”性作用和影响。

2. 民法精神本位

所谓民法精神本位，是就行政行为或者行政权作为公权力与代表私权利的民法精神的关系而言的，是这一关系中的民法精神本位。以民法或者私法精神表现的个人私法人格与私权地位当然不仅需要得到市民社会的自我认同，更重要的是需要得到政治国家或者公权社会的承认、尊重和保护，政治国家并为私法人格与私权的实现提供和创造必要的社会条件。显然，在政治社会与公权力支配的前提下，市民社会还能不能存在人格独立与行为自由，或者说，政治社会与公权力本身能否成为个人人格独立与行为自由存在的社会条件，这是检验政治社会与公权力存在正当性的根据与价值基础。“本位”一词有“主导、起点、轴心和重点”的意思，如“权利本位”概括地表达了“法是或应当是以权利为本位”的观念。[1] 本书的民法精神本位，作为民法精神与行政行为或者行政权的关系定位，应当是民法精神在行政权运行中的目的性和根据性地位。民法精神本位的要义是：以人为本，将人的尊严、福祉和全面发展作为制度的终极目标和关怀。把民法精神作为行政行为的精神性要素，可以对行政行为的运行在以民为本的基础上进行人文评价与价值反思，以矫正其忽视民本目的与私权利益的倾向。“私法领域的基本原则（如权利和义务对等、权利本位、规则非人格化等）是现代法治的基础，私法中的人权、财产权、平等权和自由更是公法权利的原型和现代权利体系的核心和基础。”[2] 因此，即使在公法及其执行中，也要重视私法，弘扬私法精神，着力保障公民私法权利。

行政行为的民法精神本位，根本是以民法精神的个人私权自由为本位。行政主体应当在自己的行政行为中贯彻和体现民法精神的自由价值与实践原则，以符合民法精神实践的行政行为，尊重和维护私人社会的权利地位。自由的外部范围非常广泛，不仅包括外部的行为，也包括外部的物；不仅包括一定的民事行为，也包括司法和行政行为，司法和行政行为作为自由的控制条件，必须符合个人私权自由的本质。“约定只有符合了一定的、法律上的最低要求，法律制度

---

〔1〕 权利本位是关于在法这一规范化、制度化的权利和义务体系中，权利和义务何者为主导地位（起点、轴心、重心）的问题。（参见张文显：《法哲学范畴研究》，中国政法大学出版社 2001 年版，第 345 页）

〔2〕 张文显：《法哲学范畴研究》，中国政法大学出版社 2001 年版，第 388 页。

才会承认它们的法律效力。"[1]这种法律制度的承认既包括了司法对民事行为的效力控制,也包括了行政权力对相对人的行为控制。因此,建设社会主义法治文化的民本模式及其民法精神实践,不仅要解决市民社会本身的法律行为问题,而且更要解决与个人权利地位相关的政府行政行为是否与民法精神相契合的问题。

(二)依法行政与民法精神守护

行政行为许多以个人权利为对象,因此需要依法行政并在行政中守护民法精神,从而使行政行为成为一种民法精神的实践行为,这是对行政行为的一个本质要求。

1. 依法行政

市民社会作为社会的本质,虽然在根本上离不开民法的自由精神,但是在社会构造与秩序形成上,仍然需要一定条件的行政控制,这同样是社会秩序的保障。对于行政控制,行政行为作为依法行政的行为,往往体现国家利益和社会公共利益,也构成对行为自由的限制,但限制必须"依法"。以行政处罚为例,我国《行政处罚法》第38条规定:"行政处罚没有依据或者实施主体不具有行政主体资格的,行政处罚无效。违反法定程序构成重大且明显违法的,行政处罚无效。"第5条第3款规定:"对违法行为给予行政处罚的规定必须公布;未经公布的,不得作为行政处罚的依据。"行政处罚是直接涉及个人私权与自由的行政行为,其根据必须是事先公布的法,否则处罚因没有法的根据而无效。对于行政许可和行政强制,合法性也是首要原则。"就行政与法的关系而言,由于法律系国民意志的体现,具体实行法律规定的内容,无异于实现社会的公共利益,因此为完成行政任务,达到行政目的,自应容许行政依个别具体情况,采行各种不同的行政作用,惟仍应在法所容许的范围内,受到法适当的支配,始符合法治国家依法行政原则的要求。"[2]

行政权具有法定性(合法性)与裁量性(合目的性),但现代行政权的核心在于"行政裁量","行政法的精髓在于裁量"。[3] 有学者断言:"行政裁量权几乎可以成为现代行政权的代名词。"[4]不过自由裁量权并非恣意或随意,其与合义

[1] [德]卡尔·拉伦茨:《德国民法通论》(上册),邵建东等译,法律出版社2003年版,第55页。

[2] 翁岳生:《行政法》(上册),中国法制出版社2002年版,第17页。

[3] 杨建顺:《行政裁量的运作及其监督》,载《法学研究》2004年第1期。

[4] 章剑生:《现代行政法基本理论》,法律出版社2008年版,第19页。

务性裁量同义,所谓自由只不过意味着相对于法律内容的自由。“一个纯粹行政统治的国家不会对人格尊严和自由给予应有的尊重,为使法治在社会中得到维护,重中之重便是对行政自由裁量权给以合理的限制。”[1]由此,“裁量控制”被理解为,“为保护个人权利自由而对行政权实施控制的法理”。[2] 十八届四中全会《决定》提出坚持严格规范公正文明执法,“建立健全行政裁量权基准制度,细化、量化行政裁量标准,规范裁量范围、种类、幅度”,正是抓住了现代行政权行使及控制的核心问题。

2. 民法精神守护

在民法精神守护上,我们既应认可权力在国家和社会治理中的必要性,又必须坚持权力运用的正当性并对权力加以控制,两个方面形成逻辑上的“二律背反”。一方面,行政权“以人为本”的目的性应当被强调。行政权为公益而设,公益可以还原为不特定个体的私益。国家治理现代化,要求政府通过依法行政强化公共服务、社会管理和环境保护等职能,提供优质高效的公共服务,创新社会管理方式,切实用好“看得见的手”,充分用足“看不见的手”,充分发挥自律与他律,打造共建共治共享的社会治理格局。

另一方面,应当坚持权力控制的思路。如果行政权不受控制,任由行政权滥用或者不作为、慢作为、乱作为、胡作为而伤民害民,这样的行政行为将时刻威胁个人私权。绝对的权力必然导致绝对的腐化,并必然用来压制私权,否定或者侵害权利。“权力在社会关系中代表着能动而易变的原则,在权力统治不受制约的地方,它极易造成紧张、摩擦和突变。”[3]有社会学者依实证方法对权力滥用进行的研究结果表明:权力消磨同理心泯灭道德情操,使人自私自利冲动、倨傲无礼,权力不受约束往往破坏性巨大,产生零和博弈,滥用权力是权力悖论和社会生活中需要问题的症结所在。[4] 因此,应当对权力加以控制,只有给权力套上缰绳,才能真正以民法精神实践为目的,坚持以人为本,展现和实现行政行为的人文主义精神。

---

〔1〕 [美]E. 博登海默:《法理学:法律哲学与法律方法》,邓正来译,中国政法大学出版社 2004 年版,第 370 页。

〔2〕 [日]田村悦一:《自由裁量及其界限》,李哲范译,中国政法大学出版社 2016 年版,第 219 页。

〔3〕 [美]E. 博登海默:《法理学:法律哲学与法学方法》,邓正来译,中国政法大学出版社 2004 年版,第 360 页。

〔4〕 参见[美]达契尔·克特纳:《权力的悖论》,胡晓姣等译,中信出版社 2016 年版,第 104 ~143 页。

二、公私产权冲突的民法精神实践

2016年11月,中共中央、国务院《关于完善产权保护制度依法保护产权的意见》提出:“产权制度是社会主义市场经济的基石,保护产权是坚持社会主义基本经济制度的必然要求。”保护产权不仅包括保护物权、债权、股权,也包括保护知识产权及其他各种无形财产权。明晰的个人产权制度将外部收益内在化,使得人们可以在预期收益得以保障的条件下,放心地投入成本,实现“有恒产者有恒心”。该意见的真正意义并不仅仅在于保护“产权”,而且还在于“健全以公平为核心原则的产权保护制度”,“公有制经济财产权不可侵犯,非公有制经济财产权同样不可侵犯”。公有产权是由公权或者行政权代表和行使的权利,是权利与权力的直接结合,而在公私产权并存的社会条件与体制中,公私产权的冲突并非表面上所显现的权利与权利冲突,而实质是权力与权利的冲突,也就是直接表现为政府行政权与个人私权的冲突,并且是冲突的主要形式,如房屋征收、土地出让中的公私权冲突等。这种由权力行使导致的与权利冲突,公权力往往既是运动员又是裁判员,私有产权完全处于政府强权的弱势地位,因此,必然存在私权难以正常与合理实现的情况。

我国社会主义制度的经济基础是公有制,公有制决定公有权,[1]国家由此享有主权和产权双重主体身份。[2] 社会主义公有制包括全民所有制和劳动群众集体所有制。[3] 重要自然资源的社会主义公有制,一方面能够借助国家或者

[1] 所有权与所有制是既有联系又有区别的两个概念。前者是指权利人依法对特定的物享有的占有、使用、收益和处分的权利,即直接支配其物并排除他人干涉的权利,属于民法或者财产法调整的对象;后者是指国家的基本政治经济体制,是国家根本法或者宪法制度。一个国家实行什么样的所有制,就必然确认和保护有什么样的所有权。所有权以所有制为根据,是所有制实现的权利形式。本书的所有权或者所有制概念一般具有相互包含和代替的意义。

[2] 《宪法》第6条第1款第1句规定:“中华人民共和国的社会主义经济制度的基础是生产资料的社会主义公有制,即全民所有制和劳动群众集体所有制。”在我国,重要的自然资源以国家所有为原则,《宪法》第9条规定:“矿藏、水流、森林、山岭、草原、荒地、滩涂等自然资源,都属于国家所有,即全民所有;由法律规定属于集体所有的森林和山岭、草原、荒地、滩涂除外。”第10条规定:“城市的土地属于国家所有。农村和城市郊区的土地,除由法律规定属于国家所有的以外,属于集体所有;宅基地和自留地、自留山,也属于集体所有。”

[3] “集体公有制既不是一种‘共有的、合作的私有产权’,也不是一种纯粹的国家所有权,它是由国家控制但由集体来承受其控制结果的一种农村社会主义制度安排”,“无论承包来的、转让来的,或者重新确立的私人产权,都在自愿互利的前提下放到一个合约里面,形成‘以私产为基础的公产’”。(周其仁:《改革的逻辑》,中信出版社2017年版,第51页)由于清晰界定的产权是市场交易的前提,当前集体公有制改革的难点和重点仍然是产权界限问题。

公共团体的超强意志力聚集社会资本并在统一支配的条件下实现资源的社会利用目的，它可以作为合理分配社会资源、有效保护弱势群体和实现社会公平正义的一种手段或者制度形式；另一方面也可能导致社会财产在国家或者公共意志强制下的高度集中与垄断，并在限制个人所有权或者否定私有权的基础上取消商品交换和市场竞争，从而在社会资源分配关系上导向计划经济体制，形成社会财产在国家或者公共意志强制下的高度集中与垄断，并限制个人所有权或者否定私有权。[1] 公有制与市场经济相结合，必须解决具体权利归属和私权化路径问题，平等适用行为规则和裁判规则并受到平等保护。“建立一个合理的民法调整下的公有权治理结构并加强对公有财产的监管就成为一个非常重要的问题。”[2]统一有序的市场经济的建立，必须进一步完善现代产权制度，推进产权保护法治化，当前要解决两方面的问题，一是政府行使“权力”必须做到依法行政，杜绝利用公权力侵害私有产权的现象；二是政府行使“公有权”作为市场主体参与经济联系，应当树立契约意识，平等适用交易规则和法律责任。

（一）从“乌木案”到“土地使用权续期”的公私产权之争

在美国法哲学家博登海默看来，“财产权是一种社会工具，其重要性在于事实上，财产权有助于某人形成他与其他人交易时的合理期望。这些期望通过某社会的法律、习惯和道德表示。某财产权的所有者获得了同伴的首肯，以特定的方式行事。产权所有人期望社会共同体能够阻止其他人妨碍其行动，只要有关其权利的规定没有禁止这些所涵盖的意义”。[3] 产权安排确定了每个人作为主体相对于客体（物）时的行为规范，对市场中通行的产权制度可以描述为，“它是一系列用来确定每个人相对于稀缺资源使用时地位的经济和社会关系”。[4] 对产权的承认和尊重关键在于消除平等产权的实质不平等，或者说不同的产权在制度与事实上到底是不是平等的。以权力代表的公有权与个人私权之间最容易出现和导致不平等现象，特别是立法重点强调公有权“神圣不可侵犯”的前提下，容易使公有权获得超越私有权的一种特殊保护，违背作为市场经济前提的权

---

〔1〕 参见王利民：《民法的精神构造：民法哲学的思考》，法律出版社2010年版，第293～294页。

〔2〕 王利民：《民法的精神构造：民法哲学的思考》，法律出版社2010年版，第296页。

〔3〕 [美]哈罗德·德姆塞茨：《所有权、控制与企业——论经济活动的组织》，段毅才等译，上海三联书店1999年版，第114页。

〔4〕 张乃根：《法经济学——经济学视野里的法律现象》，中国政法大学出版社2003年版，第327页。

利平等、机会平等和规则平等。

1.“四川乌木案”与国家所有权的行使

公私财产权之争,表面上是两种“权利”之争,而实际上是代表公有财产权的公权或者行政权与私人的权利之争,这种公权与私权之争从双方的主体地位上就是事实不平等的。公私财产权之争首先表现在物权归属上,这从我国《物权法》立法过程中的“合宪性”风波可见一斑。[1] 新中国成立后,我国曾长期沿袭苏联民法理论,认为“物权”一词是西方国家民法的错误概念,因为它反映了“人对物的统治和管领”,以至于1986年通过的《民法通则》只能用“与财产所有权有关的财产权”这样一个拗口的表述代替实为“物权”的概念。[2] 2007年制定的《物权法》虽然接受“物权”的概念,但是对于公私财产权的实现仍留有若干“明显漏洞”,如未对无主物置以明文,自然资源“统一所有、分级管理”制度将国家视为唯一且统一主体以及国有财产行使的法权结构等。[3] 对于国家所有权的认识,虽然立法上将其定位为民法所有权,但是学理上却有不同看法,如有观点认为其实为一种公权力,与以意思自治为基础的私权并不同质。[4] 实践中发生在四川的“乌木所有权归属案”即为这种学理争议的实践体现。[5] 虽然纠纷最后定案依赖的是“力量的逻辑”而非“逻辑的力量”、以程序事由暂时“终止”而非“解决”纠纷,但是围绕乌木的定性及权属的实体争议远未解决,其表现的社会矛盾依然存在。本案中,乌木在民法上的定性,学界存在埋藏物、自然资源、土地孳息、矿藏资源、文物、无主物等不同认识,并最终指向乌木归“国家所有”还是“私人先占”的结论。[6] 从法教义学上,乌木恐怕难以定性为埋藏物、自然资源、土地孳息、矿藏资源或文物,而只能认定为无主物,而无主物归属制度在物权法尚付阙如。如果一律认定乌木归属于国家,一方面显示出公权力的恣意和政

〔1〕 参见高平:《政治正确与宪法重述——物权法与宪法的话语比较及阐释》,载《政法论坛》2010年第3期。

〔2〕 参见江平:《沉浮与枯荣:八十自述》,法律出版社2010年版,第289页。

〔3〕 参见孙宪忠:《国家所有权的行使与保护研究》,中国社会科学出版社2015年版,第385页。

〔4〕 参见王军:《国家所有权的法律神话》,中国政法大学2003年博士学位论文,第23页。

〔5〕 2012年四川省彭州市通济镇村民吴某亮在承包地河道边发现并发掘出乌木,镇政府认为乌木属于埋藏物应归国家所有而将其收走,在吴某亮向成都市中级人民法院提起的行政附带民事诉讼中,法院认为“确认孳息于原告承包地,并由原告发现发掘的7件乌木为原告所有”的请求事项系确认权属纠纷,不属于行政审判的权限范围,裁定予以驳回,对该结果四川省高级人民法院二审裁定维持。

〔6〕 参见闰黎丽:《先占制度立法可行性研究——以“彭州乌木案”为中心》,载《河北法学》2015年第9期。

府执法的任意专断,与民争利,侵害私权;另一方面也有混淆主权和所有权之嫌。有观点认为,国家所有权性质不属于民法意义上的所有权,而是由主权派生出的一种公权力。“如果我们坚持所有权是一种民事权利,就不能将国家作为自然资源所有权的主体”,它只有弘扬主权支配的领土范围内的资源控制的作用,而没有揭示出民法上具体主体支配具体物而形成的法律关系的作用。[1] 也就是说,国家所有权不具有民法上所有权的一般意义。

目前的国家所有权理论存在理论难题:(1)从主体制度看,国家成为全部国有财产的唯一所有权人,采取“政府分级管理”模式,而在国内法上并不存在“唯一且统一”的国家成为民事主体的情形(《民法典》总则编确认的民事主体只包括自然人、法人和非法人组织),“国家所有权”其实就是一个个具有独立利益的政府机关的所有权,属于公法人所有权;[2](2)从客体看,很多自然资源无法承载民法上的权利,更无法设置所有权(因尚未特定化、无法特定化、无法支配或无法划定支配范围);[3](3)国家所有权的存在挤压无主物概念,导致很多情形下的行政权与所有权混淆,出现很多不合理的“与民争利”。因此,确有必要放弃“唯一且统一”的国家所有权概念,明确国家享有的是主权意义上的对自然资源的管辖,而具体的权利只能由公法人具体享有和行使。这样,无疑会提高公有财产权保护上的民法精神实践,使公有财产权的承认与保护既体现民法精神,也不损害以民法精神实践为基础的私权保护。

2.“温州国有土地使用权续期纠纷”与恒产保护

设定在国家所有权基础上的他物权行使方面,公私争议同样不断。我国城市实行土地所有权归国家所有的制度,而市场经济的确立要求国有土地必须作为重要生产要素被投放到市场经济运营中,于是作为用益物权的土地使用权就成为土地进入市场而商品化或者市场化所必须借助的唯一出口。“公有制通过承包合约再把行为的权利——包括责任和义务——重新界定到个人头上。”[4] 对于这种所有权不能“私化”而只能以用益物权的形式进入市场的土地使用权,

[1] 孙宪忠:《我国物权法中所有权体系的应然结构》,载《法商研究》2002 年第 5 期。

[2] 孙宪忠:《国家所有权的行使与保护研究》,中国社会科学出版社 2015 年版,第 395、396 页。

[3] 孙宪忠:《中国物权法总论》,法律出版社 2014 年版,第 35 页。

[4] 周其仁:《改革的逻辑》,中信出版社 2013 年版,第 40 页。

其应当是相当于“所有权”或者是具有所有权权能的一种使用权,[1]否则就无法保护土地上的使用权人的正当财产权益。建立在没有土地所有权之上的所有其他物权,随时都可能面临无立锥之地。

建设用地使用权到期后的国家所有权与使用者用益物权的冲突问题因制度设计而不可避免。早在2006年《物权法》制定过程中,青岛黄岛区阿里山小区、深圳南山金桃园小区、深圳罗湖国际商业大厦、深圳福田区长城大厦等出现的“撞限房”问题都曾引发关注,只是2016年3月温州土地使用权到期事件引发了一场全社会的热议与大讨论。围绕城市住宅建设用地使用权到期后应否无偿续期展开的讨论,意见纷呈,各有所持。土地使用权到期问题的重点与核心,实际上我国土地所有权制度下,财产所有与财产利用的矛盾冲突。要想摆脱两权分离所造成的困境,无非有两个出路:一是使土地所有权和房屋所有权合一,这在我国囿于宪法规定并不可行;二是不断延期土地使用权,从而使房屋所有权在法律上有可能成为一种真正没有后顾之忧的无产权保护期限的恒产,即在土地制度不发生根本变革的情况下通过土地使用权的不断续期来解决房屋所有权及其土地使用权的实现问题,亦即让土地使用权在实际享有上能够最大限度地“接近”所有权而不是被所有权所否定。[2]

2016年11月,中共中央、国务院《关于完善产权保护制度依法保护产权的意见》要求:“研究住宅建设用地等土地使用权到期后续期的法律安排,推动形成全社会对公民财产长久受保护的良好和稳定预期。”国家权力的政治基础是公共利益,自然资源上承担着社会大众的公共利益。“如果建立公共权力只是为了政府的利益垄断,那么这种权力就没有道德正当性的基础。”[3]我们认为,就我国物权法的制度本质,应当是土地使用权到期后的无偿续期,否则会面临有偿续期的各种实际困难与矛盾。不过,采取赋税型的续费制度也许符合我国社会主义公有制的初衷。各级政府等公法人作为权利主体对“共有物”和“公用

---

〔1〕 参见王利民:《我国用益物权体系基本概念研究——兼评〈物权法征求意见稿〉规定之不足》,载《法学论坛》2005年第2期。

〔2〕 在我国澳门特别行政区,土地使用得到确定批给后,土地使用人一次性缴纳为期10年的特别捐税,此后每年缴纳年租,数额通常在应纳赋房房租的5%以内。对此,有学者建议加以借鉴,规定70年后的土地使用费可以通过象征性特别捐税或者“年租”方式缴纳。(参见米健:《国有土地使用权续期问题的若干思考》,载《天津滨海法学》第6卷,中国检察出版社2017年版,第1~9页)

〔3〕 孙宪忠:《国家所有权的行使与保护研究》,中国社会科学出版社2015年版,第397页。

物”享有所有权，只能为了公共利益的目的，而不能为了私益行使，这应当是考虑我国土地使用权期限届满后如何续期问题的一个认识与价值基础。

显然，土地使用权特别是城市住宅建设用地使用权问题，并不仅是一个私权行使问题，而是一个直接与国家所有权相联系的公权问题，其最终如何享有和落实必然涉及国家或者政府权力即行政权的行使。这种私权对公权或者行政权的直接“依赖”关系，必然使私权的享有具有更多的不稳定性和不确定性。2020 年通过的《民法典》仍然回避了住宅建设用地续期缴费问题，只是规定“缴纳或者减免，依照法律、行政法规的规定办理”。“有恒产者有恒心”，必须通过产权制度法治化传递稳定的信号，增强人民群众的财产安全感，增强社会信心，形成良好预期，唯其如此才能增强各类经济主体创业创新动力，维护社会公平正义，保持经济社会持续健康发展和国家长治久安。

(二)以公益名义征收的公私产权冲突

比较法上，对公益征收制度的认识比较一致，即国家为了某些公益目的的需要，对人民之财产权利，有偿地予以剥夺或者限制。[1] 目前，我国行政法学界有观点认为，行政征收既包括行政主体依法向行政相对人强制性地收取税费，又包括强制性收取私有财产。[2] 我们认为，我国《宪法》在规定行政征收时明确要求“依照法律规定”，我国《立法法》在规定“法律保留”事项时，将“对非国有财产的征收”和“税种的设立、税率的确定和税收征收管理等税收基本制度”分开规定，这说明，土地、房屋和私有财产的征收与税费的征收并非同类。因此，与现行立法规定相一致，所谓公益征收应当只包括对土地、房屋和公民其他合法财产的征收。

征收是典型的用公权获得私权，属于物权的原始取得方式。很多国家将因征收行为所导致的物权变动规定在宪法或其他宪法性文件中，而不是在物权法中，这是因为征收涉及公权力和公民基本权利的冲突。公权一旦被滥用，私人财产权就必然处于风雨飘摇之中，因此，如何在征收行为中体现私权保护的民法精神，就变得非常重要。

1. “公共利益”的行政裁量

征收的前提是“公共利益”，而是否符合公共利益的征收条件，则属于行政

---

〔1〕 参见陈新民：《德国公法学基础理论》(上卷)，法律出版社 2010 年版，第 508、509 页。

〔2〕 参见应松年：《行政法与行政诉讼法》，高等教育出版社 2017 年版，第 196 页。

权裁量的范畴,并没有与被征收人协商的余地。因此,行政权对公共利益条件的裁量至关重要,它不仅应当服务于公共利益需要,而且应当体现维护私权的民法精神原则。也就是说,“公共利益”条件的行政权裁量,不仅是一个行政行为,而且是民法精神实践的范畴。与一般国家公权力的公益出发点(及其行为合法性之所在)相比,征收所依据的公益应当属于重大公益。财产权负有“社会义务性”,私有财产的使用必须符合公益,这赋予了征收制度的合宪性;而财产权的限制与内容,也是立法裁量权与形成权的范围。[1] 公益征收作为对私有产权的限制,其实也是对自由的限制,作为其所限制条件的“足够充分且正当理由”,便是重大公益。公益征收制度在城市和农村的存在并不相同。根据《宪法》和《土地管理法》,由于城市的土地属于国家所有,所谓土地征收只涉及集体所有的土地,国家为了公共利益的需要,可以依照法律规定对集体所有的土地实行征收并给予补偿;对集体所有土地上的房屋征收,是作为被征收土地附属物按照土地征收程序进行的;故我们所谓的房屋征收仅是指对国有土地上的房屋征收;此外另有对其他合法财产的征收,比如对企业的征收等。

因此,公益征收首先面临的问题是对“公共利益”的界定,而在征收制度的构建中,关键是明晰“公共利益”的内涵与外延,将权力关进依“公共利益”所扎的笼子。尽管1982年《宪法》规定征收的前提条件是“国家为了公共利益的需要”,但是不可否认,在国务院1991年颁布、2001年修订的《城市房屋拆迁管理条例》(现已失效)这部行政法规中,[2]“公共利益的需要”被“城市建设需要”之概念取代,加之拆迁行为违法问题突出,一些地方明显违背拆迁条例的“土政策”造成被拆迁人在征收拆迁中更为弱势的合法权益受到侵害。[3] 鉴于此,国务院于2011年施行《国有土地上房屋征收与补偿条例》,明确“为了保障国家安全、促进国民经济和社会发展等公共利益的需要”的征收目的,体现了立法进步。

不过,新条例仍存在问题。首先,我国《立法法》既已规定“对非国有财产的征收、征用”属于“立法保留”事项,所以由国务院制定行政法规在立法权限上就

---

〔1〕 参见陈新民:《德国公法学基础理论》(下卷),法律出版社2010年版,第78页。

〔2〕 用“拆迁”方式完成“征收”,实际把政府与被征收人(权利人)替换为“拆迁人”与“被迁拆人”之间的关系,行政权隐身幕后而把问题和矛盾推给拆迁人,拆迁人“代行”政府权力导致“拆迁”过程中的各种违法手段乱用,严重损害了被征收人的合法权益,导致了“拆迁”过程中的各种矛盾激化与冲突事件的发生,造成了极其恶劣的社会影响。

〔3〕 王达:《房屋征收拆迁制度研究》,中国政法大学2008年博士学位论文,第1页。

存有疑问；其次，在公益征收的程序上，仍存在制度设计不周、具体实施不畅的问题。有人通过对《最高人民法院公报》登载的三起有关征收补偿的案例进行剖析，认为征收实施上存在十个问题：征收与补偿同时性未明确规定；安置补偿不合理迟延；征收决定的内容和形式有待明确；房屋价值评估与异议程序存在缺陷；土地使用权的补偿缺乏；不尊重产权调换与货币补偿的选择权；对承租人合法权益保护不够；强制搬迁主体与责任承担上存在问题；强制搬迁合法性判断与裁判基准的摇摆不定；被征收人的配合义务与服从，被征收人非理性维权时有发生等。[1] 可谓问题不少，且都是难解之题。

当然，立法也不可能巨细无遗。为克服法律的局限性，需要将“严格规则主义与裁量因素”相结合，[2]因为对于有效地实现某个重要的社会目的来讲，为自由裁量权留出相当的余地至关重要。通过法律或者行政规则而预先规定实施行政目的的方式方法，将该机构的典型运作方式公之于众，在许多情形中却是可能的。现代行政权的核心在于“行政裁量”，控制行政裁量权实质上是控制行政机关滥用裁量权，一些行政法原则如比例原则、信赖利益保护原则、利益衡量原则等都具有限制行政裁量恣意的功能，但行政程序所提供的一系列程序规范应成为控制行政裁量权的基本程序机制。[3] 另外，不论赋予该机构的非限制性的自由裁量权有多大，“一旦这种自由裁量权被恣意滥用，受这种行为侵损的个人就应当具有某种方式以求助于公正的法庭”。[4]

2. 公益征收的行政权行使

公益征收的对象虽然属于“私权”范畴，但是公益征收并不是由政府与作为民事主体的被征收人之间通过协议实施的民事行为，而是由政府单方面实施的行政行为，背后是“强力”逻辑而非协商模式。因此，为了保证征收行为的正确实施并维护被征收人的财产权益，必须对征收的行政权行使进行必要的限制。在农村和城市郊区，国家征收集体土地有非常严格的法律条件，做出征收集体土

---

〔1〕 耿宝建：《国有土地上房屋征收与补偿的十个具体问题——从三起公报案例谈起》，载《法律适用》2017 年第 9 期。

〔2〕 参见徐国栋：《民法基本原则解释：法律局限性及其克服》，中国政法大学出版社 2001 年版，第 214 页。

〔3〕 参见章剑生：《现代行政法基本理论》，法律出版社 2008 年版，第 21、31 页。

〔4〕 [美]E. 博登海默：《法理学：法律哲学与法律方法》，邓正来译，中国政法大学出版社 2004 年版，第 370 页。

地决定的行政主体只限于国务院或者省级人民政府;做出城市房屋征收决定的主体限于市县人民政府。另外,行政主体在实施行政征收中应当坚持合理原则,表现为合比例性、平等性和正当性。[1]

在公益征收实施环节,某些地方的“以拆违促拆迁”模式,因其能够促使被征收人签订征收补偿协议、缩短征收周期和威慑违法建设行为,被作为“先进经验”加以学习推广。这种模式由长沙首先确立,具体做法是:国土、规划部门对违法建筑进行认定,提出具体处理意见;城管部门依据该意见,作出限期拆除决定;当事人逾期不拆除的,政府责成城管等部门实施强拆。有些地方政府甚至运用权力通过撤销之前没有规划许可证或者存在其他“瑕疵”的房产证,以实施拆违。由于《国有土地上房屋征收与补偿条例》规定的征收补偿对象是法律保护范围内的房屋,土地上没有房屋或违法建筑的,可以不纳入补偿范围,所以拆除违建程序对被征收人的打击力度非常大,大部分被征收人会迫于压力不得不签订征收补偿协议。然而,“以拆违促拆迁”模式完全罔顾《国有土地上房屋征收与补偿条例》关于“市、县级人民政府作出房屋征收决定前,应当组织有关部门依法对征收范围内未经登记的建筑进行调查、认定和处理”的明确要求,在征收程序中启动规划执法行为且不做专门的违法建筑认定更不给以程序保障,虽然具有缩短征收补偿程序并迅速“制服”被征收人的“强大”功效,但是并不符合《房屋征收与补偿条例》的立法精神。如此执法程序,会使老百姓认为,法律是政府手中的橡皮泥,“权大于法”,法律可以被任意解释、任意塑形,权威荡然无存。

政府作为权力方所进行的公益征收,虽然具有单方性和优益性,但仍须以民法上的权利承认为前提,以权利自由与保护的民法精神为根据。“征收是指行政命令的方式强制取得单位和个人财产所有权或使用权的行为,被征收人必须服从。”[2]但是,征收的对象是合法的财产所有权或者使用权,被征收人的服从是有法定条件的,因此不同于没收。《物权法》对征收规定了严格的程序和条件要求,政府在进行征收时应作出征收决定,物权变动自征收决定生效时发生效力。根据《物权法》关于征收必须满足公共利益需要、符合法定权限和法定程

---

〔1〕 参见应松年:《行政法与行政诉讼法》,高等教育出版社2017年版,第204页。

〔2〕 最高人民法院物权法研究小组:《〈中华人民共和国物权法〉条文理解与适用》,人民法院出版社2007年版,第125页。

序、依法作出补偿的三个条件，征收决定的生效应当在完成征收补偿之后。如此处理方能保护被征收人的合法权利，也才符合“恒产保护”的民法精神实践。

本书项目组以“您认为法律在现实社会生活中的作用是什么”为题进行了全国性调查问卷。在“很大”（A）、“不大”（B）、“偶尔有用”（C）和“根本没用”（D）四个备选答案中，选择“很大”的占比最高，达77%。具体数据统计结果如图31－1所示：

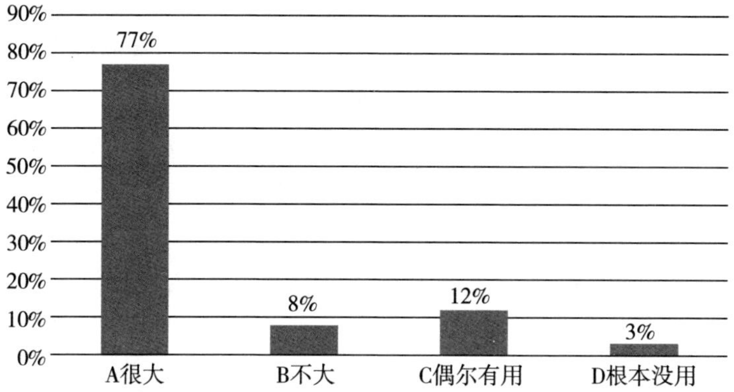

图31－1　“您认为法律在现实社会生活中的作用是什么”一题调研数据统计

上述数据统计结果显示，绝大多数的受访者认为法律在现实社会生活中的作用“很大”，这说明广大社会民众对法律的“作用性”或者“有用性”是具有明确和直观认知的。然而，在广大民众的心里对法律在现实社会生活中的“作用”到底是怎么理解的，本调研数据结果显然不能直接回答。不过，有一点可以肯定，那就是人们对法律所发挥的“很大”作用的理解并不一定都是正面的，因为我们的权力部门对法律的运用及其结果本身都不完全是正确和正面的，而负面事例的大量存在极其巨大的负面扩散与影响力，必然带给人们对法律作用的一种负面的甚至是扭曲的理解。因此，在涉及私权的一些权力行使与法律运用上，特别是在用公权否定私权的征收问题上，政府部门和执法人员更应当慎用权力、严格执法，否则必然是对法治的严重破坏。

3. 公益征收的财产补偿

公益征收具有强制性、处分性，前者是指实施行政征收行为不需要征得相对人同意，相对人必须服从行政征收决定，否则应承担一定的法律后果；后者是指行政主体对相对人征收的直接效果是导致行政相对人有关财产权的丧失，从相对人转移向国家。有观点认为，行政征收具有非对价性，国家征收相对人的个人财产,虽然依法给予补偿,但也不具有对价性,因为补偿款是法定的,并不根据被征收财产的实际价值支付对价。[1]

从私法角度而言,行政征收应当属于国家对私有财产的“强买”,在是否出卖这一点上权利人面对国家“征收权”并无谈判余地,这种权力具有强制他人服从的效力。然而,在补偿数额方面却需要征收人与被征收人经过协商签订协议,理论上所持的补偿“非对价性”观点,并不利于征收工作的合法开展。根据《土地管理法》的规定,为公共利益需要征收时,对土地使用权人应当给予“适当”补偿。2007 年的《物权法》改为“应当依法足额支付”。相比《土地管理法》规定,《物权法》的进步之处在于公益征收补偿强调保障被征收人的生活或居住条件。在 2011 年的《国有土地上房屋征收与补偿条例》中“公平补偿”概念被提出,强调“对被征收房屋所有权人给予公平补偿”;“对被征收房屋价值的补偿,不得低于房屋征收决定公告之日被征收房屋类似房地产的市场价格”。2020 年《民法典》规定了征收时的“公平、合理的补偿”。从补偿标准看,历经“适当补偿”“保障生活或居住条件”到“公平补偿”“公平、合理的补偿”,在征收补偿数额的确定上越来越强调双方合意和民事契约性,从而维护被征收人的合法财产权益。

为了保护私权,在行政征收中还强调有关强制措施应当在双方征收补偿协议达成之后或人民法院裁决生效后实施。《民法典》规定,因人民政府的征收决定导致物权设立、变更、转让或者消灭的,自征收决定生效时发生效力。在规范适用中围绕征收决定的生效时间有两种观点:第一种观点认为,根据行政法一般原理,行政主体做出正式行政决定,征收决定送达被征收人时即发生法律效力,被征收的集体土地或者单位、个人的房屋、其他不动产的所有权自征收决定送达时转移给国家;[2]第二种观点认为,在物权变动的时间上应将征收决定认定为附生效条件的行政行为,以补偿金的支付为条件成就,只有同时满足基于公共利益需要、符合法定权限和法定程序、依法作出并执行补偿这三个要件才能发生效力。[3] 我们认为,因征收决定而发生物权变动应当符合行政法一般原理,具体行政行为的生效要件通常有三个:其一,行政主体已作出行政决定,但行政主体在即时强制情形下作出的行政决定除外;其二,行政决定已送达行政相对人;其

---

〔1〕 参见应松年:《行政法与行政诉讼法》,高等教育出版社 2017 年版,第 197 页。

〔2〕 参见方金华:《论〈物权法〉中非依法律行为引起的物权变动》,载《江西财经大学学报》2009 年第 1 期;

〔3〕 参见房绍坤、马浩:《论因征收导致的物权变动》,载《山东社会科学》2013 年第 10 期;

三,附款行为所附条件成就。[1]《国有土地上房屋征收与补偿条例》对征收决定的作出和公告、送达进行了规定,特别是该条例规定:"实施房屋征收应当先补偿、后搬迁。作出房屋征收决定的市、县级人民政府对被征收人给予补偿后,被征收人应当在补偿协议约定或者补偿决定确定的搬迁期限内完成搬迁。"由此,征收决定应认定为附生效条件的行政行为,"对被征收人给予补偿"属于征收决定生效的附款,只有满足该条件征收决定才能生效。

由此,回头再看曾经喧嚣一时的"重庆最牛钉子户案",也许会有不同的结论。[2] 虽然从司法最终解决来说,被征收人既不提出行政复议、也不提起诉讼,面临法院的强制执行依然抗拒,不应为现代法治观念所鼓励,但问题是征收补偿是谁与被征收人之间的关系?应当由谁和被征收人谈征收问题?能不能用拆迁代替征收并怎么理顺其关系?我们认为,从规范征收中的行政权行使角度,应当实行征收决定与拆迁实施相分离,先由市、县级人民政府作出房屋征收决定,然后才能够进入征收实施。为了确保被征收人的合法财产权益,一切被征收人的诉求都应当在政府"征收环节"解决,而不能把征收仅仅作为政府决定,作出决定后即把后续的一切问题交给"拆迁"和"拆迁人"。如此,不仅本案程序上存在瑕疵,而且国务院条例中设定的程序也有进一步优化之必要。

总之,公益征收是国家凭借公权力参与国民收入分配和再分配的一种方式,其根本目的是满足社会公共利益而对物质的需要。征收涉及以公益为名对私有财产的强制性收取,财产一经国家征收,其所有权就转移为国家所有,成为国家财产的一部分。行政征收的处分性、强制性,使其像一把利刃对相对人的权益始终具有侵害性。因此,为了确保行政相对人的合法权益不受违法征收行为的侵害,必须确定行政征收的法定原则,将行政征收的整个过程纳入法律的严格调整。这就决定行政征收必须是一项最严格的制度,必须将这种行政权力牢牢关入"笼子"。同时作为现代"裁量"行政,其还要受到合理原则的约束,遵循比例

---

〔1〕 参见应松年:《行政法与行政诉讼法》,高等教育出版社2017年版,第123～125页。

〔2〕 2004年8月31日,重庆市九龙坡区杨家坪鹤兴路片区项目改造贴出动迁公告,随后该片区280户陆续搬迁;截至2005年2月,在10余次协商未达成一致意见后,拆迁人向九龙坡区房管局提出拆迁行政裁决,要求裁决吴家限期搬迁;2007年1月11日重庆市九龙坡区房管局下达拆迁行政裁决书;2007年3月19日九龙坡区法院举行听证后,裁定支持房管局关于搬迁的裁决,要求被拆迁人在3月22日前拆除该房屋。实际上,整个征收过程经历了相关程序,法院作出搬迁的裁决,但被征收人仍暴力抗拒。

原则、坚持平等原则和正当原则,只有真正将征收关进“公益”的笼子,既坚持合法性原则,又坚持合理性原则,民事权利才能真正得到有效保护,自由、平等的民法精神才能够在征收这一行政行为中得到彰显与实践。

三、行政权介入私权事项的民法精神实践

民法精神实践作为一种权利或者私权实践,是一种个人的自由实践,体现个人主体的自主性、利益性与目的性。然而,民法精神实践并不能单纯由个人或者市民社会在完全自然或者自由的状态下完成,而需要必要的外在秩序即公权或者行政权的介入与作用。因此,市民社会的秩序构造,既需要公权的介入,又需要公权介入的限制,需要协调个人私权自由与公权介入的关系。

(一)行政权介入私权事项根据的消极自由及其限度

1. 积极自由与消极自由

民法精神实践是以个人权利为目的和构造权利秩序的实践,它以权利为核心,追求个人利益与自由,所以民法精神实践紧密围绕人格独立,主张人格自由的社会精神。英国学者伯林在积极自由(positive liberty)和消极自由之间作出了著名的区分。“自由”这个词的积极意义来自“个人希望能够做自己的主人”,[1]核心在于自我的自主性和主动活动的自由;而消极自由是指“没有受到别人干涉或没有受到人为的束缚”,“能够有不被别人阻碍的行动的领域”。[2]重点在于是否有外在的个人和组织对其进行强制以及在此基础上自由的限度。根据此一定义,“判断受压迫的标准是:我认为别人直接或间接、有意或无意的阻碍了我的愿望。在这种意义下,自由就意味着不被别人干涉,不受干涉的领地越大,我的自由也就越广”。[3]

民法精神及其实践的个人利益性与目的性使人天然地不愿意接受来自个人以外的集体命令,这符合消极自由的要求。“消极自由的作用还在于,没有了它,其他价值也都会化为乌有,因为没有了去实践它们的机会,没有了各种机会,没有了各种相互歧异的价值,到头来就没有了生活。”[4]这非常符合英国近代思想家洛克所作的解释:“人们在自然法的范围内,按照他们认为合适的方法,决

---

[1] [英]以赛亚·伯林:《自由论》,胡传胜译,译林出版社2011年版,第179页。
[2] [英]以赛亚·伯林:《自由论》,胡传胜译,译林出版社2011年版,第170页。
[3] [英]以赛亚·伯林:《自由论》,胡传胜译,译林出版社2011年版,第171页。
[4] [英]以赛亚·伯林:《自由论》,胡传胜译,译林出版社2011年版,第138页。

定他们的行动和处理他们的财产和人身,而毋需得到任何人的许可或者听命于任何人的意志。"[1]不过,洛克的论证是建立在自然状态或者无政府主义假设之上的,在政府作为社会契约出现之后,"公权应处于幕后,即对老百姓的日常生活也应尽量地体现'无作为的政府是最好的政府'的理念。因为每个个体的私人生活是纷繁复杂的,只有他们自己相互间的自由安排,才是最有效的,也最能体现他们自己的自由意志"。[2]

2. 消极自由限度与行政介入

市民生活和市场经济是一种以个人对自身利益的交换为基础的经济形态,存在二律背反。一方面,市民社会与市场经济追求个人利益最大化,排斥任何戒条和道德的约束,"私有财产在作为人格存在的同时也可能带来人格的堕落";[3]另一方面,人类社会共同生活的维持又需要追求公平,市民生活与市场运行必须被纳入共同体利益轨道中。"共同生活的秩序不能对共同生活的个人法律观继续置若罔闻,亦不能给不同的人发出或许是相互对立的指令;相反,它需要一种超个人主义立场的规定,而且当理智和科学不能完成这项工作时,意志和力量就必须加以承受。如果没有任何人能弄清什么是正义,那么就必须要有人对什么是正义作出规定。"[4]能够作出这种统一指令和正义规定的只能是来源于个人之外的集体力量。"集体主义表达的是个人主义所倡导的个体思维(Einzelgedanke)的反面。"[5]消极自由"不可能是没有限度的",因为一旦这个领域没有限度,"绝对的自由是可怕的,绝对的平等也是可怕的"。[6] 习近平总书记强调:"'看不见的手'与'看得见的手'都要用好,努力形成市场作用和政府作用有机统一。"[7]消极自由的作用除了亚当·斯密所说的那只基于个人理性的"看不见的手"之外,[8]尚需要政府借助引导之手或称适当的制度安排这只

〔1〕 [英]洛克:《政府论》(上册),瞿菊农、叶启芳译,商务印书馆2009年版,第5页。

〔2〕 易继明:《私法精神与制度选择——大陆法私法古典模式的历史含义》,中国政法大学出版社2003年版,第179页。

〔3〕 罗能生:《产权的伦理维度》,人民出版社2004年版,第140页。

〔4〕 [德]拉德布鲁赫:《法学导论》,米健、朱林译,中国大百科全书出版社1997年版,第20页。

〔5〕 [奥]尤根·埃利希:《法律社会学基本原理》(2),叶名怡、袁震译,九州出版社2007年版,第519页。

〔6〕 [英]以赛亚·伯林:《自由论》,胡传胜译,译林出版社2011年版,第134页。

〔7〕 《习近平谈治国理政》(第一卷),外文出版社2014年版,第116页。

〔8〕 参见[英]亚当·斯密:《国民财富的性质和原因的研究》(下卷),郭大力、王亚南译,商务印书馆1979年版,第27页。

“看得见的手”实现社会的集体理性结果。

在政府治理的社会关系中，善治是最高境界，善治的结果应当是社会整体总福利或效用的最大化。“善治就是使公共利益最大化的社会管理过程。善治的本质特征就在于它是政府与公民对公共生活的合作管理，是政治国家和市民社会的一种新型关系，是两者的最佳状态。”〔1〕洛克最早把国家权力分为立法权、行政权和对外权三种。〔2〕孟德斯鸠在总结洛克分权学说的基础上一步完善，把国家权力分为立法权、行政权和司法权。〔3〕以上将行政权从国家政权体系中独立出来的理论，以及以此理论建立的权力分立体制解决了官僚集权制问题，既克服了行政权行使中的非制约化倾向，又为行政权的行使寻找到了独立的主体形态，“是国家政权在人类社会发展进程中的一大进步”。〔4〕不过，西方政治制度的“三权分立”本质上是资本主义统治的一种方式，而我国实行以权力统一行使的人民代表大会制度，并实行“分权与制约”，不仅解决了行政权行使的非制约化，而且更符合我国国情和经济基础要求。〔5〕

在传统的行政活动中，国家与个人之间的关系具有两面性。个人相对于国家是自由的，只有在维持安全秩序所必要的情况下，国家才能介入个人的领域，这一介入要通过命令与服从的权力关系来保障其实效性。“以抗告诉讼为中心的行政裁判制度一直发挥了行政的必要性和个人权利自由之间的调停者的功能。”〔6〕在社会学上，社会控制通常是指通过国家法律、社会规范、风俗习惯等影响和管制社会成员的行为，以此带来和维持正常社会生活的方法和过程。“一个国家通过法律在全社会范围内维护人权和公民权利时，不可避免地会遭遇到社会控制，并与之发生碰撞，由此形成了权利维护与社会控制之间的矛盾”。〔7〕但是，以上矛盾有其主要方面，如前所述，应当坚持强式意义的平等和自由，而对于平等和自由所体现的权利作出限制的“足够充分且正当理由”在各个国家和地区普遍被上升为法律条件和要求。“所谓法治社会，就是约束公权力，保护私

---

〔1〕 俞可平:《治理与善治》，社会科学文献出版社2000年版，第8、9页。

〔2〕 参见［英］洛克:《政府论》（下篇），叶启芳、瞿菊农译，商务印书馆1983年版，第82～91页。

〔3〕 参见［法］孟德斯鸠:《论法的精神》（上册），张雁深译，商务印书馆1959年版，第185页。

〔4〕 关保英:《行政法的价值定位》，中国政法大学出版社1997年版，第9页。

〔5〕 参见《划清四个重大界限学习读本》，中共中央党校出版社2010年版，第86、87页。

〔6〕 ［日］田村悦一:《自由裁量及其界限》，李哲范译，中国政法大学出版社2016年版，第219页。

〔7〕 胡水君:《法律的政治分析》，中国社会科学出版社2015年版，第106页。

权利。”[1]从公法的立场上,保护个体的自由(私权),就应当约束公权力的不当行使与发挥,并防止公权力缺位带来的民间黑势力侵害;而站在私法(私权利)的立场,既要防止国家意志(强制力)对于个体的自由(意思自治)的过度强制,又要防止强势方的私权滥用带给弱势方私权(自由)的不当强制。可见,对公权基于公共利益而对私权的限制或者介入权利事项,必须有严格的法定条件,切实避免因行政权的不当行使而给私权造成不应有的危害与损害。

(二)行政审批与许可如何为权利松绑

行政审批与行政许可,是直接介入和作用于个人私权的行政行为,因此,其如何体现保障和服务于私权的目的,就成为衡量其价值的根本标准。

1. 行政审批与行政许可的关系

在新中国成立后的很长一段时间里,我们对行政审批与行政许可之间的关系,认识上并不清晰。2001 年行政审批制度改革在全国拉开序幕。“核心在于斩断政府过多伸向经济、社会的权力触须。”[2]2001 年《国务院批转关于行政审批制度改革工作实施意见的通知》虽然对行政审批下了定义,将之作为行政主体准许申请人“从事特定活动、认可其资格资质、确认特定民事关系或者特定民事权利能力和行为能力的行为”。2003 年出台的《行政许可法》规定:“本法所称行政许可,是指行政机关根据公民、法人或者其他组织的申请,经依法审查,准予其从事特定活动的行为。”由此可见,行政审批与行政许可似乎可以画等号。但该法又将“有关行政机关对其他机关或者对其直接管理的事业单位的人事、财务、外事等事项的审批”“排除在外。这一方面说明,在《行政许可法》的视角下,从前的“行政审批”被“行政许可”所吸收,另一方面说明行政许可法只调整部分行政审批行为。“行政审批应当大于行政许可,行政审批中除了包括行政许可外,尚包括非行政许可类审批,如内部审批事项,政府投资项目审批,行政机关对没有隶属关系的其他国家机关、国有企业、国家出资设立的事业单位所作的审批事项,国家授权的行政机关以出资人身份对处置国有资产、权益所作的审批,减免相对人法定义务的审批等”。[3]

---

[1] 江平:《民法的宏观思考》,载《天津滨海法学》(第 7 卷),中国检察出版社 2017 年版。

[2] 沈岿:《解困行政审批改革的新路径》,载《法学研究》2014 年第 2 期。

[3] 王克稳:《论行政审批的分类改革与替代性制度建设》,载《中国法学》2015 年第 2 期。

2. 应当做“减法”的行政审批许可

行政许可的本质是事先控制一种行为范围，是对自由和权利的限制，而限制的充分且正当理由就是“公共利益”。有学者主张，行政许可具有赋权性与解禁性：前者是指“行政许可赋予特定行政相对人从事某种活动的权利和资格，体现赋权而非限权”；后者是指“在法规已有禁止规定的条件下，行政许可又属于解禁行为”。[1] 我们不认同以上观点，因为平等和自由是社会生活的“原则”，对平等和自由的限制应属于“例外”，只有“例外”的发起者才应承担举证和论证责任，以上观点恰恰将两者关系颠倒。对行政许可事项范围的划定，是一个直接影响公权力与私权利界限的敏感问题。行政许可法定，恰恰就体现对平等和自由进行限制的权力应当接受“反限制”——关进制度的“笼子”，对民事基本权利的限制应属于“立法保留”事项，由法律作出规定。对权利限制的“反限制”，首先要求对行政审批进行清理，尽量减少或者取消行政许可之外影响相对人民事权利的行政审批之存在，杜绝“笼子”之外的权力；其次要求扎紧行政许可的“笼子”，防止被取消的行政审批改头换面混入行政许可事项之内。只有这样，才能够使行政许可或者审批合理地作用和服务于权利而非不合理地限制权利。

从行政审批到行政许可，体现了将权力逐渐关进制度“笼子”的思路。非行政许可审批中的大多数从行政许可审批事项中“派生”，具有辅助性、替代性和相对监督性，一度被代指为“制度后门”和“灰色地带”。改革的思路就是面向行政相对人的非行政许可审批事项要么取消，要么调整为行政许可；面向地方政府的非行政许可审批要么取消，要么调整为政府内部审批事项。[2] 2015 年 5 月国务院召开涉及非行政许可审批事项改革的常务会议，确定进一步简政放权、取消非行政许可审批类别，最终实现“行政许可”与“行政审批”的外延同一。

早在《行政许可法》刚刚实施时，就有学者指出，为了逃脱被纳入笼子，有部门会将之前的行政审批改为“核准”“备案”，或纳入所谓的“非行政许可的审批”以及“内部审批”、“有关民事权利的审批”等“更名换姓”方法，这样就会安然逃脱对它的规范。行政审批法治化是全面深化改革的大势所趋，但行政审批法治化并非一帆风顺，仍存在诸多障碍。有研究指出，全能政府理念是行政审批法治

---

〔1〕 杨建顺：《中国行政规制的合理化》，载《国家检察官学院学报》2017 年第 3 期。

〔2〕 参见《国务院关于清理国务院部门非行政非行政许可审批事项许可审批事项的通知》（国发〔2014〕16 号）。

化的思想障碍；政府自利驱动是行政审批法治化的动力障碍；现行行政审批法律体系的局限是行政审批法治化的制度障碍。[1]

取消非行政许可审批后，要警惕其“改头换面”混入行政许可事项内部。对此，有学者建议，实施行政许可名称法定，对存量许可以一揽子法律解释方式统一许可清单名称，明确清单的法律效力；对增量许可，宜建立特别法设定许可的名称法定规则，明确许可名称的专属性、统一性、强制性和完全性，强化行政许可法对特别法的约束。[2] 也有学者认为，“集中式”的规制模式转换存在问题，须向更高层次的“增质型”变革寻求突破，即通过改革实现对政府组织形式、权力结构关系和规制服务方式的根本性转换。[3] 还有观点强调，今后的改革须从数量的削减转向质量的提升，实现制度创新，更多地关注配套的、替代性的制度建设，如区分资源配置类、市场准入类、危害控制类，对第一类应减少垄断和控制，让市场配置资源，对第二类是降低门槛，保护和激发市场主体活力，第三类限制在哪些具有社会危害性且通过其他方法不足以控制危害的领域。[4]

3. 行政审批许可的未来路向

2013 年 11 月《中共中央关于全面深化改革若干重大问题的决定》指出：“经济体制改革是全面深化改革的重点，核心问题是处理好政府和市场的关系，使市场在资源配置中起决定性作用。”行政权力应当适应这种变化，遵循私权利主体“法不禁止即自由”，公权力主体“法无授权即禁止”的基本理念。经营自主权是市场主体开展经营活动的基础，除了法律法规明确规定的领域之外，行政主体不得干预市场主体的经营活动。十八大以来，我国经济管理体制改革的诸多方面都是围绕着扩大市场主体的经营自主权和实现产权平等保护而展开。经营自主权的前提是平等，“唯平等，才自由”。2018 年 5 月《国务院办公厅关于开展涉及产权保护的规章、规范性文件清理工作的通知》明确，重点清理有违平等保护各种所有制经济主体财产所有权、使用权、经营权、收益权等各类产权的规定。市场对资源的配置主要通过契约进行，强调契约，强调“自由、平等、公正、法治”的社会主义核心价值观，就必须强调平等。“如今有一种趋势认为，除了契约双方

---

〔1〕 参见刘云甫：《行政审批法治化的法理分析及路径选择》，载《暨南学报（哲学社会科学版）》2015 年第 6 期。

〔2〕 参见袁雪石：《论行政许可名称法定——以“放管服”改革为背景》，载《时代法学》2017 年第 3 期。

〔3〕 参见杨建顺：《中国行政规制的合理化》，载《国家检察官学院学报》2017 年第 3 期。

〔4〕 参见王克稳：《论行政审批的分类改革与替代性制度建设》，载《中国法学》2015 年第 2 期。

处于不仅是一种自由的而且是一种平等的关系外,没有什么契约是值得尊重的。如果一方无法抵抗或者没有资源,被迫服从另一方要求的话,那么这个结果就是对真正自由的压制。”〔1〕

对于市场准入,“如果许可在一个经济体制中被认为既耗费成本又具有市场干预性,那么政府在采取许可制度之前,必须考虑其他能够达成相同制度目标的替代性工具”。〔2〕我国的行政审批和行政许可有不同于其他国家和地区“行政规制”的特有逻辑。在计划经济时代,行政审批和行政许可是公权管制微观经济和生活的工具,实施改革开放经济体制以来,从计划逐渐走向市场,但是以审批(许可)为中心建立起来的行政体制并没有被打破。财产权利和身份自由是解放和发展生产力的前提,随着市场机制在资源配置中决定性作用的强调,行政许可事项范围应当进一步被关进“笼子”里面。按照《中共中央关于全面深化改革若干重大问题的决定》要求,2015 年 10 月《国务院关于实行市场准入负面清单制度的意见》指出:“通过实行市场准入负面清单制度,赋予市场主体更多的主动权……从而公开公平公正参与竞争的市场环境……将为发挥市场在资源配置中的决定性作用提供更大空间。”在经济学上,负面清单是政府实施的经济性管制措施之一,目的是防止重复建设、提高投资效率和效益,弥补和纠正市场失灵。只有这样,才符合行政行为的民法精神实践的原则与要求,也才能够有效维护市场主体的民事权益。

(三)作为行政限制的限购、限行与限产检讨

行政限制是公权对权利或者私权的强制限制,事关权利办界。行政限制之“限购”与限行和限产不同,它是对权利取得的限制,是依公权的强制规定而不能取得某项期待权利,以权利取得行为的无效制度为基础;行政限制之“限购”和“限产”则是对权利行使的行政限制,是既有权利被行政限制而不能行使,它以对权利行使的处罚为后盾。

1. 行政限制之“限购”

“限购”作为一种对交易行为的否定,是以对法律行为的效力限制为基础的。这一限制,是以一定的“立法”形式即“限购”的强制性规范出现的,是以立

〔1〕[美]查芒特:《文艺复兴时期的自然法》,转引自[美]本杰明·卡多佐:《司法过程的性质》,苏力译,商务印书馆 2000 年版,第 48 页。

〔2〕[爱尔兰]Colin Scott、石肖雪:《作为规制与治理工具的行政许可》,载《法学研究》2014 年第 2 期。

法的强制形式对限购行为作出无效规定，而违反这一规定的“购买”行为将被依强制性规定而认定为无效，从而不能取得被限制的权利。换言之，限购就是限制交易，是以确认限购行为的无效实现的。限购行为形式限制的交易行为，实质上限制通过交易实现的财产权利。

“限购”之基础，是私法即民法中的强制性或者“公法”性规定，亦即法律行为或者合同的无效条款。换言之，国家首先已经把自己“限购”的公权意志以民法中的无效法律行为条款形式作了预设的一般性规定。私法的强制性规定或者对意思自治的限制本身应当确定在合理的范围内，否则就是对私法价值及其精神构造的悖离。〔1〕 此“合理的范围”被界定为“公共利益”。“国家管制的理念，或者从公共利益必须由国家来界定，或者从市场机制在某些领域会失灵出发，国家不仅参与市场，而且干预人民的市场行为。”〔2〕“在私法中，占据主导地位的通常是那些自由的、不需要说明理由的决定；而在公法中，占据主导地位的则是那些受约束的决定。”〔3〕国家利益和社会公共利益——公法上体现为公权力的管制（“合法性”），在私法上主要通过诚实信用原则、公序良俗原则，不仅明确了民事主体自由的边界，这个边界同时也是国家发动公权力对私人生活进行干预的边界。

作为公权意志的“限购”条件，不仅体现为民法的无效条款，而且还以“引介条款”的形式把无效的“限购”条件授权扩大到行政权行使的其他限制性规定范围。引介条款属于对法律行为效力进行外部控制的传统方式。在我国，由于较长时间计划经济体制的影响，除了范围不明的“法律”和公共利益外，国家政策、经济计划也可以对市场介入和管制。虽然民法在引进这些管制规范时，保留了构衡自治与管制理念的空间，例如对大量存在的强制或者禁止性规范，区隔所谓效力性规定和取缔性或者管理性规定——虽然对于如何区隔始终未能提出比较明确的标准，但是就其意在扩大自由的思路，仍然是一大进步。〔4〕 过多的管制

---

〔1〕 参见王利民：《民法的精神构造：民法哲学的思考》，法律出版社 2010 年版，第 381 页。

〔2〕 苏永钦：《走入新世纪的私法自治》，中国政法大学出版社 2002 年版，第 10 页。

〔3〕 ［德］迪特尔·梅迪库斯：《德国民法总论》，邵建东译，法律出版社 2000 年版，第 7 页。

〔4〕 参见《最高人民法院关于适用〈中华人民共和国合同法〉若干问题的解释（一）》第 4 条、《最高人民法院关于适用〈中华人民共和国合同法〉若干问题的解释（二）》第 14 条；我国台湾地区“最高法院”1979 年 3 月 20 日民事庭会议决议。不过无论是我国大陆还是我国台湾地区并未使用学者所提的“取缔规定”或“管理规定”，我国台湾地区称为“乃属行政上之问题”，我国大陆并未提及。

性规定通过前述管道的介入，无形中挤压了私法自治的空间。因此，随着市场经济的落实与发展，必然缩小行政管制规范的范围及其适用。从原《民法通则》规定的8项无效情形，到原《合同法》规定的5项无效情形，再到《民法典》总则编的3种无效情形（双方虚伪表示、违反法律行政法规和公序良俗、恶意串通），民事法律行为的自由空间在制度上不断增大，民法精神的自由价值得到了彰显。

除了法律和行政法规以外，能否以地方性法规、行政规章或者其他规范性文件为根据对当事人的行为作出限制，这是一个关系自由的条件与范围的问题。如国务院通过行政命令、某些地方通过地方性法规或政府规章对本市房屋或者小汽车施行“限购”，资格与户籍和社保缴纳期间挂钩，若销售商违反该限购规定是否影响合同效力？原《合同法》刚出台时，最高人民法院曾认为：“对于国务院有关主管部门颁布的行政规章中的强制性规定（例如有关外汇、外贸管理方面的规定），在未上升为法律或行政法规之前，还要依据有关司法解释予以适用。”〔1〕对实践中违反“限购”而作出的行为是否存在“脱法”的无效情形，应当根据违反的具体法律规范的位阶和性质等作出综合性判断，而不能简单地得出无效的结论，从而合理调节和控制公法介入私法的范围与流量。

2. 行政限制之“限行”与“限产”

行政限制之“限行”与“限产”使已经取得的权利因行政限制而不得行使，从而缩限权利的价值。这一限制，主要和物权或者产权相关。原《物权法》中同样存在转介条款，其功能在于授权司法通过对公法管制规范的解释，就物权限制等

〔1〕 参见《最高人民法院副院长李国光在全国民事审判工作会议上的讲话》（2000年10月28日）。现在，理论界认为，无论是国务院还是地方政府发布相关通知都可以看作行政命令，都不会对合同效力产生影响，如果开发商或存量房业主将房屋出售给不具有资格的买方，虽然该房屋在合同备案、预告登记和转移登记等行政程序方面可能遇到阻碍，但是买卖合同不存在无效事由，只是难以进行物权登记。对于小客车的“限购”，同样不会影响合同效力，即使购买人不具有购买资格，汽车交付于买方人后买方即取得汽车所有权，只是依照原《物权法》“不登记不得对抗善意第三人”。对于实践中多发的借名购买房屋，特别是政策性房屋纠纷中的合同效力判定和物权归属，多年来聚讼纷纭。前一问题争议的焦点，涉及规避政策性房屋管理规范是否属于“恶意串通”或“双方虚伪表示”；后一问题的争议焦点则涉及物权登记能否间接代理。对于以上两个问题及争议焦点，我们认同以下观点：借名购买经济适用房协议在当事人之间有效，但仅有债权效力，实际出资人仅对名义购房人享有要求配合办理房屋转移登记的债权，并不对借名购买的房屋直接享有物权。（参见高治：《借名购买经济适用房的法律效力及权属》，载《人民司法》2015年第4期）

事宜作出具体的权衡与判断。[1] 近些年,我国一些地方政府相继出台有机动车"限行"和企业"限产"等管理规定,这些规定有的是以政府规章的形式颁布的,有的是以规范性文件的形式颁布的,由于缺乏一定的上位法依据,人们对其限制财产权的合法性一直存有争议。[2]

"限行""限产"是否属于"法律保留"范围值得探讨。部分城市"限行"与"限产"多通过抽象行政行为实现。"抽象行政行为是指行政主体针对不特定行政管理对象实施的行政行为,其行为形式表现为行政立法(行政法规和规章)和行政规范性文件(具有普遍约束力的决定、命令)。"[3]"限行"涉及对机动车所有权行使的限制,"限产"虽然涉及对企业经营自主权的限制,其实也可以归结为对所有权的限制。目前我国《民法典》物权编对物权限制只涉及征收和征用,并未明确对"使用"权能的限制是否属于"法律保留"事项。"法律保留是将对设定基本权利和自由限制的权力保留给立法机关,且立法机关只能通过法律形式方可设定对于基本权利和自由的限制。"[4] 对于何种事项必须适用直接法律保留,德国形成了"重要性理论":"重要性不是确定的概念,而是一个阶梯。某一个事务对于共同体或者公民越重要,对立法机关的要求就越高。随之而来的是调整密度:公民个人的基本权利越深远、紧迫,该权利对共同体的作用就越重要;社会问题越充满争议,法律调整就应当越精确和严格。"[5] 由是观之,并非对所有"重要权利"的限制都由法律完成,而只是限于对"重要权利"进行的"敏感限制",学理上将其概括为"严重干涉"与"危险干涉"。依前者,物权法定原则要求物权的内容由法律规定,行政机关如运用行政权改变物权的内容,当然也应由法律规定;依后者,由于公共利益概念的不确定性容易导致权力恣意,应通过立法

---

〔1〕 参照苏峰:《公法管制规范介入民事私法的解释路径——基于民法转介条款的比较法分析》,苏州大学2017年硕士学位论文,第67页。欧洲大陆法系传统中被高度抽象化的所有权,当它的内涵被界定为"于法令限制范围内"时,"实际上已经为所有权日后的分类和分级埋设了管线通路,各种农业法规、工业法规、都市计划法规、文化保存法规等等,创造了不同的品级、不同市场价值的所有权,让民法典的动产、不动产二分法,像一幅泼墨山水一样的远离实景"。(苏永钦:《走入新世纪的私法自治》,中国政法大学出版社2002年版,第7、8页)

〔2〕 参见姚辉:《单双号限行中的所有权限制》,载《法学家》2008年第5期;胡建淼、张效羽:《有关物权行政限制的几个法律问题——以全国部分城市小车尾号限行为例》,载《法学》2011年第11期。

〔3〕 应松年:《行政法与行政诉讼法》,高等教育出版社2017年版,第107、108页。

〔4〕 陈新民:《中国行政法学原理》,中国政法大学出版社2002年版,第35页。

〔5〕 [德]哈特穆特·毛雷尔:《行政法学总论》,高家伟译,法律出版社2000年版,第110页。

的民主性来化解“公共利益”界定的难题。[1] 实践中,地方规范性文件往往以《道路交通安全法》关于“公安机关交通管理部门根据道路和交通流量的具体情况,可以对机动车、非机动车、行人采取疏导、限制通行、禁止通行等措施”的规定作为机动车“限行”的法律依据。但是,以上规定仅仅系法律授权规定,采取的“措施”也应当属于紧急限制、临时限制,而非经常限制和长期限制。“限产”属于对经营自主权的限制,经营自主权是企业、个体工商户等依法享有的创办经济实业,调配人力、物力和财力,自行组织生产经营的权利,既涉及对财产的使用支配、也涉及对人力资源的指挥和配置,与“限行”具有同质性。由此,“限产”作为对经营自主权的限制也应属于“立法保留”事项。

“限行”与“限产”应当遵循行政“比例原则”。[2] 从比例原则看,“限行”与“缓解交通拥堵”和“大气污染治理”目标一致,符合适当性要求;在“缓解交通拥堵”和“大气污染治理”的目标中,每周限行一天的措施虽然是权宜之计,但是相比周期长的措施仍属必要,也符合衡量性要求。“限产”措施的结论却非如此,其虽然符合“大气污染治理”目标,但一段时间的关停措施影响了企业自主权及其背后的上游下游产业,在衡量性上难谓恰当。

受到“限行”和“限产”措施影响的行政相对人应否获得补偿也值得探讨。依据信赖保护原则,人民可以基于对国家公权力行使结果的合理信赖而有所规划或举措,由此产生的信赖利益应受保护,法律效果上要求以适当的财产补偿来减轻行政相对人因合理信赖所造成的损失。该原则由传统法理中的诚实信用原则、法律安定性原则以及人民基本权利保障原则等综合演变而成。[3] 早期,行政权对物权加以限制无须给予被限制人补偿,因为行政限制主要是警察权行使

〔1〕 参见胡建淼、张效羽:《有关物权行政限制的几个法律问题——以全国部分城市小车尾号限行为例》,载《法学》2011 年第 11 期。

〔2〕 比例原则源于 19 世纪德国的警察法学,认为警察权力的行使唯有在“必要时”才能限制公民之权利。比例原则可以分为宪法意义的比例原则及行政法意义的比例原则两种,“前者乃针对立法者而言,对公民权利之限制,唯有在公共利益所必要的范围内,方得为之;后者是指行政权力在侵犯公民权利时,必须有法律依据,且必须选择侵害公民权利最小的范围内行使之”。[参见陈新民:《德国公法学基础理论》(下册),山东人民出版社 2001 年版,第 374 页]比例原则具体由三个子项构成:适当性、必要性和衡量性。其中,适当性是从行政行为目的角度所作的要求,行为与目的不得背离;必要性从手段上对行政行为作出要求,要求选用“最不激烈”的手段;衡量性又称狭义比例原则,要求手段造成的损害小于达成目的所获利益。

〔3〕 参见李震山:《行政法导论》,台北,三民书局 2007 年版,第 299、301 页。

的体现,警察权行使“为了公共利益限制私有财产是完全无需给予被限制人补偿的”。[1] 但在征收征用制度中规定补偿条款后,各国开始认为“行政限制如果造成被限制人如同征收、征用的效果,也应予以被限制人补偿”。有观点认为,应看是否导致被限制人拥有的物完全丧失了经济利用价值,看是否构成对被限制物权的占有,看是否影响到被限制人的基本生活条件。[2] 我们认为,以上标准仅关注了对“征收征用”效果的参照,故仍显不足,就补偿问题还应当看到行政限制影响的相对人范围。对此,“特别牺牲说”认为,国家补偿是国家机关对其合法行为给相对人造成损害的补偿,任何财产权的行使都要受到一定内在的社会限制,只有当对财产的征用或限制超出了这些内在限制时,才产生补偿问题。也就是说,当行使所有权的限制是所有公民都平等承受的一种负担时,是不需要补偿的,而当这种负担落到某个或者部分公民头上时,它就变成了一种特殊的牺牲,应予补偿。[3] 关于“限行”措施,受影响的群体是机动车所有权人,在我国一、二线采取了“限行”措施的城市中机动车主占比较高,[4] 使得“限行”成为城市居民人人面对的“公共负担”,自不宜进行补偿。就“限产”措施而言,京津冀及周边地区各城市为大气污染防治而出台多项行动方案,如《天津市2017—2018年秋冬季大气污染综合治理攻坚行动方案》要求,2017年10月至2018年3月期间,全市建成区内停止各类建设工程土石方作业、房屋拆迁(拆除)施工、水泥搅拌及浇筑等作业,停止道路工程、水利工程等土石方作业;实施重点行业错峰生产,钢铁产能限产50%,对重点用车企业实施“一厂一策”错峰运输。如此长时间的“限产”与“错峰生产”,相关企业为环保作出了“特别牺牲”,理应按照信赖保护原则的要求予以补偿。信赖保护原则的适用条件包括:须有信赖基础、须有信赖表现;须信赖值得保护。需要“限产”的相关行业相关企业依法领取营

---

〔1〕 M. HorWitz, *The Transformation of American Law* 1780 – 1860, Hereinafter Hoxwitz 1977, pp. 63 –64 ; Treanor, *Origins and Original Significance of the Lust Compensation Clause of the Fifth Amendment*, 94 Yale Law Journal, p. 695.

〔2〕 参见胡建淼、张效羽:《有关物权行政限制的几个法律问题——以全国部分城市小车尾号限行为例》,载《法学》2011年第11期。

〔3〕 参见应松年:《行政法与行政诉讼法》,高等教育出版社2017年版,第399页。

〔4〕 数据显示,2017年全国汽车保有量达2.17亿辆,与2016年相比,全年增加2304万辆,增长11.85%。汽车占机动车的比率持续提高,近五年占比从54.93%提高至70.17%,已成为机动车构成主体。从分布情况看,全国有53个城市的汽车保有量超过百万辆,24个城市超200万辆,7个城市超300万辆,分别是北京、成都、重庆、上海、苏州、深圳和郑州。

业执照、获得相关行政许可开办企业从事经营,行政机关的行政行为使企业具备信赖基础;相关企业因信赖行政行为而在客观上安排其生产,具备信赖表现;该种信赖并无瑕疵,企业行为依法生产、依规纳税,其对经营自主权的信赖值得保护。对于受"限产"措施影响的相关行业和企业,因其为大气环保作出的"特别牺牲",所以应以适当的财产补偿来减轻其因合理信赖所造成的损失为宜。

四、从特许到契约的公有资源配置与民法精神实践

在资本主义社会,随着行政任务的变迁,传统以侵害行政为核心的行政活动和行政法理论也发生了很大变化。[1] 然而在中国,自然资源的社会主义公有制背景下的给付行政范围还特别广泛,长期计划经济体制所形成的命令服从关系桎梏了公有资源的有效配置。因此,如何按照十八届三中全会决定要求,使市场在资源配置中起决定性作用、更好发挥政府的作用,在"两大资源一大行业"中真正实现市场经济,值得认真研究思考。

(一)特许的公有资源配置之现状

1. 公有资源配置的行政性

公有资源主要是指"两大资源一大行业",即自然资源,公共资源与直接关系公共利益的特定行业。[2] "两大资源一大行业"配置问题要解决的就是资源作为生产要素如何进入市场。法经济学认为:"只有在产权界定清晰的基础上,资源交易才能够得以进行,而只有通过自愿交易的方式,资源才能够得到有效利用,并实现资源的优化配置,在最珍视它的主体手中获取最大效用。"[3] 在安定有序的财产秩序下,每个人尽其所能发挥资源的最大效用,整个社会的社会效率和总财富也就会得到增加。

就自然资源来说,与社会主义公有制相适应,自然资源分属国家与集体所

---

〔1〕 其一,国家功能扩大,尤其在给付行政领域中,个人越来越丧失了独立存在的意义,国家与个人之间不仅仅限于命令与服从的权力关系,已经产生了请求国家积极介入的倾向;其二,国家与相对人之间的关系有私法倾向,在理论上有时也被作为平等的当事人关系对待。(参见[日]田村悦一:《自由裁量及其界限》,李哲范译,中国政法大学出版社 2016 年版,第 219 页)

〔2〕 自然资源的开发利用是指对包括土地、森林、草原、水流、矿产、海域等在内的自然资源的开发利用;公共资源的配置是指对公共运输线路和电信资源(包括无线电频道、航空线路、公交线路)等有限公共资源的配置;直接关系公共利益的特定行业的市场准入,是指企业被许可进入电力、铁路、民航、通信、石油、烟草等行业从事相关经营活动。

〔3〕 M. P. Furmston, *Contract Case and Materials*, Second Edition, Butterworths, 1990, p. 71.

有，但以国家所有为主，集体所有为辅，完全排除了私人所有。公有制下的自然资源作为生产要素进入市场需要解决利用的问题。在全盘公有的计划体制中，由于所有制（国家或集体）、管理者（政府）和利用者（国企或集体企业）都在一个"锅"（公共资源）里吃饭，并无必要去计算资源的经济价值，也不可能建立清晰的产权制度，国有资源甚至集体资源（如土地）均以审批方式配置，形成审批经济。因此，在市场经济条件下，为提高自然资源配置的公平与效率，对中国传统的自然资源配置体系必须进行改革。

就公共资源来说，涉及公共运输线路和电信资源，包括无线电频道、航空线路、公交线路、出租车号牌等有限公共资源，蕴含极大经济价值，却长期不被承认具有经济价值。直接关系公共利益的特定行业具有垄断性，随着利益主体的多元化，应当逐步开放市场。市场经济对相关利益的明确承认呼唤进行产权重新界定，当某一领域的资源不再为国家所有或垄断时自然就不再存在审批或许可，取而代之的是完全市场化的配置机制。所以，对公共资源与直接关系公共利益的特定行业的合理配置，即它的行政配置及其市场化的条件，同样事关效率与公平。

2. 从行政审批到特许的转变

对于仍为国家所有或垄断的资源和行业，行政审批被改造成行政许可。根据《行政许可法》的规定，"赋予公民、法人或者其他组织从事有限自然资源开发利用、公共资源配置以及直接关系公共利益的特定行业的市场准入等权利的事项"，可以设定行政许可。"两大资源一大行业"的行政许可被称为"特许"，行政机关代表国家向申请人转让资源或专营权，一般有数量限制，且具有对价性，相对人被许可获得该种权利后需要支付一定的对价。此举改变了之前"两大资源一大行业"实行审批出让，企业无偿使用的利益格局。

对于这一特许，基于资源有限性和数量控制要求，《行政许可法》要求应通过招标、拍卖等公平竞争的方式作出决定。鉴于《行政许可法》之前的法律依然采取了"双轨制"，如国有土地出让既可以采取招标、拍卖方式，也可通过协议方式，《行政许可法》设置了"例外"条款，规定应采取公平竞争方式的事项"法律、行政法规另有规定的，依照其规定"。不过，"双轨制"只是过渡性的，而非目标性的，以后有关法律和行政法规修订时，显然应当向"单轨制"并轨，以公平竞争方式取代传统审批方式是资源配置类许可改革的发展方向与趋势。

从行政审批到特许的转变，虽然没有改变行政权主导资源配置的地位，但是仍然在体制上改变了公权与私权的关系，对于私权而言，在参与公有资源的配置上，具有了一定的自由和自由实现的可能性。

(二) 契约的公有资源配置之展望

目前实践中涉及“两大资源一大行业”的特许采取“特许 + 合同”的出让模式，属于“双轨制”。行政许可(特许)反映的是行政法律关系，合同反映的是民事法律关系，二者产生纠纷时到底是行政争议还是民事争议并不清晰。有观点认为，国有资源出让中审批方式与竞争方式不宜混用，应当以公平竞争替代传统的审批、以合同替代许可。[1] 也有观点认为，应当坚持合同的行政性质，“行政协议既有行政性又有合同性，是行政性和合同性的创造性结合，其因行政性有别于民事合同，又因其合同性不同于一般行政行为。行政机关因行使行政优益权而应当承担行政补偿责任”。[2]

1. 从单轨制到双轨制

双轨制是“两大资源一大行业”所运用的“审批(特许) + 合同”出让方式。基于公有自然资源上形成的审批经济源于计划经济时代，虽然资源所有者、管理者和利用者的模糊产权在“大锅饭”阶段的矛盾并不突出，但是因其效率低下，浪费严重，容易滋生腐败，已经不适应市场经济发展要求。自 20 世纪 90 年代起，国家在形式上保留审批配置机制的同时，引入市场化的竞争机制，以招标、拍卖等公平竞争的方式配置国有资源。延续原有审批经济而发生的行政许可模式，虽然吸收市场公开竞争规则因素，但是开发利用者获得的产权并不完整。对自然资源的利用表面上已经纳入物权法调整，但是市场化程度并不相同。以土地而言，城市土地以建设用地使用权的形式已经进入市场，而农村土地仍基本维系审批程序，例如宅基地使用权，根据《土地管理法》和《城乡建设规划法》规定，其取得仍需要经过申请与审批的行政程序。其他自然资源的利用虽然有所谓“特许物权”，但是基本延续审批取得方式，市场化程序并不高。[3] 土地、森林、草原、水流、矿产、海域等在内的自然资源的开发利用，通过公开竞争产生的自然资源利用者即使签订合同取得他物权，往往地位也不平等。

我国的公共资源长期被忽视物权属性。以出租车号牌为例，根据原建设部

---

〔1〕 参见王克稳：《论行政审批的分类改革与替代性制度建设》，载《中国法学》2015 年第 2 期。

〔2〕 参见(2017)最高法行申 4595 号“向某松诉碧江区政府、灯塔街道办房屋征收补偿协议案”行政裁定书。

〔3〕 参见崔建远：《准物权研究》，法律出版社 2012 年版，第 97 页。

1997年制定的《城市出租汽车管理办法》，[1]某一区域出租汽车实行总量控制，为了达到这一目的，政府采取行政许可（出租车牌照）方式，且只将牌照发放给出租车公司，牌照禁止转让。这一特许模式早已显现出它的弊端，现实中消费者吐槽“打车难”、服务质量差、“黑车”横行；出租车司机抱怨收入低、工作时间长、精神压力大，政府即使实施全面管制效果也不显著。其实，现行出租车管制恰恰是市场乱象的根源，政府对出租车的管制大大超越了必要限度，这种过度管制制度“造成无谓损失、寻租、负外部性增加、价格上升、排队、服务质量下降等福利损失”，其实“市场可以充分实现对出租车价格、数量的私人自治，出租车市场不会在这两个维度上失灵；出租车服务质量虽然会发生市场失灵，但无法通过政府管制予以矫正，目前只需要保留出租车安全管制制度即可”。[2] 我们认为，市场化的资料配置，符合民法精神实践的要求，市场需要管制，但政府管制同市场一样都具有合理边界，超过边界的管制必然失灵，能以市场机制解决的问题都应当交给市场这支“看不见的手”。

因此，从单轨制到双轨制的公有资源配置体系的形成，必然是市场经济体制下公共资源配置的必然选择。它不仅是市场自由的需要，也是权力改造的需要，如果权力在市场经济条件下还完全管控资源，就不仅会造成资源的效率低下与浪费，而且必然导致行政权行使的严重社会腐败。

2. 从行政合同到民事合同

目前，我国在行政权行使条件下的公有资源配置合同，[3]公、私法的性质不明，有行政合同与民事合同的不同认识。

行政合同虽然产生于传统行政之外，但是根本上仍然是行政的产物而最终无法走出行政的桎梏。比较法上，以行政达成国家任务的方式或手段来区分，行政权可以分为公权力行政和国库行政。公权力行政是最传统、最典型的行政，由行政主体单方面的意思决定（多以行政处分之方式），并以强制之方式贯彻，要

[1] 《城市出租汽车管理办法》已经被《住房和城乡建设部、公安部关于废止〈城市出租汽车管理办法〉的决定》（2016年3月16日发布）废止。

[2] 王伟：《出租车过度管制的制度成因及其福利影响研究》，哈尔滨工业大学2016博士学位论文，第112、113页。

[3] 如国有建设用地使用权出让合同、特许经营合同、有限资源（如出租车牌照）利用合同、国有自然资源利用合同、政府招商引资合同、政府采购合同、农村土地承包合同、国有企业租赁承包经营合同、经济协作合同、科技协作合同等。

求行政主体的权力行使必须在法律规定的职权范围内。但是,行政主体如果利用私法之方式,来达成国家任务,即国家以私人地位所从事之私法行为时,可称为国库行政,国库行政可使行政机关有较大行为之自由,其不像公权力行政,处处必须要有法律之依据并作为行政行为的前提。[1] 在我国,有学者建议,行政主体实施管理时,除了传统"命令—服从"为本质特征的权力行使模式外,可以考虑借鉴、吸收民法精神之契约自由精神。不过,即使在体现民法精神的契约中,当行政主体的重双身份是否会坚守两种身份的行为底线、不会出现"规避公法限制而遁入私法"现象,同样令人担忧。

实际上,行政合同理论在德国饱受批判。理由有二:一是私法上的契约(合同)概念讲求平等,而在公法关系中当事人彼此关系并不平等,从而"合意"亦无法产生;二是私法上的"契约自由"与公法上"依法行政原则"本质不易调和。[2] 在实务上,行政合同可以由合同当事人一方直接予以调整或终止,此系行政合同与民事合同之间的一个显著差异,其理由固然系因行政合同富含浓厚之公益色彩,导致当事人之间的权利义务不平等,但是,毋庸讳言,这种单方调整或终止合同之规定,对行政合同之使用将产生另外一个不确定的风险,可能使得当事人并不乐意缔结行政合同来解决法律上之问题或纷争。为了减轻这种副作用的影响,应当严格地规范其行使要件及程序保障条款,避免行政合同一方动辄以"公共利益受侵害"为理由,使合同之内容及效力受到严重改变。在法国和日本,行政合同的立法和实践也面临同样的问题。[3] 因此,用所谓行政合同配置公有资源的做法,注定有其自身无法克服的难题与困境。

---

〔1〕 国库行政可以分为三种:(1)辅助达成国家任务的私法行为谓"行政之辅助行为",例如政府机关的发包建筑,办公器材的设置购买,公立医院药材的洽购,等等;(2)国家以增加国库收入为目的或为同时推行特定经济或社会政策,而如同企业以营利为目的时谓"行政营利行为",如所谓的"行政性公司",由行政机关以法人形式设立的公司,一方而进行营利活动,另一方面执行行政任务;(3)为呼应福利国家思想要求,利用私法行为来直接达成国家行政任务、授予人民利益时谓"行政私法行为",在德国的行政实践上,经常通过成立非营利的法人(与上述的营利性质之公营企业不同),来达成各种各样的行政任务,例如成立广播电视公司来为市民提供信息服务,房屋建筑公司兴建国民住宅,以及成立交通公司提供大众市区公车服务。(参见陈新民:《中国行政法学原理》,中国政法大学出版社2002年版,第17、20页)传统的国库理论将国家割裂成两个各自独立之法律人格体,作为国家时,其公权力行政受到严格控制和审查,作为国库时与普通私人无异,并不遵循公权运行逻辑,不过学者认为这可能会造成国家"规避公法限制而遁入私法"。(参见许宗力:《法与国家权力》,月旦出版公司1993年版,第12、13页)

〔2〕 参见吴庚:《行政法之理论与实用》,中国人民大学出版社2005年版,第388、390页。

〔3〕 参见熊文钊:《现代行政法原理》,法律出版社2000年版,第456页;杨建顺:《日本行政法通论》,中国法制出版社1998年版,第513页。

我国行政合同理论与实践有自身特殊的产生与存在背景。2004 年国务院《全面推进依法行政实施纲要》和《关于促进市场公平竞争维护市场正常秩序的若干意见》都明确提出了行政合同,要求改革行政管理方式、积极推行行政合同,充分发挥行政合同的作用。土地有偿出让合同、特许经营合同、PPP 合同等被视为行政合同。然而,在司法实务界却有不同认识,以土地有偿出让合同为例,不仅其性质争议较大,而且司法诉讼程序也不相同。2005 年最高人民法院《关于审理涉及国有土地使用权合同纠纷案件适用法律问题的解释》将其作为民事案件处理,但是对于与出让有关的土地使用权收回、土地管理部门与当事人签订土地招拍挂成交确认书的行为,法院又作为行政案件处理,实践中也有法院将国有土地使用权出让有关的纠纷全部作为行政案件受理。[1] 行政法学界,多认为其属于行政合同,如有观点认为行政合同在实践中客观、长期、普遍存在,中国行政合同的建制应选择公法模式;[2] 民法学界,有相左观点认为,将国有土地使用权出让等合同划归行政合同的范畴,背离了"把权力关进制度的笼子里"的深邃思想和良苦用心,泛化行政合同的理念及设计极不可取。[3] 我国的公有资源出让合同,即使在"合同"的意义是民事的,但也摆脱不了"行政"的属性。"尽管具有合同的属性,但其在功能上却是政府实现公共管理或提供公共服务的一种手段,具有明显的行政性,特别是在协议的履行过程中,作为协议一方的行政主体享有行政优益权,包括对合同履行的监督权、指挥权、单方变更权和解除权。"[4] 不过,目前法律、法规和规范性文件等均缺乏对行政合同及其法律性质的规定,解决途径也是五花八门,可以归结为两种途径:"一是将行政合同作为

[1] 全国人大常委会法制工作委员会行政法室:《行政诉讼法立法背景与观点全集》,法律出版社 2015 年版,第 70 页。

[2] 江必新:《中国行政合同法律制度:体系、内容及其构建》,载《中外法学》2012 年第 6 期。

[3] 崔建远:《行政合同族的边界及其确定根据》,载《环球法律评论》2017 年第 4 期。不过,《行政诉讼法》规定,"认为行政机关不依法履行、未按照约定履行或者违法变更、解除政府特许经营协议、土地房屋征收补偿协议等协议的",可以提起行政诉讼。政府特许经营协议是相对于商业特许经营协议而言的,主要存在于城市供水、供电、供热、垃圾处理等公用事业领域,其前提是对这一类经营协议,政府必须根据法律、法规的规定,以招标等公开竞争的方式选择经营者,是授权特定经营者经营某项公共产品或提供某种公共服务的协议。土地征收补偿协议是指政府因依法征收农村集体土地而与集体经济组织达成的补偿协议;房屋征收补偿协议是政府因依法征收国有或集体土地上的房屋而与房屋所有人达成的补偿协议。对以上三类协议的行政合同定性,似乎有立法的支持。

[4] 全国人大常委会法制工作委员会行政法室:《〈中华人民共和国行政诉讼法〉解读与适用》,法律出版社 2015 年版,第 33 页。

整体来处理”;“二是将行政合同一分为二,涉及行政权的,如变更、废止或者解除合同行为,交由行政诉讼途径解决,除此之外,由民事诉讼解决”。[1] 根据修订后的《行政诉讼法》规定,立法者似乎采取了第一种途径,即把行政合同作为一类行政争议处理,不过其只是明确了“政府特许经营协议、土地房屋征收补偿协议”,而未明确列举其他协议,又留下了很大争议空间。[2]

目前,我国的各类公有资源许可合同,原则上都遵循一定的市场规律,具有权利义务关系的对等性,长期根据民法的规范与原则和以民事审判的方式加以解决,且根据民事规则基本上就能够解决问题。有学者认为,过分强调行政主体权力优益性,意味着行政机关单方面变更、废止合同远比依据民商法处理来得容易,实质是将行政权力从制度的笼子里放出来,此举非常危险。[3] 2016 年《中共中央国务院关于完善产权保护制度依法保护产权的意见》提出完善政府守信践诺机制,要求大力推进法治政府和政务诚信建设。在当下,强调政府作为一方当事人的合同具有民事合同性质,对因政府违约等导致企业和公民财产权受到损害等情形,一体适用民事责任规范加以救济,具有重要现实意义。所以,应当坚持权利本位和民法精神,任何法律确认的权利都意味着是主体自由行事的活动空间,而这个空间就是一个“独立王国”,就是防止对个人自由和财产进行干预的屏障,国家权力的运行应当以此为界,到此休止。[4]

五、小结

权力属于公共产品,应当用于公益,公益可以还原为不特定个体的私益。民法精神实践及于社会实践的所有方面,涉及私权与公权关系——行政权如何承认、尊重和保护个人的地位与权利。民法精神实践需要在私权自由与行政权对

---

〔1〕 全国人大常委会法制工作委员会行政法室:《行政诉讼法立法背景与观点全集》,法律出版社 2015 年版,第 93 页。

〔2〕 2014 年 9 月,全国人大常委会法制工作委员会行政法室分别召开行政合同专题座谈会和应邀派人参加清华大学相关研讨会,与会同志对政府特许经营合同、征收补偿协议是行政合同没有不同意见,但对于国有土地出让合同,有的同志认为是典型的行政合同,有的同志认为是行政法色彩浓厚的混合合同,有的同志认为不是行政合同而是行政机关代表国家实现土地所有权价值的民事合同。(参见全国人大常委会法制工作委员会行政法室:《行政诉讼法立法背景与观点全集》,法律出版社 2015 年版,第 260 页)

〔3〕 参见崔建远:《行政合同族的边界及其确定根据》,载《环球法律评论》2017 年第 4 期。

〔4〕 参见张文显:《法哲学范畴研究》,法律出版社 2001 年版,第 396、397 页。

其限制的统一中存在。以民法精神为本位的行政行为即使在公法及其执行中，也要重视私法，弘扬私法或者民法精神，着力保障公民的私法权利。

在权力与权利的关系中，行政权必须受到控制。“要加强对权力运行的制约和监督，把权力关进制度的笼子里。”〔1〕限制私权的公权力必须受到“反限制”，当前必须处理好公私产权冲突问题，以行政行为的民法精神实践，完善现代产权制度，推进产权保护法治化。公私财产权之争，表面上是两种“权利”之争，而实际是代表公有财产权的公权或者行政权与私人权利之争，这种公权与私权之争从双方的主体地位上就是事实不平等的。当前需要解决两方面的问题：一是政府行使“权力”必须做到依法行政，杜绝利用公权力侵害私有产权的现象；二是政府行使“公有权”作为市场主体参与经济联系，需要树立契约意识，平等适用交易规则和法律责任。公有财产权的承认与保护既体现民法精神，也不损害以民法精神实践为基础的私权保护。但是，问题在于，在公权与私权的关系中，公权不能过度地发挥作用，而公权的这种过度作用又事实上一直在发挥，这是导致公私权矛盾与冲突的根本原因，而在公权的过度发挥中，是公权的普遍滥用与腐败。在公权的滥用与腐败中，私人权利必然处于风雨飘摇之中，因此如何在公权行使的行政行为中体现民法精神的实践原则，就变得非常重要。

“有恒产者有恒心”，必须通过产权制度法治化传递稳定的信号，增强人民群众财产财富的安全感，增强社会信心，形成良好的社会秩序预期，只有这样才能够增强人们创新创业能力，维护社会公平正义，保持社会与经济的持续健康稳定发展。民法精神及其实践既要防止国家意志（强制力）对于个体的自由（意思自治）的过度强制，在国家治理现代化过程中的行政权行使，应当处理好行政审批与许可等行政行为与民事权利取得的关系问题，进一步完善权力清单制度，在公有资源配置的民法精神实践上，推动从特许到契约的转变，充分发挥市场自由的调整作用，对常态化的权利与自由限制——“限购”、“限行”与“限产”需要更多接受合法性和合理性的拷问。

〔1〕《习近平在十八届中央纪委二次全会上重要讲话精神学习问答》，党建读物出版社 2013 年版，第 1 页。

附件一

调研报告

一、调研的目的与规划

（一）调研的目的

国家社会科学基金重大项目“民法精神与建设社会主义法治文化民本模式研究”（批准号：14ZDC022）的调研活动采用问卷和专访两种调研方式，目的是全面了解和掌握我国社会主义法治和法治文化建设的生态现状与现实情况，并建立我国法治和法治文化问题研究的基础数据库资料。根据调研规则，在调研时，项目组以书面形式告知并要求调研对象，在接受调研和专访时如实填写本人的自然情况，保证个人身份信息的全面、准确，并客观、理性地填写自己的真实想法和回答调研问题。调研驵保证调研和专访对象的个人信息只作为数据来源根据，不会被用于其他目的。

调研活动在首席专家王利民教授的整体安排与组织下于2015年8月间在甘肃、青海、贵州、云南、宁夏、内蒙古、浙江、江苏、天津、山东、河南、山西、四川等十三省市、自治区、直辖市以问卷和专访的形式进行，历时近一个月完成，按计划取得了预计的调研样本和数据资料。本次调研，根据项目研究的目的与主题需要，精心设计安排49个问卷选题，在获得的问卷中筛选有效样本3033份，是有关我国法治和法治文化建设的生态现状的第一手数据资料，作为本项目研究的数据统计根据；在取得的专访材料中选定完整样本166份，作为项目研究的参考资料。为提高本项调研及其样本与数据的完整性和准确性,本项目组今后将根据研究条件和需要拟进一步开展这一项目主题的后续调研工作,在有效完善调研样本与数据的基础上,希望能够建立一个不断补充与适时更新的数据库资料,从而以实证的数据统计标本与分析结果尽可能全面反映和展示我国社会主义法治和法治文化建设的生态现状与动态发展。

本次调研获取的数据本样,为本项目研究提供了一个相对可靠的数据分析基础,并且其数据成果与分析,已经在项目成果中进行了综合运用。对此,本项目组声明,基于调研取得的问卷数据的有限性和局限性,所以本次调研的数据统计结果只具有相对的参考价值,并且因数据选择及其分析结论本身所具有的主观性而只能将这些分析和结论作为一个学术问题进行讨论和批判。

(二)调研的规划

本项调研活动由王利民教授亲自制定调研规则与调研方案,并经过多次会议研究定案。为保证数据的品质并取得预期的调研结果,项目组在精心研究的基础上最后设定了 49 个问卷题目并印制了问卷调查表和受专访人自然情况表,并印制和使用专门的专访记录纸。同时,为保证本项目调研工作的正规和严谨,项目组为每位参与调研的人员制作了胸卡,每个调研组均配备了"易拉宝"宣传栏,并统一购买了调研专用的笔和板夹等用品。这些前期准备工作为规范化和高品质地开展项目调研奠定了良好的基础条件,保证了调研工作的有序进行和顺利完成。

调研活动分为五个调研组进行,子课题一组刘艺工、王利民、罗海山、陈光负责甘肃省甘南藏族自治州和青海省西宁市的调研;子课题二组王俊峰负责重庆的渝北、渝中和江北地区以及贵州省六盘水市、安顺市的调研活动,刘灵芝、张国强(《法治日报》驻辽宁记者站站长,法学博士)、[1]高其明负责云南省西双版纳州勐海县的调研活动;子课题三组王勇、丁轶、赵大千、封爽(大连海事大学 2014 级法律硕士)负责内蒙古自治区和宁夏回族自治区的调研活动,王利民参加调研组在宁夏的调研,温静芳在呼和浩特市独立调研;子课题四组顾荣新、和帅、唐轲、蒋超、舒哲岚负责江苏省盐城市、南京市的调研活动,张婧飞、曲晟负责浙江省湖州市调研活动;子课题五组郝磊、张佳庆(天津师范大学法学硕士)、丁洪君(天津师范大学法学硕士)小组负责河南省新乡市、永城市的调研,尚海涛、龚艳

[1] 参加项目调研的非项目组成员,在此统一注明。

(天津市委党校副教授)负责山东省济宁市微山县和淄博市周村区,山西省忻州市代县和襄汾县新城镇的调研活动,杨会、何影(四川省人民医院,医学博士)负责四川省成都市的调研活动。

本次调研活动范围涉及东北地区、东部地区、西北地区、中部地区、西南地区、华东地区,同时涵盖发达地区与欠发达地区,调研对象和范围较广,在付出了大量人力物力的情况下取得了较为完整的调研结果,为完成国家社科基金重大项目"民法精神与建设社会主义法治文化民本模式研究"的科学研究工作,提供了实证的数据样本与统计结果,提高了本项目成果的实证性与科学性,对于实现本项目研究的目的并保证项目成果的质量,具有十分重要的意义和价值。

二、调研的过程与总结

以下是根据各子课题(调研组)顺序整理的调研过程与总结。[1]

(一)甘肃、青海的调研过程与总结

子课题一组,刘艺工、罗海山、陈光负责甘肃省甘南藏族自治州和青海省西宁市的调研。首席专家王利民教授参加了本组的调研活动。甘南与西宁虽然为不同省份所辖,但是它们地域相连,同处国家西部和藏族聚居地区,因此,在民族习惯与文化传统上具有一定的相同性。

1. 甘肃、青海的调研过程

位于中国甘肃省西南部的甘南藏族自治州作为中国十个藏族自治州之一,在地貌上位于青藏高原东北边缘与黄土高原西部过渡地段,境内草原广阔。甘南州平均海拔 2960 米,具有典型的大陆性气候,夏季短暂凉爽,冬季漫长寒冷。因行政区域在甘肃省南部,并以藏族为自治民族而得名。

历史上,中国藏区曾实行政教合一的政治制度,宗教在社会生活中起着举足轻重的作用。位于甘南州夏河县的拉卜楞寺是藏传佛教格鲁派六大寺院之一,被誉为"世界藏学府",不仅是甘肃藏区宗教活动中心,而且还曾具有司法裁判功能。1959 年中国藏区民主改革后,藏区的政教合一制度和农奴制度被废除,藏区开始走上社会主义道路,藏区的社会面貌发生了翻天覆地的变化。

青海省和甘南藏族自治州历史上都属于安多藏区,其法律文化传统有许多

[1] 本调研报告由各调研组分别撰写初稿,最后由王利民、郭明龙统一整合、修改和完善定稿。

相似之处。西宁是青海省的省会，是青海省全省的政治、经济、文化、教育、科教、交通和通讯中心，是国务院确定的内陆开放城市，古称西平郡、青唐城，取“西陲安宁”之意，是整个青藏高原最大的城市。西宁素有“西海锁钥”“海藏咽喉”之称，是青藏高原的东方门户，古“丝绸之路”南路和“唐蕃古道”的必经之地，自古就是西北交通要道和军事重地。

2015年8月18日至8月25日，子课题一组深入甘南藏族自治州合作市、夏河县，青海省西宁市等地进行实地走访调研。8月17日课题组成员在甘肃省兰州市汇合，8月18日上午课题组成员从兰州汽车南站出发，乘大巴前往甘南藏族自治州合作市。8月19日，在甘肃民族师范学院政法与经济管理系后宏伟副教授的陪同下，课题组成员赴拉卜楞寺宗教管理委员会调研，采访了拉毛东智等负责人，与当地干部探讨了甘南藏区法律纠纷的主要表现形式及纠纷解决机制。在访谈的同时，还组织当地干部填写了问卷。下午返回驻地，在返回的车上专访了后宏伟的学生家长临夏县杨先生，了解当地民间纠纷解决机制等相关问题。8月20日，前往夏河县博拉乡政府进行调研，做了问卷调查和专谈，受访者认为受教育程度的高低，将影响到执法、守法效果，加强民族地区和边远地区教育是维护社会稳定、解决矛盾纠纷的重要途径。关于宗教与法治建设的关系，当地干部认为应因地制宜，协调好宗教与法治建设的关系。下午课题组到合作市通钦街道调研，对街道副书记韩正东、高晓军等进行了专访，就社区法律纠纷的现状、问题及解决机制进行了探讨。同时，课题组在通钦街道组织了问卷调查。8月21日，调研组乘汽车前往青海省西宁市，在车上与在青海大学攻读苯教专业的硕士研究生才让东智交谈，与他探讨了藏族历史上的苯教与佛教问题，藏族传统文化与现代化等相关问题。下午到达西宁。晚上与协助此次调研的刘艺工教授的学生王巧敏、吴利民会面，并安排组织在西宁市的问卷调查事宜。8月23日，对青海省人民检察院研究室主任马天山进行访谈，马主任对藏区的民族习惯和民族文化颇有研究，向课题组赠送了其参编的《藏族部落习惯法研究丛书》（三册）。[1] 马主任就民法精神、社会主义法治文化等问题提出了自己的思考和意见。8月24日，整理调研材料。8月25日下午乘机返回大连，结束调研

---

〔1〕 该丛书由青海省人民检察院原检察长张济民主编，分三册：之一为《渊源流近——藏族部落习惯法规及案例辑录》、之二为《寻根理枝——藏族部落习惯法通论》、之三为《诸说求真——藏族部落习惯法专论》，青海人民出版社2002年版。

工作。

2. 甘肃、青海的调研总结

甘南、青海都属于安多藏区,有着与内地汉族地区不同的法律文化传统。课题组2015年暑期对甘南、青海两地的调研,通过个人专访与问卷调查,使我们加深了对少数民族地区法律文化认识。中国是一个多民族国家,中国传统法律文化不仅包括汉族的法律文化,也包括少数民族的法律文化。中国的民法精神也应该包括除汉族之外的少数民族民法精神元素。

(1)调研任务完成与目标实现的基础

子课题一调研组暑期对甘肃省和青海省的调研,按照事先的项目规划,总体上达到了预期的调研目标,完成了调研任务。

调研组在没有以往同类调研经验的条件下能够较为顺利地完成调研任务,主要因素在于:第一,项目首席专家王利民教授亲自参与了本组的整个调研活动,能够根据调研的总体规划与要求对具体的调研问题进行把关定向,并对调研问卷的填写进行了规范性指导,能够在专访中直接提出项目研究所需要的问题,从而获得了与课题相关的大量第一手资料,保证了调研成果的质量。同时,在调研过程中,王利民教授能够对遇到的新情况和新问题及时、妥善地进行处理和化解,提高了调研工作的效率。第二,调研组出发前,刘艺工教授与甘南、青海两地的联系人进行了充分细致的沟通,事先作出了具体的调研安排。调研组到达甘南、青海后能够及时开展调研,按照预定的方案开展工作,保证了调研工作能够按计划进行和完成。在甘南调研期间,刘艺工教授的学生后宏伟副教授积极与当地政府和有关部门联系,保证了调研工作的顺利进行。在青海调研期间,得到了青海省人民检察院马天山主任的大力支持,刘艺工教授的学生吴利民、王巧敏认真协助和安排调研组的调研工作,为调研工作的顺利完成提供了各种方便和条件。第三,在调研过程中,调研组成员各司其职,认真负责,相互配合,体现了良好的团队精神。由于大部分调研组成员都是第一次到甘肃、青海调研,而甘南和青海地理上属于青藏高原,不少地方属于高寒高海拔地区,气候变化无常,交通不便。几位老师到达甘南和青海后出现了高原反应和身体不适,但大家都毫无怨言,不顾旅途劳顿,任劳任怨、默默奉献,认真高效地完成了调研任务。

(2)调研工作存在的问题和不足

由于第一次承担这样有严格条件要求的调研工作,调研组在调研中也遇到了许多问题并存在一定的工作不足。第一,时间安排上缺乏灵活性。由于预估时间不足，有的调研和问卷超过了预定时间，因而影响了下一阶段的调研，有些打算开展的调研也只能放弃。第二，由于参加填写问卷的人员较多，受文化与素质等条件的限制，即使调研人员一再强调和提出要求，仍不能完全控制现场局面和特定个人的填写结果，因此出现了一定数量的填写答案不完整和存在技术性错误的不合格问卷，甚至是废卷，最后只能按废卷处理。

(3)调研取得的成果

调研组在深入社会基层的调研活动中，通过问卷和专访的形式，对我国社会主义法治文化的生态性及其生态现状有了深刻的理解。一般老百姓在现实生活中对法律和法治问题的认识，确定不是一个简单的制度和理论问题。他们理解和践行的法律，是他们认识和能够认识的法律——这就是我国社会主义法治和法治文化建设的民本条件与现实基础，对于建设社会主义法治和法治文化而言，这既是一个实在的条件和基础，又是一个客观的局限与不足。

一是关于民法精神的西部实践问题。民法精神是本项目研究的一个主题，也是本次调研通过各种问卷题目和专访内容提出和回答的主要问题。对于“民法精神”这样一个非常专业的概念和问题，不可能让一般受访的民众直接回答，而只能通过他们对相关一些具体问题的回答了解他们在现实生活中对民法精神的真实感悟，而这一现实的生态对于我们了解我国社会主义法治文化建设的条件与现状具有重要的意义。

本组在甘南和西宁的调研，主要是为了了解我国西部地区特别是少数民族地区的法治生态现状。因此，我们的问卷和专访对象都有一定的针对性。特别是对于专访对象的选择，有的是基层的少数民族干部，有的是具有丰富西部司法实践经验的法律工作者。我们希望通过与他们的直接接触与访谈，更多地了解他们对于和法律精神、民法精神、法治和法治文化有关的相关问题的真实想法与看法。这其中，既有与普通百姓和基层干部的直接对话，也有与专家型法律工作者的深度交流，并取得了一些具有代表性的调研成果。

民法精神，可以简单概括为一点，就是个人的行为秩序意识，就是一个人能不能有效控制自己的行为，使自己的行为自主符合整个社会规范的要求。有这个意识并且能够按照这个意识行事，就有民法精神，否则就是民法精神的缺失和不足。民法精神不是一般的法律规范，但是它却是控制人们行为的现实规范条件。对一般老百姓而言，不要说西部相对落后的民族地区，即使是东西发达地区的老百姓，他们对法律的了解也是极其有限的，就是学过法律的人，即使是一些法律专家,也不可能完全背着法律条文做事。这里,关键的问题就是个人的行为精神,有了这个精神,个人的行为就能够符合社会秩序,就能够合法。也就是说,民法精神就是个人行为符合秩序的行为精神,反言之,一个人的行为越是符合秩序,那么这个人也就越是具有民法精神。

对此,青海省人民检察院研究室主任马天山检察院结合青海省的司法实践认为:法律精神,不管是民法精神或者其他法的精神,其中的根本点、核心点应当是相同的。法律精神作为一种规范意识,它首先要在制度中体现出来。在民法乃至刑法等立法上,这种精神到底有多大程度的体现,这就是立法的一个根本问题。比如像青海省适用民法或刑法的时候,它虽然有一定的地方要求,需要一定灵活和变通的东西,在民事行为的自主表达上,无论是当事人还是法官,自由裁量权力更大一些,空间更大一些。但是,能不能以立法的形式反映地域特点,这是一基础和关键,它需要在立法上体现特定区域的法律精神。可以说,法律的精神如何能够在现实中体现出来,这在青海地区是很难的一件事。

关于法律精神在司法实践中的具体运用与体现,我们在甘南和青海的调研专访中普遍感受到,法律精神在现实生活关系中的实现存在很大障碍,更不用说在像甘南、青海这样的西方地区。交通不便,观念落后,人们法律认识水平相对较低,尤其是司法队伍和东部地区相比差别更大。在执法和司法中是不是能够准确把握和体现法治精神,还有相当大的提升空间。人们接触的一些案件判决,不用说判决的公正性还是存在不少问题,即使在简单的程序问题甚至连起码的完整性和透明性都做不到,当事人明显不服,引发的社会问题不少。

二是关于藏族传统法律文化和法治现代化。关于民族习惯在西部少数民族地区所具有的作用和发挥的影响问题,调研组了解到,习惯或者民族法在西部少数民族地区的影响还是比较大的。比如说在婚姻关系上,包括伊斯兰教、佛教,它的影响不是一般性的影响,而是非常大的影响。婚姻关系牵扯的人身关系和财产分割等问题,包括孩子、老人的抚养、赡养问题,都受到地方习惯的强烈影响。人们往往以习惯开始一件事情、一项民事活动,然后又以习惯结束这一民事活动,实在觉得没有办法的时候才进入到法律程序当中去。即便进入法律程序当中去,当地司法人员在执法过程中,可能仍须认真考虑当地的文化或宗教影响问题。一般来说,最不应该受地方习惯影响的应当是刑事法律的适用,但是现实中地方习惯特别是少数民族的习惯在这方面的影响还是很大,甚至说非常顽固。如果以现代法律和法治标准去考察这个现实问题及其实际效果,则到底体现不体现公平和是否符合司法公正？是体现了法律效果还是社会效果？这些问题也都有值得思考的层面。有些问题，你讲法律性的时候没有，讲公平性的时候没有。例如，“赔命价”“赔血价”，[1]受害人、当事人拿不到多少钱，一部分出殡的人拿了，一部分寺院拿了，一部分调解的人拿了，到受害人自己手里没有多少钱，但他认可这个东西，认同这个结果。[2] 所以，本次调研的受访者普遍认为，对诸如“赔命价”“赔血价”这样的习惯法，既需要否定，又需要在现实中妥善处理，有破有立，从而既维护民族团结，又维护社会主义法治的统一。

马天山主任长期研究西部地区藏族习惯法，与他人合著有《藏族部落习惯法研究丛书》三卷本，对藏族习惯法的认知颇有深度。关于藏族习惯法和国家法制之间的关系如何评价以及正面和负面影响的问题，他认为民族习惯法应当就是一个只能供研究的东西，虽然对现实来讲，我们并不否认它在客观上具有一定的积极作用，就习惯法、部落法形成的初衷而言，它并不包含我们现在很多人所分析到的诸如尊重生命、维护自然等这些思想，但是它客观上可能具有或者起到了这方面的作用。这些习惯法的产生并不具备现代立法理念的社会背景与基础。因此，我们把它当成学术的对象或者当成文化遗产去研究，意义是巨大的，因为它毕竟是一种文化现象。所以，要把某些习惯运用到现代法律或者司法当

[1] “赔命价”是指命案发生后，加害人一方向受害人近亲属赔偿一定财物或者金钱从而双方和解。与之类似的还有解决伤害案件的“赔血钱”。“赔命价”“赔血钱”在北方游牧民族古已有之，但在藏民族中影响最为广泛。据考证，藏族“赔命价”习惯法源于松赞干布时期的《法律二十条》。它以藏传佛教戒律为指导，甚至直接套用了戒律中“五戒”“十善”的条文，规定“杀人者以大小论抵”。元朝末帕主政权时期，《法律十五条》有“杀人者要赔偿命价”的规定。17 世纪五世达赖时期，《十三法》与《十六法》，都在第四、第七两部法律中规定杀人为“重罪”应“赔命价”。此后，在藏族许多地方的部落法中都纷纷效仿而做相应的“赔命价”规定。藏族的“赔命价”习惯法历史悠久，内容完整系统，并广为流传，逐渐成为整个藏区包括西藏、甘肃、青海、四川、云南等藏族居住地的藏族部落之间、个人之间处理杀人、伤害等纠纷的一种习惯法。新中国成立后，在强大的政府规制下，“赔命价”习惯法曾随着部落制度的废除而退出历史舞台，但是在改革开放后，“赔命价”的习俗在民族地区又悄然燃起，并有越来越盛之势，被称为“民族习惯法的回潮”。因此，在国家大力推进统一法治的社会条件与背景下，这种回潮现象成为理论界关注的一个问题。

[2] 大多数论者认为，“赔命价”“赔血价”是一种历史残留的陈规陋习，其复苏是一种历史倒退。虽然该习惯法在历史上曾一度适应少数民族地区特有的生产方式与社会关系的非凡性，对维护民族地区的社会秩序，保护和发展生产力起到过一定的积极作用，但是在高度民主、高度法制统一的现代社会，这一历史的习惯法是一种落后、愚昧的纠纷解决机制，其“回潮”是一种少数民族地区的民众法治意识淡薄的表现，其违反国家法律与法治，是应当彻底根除落后习俗。“要坚持社会主义法制的统一，必须对‘赔命价’、‘赔血价’的习惯法予以否定。”徐澄清：《关于“赔命价”“赔血价”问题的法律思考和立法建议》，载《人大研究》1999 年第 8 期。

中去,这个还是应当认真甄别的。

三是关于如何提高公民的法治意识。在夏河县博拉乡访谈中,当地干部反映了以下情况:党的十八大以来,在中央的号召下,博拉乡积极宣传国家法律法规,首先要求干部执法、懂法、守法,在这基础上,引导群众学法、用法、守法。这几年的每年三月份,村干部都开展进村入户进行法制宣传教育,司法所一年也开展几次法律咨询,参与一些纠纷的协调处理,乡政府组织司法所长、寺庙办主任,书记乡长等参加法制宣传教育工作,主要宣讲的内容包括民法、婚姻法、社会治安法律法规等,司法所在每一个行政村推选一名人民调解员,通过协调解决群众纠纷,群众不管有什么事,都要到乡里反映,然后通过人民调解,解决了许多群众的矛盾纠纷。

在夏河县拉卜楞寺访谈时,当地干部指出,"老百姓对国家法治不够关心,法治意识淡薄,只有在有纠纷时才想到用法律解决"。甘南藏区历史上属于安多藏区,是藏族法律文化传统和习惯法保留较多的地区。改革开放以来,虽然甘南藏区老百姓的法治意识有了明显的提高,但是仍然存在部分群众法律意识不高的问题,需要当地干部继续努力,使法治宣传入脑入心。在甘南的调研访谈中,当地干部认为,虽然公民的法治意识比起若干年前强了很多,但是他们对法律的概念还是非常模糊,原因是在该少数民族地区,作为一项民族传统,人们一般还是习惯于根据习惯进行民间调解,因此人们对法律的认识不强。他们认为,受教育程度的偏低,影响了执法、守法的效果。[1] 加强民族地区和边远地区的法治教育应当是维护社会稳定、解决矛盾纠纷的重要途径,这既是他们长期坚持的,也是他们所需要的。

在青海省的调查问卷中,人们对"您认为法治(法律)宣传和教育的最主要目的应当是什么"这一问题的回答,在79位参与调研的人中,有44人选择了"培养法治意识",占比56%,有28人选择了"普及法律知识",占比35%(如图1所示),这说明,青海省的法制宣传教育正在逐渐影响大众的生活,开始起到促进法治发展的作用,这是一个很好的现象。

---

[1] 据博拉乡干部介绍,该乡2005年前入学率不高,儿童不愿意上学。2005年后由于义务教育而入学率逐步提高,目前入学率已达到99%,95%为双语教学。随着教育的普及,他们相信藏区老百姓的法律意识一定会有较大的提高。

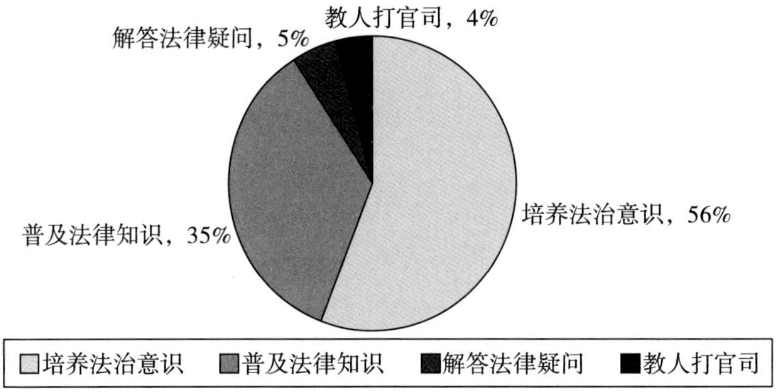

图1　“您认为法治(法律)宣传和教育的最主要目的应当是什么”一题青海调研数据统计

四是关于宗教与法治建设的关系。在甘南调研访谈中,当地干部指出:藏族人全民信教,宗教的正能量对人的约束力是很强的,甚至可能超过法律。他们有宗教优先意识,出现了纠纷的话,村干部有时候也会请宗教界的人士介入,这样对解决矛盾纠纷会起到一些帮助。一位受访的藏族干部告诉我们:“我们藏族信藏传佛教,寺院和活佛受尊敬,说什么都会听。如有什么纠纷,例如草场纠纷,政府解决不了的,高僧、活佛出面给他们讲一些法律,说一下道理,然后说你们以后不要这么干了,邻里之间关系要搞好,他们就会听。”因此,在藏区,处理好宗教与法治建设的关系非常重要。

五是关于法治的缓慢进程与“活法”实践。博拉乡位于甘肃省甘南州夏河县南部,地处青藏高原东北边缘,平均海拔 2900 米,213 国道穿境而过。全乡面积 375.1 平方公里,人口 6600 多人,900 多户,98% 是藏族,汉族、回族合计占 2%,是典型的半农半牧区。因时间所限,调研组没有接触到当地乡民,只在乡政府进行了几个小时的调研。走进乡政府大院,映入我们眼帘的是党的各种方针政策和标语。进入办公楼大厅,乡政府的办事流程、组织机构、各项制度均标注在显要位置上。这是个比较年轻化的基层政府,40 岁以下者占到了 90%,乡长南秀甲 42 岁,党委书记旦正加 35 岁,副书记杜晋陇 33 岁。也是个学历构成比较高的政府,全部工作人员中大专以上学历占到 2/3 以上。对于我们的到来,乡政府并不感到意外。在他们看来,我们这样的调研是十分正常的事情,他们以前也接待过其他的调研团队。在调研过程中,乡领导全力配合支持我们工作,并接受了我们的专访。

通过聊天式的访谈,我们发现基层政府的运作方式及乡民的日常纠纷解决和我们的想象还是有很多差别。在这次访谈中,我们真正感受到了埃里希所说的“活法”。中国人过去结婚的要件是仪式,是摆酒,现在法律的要求是领结婚证,没领结婚证不算结婚。但是很多地方的观念仍停留在过去,博拉乡也不例外,以前不领证就“结婚”的相当多,现在经过政府多年的说服教育,再有一些法律知识的普及,当地人的法律意识也在逐步提高。乡政府在引导时往往把领证和孩子的户口联系起来,第一年不行,就第二年、第三年,在政府人员的不断催促下,多数已经“结婚”的人都领了结婚证,“事实婚姻”现象在当地正逐步减少,努力已经见到了效果。

当地人对于孩子的抚养费没有概念。根据当代法治观念,夫妻离婚,不与子女共同生活的一方需要承担未成年子女抚养费,但是在当地人的观念中,孩子在谁那儿,即跟谁在一起生活,谁就承担抚养费,对方就不承担。后来随着国家法律的深入,有人开始倾向于抚养费共同负担,但是追讨的难度相当大,这也造成了一些纠纷。人类社会纠纷不可避免,现代社会倾向于通过诉讼解决。在博拉乡甚至甘南州的其他乡,司法所下设的调解委员会对于纠纷的解决发挥了很大作用。调解委员会有人民调解员,他们通过调解程序处理了许多如婚姻纠纷、邻里纠纷、草场纠纷的案件,每个案件都有卷宗。现在群众对这个调解委员会还是比较认可的,对于实在解决不了的案件,就请宗教人士介入,这对纠纷的解决有很大帮助,不过,现在这种方式和做法在逐渐减少。这就是藏区特色。

除了调解和宗教,乡规民约在当地也发挥着作用。当地人中很多都是小学毕业,初中毕业的都很少,完全按政策、法律执行他们不接受。但是土生土长、与生活密切相关的乡规民约却能为大家普遍认可,像伤人、骂人,都要罚款,这些规定很细致,它们在一定程度上填补了法律所应占据的空间。总之,在当地,起作用的不仅仅是政策、法律、道德,还有习惯、规约、宗教、调解这些因素,它们共同维系了当地社会生活的正常运行。尽管法律和政策的比重逐步增加,“但是进程还比较慢,然而,这必须是个漫长的过程,快不了”,副书记杜晋陇如是说。书记旦正加则认为,“法治要入心入脑,起码需要四五十年”“短时间忘记风俗习惯是不可能的事情”。我们很欣赏他们对目前中国法治的认识。

(二)重庆的调研过程与总结

1. 重庆的调研过程

子课题二组王俊峰负责重庆市渝北、渝中和江北地区调研。重庆,简称巴和渝,别称巴渝、山城、渝都、桥都,雾都,是1997年国家设立的第四个中央直辖市、国家中心城市、超大城市、长江上游地区经济中心、金融中心和创新中心,政治、文化、科技、教育、艺术等中心,中西部水、陆、空型综合交通枢纽。

重庆因嘉陵江古称“渝水”,故重庆简称“渝”。北宋崇宁元年(1102年),改渝州为恭州。南宋淳熙16年(1189年)正月,孝宗之子赵惇先封恭王,二月即帝位为宋光宗皇帝,称为“双重喜庆”,遂升恭州为重庆府,重庆由此而得名。

重庆拥有中新(重庆)战略性互联互通示范项目、国家级新区——两江新区、渝新欧国际铁路、重庆两路寸滩保税港区、重庆西永综合保税区、重庆铁路保税物流中心、重庆南彭公路保税物流中心、万州保税物流中心、过境72小时内免签,进口整车、水果、肉类等口岸。

2015年8月13日傍晚调研小组到达重庆,并与当地负责协调联系和帮助调研工作的人见面,落实了在重庆的具体调研计划。8月14日,在人人乐超市设置调研现场开展调研工作。对于我们安排的这么正规的调研活动,即使是作为重庆这样的大都市,见到的群众也不多,大家对我们的调研工作还是有一种非常陌生的怀疑态度。几经周折后,我们就地请到一位在附近就餐的女士进行了专访,其回答的质量反映出我国目前一些普通民众对社会法治问题的关注度较少,即使是我们认为作为普通民众应当了解的一些基本法治问题,也远未达到基本了解的水平和程度。为进一步提高调研效果,当天又调换地点到重庆大礼堂附近继续完成问卷调查活动。8月15日,根据事先安排,到预定的调研单位空港派出所进行调研并对四位警官做了专访。接受我们专访的张警官令我们印象深刻,他看书多,知识面广,很有个人思想,对法治社会问题也有较为深入的思考。8月16日为了弥补农村受访人群比例的不足,调研小组冒雨去位于重庆市渝北区的王家镇进行调研,这趟调研活动让我们感触较深的是,由于农民受教育水平的局限,对于专访中提出的法律问题他们常常从未听说,这种对法律问题的陌生提醒我们未来在我国广大农村地区的普法工作任重而道远。8月17日,调研小组冒雨到台资工厂展开调研,发现部分受访人限于素质水平,存在答非所问的情况,这在一定程度制约了专访材料的质量并造成了废卷的出现。8月18日,在友人的事先介绍与安排下到城区就业服务管理部门进行调研并作了工作人员的专访。余下在重庆的调研进程由于联系人临时有事,只好待8月26日从贵州调研返回之后再继续完成。8月27日,从贵州调研后返回重庆江北区一城乡结合部的施工工地进行调研,农民工对调研活动展现出极大的热情,在工地食堂区域进行生活化的访谈,还为这次专访赋予了更多的实践价值,不过此次调研存在部分问卷流失的现象。8 月 28 日在联系人的协助联络下,前往三峰环境产业集团和西永管委会进行问卷调查。8 月 29 日,前往机电集团和移动集团进行问卷调查活动。8 月 30 日,在中冶建工和轨道集团继续进行问卷调查。这三天的问卷调查活动有力地推动了调研的进度,为此次调研的收官画下了较为圆满的句号。8 月 31 日,休整及整理资料。9 月 1 日早乘机回大连。

2. 重庆的调研总结

重庆调研组的调研工作主要在农民、农民工与公务人员这两部分人员之间进行。在对他们的调研中,调研组既感受到了不同调研对象在对待调研及其态度与效果上的反差,又了解到了一些公务人员作为执法者和有权者自身对法律和权力等问题的关心,这让调研组印象深刻。

(1)不同调研对象的效果反差

调研组在重庆的调研过程中深刻感受到,在街头、城乡结合部工地以及农村的访谈效果欠佳,这与在机关和企事业单位专访和问卷调查效果较好形成鲜明的反差。调研组发现,受访者对法治文化的理解水平与其受教育水平之间存在较强的正相关性。典型代表是建筑工地打工人员与空港派出所的警官对当代法治的理解与解释的不同。这虽然是正常现象,是可以预知的一般结果,但是,只有当一个人深入基层进行直接和面对面的调研时,才能够切身感受到这种反差给人们心理带来的冲击。

建筑工地工作人员整体文化水平偏低,这直接导致解释问卷内容等辅助调研的工作量较大,尽管如此,当农民工们基本处于对问卷进行伏案作答状态时,还是让调研组的人员感受到了他们朴实的情感和他们的行为所代表和体现的时代与社会进步。这是一个特殊的弱势群体,一方面他们认为在法官司法、官员行政、法治文化建设等方面存在较为显著的问题,另一方面他们又不敢或者不愿直接表达对这些现象和国家法治现状的不满。这种对真实情感的隐藏,是一种非常矛盾的现象,显然,作为身处社会最底层的普遍民众,他们从自身的处境出发,承担不起任何意外的打击,因此无法摆脱对于来自某种权力的打击报复的恐惧和担心,所以不仅顾虑太多,而且小心翼翼,生怕给自己招惹是非。不掌握法律标准,不了解国家法治的客观条件和要求,缺乏理性认识与反思问题的能力,也就影响了自己表达与行为的自由。

与底层民众的法律水平与法治意识过低的现状不同,那些受教育程序较高的国家公务人员，显然表现出整体较高的理论素养，特别是一些在公安司法机关工作的人员对于法治认知的水平则更高。同时，由于他们长期身处法律与法治实践的第一线，所以他们总结的司法和执法实践经验以及他们对我国法治文化的看法，既生动，又鲜活，对于我们全面把握我国法治文化发展的生态发展，具有不可缺少的现实意义与参考价值。

(2)公务人员的法律与权力认识

参与本组调研的公务员，主要是一些基层干部，一方面他们手中握有一定权力，另一方面他们也非常关注权力如何运用与监督问题。受访者认为，法律实施与权力运行的效果与效率不能从表面上看，而要考察它的实际运行效果与效率又是很难的，很多实情可能被表面的一些东西掩盖起来，因此，要加强权力运行的监督，提高法律实施的实际效果，在这方面首先还是要完善制度机制，并从制度的落实与个人责任抓起，否则表面看上去有效果与效率的东西，实则欲速而不达。社会主义民主是目前权力分配的最好方式，基本策略在于应当改良制度并推动其落实，使得权力分散，并接受有效的监督，如果权力过于集中，不仅可能产生权力失去控制，而且也不利于及时发现和矫正权力运行中所出现的错误。他们认为，应该让权力运作更透明，权力得到有效制约，立法、司法和行政等必须划清合理的界限，并且要使民众更能表达自己的合理诉求。在这种制度与状态下，法律实施与权力运行的效果就会好，老百姓也就会更放心。

对切合到公务员实际工作方面的问题，受访者的回答普遍显得理性客观。比如针对如何评价官员“权为民所用，情为民所系”的表现问题时，他们认为权力如果没有制约的规范和方法，就不能达到该目的，即使是少部分人做得不好，也是一个整体问题，还是需要从根本上解决问题。对于个人利益与公共利益关系问题的回答，受访的公务人员展现出较好的理论水平，他们认为，老百姓需要政府提供服务，使公共职能得到有序运行，然而，如果公权力越界，得不到制约，在提供公共服务时就会影响到个人权利的实现。在回答您个人和周围的人权利实现程度如何的问题时，来自公安部门的受访者客观地描述了目前的情况：现在公安监督相对透明，同时工作处于一线，老百姓有直接的感知和判断。他们认为，社会上官民之间的对立很大程度上源于误解、源于民众对公安司法机关解决社会问题的高度期待，然而，在现实生活中，譬如盗窃、诈骗等侵财案件高发以及预防和打击常规犯罪是综合因素影响，不是一家机构能够完全解决，如公安机关未能妥善完成结案任务，最终会直接导致民众对公安警务人员的负面评价；还有维稳等方面的社会问题都对警务人员有所需求,这些在一定程度上造成了警力的紧张,从而在一定程度上制约了公安机关办案的进度;此外,侦破、打击的时间和经济成本越来越高也是开展工作的困难因素之一,也可能因此引起老百姓对公安工作的不满。

(3)关于法治文化的认识

不论是法律的实施还是权力的运行,在根本上都是一个法律或者法治文化问题。受访人员普遍关心我国法治文化建设的进程,特别是立法的权威及其能够达到的法治效果。也有受访者能够从更深层次思考法治文化的问题,认为以儒家文化为代表的传统文化及其中庸思想与现代法治思想的不相适应对于建设社会主义法治文化呈现了更多负面影响。受访者都强调了法治宣传和对身边事案的感知对于公民法治意识形成所产生的正负两个方面的作用。大家普遍认为,建设社会主义法治文化,公民法治意识的提高势在必行。

(三)贵州的调研过程与总结

1. 贵州的调研过程

子课题二组王俊峰负责在贵州省六盘水市和安顺市安排的调研活动。六盘水,位于贵州西部,市名来自最初下辖的六枝、盘县和水城三个特区的头一个字组成。2013 年末全市国土面积 9965 平方公里,辖 4 个县级行政区,常住人口 285.9 万,人均 GDP 仅次于省会贵阳。

六盘水别称“中国凉都”,该市炎热夏季月平均气温仅 19.7℃,气候宜人,是消夏避暑的天堂,地处滇、黔两省结合部,长江、珠江上游分水岭,南、北盘江流域两岸,矿产资源十分丰富。交通四通八达,是西南重要的铁路枢纽城市和物流集散中心之一。

安顺是贵州省下辖的地级市,位于贵州省中西部,距贵州省省会贵阳 90 公里。

安顺素有“中国瀑乡”“屯堡文化之乡”“蜡染之乡”“西部之秀”的美誉,是中国优秀旅游城市,全国甲类旅游开放城市,全国六大黄金旅游热线之一和贵州西部旅游中心。

8 月 19 日王俊峰小组完成重庆调研后出发,中转贵阳。8 月 20 日下午到达六盘水市六枝特区稍作休息即前往堕却乡展开专访和问卷调查。这一地区民众防御抵触心理较强,不愿意配合调研活动,在调研组赠送礼品的条件下才勉强完成了专访和问卷调研。8 月 21 日,在检察院完成了部分问卷任务。8 月 22 日,在六枝特区检察院对口支援扶贫平台的帮助下，继续在农村的调研活动。8 月 23 日，在六盘水市六枝特区街头开始调研活动，市民们纷纷表现出拒绝、逃避和排斥的态度，回答问题简略，调研工作进展艰难。8 月 24 日，整理调研资料并研究下一步调研方向与安排问题。8 月 25 日，乘车到安顺调研。8 月 26 日上午在所住酒店及附近做了问卷和专访。

2. 贵州的调研总结

在贵州调研时了解和加深了调研组这样的认识，贵州作为全国典型的欠发达地区、重要生态屏障区、扶贫开发示范区，在享有国家扶贫特殊支持政策，人民群众收入水平有所提高的同时，需要正视的社会问题是中低收入家庭数量以及悬殊的贫富差距仍然较为显著。同时，贵州作为全国重要的能源基地和资源深加工基地，在经济发展新常态的背景下，矿产业面临的发展形势愈发严峻，政府部门和银行机构偿债高峰的到来与偿债能力的疲软叠加在一起的可能性大大增加，这些为贵州进一步解决社会就业和收入水平不均衡等问题增加了难度。俗话说，“仓廪实而知荣辱”，普通百姓的生活水平较低和改善程度乏力，为当地法治文化建设和发展增加了阻碍，但同时也可以发现普通百姓对于中国特色社会主义法治的支持和认同。调研组选择了农民、个体经营者和公务员等不同身份的人进行了专访，对他们提出了基本相同的问题，而在他们的回答中，既有对一般问题的共同点，又有各自侧重与关注的不同点，他们的这些回答与观点，在反映我国社会主义法治生态上，颇具一定的代表性。

（1）一位农民的法治情怀

2015 年 8 月 20 日，调研组对贵州省六盘水市六枝特区新场乡一位黄姓农民的专访，反映了当代农民对社会主义法治和法治文化的一些看法。关于如何理解社会主义法治文化，他说，“普通百姓一般不懂社会主义核心价值观这些，我就知道我们现在治安是好了，然后国家政策也好”。表现出对国家政策的理解和支持。当被问到你最关心的社会主义法治问题是什么时，他的答案非常明确，就是“公平正义”。这一直截了当的答案，反映了一个普通农民对公平正义的关心。对于自己身边是否存在什么权利保护问题，他说，“自己不太懂啥子权利保护，我们乡镇这种问题不多，有的话就到公安去报案，一报案他们都来得很及时，尤其是这些年来，情况更好”。这个答案显然反映了一个农民对发生在自己身边的权利保护问题的简单满意。当被问到社会主义法治文化建设主要是制度问题还是人的问题时，他的回答是，“都有吧。制度这些条条框框太多了，感觉经常在变,人这方面也有影响,存在县官不如现管的感觉,也可能普通人办事还很讲究人情观念,人的问题可能更多些,在执行过程就会出现偏差”。他认为,个人的思想行为对于法治的影响“相当重要”。这一回答既有问题概括,又举具体实例,出自一个农民之口,让调研组感到有些意外。姑且不说这一回答是否准确,但它确定反映了普通民众对这类问题的看法和观感,值得我们反思。

农民的思想是朴实的,这在黄姓农民对一些问题的回答中反映了出来。例如,在问到何理解“以民为本”时,他说,“打个比方讲,之前领导来了都要封路,习总书记上台后,就没听到这种东西了,这就是以民为本,不去扰民。找官员办事,态度比之前好多了”。对于掌权者在“权为民所用,情为民所系”方面的表现,他认为,“分两方面,有贪官,如刘志军;有清官,如焦裕禄。像我们这边政府出钱给盖的新房子,可能一方面是形象工程,但毕竟让我们看起来,心情都舒服好多,卫生环境也都变好了”。这一认识,表现了一位农民的客观与理性和一种实事求是的态度。当被问及个人行为自由与社会秩序之间关系时,他认为,“互相影响,互相制约。要看平衡点,个人自由过大,社会秩序就难以得到维护,而当社会秩序过于牢不可破,个人自由也难以保障”。这一理解,反映了经过改革开放洗礼的新一代农民理解问题的高度与深度。他对个人利益与社会公共利益之间的关系也有自己的理解,他说,“像最牛钉子户要的钱多,影响道路的走向,就影响公共利益。个人利益要讲,但不能无限扩大,否则就会伤到公共利益”。他在回答道德自律与法律强制哪个更重要时说,“大家如果能够互相包容些、忍让些就不用去打官司,不用上法庭。大家在乡里抬头不见低头见的,互相关系要靠道德素养来维持。但法律强制也很重要,有些作奸犯科的,就只能用法律强制来约束。相辅相成,法律管不到的,道德来调整”。对于富裕和自由哪个更重要,他指出,“分人来的,像我们普通百姓,富裕更重要,但对于刘志军这些,自由可能更重要些”。对于调研组提出的,法治文化建设最迫切需要解决的社会问题,他的答案是:“上访。大家都信上访有效,很多是追求不当利益,而不通过法庭,有问题要尽量在基层解决,不能解决时再上访,不要动不动就上访。我们村里就有先靠上访得到房子和低保待遇,然后上访要媳妇,这种人真的无理取闹。”当调研组问他,这些年普法效果如何,他肯定地说,“不错。公检法常有人在我们附近弄宣传画这些,让我们懂得原来以为是道德上约束的东西,法律约束也可以去调整的”。他认为,对政府权力制约的最好办法,就是公开,“你只要公开,都互相了解情况了,自然就会约束到政府权力,应了那句老话:不患寡而患不均”。

其实，老百姓的心态是困惑的，他们一方面需要通过上访的形式寻找到权力对自己诉求的支持，另一方面也希望法律能够在社会中发挥更大作用。也就是说，如果法律能够比权力有用，当然更好，也更可靠。在贵州的调查问卷中，对填写“您认为法律与政府权力的关系是什么”这一问卷的186人的数据样本进行统计的结果，有22人认为法律没权力有用，占比11%，23人认为二者作用差不多，占比13%。但是，更多的72人认为法律比权力有用，占比39%，认为两者作用不同的有69人占比也高达37%（如图2所示）。这一认识，当然有更多理性的成分，反映了人们的一种理想状态。

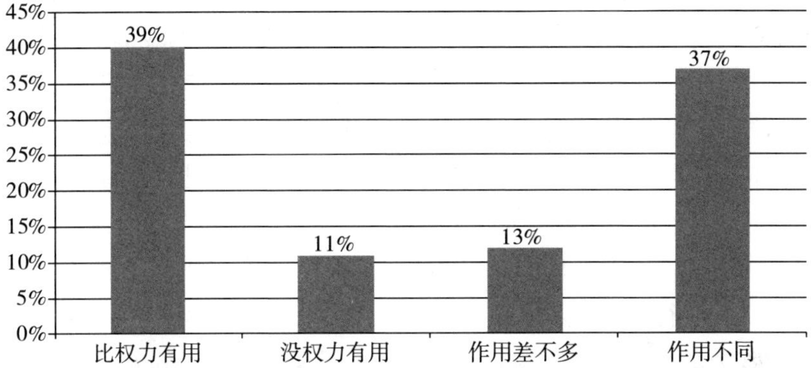

图2　“您认为法律与政府权力的关系是什么”一题贵州调研数据统计

（2）一位个体户的法治理解

2015年8月23日，调研组对贵州省六盘水市六枝特区桃源新区宋姓个体户进行了专访。他对相关法治问题的理解，也非常简单和直接。当我们问到他，最关心的社会法治问题是什么时，他说，“社会治安，对我们平民百姓来讲，还有个人与政府官员的关系”。他进一步说，“比如我们做生意的，就是需要政府。问题是，政府没有刻意着重保护我们个体户不受闹事的、喝醉酒的人骚扰”。显然，这些问题，对于一个从事个体经营的人来说，都是最实际的问题。

这位个体工商业者认为，我们国家的法治建设，“制度上已经有了条款了，但不去执行”，这是主要问题。对于个人的思想与行为对于国家法治文化的影响，他认为，非常重要，“个人不讲法，就不是一个法治国家”。对于我国法治文化建设应当向国外学习借鉴些什么，他的回答是，“简省掉关系户。每条每款都明确，杜绝关系户”。这一回答，显然体现了一位个体经营者对自己从业的一种关心与忧心。对于“权为民所用、情为民所系”的问题，他说，“我们这个地方，接触官员机会很少,但是在我们社会,说白了,就是贪官太多”。当被问及个人与社会的关系,他的回答,是挂钩的,“这个社会培养了你,你应该服务于社会,反馈于社会”。在个人行为自由与社会秩序的关系上,他认为,“个人只要遵守法律,与社会就永远不会脱节”。对于道德自律与法律强制哪个重要,他认为,“最重要还是道德,人们道德素质提高,然后犯罪率就下降了”。

对于调研组提出的个人最近所了解的最严重的侵权事件,这位个体工商业者的回答是,“食品安全”,并认为,“我们国家对这个问题处理力度不够大”。对这个问题的认识,显然应当与他的个人从事的经营职业有关。关于富裕和自由哪个更重要,他认为是“自由”,“你有钱没钱,都需要自由,你只有自由了,才能继续挣钱”。这一回答也反映了他的现实条件与需要。在对我国全民普法宣传效果的看法上,他认为,“不是非常好,因为农村那边,尽管有宣传,但进一步解释不足,他们理解不了”。这也可能反映了基层普法的现实情况。对于反对权力腐败的问题,他的结论是,“把中贪杀掉了,治不住大贪,也吓不住小贪”。

(3)一位公务员的法治态度

2015 年 8 月 23 日,调研组对家住贵州省六枝特区平寨镇贵烟路的一位蒋姓国家公务人员进行了专访。他最关心的社会法治问题,是“法院判决不公”,“法院的判决作为最后一道防线,如果处理不好,无法使老百姓对法律有所敬畏”,“法院判决必须能让大多数人感觉是公平的,目前,我们国家好多法官素质还是有问题,法官判决有些还是难以说服别人”。他认为,我国的法治建设,制度还不是十分完善,但最主要还是人的问题,由于人的问题,“法律有时得不到很好地贯彻执行下去”。对于个人的思想和行为对法治文化建设的影响,他认为“肯定重要”,“如果个人从我做起,相互影响,就能形成良好的氛围,然后就能形成法律信仰”。在对“以民为本”的理解上,他认为,“国家应尽可能少地影响公民生活”。对于国家公务人员如何以“权为民所用,情为民所系”的问题上,他不愿正面回答,只是强调,“十八大以后,大家思想在不断提高”。在被问及个人利益与社会公共利益的关系时,他认为,“既不能以社会公共利益之名来侵害个人利益,也不能以个人利益之名来侵害社会公共利益,二者要平衡”。对道德自律与法治建设的关系,他认为,“以目前中国的实际情况来看,道德更重要。中国从封建社会到社会主义社会,毕竟缺乏一种启蒙文化。应当从道德方面提升百姓的素质”。他同样表达了对老百姓“动不动就上访”问题的忧虑。

通过以上三份专访材料所反映的内容,可见同为社会基层民众,不同的职业和教育，对我国的法治问题既有共同的关注，也有不同的看法。从在贵州省进行的20份专访中，我们可以了解到当地各阶层民众整体上对社会生活水平提高以及国家政府通过各种方式扶贫倾斜与扶持是非常满意的，同时也用各自不同的方式表达了对国家法治一些问题的看法和不满，特别是对于人们不愿或者不能够通过法律途径妥善解决案件纠纷时而最终走向上访的理解，也有对过分依赖上访所持的否定态度，令调研组印象深刻。总体来看，他们对于国家宏观层面上的法治发展还是颇有信心，但是到了他们所具体面对的现实社会到关系，则都有不同程度的不满和担心。

在贵州省的调研问卷，受访者对"您认为下列哪项对实现社会公平正义最重要"的回答，在186人的样本统计中，有57人选择了公正司法，占比30%，45人选择了依法行政，占比24%（如图3所示）。这充分反映了人们对司法与行政在实现社会公平正义上的期待，这是解决案件纠纷、化解社会矛盾和减少无序上访的根本途径，也是实现社会主义法治和法治文化的最终要求。

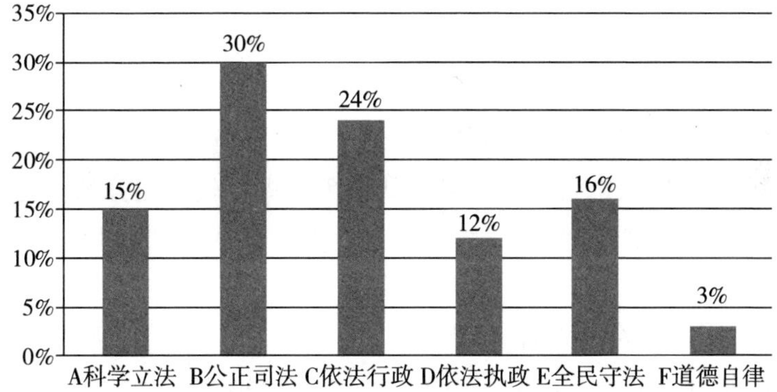

图3　"您认为下列哪项对实现社会公平正义最重要"一题贵州调研数据统计

（四）云南的调研过程与总结

1. 云南的调研过程

子课题二组刘灵芝、张国强、高其明负责云南省西双版纳州勐海县的调研活动。勐海县，位于云南省西南部、西双版纳傣族自治州西部，国境线长146.6公里，其中山区面积占93.45%，坝区面积占6.55%，最高海拔2429米，最低海拔535米，政府驻地勐海镇。勐海县是闻名中外的"普洱茶"的故乡和中国产茶最早之地，有着1700年前的野生"茶树王"以及星罗棋布的古茶树群。四季适宜水稻生长，盛产优质大米，自古有"滇南粮仓"之称，是国家级粮食生产基地和糖料基地。勐海县属热带、亚热带西南季风气候，冬无严寒、夏无酷暑，年温差小，日温差大，依海拔高低可分为北热带、南亚热带、中亚热带气候区。

2015 年 8 月 11 日，调研组一行到达勐海县财政局，上午在财政局完成了问卷调查，由于财政局正在筹备召开全局会议，所以没能进行个人专访。下午，到勐海县政府进行调研，参会村干部填写了调研问卷。因为很多村干部都说傣语，我们和参加调研的村干部直接交流非常困难，所以没能进行个人专访。问卷调查结束后，调研组在镇政府进行了个人专访。8 月 13 日，调研组到达勐海县司法局，在局办公室工作人员的帮助下，进行了问卷调查和个人专访。在对县司法局办公室包岚副主任进行的专访中，就如何理解法治文化和社会主义法治文化等问题进行了探讨。下午，调研组来到勐海县政务服务管理局、人民政府政务服务中心进行了问卷调查。至此，根据课题事先制定的调研计划，完成了预期的调研任务。

2. 云南省的调研总结

根据项目组事前制定的调研计划和工作案件，子课题二云南调研组的调研工作通过问卷调查和个人专访两种方式进行。行前，调研组将调研计划、调研要求、调研形式等问题与云南勐海方面的联络人进行了充分的沟通，请她事先与接受调研的单位和个人进行调研目的与方式等方面的解释说明，以便调研组届时能够顺利开展调研工作。然而，尽管调研组事前做了较为充分的准备并且有当地相关单位人员的陪同，但是整个调研过程亦不如人们事先想象那么顺利和如意。

(1)公职人员面对调研的谨言慎行

尽管调研组向接受调研的单位领导和个人反复解释和说明调研的目的和意义以及调研结果的使用等问题，但是人们还是对接受调研有各种顾虑，特别是不愿意提供过多的个人信息。对于接受专访，顾虑最大，尤其是基层公职人员（公务员和事业单位的工作人员），对于“专访”表现出高度的戒备心。为了完成个人专访计划，调研组研究决定换一种形式和调研对象进行沟通，请他们口头回答一下相关问题，以便更加了解他们对相关问题的看法。通过这样一种沟通方式，调研对象开始同意接受专访了。同样的内容，用两种不同的表达方式，得到的是截然不同的回应。在专访的过程中，对于个别问题的回答，公职人员反映出更多的谨言慎行。在回答诸如“您认为您所在地方或者单位主要存在哪些权利保护问题和是否严重”时，受访者一般都表示不便于回答，有明显的为难之处。面对这一情况，调研组不得不对问题略作调整和改变，让问题不具有明显的针对性，[1]这样，受访人才开始就调研组提出的问题说出自己的观点和想法。

(2)普通百姓对调研不愿多讲

在勐海县勐遮镇政府专访时，调研组遇到了很大的困难。主要有两个方面的问题，首先是语言不通，年轻人大多外出务工，留在村子里的大多是老人和小孩，虽然调研人员讲话他们能听懂，但是对调研人员说的是什么意思，要干什么，他们基本上表现出了一种迷茫的反映，回答调研组的问题，基本都是地方话，调研组成员猜不到什么意思，但能感觉到，这样的“专访”，他们不太愿意配合。

在农村的专访工作碰壁之后，调研组成员决定将基层普通老百姓的专访工作集中在勐海县城进行。8 月 12 日下午，调研组 3 人互相打气鼓励之后，走上了街头，开始分头行动，“猎取”自己认为可能会接受调研的对象进行专访，在这次调研中，调研组真切的感受到了人与人之间的隔阂、怀疑、不信任以及提防。在近 2 个小时的过程中，屡次选择对象、开口搭讪和遭遇拒绝，偶尔会有人员同意接受专访回答问题，在简单回答几个问题之后，即不再愿意深谈。

(3)基层法律工作者的充满期待

在勐海县司法局和勐遮镇政府调研时，调研组专访了几位基层司法工作者，他们对中国的法治建设充满了期待。勐遮镇政府法律援助服务办公室的一位老同志非常高兴地接受了调研组的专访请求，开始和调研人员进行拉家常式的交谈。在与他的交谈中了解到以下情况：

一是基层法律工作者的工作作用在提高。受访者作为一个基层司法局的法律工作者，他的感受是，这几年中国的法治建设取得了很大进步。他举了一个自身感受最明显的例子：作为法律援助办公室工作人员，他最重要的一项工作是帮助老百姓写起诉状，以前写的状子，到法院能够立上案的不到一半，基本上立案率也就 30% 左右。现在，不一样了，写的状子基本上到法院都能立案。

二是基层法律工作者的工作艰辛与不易。作为民族地方的基层法律工作者，受访者同时向调研组表达了作为基层法律工作的工作艰辛与不易。一方面是民族地方老百姓法律意识淡薄，法律工作举步维艰，很多规定给老百姓解释，老百姓不易接受。在当地的调查问卷中，有 174 人对“您和配偶之间是否有明确

---

〔1〕虽然调研组希望在受访者那里尽量得到一些具体和实证的调研材料，但是受访者多不愿对个人身边和周围他最了解的事情发表自己的意见和看法。

的个人财产与共同财产划分”这一问题进行了回答，其中122人选择没有，占比70%，选择有的仅有25人，占比14%（如图4所示）。这一数据统计结果表明，当地居民依然固守传统的家庭与法律观念，明显缺乏现代法治意识。另一方面是老百姓经济收入水平低，由自己的经济地位所决定，在很多情况下，对于民间纠纷的解决往往会出现要么忍气吞声、要么暴力解决这两个极端的选择与情况。

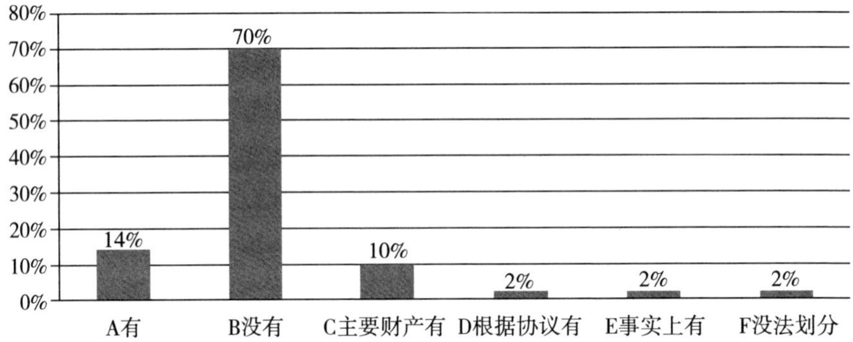

图4 “您和配偶之间是否有明确的个人财产与共同财产划分”一题云南勐海县调研数据统计

三是基层法律工作者希望国家法治建设落到实处。作为一个来自基层司法行政部门的受访者，他表示对于中国的法治建设以及怎么建设不敢妄谈，但是最大的心愿是写在法律条文里的东西能够真正落实到实践工作中，能够让基层的法律工作者在法律规范的制度条件下顺利开展工作，而不必凡事都请示领导，什么都得由领导说了算。

（五）内蒙古、宁夏的调研过程与总结

1. 内蒙古、宁夏的调研过程

子课题三组王勇、丁轶、赵大千、封爽负责内蒙古自治区赤峰市和宁夏回族自治区银川市的项目调研。首席专家王利民教授参加了本组在宁夏的调研活动。内蒙古和宁夏两区相连，一个位于祖国西北部，一个横跨东西部，其中赤峰市和银川市分别为蒙古族和回族聚居城市，均具北方少数民族风情与特色。

（1）内蒙古的调研过程

内蒙古赤峰市位于内蒙古东南部，是内蒙古自治区下辖的一个地级市，地理位置介于辽宁、河北等三省交界处。全市总面积约10万平方公里，市内辖红山区、松山区和元宝山区三区，另有喀喇沁等七旗、林西县等二县，是一个以蒙古族、汉族聚集为主的多民族城市。赤峰市共有30个民族,人口约460万,其中汉族居多,占77.30%;蒙古族人口为82.9万人,占19.11%;其他少数民族占3.59%。

赤峰属中温带半干旱大陆性季风气候区,冬季漫长,春季干旱。赤峰是中华文化发源地之一,境内有红山文化遗址。赤峰地处环渤海经济区和东北经济区的腹地,京津冀协同发展辐射区,2014年GDP总值为1778.37亿元,经济与社会发展在近年取得了明显的进步。

8月3日上午,课题组王勇、丁铁、赵大千、封爽前往赤峰市红山区老爷庙社区进行访谈和问卷调查,下午前往红山区六西社区和一西社区进行调研。专访的对象主要是一西社区杨主任和六西社区付主任。晚上,课题组成员对白天的问卷和访谈资料进行简单整理并交流心得。8月4日,课题组成员赶往赤峰市老府镇调研,对老府镇的主要干部进行访谈,并委托其工作人员向当地农民发放问卷。先后对老府镇政府的李镇长和孙副镇长、老府镇司法所的梁树明所长进行了专访。由于调研安排得十分紧凑,课题组访谈后即离开老府镇,并委托老府镇的李镇长帮助给村民发放问卷,填好后邮寄回大连。下午,课题组兵分两路,由赵大千和丁铁前往红山区文化局采访刘局长,王勇和封爽则在住处采访内蒙古春天服务中心的负责人刘先生和内蒙古赤峰市矿渣粉末有限公司的李树志。8月5日,课题组一行人乘火车返回大连。

(2)宁夏的调研过程

银川地处中国西北地区宁夏平原中部,西倚贺兰山、东临黄河,作为宁夏回族自治区的首府,是发展中的区域性中心城市,是全区经济、政治、文化中心,作为回族自治区的政府所在地,银川是“中国—阿拉伯国家博览会”的永久举办地。宁夏回族自治区银川市历史悠久,是古代西夏王朝的首都,是国家历史文化名城,民间传说中又称“凤凰城”,古称“兴庆府”“宁夏城”,素有“塞上江南”、“鱼米之乡”和“塞上明珠”的美誉。银川城市综合竞争力跻身全国百强,荣获全国文明城市、国家节水型城市、国家卫生城市、国家园林城市、国家环保模范城市、中国人居环境范例奖等殊荣,被评为“中国十大新天府”。全市常住总人口210余万人,其中回族人口50万人,占总人口的比重近1/4。城镇人口156万人,乡村人口54万人。

8月10日调研组王勇、丁铁和封爽前往银川市西夏区宁夏司法警官职业学院进行问卷调查和专访。专访对象为一名学员和宁夏司法警官职业学院史云院长。8月11日,王利民与调研组汇合后,前往银川市下辖兴泾镇的三个回族村——经河村、兴盛村和西干村进行调研,被安排在三个村部做了问卷调查和专访。8月12日,在完成了既定的全部调研任务后,全体成员在银川休整一天后乘机返回大连。

2. 内蒙古、宁夏的调研总结

内蒙古和宁夏调研组较为圆满地完成了调研任务,通过对基层民众法治观念和法治意识的实地调研与了解,让我们更加深切地体会到了法治建设的不易,也深化了对党的十八届四中全会关于全面推进依法治国,建设中国特色社会主义法治国家的重大战略部署的理解,坚定了从民法精神的民本性认知中国特色社会主义法治文化的社会生态性的信念。

(1)调研工作安排的经验总结

从调研的组织环节,实施过程和调研结果来看,本次内蒙古和宁夏调研基本完成了预期的调研任务。调研按照预定计划进行,通过个人专访与问卷调查,达到了项目组的要求,能够为后续的项目研究提供数据支撑。

本次调研成果的取得,有以下三点成功之处值得总结。

首先,调研的总体分工和协调。在历次项目组会议上,王利民教授对调研的目的、意义和实施步骤与侧重内容等进行反映强调与说明,甚至在组织形式和具体细节问题上都有明确的要求和部署。从调研组的最后调研结果来看,这种事先对调研工作的总体规划、安排与要求,是非常重要和必要的。本调研组根据项目组关于调研工作的整体安排和要求,进行分工协作,保证了调研工作的顺利进行与调研成果的取得。

其次,调研组成员的努力与奉献。本次调研在暑假期间进行,由于各位老师都有各自的事务安排所以大家统一时间安排调研工作比较困难。然而,为了保证完成项目研究的需要,调研组成员都能够妥善处理好自己的事务而全身心投入本次在内蒙古和宁夏开展的调研工作。在调研过程中,调研组严格执行预先制定的调研计划,并能够在调研过程中通力配合,认真细致地组织调研工作,同时能够根据预案及时调整和处理调研中遇到的问题,确保了调研的顺利开展。

最后,科学制定调研实施计划,认真做好调研预案。为了确保本次内蒙古和宁夏调研取得预期的成果,调研组三次举行预备会议,认真研读调查问卷和专访内容大纲,针对调研对象,做了较为充分的预案准备,并反复分析了调研中可能遇到的障碍。例如,理论话语的抽象可能导致的调研对象的距离感;访谈内容的尖锐可能导致的访谈对象的谨慎和恐惧;实施过程中可能给当地组织者和受访者带来的不便;遭遇不明原委的地方人士的阻挠和干扰;等等。事实证明,正是有了这些具体的准备工作,调研组在调研过程中大体上做到了有备无患,确保了调研活动在整体上顺利进行并取得预期的成果。

本次调研工作,也有以下两点不足之处值得思考:

首先,临场应变能力欠缺,工作效率不高。尽管事前制定了较为周密的调研预案,但是由于调研组成员调研经验的缺乏,仍旧导致了在调研工作中出现了一些纰漏和不足。在赤峰市,为了扩大访谈对象的范围,调研组入住宾馆时就与前台服务员约好了进行计划外的访谈,在对方已经初步答应的前提下,由于工作排期的原因,没有后续实施,这造成工作虎头蛇尾。另外,在调研现场,出现过多次调研对象错填调查问卷而没有当场发现并纠正的情况,导致了部分调查问卷质量不理想甚至作废问题。

其次,社会经验不足,理论联系实际能力差。虽然调研组成员都是多年从事法学教学研究的人员,对法学和法治问题以及对党和国家有关法治和法治文化建设的理论都较为熟稔,但是仍然缺乏一定实践与调研经验,尤其是缺乏对基层民众生活状态和法治意识的了解,导致在调研过程中,词语生硬,表述晦涩的情形多有发生,虽然一般能够得到及时修改,但是仍然影响了调研工作的进行,并对调研质量也有一定影响。

(2)调研取得的成果

本次调研的问卷和访谈内容根据项目研究需要有针对性设定,涉及法律与政治、法律与道德、法律与习惯、权利与权力、法律与利益、法律信仰、法治的生态环境、法律与秩序、法律意识、法律精神与民法规范等诸多问题。这些内容的回答,结合调研对象的自然情况,如所在区域,年龄,性别、民族、教育程度和工作性质等因素,作为分析标本,可以得出相对客观的答案与结论。可以说,这些问卷回答,以最原生态的方式,代表了基层民众对国家法治话语叙事的态度和感觉;以最真实的想法,体现了普通百姓对个人利益和社会秩序的追求与关切;以最低层的角度,反映了一般人群对适合本土法治理想的渴望与诉求。经过初步分析,调研组提炼出如下基本问题给予重点关注。

首先,法律与公权力之间的关系。无论是在普通百姓,还是在政府官员那里,对法律与权力之间关系的理解都是最核心的。在赤峰市老府镇调研中,一位政府工作人员直接讲,“现在政府机关是弱势群体,我们做工作不像以前那样有权力了,老百姓根本不怕我们”。这句话,从政府工作人员的角度讲出来,可以做多层面的理解,一方面,是政府权力的行使在法治的条件下,特别是在民众权利意识觉醒的时代背景下,确实不如或者不能如从前那样“霸道”和“随意”了;另一方面,是从客观角度看,也说明了民众权利意识的觉醒与提升必然要限制权力的不当行使和作用。然而,调研中,也有百姓指出,反腐败的力度还不够,法律要更严厉,对那些贪污腐败的人,一律处重刑。表面上,不同的人对法律持不同的态度,可是上升到理论进行仔细分析,就会发现,他们实际上都是“法律工具论”的信奉者,这与民法精神所倡导的社会秩序与理性主张往往背道而驰。这一点,可以进一步从民众关于信访问题的认知中得到验证。在当地的调查问卷中,对“您认为法律与政府权力的关系是什么”这一问题的回答,接受问卷调查的456人中136人选择法律比权力有用,占比30%;188人选了两者作用差不多,占比41%;92人选择了“法律没权力有用”,占比20%(如图5所示)。客观地说,这一多数强调法律作用的结果,还是在一定程度上反映了民众法律意识的提高。

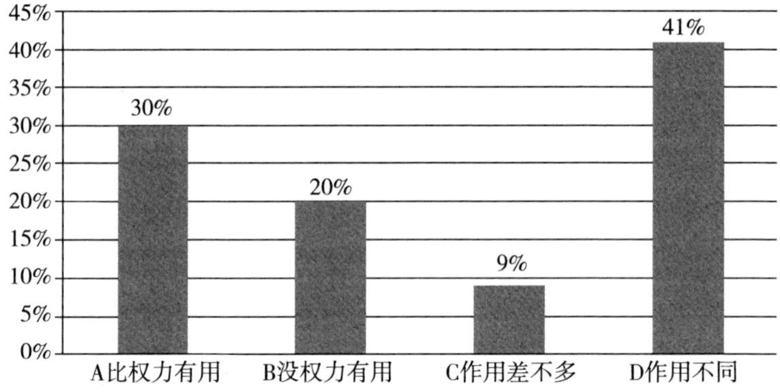

图5 “您认为法律与政府权力的关系是什么”一题内蒙古、宁夏调研数据统计

不过,由于历史和现实的原因,还是有一些受访者把我们提出的问题当作敏感的政治问题而不敢回答。在赤峰,调研组就遇到了这样一件事,一位到商店买东西的五十余岁的男性农民被调研志愿者邀请填写一份调查问卷,开始他满口答应下来,但是当他听到其中有“法律与政府权力之间的关系”“法律在社会生活中的作用”等问题时,就迅速离开了,其实,说“逃离”现场可能更贴切,这让调研人员非常惊愕!

令人欣慰的是,随着法律人才逐渐涌入现代职场的比重越来越多,法律的基本理念也开始成为一种常识。调研组在采访宁夏司法警官职业学院的史云副院长时,他就指出,“我们国家以道德与法律结合来治理国家的传统已经很多年了,法律不是万能的,在中国这样一个重传统,重文化的社会中,道德在法治建设当中起着非常重要的作用,光靠法律是不足的,道德是源自人的内心,它是从内心让人信服。同样,法治也一样,人不从内心里信服法律也不行,因此道德和法律必须相互补充,缺一不可”。关于法律和权力的关系,他认为,“我们国家现在做得挺好的,就是权力清单制度,你政府有多大权力必须列在清单里,不能乱来,而这权力清单中的权力是谁给你的,你要很明白,是法律赋予你的,是老百姓给你的,因此政府绝对不能超出权力清单的范围去越权行事,这是非常危险的。当然,如果真正能够做到这一点,那么基本可以说,就是我们的政府真正是在法律框架下履行职责,真正做到了法治”。这一认识可以说是相当深刻的。然而,难的是像这样的认识如何才能够成为政府官员的普遍信念并转化为实践。

其次,平等观念和民法精神的普及。在问卷设计的问题中,实际上关于平等问题的逻辑是暗含在民法精神之中的,而民法精神的提出与实践化,指向的是社会主义法治文化民本模式建设。然而,我们对政府工作人员、企业主和普通民众的调研中发现,人们对平等问题的理解是不准确的,或者说,存在基本的平等理念的缺失,没有起码的换位思考的意识,对契约观念、自治意识和私权神圣等必须用民法精神来理解的问题,存在常识性的认识不足。调研组邀请了一位学生参与了访谈,他的一段话,让调研人员思考良久,他说,“至于生活中的不公平现象,其实不是很多,我们村扶贫的政策并没有落实到穷人身上,反而让那些富人得到了好处。这种状况发生,也没有人去反映,或者去上访,因为大家都没有这个意识”。国家的法律,原本是平等的,依照法律和惠民政策所出台的种种举措,反倒诠释了平等的对立面——不平等。由此而言,我们对传统文化意识,对现代理性精神,对权利本位观念,对法律面前人人平等精神的理解,恐怕要以看得见,可兑现的方式来固定和强化。民法精神与社会主义法治文化的民本模式建设,当然要面对这一问题。

再次,警惕法律和法治话语的仪式化和符号化。在调研中,让调研人员发现或者说深化了这样一个认识,法治建设是一个重大的理论问题不假,是一个国家治理方略也真实,但是在很多情形下人们谈论法治,往往却是在消费法治,是在制造话语效应,是为讨论制造话题。官员言必称依法行政,但却干着许多不作为、慢作为、乱作为、胡作为——违法作为的事;民众说保护自己的合法权利,然而却就动用各种可以用上的资源来实现自己的诉求，甚至是非法诉求。法律是行动之前的说辞，这不仅体现在法律实践本身，也体现在对待法律的认知和行为上。调研组在采访中反复问到了普法活动的组织形式和实际效果，无论是宁夏还是内蒙古的受访对象，都说民众现在不好组织，不赠送点纪念品，就不会有人来参与。原本是惠及百姓的普法活动，却变成了各自的利益需求与形式表演。甚至，调研组了解到，连张贴一些法治宣传的标语，都要以打招呼的方式组织。在赤峰，调研组来到了一个城市社区，出乎我们的意料，在介绍完调研的性质和目的后，接待调研组的社区主任就微笑地打断了调研组的继续介绍。她说，“各位老师，不就是问卷和访谈吗，我们都熟悉，您放心，包您满意”。她的这一回答让调研人员根本没有想到。原来，该社区每年都会接待很多调研团队，有理论研究部门的，也有实务部门的，所以这对他们而言已经是一项非常熟悉的工作。在访谈中，令我困惑和无奈的是，我们提出的各种问题，对他们而言一点都不陌生，我们之前准备的“通俗化解释”的程序，根本没有存在的必要。可见，在有些地方和有的工作人员，不仅有丰富的社会实践经验，而且对相关社会问题包括法律和法治问题也在工作实践中有较深入的思考和总结。

最后，本次调研对调研人员是一次深刻的实践教育。虽然本次调研是为了项目研究的需要，但是在另一方面，调研人员在深入基层就具体的法律问题了解实际情况时，本身也受到了一次深刻的教育。调研组成员虽然非常熟悉法律社会学中的“本本的法”和“行动的法”的学术二分，但是这种二分的真实状况和场景，不来到实践，不来到基层是无法切身感受的。通过调研，调研人员不仅获得了基础的数据标本和实践材料，而且更重要的是它修正了大家在封闭的学术状态下的一些看法，了解了法治的真实社会生态环境，这对于后续的项目研究工作并取得预期的研究成果，具有非常重要的现实意义。

持续半个月的调研，接触很多，有陌生、有熟悉。调研组成员共同的感受是真有必要经常到基层来看看，对普通百姓来说，学术和官方话语就是外语，老百姓可能听不懂也不相信。看到他们思考“法律与权力关系”的瞬间表情，你会发现他们的生存和生活智慧是无法被轻视的。在狡黠的应对策略和残酷的斗争生活之间，他们比任何试图侵入他们领地的人都聪明！

（六）江苏的调研过程与总结

1. 江苏的调研过程

子课题四组顾荣新、和帅、唐轲、蒋超、舒哲岚负责江苏省盐城市和南京市的调研活动。盐城是江苏省面积最大的地级市，市域面积1.7万平方公里，常住人口721.06万人；其中市辖区面积4921平方公里，常住人口240万人，素有“鱼米之乡”的美称。盐城是江苏沿海地区新兴的工商业城市，也是长江三角洲重要的区域性中心城市。盐城也是淮剧主要的发源地。

南京，简称“宁”，古称金陵、建康，是江苏省省会、副省级城市、南京都市圈核心城市，国务院批复确定的中国东部地区重要的中心城市、全国重要的科研教育基地和综合交通枢纽。南京是中国四大古都、首批国家历史文化名城，是中华文明的重要发祥地，有着7000多年文明史、近2600年建城史和近500年的建都史，有“六朝古都”“十朝都会”之称。

2015年8月2日，子课题四顾荣新调研组一行五人（顾荣新、和帅、唐轲、蒋超、舒哲岚）自大连（唐轲由盐城自行前往）出发，前往江苏省盐城市滨海县滨淮镇进行调研。8月3日，调研组前往滨海县滨淮镇政府，先在镇政府进行专访，采访对象为镇政府的十名工作人员，人员素质总体较好，因此基本使用项目组统一设计的专访问卷。8月4日，继续前往滨淮镇政府调研，本日的主要调研任务是利用镇政府例会的机会做问卷调查，对象是参加镇政府例会的所辖各村、街道干部。下午在镇上的移动营业点进行调研。8月5日，前往南京。8月6日南京市玄武区的调研地点为新街口街道成贤社区，接受个人专访的对象有社区工作人员和来社区办事的居民。在社区专访和问卷过程中，调研对象为以老年人为主的社区居民。8月7日，调研组一行来到了百子亭社区进行问卷调查，下午至北安门社区时，几乎没有居民在此，无奈只能向工作人员说明来意，对他们做了简单的访谈。8月8日，整理调研资料并稍做休整。8月9日，调研组一行五人乘飞机返回大连。

2. 江苏的调研总结

江苏盐城、南京两地的调研，不仅完成了个人专访与问卷调查的调研任务，而且更多的是进一步加深了对调研本身的认识，特别是通过调研过程及其收获体会到了本项目对社会主义法治文化进行民本模式的社会生态研究的意义。

（1）调研的成功与不足

子课题四顾荣新调研组的暑期调研，基本按照预定计划完成了个人专访与问卷调查任务，无论是数量和质量上（根据项目组对问卷和专访进行的筛选结果）基本达到了项目组的要求。调研计划的顺利进行，除了得益于项目组对调研工作的总体把握与细致安排外，有以下两个方面的因素：一是调研组事先与盐城、南京两地的当地联系人的沟通。从 2015 年 6 月至调研前，调研组都在与他们积极联络，敲定调研时间、地点，在调研组到达后能够及时开展调研，预定的方案得到了很好的落实。二是调研组成员的奉献精神。调研组除了一名教师外，其余四名都是研究生同学。调研中同学们克服了酷暑的考验、连日奔波的劳累等诸多困难，配合默契，体现出了自己的专业能力与团队精神。

总结本次调研，也存在许多不足之处。由于调研组五人均是首次做社会调查，缺乏经验，调研过程中也出现了一些问题。其中主要有：①调研准备上不细致。比如在问卷数量上，没有做预留。调研出发时临时借用其他调研组的问卷，影响了其他调研组的调研工作。②未能根据实际情况调整调研方案。调研组由一名老师带队，从学生安全与社区交流的角度考虑还是选择了整体进行，从而未能及时分组分赴不同社区调研，以致在南京的社区调研未完全展开。③临场应对能力不足。如在盐城滨淮县滨淮镇政府做问卷调查时，由于现场人数较多，没有很好地控制场面，现场个别村干部没有答完问卷就急于离开，发现时找不到填写者从而出现了废卷。

(2)调研成果总结

调研是为了服务于项目研究，本次调研不仅获得了项目研究所需要的数据标本，而且在调研中也拓展了调研人员对项目问题的认识深度，在将理论与实践相结合的基础上，对民法精神与建设社会主义法治文化的民本模式之间的关系有了更为深刻的体认。针对调研的主要问题，围绕法治和民法精神，调研的收获有以下两点值得总结：

一是人们还没有真正形成“法治”的理念。尽管法治的概念已经提出多年，但是一般社会大众对“法治”的理解仍多停留在“法制”的层面上。也就是说，大多数人而言，很难区分“法治”与“法制”的概念差别，对法治的认识一般还局限于法制的条件和水平。因此，人们对于法治建设的要求，主要还是提出一些法律制度的建设及其实施方面的问题。在当地的调查问卷中，有 205 人参与了对“您认为我国建设社会主义法治文化存在的最主要障碍是什么”这一问题的回答，认为是“国家法律制度不健全”的有 106 人，占比高达 52%，而认为是“社会法治精神缺失”只有 31 人，占比仅 15%(如图 6 所示)。可以看出，人们对法治或者法治要求的最强烈心声就是权力受到法律约束与普遍的守法，而对于法治更为深层次、更为广泛的内涵则缺乏认知。这一方面有受访者作为普通民众的知识水平问题，另一方面也有政府或者官方对法治的基层宣传力度不够，依然停留在

"普法"、要求民众"守法"的阶段。因此,如何让法治理念深入人心,形成整个社会的法治精神至关重要。

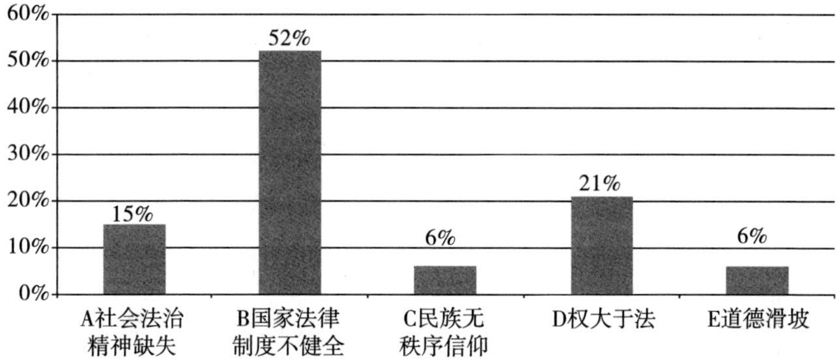

图6　"您认为我国建设社会主义法治文化存在的最主要障碍是什么"一题江苏调研数据统计

二是对法治政府的强烈渴望。政府在法治建设中如何转型很大程度上影响民众对法治的信心。这是长期以来政府在中国社会中的主导地位决定的。民众最关心的不是政府要求民众如何做,而是政府如何做。专访中涉及约束公权力、如何实现"以民为本"等相关问题的回答较为集中地反映了民众的这种期盼和渴求。民众对法治建设问题并不完全是漠不关心,而是缺乏表达的途径。虽然他们对专业问题的回答常常不明所以,但是他们能够结合自身的经历与各种社会现象,较为清晰地表达出各种个人诉求。然而,这些诉求长期以来由于政府的"高高在上"而未能得到充分和应有的回应,特别是由于政府未能通过公正执法树立自己正面的法治政府的形象,而又一味地强调公民守法,如此便形成了与民众的疏离感,这应当是我国社会主义法治文化建设中需要破解的难题。

(3)调研随感与反思

一是城乡差异。毋庸置疑,农村和城市在各方面都有很大差异,这种差异在此次调研的过程中让人感受鲜明。在素以富裕著称的江苏省的农村,村民的房子很多都是整齐划一的新楼房,倒不像传统印象中的农村居落。可是,与农村外在建设的进步相比,则是农村人口的外流,这在根本上是一种农村先进生产力的流失。根据村镇干部介绍,愿意留在农村种地的年轻人已经少之又少,对村民来说,外出工作相对体面,而种地种粮非常辛苦,一年忙到头,粮食价格又低,扣除各项成本投入,所剩无几,养活全家都是问题,远不及出外打工挣钱轻松。面对村子里一个个留守的孩子和老人,我们不知道此时强调农业是立国之本是否合适,因为在一个自由的国度,每个人都有选择自己最喜欢生存方式的权利,趋利避害的天性使得人们都希望通过努力争取自己想要的生活。然而,一个农业大国,耕地的重要性不言而喻,荒芜的或者被房地产开发而占用的耕地,则时刻提醒我们关注中国现代化过程中的农村、农业和农民的命运,而由农民的现实生存地位所决定,他们的目光往往聚焦于眼前利益,而他们的长远利益则极易受到外部强势力量的侵害,因此如何维护农民的利益,则是我国社会主义法治和法治文化建设的重要要求。

二是表达与途径。本次调研过程中,调研人员也发现,其实基层的大部分村民和市民很有表达自己想法的欲望。例如,在盐城滨海县农村调研时,一位基层工作者对于调研组的到来并没有表现出多大的热情,但是却苦于大热天被领导安排配合调研组进行访谈工作,在预约访谈时间里,他一度以外出就餐和有其他工作进行推辞,最后在调研组的再三请求下,勉强答应接受访谈。开始时,他的抵触情绪仍然不减,大部分都以"不了解""不太清楚"的回答应付了事。然而,几个问题之后,可能是调研人员耐心和语言拓展能力,将访谈题目进行了一些接地气的拓展和阐释,并根据采访者的回答进行恰到好处的追问与举例,这位基层工作者的态度发生了明显改变,随着访谈的进行,逐渐变得愿意表达自己的真实想法,不仅开始主动配合调研人员的提问与记录,而且还能够结合自己亲身经历和身边发生的真实事例,讲述自己对访谈问题的看法和见解,并尝试与调研人员进行交流。现在想来,为什么调研人员此前会形成一种老百姓都不爱表达的印象,这除了当下人们的自保意识强烈外,很大程度上是缺乏一种有效的途径能够让老百姓自由而真实地表达自己的想法。网络的出现确实便利了群众表达心声,中国网民也确实成为一个不容忽视的实在群体,但是,这应该远远不够。在广大农村地区,如何让百姓敢表达、愿意表达,这都是远未解决的问题。调研人员发现,很多问题上老百姓是愿意表达自己的看法的,事关自己的切身利益,就会据理力争,甚至斤斤计较。从表面上看,我们的社会似乎给了老百姓很多表达的途径,小到各种"公众信箱"的设置,大到人民代表大会的民主制度构建。可是,制度途径是一回事,而百姓是否愿意通过这些预设的形式进行表达又是另一回事,我们的社会是否能够给他们足够的信心来自由表达自己的真实想法而不必担心被追责、被打击报复,这些都是值得我们党和政府深思的问题。

三是信任危机。此次调研,让调研人员切身了解和深刻体会到了当下人际关系的信任危机。例如，调研组在农村的一个小卖部，希望可以对上了年纪的女性店主进行访谈，而她的第一反应是问调研人员是不是记者来采访，当她得到是大学老师进行学术调研的答复时，仍然是一脸戒备。当调研人员征求意见是否可以进行访谈时，她说自己听力不好，转而询问她能否填写一份问卷时，她又说自己不识字。调研人员能够明显感觉到她的抗拒，就不再强人所难。原本调研人员认为，即使是记者就这些普通的问题进行采访也不会有什么不良影响吧，事实上记者在民间采集新闻素材也是常见的事情，直到后来镇里的干部告诉调研人员，记者在基层并不是一个受欢迎的身份，此前有过很多次记者来到基层农村，向农民打听当地有没有村镇企业或官员存在违法乱纪的问题，这种所谓采访并不是单纯寻找新闻素材，而是以此作为把柄试图要挟当事人以交换利益。这一情况难免让调研人员对当前我国的新闻行业及其采访工作有一种忧虑和担心。

在中国广大农村，虽然还是熟人社会，但是原本民风淳朴的乡间田园牧歌式的生活已然不复存在，取而代之的是老人与孩子一双双满是戒备的眼睛，不愿与外来人有过多的言语交谈，尤其是涉及有关国家问题的看法，生怕惹祸上身。虽然“文化大革命”过去 40 多年了，但是它对社会的影响，尤其是对身在社会最底层而受教育程度又非常低的农民的影响就更大，他们生怕说了不该说的话而给自己惹是生非，这可是他们不可承受之重。

在城市居委会，调研组看到了另一番情形。社区工作者们似乎对每个小区每位居民的情况都非常熟悉，会分批定期让他们过来参加活动、办理手续、领取补助等等，而每个人到居委会来都非常自然平和，没有一丝一毫的不自在不愿意，与社区工作者亲切交流，居委会主任询问他们是否愿意参与调研组的问卷调查，也是得到了到访居民的普遍支持响应。其中有位老大爷，做问卷时非常认真细致，居然发现问卷某个题目中有少字。在几个居委会的问卷调查工作进行得非常顺利，调研组由衷感谢居委会的社区工作者们。显然，居民与社区之间的这种信任与亲切，不是一朝一夕建立的，在钢筋水泥铸就的城市中，如何构建起这份人际关系，除了城市基础设施完善、市民文化素质水平普遍较高外，更多的，是一种平等与发自内心的服务交流。社区工作者多想居民所想，切实为居民解决一些生活中的实际问题，这让居民切切实实地感受到了社区工作给他们的生活带来的便利和好处。当然，社会工作的开展，需要社区有良好的工作条件。

四是普法效果。彼时，我国已经进入“七五”普法后期，三十多年持续推动的普法，当然取得了一定的社会成效。各地进行的各种形式的普法活动对于改变和改善我国社会的法治和法治文化生态无疑具有非常重要的现实意义,现在,不论是受教育程度不高的农民还是普通的社区居民,在大力倡导建设社会主义法治和法治文化的今天,都知道了法律或者法治的重要性。当决策者把法律和法治提升到治国理政的基本秩序选择,作为老百姓也自然希望了解更多的法律,尤其是那些与人们日常生活息息相关的法律,对他们很有现实意义。可是,通过调研发现,我国的普法活动在形式与实效两个方面仍然存在较大反差。例如,调研组在就相关法律问题征求村民、市民意见时,大多人的反应都是“不会”“不懂”“不知道”“没有用”“答不了”……以各种态度回绝。在法律知识或者常识方面,调研组采访的人群中,只有个别人能够了解诸如“民法”这样一些法律基本概念的大体意思。在农村调研采访过程中,基层干部向调研组反映,大多数村民的法律意识非常淡薄,他们多不了解政府部门的职能分工,也不知道办事的正规程序,对这些,虽然一般基层工作者都能如实告之和耐心解释,但是往往仍然得不到一些村民的理解,而是固执地认为程序正当就是官僚主义作风。

(七)浙江的调研过程与总结

1. 浙江的调研过程

子课题四张婧飞、曲晟调研组负责在浙江省湖州市的调研活动。湖州市地处浙江省北部,是环太湖地区唯一因湖而得名的城市,自古以来素有“丝绸之府”“鱼米之乡”“文化之邦”的美誉,且有“南太湖明珠”之称。2010 年第六次人口普查常住人口 289.4 万人,多为江浙民系,使用吴语。

2015 年 8 月 21 日,课题组从大连出发,乘机前往杭州,换坐汽车赶往湖州。8 月 22 日,调研组前往南浔区双桥镇华桥村进行问卷调查和专访工作。当天,共取得问卷 50 余份,专访材料 4 份,结果并不十分理想。晚上,课题组成员对白天的调查问卷和专访进行简单的整理,并交流了心得和想法。8 月 23 日,调研组继续前往南浔区双桥镇华桥村,到村委会邀请村委会工作人员接受调研组的专访和填写问卷被拒绝。无奈之下,调研组回到当地一超市组织问卷填写和进行专访,虽然进展并不顺利,但是到晚上 7 点,终于完成 100 份调查问卷和 9 份专访。回到驻地,课题组成员对于农村部分的调研工作进行了总结。8 月 24 日,调研组到达湖州市经济和信息化委员会,开展调研活动,组织填写调研问卷,进行专访活动。到下午五点,调研组取得 30 份调查问卷,完成了 8 位专访,虽然数量不多,但是整体效果还是令调研组十分满意。调研组刚要收工回驻地,有 3 位接受专访的同志找到调研组,希望能够在专访中隐去他们的姓名、工作单位,以及修改部分专访题目的回答。面对这样的意外，我们只能选择保留他们的调研问卷，删掉专访的内容。8 月 25 日，调研组前往中信银行进行专访和问卷调查。晚上在达联系人所在的居民楼先后走访了数十位居民家发放调研问卷，同时进行了 2 份专访。8 月 26 日前往杭州乘机返回大连，结束调研。

本调研组在湖州市的城市（湖州市吴兴区中信银行、湖州市经济和信息化委员会、社区）和乡村（南浔区双林镇华桥村）的调研，经统计，收回有效调研问卷 192 份，专访 18 人次，取得了预期的调研结果。

2. 浙江的调研总结

总结在浙江的调研工作，有以下两点感触很深，值得总结。

（1）普通百姓整体人文素质的提高

通过调研，调研人员切实感到，浙江地区民营经济发展较好，当地居民普遍文化程度较高，法律意识较强。湖州地区以私营企业为主导，物产丰富，经济发达。城乡居民生活条件普遍较高，尤其是农村地区。调研组进行调研的华桥村，在浙江省内仅是一个普通的乡村，由于紧邻太湖，历史上以盛产丝绸闻名。改革开放后，华桥村村民利用自身优势，大力发展丝绸产业，村内有 5 家丝绸厂，丝绸厂的高级技工每月工资可达近万元。在大幅增长的个人财富面前，每个人很自然地对保护自己的财产提出了更强烈的要求与愿望。这也是为什么调研组在该村的调研工作能够比较顺利完成的原因之一。总之，在浙江乡村调研时，能够强烈感受到村民文化程度较高，对国家的方针政策以及法律的基本理念多有所了解。如："富裕与自由，您觉得哪个更重要？"这是我们设置的一道专访题目。面对我们的提问，参与专访的 10 位村民中，无一例外地回答道："自由更重要。"回答得如此自信，眼神中透漏着坚定，这甚至让调研人员都无法继续追问下去，反是调研人员提出了一个不是问题的问题，也就是不该提出的问题。换言之，对于这些问题，对于他们似乎已经没有回答的必要了。

（2）年轻人参与调研的热情度较高

在双桥村，调研组选择的访谈对象，有村委会工作人员、回村大学生、超市业主和丝绸厂女工等有一定代表性的人员。他们都是年轻人，参与调研的热情度普遍较高。本来，浙江农村的普通老百姓的素质在整体上就比较高，而其中的年轻人，多有外面求学、创业的机会，见多识广，对自己有发展的渴望与诉求，因此，对国家大事也就比较关心，也非常愿意配合调研组的工作并回答调研组提出的问题。这也使调研人员深感，中国社会的发展，希望在年轻人，而中国法治和法治文化的建设，希望也在年轻人。可以预见，农村年轻人的人文素质与法治精神的养成与提高，改变的将不仅是一代农民，而是整个中国社会。

公民法律素养的高低是衡量一个国家、一个民族、一个社会文明程度的重要标准。我国普通民众法律素养如何，将直接影响当前和未来我国社会主义法治和法治文化建设，影响整个社会的协调发展。虽然浙江省城乡居民的人文素质与法治意识相对较高，但也并非没有需要提高的一面，相反，需要提升的空间仍然很大，并且将是一个漫长的过程。调研组在湖州市南浔区双桥镇华桥村进行调研时发现，一些当地农村子女大学毕业后选择回村工作，从事的主要是家族企业管理，这些青年人的主要精力都集中在企业管理及其经济效益上而往往对国家的基本方针政策了解不够，至于法治和法治文化问题，对他们也并不那么重要。

(3)普法宣传流于形式不到位

调研组在调研过程中与村民谈及普法宣传的话题，数十位受访村民表示，农村地区普法宣传流于形式，要么就是简单的标语上墙，要么就是单纯的发放宣传资料。然而，对于农民真正关心的实践中遇到的法律问题，却无人可解。经过30多年的普法教育，虽然广大农民的法律意识和法律知识有了很大程度的提升与改观，但是距离法治社会的要求还是有相当大的距离。在当地，填写“您认为目前我国法律纠纷频发、量大的最主要原因是什么”这一问卷的249人中，选择“法治意识淡薄”的有131人，占比53%，选择法律知识不普及的有62人，占比25%(如图7所示)。这一结果说明，在当地乃至全国的普法中，对于法律知识与常识的普及效果仍然是有限的，还有许多不到位的地方，需要进一步改善和提高。

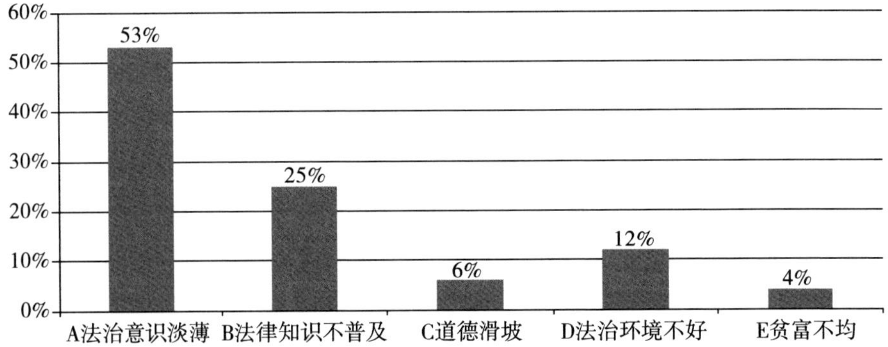

图7 “您认为目前我国法律纠纷频发、量大的最主要原因是什么”一题浙江调研数据统计

(4)提高农民素质奠定法治基础

建设以民为本的社会主义法治文化,关键是占我国人口绝大多数的农民的法律素质的提高,这是我国社会主义法治与法治文化建设的民本基础。所以,要充分认识到提高农民法律素质的重要性、长期性和艰巨性。普法宣传是提高农民法律素质的重要手段,要立足于农村实际,突出重点,搞好农村法律服务。特别是农村干部的法律素质,要进一步提高,使广大干部带头学法、带头守法、依法办事,做依法治国的模范。

因此,应当深入开展形式多样的普法宣传活动,提高普法宣传的实效。通过"法律进乡村"促进社会主义新农村的法制宣传教育建设,不断创新法制宣传载体,使广大农民群众在潜移默化中掌握法律知识。对农民进行普法宣传,一定要从与农民生活、生产密切相关的法律、法规抓起,选择一些对农民普遍关心的热点难点问题进行,使农民看得见、摸得着,使广大农民能够直接体验法律对维护他们正常生活的重要作用。所以,需要深入开展法律服务进村入户活动,不断加大"民主法治示范村"〔1〕创建工作的力度,结合国家关于建设社会主义新农村的要求,进一步完善"民主法治村"创建标准,依法保障"四个民主"和"三个自我"〔2〕的全面落实,扎实推进村民自治,促进农业发展、农村稳定和农民增收。

(八)河南的调研过程与总结

1. 河南的调研过程

子课题五组郝磊小组负责河南省新乡市和永城市的调研,研究生张佳庆、丁洪君作为成员参加调研活动。新乡市是河南省下辖的地级市,紧邻河南省会郑州,是中原地区重要的工业城市,新乡是中原经济区及中原城市群核心区城市之一,也是豫北的经济、教育、交通中心。河南省永城市为河南省下辖县级市(省管县),位于河南省最东部,豫、皖两省结合部。永城市面积2068平方公里,户籍

---

〔1〕 2003年6月,为贯彻党的十六大关于扩大基层民主、加强社会主义法制建设的精神,落实民政部、司法部《关于进一步加强农村基层民主法制建设的意见》,进一步推进农村基层民主法制建设,努力提高广大农村的法治化管理水平,司法部、民政部决定在全国农村开展"民主法治示范村"创建活动,并下发了《关于开展"民主法治示范村"创建活动的通知》,即"司发通(2003)第61号"。

〔2〕 "四个民主"是党对人民群众的民主实践的高度提炼和概括。1993年民政部下发的《关于开展村民自治示范活动的通知》中将村民自治的内容确定民主选举、民主决策、民主管理、民主监督,即"四个民族";"三个自我"是指自我管理、自我教育、自我服务,是对村民自治内容的概括。

人口157万(2015年),下辖6个街道25个乡镇,因拥有出色的面粉加工能力成为国家唯一授予“中国面粉城”称号的城市。永城矿藏丰富,是全国六大无烟煤基地之一与河南省最大的煤化工基地。永城城市人均公园绿地面积11.55平方米,是河南省生态建设示范市、国家园林城市、国家卫生城市。双桥镇位于永城市中部,乡政府驻双桥村,东距市区15公里,下辖25个行政村。双桥镇交通便利,乡村公路四通八达,实现了村村通公路,乡镇企业总数发展到42家,年总产值达6000多万元,全乡建立了蔬菜、棉花、林果、药材等4大高效农产品生产基地,培植和发展蔬菜、林果、药材和养殖四大龙头产业。

2015年8月6日,郝磊一行从天津出发到达新乡,8月7日上午开始在住地进行问卷调查与访谈,下午来到新乡市第二中学对高三年级组老师中的三位进行了访谈。晚上,课题组成员对白天的调查问卷和专访进行简单整理并总结一天的调研经验。8月8日,前往新乡市海宁皮革城附近广场摆摊设点进行调研,在短短几个小时之内,预定的问卷数量完成大半,为进一步加快进度,调研人员带着问卷走进商铺,对商家、店主及营业员等人群进行问卷调查。下午,调研组一行在卫滨区同乐花园小区继续摆摊设点,并得到附近商家业主的大力支持。8月9日,郝磊教授负责在住处进行访谈,张佳庆负责记录与拍照等工作,丁洪君负责在酒店门厅位置设点继续收集调研问卷。9日晚,到达永城市,10日开展专访,专访对象有专职律师、中学教师和企业法务等不同职业。晚上,调研组对当天的专访进行整理并再次交流调研经验与心得。8月11日,调研组在住处继续进行专访,专访对象为中学校长、企业员工和在校大学生,分别了解他们在各自工作和学习过程中所遇到的主要法律问题以及在解决问题过程中所遇到的困难。8月12日,调研组一行人来到永城市双桥镇进行问卷调查和专访,对参会干部进行问卷调查,对双桥镇主管乡村法治的副镇长和镇司法所主任进行了专访,了解他们在基层工作中所遇到的主要矛盾和问题、对于建设法治社会的理解和认识,以及他们对有关妥善解决乡村法治问题的建议。专访完毕后,调研组又在镇政府驻地双桥村进行问卷调查,主要对象为乡村农民。8月13日上午,调研组一行在永城市区进行问卷调查,地点位于永城市早上集市。下午,调研组在住处进行了资料整理和休息。

2. 河南的调研总结

通过在河南省的实地调研,调研人员对基层群众的法治观念和意识有了一定的了解,对社会不同阶层关于构建法治社会的认识和了解有了一定的把握。

经过改革开放四十多年的社会发展与文明进步，广大民众的法治意识有了明显的提高，对法律的信任度也有所增强，维权意识、证据意识都得到了一定程度的提升，同时对国家的法治建设也更加充满信心。

在调研过程中，调研组也发现了以下两个普遍存在的问题。

(1)政府执法状况有待进一步改进

在调研过程中，反映最普遍的问题是政府行政执法状况问题，这一问题，直接关系老百姓的切身利益，老百姓十分关心。老百姓普遍反映，在行政执法过程中，执法不透明、不公正的现象比较严重，尤其是在县城和更基层的政府行政部门，都各种程度地存在着各种各样的群众不能接受的行政执法问题。这反映，基层公务人员的依法行政意识差，为民服务意识不强，不能够自觉遵守国家法律法规。同时，基层公务人员在执法过程中往往对法律法规本身没有正确的理解，从而使对问题的处理偏离了法律标准，不仅缺少公开和透明性，而且结果也缺少公正性。这种状况使得群众对政府部门存在很强的不信任感。因此，基层行政人员尤其是行政执法人员的法律素质与执法能力有待进一步提高，行政执法的社会效果有待进一步改进。同时，不仅要加强政府执法力度，而且要大力推进执法公开和政务公开，对于纠纷的解决能够及时认真地予以处理和解决，使得广大群众切实感受到政府的执法为民，在执法中感受社会公平。

基层部门工作人员依法行政意识差，为民服务意识不强，由此造成了人民群众与基层政府部门之间的矛盾与不信任，造成政府和政府公务人员在群众心里没有权威、没有威信，因此，必须要提高政府工作人员的法治意识，规范执法行为，改善执法态度和执法手段，使得人民群众切实感受到执法公平。

(2)“人情”问题普遍存在

由于中国传统文化，在基层部门处理一些法律问题时，普遍存在“人情”问题，权力的行使与“人情”问题容易牵扯到一起。这一问题存在的主要方面是作为当事方的普通群众，他们对于涉及自身的一些法律问题的解决，有时第一寻求的往往不是法律途径，而是企图通过“关系”或者“人情”的方式获得自身所希望的结果。这时，政府工作人员如何处理好法律与人情的关系并公正地化解群众所关心的法律问题，就成为非常关键的因素，他们的法治意识不仅有待进一步强化，而且他们结合工作实际解决社会问题的能力也需要不断提高。在当地，填写“您认为制约政府权力的有效办法是什么”这一问题的 604 人中，选择“权力监督”的有 180 人，占比 30%，选择“实行法治”的有 113 人，占比 19%，选择“以民为本”的有112人,占比19%,选择终身追责的有101人,占比17%,选择权力清单的有58人,占比9%,选择权利保护的有40人,占比6%(如图8所示)。从这一统计数据中明显可以感受到人民群众对权力监督问题的重视。

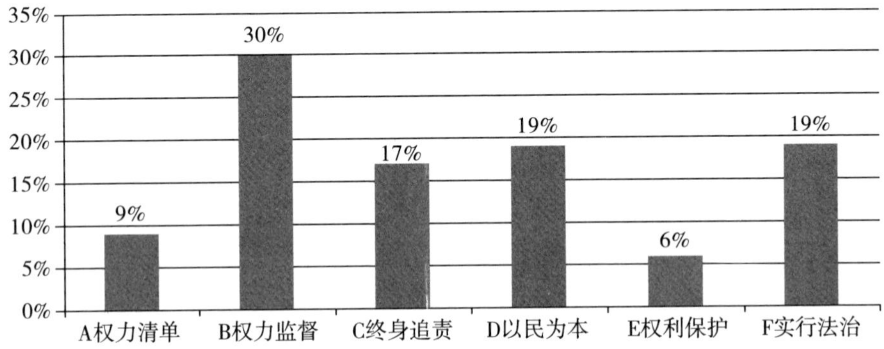

图8 “您认为制约政府权力的有效办法是什么”一题河南调研数据统计

由于“人性”和“关系”问题的存在,在广大乡村地区发生村民之间的纠纷时首先想到的往往不是通过法律程序维护自身权益,而是寄希望于“领导”,希望“领导”发话解决问题,因此选择信访途径的非常普遍。村民选择信访的主要原因,在于法律程序成本高、周期长,同时又不相信自身利益通过法律程序就能够得到“完全”维护,而通过信访的形式有时能获得更好的救济。然而,这恰恰是与法治社会的建设相违背。

虽然经过多年的法治宣传教育,群众法治意识有了一定提升,但是距离建设当代社会主义法治文化的需要还有较大差距,所以还需要加大法治宣传,尤其是乡村地区的法治宣传。有些农民文化水平较低,对于法律法规的理解存在一定的困难,因此,选取一定的典型案例,针对乡村地区频发案件进行宣传和教育,使得村民对法治有直观的认识和感受,使他们对于法理有深刻的理解,在遇到纠纷时能够主动利用法律武器维护自身权益,这一点至关重要。

(九)山东、山西的调研过程与总结

1.山东、山西的调研过程

子课题五组尚海涛组负责山东省济宁市微山县城和淄博市周村区、山西省忻州市代县和襄汾县新城镇的调研活动。山东和山西因太行山一山相邻而分别得名,虽然一个沿海经济比较发达、一个内地发展相对滞后,但都是中国传统文化的代表性省份。

（1）山东的调研过程

山东省微山县位于山东省南部、微山湖畔，地处山东，江苏两省三市九个县市区结合部，是山东的“南大门”、世界文化遗产城市。微山县总面积1780平方公里，其中微山湖面积1266平方公里，占全县总面积的三分之二，占全省淡水量的45%，是北方最大的淡水湖。

周村区是山东省淄博市辖区，地势南高北低。矿藏有铝矾土、焦宝石、石英、耐火材料等，是山东省重要的纺织工业基地。周村区有“全国科普示范区”“天下第一村”等荣誉。

2015年7月24日，调研小组尚海涛和龚艳赴微山县。主要进行了两场调研：一是微山县城中的广场，二是微山县电影院，两次调研共发放调查问卷200余份。7月31日，调研组下午达到淄博。8月1日正式赴和家村调研，调研的村庄包括和家村（淄博市周村区）、望京村（滨州市邹平县）和大口子村（淄博市淄川区）。

（2）山西的调研过程

山西忻州古称“秀容”，简称“忻”，别称“欣”，素有“晋北锁钥”之称，为山西省省辖市。地处山西省北中部，辖区国土总面积25472平方公里，户籍总人口311.44万人（2013年）。忻州是旅游热区，拥有佛教圣地五台山，“九塞尊崇第一关”的雁门关等著名景点；拥有“摔跤之乡”“中国八音之乡”“中国杂粮之都”“双拥模范城”“中国观光旅游投资竞争力百强城市”“国家历史文化名城代县”“中国最佳生态休闲旅游示范城市”“国家智慧城市”等城市名片。

山西省襄汾县，隶属于临汾市，位于山西省中南部。东临浮山、曲沃、翼城，西傍乡宁，南毗曲沃、侯马、新绛，北连临汾。总面积1034平方公里。总人口42.26万人（2010年）。

调研组在山西省主要调研了两个地方，分别是襄汾县农村和忻州市区。调研组走访了新城镇的六家咀村、新城村，居民朋友们热情围观调研，许多人积极参与，填写调查问卷，少数人接受了专访。在襄汾县司法局工作的裴晓燕接受了专题访谈，她的见解与党的十八届四中全会精神相契合。村主任张胜平、小学教师赵倩、中学教师毛淑斌、学生张佳宝、工人张红宾、农民工张佳佳等也在大家的推荐下参加了专访。在忻州市代县，课题组主要采取了在街头拦截式访问，为了更好、更直观地了解居民的法律意识，课题组发放了220份调查问卷，分发给各种有代表性职业和不同年龄段的本地居民填写，以获得更全面的调研数据。

2. 山东、山西的调研总结

(1) 山东的调研总结

调研组在山东农村的调研相对于县城和城市调研而言要简单一些。简单的原因,部分在于血缘和姻缘关系,或者说村庄仍是一个熟人的世界,这3个村庄调研的中间人或者是村主任,或者是当地的大姓之人,因此调研是一对一的,由中间人领着到每家每户进行问卷调查和访谈;简单的另一个原因在于,村民并不持排斥态度,或者这也是基于中间人是熟人的关系,他们一般将身份证、姓名、住址等信息填写的非常完整,没有考虑到其中可能存在的风险,有些信息不完整只是他们认为自己的字不好看,或者有些字不会写的缘故。这一点,也充分显示了在孔孟之乡和中国传统文化故土的山东地区,民风依然朴实。

在山东农村的调研,根据农村生产和耕作情况多在下午和晚上进行。白天在农村基本见不到青壮年人,老人多是70岁以上的。下午调研的多是做小生意的,或者是赶集、进货回来的;晚上调研的多是工厂打工的,由于是夏天,因此多是18点下班,吃完饭基本都在20点左右,我们多是这个时间段去他们家里进行调研。这一时段在农村调研,也使调研人员对当前农村生活有了更多了解。

在调研中,调研人员深刻感受到了农村人口处于加速流失的过程之中,这虽然不是本次调研的主题,但却是调研人员在调研的过程中身临其境而得出的结论,而这也事关我国农村的长远发展,当然也直接或者间接涉及农村的法治建设问题。无论是在下午还是晚上,35岁以下(即"80后")参与调研的人员寥寥无几。询问原因,多是出去了,近的到区县中心(周村、邹平、淄川),远一点的到市和省会(淄博市和济南市),再远一点的到外省市了。他们或者因为上学或者因为务工或者因为参军,相对于前两者,参军出去的在这十年中比较少了。虽然村民们没有统计具体有多少"80后"不在村庄了,但他们的直观感受和把着手指头数,仍然让调研组看到农村中青年人流失的严重,尤其是结合晚上一座座闭灯的宅院,让调研人员感到无比的忧虑与困惑,也许在村民的心中,出去总比窝在家里强,但是在缺失青年人的村庄里,新农村建设的重任将由谁担承和如何担承?

(2) 山西的调研总结

在山西的调研,虽然同样遇到一些困难和障碍,但是仍然有一些民众愿意接受和配合调研组的调研。其中,更愿意接受调研和访谈的,是那些当地的群众口中的文化人,他们有文化,也有思想,也更愿意就国家的法治问题发表自己的看法。他们与调研组谈论的法治问题,不仅主题广泛,内容丰富,而且他们对一些法治问题的理解也更接近于主流观点。大部分年轻人认为法治建设是越来越好,少部分人表达了自己的不满。

当地居民对法治的认识和了解主要来源于电子媒体或者电视,他们会看相关的法治新闻,另外镇政府和村委会的普法工作也是他们了解法律的一个途径,但是在他们看来,这种途径对他们的帮助并不是很大。相比于老年人,调研组发现年轻人更相信法律,在自身权益遇到侵害时更愿意用法律保护自己;在遇到法律问题时,他们更愿意查找法律和向他们认为懂法的人咨询。相反,一些中老年人不主张有事诉诸法院,他们认为找个中间人调和,互退一步来解决问题更好。在当地,填写“您认为法律在现实社会生活中的作用是什么”这一问卷的有198人,其中103人认为法律作用很大,占比52%;24人认为“法律根本没用”,占比12%;认为法律作用不大的有27人,占比14%;认为法律偶尔有用的有44人,占比22%(如图9所示)。这一数据统计结果,也反映了当地群众对法律地位与作用认识水平的提高,而一部分人仍然不相信法律,也在一定程度上反映了我国社会在现实层面对法律的态度及其现状。

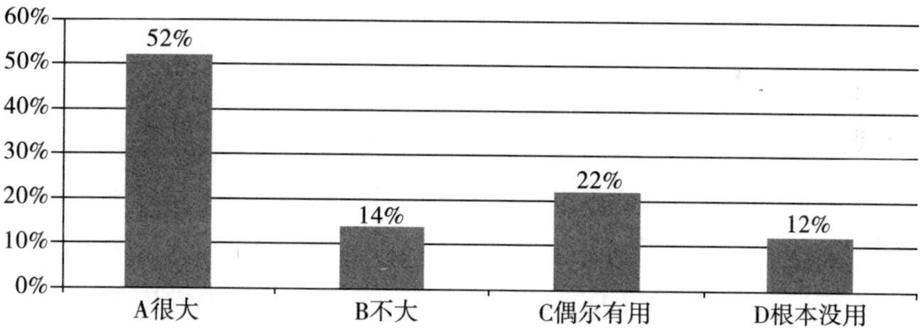

图9　“您认为法律在现实社会生活中的作用是什么”一题山西调研数据统计

在个人利益和社会公共利益之间,大家无一例外地认为应以社会公共利益为重。这可能是新中国成立以来长期进行“大公无私”的社会公共利益教育与政策引导的影响有关。但是,他们又很难说出什么是社会公共利益,对于个人利益与社会公共利益的界限他们也不甚清楚。同时,调研组在调研过程中也了解到以下问题和现象:①在遇到纠纷或者麻烦时,当地居民首先想到的解决方式一般不会是法律,法律方式往往是他们迫不得已的最后办法,而绝大多数纠纷在非诉讼程序中的解决也使人们对诉讼的信任与参与度不高,因此居民利用法律武器来维护自身利益的意识与能力都还不够强;②居民的法律知识与法治意识总体水平较低，法律观念淡薄，目前乡镇一级的居民接受法律知识的渠道还较单一，所以居民的法律知识面还较窄，主动学习法律知识的人也较少，乡镇一级普法的形式还停留在集市上的宣传单，往往流于形式而实效不多。

“没有救济便没有权利。”在现代社会，诉讼是救济权利、解决纠纷的最正规途径。而在传统社会，人们习惯于一种“无讼”的社会生活，把到司法机构打官司的人视为“败类”，而把司法机构视为破坏既定和谐的不祥之物，是“一个包庇作恶的机构”。由此，便把法治与生活分割开，这样不利于法律意识的深入人心。因此，通过法律进社区活动，提高居民的法律意识。进一步健全和完善各项规章制度，增强群众的法律意识与权利意识，加强法制教育，加大普法力度，进一步提高群众的法律意识，是非常重要的一项法治工作。

（十）四川的调研过程与总结

1. 四川的调研过程

子课题五杨会小组负责四川省成都市和射洪县的调研活动。成都简称“蓉”，四川省省会，副省级市，特大城市。1993 年被国务院确定为西南地区的科技、商贸、金融中心和交通、通讯枢纽。

四川省射洪县隶属于四川省遂宁市，地处四川盆地中部，涪江上游，遂宁以北，与成都、重庆距离都在 200 公里以内，辖区面积 1496 平方公里。射洪现辖 30 个乡镇，其中 20 个镇，10 个乡、590 个行政村、3 个街道办事处、58 个社区。

2015 年 8 月 27 日，调研小组一行来到成都市的四川省人民医院，向医生发放调查问卷 110 份，与会的医生都比较支持，收回问卷 105 份，问卷填写全部合格。同时调研小组对该医院的 3 名医生进行了专访，了解他们在医疗工作中所遇到的主要矛盾和问题，了解他们对于建设法治社会的理解和认识，以及有关妥善解决医疗法治问题的相关建议。8 月 28 日，调研小组到四川省人民医院心脏外科科室开始专访工作，三位专访对象为一位医生、两位护士，其中的一位护士还在大学期间辅修过法律。下午整理完调查问卷。

9 月 3 日，调研组前往射洪县子昂街道办事处白莲山村进行调研，对该村的 3 位农民进行了专访。专访是在 3 位农民的家中进行，在专访中，我们把理论化的问题具体化，结合百姓的生活进行提问，并且用通俗易懂的语言逐一讲给他们听。在这个过程中，我们发现，农民对法律，对法治和法律文化等问题的理解有他们自己的深刻之处，并且这种深刻，用书本上的理论无法阐释得清楚。下午，在白主任的带领下，我们简单地参观了白莲山村。9 月 4 日，调研小组一行到白莲山村村委会进行问卷调查。在村委会领导的大力支持下，问卷调查进行得十分顺利，共发放问卷110份，110份问卷全部收回，103份问卷填写合格。下午，调研组又对第4位专访对象在家中进行了专访。晚上，汇总和整理调研材料。9月5日，返回天津。

2. 四川的调研总结

成都市经济建设较好，基础设施完善，当地居民普遍文化程度较高，法律意识较强。2015年，成都市经济顶住下行压力，整体保持了“稳中有进、稳中有好”的态势，主要经济指标呈现“三领先、两加快、四稳定、两回升”。[1] 成都市的高等教育比较发达，有普通高等学校20所，当地居民普遍可以接受高等教育。在法治和法治文化建设方面，随着各种普法形式的落实和政府的法治宣传工作，市民法律意识也在不断增强，这也是调研组在成都调研比较顺利的原因。在成都，年轻人参与调研的热情度普遍较高，这大概和全国各地的情况一样。调研组在成都调研时，调研组主要选择了医护人员作为此次调研的对象。这些医护人员（不论是医生还是护士）大部分属于青年人，他们都接受过高等教育，其中大部分医生取得有医学博士学位，有的主持或参加过国家自然基金项目，也有的访谈对象曾经在大学期间辅修过法律，所以他们对调研组的调研工作充分理解和支持，对调研人员非常热情，并对调研工作提供可能的帮助。

（1）调研过程中发现的问题

调研组在四川成都的调研过程中，发现以下两个值得总结的问题：

一是普法宣传不深入。受访者普遍都接受过高等教育，在很多场合接触过普法宣传，单位的普法宣传工作也经常举行，甚至有的受访者还观看《今日说法》等电视栏目，但是他们普遍认为自己接触的普法宣传流于形式，大都是普法人员穿上制服摆上几张桌子，放放视频，发发传单，并没有实际的效果，并且主要集中在每年的12月4日[2]或3月15日，[3]平时的普法宣传教育不多，所以普法宣传的力度不够，难以达到预期的效果。在四川的调研问卷中，在填写“您认

---

〔1〕 即经济总量、消费总量和投资总量在15个副省级城市中领先；服务业发展和创新创业加快；农业发展、居民收入、就业和物价保持稳定；工业和房地产业逐步回升。

〔2〕 中共中央、国务院转发的《中央宣传部、司法部关于在公民中开展法制宣传教育的第四个五年规划》中确定，将我国现行宪法实施日即12月4日，作为每年一次的全国法制宣传日。2001年12月4日是我国历史上第一个法制宣传日。

〔3〕 1983年，国际消费者联盟组织正式确立每年3月15日为国际消费者权益日。

为目前我国法律纠纷频发、量大的最主要原因是什么”这一问卷的203人中，82人选择法治意识淡薄，占比40%，50人选择法律知识不普及，占比25%，26人选择道德滑坡，占比13%，31人选择法治环境不好，占比15%，14人选择贫富不均，占比7%（如图10所示）。这数据统计结果也说明了通过加强普遍力度和改进普法效果而不断提高人们的法治意识的重要性和紧迫性。

二是法律信任度较低。在调研组的访谈过程中，当问及如何看待医患纠纷及医院的处理措施时，受访者普遍认为发生医患事故的发生有很多原因，责任在医务人员的其实并不多，纠纷后患者一方很多是无理取闹。受访者纷纷表示对职业医闹的存在感到害怕，更让受访者感到寒心的是医院对纠纷的处理方式与态度，即爱哭的孩子有乃吃，不管过错在谁，只要闹得动静大，医院就大事化小、小事化了，满足患者一方的要求而让医务人员背黑锅。其中一名护士讲了自己护理的一个病人不听劝阻强行起床而摔倒后，家属来医院闹，她自己赔了3000元钱。有受访者认为法律在处理医患纠纷中并没有什么作用，对于患者一方能够起到作用的是闹，对医院一方来说能够起到作用的是哄。因此，有受访者认为法治并不适合中国，现在国家的法治建设也只是形式而已。

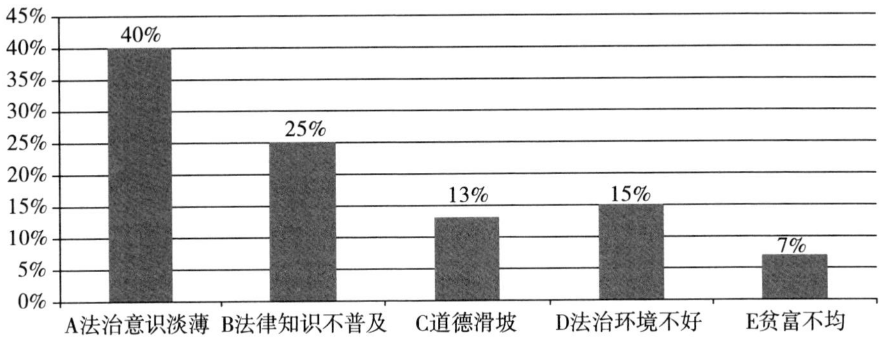

图10 “您认为目前我国法律纠纷频发、量大的最主要原因是什么”一题四川调研数据统计

（2）针对问题的应有对策

根据调研中发现的问题，调研人员深深感到，首先，普法宣传要常态化。除了每年12月4日或3月15日的例行宣传以外，还应当在其他时间进行常态化的普法宣传，甚至可以考虑在一些单位定期播放法治节目、发放法制宣传资料。其次，普法宣传方式要多样化。普法人员发放的传单他们不愿意看，而且纯粹的法律宣传也十分枯燥，很难引起他们的兴趣。因此，相关部门可以结合一些具体的典型案件，到现场办案，并邀请普通对象参与，这样既有利于案件的处结，又普及了法律知识，一举多得，效果更好。最后，普法宣传内容要精准化。普法时应当针对不同的群体需求制定相应的普法宣传内容，做到有的放矢，让普法对象真正获得切身利益所需的法律知识。比如医院普法宣传关注的重点要围绕医疗产品瑕疵、医患纠纷、医疗费用拖欠等方面展开，从而为我所需，也就取我所需。

除了完善普法宣传的对策以外，增强法律执行的力度也是非常重要的问题。从立法上看，我国的法律已经比较完备，目前最大的问题是法律实施上。在具体纠纷中，如果不能按照法律相关规定来处理，普通老百姓不仅不会对法律产生信任，还会产生怀疑。实践是检验真理的唯一标准，无论政府如何加大普通宣传力度，在不遵纪守法面前，法律都是软弱无力的。因此，不论是行政执法还是司法部门，在针对诸如医疗纠纷的相关执法与司法中，要严格按照法律规定来处理纠纷，而不能为了追求表面的和谐而牺牲当事人的利益和法治的尊严。美国法学家伯尔曼在《法律与革命》中告诉人们，“法律必须被信仰，否则它将形同虚设”。然而，法律如何才能被信仰呢？这就需要在日常生活中执法和司法部门依法执法和司法，不法外处理。

三、调研的总体性结论

本项目组通过对以上十三个省、市、自治区、直辖市的调研活动所获取的样本进行数据统计分析的结果，总体上可以得出以下结论：

（一）关于公民的法律素养与文化

公民的法治精神是由公民的法治素养与文化水平决定的。显然，不同调研地方人们的法律素养是与当地的文化教育状况、经济发展水平有正相关的关系。例如，在乡村对村民进行调研和在城市对公务员、国企人员和教师、大学生、医生进行调研相对比，村民对于法治精神的理解过于偏颇，在广大乡村地区，村民遇到纠纷时首先想到的不是通过法律程序维护自身权益，而是寄希望于“领导”，希望“领导”发话解决问题，于是信访问题非常普遍。村民信访主要原因在于法律程序成本高，周期长，同时自身利益不能得到“完全”维护，通过信访的形式有时能获得更好的救济和利益。但是，这种情况恰恰是与法治社会的建设要求相违背的。并且，不论是在北方还是南方，乡村中“人情”思想在村民的脑海中根深蒂固，“人情”在村民心目中是首要位置，找熟人似乎是解决问题的必经之路，而法律则在其后。在城市中,教育水平相对较高,市民对法治精神的理解更为深刻。目前,我国的法律制度还是不健全的,法治建设还有较长的路要走,这与科教兴国,建设成为经济强国的政策息息相关,生产力决定生产关系,经济基础决定上层建筑,法律作为上层建筑的一种形态,只有在经济建设不断发展的前提下才能完善发展。

(二)关于普法和法制宣传的形式

我国普法和法制宣传形式活动较多,但是法制宣传形式不健全,法制宣传往往流于形式。如果仅仅是将法制宣传标语刻在墙壁上,写在宣传页上,这样的法律宣传对于培养公民的法治精神没有任何的作用。在调研资料中,人们对“当您与他人发生法律纠纷时,您认为下列解决方式哪一项最有效”这一问题的回答,虽然有 69% 的调研参与者选择了“法律”,但是仍然有 6% 的参与者选了“权力”、3% 的参与者选了“武力”、19% 的参与者选了“和解”、3% 的参与者选了“忍让”等这些非法治或者可能以牺牲自己的权利为代价的方式(如图 11 所示)。事实上,这一回答的结果显示了人们在解决案件纠纷时既需要依靠法律又不能完全相信法律的复杂与矛盾心态。

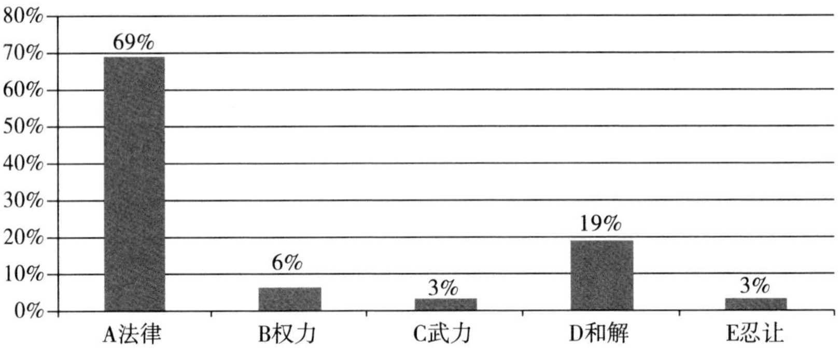

图 11 “当您与他人发生法律纠纷时,您认为下列解决方式哪一项最有效”一题调研数据统计

在对“您认为目前我国法律纠纷频发、量大的最主要原因是什么”这一问题的回答中,有 42% 的人选择了“法治意识淡薄”,24% 的人选择了“法律知识不普及”,13% 的人选择了道德滑坡,14% 的人选择了法治环境不好,7% 的人选择了贫富不均(如图 12 所示)。无论是“法律意识淡薄”还是“法律知识不普及”,都说明我国的普法宣传效果有限,实现普法宣传的目标任重而道远。各地应该在结合本地区特点的前提下进行法治宣传,例如,在调研地甘肃省和青海省,法制宣传工作人员能够结合当地群众的生活习惯与宗教信仰进行法制宣传就是很好的实践。建立专职普法队伍、使用专门工作手段、配备专项活动经费，通过各种途径减少法律救济成本，防止法制宣传流于形式，让法律救济成为公民维护自身权益的首要武器，而不是迫不得已的最后选择，这是一个非常重要的前提。

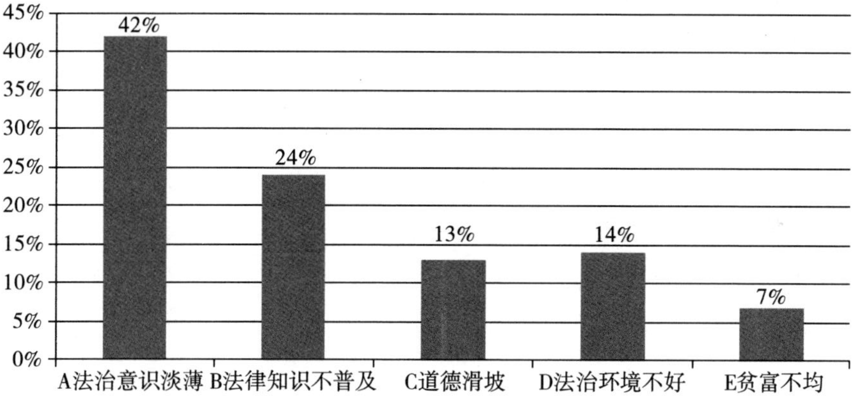

图 12　“您认为目前我国法律纠纷频发、量大的最主要原因是什么”一题调研数据统计

（三）关于对公权力的限制

建设社会主义法治文化需要对公权力进行限制。“将权力关进笼子里”一直是维护私权利的前提，公权力的过度干预会损害公民的私权利，这在调研的了解中也得到了充分体现，也是民众最为关注的问题之一。在人们对“我国建设社会主义法治文化存在的最主要障碍是什么”的回答中，有 22% 人的受调查者认为是“权大于法”。[1] 这一结果说明，人们对“权大于法”的社会现象有非常敏感的认识。在调研活动中，调研组在乡村调研时也出现了村民不敢说实话，怕被打击报复的现象，这些都说明我国社会主义法治文化建设过程中需要对公权力进行限制，进一步保护私权利，转变人们“说实话被打击报复”的传统意识，从而为建设以民为本的社会主义法治文化奠定良好的社会基础。

（四）关于公民法治意识的提高

我国公民的民法精神与法治意识在逐步提高，社会主义法治文化在不断发展完善。在人们对“权利、自由对于个人是否很重要”的回答中，有 60% 的受调

［1］ 参见本书第三编（第八章）相同问卷数据统计结果。

查者选择了重要,有25%的受调查者选了比较重要。[1] 这一数据统计结果,显然表明了我国公民普遍的法治意识水平的提高。在人们对"建设社会主义法治文化与个人规范自身行为有直接关系吗"这一问题的回答中,有66%的受访者选择了"有关系",[2]这一结果反映了人们与建设以民为本的社会主义法治文化要求相一致的个人自律意识的觉醒。然而,人们在回答"您如果现在结婚,会考虑在婚前对夫妻之间的财产关系作出书面约定吗"这一问题时,只有较少数人给出肯定回答,[3]大部分人还是没有这方面的意识,这一结果说明,目前,我国公民的民法精神与法治意识的发展并不是全面和均衡的,在一些受传统意识影响比较深的法律问题上,仍然是相对保守的,表现出一种当代法治意识的缺失。所以,弘扬民法精神,建设以民为本的社会主义法治文化,实现社会主义法治文化的民本模式建设与社会生态发展,还有漫长的道路要走,可谓任重而道远。

---

〔1〕 参见本书第六编(第二十九章)相同问卷数据统计结果。

〔2〕 参见本书第五编(第二十六章)相同问卷数据统计结果。

〔3〕 参见本书第六编(第二十九章)相同问卷数据统计结果。

附件二

调查问卷数据使用情况统计表

表一（按编章顺序）

编	章	章名	问卷题目	页码
第一编	第一章	民法精神		
	第二章	民法精神与宪法精神		
	第三章	民法精神与法治精神	1. 您认为法律的最根本作用是什么	98
			2. 您认为法律在现实社会生活中的作用是什么	106
			43. 您遵守法律的原因是什么	106
第二编	第四章	法治文化的人民主体性	7. 您认为下列哪项对实现社会公平正义最重要	155
			48. 您自己感到最不安全的个人问题是什么※	157
	第五章	民法精神的法治文化本质	14. 您认为权利、自由对于您个人是否很重要※（全部数据）	171
			9. 您认为目前存在司法不公的最主要原因是哪项	178
	第六章	民法精神的法治文化特征	29. 您认为法律规范对自己行为的约束程度是什么※	197

续表

编	章	章名	问卷题目	页码
第二编	第七章	民法精神的法治文化形态	22. 您在处理与他人的关系中，是否会把相互之间的人格尊重放在第一位	224
			17. 您对和亲朋之间的日常交易行为通常会采取哪一种形式※	232
第三编	第八章	以民为本的人性诉求	21. 您了解什么是人格吗※	247
			10. 您认为我国建设社会主义法治文化存在的最主要障碍是什么※	261
			47. 您认为以民为本的社会主义法治文化的根本要求是什么※	263
	第九章	人格本质的自由诉求	22. 您在处理与他人的关系中，是否会把相互之间的人格尊重放在第一位※	285
			39. 在下列选项中您最关心的事项有哪些	295
			14. 您认为权利、自由对于您个人是否很重要	295
			34. 您认为下列哪些权利和自由对您更重要※	298
			38. 您对建设社会主义法治文化的主要诉求是什么※	313
	第十章	自律构序的道德诉求	25. 您认为您个人在社会中的人身安全程度是什么	322
			30. 您认为道德规范对自己行为的约束程度是什么※	340
	第十一章	规范和谐的理性诉求	43. 您遵守法律的原因是什么※	361
			36. 您认为对您财产构成最大威胁的是什么※	371

续表

编	章	章名	问卷题目	页码
第三编	第十二章	利益均衡的正义诉求	47. 您认为以民为本的社会主义法治文化的根本要求是什么	402
			7. 您认为下列哪项对实现社会公平正义最重要	400
			40. 您认为下列利益中属于根本利益的是什么※	401
			23. 您在处理与他人的关系中，是否会把相互之间的利益均衡放在第一位※	406
	第十三章	中国特色的文化诉求	37. 您认为影响建设社会主义法治文化的主要因素是什么※	437
第四编	第十四章	民法精神的人性自然构造	8. 您认为目前我国法律纠纷频发、量大的最主要原因是什么※	472
	第十五章	民法精神的道德本体构造	39. 在下列选项中您最关心的事项有哪些※	495
	第十六章	民法精神的实践理性构造	15. 您愿意了解和学习法律的原因是什么※	528
	第十七章	民法精神的个人自律构造	11. 您对交通规则的遵守原则是什么※	548
	第十八章	民法精神的动态行为构造	41. 在下列选项中您认为对您最具有现实约束力的是什么	610
			5. 您关心国家法治和法治文化建设问题吗	613
	第十九章	民法精神的生态秩序构造	35. 可能影响您与熟人之间交易关系的主要因素是什么	654
			37. 您认为影响建设社会主义法治文化的主要因素是什么	655
第五编	第二十章	从感性到理性的法治认知转型	12. 您认为法治（法律）宣传和教育的最主要目的应当是什么※	662
			15. 您愿意了解和学习法律的原因是什么	673
			49. 您认为下列行为中哪些应当遵守法律规范※	691
			10. 您认为我国建设社会主义法治文化存在的最主要障碍是什么	691

续表

编	章	章名	问卷题目	页码
第五编	第二十一章	从工具到目的的法治理念转型	44. 您认为制约政府权力的有效办法是什么※	711
			1. 您认为法律的最根本作用是什么※	713
			47. 您认为以民为本的社会主义法治文化的根本要求是什么	746
	第二十二章	从制度到精神的法治生成转型	27. 您认为法律制度（立法）对建设社会主义法治文化的影响程度是什么※	766
	第二十三章	从形式到实质的法治品质转型	24. 您认为您个人财产的社会安全程度是什么※	800
	第二十四章	从静态到动态的法治运行转型	25. 您认为您个人在社会中的人身安全程度是什么※	830
	第二十五章	从他律到自律的法治行为转型	5. 您关心国家法治和法治文化建设问题吗※	852
			11. 您对交通规则的遵守原则是什么	854
			46. 您认为下列因素中直接决定法治社会的因素是什么※	857
	第二十六章	从政府到社会的法治本位转型	3. 您认为法律与政府权力的关系是什么	880
			40. 您认为下列利益中属于根本利益的是什么	886
			28. 您认为法治精神对建设社会主义法治文化的影响程度是什么※	902
			16. 您认为建设社会主义法治文化与您个人规范自身行为有直接关系吗※	904

续表

编	章	章名	问卷题目	页码
第六编	第二十七章	良法善治的民法精神实践	45. 您认为决定法治实现的主导因素是什么※	924
			13. 您认为对于国家和社会最有用的法律是什么※	928
			26. 您对我国社会主义法治现状的满意程度是什么※	935
	第二十八章	不同区域的民法精神实践	3. 您认为法律与政府权力的关系是什么※	943
			2. 您认为法律在现实社会生活中的作用是什么※	945
			41. 在下列选项中您认为对您最具有现实约束力的是什么※（区域数据）	948
			4. 您认为法律与道德的关系是什么※	951
			6. 当您与他人发生法律纠纷时，您认为下列解决方式哪一项最有效※	952
			20. 您会与巧遇的陌生人达成某种交易吗※	958
			35. 可能影响您与熟人之间交易关系的主要因素是什么※	961
	第二十九章	城乡差别的民法精神实践	14. 您认为权利、自由对于您个人是否很重要※（区域数据）	978
			33. 您对婚前性行为的态度是什么※	984
			31. 您对家庭关系（近亲属之间）的满意程度是什么※	997
			18. 您如果现在结婚，会考虑在婚前对夫妻之间的财产关系作出书面约定吗※	990
			19. 您和配偶之间是否有明确的个人财产与共同财产划分※	991
			42. 您认为结婚行为是什么※	993
			32. 您对夫妻关系的满意程度是什么※	999

续表

编	章	章名	问卷题目	页码
第六编	第三十章	司法裁判的民法精神实践	7. 您认为下列哪项对实现社会公平正义最重要※	1034
			18. 您如果现在结婚，会考虑在婚前对夫妻之间的财产关系作出书面约定吗	1040
			19. 您和配偶之间是否有明确的个人财产与共同财产划分	1040
			41. 在下列选项中您认为对您最具有现实约束力的是什么※（全部数据）	1048
			9. 您认为目前存在司法不公的最主要原因是哪项※	1055
	第三十一章	行政行为的民法精神实践	2. 您认为法律在现实社会生活中的作用是什么※	1075

注：带※号者有详细数据和图表

表二（按题目顺序）

序号	问卷题目	编	章	章名	页码
1	您认为法律的最根本作用是什么	第一编	第三章	民法精神与法治精神	98
		第五编	第二十一章	从工具到目的的法治理念转型※	713
2	您认为法律在现实社会生活中的作用是什么	第一编	第三章	民法精神与法治精神	106
		第六编	第二十八章	不同区域的民法精神实践	945
		第六编	第三十一章	行政行为的民法精神实践※	1075
3	您认为法律与政府权力的关系是什么	第五编	第二十六章	从政府到社会的法治本位转型	880
		第六编	第二十八章	不同区域的民法精神实践※	943

续表

序号	问卷题目	编	章	章名	页码
4	您认为法律与道德的关系是什么	第六编	第二十八章	不同区域的民法精神实践※	951
5	您关心国家法治和法治文化建设问题吗	第四编	第十八章	民法精神的动态行为构造	613
		第五编	第二十五章	从他律到自律的法治行为转型※	852
6	当您与他人发生法律纠纷时,您认为下列解决方式哪一项最有效	第六编	第二十八章	不同区域的民法精神实践※	952
7	您认为下列哪项对实现社会公平正义最重要	第二编	第四章	法治文化的人民主体性	155
		第三编	第十二章	利益均衡的正义诉求	400
		第六编	第三十章	司法裁判的民法精神实践※	1034
8	您认为目前我国法律纠纷频发、量大的最主要原因是什么	第四编	第十四章	民法精神的人性自然构造※	472
9	您认为目前存在司法不公的最主要原因是哪项	第二编	第五章	民法精神的法治文化本质	178
		第六编	第三十章	司法裁判的民法精神实践※	1055
10	您认为我国建设社会主义法治文化存在的最主要障碍是什么	第三编	第八章	以民为本的人性诉求※	261
		第五编	第二十章	从感性到理性的法治认知转型	691
11	您对交通规则的遵守原则是什么	第四编	第十七章	民法精神的个人自律构造※	548
		第五编	第二十五章	从他律到自律的法治行为转型	854
12	您认为法治(法律)宣传和教育的最主要目的应当是什么	第五编	第二十章	从感性到理性的法治认知转型※	662

续表

序号	问卷题目	编	章	章名	页码
13	您认为对于国家和社会最有用的法律是什么	第六编	第二十七章	良法善治的民法精神实践※	928
14	您认为权利、自由对于您个人是否很重要	第二编	第五章	民法精神的法治文化本质※(全部数据)	171
		第三编	第九章	人格本质的自由诉求	295
		第六编	第二十九章	城乡差别的民法精神实践※(区域数据)	978
15	您愿意了解和学习法律的原因是什么	第四编	第十六章	民法精神的实践理性构造※	528
		第五编	第二十章	从感性到理性的法治认知转型	673
16	您认为建设社会主义法治文化与您个人规范自身行为有直接关系吗	第五编	第二十六章	从政府到社会的法治本位转型※	904
17	您对和亲朋之间的日常交易行为通常会采取哪一种形式	第二编	第七章	民法精神的法治文化形态※	232
18	您如果现在结婚,会考虑在婚前对夫妻之间的财产关系作出书面约定吗	第六编	第二十九章	城乡差别的民法精神实践※	990
		第六编	第三十章	司法裁判的民法精神实践	1040
19	您和配偶之间是否有明确的个人财产与共同财产划分	第六编	第二十九章	城乡差别的民法精神实践※	991
		第六编	第三十章	司法裁判的民法精神实践	1040
20	您会与巧遇的陌生人达成某种交易吗	第六编	第二十八章	不同区域的民法精神实践※	958
21	您了解什么是人格吗	第三编	第八章	以民为本的人性诉求※	247
22	您在处理与他人的关系中,是否会把相互之间的人格尊重放在第一位	第二编	第七章	民法精神的法治文化形态	224
		第三编	第九章	人格本质的自由诉求※	285

续表

序号	问卷题目	编	章	章名	页码
23	您在处理与他人的关系中,是否会把相互之间的利益均衡放在第一位	第三编	第十二章	利益均衡的正义诉求※	406
24	您认为您个人财产的社会安全程度是什么	第五编	第二十三章	从形式到实质的法治品质转型※	800
25	您认为您个人在社会中的人身安全程度是什么	第三编	第十章	自律构序的道德诉求	322
		第五编	第二十四章	从静态到动态的法治运行转型※	830
26	您对我国社会主义法治现状的满意程度是什么	第六编	第二十七章	良法善治的民法精神实践※	935
27	您认为法律制度(立法)对建设社会主义法治文化的影响程度是什么	第五编	第二十二章	从制度到精神的法治生成转型※	766
28	您认为法治精神对建设社会主义法治文化的影响程度是什么	第五编	第二十六章	从政府到社会的法治本位转型※	902
29	您认为法律规范对自己行为的约束程度是什么	第二编	第六章	民法精神的法治文化特征※	197
30	您认为道德规范对自己行为的约束程度是什么	第三编	第十章	自律构序的道德诉求※	340
31	您对家庭关系(近亲属之间)的满意程度是什么	第六编	第二十九章	城乡差别的民法精神实践※	997
32	您对夫妻关系的满意程度是什么	第六编	第二十九章	城乡差别的民法精神实践※	999
33	您对婚前性行为的态度是什么	第六编	第二十九章	城乡差别的民法精神实践※	984

续表

序号	问卷题目	编	章	章名	页码
34	您认为下列哪些权利和自由对您更重要	第三编	第九章	人格本质的自由诉求※	298
35	可能影响您与熟人之间交易关系的主要因素是什么	第四编	第十九章	民法精神的生态秩序构造	654
		第六编	第二十八章	不同区域的民法精神实践※	961
36	您认为对您财产构成最大威胁的是什么	第三编	第十一章	规范和谐的理性诉求※	371
37	您认为影响建设社会主义法治文化的主要因素是什么	第三编	第十三章	中国特色的文化诉求※	437
		第四编	第十九章	民法精神的生态秩序构造	655
38	您对建设社会主义法治文化的主要诉求是什么	第三编	第九章	人格本质的自由诉求※	313
39	在下列选项中您最关心的事项有哪些	第三编	第九章	人格本质的自由诉求	295
		第四编	第十五章	民法精神的道德本体构造※	495
40	您认为下列利益中属于根本利益的是什么	第三编	第十二章	利益均衡的正义诉求※	401
		第五编	第二十六章	从政府到社会的法治本位转型	886
41	在下列选项中您认为对您最具有现实约束力的是什么	第四编	第十八章	民法精神的动态行为构造	610
		第六编	第二十八章	不同区域的民法精神实践※（区域数据）	948
		第六编	第三十章	司法裁判的民法精神实践※（全部数据）	1048

续表

序号	问卷题目	编	章	章名	页码
42	您认为结婚行为是什么	第六编	第二十九章	城乡差别的民法精神实践※	993
43	您遵守法律的原因是什么	第三编	第十一章	规范和谐的理性诉求※	361
		第一编	第三章	民法精神与法治精神	106
44	您认为制约政府权力的有效办法是什么	第五编	第二十一章	从工具到目的的法治理念转型※	711
45	您认为决定法治实现的主导因素是什么	第六编	第二十七章	良法善治的民法精神实践※	924
46	您认为下列因素中直接决定法治社会的因素是什么	第五编	第二十五章	从他律到自律的法治行为转型※	857
47	您认为以民为本的社会主义法治文化的根本要求是什么	第三编	第八章	以民为本的人性诉求※	263
		第三编	第十二章	利益均衡的正义诉求	402
		第五编	第二十一章	从工具到目的的法治理念转型	746
48	您自己感到最不安全的个人问题是什么	第二编	第四章	法治文化的人民主体性※	157
49	您认为下列行为中哪些应当遵守法律规范	第五编	第二十章	从感性到理性的法治认知转型※	691

注:带※号者有详细数据和图表

后记

国家社科基金重大项目《民法精神与建设社会主义法治文化民本模式研究》历时近五年研究,终于完成本书结项成果。这五年,是我人生最忙碌的五年,本来是到了没有退休而当作退休过的轻松阶段,结果却背负上从来没有过的工作负担和压力。五年中,大量的稿件集中修改和校对工作,使我本来并不花的眼睛变花了,从2019年上半年开始,我不得不过上了戴花镜的日子。五年过去,不觉中,自己的人生也已经步入花甲之年……不论是成果的取得,还是时光的流逝,乃至身体的变化,这都是我人生中最重要的五年。

就在本书项目立项前不久,我的《民法道德论》一书在2014年12月也获得国家社科基金后期资助项目立项(批准号14FFX030),这两个项目在同一年度被国家批准立项,无形中是对我坚持民法哲学研究及其学术成果的一种肯定,这对于我个人无疑具有重要的学术意义。为倡导和推动民法哲学研究,我2013年提议中国法学会民法学研究会发起创办了"全国民法基础理论与民法哲学论坛",论坛的主旨就是以举办全国民法基础理论与民法哲学主题论坛的学术活动形式,弘扬民法精神与社会秩序认知,推动中国社会法治的文化生态转型与实现。作为部门法学领域所创办的第一个以基础理论和法哲学为研究视角的全国性主题论坛,以开放的形式拉近了民法学与广大社会公众之间的距离,积极提升了民法学研究服务社会的能力,为繁荣民法学事业和推动中国社会的法治生态建设作出了一份努力和贡献。目前,该论坛落户大连并已经连续举办五届,产生了全国性学术影响。可以说,论坛的创办和两个国家项目的完成,实现了我一生的学术心愿。

自2014年十八届四中全会通过《中共中央关于全面推进依法治国若干重大

问题的决定》之后，我国加快了中国民法典的编纂和对中国法治的发展进程。2020 年 5 月 28 日，就在本项目结项后不久，第十三届全国人大第三会议通过了《中华人民共和国民法典》，这不仅实现了中国民法学人的长期梦想与夙愿，而且是完成了一个民族对美好生活及其理想秩序的期盼。可以说，2020 年是中国法治史上不平凡的一年。2020 年 5 月 29 日，习近平总书记在中央政治局第二十次集体学习时发表了《充分认识颁布实施民法典重大意义，依法更好保障人民合法权益》的讲话；11 月 16 日，中共中央召开了中央全面依法治国工作会议；12 月 7 日，中共中央印发了《法治社会建设实施纲要（2020—2025 年）》。这一切都预示着中国社会法治发展的一个美好未来。

新中国成立以来，我国的法治建设虽然屡遭挫折，但是却一直在摆脱人治的历史桎梏而不断走向法治的文明与未来。特别是改革开放以来，四十余年的创新与发展之路，就是一个中国社会走向法治的历史进程。然而，法治社会的建设，毕竟不是某种制度形式，而是一种社会生态，是一个伴随社会发展的生成过程。关于一个社会是不是法治社会，或者法治社会的条件和标准，就学术层面而言，这是一个很难确切回答的问题，需要科学的认识与态度。在社会治理模式上，法治与人治相对，法治对于人治的优越也是相对的；法治离不开必要的"人治"手段，人治也需要一定的"法治"条件，任何一个社会都在一定程度上存在这两种治理手段与因素，没有绝对单纯的法治或者人治。考察一个社会的法治生态，主要应当考察以下几个方面：一是社会的民主与自由的秩序基础及其自我的秩序控制与修复能力；二是私权对公权的制衡和公权对私权的克制与尊重的程度；三是普遍民众的个人诚信与自律的行为秩序条件；四是权利受到国家保护的司法公正水平及其实现的人民对司法的信任状况。这是当代法治社会的基石与本质要求，特别是私权对于公权的本位与优位，是当代法治社会的根本条件与核心要素，为法治社会所不可缺失，因此我更愿意从公权与私权的定位及其运行关系上去思考和认识一个社会的法治问题。

就在本书即将出版之际，作为我的民法哲学系列研究成果的《民法人性论》一书，又获得 2021 年国家社科基金后期资助项目立项（批准号 21FFXB009）。此前，我的 2014 年国家社科基金后期资助项目《民法道德论》结项成果，已于 2019 年由法律出版社出版，而《民法人性论》一书成果的最后完成，将是我学术生涯的结束。

我要特别感谢妻子宋伟君女士和全体家人，在我承担本书项目研究最忙碌的这五年，正是她们的付出和陪伴支撑了我的工作并使我完成本书项目研究。外孙和外孙女已渐长大，今年，他们一个上小学，一个入托，本书项目的申报和研究过程伴随了他们的出生和成长，他们聪明可爱，我也到了有更多时间可以陪伴他们的时候了，终于可以和他们一起享受另一种忘我的生活。

感谢本书项目组成员和成果作者对本书项目申报和研究所作出的各项贡献，感谢当代中国出版社刘文科、邓颖君编辑为本书出版付出的辛勤工作，感谢社会各界朋友多年来的帮助和支持！

最后，恳请各位读者对本书成果中的错误和不足提出批评意见。

王利民

2021年12月9日

图书在版编目(CIP)数据

民法精神与法治文化民本模式论：自然生态的社会秩序体系及其规范形态与演进：上、下／王利民等著. -- 北京：当代中国出版社，2023.3
ISBN 978-7-5154-1249-8

Ⅰ. ①民… Ⅱ. ①王… Ⅲ. ①民法—研究—中国 Ⅳ. ①D923.04

中国国家版本馆 CIP 数据核字(2023)第033916号

出 版 人　冀祥德
责任编辑　邓颖君
责任校对　康　莹
印刷监制　刘艳平
封面设计　马　帅　鲁　娟
出版发行　当代中国出版社
地　　址　北京市地安门西大街旌勇里8号
网　　址　http://www.ddzg.net
邮政编码　100009
编 辑 部　(010)66572744
市 场 部　(010)66572281　66572157
印　　刷　中国电影出版社印刷厂
开　　本　710毫米×1000毫米　1/16
印　　张　76印张　4插页　1274千字
版　　次　2023年3月第1版
印　　次　2023年3月第1次印刷
定　　价　300.00元(上下册)